D1674045

# Lexikon
## der
# Volkswirtschaft

Friedrich Geigant · Dieter Sobotka
Horst M. Westphal

# Lexikon
## der
# Volkswirtschaft

 **verlag moderne industrie**

© 1975 Alle Rechte bei Verlag Moderne Industrie
Wolfgang Dummer & Co., 8 München 50
Satz und Druck: Appl, Wemding
Bindearbeiten: Thomas-Buchbinderei, Augsburg
Printed in Germany · 370050/475401
ISBN 3-478-37050-7

# Verzeichnis der Autoren

Dipl. Volkswirt Friedemann ALLGAYER, München
Dipl. Volkswirt Franz-Lothar ALTMANN,
Osteuropa-Institut München
Dipl. Volkswirt Jürgen BACKHAUS, Universität Konstanz
Dipl. Volkswirt Herbert BECK, Universität München
Dipl. Volkswirt Jörg BEUTEL, Universität München
Dipl. Volkswirt Veronika BÜTTNER, Universität München
Dipl. Volkswirt Carl J. von BUTLER, München
Dipl. Volkswirt Nikolai T. CZUGUNOW, Universität München
Dipl. Volkswirt Reiner DINKEL, Universität München
Dr. Roland EISEN, Universität München
Dipl. Volkswirt Theodor FENEBERG, Universität München
Dr. Edgar FORSTER, Universität München
Dr. Friedrich GEIGANT, Universität München
Prof. Dr. Bodo B. GEMPER, Gesamthochschule Siegen
Dr. Siegfried GREIF, Max-Planck-Institut für ausländisches und internationales Patent-,
    Urheber- und Wettbewerbsrecht, München
Dipl. Volkswirt Wolfgang GÜSSOW, Universität München
Dipl. Volkswirt Max HÄRING, Universität München
Dipl. Volkswirt Johannes HAMPE, Universität München
Prof. Dr. Hans-Joachim HEINEMANN, Universität Frankfurt/Main
Dr. Klaus HÖHER, Universität München
Dipl. Volkswirt Dietrich HÖLZLE, Universität München
Dr. Hans Werner HOLUB, Universität München
Dipl. Volkswirt Jürgen JOHN, Universität München
Jürgen KÄMMERER, M. A., Osteuropa-Institut München
Prof. Dr. Peter KALMBACH, Universität Bremen
Dr. Ekkehard von KNORRING, Universität Augsburg
Dipl. Oec. Hans-Walter KREILING, Universität München
Dr. Peter KUHBIER, Universität München
Dipl. Kaufmann Axel OBERHAGE, München
Dr. Alfred OCKER, Universität München
Dipl. Volkswirt Rigmar OSTERKAMP, Universität München
Dipl. Volkswirt Anna-Jutta PIETSCH, Osteuropa-Institut München
Dr. Eberhard von PILGRIM, Ifo-Institut für Wirtschaftsforschung, München
Dr. Thomas POLENSKY, Universität München
Walter RIETHMÜLLER, M. A., Osteuropa-Institut München
Dr. Ralf RÖSSING, Gesamtmetall, Köln
Dr. Ekkehart SCHLICHT, Universität Regensburg
Dr. Hermann SCHNABL, Universität München
Dipl. Volkswirt Friedrich SCHNEIDER, Universität Konstanz
Dipl. Volkswirt Wolfgang SCHNEIDER, Universität München
Dr. Carl-Günter SCHÖPF, Universität München

Dr. Klaus SCHUSSMANN, Universität München
Dipl. Volkswirt Dieter SOBOTKA, Universität München
Dr. Heinz STEINMÜLLER, Universität München
Dr. Erdmute STRASCHILL, Universität München
Dr. Heinrich VOGEL, Osteuropa-Institut München
Dr. Rainer WEICHHARDT, Universität München
Dr. Peter WEISE, Universität Göttingen
Dr. Horst M. WESTPHAL, Universität München

# Vorbemerkungen

Die Auswahl der bearbeiteten Sachgebiete erfolgte im wesentlichen nach dem Standardwissen der Volkswirtschaftslehre mit Schwergewicht auf den Kerngebieten Volkswirtschaftstheorie, Volkswirtschaftspolitik und Finanzwissenschaft. Aus den Bereichen Logistik, Informationstheorie, Systemtheorie und Kybernetik wurde eine Reihe von Grundbegriffen aufgenommen, weil sich die neuere Volkswirtschaftslehre im zunehmenden Maße der Techniken dieser Disziplinen bedient. Begriffe aus Spezialdisziplinen der Volkswirtschaftslehre (z.B. Ökonometrie, Dogmengeschichte) sind nur insoweit berücksichtigt worden, als diese zur Abrundung des Standardwissens unerläßlich sind. Dagegen wurden die tragenden wirtschaftspolitischen Institutionen im Rahmen der Bundesrepublik Deutschland einbezogen, ebenso die wichtigsten internationalen Organisationen und Abkommen. Benachbarte sozialwissenschaftliche Disziplinen wie Wirtschaftsgeschichte, Wirtschaftsgeographie und Betriebswirtschaftslehre sind nicht enthalten oder nur mit Begriffen aus dem Bereich der Nahtstellen zur Volkswirtschaftslehre.

Die Ausarbeitungen beschränken sich in der Regel nicht auf definitorische Beschreibungen. Statt dessen werden in ausführlicheren Beiträgen die übergreifenden Zusammenhänge behandelt. Teilfragen sind ausgegliedert, um einerseits Vertiefung, andererseits schnellen Zugriff zu ermöglichen.

Dem überwiegenden Teil der Beiträge liegt der Informationsstand Mitte 1974 zugrunde.

Raum- und Kostengründe zwangen zum Verzicht auf Literaturangaben zu den einzelnen Stichworten. Eine Behelfslösung mit Nennung eines einzigen Titels erschien nicht zweckdienlich; angesichts der Vielfalt der Literatur wäre eine ungewollte Wertung und einseitige Ausrichtung des Lesers nicht zu vermeiden gewesen.

Die Beiträge sind mit den Initialen der Autoren gekennzeichnet. Wir danken allen Mitarbeitern.

Januar 1975

Die Herausgeber

# Hinweise für die Benutzung

a) Zur Abhebung der unterschiedlichen Bedeutung ein und desselben Begriffes wurden arabische Ziffern verwendet, für andere Aufzählungen oder Untergliederungen Kleinbuchstaben.

b) Die Begriffe sind in *streng* alphabetischer Reihenfolge geordnet. Dabei werden zusammengesetzte Begriffe als *ein* Wort betrachtet (Beispiel: »Europäischer Wirtschaftsrat« steht vor »Europäische Zahlungsunion«).

c) Für die Reihenfolge zusammengesetzter Begriffe ist das erste Wort maßgebend, nicht der Hauptbegriff mit dem nachgestellten Zusatz (Beispiel: »Deutsche Bundesbank« steht unter dem Buchstaben D).

d) Finden sich zusammengesetzte Begriffe nicht, dann sind sie unter dem Hauptbegriff zu suchen (Beispiel: »versteckte Arbeitslosigkeit« unter »Arbeitslosigkeit«, »Bruttoinvestition« unter »Investition«).

e) Wegen der Bedeutung der englischen Fachsprache erscheint eine Reihe von Begriffen unter dem englischen Fachausdruck bzw. mit dem englischen Synonym.

f) Der Buchstabe S ist in S, Sch und St unterteilt. Umlaute werden aufgelöst in den Selbstlaut mit angefügtem e.

g) Bei Begriffen, die in der Einzahl oder Mehrzahl verwendet werden können, ist fallweise zu prüfen, an welcher Stelle der Begriff ausgewiesen wird (Beispiel: statt »Zölle« wird der Begriff »Zoll« geführt).

h) Der Verweispfeil (→) steht vor dem Wort, das für die alphabetische Reihenfolge des betreffenden Begriffs maßgebend ist.

i) Verweise auf einen anderen Begriff werden i. d. R. nur *ein* Mal innerhalb eines Beitrags angegeben, meist bei dessen erster Nennung.

# Verzeichnis der Abkürzungen

| | | | |
|---|---|---|---|
| Abb. | Abbildung | Jh. | Jahrhundert |
| Abs. | Absatz | konst. | konstant |
| allg. | allgemein (-e, -er usw.) | max. | maximal |
| Art. | Artikel | Mio. | Millionen |
| BGB | Bürgerliches Gesetzbuch | Mrd. | Milliarden |
| BRD | Bundesrepublik Deutschland | p. a. | per annum |
| bzw. | beziehungsweise | resp. | respektive |
| ca. | circa | RM | Reichsmark |
| DDR | Deutsche Demokratische | sog. | sogenannt (-e, -er usw.) |
| | Republik | Tab. | Tabelle |
| d. h. | das heißt | Tsd. | Tausend |
| DM | Deutsche Mark | u. a. | und andere (-s); unter ande- |
| ehem. | ehemalig, ehemals | | rem |
| EG | Europäische Gemeinschaften | UdSSR | Union der Sozialistischen |
| einschl. | einschließlich | | Sowjetrepubliken |
| EStG | Einkommensteuergesetz | UN | United Nations |
| etc. | et cetera | USA | United States of America |
| evtl. | eventuell | usw. | und so weiter |
| EWG | Europäische Wirtschaftsge- | u. U. | unter Umständen |
| | meinschaft | v. a. | vor allem |
| GG | Grundgesetz | vgl. | vergleiche |
| ggf. | gegebenenfalls | v. H. | von Hundert |
| i. d. R. | in der Regel | v. T. | von Tausend |
| i. e. S. | im engeren Sinn | z. B. | zum Beispiel |
| insbes. | insbesondere | z. T. | zum Teil |
| i. w. S. | im weiteren Sinn | z. Z. | zur Zeit |

# A

**Abgabesätze**
in Prozent und per annum berechnete Zinssätze, welche die → Deutsche Bundesbank der Berechnung der Abschläge vom Nennwert der von ihr verkauften → Geldmarktpapiere zugrundelegt. Der Verkaufspreis ergibt sich aus Nennwert minus Diskont (Abgabesatz mal Nennwert). Abgabesätze variieren nach Art und Laufzeit des Papiers und den jeweiligen Zielen der → Offenmarktpolitik. V.B.

**Abgangsfunktion** → Überlebensfunktion

**abgestimmte Verhaltensweisen**
bewußtes und gewolltes, jedoch nicht auf vertragliche Bindung beruhendes Zusammenwirken (Kollusion) von Unternehmen, das wegen seiner Möglichkeit zur Umgehung des Kartellverbots (→ Verbotsprinzip) gemäß → Gesetz gegen Wettbewerbsbeschränkungen (§ 25) wie auch gemäß EWG-Vertrag (Art. 85) untersagt ist (Gegensatz: → parallel-pricing).
Als abgestimmte Verhaltensweise gilt z. B. die mündliche, auf das faire Verhalten der beteiligten Partner vertrauende geschäftliche Abmachung ohne Rechtsschutz (Frühstückskartell, gentlemen agreement oder auch Quasi-Kartell). R.R.

**abnehmende Skalenerträge**
→ decreasing returns to scale

**Absatz**
1. funktionaler Teilbereich der Betriebswirtschaft (weitere Funktionsbereiche sind Beschaffung, Produktion, Finanzierung und Rechnungswesen).
2. Schlußphase des Betriebsprozesses: marktliche Verwertung (Vertrieb) der produzierten Sachgüter und Dienstleistungen. Weiterhin umfaßt Absatz in diesem Sinn sämtliche organisatorischen Maßnahmen der Verkaufsvorbereitung und -durchführung.
3. In der → Preistheorie: Produktmenge, die Gegenstand der Verkaufsplanung ist (→ Preis-Absatz-Funktion). A. Ob.

**Abschnittsdeckungsverfahren**
→ Versicherung

**Abschöpfungen**
→ Agrarmarktordnung

**Abschreibungen**
Beträge, welche die Wertminderung des → Anlagevermögens erfassen. Das Anlagevermögen verliert an Wert durch Abnahme der Summe an potentiellen Diensten aufgrund von rein technisch bedingtem → Kapitalverschleiß sowie durch Sinken des Wertes der abzugebenden Dienste aufgrund von Nachfrageänderungen und → technischem Fortschritt. Nach der Verteilung der Wertminderung über die Zeit unterscheidet man lineare, degressive und progressive Abschreibungen.
a) In betriebswirtschaftlicher Sicht ist die Wahl der Abschreibungsmethode oft eine Zweckmäßigkeitsfrage (lineare und degressive Abschreibungen werden bevorzugt).
b) Volkswirtschaftlich muß die Abschreibungssumme jeweils dem tatsächlichen Werteverzehr entsprechen. Soll z. B. bei positivem Zinssatz und konstanter Periodenkapazität die Reinvestition gleich dem Werteverzehr sein, so folgt daraus eine progressive Abschreibung.
In der → Volkswirtschaftlichen Gesamtrechnung werden auf der Grundlage geschätzter Nutzungsperioden lineare Abschreibungen vom Wiederbeschaffungswert vorgenommen. P.W.

## absolute Einkommenshypothese

Annahme, daß die Konsumausgaben der laufenden Periode nur vom Einkommen dieser Periode abhängen. Als Hauptvertreter gilt John Maynard KEYNES (1936). Er unterscheidet zwischen subjektiven und objektiven Bestimmungsfaktoren des → Konsums. Zu den subjektiven Faktoren wird der gesamte soziale, institutionelle und kulturelle Rahmen einer Gesellschaft gezählt. Bedeutung kommt ihnen nur bei langfristiger Betrachtung oder bei Vergleichen unterschiedlicher sozialer Systeme zu. Kurzfristig ausschlaggebend sind nur die objektiven Faktoren (u. a. → Einkommen, → Preisniveau, → Zins, → Vermögen, Einkommenserwartungen). Bis auf Einkommen und Preisniveau schließt KEYNES sie jedoch durch die Annahme ihrer Konstanz und einander kompensierender oder vernachlässigbarer Effekte von der weiteren Analyse aus. Außerdem wird angenommen, daß sich die Konsumenten frei von → Geldillusion verhalten. Was den konkreten Einfluß des Einkommens auf den Konsum betrifft, so geht KEYNES von einem »grundlegenden psychologischen Gesetz« aus, nach dem ein zusätzliches Einkommen zusätzliche, allerdings nicht gleich hohe Konsumausgaben bewirkt, d. h. der Wert der marginalen → Konsumquote liegt zwischen Null und Eins. Außerdem nimmt KEYNES an, daß der gesamte Konsum bei Einkommenssteigerungen unterproportional steigt, d. h. die durchschnittliche → Konsumquote fällt. Im allg. wird die KEYNES'sche Hypothese durch folgende → Konsumfunktion wiedergegeben:

$$C_r = a + b \cdot Y_r$$
für a > O und O < b < 1

| | | |
|---|---|---|
| $C_r$ | = | Realkonsum |
| $Y_r$ | = | Realeinkommen |
| a | = | Niveauparameter (»Existenzminimum«) |
| b | = | Steigungsparameter |

Geometrisch läßt sich die Hypothese wie rechts oben darstellen.

Modifizierungen und Erweiterungen der absoluten Einkommenshypothese von

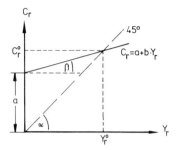

$Y_r^0$ = Basiseinkommen ($Y_r^0 = C_r^0$; Ersparnis = $Y_r^0 - C_r^0 = 0$)

$\dfrac{dC_r}{dY_r}$ = marginale reale Konsumquote

= $\tan \beta$ = b = konst.

$\dfrac{C_r^0}{Y_r^0}$ = durchschnittliche reale Konsumquote bei $Y_r^0$

= $\tan \alpha$.

KEYNES beruhen auf der Verwendung bestimmter Konsum- und Einkommensgrößen (z. B. privates → verfügbares Einkommen) oder zusätzlicher Einflußfaktoren (z. B. → Vermögen). Ausgelöst wurden sie durch eine empirische Untersuchung von Simon KUZNETS (1942), in der eine langfristig konstante durchschnittliche Konsumquote festgestellt wurde und die damit im Widerspruch zur KEYNES'schen Hypothese stand. Erste Versuche liefen darauf hinaus, die KEYNES'sche Hypothese durch die Einführung eines → Trendfaktors an die Realität anzupassen.

E. v. K.

## absolute Rente → Rententheorie

## Absorption

(total domestic expenditure) Gesamtausgaben der → Inländer für Konsum- und Investitionsgüter (einschl. der Importe).

## Absorptionstheorie

(absorption-approach) Ansatz zur Analyse der Einkommenswirkungen einer → Abwertung auf den Saldo der → Leistungsbilanz. Er ergänzt den Elastizitätsansatz (elasticity-approach), der (bei konstantem Sozialprodukt) die auf Preisänderungen beruhenden Angebots- und Nachfragewirkungen einer Abwertung untersucht, wobei die Leistungsbilanzeffekte von den in- und ausländischen Nachfrage- und Angebotselastizitäten abhängen (→ MARSHALL-LERNER-Bedingung; ROBINSON-Bedingung).

Verringert sich nach einer Abwertung (bei gegebenen Elastizitäten) das Leistungsbilanzdefizit, so geht davon via → Exportmultiplikator eine expansive Wirkung auf das Sozialprodukt aus. Dessen Zunahme bewirkt jedoch eine Erhöhung der Importe und ggf. auch einen Rückgang der Exporte, sofern die vom Ausland ausgehenden Rückwirkungen mit einbezogen werden. Der Einkommenseffekt einer Abwertung kann somit die auf den Substitutionseffekt zurückgehende Verbesserung der Leistungsbilanz teilweise oder gänzlich kompensieren.

Als Bedingung dafür, daß eine Abwertung den Leistungsbilanzsaldo (X − M) vergrößert, gilt: Die Zunahme der → Absorption (A = C + I) muß geringer sein, als die des Sozialprodukts (Y), d.h. die marginale Absorptionsquote muß kleiner als Eins sein. Formal:

$$\Delta X - \Delta M = \Delta Y - \Delta A > 0.$$

Dieser von Sidney S. ALEXANDER (1952) entwickelten makroökonomischen Version der Absorptionstheorie hat Wolfgang STÜTZEL einen mikroökonomischen Ansatz zur Seite gestellt: In einer offenen → Volkswirtschaft ist die Veränderung des → Geldvermögens aller Inländer notwendigerweise gleich dem Saldo der Leistungsbilanz, d.h. der Veränderung der → Nettoauslandsposition. Leistungsbilanzdefizite können folglich nur abgebaut werden, wenn die Gesamtheit der inländischen Wirtschaftseinheiten ihre Ausgabenüberschüsse und damit die Absorption verringern. Dies hängt jedoch wesentlich von Veränderungen der sog. Bestandshaltepreise ab, insbes. den Zinssätzen. D.S.

## Abwertung

(= Devalvation) Verminderung des Außenwerts einer → Währung. Eine Abwertung bedeutet bei der allg. üblichen Preisnotierung des → Wechselkurses der inländischen Währungseinheit (Preis für 1 ausländische Währungseinheit in inländischen Währungseinheiten, z.B. $w_{DM/\$}$) dessen Erhöhung, bei Mengennotierung (Menge ausländischer Währungseinheiten für 1 inländische Währungseinheit, z.B. $w_{\$/DM}$) dessen Senkung. Der Abwertungssatz gegenüber dem früheren Kurs wird über die Mengennotierung für den neuen Kurs ($w^1_{\$/DM}$) und den Ausgangskurs ($w^0_{\$/DM}$) berechnet:

$$dev = \frac{w^1_{\$/DM} - w^0_{\$/DM}}{w^0_{\$/DM}}$$

Da die Mengennotierung $w_{\$/DM}$ gleich dem Kehrwert der Preisnotierung

$$\frac{1}{w_{DM/\$}}$$

ist, ergibt sich der gleiche Abwertungssatz nach der Formel

$$dev = \frac{w^0_{DM/\$}}{w^1_{DM/\$}} - 1.$$

Eine Abwertung der inländischen Währungseinheit kommt bei → freiem Wechselkurs durch das Zusammenwirken von Angebot und Nachfrage auf dem → Devisenmarkt zustande. Nach dem Abkommen über den → Internationalen Währungsfonds erfolgt eine Abwertung durch Festlegung einer neuen → Parität. Der Abwertungssatz zeigt die relative Änderung der Parität.

Bei → festem Wechselkurs bezweckt eine Abwertung i.d.R. eine Verringerung eines Defizits in der → Leistungsbilanz. Eine Abwertung verteuert die *Inlands*preise der Importgüter und senkt die *Auslands*preise der Exportgüter des abwertenden Landes. Eine normale Reaktion der Leistungsbilanz (Rückgang eines Defizits, Erhöhung eines Überschusses) tritt ein, wenn die → MARSHALL-LERNER-Bedingung erfüllt ist. Eine Zunahme des Leistungsbilanzsaldos löst eine Einkommenserhöhung aus, wodurch der Saldo selbst wiederum beeinflußt wird. Den Zusammenhang zwischen inländischer → Absorption und Leistungsbilanz bei einer Wechselkursänderung behandelt die → Absorptionstheorie.

Eine Abwertung kann auch auf eine Erhöhung von Volkseinkommen und Beschäftigung abgestellt sein (→ beggar-my-neighbour-policy). Diese möglichen Effekte können zu einem Abwertungswettlauf (wie 1931 nach Abwertung des englischen Pfundes) zwischen einer Reihe von Ländern führen.

Nach einer Abwertung steigen die Inlandspreise der Importgüter und u. U. auch der Exportgüter. Die Wirkung einer Abwertung auf das allgemeine Preisniveau hängt v. a. von der → Geld- und Kreditpolitik und → Lohnpolitik ab.

Für die Veränderung der → terms of trade sind die → Elastizitäten des mengenmäßigen Exportangebots und der mengenmäßigen Importnachfrage des In- und Auslands entscheidend.

Abwertungserwartungen führen i. d. R. zu kurzfristigen Kapitalexporten aus dem betreffenden Land und zu einer Änderung der Zahlungstermine (→ terms of payment). Kapitalbewegungen, für die bei Ein- und Ausfuhr der gleiche Kurs angewendet wird, sind vom Kursstand unmittelbar nicht betroffen. Doch gehen von einer Abwertung mittelbare Wirkungen auf solche Kapitalbewegungen aus (z. B. durch die Höhe des ausländischen Kapitalbetrages für eine Investition, geänderte → Zinspolitik im abwertenden Land).

H.M.W.

**Abzählkriterium** → Identifikation

**ACMS-Funktion**
→ CES-Funktion

**adding-up-Theorem**
→ EULER'sches Theorem

**adjustable peg**
→ Stufenflexibilität

**administration lag**
→ Fiskalpolitik

**administrierte Preise**
durch einen mit Marktmacht ausgestatteten Entscheidungsträger (z. B. öffentliche Hand, → Angebotsmonopole, → Kartelle) festgesetzte oder kontrollierte Preise. Sie können daher von jenen Preisen abweichen, die durch das freie Zusammenspiel von Angebot und Nachfrage zustande kommen würden. Änderung der Marktverhältnisse wirken sich nicht unmittelbar bzw. nicht in einer dem Konkurrenzmodell entsprechenden Weise aus.

Administrierte Preise sind i. d. R. inflexibel nach unten. Dagegen lassen sich Kostenerhöhungen im Bereich der administrierten Preise vergleichsweise leicht weitergeben. Hierin wird einer der Gründe für die modernen Inflationsphänomene gesehen (→ markup inflation; → schleichende Inflation; → Stagflation).

Durch die öffentliche Hand administrierte Preise haben im Warenkorb des → Preisindex für die Lebenshaltung ein hohes Gewicht. Wichtigste Bereiche sind: öffentliches Verkehrswesen, Nachrichtenübermittlung, öffentliche Versorgung (Strom, Gas, Wasser). Teilweise öffentlich administriert werden die Preise z. B. im Nahrungs- und Genußmittelsektor (→ Agrarmarktordnung), Gesundheitswesen, Versicherungswesen, Wohnungssektor (Altbaumieten, Sozialmieten). H.M.W.

**Äquivalenzprinzip**
Besteuerungsprinzip, nach dem sich die zu leistenden Abgaben der einzelnen Staatsbürger und die empfangenen Leistungen entsprechen sollen (do ut des, Vorteils- oder Nutzenprinzip). Es wird mit der Forderung nach Gerechtigkeit der Einnahmenbeschaffung begründet (Tauschgerechtigkeit).

Der politische Ursprung ist die Vertragstheorie des Staates, nach welcher der Staat als Zusammenschluß von Individuen verstanden wird, wobei die Leistungen zur Befriedigung der → Bedürfnisse nach bestimmten Gütern an den Staat delegiert werden. Staatseinkünfte sind also der Preis für die von Bürgern nachgefragten Staatsleistungen. Je nachdem, welche Nachfrage die verschiedenen Gruppen nach Staatsleistungen entfalten, kann das Äquivalenzprinzip zu einem degressiven, proportionalen oder progressiven Einnahmensystem führen. Dieses leistungsgerechte Einnahmensystem ist auch verteilungsgerecht, wenn die Startpositionen gerecht verteilt sind. Diese letztere muß anhand von Nutzenvorstellungen ermittelt werden (→ Leistungsfähigkeitsprinzip).

In der neueren → Finanztheorie wird das Äquivalenzprinzip aus der → Wohlfahrtsökonomik abgeleitet. Die → Allokation der Ressourcen erfolgt nach individuellen → Präferenzen. Rationales Konsumverhalten verlangt, daß solange → öffentliche Güter nachgefragt werden, bis ihr Grenznutzen (→ Nutzen) gleich dem Preis ist. Das Gleichgewicht zwischen öffentlichen und privaten Gütern wird erreicht, wenn ihr Grenznutzen gleich ist. Die kostenmäßige anstatt der marktmäßigen Äquivalenz als Ersatzlösung bei free-rider-Verhalten ist wohlfahrtstheoretisch unhaltbar, da Kostenpreise nur selten zur Markträumung führen. H.-W.K.

**Agglomeration**
Häufung der Standorte mehrerer Industriebetriebe. Die Häufung kann zufällig oder in bestimmten Fällen aus rein ökonomischen Gründen durch das gleichgerichtete Wirken spezieller → Standortfaktoren erfolgen.
Diese ursprüngliche Bedeutung des Begriffs ist zu unterscheiden von »Verdichtungsraum« (→ Raumplanung) als Agglomerationsraum, womit die Konzentration von Wohn- und Arbeitsstätten gemeint ist; die Abgrenzung erfolgt mit Hilfe von Kennziffern (→ Regionalanalyse). J. H.

**Agglomerationsfaktoren**
→ Standortfaktoren

**Aggregation**
Zusammenfassung von mikroökonomischen zu makroökonomischen Größen (Aggregaten). Sie erfolgt im allg. durch gewichtete oder ungewichtete Addition der mikroökonomischen Bestandteile. Das hierbei auftretende Aggregationsproblem besteht darin, daß sich die Eigenschaften der Mikrogrößen nicht notwendig summarisch auf das Aggregat übertragen; zudem wird das Aggregat im allg. durch seine Bestandteile weder hinreichend erklärt, noch gehorcht es den gleichen Gesetzen wie diese. Ebensowenig kann man Erkenntnisse über das Aggregat analog auf die konstituierenden Bestandteile übertragen. Die Zerlegung einer Makro- oder aggregierten Größe in sektorale, regionale oder sonstige Untergrößen bezeichnet man als Disaggregation. P.Ku.

**Agrarbericht**
agrar- und ernährungspolitischer Bericht der Bundesregierung, der (gemäß § 4 und 5 des Landwirtschaftsgesetzes vom 5. 9. 1955) alljährlich zum 15. 2. dem Bundestag und dem Bundesrat vorzulegen ist. Er enthält neben einer Stellungnahme zur Lage der → Agrarwirtschaft und den Zielen der → Agrarpolitik auch die geplanten sowie bereits getroffenen Maßnahmen und deren Finanzierung. Bis 1970 wurde nur auf die Sektoren Landwirtschaft, Gartenbau und Weinbau abgestellt (daher die früheren Bezeichnungen: grüner Bericht und grüner Plan).

**Agrarfonds** → Europäischer Ausrichtungs- und Garantiefonds für die Landwirtschaft

**Agrarmarktordnung**
→ Marktordnung für die → Agrarwirtschaft, welche entsprechend den Zielen der → Agrarpolitik meist durch staatliche Preis- und/oder Mengenregulierung auf dem heimischen Agrarmarkt und beim → Außenhandel mit Agrarerzeugnissen gekennzeichnet ist. Die staatliche Regulierung des Agrarmarktes wird v. a. damit begründet, daß die aus den Besonderheiten der landwirtschaftlichen Produktion resultierende Instabilität des Angebots sowie die niedrigen Preis- und Einkommenselastizitäten der Nachfrage nach Agrarprodukten ein stabiles Marktgleichgewicht

verhinderten und infolgedessen die Versorgungs- und Einkommenssicherung nicht gewährleistet sei.

In der BRD wurde der Agrarmarkt ab 1951/52 durch vier Marktordnungsgesetze, die für ca. 80 % der Nahrungsmittelproduktion Preisgarantien (→ Mindestpreise; → Höchstpreise), teilweise auch Absatzgarantien und Qualitätsprämien sowie → Schutzzölle und → Kontingente vorsahen, reguliert und vom Weltmarkt abgeschirmt. Ferner wurde die Land- und Forstwirtschaft im → Gesetz gegen Wettbewerbsbeschränkungen vom grundsätzlichen Verbot wettbewerbsbeschränkender Verträge befreit.

Nach Gründung der → Europäischen Wirtschaftsgemeinschaft (EWG) mußten die einzelstaatlichen Agrarmarktordnungen der EWG-Länder vereinheitlicht werden. Im EWG-Vertrag standen drei Organisationsformen für die Agrarmärkte zur Wahl: gemeinsame Wettbewerbsregeln; bindende Koordinierung der verschiedenen einzelstaatlichen Marktordnungen; eine Europäische Marktordnung. Der EWG-Ministerrat entschied sich für die letztere und straffste Lösung. Die ersten gemeinsamen Marktordnungen (für Getreide, Eier, Schweine- und Geflügelfleisch) traten am 1. 7. 1967 in Kraft. 1972 waren ca. 90 % der EWG-Agrarproduktion durch 19 unterschiedlich ausgestaltete Marktordnungen erfaßt. Die Marktordnungen für nahezu alle wichtigen Erzeugnisse weisen jedoch dieselben drei Grundelemente auf:

a) Binnenmarktregulierung: Der EG-Ministerrat setzt für die meisten Agrarerzeugnisse alljährlich neue Richt-, Orientierungs- bzw. Zielpreise in → Europäischen Währungs-Recheneinheiten (→ grüner Dollar) fest. Dieses Preissystem bildet die Basis für die Ableitung der sog. Interventions- bzw. Rücknahmepreise; sie liegen um einen bestimmten Prozentsatz unter den Richtpreisen und verstehen sich als Garantie- bzw. → Mindestpreise, zu denen die staatlichen Interventionsstellen ein Überschußangebot aus dem Markt zu nehmen verpflichtet sind. Für nur wenige Agrarprodukte sind die Interventionen fakultativ oder auf bestimmte Kontingente beschränkt.

b) Außenschutz: Das EG-Agrarpreisniveau wird durch ein System von → Wertzöllen, → Mischzöllen, Abschöpfungen und → Kontingenten vor dem Weltmarkt abgeschirmt. Eine besondere Bedeutung kommt dabei den Abschöpfungen zu: Sie sind variable Einfuhrabgaben in Höhe der Differenz zwischen (höherem) EG-Richtpreis und (niedrigerem) Weltmarktpreis (cif-Preise an der EG-Außengrenze). Die Abschöpfungen sorgen also dafür, daß Agrareinfuhren aus Drittländern nicht billiger als zum (wettbewerbsneutralen) sog. Schwellenpreis bzw. Einschleusungspreis auf den Europäischen Agrarmarkt gelangen.

Das Gegenstück zu den Abschöpfungen sind bei Exporten in Drittländer die Ausfuhrerstattungen, d. h. variable Ausfuhrsubventionen zur Überbrückung der Differenz zwischen Schwellenpreisen und cif-Preisen.

c) Finanzielle Solidarität: Gemeinsame Finanzierung der Marktinterventionen und Ausfuhrerstattungen durch den → Europäischen Ausrichtungs- und Garantiefonds für die Landwirtschaft (EAGFL). Die Errichtung des gemeinsamen Agrarmarktes hat zu einer starken Zunahme des innergemeinschaftlichen Handels mit Agrarerzeugnissen und einem reichhaltigeren Nahrungsmittelangebot geführt sowie den Selbstversorgungsgrad der EG erhöht. Auf der anderen Seite war die Markt- und Preispolitik nicht imstande, Einkommensdisparitäten zu mildern und Marktungleichgewichte (v. a. im Milchsektor) zu verhüten. Die Überschußbildung hat eine beträchtliche Steigerung der Ausgaben des EAGFL notwendig gemacht. Schließlich führte die durch die Währungsereignisse verursachte Einführung des → Grenzausgleichs zur Spaltung des gemeinsamen Agrarmarktes. D. S.

**Agrarpolitik**

Unter den Teilbereichen der sektoralen → Wirtschaftspolitik wird der Agrarpolitik traditionsgemäß eine Ausnahmestellung zuerkannt, die mit den Besonderheiten der

→ Agrarwirtschaft im Hinblick auf Produktion, Nachfrage, Betriebs- und Sozialstruktur begründet wird. Dies kommt sowohl in den Zielen der Agrarpolitik zum Ausdruck, als auch in der Organisation der Agrarmärkte und den agrarpolitischen Maßnahmen.

a) Ziele der Agrarpolitik: In § 1 des Landwirtschaftsgesetzes vom 5. 9. 1955 wird als Grundsatz formuliert: Ausgleich der naturbedingten und wirtschaftlichen Nachteile sowie Steigerung der → Produktivität, um eine Teilnahme der Landwirtschaft an der allgemeinen wirtschaftlichen Entwicklung und die bestmögliche Versorgung der Bevölkerung mit Ernährungsgütern zu sichern.

Nach der im EWG-Vertrag vom 25. 3. 1957 beschlossenen Einbeziehung der Agrarwirtschaft in den gemeinsamen Markt blieb der Zielkatalog im wesentlichen unverändert (Art. 39 EWG-Vertrag):

· Steigerung der Produktivität;
· Erhöhung des Pro-Kopf-Einkommens der landwirtschaftlichen Bevölkerung;
· Stabilisierung der Märkte;
· Sicherstellung der Versorgung;
· Belieferung der Verbraucher zu angemessenen Preisen.

Im Rahmen der nationalen Agrarpolitik in der BRD wurde neuerdings eine Erweiterung der Aufgabenbereiche der Agrarpolitik vorgenommen: Sie soll auch zur Lösung der Weltagrar- und -ernährungsprobleme und zur Verbesserung der agrarischen Außenbeziehungen beitragen, ferner zur Erhaltung, Wiederherstellung und Entwicklung der Leistungs- und Nutzungsfähigkeit von Natur und Landschaft und zur Verbesserung des Tierschutzes.

b) Organisation der Agrarmärkte: → Agrarmarktordnung.

c) Agrarpolitische Maßnahmen: Neben den markt- und preispolitischen Maßnahmen im Rahmen der Agrarmarktordnung liegt das Gewicht der agrarpolitischen Aktivitäten v. a. auf Maßnahmen zur Verbesserung der Agrarstruktur und damit der Lebensverhältnisse im ländlichen Raum. Nach dem → Agrarbericht der Bundesregierung werden im einzelnen angestrebt:

· Schaffung ausreichender Betriebskapazitäten und Förderung der Produktivität im Einzelbetrieb;
· Verbesserung der überbetrieblichen Zusammenarbeit, der Arbeits- und Wohnverhältnisse sowie der → Infrastruktur und des Wohn- und Freizeitwertes im ländlichen Raum;
· Verbesserung der Möglichkeiten für die Landnutzung ohne Marktangebot;
· Gewährung finanzieller Hilfen beim Übergang und Ausscheiden aus der landwirtschaftlichen Erwerbstätigkeit;
· Verbesserung der nebenberuflichen Landbewirtschaftung;
· Stärkere Abstimmung der Maßnahmen der → Regionalpolitik mit denen der Agrarstrukturpolitik;
· Verminderung der Produktion von Überschußgütern;
· Landschaftsgestaltung unter Berücksichtigung von ökologischen und Freizeiterfordernissen;
· Schaffung und Sicherung außerlandwirtschaftlicher Arbeitsplätze.

Gesetzliche Grundlage für die Maßnahmen zur Verbesserung der Produktions- und Arbeitsbedingungen in der Land- und Forstwirtschaft ist in der BRD gegenwärtig das Gesetz über die → Gemeinschaftsaufgabe »Verbesserung der Agrarstruktur und des Küstenschutzes« vom 3. 9. 1969. Es wird seit 1. 1. 1973 angewendet und verpflichtet Bund und Länder zur Erstellung eines Rahmenplans über die Förderungsgrundsätze sowie Art und Umfang der geplanten Maßnahmen (ähnlich der früheren »grünen Pläne«). Der Rahmenplan wird jährlich fortgeschrieben; die Finanzierung erfolgt aus Haushaltsmitteln des Bundes (60%) und der Länder (40%). Eine finanzielle Beteiligung der → Europäischen Gemeinschaften aus dem → Europäischen Ausrichtungs- und Garantiefonds für die Landwirtschaft bis zu 25% der Aufwendungen ist in Aussicht gestellt, sobald die EG-Kommission festgestellt hat, daß die deutschen Rechts- und Verwaltungsvorschriften den vom Rat der EG im April 1972 verabschiedeten Richtlinien für eine gemeinsame Agrarstrukturpolitik entsprechen.

Das agrarstrukturpolitische Instrumentarium umfaßt insbes. finanzielle Hilfen (Zuschüsse, öffentliche Darlehen, zinsverbilligte Kapitalmarktmittel), darüberhinaus raumordnungspolitische, arbeitsmarktpolitische, agrarrechtliche, bodenpolitische und steuerliche Maßnahmen. Weitere wichtige Maßnahmenbereiche der Agrarpolitik sind die → Sozialpolitik, die → berufliche Bildung, Weiterbildung und Beratung sowie die Umwelt- und Verbraucherpolitik. D.S.

**Agrarwirtschaft**

umfaßt nach dem → Agrarbericht der Bundesregierung die Sektoren Landwirtschaft, Gartenbau, Weinbau, Forst- und Holzwirtschaft, Fischerei.

**Akkumulation** → Kapitalakkumulation; → Material Product System

**AKV**

→ Allgemeine Kreditvereinbarungen

**Akzelerationsprinzip**

konstatiert die Beeinflussung einer Größe durch die Änderung einer anderen Größe. Der Name (»Verstärkungsprinzip«) bürgerte sich ein, weil sich in vielen wichtigen Fällen der Wert der ersten Größe auf den mehrfachen Betrag des Werts der Änderung der zweiten Größe stellt.

In einfachen → makroökonomischen Modellen wird gemäß diesem Prinzip eine Abhängigkeit der realen Nettoanlageinvestition (I) von der Änderung des realen Nettoinlandsprodukts (Y) angenommen,

$$I_t = \alpha \, (Y_t - Y_{t-1}),$$

wobei eine durch den »naiven Akzelerator« zum Ausdruck gebrachte proportionale Beziehung unterstellt wird. Da Nettoinvestitionen als Änderungen des Nettoanlagevermögens definiert sind, läßt sich eine *formal* identische → Investitionsfunktion aus der Existenz von → LEONTIEF-Produktionsfunktionen (mit dem Produktionskoeffizienten $\alpha > 0$) ableiten:

$$I_t = K_t - K_{t-1} = \alpha \, Y_t - \alpha \, Y_{t-1}.$$

Der empirische Erklärungsgehalt des naiven Akzelerators ist allerdings nicht groß, weshalb in den Modellen zunehmend ein »flexibler Akzelerator« Verwendung findet (John M. CLARK, 1917; Hollis B. CHENERY, 1952; L.M. KOYCK, 1954):

$$I_t = (1 - \lambda) \cdot (\alpha \, Y_t - K_{t-1}).$$

Die → Investitionen werden in diesem Fall als Ergebnis der Bemühungen aufgefaßt, den tatsächlichen → Kapitalstock $K_{t-1}$ an den nach Maßgabe der aktuellen Produktionsplanungen gewünschten Kapitalstock $K_t^* = \alpha \, Y_t$ anzupassen (→ Kapitalstockanpassungsprinzip). Die Reaktionskonstante $\lambda > 0$ trägt Verzögerungen (→ lag) der verschiedensten Art Rechnung (subjektive, institutionelle Gegebenheiten etc.). Anders als beim naiven Akzelerator, wo ein mit abnehmender Rate wachsendes Inlandsprodukt bereits sinkende Investitionen zur Folge hat, steigen die Investitionen beim flexiblen Akzelerator zunächst noch an, bis der tatsächliche Kapitalbestand den gewünschten übersteigt (Abb.).

Zur Erklärung der Bruttoinvestition wird die Investitionsfunktion um das additive Glied $\delta \cdot K_{t-1}$ erweitert; es bemißt die (zum Ausgleich der im Laufe einer Periode stattfindenden Wertminderungen) erforderlichen Ersatzinvestitionen, die in Proportion ($\delta > 0$) zum Kapitalstock stehen.

Das Akzelerationsprinzip wird nicht nur auf → Anlageinvestitionen angewandt, sondern auch auf Veränderungen des → Vorratsvermögens. Nach demselben Prinzip werden Erzeugerpreise auf Änderungen der Vorleistungspreise zurückgeführt oder auch die Popularität der Regierung mit der Änderung des → Lebensstandards in Verbindung gebracht (→ Neue Politische Ökonomie).

Die Bedeutung des Akzelerationsprinzips liegt hauptsächlich darin, daß mit seiner Hilfe endogene Schwankungen der wirtschaftlichen Aktivität (→ Konjunktur) und anderer Erscheinungen (z.B. politische Zyklen) erklärt werden können.

In der → Wachstumstheorie spielt der (naive) Akzelerator als Komponente der befriedigenden Wachstumsrate (warranted rate of growth) eine Rolle, da im → HAR-ROD-Modell nach den Bedingungen eines von den geplanten Produktionszuwächsen initiierten dynamischen → Gleichgewichts gefragt wird. Der Akzelerator erscheint dabei primär als Maß des Investitionsverhaltens der Unternehmen in Resonanz auf Änderungen des Produktionsvolumens, erst sekundär als technische Relation.

F.G.

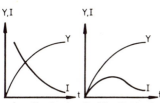

naiver Akzelerator   flexibler Akzelerator

**Allgemeine Kreditvereinbarungen (AKV)** (General Arrangement to Borrow; GAB) Abkommen vom 5. 1. 1962 zwischen dem → Internationalen Währungsfonds und 10 wichtigen Industrieländern (→ Zehnergruppe), wonach diese dem Fonds bei Bedarf Kredite *in ihren Währungen* bis zu einem Gesamtvolumen von ca. 6 Mrd. SZR (davon BRD: ca. 1 Mrd. SZR) und einer Laufzeit von 5 Jahren auf Abruf zur Verfügung stellen. Dadurch sollte dem Fall vorgebeugt werden, daß die aus der Subskription stammenden Fondsbestände an konvertiblen Währungen für die Erfüllung von Ziehungswünschen der beteiligten 10 Länder nicht ausreichen (→ internationale Liquidität). D.S.

**Allgemeines Zoll- und Handelsabkommen**
(General Agreement on Tariffs and Trade; GATT)
Vorgeschichte und Gründung: Während der Genfer Tagung der Internationalen Konferenz über Handel und Beschäftigung (1947), einer der beiden Konferenzen, die zur endgültigen Formulierung der → Ha-

vana-Charta (1948) führten, wurde vereinbart, einen Teil dieser Charta, vorwiegend Zollsenkungen betreffend und unter Aussparung der besonders für die → Entwicklungsländer relevanten Abschnitte, vorweg in Kraft zu setzen. Der Grund dafür war, daß sich zwischen einigen der beteiligten Länder (insbes. USA und Großbritannien) bereits Gegensätze abzeichneten, die ein rasches Inkrafttreten der Charta unsicher erscheinen ließen. 23 Länder (darunter 10 Entwicklungsländer) unterzeichneten am 30. 10. 1947 das GATT. Es trat am 1. 1. 1948 in Kraft. Ende 1973 waren 99 Staaten GATT-Mitglieder (einschl. der vorläufigen und de facto-Teilnehmer). Die BRD wurde 1950 Vollmitglied.
Ziele des GATT: Hebung des → Lebensstandards und Verwirklichung der → Vollbeschäftigung in allen beteiligten Ländern durch Ausweitung des Welthandels. Dem dafür erforderlichen Abbau von Zollmauern und quantitativen Handelsbeschränkungen liegen im wesentlichen folgende Prinzipien zugrunde:
a) → Meistbegünstigung und Nichtdiskriminierung. Ausnahmen: Zollunionen und Freihandelszonen (→ Integration).
b) Grundsätzliches Verbot mengenmäßiger Beschränkungen (→ Kontingente). Auch hier können Ausnahmeregelungen gewährt werden.
c) Verbot jeder Verschärfung bestehender oder Einführung neuer Handelsbeschränkungen. Die Erlaubnis dazu wird i.d.R. nur gegeben, wenn es gleichzeitig bei anderen Produkten zu einem Abbau des Handelshemmnisse kommt. Ausnahmen von den drei Prinzipien sind insbes. den Entwicklungsländern gewährt worden.
Aktivitäten: Bisher fanden mehrere Zollsenkungs-Runden statt. Davon waren multinational besetzt: Genf (1947), Annecy (1949), Torquay (1951), Genf (1956), DILLON-Runde (1960–61), → KENNEDY-Runde (1964–67). Daneben gab es zahlreiche bilaterale Verhandlungen. Gemessen am Handelsvolumen, auf das sich die Zollsenkungen beziehen, war die KENNEDY-Runde die erfolgreichste. Für 1974 war der Beginn einer NIXON-Runde geplant.

Trotz der Multinationalität vieler Runden wurden die Verhandlungen bis einschl. der DILLON-Runde im wesentlichen bilateral und produktweise geführt. Das zeigte sich auch in der Anwendung der »Regel des Hauptlieferlandes«, die besagt, daß zwei Länder für diejenigen Gütergruppen Zollsenkungen aushandeln, bei denen sie jeweils Hauptlieferant des Partners sind. Da auf diese Weise ein gegenseitiges Interesse an Einfuhrerleichterungen besteht, sind die Zollsenkungen besonders groß. Dabei wurden allerdings die »sensiblen« Produkte weitgehend ausgespart. Gerade in diesen Warengruppen aber sind die Entwicklungsländer oft Hauptlieferanten; sie haben daher vom GATT bisher kaum profitiert. Erst auf der KENNEDY-Runde wurden lineare, multinationale Zollsenkungen vereinbart.

Die stürmische Entwicklung des Welthandels nach dem 2. Weltkrieg – die Zuwachsraten lagen meist über den durchschnittlichen nationalen Wachstumsraten des Bruttosozialprodukts – wäre ohne das GATT nicht denkbar gewesen. R.O.

**Allgemeinverbindlicherklärung**
→ Tarifvertrag

**Allokation**
Zuweisung der relativ zu den → Bedürfnissen der Wirtschaftssubjekte begrenzten Mittel auf alternative produktive Verwendungen. Das aus der → Knappheit entspringende Allokationsproblem läßt sich in folgende (für alle → Wirtschaftssysteme gültige) Fragen fassen: Welche Güter werden von wem in welchen Mengen produziert? Welche Produktionsfaktoren werden in welcher Kombination und bei welchem Produktionsverfahren eingesetzt? Kriterium ist die technische und wirtschaftliche → Effizienz des Faktoreinsatzes.

Das Problem der optimalen Allokation wird im Modell der → vollständigen Konkurrenz durch den → Preismechanismus gelöst, im Modell der → Zentralverwaltungswirtschaft durch den zentralen Wirtschaftsplan. In den in der Realität vorzufindenden Mischsystemen erfolgt die Steuerung des Wirtschaftsprozesses teils durch staatliche Lenkung, teils durch Marktmechanismen. R.W.

**Alternativkosten**
→ opportunity costs

**AMOROSO-ROBINSON-Relation**
Beziehung zwischen → Grenzumsatz (dU/dx) bzw. → Grenzausgabe (dA/dx), Preis (p) und → direkter Preiselastizität der Nachfrage ($\varepsilon_{x,p}$):

$$dU/dx = (dA/dx) = p(1 + 1/\varepsilon_{x,p}).$$

**Analyse**
Untersuchungs- oder Beschreibungsformen und -techniken (wirtschafts-)wissenschaftlicher Probleme innerhalb eines vorgegebenen methodologischen Rahmens.

In der → Volkswirtschaftslehre werden vorwiegend fünf (Gegensatz-)Paare solcher Untersuchungsformen unterschieden:

a) Total- und Partialanalyse: Werden im Rahmen eines gesamtwirtschaftlichen Modells *alle* relevanten Fragen behandelt, so spricht man von einer Totalanalyse. Tatsächlich handelt es sich hierbei um eine Idealisierung. Da jede wirtschaftswissenschaftliche Fragestellung in einen gesellschaftspolitischen Rahmen eingebettet ist und dieser wiederum Teil des umfassenderen physikalischen Geschehens ist, ist eine Totalanalyse im strengen Sinne nicht möglich.

Werden dagegen *bewußt* und *explizit* nur Teilaspekte eines (wirtschafts-)wissenschaftlichen Problems behandelt, so liegt eine Partialanalyse vor (z. B. wenn nur ein einzelner → Wirtschaftssektor oder → Markt Gegenstand der Analyse ist oder wenn z. B. nur der Einkommenseffekt einer Investitionserhöhung, nicht aber der Kapazitätseffekt untersucht wird).

Eine spezielle Form der Partialanalyse liegt vor, wenn im Rahmen eines Modells mit mehreren Variablen lediglich die Wirkung der Änderung einer Variablen auf eine andere Variable untersucht wird, während man die übrigen Modellgrößen als Parameter betrachtet, also annimmt, daß sie sich gegenüber der Änderung indifferent verhalten (sollen). Diese Isolierung eines Ursache-Wirkungs-Zusammenhangs zwischen zwei Modellvariablen bei Konstanz aller anderen wird als ceteris-paribus-Annahme, -Bedingung oder -Klausel bezeichnet.

b) Mikroökonomische und makroökonomische Analyse: Die Mikroanalyse befaßt sich mit den Wahlhandlungen von Entscheidungseinheiten, die in Haushalte und Unternehmen getrennt werden, woraus sich als ihre Schwerpunkte die → Haushaltstheorie und die Theorie des Unternehmens ergeben. Haushalte und Unternehmen sind idealtypische Konstrukte und haben wenig Ähnlichkeit mit der Wirklichkeit. Ihr Verhalten und die für ihre Entscheidungen relevanten Zusammenhänge werden durch mikroökonomische Relationen beschrieben. In der Analyse wird Rationalität der Entscheidungsträger im Sinne der Maximierung einer Zielfunktion unterstellt: Die → Nachfragefunktion eines Haushalts wird aus der Maximierung einer → Nutzenfunktion abgeleitet und die → Angebotsfunktion eines Unternehmens aus einer → Produktionsfunktion bei → Gewinnmaximierung. Die mit dem einzelwirtschaftlichen Maximierungsstreben und den → Marktformen erklärte → Preisbildung zählt ebenfalls zur mikroökonomischen Analyse.

Die Mikroökonomik ist typischer Anwendungsbereich der Partialanalyse sowie der → Marginalanalyse. Die Kritik an der neoklassischen Mikroökonomik richtet sich gegen die Maximierungshypothese, die als empirisch nicht nachprüfbare Leerformel aufgefaßt wird. Außerdem setzen die Modelle stetige und differenzierbare Funktionen voraus und damit unendliche Teilbarkeit der Güter und Produktionsfaktoren. Ein weiterer Kritikpunkt ist die Annahme vollständiger Information der Entscheidungseinheiten. Die neoklassische Mikroökonomik ist nach Ansicht der Kritik auf Entscheidungslogik innerhalb des Modells abgestellt und liefert keine Theorie wirtschaftlichen Verhaltens.

Die Makroanalyse befaßt sich mit gesamtwirtschaftlichen Größen, die nach institutionellen Gesichtspunkten als → Wirtschaftssektoren (z. B. Haushaltssektor, Unternehmenssektor, Staatssektor) gebildet werden oder als funktionelle Aggregate (z. B. Volkseinkommen, Konsum, Investition). Die Globalgrößen werden durch → Aggregation mikroökonomischer Größen gewonnen, wodurch sich die Analyse auf wenige Variable reduziert. Die Beziehungen zwischen den gesamtwirtschaftlichen Größen werden durch Makrorelationen zum Ausdruck gebracht. Die Makroanalyse ist überwiegend Totalanalyse.

Makro- und Mikroanalyse stellen keinen Gegensatz dar, vielmehr sind die Aggregate und deren Veränderungen mikroökonomisch zu erklären.

c) Statische und dynamische Analyse: Die statische Analyse bezieht sich auf Zusammenhänge ökonomischer Größen, die entweder unabhängig vom Zeitablauf sind oder nur in *einem* bestimmten Zeitpunkt bzw. *einer* Periode Gültigkeit haben. Statische Modelle haben die Aufgabe, strukturelle Gegebenheiten des realen Systems nachzubilden. Sie besitzen den Vorzug verhältnismäßig einfacher Datenbeschaffung und leichter Handhabung.

Die dynamische Analyse wird dagegen zur Untersuchung der Zeitabhängigkeit bzw. der zeitlichen Veränderung von ökonomischen Zusammenhängen und Größen eingesetzt. Die »Zeit« wird demnach als ökonomisch relevante Größe explizit in die Untersuchung mit einbezogen. Das Systemverhalten im Zeitablauf wird in ökonomischen Modellen z. B. von Variablen gesteuert, die unmittelbar zeitabhängig sind. So kann etwa der → technische Fortschritt als Funktion der Zeit dargestellt werden. Andere dynamische Elemente sind durch → lags formalisiert. Der Konsum kann z. B. durch den Konsum der Vorperiode und/oder durch das oder die in der Vergangenheit erzielten Einkommen erklärt werden (→ Konsumfunktion). Bei → Investitionsfunktionen nach dem → Akzelerationsprinzip wird die Investition durch zurückliegende Einkommensänderungen bestimmt.

Ein ernsthaftes Problem der dynamischen Modellbildung liegt grundsätzlich in der schwierigen Datenbeschaffung, welche auf die Vergangenheit zurückgreifen muß. Die Modelle sind auch mathematisch komplizierter.

Bei der komparativ-statischen Analyse wird eine Ausgangssituation mit einer Endsituation verglichen, die durch Variation verschiedener Größen aus der Ausgangssituation entstanden ist, ohne daß man sich gleichzeitig für den sich zwischen den beiden Zeitpunkten abspielenden dynamischen Anpassungsprozeß interessiert (z. B. Vergleich zweier alternativer Gleichgewichtssituationen).

d) Ex-post- und ex-ante-Analyse: Das von Gunnar MYRDAL (1927) eingeführte Begriffspaar kennzeichnet zwei Gruppen von ökonomischen Variablen. Ex-post-Größen sind realisierte Größen (z. B. das Sozialprodukt von 1973). Ex-ante-Größen sind Plan-, Ziel- oder Erwartungsgrößen.

Entsprechend beschäftigt sich die ex-post-Analyse mit der Definition, Klassifikation und empirischen Erfassung von wirtschaftlichen Variablen. Kernstück der ex-post-Analyse sind somit definitorische Zusammenhänge, Aufgabe ist die Beschreibung der Ergebnisse der Wirtschaftsaktivität einer abgelaufenen Periode und ihre Zusammenstellung in Form von volkswirtschaftlichen Rechenwerken (z. B. volkswirtschaftliche → Vermögensrechnung, → Volkswirtschaftliche Gesamtrechnung, → Finanzierungsrechnung, → Input-Output-Tabelle, → Zahlungsbilanz).

Die ex-ante-Analyse untersucht hingegen die Einflußfaktoren, welche Höhe und Veränderung der wirtschaftlichen Variablen bestimmen. Kernstück der ex-ante-Analyse sind Verhaltenshypothesen, ihr Zweck die modellhafte Erklärung des Wirtschaftsprozesses und seiner Ergebnisse (z. B. in → makroökonomischen Modellen).

Ex-post- und ex-ante-Betrachtung sind als komplementäre wirtschaftswissenschaftliche Fragestellungen zu verstehen; beide sind gleichermaßen Grundlage für → Diagnose und Prognose sowie für Theorie und Praxis der wirtschaftspolitischen Entscheidungen.

e) Bewegungs- und Bestandsanalyse: Die Bewegungsanalyse beschäftigt sich mit wirtschaftlichen → Stromgrößen, die Bestandsanalyse mit wirtschaftlichen → Bestandsgrößen. Danach ist z. B. zwischen Bewegungs- und Bestandsmärkten zu unterscheiden. Die zugehörigen Angebots- und Nachfragefunktionen sowie Gleichgewichtsbedingungen sind streng nach Märkten zu trennen, sollen keine dimensionsanalytischen Schwierigkeiten heraufbeschworen werden.

Häufig liegen jedoch Bewegungs- und Bestandsaspekte eng beisammen, so z. B. wenn Güter sowohl für Konsumzwecke als auch für Vorratshaltung begehrt sind oder aus laufender Produktion und aus Lägern angeboten werden. Es wäre unkorrekt, solche Märkte konzeptionell getrennt, einmal unter Bewegungs-, einmal unter Bestandsgesichtspunkten zu beschreiben. Andererseits setzt ein integrales Modell geeignete Transformationen voraus: Für ein bestimmtes Gut gelte unter Bestandsgesichtspunkten die Nachfragefunktion $X = X(p)$; sie behauptet einen Zusammenhang zwischen gewünschtem Bestand $X$ und dem Preis $p$. Häufig wird es gerechtfertigt sein, zwischen gewünschtem Bestand und beabsichtigter Bestandsänderung $x$ ebenfalls eine Beziehung herzustellen: $x = f[X]$. Für das in Rede stehende Gut kann also auch eine Nachfragefunktion unter Bewegungsgesichtspunkten gefunden werden: $x = f[X(p)] = x(p)$. Erst diese Nachfragefunktion kann mit einer anderen Nachfragefunktion $x = x^*(p)$, die z. B. konsumtive Verwendungsabsichten für das gleiche Gut zum Ausdruck bringt, zusammengefaßt werden.

Die Beziehung zwischen Bestands- und Bewegungsnachfrage ist i. d. R. komplizierter sein: Gehen wir erneut von der Bestandsnachfragefunktion (auch Bestandshaltefunktion genannt) $X = X(p)$ aus, so ist aus einer Preisänderung der Bestandsänderungswunsch $X(p_1) - X(p_0)$ abzuleiten. Dieser Bestandsänderungswunsch wird meist nicht sogleich in vollem Umfang verwirklicht (z. B. weil man weiß, daß die Lieferindustrie überfordert wäre). Es sind also zu einem bestimmten Zeitpunkt herrschende längerfristige und kurzfristige Bestandsänderungsabsichten zu unterscheiden. Die auf dem Hintergrund der längerfristigen Bestandsänderungsabsicht angestrebte kurzfristige Bestandsänderung lautet formalisiert:

$$x_1 = f[X(p_1) - X(p_0)].$$

Da $x_1$ die Bestandsänderungsnachfrage für eine bestimmte Periode mit dem Anfangsbestand $X_0 = X(p_0)$ und dem Marktpreis $p_1$ ist, kann man auch schreiben:

$$x_1 = x(p_1, X_0).$$

Die Argumentation kann z.B. auf die Nettoinvestitionen (abhängig von Zinssatz und Kapitalstock) angewandt werden. Die vorausgegangene Argumentation trifft für die Beziehung zwischen Ersatzinvestition und Kapitalstock (resp. Zinssatz) zu.

Über die in a) bis e) aufgeführten Analyseformen hinaus gibt es noch eine Vielzahl weiterer im Hinblick auf eine sehr spezielle Technik oder Methode definierten Analysearten, z.B. → Marginalanalyse, Gleichgewichtsanalyse (→ Gleichgewicht), Kreislaufanalyse (→ Wirtschaftskreislauf).

P.Ku.

**Angebotsfunktion**
a) mikroökonomische Angebotsfunktion: Beziehung zwischen geplanter Angebotsmenge eines Unternehmens oder einer Industrie und dem erwarteten Marktpreis.
Bei → vollständiger Konkurrenz und → Gewinnmaximierung gilt die Output-Regel: Grenzkosten gleich Preis. Die Grenzkostenfunktion ist also (nach unten begrenzt durch das Minimum der variablen Durchschnittskosten) gleich der individuellen Angebotsfunktion. Addiert man bei gegebenem Preis die Angebotsmengen der einzelnen Unternehmen, gelangt man zur kollektiven Angebotsfunktion für ein bestimmtes Gut.
b) Z-Funktion: Beziehung zwischen erwartetem Wertprodukt (z.B. Nettoproduktionswert) und geplantem Faktoreinsatz. Bei kurzfristiger Betrachtung ist nur der Arbeitsaufwand variabel. Für das einzelne Unternehmen gilt dann bei vollständiger Konkurrenz und Gewinnmaximie-

rung die Input-Regel: Wertgrenzprodukt gleich Faktorpreis. In graphischer Darstellung findet man die gewinnmaximale Kombination von Wertprodukt und Beschäftigung durch die parallel zur Lohngeraden L verlaufende Tangente T an die Wertproduktkurve W. Die Verbindung der Tangentialpunkte bei einer durch unterschiedliche Produktpreise ausgezeichneten Schar von Wertproduktkurven ($W_p$, $W_q$) ergibt die sog. Z-Funktion eines Unternehmens oder einer Industrie (Abb.).
c) gesamtwirtschaftliche Angebotsfunktion: Kennt man die Z-Funktionen aller Industrien und ist der Anteil des Nettoproduktionswertes jeder Industrie am Bruttoinlandsprodukt für alle in Betracht kommenden Werte bekannt, kann man die Gesamtangebotsfunktion entwickeln. Sie stellt eine Beziehung zwischen der erwarteten Höhe des Bruttoinlandsprodukts und der Beschäftigung (bei variablem Preisniveau) her. Sie unterscheidet sich von der 45°-Geraden des keynesianischen Standardmodells durch ihren ex-ante-Charakter, d.h. die Berücksichtigung der unternehmerischen Motivation.

F.G.

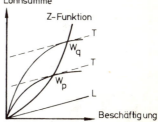

**Angebotsmonopol**
ein großer Anbieter (Monopolist) und zahlreiche kleine Nachfrager (die nicht auf Substitute ausweichen können) auf einem vollkommenen oder unvollkommenen Markt (→ Marktformen).
Der Monopolist legt seiner Gewinnplanung die gesamte (negativ geneigte) → Preis-Absatz-Funktion zugrunde (und nicht einen einzelnen Preis wie ein Anbieter bei → vollständiger Konkurrenz). Ge-

winnmaximaler Preis und Menge erfordern, daß die Bedingung 1. Ordnung Grenzumsatz = Grenzkosten ($U' = K'$) und die Bedingung 2. Ordnung Steigung der Grenzumsatzkurve < Steigung der Grenzkostenkurve ($U'' < K''$) erfüllt sind.
Bei geometrischer Darstellung (Abb.) ist die Bedingung 1. Ordnung im Schnittpunkt $C'$ der Grenzumsatz- und Grenzkostenkurve gegeben; die Bedingung 2. Ordnung ist verwirklicht, wenn links vom Schnittpunkt beider Kurven die Grenzumsatzkurve über der Grenzkostenkurve verläuft (was auch bei negativer Steigung der Grenzkostenkurve möglich ist). Der auf die Preisabsatzkurve gelotete Schnittpunkt (C) der Grenzumsatz- und Grenzkostenkurve bezeichnet den gewinnmaximalen Preis (Monopolpreis $p_m$) und die gewinnmaximale Menge (Monopolmenge $x_m$) des Monopolisten und wird COURNOT'scher Punkt (Augustin COURNOT, 1838) genannt. Der Monopolgewinn ist die Differenz zwischen Preis und → Stückkosten (STK) multipliziert mit der Menge.

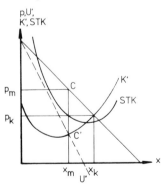

Der Monopolist wird sich i.d.R. als → Preisfixierer verhalten (obwohl er auch als → Mengenfixierer auftreten könnte). Für die (zahlreichen kleinen) Anbieter ist der Preis dann Datum und sie verhalten sich als → Mengenanpasser. Der Monopolist wird auf einem vollkommenen Markt aufgrund seiner Kenntnis der Preis-Absatz-Funktion

(vollständige → Markttransparenz) die zum gesetzten Preis nachgefragte Menge anbieten, so daß ein Marktgleichgewicht (angebotene Menge = nachgefragte Menge) zustande kommt. Während auf einem vollkommenen Markt nur ein Preis für das Monopolgut verrechnet werden kann, hat auf einem unvollkommenen Markt der Monopolist durch → Preisdifferenzierung die Möglichkeit, einen höheren Gewinn zu erzielen.
Unter der kaum haltbaren Annahme, daß die Grenzkostenkurve des Monopolisten auch die Gesamtangebotskurve (gewonnen durch → Aggregation der individuellen Grenzkostenkurven kleiner Anbieter) bei → vollständiger Konkurrenz wäre, ergäbe sich bei dieser Marktform der (durch den Schnittpunkt der Angebots- und Nachfragekurve bestimmte) Konkurrenzpreis $p_k$ und die Konkurrenzmenge $x_k$. Ein Vergleich zeigt einen höheren Monopolpreis und eine geringere Monopolmenge, einer der Gründe dafür, ein unkontrolliertes Monopol als unerwünschte Marktform zu betrachten.
Maßnahmen der staatlichen → Wettbewerbspolitik sowie die öffentliche Meinung können einen Monopolisten an der Verwirklichung seines Gewinnmaximums hindern. Bei freiem → Marktzutritt und ohne staatlichen Schutz (→ Zoll, Einfuhrverbote, → Patente) hat in modernen Volkswirtschaften ein Monopolist langfristig mit dem Auftreten von neuen Anbietern und → Substitutionswettbewerb zu rechnen. Ein Monopol kann durch Forschung, Anwendung des → technischen Fortschritts und Massenproduktion Vorteile für die Nachfrager bringen. Verschiedentlich wird daher → Mißbrauchsaufsicht einer Auflösung von Monopolen vorgezogen.

H.M.W.

**Angebotsoligopol**

wenige Anbieter (wobei auf jeden ein nicht unbeachtlicher Anteil des Gesamtangebots entfällt) und zahlreiche kleine Nachfrager auf einem vollkommenen oder unvollkommenen Markt (→ Marktformen). Jeder Anbieter übt mit seinen Maßnahmen (z.B. Mengen- oder Preisänderungen) starken Einfluß auf die Parameter der anderen

Anbieter aus und unterliegt seinerseits deren möglichen Reaktionen (oligopolistische Interdependenz). Sein Gewinn hängt daher nicht nur von seinen eigenen, sondern auch von den Aktionsparametern (z. B. Mengen oder Preise) der anderen Anbieter ab.

Die Annahme der → Gewinnmaximierung reicht zusammen mit der Marktform beim Oligopol nicht zur Erklärung der → Preisbildung aus; hierzu sind weitere Annahmen über die Strategien der Anbieter erforderlich. So wurden für das → Dyopol (nur zwei Anbieter) als einfachster Form des Angebotsoligopols für gewisse Strategien der Anbieter Preis und Menge abgeleitet.

Ein neuer Ansatz ergab bei Preisstrategie beim Dyopol auf einem unvollkommenen Markt ein Gleichgewichtsgebiet von Kombinationen der Preise beider Anbieter, in dem keiner der Anbieter unter Berücksichtigung der Reaktionen des anderen an Preisänderungen interessiert ist. Auch die → Spieltheorie wird auf das Oligopolproblem angewendet.

Mit dem Gleichgewichtsgebiet oder dem älteren Konzept der → geknickten Preisabsatzkurve (kinky demand curve) kann die auf Oligopolmärkten häufig zu beobachtende Preisstarrheit erklärt werden.

Die Gewinnschmälerung durch die Konkurrenten kann einen Oligopolisten zur Verdrängungsstrategie veranlassen (um ggf. Monopolist zu werden), woraus ruinöser → Wettbewerb entstehen kann. Andererseits begünstigt diese Marktform vertragliche (→ Kartelle) oder stillschweigende → Wettbewerbsbeschränkungen (z. B. → abgestimmte Verhaltensweisen, → parallel pricing. → Preisführerschaft).

Die Marktform des Oligopols wird v. a. wegen der Gefahr von → Wettbewerbsbeschränkungen, der damit verbundenen Möglichkeit des Mißbrauchs wirtschaftlicher → Macht, der Verschwendung von Produktionsfaktoren durch übertriebene → Qualitätskonkurrenz und den Verzicht auf → Preiswettbewerb als volkswirtschaftlich unerwünscht betrachtet. Demgegenüber wird darauf hingewiesen, daß Wettbewerb zwischen Anbietern und eine entsprechende Betriebsgröße erst Forschung und Entwicklung herausfordern bzw. ermöglichen. Nach dem Konzept des → funktionsfähigen Wettbewerbs erfüllen daher Oligopole mit einer nicht zu kleinen Anzahl von Anbietern am ehesten die Voraussetzungen für die dynamischen Funktionen des Wettbewerbs.  H.M.W.

## Ankaufsätze

in Prozent und per annum ausgedrückte Zinssätze, welche die → Deutsche Bundesbank der Berechnung des Rückkaufpreises von → Geldmarktpapieren zugrundelegt, die vor Fälligkeit von den → Banken zurückgegeben werden. Sie werden im Gegensatz zu den → Abgabesätzen nicht veröffentlicht, liegen aber über den Abgabesätzen und werden je nach Marktlage, geldpolitischen Zielsetzungen und Art der Papiere variiert.  V.B.

## Anlageinvestitionen

Änderungen beim volkswirtschaftlichen → Anlagevermögen (dauerhafte, reproduzierbare, sachliche Produktionsmittel).

a) Bruttoanlageinvestitionen: Käufe neuer Anlagen (einschl. eingeführter und selbsterstellter Anlagen) plus Saldo der Käufe und Verkäufe von gebrauchten Anlagen und Land.

b) Nettoanlageinvestitionen: Bruttoanlageinvestitionen minus → Abschreibungen.

Die Bruttoanlageinvestitionen in der BRD (in jeweiligen Preisen) stiegen von 18,7 Mrd. DM 1950 auf 230 Mrd. DM 1973; ihr Anteil an der Bruttoinvestition betrug 1973 ca. 96%, ihr Anteil am Bruttosozialprodukt zu Marktpreisen ca. 25%.

## Anlagevermögen

1. Im betriebswirtschaftlichen Sinn: Vermögensobjekte, die dem Unternehmen dauerhaft zur Verfolgung des Unternehmenszwecks zur Verfügung stehen und deren Veräußerung zur Umsatzerzielung nicht vorgesehen ist.
Gliederung (§ 151 AktG):
a) Sachanlagen und immaterielle Anlagewerte: 1. Grundstücke und grundstücks-

gleiche Rechte mit Geschäfts-, Fabrik- und anderen Bauten; 2. Grundstücke und grundstücksgleiche Rechte mit Wohnbauten; 3. Grundstücke und grundstücksgleiche Rechte ohne Bauten; 4. Bauten auf fremden Grundstücken, die nicht zu Nummer 1 oder 2 gehören; 5. Maschinen und maschinelle Anlagen; 6. Betriebs- und Geschäftsausstattung; 7. Anlagen im Bau und Anzahlungen auf Anlagen; 8. Konzessionen, gewerbliche Schutzrechte und ähnliche Rechte sowie → Lizenzen an solchen Rechten.
b) Finanzanlagen: 1. Beteiligungen; 2. Wertpapiere des Anlagevermögens, die nicht zu Nummer 1 gehören; 3. Ausleihungen mit einer Laufzeit von mindestens vier Jahren.
2. Bei der Aggregation einzelwirtschaftlicher Bilanzen zu sektoralen volkswirtschaftlichen → Vermögensrechnungen wird das betriebswirtschaftliche Anlagevermögen wie folgt aufgeteilt: Die Positionen a 1 bis einschl. a 7 werdem dem → Sachvermögen (Untergruppe Anlagevermögen) zugerechnet. Die Position a 8 wird als (negative) Komponente des → Reinvermögens behandelt. Alle Positionen b erscheinen als → Forderungen.
3. In volkswirtschaftlichen Vermögensrechnungen: Wert der dauerhaften, reproduzierbaren, sachlichen Produktionsmittel im Bestand einer Wirtschaftseinheit oder der Volkswirtschaft. Als dauerhaft gelten grundsätzlich alle Vermögensobjekte mit einer Nutzungsdauer von mehr als einem Jahr. Nicht als Produktionsmittel im Sinne der Vermögensrechnung (im Anschluß an die → Volkswirtschaftliche Gesamtrechnung) zählen dauerhafte militärische Güter und dauerhafte Güter, deren Anschaffung als privater Verbrauch registriert wird.
Gliederung:
a) Bauvermögen (Wert von Gebäuden, Verkehrsbauten, Staudämmen, Leitungen, Forsten, Plantagen, Parks usw.);
b) Ausrüstungsvermögen (Wert von Maschinen, Fahrzeugen, Ausstattungen usw., die mit Bauten nicht fest verbunden sind).
Das Anlagevermögen wird als Brutto- und Nettowert ausgewiesen:

a) Bruttoanlagevermögen: Wert aller am Rechnungsstichtag vorhandenen Bauten und Ausrüstungen zum Neuwert. Es läßt sich durch Inventur oder durch → Bestandsfortschreibung nach der Formel

Anfangsbestand (brutto) + Zugänge − Abgänge = Endbestand (brutto)

errechnen.
Die Zugänge sind die (kumulierten) Bruttoanlageinvestitionen (→ Investition). Die Abgänge werden nach einer weitgehend hypothetischen Abgangsfunktion (→ Überlebensfunktion) bestimmt.
b) Nettoanlagevermögen: Wert aller am Rechnungsstichtag vorhandenen Bauten und Ausrüstungen zum Effizienzwert, der die verbliebene Leistungsfähigkeit in Anbetracht des produktionsbedingten → Kapitalverschleißes zum Ausdruck bringt. Es wird aus der Formel

Anfangsbestand (netto) + Zugänge − Abschreibungen = Endbestand (netto)

bestimmt.
Die (kumulierten) → Abschreibungen werden i. d. R. unter der Annahme einer linearen Wertminderung während der gesamten Nutzungsdauer kalkuliert. Der Saldo von Zugängen und Abschreibungen ist die aus der → Volkswirtschaftlichen Gesamtrechnung zu entnehmende Nettoanlageinvestition (→ Anlageinvestition).
Die zur Bewertung des Anlagevermögen benötigten Preise können Anschaffungspreise, Preise eines zurückliegenden Basisjahres oder (Wiederbeschaffungs-)Preise am Bewertungsstichtag sein.
a) Bei einer Bewertung zu Anschaffungspreisen erscheinen gleiche Vermögensgegenstände mit unterschiedlichem Gewicht im Gesamtwert des Anlagevermögens, sofern Preisänderungen stattgefunden haben. Diese für viele Verwendungszwecke des Anlagevermögens inadäquate Gewichtung wird bei den übrigen Preiskonzepten vermieden.
b) Bei der Bewertung zu konstanten Preisen werden alle Anlagegüter mit dem Preis des Basisjahres angesetzt. Ein Vergleich der jährlich ermittelten Werte läßt die

mengenmäßige Änderung des Anlagebestandes erkennen.

c) Bei der Bewertung zu Wiederbeschaffungspreisen werden alle Anlagegüter mit dem Preis am Rechnungszeitpunkt angesetzt. Im Gesamtwert des Anlagevermögens sind zwar gleichartige Anlagegüter unabhängig vom Jahr der Anschaffung mit demselben Preis erfaßt, aber dieser variiert mit der Inflationsrate von Rechnungsstichtag zu Rechnungsstichtag. Darum kommt im Anlagevermögen zu Wiederbeschaffungspreisen ein Mengen- und Preiseffekt zum Ausdruck. In der Fortschreibungsformel erscheint daher eine Inflations- bzw. Deflationsmarge.   F.G.

**Anleihen** → Staatsverschuldung

**Anrechnungsverfahren**
→ Körperschaftsteuer

**Anwartschaftsdeckungsverfahren**
→ Versicherung

**Arbeit**
auf Wertschöpfung gerichtete körperliche und geistige Tätigkeit des Menschen. Neben der Schaffung ethischer (altruistische Handlungsmotive: Pflege von Kranken) und ästhetischer Werte (Arbeit des Künstlers) richtet sich der Hauptteil menschlicher Tätigkeit auf die zur Sicherung des Lebensunterhaltes notwendige Schaffung ökonomischer Werte. In diesem letzten Sinne wird der Begriff der Arbeit in der Wirtschaftswissenschaft definiert als die auf ein wirtschaftliches Ziel (Bedarfsdeckung) gerichtete, bewußte Tätigkeit des Menschen.

Da die meisten der zur Befriedigung der → Bedürfnisse notwendigen Güter nur im Rahmen eines technischen Prozesses mit Hilfe menschlicher Arbeit zu produzieren sind, ist Arbeit wichtigster Produktionsfaktor innerhalb des Produktionsprozesses. Gegenüber dem »abgeleiteten« Produktionsfaktor → Kapital, der mittels Arbeit erst erzeugt werden muß, ist die Arbeit ein »elementarer« oder »ursprünglicher« Produktionsfaktor. Die besondere soziale Problematik der menschlichen Arbeit resultiert zum einen aus der Verbindung des Produktionsfaktors Arbeit mit dem Menschen (Träger der Arbeit), zum anderen aus der die → Produktivität der Arbeit erhöhenden Arbeitsteilung (→ Spezialisierung), die am Produktionsprozeß zu einem gesellschaftlichen Vorgang werden läßt. So kann z.B. die zunehmende Mechanisierung des Arbeitsprozesses bei den Arbeitnehmern zu einem hohen Maß an Fremdbestimmung und Weisungsgebundenheit führen und damit Anlaß sozialer Spannungen sein.

→ Arbeitsangebot und → Arbeitsnachfrage (physische Begrenzung des → Arbeitsvermögens des einzelnen Menschen, Freizeitnutzen, nahezu unbegrenzte Bedürfnisse nach Gütern, die nur mit menschlicher Arbeit herzustellen sind) orientieren sich auf den verschiedenen → Arbeitsmärkten (Märkte für bestimmte Arten und Qualitäten von Arbeit: Industrie- und landwirtschaftliche Arbeit, gelernte und ungelernte Arbeit) an der Höhe des Arbeitsentgeltes (→ Lohn), dem die Funktion eines Ausgleichsmechanismus zukommt.   T.F.

**Arbeiterselbstverwaltung**
→ Konkurrenzsozialismus

**Arbeitgeberverbände**
Zusammenschlüsse von Unternehmern bzw. Unternehmen zur Wahrnehmung kollektiver Arbeitgeberinteressen, insbes. durch Abschluß von → Tarifverträgen (Abgrenzung gegenüber anderen Unternehmensverbänden).

In der BRD haben sich die Arbeitgeber zu regionalen Verbänden zusammengeschlossen, die in erster Linie als Industrieverbände nach fachlichen Gesichtspunkten (Fachverbände) organisiert sind, z.T. aber auch in Form von sog. gemischt-gewerblichen Verbänden verschiedene Zweige der Wirtschaft umfassen. Die regionalen Verbände sind ihrerseits in Zentralverbänden für die gesamte BRD oder in Landesverbänden zusammengeschlossen (z.Z. 43 fachliche Spitzenverbände und 12 überfachliche Landesverbände). Dachorganisation ist die Bundesvereinigung der deutschen Arbeitgeberverbände (BDA) mit Sitz in Köln. Insgesamt sind etwa 90 % der privaten Unternehmen (einschl. der landwirtschaftlichen Betriebe) in den einzelnen Arbeitgeberverbänden organisiert. T.F.

## Arbeitnehmersparzulage

→ Vermögensbildungsgesetz

## Arbeitsangebot

in der ökonomischen Analyse: Angebot von Arbeitsstunden pro Zeiteinheit. In einem weiteren Sinne umschließt das Arbeitsangebot auch die Intensität der → Arbeit, d. h. die Arbeitseinheit wird ausgedrückt durch den Energieaufwand der Arbeit. Demnach steigt das Angebot an Arbeit, wenn die Arbeitskräfte schwerer als vorher arbeiten.

Das gesamtwirtschaftliche Angebot an Arbeit wird von zwei Größen bestimmt:

a) Zahl der im Inland vorhandenen Arbeitskräfte. Sie ist abhängig von der Größe der inländischen Bevölkerung, von demographischen Faktoren (Altersaufbau, Bildungsniveau, Anteil der Geschlechter usw.) und von der Zahl der ausländischen Arbeitskräfte im Inland (→ Ausländerbeschäftigung);

b) durchschnittliche Arbeitszeit pro Zeitperiode.

Das Arbeitsangebot des Einzelnen ist ebenfalls von mehreren Faktoren abhängig: Höhe des Arbeitsentgeltes, gesamtes Familieneinkommen, Geld- und Sachvermögensbestand, Arbeitsfähigkeit, Arbeitswilligkeit, Arbeitsbedingungen usw. Eine Änderung dieser Größen und Bedingungen zieht auch eine Änderung des Arbeitsangebotes nach sich.

Das Hauptinteresse der ökonomischen Theorie gilt hier der Beziehung zwischen Lohnsatz (→ Lohn) und individuellem Arbeitsangebot. Bei Konstanz der anderen Bestimmungsfaktoren löst eine Erhöhung des Lohnsatzes zwei gegenläufige Angebotswirkungen (gemessen in Arbeitsstunden) aus. Zum einen kann der Arbeitsanbieter sein bisheriges Einkommen in kürzerer Zeit verdienen. Vorausgesetzt,

daß er mit seinem Einkommen zufrieden war, kann er ohne Einkommensverlust seine Arbeitszeit zugunsten von mehr Freizeit verringern (Einkommenseffekt der Lohnänderung). Sein Arbeitsangebot nimmt ab (»anomaler«, linksgeneigter Bereich der Arbeitsangebotskurve). Zum anderen mag der Anbieter seine Arbeitszeit auf Kosten seiner Freizeit vergrößern, da ihm nun die Mühe zusätzlicher Arbeit durch höheren Lohn entschädigt wird (Substitutionseffekt der Lohnänderung). Die tatsächliche Änderung des individuellen Arbeitsangebotes hängt demnach von der relativen Stärke beider Effekte ab. Im Falle einer Lohnsenkung kann der Einkommenseffekt der Lohnänderung zu einer Erhöhung des Arbeitsangebotes führen. Diese Angebotsreaktion erscheint insbes. dann wahrscheinlich, wenn das Einkommen nahe dem → Existenzminimum liegt oder z. B. Zahlungsverpflichtungen eine Einkommensminderung nicht zulassen.

Mit Rücksicht auf gesetzliche und tarifliche Arbeitszeitregelungen, die eine Änderung der individuellen Arbeitszeit insbes. bei den abhängig Beschäftigten nur im Bereich der Überstunden gestatten, erhält die Theorie der Angebotsanpassung größeren Realitätsgehalt, wenn als Arbeitsanbieter ein Haushalt bzw. eine Familie betrachtet wird. Das Arbeitsangebot der Familie kann z. B. durch die alternative Betätigung der Ehefrau als Hausfrau oder Erwerbstätige variiert werden.

Für eine genaue Analyse des Angebotsverhaltens bei Lohnänderungen empfiehlt sich eine weitere Unterteilung des Arbeitsangebotes für ein Unternehmen, eine Industrie und eine Region. In diesen Fällen erlangt die herrschende → Lohnstruktur und das Ausmaß der → Arbeitsmobilität wesentliche Bedeutung bei der Erklärung der Angebotsreaktionen.

Des weiteren kann zwischen dem kurzfristigen Arbeitsangebot (Konstanz der strukturellen Faktoren) und dem langfristigen (alle Bestimmungsfaktoren können sich ändern, z. B. Bevölkerungsgröße: → ehernes Lohngesetz) unterschieden werden. T.F.

**Arbeitsdirektor** → Mitbestimmung

**Arbeitserlaubnis**
→ Ausländerbeschäftigung

**Arbeitsförderungsgesetz**
→ Arbeitsmarktpolitik; → Arbeitslosigkeit; → berufliche Bildung

**Arbeitsintensität**
Verhältnis von Arbeitsinput und → Kapitalstock. Es besteht eine tautologische Beziehung zwischen Arbeitsintensität, → Arbeitsproduktivität und → Kapitalproduktivität:

$$\frac{A}{K} = \frac{Y}{K} : \frac{Y}{A}$$

(A = Arbeitsinput, K = Kapitalstock,
Y = Output).

**Arbeitskampf**
kollektive Kampfmaßnahmen der Arbeitnehmer oder Arbeitgeber, um durch wirtschaftlichen Druck auf die gegnerische
Partei das Zugeständnis eines Kampfzieles
zu erzwingen. Die wichtigsten Mittel des
Arbeitskampfes sind auf der Seite der Arbeitnehmer der → Streik, auf der Seite der
Arbeitgeber die → Aussperrung.
Das Recht zum Arbeitskampf wird verfas-
sungsrechtlich in Art. 9, Abs. 3 GG respektiert. Da genauere gesetzliche Regelungen fehlen, ist das Arbeitskampfrecht in
der BRD überwiegend durch Entscheidungen des Bundesarbeitsgerichtes als
Richterrecht geschaffen worden. So ist nur
derjenige Arbeitskampf rechtmäßig, der
von den Tarifvertragsparteien durchgeführt wird und dessen Ziel der Abschluß
einer Gesamtvereinbarung im Sinne des
Art. 9, Abs. 3 GG ist. Streiks, die nicht von
der → Gewerkschaft gebilligt oder geführt
werden (wilde Streiks) sind demnach
ebenso unzulässig wie der politische Arbeitskampf, der den Staat in seinem hoheitlichen Funktionsbereich unter Druck
zu setzen versucht. Die Rechtswidrigkeit
von Arbeitskampfmaßnahmen ist allgemein dann festzustellen, wenn Teile der
Rechtsordnung verletzt werden, z. B. das
Beamtenrecht (Beamtenstreik) oder das

Tarifrecht (Friedenspflicht während der
Laufzeit des Tarifvertrages).
Alternativ zur gesellschaftlichen und politischen Funktion staatlicher Zwangsmaßnahmen (Zwangsschlichtung) liegt die Bedeutung des Arbeitskampfes in der freiheitlichen, kämpferischen Austragung sozialer Konflikte.   T.F.

**Arbeitskoeffizient**
Verhältnis zwischen Arbeitseinsatz und →
Output; Inverse zur → Arbeitsproduktivität. Er mißt den Arbeitsaufwand pro Outputeinheit.

**Arbeitskräftepotential**
→ Erwerbstätige

**Arbeitslosenquote**
→ Arbeitslosigkeit

**Arbeitslosenversicherung**
→ Sozialversicherung

**Arbeitslosigkeit**
Nichtbeschäftigung von Arbeitskräften
aufgrund eines bei den geltenden Löhnen
bestehenden Überschußangebots von →
Arbeit.
Die der Arbeitslosenstatistik der → Bundesanstalt für Arbeit zugrunde liegende
Definition lautet: Arbeitslose sind Ar-
beitsuchende, die in der Hauptsache als
Arbeitnehmer tätig sein wollen, nicht ar-
beitsunfähig erkrankt sind und nicht als
Arbeitnehmer, Heimarbeiter, mithelfende
Familienangehörige oder Selbständige tätig sind. Die entsprechend dieser Definition ermittelte Arbeitslosenzahl spiegelt
aber nicht den vollen Umfang der Arbeitslosigkeit, da die sog. »versteckte« Arbeitslosigkeit nicht berücksichtigt ist. Dieser
Begriff umfaßt jene statistisch nicht erfaßten Fälle, in denen
a) Arbeitskräfte mangels Gelegenheit gezwungen sind, einer Teilzeitbeschäftigung
nachzugehen, obwohl sie eine Ganztags-
beschäftigung wünschen;
b) Arbeitskräfte ihren Arbeitsplatz behal-
ten dürfen, obwohl sie dort entbehrlich
wären;
c) Arbeitskräfte, die (ohne sich arbeitslos

zu melden) aus dem Arbeitsprozeß ausscheiden, da ihrer Meinung nach für sie zur Zeit keine Arbeitsgelegenheit besteht.

Die zur Sicherung des gesamtwirtschaftlichen Zieles der → Vollbeschäftigung notwendige Bekämpfung der Arbeitslosigkeit, die je nach ihrer Verursachung unterschiedliche wirtschaftspolitische Maßnahmen erforderlich macht, läßt folgende Klassifizierung der Arbeitslosigkeit als zweckmäßig erscheinen:

a) Fluktuationsarbeitslosigkeit (friktionelle Arbeitslosigkeit): entsteht beim Arbeitsplatzwechsel, wenn zwischen der Aufgabe des alten und der Übernahme des neuen Arbeitsplatzes Zeit vergeht;

b) saisonale Arbeitslosigkeit; jahreszeitlich bedingte Beschäftigungsschwankungen (z. B. in der Landwirtschaft und im Baugewerbe);

c) konjunkturelle Arbeitslosigkeit: infolge von Konjunkturschwankungen durch ungenügende Gesamtnachfrage bedingte Arbeitslosigkeit;

d) strukturelle Arbeitslosigkeit: verursacht durch die im permanenten volkswirtschaftlichen Umformungsprozeß bedingte Änderung der Struktur der → Arbeitsnachfrage und des → Arbeitsangebotes (z. B. branchenbedingte, beruflich bedingte, altersbedingte Arbeitslosigkeit).

Da die Arbeitslosigkeit in keiner Volkswirtschaft restlos beseitigt werden kann (Fluktuations-, Saisonarbeitslosigkeit), stellt sich die Frage nach der mit dem Zustand der Vollbeschäftigung zu vereinbarenden »natürlichen« oder »normalen« Arbeitslosenquote (Anteil der Arbeitslosen an den abhängigen Erwerbspersonen). Das Ergebnis ist abhängig von der – je nach Land und konjunktureller Situation unterschiedlichen – Definition der → Vollbeschäftigung (»Die Zahl der offenen Stellen muß gleich oder größer als die Zahl der Arbeitslosen sein«; »die untere Grenze der Arbeitslosenquote, die gerade noch mit dem Ziel eines stabilen Preisniveaus vereinbar ist«). So haben sich in der BRD die Vorstellungen über eine erträgliche Ar-

beitslosenquote erheblich verändert: Sprach man in den ersten Nachkriegsjahren noch von einer »normalen« Quote bei ca. 5 %, so wurde diese Zahl in den späten 60er Jahren auf eine Größe unter 2 % korrigiert.

Der Gesetzgeber hat in der BRD mit dem Arbeitsförderungsgesetz von 1969 das Instrumentarium für eine aktive, schadensvorbeugende → Arbeitsmarktpolitik geschaffen, das den Aufgabenbereich der → Bundesanstalt für Arbeit stark erweitert hat. Neben der Regelung der Arbeitslosenunterstützung und der Arbeitsvermittlung ist es ihre primäre Aufgabe, durch langfristig wirkende Maßnahmen einen hohen Beschäftigungsstand zu erzielen und aufrechtzuerhalten und die Beschäftigungsstruktur ständig zu verbessern (z. B. durch Förderung der → beruflichen Bildung, Maßnahmen zur Erhaltung und Schaffung von Arbeitsplätzen, Arbeitsmarktforschung). T.F.

**Arbeitsmarkt**

durch das Zusammentreffen von → Arbeitsangebot und → Arbeitsnachfrage charakterisierter → Markt, auf dem die Höhe des Arbeitsentgeltes (→ Lohn) und die übrigen Beschäftigungsbedingungen bestimmt werden.

Der Arbeitsmarkt umfaßt nur die marktmäßig verwertbaren Arbeitsleistungen, soweit sie Dritten gegen Entgelt zur Verfügung gestellt werden (Fremdverwertung). Die Arbeitsleistungen Selbständiger scheiden also aus.

Entsprechend den beteiligten Parteien (Arbeitgeber, Arbeitnehmer und ihre Organisationen: → Gewerkschaften und → Arbeitgeberverbände) läßt sich der Arbeitsmarkt als morphologisch zweistufiges Gebilde charakterisieren: Auf der ersten Stufe treffen die Gewerkschaften und Arbeitgeberverbände in Tarifverhandlungen aufeinander und handeln für ihre Mitglieder die im → Tarifvertrag festgelegten Arbeitsbedingungen aus. Dies ist die → Marktform des bilateralen Monopols (→ Kontraktkurve). Die zweite Stufe ist durch beiderseitigen → Wettbewerb gekennzeichnet; die einzelnen Arbeitnehmer verhandeln mit den Arbeitgebern über ihre – durch den Tarifvertrag vornormierten – individuellen Arbeitsbedingungen (Urlaub, Überstunden, Teilzeitarbeit, übertarifliche Bezahlung).

Die Sonderstellung des Arbeitsmarkts gegenüber anderen Faktormärkten und den Gütermärkten resultiert aus der besonderen Bindung der Arbeitsleistung an ihren menschlichen Träger. Eine wie immer geartete marktmäßige Verwertung der Arbeitsleistung ist von entscheidender Bedeutung für Existenz, Lebensführung sowie Wertbewußtsein ihres Trägers. Hier findet auch die manchmal zu beobachtende anomale Reaktion des Arbeitsangebotes eine Erklärung: Zur Aufrechterhaltung seines → Lebensstandards ist der einzelne Arbeitnehmer bei einem Sinken des Lohnsatzes gezwungen, seine Arbeitszeit zu vergrößern.

Die auf dem Arbeitsmarkt zu beobachtenden qualitativen, personellen und geographischen → Präferenzen zwischen den Anbietern und den Nachfragern charakterisieren diesen Markt als einen typisch unvollkommenen Markt. So hat die ausgeprägte Heterogenität der menschlichen Arbeitsleistung ihre Ursache in den unterschiedlichen beruflichen Fähigkeiten bzw. Fertigkeiten. Doch selbst bei gleicher Ausbildung wird die Arbeitsleistung aufgrund unterschiedlicher physischer, psychologischer und soziologischer Leistungsfähigkeit qualitativ verschieden sein. Bei der Bewertung der angebotenen Arbeitsqualität durch den Nachfrager finden neben objektiven (z. B. Ausbildungsstand) auch subjektive Beurteilungskriterien Anwendung (z. B. Sympathie, Anpassungsfähigkeit). Die im Vergleich zu anderen Faktoren (mit Ausnahme des → Bodens) starke räumliche Immobilität der Arbeitskräfte beruht u. a. auf familiären Bindungen und menschlichen Gewohnheiten. Ebenso ist das nachfragende Unternehmen an seinen Standort gebunden. Die Anpassungsfähigkeit der angebotenen Arbeitsleistung an Nachfrageänderungen kann u. U. durch notwendige Umschulung oder spezielle Ausbildung kurzfristig stark eingeschränkt sein.

Das von diesen Faktoren bestimmte Ausmaß der Unvollkommenheit ist von der beruflichen, sektoralen, regionalen und zeitlichen Abgrenzung des Arbeitsmarkts abhängig. So kann der Gesamtarbeitsmarkt einer Volkswirtschaft untergliedert werden in Teilmärkte für Träger eines bestimmten Berufes, einen bestimmten Betrieb oder Teil eines Betriebes, einen Wirtschaftszweig, eine bestimmte Region. Je stärker die Eingrenzung des Arbeitsmarkts, desto geringer die Unvollkommenheit dieses Marktes.

Grundlage für die in der BRD herrschende Arbeitsmarkt-Verfassung sind die Grundrechte der Vertragsfreiheit, der → Koalitionsfreiheit, der → Tarifautonomie und der freien Berufs- und Arbeitsplatzwahl. Entsprechend dieser rechtlichen Grundordnung ist das Geschehen auf dem Arbeitsmarkt geprägt von der lohnpolitischen Aktivität der → Tarifpartner. → Gewerkschaften und → Arbeitgeberverbände bestimmen in den Tarifverhandlungen Lohnhöhe und sonstige Arbeitsbedingungen. Zur Durchsetzung ihrer Interessen können sie im äußersten Falle Mittel des → Arbeitskampfes einsetzen: → Streik und → Aussperrung.

Staatliche Regelungsmöglichkeiten sind trotz der alleinigen Verantwortung der Tarifparteien für die → Lohnpolitik (→ Tarifautonomie, Verbot staatlicher Zwangsschlichtung) in vielfältiger Art gegeben. Neben der Setzung lohnpolitischer Orientierungsdaten für den Fall, daß die Lohnpolitik der Tarifpartner in Widerspruch zu gesamtwirtschaftlichen → Zielen gerät (z. B. Preisniveaustabilität), ist die staatliche Aktivität v. a. auf die Sicherung ausreichender Beschäftigung für alle Arbeitswilligen zu bestmöglichen Beschäftigungsbedingungen gerichtet (→ Arbeitsmarktpolitik).

Der Verhandlungsspielraum der einzelnen Anbieter und Nachfrager bei der Festlegung individueller Arbeitsbedingungen ist begrenzt von den jeweils gültigen tariflichen und gesetzlichen Normen (z. B. Gesetz über die Festsetzung von Mindestarbeitsbedingungen vom 11. 1. 1952).

T. F.

## Arbeitsmarktpolitik

Gesamtheit aller auf die Beeinflussung der Arbeitsmarktverhältnisse gerichteten Maßnahmen, deren Ziel die bestmögliche Beschäftigung jedes Arbeitswilligen ist. Entsprechend dieser Zielsetzung ist die vorrangige Aufgabe einer gestaltenden Arbeitsmarktpolitik zum einen die Sicherung eines gleichgewichtigen → Arbeitsmarkts, d. h. die Verhinderung von → Arbeitslosigkeit oder Arbeitskräftemangel auf dem Gesamt- wie auch auf den Teilarbeitsmärkten, zum anderen das Bestreben, auf dem unvollkommenen Arbeitsmarkt eine optimale Beschäftigungsstruktur zu verwirklichen, z. B. durch Verbesserung der Lenkungsfunktion des → Lohnes und des im Zuge permanenter wirtschaftlicher und gesellschaftlicher Umschichtungsprozesse notwendigen Anpassungs- und Gestaltungsvermögens des einzelnen Arbeitswilligen.

In der BRD ist das arbeitsmarktpolitische Instrumentarium durch die Verabschiedung des Arbeitsförderungsgesetzes vom 25. 6. 1969 (AFG), des Berufsbildungsgesetzes vom 14. 8. 1969 und des Bundesausbildungsförderungsgesetzes vom 1. 10. 1971 wesentlich verbessert und erweitert worden. Nach § 2 AFG haben die arbeitsmarktpolitischen Maßnahmen dazu beizutragen, daß

a) weder Arbeitslosigkeit und unterwertige Beschäftigung noch ein Mangel an Arbeitskräften eintreten oder fortdauern,

b) die berufliche Beweglichkeit der → Erwerbstätigen gesichert und verbessert wird,

c) nachteilige Folgen, die sich für die Erwerbstätigen aus der technischen Entwicklung oder aus wirtschaftlichen Strukturwandlungen ergeben können, vermieden, ausgeglichen oder beseitigt werden,

d) die berufliche Eingliederung körperlich, geistig oder seelisch Behinderter gefördert wird,

e) Frauen, deren Unterbringung unter den üblichen Bedingungen des Arbeitsmarktes erschwert ist, weil sie verheiratet oder aus anderen Gründen durch häusliche Pflichten gebunden sind oder waren, beruflich eingegliedert werden,

f) ältere und andere Erwerbstätige, deren Unterbringung unter den üblichen Bedingungen des Arbeitsmarktes erschwert ist, beruflich eingegliedert werden,

g) die Struktur der Beschäftigung nach Gebieten und Wirtschaftszweigen verbessert wird.

Der mit der Durchführung dieser Aufgaben betrauten → Bundesanstalt für Arbeit steht hierzu ein umfangreicher Maßnahmenkatalog zur Verfügung:

a) Arbeitsvermittlung, deren zwei Hauptaufgaben die Unterrichtung der Marktparteien über die jeweilige Arbeitsmarktlage und -entwicklung und die konkrete Hilfestellung bei der Überleitung von Arbeitsuchenden in neue Arbeitsstellen sind;

b) Förderung der → beruflichen Bildung und Berufsberatung;

c) Maßnahmen zur Erhaltung, Besserung und Wiederherstellung der Erwerbsfähigkeit körperlich, geistig und seelisch Behinderter;

d) Finanzierung von Maßnahmen zur Erhaltung und Schaffung von Arbeitsplätzen (z. B. Kurzarbeitergeld, Winterbauförderung, Zuschüsse zu den Lohnkosten älterer Arbeitnehmer);

e) Förderung der Arbeitsaufnahme (Zuschüsse zu Reise- und Umzugskosten, zu Kosten der Arbeitsausrüstung u. a.);

f) Lohnersatzleistungen bei → Arbeitslosigkeit (Arbeitslosengeld, Arbeitslosenhilfe);

g) Informationsgewinnung durch Arbeitsmarkt-, Berufs- und Bildungsbildungsforschung.

Die Bundesanstalt für Arbeit ist jedoch nicht die einzige Institution arbeitsmarktpolitischer Aktivität in der BRD. Die Regulierung von Arbeitsmarktungleichgewichten, die als Folge zeitweiliger gesamtwirtschaftlicher Nachfrageüberhänge bzw. -defizite im Verhältnis zum gesamtwirtschaftlichen Güterangebot entstehen und demnach nur mit Hilfe besonderer konjunkturpolitischer Maßnahmen bekämpft werden können, kann z. B. durch geeigneten Einsatz des im → Gesetz zur Förderung der Stabilität und des Wachstums der Wirtschaft vorgesehenen Instrumentariums der → Globalsteuerung (Investitionspolitik der öffentlichen Hand, → Konjunkturausgleichsrücklage) erfolgreich sein. Eine das Beschäftigungsvolumen gefährdende → Lohnpolitik der → Tarifpartner kann durch die Setzung lohnpolitischer → Orientierungsdaten im Rahmen der → Konzertierten Aktion beeinflußt werden.

Weitere arbeitsmarktpolitisch relevante Maßnahmen finden sich z. B. in der von Bund und Ländern finanzierten → Gemeinschaftsaufgabe »Verbesserung der regionalen Wirtschaftsstruktur«, in dem Hilfsprogramm für die Arbeitnehmer der Montanindustrie im Rahmen des Art. 56, § 2 Montanunionvertrag und im Aktionsprogramm der Bundesregierung zur Förderung der Rehabilitation der Behinderten vom 14. 4. 1970. T.F.

**Arbeitsmobilität**
Beweglichkeit (Anpassungsfähigkeit) des Produktionsfaktors → Arbeit.

Zu unterscheiden ist zwischen der Arbeitsmobilität als Neigung oder Fähigkeit der Arbeitskräfte, einen Arbeitsplatzwechsel irgendwelcher Art vorzunehmen und der Arbeitsmobilität als konkreten Bewegungsvorgang. Da die theoretische und empirische Erfassung im ersten Sinne auf beträchtliche Schwierigkeiten stößt, stützen sich Aussagen über den Grad der Arbeitsmobilität v. a. auf Beobachtungen der in einer Volkswirtschaft tatsächlich vollzogenen Bewegungsvorgänge (Arbeitsplatzwechsel).

Die verschiedenen Erscheinungsformen des Arbeitsplatzwechsels können wie folgt gegliedert werden:
a) innerbetrieblicher Arbeitsplatzwechsel;
b) zwischenbetrieblicher Arbeitsplatzwechsel;
c) Branchenwechsel;
d) Arbeitnehmer-Wanderungen (→ Gastarbeiterökonomik);
e) Berufswechsel;
f) Beschäftigungsstatus-Wechsel (Wechsel zwischen Erwerbstätigkeit und → Arbeitslosigkeit);
g) Arbeitskräftevolumen-Veränderung (Veränderung der Zahl der Erwerbsperso-

nen, z. B. durch die erstmalige Arbeitsaufnahme, das Erreichen des Ruhestandsalters).

Das Ausmaß der Arbeitsmobilität ist von zahlreichen Faktoren abhängig, die sowohl ökonomischer als auch nichtwirtschaftlicher (soziologischer, psychologischer) Art sind. Zu den Bestimmungsfaktoren, die mit der Person des Arbeitnehmers verknüpft sind, zählen Alter, Geschlecht, Ausbildung, Wohnverhältnisse. Andere Einflußfaktoren sind die Arbeitsbedingungen im Betrieb oder – außerbetrieblich – die Lage auf dem → Arbeitsmarkt.

Bei der Beurteilung der Mobilitätsvorgänge in einer Volkswirtschaft ist zwischen einzel- und gesamtwirtschaftlicher Betrachtung zu unterscheiden. Die Abwanderung von Arbeitskräften kann vom betroffenen Unternehmen negativ beurteilt werden, die u. U. damit verbundene gesamtwirtschaftliche Produktivitätssteigerung wird volkswirtschaftlich erwünscht sein. T.F.

**Arbeitsnachfrage**
zum einen die direkte Nachfrage der Konsumenten nach persönlichen Dienstleistungen, zum überwiegenden Teil jedoch die Nachfrage der Unternehmen nach dem zur Herstellung ihrer Produkte erforderlichen Produktionsfaktor → Arbeit.

Die direkte Nachfrage wird in derselben Weise wie die Nachfrage nach Konsumgütern bestimmt von dem unmittelbaren und persönlichen → Nutzen, den der Käufer von der nachgefragten Arbeitsleistung hat.

Das Ausmaß der Arbeitsnachfrage des einzelnen Unternehmens ist von den Bedingungen auf dem → Arbeitsmarkt (Lohnhöhe: Kostencharakter des Faktors Arbeit), von der → Produktivität der Arbeit und von den Absatzbedingungen für das erzeugte Produkt abhängig (daher die Bezeichnung »abgeleitete« Arbeitsnachfrage). Da ein Unternehmen danach strebt, seinen Gewinn möglichst zu vergrößern, wird es bei gegebenen Lohnsätzen solange Arbeitskräfte nachfragen, bis der Erlös aus der Produktion des zuletzt eingestellten Arbeiters etwa gleich den (Lohn-)Kosten

ist, d. h. das Unternehmen wird immer dann seine Nachfrage nach Arbeit ausdehnen, wenn der Wert des Arbeitsproduktes größer als die Arbeitskosten ist. Die »abgeleitete« Nachfrage nach Arbeit kann demnach mit Hilfe der → Grenzproduktivitätstheorie annähernd erklärt werden.
Einschränkungen ergeben sich z. B. bei der Erklärung der gesamtwirtschaftlichen Arbeitsnachfrage (Produktpreis und Geldlohn sind im Makrobereich nicht mehr voneinander unabhängig: die Arbeitsnachfrage braucht bei steigendem → Lohn nicht zu sinken, wenn die induzierten Änderungen der Konsumausgaben entsprechende Preiserhöhungen verursachen) und in der kurzen Periode bei Berücksichtigung von institutionellen Faktoren (kollektive, von Machtfaktoren beeinflußte Tarifverhandlungen) und von kurzfristig fixen Produktionstechniken (d. h. keine Möglichkeit der Faktorsubstitution). T.F.

**Arbeitsortkonzept** → Inlandskonzept

**Arbeitsproduktivität**
Verhältnis zwischen → Output Y und Arbeitseinsatz A; Inverse zum → Arbeitskoeffizienten.
Die durchschnittliche Arbeitsproduktivität $\frac{Y}{A}$ ermittelt die Outputmenge, die pro eingesetzte Einheit des Faktors → Arbeit erzielt werden kann. Unter Grenzproduktivität des Faktors Arbeit (marginale Arbeitsproduktivität $\frac{\partial Y}{\partial A}$,) versteht man den Outputzuwachs, der durch Einsatz einer zusätzlichen Einheit des Faktors Arbeit entsteht; die Messung nimmt auf die kleinstmögliche Faktorvariation Bezug. Bei Gültigkeit der → Grenzproduktivitätstheorie der Verteilung ist die Grenzproduktivität des Faktors Arbeit gleich dem → Reallohnsatz.
Die gesamtwirtschaftliche durchschnittliche Arbeitsproduktivität ergibt sich als Summe der sektoralen Arbeitsproduktivitäten, die mit dem Anteil der jeweiligen sektoralen Arbeitsmenge an der gesamten Arbeitsmenge gewichtet werden:

$$\frac{Y}{A} = \Sigma \; \frac{Y_i}{A_i} \cdot \frac{A_i}{A} .$$

Die Arbeitsproduktivität ist die gebräuchlichste Maßzahl der gesamtwirtschaftlichen Produktivität, da die statistischen Grundlagen seit langem regelmäßig erhoben werden.
Vom Statistischen Bundesamt wird die durchschnittliche Arbeitsproduktivität gemessen als Quotient des realen Bruttoinlandsprodukts zu Marktpreisen und der Zahl der → Erwerbstätigen (→ Inlandskonzept) im Durchschnitt der betrachteten Periode.

Bruttoinlandsprodukt zu Preisen von 1962 je Erwerbstätigen

| Jahr | DM | 1960 = 100 |
|------|------|-----------|
| 1950 | 7 183 | 57,1 |
| 1955 | 9 898 | 78,7 |
| 1960 | 12 594 | 100 |
| 1965 | 15 722 | 124,8 |
| 1970 | 19 960 | 158,5 |
| 1971 | 20 484 | 162,6 |
| 1972 | 21 228 | 168,6 |

Alternative Maße für die Arbeitsproduktivität werden in großer Zahl angeboten. Besonders häufig sind Rechnungen (für einzelne Branchen) auf Stundenbasis. Allerdings sind dabei u. U. problematische Schätzungen für die Arbeitszeit der Selbständigen und mithelfenden Familienangehörigen nötig. Die unterschiedliche Qualität des Arbeitsinputs wird durch entsprechende Gewichtung berücksichtigt. Als Gewichtungsfaktoren können die Einkommenssätze der jeweiligen Gruppen in Betracht gezogen werden. Für Branchenvergleiche werden bereinigte Produktivitäten berechnet, die neben branchenmäßigen Unterschieden in der Arbeitszeit und Qualifikation der Arbeitskräfte auch Unterschiede im Kapitaleinsatz und in der Steuerbelastung berücksichtigen.
Zwischen Arbeitsproduktivität, → Kapi-

talproduktivität und → Kapitalintensität
besteht eine tautologische Beziehung:

$$\frac{Y}{A} = \frac{Y}{K} \cdot \frac{K}{A} \qquad \text{F.G.}$$

**Arbeitsplatzwechsel** → Arbeitsmobilität

**Arbeitsquote**
in Ergänzung der gebräuchlicheren →
Lohnquote entwickeltes Maß für die funktionale → Einkommensverteilung. Dabei
werden die Bruttoarbeitseinkommen der
Arbeitnehmer plus Arbeitseinkommen der
Selbständigen (unter der Annahme gleichen durchschnittlichen Arbeitseinkommens wie die Arbeitnehmer) in Prozent des
Volkseinkommens ausgedrückt.
Die Arbeitsquote bewegt sich in der BRD
um 80%.

**Arbeitsstättenstatistik**
→ Wirtschaftssektoren

**Arbeitsteilung** → Spezialisierung

**Arbeitsvermittlung**
→ Bundesanstalt für Arbeit

**Arbeitsvermögen**
(= human capital) Gesamtheit der Erfahrungen, Kenntnisse, Fähigkeiten und Fertigkeiten eines Individuums, einer Gruppe
oder der Erwerbsbevölkerung einer
Volkswirtschaft, welche im Produktionsprozeß aktiv eingesetzt werden kann. Das
Arbeitsvermögen ist zusammen mit dem
sachlichen → Produktivvermögen die
wichtigste Komponente des → Volksvermögens, insbes. im Hinblick auf → Wachstum und Entwicklung.
Die statistische Messung des Arbeitsvermögens bereitet allerdings außerordent-
liche Schwierigkeiten. Zwar vermag die
Bevölkerungs- und Arbeitsmarktstatistik
das Arbeitspotential mengenmäßig zu bestimmen (in Arbeitsstunden oder Zahl der
→ Erwerbstätigen), für eine Bewertung jedoch, welche der Heterogenität bzw. Qualität des Faktors → Arbeit Rechnung trägt,
konnten noch keine praktikablen Konzepte entwickelt werden. Für internatio-

nale Vergleiche des Arbeitsvermögens
werden deshalb i. d. R. ausgewählte → soziale Indikatoren über Bildungsstand,
Gesundheit, → Arbeitsmobilität etc. herangezogen.
Erhebliche Probleme bestehen auch beim
Einbau des Arbeitsvermögenskonzepts in
die Modellanalyse. In den meisten →
Wachstumsmodellen z. B. kommen qualitative Verbesserungen des Arbeitsinputs
lediglich in der »Restgröße« → technischer
Fortschritt zum Ausdruck.
Die Akkumulation von Arbeitsvermögen
ist (abgesehen von mengenmäßigen Bestandsveränderungen z. B. durch Wanderungen) das Ergebnis öffentlicher und privater »Investitionen«. Dazu zählen insbes.
die Ausgaben für schulische und → berufliche Bildung (→ Bildungsinvestitionen),
Forschung und Entwicklung, ferner die
Ausgaben zur Erhaltung der Gesundheit
und zur Erhöhung der Arbeitsmobilität
und im weitesten Sinne auch die Unterhaltskosten für Kinder und Jugendliche bis
zu ihrem Berufseintritt.
Interpretiert man die Erwerbseinkommen
als Erträge aus dem Arbeitsvermögen, so
kann man für Investitionen in das Arbeitsvermögen durch Diskontierung der Kosten
und Erträge Investitionskriterien entwikkeln. Einzelwirtschaftlich geht es dabei um
die Alternative v. a. zwischen Bildungsausgaben oder der Verwertung der Arbeitskraft auf dem Arbeitsmarkt, also um das
Problem der optimalen Akkumulation des
Arbeitsvermögens im Hinblick auf eine
Maximierung des erwarteten Einkom-
mensstroms (Lebenseinkommen); hier
liegt ein Ansatz für eine Theorie der personellen → Einkommensverteilung. Dabei
sollte jedoch nicht übersehen werden, daß
Investitionen in das Arbeitsvermögen auch
nichtökonomische Erträge abwerfen. Bei
gesamtwirtschaftlicher Betrachtung sind
die → sozialen Kosten und → sozialen Erträge mit zu berücksichtigen.
Im Rahmen der Wachstumspolitik interessiert z. B., wie hoch die Rendite von → Bildungsinvestitionen ist im Vergleich zu der
von Investitionen in das sachliche Produktivvermögen oder die → Infrastruktur.

Ein Sonderproblem der → Entwicklungspolitik ist die Unterentwicklung des Arbeitsvermögens in den → Entwicklungsländern bei gleichzeitiger → Unterbeschäftigung des Arbeitsvermögens; Folge ist z. T. die Abwanderung der wenigen qualifizierten Kräfte (→ brain drain). D.S.

**Arbeitswertlehre**

1. Klassiker: Wert und Preis nehmen im Lehrgebäude von Adam SMITH und David RICARDO als Größen, die über → Produktion und → Einkommensverteilung bestimmen, eine überragende Stellung ein. Ihre Wertlehre basiert auf der Vorstellung, daß der Wert eine objektive Gütereigenschaft unabhängig von Wertschätzungen durch Wirtschaftssubjekte und in Entstehung und Ausmaß durch die Produktionskosten bestimmt ist (objektive Wertlehre; Produktionskostentheorie des Wertes). Sie unterscheiden zwar zwischen Gebrauchs- und Tauschwert, doch bleibt der Gebrauchswert (Nutzen im Sinne eines Gattungsnutzens) für die Erklärung der Wert- und Preisbildung bedeutungslos. Der Tauschwert wird als Austauschverhältnis zwischen Gütern (d. h. als relativer → Preis) aufgefaßt. Zwischen Gebrauchs- und Tauschwert kann eine Antinomie bestehen (Adam SMITH); ein hoher Gebrauchswert kann mit einem niedrigen Tauschwert verbunden sein (klassisches → Wertparadoxon).

Adam SMITH erklärt zunächst den Tauschwert für frühe Gesellschaftsformen mit Arbeit als einzigem Produktionsfaktor (freier Boden und kein Kapital): Hier werden Güter im Verhältnis der für sie aufgewendeten Arbeit ausgetauscht. In entwickelten Wirtschaften mit den Produktionsfaktoren Arbeit, Kapital und Boden wird der Tauschwert durch die Produktionskosten, bestehend aus Lohn, Profit und Grundrente bestimmt. Dies ist der (normative) natürliche Wert bzw. natürliche (langfristige) Preis eines Gutes. Der (kurzfristige) Marktpreis ergibt sich aus dem Verhältnis zwischen Angebot und Nachfrage und tendiert bei freier Konkurrenz zum natürlichen Preis.

David RICARDO unterscheidet in seiner Wertlehre zwischen durch Arbeit beliebig vermehrbaren Gütern und Seltenheits-Gütern und erklärt deren Wert nach unterschiedlichen Prinzipien. Die Arbeitswertlehre von SMITH wird weiter ausgestaltet und auch auf entwickelte Wirtschaften angewendet. Der Tauschwert beliebig vermehrbarer Güter bestimmt sich nach der zu ihrer Herstellung erforderlichen Menge einfacher Arbeit. Realkapital wird als vorgetane Arbeit in Arbeitsmengen aufgelöst, die anteilig zur unmittelbar in das Gut eingehenden Arbeit hinzugerechnet werden. RICARDO stellt heraus, daß der Tauschwert nicht ausschließlich durch die Mengen unmittelbarer und mittelbarer Arbeit, sondern auch durch den Profit für das eingesetzte Kapital als weiterem Kostenelement bestimmt ist. Anders als bei SMITH setzt sich der natürliche Preis nur aus Lohn- und Kapitalkosten zusammen. Die → Grundrente wird als Residualgröße aufgefaßt und fällt nur als Differentialrente an (→ Rententheorie). Der Tauschwert der Seltenheitsgüter bildet sich auf dem Markt entsprechend ihrem beschränkten Angebot und der Intensität der Bedürfnisse (Nachfrage). H.M.W.

2. Karl MARX geht bei seiner Wertanalyse aus vom Tauschwert der Waren, als »dem quantitativen Verhältnis . . ., worin sich Gebrauchswerte (Dinge, die durch ihre Eigenschaften menschliche Bedürfnisse irgendeiner Art befriedigen) einer Art gegen Gebrauchswerte anderer Art austauschen«. Wenn Gebrauchswerte in einem bestimmten quantitativen Verhältnis ausgetauscht werden, so setzt dies ihre Vergleichbarkeit (gemeinsame Dimension) voraus. Der Tauschwert kann daher nur Ausdruck (Erscheinungsform) einer allen Waren gemeinsamen Eigenschaft sein. Dies allen Waren Gemeinsame kann nicht eine physische Eigenschaft der ausgetauschten Waren sein, denn Waren mit identischem Gebrauchswert und folglich mit identischen physischen Eigenschaften werden nicht getauscht. Gleich sind die Waren, so zeigt MARX in diesem Ausschlußverfahren, nur in einer Hinsicht: sie sind Produkte menschlicher Arbeit. Der Tauschwert der Waren ist damit nichts an-

deres als Ausdruck der in ihnen vergegenständlichten Arbeit, gemessen in der Zeit, die im gesellschaftlichen Durchschnitt zur Herstellung der jeweiligen Ware notwendig ist. Darüber, was gesellschaftlich durchschnittliche Arbeitszeit ist, entscheiden Faktoren wie die zum Zeitpunkt der Herstellung bzw. des Tauschs übliche → Technologie, → Arbeitsintensität, etc.

Da, wie MARX zeigt, im → Kapitalismus Arbeitskraft auch Ware ist, gilt diese Bestimmung des Warenwerts konsequenterweise auch für sie. Ihr Wert wird nicht, wie etwa nach der → Grenzproduktivitätstheorie der Verteilung, nach sog. Faktorleistung bestimmt, sondern wie der Wert jeder anderen Ware auch aus der zu ihrer (Re-)Produktion notwendigen Arbeitszeit. Dies ist die Arbeitszeit, die zur Produktion all jener Waren notwendig ist, die der Erhaltung dieser Arbeitskraft dienen. Die Menge dieser Güter ist eine historische Größe und z. B. durch gewerkschaftliche → Arbeitskämpfe veränderbar.

Gekauft wird die Ware Arbeitskraft wie jede andere Ware ihres Gebrauchswertes wegen. Gebrauchswert der Ware Arbeitskraft für ihren Käufer (den Kapitalisten) ist ihre besondere Eigenschaft, mehr Wert pro Arbeitszeiteinheit (z. B. pro Tag) produzieren zu können, als ihre eigene Reproduktion kostet. Der Gebrauchswert fällt dem Kapitalisten zu, d. h. er eignet sich den von der Arbeitskraft geschaffenen, ihre Reproduktionskosten übersteigenden Wert (→ Mehrwert) an. Da diese Aneignung (→ Ausbeutung) gemäß und nicht gegen die Gesetze des Warentauschs (die Waren werden zu ihrem Wert getauscht, der Gebrauchswert der Waren geht mit dem Tausch an den Käufer über) geschieht, ist sie daher in marxistischer Sicht nicht durch Reformen, sondern nur durch die Aufhebung dieser Gesetze abzuschaffen. Diese Aufhebung bedeutet nicht den Verzicht der Gesellschaft auf Akkumulation. Sie bedeutet aber die Abschaffung der Verfügungsmacht des Kapitalisten über den akkumulierbaren Wert, den dieser nach marxistischer Theorie nicht orientiert an den Bedürfnissen derjenigen einsetzen kann, die ihn erzeugten. Von den Gesetzen

der Konkurrenz gezwungen, kann einziges Ziel seines Handelns vielmehr nur die Produktion von Mehrwert sein.

Sind so die in der kapitalistischen Gesellschaft trotz formaler Gleichheit und Freiheit aller Warenkäufer und -verkäufer bestehenden Herrschaftsverhältnisse aufgezeigt, ist damit jedoch noch nicht der notwendige Schritt von Arbeitswerten zu Produktionspreisen vollzogen. Diesen Übergang, der in der Literatur immer wieder Gegenstand von Diskussionen ist, nimmt MARX vor, indem er zeigt, daß der durch den Konkurrenzmechanismus bewirkte Ausgleich der Profitraten Arbeitswerte in Produktionspreise transformiert. A.-J.P.

## Arbitragegeschäfte

Transaktionen, die nach Prüfung der Verhältnisse auf verschiedenen Teilmärkten durchgeführt werden, wobei der Geschäftsabschluß am Markt mit den günstigsten Bedingungen erfolgt (Ausgleichsarbitrage) oder durch einander entgegengerichtete Transaktionen auf zwei oder mehreren Märkten eine Gewinnchance realisiert wird (Differenzarbitrage). Je nachdem, ob das Geschäft Märkte an verschiedenen Orten oder unterschiedlicher zeitlicher Dimension einbezieht, spricht man von Raum- oder Zeitarbitrage.

Das Arbitragegeschäft ist im Gegensatz zum → Spekulationsgeschäft risikolos, da es bei voller Kenntnis der Bedingungen abgewickelt wird.

Die Arbitrage erfüllt die Funktion, Teilmärkte zu koordinieren und eine weitgehende Preisangleichung zu bewirken.

F.G.

## ARROW-Paradoxon

zeigt die Unmöglichkeit der Aggregation individueller → Präferenzen zu einer widerspruchsfreien sozialen → Wohlfahrtsfunktion, die genauer präzisierten »Minimalbedingungen kollektiver Rationalität« genügt.

Das Paradoxon läßt sich an einem einfachen Beispiel verdeutlichen: Drei Personen A, B, C ordnen die Alternativen x, y, z wie folgt:

|        | A | B | C |
|--------|---|---|---|
| 1. Rang | x | y | z |
| 2. Rang | y | z | x |
| 3. Rang | z | x | y |

Daraus ergibt sich eine 2:1-Mehrheit für x gegenüber y, für y gegenüber z und für z gegenüber x. Bei Anwendung des CON-DORCET-Kriteriums, das die Alternative am höchsten einstuft, die sich gegenüber allen anderen bei paarweiser Abstimmung durchsetzt, ist das Ergebnis dieses Abstimmungsprozesses widersprüchlich. Kenneth J. ARROW bewies darüberhinaus die Unmöglichkeit einer »vollständigen«, widerspruchsfreien sozialen Wohlfahrtsfunktion auf der Grundlage individueller Präferenzen, wenn man die folgenden Bedingungen voraussetzt:

a) Die soziale Wohlfahrtsfunktion muß zumindest drei Alternativen dem Rang nach ordnen können, für die jede denkbare individuelle Rangfolge auch zugelassen sein soll.

b) Die soziale Rangordnung (Wohlfahrtsfunktion) hat sich den Änderungen der individuellen Rangfolge anzupassen; sie darf zumindest nicht negativ reagieren.

c) Irrelevante Alternativen dürfen die soziale Rangordnung nicht beeinflussen, d.h. wenn eine Alternative hinzukommt bzw. wegfällt, muß die Rangordnung der anderen Alternativen unverändert bleiben.

d) Die soziale Rangordnung darf nicht von »außen« aufgezwungen sein, d.h. Vergleichsurteile unabhängig von den (uneingeschränkten) individuellen Rangordnungen fällen.

e) Die soziale Rangordnung darf nicht von »innen« (diktatorisch) aufgezwungen sein, d.h. sie darf nicht identisch sein mit der Präferenzordnung *eines* Individuums.

Das ARROW-Paradoxon hat die Vorstellungen von der Unmöglichkeit einer sozialen Wohlfahrtsfunktion und der Entscheidungsunfähigkeit von Demokratien genährt. Dabei wird i.d.R. übersehen, daß es für Mehrheitsentscheidungen in der Führungsspitze von Oligarchien ebenfalls relevant ist.

Computer-Simulationen haben gezeigt

(Donald T. CAMPBELL, Gordon TUL-LOCK), daß die Wahrscheinlichkeit widersprüchlicher Rangordnungen auf der Grundlage der ARROW'schen Regeln mit der Wählerzahl und insbes. der Zahl der Alternativen zumeist zunimmt und hohe Werte erreicht. Lediglich wenn bestimmte Konstellationen der individuellen Präferenzen vorliegen (»eingipflige« Präferenzprofile), tritt das ARROW-Paradoxon nicht auf, vorausgesetzt die Wählerzahl ist ungerade (Duncan BLACK, ARROW); bei gerader Wählerzahl wird es umso unwahrscheinlicher, je größer die Wählergruppe ist. Da eingipflige Präferenzprofile in einer Gesellschaft Übereinstimmung über die Rangskala voraussetzen, nach der die Alternativen zu ordnen seien, und derartige Übereinkunft nicht generell angenommen werden kann, läßt sich das AR-ROW-Paradoxon nur durch verminderte Ansprüche an eine soziale Rangordnung (Vollständigkeit bzw. Transitivität) oder durch Modifikation der Bedingungen a bis e vermeiden.

Verzicht auf Transitivität würde die soziale Rangordnung von der Abstimmungsfolge abhängig machen (mit den höchsten Gewinnchancen für die zuletzt in die Wahl eingebrachte Alternative) und somit das Abstimmungsergebnis der (zufälligen, manipulierten oder wie immer geregelten) Abstimmungssequenz unterwerfen. Unvollständigkeit der sozialen Rangordnung (Beschränkung auf Ordnung der Alternativen, für die »eingipflige« Präferenzen bestehen, bzw. Modifikation von a) würde insbes. konfliktbeladene Entscheidungsfälle offenlassen. Sieht man von Abstrichen an »citizen's sovereignty« oder »non-dictatorship« (d bzw. e) ab, womit auch die Frage entfällt, wer bzw. welche Institution die »Lücke« auszufüllen hätte, so bleiben Modifikationen von b und/oder c als Ausweg aus dem ARROW'schen Dilemma. Dieser Ausweg ist gangbar, wenn kardinale Nutzenbewertungen (interpersonelle Nutzenvergleiche; → Nutzenmessung) eingeführt werden, wie sie z.B. im Rahmen eines Punktwahl-Systems vorstellbar sind.

Unabhängig von der Frage, ob die Auswege aus dem von ARROW aufgezeigten Dilemma vollwertige Substitute für seinen Anspruch an eine soziale Wohlfahrtsfunktion darstellen, wird die Relevanz des ARROW'schen Ergebnisses für die → Wohlfahrtsökonomik schon deshalb bestritten, weil das ARROW-Konzept auch dann inoperational bliebe, wenn seine Bedingungen sämtlich logisch erfüllbar wären (Edward J. MISHAN). Die Möglichkeit sozialer Wohlfahrtsfunktionen als Grundlage für Empfehlungen und Entscheidungen wird durch die logischen Implikationen des ARROW-Paradoxons keinesfalls negiert (S. K. NATH, Leif JOHANSEN u. a.).

Seine nicht zu leugnende Relevanz für Abstimmungsprozesse braucht jedoch nicht nur Entscheidungsunfähigkeit bzw. Widersprüchlichkeit zu implizieren, sondern kann gerade im Wege zyklischer Mehrheiten eine dauerhafte Mehrheitstyrannei über ein- und dieselbe Minderheit verhindern: Ein paradoxes Nebenergebnis des ARROW-Paradoxons.    K.Sch.

## Aufwertung

(= Revaluation) Erhöhung des Außenwerts einer → Währung. Eine Aufwertung bedeutet bei der allg. üblichen Preisnotierung des → Wechselkurses der inländischen Währungseinheit (Preis für 1 ausländische in inländischen Währungseinheiten, z. B. $w_{DM/\$}$) dessen Senkung, bei Mengennotierung (Menge ausländischer Währungseinheiten für 1 inländische Währungseinheit, z. B. $w_{\$/DM}$) dessen Erhöhung. Der Aufwertungssatz gegenüber dem früheren Kurs wird über die Mengennotierung für den neuen Kurs ($w^1_{\$/DM}$) und den Ausgangskurs ($w^0_{\$/DM}$) berechnet:

$$rev = \frac{w^1_{\$/DM} - w^0_{\$/DM}}{w^0_{\$/DM}} .$$

Da die Mengennotierung gleich dem Kehrwert der Preisnotierung

$$\frac{1}{w_{DM/\$}}$$

ist, ergibt sich der gleiche Aufwertungssatz nach der Formel

$$rev = \frac{w^0_{DM/\$}}{w^1_{DM/\$}} - 1.$$

Eine Aufwertung erfolgt bei → freiem Wechselkurs über den → Devisenmarkt durch das Zusammenwirken von Angebot und Nachfrage. Entsprechend dem Abkommen über den → Internationalen Währungsfonds findet sie durch Festsetzung einer neuen → Parität statt, und der Aufwertungssatz wird als relative Änderung der Parität gemessen.

Bei → festem Wechselkurs wird mit einer Aufwertung i. d. R. eine Verringerung eines Überschusses in der → Leistungsbilanz angestrebt. Die Aufwertung senkt die *Inlands*preise der Importgüter und erhöht die *Auslands*preise der Exportgüter des aufwertenden Landes (was auch durch eine → Ersatzaufwertung angestrebt werden kann). Eine normale Reaktion der Leistungsbilanz (Abnahme eines Überschusses) kommt zustande, wenn die → MARSHALL-LERNER-Bedingung erfüllt ist.

Mit der Verringerung des Leistungsbilanzüberschusses wird meist auch die Dämpfung einer Überbeschäftigungssituation und des inländischen Preisauftriebs verfolgt. Eine Aufwertung senkt die Inlandspreise der Importgüter und u. U. auch die Inlandspreise der Exportgüter. Bei → Inflation im Ausland kann eine → importierte Inflation im Inland durch eine Aufwertung verhindert werden. Ob sich die → terms of trade durch eine Aufwertung verbessern, hängt von den → Elastizitäten des mengenmäßigen Exportangebots und der mengenmäßigen Importnachfrage des In- und Auslands ab.

Aufwertungserwartungen sind i. d. R. mit kurzfristigen Kapitalimporten in das betreffende Land und einer Änderung der Zahlungstermine (→ terms of payment) verbunden. Vom Kursstand werden Kapitalbewegungen, für die bei Ein- und Ausfuhr der gleiche Kurs angewendet wird, unmittelbar nicht betroffen. Eine Aufwertung hat jedoch mittelbaren Einfluß auf solche Kapitalbewegungen (z. B. Höhe des inländischen bzw. ausländischen Kapitalbetrages für eine Investition, geänderte → Zinspolitik).    H.M.W.

## Ausbeutung

Ausnutzen einer überlegenen Marktposition, im Gegensatz zur Anwendung von Gewalt. Einem Marktteilnehmer wird ein Teil der ihm zustehenden Leistung vorenthalten.

Der Begriff entstammt der marxistischen Darstellung der Produktionsverhältnisse im → Kapitalismus, wo der Kapitalist dem Arbeiter nur den Reproduktionswert der Arbeitskraft vergütet und sich den → Mehrwert aneignet. Die überlegene Marktposition ergibt sich aus der Monopolisierung des → Eigentums an den Produktionsmitteln und aus dem Warencharakter der Arbeit im Kapitalismus (→ Arbeitswertlehre).

Die westliche Wirtschaftstheorie verwendet den Begriff der Ausbeutung kaum. Er kommt vor im Zusammenhang mit der Entlohnung eines Produktionsfaktors, wobei Faktorpreis und → Wertgrenzprodukt miteinander verglichen werden, die bei → vollständiger Konkurrenz und → Gewinnmaximierung gleich sind. Der Faktor bezieht dann einen → Reallohn in Höhe seines Grenzproduktes.

Die Input-Regeln für die → Gewinnmaximierung zeigen: Bei einem Angebotsmonopol auf dem Absatzmarkt und einem Polypol auf dem Beschaffungsmarkt wird die Bedingung Grenzumsatzprodukt (mathematisches Produkt aus Grenzumsatz und Grenzprodukt) gleich Faktorpreis verwirklicht, wobei der Grenzumsatz unter dem Produktpreis liegt (monopolistische Ausbeutung). Bei einem Polypol auf dem Absatzmarkt und einem Nachfragemonopol auf dem Beschaffungsmarkt lautet die Input-Regel: Wertgrenzprodukt gleich → Grenzausgabe. In diesem Fall ist der Faktorpreis niedriger als das Wertgrenzprodukt (monopsonistische Ausbeutung). Für eine Monopolstellung auf Absatz- und Beschaffungsmarkt gilt die Regel Grenzumsatzprodukt gleich Grenzausgabe und es liegt doppelte (monopolistische und monopsonistische) Ausbeutung vor. Da die gewinnmaximalen Ausbringungsmengen in den genannten Fällen von der Menge bei vollständiger Konkurrenz abweichen, kann die reale Entlohnung des Faktors jedoch höher sein als bei vollständiger Konkurrenz. Ausbeutungspositionen können auch bei der Marktform des bilateralen Monopols eingenommen werden, wie die → Kontraktkurve zeigt.

Die moderne Theorie versucht, die Unzulänglichkeit des Ausbeutungsbegriffs im Sinne der → Arbeitswertlehre und der Gewinnmaximierungsbedingungen der Neoklassik zu überwinden, indem sie Ausbeutung als einen Vorgang begreift, der zu einer Verschlechterung der → Einkommensverteilung führt. Dabei wird das Phänomen der → Macht in der → Monopolgradtheorie der Verteilung mehr und mehr explizit einbezogen.

Auch auf den internationalen Handel wird der Begriff der Ausbeutung angewandt (→ dependencia-Theorie; → Imperialismus): Nach marxistischer Auffassung werden v. a. die → Entwicklungsländer über die → terms of trade durch ökonomisch stärkere Länder ausgebeutet. Durch den ungleichen Wert der in den Waren- und Dienstleistungsströmen enthaltenen Arbeitsleistungen finde ein »nicht-äquivalenter Tausch« statt. Die unterschiedliche organische Zusammensetzung des Kapitals schaffe Extraprofite für die Industrieländer.    F.-L.A./H.M.W.

**Ausfuhr**  →  Export;  →  Außenhandel; → Handelsbilanz

## Ausfuhrerstattungen
→ Agrarmarktordnung

## Ausgleichsfonds
Sondervermögen des Bundes, das zur Durchführung des → Lastenausgleichs gebildet wurde. Es wird vom Präsidenten des Bundesausgleichsamtes verwaltet. Bruttovermögen des Fonds Ende 1972: 6,3 Mrd. DM.

## Ausgleichsforderungen
Schuldbuchforderungen von → Banken einschl. der → Deutschen Bundesbank, Versicherungen und → Bausparkassen gegen den Bund bzw. die Bundesländer. Sie entstanden durch die → Währungsreform von 1948 und resultierten aus dem Fortfall

von Reichstiteln bzw. aus Kriegssachschädenforderungen gegen das Reich. Die Ausgleichsforderungen der → Deutschen Bundesbank bzw. ihrer Rechtsvorgängerin Bank Deutscher Länder entstanden im ·Zusammenhang mit der Erstausstattung mit Deutscher Mark, die privaten und öffentlichen Haushalten, Unternehmen und → Banken von der Bank Deutscher Länder zur Verfügung gestellt wurde. Die Höhe der Ausgleichsforderungen ergab sich im übrigen aus der Differenz zwischen dem Wert der Aktiva und Passiva einschl. einer angemessenen Eigenkapitalausstattung in der DM-Eröffnungsbilanz. Sie werden je nach Fristigkeit (25–47 Jahre) verzinst (3–4,5%) und vom Bund aus den Gewinnen der Bundesbank verzinst und getilgt. Ein zu diesem Zweck bei der Bundesbank gebildeter Fonds kauft laufend Ausgleichsforderungen mit dem Ziel an, die Tilgungszeit generell auf 37 Jahre zu verkürzen. Mit seinem Erlöschen wird für 1992/93 gerechnet. Ausgleichsforderungen dürfen nach ihrer Eintragung ins Schuldbuch zwischen Finanzinstitutionen zum Nennwert gehandelt werden. Außerdem können sie in Ausnahmefällen an die Bundesbank verkauft bzw. verpfändet werden. Seit 1955 steht der Bundesbank das Recht zu, ihre Ausgleichsforderungen durch Umwandlung in → Mobilisierungspapiere für die → Offenmarktpolitik nutzbar zu machen. V.B.

**Ausgleichsposten zu den Währungsreserven**

in der → Zahlungsbilanz der BRD Gegenposten zu Veränderungen der zentralen → Währungsreserven (→ Gold- und Devisenbilanz), welche *nicht* auf den Leistungs- und Kapitalverkehr mit dem Ausland zurückgehen, z. B. *Zuteilung* von → Sonderziehungsrechten und Änderung des DM-Wertes der Währungsreserven aufgrund von Neufestsetzungen des Bewertungsmaßstabes (→ Parität; → Leitkurs).

**Ausländer** → Inländer

**Ausländerbeschäftigung**
Ausländische Arbeitnehmer sind Personen mit ausländischer Staatsangehörigkeit, die in der BRD als abhängige → Erwerbstätige arbeiten (»Gastarbeiter«).
Alle ausländischen Arbeitnehmer, die nicht aus Ländern der → Europäischen Gemeinschaften (EG) stammen, benötigen eine Arbeitserlaubnis für die BRD, die von der → Bundesanstalt für Arbeit (BfA) nur erteilt wird, wenn ein Arbeitsvertrag mit einem deutschen Arbeitgeber vorgewiesen wird und die Entwicklung des → Arbeitsmarktes nicht dagegen spricht. Die Arbeitserlaubnis ist Voraussetzung für die Erteilung einer Aufenthaltsgenehmigung.
Die BfA besitzt darüberhinaus das Monopol der Arbeitsvermittlung für alle Ar-

Tab. 1: Anteil der deutschen und ausländischen Beschäftigten an den abhängigen Erwerbstätigen nach Wirtschaftsabteilungen (in %)

| | Deutsche | Ausländer | insgesamt |
|---|---|---|---|
| Landwirtschaft | 8,1 | 1,0 | 7,6 |
| Bergbau, Energie | 1,8 | 3,2 | 1,9 |
| verarbeitendes Gewerbe | 37,1 | 63,4 | 39,0 |
| Baugewerbe | 7,4 | 16,3 | 8,1 |
| Handel, Kreditwesen, Versicherung | 17,6 | 4,6 | 16,7 |
| Verkehr, Nachrichten | 5,8 | 2,1 | 5,6 |
| sonstige Dienstleistungen | 9,7 | 4,7 | 9,3 |
| Gebietskörperschaften, Sozialversicherung | 12,5 | 4,8 | 12,0 |

beitskräfte aus Ländern, die nicht der EG angehören; direkte Anwerbung ausländischer Arbeitskräfte durch deutsche Unternehmen ist somit lediglich in EG-Ländern zulässig. Die meisten ausländischen Arbeitskräfte werden von der BfA unmittelbar in den sog. Anwerbeländern (Türkei, Griechenland, Jugoslawien etc.) auf der Basis bilateraler Regierungsvereinbarungen angeworben und vermittelt. 1973 befanden sich ca. 2,5 Mio. ausländische Arbeitnehmer (ca. 10% der abhängigen Erwerbstätigen) in der BRD (darunter 22% Türken, 20% Jugoslawen, 18% Italiener, 12% Griechen, 8% Spanier). Im Vergleich zu den deutschen Beschäftigten ergab die Arbeitsstättenzählung von 1970 folgende Beschäftigungsstuktur (Tab. 1). Die regionale Verteilung der ausländischen Arbeitskräfte auf die Bundesländer (zum Zeitpunkt der Volkszählung 1970) zeigt eine deutliche Nord-Süd-Tendenz (Tab. 2).

Tab. 2: Anteil der ausländischen Arbeitnehmer an den Erwerbstätigen der Bundesländer (in %)

| | |
|---|---|
| Baden-Württemberg | 11,4 |
| Hessen | 8,1 |
| Nordrhein-Westfalen | 6,7 |
| Bayern | 5,8 |
| Berlin (West) | 5,4 |
| Hamburg | 4,7 |
| Rheinland-Pfalz | 3,6 |
| Niedersachsen | 3,5 |
| Saarland | 3,5 |
| Bremen | 3,3 |
| Schleswig-Holstein | 2,3 |
| BRD | 6,5 |

Die regionale Verteilung der ausländischen Arbeitskräfte auf Stadt und Land zeigt eine stärkere Verdichtung in den Ballungsgebieten (v. a. in den Kernstädten der Großballungen), jedoch nur leicht stärker, als es der Verteilung der deutschen Bevölkerung entspricht. Der ländliche Raum ist keineswegs frei von Gastarbeitern, insbes.

nicht im Einzugsbereich von großen Ballungsgebieten.

Mit den Ursachen für die Wanderungsbewegungen des Faktors → Arbeit sowie den volkswirtschaftlichen Wirkungen und Problemen der Ausländerbeschäftigung für die Aufnahme- und Herkunftländer beschäftigt sich die sog. → Gastarbeiterökonomik. J.Be.

**Ausländerkonvertibilität**
→ Konvertibilität

**ausländische Arbeitnehmer**
→ Ausländerbeschäftigung

**Auslandsforderungen**
→ Nettoauslandsposition

**Auslandsverbindlichkeiten**
→ Nettoauslandsposition

**Außenbeitrag**
Saldo der Aus- und Einfuhr von Waren und Dienstleistungen (einschl. der Erwerbs- und Vermögenseinkommen) zwischen → Inländern und der übrigen Welt. Er ergibt sich in der → Zahlungsbilanz als Saldo der zusammengefaßten Handels- und Dienstleistungsbilanz. In der → Volkswirtschaftlichen Gesamtrechnung ist der Außenbeitrag Komponente des → Sozialprodukts.

**Außengeld**
(= exogenes Geld) im Gegensatz zum → Innengeld wird Außengeld nicht durch bankgeschäftliche → Geldschöpfung geschaffen, sondern durch den Staat oder die → Zentralbank gegen Ankauf von Finanz- oder Sachaktiva oder gegen Einräumung einer (häufig fiktiven) Forderung gegenüber denjenigen Privaten, denen das Außengeld zufließt.
Im Gegensatz zum Innengeld wird in der neueren → Geldtheorie (z. B. bei Don PATINKIN, John G. GURLEY und Edward S. SHAW) dem Außengeld insofern Vermögenscharakter zugesprochen, als z. B. beim Rückkauf von Staatspapieren zwar das → Geldvermögen der Wirtschaftssubjekte zunächst unverändert bleibt, sie aber

damit rechnen, daß der Staat den in Zukunft verminderten Schuldendienst zum Anlaß von Steuersenkungen (resp. Unterlassen von Steuererhöhungen) nimmt. Die Kapitalisierung dieser Steuerersparnisse schafft einen Vermögenswert. Zu keinem Vermögenszuwachs kommt es dagegen, wenn die Wirtschaftssubjekte solche steuerlichen Reaktionen des Staates nicht in ihr Kalkül einbeziehen, d. h. wenn sie unter Fiskalillusion leiden. Nach dieser These stellt das Innengeld dagegen kein Vermögensgut dar, da hier den Forderungen gleich hohe Verbindlichkeiten im privaten Sektor gegenüberstehen. Dieser Auffassung wird (wohl zu Recht) von Boris P. PESEK und Thomas R. SAVING sowie von Harry G. JOHNSON entgegengehalten, daß die → Banken von ihren Schuldnern zwar Zinsen erhalten, den Besitzern von → Sichteinlagen jedoch keine oder nur niedrigere Zinsen zahlen, so daß in Höhe der kapitalisierten Differenz bei den Banken auch ein Vermögenszuwachs eintritt, dem bei keiner anderen Gruppe ein Gegenposten entspricht, insofern also kein Unterschied zum Außengeld besteht. Diese Diskussion ist von Bedeutung insbes. für den → Realvermögenseffekt, der nur bei solchen Geldbeständen auftreten kann, die als → Vermögen aufzufassen sind.    H.-J. H.

## Außenhandel

grenzüberschreitender Warenverkehr des jeweiligen Erhebungsgebietes (z. B. BRD). In der Außenhandelsstatistik wird unterschieden:

a) Generalhandel: alle in das Erhebungsgebiet eingehenden und alle aus ihm ausgehenden Waren mit Ausnahme der Durchfuhr und des Zwischenauslandsverkehrs oder m. a. W. die Ein- und Ausfuhr in den freien Verkehr, auf Freihafen- oder Zollager oder zur Veredelung.

b) Spezialhandel: wie a), jedoch ohne Ein- und Ausfuhr *auf* Lager, aber einschl. der Einfuhr *aus* Lager in den freien Verkehr oder zur Veredelung. Diese Abgrenzung des Außenhandels wird i. d. R. bei der Erstellung der → Handelsbilanz zugrundegelegt.

c) Durchfuhr ( = Transitverkehr): Warenverkehr, der durch das Erhebungsgebiet in ein anderes Bestimmungsland geleitet wird. Die Waren werden dabei im Transitland keiner Be- oder Verarbeitung unterzogen.

d) Zwischenauslandsverkehr: Warenverkehr, der aus dem Erhebungsgebiet über ein anderes Land (Transitland) ohne Be- oder Verarbeitung wieder in das Erhebungsgebiet verbracht wird.

## Außenhandelsfreiheit

liegt vor, wenn Waren- und Dienstleistungsgeschäfte zwischen Ländern frei, d. h. nicht durch mengenmäßige Beschränkungen behindert oder in bestimmter Weise gelenkt sind. Im Gegensatz zum → Freihandelsprinzip (auch absoluter Freihandel) impliziert sie aber nicht den Verzicht auf Preisbe- bzw. -entlastungen (z. B. → Zölle, → Steuern, Prämien). Jedoch ist der Grundsatz der Nichtdiskriminierung (→ Meistbegünstigung) anzuwenden. Beschränkungen der Kapitaltransaktionen sind mit dem Grundsatz der Außenhandelsfreiheit vereinbar, nicht jedoch mit dem der Außen*wirtschafts*freiheit. Letztere ist bei voller Inländerkonvertierbarkeit (→ Konvertibilität) für alle Arten von Geschäften zwischen In- und Ausländern gegeben.

Außenwirtschaftsfreiheit war weitgehend in der → Außenwirtschaftsordnung des 19. Jh. (Großbritannien und Deutschland) verwirklicht. Heute ist die Forderung nach Außenhandels- und Außenwirtschaftsfreiheit in multilateralen internationalen Vereinbarungen verankert (z. B. → Allgemeines Zoll- und Handelsabkommen, Abkommen über den → Internationalen Währungsfonds).    M. H.

## Außenhandelsgewinn

Vorteile, die sich für ein einzelnes Land, für Gruppen von Ländern, für die Welt als Ganzes durch Aufnahme von Güterhandel erzielen lassen. Die Frage der Vorteilhaftigkeit des Handels erfordert eine gesellschaftliche Zielfunktion und kann nur vor dem Hintergrund genau spezifizierter Beurteilungskriterien sinnvoll analysiert werden. Dazu wiederum ist die Darstellung und Analyse der Ausgangsbedingungen vor Handelsaufnahme und der sich nach Handelsaufnahme ergebenden Handelsstruktur erforderlich.

Ausgangspunkt der Analyse bildet zumeist die von David RICARDO und Robert TORRENS entwickelte Theorie der komparativen Vorteile (→ komparative Kosten). Es läßt sich zeigen, daß die Aufnahme von Handelsbeziehungen den Ländern das Erreichen einer Versorgungslage außerhalb der im Autarkiezustand gegebenen → Transformationskurve ermöglicht. Der dabei ermittelte Außenhandelsgewinn (ausgedrückt in zusätzlich verfügbaren Konsumgütermengen bzw. eingesparten Produktionsfaktoren) läßt sich aufgliedern in den sog. Handelsgewinn und den Spezialisierungsgewinn. Der Handelsgewinn kommt in den zusätzlich verfügbaren Konsumgütermengen zum Ausdruck, die selbst unter Beibehaltung der Zusammensetzung der Produktion des Autarkiezustandes allein durch Tausch zwischen den jeweiligen Ländern realisiert werden können. Andererseits könnte allein durch (vollständige oder unvollständige) → Spezialisierung der jeweiligen Länder im Sinne eines beide Länder umfassenden zentralgeplanten Produktionsoptimums die Konsumstruktur des Autarkiezustandes mit einer geringeren Menge von Produktionsfaktoren erstellt werden (Spezialisierungsgewinn).

Schwieriger wird die Analyse insbes. dadurch, daß i. d. R. die Versorgungslage der einzelnen Wirtschaftssubjekte eines Landes durch Auf- bzw. Zunahme des Außenhandels unterschiedlich beeinflußt wird. Bei einigen Wirtschaftssubjekten wird sie sich verbessern, bei anderen verschlechtern. Um der Notwendigkeit interpersoneller Nutzenvergleiche (→ Nutzenmessung) zu entgehen, wurde eine Reihe von → Wohlfahrtskriterien entwickelt, mit Hilfe derer entschieden werden soll, ob eine Situation »besser« oder »schlechter« als die Ausgangssituation ist. Ergebnis: Eine potentielle Verbesserung der Versorgungslage ergibt sich dann, wenn in der neuen Situation (nach Aufnahme des Außenhandels) ungeachtet der Verteilung

der Güter mehr oder zumindest nicht weniger Güter verfügbar sind. Falls keine Marktunvollkommenheiten, → Externalitäten etc. vorliegen, wird entsprechend diesem Kriterium Außenhandel für das einzelne Land, für eine Gruppe von Ländern, wie auch für die Welt insgesamt eine potentielle Verbesserung gegenüber dem Autarkiezustand mit sich bringen.

Dies besagt jedoch nicht, daß Freihandel immer die Versorgungslage eines einzelnen Landes optimiert. Wie die → Optimalzoll-Theorie zeigt, kann durch Ausnutzen einer Monopol-/Monopsonstellung auf den internationalen Märkten verbunden mit der dazu erforderlichen Zollpolitik ein Land für sich allein seine Versorgungslage selbst gegenüber der Freihandelsituation verbessern (→ beggar-my-neighbour-policy). Ob dies gelingt, hängt nicht zuletzt von Gegenmaßnahmen der anderen Länder (→ Retorsionszoll) ab. Dies zeigt auch, daß die statische Analyse von Außenhandelsgewinnen durch eine dynamische Betrachtung zu ergänzen ist. Insbes. ist zu diskutieren, welche Auswirkungen der Außenhandel auf das → Wachstum und die Wettbewerbsposition hat.

Die Frage des Außenhandelsgewinns, wenngleich meist im Hinblick auf die Vorteile des Güterverkehrs über die Landesgrenzen untersucht, muß auch im Hinblick auf Vorteile internationaler Kapitalbewegungen und deren Zusammenwirken mit dem Güterverkehr analysiert werden. Internationale Kapitalbewegungen können einen Außenhandelsgewinn durch Förderung des Leistungsverkehrs, Verbesserung der Arbeitsteilung durch Standortveränderungen (Errichtung von Tochtergesellschaften im Ausland, ausländische Beteiligungen) und Ausgleich von → Liquidität herbeiführen.

Gibt man die Annahme der Vollbeschäftigung, der Flexibilität von Produkt- und Faktorpreisen sowie der Übereinstimmung von privaten und → sozialen Kosten auf, so können sich auch Verluste aus dem Außenhandel ergeben. Von besonderer Bedeutung v. a. für → Entwicklungsländer ist jener Fall, in dem sich aufgrund des Wachstums in der Exportgüterindustrie die internationale Tauschrelation (→ terms of trade) so stark verschlechtert, daß die damit einhergehende wohlfahrtsmindernde Wirkung die positiven Wohlfahrtseffekte des Wachstums überkompensiert (Fall des immiserizing growth). M.H.

**Außenhandelsmonopol**
gehört als Instrument der Außenwirtschaftspolitik zu den schärfsten Eingriffen in die außenwirtschaftlichen Beziehungen. Es liegt vor, wenn der → Außenhandel bei einzelnen Gütern (partielles Außenhandelsmonopol) oder bei sämtlichen Gütern (totales Außenhandelsmonopol, Ostblockstaaten) von einer staatlichen Zentrale abgewickelt wird. Der Begriff des Staatshandels umfaßt sowohl totale als auch partielle Außenhandelsmonopole.
Ziel eines Außenhandelsmonopols kann eine aktive Außenwirtschaftspolitik sein, indem es auf den Auslandsmärkten sich als Monopolist (bei Ausfuhren) bzw. Monopsonist (bei Einfuhren) verhält, um einen maximalen Gewinn zu erzielen. Dabei kann es über die rein wirtschaftlichen Zielsetzungen hinaus wirtschaftliche Abhängigkeiten zur Erreichung politischer Ziele benutzen. Es kann jedoch auch eine passive Außenwirtschaftspolitik betreiben, so z.B. wenn es mehr aus Gründen des Schutzes gegenüber aggressiven Außenhandelsmonopolen (z.B. → Dumping) errichtet wurde. Andere Zielsetzungen sind denkbar, z.B. Sicherung einer ausreichenden Versorgung mit Rohstoffen.
Das Außenhandelsmonopol stellt die adäquate Ordnung (→ Außenwirtschaftsordnung) der außenwirtschaftlichen Beziehungen einer vorwiegend zentralgeleiteten Wirtschaft dar (→ Zentralverwaltungswirtschaft). Jedoch ist auch bei vorwiegend marktwirtschaftlich organisierten Wirtschaften die Regelung der außenwirtschaftlichen Beziehungen durch ein Außenhandelsmonopol denkbar und möglicherweise sogar unerläßlich, falls eine solche Wirtschaft weitgehend von derartigen Monopolen umgeben ist. M.H.

**Außenhandelsmultiplikator**
→ Exportmultiplikator

**außenwirtschaftliche Absicherung**
Abschirmung der Binnenwirtschaft gegen unerwünschte externe Einflüsse mit Hilfe der → Außenwirtschaftspolitik. Als Maßnahmen zur Unterstützung einer Stabilitätspolitik, insbes. zur Abwehr störender Devisenzuflüsse sowie zum Abbau hoher Leistungsbilanzsalden wurden im Rahmen der außenwirtschaftlichen Absicherung in der BRD mehrfach → Aufwertungen vorgenommen sowie zeitweise eine → Devisenbannwirtschaft praktiziert.

**außenwirtschaftliches Gleichgewicht**
eines der vier gesamtwirtschaftlichen → Ziele, die für die BRD im → Gesetz zur Förderung der Stabilität und des Wachstums der Wirtschaft festgelegt sind.
Der → Sachverständigenrat zur Begutachtung der gesamtwirtschaftlichen Entwicklung definiert außenwirtschaftliches Gleichgewicht als einen Zustand, in dem sich bei konstantem → Wechselkurs die Zahlungsein- und -ausgänge im internationalen Verkehr die Waage halten (ausgeglichene → Gold- und Devisenbilanz, d.h. unveränderte → Währungsreserven), ohne daß zu diesem Zweck bestimmte Transaktionen vorgenommen, gefördert oder beschränkt werden (auch nicht seitens wichtiger Partnerländer) und ohne daß sich unmittelbare Nachteile für die binnenwirtschaftlichen → Ziele ergeben. Außenwirtschaftliches Gleichgewicht beinhaltet somit nicht nur → Zahlungsbilanzgleichgewicht (stabiler Wechselkurs bei unveränderten Währungsreserven), sondern darüberhinaus, daß vom Ausland keine störenden Wirkungen auf das binnenwirtschaftliche Gleichgewicht ausgehen, d.h. daß bestimmte Teilsalden der → Zahlungsbilanz mit den binnenwirtschaftlichen Zielen kompatibel sind. So werden in mittelfristigen Zielprojektionen für die BRD z.B. Richtzahlen, für das Verhältnis von → Außenbeitrag zum Bruttosozialprodukt bestimmt (1% bis 1,5%). Abweichungen von derartigen Richtzahlen würden (selbst bei Zahlungsbilanzgleichgewicht) ein außenwirtschaftliches Ungleichgewicht anzeigen und Maßnahmen zur →

außenwirtschaftlichen Absicherung notwendig machen.

Für die Frage, ob ein langfristiges (fundamentales) außenwirtschaftliches Ungleichgewicht vorliegt, wird häufig die Entwicklung des Saldos der Grundbilanz herangezogen (→ Zahlungsbilanzkonzepte). Der Aussagewert dieses Konzepts wird jedoch zunehmend in Frage gestellt, da der langfristige Kapitalverkehr (→ Kapitalbilanz) zum überwiegenden Teil nicht als autonom betrachtet werden kann.

Für die Erhaltung oder Herbeiführung eines außenwirtschaftlichen Gleichgewichts steht im wesentlichen das Instrumentarium der → Außenwirtschafts-, insbes. der → Zahlungsbilanzpolitik zur Verfügung.

D.S.

**Außenwirtschaftsfreiheit**

→ Außenhandelsfreiheit

**Außenwirtschaftsgesetz (AWG)**

vom 28.4.1961, ergänzt durch die Außenwirtschaftsverordnung (AWV) vom 22.8.1961; es regelt den Außenwirtschaftsverkehr, also den »Waren-, Dienstleistungs-, Kapital-, Zahlungs- und sonstigen Wirtschaftsverkehr mit fremden Wirtschaftsgebieten sowie den Verkehr mit Auslandswerten und mit Gold zwischen Gebietsansässigen« (§ 1, Abs. 1). Der innerdeutsche Handel ist nicht Außenwirtschaftsverkehr im Sinne des AWG.

Die bedeutsamste Bestimmung des AWG ist der in § 1 festgelegte Grundsatz der Freiheit des Außenwirtschaftsverkehrs. Dieser Grundsatz ist jedoch mit einem Beschränkungsvorbehalt versehen.

Der erste Teil des Gesetzes enthält die Beschränkungsmöglichkeiten. Allgemeine Beschränkungsmöglichkeiten sind: Erfüllung zwischenstaatlicher Vereinbarungen, Abwehr schädigender Einflüsse aus fremden Wirtschaftsgebieten, Abwehr schädigender Geld- und Kapitalzuflüsse aus fremden Wirtschaftsgebieten, Schutz der Sicherheit und der auswärtigen Interessen (§§ 5–7). Besondere Beschränkungsmöglichkeiten sind unter bestimmten Bedingungen für einzelne Bereiche des Außenwirtschaftsverkehrs vorgesehen. Dabei

wird für die Wareneinfuhr eine Liste der genehmigungsfreien Waren festgelegt, mit der Folge, daß alle nicht auf der Liste stehenden Waren bei der Einfuhr genehmigungspflichtig sind.

Der zweite Teil des Gesetzes enthält ergänzende Bestimmungen (insbes. Ermächtigung zur Anordnung von Verfahrens- und Meldevorschriften, Bestimmungen über Zuständigkeit beim Erlaß der Rechtsverordnungen).

Der dritte Teil enthält Bußgeld-, Straf- und Überwachungsvorschriften.

Die AWV gehört neben dem AWG, der Einfuhrliste, der Ausfuhrliste und der Zuständigkeitsverordnung zu den hauptsächlichen Rechtsquellen des Außenwirtschaftsverkehrs. Dabei ist jedoch zu berücksichtigen, daß auch Teile des inländischen Rechts außenwirtschaftliche Wirkungen haben (z.B. Vorschriften zum Schutz der öffentlichen Ordnung). M.H.

**Außenwirtschaftsordnung**

Summe der institutionellen Regelungen, welche die Verwendungsmöglichkeiten der außenwirtschaftspolitischen Instrumente eines Landes auf die Dauer festlegen. Sie bildet den Rahmen für die mittel- und kurzfristige → Außenwirtschaftspolitik. Die Gestaltung der außenwirtschaftlichen Beziehungen ist abhängig von der angestrebten bzw. bestehenden Binnenwirtschaftsordnung und der Weltwirtschaftsordnung. So wird für eine → Zentralverwaltungswirtschaft i.d.R. das staatliche → Außenhandelsmonopol die geeignete Ordnungsform sein, während einer marktwirtschaftlich orientierten Wirtschaft eine Form der Außenwirtschaftsordnung entspricht, in der den einzelnen Wirtschaftssubjekten bei ihren außenwirtschaftlich relevanten Dispositionen weitgehende individuelle Freiheiten eingeräumt werden.

Einige Außenwirtschaftsordnungen haben besondere Bedeutung erlangt: a) das klassische Freihandelsideal (→ Freihandelsprinzip); b) der »relative« Freihandel im 19. Jh. (→ Außenhandelsfreiheit); c) das System der mengenmäßigen Außenhandels- und Zahlungsreglementierungen (mit unterschiedlichen Zielsetzungen) in der Zeit von 1935–1939 und 1945–1958); d) das staatliche → Außenhandelsmonopol (Ostblockstaaten). M.H.

**Außenwirtschaftspolitik**

Herstellung und Aufrechterhaltung einer bestimmten Ordnung (→ Außenwirtschaftsordnung); als Außenwirtschaftspolitik im engsten Sinne die laufende Lenkung der außenwirtschaftlichen Beziehungen. Unter außenwirtschaftlichen Beziehungen wird dabei der Waren- und Dienstleistungsverkehr, die unentgeltlichen Leistungen, Kapital-, Gold- und Devisenverkehr einschl. der Wanderungen natürlicher und juristischer Personen verstanden.

Je nach dem Grad der außenwirtschaftlichen Verflechtung (meist gemessen durch den Anteil der Waren- und Dienstleistungsexporte am → Sozialprodukt) steht die Außenwirtschaftspolitik in einer engen Beziehung zur allgemeinen → Wirtschaftspolitik. Dies zeigt sich u. a. auch darin, daß die Ziele der Außenwirtschaftspolitik mit den Zielen der allgemeinen Wirtschaftspolitik weitgehend übereinstimmen. Gerade bei der Außenwirtschaftspolitik ergibt sich jedoch auch ein Einfluß außerökonomischer Ziele (außenpolitische bzw. militärische Ziele). Schließlich erlangen auch übernationale Zielsetzungen (z. B. → Freihandelsprinzip, → Konvertibilität, → Meistbegünstigung) wachsende Bedeutung aufgrund der insbes. seit dem 2. Weltkrieg zunehmenden Ordnung außenwirtschaftlicher Beziehungen auf internationale Grundlage durch Schaffung internationaler Organisationen (IMF, GATT, OECD, EG, EFTA, UNCTAD).

Es wird unterschieden zwischen einer passiven und einer aktiven Außenwirtschaftspolitik. Unter passiver Außenwirtschaftspolitik werden Maßnahmen zur Abschirmung von außenwirtschaftlichen Störungen verstanden. Aktive Außenwirtschaftspolitik umfaßt dagegen eine Strategie zur Vergrößerung der eigenen Vorteile aus dem Außenhandel, u. U. mit bewußter Inkaufnahme einer Schlechterstellung des Auslands (→ beggar-my-neighbour-policy)

Bei den Instrumenten wird häufig zwischen Maßnahmen unterschieden, die den Güterverkehr (güterwirtschaftliche Maßnahmen) und solchen, die den Kapitalverkehr (monetäre Maßnahmen) beeinflussen.

a) Bei den güterwirtschaftlichen Maßnahmen stehen → Zölle (auf Einfuhr und/oder Ausfuhr, nach Regionen und/oder Warengruppen differenziert) im Vordergrund, wenngleich die Bedeutung der nichttarifären Handelshemmnisse insofern stark an Bedeutung gewinnen, als zollpolitische Maßnahmen aufgrund internationaler Übereinkommen nur mehr begrenzt möglich sind.

Wichtige nichttarifäre Maßnahmen: Mengenmäßige Beschränkungen in Form von → Kontingenten, hauptsächlich bei Importen evtl. auch bei Exporten (→ Embargo), Importsteuern (Ausgleichssteuern), Exportprämien, zwischen Inländern und Ausländern differenzierende Wettbewerbsgesetzgebung, zeitraubender und übersteigerter Verwaltungsaufwand an der Grenze, unterschiedliche Kreditbestimmungen für In- und Auslandsgeschäfte, nach Waren differenzierte → Wechselkurse, Einwanderungsbestimmungen, staatliche Propaganda, Errichtung eines staatlichen → Außenhandelsmonopols.

b) Monetäre Maßnahmen umfassen insbes. → Auf- und → Abwertung, → Devisenbewirtschaftung, → multiple Wechselkurse, Spaltung des Kapitalmarktes nach Inlands- und Auslandsgeschäften, → Devisenbannwirtschaft (z. B. → Verzinsungsverbot für Ausländer, → Bardepot), → Zins- und Swapsatzpolitik.

Aufgrund der engen Beziehungen zwischen monetären und güterwirtschaftlichen Transaktionen sind die Grenzen zwischen den Maßnahmen fließend. So kann z. B. eine → Abwertung ähnliche Effekte hervorrufen wie eine gleichmäßige prozentuale Belastung aller Importe (Zölle, Steuern) und Entlastung aller Exporte (Steuersenkungen, Prämien).

Welche Instrumente eingesetzt werden, wird durch die jeweilige → Außenwirtschaftsordnung sowie auch von der bestehenden oder geplanten Weltwirtschaftsordnung beeinflußt. Die Außenwirtschaftsordnung selbst ist andererseits wieder dadurch bestimmt, welche der denkbaren Instrumente der Außenwirtschaftspolitik angewendet und welche Prinzipien dabei beachtet werden.

Sonderprobleme der Außenwirtschaftspolitik bilden die internationalen Organisationen, die Schaffung integrierter Wirtschaftsräume (→ Integration), die Politik gegenüber → Entwicklungsländern (→ Entwicklungshilfe) sowie Probleme der wirtschaftlichen Beziehung zwischen kapitalistischen und Staatshandelsländern (→ Ost-West-Handel). M.H.

### Außenwirtschaftstheorie

auf Fragen und Probleme ökonomischer Beziehungen zwischen Ländern angewendete allgemeine Wirtschaftstheorie. Die Trennung zwischen Außen- und Binnenwirtschaftstheorie wurde bei den Klassikern mit der Immobilität der Produktionsfaktoren zwischen Ländern begründet. In jüngerer Zeit wird sie mit Unterschieden in der → Geldordnung, der nationalen → Wirtschaftspolitik, in Handelshemmnissen (→ Zoll, Produktstandards) und bestimmten Besonderheiten nationaler Märkte bedingt durch Sprache, Konsumgewohnheiten etc. begründet. Dennoch ist die Unterscheidung mehr gradueller als grundsätzlicher Natur. Wenngleich vielfach der Eindruck entsteht, als stünden die wirtschaftlichen Beziehungen von Ländern im Vordergrund der Betrachtung, sind es letztlich doch die Dispositionen einer Vielzahl einzelner oder Gruppen von Wirtschaftseinheiten, die – aus welchen Gründen auch immer – über eine ökonomisch nicht zu erklärende Staatsgrenze hinausgreifen und damit außenwirtschaftlich relevant handeln.

Zumeist wird eine Trennung in monetäre und reine Außenwirtschaftstheorie vorgenommen. Die monetäre Theorie befaßt sich mit der → Zahlungsbilanz, insbes. mit der Frage, von welchen Größen die Zahlungsbilanzentwicklung bestimmt wird (→ Zahlungsbilanzmechanismen). Je nach dem zugrundeliegenden theoretischen Konzept werden dabei → Wechselkurs, Preise, Einkommen (makroökonomische

→ Absorptionstheorie) und Kreditkonditionen (mikroökonomische Absorptionstheorie) als bestimmend für die Zahlungsbilanz angesehen.

Demgegenüber befaßt sich die reine Außenwirtschaftstheorie mit den Fragen: Welche Faktoren bestimmen Struktur, Richtung und Ausmaß der internationalen Güterströme (→ komparative Kosten, → HECKSCHER-OHLIN-Theorem)? Welche Größen bestimmen das reale Austauschverhältnis zwischen ex- und importierten Gütern (→ terms of trade, → Theorie der internationalen Werte)? Welche Auswirkungen hat der Außenhandel auf die Wohlfahrt der Welt, einzelner Länder und Individuen (→ Außenhandelsgewinn)?

Wegen der Interdependenzen zwischen realen und monetären Größen ist die Trennung von monetärer und reiner Außenwirtschaftstheorie unbefriedigend, jedoch mangelt es bisher an einem geschlossenen Ansatz der Integration monetärer und güterwirtschaftlicher Theorien im Rahmen der internationalen Beziehungen.

Spezialgebiet und Anwendungsfall der Außenwirtschaftstheorie bildet die Zolltheorie (→ Zoll). Im Vordergrund der Betrachtung steht dabei insbes. die Frage, welche Wirkungen die Einführung eines → Zolls auf bestimmte ökonomische Variable wie Faktoreinkommen (→ SAMUELSON-STOLPER-Theorem), → terms of trade, → Zahlungsbilanz, → Beschäftigung etc. hat.

Eine enge Beziehung besteht zur → Standorttheorie bzw. → Raumwirtschaftstheorie. Im Unterschied dazu steht jedoch die Außenwirtschaftstheorie auf einem höheren Abstraktionsniveau, auch werden z.B. Transportkosten und → Skalenerträge als Determinanten der Standortentscheidung von Wirtschaftseinheiten und damit als Determinanten von Güterströmen in der Außenwirtschaftstheorie meist wenig beachtet. M.H.

### Außenwirtschaftsverordnung
→ Außenwirtschaftsgesetz

**Aussperrung**
von einem oder von mehreren Arbeitgebern planmäßig vorgenommene Ausschließung einer Gruppe von Arbeitnehmern von der Arbeit unter Verweigerung der Lohnzahlung, um damit bestimmte Ziele zu erreichen. Umgekehrt wie beim → Streik sind bei der Aussperrung die Arbeitgeber der aktive Teil im → Arbeitskampf. Dabei ist jedoch zu beachten, daß die Aussperrung regelmäßig erst in Reaktion auf einen begonnenen Streik vorgenommen wird (Abwehraussperrung). Eine Angriffsaussperrung zur Erreichung günstigerer Arbeitsbedingungen im Sinne der Arbeitgeber (z.B. Lohnsenkungen) ist in Deutschland bisher noch nicht vorgekommen.
Die Aussperrung hat gemäß der Rechtsprechung des Bundesarbeitsgerichtes nur unter besonderen Voraussetzungen eine das Arbeitsverhältnis lösende Wirkung (z.B. bei rechtswidriger Arbeitsniederlegung oder als Antwort auf einen besonders lange dauernden Streik), ansonsten wird das Arbeitsverhältnis lediglich suspendiert. Jede Aussperrung setzt zu ihrer rechtlichen Wirksamkeit voraus, daß der Arbeitgeber bei ihrem Ausspruch gewillt ist, mit den Ausgesperrten nach dem Ende des Arbeitskampfes über ihre Weiterbeschäftigung zu verhandeln. T.F.

**Autokorrelation**
bezeichnet die zeitliche Abhängigkeit sukzessiver Werte der Störvariablen u (→ Variable). Dadurch wird eine wichtige Annahme der klassischen → Regressionsanalyse verletzt.
Gründe für Autokorrelation können sein: Weglassen wichtiger Variabler oder falsch angenommener Funktionsverlauf. Konsequenzen: Die Parameterschätzwerte sind, obwohl unverzerrt im statistischen Sinn, numerisch falsch. Die Varianz der Störvariablen u kann unterschätzt werden. Da die Schätzverfahren vergleichsweise kompliziert sind, ist es empfehlenswert, auf Autokorrelation zu testen. In der Praxis hat sich der DURBIN-WATSON-Test durchgesetzt. H.B.

**autonome Investitionen**
→ Investitionstheorie

**Axiom** → Logistik

# B

**Bagatellkartell**
Variante eines → Kartells, das infolge der als relativ gering eingeschätzten Möglichkeit zur → Wettbewerbsbeschränkung als Bagatellfall vom → Verbotsprinzip des → Gesetzes gegen Wettbewerbsbeschränkungen (GWB) zwar erfaßt, aber wegen Verneinung des öffentlichen Interesses nicht als Verstoß geahndet wird.
Entsprechende Anwendung findet diese Regel bei der → Fusionskontrolle, die z. B. aufgrund einer Toleranzklausel Zusammenschlüsse von Unternehmen nicht erfaßt, soweit sie einen Markt mit einem Jahresumsatz von weniger als 10 Mio. DM betreffen (Bagatellklausel, GWB, § 24, Abs. 8, Nr. 4). R.R.

**Bagatellsteuern**
→ Verbrauchsteuern

**balanced budget – Theorem**
→ HAAVELMO – Theorem

**Bancor**
internationale Verrechnungseinheit im → KEYNES-Plan.

**Bandbreite** → Parität

**bandwagon effect** → Mitläufereffekt

**Banken**
(Geschäftsbanken, Kreditinstitute) Wirtschaftsunternehmen, die Handel mit Forderungen auf eigene Rechnung betreiben, d.h. → Kredit aufnehmen und vergeben und in diesem Rahmen den bargeldlosen und bargeldsparenden → Zahlungsverkehr ermöglichen, da ihre Verbindlichkeiten in Form von → Sichteinlagen allgemein als → Zahlungsmittel akzeptiert werden. Zusätzlich bieten sie Dienstleistungen im Zusammenhang mit Finanztransaktionen wie Vermittlung von Kreditgeschäften und Verwaltung von Forderungen an.
Banken gehören zum Sektor der Finanzinstitutionen, deren gemeinsames Charakteristikum ist, daß ihre Aktiva zum größten Teil aus → Forderungen bestehen. Sie unterscheiden sich von nichtmonetären Finanzinstitutionen (Versicherungen, Investmentgesellschaften) durch die Art der gehandelten Vermögensobjekte (insbes. die Zahlungsmitteleigenschaft der → Sichteinlagen), doch bestehen zwischen allen Finanzinstitutionen Konkurrenzbeziehungen, da die jeweils gehandelten Aktiva von den Nichtbanken als begrenzt substituierbar angesehen werden.
Die wichtigste Funktion der Banken besteht in der Kredittransformation. Ihre Existenz ermöglicht indirekte Kreditbeziehungen zwischen Nichtbanken. Aufgrund von Spezialisierungsvorteilen (hoher Informationsgrad über monetäre Märkte), Risikominderung durch Risikostreuung (Diversifikation) und → Hedging, sowie öffentlicher → Bankenaufsicht (Gewährleistung hoher Bonität von Bankverbindlichkeiten) sind Banken in der Lage, Schuldtitel und → Kredite anzubieten, welche die unterschiedlichen Portfoliopräferenzen von Kreditanbietern und -nachfragern im Nichtbankensektor besser zu befriedigen vermögen als eine direkte Kreditbeziehung. Bankeinlagen haben typischerweise ein geringeres Vermögensrisiko (Ertrags- und Ausfallrisiko), kürzere Laufzeiten und eine höhere → Liquidität und Teilbarkeit als Bankkredite (Risiko- und Fristentransformation).
Die Theorie des Bankverhaltens befindet sich noch in der Entwicklung. Neben älteren partiellen Ansätzen (→ Kreditschöpfungsmultiplikatoren) und der tradi-

tionellen betriebswirtschaftlichen Literatur (Klassifikation und Beschreibung der einzelnen Bankgeschäfte unter Berücksichtigung institutioneller Faktoren) versucht man neuerdings, die → Portfolio-Selection-Theorie auf Banken anzuwenden, indem man sie durch Einbeziehung der Passivseite der Bankbilanz zu einer Theorie optimaler Bilanzdispositionen weiterzuentwickeln sucht. Analytische Probleme ergeben sich vor allem aus den folgenden Problemkreisen:

a) Banken konkurrieren auf oligopolistischen Märkten um Einleger und Kreditnehmer. Im allg. verhalten sie sich als → Preisfixierer (unter → Preisführerschaft der Großbanken) und überlassen die Bestimmung von Höhe und Zusammensetzung v. a. der Einlagen ihren Marktpartnern.

b) Banken sehen sich aufgrund der Unsicherheit über Erträge und Fristigkeit ihrer Aktiva und Passiva, sowie ihrer Bereitschaft, aus → Sichtguthaben jederzeit zu überweisen oder sie in → Bargeld umzuwandeln, besonderen Vermögens- und Liquiditätsrisiken gegenüber, die zum Bemühen um ausreichende → Liquiditätsreserven und einer Begrenzung des von ihnen gewünschten Wachstums ihrer Kredite und Einlagen führen.

c) Banken müssen die im Rahmen der → Bankenaufsicht bestehenden Vorschriften über die Bilanzstruktur beachten und die Eingriffsmöglichkeiten der → Zentralbankpolitik berücksichtigen, durch welche die Zinssätze auf → Geld- und → Kapitalmarkt und Umfang und Zusammensetzung der → Bankenliquidität beeinflußt werden können.

Die deutschen Banken betreiben als Universalbanken zwar grundsätzlich alle Bankgeschäfte, doch unterscheidet man nach dem Schwerpunkt ihrer Tätigkeit neun Bankengruppen:

a) Kreditbanken, die hauptsächlich das kurzfristige Kreditgeschäft betreiben;
b) → Girozentralen einschl. der Deutschen Girozentrale;
c) → Sparkassen;
d) Zentralkassen der Kreditgenossenschaften;
e) Kreditgenossenschaften des gewerbli-

chen und landwirtschaftlichen Mittelstandes (z. B. Raiffeisenkassen);
f) Realkreditinstitute (private Hypothekenbanken, öffentlich-rechtliche Grundkreditanstalten);
g) Teilzahlungskreditinstitute;
h) Kreditinstitute mit Sonderaufgaben (z. B. → Kreditanstalt für Wiederaufbau, Privatdiskont-AG);
i) Postscheck- und Postsparkassenämter. V.B.

**Bankenaufsicht**
staatliche Überwachung von privatwirtschaftlich organisierten → Banken. Sie dient dem Schutz der Einleger vor Vermögensverlusten, der Aufrechterhaltung der Funktionsfähigkeit des Kreditwesens, kann jedoch auch für allgemeine wirtschaftspolitische Ziele eingesetzt werden. Die Kontrollinstrumente reichen von bloßer Pflicht zur öffentlichen Registrierung über Genehmigungspflicht für die Errichtung eines Kreditinstituts und Publizitätsvorschriften bis zu Normativbestimmungen bezüglich der Bilanzstruktur und laufender Überwachung der Geschäfte mit der Möglichkeit des Einsatzes von Zwangsmitteln.

Bis zur Bankenkrise 1931 beschränkte sich die Bankenaufsicht in Deutschland auf ein Minimum. Nachdem die Bankenaufsicht zunächst auf dem Verordnungswege eingeführt wurde, brachten die Ergebnisse der Bankenenquete von 1933/34 eine umfassende Neuregelung des Kreditwesens, die im Reichsgesetz über das Kreditwesen vom 5. 12. 1934 kodifiziert wurde. Zielsetzung und Einflußmöglichkeiten des dadurch geschaffenen Aufsichtsamtes waren umfassend: Neben der Überwachung der Banken zur Sicherung der Einlagen standen Eingriffsmöglichkeiten mit geld- und kreditpolitischer sowie strukturpolitischer Zielsetzung. Nach 1945 wurde die Bankenaufsicht zunächst dezentralisiert mit einer Vielzahl von Einzelregelungen durchgeführt, die teilweise aus dem Gesetz von 1934 übernommen wurden. Das schließlich 1962 in Kraft getretene Bundesgesetz über das Kreditwesen (KWG) schuf zwar wieder eine zentrale Aufsichtsbehörde, das

→ Bundesaufsichtsamt für das Kreditwesen, doch wurde seine Aufgabenstellung eingeschränkt: Im Vordergrund stehen heute Gläubigerschutz und Liquiditätssicherung der Banken (§§ 10–12 KWG). Die Rahmenvorschriften wurden 1962 durch die Veröffentlichung der Grundsätze zur Eigenkapitalausstattung und Liquidität der Kreditinstitute ausgefüllt, die vom Bundesaufsichtsamt im Einvernehmen mit der → Deutschen Bundesbank aufgestellt wurden. Sie wurden mehrmals, zum letzten Mal 1972, geändert. Die Grundsätze enthalten Richtzahlen, die das Verhältnis von Krediten und Beteiligungen zum haftenden Eigenkapital sowie gewisser (z.T. weniger liquider) Aktiva zu bestimmten Verbindlichkeiten regeln. Abweichungen von den Normativbestimmungen sind im Einzelfall möglich, doch setzen sie insgesamt dem Ausmaß an Risiko- und Fristentransformation durch die Banken eine Grenze. Mit der Zinsverordnung von 1965 (die jedoch 1967 aufgehoben wurde), machte das Aufsichtsamt von seinem Recht Gebrauch, auf Soll- und Habenzinsen der Banken Einfluß zu nehmen (§ 23 KWG). Die Bindung der Sollzinsen an den → Diskontsatz erhöhte die Wirksamkeit der → Diskontpolitik der Bundesbank, da eine direkte Beeinflussung der Kreditkosten möglich war, doch läßt sich auch seit der Zinsliberalisierung ein enger Zusammenhang zwischen Diskontsatz und Bankzinsen beobachten. Bei der laufenden Überwachung der Kreditinstitute arbeiten Aufsichtsamt und Bundesbank eng zusammen (§§ 6, 7 KWG); insbes. versorgt die Bundesbank das Aufsichtsamt mit den notwendigen Informationen aus der Bankenstatistik und führt selbst Überwachungsaufgaben durch. V. B.

## Bankenliquidität

→ Liquiditätsreserven der → Banken, die sich in einer vereinfachten konsolidierten Bilanz des Bankensystems als Differenz zwischen Nichtbankeneinlagen und an Nichtbanken vergebenen Krediten darstellen lassen (Liquiditätssaldo). Eine theoretisch zwingende und für alle Fragestellungen ausreichende Aufteilung der Aktiva des Bankensystems in Liquiditätsreserven und sonstige Forderungen ist nicht möglich. So müßten die Liquiditätsreserven einer einzelnen Bank anders abgegrenzt werden als die aggregierte Bankenliquidität, da einzelwirtschaftlich z. B. auch börsengängige Wertpapiere oder bestimmte Auslandsforderungen einen hohen Liquiditätsgrad besitzen, obwohl das gesamte Bankensystem sie nur unter erheblichen Wertverlusten in → Zentralbankgeld umwandeln könnte.

Inwieweit die Bankenliquidität als strategische Größe der → Zentralbankpolitik angesehen werden kann, ist strittig. Die Beantwortung der Frage hängt einmal davon ab, welchen Transmissionsmechanismus man zwischen monetärem und realem Sektor der Volkswirtschaft unterstellt, zum anderen von den Möglichkeiten der → Zentralbank, die Bankenliquidität zu steuern. Zu diesem Zweck steht ihr eine Reihe von Instrumenten zur Verfügung: der Umfang der frei verfügbaren → Liquiditätsreserven der Banken wird beeinflußt von → Mindestreservepolitik, → Offenmarktpolitik mit Nichtbanken bzw. in langfristigen Wertpapieren mit Banken, → Refinanzierungs(kontingent)politik, Einlagen/Schuldenpolitik in bezug auf öffentliche Haushalte sowie An- und Verkauf von → Devisen bei → freien Wechselkursen. Bei → festen Wechselkursen bestehen jedoch Ausweichmöglichkeiten des Bankensystems über das Ausland. Liquiditätstheoretiker wie Claus KÖHLER und auch Wolfgang STÜTZEL und Friedrich LUTZ heben die Bedeutung der Bankenliquidität für die Steuerung der Finanzierungsmöglichkeiten der Nichtbanken hervor; die Vertreter des → Monetarismus halten die Beeinflussung von → Geldbasis und → Geldmenge für entscheidend.

Die Definition, welche die → Deutsche Bundesbank verwendet, stellt darauf ab, neben den → Überschußreserven diejenigen Aktiva zu erfassen, die von der Bundesbank aufgrund gesetzlicher Bestimmungen bzw. eigener Zusagen in → Zentralbankgeld umgewandelt werden müssen (Sekundärliquidität). Damit soll

die Fähigkeit des Bankensystems quantifiziert werden, sich die durch Kreditexpansion zusätzlich erforderlichen Zentralbankguthaben zu beschaffen. Die Abgrenzung der freien → Liquiditätsreserven wurde mehrmals geändert. Während früher ausländische Geldmarktanlagen einen wichtigen Teil der Sekundärliquidität ausmachten, da sie – aufgrund der → Interventionspflicht der Bundesbank auf dem → Devisenmarkt – jederzeit in Zentralbankguthaben umgewandelt werden konnten, werden sie neuerdings wegen der zunehmend flexiblen Wechselkurse nicht mehr in die Definition miteinbezogen. Gegenwärtig zählt die Bundesbank zur Sekundärliquidität inländische → Geldmarktpapiere mit Ausnahme der → N-Papiere, unausgenutzte → Rediskontkontingente und bis Mai 1973 (solange → Lombardkredit gewährt wurde) unausgenutzte Lombardspielräume, die durch Einführung der → Lombardwarnmarke quantifizierbar geworden waren.
In ihrer Analyse der Bankenliquidität (neuerdings zusammen mit der → Zentralbankgeldmenge) stellt die Bundesbank die Transaktionen zusammen, durch die sich in

einem bestimmten Zeitraum die beiden Größen verändert haben. Statistische Grundlage ist der Vergleich zweier erweiterter und umgeformter → Bundesbankausweise: Der Veränderung der freien Liquiditätsreserven der Banken und der Zentralbankgeldmenge werden die Veränderungen der übrigen Bilanzpositionen als »Bestimmungsgründe« gegenübergestellt (Tab.).
Der Erklärungswert der Analyse ist begrenzt, da sie wie jede definitorische Beziehung ohne zusätzliche Informationen nichts über Richtung und Art der Beziehungen zwischen den Variablen aussagen kann. Hinter den allein erfaßten Nettobestandsveränderungen können sich überdies hohe Bruttobewegungen und damit einhergehend erhebliche Änderungen im Bankkreditangebot verbergen. Die Statistik erfaßt die tatsächlichen, nicht die gewünschten Liquiditätsreserven, so daß nicht ersichtlich ist, welchen Teil z. B. steigender Reserven die Banken in welchem Zeitraum durch Erwerb anderer Aktiva abbauen wollen. Es sind durchaus Situationen denkbar, in denen die gewünschte Bankenliquidität schneller steigt als die

| Bestimmungsfaktoren der Zentralbankgeldmenge und der freien Liquiditätsreserven (Veränderung im Zeitraum; Mrd. DM) | 1970 | 1971 | 1972 | 1973 |
|---|---|---|---|---|
| Nettowährungsreserven der Bundesbank | + 19,9 | + 14,8 | + 16,9 | + 27,2 |
| Nettoguthaben inländischer Nichtbanken (Zunahme: −) | − 3,4 | − 5,1 | + 1,6 | − 1,5 |
| Angeordnete besondere Reservehaltung (Zunahme: −) | − 7,8 | − 2,0 | − 9,6 | − 5,1 |
| Festgesetzte Refinanzierungskontingente | + 4,8 | − 1,3 | − 5,1 | − 13,2 |
| Nicht im einzelnen genannte Bestimmungsfaktoren | − 4,6 | − 3,6 | − 0,8 | − 4,9 |
| Zentralbankgeldmenge und freie Liquiditätsreserven | + 8,9 | + 2,8 | + 3,0 | + 2,5 |
| davon: Zentralbankgeldmenge | + 3,9 | + 7,2 | + 10,4 | + 6,9 |
| Freie Liquiditätsreserven | + 5,0 | − 4,4 | − 7,4 | − 4,4 |
| Nachrichtlich: Bestand an freien Liquiditätsreserven am Ende des Zeitraums | (32,5) | (14,8) | ( 7,3) | ( 3,0) |

tatsächliche, so daß tendenziell eine Kreditkontraktion eintritt. Die Bundesbank ist der Ansicht, daß sich die erwünschten Reserven seit 1971 gesenkt haben, da bei stark sinkenden liquiden Mitteln noch eine Kreditexpansion stattfand. Sie ist neuerdings bemüht, die freien Liquiditätsreserven möglichst weitgehend abzubauen und die Zentralbankgeldmenge direkt zu steuern, was durch die teilweise Wechselkursfreigabe wesentlicht erleichtert wurde.

V. B.

**Bank für Internationalen Zahlungsausgleich (BIZ)**

1930 als Aktiengesellschaft gegründetes Institut mit Sitz in Basel. Das Stammkapital befindet sich zu über 50% in den Händen der → Zentralbanken von Belgien, BRD, Frankreich, Großbritannien, Italien, Niederlande, Schweden, Schweiz. Anteile halten auch alle übrigen west- und osteuropäischen Zentralbanken (außer UdSSR und DDR) sowie viele außereuropäische Zentralbanken. Organe der BIZ sind die Generalversammlung und der Verwaltungsrat.

Ursprünglich als Treuhänderin der Reparationsgläubiger des Deutschen Reiches gegründet, wurde ihr Zweck nach Einstellung der deutschen Reparationszahlungen (1931) erweitert auf

a) Förderung der Zusammenarbeit der Zentralbanken in Form von persönlichen Kontakten, zentralen Erhebungen (etwa zur Überwachung der Finanzierungspraktiken von Zahlungsbilanzsalden) und Stützungsvereinbarungen (z. B. → Swap-Abkommen zur Abwehr spekulativer Attacken auf einzelne Währungen, → Basler Abkommen über ad-hoc-Kredite und zur Unterstützung Großbritanniens bei Zahlungsbilanzschwierigkeiten auf Grund der Reservewährungsfunktion des Pfund Sterling);

b) Abwicklung von internationalen Zahlungsgeschäften von Zentralbanken, z. B. als Agent der → Europäischen Zahlungsunion, des → Europäischen Fonds im → Europäischen Währungsabkommen, des → Europäischen Fonds für währungspolitische Zusammenarbeit oder als Mittler bei der Abwicklung von Goldgeschäften und Operationen der Zentralbanken auf dem → Eurodollarmarkt. F.G.

**Banknoten**

Stückgeld, das von Währungsbanken (→ Zentralbanken; Privatnotenbanken: in Deutschland bis Ende 1935) begeben wird und i. d. R. als Papiergeld (neben anderen Formen des Papiergeldes, z. B. Staatspapiergeld: in Deutschland v. a. Reichskassenscheine bis 1924) in Erscheinung tritt.

Für die Geldeigenschaft der Banknoten im juristischen Sinne spielt die Frage der gesetzlichen Zahlkraft und der Einlösungspflicht eine bedeutende Rolle. Unter wirtschaftswissenschaftlichen Gesichtspunkten ist darauf kein großes Gewicht zu legen; dies zeigt die Währungsgeschichte.

Das Bankgesetz von 1875 gab den Noten der Deutschen Reichsbank lediglich den Charakter von Inhaberschuldverschreibungen auf kursfähiges deutsches Geld (insbes. Goldmünzen). Die Novelle von 1909 machte die Reichsbanknoten zu gesetzlichen → Zahlungsmitteln, gleichwohl bestand die Einlösungspflicht fort: Sie waren zwar obligatorisches, aber nicht definitives → Geld. Ihre ökonomische Funktion blieb davon unberührt. Die 1923 ausgegebenen, auf Rentenmark lautenden Noten der Deutschen Rentenbank waren weder obligatorisches noch definitives Geld, dennoch genossen sie das volle Vertrauen des Publikums. Eine sozialpsychologisch wichtige Rolle spielte dabei ihre Eigenschaft als Inhaberschuldverschreibung auf verzinsliche Rentenbriefe, wirtschaftlich entscheidend aber war die gesetzte Emissionsgrenze.

Die in der BRD umlaufenden Banknoten werden von der → Deutschen Bundesbank begeben, die durch Art. 88 GG und § 14 Bundesbankgesetz (BBkG) das → Notenausgabemonopol besitzt. Die Bundesbanknoten sind das einzige obligatorische und definitive Geld im Geltungsbereich des BBkG. Bei Nominalen von 5 und 10 Deutsche Mark besteht Konkurrenz mit → Scheidemünzen des Bundes.

Die Noten werden buchungsmäßig als

Verbindlichkeiten der Bundesbank behandelt, doch konkretisiert sich diese Verpflichtung lediglich in der Ersatzleistung für schadhafte Stücke und im Austausch von aufgerufenen Scheinen. Es besteht keine Deckungspflicht und kein Emissionsplafond. Der Banknotenumlauf ist aber gemäß § 3 BBkG so zu gestalten, daß den Bedürfnissen des → Zahlungsverkehrs und der inneren und äußeren Währungssicherung Rechnung getragen ist. Die Noten werden i.d.R. von Kreditinstituten und öffentlichen Kassen gegen Barschecks bei der Bundesbank abgehoben und gelangen dann vorwiegend über Lohn- und Gehaltszahlungen in den Verkehr. Sie passieren im Durchschnitt drei- bis viermal jährlich die Kassen der Bundesbank.

F.G.

**Bankrate** → Diskontsatz

**Bardepot**
zinslose Einlagen, die Inländer bei der → Deutschen Bundesbank für einen bestimmten Zeitraum halten müssen, wenn sie (unmittelbar oder mittelbar) bei Ausländern Kredite aufnehmen. Die Höhe des Bardepots richtet sich nach dem Bardepotsatz; Bemessungsgrundlage sind die depotpflichtigen Verbindlichkeiten. Rechtsgrundlage sind das Gesetz und das Zweite Gesetz zur Änderung des → Außenwirtschaftsgesetzes (23.12.1971 und 23.2. 1973), die Bundesregierung und Bundesbank ermächtigen, die Bardepotpflicht im einzelnen regelnde Verordnungen zu erlassen.
Mit Wirkung vom 1.3.1972 wurde festgesetzt:
a) Meldepflicht für alle Verbindlichkeiten aus Auslandskrediten;
b) Freistellung bestimmter Auslandsverbindlichkeiten von Melde- und Depotpflicht;
c) Freibetrag für Melde- und Depotpflicht;
d) Bardepotsatz, der von der Deutschen Bundesbank im Einvernehmen mit dem Bundesfinanzminister festgelegt und geändert wird.
Freibetrag, Bardepotsatz und Kreis der bardepotpflichtigen Verbindlichkeiten wurden zwischen 1972 und 1974 entsprechend den währungspolitischen Zielen mehrfach geändert; im September 1974 wurde die Bardepotpflicht aufgehoben.
Ziel der Bardepotpflicht war die Schaffung eines Kontrollinstruments für Kreditaufnahmen deutscher Unternehmen im Ausland, die mit den vorhandenen Instrumentarium zur Beeinflussung internationaler Kapitalbewegungen nicht erfaßt werden konnten. Durch eine flexible Handhabung von Freibetrag und Depotsatz können zwar Zinsdifferenzen zwischen In- und Ausland jederzeit ausgeglichen werden, doch eine ausreichende Kontrolle spekulationsbedingter Kapitalimporte ist damit nicht gegeben, da Aufwertungsgewinne nur in Höhe des durch die Festlegung entstehenden Zinsverlustes neutralisiert werden. Da die Kapitalimporte jedoch zu einem mehr oder weniger großen Teil stillgelegt werden können, senkt die Bardepotpflicht ebenso wie besondere → Mindestreserven für Auslandsverbindlichkeiten die freien → Liquiditätsreserven der → Banken. V.B.

**Bargeld**
Bestand an gesetzlichen → Zahlungsmitteln (→ Münzgeld und → Banknoten). In der älteren Literatur wird unter Bargeld vollwertiges → Geld verstanden, bei dem Nennwert und Substanzwert der Münze übereinstimmen. Bargeld war nicht notwendigerweise staatliches Geld, vielmehr konnte selbst bei bestehendem → Münzregal freies Prägerecht gegeben sein, so daß es Privaten überlassen war, → Gold oder Silber in Münzen zu verwandeln resp. solche wieder einzuschmelzen.
Bargeld im Sinne der heutigen Definition wurde in der älteren Literatur als Stückgeld bezeichnet. H.-J.H.

**Bargeldumlauf**
gemäß Definition der → Deutschen Bundesbank die Bestände aller Wirtschaftssubjekte mit Ausnahme der inländischen Kreditinstitute an gesetzlichen → Zahlungsmitteln (in der BRD also DM-Noten und auf D-Mark oder Pfennig lautende Münzen) einschl. der im Ausland befindli-

chen Bestände. In der BRD macht der Bargeldumlauf ca. ein Drittel des → Geldvolumens aus.

**BARRE-Plan**
→ Wirtschafts- und Währungsunion

**Barwert**
in Geldeinheiten ausgedrückter Gegenwartswert einer auf den Berechnungszeitpunkt abgezinsten künftigen Zahlung oder Zahlungsreihe. Entscheidenden Einfluß auf die Höhe des Barwertes hat die Wahl des Diskontierungszinsfußes; je höher er angesetzt wird, desto niedriger ist der Barwert.

**basic balance**
→ Zahlungsbilanzkonzepte

**Basler Abkommen**
1. Basler Stillhalteabkommen von 1931: Zur Überbrückung der bedrohlichen Devisenknappheit des Deutschen Reiches wurden kurzfristige deutsche Auslandsschulden in Höhe von über 6 Mrd. RM auf 6 Monate gestundet.
2. Basler Vereinbarungen: Kreditaktionen im Rahmen von währungspolitischen Stützungsmaßnahmen, die häufig anläßlich von Verwaltungsratssitzungen der → Bank für internationalen Zahlungsausgleich (BIZ) vereinbart wurden. Ein Beispiel ist die spektakuläre Gemeinschaftsaktion der europäischen Notenbanken während der Sterlingkrise von 1961: Auch die Deutsche Bundesbank beteiligte sich damals, indem sie bei Interventionen auf dem → Devisenmarkt beträchtliche Pfundguthaben erwarb und darüber hinaus der Bank von England kurzfristig $-Guthaben zur Verfügung stellte.
3. Basler Gruppenabkommen: Das erste Abkommen der Notenbanken gewährleistete 1966 auf dem Kreditweg den Ausgleich von Reserveverlusten, welche die Bank von England auf Grund von Inanspruchnahmen der Pfundguthaben durch Länder des → Sterling-Blocks erlitt. Das zweite Abkommen eröffnete 1968 eine durch die BIZ verwaltete Kreditlinie der sog. Basler Gruppe (Zwölfergruppe:

Belgien, BRD, Dänemark, Italien, Japan, Kanada, Niederlande, Norwegen, Österreich, Schweden, Schweiz, USA). Sie versetzte Großbritannien in die Lage, in bilateralen Abkommen mit den Ländern des → Sterling-Blocks eine Kursgarantie für deren Pfundanteile in den → Währungsreserven zu geben. F. G.

**Bausparkassen**
Kreditinstitute, die kollektive, von den Kursschwankungen des → Kapitalmarktes unabhängige Baufinanzierungen abwickeln. Die Bausparer bilden eine Interessengemeinschaft zum Zweck der Finanzierung einer wohnungswirtschaftlichen Maßnahme oder zur Ablösung von Verbindlichkeiten, die im Zusammenhang mit solchen Maßnahmen eingegangen werden. Als wohnungswirtschaftliche Maßnahmen gelten dabei: Bau, Kauf oder Verbesserung von Wohngebäuden (bzw. Gebäuden, die überwiegend Wohnzwecken dienen) und Eigentumswohnungen, ferner der Kauf und die Erschließung von Bauland.
Die Bausparkassen sammeln die Bauspareinlagen, die von den Bausparern meist in regelmäßigen Raten erbracht werden, zu niedrigen Zinsen (meist 3 %) an. Die Sparraten und die Tilgungsrückflüsse werden nach einem Punktesystem, mit dem die Sparleistungen der Mitglieder bewertet werden, an die Bausparer zur Baufinanzierung (i.d.R. 5% Zins und 7% Tilgung) weitergegeben.
Infolge staatlicher Förderung des Bausparens durch Wohnungsbauprämien oder Sonderausgabenabzug (→ Sparförderung) haben sich die Bausparkassen zum bedeutendsten Finanzierungsinstitut für private Bauherrn entwickelt (→ Wohnungsbauinvestitionen). F. A.

**BAYES'sche Regel**
→ Entscheidungstheorie

**BDI** → Bundesverband der Deutschen Industrie

**Bedürfnis**
individuelle Zielsetzung oder Empfindung eines Mangels mit dem Streben nach Be-

seitigung. Bedürfnisse sind als subjektive Erscheinungen bisher als Daten für die Wirtschaftstheorie aufgefaßt worden. Für die Wirtschaft sind nur jene Bedürfnisse von Bedeutung, zu deren Befriedigung wirtschaftliche Güter (→ Gut) notwendig sind und daher Überlegungen über die Aufteilung der knappen Mittel (→ Knappheit) auf die verschiedenen Bedürfnisse erfordern. Der aus der Bedürfnisbefriedigung entstehende → Nutzen ist nach der → subjektiven Wertlehre Grundlage des wirtschaftlichen Güterwerts (Nutzwertlehre).

Teilbare Bedürfnisse können stufenweise befriedigt werden. Nach dem Sättigungsgesetz (→ GOSSEN'sche Gesetze) nimmt ihre Intensität mit fortschreitender Befriedigung ab. Unteilbare Bedürfnisse können nur vollständig oder gar nicht befriedigt werden. Zwischen den Bedürfnissen besteht in der Vorstellung eines Wirtschaftssubjektes entsprechend ihrer Dringlichkeit (Bedürfnisintensität) eine Rangordnung (Bedürfnisordnung, Bedürfnissystem). In der theoretischen Analyse wird angenommen, daß ein Wirtschaftssubjekt ein Maximum an Bedürfnisbefriedigung oder Nutzen anstrebt, d.h. die Verwirklichung dringlicherer Zielsetzungen weniger wichtigen vorzieht (Friedrich von WIESER) bzw. seine Bedürfnisbefriedigung entsprechend dem Genußausgleichsgesetz (→ GOSSEN'sche Gesetze; → Haushaltsoptimum) gestaltet (William Stanley JEVONS, Léon WALRAS).

Individualbedürfnisse werden vom einzelnen empfunden und durch einzelwirtschaftliche Güterverwendung befriedigt. Sie können ausschließlich auf die eigene Person (egoistische Bedürfnisse) oder auf die Befriedigung von Bedürfnissen anderer (altruistische Bedürfnisse) ausgerichtet sein. Kollektivbedürfnisse werden durch → öffentliche Güter gedeckt. H.M.W.

**befriedigende Wachstumsrate**
→ HARROD-Modell

**beggar-my-neighbour-policy**
Strategie zur Vergrößerung des eigenen Anteils an den Vorteilen des Außenhandels mittels monopolistischer oder anderer Praktiken unter bewußter Inkaufnahme einer Schlechterstellung des Auslandes. Beispiel: Zur Konjunkturanregung wertet ein Land ab, um die positiven Beschäftigungseffekte der → Abwertung auszunutzen, obwohl damit die eigene konjunkturelle Krise z.T. ins Ausland »exportiert« wird.

Diese Politik ist meist kurzsichtig, da das Ausland entsprechende Gegenmaßnahmen ergreifen wird (z.B. → Retorsionszölle, Folgeabwertung). M.H.

**Beiträge** → Gebühren und Beiträge

**bekundete Präferenzen**
(offenbarte Präferenzen, revealed preference) Ansatz zur Ableitung der Nachfragekurve eines Wirtschaftssubjekts für ein Gut aus dem empirisch feststellbaren Vorziehen (→ Präferenz) einer Güterkombination gegenüber anderen. Entscheidet sich ein Wirtschaftssubjekt für eine bestimmte Güterkombination auf einer → Bilanzgeraden, dann zeigt es, daß es diese höher schätzt als alle anderen. Bei einem anderen Preisverhältnis und anderer Konsumsumme kann auf der neuen Bilanzgeraden wieder eine bevorzugte Kombination gefunden werden. Durch Wiederholung dieses Vorgangs läßt sich eine Zone bevorzugter und nicht bevorzugter Güterkombinationen ermitteln. Die Grenze zwischen beiden, an der gleich geschätzte Güterkombinationen liegen, kann als angenäherte empirisch gewonnene → Indifferenzkurve aufgefaßt werden.

Dieser Ansatz beruht auf der Annahme konsistenter Handlungen des Wirtschaftssubjekts (gleiche Wahl unter gleichen Umständen) und der Transitivität der Präferenzen. H.M.W.

**Bereitschaftskreditabkommen**
(= stand-by arrangements) Kreditzusagen des → Internationalen Währungsfonds, nach denen ein Mitgliedsland innerhalb eines festgelegten Zeitraumes bis zu einem vereinbarten Betrag Ziehungen vornehmen darf. Solche Abkommen setzen i.d.R. ein Prüfungsverfahren voraus sowie die

Verpflichtung des Mitglieds, die in einer Absichtserklärung dargelegten Stabilisierungsmaßnahmen im Bereich der → Außenwirtschafts-, → Geld- und → Fiskalpolitik durchzuführen.

**BERGSON-Indifferenzkurven**
→ soziale Indifferenzkurven

**BERGSON-SAMUELSON-Wohlfahrtsfunktion**
→ Wohlfahrtsfunktion

**BERNOULLI-Prinzip**
→ Entscheidungstheorie

**BERNSTEIN-Plan**
von Edward BERNSTEIN 1967 vorgelegter Plan zur Poolung der nationalen → Währungsreserven in einem Reserve Settlement Account (RSA) des → Internationalen Währungsfonds und zur Schaffung einer gewichteten Rechnungseinheit (Composite Reserve Unit; CRU). Der Zahlungsbilanzausgleich sollte durch Umbuchung auf dem RSA nach Maßgabe der Zusammensetzung der Währungsreserven des belasteten Landes erfolgen. Der Plan verfolgte die Absicht, die Gefahr einer Konversion der ausländischen kurzfristigen Dollarforderungen zu bannen und zumindest das bestehende Reservevolumen für den internationalen Zahlungsverkehr verfügbar zu halten. F.G.

**Beruf**
auf Erwerb gerichtete, besondere Kenntnisse und Fertigkeiten sowie Erfahrung erfordernde und in einer typischen Kombination zusammenfließende Arbeitsverrichtungen, durch die der einzelne an der Leistung der Gesamtheit im Rahmen der Volkswirtschaft mitschafft, und die i. d. R. auch die Lebensgrundlage für ihn und seine nichtberufstätigen Angehörigen bilden (Statistisches Bundesamt).
Die Definition des Berufes als »Erfüllung einer sittlichen Lebensaufgabe« oder als »gottgewollte innerweltliche Pflichterfüllung« (Max WEBER) findet angesichts der wachsenden Bedeutung der mechanisierten Industriearbeit zunehmend Widerspruch. Die bei neueren Definitionen starke Betonung des Ökonomischen berücksichtigt die Tatsache, daß der Erwerbsgedanke und die wirtschaftliche Sicherheit bei der beruflichen Entscheidung mehr oder minder stark im Vordergrund stehen.
Trotz des gewandelten Begriffsinhaltes bleibt als wesentliches Unterscheidungsmerkmal gegenüber den Begriffen »Arbeit« und »Job« die mit dem Berufsbegriff charakterisierte besondere Bindung des Menschen an seine Arbeit gewahrt (anthropologischer Bezug des Berufsbegriffes). So umfaßt Arbeit auch Tatbestände, die nicht Beruf sind, z. B. Zwangsarbeit und Gelegenheitsarbeit. Ebenso ist der Beruf nicht mit bloßem Streben nach maximaler materieller Leistungsvergütung im Sinne des Job-Denkens gleichzusetzen.
Entsprechend der Berufsdefinition des Statistischen Bundesamtes grenzt die für die Berufsstatistik wichtige Klassifizierung der Berufe (Ausgabe 1970) die einzelnen Berufe nach Maßgabe der ausgeübten Tätigkeit ab, wobei Arbeitsaufgabe, Arbeitsgegenstand, Arbeitsmittel und Arbeitsverrichtung die Kriterien für die Abgrenzung liefern. Dieses Verfahren entspricht den Empfehlungen des Internationalen Arbeitsamtes für die Entwicklung nationaler Berufssystematiken. T.F.

**berufliche Bildung**
umfaßt die praktische und schulische Berufsbildung in Form der Berufsausbildung, der beruflichen Fortbildung und Umschulung an den Lernorten Betrieb, Schule und außerbetriebliche Ausbildungsstätte, die den arbeitenden Menschen in den Stand setzen (soll), sich unter den technischen und ökonomischen Bedingungen der hochrationalisierten Wirtschaft alle beruflichen und sozialen Chancen zu erschließen.
Die Berufsausbildung hat die für die Ausübung einer qualifizierten beruflichen Tätigkeit notwendigen fachlichen Fertigkeiten und Kenntnisse in einem geordneten Ausbildungsgang zu vermitteln (berufliche Erstausbildung, Jugendlichenausbildung).

In der BRD besteht in Hinblick auf die Lernorte in diesem Bereich ein »duales« Ausbildungssystem, d. h. der Auszubildende besucht während seiner betrieblichen Lehre eine berufsbildende (Teilzeit-) Schule (Berufsschulpflicht bis zur Vollendung des 18. Lebensjahres). Der Anteil der Ausbildungszeit berufsschulpflichtiger Jugendlicher in der Berufsschule, gemessen an der Gesamtausbildung im Rahmen des dualen Systems beträgt zur Zeit ca. 20%.

Die berufliche Fortbildung soll es ermöglichen, die beruflichen Kenntnisse und Fertigkeiten zu erhalten, zu erweitern, der technischen Entwicklung anzupassen oder beruflich aufzusteigen (§ 1 Berufsbildungsgesetz). Ebenso wie die berufliche Umschulung, die zu einer anderen beruflichen Tätigkeit befähigen soll, zählt die Fortbildung zur beruflichen Erwachsenenbildung.

In der BRD sind die Grundlagen, Inhalte und Methoden der betrieblichen Berufsbildung durch das Berufsbildungsgesetz vom 14. 8. 1969 geregelt. Mit diesem Gesetz wurden die bis dahin bestehenden Rechtsetzungskompetenzen der Industrie- und Handelskammern sowie der Handwerksorganisationen stark begrenzt. Durch die den → Gewerkschaften gewährten Mitwirkungsrechte liegt die Steuerungsfunktion der betrieblichen Berufsbildung nunmehr überwiegend gemeinsam bei den Sozialpartnern (paritätisch besetzte Entscheidungsgremien: z. B. Bundesinstitut für Berufsbildungsforschung, das u. a. mit der Ausarbeitung von Ausbildungsordnungen beauftragt ist). Das Gesetz gewährt zudem den zuständigen staatlichen Stellen bestimmte Eingriffsrechte (z. B. § 24: Untersagung des Ausbildens).

Die gesetzliche Regelung der schulischen Berufsausbildung obliegt der Kulturhoheit der einzelnen Bundesländer.

Ein umfassendes System der finanziellen und organisatorischen Förderung aller beruflichen Bildungsmöglichkeiten enthält das am 1. 7. 1969 in Kraft getretene Arbeitsförderungsgesetz. Bei Erfüllung bestimmter Voraussetzungen (Eignung des Antragstellers, Lage und Entwicklung des → Arbeitsmarktes) gewährt es einen Rechtsanspruch auf individuelle Förderung in Form von Unterhaltsgeld, Erstattung von Lehrgangsgebühren, Krankenversicherungsbeiträge u. a. Bei beruflicher Einarbeitung kann an den Arbeitgeber ein Einarbeitungszuschuß geleistet werden. Zu erwähnen bleibt noch die materielle Sicherung der Berufsbildung mit Hilfe des Bundesausbildungsförderungsgesetzes für die Schüler an berufsbildenden Fachschulen.

Die im Zuge einer beabsichtigten Novellierung des Berufsbildungsgesetzes diskutierten Reformvorschläge fordern eine Verlagerung der Berufsausbildung vom privaten Betrieb in die Schule und in überbetriebliche Ausbildungsstätten, eine Erweiterung der staatlichen Aufsicht, insbes. ein staatliches Prüfungswesen, die Einführung staatlicher Fortbildungsordnungen, eine bessere Qualifikation der Ausbilder und die Gestaltung der Ausbildungsordnungen im Sinne einer Stufenausbildung, d. h., anschließend an eine Grundstufe, die für eine größere Zahl von Berufen eine allgemeine Grundausbildung vermittelt, erfolgt eine berufliche Fachausbildung mit zunehmender Spezialisierung.  T. F.

**Berufsbildungsgesetz**
→ berufliche Bildung

**Beschäftigung**
Inanspruchnahme des Arbeitskräftepotentials einer Volkswirtschaft. Das Ausmaß dieser Inanspruchnahme wird beschäftigungsgrad genannt. Je nach Höhe des Beschäftigungsgrads spricht man von → Über-, → Unter- bzw. → Vollbeschäftigung.

Die Analyse der Bestimmungsfaktoren und gesamtwirtschaftlichen Wirkungen der Beschäftigung sind Gegenstand der → Beschäftigungstheorie. Die Beeinflussung der Beschäftigung ist Aufgabe der → Beschäftigungspolitik.

Beschäftigung ist nicht mit den statistischen Begriffen der »abhängig Beschäftigten« oder der »(Industrie-) Beschäftigten« gleichzusetzen. Nahe kommt hingegen der Begriff der → Erwerbstätigen. Im Hinblick auf die Fragestellung der Beschäftigungstheorie ergeben sich gleichwohl Abgrenzungsprobleme. Sie betreffen die Einbeziehung der Angehörigen der Streitkräfte und das Kriterium der Einschaltung in den Marktprozeß (auf Grund dessen Hausfrauen im allg. nicht zu den Erwerbstätigen rechnen, wohl aber mithelfende Familienangehörige wie z.B. Bäuerinnen). F.G.

### Beschäftigungsmultiplikator

Anwendung der → Multiplikatoranalyse auf die → Beschäftigung. Der auf Richard F. KAHN (1931) zurückgehende Multiplikator bestimmt im Gegensatz zum KEYNES'schen Investitionsmultiplikator das Verhältnis einer Änderung der Beschäftigung im »sekundären« (Konsumgüter-) Bereich zur Änderung der Beschäftigung im »primären« (Investitionsgüter-) Bereich, welche den Multiplikatorprozeß auslöst. F.G.

### Beschäftigungspolitik

Maßnahmen der → Wirtschaftspolitik zur Gewährleistung eines Gleichgewichts auf dem → Arbeitsmarkt bei → Vollbeschäftigung.

Unter dem Eindruck der älteren Volkswirtschaftslehre, die noch keine geschlossene → Beschäftigungstheorie besaß und von der Idee beherrscht war, daß → Arbeitslosigkeit das Ergebnis kurzfristiger zyklischer Störungen in einem prinzipiell zum Vollbeschäftigungsgleichgewicht tendierenden Wirtschaftssystem sei, wurde Beschäftigungspolitik als direkte Arbeitsbeschaffung durch öffentliche Arbeiten betrieben. Bevorzugung fanden überdies Projekte, die Rentabilität im privatwirtschaftlichen Sinne aufwiesen; die Folge war, daß die staatliche Aktivität in Konkurrenz zur Privatwirtschaft trat und Gegenkräfte auslöste.

Im Gegensatz dazu legt die KEYNES'sche Beschäftigungstheorie eine kompensatorische, antizyklische Politik nahe. Die theoretisch aufgezeigte Möglichkeit eines → Unterbeschäftigungsgleichgewichts gebietet es, Maßnahmen zu ergreifen, welche nicht nur auf Behebung von eingetretenen Fehlentwicklungen gerichtet, sondern geeignet sind, die Ursachen solcher Fehlentwicklungen zu beseitigen.

Dem Staat wird dabei eine zentrale Rolle im gesamtwirtschaftlichen Prozeß zuerkannt und (erstmals durch das amerikanische Beschäftigungsgesetz von 1946) auch eingeräumt.

Entsprechend der Grunddisposition keynesianischer Beschäftigungstheorie sind insbes. Instrumente der Nachfragesteuerung in Betracht zu ziehen. Die Interventionsbereiche sind der reale und der monetäre Sektor der Wirtschaft.

Auf dem Gütermarkt ist danach eine Regulierung der autonomen Ausgaben geboten, insbes. der → Staatsausgaben und bei diesen wieder hauptsächlich der Investitionen in die → Infrastruktur.

Stark betont werden auch die Möglichkeiten einer Beeinflussung der Beschäftigung über eine Steuerung des Konsums mittels Einkommensübertragungen (z.B. Familienzulagen), ferner der privaten Investitionen durch geldpolitische und steuerliche Einwirkung auf Investitionsneigung und Investitionsmöglichkeiten, schließlich des → Außenhandels durch die Mittel der → Außenwirtschaftspolitik.

Über den Geldmarkt wirkende beschäftigungspolitische Interventionen knüpfen v.a. beim → Geldangebot an, soweit dessen Variierung unter den obwaltenden Bedingungen der → Geldnachfrage einen Zinseffekt auszulösen verspricht (der seinerseits dann über die Investitionen beschäftigungsrelevant wird). Wegen der Gefahr der liquidity trap (→ Liquiditätspräferenz) und der gering eingeschätzten Wirkung eines PIGOU- bzw. → Realvermögenseffekts wird von der KEYNES'schen Beschäftigungstheorie jedoch nachdrücklich eine Ergänzung der → Geldpolitik durch → Fiskalpolitik gefordert. Um darüberhinaus vom Geldmarkt her keine Gegenwirkungen gegen nachfragepolitische Maßnahmen befürchten zu müssen, wird auf ein elastisches Geldangebot gedrungen, so daß die → Geldmenge per Saldo den Rang einer abhängigen → Variablen erlangt.

Die keynesianische Beschäftigungspolitik, die somit der vom Staat zu gestaltenden Fiskalpolitik eine dominierende Rolle beimißt, zieht unter dem Aspekt der Durchschlagskraft ausgabenpolitische Instrumente den einnahmenpolitischen vor, ferner die Defizitpolitik der Budgetpolitik (Volumenpolitik).

Die Defizitfinanzierung soll nur dann den → Kapitalmarkt in Anspruch nehmen, wenn durch → easy money gewährleistet ist, daß die Mittelbereitstellung nicht auf Kosten des privaten Konsums und der privaten Investitionen geht.

Eine allgemeine Reduzierung der Geldlöhne zur Beschäftigungsausdehnung wird v.a. wegen der den beschäftigungspolitischen Intentionen entgegengerichteten Einkommens-, Güternachfrage- und Kassenhaltungseffekte abgelehnt.

Die KEYNES'sche Beschäftigungspolitik steht unter dem (aus der Anlage der Theorie als kurzfristige Analyse resultierenden) Vorbehalt, daß komplementäre Produktionsfaktoren, insbes. → Anlagevermögen und Rohstoffe, für den Expansionsprozeß vorhanden sind. Als Globalstrategie versagt sie sich der Bekämpfung von struktureller Unterbeschäftigung.

Die neoklassische Kritik des KEYNES'schen Beschäftigungspessimismus und der daraus abgeleiteten, an den ordnungspolitischen Grundlagen rüttelnden Politikempfehlungen benützt als theoretisches Argument verschiedene Varianten des → Realvermögenseffekts. Allerdings ist man sich bewußt, daß z.B. der real balance-Effekt nur bei starken Preisänderungen relevant wird, und daß sich solche inflationistische bzw. deflationistische Prozesse als Mittel der Beschäftigungspolitik verbieten sollten. Umso mehr Gewicht wird auf Geldmengenänderungen (durch → Offenmarktpolitik) und Zinssatzänderungen (durch → Diskontpolitik) gelegt. Auf diesem theoretischen Hintergrund und nicht zuletzt auch wegen der offenbar gewordenen Hemmnisse der → Fiskalpolitik erfährt die → Geldpolitik als Mittel der Sicherung von Vollbeschäftigung eine Aufwertung. Flexible Geldlöhne und Preise gelten als unterstützende Bedingungen.

Obwohl die Beschäftigungspolitik gewichtige Wohlfahrtsargumente vorbringen

kann, trifft sie v.a. in der KEYNES'schen Version auch auf Widerstand:

a) Er ist ordnungspolitisch motiviert, weil Beschäftigungspolitik eine Erhöhung der → Staatsquote bewirke (und z.B. investive → Staatsausgaben in Konkurrenz zu privatwirtschaftlichen Aktivitäten treten; weil Einkommensübertragungen gegen das Leistungsprinzip verstoßen).

b) Erhöhtes beschäftigungspolitisches Engagement des Staates verringere die konjunkturpolitische Relevanz der privaten Wirtschaft, entsprechend auch deren wirtschaftlichen und politischen Einfluß, so daß die Unternehmerschaft die Unterstützung verweigere.

c) Vollbeschäftigung stärke die Position der Arbeitnehmer und → Gewerkschaften. Sie laufe deshalb den Interessen der Arbeitgeber zuwider.    F.G.

## Beschäftigungstheorie

auf John Maynard KEYNES zurückgehende, in kurzfristigen → makroökonomischen Modellen systematisierte Darstellung und Erklärung der volkswirtschaftlichen Kreislaufgrößen und ihrer Bedeutung für die Nutzung des Arbeitkräftepotentials sowie des sachlichen Produktivvermögens.

Hauptelemente der Analyse sind die in geeigneter Weise festgelegten relevanten Größen und Relationen sowie die für einen Zustand allgemeiner Planrealisation formulierten Bedingungen.

Die meist als Güter-, Faktor-, Geld- und Wertpapiermarkt charakterisierten Untersuchungsbereiche werden durch spezielle Angebots- und Nachfragegleichungen und Gleichgewichtsbedingungen beschrieben. Der short-run-Charakter kommt in der Annahme eines konstanten → Kapitalstocks und einer unveränderten → Produktionsfunktion zum Ausdruck. Die u.a. von Joseph SCHUMPETER hervorgehobenen Antriebskräfte der kapitalistischen Entwicklung bleiben damit außer Betracht.

In keynesianischen Modellen der Beschäftigungstheorie spielen die → Konsumfunktion, → Investitionsfunktion, die Nachfragefunktion für → Transaktionskasse und →

Spekulationskasse sowie die Reallohnbestimmungsfunktion (Inputregel der → Gewinnmaximierung) im Verbund mit fixiertem Geldlohnsatz eine zentrale Rolle. Zusammen mit den Annahmen über die Funktionsverläufe (→ KEYNES-Fälle) begründen sie die Möglichkeit eines → Unterbeschäftigungsgleichgewichts und liefern Argumente für eine Bevorzugung der Nachfragesteuerung als Instrument der → Beschäftigungspolitik.

Tragende Säule der klassischen Modelle ist statt der Konsumfunktion die zinsabhängige → Sparfunktion. Da die Investitionsnachfrage ebenfalls zinsabhängig gesehen wird, folgt die klassische Theorie nicht jener für die keynesianische Theorie typischen Dichotomie der Spar- und Investitionsmotive. Steuerungsinstrument der Beschäftigung ist der Lohnsatz. Die Preise (und damit auch der Reallohnsatz) sind bei gegebener Beschäftigung durch das Geldangebot bestimmt, da eine Absorption der Geldmenge für spekulative Zwecke ausscheidet und die Umlaufsgeschwindigkeit des Geldes konstant ist.

Während im Mittelpunkt der keynesianischen Beschäftigungstheorie Einkommen und Geldmarktzins stehen, nehmen in der klassischen Theorie Kapitalmarktzins und Lohnsatz diese Position ein.

In der neoklassischen Beschäftigungstheorie hingegen, welche Bestandsgrößen systematisch in alle Nachfragefunktionen integriert, hält wegen der Definition dieser Bestandsvariablen als reale Größen das Preisniveau eine dominierende Stellung.

Die unterschiedliche Problemsicht in den einzelnen Modellen der Beschäftigungstheorie führt zu stark voneinander abweichender Gewichtung der wirtschaftspolitischen Aufgaben und bei gleicher Zielsetzung (z. B. → Vollbeschäftigung) zu u. U. konträren Politikempfehlungen (z. B. generelle Lohnsenkung oder Lohnstabilisierung als Mittel der Beschäftigungspolitik).

In zunehmendem Maß wird erkennbar, daß man dem Beschäftigungsproblem mit rein ökonomischen Theorieansätzen nicht voll gerecht werden kann. Infolgedessen nimmt man immer mehr politische Aspekte in die Beschäftigungstheorie auf und stellt die Argumentation damit auf eine breitere sozialwissenschaftliche Grundlage. Am konsequentesten geht die → Neue Politische Ökonomie diesen Weg. Sie stellt neben die in den → makroökonomischen Modellen abgebildeten ökonomischen Systeme entsprechend strukturierte Modelle des politischen Sektors und verknüpft beide Systemkreise durch formalisierte Aussagen über die Wechselbeziehungen. Inhaltlich nimmt damit die neue Beschäftigungstheorie wieder Gedanken auf, die, zwar beschränkt auf den Kampf zwischen Arbeit und Kapital und mit weniger leistungsfähigem theoretischem Instrumentarium, die frühe Volkswirtschaftslehre verfolgt hatte.  F.G.

**Besitzeinkommen**
→ Vermögenseinkommen

**Bestandsanalyse** → Analyse

**Bestandsfortschreibung**
(permanente Inventur; perpetual inventory method) Ermittlungsmethode für → Bestandsgrößen unter Heranziehung der Zu- und Abgänge nach der Formel:
Anfangsbestand + Zugang − Abgang = Endbestand.
Die Methode wird u. a. in der Bevölkerungsstatistik und in der volkswirtschaftlichen → Vermögensrechnung, insbes. bei der Ermittlung des → Anlagevermögens verwendet. Man kann dadurch auf wiederholte kostspielige Totalerhebungen verzichten. Die Anwendung der Bestandsfortschreibung ist selbst dann sinnvoll, wenn die »historische« Totalerhebung unvollständig und fehlerbehaftet war, denn der relative Fehler in der Rechnung wird mit zunehmendem Abstand vom Erhebungsstichtag und mit wachsenden Nettozugängen geringer.  D.S.

**Bestandsgrößen**
zeitpunktbezogene Größen mit der Dimension Mengen- oder Geldeinheiten.
a) In der empirischen Bestandsanalyse

(z. B. volkswirtschaftliche → Vermögens-rechnung) werden die Bestände am Rechnungsstichtag häufig mit der Methode der → Bestandsfortschreibung ermittelt: Endbestand = Anfangsbestand + Zugänge − Abgänge. Die Zu- und Abgänge sind in der Bestandsanalyse nicht als → Stromgrößen aufzufassen, sondern als kumulierte Bestandsveränderung zwischen den beiden Stichtagen mit der Dimension von Bestandsgrößen. Bei Bewertung in jeweiligen Preisen ist ggf. außer dem Saldo aus Zu- und Abgängen noch eine Inflationierungs- oder Deflationierungsmarge zu berücksichtigen.

b) In der modelltheoretischen Bestandsanalyse (→ Analyse) wird ein bestimmter geplanter Bestand (z. B. → Kapitalstock) angestrebt. Das Verhalten (z. B. der Investoren) ist dann darauf gerichtet, den tatsächlichen Bestand dem gewünschten Bestand anzupassen (→ Kapitalstockanpassungsprinzip); auch hier sind die Bestandsveränderungen (z. B. Nettoinvestitionen) nicht als Stromgrößen interpretierbar, selbst dann, wenn sie schrittweise erfolgen. D.S.

**Besteuerungseinheit**
Vielfaches oder Bruchteil der → Steuerbemessungsgrundlage

**Bestimmungslandprinzip**
Form der steuerlichen Behandlung des internationalen Warenverkehrs mit dem Ziel, durch → Steuern bedingte Handelshemmnisse abzubauen. Die Importe sind mit einer Ausgleichssteuer in Höhe der inländischen Steuern (z. B. → Mehrwertsteuer) zu belasten und gleichzeitig die Exporte in Höhe dieser Steuern zu entlasten. Die Güter sollen also mit den Steuern jenes Landes belastet werden, in dem sie verwendet werden.
Dagegen werden gemäß dem Ursprungslandprinzip die Güter mit der jeweiligen Steuern des Ursprungslandes (in dem sie produziert werden) belastet in das Bestimmungsland geliefert.
Ob eines oder eine Kombination beider Prinzipien angewendet werden soll, hängt von einer Reihe von Einflußgrößen ab,

z. B. ob es sich um spezielle Steuern auf einzelne Güter oder um generelle Steuern handelt, ob Außenhandel mit Faktorbewegungen eine Rolle spielt, welche Wirkungen von der Ausgabenseite der → Staatstätigkeit ausgehen. Ein Nachteil des Bestimmungslandprinzips ist, daß selbst bei Abschaffung der Zollgrenzen weiterhin zwischenstaatliche Steuergrenzen notwendig sind.   M.H.

**Betrieb**
Teil eines Unternehmer   .er unter Beachtung des Prinzips der Wirtschaftlichkeit die Erstellung von Sachgütern und Dienstleistungen verfolgt (Produktionszentrum). Das Unternehmen hingegen wird als Entscheidungszentrum gesehen, dem mehrere Betriebe untergeordnet sein können. Wirtschaftliches Handeln und Disponieren ist dort an den unternehmerischen Oberzielen ausgerichtet (z. B. Gewinnstreben) Betrieb und Unternehmen stehen demnach in einem Mittel-Zweck-Zusammenhang.   A.Ob.

**Betriebsminimum** → Grenzkosten

**Betriebsoptimum** → Grenzkosten

**Betriebsrat**
→ Betriebsverfassung

**Betriebsverfassung**
Regelung der betrieblichen Rechte und Pflichten des Arbeitgebers und der Arbeitnehmer aufgrund gesetzlicher Vorschriften oder vertraglicher Vereinbarungen. Im Vordergrund der Gestaltung der betrieblichen Beziehungen zwischen Arbeitgeber und Arbeitnehmern steht das aus den Gefahren der Entpersönlichung und Versachlichung des Arbeitsverhältnisses abzuleitende Bedürfnis nach einer Ordnung der Mitbestimmungsrechte der Arbeitnehmer am Betriebsgeschehen (→ Mitbestimmung).
In der BRD ist die Rechtsgrundlage der Betriebsverfassung das Betriebsverfassungsgesetz vom 15. 1. 1972 (BetrVG), dessen Geltungsbereich sich auf alle Betriebe der privaten Wirtschaft mit i.d. R.

mindestens fünf ständigen, wahlberechtigten (Vollendung des 18. Lebensjahres) Arbeitnehmern erstreckt. Das am 1.4.1974 in Kraft getretene neue Personalvertretungsgesetz regelt die Mitbestimmung der Arbeitnehmer im öffentlichen Dienst des Bundes.

Das BetrVG gewährt dem einzelnen Arbeitnehmer das Recht auf Information und Anhörung sowie das Beschwerderecht in Angelegenheiten, die seine Person und seinen Arbeitsplatz betreffen. Daneben besitzt er ein Recht auf Einsichtnahme in seine Personalakte und auf Erläuterung der Berechnung und Zusammensetzung seines Arbeitsentgeltes.

Die gemeinschaftlichen Interessen der Arbeitnehmer nimmt deren betriebliche, in einer dreijährigen Wahlperiode konstituierte Vertretung, der Betriebsrat, wahr. Das Recht der jugendlichen Betriebsangehörigen auf eine Jugendvertretung sichert auch deren Belange. In Unternehmen mit mehr als 100 Arbeitnehmern ist vom Betriebsrat ein Wirtschaftsausschuß zu bestimmen, der die Aufgabe hat, wirtschaftliche Angelegenheiten mit dem Unternehmer zu beraten und den Betriebsrat darüber zu unterrichten. Das Mitbestimmungsrecht des Betriebsrates erstreckt sich auf soziale Angelegenheiten (Lohngestaltung, betriebliche Sozialeinrichtungen, Arbeitszeit- und Urlaubsregelung, Betriebsordnung), auf personelle Angelegenheiten (Personalbedarf, -auswahl, -beurteilung, Berufsausbildung, Kündigung, Versetzung) und auf wirtschaftliche Angelegenheiten (Wirtschaftsausschuß, Unterrichtungsrecht bei Betriebsänderungen).

Die paritätisch besetzte betriebliche Einigungsstelle unter dem Vorsitz eines Unparteiischen kann bei Streitigkeiten zwischen Betriebsrat und Arbeitgeber in mitbestimmungspflichtigen Angelegenheiten Beschlüsse herbeiführen, die für beide Seiten verbindlich sind.

Das BetrVG gewährt darüberhinaus den Arbeitnehmern in Aktiengesellschaften und Kommanditgesellschaften auf Aktien (ebenso in Gesellschaften mit beschränkter Haftung mit mehr als 500 Arbeitnehmern) eine erweiterte Mitbestimmung auf Unternehmensebene über die Wahl von Arbeitnehmervertretern in den Aufsichtsrat (ein Drittel seiner Mitglieder). Die Wahlvorschläge können von den Betriebsräten und den Arbeitnehmern des Unternehmens vorgebracht werden, nicht aber vom Arbeitgeber oder einer → Gewerkschaft. Sind mehr als zwei Arbeitnehmervertreter zu wählen, so können auch Unternehmensfremde als Arbeitnehmervertreter Mitglied des Aufsichtsrates sein.    T.F.

**Bewegungsanalyse** → Analyse

**Bietungsabsprache**
→ Submissionskartell

**big push**
Strategie der → Entwicklungspolitik

**Bilanz** → Vermögensrechnung

**Bilanz der laufenden Posten**
→ Leistungsbilanz

**Bilanzgerade**
(= Budgetgerade) geometrischer Ort aller Kombinationen zweier Güter, die ein Wirtschaftssubjekt bei vollständiger Verausgabung einer bestimmten Konsumsumme zu gegebenen Güterpreisen erwerben kann. Die Gleichung der Bilanzgeraden

$$y = - \frac{p_x}{p_y} x + \frac{E}{p_y}$$

wird aus der Bilanzgleichung $E = p_x x + p_y y$ abgeleitet (E ist die Konsumsumme, x und y die Gütermengen, $p_x$

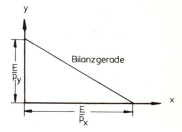

und $p_y$ die Güterpreise). Ihre Steigung ist

$$\frac{dy}{dx} = -\frac{px}{py}$$

(negatives reziprokes Verhältnis der Güterpreise).

**Bilateralismus**
eine auf der Grundlage zweiseitiger Handels- und Zahlungsabkommen getroffene Regelung des zwischenstaatlichen Wirtschaftsverkehrs (Gegensatz: → Multilateralismus).
a) Der klassische Bilateralismus (vor 1860) ist durch diskriminierende Beschränkungen und Ausnahmen von der → Meistbegünstigung (bei sonst freiem Waren- und Zahlungsverkehr) gekennzeichnet.
b) Der moderne Bilateralismus entstand im Zusammenhang mit der Weltwirtschaftskrise 1930, v.a. als Folge der → Devisenbewirtschaftung. Er ist gekennzeichnet durch Devisenclearing, Mengenregulierung (→ Kontingente) und Diskriminierung zwischen verschiedenen Handelspartnern (z.B. durch länderbezogene Kontingente, durch Wechselkursdiskriminierung etc.).
Die bilateralen Handels- und Zahlungsabkommen ermöglichen eine gegenseitige Planung der Handels- und Zahlungsbilanzsalden. Die Maßnahmen für den Zahlungsausgleich sind Devisenclearing, Kreditierung (→ Swing) und Goldzahlung. Maßnahmen zur Realisierung des Mengenausgleichs sind Warenclearing (staatliche Kompensationsgeschäfte), individuelle Ein- und Ausfuhrlizenzen, Globalkontingente. Die extremste Form des Bilateralismus ist das Naturaltauschabkommen (Warenclearing). Dagegen sind bilaterale Verrechnungsabkommen flexibler zu handhaben.
Vorteile des Bilateralismus: Durchsetzung von nationalen oder gruppenmäßigen Autarkiebestrebungen, Beeinflussung der regionalen Struktur des Außenhandels, insbes. auch unter machtpolitischen und militärischen Zielsetzungen, teilweise Abschirmung der Binnenwirtschaft gegenüber unerwünschten weltwirtschaftlichen Störungen.

Nachteile: Rückgang und Verzerrung der internationalen Arbeitsteilung, damit auch Rückgang der → Außenhandelsgewinne. Um den Abbau des Bilateralismus zumindest in der westlichen Welt sind eine Reihe internationaler Organisationen bemüht (→ Allgemeines Zoll- und Handelsabkommen; → Internationaler Währungsfonds; → Organisation für wirtschaftliche Zusammenarbeit und Entwicklung). M.H.

**Bildungsinvestitionen**
Ausgaben zur Erhaltung und Erhöhung des → Arbeitsvermögens (human capital). Diesem Konzept liegt die Einsicht zugrunde, daß jeder Mensch einer Ausbildung bedarf, um im Produktionsprozeß sinnvoll mitzuwirken. Die Arbeitskraft wird insoweit zum produzierten Produktionsfaktor. Ausbildungsprozesse können in zweierlei Hinsicht die → Produktivität fördern:
a) Vermehrte und verbesserte Ausbildung ist Voraussetzung für den Einsatz neuer → Technologien. Gleichzeitig ist die Produktion neuen technischen Wissens ihrerseits abhängig vom Ausbau und der Leistungsfähigkeit des Bildungssystems.
b) Ausbildungsprozesse können die sozialen Bedingungen, unter denen der Wirtschaftsprozeß abläuft, und die grundlegenden Verhaltensweisen der Menschen wesentlich beeinflussen. Dieser Aspekt der Ausbildung ist für das → Wachstum insbes. der → Entwicklungsländer oft von zumindest gleichrangigem Interesse wie die eigentliche → berufliche Bildung.
Seit die empirischen Ergebnisse der → Wachstumstheorie aufgezeigt haben, daß das Wirtschaftswachstum nur zu einem geringen Teil durch die mengenmäßige Zunahme der Produktionsfaktoren → Arbeit und → Kapital erklärt werden kann, hat sich die → Bildungsökonomik intensiv mit dem Zusammenhang zwischen Wirtschaftswachstum, Qualifikation des Arbeitskräftepotentials und Bildungsinvestitionen befaßt. Die hierzu vorliegenden Untersuchungen kommen (freilich mit Hilfe von teilweise empirisch nicht kontrollierbaren Annahmen) einhellig zu dem Schluß, daß der unerklärte Rest des Wirt-

schaftswachstums zu einem großen Teil auf die über steigende Bildungsinvestitionen vermittelte Qualifikationssteigerung der Arbeitskräfte zurückführbar ist.

Wie für Investitionen in → Sachkapital lassen sich auch für Bildungsinvestitionen → Renditen berechnen. Solche Berechnungen sind sowohl für Individuen wie für die gesamte Volkswirtschaft durchgeführt worden.

Private Ertragsraten wurden etwa für die über die Pflichtschulzeit hinausgehenden Ausbildungsabschnitte berechnet. Zu beachten ist hierbei, daß bei den den Erträgen gegenüberzustellenden Kosten auch die → opportunity costs in Form entgangener Einkommen während der zusätzlichen Ausbildungszeit zu berücksichtigen sind. Die bisherigen Untersuchungen haben ergeben, daß eine weiterführende Schulausbildung eine hohe Rendite abwirft. Freilich gilt dies nicht unbegrenzt: Starke Veränderungen in der Ausbildungsnachfrage werden über Angebotsveränderungen auf dem → Arbeitsmarkt auch Veränderungen in der → Lohnstruktur nach sich ziehen; mit der unterstellten Konstanz der Lohnstruktur kann in der Realität dann nicht mehr gerechnet werden. Problematisch bei solchen Schätzungen ist auch, ob die zusätzlichen Einkommen tatsächlich voll der zusätzlichen Ausbildung zugerechnet werden können oder ob sie nicht teilweise auf andere Einflußfaktoren (z.B. soziale Herkunft, Intelligenz, Geschlecht) zurückzuführen sind.

Besonders interessant ist für die Bildungsökonomik die Berechnung der sozialen Ertragsraten von Bildungsinvestitionen, da aus dem Vergleich mit der Rendite von Sachkapitalinvestitionen Schlüsse gezogen werden sollen, welche Ausgaben der Gesellschaft größeren Nutzen bringen. Die Berechnung der sozialen Ertragsraten gestaltet sich allerdings wesentlich schwieriger, da bei Ausbildungsinvestitionen mit dem Auftreten bedeutsamer → Externalitäten zu rechnen ist. Die Auszubildenden zahlen i.d.R. weder alle Kosten der Ausbildung noch fallen alle Erträge der Ausbildung nur bei den Ausgebildeten an. Es kommt hinzu, daß gerade auch den → sozialen Erträgen der Ausbildungsinvestitionen besonderes Gewicht für die gesellschaftliche Entwicklung zugesprochen wird. Solche Effekte sind allerdings kaum zu erfassen und zu bewerten. Das ökonomische Investitionskalkül ist daher für die gesellschaftliche Beurteilung von Bildungsinvestitionen kein empirisch fundiertes Lösungsverfahren und leistet keinen Beitrag für eine rationale → Bildungsplanung und -politik. J.J.

**Bildungsökonomik**

Oberbegriff für theoretische und empirische Forschungsrichtungen, die sich mit den wirtschaftlichen und finanziellen Aspekten der Ausbildung befassen, wobei versucht wird, Methoden, Instrumente und Erkenntnisse der Wirtschafts- und Sozialwissenschaften nutzbar zu machen. Die Bildungsökonomik ist eine der jüngsten wirtschafts- und sozialwissenschaftlichen Disziplinen. Obwohl sich schon die klassische Nationalökonomie vielfach mit der Bedeutung von Bildung und Ausbildung für Gesellschaft und Wirtschaft befaßt hat, setzte eine breite und systematische Erforschung ökonomischer Aspekte der Ausbildung erst gegen Ende der 50er Jahre ein (v.a. in den USA). Begünstigt wurde die rapide Intensivierung und Verbreiterung des Interesses an dieser Forschungsdisziplin dadurch, daß ihr zunächst zentraler Untersuchungsgegenstand, der Beitrag verbesserter Ausbildung der Arbeitskräfte zum → Wachstum, auf dem Hintergrund der wachstumsorientierten → Wirtschaftspolitik der Industrienationen sowie der im Anschluß an die Entkolonialisierung der Dritten Welt einsetzenden → Entwicklungspolitik von hoher gesellschaftspolitischer Relevanz war.

Den Ausgangspunkt für die bildungsökonomische Forschung bildeten zunächst empirische Untersuchungsergebnisse der neoklassischen → Wachstumstheorie, die zeigten, daß das Wachstum des Sozialprodukts über die Zeit nur zu geringen Teilen durch die mengenmäßige Zunahme der Produktionsfaktoren → Arbeit und → Kapital erklärt werden kann. Der dadurch nicht erklärbare Teil des Wirtschafts-

wachstums wurde i.d.R. dem → technischen Fortschritt zugeschrieben. Dieser wiederum ist in bedeutendem Ausmaß auf Forschung und Ausbildung zurückzuführen. Von dieser (bislang inhaltlich noch wenig präzisierten) Einsicht ausgehend, strebt die Bildungsökonomik an, theoretische und praktische Grundlagen für eine rationale Bildungspolitik und → Bildungsplanung zu schaffen. Dabei hat sie sich methodisch wie inhaltlich in äußerst vielfältiger Weise fortentwickelt, so daß eine genau umrissene Definition des Gegenstandsbereichs der Bildungsökonomik kaum gegeben werden kann. Drei Forschungsschwerpunkte der Bildungsökonomik lassen sich jedoch benennen:
a) Fortführung der theoretischen und empirischen Untersuchungen zwischen Wirtschaftswachstum, Einkommen und Ausbildung. Hierzu gehören v.a. Arbeiten, die den Beitrag der → Bildungsinvestitionen zum Wirtschaftswachstum zu ermitteln versuchen, und Untersuchungen, in denen private und soziale Renditen von Bildungsausgaben berechnet werden. Die Forschungsarbeiten basieren auf dem Konzept des → Arbeitsvermögens (human capital).
b) Der zweite Schwerpunkt liegt auf dem Gebiet der → Bildungsplanung. Die bisher entwickelten Planungsmodelle stützen sich nur teilweise direkt auf die unter a) genannten Untersuchungen; häufiger ist bislang der Typ der reinen Mengenplanungsmodelle ohne Optimierungscharakter.
c) In neuerer Zeit verstärken sich die Forschungsbemühungen auf dem Gebiet der inneren Ökonomie der Bildungseinrichtungen. Hierzu gehören z.B. Untersuchungen über optimale Schulgrößen, Rationalisierungsmöglichkeiten der Ausbildung und pädagogisch-ökonomische Effizienzanalysen moderner Bildungstechnologien. Derartige Untersuchungen stehen freilich vor dem Problem, daß eine Produktionstheorie der Schule (oder anderer Ausbildungseinrichtungen) nur in allerersten Ansätzen vorliegt. Bisher ist selbst das Problem einer für produktionstheoretische Fragestellungen adäquaten Outputmessung des Bildungssystems noch nicht gelöst. J.J.

**Bildungsplanung**
hat die Aufgabe, auf der Grundlage einer Analyse des Bildungssystems sowie einer Analyse der Zusammenhänge zwischen Bildungssystem und anderen Subsystemen der Gesellschaft
a) bildungspolitische Entscheidungen sachlich vorzubereiten;
b) bei gegebenen bildungspolitischen Zielen aufzuzeigen, wie das Bildungssystem effizient und rational auf diese Ziele hin entwickelt werden kann;
c) eine kontinuierliche Kontrolle der Durchführung von Bildungsplänen zu gewährleisten;
d) den Zielerfüllungsgrad durchgeführter Planungen festzustellen und Fehlerquellen zu ermitteln, um so die Rationalität und Effizienz künftiger Planungen zu steigern.
Die → Bildungsökonomik hat bisher eine Reihe von Planungsmodellen entwickelt, die sich nach drei theoretischen Ansätzen unterscheiden lassen.
a) Bildungsnachfrage-orientierte Planungsmodelle (social demand approach): Im Rahmen dieser Modelle werden Analysen und Prognosen des Bedarfs an Ausbildungsplätzen, Lehrkräften und Ausrüstung sowie der damit verbundenen Kosten durchgeführt, die sich aus der voraussichtlichen Entwicklung der Nachfrage nach Ausbildungsplätzen, nach Ausbildungsniveau und Fachrichtungen gegliedert, oder aus bildungspolitisch determinierten Zielwerten der Bildungsbeteiligung ergeben.
b) Arbeitskräftenachfrage-orientierte Planungsmodelle (manpower requirements approach): Im Rahmen dieser Modelle wird zunächst der Bedarf an Arbeitskräften nach einzelnen Berufsgruppen ermittelt, der sich unter Zugrundelegung der voraussichtlichen oder geplanten → Wachstums des Sozialprodukts sowie der voraussichtlichen Entwicklung der → Arbeitsproduktivität ergibt. Aus der erforderlichen Qualifikationsstruktur der Arbeitskräfte wird dann der Bedarf an

Ausbildungsplätzen nach Ausbildungsniveau und Fachrichtungen abgeleitet.

Obwohl beide Ansätze schon wiederholt in der Bildungspolitik eingesetzt wurden (im Rahmen sog. Konsistenzmodelle auch in kombinierter Form, um auf diese Weise Aufschlüsse über mögliche Ungleichgewichte auf den → Arbeitsmärkten zu erhalten), darf ihre Leistungsfähigkeit nicht überschätzt werden. In Hinblick auf die Nachfrage nach Bildungsplätzen fällt v. a. das Fehlen einer empirisch fundierten Theorie der Bildungsnachfrage ins Gewicht, auf deren Basis erst zuverlässige Prognosen der Entwicklung der Bildungsbeteiligung erstellt werden könnten. Gegen den Manpower-Ansatz ist insbes. einzuwenden, daß dieser von der Annahme limitationaler → Produktionsfunktionen ausgeht. Zudem bleibt unberücksichtigt, daß der → technische Fortschritt selbst (und damit die Steigerung der → Arbeitsproduktivität) eine über die → Bildungsinvestitionen beeinflußbare Instrumentvariable der → Wirtschaftspolitik ist. Gemeinsam ist beiden Ansätzen, daß sie reine Mengenplanungsmodelle sind, eine ökonomische Bewertung bildungspolitischer Maßnahmen also nicht vorgenommen wird. Eine solche Bewertung steht im Mittelpunkt des dritten Planungsansatzes, der freilich in der Praxis der Bildungsplanung bislang nicht zur Anwendung kam.

c) Ertragsraten-Ansatz (rate-of-return approach): Hier wird der Versuch gemacht, auf der Grundlage von Berechnungen der sozialen Rendite von → Bildungsinvestitionen und des Vergleichs dieser Renditen mit den Erträgen von Sachkapitalinvestitionen die optimale Höhe und Ausgabenstruktur des Bildungsbudgets zu bestimmen.

Dieser Planungsansatz wirft neben den teilweise kaum lösbar erscheinenden Problemen der Kosten- und Ertragsermittlung auch große theoretische Schwierigkeiten auf: So ist sowohl wegen der unbestrittenen Nutzenkomponente von Ausbildung wie auch bei Ausdehnung des Nutzenkalküls auf die Arbeitssphäre eine rein investitionstheoretische Bestimmung des Bildungsbudgets unter wohlfahrtstheoretischen Gesichtspunkten grundsätzlich fragwürdig.

In der neueren Theorie der Bildungsplanung zeichnet sich eine an der → Systemtheorie orientierte Betrachtungsweise von Bildungsplanungsprozessen ab. Die traditionellen Planungsansätze erfahren dabei wesentliche Korrekturen v. a. dadurch, daß die Zielfindungs- und Entscheidungsprozesse der verschiedenen Träger der Bildungspolitik wie auch die Implementierungsphase von Bildungsplänen in die Planungsmodelle selbst einbezogen werden. J.J.

### Bit

Maßeinheit der → Information; gleichbedeutend mit dem Informationsgehalt eines Binärzeichens (→ Zeichen, → Informationstheorie); abgeleitet von binary digit (zwei Finger). Binärzeichen können sein: schwarz/weiß, 0/1, links/rechts usw.

### Blockfloating → Gruppenfloating

### Boden

bildet als Produktionsfaktor neben → Arbeit und → Kapital die Grundlage wirtschaftlichen Handelns. Dabei dient er der landwirtschaftlichen Produktion, der Urproduktion (Abbau der Rohstoffe wie Kohle, Erdöl, Erz) sowie der sonstigen Produktion auf Grund seiner Tragfähigkeit als Baugrund. Die Immobilität des Bodens und seine limitierte Vermehrbarkeit (Melioration, Baulanderschließung) sowie die Individualität der qualitativen Eigenschaften und geographischen Lagemerkmale einer Parzelle räumen ihm eine Sonderstellung unter den Produktionsfaktoren in bezug auf die Marktkonfiguration und die → Preisbildung ein, wobei sich der Preis häufig als kapitalisierte → Grundrente (Pachtzins) darstellt (→ Bodenpreis). T.P.

### Bodenmarkt

abstrakter Oberbegriff für die Gesamtheit aller ökonomischen Beziehungen zwischen Anbietern und Nachfragern für das Wirtschaftsgut → Boden bzw. dessen Nutzungen. Es handelt sich um einen typisch unvollkommenen Markt, auf dem das Prinzip der Unterschiedslosigkeit weder in sachlicher, räumlicher, personeller noch zeitlicher Hinsicht gegeben ist (→ Marktformen). Insbes. sachliche und räumliche Differenzierungen führen zur Aufspaltung in relativ homogene Teilmärkte eines unvollkommenen Gesamtmarktes. Erstere sind auf die unterschiedliche Verwendung als Produktionsfaktor (Landwirtschaft, Bergbau) oder als Konsumgut (Bauland) und dabei v. a. auf den jeweiligen Erschließungsstand (Bauerwartungsland, Rohbauland, baureifes Land) und auf die nach Maßgabe des Bundesbaugesetzes statthafte Nutzungsart (Wohnbauflächen, gemischte oder gewerbliche Bauflächen) bzw. das damit im Zusammenhang stehende Nutzungsmaß (Geschoßflächen- oder Baumassenzahl) zurückzuführen. Letztere sind bedingt durch die räumlich funktionale Standortdifferenzierung im Gefüge internationaler wie nationaler und regionaler Gebietseinheiten bis hin zu städtischen → Agglomerationen und einzelnen Gemeinden mit ihren ortsspezifischen Nutzungsmustern.

Die Analyse der Angebotsseite hat von der Bodeneigentumsstruktur auszugehen. In der BRD befinden sich 80 % des Bodens in der Hand von privaten Land- und Forstwirten, die somit das Hauptkontingent unter den Bodenanbietern stellen. Die verbleibenden 20 % entfallen zu etwa gleichen Teilen auf die öffentliche Hand sowie nicht dem primären Sektor zuzurechnende private Eigentümer. Die Motivationen der Land- und Forstwirte liegen neben Betriebsverlagerung oder -aufgabe v. a. in der Umwandlung zu Bauland im Einzugsbereich der Ballungszentren sowie bevorzugten Fremdenverkehrs- und Naherholungsgebieten begründet.

Der Umwandlungsprozeß wird häufig von Wohnungsbaugesellschaften getragen, die ihrerseits nach infrastruktureller Ausstattung, Parzellierung und Bebauung des Bodens auch als Veräußerer von bebauten Grundstücken auf dem Markt tätig werden. Daneben nimmt sich das Angebot von wohnwirtschaftlich oder gewerblich genutztem Boden seitens privater Eigentümer bescheiden aus, was v. a. darauf zurückzuführen ist, daß Boden bei diesem Personenkreis als wertbeständigste und nur geringe Kosten verursachende Kapitalanlage betrachtet wird.

Dem begrenzten Angebot steht eine umfangreiche Nachfrage gegenüber, welche auf die Bevölkerungszunahme einerseits, auf den in quantitativer und qualitativer Hinsicht wachsenden Flächenanspruch der Funktionsgesellschaft andererseits zurückzuführen ist. Im Vordergrund steht eine durch forcierte Maßnahmen zur Eigenheimförderung, durch öffentliche Wohnbauprogramme und durch großzügige staatliche Subventionierung des Bausparens induzierte Nachfrage nach Wohnbauflächen. Damit eng verbunden ist der Flächenbedarf der öffentlichen Hand für sozialen Wohnungsbau, kommunale → Infrastruktur und im Hinblick auf künftige Flächenansprüche für die kommunale Bodenvorratspolitik. Darüber hinaus ist die spekulative, steuerrechtlich noch immer begünstigte Nachfrage nach Boden aus Gründen der langfristigen Vermögensanlage zu nennen (mehr als 2 Jahre).

Die vorliegende Marktform, bei der auf einem unvollkommenen Markt wenige Anbieter einer großen Zahl von Nachfragern bei einer meist geringen Substitutionselastizität gegenübersteht, wird als → Angebotsoligopol bezeichnet, wobei sich der Anbieter i. d. R. als → Optionsfixierer verhält und den Nachfrager in die Rolle des Optionsempfängers drängt, der nur zwischen Annahme und Ablehnung entscheiden kann. Die Organisation des Grundstücksmarktes ist weitgehend durch Einzelabsatz (häufig unter Inanspruchnahme eines Maklers) ohne Absatzorganisation gekennzeichnet. T. P.

## Bodenpolitik

Summe aller Maßnahmen der öffentlichen Hand, die den → Boden in seiner Eigenschaft als Produktionsfaktor und als Konsumgut betreffen, wobei die Nutzung einerseits auf Abbau von Bodenschätzen und Landwirtschaft beruht und sich andererseits aus den Raumansprüchen der Funktionsgesellschaft mit ihren raumrelevanten Grunddaseinsfunktionen Wohnen, Arbeiten, Versorgen, Bilden, Erholen, Verkehrsteilnahme und Kommunikation in Form von Bauland herleitet.

Im agrarischen Bereich stehen Eigentums- und Landeskulturpolitik im Vordergrund. Erstere konzentriert sich auf den Interessenkonflikt zwischen staatlichem und privatem Bodeneigentum, auf das landwirtschaftliche Erbrecht (Anerbenrecht, Realteilung) sowie die Grundbesitzverteilung; letztere befaßt sich mit Fragen der Bodengewinnung (z. B. Kultivierung von Ödland) und Bodenerhaltung (z. B. Flurbereinigung, Erosionsverhütung).

Bodenpolitik ist ferner eine wesentliche Voraussetzung des Städtebaus bzw. der kommunalen → Raumordnung, deren Aufgaben von der Sanierung überalterter Stadtkerne, der Schließung von Baulücken, der Erweiterung von Stadtgebieten, der Entwicklung neuer Städte und Dörfer, dem Ausbau des Verkehrsgerüstes (→ Infrastruktur), der Durchgrünung der Städte bis hin zur Um- und Ansiedlung von Gewerbe und Industrie im Zuge der Strukturveränderung und -verbesserung reichen. Bodenpolitik als Zweig der Kommunalpolitik ist bestrebt, ein optimales Verhältnis zwischen dem Menschen, seiner Arbeit und dem dazu notwendigen Boden zu erhalten, zu gestalten und, wenn notwendig, wiederherzustellen. Sie befaßt sich mit der Erschließung, der Verbesserung, der Besiedlung und Bebauung des Bodens, mit den Eigentumsverhältnissen, dem Bodenverkehr sowie mit der Besteuerung des Bodens (→ Grundsteuer).

Die kommunale Bodenpolitik gliedert sich in Bodenwirtschaft und Bodenordnung. Bodenwirtschaft ist jener Komplex von Einrichtungen und Maßnahmen zur Beschaffung und Erhaltung des Bodens, der für die vielfältigen Aufgaben der Verwaltung, Wirtschaft und Infrastruktur erforderlich ist. Unter Bodenordnung sind freiwillige oder gesetzliche Maßnahmen zu verstehen, durch die entsprechend der städtebaulichen Zielsetzung die Grundstücke in wirtschaftlicher und baulicher Hinsicht umgestaltet oder die Eigentumsverhältnisse an Grund und Boden verändert werden.

Grundlagen der kommunalen Bodenpolitik sind das Bundesbaugesetz (BBauG) und das Städtebauförderungsgesetz (StBauFG). Das BBauG vom 23. 6. 1960 (»Grundgesetz des Städtebaus«) führte zur zweistufigen Bauleitplanung in gemeindlicher Hoheit unter staatlicher Rechtsaufsicht, zur Einrichtung kommunaler Bewertungsstellen für die Ermittlung von Bauland-Richtwerten, zur Vorverlegung der Fälligkeit des Erschließungsbeitrages von baureifem Land sowie zur Einführung einer Reihe von Bodenordnungsmaßnahmen wie Bodenverkehrsgenehmigung, Vorkaufsrecht seitens der Gemeinde, Grenzregelung, Baulandumlegung und Enteignung. Das für die künftigen Aufgaben der städtebaulichen Problemgebiete unzureichende Instrumentarium des BBauG verlangte nach einer Erweiterung der gesetzlichen Bestimmungen in Form des StBauFG vom 27. 7. 1971, dessen verschärfte Maßnahmen sich auf den regional begrenzten Anwendungsbereich von förmlich festgelegten Sanierungs- und Entwicklungsbereichen erstrecken. Kennzeichnend für das Gesetz ist die erhebliche Stärkung der kommunalen Eingriffsrechte in den Grundstücksverkehr, welche v. a. im gemeindlichen Grunderwerbsrecht, d. h. einem gegenüber dem BBauG in der Wirkung verschärften und in der Handhabung vereinfachten Enteignungsrecht einerseits und in der Abschöpfung der durch die Aussicht auf städtebauliche Maßnahmen eingetretenen sog. Planungs- bzw. Sanierungsgewinne bei der Bemessung von Ausgleichs- und Entschädigungsleistungen andererseits zum Ausdruck kommt.    T. P.

**Bodenpreis**

Entgelt für den Produktionsfaktor → Boden in Form der → Grundrente bzw. des Kaufpreises (der seinerseits häufig als kapitalisierte Grundrente aufzufassen ist). Seine Höhe richtet sich nach den Nutzungsmöglichkeiten, die das Grundstück dem Pächter oder Eigentümer gegenwärtig und zukünftig gewährt, wobei die Nutzungsmöglichkeiten meist einer sozialgruppenbedingten Bewertung unterzogen werden, was für dasselbe Objekt auf Grund divergierender Käuferschichten bei gleichem Verwendungszweck zu verschiedenen Preisen führen kann. Bei der → Preisbildung steht danach weniger das Grundstück als fest umrissener und in den Grundbüchern fixierter Teil der Erdoberfläche im Vordergrund als vielmehr die im einzelnen verschiedenartige, nach Qualität und Quantität genau zu fixierende Leistung einer Parzelle.

Die Preisbildung für die durch den Abbau von Bodenschätzen genutzten Flächen richtet sich weitgehend nach den Rohstoffpreisen, der Mächtigkeit der Lagerstätten bzw. deren Ergiebigkeit. Bei landwirtschaftlich genutzten Böden gibt die Bonitätsklasse (Bodenschätzungsgesetz vom 16. 10. 1934) den Ausschlag, soweit es nicht im Rahmen des → technischen Fortschritts zu einer Umbewertung gekommen ist oder der Boden auf Grund spezieller Lagevorteile bevorzugt im Umland von Ballungszentren oder in freizeitorientierten Räumen bereits unter dem spekulativen Aspekt der künftigen baulichen Verwertbarkeit gehandelt wird.

Im Gegensatz zur Preisbildung bei diesen Nutzungskategorien wird die Preisgestaltung bei der Nutzung des Bodens in Form von Bauland durch ein Bündel von potentiellen Leistungen bestimmt. Hierzu zählen der Erschließungsstand, der als Indikator für den Grad baulicher Verwertbarkeit angesehen werden kann, die vom Bundesbaugesetz determinierte Nutzungsart sowie das Nutzungsmaß und die Lage eines Grundstücks, wobei gleichermaßen regionale (ländliche Gebiete, Verdichtungsbereiche) wie sachliche Aspekte z. B. in Form sozialer Unterschiede (einkommensspezifische Schichtung der Wohnbevölkerung) Einfluß auf den Preis haben.

Die durchschnittliche Preisentwicklung in der BRD nimmt sich in der amtlichen Statistik im Zeitraum 1962–1971 recht bescheiden aus (Tab. 1).

Die regionalen und erschließungsbedingten Unterschiede der Preisentwicklung werden durch den Vergleich mit dem Bundesland Bayern aufgezeigt (Tab. 2): Bayern liegt dabei insgesamt innerhalb des bundesrepublikanischen Durchschnitts. Die weitere Differenzierung nach Gemeindegrößenklassen am Beispiel von

Tab. 1: Baulandpreise in der BRD

| Jahr | Baulandarten DM/qm | | | |
| | Bauland insgesamt | Baureifes Land | Rohbauland | Sonstiges Bauland |
|------|---------|--------|--------|--------|
| 1962 | 11,54 | 14,83 | 9,50 | 8,24 |
| 1971 | 27,02 | 33,56 | 19,56 | 16,25 |

Tab. 2: Baulandpreise in Bayern

| Jahr | Baulandarten DM/qm | | | |
| | Bauland insgesamt | Baureifes Land | Rohbauland | Sonstiges Bauland |
|------|---------|--------|--------|--------|
| 1962 | 13,60 | 18,50 | 10,00 | 8,60 |
| 1971 | 26,80 | 36,10 | 16,40 | 15,50 |

Tab. 3: Baulandpreise in München

| Jahr | Baulandarten DM/qm | | | |
| | Bauland insgesamt | Baureifes Land | Rohbauland | Sonstiges Bauland |
| --- | --- | --- | --- | --- |
| 1962 | 46,00 | 48,30 | 38,50 | 90,10 |
| 1971 | 318,90 | 363,70 | 220,80 | 81,90 |

München (Tab. 3) belegt die heterogene Preisentwicklung einzelner Märkte, die durch weitere Aufgliederung nach Baulandverwendungszweck noch stärker hervortreten würde. T. P.

**Bodenreform**
Gesamtheit verschiedenartiger Bestrebungen und hoheitlicher Eingriffe, die auf eine grundlegende Änderung der Bodeneigentumsverhältnisse und der bestehenden Bodenrechtsordnung gerichtet sind. Die auf den landwirtschaftlich genutzten Boden abzielenden Reformbestrebungen werden Agrarreform, die auf die Siedlungsgebiete abgestellten Reformbestrebungen gemeindliche oder städtische Bodenreform genannt.
Die Agrarreform beinhaltet allgemein den gesamten Maßnahmenkomplex der → Agrarpolitik und des Agrarrechts mit dem Ziel der Förderung des Wohlstandes der im primären Sektor beschäftigten Bevölkerung und der Erzeugungssteigerung der → Agrarwirtschaft. Sie ist in diesem Zusammenhang auf bodenbedingte Maßnahmen zur Verbesserung der Agrarstruktur gerichtet, wobei agrarreformerische Maßnahmen zum Scheitern verurteilt sind, wenn sie nicht von anderen wirtschafts- und sozialpolitischen, die gesamte sozioökonomische Struktur betreffenden Verbesserungen flankiert werden. Im Vordergrund steht die Gewährleistung der Kontinuität der Rechte des Landwirts gegenüber dem von ihm zu bewirtschaftenden → Boden, insbes. die Sicherstellung des Bodenerwerbs zu Eigentum. Daneben richten sich die agrarreformerischen Bestrebungen auf die Schaffung leistungsfähiger Betriebsgrößen (grüner Plan, → MANSHOLT-Plan), einerseits durch Aufteilung übergroßer Besitzeinheiten, andererseits durch Zusammenlegen zersplitterter Besitzeinheiten und Aufstockung zu selbständigen Ackernahrungen.
Im Gegensatz zur Agrarreform richtet sich die gemeindliche Bodenreform auf die Siedlungsflächen der Gebietskörperschaften, wobei die Verbesserung der herrschenden Verhältnisse durch eine grundsätzliche Änderung des Bodenrechts, v. a. durch eine klare Abhebung des Bodeneigentums vom Eigentum an beweglichen und beliebig vermehrbaren Sachen herbeigeführt werden soll. Anstelle eines individualistisch gestalteten Eigentumsrechts (→ Eigentum) wird ein Bodeneigentumsrecht gefordert, dessen Wesensgehalt bereits die ihm eigentümliche Sozialgebundenheit einschließt (Oswald von NELL-BREUNING), wobei es in erster Linie um die Wahrung der rechtlichen Interessen des Einzelnen unter gleichzeitiger Abwägung und Berücksichtigung der für das Gemeinwohl unabdingbaren auf den Boden gerichteten Ansprüche geht.
Das bodenreformerische Gedankengut ist nicht zu trennen von der Lehrmeinung des Grundrententheoretikers David RICARDO, welcher in der → Grundrente lediglich den Differentialgewinn, d. h. einen Überschuß über die Kosten der (landwirtschaftlichen) Produktion erblickte, der darauf beruht, daß die Produktionskosten von der Bodenqualität abhängen, während die Preise der homogenen Produkte gleich sind. Ansatzpunkt der Kritik seitens der Bodenreformer ist die Schlußfolgerung, daß Grundrente ein Residualeinkommen

**73**

darstellt, welches weder auf geleistete Arbeit noch auf die Überlassung von Kapital zurückzuführen ist.

Vor dem historischen Hintergrund des 19. Jh. und seinen sozialen Konflikten forderte der Amerikaner Henry GEORGE die konfiskatorische Besteuerung der Grundrente durch den Staat, wobei er mit dieser Grundsteuer als einzige staatliche Steuereinnahmequelle die soziale Frage seiner Zeit zu lösen glaubte. Franz OPPENHEIMER setzt sich ebenfalls, von RICARDO beeinflußt, für die Abschaffung des privaten Bodenbesitzes ein, um die freie Siedlungstätigkeit des Einzelnen zu gewährleisten und so das private Bodenmonopol (Bodensperre) zu überwinden. In Anlehnung an GEORGE glaubte Adolf DAMASCHKE (Vorsitzender des Bundes deutscher Bodenreformer), das Bodenproblem durch eine Propagierung des Erbbaurechtes sowie durch die Einführung einer die Zuwachsrente beseitigenden → Wertzuwachssteuer zu lösen.

Nach dem 2. Weltkrieg stand der BERNOULLI-Plan im Mittelpunkt der Diskussion, demzufolge die Gemeinde als alleinige Eigentümerin von Grund und Boden befristete Nutzungsrechte (Erbbaurecht) an einzelne Personen vergeben sollte. Als gesetzgeberische Maßnahmen in der BRD sind das Bundesbaugesetz bzw. das darin enthaltene, der Bodenvorratswirtschaft dienende gemeindliche Vorkaufsrecht sowie das Städtebauförderungsgesetz zu nennen, welches die Abschöpfung von Planungs- und Sanierungsgewinnen gestattet. T. P.

**Boom**
Ende der Aufschwungsphase des → Konjunkturzyklus, gekennzeichnet durch zunehmende Auslastung der Produktionsfaktoren. Weiterer Anstieg der Nachfrage führt zu verstärktem Kosten- und Preisanstieg.

**Boxdiagramm** → Kontraktkurve

**Boykott**
Verrufserklärung und/oder Sperre mittels Aufrufs an Dritte, keinesfalls Verträge mit dem (eigenen) Wettbewerber zu schließen. Boykott dient als extreme Form der → Wettbewerbsbeschränkung (→ Diskriminierung) zur Isolierung des Konkurrenten im Wirtschaftskampf und ist grundsätzlich als Verstoß gegen die guten Sitten (BGB, Gesetz gegen unlauteren Wettbewerb) rechtswidrig. Soweit der Boykottierte durch Liefer- und Bezugssperren unbillig beeinträchtigt werden soll, ist Boykott gemäß → Gesetz gegen Wettbewerbsbeschränkungen (§ 26, Abs. 1) verboten.
R. R.

**brain drain**
1. Externer brain drain: Abwanderung hochqualifizierter, z. T. in den → Entwicklungsländern selbst ausgebildeter heimischer Arbeitskräfte (Wissenschaftler, Lehrer, Ärzte etc.) in die Industrieländer. Die Ursachen liegen u. a. häufig in der strukturellen → Arbeitslosigkeit in den Entwicklungsländern sowie in der höheren Bezahlung und attraktiveren Ausgestaltung der Arbeitsplätze in den Industrieländern.
2. Interner brain drain: Wissenschaftliche Arbeit in den Entwicklungsländern, die sich mit Problemen befaßt, die vornehmlich für die Industrieländer relevant sind. Über das Ausmaß des brain drain liegen keine genauen Zahlen vor; er dürfte aber eine erhebliche »Entwicklungshilfe« für die Industrieländer darstellen und erschwert gleichzeitig die Entwicklung in den armen Ländern. R. O.

**BRECHT'sches Gesetz**
auf Arnold BRECHT (1932) zurückgehende Beobachtung, daß die öffentlichen Ausgaben mit der räumlichen Konzentration der Bevölkerung überproportional zunehmen. In Ballungsgebieten ist der Bedarf an wirtschaftlicher und sozialer → Infrastruktur (Bildung, innere Sicherheit, Gesundheit usw.) größer, sind die → Löhne, → Bodenpreise usw. höher, wird zugleich die Verwaltung kostspieliger (durch überoptimale Größe der Verwaltungseinrichtungen), so daß sich die → Staatsausgaben stärker auf die Ballungsgebiete konzentrieren als die Bevölkerung.

Eine Dezentralisierung der Bevölkerung hätte nach diesem »Gesetz« ein überproportionales Sinken der öffentlichen Ausgaben zur Folge.   R. D.

**Bretton-Woods-Abkommen** Abkommen über die Errichtung des → Internationalen Währungsfonds und der → Weltbank

**Bruttoinlandsprodukt**
→ Einkommenskreislauf

**Bruttoprodukt**→ Material Product System

**Bruttoproduktionswert**
→ Produktionswert

**Bruttosozialprodukt**→ Sozialprodukt

**Bruttovermögen**
→ Bestandsgröße, die den Gesamtwert der Vermögensobjekte (Aktiva) einer Wirtschaftseinheit umfaßt. Komponenten: → Sachvermögen (= Realvermögen), → Forderungen.

**Buchgeld**
(= Giralgeld) auf dem Wege bankgeschäftlicher → Geldschöpfung geschaffene Sichtguthaben. Nur der Teil des Buchgeldes, der von inländischen Nichtbanken (mit Ausnahme der → Sichteinlagen der öffentlichen Hand bei der → Deutschen Bundesbank und den Landeszentralbanken) gehalten wird, zählt neben dem → Bargeldumlauf zum → Geldvolumen.
Im Gegensatz zum Bargeld handelt es sich beim Buchgeld um kein gesetzliches → Zahlungsmittel, sondern um ein allgemein akzeptiertes. Der Anteil des Buchgeldes am Geldvolumen steigt an und liegt in der BRD heute bei ca. zwei Drittel.   H.-J. H.

**Budget**
(=öffentlicher Haushaltsplan; Etat) regelmäßig vorgenommene systematische Zusammenstellung aller für eine Haushaltsperiode (meist ein Jahr) geschätzten Einnahmen und geplanten und durchzuführenden Ausgaben einer öffentlichen Körperschaft. Es hat Gesetzescharakter und soll eine geordnete Haushaltsführung,

insbes. die Finanzierung der geplanten Ausgaben, gewährleisten (finanzwirtschaftliche Ordnungsfunktion; → Deckungsgrundsätze) sowie nach Abschluß der Haushaltsperiode eine Kontrolle der Ordnungsmäßigkeit der Verwaltung ermöglichen (administrative Kontrollfunktion). Als zahlenmäßiger Ausdruck des an den geplanten öffentlichen Leistungen abzulesenden Regierungsprogramms (politische Programmfunktion; → Programmbudget) erlaubt es eine politische Kontrolle der Regierung und dient schließlich der in der BRD im → Gesetz zur Förderung der Stabilität und des Wachstums der Wirtschaft und im → Haushaltsgrundsätzegesetz geforderten antizyklischen → Fiskalpolitik (volkswirtschaftliche Lenkungsfunktion).
Der im folgenden am Beispiel des Bundeshaushalts in der BRD dargestellte Haushalt durchläuft im sogenannten Budgetkreislauf 4 Phasen: Aufstellung des Entwurfs, parlamentarische Behandlung, Vollzug und Kontrolle. Die Aufstellung des Entwurfs ist Aufgabe der Exekutive. Die von den unteren zu den oberen Behörden laufenden, meist aufgrund der Vorjahresansätze berechneten Finanzbedarfsmeldungen werden (ggf. gekürzt und koordiniert) zu den Voranschlägen der einzelnen Ministerien und diese zum Haushaltsentwurf zusammengefaßt. Er wird als Gesetzesvorlage im Parlament nach dem üblichen Gesetzgebungsverfahren behandelt und verabschiedet, was Anlaß zu einer politischen Generaldebatte bietet.
Bei der Aufstellung wie beim Vollzug sind die im → Haushaltsgrundsätzegesetz sowie in der → Bundeshaushaltsordnung kodifizierten Vorschriften zu beachten. Die dort vorgeschriebenen Gliederungen des Budgets berücksichtigen die verschiedenen Budgetfunktionen. Die Einteilung des Haushaltsplans in Einzelpläne für die Ministerien (Ministerial- oder Ressortprinzip) läßt die politische und rechtliche Verantwortung erkennen. Die Untergliederung in Kapitel erfolgt nach den jeweiligen Verwaltungsbereichen. Die Kapitel sind wieder in Titel, die haushaltswirt-

schaftlich und ökonomisch zusammengehörende Ausgaben und Einnahmen umfassen, untergliedert. Diese Titel werden, geordnet nach den Einnahme- und Ausgabekategorien des Staatskontos der → Volkswirtschaftlichen Gesamtrechnung, für den gesamten Haushalt in der eine Beurteilung der makroökonomischen Wirkungen (z. B. auf Preisniveau und Beschäftigung) erlaubenden Gruppierungsübersicht zusammengefaßt. Die Umgruppierung der Ausgabentitel unabhängig von den jeweiligen Ressorts nach Hauptfunktionen in der Funktionenübersicht läßt in groben Zügen das Regierungsprogramm erkennen (vgl. Tab.).

Während des Vollzugs sind eine → Haushaltsrechnung und eine Kassenrechnung zu führen. Erstere bildet die Grundlage für die Kontrolle durch den Rechnungshof, die vorwiegend eine Kontrolle der Ordnungsmäßigkeit und (infolge des inputorientierten Verfahrens der Aufstellung) weniger der Wirtschaftlichkeit der Verwaltung darstellt. Aufgrund des Berichts des Rechnungshofes sowie des Rechnungsprüfungsausschusses des Parlaments wird von diesem über die Entlastung der Regierung beschlossen.   E. S.

**Budgetausgleich**
Grundsatz der öffentlichen Finanzwirtschaft, daß die Einnahmensumme der Ausgabensumme entsprechen muß. Wird dabei nicht nach der Art der Ausgaben und Einnahmen unterschieden, so kommt man zu dem Ergebnis, daß das → Budget immer ausgeglichen sein muß (formaler Budgetausgleich), denn Ausgaben können ohne Einnahmen nicht durchgeführt werden und Einnahmen führen buchungsmäßig immer zu irgendwelchen Ausgaben. In diesem Sinne bedeutet die z. B. im Grundgesetz enthaltene Forderung nach der Vorlage ei-

Die Ausgaben des Bundes nach Aufgabenbereichen

| Aufgabenbereich | Soll 1973 Mio. DM | Veränd. gegen Vorjahr in v. H. |
|---|---|---|
| Allgemeine Dienste | 37 519 | + 12,4 |
| darunter: | | |
| Verteidigung | 27 829 | + 6,9 |
| Bildungswesen, Wissenschaft, Forschung | 6 666 | + 5,3 |
| Soziale Sicherung, soziale Kriegsfolgeaufgaben, Wiedergutmachung, Förderung der Vermögensbildung | 34 081 | + 1,1 |
| Gesundheit, Sport und Erholung | 334 | − 85,8 |
| Wohnungswesen, Raumordnung und kommunale Gemeinschaftsdienste | 1 814 | + 4,2 |
| Ernährung, Landwirtschaft | 3 222 | − 20,4 |
| Energie- und Wasserwirtschaft, Gewerbe, Dienstleistungen | 3 318 | + 29,1 |
| Verkehrs- und Nachrichtenwesen | 9 861 | + 5,4 |
| darunter: | | |
| Straßen | 6 594 | + 5,4 |
| Wirtschaftsunternehmen, Allgemeines Grund- und Kapitalvermögen, Sondervermögen | 8 182 | + 25,6 |
| Allgemeine Finanzwirtschaft | 15 233 | + 16,3 |
| Ausgaben zusammen | 120 231 | + 7,8 |

nes ausgeglichenen Budgets lediglich, daß die für die Durchführung der geplanten Ausgaben notwendigen Einnahmen auch beschafft werden können.

Der für die ökonomischen Wirkungen wichtige materielle Budgetausgleich impliziert dagegen eine bestimmte Art der Finanzierung und der Ausgabenverwendung. Bei einem ausgeglichenen Budget sind alle Ausgaben durch Einnahmen aus → Steuern, → Gebühren und Beiträgen zu decken; eine Verwendung dieser Einnahmen zur Schuldentilgung oder Rücklagenbildung ist ausgeschlossen. Ein Budgetdefizit liegt vor, wenn ein Teil der → Staatsausgaben (ohne Ausgaben für Schuldentilgung und Rücklagenbildung) durch Kredite vom → Kapitalmarkt oder von der → Zentralbank finanziert wird; ein Budgetüberschuß bedeutet, daß ein Teil der → Staatseinnahmen (aus Steuern, Gebühren und Beiträgen) zur Schuldentilgung oder Rücklagenbildung verwendet wird. E. S.

**Budgetdefizit** → Budgetausgleich

**Budgetgerade** → Bilanzgerade

**Budgetgrundsätze**
formelle und materielle Grundsätze für die Aufstellung und den Vollzug des öffentlichen Haushalts, welche die Planung erleichtern, die Wirtschaftlichkeit sichern und v. a. die Kontrolle der Exekutive durch die Legislative ermöglichen sollen. Gesetzliche Grundlage sind in der BRD das → Haushaltsgrundsätzegesetz und die → Bundeshaushaltsordnung bzw. die Landeshaushaltsordnungen. Die wichtigsten Budgetgrundsätze sind:
a) Vollständigkeit: Das → Budget soll ohne jede Saldierung (Brutto-Etatisierung) alle geplanten Ausgaben und alle geschätzten Einnahmen sowie alle benötigten Verpflichtungsermächtigungen (Maßnahmen, welche die betreffende Körperschaft für spätere Haushaltsjahre zu Ausgaben verpflichten können) enthalten. Ausnahmen in der BRD: Sondervermögen (z. B. Bundesbahn und -post) und Betriebe des Bundes oder eines Landes. Sie erscheinen im Budget nur mit den Posten, die sie an die

öffentliche Körperschaft abliefern oder von dieser zugewiesen bekommen.
b) Budgeteinheit: Alle Einnahmen und Ausgaben einer öffentlichen Körperschaft sollen in *einem* Haushaltsplan ausgewiesen werden.
c) Budgetklarheit: Aus der Benennung der einzelnen Einnahme- und Ausgabeposten müssen Herkunft und Verwendungszweck klar hervorgehen; für die Gliederung von Einnahmen und Ausgaben ist ein einheitliches Schema zu verwenden (→ Budget).
d) Genauigkeit: Alle Ausgaben sollen exakt geplant, alle Einnahmen genau geschätzt werden.
e) Vorherigkeit: Das Budget soll vor Beginn der Haushaltsperiode vorliegen. Verstöße gegen die Vorherigkeit können aus konjunkturpolitischen Gründen notwendig werden.
f) Spezialität: Die veranschlagten Mittel dürfen nur für den festgelegten Zweck (qualitative Spezialität), nur in der geplanten Höhe (quantitative Spezialität) und nur während der laufenden Haushaltsperiode (zeitliche Spezialität) ausgegeben werden. Ausnahmen sind z. B. aus sachlichen Gründen (mehrjährige Investitionen) soweit zur Förderung einer sparsamen Verwendung der Mittel zulässig.
g) Öffentlichkeit: Der Haushaltsplan muß nach der Verabschiedung jedem zugänglich sein.
Das → Nonaffektationsprinzip ist aus den Prinzipien der Einheit und Vollständigkeit abgeleitet. Auch der → Budgetausgleich wird häufig den Haushaltsgrundsätzen zugerechnet. E. S.

**Budgetüberschuß** → Budgetausgleich

**built-in-flexibility**
→ Regelmechanismus bestimmter → Staatseinnahmen bzw. → Staatsausgaben, der ohne legislative oder administrative Entscheidungen automatisch antizyklische Belebungs- oder Dämpfungseffekte der effektiven Nachfrage hervorruft.
Der wichtigste automatische Stabilisator im System der öffentlichen Einnahmen ist die progressiv ausgestaltete → Einkom-

mensbesteuerung. In der Hochkonjunktur steigen die Einnahmen aus der progressiven Steuer schneller als die privaten Einkommen, woraus ein Entzugseffekt auf die private Nachfrage resultiert. In der → Rezession bleiben die Steuereinnahmen stärker zurück als die privaten Einkommen, wovon eine positive Wirkung auf die private Nachfrage ausgeht.

Auf der Ausgabenseite stellen die Sozial-(Arbeitslosen-)versicherungsausgaben einen automatischen Stabilisator dar. In Rezessionszeiten müssen hohe staatliche Leistungen gezahlt werden, mit denen private Nachfrage angeregt wird, während in Zeiten der Hochkonjunktur Überschüsse bei der → Sozialversicherung gebildet werden, die stabilisierend wirken.

Aufgabe einer Regierung, die alle positiven Auswirkungen der built-in-flexibility ausnutzen wollte, wäre es, einen möglichst großen Anteil des → Budgets den automatisch stabilisierend wirkenden Einnahmen und Ausgaben einzuräumen. In gegenwärtigen Budgets reichen die automatischen Stabilisatoren nicht aus, um konjunkturelle Ausschläge zu verhindern. Deshalb können sie eine aktive antizyklische → Konjunkturpolitik nicht ersetzen. R. D.

**built-in-inflator**
→ Lohn-Preis-Indexierung

**Bumerang-Effekt**
unbeabsichtigte und i. d. R. unerwünschte Rückwirkung wirtschaftspolitischer Maßnahmen. So führt z. B. ein durch die → Träger der Wirtschaftspolitik aus Gründen der Liquiditäts- oder Reservedrosselung geförderter Kapitalexport zu bumerangartigem Kapitalrückfluß durch Zins- und Tilgungsleistungen.

**Bundesanstalt für Arbeit (BfA)**
am 1. 5. 1952 als Bundesanstalt für Arbeitsvermittlung und Arbeitslosenversicherung mit Hauptstelle in Nürnberg gegründet. 1969 bei Inkraftsetzung des Arbeitsförderungsgesetzes (AFG) in Bundesanstalt für Arbeit umbenannt.

Die BfA ist eine Körperschaft des öffentlichen Rechts mit Selbstverwaltung. Ihre Organe sind der Vorstand, der Verwaltungsrat und die Selbstverwaltungsausschüsse der Arbeits- und Landesarbeitsämter. In den Selbstverwaltungsorganen der BfA sind Arbeitnehmer, Arbeitgeber und Vertreter der öffentlichen Hand drittelparitätisch vertreten.

Die BfA ist organisatorisch in drei Ebenen gegliedert: Der Hauptstelle in Nürnberg unterstehen 9 Landesarbeitsämter, denen wiederum insgesamt 146 Arbeitsämter angegliedert sind.

Seit dem Inkrafttreten des AFG stehen bei der BfA nicht mehr die rein schadensausgleichenden Tätigkeiten im Vordergrund, sondern eine vorausschauende, schadensvorbeugende → Arbeitsmarktpolitik.

Im einzelnen obliegen der BfA nach § 3 AFG folgende Aufgaben: Berufsberatung, Arbeitsvermittlung, Förderung der → beruflichen Bildung, Arbeits- und Berufsförderung Behinderter, Gewährung von Leistungen zur Erhaltung und Schaffung von Arbeitsplätzen, Gewährung von Arbeitslosengeld, Arbeitsmarkt- und Berufsforschung. T. F.

**Bundesaufsichtsamt für das Kreditwesen**
übt nach dem Gesetz über das Kreditwesen vom 10. 7. 1961 die → Bankenaufsicht in der BRD aus. Es ist eine selbständige Bundesoberbehörde im Geschäftsbereich des Bundeswirtschaftsministers mit Sitz in West-Berlin.

**Bundesbank** → Deutsche Bundesbank

**Bundesbankausweis**
jeweils nach dem Stand vom 7., 15., 23. und Letzten eines Monats ermittelte verkürzte Bilanz der → Deutschen Bundesbank gemäß § 28 → Bundesbankgesetz.

**Bundesbankgesetz**
Gesetz über die → Deutsche Bundesbank vom 26. 7. 1957, das Aufgaben, Rechts- und Organisationsform der Bundesbank festlegt, ihren Geschäftskreis und ihre geld- und kreditpolitischen Befugnisse absteckt sowie das Verhältnis zur Bundesregierung bestimmt.

**Bundesbaugesetz** → Bodenpolitik

**Bundeshaushaltsordnung (BHO)**
Die aufgrund des → Haushaltsgrundsätze-
gesetzes erlassene Bundeshaushaltsordnung setzte am 1. 1. 1970 die Reichshaushaltsordnung (RHO) von 1922 außer
Kraft. Sie enthält Vorschriften über Aufstellung und Vollzug des Bundeshaushaltsplans, Kassenführung und -rechnung, →
Haushaltsrechnung, Vermögensrechnung,
Rechnungslegung der Bundesbetriebe,
Rechnungsprüfung durch den Bundes-
rechnungshof, Entlastung der Exekutive
sowie Bestimmungen betreffend die bun-
desunmittelbaren juristischen Personen
des öffentlichen Rechts. Im Vergleich zu
der in erster Linie die finanzwirtschaftliche
Ordnungs- und Kontrollfunktion gewähr-
leistenden RHO berücksichtigt die BHO
auch die ökonomischen Aufgaben des →
Budgets, allerdings ohne dem Anspruch
des → Programmbudgets auf leistungsmä-
ßige Darstellung der → Staatstätigkeit zu
genügen. E. S.

**Bundeskartellamt**
gemäß §§ 44–50 des → Gesetzes gegen
Wettbewerbsbeschränkungen (GWB) errichtete, den Weisungen des Bundesmini-
sters für Wirtschaft unterstehende Bundesoberbehörde mit Sitz in Berlin. Es ist
zuständig für → Wettbewerbsbeschränkungen durch → Kartelle (Führung des
Kartellregisters), sonstige Verträge (z. B.
Vertriebsbindungen), durch Marktmacht
(→ Marktbeherrschung), wettbewerbsbe-
schränkendes Verhalten (→ abgestimmte
Verhaltensweisen) und diskriminierendes
Verhalten (→ Boykott, → Diskrimini-
rung) sowie Wettbewerbsregeln, falls die
Wirkung der Wettbewerbsbeeinflussung
über das Gebiet eines Bundeslandes hin-
ausreicht.

Die Beschlußabteilungen bedienen sich im
Rahmen ihrer Ermittlungsbefugnisse
(Auskunfts-, Einsichts- und Nachprü-
fungsrechte) zweier justizähnlicher Ver-
fahrensarten, gegen die grundsätzlich Einspruch beim Kammergericht bzw. Rechts-
beschwerde beim Bundesgerichtshof zulässig ist. Verstöße gegen das GWB können
in Bußgeldverfahren als Ordnungswidrigkeit mit Geldbußen geahndet werden,
Verwaltungsverfahren können mit einer
Verfügung des Bundeskartellamtes enden
(z. B. Erlaubnis, Beschränkung bzw. Wi-
derruf von Kartellen).
Aufgrund seiner umfassenden Kompetenz
insbes. seit der Kartellnovelle 1973 tendiert das Bundeskartellamt zum Ausbau
der → Mißbrauchsaufsicht und der → Fusionskontrolle. Über seine Tätigkeit sowie
die Lage und Entwicklung auf seinem Aufgabengebiet hat es jährlich an die Bundesregierung zu berichten. R. R.

**Bundesverband der deutschen Industrie
(BDI)**
am 19. 10. 1949 gegründete zentrale Organisation der westdeutschen Industrie mit
Sitz in Köln, die nach außen die Interessen
ihrer Mitglieder in allen wirtschaftspolitisch relevanten Bereichen vertritt und im
Innenverhältnis Beratungs- und Koordi-
nationsaufgaben gegenüber ihren Mitgliedern wahrnimmt. Für die einzelnen Sachgebiete bestehen Ausschüsse, z. B. für
Rechts-, Geld-, Außenhandels-, Steuer-
fragen. Zur Zeit sind im BDI 39 Fachverbände vereinigt; das einzelne Unternehmen ist also nur mittelbar über den
jeweiligen Fachverband Mitglied des BDI.

**buyer's market**
→ Käufermarkt

# C

## Cambridge-Gleichung

von Alfred MARSHALL (der in Cambridge lehrte) und seinen Schülern verwandte Form der → Verkehrsgleichung (→ Quantitätstheorie), bei der im Gegensatz zu dieser statt der → Umlaufsgeschwindigkeit des Geldes deren reziproker Wert als Ausdruck der Kassenhaltungsgewohnheiten herangezogen wird. Der so ermittelte → Kassenhaltungskoeffizient gibt die Relation zwischen den nominellen Umsätzen und den sie finanzierenden Kassenbeständen an. Falls unterstellt wird, daß dieser Koeffizient konstant ist, folgt wie in der → Quantitätstheorie, daß eine Vermehrung der → Geldmenge resp. der Kassenbestände eine proportionale Steigerung der Umsätze und bei Konstanz der umgesetzten Gütermengen eine proportionale Steigerung des → Preisniveaus zur Folge hat.

H.-J. H.

## capital-adjustment-period → lag

## capital deepening

(= Kapitalvertiefung) bezieht sich auf die Länge des Intervalls zwischen → Input und → Output (Produktionsperiode) oder – damit äquivalent – auf das Verhältnis des → Kapitalstocks zum Strom des Inputs oder Outputs. Gegenüber dem → capital widening geht es beim capital deepening um die Bestimmung der optimalen Dauer der Produktionsperiode bei gegebener Höhe der → Investition. P. W.

## capital user costs

→ Kapitalnutzungskosten

## capital widening

(= Kapitalerweiterung) bezieht sich auf die Proportionalität zwischen → Output und → Input von → Kapital. Gegenüber dem → capital deepening geht es beim capital widening um die Bestimmung der optimalen Höhe der → Investition bei gegebener Dauer der Produktionsperiode.

P. W.

## central rate → Leitkurs

## CES-Funktion

→ neoklassische Produktionsfunktion mit konstanter → Substitutionselastizität (CES = constant elasticity of substitution). Sie wurde erstmals 1961 von Kenneth J. ARROW, Hollis B. CHENERY, Bagicha Singh MINHAS und Robert M. SOLOW verwendet (deshalb oft auch ACMS-Funktion genannt).

$$Y = \lambda \, [\delta_1 \, A^{-\beta} + \delta_2 \, K^{-\beta}]^{-1/\beta}$$

mit den Parametern $\lambda$, $\delta_1$, $\delta_2$ und $\beta$.

Die CES-Funktion hat eine konstante Substitutionselastizität $\sigma = 1/(1 + \beta)$, die kleiner als 1, gleich 1 (in diesem Fall geht die Funktion in die → COBB-DOUGLAS-Funktion über) oder größer als 1 sein kann.

Je nach Größe der Substitutionselastizität findet bei einer Änderung der → Kapitalintensität (dem Einsatzverhältnis von Arbeit A und Kapital K) eine Änderung der Einkommensverteilung statt. Aus einer Erhöhung der Kapitalintensität folgt:

bei $\sigma < 1$ eine überproportionale Erhöhung des Lohn-Zins-Verhältnisses, somit eine Erhöhung der → Lohnquote;

bei $\sigma > 1$ eine unterproportionale Erhöhung des Lohn-Zins-Verhältnisses, somit eine sinkende Lohnquote.

Die Funktion hat für den Fall, daß ein Input nicht eingesetzt wird, Asymptoten, die nicht mit den Koordinatenachsen zusammenfallen. Daraus folgt, daß die → Isoquanten von CES-Funktionen je nach

Größe der Parameter der Funktion folgende Gestalt haben können (Abb.).

R. D.

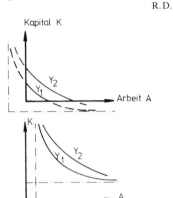

ceteris-paribus-Annahme → Analyse

**Christliche Soziallehre**
befaßt sich auf der Grundlage von Offenbarung und Naturrecht mit dem Wesen der Gesellschaft und formuliert Normen für die Gesellschaftsordnung, die sich sowohl auf ihre Gesamtstruktur als auch auf Institutionen wie Ehe und Familie, (Privat-) Eigentum, Staat usw. erstrecken. Im Vordergrund dieser Gesellschaftsordnung steht der Mensch als Individuum mit eigenständigen Rechten und als Sozialwesen mit Pflichten gegenüber dem Sozialen (»personenbegründete Koordination von Personen«). Diese Koordination und Verbundenheit sind so zu verstehen, daß der einzelne und die Gesellschaft gegenseitig aufeinander angewiesen sind und zusammenwirken müssen (Solidaritätsprinzip). In der zweckhaften Organisierung der Institutionen verwirklicht sich das Gemeinwohl (bonum commune), das der Staat etwa durch Setzung positiver Rechtsnormen zu wahren hat. Hierher gehört auch, daß das Leben in und mit der Gesellschaft dem einzelnen grundsätzlich eine Hilfe bedeuten soll, d. h. alles Gesellschaftliche ist wesentlich subsidiär (→ Subsidiaritätsprinzip). Aus der Verbindung beider Prinzipien folgen Ordnungsnormen für die Gesell-

schaft. Aus dem Solidaritätsprinzip ergibt sich die Abwägung zwischen Individual- und Sozialprinzip. Aus dem Subsidiaritätsprinzip folgt die staatliche Organisation, die als korporative bzw. berufsständische (Selbstverwaltungs-)Ordnung vorgestellt wird (insbes. in der Enzyklika »Quadragesimo Anno« von 1931, nicht mehr aber in der Enzyklika »Mater et Magistra« von 1961). R. E.

**cif** cost, insurance, freight. → Handelsbilanz.

**clay-clay-Modell** → Wachstumsmodelle

**closed shop**
Übereinkommen zwischen → Gewerkschaften und Unternehmen, nur Gewerkschaftsmitglieder zu beschäftigen. Dies erlaubt den Gewerkschaften eine strenge Kontrolle des → Arbeitsangebots. Besonders in den USA bis zum Verbot im TAFT-HARTLEY-Act (1947) stark praktiziert (→ union shop).

**CMEA**
Council for Mutual Economic Assistance. → Rat für gegenseitige Wirtschaftshilfe.

**COBB-DOUGLAS-Produktionsfunktion**
→ neoklassische Produktionsfunktion, die erstmals 1928 von den Ökonometrikern C. W. COBB und Paul H. DOUGLAS als makroökonomische Funktion verwendet wurde:
$Y = c \cdot K^a \cdot A^b$, wobei c ein Term für den → technischen Fortschritt ist.
Die Exponenten a und b sind gleich den partiellen → Produktionselastizitäten. Unter der partiellen Produktionselastizität (z. B. des Faktors Arbeit) versteht man:
$$b = \frac{\partial Y}{\partial A} \cdot \frac{A}{Y}.$$
Für den Fall, daß $a + b = 1$, ergeben sich → constant returns to scale. Die → Inputs der Funktion sind substitutional für den Fall, daß beide Faktoren mit der Menge größer Null eingesetzt werden. → Isoquanten einer COBB-DOUGLAS-Funktion sind konvex (Abb.).

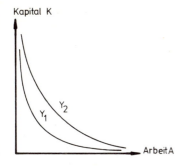

Kapital K

Arbeit A

Wenn man die Gültigkeit der → Grenzproduktivitätstheorie der Verteilung unterstellt, dann folgt für die COBB-DOUGLAS-Funktion eine → Substitutionselastizität σ = 1. Jede Änderung der Kapitalintensität wird durch eine Änderung im Lohn-Zins-Verhältnis so ausgeglichen, daß die → Einkommensverteilung konstant bleibt. R.D.

## Cobweb-Modell

(= Spinnweb-Modell) dynamisches Modell der → Preisbildung. Da in bestimmten Produktionszweigen die zeitliche Verzögerung zwischen Produktionsbeginn und Absatz beträchtlich ist, können sich die Preise für das betreffende Gut im Laufe der Produktionsperiode ändern. Klassisches Beispiel ist der sog. Schweinezyklus: Die Entscheidungen der Bauern zur Ferkelzucht basieren auf dem gegenwärtigen Fleischpreis, der vom späteren Verkaufspreis der Mastschweine stark abweichen kann. Allgemein: Das Güterangebot hängt vom Preis der Vorperiode ab, wobei die Periodenlänge durch die Produktionsdauer bestimmt wird.

Hierauf beruht folgendes dynamische Modell: Die in Periode t nachgefragte Menge $x_n(t)$ hänge vom Marktpreis $p(t)$ dieser Periode, die in Periode t angebotene Menge $x_a(t)$ hingegen vom Marktpreis $p(t-1)$ der Vorperiode ab. Ein → Gleichgewicht liegt dann vor, wenn zu einem bestimmten Preis $p_1$ angebotene und nachgefragte Menge (= $x_1$) übereinstimmen (Abb. 1). Dieses Gleichgewicht ist dauerhaft. Wird

nämlich in einer beliebigen Periode der Preis $p_1$ realisiert, so wird in der darauffolgenden Periode die Menge $x_1$ angeboten, die zum Preis $p_1$ gerade wieder nachgefragt wird. Wenn sich die Einkommen der Nachfrager erhöhen, führt dies (Abb. 1) zu einer Verschiebung der Nachfragekurve $N_1N_1'$ zur neuen Lage $N_2N_2'$ und damit zu einer Verschiebung des Gleichgewichts zur Preis-Mengen-Kombination $(p^*, x^*)$. Dieses neue Gleichgewicht wird jedoch nicht sofort realisiert. Es wird zunächst weiterhin die Menge $x_1$ angeboten, da diese Menge durch den Preis $p_1$ der Vorperiode bestimmt wird. Die neue Nachfragesituation bewirkt hingegen, daß die Haushalte für die Menge $x_1$ den Preis $p_2$ zu zahlen bereit sind. Dieser Preis führt in der nächsten Periode zur Angebotsmenge $x_2$. Für diese Menge zahlen die Nachfrager jedoch nur den Preis $p_3$. Hieraus ergibt sich ein Rückgang der Angebotsmenge, der wiederum Preissteigerungen bewirkt usw.

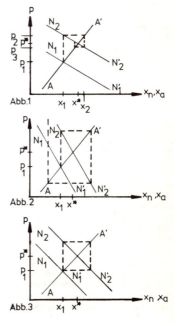

Abb.1

Abb.2

Abb.3

Wegen des Musters der Preis-Mengen-Bewegungen spricht man von Cobweb-(Spinnweb-)Prozessen. Die Prozesse kommen in drei Formen vor:
a) Die Schwingungen werden kleiner und konvergieren (Abb. 1) gegen einen Gleichgewichtspunkt (p*, x*).
b) Die Schwingungen divergieren und entfernen sich immer weiter vom Gleichgewicht (Abb. 2).
c) Die Schwingungen sind konstant (Abb. 3).
Im ersten Fall handelt es sich um ein stabiles Gleichgewicht, in den beiden letzten Fällen liegen instabile oder labile Gleichgewichte vor. Welcher der drei Fälle eintritt, hängt vom Verhältnis der Steigungen der Angebots- und Nachfragekurve ab.

R. W.

### Code

eindeutige, aber nicht notwendigerweise eineindeutige Zuordnung zwischen zwei Mengen von → Zeichen. Der Vorgang des Codierens (Verschlüsseln) und seine Umkehrung, das Decodieren (Entschlüsseln), bilden eine Zeichenmenge auf eine andere ab. Beispiel: das Morsealphabet ordnet jedem Buchstaben des lateinischen Alphabets eine eindeutige Punkt-Strich-Kombination zu.

### coinciding indicators
→ Konjunkturindikatoren

### COMECON
Council for Mutual Economic Assistance. → Rat für gegenseitige Wirtschaftshilfe.

### compensatory budgeting
(= kompensatorischer Budgetausgleich) Auffassung über Ausgestaltung und Wirkung des öffentlichen → Budgets, die sich radikal vom klassischen Grundsatz des jährlichen → Budgetausgleichs gelöst hat.
Für die Vertreter des compensatory budgeting ist ein ausgeglichenes Staatsbudget nicht Regel, sondern Ausnahme. Der Staat hat die Aufgabe, durch eine permanente Defizit- und Schuldenpolitik positive Anregungen auf die Privatwirtschaft auszuüben, in der eine strukturelle → Depression mit dauernder Tendenz zur Unterbeschäftigung herrscht. Der Ausgangspunkt der Vertreter des compensatory budgeting ist die nach dem 2. Weltkrieg vieldiskutierte → Stagnationstheorie. Der Staat muß die privatwirtschaftliche Tendenz zum Übersparen durch → Staatsausgaben kompensieren.
Von den Konzepten des → cyclical budgeting und des → stabilizing budgeting unterscheidet sich das compensatory budgeting durch den Auftrag zum permanenten → deficit spending, das nur in ausgesprochenen Ausnahmefällen durch Budgetüberschüsse abgelöst werden sollte.
In dem Maße, wie sich in den letzten Jahren die Annahmen der Stagnationsthese als nicht zutreffend erwiesen, wurde auch die Lehre vom kompensatorischen Budget mehr und mehr kritisiert und dient nicht als Grundlage für praktische Budgetpolitik.

R. D.

### Composite Reserve Unit
→ BERNSTEIN-Plan

### compound multiplier
mißt die Einkommenswirkung einer Änderung der autonomen Ausgaben A im Modell einer offenen Volkswirtschaft ohne wirtschaftliche Aktivität des Staates. Der Name (zusammengesetzter Multiplikator) nimmt darauf Bezug, daß in der Multiplikatorformel mehrere Verhaltensparameter vertreten sind, nämlich die marginale → Konsumquote

$$\frac{dC}{dY}$$

und die marginale Investitionsquote

$$\frac{dI}{dY}$$

(welche sich zur marginalen Ausgabenneigung addieren) sowie die marginale Importquote

$$\frac{dM}{dY}$$

$$\frac{dY}{dA} = \frac{1}{1 - \left(\dfrac{dC}{dY} + \dfrac{dI}{dY}\right) + \dfrac{dM}{dY}}.$$

Da dem compound multiplier die Annahme zugrunde liegt, daß die → Investitionsfunktion eine einkommensabhängige Komponente enthält, spielt er u.a. für die Ableitung des → Sparparadoxons eine wichtige Rolle. F.G.

**CONDORCET-Kriterium**
→ ARROW-Paradoxon

**conspicuous consumption**
→ VEBLEN-Effekt

**constant returns to scale**
(= konstante Skalenerträge) liegen vor, wenn eine proportionale Variation aller → Inputs einer → Produktionsfunktion zu derselben proportionalen Variation in der Ausbringungsmenge Y eines Gutes führt: Multipliziert man jeden Input einer Produktionsfunktion mit einem Koeffizienten λ, dann folgt:

$$\lambda Y = Y(\lambda X_1, \ldots, \lambda X_i, \ldots, \lambda X_n).$$

Analoge Formulierung: Die Produktionsfunktion ist linear homogen und hat eine → Skalenelastizität von 1.
Die Gültigkeit vieler ökonomischer Theoreme setzt constant oder → decreasing returns to scale voraus. Beispielsweise verlangt das → EULER'sche Theorem, daß die Produktionsfaktoren das Produkt voll ausschöpfen, was constant returns to scale impliziert. R.D.

**consumerism**
Verbraucherbewegung mit Ursprung in den USA. Consumerism fordert eine wirksamere Verbraucherpolitik, insbes. eine Stärkung der Käuferposition im Vergleich zum Verkäufer und eine stärkere Sozialbindung des Marketing. Die Produktinformation soll verbessert und Produkte und Werbetechniken sollen im Hinblick auf eine Verbesserung der → Lebensqualität beurteilt werden.

**consumer's surplus**
→ Konsumentenrente

**cost-benefit-Analyse**
→ Kosten-Nutzen-Analyse

**cost-push-inflation**
(= Kosteninflation) durch Erhöhung der Produktionskosten verursachte → Inflation, insbes. durch Verteuerung beim Produktionsfaktor → Arbeit (→ Lohn-Preis-Spirale) und bei Importgütern (→ importierte Inflation).
Häufig wird die unabhängig von den Marktbedingungen erfolgende Preisfestsetzung durch Unternehmen und Staat (→ administrierte Preise) als Kostendruck-Inflation bezeichnet, es sollte jedoch in diesem Fall genauer von Kosten- und Gewinn-Druck gesprochen werden (→ mark-up inflation). Die cost-push-inflation entsteht also durch Ausnutzung von Marktmacht seitens der → Gewerkschaften und der Unternehmen (sellers' inflation).
B.B.G.

**counterpart funds** → Europäisches Wiederaufbauprogramm

**countervailing power**
(gegengewichtige Marktmacht) von John Kenneth GALBRAITH (1952) beschriebenes Prinzip, eine bereits vorhandene Marktmacht durch eine zu schaffende Gegenmacht auf diesem Markt zu kontrollieren. So kann die starke Verhandlungsmacht großer Unternehmen auf dem → Arbeitsmarkt durch Schaffung und Förderung starker → Gewerkschaften ausgeglichen werden. In dieser Form findet das Prinzip entsprechende Berücksichtigung in den Theorien über die Verhandlungsstärke der Tarifparteien (bargaining-power-Theorien).

**COURNOT'scher Punkt**
→ Angebotsmonopol

**crawling peg** → mittelfristig garantierter Paritätsanstieg

**creeping inflation**
→ schleichende Inflation

**cross rate** → Usancekurs

**CRU** → BERNSTEIN-Plan

**cyclical budgeting**
(= zyklischer Budgetausgleich) Auffassung über Ausgestaltung und Wirkung des öffentlichen → Budgets, nach der im Gegensatz zum klassischen Grundsatz des jährlichen → Budgetausgleichs das Budget im Rahmen eines größeren Zeitraums (eines → Konjunkturzyklus) auszugleichen ist. In einer Phase der privatwirtschaftlichen Überhitzung trägt ein ausgeglichener Haushalt nicht zur Dämpfung der Konjunktur bei. Die Lehre vom zyklischen Budgetausgleich sieht deshalb für diesen Fall vor, daß der Staat Budgetüberschüsse bildet und diese stillegt. Eine alternative Politik der verstärkten bzw. vorzeitigen Deckung der Staatsschulden in Überhitzungsphasen ist weniger wirkungsvoll als die völlige Stillegung der Einnahmen, da von der Schuldenrückzahlung Liquiditätswirkungen auf die Wirtschaft ausgehen können, die eine ursprüngliche konjunkturelle Wirkung beeinträchtigen können.
In Depressionsphasen ist der Staat aufgefordert, positive Anstoßwirkungen durch → deficit spending zu erzeugen. Solange Mittel aus vorherigen Rückstellungen (z. B. → Konjunkturausgleichsrücklage) verfügbar sind, sollten diese jetzt verausgabt werden. Das bewußte Herbeiführen von Budgetdefiziten muß dann aufhören, wenn die Gesamtwirtschaft einen »normalen« Stand erreicht hat.

Von der Politik des → stabilizing budgeting unterscheidet sich das cyclical budgeting durch bewußtes Handeln des Staates, der sich nicht auf eingebaute Stabilisatoren verläßt. Vom → compensatory budgeting unterscheidet es sich, weil grundsätzlich der Gedanke des Budgetausgleichs nicht aufgegeben wurde, sondern mit dem Ziel der Konjunkturstabilisierung gekoppelt ist.
Für die tatsächliche Durchführung des cyclical budgeting ergeben sich eine Menge praktischer Probleme, die eine Wirkung dieser Politik behindern können: Viele → Staatsausgaben stehen langfristig fest und können kurzfristig kaum variiert werden (z. B. Personalausgaben), so daß die Manövriermasse nur einen geringen Anteil am Budget ausmacht. Aufgrund von inside und outside lags (→ Wirtschaftspolitik) können aus ursprünglich antizyklisch geplanten Maßnahmen prozyklisch wirkende Maßnahmen werden. Außerdem können zwischen den einzelnen → Trägern der Wirtschaftspolitik u. U. starke Differenzen in der Beurteilung der konjunkturellen Situation bestehen, die zu gegensätzlichen Handlungen führen.
Im → Gesetz zur Förderung der Stabilität und des Wachstums der Wirtschaft und in Art. 109 GG ist für die BRD die Politik des zyklischen Budgetausgleichs vorgesehen. R.D.

# D

**DAC**
Development Assistance Committee. →
Entwicklungshilfeausschuß der OECD.

**Datum**
→ Logistik

**debt management**
bezweckt die Änderung der Laufzeit- und
Gläubigerstruktur der → Staatsverschuldung nach fiskalischen oder wirtschaftspolitischen Zielen. Es beruht auf der Annahme, daß von der Struktur des →
Geldvermögens, das zum großen Teil in
Staatspapieren angelegt wird, Wirkungen
auf die makroökonomischen Größen, insbes. die → Investition, ausgehen. Die Effekte des debt management lassen sich
durch die Segmentierung des → Kapitalmarkts begründen, d.h. durch die nicht
vollkommene Substitutionalität der angebotenen Titel, die deshalb durch private
und besonders institutionelle Anleger mit
unterschiedlichen Präferenzen in bezug auf
Laufzeit, Risikograd usw. nachgefragt
werden. Wenn nun Staatspapiere angeboten werden, die bestimmten Präferenzen
besonders entsprechen, so werden die betreffenden Anleger ihre Nachfrage nach
anderen Papieren und Sachkapital verringern; bei anderen Anlegern, die Staatspapiere verkaufen können, werden Mittel zur
Anlage frei. Wenn diese freien Mittel nicht
in dieselben Kanäle wie die der Käufer von
Staatspapieren fließen, entstehen durch
solche kombinierte Kaufs- und Verkaufs-
operationen makroökonomische Effekte.
Das debt management ist umso wirkungsvoller, je unterschiedlicher die Präferenzen
sind.   H.-W. K.

**decision lag**
→ Fiskalpolitik

**Deckungsgrundsätze**
finanzwissenschaftliche Grundsätze für die
Finanzierung der → Staatsausgaben. Die
klassischen Deckungsgrundsätze, die bis
1969 das Haushaltsrecht der BRD bestimmten, gingen vorwiegend von dem er-
werbswirtschaftlich orientierten Verschul-
dungsgrundsatz aus, daß eine Kreditaufnahme, abgesehen von sog. außerordentli-
chem Bedarf (z.B. Katastrophen- und
Kriegsfälle) nur für »werbenden Zwek-
ken« dienende öffentliche Ausgaben zulässig sei, während alle anderen Ausgaben
durch ordentliche Einnahmen (→ Steuern,
→ Gebühren und Beiträge) finanziert werden müßten. Dieser Vorschrift entsprechend unterschied man bis 1969 in der
BRD einen ordentlichen, d.h. aus ordentlichen Einnahmen, und einen außerordentlichen, d.h. aus Krediten finanzierten
Haushalt. Diese Einteilung hatte sich wegen der Vieldeutigkeit des Begriffs »wer-
bender Zweck« als willkürlich erwiesen. In
der engsten Begriffsfassung wurde eine für
den Schuldendienst ausreichende Verzinsung der betreffenden öffentlichen Ausgaben (die in diesem Fall nur Investitionen
sein konnten) gefordert, in der weitesten
Fassung aber lediglich eine nicht näher definierte Produktivität der öffentlichen
Ausgaben oder die Aussicht auf eine Erhöhung der Steuereinnahmen (z.B. als
Folge einer durch öffentliche Ausgaben induzierten Volkseinkommenssteigerung)
zur Bedingung gemacht. Da die enge Interpretation eine aktive → Fiskalpolitik
ausschloß, während die weite Interpretation eine Finanzierung praktisch aller öffentlichen Ausgaben durch Kredite zuließ,
wurde mit der Haushaltsrechtsreform von
1969 (→ Bundeshaushaltsordnung) die
Einteilung in einen ordentlichen und einen
außerordentlichen Haushalt aufgehoben.

Die Kreditfinanzierung wurde bis zur Höhe der öffentlichen Investitionen und darüberhinaus bei Störungen des gesamtwirtschaftlichen Gleichgewichts für zulässig erklärt. E.S.

**decreasing returns to scale**
(= abnehmende Skalenerträge) liegen vor, wenn eine proportionale Variation aller → Inputs einer → Produktionsfunktion zu einer unterproportionalen Änderung in der Ausbringungsmenge Y eines Gutes führt: Multipliziert man jeden Input einer Produktionsfunktion mit einem Koeffizienten λ, dann gilt:
$\beta Y = Y (\lambda X_1, \ldots, \lambda X_i, \ldots \lambda X_n)$ mit $\lambda > \beta$ und $\lambda > 1$.
Analoge Formulierung: Die Produktionsfunktion ist unterlinear homogen und hat eine → Skalenelastizität von kleiner als Eins. R.D.

**Deduktion** → Logistik

**deficit spending**
geplantes Defizit des öffentlichen → Budgets zur Konjunkturbelebung. Die Deckung der zusätzlichen Ausgaben erfolgt durch Auflösung von Einlagen beim Bankensektor, insbes. bei der → Zentralbank (→ Konjunkturausgleichsrücklage) oder durch Verschuldung des Staates. Der Ausdruck deficit ist insoweit irreführend, als es einen formalen → Budgetausgleich immer geben muß.
Das deficit spending ist als Teil des → cyclical budgeting ein wichtiges Instrument der staatlichen → Konjunkturpolitik. Es muß immer dann einsetzen, wenn die private Nachfrage unter das vom Staat gewünschte Niveau sinkt. Durch die zusätzlichen → Staatsausgaben werden Multiplikator- und Akzeleratoreffekte ausgelöst. Soweit die zusätzlichen Deckungsmittel von der Zentralbank stammen, muß nicht mit Gegenwirkungen aus dem privaten Sektor und über Zinsbewegungen gerechnet werden. Hat die Gesamtwirtschaft den gewünschten Beschäftigungsstand erreicht, wird das deficit spending überflüssig und muß in Phasen der privatwirtschaftlichen Über-

nachfrage durch Bildung von Budgetüberschüssen ersetzt werden.
Eine andere Rolle spielt das deficit spending im Rahmen des → compensatory budgeting, wo es als permanenter Ausgleich für eine ungenügende private Nachfrage in einer zur → Stagnation tendierenden Wirtschaft zu dienen hat.
Deficit spending widerspricht dem klassischen → Budgetgrundsatz des strengen jährlichen Budgetausgleichs, doch ist es zumindest im Rahmen des cyclical budgeting mit einem auf den gesamten → Konjunkturzyklus ausgedehnten Haushaltsausgleich vereinbar. R.D.

**Deflation**
anhaltende Zunahme des → Geldwertes bzw. Rückgang des → Preisniveaus auf Güter- und Faktormärkten, wobei als Indikatoren i.d.R. ausgewählte Preisindizes herangezogen werden (z.B. → Preisindex für das Bruttosozialprodukt, → Preisindex für die Lebenshaltung, Index der Erzeugerpreise industrieller Produkte). Häufig wird das Vorliegen eines Angebotsüberhangs (= Nachfragelücke) auf Güter- und Faktormärkten als komplementäres Deflationskriterium betrachtet (→ deflatorische Lücke).
Der klassischen Ausprägung der Deflation (Nachfragelücke und sinkendes Preisniveau) kommt heute nur noch historisches Interesse zu. Nach dem 2. Weltkrieg richtete sich die Aufmerksamkeit der Ökonomen wie der Öffentlichkeit vorwiegend auf das gegenteilige Phänomen, die → Inflation. In den letzten Jahren sind allerdings in einigen Ländern Entwicklungen zu beobachten, die durch das gleichzeitige Auftreten von Inflationsmerkmalen (gesamtwirtschaftliche Preissteigerungen) und Deflationsmerkmalen (Angebotsüberhang, insbes. auf dem → Arbeitsmarkt) gekennzeichnet sind (→ Stagflation).
D.S.

**deflatorische Lücke**
(= deflationary gap) volkswirtschaftliche Nachfragelücke, bei der die monetäre Nachfrage $N_1$ ($Y_2$) nach Investitions- und Konsumgütern im Verhältnis zum Volks-

einkommen kleiner ist als die erforderliche Nachfrage $N_2$ ($Y_2$) im Zustand des makroökonomischen Gleichgewichts beim Vollbeschäftigungseinkommen $Y_2$. Bei konstant bleibendem Preisniveau kann das Gesamtangebot nicht abgesetzt werden (Angebotsüberhang). Die durch ungenügende Nachfrage induzierte Senkung des volkswirtschaftlichen Angebots führt einen Beschäftigungsrückgang herbei. Unter den Voraussetzungen des KEYNES'schen Standardmodells für den realen Sektor stellt sich ein → Unterbeschäftigungsgleichgewicht ein mit dem Volkseinkommen $Y_1$. B.B.G.

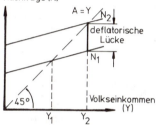

### Deglomeration
räumliche Streuung von Industriebetrieben, die durch das Überwiegen der deglomerativ wirkenden → Standortfaktoren in bestimmten Industriezweigen zu bestimmten Zeiten verursacht wird (→ Agglomeration).

### delay multiplier
mißt die in Periode t zu beobachtende Wirkung einer in der Periode t–i vollzogenen Änderung der exogenen → Variablen auf die endogene Variable des Modells. Im Fall eines Investitionsmultiplikators (→ Multiplikatoranalyse):

$$\frac{\partial\, Y_t}{\partial\, I_{t-i}}.$$

Der delay multiplier ist für die Beurteilung der Fernwirkung eines einmaligen Investitionsstoßes brauchbar. F. G.

### demand-pull-inflation
Nachfrageinflation, die durch einen monetären Nachfrageüberhang bei Investitions- und Konsumgütern ausgelöst wird, sobald bei gegebenen Produktionskapazitäten die Produktion nicht mit der effektiven Nachfrage schritthält. Die durch den Nachfrageüberhang ausgelösten Preissteigerungen und die daraus resultierenden Marktlagengewinne der Unternehmen bewirken Nachfrage nach zusätzlichen Produktionsfaktoren. Bei Engpässen auf den Faktormärkten erhöhen sich auch die Faktorpreise. B.B.G.

### demand-shift-inflation
durch nicht näher begründete Änderungen der Nachfragestruktur ausgelöste Preisniveausteigerungen bei Ausgeglichenheit von Gesamtangebot und Gesamtnachfrage.
Die demand-shift-inflation zeigt bei den einzelnen Sektoren und hinsichtlich der konkreten Inflationsursachen ein differenziertes Bild (mixed inflation): Sie besitzt Merkmale einer Nachfrageinflation (→ demand-pull-inflation) in den von der Nachfrageverschiebung begünstigten Bereichen, wo sich ein → Verkäufermarkt ausbildet, da sich die Produktionskapazität nur langsam anzupassen vermag. Sie besitzt aber auch Merkmale der Angebotsinflation, weil die stagnierenden Bereiche z.B. in den von den Wachstumsindustrien ausgehenden Lohndruck geraten und überdies bei Absatzrückgang → increasing returns to scale negativ zu Buch schlagen. Inflationsfördernd wirkt sich nicht zuletzt die mangelhafte Preisflexibilität nach unten aus, die ihrerseits auf Inflationsgewöhnung zurückzuführen ist oder mit oligopolistischer Verhaltensweise erklärt werden muß. Diese bevorzugt Mengenanpassung vor Preisanpassung bei rückläufiger → Konjunktur. In den Wachstumsbereichen finden infolgedessen Preisanhebungen statt, in den Stagnationsbereichen jedoch keine Preissenkungen. Im Durchschnitt steigen also die Preise, obwohl nur partiell, nicht aber gesamtwirtschaftlich Überschußnachfrage aufgetreten ist.
Unter Bezugnahme auf die Immobilität der

Produktionsfaktoren (und auf die u. U. exogen bedingten Produktionsengpässe) spricht man auch von struktureller Inflation. B. B. G.

## Demonstrations-Effekt

Erklärung für die Interdependenz von Konsumentscheidungen: Das Konsumniveau der verschiedenen Einkommensschichten wird nicht allein von ihrem → Einkommen bestimmt, sondern auch vom → Lebensstandard der jeweils höheren Einkommensschichten.
James S. DUESENBERRY begründete damit 1948 die → relative Einkommenshypothese. Ragnar NURKSE übertrug den Demonstrationseffekt auf Länder mit unterschiedlichem Entwicklungsstand: Konsummuster, Lebensstandard und Verhaltensweisen in den Industrieländern beeinflussen das Konsumverhalten der Einwohner (v. a. der Oberschicht) und Regierungen der → Entwicklungsländer. Vielfach wird dieser Effekt als Gefahr angesehen, da er die materiellen Ansprüche der Bevölkerung in Entwicklungsländern zu rasch erhöhe und so die für Investitionen notwendige Ersparnis reduziere. Aber selbst wenn nicht nur das Verlangen nach den Konsumstandards der reichen Länder geweckt, sondern auch deren »dynamische« Verhaltensweise vermittelt wird, muß damit gerechnet werden, daß Spannungen in der traditionellen Sozialstruktur entstehen, die ebenfalls einen ungünstigen Einfluß auf die wirtschaftliche Entwicklung ausüben können. R. O.

## dependencia-Theorie

Theorie der Unterentwicklung, welche die Rückständigkeit eines Teiles der Welt auf die erfolgreiche (kapitalistische) Entwicklung des anderen Teils zurückführt und umgekehrt (Vertreter: Osvaldo SUNKEL, Samir AMIN, Johan GALTUNG, Theotonio dos SANTOS u. a.).
Die heutige Situation ist nach dieser Theorie dadurch gekennzeichnet, daß sich ein Abhängigkeitsverhältnis der → Entwicklungsländer von den Industrieländern auf ökonomisch-technologischer, politischer, militärischer, kommunikativer und kultu-

reller Ebene etabliert hat. Unter dieser Abhängigkeit kann eine Entwicklung in den armen Ländern nicht mehr autonom vollzogen werden, sondern sich nur als Reflex auf Aktionen der Industrieländer ergeben. Das Verhältnis zwischen »Zentrum« und »Peripherie«, das durch die Einbindung der Entwicklungsländer in den von den kapitalistischen Industrieländern dominierten Weltmarkt geschaffen wurde, stabilisiert und verschärft sich laufend. Die Unterwerfung der Entwicklungsländer unter die Mechanismen des Weltmarkts und das Zentrum-Peripherie-Verhältnis erleichtert die Durchdringung der Entwicklungsländer mit ausländischem Kapital und führt so zu einem → Dualismus von ökonomischer und politischer Macht auch im Inneren der Entwicklungsländer. Dies kann bis zum »internen Kolonialismus« gehen, in dem das »Zentrum der Peripherie« die »Peripherie der Peripherie« ausbeutet, in dem die nationalen Gesellschaften vollständig desintegriert und die Massen »marginalisiert« werden.
Von ökonomischer Seite werden für die Abhängigkeit hauptsächlich folgende Faktoren verantwortlich gemacht: Die → Direktinvestitionen → multinationaler Unternehmen führten zu hohen Devisenabflüssen, der Implantation »falscher« → Technologien und der Stützung von Regimes, die auf die ökonomischen Bedürfnisse und die politische Partizipation der Massen keine Rücksicht nehmen. Die Außenhandelsbeziehungen seien bestimmt von der Übertragung entwicklungshemmender Konsummuster der Industrieländer (→ Demonstrations-Effekt), der Abwanderung der besten Kräfte in die reichen Länder (→ brain drain) und sich ständig verschlechternden → terms of trade (→ PREBISCH-These).
Eine Möglichkeit, diese strukturelle Benachteiligung der Entwicklungsländer im Welthandel zu beseitigen und nationale Autonomie und Selbstbewußtsein zu erreichen, sehen viele dependencia-Theoretiker (aber z. B. auch Tibor MENDE) in einer radikalen »inward looking policy« (→ Entwicklungspolitik) mit nur geringen außenwirtschaftlichen Kontakten zu den

kapitalistischen Ländern. Marxistische Autoren dagegen erwarten erst nach einer Revolution in den westlichen Industrieländern und den Entwicklungsländern eine gedeihliche Entwicklung aller Völker der Erde.

Die ökonomische Kritik an der dependencia-Theorie richtet sich zunächst gegen die (implizite oder explizite) Behauptung, die internationalen Wirtschaftsbeziehungen stellten ein Nullsummenspiel dar, bei dem ein Land nur auf Kosten eines anderen gewinnen kann. Darüberhinaus wird von nicht-marxistischer Seite betont, daß die behaupteten ungünstigen Auswirkungen des Welthandels auf die Entwicklungsländer, soweit sie empirisch überprüfbar sind, sich auch aus Modellen der bürgerlichen Ökonomie ableiten und erklären lassen. Dafür spricht, daß viele Argumente der dependencia-Theorie von nicht-marxistischen Ökonomen stammen. Diese heben jedoch hervor, daß selbst bei Gültigkeit aller marxistischer Argumente noch nicht zwingend folge, daß die Entwicklungsländer sich kurz- oder langfristig ohne Außenhandel besser stellen würden als mit Außenhandel, sondern nur, daß die internationalen Wirtschaftsbeziehungen für Entwicklungsländer unter veränderten Bedingungen vorteilhafter sein würden. R. O.

**Deport** → Devisenmarkt

**Depression**
Abschwungsphase des → Konjunkturzyklus, die durch → Arbeitslosigkeit und freie → Kapazitäten gekennzeichnet ist.

**Deutsche Bundesbank**
in Ausführung des in Art. 88 GG niedergelegten Auftrags durch das Gesetz über die Deutsche Bundesbank (BbkG) vom 26. 7. 1957 vom Bund errichtete Währungs- und Notenbank.
Die Deutsche Bundesbank entstand durch Umwandlung aus der mit Gesetz Nr. 60 der US-Militärregierung (und entsprechende Anordnungen der britischen und französischen Besatzungsbehörden) zum 1. 3. 1948 gegründeten Bank deutscher Länder (BdL) nach Verschmelzung der z. T. schon seit 1947 bestehenden Landeszentralbanken (LZB) und der Berliner Zentralbank mit der BdL. Diese war ihrerseits in die Funktionsnachfolge (nicht Rechtsnachfolge) der durch Bankgesetz vom 14. 3. 1875 errichteten Deutschen Reichsbank eingetreten, die schon kurz nach der Kapitulation von 1945 de facto aufgelöst worden war (de jure aber erst mit Gesetz vom 2. 8. 1961 liquidiert wurde).

Die Deutsche Bundesbank ist eine bundesunmittelbare juristische Person (Anstalt, bestritten) des öffentlichen Rechts mit Zuständigkeit für das Bundesgebiet und das Land Berlin; Sitz: Frankfurt am Main. Die 1948 nach dem Vorbild des Federal Reserve System der USA geschaffene rechtliche Zweistufigkeit des Zentralbanksystems (BdL als → Zentralbank der rechtlich selbständigen Landeszentralbanken) wurde 1957 nach langwierigen, die Neuregelung verzögernden Auseinandersetzungen zu Gunsten einer zentralistischen Lösung (welche materiell von der Politik der BdL bereits vorbereitet worden war) aufgehoben. Innerhalb der Einheitsbank bewahren jedoch die im Rang von Hauptverwaltungen stehenden Landeszentralbanken als eigentliche Kontaktstellen mit der Wirtschaft wesentliche föderale Elemente.

Organe der Bundesbank sind der Zentralbankrat, das Direktorium und die Vorstände der Landeszentralbanken. Die ersteren haben die Stellung von obersten Bundesbehörden, die letzteren von einfachen Bundesbehörden.

Der Zentralbankrat bestimmt die → Währungs- und → Kreditpolitik und ist gegenüber Direktorium und Vorständen der LZB weisungsbefugt. Er besteht aus dem Präsidenten und Vizepräsidenten der Bundesbank, den (bis zu acht) weiteren Mitgliedern des Direktoriums sowie den Präsidenten der 11 Landeszentralbanken.

Das Direktorium ist für die Durchführung der Beschlüsse des Zentralbankrats verantwortlich und leitet und verwaltet die Bank, soweit nicht die LZB zuständig sind (Geschäfte mit dem jeweiligen Bundesland und seinen öffentlichen Verwaltungen, mit bereichsangehörigen Kreditinstituten ohne zentrale Aufgaben mit Ausnahme der Geschäfte am offenen Markt).

Die Bundesbank ist bei der Ausübung ihrer gesetzlichen Befugnisse von Weisungen der Bundesregierung unabhängig und von jeder fachlichen Aufsicht (nicht Rechtsaufsicht) freigestellt. Sie unterliegt auch keiner parlamentarischen Kontrolle.

Die Bank hat jedoch vorbehaltlich der Wahrung ihrer gesetzlichen Aufgabe die allgemeine → Wirtschaftspolitik der Bundesregierung zu unterstützen, die Bundesregierung in währungspolitischen Angelegenheiten zu beraten und ihr auf Verlangen Auskünfte zu erteilen.

Zur Gewährleistung der Zusammenarbeit haben Mitglieder der Bundesregierung das Recht, an Beratungen des Zentralbankrats teilzunehmen. Sie haben Antragsrecht, jedoch kein Stimmrecht; äußerstenfalls können sie die Aufschiebung eines Beschlusses bis zu zwei Wochen verlangen. Umgekehrt soll die Bundesregierung den Präsidenten der Bundesbank zu Beratungen von währungspolitischer Bedeutung laden.

Zur Koordination von allgemeiner Wirtschaftspolitik und Währungspolitik trägt bei, daß Präsident, Vizepräsident und die übrigen Direktoriumsmitglieder vom Bundespräsidenten auf Vorschlag des Bundesregierung (nach Abhörung des Zentralbankrats) bestellt werden. Bei den Präsidenten der Landeszentralbanken hat der Bundesrat das Vorschlagrecht. Durch über eine Legislaturperiode hinausreichende Bestallungsdauer (8 Jahre, nur ausnahmsweise kürzer, mindestens jedoch 2 Jahre) und großzügige finanzielle Regelungen ist aber für eine personelle Unabhängigkeit der Bank weitgehend Sorge getragen.

Im Falle eines schwerwiegenden Konflikts zwischen den Verfassungsorganen und der Bundesbank könnte nur mit Novellierung des geltenden Rechts (durch einfaches Gesetz) eine Änderung der Zentralbankpolitik erzwungen werden.

Die Verfechter der in verfassungsrechtlicher Hinsicht in der deutschen währungsgeschichtlichen Tradition (erstes Autonomiestatut 1922 auf Veranlassung der Siegermächte) und im internationalen Vergleich außergewöhnlichen Zentralbankautonomie berufen sich v. a. auf das Sozialstaatsprinzip und auf (meist nicht stringent beschriebene) Erfordernisse einer Absonderung der währungspolitischen Zuständigkeiten von der Regierung (die in der BRD jedoch nicht vollständig durchgeführt ist: z. B. Wechselkurskompetenz der Bundesregierung gemäß Art. 73 Nr. 4,5 GG unter dem Beratungsvorbehalt des § 13 BbkG).

Die Bundesbank hat das Ziel zu verfolgen, den Innen- und Außenwert der Währung zu sichern. Gemäß § 13 (3) des → Gesetzes zur Förderung der Stabilität und des Wachstums der Wirtschaft sollen bundesunmittelbare Körperschaften, Anstalten und Stiftungen des öffentlichen Rechts im Rahmen der ihnen obliegenden Aufgaben das gesamtwirtschaftliche Gleichgewicht berücksichtigen. Herrschende Meinung lehnt es allerdings noch ab, auch die Bundesbank von dieser Vorschrift gebunden (und der allgemeinen Wirtschaftspolitik stärker als durch das BbkG verpflichtet) zu sehen. Bei aller Priorität der Währungssicherung ist gleichwohl eine Kompromißbereitschaft der Bundesbank (v. a. in bezug auf das Vollbeschäftigungsziel) zu erkennen. Sie kann als Ausdruck der Unterstützungsgebots interpretiert werden, freilich auch als Strategie der Konfliktvermeidung, um den autonomen Status nicht zu gefährden.

In Befolgung ihres Zieles regelt die Bundesbank den Geldumlauf und die Kreditversorgung der Wirtschaft und sorgt für die bankmäßige Abwicklung des → Zahlungsverkehrs im Inland und mit dem Ausland.

Die zur Erfüllung dieser Aufgaben eingeräumten währungspolitischen Befugnisse sind:

a) Ausgabe von auf Deutsche Mark lautende → Banknoten (→ Notenausgabemonopol);

b) → Diskontpolitik, → Kreditpolitik und → Offenmarktpolitik;

c) → Mindestreservenpolitik;

d) Einlagenpolitik, d. h. die Gestaltung der Variationsmöglichkeiten bei der Unter-

haltung der flüssigen Mittel von Bund, Sondervermögen → Ausgleichsfonds, → ERP-Sondervermögen, Ländern;
e) Devisenpolitik (z. B. → Swapsatzpolitik, → Bardepot, → Verzinsungsverbot);
f) statistische Erhebungen.
Diese Befugnisse werden häufig für unzureichend gehalten. Ein Referentenentwurf von 1973 stellte z. B. Aktivzuwachsreserven, → Kreditplafond, Regelung der → Nettoauslandsposition und eine Ausweitung des Potentials an → Liquiditätspapieren zur Diskussion. Allerdings wurden auch Überlegungen angestellt, ob der Einsatz des erweiterten Instrumentariums nicht Einvernehmen zwischen Regierung und Bundesbank voraussetzen sollte (Zwei-Schlüssel-Theorie). Die damit aufgeworfene Frage der Bundesbankautonomie hat es maßgeblichen Währungspolitikern offenbar problematisch erscheinen lassen, solche Pläne weiter zu verfolgen.
Der Geschäftskreis der Bank umfaßt v. a.:
a) Geschäfte mit → Banken (Rediskontierung, → Lombardgeschäfte, Schatzwechseldiskont);
b) Geschäfte mit öffentlichen Verwaltungen (Kassenkredite im Rahmen von Höchstgrenzen, Nebengeschäfte, Begebung von Anleihen,→ Schatzwechseln und → Schatzanweisungen);
c) Offenmarktgeschäfte (auch mit Nichtbanken);
d) Geschäfte mit jedermann (nur Nebengeschäfte wie Kontenführung, Devisengeschäfte). Die deutsche Zentralbanktradition des Direktgeschäfts (Direktdiskont) hat das BbkG nicht fortgesetzt (Bundesbank als Bank der Banken und öffentlichen Verwaltungen).
Die Bundesbank ist an der → Bank für internationalen Zahlungsausgleich beteiligt. Gegenüber internationalen Währungsbehörden wie → Internationaler Währungsfonds und → Europäisches Währungsabkommen ist im Außenverhältnis der Bund berechtigt und verpflichtet; im Innenverhältnis sind dagegen Rechte und Pflichten 1970 auf die Deutsche Bundesbank übergegangen (so daß sie z. B. → Sonderziehungsrechte zu ihren → Währungsreserven zählen kann).

Die Bank erstellt einen Jahresabschluß nach den Grundsätzen ordnungsgemäßer Buchführung und mit aktienrechtlichen Wertansätzen. Die zum 7., 15., 23. und Letzten eines Monats zu veröffentlichenden → Bundesbankausweise tragen in Gliederung und Ansätzen volkswirtschaftlichen Informationsbedürfnissen Rechnung.
Der Reingewinn der Bank ist nach Abzug (limitierter) gesetzlicher und sonstiger Rücklagen an den Bund abzuführen. 1973 wurde der Betriebsüberschuß von 3,5 Mrd. DM durch Buchverluste aufgrund von Neubewertung der Währungsreserven und sonstigen Fremdwährungspositionen in Höhe von 10,3 Mrd. DM überkompensiert, so daß ein Bilanzverlust von 6,8 Mrd. DM entstand.
Die Bundesbank hat – begünstigt durch ihren unabhängigen Status – bisher die Hauptlast der Stabilitätspolitik getragen, zumal in den zeitlich stets länger bemessenen expansiven Konjunkturphasen. Während sie solchermaßen in der faktischen Verantwortung monetaristischen Vorstellungen entsprach (→ Monetarismus), betrieb sie inhaltlich eine → Geldpolitik keynesianischer Observanz: Die Schaffung der Zentralbankgeldmenge wurde *indirekt* über die freie → Liquiditätsreserve unter Orientierung an den Geldmarktzinssätzen gesteuert. 1973 erfolgte eine programmatische Hinwendung zu *unmittelbarer* Zentralbankgeldsteuerung. Die Bank nutzte damit ihre durch Entbindung von der absoluten → Interventionspflicht (auf dem → Devisenmarkt) befestigte Herrschaft über das → Zentralbankgeld.
Die neue mit zusätzlichen Instrumenten geldpolitischer Feinsteuerung (→ Pensionsgeschäfte, Sonderlombard) gestaltete Politik erwies sich als durchschlagkräftig in konjunkturpolitischer Hinsicht. Belastende Nebenwirkungen z. B. für den → Kapitalmarkt (Entwertung ausstehender älterer Finanzaktiva durch → Hochzinspolitik und Liquiditätsbeschränkung mit entsprechendem Abschreckungseffekt) und generell die strukturpolitischen und sozialen Folgen haben die Zieldiskussion neu entfacht und das öffentliche Bewußtsein

für die Problematik einer isoliert betriebenen Geldpolitik geschärft.   F. G.

**Deutscher Gewerkschaftsbund**
→ Gewerkschaften

**Devalvation** → Abwertung

**Development Assistance Committee (DAC)** → Entwicklungshilfeausschuß der OECD

**Development Assistance Group** → Gruppe für Entwicklungshilfe

**Devisen**
von Inländern bei Kreditinstituten im Ausland unterhaltene, auf fremde Währung lautende Guthaben. In der Regel subsumiert man auch an ausländischen Plätzen zahlbare, über Beträge in fremder Währung ausgeschriebene Wechsel und Schecks unter den Devisenbegriff; nicht dagegen ausländische Münzen und Banknoten (Sorten), ebensowenig Währungsmetalle. Der Begriff wechselt im ökonomischen, juristischen und statistischen Sprachgebrauch außerordentlich stark.

**Devisenausgleichsabkommen**
Abkommen über zahlungsbilanzbedingte Leistungs- und Finanztransaktionen zwischen dem Bund und ausländischen Regierungen, die auf Grund von NATO-Vereinbarungen Streitkräfte in der BRD stationiert haben (Großbritannien, USA). Die Stationierung hat allgemeine finanzielle Belastungen zur Folge, an denen sich der Bund im Rahmen des Verteidigungsaufwands, der im unmittelbaren Zusammenhang mit dem Aufenthalt ausländischer Streitkräfte im Bundesgebiet einschl. Berlin entsteht, beteiligt. Die Stationierung bewirkt aber daneben auch eine Anspannung der → internationalen Liquidität der Stationierungsmächte. Hier trägt der Bund im Rahmen der Verpflichtungen aus den Devisenausgleichsabkommen zur Entlastung bei.
Gemäß den Abkommen werden von der BRD Käufe außerhalb des normalen Handelsverkehrs (insbes. für Zwecke der Verteidigung) in den Heimatländern der Stationierungstruppen getätigt, unentgeltliche Übertragungen und Zuwendungen für Kasernensanierung der Stationierungstruppen in der BRD geleistet und zinsfreie Vorauszahlungen auf Lieferungen und Leistungen durchgeführt. Die Vereinbarungen enthalten außerdem Darlehenszusagen des Bundes an die Regierungen und sehen den Erwerb von Auslandsforderungen dieser Regierungen durch den Bund vor. Abkommensgegenstand war auch die Bildung eines Fonds durch die → Kreditanstalt für Wiederaufbau bei ausländischen Banken und der Erwerb von kurzfristigen, marktgängigen ausländischen Staatspapieren ebenfalls durch diese Anstalt. Der Fonds sollte zur Finanzierung künftiger deutscher → Direktinvestitionen bereitstehen. Die Refinanzierung erfolgte auf dem deutschen → Kreditmarkt.
Die Beiträge zur Truppenstationierung und zum Devisenausgleich sind an die Stelle der Besatzungskostenbeiträge getreten, die bis zum Inkrafttreten des Deutschlandvertrages (5. 5. 1955) zu leisten waren. 1971 wurden ein Devisenausgleichsabkommen von fünfjähriger Laufzeit mit Großbritannien über einen jährlichen Beitrag von 110 Mio. DM und ein Abkommen von zweijähriger Laufzeit über insgesamt 2,3 Mrd. Dollar mit den USA abgeschlossen. Ein 1974 unterzeichnetes, für die Zeit vom 1. 7. 1973 bis 30. 6. 1975 geltendes Abkommen mit den USA sieht Leistungen in Höhe von 5,98 Mrd. DM vor. Als Wechselkurs wurde für die gesamte Laufzeit 2,669 DM je $ vereinbart, so daß sich der Dollarbetrag des Abkommens auf 2,24 Mrd. beläuft. Verwendungszwecke: Rüstungskäufe (2,7 Mrd. DM), Instandsetzung von Truppenunterkünften (0,6 Mrd. DM), zivile Käufe auf dem Sektor der Energietechnologie (0,3 Mrd. DM) und Käufe amerikanischer Schatzanweisungen durch die Deutsche Bundesbank (2,4 Mrd. DM).   F. G.

**Devisenbannwirtschaft**
währungspolitische Strategie mit dem Ziel, das Devisenangebot zu reduzieren und einem Aufwertungsdruck zu begegnen.

Devisenbannwirtschaft bestand in der BRD während des Jahres 1973. Sie umfaßte:

a) Melde- und Depotpflichten (→ Bardepot) gemäß §§ 6a, 28a, 44 → Außenwirtschaftsgesetz (AWG) sowie §§ 69a, 69b, 69c, 71 Außenwirtschaftsverordnung (AWV);

b) Genehmigungspflicht für Rechtsgeschäfte mit Gebietsfremden über den Erwerb inländischer Wertpapiere, die Kreditnahme und den Erwerb von Forderungen sowie für die Ausstattung von Unternehmen nach §§ 52, 54 AWV unter Bezugnahme auf § 23 AWG;

c) Genehmigungspflicht für Verzinsung (→ Verzinsungsverbot) auf Kontenguthaben Gebietsfremder nach § 53 AWV unter Bezug auf § 23 AWG;

d) zusätzlicher Reservesatz (→ Mindestreserven) für den Zuwachs der reservepflichtigen Verbindlichkeiten gegenüber Gebietsfremden gemäß Anweisung der Deutschen Bundesbank.

Die Devisenbannwirtschaft erwies sich nur von beschränkter Wirksamkeit; es kam zu einer Verlagerung von Finanzkrediten auf bardepotfreie und nicht genehmigungsbedürftige Handelskredite (d. h. Finanztransaktionen im Zusammenhang mit Warenlieferungen und Dienstleistungen); auch ließen sich Gesetzesübertretungen und -umgehungen, insbes. bei Verkäufen deutscher Wertpapiere (»Koffergeschäfte«), nicht verhindern. Einen Hinweis auf den zeitweilig beträchtlichen Umfang solcher Operationen gibt die Entwicklung des → Restpostens der → Zahlungsbilanz. F.G.

## Devisenbewirtschaftung

administrative Reglementierung des Außenwirtschaftsverkehrs mit dem Ziel, eine Abstimmung der Einnahmen und Ausgaben von → Devisen, Sorten, Währungsmetallen, ausländischen Wertpapieren und sonstigen Ansprüchen mit Devisenwert zu erreichen und die Entwicklung des → Wechselkurses zu kontrollieren. Ziel der Devisenbewirtschaftung ist es gelegentlich auch, über die Zahlungsströme den Leistungsverkehr zu beeinflussen.

Maßnahmen, die auf *Verringerung* der Devisenzuströme gerichtet sind, fallen unter den Begriff → Devisenbannwirtschaft.

Die Devisenbewirtschaftung bedient sich i. d. R. eines breiten Fächers von direkten Lenkungsinstrumenten; es sind v. a.: Monopole (z. B. Einfuhr- und Devisenhandelsmonopole), Gebote (z. B. Devisenablieferung), Verbote (z. B. Zahlungssperren), → Kontingente, Einzel- und Allgemeingenehmigungen, Zustimmungs- und Meldungsverpflichtungen.

Die auf den Zahlungsbilanzausgleich gerichteten Maßnahmen können ansetzen

a) bei den Grundgeschäften des Waren-, Dienstleistungs-, Übertragungs- und Kapitalverkehrs (z. B. Einfuhrgenehmigungen im Rahmen von länder- und güterspezifischen Kontingenten; Ausfuhrförderung durch Mobilisierung von Sperrkonten),

b) bei den Finanzierungsvorgängen (→ Konvertibilität) in Form von Ablieferungspflichten für Devisenwerte, Zuteilungssystemen (Devisenkontingente für Einfuhren; Devisenrepartierung nach einem Vorperiodenstandard bzw. nach Reihenfolge des Antragseingangs) und Monopolisierung des Devisenhandels bei der Zentralbank oder konzessionierten Devisenhandelsbanken;

c) bei der Erfassung der Bestände an Devisenwerten in der Volkswirtschaft.

Die Devisenbewirtschaftung erfolgt meist als kombinierte Devisen- und Mengenkontrolle. Charakteristisch ist das Verbot der Vorfinanzierung von Außenhandelsgeschäften (Devisenbewilligungsverfahren).

Handelspolitisch vollzieht sie sich in fortgeschrittenem Stadium im Rahmen von bilateralen Verträgen (→ Bilateralismus) und Verrechnungsvereinbarungen (Kompensationsgeschäfte).

Die v. a. in den 30er Jahren zu weltweiter Hochblüte gediehene Devisenbewirtschaftung führte zu offenkundiger Verschlechterung des politischen Klimas und hatte spürbare Wohlfahrtseinbußen durch den Niedergang der internationalen Arbeitsteilung zur Folge, so daß in der Nachkriegszeit der Weg zu konzentrierten Liberalisierungsbemühungen im Rahmen des → Internationalen Währungsfonds (IWF), des → Allgemeinen Zoll- und Handelsabkommens, des → Europäischen Wirtschaftsrats und von regionalen Zoll- und Wirtschaftsunionen frei war. Der Ostblock und die → Entwicklungsländer versagten sich allerdings dieser weltweiten Liberalisierung.

In der BRD vollzog der Runderlaß Außenwirtschaft Nr. 60/58 des Bundesministeriums für Wirtschaft vom 29. 12. 1958 den seit Mitte der 50er Jahre bereits vorbereiteten, faktischen Übergang zur In- und Ausländerkonvertibilität für die laufenden und Kapitaltransaktionen. Förmlich besiegelt wurde diese Politik 1961 durch die Übernahme des Artikel-VIII-Status im IWF. Das → Außenwirtschaftsgesetz vom 28. 4. 1961 statuierte schließlich den Grundsatz der → Außenhandelsfreiheit, ohne freilich auf die grundsätzliche Möglichkeit einer Beschränkung (zur Erfüllung zwischenstaatlicher Vereinbarungen, Abwehr schädigender Einflüsse aus fremden Wirtschaftsgebieten über den Leistungsverkehr sowie Geld- und Kapitalverkehr, zum Schutz der Sicherheit und der auswärtigen Interessen) zu verzichten.

Die Aushöhlung des Systems von Bretton Woods äußerte sich aber schon während der 60er Jahre in einer Renaissance der Devisenbewirtschaftung, wobei auch die Zahlungen für laufende Transaktionen entgegen den IWF-Statuten nicht von Kontrollen verschont blieben. Diskriminierende Währungspraktiken und → multiple Wechselkurse kehrten wieder. Zunächst interimistische, dann zeitlich unlimitierte → freie Wechselkurse erwiesen sich als kursreguliertes »schmutziges« Floaten.

Einer Devisenbewirtschaftung, die häufig mit begrenzter Zielsetzung eingeführt wird (z. B. Verhinderung von → Kapitalflucht), wohnt die Tendenz zu inhaltlicher Ausweitung, administrativer Perfektionierung und (straf-)rechtlicher Verschärfung inne, weil Umgehungsmöglichkeiten unterbunden und das Risiko einer Gesetzesübertretung laufend erhöht werden muß.    F. G.

**Devisenbilanz**
→ Gold- und Devisenbilanz

**Devisenbörse**
institutionalisierter → Devisenmarkt mit einem amtlich bestallten Makler. Dieser stellt für jede notierte → Währung einen amtlichen Kassakurs (amtliche Notiz) als Mittelkurs fest. Unter den 5 Devisenbörsen in der BRD ist die Börse in Frankfurt federführend.

**Devisenmarkt**
tatsächlicher (→ Devisenbörse) oder gedachter Ort des Zustandekommens der durch Devisenhändler von → Banken oder Disponenten von Nichtbanken betriebenen Geschäfte mit → Devisen.

Auf dem Devisenmarkt bildet sich der Devisenkurs (→ Wechselkurs) als Preis einer Währung ausgedrückt in heimischer Währung. Der Ausdruck »Wechselkurs« leitet sich von der früher vorwiegend gehandelten Devisenart, nämlich Auslandswechsel, ab.

Der Mittelkurs ist das arithmetische Mittel aus Geldkurs (Ankaufskurs der Banken) und Briefkurs (Verkaufskurs der Banken).

Nach dem Zeitpunkt der Abwicklung des Devisengeschäfts wird zwischen Devisenkassamarkt und Devisenterminmarkt unterschieden: Sind die gehandelten Beträge unverzüglich (in der Praxis innerhalb von 2 Tagen nach Abschluß) anzuschaffen, dann liegt ein Devisenkassageschäft vor. Der Kurs, zu dem das Kassageschäft durchgeführt wird, ist der Devisenkassakurs.

Wird die Anschaffung der Beträge erst zu einem späteren Zeitpunkt vereinbart (z. B. 1 Monat nach Abschluß), so handelt es sich um ein Devisentermingeschäft. Der zur Zeit des Abschlusses bestimmte und bei Abwicklung des Geschäfts verrechnete Kurs ist der Terminkurs. Der Kurs für die Termindevise (z. B. Monatsdollar, Dreimonatsdollar) weicht meist vom Kassakurs ab und wird durch Aufschläge (Report) oder Abschläge (Deport) zum Kassakurs ausgedrückt. Report und Deport werden allg. als Swapsatz bezeichnet und umgerechnet auf Jahresbasis in Prozenten des Kassakurses ausgedrückt. Der für ein Termingeschäft festgelegte Kurs (Kassakurs plus Report bzw. minus Deport) heißt Outright-Terminkurs oder Solo-Terminkurs.

Auf Grund der großen wirtschaftlichen und politischen Bedeutung der Wechselkurse sind die zuständigen Währungsbehörden (meist die → Zentralbanken) maßgeblich am Devisenmarkt vertreten. Ihre Operationen stehen überwiegend unter währungspolitischer Zielsetzung, wobei je nach → Wechselkurssystem der Wechselkurs innerhalb bestimmter Interventionspunkte gehalten oder eine Kursregulierung ohne verbindliche Kriterien vorgenommen wird. F.G.

**DGB** Deutscher Gewerkschaftsbund. → Gewerkschaften.

## Diagnose und Prognose

Diagnose bedeutet Feststellung und Erklärung der zu einem bestimmten Zeitpunkt herrschenden wirtschaftlichen Lage.

Die Prognose (und die → Projektion) ist eine Aussage über die unbestimmte, einschätzbare Zukunft auf der Basis der gegebenen Lage. Die Diagnose ist damit »Ortsbestimmung der Gegenwartssituation« in einem geschichtlichen Prozeß, dessen weitere Entwicklung durch die Prognose beschrieben wird. Dabei kommen der Diagnose (Erklärung) wie der Prognose zwei Funktionen zu: sie dienen der Prüfung von Theorien und sind Grundlage der → Wirtschaftspolitik.

Vom logischen Aufbau her gesehen sind Erklärung und Prognose äquivalent (Symmetriethese). Wie die Erklärung besteht die Prognose in der Deduktion einer singulären Aussage (über raum-zeitlich bestimmte Tatbestände) aus nomologischen Hypothesen (allg. Gesetzen oder Theorien) und Anwendungsbedingungen (die sich aus Anfangs- und Randbedingungen zusammensetzen).

Unterschiede ergeben sich erstens daraus, daß verschiedene Arten von Aussagen vorgegeben sind.

Bei der Erklärung ist die singuläre Aussage gegeben; gesucht werden Hypothesen und Anwendungsbedingungen, aus denen sie sich ableiten läßt.

Bei der Informationsprognose (Welche Folgen treten ein, wenn bestimmte Bedingungen bereits verwirklicht sind?) sind Anwendungsbedingungen und Hypothesen gegeben; gesucht wird die noch unbekannte logische Folge.

Bei der Entscheidungsprognose (es treten bestimmte gewünschte Folgen ein, sofern bestimmte, bisher nicht verwirklichte Maßnahmen ergriffen werden) sind Hypothesen gegeben; gesucht werden bestimmte Anwendungsbedingungen, aus denen sich (zusammen mit den Hypothesen) die gewünschte auf die Zukunft gerichtete singuläre Aussage ableiten läßt.

Ein zweiter Unterschied ergibt sich daraus, daß die Erklärung auf einen vergangenen, die Prognose auf einen künftigen Tatstand bezogen ist. Der behaupteten logischen Äquivalenz wegen, kann die Erklärung auch als »nachträgliche Vorhersage« (Retrognose) charakterisiert werden.

Während von einer praktischen Seite aus gesehen Diagnose und Prognose häufig miteinander verbunden sind (wegen der zeitlichen Verzögerung zwischen Lagebeobachtung und Entscheidung; bei zyklischen Prozessen u.a.), wurden gegen die Symmetriethese neuerdings wissenschaftstheoretische Argumente vorgebracht, die hier nicht diskutiert werden können. Es gilt, daß (nomologisch-deduktive) Prognosen nicht sicher, sondern nur wahrscheinlich und daß sie nur konditional sind. Eine unbedingte Vorhersage kann nur gegeben werden, wenn zugleich eine Prognose der (künftigen) Randbedingungen (bei gegebenen Anfangsbedingungen) erfolgt.

In den Sozialwissenschaften stößt die Prognose noch auf eine andere Grenze, die darin liegt, daß die Prognose selbst zu einem Bestimmungsfaktor des Prozesses wird, den sie im voraus ermitteln soll. Danach unterscheidet man die selbstrechtfertigende bzw. selbstzerstörende Prognose, je nach den Handlungen, die durch sie ausgelöst werden (gleichlaufende bzw. entgegengesetzte). Dem kann man dadurch begegnen, daß man die Prognose nicht veröffentlicht oder die Randbedingungen, die sich hier insbes. auf das Verhalten der betroffenen Öffentlichkeit beziehen, angibt. Man könnte auch versuchen, die Rückwirkungen der Prognoseveröffentlichung selbst zu prognostizieren (Metaprognose), was voraussetzt, daß die prognostizierte → Variable Grenzwerte besitzt und die Verhaltensanpassung kontinuierlich verläuft. Der Ankündigungseffekt offenbart auch ein manipulatives Element der Prognose (Zweckprognose, intentionale Prognose). R. E.

### dialektischer Materialismus

zusammen mit dem → historischen Materialismus die philosophische Grundlage des Marxismus-Leninismus. Er umfaßt zugleich erkenntnistheoretische, ontologische, ethische und strategisch-politische Aussagen (Iring FETSCHER). Als offizielle Weltanschauung des sowjetischen → Kommunismus bildet er die Grundlage für den Aufbau des sozialen, politischen und kulturellen Lebens.

Der dialektische Materialismus untersucht, von den Ergebnissen der Einzelwissenschaften ausgehend, die in allen Bewegungsformen und Bereichen der objektiven Realität wirkenden allgemeinen Gesetzmäßigkeiten, die allen Wissenschaften gemeinsamen weltanschaulichen, erkenntnistheoretischen und methodologischen Probleme sowie die für das praktische Handeln des Menschen entscheidenden Fragen (Prinzip der Einheit von Theorie und Praxis).

Die grundlegenden Bestandteile des dialektischen Materialismus bilden der marxistische Materialismus (philosophische Theorie von der Materialität der Welt, vom Verhältnis von Materie und Bewußtsein) und die marxistische Dialektik (philosophische Theorie vom Zusammenhang, von der Bewegung und Entwicklung in der Welt). Diese beiden Bestandteile, die sich wechselseitig durchdringen und eine untrennbare Einheit bilden, sind zugleich

Weltanschauung und philosophische Theorie und Methode.

Im Gegensatz zur vormarxistischen und gegenwärtigen bürgerlichen Philosophie, die sich – quasi kontemplativ – auf die Betrachtung und Erklärung der Welt beschränkt, gibt der dialektische Materialismus v. a. eine Anleitung zu ihrer Veränderung (Karl MARX: »Die Philosophen haben die Welt nur verschieden interpretiert, es kommt darauf an, sie zu verändern«).

Der dialektische Materialismus geht historisch auf Ludwig FEUERBACH und Karl MARX, v. a. aber auf Friedrich ENGELS, Wladimir Iljitsch LENIN und Josef STALIN zurück. Er entstand aus der von MARX und ENGELS vollzogenen Umkehrung der HEGEL'schen Dialektik. Während MARX die dialektischen Entwicklungsgesetze für den gesellschaftlichen Bereich aufstellte, übertrug ENGELS diese Gesetze auf den Bereich der Natur und entwickelte die drei Gesetze der materialistischen Dialektik:

a) Gesetz des Umschlagens von Quantität in Qualität;
b) Gesetz von der Durchdringung der Gegensätze;
c) Gesetz von der Negation der Negation.

Gegen diese von MARX und ENGELS begründete Weltanschauung kam es auch innerhalb des → Sozialismus zu Widerständen (→ Revisionismus).

Vorkämpfer der ENGELS'schen Prinzipien war LENIN, der 1908 die Grundlagen der dialektisch-materialistischen Erkenntnistheorie und ihre wichtigsten Kategorien entwickelte. STALIN faßte 1938 die Thesen von ENGELS und LENIN in sieben Grundzügen zusammen, die für die sowjetische Philosophie bis zu seinem Tod (1953) verpflichtend waren. Die Neuorientierung der sowjetischen Philosophie fand ihren ersten sichtbaren Ausdruck in dem Lehrbuch »Grundlagen der marxistischen Philosophie« (1958). W. R.

### Dienstleistungsbilanz

Teilbilanz der → Zahlungsbilanz, welche die Einnahmen aus dem Export und die

Ausgaben für den Import von Dienst- und Faktorleistungen gegenübergestellt.

Die Dienstleistungsbilanz der BRD wird von der → Deutschen Bundesbank in folgende Hauptposten unterteilt: Reiseverkehr, Transport (Frachten, Personenbeförderung, Hafendienste etc.), Versicherungen, Provisionen, Werbe- und Messekosten, → Lizenzen und → Patente (→ technologische Lücke), Transaktionen mit im Inland stationierten ausländischen Truppen, Kapitalerträge.

Die Posten Reiseverkehr und Transport werden darüberhinaus nach Ländergruppen und Ländern aufgegliedert.

**Differentialrente** → Rententheorie

**DILLON-Runde** → Allgemeines Zoll- und Handelsabkommen

**direkte Preiselastizität der Nachfrage**
gibt an, um wieviel Prozent sich die nachgefragte Menge x eines Gutes verändert, wenn sich der Preis p dieses Gutes um ein Prozent ändert. Um positive Werte zu erhalten, definiert man das Verhältnis der beiden relativen Änderungen häufig als Absolutbetrag oder mit negativen Vorzeichen. Damit sind die drei folgenden Formeln gebräuchlich:

a) $\varepsilon_{x,p} = \dfrac{dx}{x} : \dfrac{dp}{p}$

b) $\varepsilon_{x,p} = - \dfrac{dx}{x} : \dfrac{dp}{p}$

c) $\varepsilon_{x,p} = \dfrac{dx}{x} : \dfrac{dp}{p}$

**direkte Steuern**
→ Steuerklassifikation

**Direktinvestitionen**
Anlage von Vermögen in fremden Wirtschaftsgebieten zur Schaffung dauerhafter Wirtschaftsverbindungen (§ 55 Außenwirtschaftsverordnung). Zu solchen Anlagen zählen insbes. die Gründungen von ausländischen Tochtergesellschaften und Zweigniederlassungen, der Erwerb von Majoritäts- oder Minoritätsbeteiligungen an ausländischen Unternehmen und die Ausstattung dieser Unternehmen, Zweigniederlassungen oder Betriebsstätten mit Anlage- und Finanzmitteln (Zuschüsse, Darlehen).

Die Zielsetzung der Direktinvestitionen ist also auf Ertrag, Beteiligung und Einflußnahme auf die Geschäftsführung (Kontrolle) gerichtet (im Gegensatz zu den → Portfolioinvestitionen, bei denen ausschließlich das Ertragsmotiv im Vordergrund steht). Hieraus erklärt sich die wachsende Aufmerksamkeit, welche Politiker und Öffentlichkeit v. a. der Investitionspolitik der → multinationalen Unternehmen entgegenbringen.

Direktinvestitionen über 10 000 DM sind bei der → Deutschen Bundesbank zu melden; sie werden statistisch in der Bilanz des langfristigen Kapitalverkehrs erfaßt (→ Kapitalbilanz). D.S.

**Dirigismus**
Phase der → Wirtschaftspolitik (insbes. in Deutschland), die im Gefolge der Weltwirtschaftskrise einsetzte, und zur allmählichen Abkehr vom marktwirtschaftlichen System führte. Im Gegensatz zum punktuellen → Interventionismus, dessen Mängel sich in der → Zahlungsbilanz- und → Beschäftigungspolitik (BRÜNING'sche Notverordnungen) deutlich zeigten, ist der Dirigismus als koordiniertes System zu verstehen. Neben Arbeitsbeschaffungsmaßnahmen großen Ausmaßes zur Beseitigung der enormen → Arbeitslosigkeit, trat die Politik des Lohn- und Preisstops (→ Einkommenspolitik) zur Verhinderung inflatorischer Prozesse. Neben Vierjahresplänen wurde das Lenkungssystem durch Bewirtschaftungsmaßnahmen und eine strikte Regulierung der Außenwirtschaft (→ Devisenbewirtschaftung) ergänzt. Diese Phase wird von Herbert GIERSCH treffend mit Neomerkantilismus bezeichnet. Die unvermeidliche Ausdehnung der Kontrollen und Lenkungsmaßnahmen führt schließlich zum »bürokratischen« Dirigismus und zur umfassenden zentralen Lenkung (→ Zentralverwaltungswirtschaft).
R.E.

**Disaggregation** → Aggregation

**diseconomies of scale**
→ economies of scale

**Diskontkredit**
Ankauf rediskontfähiger Wechsel von →
Banken durch die → Zentralbank (→ Rediskontierung). Der Diskontkredit dient
grundsätzlich der Erleichterung der Wech-
selfinanzierung wirtschaftlicher Aktivitäten, da das Bankensystem eher und zu
günstigeren Konditionen bereit ist, dem
Unternehmenssektor Wechselkredite einzuräumen, wenn diese Wechsel bei der
Zentralbank rediskontiert werden können.
Konditionen und Umfang des Diskontkredits richten sich nach den Zielen der → Refinanzierungspolitik (§ 15 Bundesbankgesetz).
Aktionsparameter der → Diskontpolitik
sind:
a) Bestimmung der qualitativen Anforderungen an das Wechselmaterial (Redis-
kontfähigkeit): Das → Bundesbankgesetz
(BBkG) legt nur die Minimalerfordernisse
fest; die Wechsel sollen gute Handels-
wechsel sein (Unterschrift von mindestens
drei als zahlungsfähig bekannten Verpflichteten), eine Laufzeit von maximal
drei Monaten haben und aufgrund eines
Handelsgeschäfts entstanden sein (§ 19 I
Nr. 1 BBkG). Im Rahmen der allgemeinen
Geschäftsbedingungen erklärt die Bundesbank, welche Wechsel sie im einzelnen
anzukaufen bereit ist. Rediskontfähig sind
auch → Schatzwechsel (§ 19 I Nr. 2
BBkG), doch werden sie meist für die Banken günstiger im Offenmarktgeschäft gehandelt, so daß sie in der Praxis des Diskontkredits keine Rolle spielen.
b) Bestimmung des → Diskontsatzes (§ 15
BBkG).
c) Festsetzung der → Rediskontkontingente. V.B.

**Diskontpapiere**
Wertpapiere, bei denen der Zins (Diskont)
beim Kauf des Titels, also pränumerando,
abgezogen wird und die Einlösung bei Fälligkeit zu pari erfolgt. Während der Laufzeit gibt es keine Zinstermine.

**Diskontpolitik**
( = Rediskontpolitik) Festlegung und Än-
derung der Bedingungen, zu denen die →
Deutsche Bundesbank bereit ist, im Rah-
men ihrer → Refinanzierungspolitik →
Diskontkredite zu gewähren.

**Diskontsatz**
( = Leitzins, Bankrate) ist der auf Jahresbasis umgerechnete Zinssatz, den eine →
Zentralbank bei der Einräumung des →
Diskontkredits berechnet. Der Preis, zu
dem sie Wechsel vom Bankensystem an-
kauft, ergibt sich aus deren Nennwert abzüglich des Diskonts (Diskontsatz mal
Wechselbetrag). Der Diskontsatz in der
BRD gilt zugleich als Zins für Kassenkredite an den Bund, seine Sondervermögen
und Bundesländer. In der BRD schwankte
der Diskontsatz bisher zwischen $2^3/_4\%$
(1959) und $7^1/_2\%$ (1970). V.B.

**Diskriminierung**
willkürliche Benachteiligung von Abnehmern bzw. unbillige Beeinträchtigung von
Konkurrenten.
a) Im binnenwirtschaftlichen → Wettbewerb z.B. in Form der Preisdiskriminierung durch den Verkauf einer gleichartigen
Ware durch denselben Verkäufer zur gleichen Zeit an gleichartige Käufer zu unterschiedlichen Preisen, oder generell durch
unterschiedliche Behandlung im Geschäftsverkehr ohne sachlich gerechtfer-
tigten Grund. Gemäß → Gesetz gegen
Wettbewerbsbeschränkungen (§ 26,
Abs. 2) ist letzteres als → Wettbewerbsbeschränkung nicht nur bei → Kartellen und
Unternehmen mit → Marktbeherrschung
untersagt (Diskriminierungsverbot), sondern erstreckt sich seit der Kartellnovelle
1973 auch auf das mißbräuchliche Verhalten von Unternehmen mit überragender
Marktstellung (z.B. den Tatbestand, daß
bei Knappheit von Gütern nur konzernge-
bundene Gesellschaften beliefert werden)
und mit selektiven Vertrieb (z.B. von
Markenartikeln an eine bestimmte Händ-
lerschaft).
b) Im Außenwirtschaftsverkehr bezüglich
des Waren-, Dienstleistungs- oder Kapitalverkehrs. Die internationale Arbeitstei-

lung mittels freien Austauschs von Gütern und Leistungen wird erschwert, z. B. durch Verweigerung der → Meistbegünstigung, nach Ländern differenzierende Zollsätze, → Kontingente sowie Devisenbestimmungen. Deren Beseitigung bzw. Umgestaltung in nichtdiskriminierende Maßnahmen streben insbes. das → Allgemeine Zoll- und Handelsabkommen (weltweit) und die → Organisation für wirtschaftliche Zusammenarbeit und Entwicklung (westliche Industrieländer) durch Liberalisierung des Außenwirtschaftsverkehrs an.   R. R.

**distributed-lag-Theorie**

von L. M. KOYCK (1954) entwickelte Theorie der verteilten zeitlichen Verzögerungen, die einen Einfluß des gegenwärtigen Einkommens ($Y_t$) und aller Einkommen der Vorperioden auf den gegenwärtigen Konsum ($C_t$) unterstellt.

$$C_t = f(Y_t, Y_{t-1} \ldots, Y_{t-\infty})$$

Außerdem wird angenommen, daß der Einfluß des Einkommens mit zunehmendem → lag sinkt. Damit ergeben sich bei der Berechnung der jeweiligen Parameter jedoch Schwierigkeiten statistisch-methodischer Art (z. B. → Multikollinearität). KOYCK zeigt eine Reihe von Funktionstypen auf, mit denen die Verzögerungswirkungen berücksichtigt und statistische Schätzprobleme weitgehend vermieden werden können. Ein möglicher Funktionstyp ist:

$$C_t = b_1 \cdot \sum_{i=0}^{\infty} b_2^i \cdot Y_{t-i}$$

Bei einem Wert zwischen Null und Eins für $b_2$ nimmt das Gewicht von Y bei zunehmender Zeitdifferenz ab (d. h. i steigt).
Dieser Funktionstyp ist auch bei der Funktionalisierung der → permanenten Einkommenshypothese durch Milton FRIEDMAN zugrunde gelegt worden. Es läßt sich zeigen, daß die Funktion in die einfache Form der → habit-persistence – Hypothese transformiert werden kann (→ KOYCK-Tranformation).   E. v. K.

**Distribution**

1. In der Volkswirtschaftslehre:
a) Verteilung des im Produktionsprozeß entstandenen → Einkommens auf die Produktionsfaktoren oder nach anderen sozio-ökonomischen Kriterien (→ Einkommensverteilung).
b) Verteilung des → Volksvermögens nach → Wirtschaftssektoren oder sozialen Gruppen (→ Vermögensverteilung).
2. In der Betriebswirtschaftslehre: Prozeß, durch den die Güter vom Produzenten zum letzten Verbraucher gelangen (einschl. Lagerhaltung, Verkauf, Transport, Werbung etc.).

**disturbance lag** → Fiskalpolitik

**disutility-Konzept**
→ subjektive Wertlehre

**Dollar-Block**

Ländergruppe mit starker währungs-, insbes. wechselkurspolitischer Ausrichtung auf den US-Dollar. Zum Block gehören außer den USA hauptsächlich Kanada, Mexiko, die Philippinen und zahlreiche mittel- und südamerikanische Staaten. Seit 1971 stabilisieren auch Australien und Neuseeland ihren → Wechselkurs in bezug auf den Dollar, obwohl sie in anderer Beziehung zum → Sterling-Block gehören.

**Dollarlücke**

in der Nachkriegszeit bis Mitte der 50er Jahre herrschender Dollarmangel auf Grund eines hohen und permanenten Überschusses der → Leistungsbilanz der USA, der durch langfristigen Kapitalexport der USA nicht kompensiert wurde, so daß eine starke kurzfristige Verschuldung und eine Verringerung der ohnedies knappen → Währungsreserven in der übrigen Welt eintrat.
Die Dollarlücke hatte strukturelle Gründe, die mit dem beschleunigten Wachstum der USA während des 2. Weltkriegs und dem technologischen Rückstand der anderen Nationen zusammenhingen. Die asymmetrische Konstellation einer geringen Bedeutung des Außenwirtschaftsverkehrs für

die USA selbst und einer großen Relevanz der Wirtschaftsbeziehungen mit den USA für die Handelspartner trug ebenfalls dazu bei, daß die Ausgleichsmechanismen der → Zahlungsbilanz nicht zu voller Wirkung kamen. F.G.

**Dollarstandard**

1. Golddollarstandard: → internationale Währungsordnung mit dem Dollar als stellvertretender → Währungsreserve für → Gold, das als Zahlungsmittel letzter Instanz gilt. Das System basiert auf der unbedingten Goldeinlösungsgarantie des Dollars auf der Ebene der Währungsbehörden.

Der internationale Golddollarstandard, wie er in der Nachkriegszeit bestand, erwuchs aus der dominierenden Rolle der USA als politische und wirtschaftliche Vormacht des Westens, aus der Tatsache, daß der Dollar seit 31. 1. 1934 als einzige Währung (für »legitime Zwecke« der Währungsbehörden) goldkonvertibel geblieben war, das Abkommen über den → Internationalen Währungsfonds den Dollar zwar nicht als → Reservewährung, wohl aber als Paritätsmaßstab vorgesehen hatte und die Zahlungsbilanzdefizite der USA einen breiten Aufbau von Reserven in (verzinslichen) Dollardevisen ermöglichten.

2. Papierdollarstandard: internationales Währungssystem mit dem Dollar als faktisch letztem internationalem Zahlungsmittel. Die Ära des Papierdollarstandards kann bis Anfang der 60er Jahre zurückdatiert werden: Obwohl noch Goldkonversionen vorgenommen wurden, überstiegen die kurzfristigen US-Auslandsschulden bereits die Goldreserven der USA. Die Gläubigerländer waren im Interesse der Funktionsfähigkeit des Währungssystems gezwungen, Dollar zu halten. De jure wurde die Goldkonvertibilität am 15. 8. 1971 aufgehoben.

Der Dollarstandard fand heftige Kritik, weil er die Frage der → internationalen Liquidität mit den Zahlungsbilanzdefiziten, damit Wirtschaft und Politik der USA verknüpfte und inflationistische Gefahren erzeugte durch Geldexpansion in den reser-

vehaltenden Ländern und fehlende Sanktionen im Reservezentrum (doppelte Kreditpyramide). F.G.

**DOMAR-EISNER-Effekt**
→ Kapazitätserweiterungseffekt

**DOMAR-Modell**
→ Wachstumsmodell, das zusammen mit dem → HARROD-Modell, mit dem es formal identisch ist (HARROD-DOMAR-Modell), von dem es sich aber durch die ökonomische Interpretation unterscheidet, den Beginn der modernen ökonomischen → Wachstumstheorie markiert. Gefragt wird nach den Bedingungen störungsfreien gleichgewichtigen → Wachstums, nicht nach den Ursachen des tatsächlichen Wachstums. Ausgangspunkt ist für Evsey D. DOMAR (1946) das kurzfristige makroökonomische → Gleichgewicht der KEYNES'schen Theorie, das durch die Gleichheit von geplanter → Investition und geplanter → Ersparnis charakterisiert ist. Besteht ein solches Gleichgewicht über eine längere Zeit, so können die durch den → Kapazitätseffekt der Investition geschaffenen neuen Produktionskapazitäten nicht mehr vernachlässigt werden. Ein langfristiges Gleichgewicht ist daher nur in der Form eines → steady state growth möglich. Das Modell enthält drei von der Zeit abhängige Variablen, den → Kapitalstock (K), das Nettosozialprodukt (Y), die Zahl der Arbeitkräfte (L). Die steady state Lösung wird unter folgenden Voraussetzungen abgeleitet:

a) limitationale makroökonomische → Produktionsfunktion mit konstanten Produktionskoeffizienten (v, u) für K und L;
b) konstante durchschnittliche und marginale → Sparquote (s);
c) konstante Wachstumsrate (n) von L.

Es ergeben sich drei Gleichgewichtsbedingungen:

Vollauslastung der Kapazitäten: $\quad K = vY;$

Gleichheit
von I und S: $\dfrac{dK}{dt} = I = sY;$

Vollbeschäftigung: $L = uY = L_0 e^{nt};$

Die beiden ersten Bedingungen sind erfüllt, wenn Y und K mit der gleichgewichtigen Wachstumsrate $g = \dfrac{s}{v}$ zunehmen:

$Y = Y_0 e^{gt}; \quad K = K_0 e^{gt}; \quad K_0 = vY_0.$

Soll auch Vollbeschäftigung realisiert sein, so muß die gleichgewichtige Wachstumsrate außerdem der natürlichen Wachstumsrate gleich sein. Diese ist, wenn man vom → technischen Fortschritt absieht, gleich der Wachstumsrate der Arbeitskräfte, d.h. gleich n. Es muß also gelten:
$g = \dfrac{s}{v} = n.$

In den ursprünglichen Veröffentlichungen von DOMAR wird die Bedingung der Vollbeschäftigung nur implizit eingeführt; die beiden ersten Bedingungen sind auf Zuwachsraten bezogen:

$\dfrac{1}{v} \cdot I = \dfrac{dY}{dt}; \quad \dfrac{1}{s} \cdot \dfrac{dI}{dt} = \dfrac{dY}{dt};$

Es ergibt sich:

$\dfrac{1}{v} \cdot I = \dfrac{1}{s} \cdot \dfrac{dI}{dt}.$

Dabei ist $\dfrac{1}{s}$ der Multiplikator. Im Gleichgewicht muß also der Multiplikatoreffekt gleich dem Kapazitätseffekt sein.

C.G.Sch.

## Dualismus

1. Interner Dualismus: Nebeneinander eines traditionellen und eines modernen (gemessen an den Standards der Industrieländer) Sozialsystems in den → Entwicklungsländern (Julius BOEKE, 1953). Stark hervorstechend ist dabei der Dualismus der Wirtschaftsstruktur, der durch den großen stagnierenden Sektor Landwirtschaft und den kleinen, kapitalintensiven und stark expandierenden Sektor Industrie gekennzeichnet ist. Der Struktur-Dualismus spiegelt sich in einem entsprechenden Einkommens-Dualismus.

2. Externer Dualismus: Nebeneinander extrem unterschiedlicher Einkommens- und technologischer Standards zwischen Entwicklungs- und Industrieländern. Der interne Dualismus wird vielfach auf den externen Dualismus zurückgeführt, der sich über die internationalen Waren- und Kapitalströme auf die Binnenstruktur der Entwicklungsländer überträgt (→ dependencia-Theorie → Teufelskreise der Unterentwicklung). R.O.

## DUESENBERRY-Effekt
→ Demonstrations-Effekt

## Dumping
Form der regionalen → Preisdifferenzierung zwischen In- und Auslandsmärkten. Dumping liegt vor, »wenn der Preis einer von einem Land in ein anderes Land ausgeführten Ware niedriger ist als der vergleichbare Preis einer gleichartigen Ware im normalen Handelsverkehr, die zur Verwendung im Ausfuhrland bestimmt ist« (→ Allgemeines Zoll- und Handelsabkommen, Art. VI).
Dumping wird einerseits ermöglicht durch Unterschiede in den Nachfrageelastizitäten zwischen In- und Ausland; andererseits kann es dadurch zustandekommen, daß im Auslandsgeschäft Verluste zu Lasten des Inlandsgewinns hingenommen werden oder daß staatliche Maßnahmen (z.B. → Subventionen, Frachtendifferenzierung, Praktiken eines staatlichen → Außenhandelsmonopols) niedrigere Preise im Ausland ermöglichen. Als Abwehrmaßnahme kann das betroffene Land einen »Antidumpingzoll« erheben. M.H.

## Durchfuhr → Außenhandel

## durchschnittliche Konsumquote
→ Konsumquote

## durchschnittliche totale Kosten
→ Stückkosten

## durchschnittliche variable Kosten
variable Kosten pro Outputeinheit:
Im Modell der → vollständigen Konkurrenz ist das Minimum der durchschnittli-

chen variablen Kosten die sog. Produktionsschwelle (= Betriebsminimum). Liegt der Produktpreis unterhalb dieses Betrages, wird ein Unternehmen keine Produktion beginnen.

**dynamische Analyse** → Analyse

**dynamische Rente**
nominelle Rente, die an die Entwicklung bestimmter volkswirtschaftlicher Größen (z. B. Beamtengehälter, → Preisindex für die Lebenshaltung, Volkseinkommen) gebunden ist.
Im Rahmen der gesetzlichen Rentenversicherung (→ Sozialversicherung) ist darunter die laufende Anpassung einmal festgesetzter Renten bei Veränderung der Allgemeinen Bemessungsgrundlage durch Rentenanpassungsgesetze zu verstehen. Die Allgemeine Bemessungsgrundlage ist definiert als das durchschnittliche Bruttojahresentgelt aller Versicherten der Rentenversicherung der Angestellten und der Arbeiter (ohne Lehrlinge und Anlernlinge) im Durchschnitt der letzten drei Jahre. H.S.

**dynamischer Marktlagengewinn**
→ Gewinn

**dynamischer Multiplikator**
Einkommenswirkung des Multiplikatorprozesses nach einer bestimmten Anzahl von Perioden bezogen auf die den Prozeß auslösende Veränderung der exogenen → Variablen.
Im Fall eines einmaligen Investitionsstoßes ist der → delay multiplier anzuwenden.
Für den Fall einer auf Dauer angelegten Änderung der autonomen Nettoinvestitionen ist deren Effekt mit dem → truncated multiplier zu bestimmen. F.G.

**Dyopol**
einfachste Form des → Angebotsoligopols mit nur 2 Anbietern und zahlreichen kleinen Nachfragern auf einem vollkommenen oder unvollkommenen Markt (→ Marktformen).
a) Den Modellen zur Erklärung der →

Preisbildung auf einem *vollkommenen* Markt (einheitlicher Preis) liegen verschiedene Mengenstrategien (und → Gewinnmaximierung) der Anbieter zugrunde.
· COURNOT'sche Lösung: Jeder Dyopolist betreibt autonome Mengenstrategie, d. h. er betrachtet die Angebotsmenge des anderen als konstant und bestimmt seine gewinnmaximale Menge wie ein Monopolist (nach der Bedingung Grenzkosten = Grenzumsatz). Die Menge $x_1$ ($x_2$), die der Anbieter 1 (2) bei einer bestimmten Menge des Anbieters 2 (1) auf den Markt bringt, zeigt die Reaktionskurve $R_1$ ($R_2$) des Anbieters 1 (2). Wenn jeder Dyopolist seine durch den Schnittpunkt der Reaktionskurven E bezeichnete Menge anbietet, wird keiner mehr eine Mengenänderung vornehmen (Abb.). Bei allen anderen Angebotsmengen erfährt jeder Überraschungen durch Mengenänderungen des anderen (und des Preises).

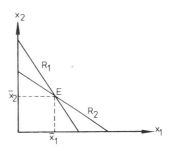

· STACKELBERG'sche Asymmetrielösung: Der Dyopolist 1 nimmt die Menge des anderen wie im COURNOT'schen Modell als Datum (bezieht eine Abhängigkeitsposition). Dies berücksichtigt der Dyopolist 2 und wählt aus allen möglichen Kombinationen der Mengen beider Anbieter jene aus (und bietet dann selbst jene Menge an), die ihm den größten Gewinn bringt (Überlegenheitsstrategie oder Unabhängigkeitsposition, asymmetrisches Verhalten der Dyopolisten).
· BOWLEY'sche Lösung: Jeder Dyopolist verfolgt Überlegenheitsstrategie und bietet die entsprechende Menge an (Unab-

hängigkeitsangebot); es liegt eine Kampf-situation vor, die zu ruinösem → Wettbewerb führen kann.

· Gemeinsame Gewinnmaximierung: Im Fall zweier Anbieter besteht starke Neigung zur Bildung von → Kartellen (→ Kollektivmonopol) und Gewinnmaximierung als Monopolist.

b) Die beschriebenen Modelle lassen sich für das Dyopol auf dem *unvollkommenen* Markt mit Preisstrategie umformulieren. Der COURNOT'schen Lösung für den vollkommenen entspricht die LAUN-HARDT-HOTELLING-Lösung für den unvollkommenen Markt: Die Absatzmenge jedes Anbieters hängt vom eigenen und vom Preis des anderen Anbieters ab. Jeder nimmt den Preis des anderen als Datum und bestimmt seinen gewinnmaximalen Preis wie ein Monopolist. Die Reaktionskurve des Dyopolisten 1 (2) zeigt dessen Preis bei einem bestimmten Preis des Anbieters 2 (1). Erst wenn jeder Dyopolist seinen im Schnittpunkt der Reaktionskurven liegenden Preis setzt, hat keiner mehr Anlaß zu Preisänderungen. In allen anderen Situationen wird jeder durch Preisänderungen des anderen (und damit zusammenhängenden Änderungen seiner Absatzmenge) überrascht.

Ein neuer Ansatz geht davon aus, daß ein Anbieter mögliche Reaktionen auf seine Preisänderungen berücksichtigt und diese nur im Falle einer Gewinnsteigerung durchführt. Aufgrund bestimmter Annahmen über das Verhalten des anderen Anbieters wird ein Gleichgewichtsgebiet von Kombinationen beider Preise ermittelt, in dem keiner der Anbieter an Preisänderungen interessiert ist (mögliche Erklärung für die häufig zu beobachtende Preisstarrheit auf Oligopolmärkten). H.M.W.

**EAGFL** → Europäischer Ausrichtungs-
und Garantiefonds für die Landwirtschaft

**easy money**
(wörtl. leichtes Geld) geld- und kreditpoli-
tisches Konzept, das durch niedrige → Zinsen und reichliches Kreditangebot gekennzeichnet ist (Niedrigzinspolitik). Dabei
nimmt die Bereitschaft von Konsumenten
und v. a. Investoren zu, sich zu verschulden
und die so gewonnene → Liquidität wieder
in Sachaktiva umzuwandeln, was die Auf-
tragsbestände der Investitionsgüterindu-
strie erhöht und somit einen beschäfti-
gungs- und einkommenssteigernden Effekt
hat. Eine Politik des easy money ist nur erfolgversprechend bei optimistischen Ertragserwartungen und geringer Neigung zu
horten, wenn also die → Geldnachfrage
nicht unendlich elastisch in bezug auf den
Zins ist, was nach der keynesianischen
Theorie (jedoch nicht unbedingt nach John
Maynard KEYNES selbst) bei niedrigen
Zinsen eintreten kann (Liquiditätsfalle, →
Liquiditätspräferenz). In einem solchen
Falle wäre eine Politik des easy money ungeeignet, die Wirtschaftsaktivität anzure-
gen; dazu bedürfte es dann Maßnahmen
der → Fiskalpolitik. Anhängern einer Politik des easy money wird vorgeworfen, sie
seien bereit, einer ungewissen Aussicht auf
Einkommenssteigerungen zuliebe die →
Geldwertstabilität zu gefährden. Angewandt wurde diese Politik in einigen Ländern bereits in den frühen 30er Jahren
(USA, Deutschland), insbes. aber nach
dem Ende des 2. Weltkrieges.  H.-J. H.

**ECA**
1. → Economic Cooperation Act.
2. → Economic Cooperation Administration.
3. → Economic Comittee for Africa.

**ECAFE** → Economic Commission for
Asia and the Far East

**ECE**
→ Economic Commission for Europe

**Echo-Effekt**
zeitliche Wiederkehr von Nachfrageschwankungen bei Investitionsgütern im
Rhythmus ihrer Nutzungsdauer. Solche
Reinvestitionszyklen sind für die endogene
Erklärung von Konjunkturschwankungen
von Bedeutung.

**ECLA** → Economic Commission for Latin
America

**Economic Commission for Africa (ECA)**
Die Wirtschaftskommission für Afrika ist
eine der 5 Regionalkommissionen des →
Wirtschafts- und Sozialrats der Vereinten
Nationen. Gründung: 1958. Sitz: Addis
Abeba.

**Economic Commission for Asia and the
Far East (ECAFE)**
Die Wirtschaftskommission für Asien ist
eine der 5 Regionalkommissionen des →
Wirtschafts- und Sozialrats der Vereinten
Nationen. Gründung: 1947. Sitz: Bang-
kok.

**Economic Commission for Europe (ECE)**
Die Wirtschaftskommission für Europa ist
eine der 5 Regionalkommissionen des →
Wirtschafts- und Sozialrats der Vereinten
Nationen. Gründung: 1947. Sitz: Genf.
Aufgaben:
a) Förderung gemeinsamer Aktionen für
den Wiederaufbau Europas sowie zur
Stärkung der Wirtschaftsbeziehungen insbes. zwischen den europäischen Ländern;

b) Untersuchung wirtschaftlicher und technologischer Probleme Europas (u. a. Verkehrswesen, → Ost-West-Handel, Umweltfragen);
c) Sammlung, Auswertung und Verbreitung wirtschaftlicher, technologischer und statistischer Informationen.   D.S.

**Economic Commission for Latin America (ECLA)**
Die Wirtschaftskommission für Lateinamerika ist eine der 5 Regionalkommissionen des → Wirtschafts- und Sozialrats der Vereinten Nationen. Gründung: 1948. Sitz: Santiago de Chile.

**Economic Commission for West Asia (ECWA)**
Die Wirtschaftskommission für Westasien ist eine der 5 Regionalkommissionen des → Wirtschafts- und Sozialrats der Vereinten Nationen. Gründung: 1. 1. 1974. Vorläufiger Sitz: Beirut.

**Economic Cooperation Act (ECA)**
Auslandshilfegesetz der USA vom 3. 4. 1948; es war die gesetzliche Grundlage für die Hilfe im Rahmen des → Europäischen Wiederaufbauprogramms (Marshallplanhilfe).

**Economic Cooperation Administration (ECA)**
US-Behörde, welche die Mittel des → Europäischen Wiederaufbauprogramms verwaltete und deren Verwendung überwachte. Nachfolgeinstitutionen: Mutual Security Agency (1951), Foreign Operations Administration (1953), International Cooperation Administration (1955).

**economies of scale**
treten auf, wenn bei Betriebsgrößenerweiterung die Gesamtkosten der Produktion langsamer steigen als die Ausbringungsmenge (fallende langfristige → Stückkosten).
Economies of scale führen bei konstanten Güterpreisen zu einer Gewinnsteigerung bei Erhöhung der Ausbringungsmenge. Dies führt zu einem Vorteil für große Unternehmen mit der Tendenz zur Monopoli-

sierung des betreffenden Marktes. Das Unternehmen mit der größten Ausbringung erzielt den größten Gewinn und kann ihn durch weitere Outputerhöhung noch steigern.
Ursachen für economies of scale können in der → Technologie (→ increasing returns to scale) liegen (z. B. Vorteile der Massenproduktion, verbesserte Ausnutzung großer unteilbarer Anlagen) oder bei der Beschaffung der Produktionsfaktoren (z. B. verbilligte Beschaffung von Fachkräften durch eigene Ausbildung).
Steigen die Gesamtkosten der Produktion stärker als der Output, spricht man von diseconomies of scale.   R.D.

**ECOSOC**
United Nations Economic and Social Council. → Wirtschafts- und Sozialrat der Vereinten Nationen.

**ECWA**
→ Economic Commission for West Asia.

**EEC**
European Economic Community. → Europäische Gemeinschaften.

**effektive Protektion**
→ Effektivzoll-Theorie

**Effektivlohn**
vom Arbeitgeber tatsächlich ausbezahlter Lohn. Da der Effektivlohnsatz auf Änderungen der Arbeitsmarktbedingungen durch übertarifliche Zuschläge unmittelbar reagieren kann, liegt er oft über dem Tariflohnsatz, der für eine bestimmte Zeitdauer festgelegt ist. Durch den Mindestlohncharakter des → Tariflohns kann der Effektivlohn den Tariflohn nicht unterschreiten.
Das Ausmaß des Auseinanderklaffens in der Entwicklung der Tariflohn- und Effektivlohnsätze zeigt die → Lohndrift.   T.F.

**Effektivverzinsung**
der auf den Kurswert eines Wertpapiers bezogene nominale Zinsertrag. Beträgt also der Kurswert 85 und der → Zins 6%,

so liegt die Effektivverzinsung bei 7,04 %. In Zeiten steigender (fallender) Marktzinssätze pflegen die Kurse alter Wertpapiere zu sinken (steigen), so daß ihre Effektivverzinsung steigt (fällt).

**Effektivzoll-Theorie**
auf Harry G. JOHNSON (1965) zurückgehende Diskussion über den tatsächlichen Schutzeffekt von → Zöllen (→ Schutzzölle). Gemäß der traditionellen Theorie läßt sich der Schutzeffekt eines Zolls aus der Höhe des Zolls, mit dem das Endprodukt belastet wird, ersehen (Nominalzollkonzept). Wie die Theorie der effektiven Protektion zeigt, ist diese Aussage jedoch nur dann unbestritten, wenn lediglich das Endprodukt, nicht jedoch auch die bei der Produktion verwendeten Vorprodukte einer Zollbelastung unterliegen. Sind die Vorprodukte ebenfalls mit Zöllen belastet, so kann der durch den Zoll auf das importierte Endprodukt bedingte Preisvorteil der importkonkurrierenden Industrie durch Kostennachteile, die sich aus der zollbedingten Verteuerung der verwendeten Vorprodukte ergeben, kompensiert oder sogar überkompensiert werden. Letzteres würde, gemessen an der Wertschöpfung der importkonkurrierenden Industrie, einem negativen effektiven Zollschutz gleichkommen. Eine effektive Protektion ist nur dann gegeben, wenn die → Wertschöpfung der geschützten Industrie nach Zollbelastung (w*) sich gegenüber der ursprünglichen Wertschöpfung ohne Zollbelastung (w) erhöht hat. Setzt man die Veränderung der Wertschöpfung in Beziehung zur ursprünglichen Wertschöpfung, so erhält man den Effektivzoll $\frac{w^* - w}{w}$.

Dieser Zusammenhang läßt sich auch in folgender Formel ausdrücken.

$$\text{Effektivzoll (in \%)} = \frac{p_E \cdot z_E - p_v \cdot z_v}{p_E - p_v} \cdot 100$$

(wobei: $p_E$ = Preis des Endprodukts; $z_E$ = Zollsatz auf das Endprodukt; $p_v$ = Preis des Vorprodukts; $z_v$ = Zollsatz auf das Vorprodukt)
Beispiel: Preis eines Anzugs DM 100,–;

Preis des verarbeiteten importierten Stoffes DM 60,–; Zollsatz bei Import eines Anzugs 10 %; Zollsatz für Stoffimport 5 %. Es errechnet sich ein Effektivzoll von 17,5 %. Wird der Zollsatz für Stoffimporte von 5 % auf 25 % erhöht, so ergibt sich für die »Anzugindustrie« ein negativer Effektivzoll von –12,5 %.

Je niedriger der Zollsatz für das Vorprodukt im Vergleich zu dem für das Endprodukt ist und je höher der Anteil des Vorprodukts am Fertigprodukt ist (jedoch: falls Zollsatz für Endprodukt geringer als für Vorprodukt, dann je kleiner der Anteil des Vorprodukts), umso mehr übersteigt der effektive Zollschutz den nominellen Zollschutz des Endprodukts.

Wenngleich das Konzept des Effektivzolls nur mit Einschränkungen direkt auf die Realität übertragen werden kann, wird es dennoch bei der Diskussion der Zollpolitik der Industrieländer gegenüber → Entwicklungsländern angewendet. Es zeigt, daß die Politik des Niedrigzolls für Rohstoffimporte aus Entwicklungsländern letztlich den effektiven Zollschutz auf die unter Verwendung der Rohstoffe hergestellten Industrieprodukte erhöht und damit den Industrialisierungsprozeß in den Entwicklungsländern erschwert.    M.H.

**Effizienz**
Zustand, in dem keine Verschwendung von Produktionsfaktoren stattfindet oder Zustand, in dem eine Steigerung der → Produktion eines Gutes oder der Wohlfahrt eines Wirtschaftssubjekts nur zu Lasten der Produktion eines anderen Gutes bzw. der Wohlfahrt eines anderen Wirtschaftssubjekts möglich ist.
1. In der mikroökonomischen → Analyse werden folgende Konzepte verwendet:
a) Technologische Effizienz bedeutet, daß jeder in eine → Produktionsfunktion eingehenden Kombination von Produktionsfaktoren oder → Inputs der technisch maximal herstellbare Ertrag zugeordnet wird. Als technologisch effizient gelten auch alle Faktorkombinationen, welche den gleichen Ertrag erbringen und im Zwei-Faktoren-Fall durch eine → Isoquante dargestellt werden.

b) Ökonomische Effizienz liegt vor, wenn von den durch eine Isoquante dargestellten Faktorkombinationen jene ausgewählt wird, die bei Bewertung mit den jeweiligen Faktorpreisen die niedrigsten Kosten ergibt und daher als → Minimalkostenkombination bezeichnet wird.

2. In der → Wohlfahrtsökonomik sind folgende Effizienzkonzepte gebräuchlich:

a) Technologische Effizienz erfordert einen derartigen Einsatz einer gegebenen Menge von Produktionsfaktoren in der Erzeugung verschiedener Güter, daß bei gegebener Produktionstechnik von keinem Gut mehr hergestellt werden kann, ohne daß die Produktion von mindestens einem Gut eingeschränkt werden müßte. Solch ein Zustand wird als → Produktionsoptimum bezeichnet. Für eine gegebene Faktorausstattung existieren sehr viele Produktionsoptima, die durch eine Produktionsmöglichkeiten- bzw. → Transformationskurve dargestellt werden.

Ein Produktionsoptimum erfordert die Erfüllung folgender Bedingungen:

· technische Maximierung: mit einer Faktorkombination wird die technisch maximale Produktmenge erzeugt;

· optimale Faktorkombination: die Grenzrate der technischen Substitution zwischen zwei Produktionsfaktoren ist bei allen Produktionen und in allen Betrieben gleich;

· optimale Faktoraufteilung: der Grenzertrag eines Faktors ist in allen Betrieben, die das gleiche Produkt erzeugen, gleich;

· optimale → Spezialisierung: die Grenzrate der Transformation zwischen zwei Produkten ist bei allen Betrieben, welche diese Produkte erzeugen, gleich.

b) Effizienz im Tausch beinhaltet, daß bei gegebener Gütermenge und einer bestimmten ursprünglichen Verteilung dieser Menge auf die Angehörigen der Gruppe ein Zustand erreicht wurde, in dem durch Tausch kein Mitglied der Gruppe einen Wohlfahrtszuwachs erlangen kann, ohne daß mindestens ein anderes Mitglied einen Wohlfahrtsverlust hinnehmen müßte. Dieses → Tauschoptimum ist durch Gleichheit der Grenzraten der Substitution für alle Gesellschaftsmitglieder gekennzeichnet.

c) Effizienz im Sinn einer optimalen Produktionsanpassung bedeutet, daß ein Produktionsoptimum und ein Tauschoptimum vorliegen, wobei (im Zwei-Güter-Fall) die Grenzrate der Transformation mit der für alle Gesellschaftsmitglieder einheitlichen Grenzrate der Substitution übereinstimmt. Dieser als → PARETO-Optimum bezeichnete Zustand ist dadurch gekennzeichnet, daß ein Gesellschaftsmitglied einen Wohlfahrtszuwachs nur zu Lasten eines Wohlfahrtsverlusts bei einem anderen Gesellschaftsmitglied erreichen kann. H.M.W.

### EFTA

European Free Trade Association. → Europäische Freihandelsassoziation.

### EGKS

→ Europäische Gemeinschaft für Kohle und Stahl.

### ehernes Lohngesetz

von Ferdinand LASSALLE so bezeichnete → Lohntheorie des späten 18. und frühen 19. Jh., deren wichtigster Vertreter David RICARDO war.

Die ausschließlich auf den Reaktionen des → Arbeitsangebots beruhende Existenzminimumtheorie des Lohnes besagt, daß der → Lohn auf lange Sicht nicht entscheidend über das → Existenzminimum angehoben werden kann. Maßgebend ist dabei nicht das physische Existenzminimum (wie bei Robert Jacques TURGOT), sondern das konventionelle Existenzminimum. Da sich die Vorstellungen über das konventionelle Existenzminimum im Zeitablauf durch steigende Konsumansprüche ändern, beinhaltet das eherne Lohngesetz nicht die Aussage, das Lohneinkommen könne überhaupt nicht ansteigen.

Die Annahmen dieser Theorie über das langfristige Arbeitskräfteangebot begründen sich v. a. auf die Bevölkerungslehre von Thomas MALTHUS, der das Bevölkerungswachstum durch den knappen Nahrungsspielraum begrenzt sah, was zur Folge habe, daß die Mehrheit der Bevölkerung zu einem Leben nahe dem Existenzminimum verurteilt sei.

Gelänge es den Arbeitern den kurzfristigen Marktlohn über das Existenzminimum anzuheben, so würde sich die Kinderzahl der Arbeiterfamilien erhöhen, was langfristig einer Erhöhung des Arbeitsangebots gleichkäme. Der Lohn würde wieder auf seine ursprüngliche Höhe (natürlicher Lohn) zurückfallen. Bei einem Marktlohn unterhalb dem Existenzminimum wäre mit einer umgekehrten Reaktion des Arbeitsangebotes (spätere Eheschließungen, weniger Kinder usw.) zu rechnen. Langfristig wird also ein vollkommen elastisches Arbeitsangebot unterstellt. Die Aussagen dieser Theorie waren in Anbetracht der wirtschaftlichen und sozialen Gegebenheiten der damaligen Zeit nicht unrealistisch. In den heutigen Industrienationen bietet anstelle des Existenzminimums eher der volkswirtschaftliche Produktivitätsfortschritt eine Erklärung für die Höhe des langfristigen → Reallohns.

Die Kritik des ehernen Lohngesetzes bezieht sich v. a. auf den außerordentlich langfristigen Charakter der Theorie, die Vernachlässigung der Nachfrageseite, den unklaren Begriff des konventionellen Existenzminimums und die Gültigkeit der MALTHUS'schen Bevölkerungslehre.

T.F.

**EIB**
→ Europäische Investitionsbank

**Eigenbetriebe des Staates**
→ Erwerbseinkünfte des Staates

**Eigenkapital**
→ Vermögensrechnung

**Eigenkapitalrentabilität**
→ Rentabilität

**Eigentum**
Herrschaftsverhältnis von Menschen über Sachen.

Das Recht auf Eigentum und der Schutz vor willkürlicher Enteignung werden heute im überwiegenden Teil der Welt als Menschen- bzw. Bürgerrecht anerkannt und garantiert; Eigentum an Menschen in Form der Sklaverei oder Leibeigenschaft ist geächtet (Menschenrechtserklärung der → Vereinten Nationen, Art. 17, Art. 5). Allerdings hat das Eigentumsrecht in den verschiedenen Gesellschafts- und → Wirtschaftsordnungen stark unterschiedliche Ausgestaltung erfahren, insbes. bei der Abgrenzung der vermögenswerten Güter, an denen Eigentum erworben werden kann, bei der Frage des Privateigentums an bestimmten Vermögenskategorien (z. B. sachliches → Produktivvermögen) sowie bei Umfang und Inhalt der Verfügungsmacht des Eigentümers (z. B. Möglichkeit der Enteignung bei Mißbrauch des Eigentums oder zum Wohl der Allgemeinheit).

In marktwirtschaftlich organisierten Wirtschaftsordnungen gilt die grundsätzliche Garantie des Privateigentums als Systemelement, dem wesentliche Ordnungsfunktionen zuerkannt werden. So ist im Konzept der → Sozialen Marktwirtschaft das Privateigentum insbes. an Produktionsmitteln in Verbindung mit → Wettbewerb konstituierendes Ordnungsprinzip: Wie Privateigentum an Produktionsmitteln Voraussetzung der Wettbewerbsordnung ist, so ist Wettbewerb Voraussetzung dafür, daß Privateigentum an Produktionsmitteln nicht zu wirtschaftlichen und sozialen Mißständen führt (Walter EUCKEN). Die »statische« Ordnungsfunktion der Eigentumsgarantie besteht in der Abgrenzung der Privatsphäre von der Vermögensseite her (sog. Organisationsfunktion), ihre »dynamische« Funktion in der Motivation zum Erwerbsstreben (sog. Erziehungsfunktion). Aus der Sicht des Eigentümers gestattet Eigentum Dispositionsfreiheit, dient als Quelle für → Vermögenseinkommen und verleiht Sicherheit und soziale Wertschätzung.

In sozialistischen Gesellschafts- und Wirtschaftsordnungen ist das gesellschaftliche Eigentum das wesensbestimmende sozialökonomische Merkmal. Die → Verstaatlichung bzw. → Vergesellschaftung des Eigentums an den Produktionsmitteln kennzeichnet den Übergang vom → Kapitalismus zum → Sozialismus.

Das gesellschaftliche Eigentum hat die Form von staatlichem Eigentum (Volkseigentum) oder genossenschaftlichem Gemeineigentum. Privateigentum an Produktionsmitteln ist auf Klein- und Mittelbetriebe beschränkt (i. d. R. mit Staatsbeteiligung) sowie auf Betriebe des Einzelhandels und Handwerks, die vornehmlich auf der Arbeit des Eigentümers beruhen.

Vom gesellschaftlichen und Privateigentum wird das persönliche Eigentum unterschieden (Eigentum an Konsumtionsmitteln, v. a. langlebige Konsumgüter, Eigenheime, Finanzmittel).

Die Eigentums-(rechts-)ordnung der BRD garantiert innerhalb gewisser Schranken volles Eigentums- und Erbrecht (Art. 14 GG). Im Hinblick auf den Gegenstand des Eigentums lassen sich zwei Aspekte unterscheiden: Das Zivilrecht (§ 903 BGB) kennt nur dingliches Eigentum, d. h. Eigentum an beweglichen oder unbeweglichen Sachen (Grundstücke), das Verfassungsrecht (Art. 14 GG) auch Eigentum an → Forderungen, Rechten und vermögenswerten Rechtspositionen. Grundsätzlich sind keine Vermögenskategorien vom Privateigentum ausgenommen.

Das öffentliche Eigentum (Gemeineigentum) umfaßt im wesentlichen nur solche Sachen, die für die öffentliche Hand zur Erfüllung ihrer Aufgaben erforderlich sind (Verwaltungsvermögen, Finanzvermögen, Sachen zum Gemeingebrauch, z. B. materielle → Infrastruktur).

Die Verfügungsgewalt des Eigentümers mit der Sache nach Belieben zu verfahren und andere von jeder Einwirkung auszuschließen (§ 903 BGB) gilt nicht unbeschränkt. Abgesehen von vertraglichen Einschränkungen (z. B. Besitz, Nutzung, Miete, Pacht) unterliegt das Eigentumsrecht gesetzlichen Beschränkungen (z. B. Verbot der mißbräuchlichen Ausübung von Eigentumsrechten, zivilrechtlicher Notstand). Insbes. muß die in Art. 14 GG verankerte Sozialgebundenheit des Eigentums beachtet werden. Aus den Ansprüchen der Allgemeinheit resultierende Eingriffe (z. B. im Rahmen der Landesverteidigung, des Natur- und Landschaftsschutzes oder des Wasserhaushaltsrechts) müssen vom Eigentümer grundsätzlich entschädigungslos geduldet werden. Darüberhinaus gestattet Art. 15 GG zum Wohle der Allgemeinheit die Enteignung gegen Entschädigung: Grund und Boden, Naturschätze und Produktionsmittel können durch Gesetz zum Zwecke der Vergesellschaftung in Gemeineigentum überführt werden.

Die Eigentumsverteilung in der BRD (→ Vermögensverteilung) ist in den vergangenen Jahren zunehmend Gegenstand von kritischen Analysen geworden: Zum einen wird eine stärkere Ausschöpfung der Sozialbindung v. a. bei Grund und → Boden (→ Bodenpolitik), zum anderen eine breitere Eigentumsstreuung insbes. beim sachlichen → Produktivvermögen gefordert (→ Vermögensbildung; → Vermögenspolitik). D. S.

**Eigentumspolitik**
→ Vermögenspolitik

**Eigenverbrauch**
→ Stromgröße der → Volkswirtschaftlichen Gesamtrechnung: Teil des → Produktionswertes, der ohne über den Markt zu gehen dem letzten Verbrauch zugeführt wird.

a) bei öffentlichen Haushalten: Unentgeltlich abgegebene Leistungen (→ öffentliche Güter), bewertet zu den bei ihrer Produktion aufgewendeten Kosten (auch: Staatsverbrauch).

b) bei privaten Haushalten: Dienstleistungen der im Haushalt Beschäftigten, bewertet zum jeweiligen Entgelt.

c) bei Unternehmen: im Unternehmen hergestellte und im Haushalt des Unternehmers verbrauchte Erzeugnisse. J. Be.

**Einfuhr** → Import; → Außenhandel; → Handelsbilanz

**Einkommen**
den Wirtschaftseinheiten auf Grund ihrer Position im Prozeß der volkswirtschaftlichen → Wertschöpfung oder auf Grund ihrer Position im gesellschaftlichen Gefüge zufließende Geldbeträge oder Naturalleistungen.

Man unterscheidet u. a.:

a) mit Rücksicht auf die Verteilungsstufe:
• → Faktoreinkommen (Stufe der Verteilung),
• laufende → Übertragungen (Stufe der Umverteilung);
b) unter klassenspezifischen Gesichtspunkten:
• Lohneinkommen (→ Lohn),
• Profiteinkommen (→ Gewinn);
c) unter Beachtung der Anspruchsgrundlage:
• kontraktbestimmte Einkommen (insbes. Löhne, Gehälter, Renten, Nettomieten und -pachten, Zinsen),
• Residualeinkommen (Gewinn im engeren Sinn);
d) als Kategorien des → Einkommenskreislaufs:
• Brutto-/Nettoeinkommen,
• Inlands-/Inländereinkommen,
• entstandenes/verteiltes/verfügbares Einkommen;
e) mit Rücksicht auf die ökonomische Substanz:
• Nominaleinkommen (jeweiliger Geldbetrag),
• Realeinkommen (mit Berücksichtigung der Kaufkraftänderung). Beim Volkseinkommen und beim → verfügbaren Einkommen muß vom Nachweis realer Größen abgesehen werden, weil keine geeigneten Deflatoren zur Verfügung stehen (→ Preisindex für das Bruttosozialprodukt).
f) als Steuergegenstand (→ Einkommensbesteuerung): Differenz der einem Wirtschaftssubjekt zufließenden Wertströme (Geldeinnahmen und Sachwerte, die mit Geldeinnahmen substituierbar sind) und der zu ihrer Erlangung notwendigen in Geld ausgedrückten »Vorleistungen«.
Das Einkommen stellt eine wichtige Bestimmungs- und Bezugsgröße einzelwirtschaftlicher Entscheidungen dar. Dementsprechend nimmt es in der → Haushaltstheorie (z. B. Budgetbeschränkung) ebenso wie in der Unternehmenstheorie (z. B. Gewinnmaximierungshypothese) einen hervorragenden Platz ein. Diese zentrale Stellung in der mikroökonomischen Theorie wird aber von der Rolle des aggregierten Einkommens in der Makroökonomik – zu-

mal seit der keynesianischen Revolution – noch übertroffen. Das Volkseinkommen ist nicht nur bedeutendste Zielvariable, sondern auch die entscheidende erklärende → Variable, z. B. in der → Konsumfunktion, dem Kernstück der → Beschäftigungstheorie, oder in der → Investitionsfunktion, dem maßgeblichen Konstruktionselement in der → Konjunktur- und → Wachstumstheorie.  F.G.

**Einkommensbesteuerung**
Steuergegenstand, -bemessungsgrundlage und -quelle der Einkommensbesteuerung ist das → Einkommen. Zum Einkommen zählen unstrittig die → Faktoreinkommen aus dem Produktionsprozeß; kein Einkommen sind Einnahmen aus einer Vermögensumschichtung (z. B. Verkauf von Wertpapieren und Sachvermögen), ebenso nicht Einnahmen aus Erbschaften und Spiel- und Lotteriegewinnen, die als Vermögensübertragungen anzusehen sind; strittig ist die Einbeziehung von Wertänderungen des → Vermögens (→ Wertzuwachsbesteuerung).
Die steuerrechtlichen Definitionen des Einkommens sind aus der Quellen- und der Reinvermögenszugangtheorie abgeleitet. Die Quellentheorie rechnet zum Einkommen nur solche Einkünfte, die stetig aus einer bestimmten Quelle fließen, d. h. regelmäßig wiederkehren und nicht nur einmalig anfallen. Einmalige Einkünfte sind in Sondersteuern zu erfassen. Ökonomische Begründungen für den Ausschluß einmaliger Einkünfte sind schwer zu finden; wenn auch einmalige und laufend zufließende Einkünfte möglicherweise unterschiedliche Nachfrageeffekte haben (höhere → Sparquote und vermehrter Kauf von langlebigen → Konsumgütern bei einmaligen Einkünften), so ist doch die Art der Verwendung dieser Einnahmen irrelevant zur Klärung der Frage, ob sie Einkommen darstellen oder nicht, weil allein der Zustrom von Werten (unabhängig, ob laufend oder nicht) die ökonomische Position eines Wirtschaftssubjektes ändert. Daneben bestehen praktische Schwierigkeiten bei der Anwendung dieser Definition: Regelmäßigkeit ist nur schwer zu beurteilen; bei

differenzierten Steuersätzen von regelmäßigen und unregelmäßigen Einkünften werden auch juristische Konstruktionen attraktiv, die Einkünften einen mehr oder weniger regelmäßigen Anschein geben können.

Die Reinvermögenszugangtheorie versteht unter Einkommen den Zuwachs an ökonomischer Verfügungsmacht (Vermögenszuwachs), gleich aus welcher Quelle er stammt und ohne Rücksicht auf die Regelmäßigkeit.

Einkommen kann von natürlichen und juristischen Personen erzielt werden. Als Einkommen der juristischen Personen sind deren unverteilte → Gewinne anzusehen (Gewinnausschüttungen stellen Einkommen der Anteilseigner dar). Weil juristische Personen letztlich im Eigentum von natürlichen Personen sind und diese damit auch Anspruch auf die unverteilten Gewinne haben, führt dies zu zahlreichen Abstimmungsproblemen zwischen der Einkommensteuer der natürlichen und juristischen Personen (→ Körperschaftsteuer).

Für die Definition der Bemessungsgrundlage von Einkommensteuern lassen sich ökonomische Kriterien finden; die Festlegung des Tarifverlaufs ist dagegen ein politisches Problem (→ Steuerprinzipien, → Steuerpolitik).

Voraussetzungen für die Erhebung von Einkommensteuern sind Einkommen der Wirtschaftssubjekte, die über dem → Existenzminimum liegen, ferner Rechenhaftigkeit und Fähigkeit zur quantitativen und qualitativen Bewältigung der Veranlagungs- und Erhebungsprobleme. Ihre Grenzen bestehen in den administrativen, wirtschaftlichen und psychologischen Anwendungsschwierigkeiten.

Die Wirkungen der Einkommensteuer äußern sich in der Beeinflussung des Faktoreinsatzes, der Nachfrage und den Redistributionseffekten (bei entsprechender Tarifgestaltung).

Die Kritik der Einkommensteuer stützt sich besonders auf die vermutete Beeinträchtigung der »incentives to work« und der »incentives to save«, weil die Nettofaktorpreise durch die Besteuerung verringert werden, was das Faktorangebot einschränke. Die Ergebnisse empirischer Untersuchungen stehen bisher diesen Vermutungen entgegen. »Incentives to work« werden kaum beeinträchtigt, da dem Substitutionseffekt der Besteuerung (Freizeit statt Arbeitszeit) der Einkommenseffekt (Aufrechterhalten eines bestimmten Einkommens- und Konsumniveaus) entgegenwirkt. Die Wirkung auf die → Vermögensbildung ist geringer als erwartet, weil die → Zinselastizität der Ersparnis sehr gering ist.

Die Einkommensteuer weist ein hohes Maß an Konjunkturempfindlichkeit auf (→ built-in-flexibility); wichtig für das Ausmaß ist die quantitative und qualitative Struktur der Einkommen, denn hohe Einkommen und Residualeinkommen sind empfindlicher als niedrige Einkommen und kontraktbestimmte Einkommen. Built-in-flexibility kann in gewissen Fällen destabilisierend wirken; dann und bei schweren konjunkturellen Störungen ist der Einsatz von diskretionären Maßnahmen angebracht (z. B. durch Änderung des Tarifs). Die Änderung der Bemessungsgrundlage als wirtschaftspolitisches Mittel ist aus steuersystematischen Gründen (Abweichen von steuerlicher und wirtschaftstheoretisch richtiger Bemessungsgrundlage) abzulehnen, wenn sie auch noch oft praktiziert wird; außerdem führt sie bei progressivem Tarifverlauf zu unterschiedlichen Entlastungseffekten. Die administrativen und politischen Hindernisse diskretionärer Politik können durch Vollmachten für die Regierung in Grenzen gehalten werden.

Redistributionseffekte können durch progressive Tarifgestaltung erzielt werden. Wegen der geringen Bedeutung von Vermögen- und Erbschaftsteuern (→ Vermögensbesteuerung) in den realen → Steuerverfassungen übt praktisch nur die Einkommensteuer Umverteilungsfunktionen aus, was zu starker Progression und damit eventuell negativen Anreizwirkungen zwingt, um substantielle Wirkungen zu erzielen. Die Umverteilung ist in der Realität geringer als die Tarifprogression erwarten läßt, weil gesetzlich zugelassene Gestaltungsmöglichkeiten starke Manipulationen der Bemessungsgrundlage ermöglichen und das »gläserne Portemonnaie« beim Quellenabzugsverfahren (Lohn-, Kapitalertragsteuer) den Beziehern dieser Einkommen geringere Ausweich- (und Hinterziehungs-) möglichkeiten bietet als das Veranlagungsverfahren. H.-W.K.

**Einkommenseffekt**

Der Gesamteffekt GE einer Preisänderung für ein Gut auf die nachgefragte Menge, die Mengenänderung durch Verlagerung des → Haushaltsoptimums ($P_1$) auf eine andere → Indifferenzkurve (neues Optimum $P_2$), setzt sich aus einem Einkommenseffekt EE und → Substitutionseffekt SE zusammen. In der Abb. werden die genannten Effekte für den Fall einer Preissenkung des Gutes x dargestellt. Der Einkommenseffekt entsteht durch die Veränderung des Realeinkommens anläßlich der Preisänderung. Er ist jene Mengenänderung, die durch Übergang auf die neue Indifferenzkurve nach

einer Änderung des nominalen → Einkommens bei unveränderten Preisen zustande gekommen wäre (P*). Er wird ermittelt, indem die ursprüngliche → Bilanzgerade parallel verschoben wird, bis sie die neue Indifferenzkurve tangiert (dann als Hilfsbilanzgerade bezeichnet). Bei normalen (superioren) Gütern sind Einkommensänderung und Einkommenseffekt gleichgerichtet, bei inferioren Gütern entgegengesetzt. H.M.W.

**Einkommenseffekt der Investition** → Multiplikatoranalyse

**Einkommenseffekt der Lohnänderung**
→ Arbeitsangebot

**Einkommenselastizität der Nachfrage**
gibt an, um wieviel Prozent sich die nachgefragte Menge x eines Gutes ändert, wenn sich das Einkommen E um ein Prozent ändert:

$$\varepsilon_{x, E} = \frac{dx}{x} : \frac{dE}{E}.$$

Ist $\varepsilon$ positiv, spricht man von einem superioren, ist $\varepsilon$ negativ, von einem inferioren Gut.

**Einkommenskreislauf**
beschreibt im engeren Sinn den definitionsgemäßen Zusammenhang zwischen Einkommensentstehung, -verteilung, -umverteilung und -verwendung. Der Einkommenskreislauf ist ein integraler Teil

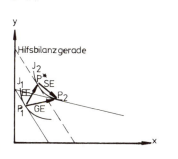

| Güterangebot (A) | $A = P$ | |
| und | $A = N$ | |
| Güterverwendung (N) | $N = V + C_p + C_{st} + I$ | |
| Produktion | $BIP = P - V$ | |
| Einkommensentstehung | $NIP = BIP - D - (T^{ID}\text{-}Z)$ | |
| Einkommensverteilung | $NIP = VE$ | Einkommens· |
| Einkommensumverteilung | $VVE = VE + (T^{ID}\text{-}Z)$ | kreislauf |
| Einkommensverwendung | $VVE = C_p + C_{st} + S$ | |
| Vermögensveränderung | $S = I - D$ | |

geschlossener
Kreislauf

| INLANDSKONZEPT | | INLÄNDERKONZEPT |
|---|---|---|
| Summe der Produktionswerte (P)<br>− Summe der Vorleistungen (V)<br>= Bruttoinlandsprodukt (BIP) | + Saldo der Erwerbs- und Vermögenseinkommen zwischen Inländern und der übrigen Welt | = Bruttosozialprodukt (BSP) |
| − Abschreibungen (D)<br>= Nettoinlandsprodukt zu Marktpreisen | + Saldo der Erwerbs- und Vermögenseinkommen zwischen Inländern und der übrigen Welt | − Abschreibungen (D)<br>= Nettosozialprodukt zu Marktpreisen |
| − Indirekte Steuern ($T^{ID}$)<br>+ Subventionen (Z)<br>= Nettoinlandsprodukt zu Faktorkosten (NIP) | + Saldo der Erwerbs- und Vermögenseinkommen zwischen Inländern und der übrigen Welt | − Indirekte Steuern ($T^{ID}$)<br>+ Subventionen (Z)<br>= Nettosozialprodukt zu Faktorkosten (Volkseinkommen; VE) |
| = Summe der im Inland entstandenen Erwerbs- und Vermögenseinkommen,<br>und zwar<br>   Einkommen aus unselbständiger Arbeit (Inlandskonzept)<br>   Einkommen aus Unternehmertätigkeit und Vermögen (Inlandskonzept) | | = Summe der den Inländern letztlich zugeflossenen Erwerbs- und Vermögenseinkommen,<br>und zwar<br>   Einkommen aus unselbständiger Arbeit (Inländerkonzept)<br>   Einkommen aus Unternehmertätigkeit und Vermögen (Inländerkonzept) |
| | | + Saldo der laufenden Übertragungen zwischen Inländern und der übrigen Welt<br>= Verfügbares (Volks-) Einkommen (VVE)<br>  = Einkommensverwendung für<br>   Privaten Verbrauch ($C_p$)<br>   Staatsverbrauch ($C_{st}$)<br>   Ersparnis (S) |

des gesamtwirtschaftlichen Kreislaufs (→ Volkswirtschaftliche Gesamtrechnung).

Darstellung am Beispiel des → Wirtschaftskreislaufs einer geschlossenen Volkswirtschaft:

Für eine offene Volkswirtschaft sind Teile des Einkommenskreislaufs nach → Inlands- und → Inländerkonzept getrennt auszuweisen (vgl. schematischer Überblick). F.G.

**Einkommensmechanismus**
→ Zahlungsbilanzmechanismen

**Einkommenspolitik**
im weitesten Sinne jede wirtschaftspolitische Maßnahme, welche die Höhe der → Einkommen berührt. Zu unterscheiden ist zwischen Maßnahmen, die eine nachträgliche Korrektur der marktbedingten Einkommensentwicklung zum Ziele haben (→ Verteilungspolitik) und einer Einkommenspolitik, welche die Gestaltung der Einkommen bereits bei ihrer Entstehung als Mittel zur Erreichung größerer Preisniveaustabilität ansieht (Stabilitätspolitik). Vorwiegend in diesem letzten Sinne wird Einkommenspolitik in der heutigen wirtschaftspolitischen Diskussion verstanden. Die theoretische Begründung einer preisstabilisierenden Einkommenspolitik stützt sich auf die Annahme der autonomen, von der jeweiligen Nachfragesituation unabhängigen Preisfestsetzungsmacht der Anbieter von Gütern und Faktorleistungen. Bei entsprechendem Verhalten der Anbieter kommt es zu Preissteigerungen, deren Ursache durch die traditionelle Geld- und Kreditpolitik ohne Gefährdung der Vollbeschäftigung und des wirtschaftlichen Wachstums nicht beseitigt werden kann. Um solche negative Begleiterscheinungen traditioneller Stabilitätspolitik zu vermeiden, soll das inflationäre Verhalten der Anbieter mit einkommenspolitischen Maßnahmen beeinflußt werden. Da sich die → Gewinne weitgehend einer genauen Kontrolle entziehen und deshalb kaum faß- und lenkbar sind, werden die auf die Lohngestaltung ausgerichteten einkommenspolitischen Instrumente durch preispolitische Maßnahmen ergänzt, die lediglich eine mittelbare Wirkung auf die Höhe der Selbständigeneinkommen haben.

Geordnet nach der Intensität der staatlichen Eingriffe läßt sich folgende Einteilung des einkommenspolitischen Instrumentariums treffen:

a) indirekte Einkommenspolitik: marktkonforme Maßnahmen, die den Marktmechanismus durch Abbau von Marktunvollkommenheiten stärken (z. B. Maßnahmen zur Intensivierung des → Wettbewerbs). Die Handlungsmacht der → Gewerkschaften und Unternehmen wird dadurch mittelbar beeinflußt.

b) direkte Einkommenspolitik: 1. freiwillige Kooperation zwischen den staatlichen Stellen und den Verbänden der autonomen wirtschaftlichen Gruppen in Form des unverbindlichen Dialogs (z. B. → Konzertierte Aktion) oder durch zeitlich befristete Übereinkommen (Stabilitäts- oder Rahmenpakt). 2. staatliche Lohn- und Preiskontrollen: Die schwächste Form sind lohn- und preispolitische Verhaltenshilfen durch globale Appelle an das Wohlverhalten der sozialen Gruppen (moral suasion) und durch die Empfehlung von konkreten quantitativen Leitlinien der Lohn- und Preisentwicklung, deren Einhaltung z. B. durch Mobilisierung der öffentlichen Meinung oder durch die Androhung stärkerer Maßnahmen erzwungen werden soll.

Ein stärkeres Instrument ist die verbindliche Festsetzung von Lohn- und Preisleitlinien, die auf eine bestimmte Zeitperiode bezogene Lohn- und Preiserhöhungen über einen bestimmten Prozentsatz nicht zulassen.

Die schärfste Form der direkten Einkommenspolitik ist der Lohn- und Preisstop, bei dem die Preise und Löhne für einen bestimmten Zeitraum nicht erhöht werden dürfen.

Bei den Lohn- und Preiskontrollen sind i. d. R. Ausnahmegenehmigungen durch staatliche Lohn- und Preisbehörden vorgesehen (zulässige Überschreitung festgelegter Lohnleitlinien bei Nachweis außergewöhnlicher Produktivitätssteigerung; Genehmigung von Preiserhöhungen infolge von Preissteigerungen bei importierten Vorprodukten).

In keinem Land haben bisher die Instrumente der direkten Einkommenspolitik bei der dauerhaften Bekämpfung der → Inflation den erhofften Erfolg gezeigt. Die Einhaltung von unverbindlichen Richtlinien durch die einzelnen sozialen Gruppen ist bei der in der Inflation verschärften verteilungspolitischen Situation kaum zu erwarten, zumal die quantitative Festsetzung der Leitlinien auf eine fehlerhafte → Diagnose und Prognose der wirtschaftlichen Entwicklung begründet sein kann. Auch die jüngsten Erfahrungen mit verbindlichen Lohn- und Preisleitlinien und mit dem Lohn- und Preisstop (USA, Norwegen, Dänemark, Italien) zeigen die Funktionsmängel dieser Instrumente, die aus diesem Grund noch kein Ersatz für eine mit den traditionellen wirtschaftspolitischen Mitteln durchgeführte Stabilitätspolitik sind. Staatliche Eingriffe in das Lohn- und Preisgefüge ermöglichen bestenfalls kurzfristig eine Unterbrechung der inflationären Entwicklung; bei Aufhebung dieser Maßnahmen führt der aufgestaute Nachholbedarf zu beträchtlichen Korrekturen der Löhne und Preise nach oben. Neben den Wirkungsschwächen weisen die Kritiker auch auf den dirigistischen Charakter dieser Eingriffe hin (→ Tarifautonomie), die mit dem System der → Marktwirtschaft nicht vereinbar sind.   T. F.

**Einkommensteuersystem**

a) Bemessungsgrundlage: Im Einkommensteuersystem der BRD gilt als → Einkommen der Gesamtbetrag aller Einkünfte von natürlichen Personen (nach Ausgleich der Verluste), der sich aus den folgenden sieben Einkommensarten ergibt: Einkünfte aus Land- und Forstwirtschaft, aus Gewerbebetrieb, aus selbständiger Arbeit, aus unselbständiger Arbeit, aus Kapitalvermögen, aus Vermietung und Verpachtung und sonstige (z. B. → Renten, Spekulationsgewinne). Während die Einbeziehung der ersten sechs Einkunftsarten in die Einkommensteuer unstrittig ist (→ Wertschöpfung), stellt die letzte Einkommensart einen Kompromiß dar. Rentenzahlungen sind weder Wertschöpfung noch Wertänderungen, Spekulationsgewinne sind ein unzulänglicher Versuch der steuerlichen Erfassung von Wertänderungen (→ Wertzuwachsbesteuerung).

Es bestehen drei Arten der Einkommensermittlung: Vermögensvergleich, Überschußermittlung und Pauschalierung. Bei den Einkünften aus Land- und Forstwirtschaft, Gewerbebetrieb und selbständiger Arbeit wird der Gewinn aus dem Vermögenszuwachs (unter Berücksichtigung von Einlagen und Entnahmen) ermittelt durch Abzug der Betriebsausgaben; praktisch reduziert sich die Gewinnermittlung jedoch auf den Vergleich von Ertrag und Betriebsausgaben (ohne Wertzuwächse des Vermögens), so daß nicht von einer Anwendung der Reinvermögenszugangstheorie gesprochen werden kann (→ Einkommensbesteuerung). Der Überschuß der Einnahmen über die Werbungskosten (Ausgaben zur Erwerbung, Sicherung und Erhaltung der Einnahmen) dient bei den übrigen Einkunftsarten als Bemessungsgrundlage. Anstelle dieser beiden Ermittlungsarten ist auch Pauschalierung möglich (der Bemessungsgrundlage oder der Steuer selbst; Verstoß gegen ökonomische Einkommensdefinition), besonders in der Landwirtschaft und bei der Bemessung des Nutzungswertes des Eigenheims. Erlaubt ist auch der Pauschalansatz von Werbungskosten und Sonderausgaben, wobei innerhalb gewisser Grenzen der Nachweis höherer Aufwendungen möglich ist.

Die Wertminderung von Produktionsvermögen wird durch lineare → Abschreibung vom Anschaffungswert, geometrisch-degressive Abschreibung vom Buchwert und Sofortabschreibung bei Anlagevermögen unter 800,– DM erfaßt. Die persönlichen Verhältnisse sollen durch Freibeträge für den Zensiten und seine Angehörigen sowie Abzug von Sonderausgaben (Versicherungs- und Bausparbeiträge), Kirchen- und Vermögensteuer, Steuerberatungskosten, § 10 EStG) sowie außergewöhnliche Belastungen (§ 33, 33a, 34, 34a–d EStG) von der Bemessungsgrundlage berücksichtigt werden. Diese Praxis ist umstritten, weil die Ausgaben (außer persönlichem Freibetrag des Zensiten: Vorleistung) Einkommensverwendung darstellen und systematisch eher durch Prämien begünstigt werden sollten.

b) Tarif: Der Steuersatz der Einkommensteuer ist progressiv, wobei eine Durchstaffelung stattfindet: Die steigenden Sätze beziehen sich nur auf bestimmte Einkommensteile, die effektive Durchschnittsbelastung nähert sich dem Spitzensatz. Technisch wird das durch Abzug eines bestimmten Betrages von der Steuerschuld innerhalb der beiden Proportionalzonen (19% bzw. 53%) ermöglicht, der mit steigendem Einkommen relativ unwichtiger wird, so daß sich die Belastung dem Spitzensatz nähert.

c) Erhebung: Die Besteuerung gewerblicher Einkünfte, des Lohns und des Kapitalertrags unterscheidet sich in der Erhebungsform: Veranlagung durch Steuererklärungen des Zensiten gegenüber dem Finanzamt bzw. Quellenabzugsverfahren, wobei pauschalierte Freibeträge, Werbungskosten und Sonderausgaben bereits in die Lohnsteuertabelle eingearbeitet sind; nicht pauschalierte Aufwendungen können im Lohnsteuerjahresausgleich geltend gemacht werden. Die veranlagte Steuer ist nach amtlicher Festsetzung der Steuerschuld zu zahlen. Zwischenzeitlich werden Vorauszahlungen aufgrund der letzten Veranlagung geleistet, bei größeren Einkommensänderungen können die Zahlungen auch angepaßt werden (konjunkturpolitisch wichtig). H.-W.K.

## Einkommenstheorie des Inflationsimports

Erklärung einer → importierten Inflation bei → festen Wechselkursen mit einer → inflatorischen Lücke, die durch einen Überschuß in der → Leistungsbilanz ausgelöst wird. Sie ist eine Variante der Saldentheorie des Inflationsimports, nach der eine Übertragung einer Auslandsinflation durch einen Leistungsbilanzüberschuß erfolgt, der bei Auslandsinflation und Preisstabilität (oder geringeren Preissteigerungsraten) im Inland im Falle einer normalen Reaktion der Leistungsbilanz entsteht. Der Grad des Inflationsimports wird durch das Ausmaß des Saldos bestimmt.

Ein Leistungsbilanzüberschuß bzw. dessen Zunahme führt über den → Exportmultiplikator und das → Akzelerationsprinzip zu einer Einkommenssteigerung im Inland. Die damit verbundene Nachfrageerhöhung ruft bei → Vollbeschäftigung eine → inflatorische Lücke und Preissteigerungen hervor. Aufgrund der → Interventionspflicht der Währungsbehörden erfolgt bei einem Devisenzufluß eine Erhöhung der Menge an → Zentralbankgeld und damit der → Liquidität. Falls eine Zinssenkung eintritt, werden die Preissteigerungen durch die erhöhte Investitionsgüternachfrage verstärkt. Die genannten Wirkungen können durch Kapitalexporte, denen eine freiwillige Ersparnis zugrunde liegt, abgeschwächt werden. Allerdings wird sich eine damit verbundene Erhöhung des Einkommens im Ausland wieder auf Leistungsbilanz und Inlandspreise auswirken. Maßnahmen zur Drosselung der Inlandsnachfrage vergrößern bei permanentem Preisanstieg im Ausland den Leistungsbilanzüberschuß und erweisen sich als self defeating. Im Falle einer gleichen prozentualen Erhöhung der Auslandspreise der Außenhandelsgüter kann ein Inflationsimport durch → Aufwertung der inländischen Währung verhindert werden. H.M.W.

## Einkommensübertragungen
→ Übertragungen

## Einkommensumverteilung

(= Redistribution) Stufe des → Einkommenskreislaufs, auf der sich durch freiwillige oder zwangsweise zustandekommende laufende → Übertragungen eine interpersonelle bzw. intersektorale Umverteilung des in der Produktion entstandenen und auf der Primärstufe verteilten → Einkommens vollzieht.

Wie die → Volkswirtschaftliche Gesamtrechnung zeigt, bestehen zwischen den sektoralen Anteilen am → Volkseinkommen und den sektoralen Anteilen am → verfügbaren Einkommen erhebliche durch Umverteilungsgewinne bzw. -verluste bedingte Unterschiede. Auch zwischen dem Volkseinkommen insgesamt und dem verfügbaren Einkommen besteht eine Differenz in Höhe des Saldos der laufenden → Übertragungen zwischen → Inländern und der übrigen Welt.

Im Umverteilungsprozeß spielt der → Wirtschaftssektor Staat eine besonders wichtige Rolle, und zwar unter zweifachem Aspekt: Die Umverteilung *zum* Staatssektor dient dem Mittelaufkommen zur Durchführung der → Staatstätigkeit im engeren Sinne. Die Umverteilung *über* den Staatssektor dient dem sozialen Ausgleich zwischen den Wirtschaftssubjekten; der Staat (oder die zum Staatssektor zählenden Träger und Gemeinschaftseinrichtungen der Sozialen Sicherung) fungiert lediglich als Mittler.

Bei einer Analyse der Übertragungen nach leistenden und empfangenden Sektoren fällt es schwer, die indirekten Steuern (desgleichen die → Subventionen) richtig zuzuordnen. Zwar fließen die indirekten Steuern vom Unternehmenssektor zum Staat, aber es steht außer Zweifel, daß sie auf die Preise überwälzt werden, so daß sie letztlich von anderen Sektoren (insbes. Haushaltssektor) getragen werden. In der Volkswirtschaftlichen Gesamtrechnung erscheinen die indirekten Steuern deshalb nicht als »geleistete«, sondern nur als »empfangene« Übertragungen. Das Problem tritt verstärkt auf, wenn man von einer sektoralen Schichtung, wie sie der Volkswirtschaftlichen Gesamtrechnung zugrunde liegt, abgeht. Nimmt man z. B. eine Gruppierung nach Leistungempfängern und -trägern bei der → Sozialversicherung vor, ergeben sich die beschriebenen Schwierigkeiten in bezug auf die Staatszuschüsse und die Arbeitgeberbeiträge. Zieht man in Betracht, daß die Staatszuschüsse z. T. aus indirekten Steuern finanziert werden und auch die Arbeitgeberbeiträge auf die Preise überwälzt werden, gelangt man zum Ergebnis, daß die Empfänger der Übertragungseinkommen selbst Beiträge dazu leisten. Diese Beiträge sind u. U. relativ groß, weil die unteren Einkommensschichten, zu denen die Sozialleistungsempfänger gehören, häufig von Preisaufschlägen besonders stark betroffen werden (Regressivwirkung). Derartige Inzidenzprobleme treten mit der Ausweitung der Einkommensumverteilung immer stärker hervor. Die Folge ist eine Gewichtsverlagerung zwischen vertikaler Einkommensumverteilung (von den hoch Verdienenden zu den niedrig Verdienenden) und horizontaler Einkommensumverteilung (innerhalb der gleichen Einkommensschichten) zugunsten dieser letzteren.

Die Begründung der Einkommensumverteilung erfolgt zum einen mit dem Argument der Zweckmäßigkeit der unentgeltlichen Bereitstellung bestimmter Güter, nämlich der → öffentlichen Güter, durch den Staat und der daraus resultierenden Notwendigkeit der Steuereinhebung, zum anderen mit dem Argument der sozialen Gerechtigkeit und der Solidarität zwischen den verschiedenen sozialen Schichten und Altersgruppen.

Auf individualistischer Basis lassen sich Übertragungen durch Nutzeninterdependenz erklären. Wenn der → Nutzen eines Individuums nicht nur aus dem eigenen Konsum entsteht, sondern auch vom Konsum und dem daraus resultierenden Nutzen anderer Wirtschaftssubjekte, so kann es nutzensteigernd für jemanden sein, den anderen einen Konsum durch Schenkungen zu ermöglichen. Soll sichergestellt werden, daß die anderen auch wirklich das Gut konsumieren, bei dem für den Schenker Nutzeninterdependenz besteht, muß dieses Gut (und nicht Geld) transferiert werden.

Einkommensverteilung und -umverteilung können nicht isoliert voneinander betrachtet werden. Die Umverteilung ist z. T. die Reaktion auf den unbefriedigenden Stand der → Einkommensverteilung. Es besteht aber auch eine → Rückkopplung zwischen Einkommensumverteilung und Einkommensverteilung: Da das verfügbare persönliche Einkommen für den privaten Konsum eine bedeutende Rolle spielt, beeinflußt es die Nachfrage, die Produktion und letztlich also auch wieder die Einkommensverteilung.    F.G.

**Einkommens- und Verbrauchsstichprobe**
→ Konsum; → Preisindex für die Lebenshaltung

**Einkommensverteilung**
Aufteilung des → Einkommens nach verschiedenen theoretisch und politisch relevanten Kriterien (z. B. Produktionsfaktoren, Kategorien des Steuerrechts, sozioökonomische Gruppen).

a) Funktionale Einkommensverteilung: Distribution des Volkseinkommens auf die an seiner Entstehung beteiligten Produktionsfaktoren. Sie ist seit den Klassikern das beherrschende Untersuchungsobjekt der volkswirtschaftlichen → Verteilungstheorie. Ihre Hauptkategorien sind → Lohn, → Zins, → Grundrente und → Gewinn.

b) Einkommensverteilung im Sinn der → Volkswirtschaftlichen Gesamtrechnung: in enger Anlehnung an die Konzeption der funktionalen Einkommensverteilung dargestellte Distributionsvorgänge auf der Stufe der Primärverteilung des → Einkommenskreislaufs (vgl. schematischer Überblick).

Bei Staat und Haushalten *entstehen* nur Bruttoeinkommen aus unselbständiger Arbeit, bei Unternehmen auch Bruttoeinkommen aus Unternehmertätigkeit und Vermögen (erwirtschafteter Betriebsüberschuß nach Abzug von Abschreibungen, einschl. Zinsen auf das betriebsbedingte Kapital).

Bei der primären Einkommensverteilung *empfangen* Unternehmen und Staat nur Einkommen aus Unternehmertätigkeit und Vermögen (in Form von Zinsen, Dividenden u. ä., Nettopachten u. ä. und Entnahmen aus Unternehmen ohne eigene Rechtspersönlichkeit). Die Haushalte empfangen auch Bruttoeinkommen aus unselbständiger Arbeit.

*Geleistet* werden von allen → Wirtschaftssektoren sowohl Einkommen aus unselbständiger Arbeit als auch Einkommen aus Unternehmertätigkeit und Vermögen. Unter die letzteren fallen beim Staat aber nur die Zinsen auf öffentliche Schulden, bei den Haushalten lediglich die Zinsen auf Konsumentenschulden.

Als Anteil am Volkseinkommen verbleibt beim Unternehmenssektor allein der unverteilte Gewinn der Unternehmen mit eigener Rechtspersönlichkeit.

c) Personelle Einkommensverteilung: Distribution des Einkommens auf die Wirtschaftssubjekte oder (häufiger) auf die nach geeigneten Kriterien geordneten Haushalte. Auf die personelle Einkommensverteilung richtet sich das Hauptinteresse der → Verteilungspolitik, denn sie bestimmt die Unterschiede die auf das Einkommen begründeten → Lebensstandards und damit auch den sozialen Status der Wirtschaftssubjekte.

Die personelle Einkommensverteilung unterscheidet sich von der funktionalen Einkommensverteilung (und den daraus abge-

| Schema der Einkommensverteilung in der Volkswirtschaftlichen Gesamtrechnung | |
|---|---|
| Stadium der Einkommensentstehung | Anteil am Nettoinlandsprodukt zu Faktorkosten |
| Verteilungsvorgänge im Bereich der primären Einkommensverteilung | + Empfangene Bruttoeinkommen von Inländern und aus der übrigen Welt <br> − Geleistete Bruttoeinkommen an Inländer und an die übrige Welt |
| Stadium nach Abschluß der primären Einkommensverteilung | = Anteil am Nettosozialprodukt zu Faktorkosten |

leiteten Kennziffern, z. B. → Lohnquote) begriffssystematisch durch die Zugrundelegung des nach der → Einkommensumverteilung verbleibenden → verfügbaren Einkommens, materiell durch die Berücksichtigung der Querverteilung, d. h. der aus verschiedenen Quellen fließenden Einkommen und der in unterschiedlicher Veranlassung abgeführten → Übertragungen.

Eine Darstellung der Einkommensverteilung stößt auf zahlreiche Probleme, deren schwierigste die Erfassung der Verteilungswirkungen der Preisstruktur und des Angebots an → öffentlichen Gütern sind. Doch selbst hiervon abgesehen, sind die statistischen Voraussetzungen zur Untersuchung der personellen Einkommensverteilung generell noch unbefriedigend. Aus der Volkswirtschaftlichen Gesamtrechnung lassen sich unmittelbar Erkenntnisse über die Einkommensverteilung nach → Wirtschaftssektoren gewinnen.

Mit ergänzendem statistischem Material werden auch Vergleiche zwischen den Haushaltseinkommen von Selbständigen und Unselbständigen möglich. Das Hauptergebnis ist, daß eine erhebliche Disparität zu ungunsten der letzteren besteht und daß sich diese Disparität mittelfristig kaum verändert hat.

Anhaltspunkte für die personelle Einkommensverteilung liefern darüberhinaus die Einkommensteuerstatistik und die Einkommens- und Verbrauchsstichproben (Tab.). Sie zeigen auch, daß die Bruttoeinkommen wesentlich ungleichmäßiger verteilt sind als die Nettoeinkommen. In dieser Tatsache kommt die Korrektur des am Markt erzielten Einkommens durch progressive → Einkommensbesteuerung, → Sozialversicherung und sonstige staatliche Transfers zum Ausdruck. Eine Veränderung der personellen Einkommensverteilung ist im mittelfristigen Vergleich auf der Basis der genannten Statistiken für die BRD nicht festzustellen (Abb.).

Zur Messung der Einkommensverteilung werden neben der hier verwendeten → LORENZ-Verteilungsfunktion u. a. auch die → GIBRAT-, → GINI- und → PARETO-Verteilungsfunktionen herangezogen.

Die zu beobachtende stark ungleichmäßige Einkommensverteilung hat zahlreiche unerwünschte Auswirkungen, die eine ver-

Einkommensschichtung der privaten Haushalte
(Einkommens- und Verbrauchsstichprobe 1969)

| | Ins- gesamt | Selb- stän- dige[1] | Land- wirte | Beamte | Ange- stellte | Arbei- ter | Nicht- er- werbs- tätige |
|---|---|---|---|---|---|---|---|
| Anzahl der Haushalte (1000) | 20 540 | 1 568 | 765 | 1 229 | 3 576 | 6 323 | 7 079 |
| Monatliches Nettoeinkommen von … bis unter … DM | | | Anteil in % | | | | |
| unter 600 | 14,6 | 2,3 | 4,2 | 0,4 | 1,2 | 3,3 | 37,9 |
| 600 bis 800 | 10,0 | 3,6 | 3,0 | 0,5 | 4,8 | 8,2 | 18,1 |
| 800 bis 1 000 | 11,7 | 4,5 | 5,8 | 4,5 | 8,6 | 15,3 | 13,4 |
| 1 000 bis 1 200 | 12,5 | 6,4 | 11,4 | 10,8 | 11,4 | 19,2 | 8,9 |
| 1 200 bis 1 500 | 16,5 | 10,1 | 13,1 | 20,0 | 19,4 | 24,9 | 8,6 |
| 1 500 bis 2 000 | 17,5 | 19,0 | 27,2 | 28,7 | 26,1 | 20,0 | 7,5 |
| 2 000 bis 2 500 | 8,6 | 15,9 | 18,1 | 18,8 | 15,1 | 6,3 | 3,0 |
| 2 500 bis 5 000 | 7,7 | 30,2 | 16,7 | 16,4 | 12,6 | 2,5 | 2,4 |
| 5 000 bis 10 000 | 0,8 | 7,9 | 0,3 | 0,1 | 0,7 | 0,0 | 0,1 |

[1]) Ohne Landwirte.

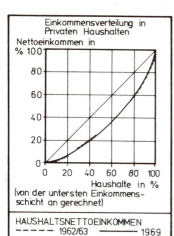

Einkommensverteilung in Privaten Haushalten

Nettoeinkommen in %

Haushalte in % (von der untersten Einkommensschicht an gerechnet)

HAUSHALTSNETTOEINKOMMEN
- - - - - 1962/63 ——— 1969

teilungspolitische Aktivität motivieren. Erfahrungsgemäß sparen die Bezieher niedriger Einkommen nicht nur absolut, sondern auch relativ (zu ihrem Einkommen) weniger als die Bezieher hoher Einkommen. Disponibles Kapital geringen Umfangs ist aber meist von hochrentierlichen Anlagen ausgeschlossen. Es ist zudem vorwiegend als → Geldvermögen zu halten, das bei Geldwertschwund Substanzverluste erleidet, wenn die Erträge nicht zur Kompensation ausreichen. So wohnt einer ungleichmäßigen Einkommensverteilung eine Tendenz zur Verschärfung inne.

F.G.

**Einkommensverwendung**
→ Einkommenskreislauf

**Einlagenpolitik**
→ Deutsche Bundesbank

**Einschleusungspreis**
→ Agrarmarktordnung

**Elastizitäten**
wichtiges Instrument der wirtschaftswissenschaftlichen Analyse, das auf Alfred MARSHALL zurückgeht. In der Wirt-

schaftstheorie wird häufig mit Verknüpfungen der Form y = f (x), wobei x eine unabhängige und y eine abhängige → Variable ist, gearbeitet. Die Elastizität ε ist das Verhältnis der relativen Änderung der abhängigen Variablen zur relativen Änderung der unabhängigen Variablen und wird als Bogenelastizität bzw. Punktelastizität definiert. Die Bogenelastizität wird für ein endliches Intervall ($\Delta x$, $\Delta y$) der betreffenden Kurve ermittelt (Abb. 1). Ihre Formel lautet:

$$\varepsilon_{y,x} = \frac{y_1 - y_0}{\frac{1}{2}(y_1 + y_0)} : \frac{x_1 - x_0}{\frac{1}{2}(x_1 + x_0)}$$

Die Punktelastizität ist für infinitesimal kleine Größenänderungen definiert; sie bezieht sich auf einen bestimmten Punkt der Kurve. Ihr Wert ergibt sich aus der Steigung der Kurve im betreffenden Punkt ($= tg\alpha$) und dessen Koordinaten $x_0$, $y_0$ (Abb. 2). Es gilt die Formel:

$$\varepsilon_{y,x} = \frac{dy}{y} : \frac{dx}{x}.$$

R. W.

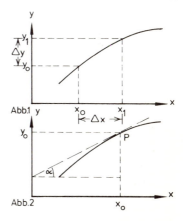

Abb.1

Abb.2

**Elastizitätspessimismus**
→ Wechselkurstheorie

**EMA** European Monetary Agreement.
→ Europäisches Währungsabkommen

**Embargo**
Verbot des Exports bestimmter Waren, (meist in Kriegszeiten für wichtige Rohstoffe und Waffen).

**embodied technical progress**
→ technischer Fortschritt

**Emissionsgesetz** → Währungsreform

**Endnachfrage**
→ Stromgröße der → Volkswirtschaftlichen Gesamtrechnung und der → Input-Output-Tabelle: Summe aus letzter inländischer Verwendung (Konsum der Haushalte, → Staatsverbrauch, Bruttoinvestition) und Export von Sachgütern und Dienstleistungen (ohne Faktorleistungen).

**endogenes Geld** → Innengeld

**endogene Variable** → Variable

**Energiepolitik**
planmäßige Maßnahmen der staatlichen → Träger der Wirtschaftspolitik zur Sicherstellung und zur Substitution der Energieträger in Abhängigkeit von den wirtschaftspolitischen → Zielen.
Der Sicherstellung der Energieversorgung dient eine Diversifizierung bezüglich der Energieträger und der Lieferländer, so daß auf Versorgungsstörungen elastisch reagiert werden kann.
Eine beständige Substitution von Energieträgern ist notwendig, da sich die Preise der Energieträger unterschiedlich entwickeln, da die Angebotselastizitäten differieren, da sich langfristig die Verfügbarkeit der Energieträger in Abhängigkeit von den Reserven und dem → technischen Fortschritt ändert und da sich die Nachfrage nach einzelnen Energieträgern in Abhängigkeit von Änderungen in → Technologie und → Präferenzen im Produktions- bzw. im Konsumbereich verschiebt.
Wegen der Bedeutung der Energieversorgung für das → Wachstum einer Volkswirtschaft weisen die neuerdings dargestellten Grenzen des Energieverbrauchs (durch Ausschöpfung der fossilen Reserven oder Ziele der → Umweltschutzpolitik) auf neue

Elemente einer Energiepolitik hin: vermehrte Nutzung natürlicher Energiequellen (Sonnen-, Wind-, Gezeiten-, geothermische Energie); Maßnahmen zur Erhöhung des Wirkungsgrades bei der Energieproduktion (heute bei 30–40%) und beim Energieverbrauch; Förderung von energiesparendem technischen Fortschritt.
Das energiepolitische Instrumentarium der BRD findet sich in folgenden Gesetzen:
a) Energiewirtschaftsgesetz vom 13. 12. 1935;
b) Atomgesetz vom 23.12.1959;
c) Steinkohlen-Rationalisierungsgesetz vom 29.7.1963;
d) Mineralöl-Bevorratungs-Gesetz vom 9.9.1965;
e) Steinkohlensicherungsgesetz vom 5. 9. 1966;
f) Kohlegesetz vom 15.5.1968;
g) Energiesicherungsgesetz vom 9. 11. 1973. W.Sch.

**Energiewirtschaft**
Wirtschaftszweig, der die Gewinnung, Verarbeitung und Verteilung von Energieträgern zum Ziel hat. Die Gewinnung besteht in der Förderung von Primärenergieträgern: Erdöl, Steinkohle, Braunkohle, Kernkraft, Wasserkraft, Gas.
Eine Schätzung der vorhandenen Weltreserven ist sehr problematisch, da diese von den Preisen und den Förderungstechnologien abhängig sind. Schätzungen stimmen aber darin überein, daß die Kohlereserven (in British Thermal Units: 1 BTU = 0,252 kcal) etwa um den Faktor 10 größer sind als die Ölreserven. Mit der Verarbeitung von Primärenergieträgern wird der Energieträger in die Form umgewandelt, die für Produktions- und Konsumtionszwecke nachgefragt wird: Elektrizität, Mineralölprodukte, Kohleprodukte (sekundäre Energieträger). Die Verarbeitung erfolgt in Kraftwerken und Erdölraffinierien.
Die Verteilung der Energieträger erfolgt durch verschiedene Transportsysteme: Elektrische Leitungen, Pipelines, Eisenbahn- und Lkw-Transport.
Die volkswirtschaftliche Bedeutung der Energiewirtschaft liegt darin begründet,

daß jedes produzierende und konsumierende System Energie-Inputs zur Aufrechterhaltung seiner Prozesse benötigt; Energieträger sind zwar substituierbar, nicht jedoch Energie. Die Höhe des → Sozialprodukts, die Steigerung der → Produktivität und der → Lebensstandard sind abhängig vom Umfang des Energieverbrauchs bzw. dessen Zuwachsraten (z. Z. 7 bis 8 % jährlich). W. Sch.

### ENGEL'sches Gesetz

von dem sächsischen Statistiker Ernst ENGEL 1857 aufgezeigter Zusammenhang, daß bei steigendem Einkommen die Nahrungsmittelausgaben absolut zunehmen, ihr Anteil am Einkommen jedoch sinkt: Die → Einkommenselastizität der Nachfrage nach Nahrungsmitteln ist kleiner Eins. Das ENGEL'sche Gesetz zählt zu den empirisch am besten fundierten ökonomischen Gesetzmäßigkeiten. Die Kurve, welche die Beziehung zwischen Einkommen und Nachfragemengen oder Ausgaben eines oder einer Gruppe von Haushalten für ein Gut bzw. eine Gütergruppe darstellt, wird als ENGEL'sche Kurve bezeichnet. H. M. W.

### Enteignung → Eigentum; → Vergesellschaftung; → Verstaatlichung

### Entscheidungsprognose
→ Diagnose und Prognose

### Entscheidungstheorie

Menge von Modellen, bei denen ein Aktor (oder mehrere) in einer bestimmten Umgebung oder Umwelt (soweit für das Entscheidungsproblem relevant) durch Anwendung einer Entscheidungsmaxime auf eine durch ein Wertsystem bzw. einen Bewertungsmaßstab geordnete Menge von Aktionen eine bestimmte Handlung auswählt. Die so definierte Entscheidungstheorie kann als reine Logik der Entscheidung (Entscheidungslogik) aufgefaßt werden, insoweit nur die logischen Implikationen rationaler Wahl angegeben werden; sie kann aber auch als Erklärung tatsächlichen Verhaltens in Entscheidungssituationen (deskriptive Entscheidungstheorie)

verstanden werden. Schließlich empfiehlt die Entscheidungstheorie als präskriptive oder normative Theorie die Anwendung gewisser rationaler Wahlmaximen. Als Theorie des → Rationalverhaltens umfaßt ihr Rationalitätsmodell Maximen für die Wahl bestimmter Handlungen aus der Menge der möglichen Handlungen, wobei verschiedenartige Prinzipien »rationalen« Verhaltens aufgestellt werden.

Die Entscheidungsmodelle (als Extremierungs- oder Maximierungsmodelle) lassen sich unter folgenden Gesichtspunkten ordnen:

a) nach der Anzahl der Zielsetzungen und nach der Anzahl der Entscheidungsträger (Gruppen-, Team-Entscheidungen);

b) nach der Anzahl der Entscheidungsschritte (statische bzw. einstufige, dynamische bzw. multitemporale Modelle) und

c) hinsichtlich des Eintretens der Ergebnisse (bzw. der Beschaffenheit der Umwelt).

Das methodisch und theoretisch interessantere Kriterium c) führt zu folgender Unterscheidung der Entscheidungssituationen: *1.* Sicherheitssituation (deterministische Modelle): Die verschiedenen als Möglichkeiten erwogenen Handlungen führen mit Bestimmtheit zu gewissen Ergebnissen, d. h. das Ergebnis hängt allein von der gewählten Aktion ab, es ist vollkommene (subjektive) Information vorhanden. Liegt dagegen unvollkommene Information vor oder ist gar von fehlender Information (»völlige Ignoranz«) auszugehen, so spricht man von Ungewißheit.

Nach der Art der Ungewißheit, die darin sich ausdrückt, daß der Aktor die genaue Beschaffenheit der Umwelt nicht kennt (aber erst bei deren Kenntnis das Ergebnis seiner Handlungen voraussagen könnte), trennt man in *2.* Risikosituation (stochastische Entscheidungsmodelle): Jede mögliche Handlung kann zu verschiedenen möglichen Ergebnissen führen, wobei den Ergebnissen bestimmte (dem Entscheidenden bekannte) Wahrscheinlichkeiten zukommen; *3.* Ungewißheitssituation i. e. S. (Entscheidungsmodelle bei Unsicherheit): Der Entscheidende ist nicht in der Lage, den möglichen Ergebnissen seiner potentiellen Handlungen Wahrscheinlichkeiten beizulegen.

Werden schließlich die möglichen Ergebnisse der in Frage stehenden Handlungen durch die Wahl von Strategien rational handelnder Gegenspieler bestimmt, liegt *4.* die Spielsituation vor.

Die als notwendig, zumindest aber als zweckdienlich angesehene Annahme subjektiver Wahrscheinlichkeiten führt Ungewißheitssituationen (die Spielsituation einmal ausgenommen) in Risikosituationen über, die Unterscheidung ist damit unnötig (→ Risiko und Unsicherheit).

Neben dieser »allgemeinen« Entscheidungstheorie, die als logische und teils empirische Analyse des rationalen Verhaltens verstanden wurde, wird eine »spezielle« Entscheidungstheorie abgegrenzt, die sich nur mit Entscheidungsproblemen bei Risiko befaßt. Sie ist aus der von John von NEUMANN und Oskar MORGENSTERN entwickelten → Spieltheorie hervorgegangen. Ihre Wurzeln können bis auf Daniel BERNOULLI (1738) zurückverfolgt werden. Mit dem Begriff des (subjektiven) → Nutzens (oder subjektiven Wertes, Nützlichkeit), ausgedrückt durch eine → Nutzenfunktion (deren wichtigstes Problem die Frage der Messung oder Metrisierung bildet), verschmilzt in der Entscheidungslogik i.e.S. der Begriff der (subjektiven) Wahrscheinlichkeit, repräsentiert durch eine Wahrscheinlichkeitsfunktion.

Neben der Konsequenzenmatrix (jeder Handlung $A_i$ und jedem Zustand der Welt $U_k$ wird ein Resultat $r_{ik}$ zugeordnet) sind die Nützlichkeitsmatrix bzw. Entscheidungsmatrix (jedem Resultat $r_{ik}$ wird ein subjektiver Nutzen $u_{ik}$ beigemessen, d. h. es existiert eine Nutzenfunktion) und die Wahrscheinlichkeitsmatrix (jedem Zustand der Welt $U_k$ bzw. jedem Resultat wird eine Wahrscheinlichkeit $p_{ik}$ zugeordnet) als vorgegebene Daten des Entscheidungsproblems zu berücksichtigen. Dieses reduziert sich auf die Wahl zwischen i Wahrscheinlichkeitsverteilungen, da nun jeder Handlung eine Wahrscheinlichkeitsverteilung der Resultate bzw. Nutzen entspricht. Die Existenz einer Präferenzordnung über diese Verteilungen wird nun üblicherweise durch das Postulat eines reellwertigen Präferenzfunktionals bestimmt, das jeder Wahrscheinlichkeitsverteilung eine reelle Zahl zuordnet. Liegt als Handlungsmaxime die Maximierung des erwarteten Nutzens fest (BERNOULLI-Prinzip), so gilt für die optimale Handlung $A_o$:

$$\psi[w] = E_w[u(r)]$$

$$\underset{w}{Max}\, E_w[u(r)] = \underset{w}{Max}\, \Sigma\, u(r) \cdot p_i$$

d. h. wähle jene Handlungsalternative, deren Erwartungswert maximal ist, wobei $E_w$ der Erwartungswert der Nutzenfunktion $u(r)$ bei der Verteilung w ist.

Neben dem BERNOULLI-Prinzip werden in der Literatur noch eine ganze Reihe von »klassischen« Entscheidungsprinzipien diskutiert. So verlangt das Erwartungswert-Prinzip (oder μ-Prinzip), die mathematische Erwartung der Wahrscheinlichkeitsverteilungen zu maximieren. Ist die Nutzenfunktion linear, d. h. $u(r) = a \cdot r$, dann ist das μ-Prinzip oder auch BAYES'sche Regel mit dem BERNOULLI-Prinzip identisch. Seine Eignung ist nur plausibel, wenn häufig sich wiederholende Entscheidungssituationen ähnlichen Typs vorliegen und der Entscheidende risikoindifferent ist (lineare Nutzenfunktion). Um diese Einengung zu vermeiden, werden weitere Parameter der Verteilungen herangezogen, insbes. die Standardabweichung ((μ, σ)-Prinzip) oder die Ruinwahrscheinlichkeit $P_o$ (Wahrscheinlichkeit, einen Verlust zu erleiden, der einen gewissen, als ruinös empfundenen Betrag übersteigt). Das (μ, σ)-Prinzip umfaßt neben dem Erwartungswert auch Abweichungen von diesem und ist somit in der Lage, das Phänomen der Risikoaversion zu berücksichtigen, d. h. eine Zunahme der Streuung (der Ungewißheit) muß durch eine entsprechende Erhöhung des Erwartungswertes ausgeglichen werden, damit die veränderte Wahrscheinlichkeitsverteilung der ursprünglichen gleichwertig erscheint. Seine Anwendungsfähigkeit ist aber entweder auf bestimmte Verteilungen (Normalverteilungen) oder auf quadratische Nutzenfunktionen begrenzt.  R.E.

### Entwicklungshilfe

Gesamtheit der Maßnahmen der Industrieländer und internationalen Organisationen (z. B. → Weltbank, IDA, IFC, UNDP, UNIDO, DAC) zur Förderung der → Entwicklungsländer auf wirtschaftlichem, sozialem, politischem und kulturellem Gebiet.

Man unterscheidet Kapitalhilfe (insbes. Gewährung von Zuschüssen und verbilligten Krediten), technische Hilfe (Entsendung von Experten) und Handelshilfe (Maßnahmen der Industrieländer zur Förderung der Exporte der Entwicklungsländer, z. B. Zollabbau, Außenhandelspräferenzen, → internationale Rohstoffabkommen). Zur Handelshilfe kann auch die unentgeltliche Überlassung von Gütern (z. B. Nahrungsmittel bei Hungersnöten) gerechnet werden.

Entwicklungshilfe wird privat oder öffentlich geleistet. Exportkredite und → Direktinvestitionen der Privatwirtschaft werden heute meist nicht mehr zur Entwicklungshilfe gerechnet (z. B. in der BRD), da ihr Beitrag zur Entwicklung umstritten und i. d. R. auch nicht beabsichtigt ist. Auch die öffentliche Hilfe stellt nicht in vollem Umfang der ausgewiesenen Beträge »Hilfe« dar. Eigentlich dürften nur die reinen Schenkungen (Zuschüsse) und derjenige Betrag angerechnet werden, der die Höhe der Verbilligung der Kredite angibt, nicht jedoch die gesamte Kreditsumme (PINCUS-Formel). Einige Industrieländer zählen zur Entwicklungshilfe auch die Militärhilfe.

Die Hilfe kann an eine bestimmte Verwendung der Gelder gebunden sein (z. B. Auflage zur Verausgabung im Geberland). Der »Hilfe-Anteil« der Kredite wird so weiter reduziert. Die Entwicklungshilfe der BRD hat diese Bindung nahezu aufgegeben, allerdings die Verpflichtung zum Einsatz der Mittel in genau spezifierten Projekten im Entwicklungsland verstärkt.

Entwicklungshilfe kann bilateral (direkt zwischen zwei Ländern) oder multilateral (über eine oder mehrere internationale Organisationen) gewährt werden.

Auf den → Welthandelskonferenzen forderten die Entwicklungsländer die Festlegung der Entwicklungshilfe in Höhe eines bestimmten Prozentsatzes vom Sozialprodukt der Industrieländer. Viele Industrieländer haben diese Forderung anerkannt, ohne sich jedoch daran gebunden zu fühlen. Die Entwicklungshilfe der meisten westlichen Industrieländer (darunter auch die BRD) liegt gegenwärtig bei 0,3 bis 0,4% des Bruttosozialproduktes, die der sozialistischen Länder bei 0,15 bis 0,2%.

Ein neues Instrument der Entwicklungshilfe könnten künftig die → Sonderziehungsrechte sein; dieser »link« ist allerdings noch in der Diskussion.

Begründet wird die Forderung nach Entwicklungshilfe u. a. damit, daß ein gewisser Ausgleich für kolonialistische Ausbeutung und die heute strukturelle Benachteiligung der Entwicklungsländer im Welthandel geschaffen werden müsse (→ dependencia-Theorie) und daß Unruhe und Gewalt verhindert werden solle (Entwicklungshilfe als »Weltinnenpolitik«).

Die Kritik an der Entwicklungshilfe bringt vor, es werde zu wenig Hilfe geleistet und das wenige wirke sich eher nachteilig für die Entwicklungsländer aus, wenn dadurch korrupte, fortschrittsfeindliche Regimes am Leben erhalten und westliche Konsummuster und Verhaltensweisen a (→ Demonstrations-Effekt) übertragen werden. Außerdem diene die Entwicklungshilfe nur dem Zweck, günstige Voraussetzungen für profitable ausländische Privatinvestitionen zu schaffen.  R.O.

### Entwicklungshilfeausschuß der OECD

(Development Assistance Committee; DAC) Ausschuß der → Organisation für wirtschaftliche Zusammenarbeit und Entwicklung (OECD), der 1961 mit der Aufnahme der Tätigkeit der OECD die Aufgaben der → Gruppe für Entwicklungshilfe des → Europäischen Wirtschaftsrats (OEEC) übernahm. Dem DAC gehören die 16 entwicklungshilfeleistenden OECD-Länder sowie die EG-Kommission an, die mit dem → Europäischen Entwicklungsfonds ein eigenes Programm durchführt.

Aufgaben: Detaillierte statistische Erfassung und Überprüfung der Entwicklungshilfeprogramme der Geberländer und Erarbeitung gemeinsamer Grundsätze über Leistungsnormen für das Volumen und die Konditionen der → Entwicklungshilfe.

Die Jahresprüfung des DAC erstreckt sich auf Volumen, Arten, Methoden, geographische Verteilung und Wirksamkeit der öffentlichen und privaten Entwicklungshilfeleistungen der einzelnen DAC-Länder; die Prüfungsergebnisse werden in einem Jahresbericht vergleichend dargestellt und i. d. R. durch Anregungen für eine wirkungsvollere Gestaltung der Entwicklungshilfe ergänzt.

Die Grundsatzempfehlungen des DAC über das Volumen der Entwicklungshilfe knüpfen an entsprechende Resolutionen der → Welthandelskonferenz (UNCTAD) von 1964 bzw. 1968 an: Der Richtsatz für die Höhe der Entwicklungshilfe sollte 1% des Volkseinkommens bzw. des Bruttosozialprodukts betragen. Als Konditionenziel für die öffentliche Entwicklungshilfe wird ein Mindestvergünstigungsgrad (Zuschußelement) von 84% angestrebt. Er wird anhand einer Formel aus dem Vergünstigungsgrad für Zuschüsse (100%) und für Kredite (je nach Zinssatz, Laufzeit und tilgungsfreien Jahren zwischen 25% und 100%) ermittelt.   D. S.

### Entwicklungsländer

(auch: unterentwickelte Länder, late/last/less developed countries) nach UN-Definition: Länder mit einem durchschnittlichen Pro-Kopf-Einkommen von weniger als 500 $. Danach sind ca. 100 der 190 Länder der Welt Entwicklungsländer. Bei etwa 20 ist das Pro-Kopf-Einkommen sogar geringer als 100 $; diese werden als least developed countries bezeichnet.

In den Entwicklungsländern leben 2/3 der Weltbevölkerung, auf sie entfällt jedoch nur 1/8 des Weltsozialprodukts; diese Relation verschlechtert sich laufend.

Für die meisten Entwicklungsländer ist weiterhin kennzeichnend: hoher Anteil der Landwirtschaft an der Produktion bei niedriger → Arbeitsproduktivität; daneben ein kleiner, häufig sehr moderner Industriesektor (→ Dualismus); starke (offene und versteckte) → Arbeitslosigkeit; Abwanderung von qualifizierten Arbeitskräften (→ brain drain); hohe Analphabetenquote; starker Geburtenüberschuß; periodische Hungersnöte und niedrige Lebenserwartung. Die Weltmarktbeziehungen sind geprägt durch kaum diversivizierte Exporte von Primärgütern und Importe von Industriegütern. Die Exporterlöse sind instabil, die → terms of trade haben sich zumindest für einige Entwicklungsländer längerfristig verschlechtert (→ PREBISCH-These; → dependencia-Theorie). Bei zunehmender Rohstoffverknappung könnte dieser Trend allerdings umschlagen (bisher schon: OPEC-Länder). Die Sozialstruktur ist von einer kleinen traditionellen oder auch bereits westlich erzogenen Oberschicht bestimmt, die sich häufig im Besitz der Produktionsmittel befindet und einen hohen → Lebensstandard nach dem Vorbild der Industrieländer zu Lasten der Entfaltungsmöglichkeiten der ländlichen Massen genießt.

Die Wechselwirkungen zwischen diesen Faktoren beeinträchtigen die Entwicklungschancen so erheblich, daß man von → Teufelskreisen der Unterentwicklung spricht, die aus marxistischer Sicht mit der Dominanz der Industrieländer erklärt werden (→ dependencia-Theorie). Die Überwindung dieser Entwicklungsstagnation (→ take off) ist Ziel der → Entwicklungspolitik und der → Entwicklungshilfe.

R. O.

### Entwicklungspolitik

Gesamtheit der Maßnahmen der → Entwicklungsländer zur Förderung ihrer wirtschaftlichen, sozialen, politischen und kulturellen Entwicklung. Hier wird der Begriff auf die wirtschaftliche und soziale Entwicklung beschränkt. Die auf dieses Ziel gerichteten Maßnahmen der Industrieländer und internationalen Organisationen werden als → Entwicklungshilfe bezeichnet.

Eine rationale Entwicklungspolitik muß

bei einer Reihe von Problembereichen zwischen alternativen Strategien wählen, wobei Interdependenzen zwischen den Problemkreisen die Kombination gewisser Strategien nahelegen:

a) Bestimmung eines ausgewogenen Verhältnisses zwischen Landwirtschaft und Industrie. Der Vorrang der Industrie wird meist damit begründet, daß dort der → technische Fortschritt leichter durchzusetzen sei, daß die Industrie an die Landwirtschaft liefere und so auch in diesem Sektor die Produktivität steigen könne, daß sich für Industrieprodukte die → terms of trade tendenziell verbesserten (→ PREBISCH-These) und daß die Erlöse aus Industrie-Exporten stabiler seien als aus Agrar-Exporten. Die Forderung nach Betonung der Landwirtschaft dagegen geht davon aus, daß der Großteil der Bevölkerung von Entwicklungsländern im Agrarsektor arbeitet und für diese überwiegende Mehrheit die Entwicklungspolitik gestaltet werden sollte. Nur so könne eine radikale Veränderung der Einkommens- und Vermögensverteilung zugunsten der breiten Massen erreicht werden. Ferner sei die Landwirtschaft ein wichtiger Lieferant von → Vorprodukten für die Industrie. Schließlich hätten viele Entwicklungsländer komparative Vorteile in der Produktion von Agrarerzeugnissen bzw. Rohstoffen. Meist geht die Betonung der Landwirtschaft mit der Forderung nach einer durchgreifenden Landreform einher.

b) Entscheidung zwischen den Strategien des gleichgewichtigen und ungleichgewichtigen → Wachstums. Nach dem Konzept des gleichgewichtigen Wachstums (big push; Vertreter: Ragnar NURKSE, Paul ROSENSTEIN-RODAN u.a.) ist die sukzessive Errichtung einzelner Betriebe wegen der zunächst fehlenden Lieferanten und Abnehmer nicht sinnvoll. Notwendig sei der Aufbau eines großen, durch Liefer- und Abnahmebeziehungen technologisch und ökonomisch aufeinander abgestimmten Komplexes von Produktionsstätten. Das hierzu erforderliche Startkapital müßte gewaltig sein; außerdem würde nur ein hochproduktiver Sektor der weiterhin

wenig produktiven Landwirtschaft aufgesetzt (→ Dualismus).

Die Vertreter des Konzepts des ungleichgewichtigen Wachstums (z.B. Albert HIRSCHMAN) gehen davon aus, daß der in den Entwicklungsländern besonders knappe Faktor »Unternehmerinitiative« intensiv genutzt und gefördert werden muß. Dies sei aber nur in einer ungleichgewichtigen Situation möglich, die auf Grund externer Vorteile Gewinne verspricht. Die Entwicklungspolitik habe daher solche Projekte zu fördern, die über Extra-Gewinne zu Nachfolge-Investitionen führen.

c) Wahl der geeigneten → Kapitalintensität in der Produktion. Für die Verwendung einer kapitalintensiven Produktionstechnik wird (u.a. von Walter GALENSON und Harvey LEIBENSTEIN) geltend gemacht, daß sich die → Arbeitsproduktivität rasch anhebe, dadurch bei existenzminimalen Löhnen hohe Profite ermögliche, so zu verstärkten Investitionen führe und schließlich die Zahl der Arbeitsplätze erhöhe. Eine arbeitsintensive Technik wird befürwortet, weil sie »Arbeitsplätze heute« schaffe, eine Produktivitätssteigerung auf breiter Basis ermögliche und daher auch dem Ziel einer interpersonell und -regional gleichmäßigeren Einkommens- und Vermögensverteilung diene. Außerdem begünstige sie die Produktion von Gütern, für die viele Entwicklungsländer einen komparativen Vorteil haben und verringere auch den Grad der Abhängigkeit von Ausland. Der optimalen Faktorkombination in Entwicklungsländern sucht das Konzept der angepaßten Technologie (→ Technologie) Rechnung zu tragen.

d) Wahl zwischen weltmarkt- oder binnenmarkt-orientierten Strategien (outward-, inward looking policies; Exportförderung, Importsubstitution). Eine außenhandelsorientierte Entwicklungspolitik ermöglicht die Nutzung der komparativen Vorteile des Landes, die Ausschöpfung der Skalenvorteile (→ economies of scale) in der Produktion bestimmter Güter durch die Größe des Weltmarktes sowie den Import der für die Industrialisierung notwendigen Produktionsmittel und Techniken. Weitere positive Effekte werden von der → vent for sur-plus-Theorie behauptet. Eine binnen-markt-orientierte Entwicklungspolitik da-gegen reduziert die wirtschaftliche und politische Abhängigkeit vom Ausland durch geringere ausländische Kontakte (→ Demonstrations-Effekt) und durch eine differenziertere und daher weniger anfäl-lige Produktionsstruktur. Auch die Indu-strialisierung wird so möglicherweise be-schleunigt (→ Erziehungszoll). Insbes. Marxisten fordern eine weitgehende Re-duzierung der wirtschaftlichen Beziehun-gen zu den Industrieländern, v. a. den kapi-talistischen (→ dependencia-Theorie). Für beide Strategien werden positive Effekte auf die → Leistungsbilanz behauptet.

e) Wahl zwischen zentraler und dezentraler Planung. Von der zentralen Planung ver-spricht man sich eine bessere → Allokation der Produktivkräfte, da ein marktwirt-schaftliches System in den Entwicklungs-ländern durch unvollkommene Märkte und monopolistische Preise Fehllenkung be-wirkt. Ferner erwartet man sich von ihr hö-here volkswirtschaftliche Ersparnisse und Investitionen, da bei marktwirtschaftlicher Lenkung die Bildung von → Produktivver-mögen durch die schiefe Einkommens- und Vermögensverteilung stark beeinträchtigt sei. Andererseits ist bei dezentraler Pla-nung eine intensivere Nutzung der extrem knappen Ressourcen nicht ausgeschlossen. Die Preisstruktur könnte überdies auf län-gere Sicht den echten Angebots- und Nachfrageverhältnissen besser Rechnung tragen. In der Realität haben die zentralen Pläne von Entwicklungsländern meist den empfehlenden Charakter einer Rahmen-planung, die nur für den Staatssektor ver-bindlich ist.

Neben den ökonomischen Effekten der verschiedenen Strategien bestehen auch soziale und politische Auswirkungen, die i. d. R. stark auf die wirtschaftlichen Gege-benheiten zurückwirken und die z. B. bei der Wahl geeigneter Investitionskriterien berücksichtigt werden müssen.

Marxistische Entwicklungstheoretiker vertreten den Standpunkt, daß erst nach einer Revolution in den Entwicklungslän-dern und den kapitalistischen Industrie-

ländern eine echte Entwicklung für alle Länder der Erde möglich ist (→ dependen-cia-Theorie). Bürgerliche Entwicklungs-soziologen und Ethnologen glauben dage-gen, daß Entwicklung nur durch eine umfassende »Modernisierung« und »kul-turelle Dynamisierung« der Gesellschaft verwirklicht werden kann. R.O.

**Entwicklungsprogramm der Vereinten Nationen**
(United Nations Development Pro-gramme; UNDP) ständige (organisatorisch autonome) Einrichtung der Vollversamm-lung und des → Wirtschafts- und Sozialra-tes (ECOSOC) der → Vereinten Nationen mit Sitz in New York.

Gründung: Auf Empfehlung des ECOSOC wurden am 22. 11. 1965 das am 16.11.1949 geschaffene Erweiterte Pro-gramm für technische Hilfe (Expanded Programme of Technical Assistance; EPTA) und der am 14. 10. 1958 errichtete Sonderfonds der Vereinten Nationen (UN-Special Fund) organisatorisch zur UNDP verschmolzen. Beginn der Ge-schäftstätigkeit: 1. 1. 1966.

Aufgabe: Unterstützung der → Entwick-lungsländer bei Projekten, welche die Schulung qualifizierter Arbeitskräfte sowie die Anwendung moderner → Technologien in Agrarwirtschaft, Industrie, Transport-, Nachrichten-, Erziehungs- und Gesund-heitswesen erfordern. In Zusammenarbeit mit anderen Entwicklungshilfeorganisa-tionen werden u. a. Sachverständige ent-sandt, heimische Arbeitskräfte ausgebildet (Musterwerkstätten, Stipendien), Ausrü-stungsmaterial bereitgestellt sowie Pre-In-vestment-Studien und Forschungspro-gramme finanziert.

Organe: Anstelle des Komitees für techni-sche Hilfe des ECOSOC und des Verwal-tungsrates des Sonderfonds wurde ein ge-meinsamer Verwaltungsrat des UN-Ent-wicklungsprogramms geschaffen, dem Vertreter von 48 Ländern (darunter 27 Entwicklungsländer) angehören. Er tritt i. d. R. zweimal jährlich zusammen und entscheidet (mehrheitlich) über die vorge-legten Projekte, die technischen Hilfspro-gramme und die Mittelverteilung. Die Abstimmung der technischen Hilfe mit den z. T. ausführenden UN-Sonderorganisationen obliegt einem Beirat, in dem unter dem Vorsitz des UNDP-Administrators u. a. der UN-Generalsekretär und die Spitzen der UN-Sonderorganisationen vertreten sind.

Mittelbeschaffung: Das UNDP wird (wie seine Vorläufer) aus freiwilligen Beiträgen v. a. seiner 144 Mitgliedsländer finanziert (Beitragszusagen für 1973: ca. 293 Mio. $).

Arbeitsweise: Der Antrag der Regierung eines Entwicklungslandes auf Finanzierung eines Projekts wird über den örtlichen UNDP-Repräsentanten und die zentrale Verwaltung dem Beirat und dem Verwaltungsrat zur Bewilligung vorgelegt. Ausführende Organe sind je nach Projekt die → Organisation der Vereinten Nationen für industrielle Entwicklung, die → Ernährungs- und Landwirtschaftsorganisation, die Weltgesundheitsorganisation oder andere UN-Sonderorganisationen. Meist werden nur die in → Devisen anfallenden Projektkosten übernommen. D.S.

| UNDP-Daten | Stand: 30.6.1973 |
|---|---|
| laufende Projekte | 6 157 |
| voraussichtliche Projekt-kosten (Mio. $ ) | 3 634 |
| UNDP-Finanzierungsanteil (Mio. $ ) davon: | 1 543 |
| Land- und Fortwirtschaft, Fischerei | 458 |
| Industrie | 240 |
| Transport- und Nachrichten-wesen | 169 |
| Erziehungswesen | 137 |
| Gesundheitswesen | 80 |
| sonstige Zwecke | 459 |

**Entwicklungsstadien**
→ Wachstumsstadien

**EPTA**
Expanded Programme of Technical Assistance. → Entwicklungsprogramm der Vereinten Nationen.

**EPU**
European Payments Union. → Europäische Zahlungsunion.

**Erbanfallsteuer**
→ Vermögensbesteuerung

**Erbschaftsteuern**
→ Vermögensbesteuerung

**Erlös** → Umsatz

**Ernährungs- und Landwirtschaftsorganisation der Vereinten Nationen**
(Food and Agriculture Organization; FAO) Sonderorganisation der → Vereinten Nationen mit Sitz in Rom (seit 1951).

Gründung: Auf der Konferenz der Vereinten Nationen über Ernährung und Landwirtschaft in Hot Springs (18.5. bis 3.6.1943) wurde eine Arbeitsgruppe mit dem Entwurf der FAO-Statuten beauftragt. Das Abkommen wurde am 16.10.1945 in Quebec von 42 Staaten ratifiziert (Mitglieder Ende 1973: 126).

Ziele: Weltweite Erhöhung des Ernährungs- und → Lebensstandards durch Verbesserung der Erzeugung und Verteilung der Nahrungsmittel und Agrarprodukte; Hebung der Lebensbedingungen der Landbevölkerung; Erweiterung der internationalen Wirtschaftsbeziehungen.

Aufgaben und Tätigkeit: Sammlung und Veröffentlichung von Informationen über Ernährung und Agrarwirtschaft; Anregung nationaler und internationaler Maßnahmen zur Steigerung der Agrarproduktion (Verbesserung der Ausbildung, der Anbau-, Verarbeitungs- und Absatzmethoden) bei Erhaltung der natürlichen → Ressourcen; Gewährung technischer Hilfe.

Bei der Erfüllung ihrer Aufgaben arbeitet die FAO eng mit anderen internationalen Organisationen zusammen. Gemeinschaftsprogramme werden u. a. zusammen mit dem → Entwicklungsprogramm der

Vereinten Nationen (seit 1959), der → Weltbank und der → Internationalen Entwicklungsorganisation (seit 1968) durchgeführt.

Darüber hinaus hat die FAO verschiedene Aktionsprogramme ins Leben gerufen, u. a.:

a) Weltkampagne gegen den Hunger: Sie wurde am 1. 7. 1960 mit dem Ziel eröffnet, umfassendere Informationen über die Welternährungslage zu verbreiten sowie internationale, nationale und private Unterstützung zu mobilisieren.

b) Welternährungsprogramm: Es wurde Ende 1961 von der FAO-Konferenz und der UN-Vollversammlung zunächst als dreijähriges Versuchsprogramm verabschiedet (inzwischen bis 1980 verlängert), begann seine Tätigkeit am 1. 1. 1963 und gewährt unentgeltliche Naturalhilfe für folgende Zwecke: Befriedigung außerordentlicher Nahrungsmittelbedürfnisse (Katastrophenhilfe); Bekämpfung chronischer Unterernährung v. a. bei Vorschul- und Schulkindern (Speisungsprogramme); Unterstützung von Musterprojekten, wobei die Nahrungsmittel z. T. zur Bezahlung der Arbeitskräfte verwendet werden. Die Mittel dafür werden im wesentlichen aus Warenlieferungs-, Dienstleistungs- und Barbeiträgen der FAO- und UN-Mitgliedsländer aufgebracht.

c) Weltleitplan für die landwirtschaftliche Entwicklung: Er versucht, die Bedürfnisse der Welt an Nahrungsmitteln und Agrarerzeugnissen für 1975 und 1985 zu prognostizieren und eine den verschiedenen Regionen angepaßte Strategie zu entwickeln, um im Rahmen der wirtschaftlichen Gesamtentwicklung ein schnelleres Wachstum der Landwirtschaft und der mit ihr verbundenen Industrie zu erreichen.

Mittelbeschaffung: Neben den Beiträgen der Mitgliedsstaaten kommen zusätzliche Mittel aus dem Entwicklungsprogramm der Vereinten Nationen.

Organe: Oberstes Organ ist die Konferenz, der alle Mitgliedsländer (mit gleichem Stimmrecht) angehören und die alle zwei Jahre zusammentritt. Sie bestimmt die Richtlinien der FAO-Politik, genehmigt das Budget und die Arbeitsprogramme und richtet Empfehlungen an die Mitgliedsländer und andere internationale Organisationen im Zusammenhang mit Agrar- und Ernährungsfragen. Die Konferenz wählt als Exekutivorgan einen Rat, der unter einem unabhängigen Generaldirektor Vertreter von 34 Mitgliedsstaaten umfaßt. Bei seinen Aufgaben wird er durch eine Reihe von allgemeinen, regionalen und gemischten Ausschüssen sowie sonstigen Gremien unterstützt. D.S.

### ERP
European Recovery Program. → Europäisches Wiederaufbauprogramm.

### ERP-Sondervermögen
rechtlich unselbständiger, finanzwirtschaftlich und verwaltungstechnisch selbständiger Teil des Bundesvermögens (Reinvermögen am 31.12.1972: 10,3 Mrd. DM). Es entstand hauptsächlich aus den DM-Gegenwerten für die Einfuhren im Rahmen des → Europäischen Wiederaufbauprogramms (European Recovery Program; ERP) und des → GARIOA-Programms sowie den daraus erzielten Zinserträgen.

Es diente zunächst ausschließlich der Darlehensgewährung für den Wiederaufbau und die Förderung der deutschen Wirtschaft gemäß den Bestimmungen des Abkommens über wirtschaftliche Zusammenarbeit zwischen den USA und der BRD vom 15.12.1949 (Gesetz über die Verwaltung des ERP-Sondervermögens vom 31.8.1953). Nach dem ERP-Entwicklungshilfegesetz vom 9.6.1961 können auch Darlehen an → Entwicklungsländer bis zu einem Gesamtumfang von 1,5 Mrd. DM aus ERP-Mitteln gewährt werden. Das ERP-Investitionshilfegesetz vom 17.10.1967 und das Änderungsgesetz vom 24.7.1968 sehen vor, ERP-Mittel bis zur Höhe von 750 Mio. DM für Investitionskredite im Bereich der Gemeinden verfügbar zu machen. D.S.

**Ersatzaufwertung** → Quasi-Aufwertung

**Ersatzfonds** → Material Product System

**Ersatzinvestition** → Investition

**Ersparnis**
a) Im Sinne der → Volkswirtschaftlichen Gesamtrechnung: Der nach Abzug aller Konsumaufwendungen verbleibende Rest des → verfügbaren Einkommens. Identisch mit dem Differenzbetrag von Erträgen (periodenbezogenen empfangenen Leistungen) und Aufwendungen (periodenbezogenen in Anspruch genommenen Leistungen).
Die Ersparnis als ex-post-Größe ist abhängig von der Definition des verfügbaren Einkommens und des → Konsums. Mißverständnisse resultieren aus ungenügender Beachtung der in der Literatur verwendeten unterschiedlichen Abgrenzungen dieser Bezugsgrößen. Gewinne und Verluste werden z. B. mitunter nicht als Einkommen angesehen; soweit sie im Unternehmen verbleiben, zählen sie dann auch nicht als positive oder negative Ersparnis (so u. a. John Maynard KEYNES in »Treatise on Money«). Für die Höhe der Ersparnis ist ferner entscheidend, ob man z. B. Beiträge zu Lebensversicherungen als Einkommens- oder als Vermögensübertragungen behandelt und ob man Aufwendungen für Gesundheitspflege und Ausbildung als Konsum oder Investition (in → Arbeitsvermögen) definiert.
b) Im Sinne der → Vermögensrechnung: Reinvermögensbildung aus dem laufenden Einkommen.
· In geschlossenen Volkswirtschaften ist die Ersparnis bei Aggregation über alle Sektoren größengleich der Sachvermögensbildung (Nettoinvestition).
Dies ergibt sich aus der Bilanzgleichung in Verbindung mit dem Kreislaufkonzept. Die Grundgleichung der → Vermögensrechnung

$$W_r + F = W^n + V$$

impliziert:

$$\Delta W_r + \Delta F = \Delta W^n + \Delta V.$$

In der geschlossenen Volkswirtschaft ist $\Delta F = \Delta V$, so daß

$$\Delta W_r = \Delta W^n.$$

Das Kreislaufkonzept kann auf die Entstehungsgleichung

$$Y = C + I$$

und auf die Verwendungsgleichung

$$Y = C + S$$

reduziert werden. Daraus folgt $S = I$.
Da nun aber $\Delta W_r = I$ gilt auch: $\Delta W^n = S$.

· Betrachtet man einzelne Sektoren oder eine offene Volkswirtschaft, ist die Ersparnis nicht mehr mit Sach- und Reinvermögensbildung gleichzusetzen. Vielmehr gilt dann:

| Formen | Quellen |
|---|---|
| der Vermögensbildung | |
| Nettoinvestition (Sachvermögensbildung) | Ersparnis |
| + Änderung der Nettoposition (Geldvermögensbildung) | + Saldo der Vermögensübertragungen |
| = Reinvermögensbildung | |

c) In der Modellanalyse: Summe aus geplanter und ungeplanter nichtkonsumtiver Verwendung des verfügbaren Einkommens. Im Gleichgewicht ist die tatsächliche Ersparnis in vollem Umfange geplante Ersparnis (→ Sparfunktion). F.G.

**Ertrag**
1. In der → Produktionstheorie: während eines bestimmten Zeitraumes erstellte Produktmenge (Ausbringung).
2. In der → Volkswirtschaftlichen Gesamtrechnung: periodenbezogener monetärer Zufluß aufgrund laufender Leistungstransaktionen.

**Ertragsbeteiligung**
(= Gewinnbeteiligung) Form der betrieblichen Lohnbemessung oder Konzept der → Vermögenspolitik zur Verbesserung der

→ Vermögensbildung der Arbeitnehmer durch Beteiligung am Unternehmensgewinn (→ Gewinn).

1. Betriebliche Ertragsbeteiligung: Die Idee entstand in Deutschland schon zur Zeit der Industrialisierung. Heute ist eine freiwillige oder vertragliche Gewinnbeteiligung der Mitarbeiter oder die Ausgabe von Belegschaftsaktien in vielen Großunternehmen üblich geworden.

2. Überbetriebliche Ertragsbeteiligung: Eine tarifvertragliche und/oder gesetzliche Regelung der Ertragsbeteiligung wird seit Beginn der 50er Jahre von Parteien, → Gewerkschaften, → Arbeitgeberverbänden und Wissenschaftlern diskutiert. Die zahlreichen Pläne unterscheiden sich v. a. in folgenden Fragen:

a) Abgrenzung der zur Vermögensabgabe Verpflichteten (juristische oder auch natürliche Personen? Ab wieviel Beschäftigten? Ab welchem Umsatz oder Gewinn?);

b) Bemessungsgrundlage für die Abgabe (Gewinn vor oder nach Steuern?);

c) Höhe der Abgabe (zwischen 4 und 20 % der Bemessungsgrundlage?);

d) Form der Abgabe (Aktien, Obligationen, Schuldverschreibungen oder Barleistungen?);

e) steuerliche Abzugsfähigkeit der Abgabe;

f) institutionelle Ausgestaltung des Abgabensystems (zentraler Beteiligungsfonds oder Clearingstelle mit dezentralen Fonds? Angliederung an die Kreditwirtschaft?);

g) Abgrenzung der Bezugsberechtigten (alle Bürger oder nur Erwerbstätige oder nur Arbeitnehmer in der Privatwirtschaft? Bis zu welcher Einkommensgrenze?);

h) Höhe der Eigenleistung der Bezugsberechtigten;

i) Ausgestaltung der Beteiligungspapiere (Veräußerungssperre, Verzinsung, Beleihbarkeit usw.);

j) Verwendung der liquiden Fondsmittel (z. B. Investitionsfinanzierung).

Das Aufkommen aus der überbetrieblichen Ertragsbeteiligung wird bei den meisten Plänen auf 3,5 bis 5 Mrd. DM pro Jahr veranschlagt, der Anteil pro Bezugsberechtigtem auf ca. 200 DM im Jahr.

Die gesamtwirtschaftlichen Wirkungen der Ertragsbeteiligung sind umstritten. Bei überhöhten Abgabesätzen wird u. a. befürchtet:

a) eine Senkung der Investitionsneigung und damit eine Abnahme des → Wachstums;

b) eine Verschlechterung der → Liquidität der Unternehmen;

c) eine Erhöhung des Preisniveaus durch den Versuch der Überwälzung der Ertragsbeteiligung;

d) eine negative Auswirkung auf die → Zahlungsbilanz durch → Kapitalflucht;

e) eine Verstärkung der → Unternehmenskonzentration.

Dem Auftreten solcher unerwünschter Effekte müßte durch entsprechende administrative Ausgestaltung der Ertragsbeteiligung und kompensierende wirtschaftspolitische Maßnahmen entgegengewirkt werden. E.F.

### Ertragsgesetz

produktionstheoretischer Zusammenhang bei partieller Faktorvariation. Historisch wurde das Ertragsgesetz aus landwirtschaftlichen Produktionsprozessen abgeleitet (Robert Jacques TURGOT, Johann Heinrich von THÜNEN); dabei ist der → Boden fixer Faktor und menschliche Arbeitskraft oder Düngemittel variabler Faktor.

Beispiel für eine allgemeine Formulierung des Ertragsgesetzes: Ausgehend von der → Produktionsfunktion

$$Y = c_1 X_1^2 X_2^2 - c_2 X_1^3 X_2^3$$

setzt man $X_2 = \overline{X}_2 = $ konst.,

wobei $c_1 \overline{X}_2^2 = b_1$ und $c_2 \overline{X}_2^3 = b_2$.

Dann folgt: $Y = b_1 X_1^2 - b_2 X_1^3$.

Diese Produktionsfunktion, bei der nur ein → Input (hier $X_1$) frei variieren kann, während alle anderen Inputs (hier nur $X_2$) auf ein bestimmtes Einsatzniveau festgelegt sind, nennt man partielle Ertragsfunktion. Der Begriff Ertragsgesetz steht für den charakteristischen Verlauf der Ertragsentwicklung bei zunehmendem Einsatz des variablen Faktors: zuerst bringt ein Mehreinsatz des variablen Faktors zunehmende Grenzerträge, von einer bestimmten Einsatzmenge ab zwar positive, aber abnehmende Grenzerträge und schließlich sogar negative Grenzerträge. Bezieht man die Entwicklung des Durchschnittsertrags und des Gesamtertrags noch mit in die Betrachtung ein, so läßt sich der Verlauf einer ertragsgesetzlichen Produktionsfunktion in vier Bereiche unterteilen (vgl. Abb. und Tab.).

Aus dieser Einteilung erkennt man, daß Bereich III der ertragsgesetzlichen Produktionsfunktion einer → neoklassischen Produktionsfunktion entspricht, während Bereich IV technisch wie auch ökonomisch ineffizient ist (→ Effizienz).   R.D.

**Ertragswert**
Wert eines Kapitalgutes bzw. einer Investition, gemessen durch den auf den heutigen Zeitpunkt diskontierten Strom der zukünftigen Netto-Erträge. Die Bestimmung des Ertragswertes ist also vorwärtsblickend und damit volkswirtschaftlich sinnvoll, während die Bestimmung des historischen oder Anschaffungswertes rückwärtsblickend und damit volkswirtschaftlich sinnlos ist.   P.W.

**Erwartungswertprinzip**
→ Entscheidungstheorie

**Erweiterungsinvestitionen**
→ Investition

**Erwerbseinkommen**
→ Faktoreinkommen

**Erwerbseinkünfte des Staates**
Einkünfte, die der Staat nach dem → Äquivalenzprinzip auf Märkten (und solange kein öffentliches Monopol besteht) in Konkurrenz zu privaten Anbietern erzielt. Diese Einnahmeart setzt öffentliches → Vermögen voraus, das nicht hoheitlichen (spezifisch öffentlichen) Zwecken dient. Die Legitimation dieses Vermögens hängt von der gewünschten Eigentumsordnung ab, deren Ableitung auf der relativen Effi-

| | Bereich | | | |
|---|---|---|---|---|
| | I | II | III | IV |
| Grenzertrag | steigend | fallend positiv | fallend positiv | negativ |
| Durchschnittsertrag | steigend | steigend | fallend positiv | fallend positiv |
| Gesamtertrag | steigend | steigend | steigend | fallend |

zienz privaten und öffentlichen Wirtschaftens sowie der gewünschten Verteilung der durch Vermögen verliehenen Verfügungsmacht beruht (→ Eigentum). Auch in einer → Wirtschaftsordnung mit grundsätzlichem Privateigentum an den Produktionsmitteln existieren Sektoren mit stärkerer öffentlicher Beteiligung, z. B. Urproduktion (insbes. Ausbeutung der Bodenschätze), → Energiewirtschaft, Verkehr und Kommunikation (Eisenbahn, Post, Funk und Fernsehen), Bankwesen, während in der gewerblichen Wirtschaft öffentliche Unternehmen meist nur aus historischen Ursachen und selten vertreten sind. Die öffentliche Produktion wird mit der besonderen Bedeutung dieser Sektoren für den Wirtschaftsablauf begründet, die öffentliche Aktivität (Staats- oder gemischtwirtschaftliche Unternehmen) erfordert. Die Errichtung öffentlicher Monopole (Bahn, Post) beruht auf → increasing returns to scale in diesen Bereichen, die bei privater Tätigkeit zu ruinöser Konkurrenz und anschließender privater Monopolisierung führen würde. Die Gründung öffentlicher Unternehmen als Musterbetriebe basiert ebenfalls auf dem Versagen von Konkurrenzlösungen. Bei Versagen der Konkurrenz könnten wirtschaftspolitische Ziele auch durch Steuer- und Subventionssysteme, → Planification u. ä. erreicht werden, doch ist die Durchsetzung dieser Ziele bei öffentlichem → Eigentum oft leichter. Es existiert ein ganzes Spektrum von Formen staatlicher Betätigung, die nach ihrer juristischen Konstruktion (eigene Rechtspersönlichkeit oder nicht) und nach ihrer Integration in das → Budget (Sondervermögen, Brutto- oder Nettoprinzip) gegliedert werden können.

a) Regiebetriebe: keine eigene Rechtspersönlichkeit, kein Sondervermögen, Einnahmen und Ausgaben erscheinen brutto im öffentlichen Haushalt.

b) Eigenbetriebe (z. B. Verkehrs- und Versorgungsbetriebe der Kommunen): ausgegliedertes Sondervermögen, Nettoprinzip, aber keine eigene juristische Person.

c) Bundesbahn und -post stellen autonome Wirtschaftskörper ohne eigene Rechtspersönlichkeit mit eigenem Sondervermögen und Nettoprinzip dar; Handlungs- und Parteifähigkeit gegenüber Dritten im Gegensatz zu Eigenbetrieben (Reform der Poststruktur im Sinne größerer Selbständigkeit geplant);

d) autonome Wirtschaftskörper mit eigener Rechtspersönlichkeit sind z. B. → Sparkassen;

e) schließlich existieren auch öffentliche Unternehmen in privatrechtlicher Form als Kapitalgesellschaften.

Die Form sollte danach entschieden werden, wieweit die öffentlichen Unternehmen in Konkurrenz mit privaten stehen und damit über ähnliche Entscheidungsfreiheit, Rechnungswesen usw. verfügen müssen.

Erwerbseinkünfte (Zinseinnahmen) entstehen auch durch Kreditvergabe an private Unternehmen (Wohnungsbaudarlehen, Rationalisierung der Landwirtschaft usw.). Hier zeigt sich, daß Erzielung von Erwerbseinkünften meist nur ein Ziel öffentlicher Beteiligung am Wertschöpfungsprozeß ist, daß damit aber auch wirtschaftspolitische → Ziele verfolgt werden. H.-W. K.

**Erwerbspersonen** → Erwerbsquote

**Erwerbsquote**
Anteil der Erwerbspersonen an der Gesamtbevölkerung (Wohnbevölkerung). Erwerbspersonen sind alle Personen mit Wohnsitz im Bundesgebiet, die eine unmittelbar oder mittelbar auf Erwerb gerichtete Tätigkeit auszuüben pflegen, unabhängig von der Bedeutung des Ertrages dieser Tätigkeit für ihren Lebensunterhalt und ohne Rücksicht auf die von ihnen tatsächlich geleistete oder vertragsmäßig zu leistende Arbeitszeit. Sie setzen sich zusammen aus den → Erwerbstätigen und den Erwerbslosen (Statistisches Bundesamt).

Einen größeren Informationsgehalt bekommt die Erwerbsquote, wenn sie für die einzelnen Bevölkerungsgruppen speziell errechnet wird, weil zwischen den einzelnen Gruppen erhebliche Unterschiede im

Grad der Teilnahme am Wirtschaftsprozeß bestehen (Alter, Geschlecht).   T.F.

**Erwerbstätige**
werden nach vier verschiedenen Konzepten statistisch erfaßt:
a) Potentialbetrachtung: Erfaßt die im arbeitsfähigen Alter stehende Bevölkerung (Arbeitskräftepotential), wobei das Alter Indiz für die Teilnahme oder Nichtteilnahme des einzelnen am wirtschaftlichen Produktionsprozeß ist. Mehr als eine ungefähre Größenvorstellung von der Zahl der Erwerbstätigen vermag die Potentialbetrachtung nicht zu vermitteln.
b) Unterhaltskonzept: Registriert nur diejenigen Personen, bei denen die Tätigkeit die Hauptquelle des Lebensunterhalts bildet.
c) Erwerbskonzept: Zählt alle Personen, die eine unmittelbar oder mittelbar auf Erwerb ausgerichtete Tätigkeit ausüben, unabhängig von der Bedeutung des Ertrages dieser Tätigkeit für ihren Lebensunterhalt und ohne Rücksicht auf die von ihnen tatsächlich geleistete oder vertragsmäßig zu leistende Arbeitszeit (→ Erwerbsquote).
d) Labour-Force-Konzept: Es unterscheidet sich vom dem Erwerbskonzept durch die zusätzliche Bedingung, daß nur diejenigen Personen einzuschließen sind, die in der Berichtswoche mindestens 15 Stunden gearbeitet haben. Es ist in den OECD-Ländern als Standard eingeführt.   T.F.

**Erziehungszoll**
meistakzeptierte Form eines zeitlich befristeten → Schutzzolls. In der Hauptsache werden zwei Argumente für die Erhebung genannt:
a) Er dient dem Schutz neu aufzubauender Produktionswirtschaften, deren Kosten mit zunehmender Produktion bzw. im Zeitablauf fallen (→ economies of scale), die also in der Aufbauphase noch komparative Nachteile gegenüber dem Ausland aufweisen und nach Abschluß der Aufbauphase komparative Vorteile erwarten lassen. Ohne Zollschutz wäre der Aufbau dieser Unternehmen nicht möglich gewesen. Dieses Argument allein kann jedoch

nicht den Erziehungszoll begründen, da die Verluste der Aufbauphase auch durch Kredite gedeckt werden könnten, die in der späteren Phase der sinkenden Kosten mit den erwirtschafteten Gewinnen getilgt werden könnten.
b) Er dient dem Schutz einer beginnenden Industrialisierung, die für die einzelnen Unternehmen im Zeitablauf externe Vorteile mit sich bringt (→ Externalitäten) und dann internationale Konkurrenzfähigkeit erwarten läßt. Ob die Industrialisierungsprozeß unter Ausnutzung der Vorteile der → Spezialisierung und des Handels nicht günstiger verläuft als unter dem Schutz von Erziehungszöllen ist umstritten.   M.H.

**Etat** → Budget

**EULER'sches Theorem**
(= adding-up-Theorem) auf Leonhard EULER zurückgehendes Theorem, das folgende Beziehung für eine linear-homogene Funktion $y = f(x_1, x_2)$ liefert:

$$y = x_1 \frac{\partial y}{\partial x_1} + x_2 \frac{\partial y}{\partial x_2}.$$

Interpretiert man obige Funktion als → Produktionsfunktion, so heißt dies: Die Summe der mit den jeweils eingesetzten Mengen multiplizierten Grenzprodukte der Faktoren ist gleich der Ausbringungsmenge. Werden die Anbieter der Produktionsfaktoren mit ihren jeweiligen physischen Grenzprodukten entlohnt, so wird die produzierte Menge gerade ausgeschöpft. Dieser Zusammenhang spielt in der → Grenzproduktivitätstheorie der Verteilung eine wichtige Rolle.   R.W.

**EUR** → Europäische Währungs-Recheneinheit

**EURATOM**
→ Europäische Atomgemeinschaft

**Eurodollarmarkt**
Gesamtheit der hauptsächlich an europäischen Plätzen betriebenen kurzfristigen (Eurogeldmarkt) und langfristigen Kreditgeschäfte (Euroanleihemarkt) zwischen

Marktparteien aus verschiedenen Ländern und auf der Grundlage einer für den Geschäftsplatz und u. U. sowohl für den Kreditnehmer als auch für den Kreditgeber fremden Währung.

Der traditionsreichste und nach wie vor bedeutendste Platz ist London, wo zunächst amerikanische Banken Dollarkonten für nichtamerikanische Guthaben errichteten. Das Geschäft wurde rasch von englischen Banken übernommen und entfaltete sich schließlich auch auf dem Kontinent (Luxemburg, Zürich, Paris). Daneben entstanden auch außereuropäische Eurodollar- bzw. Eurowährungszentren (z. B. Bahamas).

Als dominierende Transaktionswährung im Außenwirtschaftsverkehr spielte der Dollar auf dem Euromarkt eine hervorragende, wenn auch seit Ende der 60er Jahre zeitweilig (durch D-Mark und Schweizer Franken, in geringerem Maß auch durch das Pfund Sterling, den Gulden und Französischen Franken) in Frage gestellte Rolle.

Das Volumen des Eurodollarmarktes ist außerordentlich groß. Es betrug Ende 1973 beim Euroanleihemarkt – nach einem heftigen Rückschlag – 4,1 Mrd. $ (1972: 6,5 Mrd. $), beim Eurogeldmarkt 155 Mrd. $ (1972: 105 Mrd. $). Wegen seines Umfangs, seiner Dynamik und seiner währungspolitischen Probleme beansprucht der Eurogeldmarkt vorrangiges Interesse.

Der Eurogeldmarkt ist in erster Linie ein Interbankgeldmarkt, der günstige Anlagemöglichkeiten für inländische Liquiditätsüberschüsse bietet und hohe Kapazitäten im Fall inländischer Liquiditätsengpässe bereitstellt. Seine hohe Effizienz als Kapitaldrehscheibe erlaubt darüber hinaus eine bessere Nutzung der vorhandenen Liquidität zwischen den Banken verschiedener Funktionen und Sparten.

Marktteilnehmer sind ferner Währungsbehörden, sowohl als Anbieter als auch als Nachfrager, und Unternehmen, durchwegs erste Adressen, die per Saldo Kreditnehmer sind. In beträchtlichem Umfang treten auch öffentliche Stellen v. a. als Kreditnehmer auf.

Regional gesehen waren 1972/73 Nettoanbieter von Geld der Nahe Osten, die westeuropäischen Länder, die zum Berichtsgebiet der → Bank für Internationalen Zahlungsausgleich (Belgien-Luxemburg, BRD, Frankreich, Großbritannien, Italien, Niederlande, Schweden, Schweiz) nicht gehören und Lateinamerika. Nettogeldnehmer waren v. a. die USA, Japan und Osteuropa. Höhe und Verteilung der Nettopositionen ändern sich jedoch sehr stark und schnell.

Die Anbieter finden auf dem Eurogeldmarkt weitgehend von nationalen Reglementierungen befreite Anlagemöglichkeiten. Auf Grund des Fehlens von Quellensteuern sind die Bruttoerträge nahezu gleich den Nettoerträgen. Die Roll-over-Technik (Koppelung der Zinsen an die Interbanksätze) erlaubt es den Banken in Zeiten der Geldverknappung oder starken inflationistischen Drucks, hohe Zinsen auch auf kurzfristige Anlagen zu gewähren und kurzfristige Einlagen langfristig auszuleihen, weil kein Zinsrisiko entsteht. Die Konsortialtechnik (Aufteilung der Kreditgewährung auf eine große Anzahl von Banken) gibt dem Markt eine außerordentlich große Bereitstellungskapazität.

Quantitative Voraussetzung der Kreditvergabe war lange Zeit das hohe amerikanische Zahlungsbilanzdefizit (v. a. gegenüber Ländern, deren Zentralbanken sich keine Selbstbeschränkung in bezug auf Eurogeldmarktanlagen auferlegt hatten). Neuerdings spielen die Überschüsse der ölexportierenden Länder und nicht zuletzt auch Eurogeldkredite an → Entwicklungsländer sowie an osteuropäische Länder, die deren Zentralbanken die Möglichkeit zur Wiederanlage auf dem Eurogeldmarkt geben, eine besonders wichtige Rolle.

Den Kreditnehmern bietet der Eurogeldmarkt günstigere Konditionen als die nationalen Geldmärkte, denen es (zumindest außerhalb der USA) an Tiefe und Breite mangelt. Seine hohe Kapazität empfahl ihn hauptsächlich öffentlichen Stellen zur Finanzierung von Zahlungsbilanzdefiziten, z. B. seit der Erdölkrise (Frankreich, Großbritannien, Italien, Japan). Die Roll-over-Technik enthebt die Kreditnehmer dabei des Risikos überhöhter Zinsen (wenn Geld verbreitet billiger wird).

Da alle nationalen Märkte zumindest zeitweilig von harten Devisen- und Anlagerestriktionen betroffen waren (z. B. USA: Zinsausgleichsteuer und Sondersteuer zur Verteuerung des US-Auslandskredits, Zinsobergrenzen auf Depositenzertifikate im Rahmen der Regulation Q zur Einschränkung der Kreditgewährung an die Wirtschaft), übernahm der Eurogeldmarkt die Funktion der Drehscheibe des internationalen Kapitalverkehrs. Er wird dies verstärkt wieder tun, nachdem 1974 die Kapitalzuflußbeschränkungen weitgehend gefallen sind (z. B. → Bardepot in der BRD) und die Unternehmen damit erneut den für eine Weile unterbundenen Zugang finden.

Der Eurogeldmarkt erleichtert den Überschußländern zweifellos die Reservehaltung in Devisen (Anlagen zentraler Währungsbehörden 1973 ca. 8–10 Mrd. $) und hält für die Defizitländer eine scheinbar billige Finanzierungsmöglichkeit bereit. Er hat darum zur Aufblähung der nationalen und → internationalen Liquidität beigetragen. So bedeutet z. B. die Anlage von Devisen am Eurogeldmarkt für die einzelne Zentralbank einen Aktivtausch innerhalb der → Währungsreserven. Die Inanspruchnahme des Eurogeldmarktes durch (nicht selten offiziell ermunterte) Gebietsansässige derselben Zentralbank holt die Devisen ins Land zurück. Ein Umtausch in Inlandswährung erhöht das → Geldvolumen unmittelbar und mittelbar (über den Prozeß der multiplen Kreditschöpfung), speist aber darüber hinaus die Devisen erneut in die Währungsreserven ein. Neben inflationistischen Wirkungen hat der Eurogeldmarkt weitere destabilisierende Effekte für die → internationale Währungsordnung: Er stellt der Währungsspekulation einen technisch außerordentlich effizienten, durch die Währungsbehörden nahezu unkontrollierbaren Apparat und überdies umfangreiches Kapital zur Verfügung.

Der Abbau der amerikanischen Zahlungsbilanzdefizite, die Aufhebung der Kapitalverkehrsbehinderungen (1973/74), die Entbindung wichtiger Zentralbanken von der → Interventionspflicht auf ihren → Devisenmärkten (1973), schließlich die → Aufwertung des Dollars im Gefolge der Ölkrise (1973) und nicht zuletzt der Entschluß der Zentralbanken der → Zehnergruppe, dem Eurogeldmarkt künftig fernzubleiben (1971), haben den Markt beunruhigt, ohne sein Wachstum zu bremsen.

Nach einer Periode, in der die Zinsentwicklung auf dem Eurogeldmarkt Signalwirkung für das Weltzinsniveau hatte, dürfte die Bedeutung des amerikanischen Kreditmarktes im Verbund mit der Aufhebung der Maßnahmen zum Schutz der US-Zahlungsbilanz und zur Begrenzung der Kapitaleinfuhr in Europa dem amerikanischen Zinssatz wieder die Funktion eines Leitzinssatzes verschaffen. Über den Eurogeldmarkt könnte es dann zu einem neuen von den USA dominierten Zinsverbund der nationalen Märkte kommen. F.G.

## Europäische Agrarmarktordnung
→ Agrarmarktordnung

## Europäische Atomgemeinschaft (EURATOM)

eine der drei → Europäischen Gemeinschaften. Sie wurde zusammen mit der → Europäischen Wirtschaftsgemeinschaft (EWG) 1967 gegründet. Da der Sektor Atomenergie besondere Probleme aufwirft, wurde er nicht in die EWG inkorporiert.

Ziel von EURATOM ist die Förderung der friedlichen Nutzung der Atomenergie. Dazu gehört die Förderung der Forschung, die Gewährleistung einer hohen Mobilität der Atomwissenschaftler in Europa, die Entwicklung einer leistungsfähigen Kernenergie-Industrie, die Aufstellung einheitlicher Sicherheitsnormen und die Sicherung der Versorgung mit spaltbarem Material.

Nach den ersten beiden 5-Jahresprogrammen konnten sich die Mitgliedsländer wegen unterschiedlicher Auffassungen über die zu fördernden Typen von Reaktoren nur noch auf Interim-Programme einigen.

Ministerrat und Kommission von EU-RATOM wurden 1967 mit den entsprechenden Organen von EWG und → Europäischer Gemeinschaft für Kohle und Stahl vereinigt (→ Europäische Gemeinschaften). Der EURATOM-Vertrag ist aber weiterhin in Kraft.  R. O.

## Europäische Freihandelsassoziation

(European Free Trade Association; EFTA) Sitz: Genf.

Gründung: Nachdem der britische Plan einer alle Länder des → Europäischen Wirtschaftsrats (OEEC) umfassenden Freihandelszone 1956 mit der Errichtung der → Europäischen Wirtschaftsgemeinschaft (EWG) gescheitert war, schlossen sich 7 nicht zur EWG gehörende OEEC-Länder zur EFTA zusammen. Das Abkommen wurde am 4. 1. 1960 in Stockholm unterzeichnet; es trat am 3. 5. 1960 in Kraft.

Mitgliedsländer: Dänemark, Großbritannien (beide bis zu ihrem EG-Beitritt am 1. 1. 1973), Norwegen, Österreich, Portugal, Schweden, Schweiz, Island (seit 1. 3. 1970). Assoziiert: Finnland (seit 1. 7. 1961).

Aufgabe: Liberalisierung des Außenhandels zwischen den Mitgliedsländern: Der Abbau der → Zölle und mengenmäßigen Beschränkungen (→ Kontingente) zwischen den EFTA-Ländern bezieht sich nahezu ausschließlich auf Industrie-Erzeugnisse. Ausfuhrzölle und -kontingente wurden bereits am 31. 12. 1961 aufgehoben, Einfuhrzölle und -kontingente wurden stufenweise bis Ende 1966 beseitigt. In der Festsetzung von Zöllen und Kontingenten gegenüber Drittländern sind die EFTA-Staaten nicht gebunden. Deshalb wurde eine Warenursprungsregelung erforderlich, um Handelsverlagerungen durch Zollumgehungen zu vermeiden; anderenfalls würden alle EFTA-Einfuhren aus Drittländern über das EFTA-Land mit den jeweils niedrigsten Außenzöllen hereinkommen. Nach der Regelung genießen nur solche Güter Zollfreiheit, die entweder vollständig im EFTA-Raum hergestellt oder bestimmten Verarbeitungsprozessen unterworfen wurden oder zonenfremde

Bestandteile von weniger als 50% des Exportwertes enthalten.

Am 22. 7. 1972 schlossen die → Europäischen Gemeinschaften mit Österreich, Schweden, Schweiz, Portugal und Island sowie am 14. 5. 1973 mit Norwegen bilaterale Abkommen über eine Freihandelsregelung für den gewerblichen und Montanbereich: für die Zeit vom 1. 4. 1973 bis 1. 7. 1977 ist ein Zollabbau in 5 Stufen zu je 20% vorgesehen.

Organe: Oberstes Organ ist der Rat, in den alle Mitglieder gleichberechtigte Vertreter entsenden und dessen Beschlüsse i. d. R. der Einstimmigkeit bedürfen. Die laufenden Geschäfte erledigt das Sekretariat mit einem Generalsekretär an der Spitze.

D. S.

## Europäische Gemeinschaften (EG)

(European Economic Community; EEC) Sammelbezeichnung für die → Europäische Gemeinschaft für Kohle und Stahl (EGKS, Montanunion), die → Europäische Wirtschaftsgemeinschaft (EWG) und die → Europäische Atomgemeinschaft (EAG, EURATOM). Sie wurden 1952 (EGKS) bzw. 1958 (EWG und EURATOM) gegründet. Gründungsmitglieder waren die drei Beneluxländer, Frankreich, Italien und die BRD. 1973 sind Großbritannien, Irland und Dänemark beigetreten.

An der Spitze der Organe der EG steht der Rat der Europäischen Gemeinschaften (Ministerrat) als wichtigstes Leitungsorgan im Bereich des EWG- und EURATOM-Vertrags, das alle wesentlichen Entscheidungen trifft. In ihm ist jedes EG-Land durch ein Regierungsmitglied (i. d. R. Ressortminister für den jeweiligen Fragenkreis) vertreten, das die Interessen der nationalen Regierungen wahrnimmt. Für die meisten Sachgebiete ist der Übergang von einstimmigen zu Mehrheitsbeschlüssen vorgesehen, doch hat der Rat geäußert, auf Mehrheitsbeschlüsse bei Entscheidungen von vitalem Interesse eines Mitgliedslandes zu verzichten. Den Beschlüssen liegen meist Vorschläge der Kommission zugrunde.

Die Kommission der Europäischen Gemeinschaften hat im Rahmen des EWG-

und EURATOM-Vertrages vollziehende und verwaltende Aufgaben sowie gewisse Entscheidungsbefugnisse und erarbeitet Vorschläge zur Erfüllung des Vertrages. Sie besteht aus 13 von den Regierungen im gegenseitigen Einvernehmen ernannten Mitgliedern und faßt ihre Beschlüsse mit einfacher Mehrheit. Bezüglich der EGKS hat die Kommission in ihrer Stellung als Hohe Behörde die wichtigsten Kompetenzen, während der Ministerrat nur über ein Zustimmungs- und Mitspracherecht verfügt.

Dem Europäischen Parlament, dessen Abgeordnete von den nationalen Parlamenten delegiert werden, stehen nur Beratungs- und Kontrollbefugnisse zu. Es ist zu den Vorschlägen der Kommission i. d. R. anzuhören, kontrolliert die Arbeit der Kommission und ist an der Erstellung des Haushalts der Gemeinschaften beteiligt.

Der Europäische Gerichtshof hat die Aufgabe, die Wahrung des Rechts bei der Anwendung und Auslegung der Verträge zu sichern. 1967 wurden die Kommissionen und Ministerräte der drei Gemeinschaften vereinigt (Organfusion). Die damals bereits angestrebte Verschmelzung der drei Verträge zu *einem* EG-Vertrag ist bisher nicht zustande gekommen. Mit der Fusion der Organe wurden auch die Haushalte der drei Gemeinschaften vereinigt. Seit 1971 wird die frühere Finanzierung des Gemeinschaftshaushalts durch Beiträge der Mitgliedsländer zunehmend abgelöst durch eigene Einnahmequellen der Gemeinschaft (zunächst Abschöpfungen und Zölle, später auch eine Gemeinschaftssteuer). Teile des Gemeinschaftshaushalts sind der → Europäische Sozialfonds und der → Europäische Ausrichtungs- und Garantiefonds. Der → Europäische Entwicklungsfonds und der → Europäische Regionalfonds werden aus den nationalen Budgets finanziert.

Schon die Römischen Verträge intendierten letztlich mehr als nur eine Gemeinschaft auf wirtschaftlichem Gebiet. Eine weitere Etappe des Weges zu den »Vereinigten Staaten von Europa« ist zwar durch die stufenweise Verwirklichung der → Wirtschafts- und Währungsunion (→

WERNER-Bericht) eingeleitet worden, es hat sich aber in den letzten Jahren verstärkt gezeigt, daß die politische Einigung durch enge ökonomische Bindungen weder ersetzt noch erzwungen werden kann, vielmehr daß die erreichten wirtschaftlichen Gemeinsamkeiten bei fehlendem politischen Einigungswillen langfristig nicht von Bestand sein könnten. R.O.

## Europäische Gemeinschaft für Kohle und Stahl (EGKS)

(Montanunion) älteste der drei → Europäischen Gemeinschaften. Ihre Gründung erfolgte 1952 aus wirtschaftlichen, aber auch politischen Überlegungen durch die drei Beneluxstaaten, Frankreich, Italien und die BRD. Die Initiatoren waren Robert SCHUMANN und Jean MONNET.

Zu den Zielen der EGKS gehört die Herstellung eines gemeinsamen Marktes für Kohle- und Stahlerzeugnisse, eine gemeinsame → Energiepolitik, die Förderung des → Wettbewerbs, die Modernisierung und Ausdehnung der Produktion.

Probleme in der Arbeit der EGKS stellten schon bald die sektoralen Abgrenzungen der Güter und die dadurch hervorgerufenen Wettbewerbsverzerrungen für enge Substitute von Kohle- und Stahlprodukten dar. Neuerdings sind Schwierigkeiten durch den Rückgang der Kohlenachfrage und den verstärkten außergemeinschaftlichen Wettbewerbsdruck hinzugekommen. Allerdings könnte die Ölkrise von 1973 zu einer völligen Änderung der Situation führen. Die Erfolge der EGKS zeigen sich in der Erhöhung des innergemeinschaftlichen Handels mit Kohle- und Stahlprodukten, in Kostensenkungen und stabileren Preisen.

Die Befugnisse der EGKS zur Steuererhebung stellen einen ersten Schritt auf dem Wege zu größerer finanzieller Unabhängigkeit der Europäischen Gemeinschaften dar.

Die mit der Gründung der EGKS verfolgte Politik »Integration Sektor für Sektor« erwies sich jedoch als weiterhin nicht fruchtbar. Durch die → Europäische Wirtschaftsgemeinschaft (EWG) wurde daher die

Integration aller Sektoren (außer Atomenergie, → Europäische Atomgemeinschaft) angestrebt.
1967 wurden die Hohe Behörde und der Ministerrat der EGKS mit den entsprechenden Organen von EWG und Europäischer Atomgemeinschaft verschmolzen (→ Europäische Gemeinschaften). Der EGKS-Vertrag ist jedoch nach wie vor in Kraft.   R.O.

**Europäische Investitionsbank (EIB)**
unabhängige Institution öffentlich-rechtlicher Natur im Rahmen der → Europäischen Gemeinschaften mit Sitz in Luxemburg (seit 1968).
Gründung: durch den Vertrag von Rom (Art. 129), der am 1. 1. 1958 in Kraft getreten ist. Aufgabe: Förderung einer ausgewogenen Entwicklung des gemeinsamen Marktes durch Gewährung langfristiger Darlehen oder Garantien an Unternehmen, Gebietskörperschaften und Finanzinstitute für Entwicklungsvorhaben in schwächer entwickelten Regionen (z. B. Süditalien), Umstellungsgebieten (z. B. Bergbaugebiete in der BRD und Belgien) und für Vorhaben von gemeinsamem europäischen Interesse (z. B. Kernkraftwerke). Darüberhinaus gewährt die Bank seit 1963 auch Kredite an die der EWG assoziierten (v. a. Griechenland) oder von ihr abhängigen Staaten (v. a. Türkei), von denen die meisten → Entwicklungsländer sind; ein Teil davon wird zu Sonderbedingungen gewährt (v.a. aus Mitteln des → Europäischen Entwicklungsfonds).
Mittelbeschaffung: Das Grundkapital der Bank wird durch die EG-Mitgliedsstaaten aufgebracht. Es betrug bei Gründung 1 Mrd. EUR, wurde 1971 auf 1,5 Mrd. EUR und am 1. 1. 1973 auf 2,025 Mrd. EUR aufgestockt (Anteil der BRD: 450 Mio. EUR). Zusätzlich finanziert sich die EIB auf dem internationalen Kapitalmarkt; der Gesamtumfang der bis zum 31. 12. 1972 aufgenommenen Mittel betrug 1,96 Mrd. EUR).
Organe: Oberstes Organ ist der Gouverneursrat, in dem alle EG-Mitgliedsstaaten auf Ministerebene vertreten sind. Er genehmigt die Bilanz, erläßt die allgemeinen

Richtlinien für die Kreditpolitik der Bank und bestellt die Mitglieder der nachgeordneten Organe. Der Verwaltungsrat entscheidet über die Kreditvergabe und die Kreditkonditionen, während die laufenden Geschäfte vom Direktorium wahrgenommen werden.   D.S.

| EIB-Daten (Mrd. EUR) | 1958–1972 |
|---|---|
| Gewährte Darlehen und Garantien | |
| an Mitgliedsländer | 2 455 |
| darunter: | |
| BRD | 354 |
| Frankreich | 571 |
| Italien | 1 412 |
| an assoziierte Länder | 205 |
| an andere Länder | 182 |
| Insgesamt | 2 842 |

**Europäische Patentübereinkunft**
→ Patentsystem

**Europäischer Agrarfonds**
→ Europäischer Ausrichtungs- und Garantiefonds für die Landwirtschaft.

**Europäischer Ausrichtungs- und Garantiefonds für die Landwirtschaft (EAGFL)**
1962 errichteter Fonds der → Europäischen Wirtschaftsgemeinschaft (EWG) zur Finanzierung der gemeinsamen → Agrarpolitik; er ist Teil des Haushalts der → Europäischen Gemeinschaften (EG).
Die Abteilung Ausrichtung ist zuständig für die Finanzierung von Agrarstrukturverbesserungsvorhaben, die Abteilung Garantie für die Finanzierung der Aufwendungen im Rahmen der gemeinsamen → Agrarmarktordnung (Binnenmarktinterventionen, Ausfuhrerstattungen).
Das Gesamtvolumen des EWG-Agrarhaushalts stieg von 0,15 Mrd. DM im Jahr 1962 (davon Abteilung Garantie: 0,12 Mrd. DM) auf 14 Mrd. DM im Jahr 1974 (davon Abteilung Garantie: 12,8 Mrd. DM). Während der Übergangs-

zeit wurden die Fondsausgaben durch Beiträge der Mitgliedsstaaten gedeckt. Nach dem 1. 7. 1967 wurden der Abteilung Garantie 90 % der Abschöpfungseinnahmen jedes Mitgliedslandes zugeführt. Der darüber hinausgehende Finanzbedarf sowie die Mittel für die Abteilung Ausrichtung wurden über einen festen Aufbringungsschlüssel durch Finanzbeiträge der Mitglieder beschafft. Seit dem 1. 1. 1971 erfolgt die Finanzierung des EAGFL (wie auch der übrigen Ausgaben des EG-Haushalts) aus den Abschöpfungseinnahmen, einem bis 1975 auf 100% steigenden Anteil am Zollaufkommen und bis Ende 1974 aus ergänzenden Finanzbeiträgen der Mitgliedsstaaten, die ab 1975 durch einen bestimmten Anteil am Mehrwertsteueraufkommen ersetzt werden (max. 1% der Bemessungsgrundlage). D.S.

**Europäischer Entwicklungsfonds**
Fonds der → Europäischen Gemeinschaften (EG) zur Finanzierung von Entwicklungshilfevorhaben in den mit den EG assoziierten Ländern, Gebieten und Departements.
Gründung: Der Fonds wurde auf der Grundlage des EWG-Vertrages vom 25. 3. 1957 auf die Dauer von zunächst fünf Jahren geschaffen (1. Europäischer Entwicklungsfonds). Ihm schlossen sich zwei weitere, gleichfalls für fünf Jahre vorgesehene Entwicklungsfonds an.
Ziele und Aufgaben: Die Mittel des Entwicklungsfonds stammen aus den nationalen → Budgets der EG-Mitgliedsstaaten und werden als Gemeinschaftshilfe zur Finanzierung von wirtschaftlichen und sozialen Investitionsprojekten in den assoziierten afrikanischen Staaten und Madagaskar (AASM) sowie in den überseeischen Ländern und Gebieten (ÜLG) gewährt; sie brauchen zum überwiegenden Teil nicht zurückgezahlt zu werden.
1. Fonds (1. 1. 1958–31. 12. 1962): Er umfaßte ein Volumen von 581,25 Mio. EUR (Anteil der BRD: 200 Mio. EUR).
2. Fonds (1. 6. 1964–31. 5. 1969): Er wurde im 1. Assoziierungsabkommen von Jaunde zwischen den EG und den AASM

vom 26. 7. 1963 vereinbart. Sein Volumen betrug 730 Mio. EUR (Anteil der BRD: 246,5 Mio. EUR).
3. Fonds (1. 1. 1971–31. 1. 1973): Grundlage ist das 2. Abkommen von Jaunde vom Juni 1969. Der Umfang des Fonds beläuft sich nach dem Beitritt von Mauritius zum Abkommen im Mai 1972 auf 905 Mio. EUR (Anteil der BRD: 298,5 Mio. EUR). D.S.

**Europäischer Fonds**
diente im Rahmen des → Europäischen Währungsabkommens zur Gewährung von Zahlungsbilanzkrediten.

**Europäischer Fonds für währungspolitische Zusammenarbeit**
errichtet am 6. 4. 1973 in Ausführung eines Beschlusses der EG-Regierungschefs von 1972. Er soll das Funktionieren des Systems der Bandbreitenverringerung zwischen den EG-Währungen gewährleisten, Interventionen, Saldenausgleich und Reservepooling der EG-Zentralbanken erleichtern und die Verwaltung des → kurzfristigen Währungsbeistands führen. Der vorgesehene Ausgleich der bei Interventionen auflaufenden und grundsätzlich in → Europäischen Währungs-Rechnungseinheiten geführten Guthaben und Verbindlichkeiten entsprechend der Zusammensetzung der → Währungsreserven ist durch die Immobilisierung des → Goldes angesichts der unsicheren Goldpreissituation behindert: Die Zentralbanken geben z. Z. auch untereinander kein Gold ab, sondern verrechnen sich Positionen in Gold-Rechnungseinheiten.
Als Agent des Fonds fungiert die → Bank für Internationalen Zahlungsausgleich.
F.G.

**Europäischer Regionalfonds**
wurde von den Mitgliedern der → Europäischen Gemeinschaften (EG) am 1. 1. 1974 mit dem Ziel gegründet, den unterschiedlichen wirtschaftlichen Entwicklungsstand der EG-Regionen zu verringern. Nach Ansicht der EG-Kommission sind 52% der Gesamtfläche des EG-Gebietes förderungswürdig. Der

größte Teil davon liegt in Irland, Italien und Großbritannien, die demnach zu den Nutznießern des Fonds zählen werden, während die BRD Netto-Einzahler sein wird.

Über die Höhe des Fonds (zwischen 2,2 und 11 Mrd. DM) und die Einzahlungen der EG-Mitglieder gehen die Vorstellungen noch (März 1974) weit auseinander. R.O.

## Europäischer Sozialfonds

1960 gegründeter Fonds der → Europäischen Gemeinschaften (EG) zur Gewährung von Beihilfen für die Förderung von Umschulungen und Freizügigkeit der Arbeitskräfte in der EG. In den ersten Jahren seines Bestehens hatte der Fonds keinen wesentlichen Einfluß auf die wirtschaftliche und soziale Entwicklung der Gemeinschaft. Daher wurde 1971 eine Reform des Fonds beschlossen, die ihn zu einem Instrument einer aktiven → Beschäftigungspolitik umgestalten soll. Seit 1971 ist er Teil des Gemeinschaftshaushalts. R.O.

## Europäischer Wirtschaftsrat

(Organization for European Economic Co-operation; OEEC) Sitz: Paris. Die Konvention für europäische wirtschaftliche Zusammenarbeit wurde am 16. 4. 1948 in Paris unterzeichnet.

Ziele: Zusammenarbeit der Mitgliedsländer beim Wiederaufbau; insbes. sollte die OEEC von europäischer Seite her an der Verteilung der amerikanischen Wirtschaftshilfe (→ Europäisches Wiederaufbauprogramm) mitwirken sowie die Voraussetzungen für deren Wirksamkeit verbessern (v. a. durch Liberalisierung des Waren-, Dienstleistungs- und Personenverkehrs und Wiedereinführung der → Konvertibilität der europäischen Währungen).

Mitglieder: Großbritannien, Irland, Frankreich, Österreich, Island, Schweden, Dänemark, Norwegen, Italien, Niederlande, Belgien, Luxemburg, Schweiz, Portugal, Griechenland, Türkei (alle ab 1948), BRD (31. 10. 1949), Spanien (1959). Assoziiert: USA und Kanada (1950). Mitar-

beit: Jugoslawien und Finnland (1959).

Organe: Oberstes OEEC-Organ war der Rat, in dem alle Mitgliedsländer mit demselben Stimmrecht vertreten waren und dessen Beschlüsse der Einstimmigkeit bedurften. Er wurde durch einen Exekutivausschuß (7 Mitglieder), ein Sekretariat und Fachausschüsse unterstützt.

Übergang zur OECD: Anfang 1960 begannen die Arbeiten für eine grundlegende Reform der Statuten und der Struktur der OEEC, denn ihre 1948 formulierten Ziele waren weitgehend erreicht: Der Außenwirtschaftsverkehr war nahezu vollständig liberalisiert und mit Hilfe der → Europäischen Zahlungsunion hatten die wichtigsten europäischen Währungen ihre → Konvertibilität wiedererlangt. Zudem hatten sich inzwischen in Europa regionale Wirtschaftsorganisationen mit eigenen Zielsetzungen gebildet (→ Europäische Wirtschaftsgemeinschaft; → Europäische Freihandelsassoziation). Am 14. 12. 1960 wurde die neue Konvention unterzeichnet, welche die Ablösung der OEEC durch die OECD (→ Organisation für wirtschaftliche Zusammenarbeit und Entwicklung) vorsah. D.S.

## Europäisches System Volkswirtschaftlicher Gesamtrechnungen

→ System of National Accounts

## Europäisches Währungsabkommen (EWA)

(European Monetary Agreement; EMA) Nachfolgeorganisation der → Europäischen Zahlungsunion (EZU). Das Abkommen wurde bereits 1955 abgeschlossen, trat am 27. 12. 1958 in Kraft, wurde zum 1. 1. 1966 einer Revision unterworfen und konnte vom Rat des → Europäischen Wirtschaftsrats (OEEC) bzw. der → Organisation für wirtschaftliche Zusammenarbeit und Entwicklung (OECD) jederzeit beendet werden.

Hauptelemente:

a) Multinationales Zahlungssystem mit Wechselkursgarantie und Zwischenfinanzierung. Die Wechselkursgarantie fußte auf der Verpflichtung der Mitgliedsländer, die → Wechselkurse ihrer Währungen innerhalb einer festgelegten Bandbreite zu halten (im allg. ±0,75% vom Paritätskurs). Im Falle von → Abwertungen waren dann die Zentralbankguthaben anderer Mitglieder zum vorher gültigen äußersten Verkaufskurs abzurechnen. Die Zwischenfinanzierung bestand in der Verpflichtung der Zentralbanken der Mitgliedsländer, sich gegenseitig bis zu festgelegten Höchstbeträgen kurzfristige Kredite in eigener Währung zu gewähren; die Rückzahlung hatte spätestens bis zum Ende des folgenden Monats zu erfolgen. Von der Möglichkeit der Zwischenkredite wurde seit März 1963 kein Gebrauch mehr gemacht.

b) Kredithilfe bei Zahlungsbilanzstörungen: Zu diesem Zweck wurde aus dem Restkapital der EZU (271,5 Mio. $) und Beiträgen der Mitglieder (336 Mio. $) ein Europäischer Fonds gebildet. Die Kreditgewährung erfolgte nicht automatisch, sondern war i. d. R. mit stabilisierungspolitischen Auflagen verbunden. Laufzeit der Kredite: bis zu 3 Jahren; Zinssatz: 2–4% p. a.

Organe: analog zur → Europäischen Zahlungsunion.

Liquidation des EWA: Am 31. 12. 1972 endete das EWA. Die aus dem Restkapital der EZU stammenden Mittel des Europäischen Fonds wurden auf Verlangen an die USA zurückgezahlt (zuzügl. 84 Mio. $ Zinsen); die EWA-Mitglieder erhielten ihre Goldsubskription zuzügl. aufgelaufener Zinsen zurück. Die Bestimmungen des EWA über die Wechselkursgarantie wurden modifiziert in eine neue (auf 3 Jahre befristete) Vereinbarung zwischen den Zentralbanken von 18 OECD-Ländern übernommen: Der Umfang der Garantie beschränkt sich danach nur noch auf die working balances der Zentralbanken

| EWA-Daten (1959–1972) | Mio. $ |
| --- | --- |
| Insgesamt gewährte Zahlungsbilanzkredite | 665,9 |
| Zwischenkredite | 373,9 |

(Richtgröße: 1% der Quote jedes Landes beim → Internationalen Währungsfonds). Die Überwachung dieser Regelungen wurde einem neu gegründeten Ausschuß für Währungs- und Devisenfragen bei der OECD übertragen.　D.S.

**Europäisches Wiederaufbauprogramm**
(European Recovery Program; ERP) von George C. MARSHALL im Juni 1947 entwickeltes und am 3. 4. 1948 vom Kongreß auf 4 Jahre bewilligtes Hilfsprogramm der US-Regierung für den Wiederaufbau der europäischen Wirtschaft. Es trat nach einer Übergangszeit an die Stelle der → GARIOA-Hilfe. Die Koordinierung oblag auf amerikanischer Seite der → Economic Cooperation Administration (ECA), auf europäischer Seite dem 1948 u. a. zu diesem Zweck gegründeten → Europäischen Wirtschaftsrat (OEEC).

Die ERP-Mittel dienten zur Finanzierung von Warenlieferungen v. a. amerikanischer Unternehmen an die OEEC-Länder. Die Lieferungen wurden von den Importeuren in heimischer Währung bezahlt, die jedoch nicht transferiert, sondern zu 95% zur Gegenwertfonds (counterpart funds) gesammelt wurden. Die Gegenwertmittel konnten von den Empfängerländern für Aufbauprojekte verwendet werden. Nach Auslaufen des Programms am 30. 6. 1952 betrug der Gesamtumfang der von den USA geleisteten ERP-Hilfe 13,15 Mrd. $. Davon empfing die BRD ca. 11%. Von der vor dem 1. 7. 1951 empfangenen Hilfe (einschl. GARIOA ca. 3 Mrd. $) wurde ein Teil (1 Mrd. $) zurückgezahlt (→ Londoner Schuldenabkommen). Die übrigen Mittel wurden im → ERP-Sondervermögen zusammengefaßt.　D.S.

**Europäische Währungs-Recheneinheit**
(EWRE; EUR) in der Satzung des → Europäischen Fonds für währungspolitische Zusammenarbeit definierte, aber schon seit 1962 im Rahmen der gemeinsamen → Agrarmarktordnung und in der amtlichen Statistik der → Europäischen Gemeinschaften verwendete Recheneinheit:
1 EUR = 0,88867088 Gramm Feingold. Der Goldgehalt wird bei Paritäts- bzw.

Leitkursänderungen der Währungen *aller* Mitgliedsstaaten automatisch angepaßt.

Die Definition entspricht der Goldparität des US-Dollars bis zum 21. 12. 1971 und der Werteinheit der → Sonderziehungsrechte (vor der Neudefinition 1974). Legt man den → Leitkurs der DM vom 15. 2. 1974 zugrunde, ergibt sich: 1 EUR = 3,21979 DM.   F. G.

## Europäische Wirtschaftsgemeinschaft (EWG)

Teil der → Europäischen Gemeinschaften (EG). Der EWG-Vertrag vom 25. 3. 1957 trat zusammen mit dem Vertrag über die → Europäische Atomgemeinschaft (EURATOM) am 1. 1. 1958 in Kraft (Römische Verträge). Die Politik der sektoralen Integration, die mit der Gründung der → Europäischen Gemeinschaft für Kohle und Stahl (EGKS) verfolgt worden war, hatte sich für die Fortentwicklung der europäischen Einigung als nicht fruchtbar erwiesen.

Gründungsmitglieder der EWG waren die drei Beneluxstaaten, Frankreich, Italien und die BRD. Am 1. 1. 1973 traten der EG Großbritannien, Irland und Dänemark bei.

Eine große Zahl von Ländern ist der EWG assoziiert und kommt in den Genuß handelspolitischer Erleichterungen und z. T. auch von Finanzhilfen (→ Europäischer Entwicklungsfonds) Im Vertrag von Jaunde (1964) sind 18 afrikanische Staaten und Madagaskar der EWG assoziiert worden. Das Abkommen wurde 1969 erneuert und gilt bis 1975. Außerdem sind Assoziierungen mit Tunesien und Marokko erfolgt. Von den europäischen Ländern sind Griechenland, die Türkei und Malta der EWG assoziiert. Mit einer Reihe weiterer Länder wurden Handelsabkommen geschlossen. Darüberhinaus gewährte die EWG 1971 den → Entwicklungsländern allgemeine Zollpräferenzen (→ Präferenzzoll), die allerdings durch verschiedene Bestimmungen eingeschränkt sind.

Organe der EWG sind nach der Organfusion von 1967 die Organe der → Europäischen Gemeinschaften.

Kernstück des EWG-Vertrages ist die am 1. 7. 1968 (18 Monate früher als geplant) vollendete Zollunion (→ Integration). Die Binnenzölle und mengenmäßigen Beschränkungen (→ Kontingente) sind abgebaut. Für den Handel mit Drittländern gilt ein gemeinsamer Zolltarif, der als arithmetisches Mittel aus den einzelstaatlichen Zöllen vom 1. 1. 1957 gebildet wurde. Die Beneluxstaaten und die BRD hatten als Niedrigzollländer ihre Außenzölle zu erhöhen, Frankreich und Italien mußten sie senken.

Bereits vor Ende der Übergangszeit (in deren Verlauf die Binnenzölle abgebaut wurden) vereinbarte man auch eine Abstimmung der nationalen → Wirtschaftspolitik. Dazu gehören regelmäßige Ratsempfehlungen zur nationalen → Konjunkturpolitik, Konsultationen vor wichtigen währungspolitischen Entscheidungen, eine engere Zusammenarbeit der → Zentralbanken, Konferenzen der EWG-Finanz- und -Wirtschaftsminister und die Arbeit des Ausschusses für mittelfristige Wirtschaftspolitik.

Nach den Währungskrisen von 1968 und 1969 erschien eine weitere Intensivierung der wirtschafts- und währungspolitischen Zusammenarbeit notwendig, wenn nicht die bereits erreichten Freiheiten im Waren- und Dienstleistungsverkehr und in den Faktorbewegungen gefährdet werden sollten. Ergebnis dieser Bemühungen war, neben der Koordinierung der kurzfristigen Wirtschaftspolitik, der Harmonisierung der mittelfristigen gesamtwirtschaftlichen Zielsetzungen und der Einführung eines Systems des → kurz- und → mittelfristigen Währungsbeistands, der → WERNER-Bericht, der einen Stufenplan für eine → Wirtschafts- und Währungsunion enthält. Wegen der Währungskrise von 1971 wurde die im WERNER-Bericht vorgesehene Verringerung der Bandbreiten zwischen den EG-Währungen erst 1972 vollzogen.

Trotz aller – im Vergleich zu anderen internationalen Verträgen und Organisationen einzigartigen – Erfolge der EWG auf dem Gebiet der Handelsliberalisierung und trotz der Versuche zur wirtschafts- und währungspolitischen Koordination und Kooperation (die auch eine teilweise Übertragung nationaler Zuständigkeiten auf Gemeinschaftsorgane mit sich brachten) hat sich eine gleichgewichtige wirtschaftliche Entwicklung in den Mitgliedsstaaten bisher nicht ergeben. In jüngster Zeit ist daher der → Europäische Regionalfonds und der → Europäische Fonds für währungspolitische Zusammenarbeit gegründet worden. R.O.

**Europäische Zahlungsunion (EZU)**
(European Payments Union; EPU) Das Abkommen über die EZU wurde am 19. 9. 1950 von allen Mitgliedsländern des → Europäischen Wirtschaftsrates (OEEC) unterzeichnet und trat rückwirkend zum 1. 6. 1950 in Kraft.
Aufgabe: Errichtung eines multilateralen Zahlungssystems zwischen den → Zentralbanken der Mitgliedsländer, um die Transferierbarkeit der europäischen Währungen zu erhöhen und den Übergang zur vollständigen → Konvertibilität zu erleichtern. Damit verbunden war eine kurzfristige automatische Kredithilfe; ferner sollte die EZU bei größeren Zahlungsbilanzstörungen einzelner Mitgliedsländer Sonderkredite gewähren.
Mittelausstattung: Als Betriebskapital stellten die USA der EZU 350 Mio. $ aus den Mitteln des → Europäischen Wiederaufbauprogramms (ERP) zur Verfügung.
Organe: Oberstes Beschlußorgan war der Rat der OEEC; er bestellte für die Geschäftsführung ein Direktorium (7 Mitglieder). Die finanziellen Operationen wurden über die → Bank für Internationalen Zahlungsausgleich (BIZ) abgewickelt.
Funktionsweise: Die BIZ als Zentralstelle verrechnete die monatlichen Salden im Zahlungsverkehr der Zentralbanken miteinander, so daß sich für jede Zentralbank nur ein Spitzensaldo gegenüber der EZU ergab. Die kumulierten Schuldner- bzw. Gläubigerpositionen gegenüber der EZU konnten bis zu einer bestimmten Höhe auflaufen, ohne daß ein Barausgleich vorgenommen werden mußte: Strukturelle

Schuldner-(Gläubiger-)Länder unter den Mitgliedern bekamen als »Vorgabe« unterschiedlich hohe Gläubiger-(Schuldner-)Positionen zugeteilt. Waren diese ausgeschöpft, so bemaß sich jede zusätzliche Verschuldung bzw. Kreditgewährung eines Mitglieds an seiner Quote, die anfangs auf 15 % seines intraeuropäischen Waren- und Dienstleistungsverkehrs im Jahr 1949 festgelegt wurde. Zahlungssalden, welche die Schuldner- oder Gläubigerpositionen gegenüber der EZU über $^1/_5$ der jeweiligen Quote erhöhten, waren z. T. durch Gold- oder Dollar-Zahlungen zu begleichen. Der Anteil des Barausgleichs nahm dabei bei jedem weiteren Fünftel der Quote zu; zudem wurde schrittweise bis 1955 der Barausgleich von durchschnittlich 40 % auf 75 % heraufgesetzt.
Liquidation: Als 14 westeuropäische Staaten 1958 ihre Währungen für konvertibel erklärten, hatte die EZU ihre Aufgabe erfüllt. Sie wurde am 27. 12. 1958 vom → Europäischen Währungsabkommen (EWA) abgelöst, das bereits 1955 für diesen Fall ausgearbeitet und ratifiziert worden war. D.S.

| EZU-Daten (1950–1958) | Mrd. $ | % |
|---|---|---|
| Summe der über die EZU abgerechneten Forderungen und Verbindlichkeiten | 46,4 | 100 |
| Ausgleich durch: sofortige multilaterale Verrechnung | 20,0 | 43 |
| Verrechnung im Zeitablauf | 12,6 | 27 |
| Gold- und $-Zahlungen | 10,7 | 23 |
| Kreditgewährung | 2,7 | 6 |

**Europapatent** → Patentsystem

**European Economic Community (EEC)**
→ Europäische Gemeinschaften

**European Free Trade Association (EFTA)**
→ Europäische Freihandelsassoziation

**European Monetary Agreement (EMA)**
→ Europäisches Währungsabkommen

**European Monetary Fund (EMF)**
→ Europäischer Fonds

**European Payments Union (EPU)**
→ Europäische Zahlungsunion

**European Recovery Program (ERP)**
→ Europäisches Wiederaufbauprogramm

**EWA**
→ Europäisches Währungsabkommen

**EWG**
→ Europäische Wirtschaftsgemeinschaft

**ex-ante-Analyse** → Analyse

**Existenzbedingungen eines Gleichgewichts**
beschreiben die Voraussetzungen für die
Existenz eines → Gleichgewichts unter Bezugnahme auf die Modellparameter.
Beispiel: Für das Gleichgewichtseinkommen

$$\overline{Y} = \frac{1}{s} \overline{I}$$

gilt die Existenzbedingung $s > 0$.
Die Frage nach der Existenz eines Gleichgewichts darf nicht mit der Frage nach seiner Eindeutigkeit oder seiner Stabilität
verwechselt werden (→ Stabilitätsbedingungen eines Gleichgewichts).

**Existenzminimum**
Minimum an Mitteln zur Bedürfnisbefriedigung je Zeitperiode, das einem Menschen gerade noch die Existenz ermöglicht.
a) Physisches Existenzminimum: zur Erhaltung des Lebens unbedingt notwendige
Gütermenge;
b) kulturelles oder konventionelles Existenzminimum: zur Realisierung einer von
individuellen und gesellschaftlichen Wertungen geprägten menschenwürdigen Existenz notwendiges Güterbündel (ausgedrückt in Geldeinheiten). Das konventionelle Existenzminimum verändert sich in
der Zeit; mit steigendem Volkswohlstand

werden mehr Bedürfnisse als lebensnotwendig und unverzichtbar betrachtet.
Eine genaue quantitative Fixierung des
Existenzminimums ist nicht möglich.
                                    T.F.

**Existenzminimumtheorie des Lohnes**
→ ehernes Lohngesetz

**exogenes Geld** → Außengeld

**exogene Variable** → Variable

**Expanded Programme of Technical Assistance (EPTA)** → Entwicklungsprogramm
der Vereinten Nationen

**exponentielles Wachstum**
liegt vor, wenn eine Größe über einen (in
gleiche Intervalle eingeteilten) Zeitraum in
der Weise zunimmt, daß die absolute Änderung $\dfrac{dY}{dt}$ einen bestimmten (gleichen

oder variablen) Anteil $r(t)$ des im jeweiligen Intervall erreichten Werts $Y(t)$ ausmacht:

$$\frac{dY}{dt} = r(t) \cdot Y(t)$$

Die Lösung dieser Differentialgleichung
für den Ausgangswert $Y_0$ ergibt den
Wachstumspfad der Größe $Y$ in Form einer
Exponentialfunktion:

$$Y = Y_0 \cdot e^{\int_0^t r(t)\, dt}$$

$$= Y_0 \cdot e^{rt}, \text{ wenn } r(t) = r = \text{konst.}$$

Exponentielles Wachstum wird im Fall einer konstanten Wachstumsrate durch die
Verdoppelungszeit $T$ charakterisiert:

$$2Y_t = Y_t \cdot e^{rT}$$

Daraus folgt:

$$T = \frac{\ln 2}{r} = \frac{0{,}7}{r}.$$

Exponentielles Wachstum wird von den →
Wachstumsmodellen als typisches Verlaufsmuster der betrachteten Größen im →
steady state beschrieben oder sogar gefordert.

Wachstumsprozesse dieses Typs sind in der Realität zu beobachten, z. B. bei ökologischen Größen wie → Umweltverschmutzung und demographischen Größen (Wachstum der Weltbevölkerung, z. Z. mit einer Verdoppelungszeit von etwa 35 Jahren).

Exponentielles Wachstum birgt die Gefahr in sich, daß solche Prozesse leicht außer Kontrolle geraten, wenn einmal ein bestimmtes Niveau der Bezugsgröße (Schwellenwert) erreicht ist. Ein Auswuchern des Wachstums kann dann nur unter außerordentlichen Anstrengungen, wenn überhaupt noch verhindert werden. Gelingt eine derartige Stabilisierung aber nicht, stößt das Wachstum i. d. R. an ökologisch gesetzte Grenzen, die u. U. katastrophale Rückschläge zur Folge haben. F.G.

### Export

entgeltlicher oder unentgeltlicher Übergang von Waren, Dienstleistungen oder Finanzaktiva von → Inländern auf Ausländer.
a) Warenexport (= Warenausfuhr): → Außenhandel, → Handelsbilanz;
b) Dienstleistungsexport: → Dienstleistungsbilanz;
c) Kapitalexport: Geld- und Kapitalmarktanlage im Ausland bzw. Kreditgewährung an Ausländer sowie Tilgung von Auslandsverbindlichkeiten von Inländern (→ Kapitalbilanz).

### Exportbasis-Konzept
→ Regionalwissenschaft

### Exportkartell

Variante eines → Kartells zur Sicherung und Förderung der Ausfuhr. Es wird gemäß § 6, Abs. 1 des → Gesetzes gegen Wettbewerbsbeschränkungen (GWB) durch Anmeldung beim → Bundeskartellamt wirksam, sofern sich die Regelung des → Wettbewerbs auf Auslandsmärkte beschränkt (reine Exportkartelle).
Exportkartelle mit Inlandswirkung sind laut GWB (§ 6, Abs. 2) erlaubnispflichtig. Bei beiden Formen ist durch die Kartellbehörde zu prüfen, ob zwischenstaatliche Abkommen (z. B. EG-Vertragsrecht) ver-

letzt werden. Exportkartelle können Ansatzpunkt zur Bildung internationaler Kartelle sein. R. R.

### Exportmultiplikator

(= Außenhandelsmultiplikator) Maß für die Einkommens- und Beschäftigungswirkung einer Änderung des realen Wertes der autonomen Waren- und Dienstleistungsausfuhr. Er ist ein wichtiger Anwendungsfall der allgemeinen → Multiplikatoranalyse in der monetären → Außenwirtschaftstheorie.
Im Fall einer offenen Volkswirtschaft mit autonomer Nettoinvestition, autonomem Export X, einkommensabhängigem Konsum (C = cY) und ebenfalls einkommensinduziertem Import (M = mY) gilt bei Vernachlässigung der ökonomischen Aktivität des Staates:

$$\frac{dY}{dX} = \frac{1}{1-c+m} = \frac{1}{s+m}.$$

Empfängt die ökonomische Aktivität durch zusätzlichen Export einen Anstoß, so tritt durch zusätzliche Ersparnis (s = marginale Sparquote) und zusätzlichen Import eine automatische Stabilisierung ein.
In umfassenderen Modellen werden Einflüsse auf die Einkommensentwicklung im Ausland und daraus resultierende Rückwirkungen auf die Exportsituation des Inlandes mit in Betracht gezogen. F. G.

### ex-post-Analyse → Analyse

### Externalitäten

(= externe Effekte) sind gegeben, wenn die Produktion (Konsumtion) eines Produzenten (Konsumenten) nicht nur von dessen eigenen Entscheidungen, sondern auch von anderen Produzenten (Konsumenten) ohne Zwischenschaltung des Marktes beeinflußt wird. Der externe Effekt ist negativ (positiv) für ein Wirtschaftssubjekt, wenn seine Aktivität (Produktion, Konsum) durch die Aktivitäten anderer Wirtschaftssubjekte behindert (begünstigt) wird, so daß dadurch höhere (niedrigere) Kosten bzw. niedrigere (höhere) Erträge verursacht werden.

Externalitäten weisen auf nicht-optimale Produktions- bzw. Konsumtionsbedingungen hin. Die traditionelle Methode ihrer Beseitigung besteht in der Besteuerung (Subventionierung) der negative (positive) Externalitäten verursachenden Prozesse; aber auch Ge- und Verbote, Verhandlungen und Anreizwirkungen von → Staatsausgaben können der Internalisierung (= Beseitigung) von externen Effekten dienen.

In neuester Zeit sind die Externalitäten im Rahmen der → Umweltökonomik und der Diskussion über den Realitätsbezug einiger wirtschaftstheoretischer Ansätze wieder bedeutungsvoll geworden.    W. Sch.

**EZU** → Europäische Zahlungsunion

# F

**Faktoreinkommen**
auf der Primärstufe zur Verteilung gelangende → Einkommen, deren Summe mit der volkswirtschaftlichen → Wertschöpfung übereinstimmt und deren Aufteilung der jeweiligen Position der Faktoren im Produktionsprozeß Rechnung trägt.
a) theoretische Aufteilung: 1. → Lohn, 2. → Kapitaleinkommen, 3. → Grundrente;
b) statistische Aufteilung: 1. Erwerbseinkommen (aus unselbständiger Arbeit und Unternehmertätigkeit), 2. → Vermögenseinkommen;
c) Aufteilung in der → Volkswirtschaftlichen Gesamtrechnung: 1. Einkommen aus unselbständiger Arbeit: Bruttolöhne und Gehälter (mit Zuschlägen, Zulagen, Zuschüssen, Gratifikationen, Provisionen, Prämien, vermögenswirksamen Leistungen, → Ertragsbeteiligungen und Abfindungen); 2. Einkommen aus Unternehmertätigkeit und Vermögen: Für die Sektoren Haushalte und Staat liegt ein getrennter Ausweis von → Vermögenseinkommen und Einkommen aus Unternehmertätigkeit vor. Eine Sonderberechnung erfolgt für den Unternehmensgewinn (→ Gewinn).
Die Faktoreinkommen spielen eine wichtige Rolle bei der → Allokation der Produktionsfaktoren. Die Analyse ihrer Aufteilung ist der zentrale Gegenstand der Theorie der funktionellen → Einkommensverteilung (→ Verteilungstheorie).

F.G.

**Faktorpreisausgleichstheorem**
von Paul A. SAMUELSON (1948) formuliertes Theorem, wonach durch die Aufnahme von Handelsbeziehungen selbst bei vollständiger Produktionsfaktorimmobilität zwischen den Ländern unter bestimmten Annahmen nicht nur eine Annäherung der absoluten Faktorpreise (→ HECKSCHER-OHLIN-Theorem), sondern ein vollständiger Ausgleich der absoluten Faktorpreise zustande kommt. Da in diesem Fall die Güterbewegungen ein vollständiges Substitut für Faktorbewegungen sind, kann die Immobilität der Faktoren zwischen Ländern die Maximierung der Weltwohlfahrt (→ Außenhandelsgewinn) nicht gefährden.
Der Nachweis für den vollständigen absoluten Faktorpreisausgleich läßt sich auf der Grundlage des HECKSCHER-OHLIN-Theorems und den dort gemachten Annahmen vollziehen, wobei hinzu kommt, daß das Faktorpreisausgleichstheorem nur für den Fall der unvollständigen → Spezialisierung bei Freihandel gilt. Über den 2-Güter-/2-Faktoren-Fall hinaus konnte das Theorem auch für den Mehr-Güter-/Mehr-Faktoren-Fall formuliert werden. Allerdings darf die Zahl der Faktoren nicht größer sein als die Zahl der Güter. Das Faktorpreisausgleichstheorem will keine Aussage über die Realität machen. Wenn die tatsächlich beobachteten Faktorpreise trotz Handel nicht gleich sind, so zeigt dies nur, daß die Bedingungen des Theorems nicht erfüllt sind. Wie der Fall umschlagender Faktorintensitäten zeigt, kann Handel auch Faktorpreisunterschiede erhöhen.

M.H.

**Falsifizierung**
→ Hypothesen

**FAO**
Food and Agriculture Organization. → Ernährungs- und Landwirtschaftsorganisation.

**feedback**
→ Rückkopplung

**feste Wechselkurse**
(= fixierte Kurse) → Wechselkurse, die nur im Ausmaß einer gewissen Bandbreite um eine → Parität oder einen → Leitkurs schwanken können. Ein System fester Wechselkurse wurde durch das Abkommen über den → Internationalen Währungsfonds geschaffen und bis zu Beginn der 70er Jahre beibehalten. Die Begrenzung der Kursänderungen wird durch die → Interventionspflicht der Währungsbehörden gewährleistet.

Feste Wechselkurse erleichtern den internationalen Waren-, Dienstleistungs- und Kapitalverkehr, damit die internationale Arbeitsteilung und tragen so zur Wohlfahrtssteigerung bei. Die → Wirtschaftspolitik hat bei festen Wechselkursen auf den Ausgleich der → Zahlungsbilanz, der nicht wie bei → freien Wechselkursen durch Kursänderungen erfolgt, zu achten.

Feste Wechselkurse beschränken die geld- und kreditpolitische Autonomie und die Möglichkeiten nationaler → Konjunkturpolitik. Die Durchsetzung von wirtschaftspolitischen → Zielen durch ein einzelnes Land, die von den Zielen anderer Länder abweichen, ist nur begrenzt erreichbar. Vielmehr begünstigen feste Kurse die internationale Übertragung von Konjunkturschwankungen, vermitteln einen strammen → internationalen Preiszusammenhang und ermöglichen eine hohe Beweglichkeit internationaler Kapitalströme. Die Aufrechterhaltung eines Systems fester Wechselkurse erfordert von den beteiligten Ländern Abstimmung der wirtschaftspolitischen Ziele und des Mitteleinsatzes zu ihrer Verwirklichung.

Zwischen Ländern mit Goldwährung (→ Goldstandard) ergeben sich feste Wechselkurse durch die Bindung der Währungseinheiten an das Gold. Die Wechselkursparität ist gleich dem Verhältnis zwischen dem Metallgehalt der Währungseinheiten. Schwankungen des Wechselkurses sind nur im Ausmaß der Goldpunkte möglich.

Bestehen zwischen einer Gruppe von Ländern feste Wechselkurse bei freien Kursen gegenüber anderen Ländern, liegt → Gruppenfloating vor.  H.M.W.

**fiat money**
→ Zahlungsmittel, für das Annahmeverpflichtung (gesetzliche Zahlungsmittel) oder Annahmegewohnheit (→ Buchgeld) besteht. In jedem Fall handelt es sich um → Geld, das keinen (oder allenfalls geringen) Substanzwert besitzt.

**Finanzausgleich**
System finanzieller Beziehungen zwischen den Gebietskörperschaften eines Staates bzw. zwischen souveränen Staaten (internationaler bzw. supranationaler Finanzausgleich), das sowohl die Verteilung der Aufgaben und damit Ausgaben (passiver Finanzausgleich) als auch die an die Verteilung der Aufgaben anzupassende Verteilung der Einnahmen (aktiver Finanzausgleich) umfaßt. Der vertikale Finanzausgleich regelt die Beziehungen zwischen über- und untergeordneten Gebietskörperschaften (z. B. zwischen Bund und Ländern), der horizontale die zwischen souveränen Staaten oder zwischen Gebietskörperschaften gleicher Ebene (z. B. zwischen den Ländern). Sofern beim vertikalen Finanzausgleich die unterschiedliche finanzielle Lage der untergeordneten Gebietskörperschaften gleicher Ebene berücksichtigt wird (z. B. durch unterschiedliche Zuweisungen der Länder an die einzelnen Gemeinden), spricht man von einem vertikal-horizontalen Ausgleich.

Die konkrete Ausgestaltung des Finanzausgleichs hängt von der Gewichtung der angestrebten und nicht immer miteinander zu vereinbarenden teils politischen, teils ökonomischen Ziele ab. Politische Ziele sind v. a. finanzielle Unabhängigkeit und damit mehr oder weniger starke Autonomie der Beteiligten, ökonomische Ziele Einheitlichkeit der Lebensverhältnisse, optimale → Allokation und optimales → Wachstum im gesamten Gebiet. Bei der Verteilung der Aufgaben sind grundsätzlich solche mit überregionaler Wirkung dem Zentralstaat, solche mit regionaler Wirkung den hier sachkundigeren Gliedstaaten zuzuweisen. Es gibt jedoch, abgesehen von Grenzfällen (z. B. Landesverteidigung als Aufgabe des Zentralstaates, Bau von Schwimmbädern als Aufgabe der untersten Gebietskörperschaft), kein eindeutiges Verteilungskriterium. Nach dem → POPITZ'schen Gesetz der Anziehungskraft des zentralen Etats besteht aus politischen, ökonomischen und psychologischen Gründen eine Tendenz zur Aufgabenkonzentration bei der Zentrale, die sich jedoch in der BRD nach dem 2. Weltkrieg nicht bestätigt hat. Eine Alternative zur Zentralisierung bildet die z. B. bei den → Gemeinschaftsaufgaben bestehende Kooperation der Gebietskörperschaften.

Bei der Verteilung der Einnahmen können die Gebietskörperschaften entweder eigene → Steuern erheben (Trennsystem), wobei ein → Steuerobjekt entweder nur durch eine (gebundenes Trennsystem) oder durch mehrere Körperschaften (konkurrierendes Trennsystem) belastet werden darf, oder in festen bzw. variablen Quoten an ein und derselben Steuer partizipieren (Verbundsystem). In der BRD finden sich beide Formen (Mischsystem); Bestandteile des Verbunds sind die drei größten Steuern (→ Einkommen-, → Körperschaft- und → Mehrwertsteuer) sowie ein Teil der → Gewerbesteuer. Das Trennsystem gewährleistet größere Autonomie, das Verbundsystem eine im → Konjunkturzyklus gleichmäßigere Einnahmenentwicklung.

Sofern durch die Steuerverteilung keine befriedigende Lösung erreicht wird, ergänzen Zuweisungen von oben nach unten oder in umgekehrter Richtung den vertikalen Finanzausgleich. Besonders bei sog. Zweckzuweisungen ist ein Autonomieverlust für die empfangende Gebietskörperschaft die Folge.

Da ungleiche Wirtschafts- und Bevölkerungsstruktur von Gebietskörperschaften gleicher Ebene Auswirkungen auf Steueraufkommen und Ausgabenbedarf haben, kann ein horizontaler Finanzausgleich erforderlich werden, der sich am Vergleich von Finanzkraft (im wesentlichen Steueraufkommen bei einheitlichem Steuertarif) und Finanzbedarf (Ausgabenbedarf aufgrund von Daten wie Bevölkerungszahl, -dichte, -struktur, Landschafts- und Industriestruktur usw.) orientiert. E.S.

### Finanzbericht

vom Bundesfinanzministerium erstellter Bericht, der die volkswirtschaftlichen Grundlagen und die wichtigsten finanzwirtschaftlichen Daten und Probleme des Bundeshaushaltsplans wiedergibt; daneben erfaßt er auch die Finanzen der übrigen Gebietskörperschaften, soweit sie makroökonomisch oder z.B. wegen des → Finanzausgleichs für die Finanzwirtschaft des Bundes wichtig sind. Die einzelnen Teile enthalten die volkswirtschaftlichen und finanzpolitischen Ausgangspunkte des → Budgets (gewonnen aus der mittelfristigen Zielprojektion der Wirtschaftspolitik), den Entwurf des Bundeshaushaltsplans, eine Darstellung der mittelfristigen → Finanzplanung und der Finanzbeziehungen zwischen Bund, Ländern und Gemeinden sowie in Anlagen statistische Angaben über die Entwicklung der Bundesfinanzen in der Vergangenheit (nach Kriterien der → Volkswirtschaftlichen Gesamtrechnung und des Haushaltsrechts geordnet), Abschlußergebnisse früherer Bundeshaushaltspläne, ferner das Vermögen und die Schulden des Bundes.

Der Finanzbericht ist ein Instrument der Rechnungslegung und der Information über die öffentlichen Finanzen (Grundsatz der Öffentlichkeit des Budgets).

H.-W. K.

### Finanzierungsrechnung

stellt die in einem Zeitraum beobachteten Änderungen der nach bestimmten Merkmalen klassifizierten Kreditbeziehungen zwischen den finanziellen und nichtfinanziellen Sektoren einer Volkswirtschaft dar, wobei sich die Änderungen als Nettogrößen verstehen (z. B. Wert der entstandenen abzüglich der erloschenen → Forderungen). Werden die Änderungen als Bruttogrößen ausgewiesen (z.B. getrennte Wiedergabe der entstandenen und erloschenen Forderungen), spricht man von Geldstromanalyse.

Die der Finanzierungsrechnung zu entnehmende Änderung der → Nettoposition eines Sektors deckt sich mit dem Saldo des Vermögensänderungskontos desselben Sektors. Hier ist die Nahtstelle, die die leistungsbezogenen Teile des volkswirtschaftlichen Rechenwerks mit den finanzierungsbezogenen Teilen verbindet.

Die → Volkswirtschaftliche Gesamtrechnung des Statistischen Bundesamtes ist auf die Bewegung der Sachgüter und Dienstleistungen, die Einkommensströme und Vermögensveränderungen ausgerichtet. Die Änderungen der Kreditbeziehungen können daher auf hohem Aggregationsniveau dargestellt werden: In der Finanzkontenreihe findet lediglich eine Auflösung der sektoralen Nettopositionen in die die Nettoänderungen der Forderungen und Verbindlichkeiten statt.

Demgegenüber sind in der Finanzierungsrechnung der Deutschen Bundesbank die Änderungen der Kreditbeziehungen der zentrale Gegenstand. Das Vermögensänderungskonto der Volkswirtschaftlichen Gesamtrechnung wird lediglich angeknüpft. Mit Rücksicht auf die Fragestellung sind die Finanzsektoren gesondert aufgeführt:

Sektorengliederung der Finanzierungsrechnung:

| | |
|---|---|
| Private Haushalte | |
| Nichtfinanzielle Unternehmen | Nichtfinanzielle Sektoren |
| Öffentliche Haushalte | |
| Ausland | |

| | |
|---|---|
| Banken | |
|    Deutsche Bundesbank | |
|    Kreditinstitute | Finanzielle Sektoren |
| Bausparkassen | |
| Versicherungen | |

Bei den finanziellen Vorgängen wird nachgewiesen, auf welchen Kanälen sich die einzelnen Sektoren Finanzmittel beschaffen oder solche bereitstellen (vgl. Übersicht, S. 155).

Zweck der Finanzierungsrechnung ist es, das finanzielle Geschehen in der Vergangenheit nachzuzeichnen und die Zusammenhänge zwischen den Finanzströmen aufzuzeigen. Die geld- und finanzpolitischen Aktivitäten lassen sich z. B. auf diese

Weise besser diagnostizieren als im Rahmen der Volkswirtschaftlichen Gesamtrechnung, wo die von ihnen erzeugten Wirkungen nur indirekt und damit weniger deutlich zum Ausdruck kommen.

Die Erkenntnisse aus der ex-post-Analyse finden darüber hinaus für Prognosezwecke Verwendung. Die Finanzierungsrechnung bietet außer der Vorgabe von Größenrelationen noch den Vorzug eines geschlossenen Systems: Eine in der Form der Finanzierungsrechnung vorgelegte Prognose ist in den einzelnen Teilen konsistent. Die Plausibilität einer bestimmten Annahme wird ferner durch die Plausibilität der korrespondierenden Ströme geprüft. F. G.

### Finanzplanung

Programmierung öffentlicher Aktivitäten für die Zukunft, soweit sie finanzielle Auswirkungen haben. Ausgangspunkt der Finanzplanung ist die Planung der → Staatsausgaben, beruhend auf den angestrebten öffentlichen Leistungen. Für die Schätzung des Finanzbedarfs ist eine Prognose der in Anspruch genommenen realen Ressourcen, ihrer Preise und der vermutlichen Preisentwicklung notwendig. Die Schätzung der → Staatseinnahmen besteht im wesentlichen aus der Steuerschätzung, die durch eine Projektion der Entwicklung der wichtigsten makroökonomischen Aggregate und der darauf beruhenden → Steuerbemessungsgrundlagen und des Einkommenselastizität des Steueraufkommens (abhängig vom Tarifverlauf) erfolgt. Zweckmäßig wäre hier die Verwendung eines ökonometrischen Modells, um die makroökonomischen Effekte der Einnahmen und Ausgaben und die wechselseitige Verknüpfung von privatem und öffentlichem Sektor zu erfassen; in der Realität geschieht aber nur eine Schätzung mittels iterativer Methoden. Bei Abweichungen von Einnahmen und Ausgaben und folgender Kreditfinanzierung ist die Wirkung auf die → Kapitalmärkte und deren Finanzierungsmöglichkeiten zu beachten. Aus einem Vergleich von Finanzbedarf und -spielraum bei gegebenen Einnahmen können sich Salden ergeben, die je nach den wirtschaftspolitischen Präferenzen durch

Gliederung der Forderungen und Verbindlichkeiten in der
Finanzierungsrechnung

*Forderungen nichtfinanzieller Sektoren*

| | | |
|---|---|---|
| 1. Bargeld und Sichteinlagen | | |
| 2. Termingelder (einschl. Sparbriefe) | an Banken | |
| 3. Spareinlagen | | an finanzielle Sektoren |
| 4. Geldanlage bei Bausparkassen | an Bausparkassen | |
| 5. Geldanlage bei Versicherungen | an Versicherungen | |

| | |
|---|---|
| 6. Erwerb von Geldmarktpapieren | |
| 7. Erwerb von<br>   a) festverzinslichen Wertpapieren<br>   b) Aktien | Fungible Forderungen an finanzielle und nichtfinanzielle Sektoren |

| | |
|---|---|
| 8. Sonstige Forderungen | Kreditbeziehungen zwischen nichtfinanziellen Sektoren |

| | |
|---|---|
| 9. Innersektorale Forderungen | Kreditbeziehungen zwischen Untersektoren des gleichen Hauptsektors |

*Verbindlichkeiten nichtfinanzieller Sektoren*

| | |
|---|---|
| 10. Absatz von Geldmarktpapieren | |
| 11. Absatz von<br>   a) festverzinslichen Wertpapieren<br>   b) Aktien | verbriefte Verbindlichkeiten gegenüber finanziellen und nichtfinanziellen Sektoren |

| | | |
|---|---|---|
| 12. Gold- und Devisenbestand der Deutschen Bundesbank | | |
| 13. Kurzfristige Bankkredite | gegenüber Banken | gegenüber finanziellen Sektoren |
| 14. Längerfristige Bankkredite | | |
| 15. Darlehen der Bausparkassen | gegenüber Bausparkassen | |
| 16. Darlehen der Versicherungen | gegenüber Versicherungen | |

| | |
|---|---|
| 17. Sonstige Verpflichtungen | Kreditbeziehungen zwischen nichtfinanziellen Sektoren |

| | |
|---|---|
| 18. Innersektorale Verpflichtungen | Kreditbeziehungen zwischen Untersektoren des gleichen Hauptsektors |

Verminderung der Ausgabeprogramme oder Erhöhung der Einnahmen zu beseitigen sind.

Die Finanzplanung in der BRD erstreckt sich über verschiedene Fristen. Neben langfristigen Perspektivplänen für einzelne Aufgaben (z. B. 15-Jahresplan im Straßenbau) ist besonders die mehrjährige Finanzplanung (auch: mittelfristige Finanzplanung, »mifrifi«) wichtig, die als Grundlage für die einjährigen Haushaltspläne (→ Budget) der Gebietskörperschaften dient. Die verfassungsmäßige Ermächtigung ist in Art. 109 GG enthalten, die gesetzliche Verpflichtung in den §§ 9, 10, 11, 14 des → Gesetzes zur Förderung der Stabilität und des Wachstums der Wirtschaft.

Finanzpolitische Funktion der mehrjährigen Finanzplanung ist die Klärung des staatlichen finanziellen Entscheidungsspielraums, innerhalb dessen Ziele abgewogen und Prioritäten gesetzt werden können. Wirtschaftspolitische Funktion ist die Information des privaten Sektors über die künftige → Finanzpolitik.

Die mehrjährige Finanzplanung beruht auf der längerfristigen Zielprojektion der gesamtwirtschaftlichen Entwicklung (Eckwerte des → »magischen Vielecks«), deren Verbindung zu den einzelnen → Staatseinnahmen und → Staatsausgaben jedoch bisher nur lose hergestellt wird. Die in der Finanzplanung enthaltenen verschiedenen Budgetposten stellen das in Zahlen gekleidete Regierungsprogramm dar, d. h. sie sind nicht für das Parlament verbindlich, da sie nicht von diesem verabschiedet sind (im Gegensatz zum Haushaltsplan), sondern haben lediglich indikativen Charakter im öffentlichen Sektor. Aus den Projekten für den fünfjährigen Zeitraum werden unter Berücksichtigung aktueller Erfordernisse Tranchen in die jährlichen vollzugsverbindlichen Haushaltspläne eingestellt. Die zeitliche Verlängerung der Finanzplanung geschieht durch Fortschreibung der einzelnen Posten, wodurch die Einführung neuer Initiativen allerdings erschwert wird.

Alternativpläne über die gesamtwirtschaftliche Entwicklung und einzelne Posten sind zwar möglich, aber bisher nicht ausgearbeitet worden.

Die Koordination der Finanzplanung von Bund, Ländern und Gemeinden ist Aufgabe des → Finanzplanungsrats.

H.-W. K.

**Finanzplanungsrat**

durch das → Gesetz zur Förderung der Stabilität und des Wachstums der Wirtschaft geschaffenes Organ der öffentlichen Finanzwirtschaft, in dem Bund, Länder und Gemeinden vertreten sind, um ihre → Finanzplanungen abzustimmen. Ein solches Organ ist notwendig, weil alle Gebietskörperschaften die gesamtwirtschaftliche Entwicklung und die Versorgung mit öffentlichen Leistungen durch ihre Einnahmen und Ausgaben beeinflussen und über den → Finanzausgleich zwischen Bund, Ländern und Gemeinden direkt wie über den Kreislauf indirekt miteinander verflochten sind. Eine unkoordinierte Politik würde zu erheblichen Effizienzverlusten führen. Der Finanzplanungsrat kann als ein Instrument angesehen werden, mittels dessen in einer föderalistischen Ordnung gewisse gemeinsam zu realisierende Ziele erreicht werden sollen. H.-W.K.

**Finanzpolitik**

Teilgebiet der allgemeinen Wirtschafts- und Gesellschaftspolitik mit der Aufgabe der Ausrichtung der finanzwirtschaftlichen Entscheidungen auf das politische Zielsystem. In dieser Zielorientierung unterscheidet sich die Finanzpolitik von der Fiskalpolitik im älteren Sinne, die als Ausfluß fiskalischen Denkens der Füllung der öffentlichen Kassen zwecks → Budgetausgleich ohne Berücksichtigung volkswirtschaftlicher Wirkungen dient. Die → Fiskalpolitik im neueren Sinne (unglückliche Eindeutschung von »fiscal policy«, der Begriff Fiskalpolitik ist eigentlich schon belegt) hat das Ziel der Beschäftigungsstabilisierung mittel finanzpolitischer Parameter; sie ist damit ein Teilgebiet der Finanzpolitik, die ein weiteres Zielsystem umfaßt.

Die Finanzpolitik verfolgt konjunktur-, wachstums-, struktur- und verteilungspolitische Ziele. Dabei ist zu beachten, daß jede finanzwirtschaftliche Aktivität auch ungewollt diese Ziele tangiert, Aufgabe der Finanzpolitik ist die bewußte Aktivität. Umfassende Zielsysteme führen zu einer Überforderung der → Instrumente, die durch Wahl neuer Mittel (dadurch stetige Komplizierung des Instrumentariums) beseitigt werden kann, sowie zu → Zielkonflikten, die politisch entschieden werden müssen. Finanzpolitik kann über → Staatseinnahmen, besonders → Steuern (→ Steuerpolitik), und → Staatsausgaben betrieben werden, Systematisch erscheint eher eine Politik über Ausgaben gerechtfertigt, weil der Einsatz der Steuerpolitik zur Tarifdifferenzierung (d. h. → Schedulensteuern) oder Abweichen von der ökonomischen Bemessungsgrundlage führt; mit einheitlichen Tarifvariationen kann keine differenzierte Politik betrieben werden.

Die kurzfristige Steuerung der realen und nominalen Sozialproduktsentwicklung mit finanzpolitischen Mitteln ist Aufgabe der → Fiskalpolitik (fiscal policy). Als Instrumente dienen die Variation von Höhe und Struktur (bei unterschiedlichen Multiplikatoreffekten) der Einnahmen, besonders der Steuern, und der Ausgaben. Die Parameter der öffentlichen Finanzwirtschaft wirken teils direkt (Staatskäufe), teils indirekt durch Beeinflussung der privaten Kaufkraft (Transfers und Steuern) auf die Nachfrage.

Die Wachstumspolitik sucht zur Ausweitung des Angebotsspielraums die quantitative und qualitative Entwicklung der Produktionsfaktoren zu beschleunigen. Ausgaben zur Produktion → öffentlicher Güter haben selbst keinen direkten → Kapazitätserweiterungseffekt, der sich in einer Vergrößerung des über den Markt gehenden → Sozialprodukts niederschlägt, sondern produzieren externe Erträge, die zu einer erhöhten Effizienz des Faktoreinsatzes im privaten Bereich führen. Zu solchen Tätigkeiten zählt der Ausbau der → Infrastruktur (Verkehr, Energie, Erschließung natürlicher Ressourcen, z.T. Wohnungsbau), die Förderung der Produktivität des Arbeitseinsatzes (Bildung, Gesundheit) und des → technischen Fortschritts durch Forschungstätigkeit. Hier ist

besonders die Grundlagenforschung zu nennen, während die angewandte Forschung von Privaten betrieben wird (internalisierbare Erträge). Soweit solche Aktivitäten auch von Privaten verfolgt werden, können sie über Prämien oder Steuervergünstigungen (besonders im Rahmen der → Einkommen- und → Körperschaftsteuer) unterstützt werden. Systematisch ist die Förderung über Prämien vorzuziehen, weil Ausgaben für diese Zwecke keine → Vorleistungen, sondern Einkommensverwendung darstellen. Die quantitative Erweiterung des Faktoreinsatzes kann gefördert werden durch eine Prämierung des → Arbeitsangebots (Überstundenarbeit, Zweitverdiener in Familien) und der → Arbeitsnachfrage (Einsatz sonst schwer zu beschäftigender Erwerbspersonen) sowie des Kapitaleinsatzes; hier existiert ein weites Spektrum von Maßnahmen im Rahmen der → Staatsausgaben (Investitionsprämien, Zinssubventionen, Kreditgewährung, Übernahme von Bürgschaften), der → Einkommen- und → Körperschaftsteuer (Förderung unverteilter Gewinne, Abschreibungsvergünstigungen), der → Mehrwertsteuer (Steuerfreiheit von Investitionen) und der → Verbrauchsteuern (Diskriminierung des Konsums zugunsten der Ersparnis).

Die Strukturpolitik (nach Wirtschaftszweigen, Branchen und Regionen) kann z.T. der Wachstumspolitik dienen (Förderung von Schlüsselindustrien, Beseitigung von Kapazitätsengpässen), ebenso aber der → Verteilungspolitik durch Förderung bestimmter Regionen oder Branchen, deren Anteil am Einkommen der Volkswirtschaft als zu gering gilt (sektorale und regionale Umverteilung neben personeller und institutioneller). Als Mittel der wachstumsorientierten Strukturpolitik können die im Rahmen der Wachstumspolitik dargestellten Instrumente nach Branchen oder Regionen differenziert eingesetzt werden. Daneben ist besonders die Vergabe öffentlicher Aufträge zu nennen.

Verteilungsorientierte Strukturpolitik wird meist durch → Einkommens- oder → Preispolitik, also nicht primär finanzpolitische Instrumente, die aber finanzwirtschaftliche

Auswirkungen haben können, betrieben. Die regionalpolitischen Instrumente werden besonders durch die Vorteile der → Agglomeration im privaten Bereich bestimmt. Sollen diese Effekte für unterentwickelte Gebiete kompensiert werden, so müssen öffentliche Leistungen angeboten werden, die in hohem Maße externe Erträge für die Privatwirtschaft bedeuten. Die Förderung durch Steuervergünstigungen oder investitionsbegünstigende Staatsausgaben allein ist wenig erfolgreich gewesen.

Ziel der → Verteilungspolitik ist die Beeinflussung der personellen und institutionellen → Einkommens- und → Vermögensverteilung, und zwar sowohl der Sekundärverteilung über Steuern und Transfers als auch in zunehmendem Maße der Primärverteilung durch Förderung der Faktorausstattung der Wirtschaftssubjekte (Bildungspolitik, → Sparförderung). Am stärksten ausgebaut ist das System der sozialen Sicherung, das Arbeitslosen-, Kranken- und Rentenversicherung (→ Sozialversicherung) sowie die Sozialhilfe umfaßt. Neben diesen Zahlungen und Leistungen wirkt auch ein nichtproportionales → Steuersystem umverteilend. Verteilungseffekte hat auch die Produktion → öffentlicher Güter, auch wenn sie nicht die Einkommens- und Vermögensverteilung, sondern andere Wohlfahrtsindikatoren tangiert (→ soziale Indikatoren).

H.-W. K.

### Finanztheorie

Teilgebiet der → Finanzwissenschaft, das sich mit den theoretischen Grundlagen dieser Disziplin befaßt und zur allgemeinen Wirtschaftstheorie gehört.

Nach Richard A. MUSGRAVE läßt sich die Finanztheorie in drei Problemkreise oder Abteilungen gliedern: Allokation, Distribution und Stabilisierung. Bei der Behandlung von Einzelproblemen können sich Überschneidungen ergeben, weil viele finanzwirtschaftliche Instrumente in mehrere Problemkreise eingreifen.

Die Allokationsabteilung befaßt sich mit der Frage, wo und wie stark der Staat in den privatwirtschaftlichen Marktmechanismus eingreifen soll. Der Umfang der → Staatstätigkeit kann praktisch oder normativ festgelegt werden, wobei v. a. das Konzept der → öffentlichen und der → meritorischen Güter zur Klärung beitragen soll.

Die Distributionsabteilung befaßt sich mit der Beeinflussung des → Einkommens- und → Vermögensverteilung insbes. durch → Steuern, aber auch durch → Staatsausgaben. Für die Beurteilung von Maßnahmen in der Distributionsabteilung ist v. a. eine Definition dessen notwendig, was man als »richtige« oder anstrebenswerte Verteilungssituation ansieht.

Zur Stabilisierungsabteilung gehört die Behandlung der Beeinflussung des gesamtwirtschaftlichen Gleichgewichts v. a. durch die Ausgestaltung des → Budgets, dem durch die → Fiskalpolitik wesentliche Anteile an der → Konjunktur- und Wachstumspolitik zufallen.

Einzelne Maßnahmen, wie die Auferlegung einer bestimmten Steuer, lassen sich getrennt nach den Funktionsbereichen untersuchen. Es ist nicht nur zu beurteilen, wie mit der Steuer die Verteilung geändert wird (→ Steuerinzidenz), sondern ebenfalls, welche Wirkungen auf den Marktmechanismus (Preise oder Ausbringungsmengen) und die → Konjunktur ausgeübt werden, wie also z. B. Investitionsneigung oder Beschäftigungsgrad verändert werden. R. D.

### Finanztransaktion → Transaktion

### Finanzverfassung

Gesamtheit der gesetzlich fixierten Grundnormen des staatlichen Finanzwesens, im weiteren Sinne auch der früher eng mit ihm verbundenen, heute meist unabhängigen → Geldordnung.

Ebenso wie für die Staatsgewalt gilt für die Finanzgewalt in demokratischen Staaten der Grundsatz der Gewaltenteilung. Die Legislative obliegt dem bezüglich der Ausgabeninitiative meist in seinen Rechten beschränkten Parlament, die Exekutive der Regierung und die Jurisdiktion den in der BRD allerdings nicht dem Justiz-, sondern dem Finanzministerium unterstellten Finanzgerichten. Als Teil der Jurisdiktion (oder als vierte Gewalt) können die ebenfalls richterliche Unabhängigkeit besitzenden, mit der Haushaltskontrolle (→ Budget) beauftragten Rechnungshöfe betrachtet werden.

Sachlich umfaßt die Finanzverfassung im engeren Sinne die Grundregeln der Abgabenerhebung (einschl. des Steuerstrafrechts und der Kompetenzen der Steuerbehörden), die Haushaltsgrundsätze (→ Budgetgrundsätze, → Haushaltsgrundsätzegesetz, → Bundeshaushaltsordnung), die Grundsätze der staatlichen Vermögens- und Schuldenverwaltung sowie der erwerbswirtschaftlichen Betätigung der öffentlichen Hand, die Regelung der Beziehungen (v. a. Gesetzgebungs-, Ertrags- und Verwaltungshoheit, Aufgaben- und Ausgabenverteilung) zwischen den Gebietskörperschaften eines Bundesstaates (→ Finanzausgleich) sowie die Grundlagen für den Einsatz der öffentlichen Finanzen als Mittel der → Wirtschaftspolitik (→ Finanzpolitik).

Die Normen, welche die Finanzverfassung bilden, sind in der BRD teils im Grundgesetz, teils in sonstigen Gesetzen zu finden.   E. S.

## Finanzvergleiche

Unterschiedliche Niveaus und Strukturen öffentlicher Aktivität in verschiedenen Ländern legen es nahe, diese mit Kennziffern zu charakterisieren und international im Sinne eines Wohlfahrtsvergleichs nebeneinanderzustellen, auch wenn sich damit die ökonomischen und außerökonomischen Effekte der → Staatstätigkeit sicher nicht vollständig vergleichen lassen, weil nur monetär oder real quantifizierbare → Strom- und → Bestandsgrößen zu erfassen sind. Alle administrativen Maßnahmen ohne finanzielle Wirkungen wie auch die unterschiedliche Ausgestaltung von Einnahmen- und Ausgabenkategorien gleichen monetären und realen Niveaus können eo ipso nicht erfaßt werden.

Als Indikatoren dienen meist die Staatsleistungen in monetären Größen (→ Staatsausgaben) oder disaggregiert in realen Größen (z. B. Straßennetz, Behandlungen in Krankenhäusern). Reale Größen sind grundsätzlich vorzuziehen, weil damit unterschiedliche Preisniveaus und -strukturen ausgeschaltet werden. Steuereinnahmen können nur in monetären Größen erfaßt werden, weil ihnen keine realen Gegenleistungen gegenüberstehen (Ungültigkeit des → Äquivalenzprinzips).

Neben absoluten Größen können auch Verhältniszahlen gebildet werden durch Inbezugsetzen von Subaggregaten und Aggregaten, z. B. → Steuerquote, → Staatsquote, Anteil der direkten Steuern am gesamten Steueraufkommen oder am Sozialprodukt, Anteil der Bildungsausgaben an den gesamten Ausgaben oder am Sozialprodukt, öffentliches Vermögen zu Gesamtvermögen usw.

Ein internationaler Vergleich ohne → Werturteile ist nur bei disaggregierten realen Größen möglich, eine Kombination dieser Größen zu einem aggregierten Wohlfahrtsindikator setzt eine Fixierung von Gewichten und Substitutionselastizitäten zwischen einzelnen Leistungen voraus. Diese beruhen jedoch auf interpersonell nicht transmissiblen Präferenzen.

H.-W. K.

## Finanzwissenschaft

befaßt sich als Teil der Wirtschaftswissenschaften mit der öffentlichen Finanzwirtschaft, den wirtschaftlichen Handlungen des staatlichen Sektors der Volkswirtschaft.

Hervorgegangen aus den Kameralwissenschaften des 17. und 18. Jh. sah es die Finanzwissenschaft lange Zeit als ihre Aufgabe an, die → Staatsausgaben und → Staatseinnahmen zu beschreiben und zu systematisieren oder Regeln für den praktischen Vollzug des → Budgets zu entwickeln. In den letzten Jahrzehnten hat sich eine Ökonomisierung der Finanzwissenschaft vollzogen; sie wird mit ihrem Teilgebiet → Finanztheorie zum Teil der allgemeinen Wirtschaftstheorie. Danach ist es eine Hauptaufgabe der Finanzwissenschaft, speziell der Finanztheorie, Art und Umfang der → Staatstätigkeit positiv oder normativ zu bestimmen.

Ein zweiter Wandel der Bedeutung der Finanzwissenschaft entstand im zweiten

**159**

Teilgebiet → Finanzpolitik durch die Entwicklung der keynesianischen → Fiskalpolitik, die den Staatshaushalt zu einem Hauptinstrument der → Wirtschaftspolitik machte. Vorher wurde die Bedeutung des Staatshaushalts für die gesamtwirtschaftliche Entwicklung und Stabilität entweder nicht gesehen oder dem Staat bewußt eine untergeordnete Rolle zugeschrieben.

Die Bedeutung des öffentlichen Sektors für die Gesamtwirtschaft mußte auch deshalb stärker in den Blickpunkt geraten, weil der Staat einen immer größer werdenden Anteil an der Gesamtwirtschaft ausmacht (→ Gesetz der wachsenden Staatstätigkeit).

Eine übliche Einteilung der Finanzwissenschaft ist:

a) → Staatseinnahmen, wozu die Behandlung von → Steuern, → Gebühren und Beiträgen gehört;

b) → Staatsausgaben, wozu die Behandlung der einzelnen Ausgabekategorien, die positive oder normative Bestimmung der Höhe der gesamten Staatsausgaben (→ Staatsquote), somit auch die Diskussion über → öffentliche Güter gehört;

c) Staatsbudget, wozu die Regeln (→ Budgetgrundsätze usw.) oder Methoden der Haushaltsaufstellung und des Haushaltsvollzugs sowie die Behandlung der konjunkturpolitischen Wirkungsweise des öffentlichen Haushalts gehören. Dazu kommt noch die Behandlung der → Staatsverschuldung und des → Finanzausgleichs. R.D.

**Finanzzoll**
→ Zoll, der mit dem Ziel erhoben wird, dem Staat eine regelmäßige Einnahme zu verschaffen, ungeachtet der Wirkungen auf → Produktion, → Konsum und → Einkommensverteilung. In den Industrieländern spielen Finanzzölle heute kaum noch eine Rolle, wohl aber in den → Entwicklungsländern, die aus den Zolleinnahmen oft einen großen Teil ihres → Budgets decken müssen, da die Ergiebigkeit anderer Quellen meist gering ist. M.H.

**fiscal policy** → Fiskalpolitik

**FISHER's Index** → Indextheorie

**Fiskalillusion** → Außengeld

**Fiskalismus** → Monetarismus

**Fiskalpolitik**
( = fiscal policy) im Rahmen der → Finanzpolitik die Lehre von den produktions- und verteilungspolitischen Motiven, Methoden und Wirkungen finanzwirtschaftlicher Maßnahmen aller Art, soweit diese der Sicherung eines möglichst stetigen – im Rahmen der durch die herrschenden Wirtschaftsideale bestimmten Grenzen – möglichst starken Wirtschaftswachstums bei hohem Beschäftigungsgrad sowie annähernd stabilem → Geldwert zu dienen bestimmt sind (Fritz NEUMARK).

Ausgangspunkt der Fiskalpolitik ist die Lehre von John Maynard KEYNES, in der dem → Budget und besonders den öffentlichen → Investitionen eine aktive konjunktur- und wachstumspolitische Rolle zugedacht ist. Bis zu dieser Neuformulierung der Ziele und Methoden der Budgetpolitik galt der private Sektor weitgehend als eigenstabilisierend und der Staat hatte nur die Aufgabe, möglichst wenig in den Automatismus des privatwirtschaftlichen Systems einzugreifen. Das Staatsbudget sollte deshalb so klein wie möglich und auf jeden Fall jährlich ausgeglichen sein. Der so definierte »Nachtwächterstaat« sollte sein eigenes Wirtschaftsgebaren nicht anders ausrichten als ein seriöser Kaufmann, bei dem die Ausgaben durch die Höhe der Einnahmen beschränkt sind.

Das Ergebnis der wirtschaftspolitischen Neuorientierung waren Handlungsanweisungen an die Budgetgestaltung, die sich als → cyclical budgeting, → compensatory budgeting oder als → stabilizing budgeting niederschlugen. In der BRD wurde das cyclical budgeting als Maxime der Budgetgestaltung durch eine Neufassung des Art. 109 GG und das → Gesetz zur Förderung der Stabilität und des Wachstums der Wirtschaft an die Stelle des strengen jährlichen → Budgetausgleichs gesetzt. Der praktischen Durchführung dieser Politik stehen viele Schwierigkeiten gegenüber:

a) Die einzelnen öffentlichen Haushalte (Bund, Länder, Gemeinden) werden getrennt voneinander aufgestellt und sind miteinander nur schlecht zu koordinieren. Eine einheitliche Wirkung kann durch gegensätzliche Effekte der einzelnen Budgets aufgehoben werden.

b) Die Manövriermasse der einzelnen Budgets ist gering: Nur Bruchteile des Gesamtbudgets können kurzfristig verändert werden, viele → Staatsausgaben (z. B. die Personalaufwendungen) sind durch langfristige Bindungen festgelegt. Als frei verfügbar bleiben zumeist nur die öffentlichen Investitionen, die aber mittelfristig (durch ihre Kapazitätseffekte für die Gesamtwirtschaft) ebenfalls im notwendigen Ausmaß durchgeführt werden müssen. Es zeigt sich, daß es für die Fiskalpolitik leichter fällt, durch zusätzliche Investitionen eine → Depression zu bekämpfen als durch Sparmaßnahmen einer Übernachfrage zu begegnen.

c) Haupthindernis für eine effiziente Gestaltung der Fiskalpolitik ist die lange Zeitdauer, mit der staatliche Maßnahmen auf gesamtwirtschaftliche Ungleichgewichte wirken:
Von der Verursachung eines Ungleichgewichtes bis zur Auswirkung auf eine bestimmte Zielvariable liegt eine Zeitspanne (disturbance lag), von der aus weitere Zeit vergeht, bis die Störung als solche erkannt wird (recognition lag). Bei der Beurteilung einer Ungleichgewichtssituation unterscheiden sich die einzelnen Träger der Fiskalpolitik häufig, so daß zumeist ein größerer Zeitraum verstreicht, bis fiskalpolitische Maßnahmen im parlamentarischen Prozeß entschieden werden (decision lag). Von der Entscheidung über Maßnahmen bis zur ihrer Durchführung vergeht weitere Zeit (administration lag), so daß bis zur entgültigen Wirkung der Maßnahme, die wiederum zeitlich verzögert ist (operational lag) ein so langer Zeitraum verstrichen sein kann, daß die Maßnahme am Ende nicht mehr anti-, sondern prozyklisch wirkt.
Auch aus diesem Grund ist in den letzten Jahren die Kontroverse darüber verstärkt worden, ob man die Reagibilität der Fis-

kalpolitik durch Einbau der → formula flexibility erhöhen sollte oder ob man dem Ziel Konjunkturstabilisierung besser mit der → Geldpolitik als mit der Fiskalpolitik dienen könne (→ Monetarismus).
Ein wichtiges Argument für oder gegen die Fiskalpolitik muß somit sein, ob man mit der Geldpolitik das gleiche Ziel mit geringeren Wirkungsverzögerungen erreichen kann. Diese Frage dürfte weitgehend davon abhängen, wie die Fiskalpolitik eingesetzt wird. A priori sprechen die Schwierigkeiten der praktischen Durchführung nicht grundsätzlich gegen die Verwendung der Fiskalpolitik, schon gar nicht gegen einen gemeinsamen Einsatz geld- und fiskalpolitischer Instrumente.     R.D.

**fixierte Wechselkurse**
→ feste Wechselkurse

**Flächennutzung** → Standorttheorie

**flexible Wechselkurse**
→ freie Wechselkurse

**floating** → freie Wechselkurse

**fob**
free on board. → Handelsbilanz.

**Food und Agriculture Organization (FAO)**
→ Ernährungs- und Landwirtschaftsorganisation.

**Forderungen**
1. im juristischen Sinn: relative Rechte, von anderen eine Leistung (Tun, Unterlassen) zu fordern. Der Berechtigte heißt Gläubiger, der Verpflichtete Schuldner.
2. im volkswirtschaftlichen Sinn: von einer Wirtschaftseinheit bereitgestellte Finanzierungsmittel (Kredite). Die Gliederung der Forderungen als → Bestandsgrößen entspricht im wesentlichen der Klassifizierung der finanziellen Transaktionen in der → Finanzierungsrechnung. Sie trägt juristischen und wirtschaftlichen Kriterien Rechnung: Nachweis des Gläubigers (z. B. Bankkredite) oder Schuldners (z. B. → Bargeld, Auslandsanlagen) oder beider

Seiten (z. B. innersektorale Forderungen), → Fungibilität (z. B. → Geldmarktpapiere) oder Befristung (kurz-, mittel-, langfristige Forderungen), Charakter als verbriefte (z. B. festverzinsliche Wertpapiere, Aktien) oder nicht verbriefte Rechte (z. B. → Sichteinlagen und andere Buchforderungen).

Die Bewertung der finanziellen Aktiva wie auch der finanziellen Passiva (Verbindlichkeiten) erfolgt überwiegend zu Transaktionswerten bzw. Tageskursen (z. B. bei Aktien) oder zu Nominalwerten.   F. G.

**formula flexibility**
(= Formelflexibilität, Indikatorenstabilität) Konzept eines → Regelmechanismus insbes. zur Konjunkturstabilisierung, der bei Überschreiten bestimmter Signalwerte (→ Konjunkturindikatoren) bestimmte antizyklische wirtschaftspolitische Maßnahmen auslöst, wobei der Zusammenhang zwischen Indikatorveränderung und Maßnahme durch Formel im voraus festgelegt ist.

Die Formelflexibilität versteht sich als Gegenkonzept zu einer diskretionären Wirtschaftspolitik, welche ungeeignet sei, die wirtschaftliche Entwicklung zu verstetigen und darüberhinaus durch ihre erheblichen Wirkungsverzögerungen (→ lags) die Gefahr prozyklischer Wirkungen in sich berge.

Anders als bei der built-in-flexibility wird jedoch auch nicht auf Eigenstabilisierung (z. B. der → Staatsausgaben und → Staatseinnahmen) vertraut; vielmehr wird die Regierung von vornherein verpflichtet, bei bestimmten Veränderungen von Produktions- oder Beschäftigungsindizes Änderungen der Einnahmen oder Ausgaben des → Budgets vorzunehmen (z. B. durch Variation des Einkommensteuertarifs).

Politische Probleme einer solchen (in der BRD noch nicht angewandten) Politik ergeben sich daraus, daß eine Einengung des Handlungsspielraums der staatlichen → Träger der Wirtschaftspolitik sowohl eine weitgehende Entmachtung der Regierung als auch eine Beschneidung der Rechte der Legislative (insbes. in bezug auf die Budgetgestaltung) mit sich bringen würde.

Darüberhinaus müßten Sanktionen institutionalisiert werden für den Fall, daß die wirtschaftspolitischen Instanzen vom vorgeschriebenen Verhalten abweichen.

Ökonomische Schwierigkeiten erwachsen v. a., wenn die Sollwertgröße durch die wirtschaftspolitischen Instanzen nur mittelbar beeinflußt werden kann. Unabhängig davon bereitet die Auswahl geeigneter Indikatoren sowie die begrenzte Flexibilität und Dosierbarkeit vieler wirtschaftspolitischer → Instrumente Schwierigkeiten. Schließlich würden häufige Änderungen (z. B. des Einkommensteuertarifs) ein Unsicherheitsmoment für die Planungen der Wirtschaftseinheiten bedeuten. Dies ist der Hauptgrund, warum Vorschläge für mittelfristig orientierte, *nicht*zyklusgebundene Regelmechanismen, z. B. eine Geldmengenvermehrung mit konstanter Rate (→ Monetarismus) oder → mittelfristig garantierter Paritätsanstieg in den Vordergrund der Diskussion getreten sind.   E. v. P.

**Francenzone**
Staaten, die beim französischen Schatzamt → Währungsreserven unterhalten. Die Währungen sind (auch nach dem Rückzug Frankreichs aus dem → Gruppenfloating) durch → feste Wechselkurse mit dem Franc verbunden. Maßnahmen der → Devisenbewirtschaftung finden grundsätzlich untereinander keine Anwendung.
Zur Franczone gehören (Anfang 1974): Dahomey, Elfenbeinküste, Gabun, Kamerun, Republik Kongo, Mali, Niger, Obervolta, Senegal, Togo, Tschad, Zentralafrikanische Republik.

**free-rider-Verhalten**
→ öffentliche Güter

**freie Wechselkurse**
(= flexible Kurse; floating) → Wechselkurse, die durch Angebot und Nachfrage auf dem → Devisenmarkt bestimmt werden ohne Intervention der Währungsbehörden durch An- und Verkäufe auf dem Devisenmarkt. Tätigt die Währungsbehörde Devisenmarktgeschäfte zur Kursbeeinflussung, liegt »schmutziges floating« vor.
Die Möglichkeit von Kursänderungen

(Wechselkursrisiko) erschwert den internationalen Waren- und Dienstleistungsverkehr insoweit, als mit der Abdeckung des Risikos (z. B. durch → Termingeschäfte) Kosten entstehen. Die ältere Auffassung, daß freie Kurse den internationalen Kapitalverkehr weitgehend hemmen, entspricht nicht den Erfahrungen der jüngsten Zeit. Bei freien Wechselkursen braucht die → Wirtschaftspolitik nicht auf den Ausgleich der → Zahlungsbilanz ausgerichtet zu sein (→ Zahlungsbilanzmechanismen), wird aber auf den Kurs Rücksicht nehmen, bei welchem der Ausgleich stattfindet. Verschiedentlich wird die Befürchtung geäußert, daß bei freien Kursen die → Leistungsbilanz von der → Kapitalbilanz dominiert wird und ein erwünschter Leistungsbilanzsaldo nicht zustandekommen kann.

Andererseits verfügen die → Träger der Wirtschaftspolitik über weitgehende geld- und kreditpolitische Autonomie und können ihre Maßnahmen stärker als bei → festen Wechselkursen auf binnenwirtschaftliche Ziele wie → Vollbeschäftigung und → Geldwertstabilität ausrichten. Freie Kurse können allerdings auch eine Gefahr für die Geldwertstabilität bedeuten, da anders als bei festen Kursen eine im Vergleich zum Ausland stärkere Inflationierung nicht mit einer Abnahme der → Währungsreserven verbunden ist. Ein Erfolg einer nationalen Wirtschafts- und → Konjunkturpolitik wird bei freien Kursen insofern begünstigt, als sie eine internationale Übertragung von Konjunkturschwankungen dämpfen. Die häufig anzutreffende Ansicht, daß freie Kurse eine → importierte Inflation (v. a. durch den → internationalen Preiszusammenhang) verhindern, bedarf einer Überprüfung.

Bestehen zwischen einer Gruppe von Ländern feste Wechselkurse bei freien Kursen gegenüber anderen Ländern, liegt → Gruppenfloating vor. H.M.W.

**Freihandelsprinzip**

beinhaltet die Schaffung binnenmarktähnlicher Verhältnisse für die wirtschaftlichen Beziehungen zwischen Ländern. Demnach dürfen weder → Zölle, → Kontingente, →

Steuern, Prämien noch andere außenwirtschaftliche Instrumente (z. B. → Devisenbewirtschaftung) zur Beschränkung des internationalen Handels angewendet werden.

Das Freihandelsprinzip wurde als Kritik an der merkantilistischen Außenhandelspolitik des 18. Jh. entwickelt. Es soll weitgehend im Güterverkehr zwischen den Mitgliedsländern der → Europäischen Gemeinschaften verwirklicht werden. Vom Freihandelsprinzip ist die → Außenhandelsfreiheit und Außenwirtschaftsfreiheit zu unterscheiden. M.H.

**Freihandelszone**

→ Integration; → Europäische Freihandelsassoziation (EFTA)

**Freizeitökonomik**

beschäftigt sich mit den Wechselwirkungen zwischen Freizeit und wirtschaftlich bedeutsamen Tatbeständen, z. B.

Arbeit (Arbeitszeit, → Arbeitsproduktivität, → Arbeitsmarkt, → Lohnpolitik, Arbeitsorganisation);

gesamtwirtschaftlicher Entwicklung (→ Wachstum, → Konjunktur, → Einkommen, → Beschäftigung, Wirtschaftsstruktur);

Ausbildung und Erholung (Ausbildungsdauer und -qualifikation, Bildungsurlaub, Arbeitsbedingungen, Gesundheit, Sport);

Raum (natürliche und bauliche → Infrastruktur, Stadtplanung, Wohnungsbau, Standortprobleme, Freizeitverkehr, Freizeitwohnen, Umweltfragen);

Markt (Freizeitkonsum, Freizeitinvestitionen, Markt- und Verhaltensforschung, spezielle Freizeitindustrien wie Fremdenverkehr usw.)

Freizeit ist ein Zeitabschnitt frei von → Arbeit und sonstigen Verpflichtungen, über den frei verfügt werden kann. Eine präzise Abgrenzung ist problematisch, da sie stark vom individuellen Empfinden abhängig ist. Der Freizeit zugerechnet werden z. B. Ausspannen, Spazierengehen, Reisen, Fernsehen, Sport. Nur bedingt zur Freizeit (Halbfreizeit) zählen notwendige Verrichtungen, die zeitlich teilweise variierbar sind, z. B. Essen, Einkaufen, Hausarbeit,

Körperpflege, Beschäftigung mit Kindern.

Je nach Länge und zeitlicher Abgrenzung zur Arbeit gibt es unterschiedliche Formen der Freizeit:
a) Freizeit nach dem Arbeitstag (Feierabend);
b) Freizeit nach der Arbeitswoche (Wochenende);
c) Freizeit während des Arbeitsjahres (Urlaub, Ferien);
d) Freizeit vor dem Arbeitsleben (Jugendfreizeit);
e) Freizeit nach dem Arbeitsleben (Altersfreizeit).

Die Länge der Freizeit wird wesentlich bestimmt durch die Länge der Arbeitszeit, die innerhalb der letzten hundert Jahre ganz erheblich zurückging:

---

Effektive wöchentliche Arbeitszeit der deutschen Industriearbeiter

| Jahr | Stunden |
|------|---------|
| 1850 | 85 |
| 1890 | 66 |
| 1910 | 59 |
| 1940 | 49 |
| 1960 | 46 |
| 1973 | 40 |

---

Nach dem 1. Weltkrieg begann sich in Deutschland der Achtstundentag durchzusetzen. In jüngster Zeit erfolgten weitere Arbeitszeitverkürzungen im wesentlichen zugunsten eines längeren Urlaubs und einer Herabsetzung des Pensionsalters.

Der Umfang von Abend-, Wochenend- und Ferienfreizeit (ohne Halbfreizeit) beträgt heute in der BRD pro Person und Jahr im Durchschnitt ca. 2000 Stunden in einer Aufteilung von etwa 7:5:2. Länge und Verteilung von Arbeitszeit und Freizeit werden weitgehend nicht mikroökonomisch bestimmt, sondern durch kollektive Entscheidungen der → Tarifpartner.

In den letzten fünf Jahren verteilten sich die Produktivitätszuwächse in der BRD aufgrund der tarifpolitischen Auseinandersetzungen etwa wie 5:1 auf Einkommen und Freizeit (genauer: kürzere Arbeitszeit); für jedes Prozent höherer Stundenproduktivität erhielten die Arbeitnehmer also im Schnitt 0,83% mehr Lohn bei 0,17% kürzerer Arbeitszeit.

Ökonomische Bestimmungsgrößen für die Länge von Arbeitszeit und Freizeit sind v. a. Zahl und Struktur der → Erwerbstätigen, Stand und Entwicklung der → Arbeitsproduktivität sowie Umfang und Entwicklung des Bruttosozialprodukts.

Volkswirtschaftlich bedeutsame Freizeitmärkte entstanden in Europa erst nach dem 2. Weltkrieg im Gefolge stark anwachsender Masseneinkommen bei gleichzeitig längerer Freizeit. In der BRD betrugen die Freizeitkonsumausgaben 1972 insgesamt 67 Mrd. DM (etwa 15% des privaten → Konsums). Ein Vergleich der Entwicklung der Freizeitkonsumausgaben eines durchschnittlichen 4-Personenhaushalts mit dessen Einkommensentwicklung zeigt, daß bei Einkommenserhöhungen die Freizeitausgaben überproportional steigen, bei Einkommensstagnation oder -rückgang die Ausgaben für Freizeitzwecke, insbes. die Urlaubsausgaben (ca. 25% aller Freizeitausgaben) überproportional abnehmen. Die Freizeitindustrien sind also stark konjunkturabhängig, haben jedoch langfristig überdurchschnittliche Wachstumsraten.

C. J. v. B.

**Fremdkapital** → Vermögensrechnung

**Friedenspflicht** → Tarifvertrag

**Fristentransformation** → Banken

**Frühstückskartell** → abgestimmte Verhaltensweisen

**full-cost pricing** → markup pricing

**functional finance**
von Abba P. LERNER vertretene Auffassung, daß die Budgetpolitik ausschließlich

dem Ziel der Bekämpfung der → Inflation und der → Arbeitslosigkeit unterzuordnen sei. Öffentliche → Investitionen haben nur den Zweck der Konjunkturbeeinflussung, die langfristigen Allokationswirkungen (z. B. von Infrastrukturmaßnahmen) werden vernachlässigt.

Von den Wirkungskategorien des Staatsbudgets (Richard A. MUSGRAVE) Allokation, Distribution und Stabilisation steht hier allein die Stabilisation im Blickpunkt.

Diese extreme konjunkturpolitische Orientierung des finanzpolitischen Handelns konnte sich weder in der Theorie noch in der Praxis durchsetzen. , R.D.

### Fungibilität

Vertretbarkeit von Waren oder Wertpapieren durch andere Stücke der gleichen Art. Nach § 91 BGB handelt es sich um Sachen, die im Verkehr nach Zahl, Maß oder Gewicht bestimmt zu werden pflegen. Fungibilität ist i. d. R. Voraussetzung für den Handel an der Waren- oder Effektenbörse. Sie erhöht die → Liquidität der durch die Effekten verkörperten Forderungen.

### funktionelle Einkommensverteilung

→ Einkommensverteilung

### funktionsfähiger Wettbewerb

(= workable competition) Leitbild der → Wettbewerbspolitik, das im Gegensatz zur neoliberalen Konzeption (vollkommene Konkurrenz) insbes. die monopolistische und oligopolistische Konkurrenz in ihrer Dynamik als hinreichend intensiv für eine volkswirtschaftlich erstrebenswerte Funktionsfähigkeit des → Wettbewerbs betont. Ihm obliegen Aufgaben wie leistungsgerechte → Einkommensverteilung, Steuerung des Güterangebots nach Käuferpräferenzen, optimale → Allokation der Produktionsfaktoren, Anpassung der Produktion an sich ändernde Daten sowie Durchsetzung des → technischen Fortschritts.

Das → Gesetz gegen Wettbewerbsbeschränkungen (1957) ging noch vom neoliberalen Leitbild des Wettbewerbs aus und

richtete sich v. a. gemäß dem → Verbotsprinzip gegen → Kartelle. Andere → Wettbewerbsbeschränkungen, etwa infolge → Unternehmenskonzentration, waren weniger berücksichtigt. Die Kartellnovelle 1973 orientierte sich weitgehend am Leitbild des funktionsfähigen Wettbewerbs. Entsprechend wurde die vorbeugende → Fusionskontrolle eingeführt, das Verbot der → Diskriminierung verschärft, überdies wurden bei Mißbrauch aufgrund → Marktbeherrschung die Eingriffsbefugnisse der Kartellbehörde (i. d. R. → Bundeskartellamt) erweitert. Andererseits wurden zur Verbesserung der Marktchancen kleinerer und mittlerer Unternehmungen diesen Kooperationserleichterungen durch zusätzliche Ausnahmen vom Kartellverbot zugestanden (→ Bagatellkartell) und die Mittelstandsempfehlung (Preise, Absatz, Werbung etc.) ausgebaut. R. R.

### Fusionskontrolle

dem → Bundeskartellamt übertragene Befugnisse im Hinblick auf die in § 23 des → Gesetzes gegen Wettbewerbsbeschränkungen (GWB) definierten Zusammenschlüsse und anderen Formen der Verflechtung (durch Vermögenserwerb, Anteilserwerb, bei Gemeinschaftsunternehmen, durch vertragliche Verbindung, Personengleichheit oder sonstige Verbindung) von Unternehmen. Sie bezweckt als Mittel der → Wettbewerbspolitik, der Entstehung übermäßiger wirtschaftlicher Macht marktstarker Unternehmen entgegenzuwirken, soweit diese geeignet ist, wirksamen → Wettbewerb zu verhindern (→ Unternehmenskonzentration, → funktionsfähiger Wettbewerb).

Unter bestimmten Voraussetzungen (Kriterien: Marktanteil, Beschäftigtenzahl, Umsatz) besteht eine Anzeige- sowie Auskunftspflicht für die unter die Fusionskontrolle fallenden Formen der Zusammenfassung von Unternehmen. Auch entsprechende Vorhaben sind anmeldefähig, unter bestimmten Voraussetzungen (Umsatzmilliardäre) anmeldepflichtig.

Sofern durch den Zusammenschluß ein Unternehmen → Marktbeherrschung erlangt oder diese verstärkt wird, kann die

Fusionskontrolle nach Prüfung der Auswirkungen auf den Wettbewerb (Abwägungsklausel des GWB, § 24, Abs. 1) zum Fusionsverbot (auch Entflechtung) erstarken. Einen vom Bundeskartellamt untersagten Zusammenschluß kann der Bundesminister für Wirtschaft, der die übergeordneten gesamtwirtschaftlichen Aspekte und Interessen der Allgemeinheit prüft (GWB § 24, Abs. 3) unter bestimmten Voraussetzungen erlauben.

Von der Fusionskontrolle ausgenommen sind eine Reihe von Zusammenschlüssen aufgrund von vier sog. Toleranzklauseln (→ Bagatellkartell). Ergänzt wird diese wegen ihrer Wirkungsweise auch vorbeugende Fusionskontrolle genannte Wettbewerbskontrolle durch die → Mißbrauchs-aufsicht. Über die Praxis der Fusionskontrolle hat alle zwei Jahre die Monopolkommission in einem Gutachten zu berichten.

Die Fusionskontrolle wurde durch die Kartellnovelle 1973 eingeführt. Im Rahmen der schon vorher bestehenden Anzeigepflicht wurden von 1966 bis 1972 insgesamt 1135 Zusammenschlüsse bei steigender Tendenz angezeigt. Nach dem Inkrafttreten der Fusionskontrolle nimmt aufgrund der Neufassung des GWB (§ 23) die Zahl der darunter fallenden Konzentrationsvorgänge ab (im 2. Halbjahr 1973: 34 Zusammenschlüsse).

In den → Europäischen Gemeinschaften erfolgt eine Fusionskontrolle gemäß Art. 66 des Montanvertrages.    R.R.

# G

## GAB

General Arrangement to Borrow. → Allgemeine Kreditvereinbarungen.

## galoppierende Inflation

im Gegensatz zur → schleichenden Inflation starke kumulative Geldwertminderung. Das Geld verliert v. a. seine Funktion als Wertaufbewahrungsmittel. Wenn Währungsstabilisierung mißlingt, kann sich galoppierende Inflation bei gleichzeitiger Zerstörung der Kreditbeziehungen zur → Hyperinflation entwickeln.

## GARIOA

Government Appropriation for Relief in Occupied Areas; Hilfsprogramm der US-Regierung zur Deckung dringender Gütereinfuhren (Lebensmittel, Medikamente, Treibstoff) der nach dem 2. Weltkrieg besetzten Gebiete in Deutschland, Österreich und Japan.

Die GARIOA-Gesamthilfe an Westdeutschland bei Beendigung des Programms im Jahre 1950 betrug ca. 1,5 Mrd. $. Ein großer Teil der auf einen Fonds angesammelten DM-Gegenwerte für die GARIOA-Lieferungen wurde nach dem ERP-Abkommen von 1949 in das → ERP-Sondervermögen eingebracht; ein Teil wurde gemäß dem → Londoner Schuldenabkommen von 1953 zurückgezahlt. D.S.

## Gastarbeiter

→ Ausländerbeschäftigung

## Gastarbeiterökonomik

behandelt die volkswirtschaftlichen Aspekte der → Ausländerbeschäftigung.

Wanderungsbewegungen ausländischer Arbeitnehmer werden, trotz weitgehender Internationalisierung der Faktormärkte, durch die nach wie vor ausgeprägte unterschiedliche Faktorausstattung und -nutzung induziert. Theoretische Erklärungsversuche, die den langfristigen Aspekt dieser Wanderungsbewegungen in den Vordergrund stellen, stützen sich auf die → Wachstumstheorie, Konzentrationstheorien, → Außenhandelstheorie sowie Gravitations- und Potentialmodelle der → Regionalanalyse.

Insbes. die Wachstumstheorie bietet wenig Ansatzpunkte, da der Produktionsfaktor → Arbeit i. d. R. als limitierender Faktor aufgefaßt wird, dessen Wachstum die → Kapitalakkumulation beschränkt. Das Angebot ausländischer Arbeitnehmer dagegen ist zumindest für die BRD nahezu unbeschränkt, wenn man entferntere Länder einbezieht (da die Wanderungsbewegungen aus dem Mittelmeerraum inzwischen von Wanderungsbewegungen aus Asien und Afrika überlagert werden). Damit entfällt die quantitative Limitierung des Faktors Arbeit; eine Beschreibung des Wachstumspfades wird unmöglich.

Das Schwergewicht der Erklärungsversuche liegt daher im Bereich der Konzentrationstheorien (Akkumulationstheorien zur Erklärung der internationalen Kapitalbewegungen, Potentialmodelle zur Erklärung der Bevölkerungsbewegungen).

Zahlungsbilanztheorien zur Erklärung der eigentlichen Ursachen von Leistungsbilanzüberschüssen bzw. -defiziten bilden eine wichtige Ergänzung, da Ungleichgewichte zur Entstehung von Faktorbewegungen beitragen, die ihrerseits in der Folge weitere Leistungsbilanzdefizite bzw. -überschüsse (Unterstützungszahlungen, vermehrte Exportproduktion) nach sich ziehen, andererseits aber auch zum Ausgleich von Leistungsbilanzdefiziten bzw. -überschüssen beitragen können.

Unumstritten ist, daß die Beschäftigung ausländischer Arbeitnehmer zu einer absoluten Erhöhung des → Sozialprodukts geführt hat. Umstritten dagegen ist, ob der vermehrte Einsatz ausländischer Arbeitnehmer auch zu einer Wohlstandssteigerung der inländischen Bevölkerung führt. In den dazu vorliegenden Untersuchungen wird i. d. R. nur die Situation eines Landes betrachtet, das ausländische Arbeitnehmer zusätzlich neben den inländischen → Erwerbstätigen einsetzt. Typisch für die Situation der BRD dagegen ist, daß die Einwohnerzahl nur noch in geringem Ausmaß wächst (hauptsächlich durch den Geburtenüberschuß der ausländischen Bevölkerung), die Zahl der deutschen Erwerbspersonen absolut zurückgeht, die Zahl der Erwerbstätigen insgesamt durch Zuwanderung ausländischer Arbeitskräfte seit 1960 konstant bei ca. 26 Mio. Erwerbstätigen verharrt, die Zahl der pro Jahr geleisteten Arbeitsstunden dagegen seit längerer Zeit rückläufig ist.

Im Vordergrund einer Analyse für die BRD muß daher der Prozeß des Ausscheidens deutscher Arbeitnehmer stehen, der in diesem Umfang erst durch ständigen Zuzug ausländischer Arbeitskräfte ermöglicht wird. So ist per Saldo davon auszugehen, daß für ausländische Arbeitnehmer in der BRD keine neuen Arbeitsplätze geschaffen werden müssen.

Für die BRD kann also kaum davon gesprochen werden, daß durch die Inbetriebhaltung veralteter Produktionsanlagen die Zunahme der Pro-Kopf-Produktion durch den Einsatz ausländischer Arbeitnehmer vermindert wird. Auch die oft angeführte Belastung mit zusätzlichen Infrastrukturinvestitionen zur Versorgung der Zuwandernden kann bei dem gerade in diesem Bereich bestehenden Nachholbedarf kaum als Belastung angeführt werden, zumal ohnehin die Nutzung nicht für In- und Ausländer zu trennen ist. Das allgemein geringere Ausbildungsniveau ausländischer Arbeitnehmer senkt zunächst allerdings die durchschnittliche → Arbeitsproduktivität pro Arbeitsstunde, jedoch wird der Unterschied zu den übrigen Erwerbstätigen durch geleistete Überstunden vielfach

kompensiert, so daß insgesamt von dieser Gruppe ein vergleichbarer Pro-Kopf-Output erzeugt wird und möglicherweise sogar zu einer besseren Nutzung des zur Verfügung stehenden Sachkapitals beigetragen wird. J.Be.

**GATT**
General Agreement on Tariffs and Trade. → Allgemeines Zoll- und Handelsabkommen.

**Gebietsansässige** → Inländer.

**Gebrauchsvermögen**
Teil des → Volksvermögens, dessen Anschaffung nach der Konvention der → Volkswirtschaftlichen Gesamtrechnung als letzter Verbrauch erfaßt wird. Die Leistungen der entsprechenden Sachgüter gelten demgemäß nicht als Beitrag zur Produktion, sondern als Konsumgestaltung. Zum Gebrauchsvermögen gehören alle Bestände des Haushaltssektors (mit Ausnahme der eigengenutzten Wohnhäuser und Eigentumswohnungen) sowie militärische Güter im Bestand des Staates.
Gliederung:
a) Haushaltsvermögen:
· kurzlebige Sachgüter (= Verbrauchsvermögen), z.B. Nahrungsmittelvorräte;
· langlebige Sachgüter (= Haushaltsausrüstungen), z.B. Fahrzeuge, Haushaltsgeräte;
b) militärische Bauten und Ausrüstungen. F.G.

**Gebrauchswert** → Arbeitswertlehre

**Gebühren und Beiträge**
von staatlichen Institutionen autonom festgesetzte Zahlungen des privaten Sektors für die Inanspruchnahme einer Leistung des Staates (Gebühren) oder bei Entstehen eines besonderen, individuell nutzbaren Vorteils (Beiträge). Das → Äquivalenzprinzip kommt grundsätzlich nicht zur Anwendung, d. h. eine Äquivalenz zwischen Leistung und Zahlung muß (im Gegensatz zu privaten Gütern) nicht

bestehen. Die Produktion von Gütern, für die Gebühren und Beiträge erhoben werden, soll der Deckung eines politisch fixierten Bedarfs dienen, nicht der Erzielung von Einnahmen.

Der Unterschied zu den → Steuern besteht darin, daß diese auch ohne Vorteilsentstehung und -nutzung erhoben werden. Im Unterschied zu den → Erwerbseinkünften des Staates basieren Gebühren und Beiträge nicht auf Marktpreisen. Sie können nur an individuell zurechenbare Leistungen anknüpfen (also nicht an spezifisch → öffentliche Güter). Oft ist mit der Zahlung von Gebühren und Beiträgen ein Benutzungs- oder Konsumtionszwang verbunden (z. B. Paß-, Müll-, Kanalgebühren); ebenso sind sie oft aus psychologischen Gründen spezielle Deckungsmittel (Zweckbindung). Aus der politischen Determinierung von Volumen, Art und Richtung der Zahlungsströme folgt, daß auch negative Gebühren für die Inanspruchnahme öffentlicher Einrichtungen existieren (z. B. Stipendien).

Als Bemessungsgrundlage der Gebühren und Beiträge können Wert- und Mengengrößen dienen, es können feste (Pauschale) oder gestaffelte Tarife angewendet werden. Wertmäßige Bemessungsgrundlage können die Produktionskosten der Leistung oder die entstehenden Vorteile sein. Die Gebührenpolitik als Mittel der Allokationspolitik kann zu verteilungspolitischen Konflikten führen (Entstehen, z. T. bewußtes Schaffen von → Konsumentenrenten). Nichtpreisliche Gebührenpolitik besteht in der Absteckung des Benutzerkreises, speziellen Benutzungsordnungen und in der Differenzierung nach Objekten (z. B. Parkgebühr nur für bestimmte Straßen).

Beiträge nähern sich → Steuern, sie sind Zwangsabgaben unabhängig von der Inanspruchnahme von Leistungen. Beispiele sind Berufsschulbeiträge (von allen Gewerbebetrieben zu zahlen, auch wenn sie keine Auszubildenden beschäftigen), Anliegerbeiträge (auch ohne Nutzung von Straßen zu zahlen), Fremdenverkehrsabgaben (nur von Gastwirten, nicht aber von anderen, ebenfalls vom Fremden-

verkehr profitierenden Gruppen zu zahlen).

Die sehr grobe, wenn nicht willkürliche Zurechnung von Vorteilen öffentlicher Aktivitäten, die durch Beiträge abgegolten werden sollen, beruht ökonomisch auf den unsicheren Aussagen über die Ausgabeninzidenz. Beiträge zu Vereinigungen mit Zwangsmitgliedschaft sind eher als Gruppensteuern (oft mit Affektation) zu bezeichnen. H.-W.K.

### geknickte Preisabsatzkurve

(= kinky demand curve) Ansatz zur Erklärung der bei einem → Angebotsoligopol häufig zu beobachtenden Preisstarrheit. Im Fall einer Erhöhung des in der Ausgangslage C verwirklichten Preises $\bar{p}$ mit der Menge $\bar{x}$ (Preisstrategie beim Angebotsoligopol auf einem unvollkommenen Markt) rechnet der Oligopolist nicht mit Preiserhöhungen (flaches Teilstück AC seiner konjekturalen → Preis-Absatz-Funktion), bei Preissenkungen dagegen mit gleichen Maßnahmen der anderen Anbieter (steileres Teilstück CD). Seine konjekturale Preisabsatzkurve ist ACD mit einem Knick in C. Die Grenzumsatzkurve U′ weist daher unterhalb von C einen Sprung auf, d. h. der Grenzumsatz ist bei der Menge $\bar{x}$ unbestimmt. Verläuft die Grenzkostenkurve K′ nach einer Verlagerung weiterhin durch die Sprungstelle (weshalb die Gewinnmaximierungsbedingung Grenzkosten = Grenzumsatz nicht formuliert werden kann), dann ändern sich gewinnmaximaler Preis und Menge nicht. H.M.W.

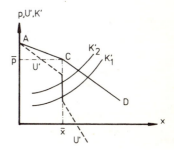

## Geld

ist begrifflich nicht eindeutig abgrenzbar. Vielfach wird es nach seinen Funktionen definiert. Damit ein Gut als Geld bezeichnet werden kann, muß es als allgemeines → Zahlungsmittel, als Schuldentilgungsmittel und als Wertaufbewahrungsmittel anerkannt sein; häufig wird auch noch die Eigenschaft der allgemeinen Recheneinheit (→ numéraire) verlangt. Solche Funktionen erfüllen die gesetzlichen → Zahlungsmittel und die → Sichteinlagen (→ Buchgeld) bei → Banken. Aber auch → Termin- oder → Spareinlagen und Forderungen gegenüber bestimmten Nichtbanken wie Versicherungen und → Bausparkassen können in diesem Sinne Geldcharakter besitzen, weshalb sie auch als → Quasigeld bzw. near money bezeichnet werden.

Geld läßt sich auch als Gut höchster → Liquidität definieren. Diese Eigenschaft weisen → Bargeld und → Buchgeld auf, nicht jedoch Quasi-Geld oder andere Aktiva, bei deren Umwandlung in Zahlungsmittel Kosten entstehen.

Während früher Geld durch Prägung von Gold und Silber einen Substanzwert aufwies, ist Geld heute meist völlig stoffwertlos; es entsteht durch → Geldschöpfung bei → Zentral- und Geschäftsbanken, weshalb es sich um Kreditgeld handelt.        H.-J.H.

## Geldangebot

Bereitstellung von → Münzgeld und → Zentralbankgeld (durch Regierung und → Zentralbank) sowie die Einrichtung von → Sichteinlagen durch Geschäftsbanken im Zuge einer Monetisierung von Sach- und Finanzaktiva von Nichtbanken oder zur Einräumung eines Kredites (→ Geldschöpfung, Kreditschöpfung). Die Geldtheorie betrachtet das Geldangebot (im Gegensatz zur → Geldnachfrage) häufig als exogen bestimmt, hat also vornehmlich das Geldangebot des Staates oder der Zentralbank zum Gegenstand. Dies macht in modernen Volkswirtschaften jedoch nur den kleineren Teil des gesamten Geldangebots aus (in der BRD ca. $1/_3$). Folglich ist eine Analyse nur dann sinnvoll, wenn unterstellt werden kann, daß eine konstante

Beziehung zwischen den Änderungen der Zentralbankgeldmenge und Änderungen des bankgeschäftlichen Geldangebots besteht. Dies wird in der Tat häufig bei der Interpretation des → Kreditschöpfungsmultiplikators und insbes. vom → Monetarismus getan, entspricht jedoch kaum der Realität. Bestünde eine solche feste Beziehung, so hätte es die → Geldpolitik leicht, um hierdurch der → Geldwertstabilität zu genügen, kann dies von den Geschäftsbanken deshalb nicht erwartet werden, weil in der Hochkonjunktur meist die erzielbaren Sollzinsen und damit ihre Gewinnerwartungen steigen. Andererseits hängt die Möglichkeit der Geschäftsbanken, das Geldangebot auszudehnen, von Umfang und Struktur ihrer → Liquidität und damit sowohl von der Geldpolitik wie von den Entscheidungen der Nichtbanken über der Anlage ihres → Vermögens und somit ihrer Geldnachfrage ab. Letzteres läßt es zweifelhaft erscheinen, ob es gerechtfertigt ist, neben der Geldnachfragefunktion von einer (unabhängigen) Geldangebotsfunktion zu sprechen.        H.-J. H.

## Geldbasis

strategische Größe im monetaristischen Konzept der Geldmengensteuerung.

Zentral für die in den letzten Jahren erstarkte Position des → Monetarismus ist die Auffassung, daß die → Geldmenge den Hauptbestimmungsgrund für das nominelle → Sozialprodukt darstellt. Der Kontrolle und Steuerung der Geldmenge kommt somit nach dieser Auffassung entscheidende Bedeutung für die Stabilisierung des Wirtschaftsablaufs zu.

Durch die von Monetaristen wie Karl BRUNNER und Allen MELTZER maßgeblich mitgeprägte neuere Theorie des → Geldangebots ist klar geworden, daß das Geldangebot keinesfalls als exogene → Variable aufgefaßt werden kann. Da zumindest die mit zur Geldmenge rechnenden Sichtverbindlichkeiten der Geschäftsbanken von deren eigenen sowie von den Portefeuilleentscheidungen der Haushalte abhängen (die ihrerseits durch Zinssätze, Zinssatzdifferenzen, Ertragsraten u. a. beeinflußt werden), stellt das Geldangebot eine endogene → Variable dar und ist insofern keine Instrumentvariable der → Geldpolitik.

Mit der sog. Geldbasis (monetary base; Milton FRIEDMAN und Anna SCHWARTZ sprechen von high-powered money) glauben die Monetaristen, eine Größe gefunden zu haben, die einerseits für die Geldpolitik genügend kontrollierbar ist und insofern als eine Art Instrumentvariable angesehen werden kann, mit der andererseits aber auch die Entwicklung der Geldmenge hinreichend genau gesteuert werden kann. Neben der instrumentellen Verwendbarkeit dieser Größe betonen die Monetaristen die Indikatorfunktion der Geldbasis: Ob die Geldpolitik in einer bestimmten Phase expansiv oder restriktiv war, ersieht man nach ihrer Auffassung am ehesten, wenn man die Veränderung der Geldbasis betrachtet. Von der → Geldmenge unterscheidet sich die Geldbasis in zweifacher Hinsicht: Nicht zur Geldbasis zählen die → Sichteinlagen inländischer Nichtbanken bei Geschäftsbanken, zur Geldbasis gehören die Einlagen der → Banken bei der Deutschen Bundesbank sowie ihre → Kassenhaltung. Von der Verwendungsseite her betrachtet setzt sich die Geldbasis also zusammen aus dem von der Bundesbank ausgegebenen → Banknoten plus der umlaufenden → Scheidemünzen plus der Sichteinlagen von Banken und Privaten bei der Bundesbank.

Aus einer um den → Münzumlauf auf beiden Seiten erweiterten vereinfachten Bundesbankbilanz läßt sich die Geldbasis schließlich auch noch von der Entstehungsseite her definieren. Man erhält: Geldbasis = Gold, Auslandsforderungen und sonstige Auslandsaktiva der Bundesbank + Bundesbankkredite an inländische Kreditinstitute + Nettoverschuldung öffentlicher Haushalte gegenüber der Bundesbank.

Ob die → Zentralbank die Entwicklung der Geldbasis steuern kann, hängt davon ab, in welchem Maße eine Beeinflussung dieser einzelnen Posten möglich ist. Da in einer stark auslandsabhängigen Wirtschaft wie der BRD der erstgenannte Posten eine große Rolle spielt und hier die Einflußmöglichkeiten der Geldpolitik beschränkt sind, muß das Geldbasiskonzept für auslandsabhängige Volkswirtschaften grundsätzlich skeptischer beurteilt werden.

Selbst wenn die Geldbasis für die Geldpolitik befriedigend manipulierbar ist, bleibt zu fragen, ob mit der Steuerung der Geldbasis eine Kontrolle der Geldmenge verbunden ist und schließlich, ob die Kontrolle der Geldmenge die Entwicklung des nominellen Sozialprodukts in prognostizierbarer Weise determiniert. Beide Fragen sind Gegenstand bisher nicht entschiedener Kontroversen. P. Ka.

**Geldentwertung** → Inflation

**Geldillusion**

Angebots- und Nachfragedispositionen, die sich nicht ausschließlich an realen Größen orientieren. So wird ein frei von Geldillusion handelnder Konsument, dessen → Einkommen gestiegen ist, seine Nachfrage nur ausdehnen, wenn die Güterpreise im Durchschnitt weniger gestiegen sind (bei Einbeziehung des → Realvermögenseffektes ist zusätzlich die Wertänderung der Kassenbestände zu berücksichtigen). Die Geldillusion kann zu einer Verschärfung der → Inflation (wie auch der allerdings heute nicht mehr anzutreffenden → Deflation) führen, kann aber auch stabilisierend wirken (z. B. Reaktion der Leistungstransaktionen mit dem Ausland auf Änderungen des → Wechselkurses). Da die Einkommens- und Preisänderungen i. d. R. nicht gleichzeitig auftreten, bleibt offen, welche zeitliche Dimension das Wirtschaftssubjekt bei Einbeziehung dieser Änderungen berücksichtigen muß, damit es frei von Geldillusion handelt. Haben Unternehmen und Konsumenten bei expansiven geld- und fiskalpolitischen Maßnahmen oder bei → Abwertungen häufig die Erfahrung gemacht, daß in ihrem Gefolge Preisänderungen auftreten, so werden sie diese bei neuen Maßnahmen dieser Art wahrscheinlich antizipieren und sich somit anders verhalten, als wenn die Vergangenheit keine Preisänderungserwartungen hervorbrachte. Dies ist wichtig zur Beurteilung der Chancen solcher Maßnahmen in einer inflationären Welt (z. B. → PHILLIPS-Kurve). H.-J.H.

### Geldmarkt

1. In der ökonomischen Theorie: Zusammenfassung von Angebot und Nachfrage nach → Zahlungsmitteln. Da ein Angebot an Gütern bzw. Wertpapieren normalerweise eine gleich hohe Nachfrage nach Kassenbeständen impliziert und umgekehrt, kann der Geldmarkt als Spiegelbild aller übrigen Märkte einer Volkswirtschaft betrachtet werden. Aus der Geltung der Budgetbeschränkung und des → WALRAS'schen Gesetzes folgt dann, daß die Bestimmungsgründe der Transaktionen auf Güter- und Kreditmärkten auch die Bestimmungsgründe von Angebot und Nachfrage auf dem Geldmarkt sein müssen.

2. Im institutionellen Sinn: Handel mit Zentralbankguthaben und → Geldmarktpapieren. Marktteilnehmer sind → Banken, nichtmonetäre Finanzinstitutionen und die → Deutsche Bundesbank, die auf dem Geldmarkt Offenmarktgeschäfte betreibt. Die Überlassung von Zentralbankguthaben gegen Verzinsung dient dem kurzfristigen Ausgleich von Liquiditätsüberschüssen und -defiziten innerhalb des Bankensystems. Nach Kreditlaufzeit und Kündigungsfrist unterscheidet man Tagesgeld bzw. tägliches Geld einschl. → Ultimogeld, Monatsgeld, Vierteljahres-, Halbjahres- und Jahresgeld. Der Zinssatz steigt mit der Laufzeit des Kredits. Der Geldmarkt ist nicht organisiert, da der Teilnehmerkreis eng begrenzt ist; die Transaktionen werden vorwiegend telephonisch durchgeführt. Dies führt zu örtlich und tageszeitlich unterschiedlichen Zinssätzen für Kredite gleicher Laufzeit.

Die Geldmarktzinsen können durch → Diskont- und → Lombardsatz sowie die → Abgabesätze der Bundesbank für Geldmarktpapiere weitgehend gesteuert werden, und zwar sowohl in ihrem Niveau als auch in ihrer Schwankungsbreite. Bei unausgeschöpften → Rediskontkontingenten kann der Geldmarktzins i. d. R. nicht über den Diskontsatz steigen, da sonst vom → Diskontkredit Gebrauch gemacht wird. Eine weitere Obergrenze bildet der Lombardsatz. Eine Untergrenze ist durch das Angebot der Bundesbank gegeben, zu bestimmten Abgabesätzen Geldmarktpapiere abzugeben. Aufgrund unterschiedlicher Fristen kann jedoch der Tagesgeldsatz kurzfristig unter den Abgabesatz sinken. V.B.

### Geldmarktpapiere

Wertpapiere, für die eine Geldmarktfähigkeitserklärung der → Deutschen Bundesbank besteht, die also von der Bundesbank zu den von ihr festgesetzten → Abgabe- und → Rücknahmesätzen im Rahmen der → Offenmarktpolitik v. a. mit → Banken gehandelt werden. Dies bedeutet, daß Geldmarktpapiere (soweit es sich nicht um → N-Papiere handelt) zu den freien → Liquiditätsreserven der → Banken zählen, da sie jederzeit in → Zentralbankgeld umgewandelt werden können.

Zu den inländischen Geldmarktpapieren zählen:

a) → Schatzwechsel und → U-Schätze von Bund, seinen Sondervermögen und Ländern. Handelt es sich um → Mobilisierungs- bzw. → Liquiditätspapiere, so ist der Bund nur formell Schuldner, die Bundesbank handelt auf eigene Rechnung. Finanzierungspapiere werden dagegen für Rechnung des betreffenden öffentlichen Haushalts von der Bundesbank begeben und eingelöst. Sie dienen in erster Linie der Finanzierung kurzfristiger Kassendefizite, können jedoch von der Bundesbank in die Regulierung des → Geldmarkts miteinbezogen werden.

b) → Privatdiskonten.

c) Vorratsstellenwechsel (Wechsel, die von den Einfuhr- und Vorratsstellen des Bundes zur Finanzierung der Vorratshaltung an Grundnahrungsmitteln u. a. begeben werden), die bis zu bestimmten Höchstbeträgen für geldmarktfähig erklärt werden.

d) → Kassenobligationen mit einer Restlaufzeit von weniger als 18 Monaten, soweit sie bei der Emission mit einer entsprechenden Zusage der Bundesbank ausgestattet wurden (1967/68).
Im Rahmen der gesetzlichen Bestimmungen (§§ 19 und 21 → Bundesbankgesetz)
kann die Bundesbank bestimmen, welche
Wertpapiere sie in ihre Offenmarktoperationen miteinbeziehen will. V.B.

### Geldmenge

Bestand an → Bargeld und → Buchgeld bei
inländischen Nichtbanken. Wegen einiger
Abgrenzungsunstimmigkeiten hat die →
Deutsche Bundesbank auf die Verwendung dieses Begriffes verzichtet und spricht
stattdessen von → Geldvolumen.
In der → Geldtheorie und dort v. a. in den
verschiedenen Versionen der → Quantitätstheorie spielt die Geldmenge eine entscheidende Rolle bei der Bestimmung des
Preisniveaus und somit des → Geldwertes.
Der → Monetarismus glaubt, daß die Geldmenge über die → Geldbasis gesteuert
werden könnte, was wiederum Liquiditätstheoretiker zurückweisen. Ob es eine optimale Geldmenge gibt, wie Milton FRIED-
MAN glaubt, ist in der Geldtheorie
umstritten. Keynesianer halten letztlich
nicht die Geldmenge, sondern die effektive
Nachfrage im Vergleich zum gesamtwirtschaftlichen Angebot für die entscheidende Größe, auf die die → Wirtschaftspolitik einwirken muß. H.-J.H.

### Geldmengen-Preis-Mechanismus

→ Zahlungsbilanzmechanismen

### Geldnachfrage

geht von Nichtbanken aus und hängt von
den geplanten Transaktionen und den →
opportunity costs der Geldanlage ab, die
sich aus den bei alternativer Anlage erzielbaren Renditen bestimmen. Bestünde völlige Sicherheit über Höhe und Zeitpunkt
aller anfallenden Aus- und Einzahlungen,
sowie die Möglichkeit, jederzeit zu geringen Kosten von einer Anlageform in die
andere zu wechseln, so wäre nicht einzuse-
hen, warum die Wirtschaftssubjekte Kasse
halten sollten, da sie Ausgabenüberschüsse

kreditiert bekommen könnten. Die Geldnachfrage ist folglich eine Folge der Unsicherheit des Wirtschaftslebens (→ Risiko
und Unsicherheit).
Die ältere → Geldtheorie betonte die Abhängigkeit der Geldnachfrage von den geplanten Transaktionen, die sie wiederum
als unmittelbar durch das → Einkommen
bestimmt ansah (→ Quantitätstheorie, →
Kassenhaltungstheorie). Andere Einflüsse
wie z. B. Zinsänderungen wurden allenfalls
in der → Umlaufsgeschwindigkeit des Geldes bzw. dem → Kassenhaltungskoeffi-
zienten berücksichtigt. Da diese Koeffizienten meist jedoch als (zumindest trendmäßig) konstant angenommen wurden,
unterstellen diese Theorien häufig einen
proportionalen Zusammenhang zwischen
Einkommen und Geldnachfrage, der von
der späteren Theorie aufgegeben und von
der empirischen Forschung auch nicht hinreichend bestätigt wurde.
John Maynard KEYNES unterschied in
seiner »General Theory of Employment,
Interest and Money« verschiedene Formen
der Geldnachfrage, nämlich → Transaktionskasse, → Vorsichtskasse und → Spekulationskasse. Da eine solche Unterscheidung lediglich didaktischen Wert hat,
unterschied man im folgenden zwischen
drei entsprechenden Motiven für die Geldnachfrage, die nun als abhängig vom Einkommen und dem → Zins angesehen wird.
Hier wird meist nur ein repräsentativer
Zinssatz gewählt, z. B. ein solcher für ein
Wertpapier mit ewiger Laufzeit und einer
nominell festgelegten Rendite.
Die weitere Entwicklung (→ Portfolio-Selection-Theorie, → Monetarismus) betrachtet die Geldnachfrage als einen unter
verschiedenen Aspekten der Vermögensanlage; neben dem Einkommen und dem
Bestand verschiedener Aktiva entscheiden
die unterschiedlichen Renditeerwartungen
und damit die → Zinsstruktur über die
Nachfrage nach Sach- und Finanzaktiva
und damit auch über die Geldnachfrage.
Innerhalb der Geldnachfrage kann man
zwischen der Nachfrage nach gesetzlichen
→ Zahlungsmitteln und der nach → Buchgeld unterscheiden. Im Zuge der Rationa-

lisierung des Wirtschaftslebens und des fortschreitenden bargeldlosen Zahlungsverkehrs nimmt erstere zugunsten letzterer ständig ab. H.-J.H.

## Geldordnung

(Währungsordnung) Gesamtheit der öffentlich gestalteten geldwirtschaftlichen Institutionen einer → Volkswirtschaft. Als Geldverfassung (Währungsverfassung) bezeichnet man den rechtlich fixierten Teil einer Geldordnung. Die Geldordnung ist integraler Bestandteil des wirtschaftlichen Steuerungssystems, der → Wirtschaftsordnung. Grundlegende Aufgabe jeder Geldordnung in → Marktwirtschaften ist die Schaffung und Erhaltung eines Gutes, das seinen Funktionen nach → Geld darstellt, d. h. als Recheneinheit, → Zahlungsmittel und kurzfristiges Vermögensanlagegut akzeptiert wird, also dauerhaft und in gewissen Grenzen wertbeständig ist, damit es zur → Kassenhaltung geeignet ist. Die Existenz eines Gutes mit Geldfunktionen ist organisatorische Voraussetzung für den marktwirtschaftlichen Lenkungsmechanismus, sobald ein gewisser Grad von Arbeitsteilung erreicht ist. Eine → Zentralverwaltungswirtschaft bedarf zwar einer Recheneinheit zur Vereinfachung der Wirtschaftsplanung, doch Geld in seinen übrigen Funktionen ist nur insoweit notwendig, als auch hier – wie in den bisher realisierten sozialistischen Wirtschaftsordnungen – in gewissen Bereichen die Güterallokation und -distribution über den Markt erfolgt. Innerhalb einer überwiegend marktwirtschaftlich organisierten Wirtschaft sind unterschiedliche Formen der Geldordnung möglich: ihre konkrete Gestalt hängt davon ab, welche Zahlungsmittelarten vorhanden sind (→ Münzgeld, → Banknoten, → Buchgeld), welchen Entwicklungsstand das Bankwesen erreicht hat, und welche Ziele durch die Gestaltung des Geldwesens erreicht werden sollen (z. B. → Regelmechanismus oder Rahmen für diskretionäre → Geld- und → Kreditpolitik). Für das störungsfreie Funktionieren einer Geldwirtschaft ist die staatliche Setzung einer Geldordnung in irgendeiner Form unabdingbar, durch die in einem Währungsgebiet Herstellung und Verteilung der Zahlungsmittel geregelt, eine Währungseinheit und ein einheitliches Zahlungsmittelsystem (Sicherung der gegenseitigen Einlösbarkeit der Geldsorten zum Nennwert) definiert, und Medium und Maßstab für die Tilgung von Geldschulden (→ Nominalismus) festgesetzt werden.

In der ökonomischen Theorie wurde nach unterschiedlichen Gesichtspunkten versucht, Geldsysteme als reine Formen von Lenkungsmechanismen zu konstruieren, so daß historisch realisierte Geldordnungen als Mischformen von Geldsystemen interpretierbar werden. In Anlehnung an Walter EUCKEN lassen sich drei Typen von Geldsystemen danach unterscheiden, wie Geld entsteht, verschwindet und dadurch den Wirtschaftsprozeß beeinflußt:

a) Geld entsteht durch Verwendung eines Sachguts als Zahlungsmittel (z. B. Ausprägung von Münzen) und verschwindet durch Rückführung in eine nicht-monetäre Verwendung (Einschmelzen von Münzen). In diesem → Warengeldsystem resultiert die Knappheit des Geldes (häufig Gold und Silber) aus Produktionskosten sowie monetärer und nicht-monetärer Nachfrage. Vollwertigkeit des → Münzgeldes wird durch freies Präge- und Einschmelzungsrecht hergestellt, wobei die Funktionsfähigkeit durch die Existenz einer staatlichen Münzstätte wesentlich verbessert wird, die Gewicht und Feingehalt der Münzen überwacht. Bei dieser Form der Wertbindung des Geldes an ein Sachgut wird der Metallpreis in Geldeinheiten fixiert, die Preisrelation des Metalls zu anderen Gütern und damit der → Geldwert können dagegen variieren. → Geldschöpfung und -vernichtung folgen allerdings einem spezifischen Regelmechanismus, der auf eine langfristige Konstanz des Geldwerts hinwirkt, sofern nicht erhebliche, produktionsbedingte Divergenzen zwischen allgemeinem wirtschaftlichen → Wachstum und Währungsmetallproduktion auftreten (Neuentdeckung von Metallvorkommen, billigere Abbauverfahren bzw. langfristig begrenzte Metallvorräte): eine Erhöhung von relativem Metallpreis und Geldwert würde beispielsweise zur Ausweitung der Metallproduktion und Überführung des Metalls aus nicht-monetärer in monetäre Verwendung führen und damit den Geldwert wieder senken. In offenen Volkswirtschaften sorgen Währungsmetalltransporte zwischen den Ländern für einen Ausgleich der → Zahlungsbilanz und Angleichung der nationalen → Preisniveaus.

b) Geld entsteht als Gegenleistung für Lieferung von Waren oder Arbeitsleistungen, wobei der Empfänger mit selbstgeschaffenem, unterwertigem bzw. stoffwertlosem Geld in Form von Schuldanerkenntnissen, Banknoten, Scheidemünzen, oder Buchgeld zahlt. Als Formelement von Geldordnungen taucht dieses System seit dem Altertum auf (Zirkulation der Schuldscheine mittelalterlicher Großhändler; Bezahlung von Beamten und Soldaten mit staatlichen Schuldscheinen, nicht einlösbarem Papiergeld und Scheidemünzen; Ausgabe von Banknoten und Buchgeld durch → Notenbanken und Girobanken beim Kauf von Edelmetallen; Goldtransaktionen von → Zentralbanken). Die Wirkungen dieser Form der Geldschöpfung hängen entscheidend davon ab, ob eine Einlösungsverpflichtung in vollwertiges Geld bzw. ein Sachgut besteht: während bei Einlösungspflicht und voller Edelmetalldeckung von Banknoten und Buchgeld eine weitgehende Ähnlichkeit mit (a) besteht, weil das Geldmengenwachstum auf das Wachstum von Edelmetallbeständen beschränkt ist, bestehen bei der Schöpfung von nicht einlösbarem Staatspapiergeld keine automatisch wirkenden Grenzen, so daß das System bestimmten Formen von (c) ähneln kann (Inflation während der Assignatenwirtschaft in der französischen Revolution zwischen 1789 und 1797).

c) Geld entsteht bei Kreditgewährung und verschwindet bei Kreditrückzahlung; es wird von → Banken im Zuge der Kreditschöpfung geschaffen. Da ebenso wie bei (b) eine Knapphaltung dieses praktisch stoffwertlosen Geldes von den Produktionskosten her nicht gewährleistet ist, hängen die Wirkungen auf den Wirtschaftsablauf, insbes. den Geldwert, vom Ausmaß der Wertbindung bzw. öffentlichen Kontrollen anderer Art ab: Je enger die Bindung an vollwertiges Geld bzw. Sachgüter durch entsprechende Einlösungs- und Deckungsvorschriften ist, desto stärker wird die hohe Elastizität des → Geldangebots eingeschränkt und die Gefahr einer inflatorischen Entwicklung durch unkontrollierte Noten- und Giralgeldschöpfung gesenkt. Die andere Alternative ist ein System frei manipulierbarer → Währung, in dem nicht einlösbare Zahlungsmittel umlaufen und die Zentralbank Geldmengenvariationen zur diskretionären Beeinflussung des Wirtschaftsprozesses unter bestimmten globalen Zielsetzungen betreibt (interventionistisches Geldsystem).

Das Warengeldsystem (a) war seit dem Altertum in Europa in verschiedenen Formen (→ Metallwährung) dominierendes Element der Geldordnung. Mit der Entwicklung des Bankwesens im Mittelalter gewann zunächst (b) an Bedeutung, doch v. a. seit der 2. Hälfte des 19. Jh. schiebt sich die Geldschöpfung durch das Bankensystem in Form (c) in den Vordergrund. Der Industrialisierungsprozeß wurde begünstigt durch die Entwicklung eines monetären Sektors, dessen elastisches Geldangebot die deflatorischen Tendenzen, die in dieser Zeit starken Sozialproduktwachstums von einer reinen Metallumlaufswährung ausgegangen wären, kompensieren konnte. Diese Geldordnung, die im Lauf der Zeit zum internationalen → Goldstandard ausgebaut wurde, existierte bis zum 1. Weltkrieg: Neben vollwertigem Münzgeld liefen teilweise goldgedeckte Banknoten und ungedecktes Buchgeld um, doch bestand aufgrund der Einlösbarkeit von Buchgeld in Banknoten und von Banknoten in Gold eine Bindung der → Geldmenge an Gold, die durch den Goldautomatismus noch verstärkt wurde, bei Goldabflüssen eine restriktive → Zentralbankpolitik erzwang und bei Goldzuflüssen Spielraum für eine Geldmengenausweitung bot. Diese Mischform der reinen Geldsysteme wurde im 1. Weltkrieg grundlegend verändert, als die Goldeinlösungspflicht für Banknoten aufgehoben wurde, vollwertiges Münzgeld aus dem Verkehr verschwand und sich eine interventionistische Geldordnung zunehmend durchzusetzen begann. Die stetige Ausweitung der → Währungsreserven (→ internationale Liquidität, → Dollarstandard) und in jüngster Zeit Bandbreitenerweiterungen, partiell → freie Wechselkurse und zunehmende Kapitalverkehrskontrollen haben zu einem Abbau der Kontrollen geführt, denen eine autonome Zentralbankpolitik durch Außenwirtschaftsfreiheit und → feste Wechselkurse unterworfen war.

Angesichts des Teilzusammenbruchs der → internationalen Währungsordnung und steigenden Inflationsraten, die teilweise simultan mit → Arbeitslosigkeit in den Industrieländern auftreten, wird die interventionistische Geldordnung heute von verschiedener Seite grundsätzlich in Frage gestellt. Ihre Verteidiger halten den Verzicht auf eine diskretionäre Geldpolitik zur konjunkturellen Steuerung angesichts der Priorität, die → Geldwertstabilität und → Vollbeschäftigung in der öffentlichen Meinung genießen, für unmöglich. Ihre Kritiker bezweifeln die Wirksamkeit der Geldpolitik grundsätzlich und schreiben ihr sogar inflationsfördernde Effekte zu (destabilisierende Wirkung langfristiger individueller Unsicherheit über die Geldwertentwicklung; Außerkraftsetzung von Selbstregulierungsmechanismen des für grundsätzlich stabil gehaltenen privaten Sektors durch geldpolitische Eingriffe). Bei der Suche nach neuen → Regelmechanismen zur Ablösung der gegenwärtigen Geldordnung wird heute v. a. der Vorschlag von Milton FRIEDMAN, das Geldmengenwachstum zu fixieren, diskutiert. Er erfordert allerdings neben einer stärkeren Kontrolle der Giralgeldschöpfung der Banken (etwa durch den Chicago-Plan von 1934, der eine hundertprozentige → Mindestreserve auf Sichtdepositen vorsieht) auch die Berücksichtigung der Ausweichmöglichkeiten des privaten Sektors, die aufgrund der fließenden Übergänge zwischen → Geldvolumen und anderen liquiden Forderungen, die Geldfunktionen übernehmen könnten, bestehen. Der FRIEDMAN'sche Regelmechanismus

wäre als internationale Währungsordnung in zwei Formen denkbar: Unabhängige Festsetzung der nationalen Geldvermehrungsraten bei freien Wechselkursen oder konstante Geldvermehrungsrate in den USA als dominierender Wirtschaft und Anpassung der übrigen Länder bei festen Wechselkursen und → Außenhandelsfreiheit. V.B.

**Geldpolitik**
Gesamtheit der Maßnahmen, die mit Hilfe von monetären Instrumenten vornehmlich auf die Verwirklichung der globalen wirtschaftspolitischen → Ziele gerichtet sind. Obgleich die Geldpolitik ebensowenig wie die → Fiskalpolitik neutral in dem Sinne ist, daß sie die Wirtschaftsstruktur und die Verteilung unbeeinflußt ließe, ist sie selten direkt auf eine gewollte Veränderung dieser Größen gerichtet.

Träger der Geldpolitik ist v. a. die von der Regierung bisweilen ziemlich unabhängige → Zentralbank (→ Deutsche Bundesbank), wenngleich Regierung und Parlament die Möglichkeit haben, einmal durch Verordnungen und Gesetze den Spielraum der Zentralbank zu beeinflussen, zum anderen sogar direkte geldpolitische Maßnahmen (z. B. Wechselkurspolitik) vorzunehmen.

Die Geldpolitik kann versuchen, durch Beeinflussung der → Geldbasis die → Geldmenge in den Griff zu bekommen, um so die Ausgaben von Unternehmen und Haushalten zu steuern. Diese, v. a. von den Vertretern des → Monetarismus betonte Aufgabe der Geldpolitik setzt allerdings voraus, daß der Zusammenhang zwischen Geldbasis und Geldmenge, der durch den → Kreditschöpfungsmultiplikator ausgedrückt werden kann, hinreichend stabil resp. beeinflußbar ist. Falls tatsächlich die Geldmenge auf diese Weise gesteuert werden kann, ist noch offen, ob hierdurch tatsächlich die gewünschte Ausgabensteuerung erreicht werden kann, ist doch der hier unterstellte proportionale Zusammenhang zwischen Geldmenge und Ausgabenvolumen (→ Quantitätstheorie) höchst strittig. Die Bundesbank und v. a. der → Sachverständigenrat neigen zwar neuerdings zu dieser Auffassung, lange waren sie jedoch stärker von der liquiditätstheoretischen Begründung der Geldpolitik (Claus KÖHLER) beeinflußt, wonach die Zentralbank überhaupt nicht die Möglichkeit hat, die Geldmenge (direkt) zu beeinflussen, sondern lediglich Umfang und Verwendung der → Bankenliquidität, was sich auf deren Kreditkonditionen und dadurch auf das Verhalten der Nichtbanken auswirken kann.

Wichtigste Instrumente der Geldpolitik:

a) → Kreditplafond, als ein Mittel der direkten → Kreditpolitik bisher in der BRD nicht angewandt;

b) indirekte Kreditpolitik die auf den *Umfang* der liquiden Mittel der Banken gerichtet ist, wie → Offenmarktpolitik mit Nichtbanken, Offenmarktpolitik in langfristigen Wertpapieren mit Banken, Festsetzung von → Rediskont- und sonstigen Refinanzierungskontingenten, Einlagen- und Schuldenpolitik in bezug auf die öffentliche Hand;

c) indirekte Kreditpolitik, die auf die *Verwendung* der liquiden Mittel gerichtet ist, wie die Offenmarktpolitik in → Geldmarktpapieren mit Banken, → Swapsatzpolitik, → Mindestreservepolitik und → Refinanzierungspolitik. In der BRD liegt das Schwergewicht bislang auf c), wobei bisher besonders die Mindestreservepolitik am meisten erfolgversprechend schien.

Während bis zur KEYNES'schen Revolution die Geldpolitik die Hauptlast der Bekämpfung von → Inflationen und → Deflationen zu tragen hatte, schwand mit dem Erscheinen der »General Theory« von KEYNES auf dem Hintergrund der Weltwirtschaftskrise, in der die Wirtschaftspolitik versagt hatte, das Vertrauen in die Geldpolitik. Zinssenkungen schienen angesichts einer starken → Liquiditätspräferenz entweder kaum möglich oder wegen stark zinsunelastischem Verhalten der Unternehmen nicht geeignet, um die zur Überwindung der → Unterbeschäftigung erforderlichen Ausgabensteigerungen zu bewerkstelligen. Hierzu schien die → Fiskalpolitik besser in der Lage. Im Gegensatz zu vielen Fehlinterpretationen hält die KEY-NES'sche Theorie unter anderen wirtschaftlichen Konstellationen (z. B. Inflation bei → Vollbeschäftigung) die Geldpolitik durchaus für fähig, einen Stabilisierungsbeitrag zu leisten. In den letzten Jahren, die in allen Industrieländern besonders durch zunehmende Inflationsraten gekennzeichnet waren, gewann angesichts geringer Stabilisierungserfolge der Fiskalpolitik die Geldpolitik an Ansehen. Entgegen der Hoffnung auf große Erfolgsaussichten der Geldpolitik, die manche monetaristische Vertreter nähren, weist der bedeutendste unter den Monetaristen, Milton FRIEDMAN, allerdings darauf hin, daß die Geldpolitik kaum Chancen habe, durch diskretionäre Maßnahmen die Stabilität herbeizuführen. Dies liegt darin begründet, daß selbst dann, wenn die Geldpolitik grundsätzlich an den richtigen Indikatoren der wirtschaftlichen Entwicklung anknüpft, zeitliche Verzögerungen (→ lag) sowohl bei der Diagnose wie bei der Therapie auftreten, deren Dauer meist auch nicht annähernd genau bestimmbar ist, so daß ständig die Gefahr besteht, das an sich Richtige im falschen Zeitpunkt zu tun. Daher solle sich die Geldpolitik darauf beschränken, eine möglichst unter dem Wachstum des realen → Sozialprodukts liegende, auf jeden Fall aber konstante Vermehrungsrate der Geldmenge zu gewährleisten, um so die von ihm behauptete Stabilität des privaten Sektors zu unterstützen.

Besonders erschwerend kann sich für die Geldpolitik die außenwirtschaftliche Verflechtung eines Landes erweisen. Vor allem bei → festen Wechselkursen sieht sich die Geldpolitik dem Dilemma gegenüber, daß restriktive Verschlechterungen der Kreditkonditionen ausländisches Kapital anlocken und somit die → Liquidität und den Kreditschöpfungsspielraum der Banken erhöhen. Um eine solche Entwicklung auszuschließen, wurde verschiedentlich (Wolfgang STÜTZEL, Robert A. MUNDELL) vorgeschlagen, die Geldpolitik von der Aufgabe, die → Geldwertstabilität zu gewährleisten, zu entbinden. Vielmehr solle die → Fiskalpolitik die Last der Stabilisierung übernehmen, während die Geldpolitik durch entsprechende Ausgestaltung der Kreditkonditionen das →Zahlungsbilanzgleichgewicht anstreben solle. Erfolg kann eine solche Arbeitsteilung freilich nur unter recht restriktiven Voraussetzungen haben (Kenntnis der geplanten Angebots- und Nachfragereaktion auf Budget- und Zinsänderungen usw.)

Anhänger → freier Wechselkurse vertreten die Meinung, daß der Verzicht auf Paritätsfixierung den stabilitätspolitischen Spielraum der Geldpolitik erweitere. Die Erfahrungen mit dem Floating der DM sind wohl noch zu gering, um die Ansicht empirisch überprüfen zu können. Die hier behauptete Autonomie der Geldpolitik bei flexiblen Kursen setzt voraus, daß die Zentralbank grundsätzlich bereit ist, jegliche Wechselkursentwicklung auf dem → Devisenmarkt hinzunehmen. Das aber kann nicht erwartet werden, vielmehr ist auch bei grundsätzlich freien Kursen der Zusammenhang zwischen Höhe und Struktur der Zinssätze und den Wechselkursänderungserwartungen, die sich auch im Verhältnis von Terminkurs zu Kassakurs niederschlagen, zu beachten. Hieraus folgt, daß in offenen Volkswirtschaften grundsätzlich keine autonome Wirtschaftspolitik erfolgversprechend sein kann, vielmehr ist bei flexiblen wie bei festen Währungsrelationen eine Abstimmung der Stabilitätspolitiken der wichtigsten Welthandelsländer erforderlich, will man auf letztlich doch unwirksam bleibende Kapitalverkehrskontrollen, → Devisenbewirtschaftung oder Devisenmarktspaltungen (→ multiple Wechselkurse) verzichten. Die gesetzlich gestellte Aufgabe der Geldwertsicherung kann deshalb die Bundesbank in offenen Volkswirtschaften (zumindest allein) nicht erfüllen. H.-J. H.

**Geldschleier** → Geldtheorie

**Geldschöpfung**

Vermehrung der → Geldmenge durch das Bankensystem. Lediglich die → Zentralbank kann gesetzliche → Zahlungsmittel schaffen, während die Schöpfung von Giralgeld vornehmlich von Geschäftsbanken ausgeht. Geldschöpfung erfolgt im Rah-

men des Aktivgeschäfts wie im Rahmen des Passivgeschäfts der → Banken. Bei ersterem erwirbt die Bank von Nichtbanken Aktiva, die keine inländischen Zahlungsmittel darstellen und schreibt ihnen den Gegenwert auf Sichtkonten gut. Beim Erwerb von Sachaktiva oder Devisen entsteht keine Bankforderung, man spricht von primären Aktiva. Um sekundäre Aktiva handelt es sich, wenn neben der Bankverbindlichkeit (in Höhe des → Sichtguthabens der Nichtbank) eine gleichhohe Bankforderung entsteht wie bei der Diskontierung von Wechseln oder der Kreditgewährung. Im Gegensatz zum Aktivgeschäft haben es die Nichtbanken beim Passivgeschäft weitgehend selbst in der Hand, in welcher Höhe eine Geldschöpfung stattfindet, indem sie ihre → Spar- und → Termineinlagen zugunsten ihrer → Sichteinlagen reduzieren. Keine Geldschöpfung, sondern nur eine Umwandlung von Zentralbank- in → Buchgeld liegt vor, wenn Nichtbanken Bareinzahlungen auf ihr Sichtkonto vornehmen. Jedoch kann auch diese Transaktion Anlaß zu einer Geldschöpfung durch die Bank im Rahmen ihrer Kreditschöpfungsmöglichkeiten werden.

Die Höhe der bankgeschäftlichen Kreditschöpfung, der Hauptquelle der Geldschöpfung, wird zunächst durch die Einlagen der Nichtbanken begrenzt. Bei völlig bargeldlosem → Zahlungsverkehr und fehlenden Reservevorschriften ist dennoch der Geldschöpfung durch die Geschäftsbanken dann keine Grenze gesetzt, wenn sie ihre Kreditausweitung im Gleichschritt vornehmen bzw. Interbankenverschuldung möglich ist. In den heutigen Mischgeldsystemen wird der Kreditschöpfungsspielraum jedoch durch die Zahlungsgewohnheiten der Nichtbanken und den Reservevorschriften der Zentralbank begrenzt. Der diesen Spielraum grundsätzlich erweiternden Ausdehnung des bargeldlosen Zahlungsverkehrs kann die Zentralbank mit einer Verschärfung ihrer → Mindestreservepolitik begegnen. Diese Faktoren werden im → Kreditschöpfungsmultiplikator berücksichtigt. H.-J. H.

**Geldstromanalyse**
→ Finanzierungsrechnung

**Geldtheorie**
erklärt, welche Rolle das → Geld in den einzelwirtschaftlichen Dispositionen von Haushalten und Unternehmen spielt, und welche gesamtwirtschaftlichen Zusammenhänge zwischen monetären Vorgängen und sonstigen Veränderungen im Wirtschaftsleben bestehen.

a) Da seit langem praktisch nirgendwo mehr direkte Tauschbeziehungen (Güter gegen Güter) vorherrschen, stellt sich die Frage, wie die Wirtschaftssubjekte die aus ihren Dispositionen resultierenden Forderungen und Verbindlichkeiten ausgleichen. Bestünde völlige Sicherheit über alle anfallenden Ausgaben und Einnahmen sowie über die künftigen Vermögens- und Liquiditätspositionen aller Wirtschaftssubjekte, so brauchte niemand Geld zu halten; vielmehr würde es ausreichen, für entstehende Einnahmeüberschüsse → Kredit zu gewähren. Die Kredittitel wären auch jederzeit wandelbar (gegen andere Kredittitel oder gegen Güter und Leistungen), da ja laut Voraussetzung bei allen völlige Voraussicht bestünde. Da diese Voraussetzung jedoch nicht gilt, sind alle Wirtschaftssubjekte daran interessiert, jederzeit nicht genau vorsehbare Ausgabenüberschüsse finanzieren zu können. Insoweit sie nicht in ausreichendem Maße und zu akzeptablen Kosten Sach- und Finanzaktiva zur Finanzierung solcher Ausgabenüberschüsse verwenden können, benötigen sie ein allgemein akzeptiertes Tauschmittel, das → Geld. Die Höhe der → Kassenhaltung hängt einmal von dem Umfang der geplanten Transaktionen und damit im wesentlichen von der Höhe des → Einkommens und des → Vermögens ab, zum anderen von den Erträgen, die bei einer Anlage der Kasse in Finanz- oder Sachaktiva erzielbar wären, und die sich durch die Zinssätze annähernd angeben lassen und schließlich von einer Reihe von teils marktmäßigen, teils subjektiven Faktoren wie Erwartungen über die allgemeine und die eigene wirtschaftliche Entwicklung (→ Geldnachfrage, → Portfolio-Selection-

Theorie). Sicherlich stellt es eine zu starke Vereinfachung dar, wenn (wie von der → Quantitätstheorie bzw. der → Kassenhaltungstheorie) angenommen wird, die Kassenhaltung sei im allg. proportional mit der Höhe des Einkommens verbunden. Diese Vereinfachung ist auch hinsichtlich der Vorstellungen gefährlich, die häufig über die Möglichkeiten der → Geldpolitik bestehen.

In seiner »General Theory of Employment, Interest and Money« hat John Maynard KEYNES die Auffassung gegenübergestellt, daß allenfalls die für laufende Transaktionen benötigte Kasse vom laufenden Einkommen abhängig sei (nicht notwendigerweise proportional), während die Kasse, die in Hoffnung auf bessere Anlagemöglichkeiten in der Zukunft gehalten wird, von den Ertragserwartungen und damit im wesentlichen vom → Zins abhängt. Die spätere Entwicklung berücksichtigt als weitere nachfragebestimmende Faktoren die Höhe der bereits vorhandenen Kasse, Höhe und Struktur des sonstigen Sach- und → Geldvermögens und die Preise der Vermögensgüter und ihrer Nutzungen (→ PATINKIN-Kontroverse, → Portfolio-Selection-Theorie, → Monetarismus).

Ebenso wie die Nachfrage nach Geld wird auch das → Geldangebot, zumindest soweit es nicht als → Außengeld vom Staat resp. der → Zentralbank in die Wirtschaft eingeschleust wird, von Ertragserwartungen, vornehmlich den erwarteten Zinssätzen bestimmt.

b) Die klassische und neoklassische Theorie ist hinsichtlich der gesamtwirtschaftlichen Zusammenhänge der Meinung, rein monetäre Erscheinungen wie eine Erhöhung der → Geldmenge beeinflußten lediglich das → Preisniveau, nicht jedoch die Preisstruktur und somit auch nicht die → Allokation der Ressourcen, die → Beschäftigung, sowie das → Wachstum und die → Einkommensverteilung. Lediglich temporär könnten diese Größen durch monetäre Veränderungen beeinflußt werden, was immerhin die Möglichkeit zuläßt, daß Ungleichgewichte durch monetäre Vorgänge hervorgerufen, aber auch wieder ihrem Ende zugeführt werden. Hinsichtlich der Gleichgewichte selbst jedoch wären monetäre Vorgänge neutral (Vorstellung von Geldschleier, der den Blick auf die realen Verhältnisse zwar zu verwirren vermag, diese selbst aber nicht berührt). Für die → Geldpolitik hatte dies die Konsequenz, daß sie nicht zur nachhaltigen Beeinflussung der realen wirtschaftlichen Größen eingesetzt werden konnte. Diese Auffassung scheint allerdings in einem gewissen Gegensatz zu der Auffassung mancher Vertreter des → Monetarismus zu stehen, die zwar einerseits von einer modifizierten quantitätstheoretischen Position ausgehen, andererseits aber gerade der Geldpolitik eher zutrauen, Stabilitätspolitik zu sein, als der → Fiskalpolitik. Hiermit stehen sie in einem (gelegentlich übertrieben gesehenen) Gegensatz zu den Keynesianern (→ Geldpolitik).

Während früher die Geldtheorie neben der güterwirtschaftlichen Theorie entwickelt wurde, ohne daß erkannt wurde, daß nur eine Analyse, die sowohl realwirtschaftliche als auch monetäre Vorgänge einbezieht, Aussicht hat, die wirtschaftlichen Erscheinungen einer modernen Geldwirtschaft erklären zu können, haben sich in den letzten 20 Jahren die Versuche vermehrt, eine solche einheitliche Theorie zu entwickeln. Hier sind v. a. Don PATINKIN, Milton FRIEDMAN und die seine Vorstellungen vertretenden Monetaristen zu nennen. Diese Richtungen (insbes. gilt dies für PATINKIN) versuchen, das Geld in ein Modell zu integrieren, das auf neoklassischen Gleichgewichtsvorstellungen beruht und somit von solchen Annahmen wie vollkommener → Markttransparenz, vollständiger Voraussicht und fehlender Unsicherheit ausgeht (→ Unsicherheit und Risiko). Bezeichnenderweise führen diese Versuche dann auch trotz ihres erweiterten Ansatzes wieder zu dem Ergebnis, daß die Gleichgewichtswerte der realen Größen nicht von monetären Vorgängen berührt werden. Deshalb lehnen Autoren, die von der »General Theory« ausgehen, wie Robert W. CLOWER und Paul DAVIDSON, solche Versuche ab. Nach ihrer Auffassung kann lediglich eine Theorie, die in all ihren Aussagen die einer Geldwirtschaft eigene

Unsicherheit und Marktunvollkommenheit (→ Marktformen) berücksichtigt, die Erscheinungsformen entwickelter Volkswirtschaften erklären und damit auch Hilfe für die → Wirtschaftspolitik sein. Angesichts der starken internationalen Verflechtung dieser Volkswirtschaften erfordert eine solche Theorie auch die Berücksichtigung der zwischenstaatlichen Güter-, Leistungs- und Kapitalbewegungen, die zwar bislang in der → Außenwirtschaftstheorie bereits behandelt werden, ohne daß diese jedoch genügend mit der allgemeinen Theorie und der Geldtheorie verbunden wäre. H.-J. H.

### Geldvermögen

1. Vorherrschender Sprachgebrauch: → Forderungen abzüglich Verbindlichkeiten einer Wirtschaftseinheit zu einem bestimmten Zeitpunkt (= Nettoposition). In der Volksvermögensrechnung identisch mit der → Nettoauslandsposition, da sich Forderungen und Verbindlichkeiten der → Inländer untereinander konsolidieren. Einbezogen sind alle finanziellen Werte, also u. a. auch → Bargeld, Aktien, monetäres → Gold.
2. Sprachgebrauch der → Deutschen Bundesbank: Summe der Forderungen. Die Nettoposition heißt in dieser Terminologie »Nettogeldvermögen«. F. G.

### Geldvernichtung

Verringerung der → Geldmenge durch Abbau des von → Banken gehaltenen Bestands an Aktiva oder durch Umwandlung von → Bargeld und → Sichteinlagen in andere Bankverbindlichkeiten. Bei den Aktiva handelt es sich um Sachvermögen oder → Devisen (primäre Aktiva), hauptsächlich jedoch um Forderungen gegenüber Nichtbanken (sekundäre Aktiva), die gegen Bargeld oder Sichteinlagen abgestoßen werden, wobei die Sichteinlagen (als Verbindlichkeiten der Banken) verschwinden. Die Einzahlung von Bargeld auf Sichtguthaben ist keine Geldvernichtung, sondern nur ein Umtausch von Stückgeld in → Buchgeld.

Eine Geldvernichtung findet automatisch statt, wenn die Banken → Geldschöpfung durch Ankauf von Forderungen gegenüber Nichtbanken betrieben haben, da diese Verbindlichkeiten der Nichtbanken getilgt werden müssen. In den heutigen Mischgeldsystemen mit → Zentralbankgeld und Buchgeld der Geschäftsbanken, mit Vorschriften über → Mindestreserven und mit bestimmten Zahlungsgewohnheiten sind die Banken im Fall einer völligen Ausschöpfung ihrer → Überschußreserven gezwungen, bei Verminderung ihrer Zentralbankgeldbestände eine Krediteinschränkung und Geldvernichtung vorzunehmen. Für das Ausmaß der Geldvernichtung gelten analoge Zusammenhänge wie für den → Geldschöpfungsmultiplikator.

H. M. W.

**Geldvolumen**

→ Geldmenge in Händen der inländischen Nichtbanken. Dazu zählen üblicherweise → Bargeldumlauf und → Sichteinlagen inländischer Nichtbanken beim Bankensystem einschl. der → Zentralbank. Zentralbankguthaben öffentlicher Haushalte werden meist aus der Definition ausgeschlossen, da sie anderen Bestimmungsgründen unterliegen als das Geldvolumen. Umstritten ist, ob kurzfristige → Termineinlagen und andere geldnahe Forderungen an das Bankensystem zum Geldvolumen gerechnet werden sollen. Empirische Untersuchungen lassen vermuten, daß man je nach Abgrenzung zu unterschiedlichen Ergebnissen hinsichtlich des Zusammenhangs zwischen Volkseinkommen, Zinssätzen und Geldvolumen gelangt.

Die → Deutsche Bundesbank hat ihre Abgrenzung mehrfach geändert; neuerdings berechnet sie zwei Geldgesamtheiten:
a) Geldvolumen im engeren Sinn ($M_1$): → Bargeldumlauf (ohne Kassenbestände der → Banken) plus → Sichteinlagen inländischer Nichtbanken beim Bankensystem inkl. der Bundesbank; Ende 1973 betrug $M_1$ 143 Mrd. DM.
b) Geldvolumen im weiteren Sinn ($M_2$): $M_1$ plus → Termineinlagen inländischer Nichtbanken mit Befristung unter vier Jahren (→ Quasigeld); Ende 1973 betrug $M_2$ 266 Mrd. DM.

Statistische Grundlage der Berechnung ist die in den Monatsberichten der Bundesbank veröffentlichte Konsolidierte Bilanz des Bankensystems, in der das Geldvolumen als Verbindlichkeit von Banken und Bundesbank gegenüber inländischen Nichtbanken auftaucht. Aus der zugehörigen Bewegungsbilanz leitet die Bundesbank eine definitorische Beziehung zwischen Veränderungen von $M_1$ und $M_2$ einerseits und Veränderungen der übrigen Bilanzpositionen andererseits ab. Sie unterscheidet folgende Kategorien:

| Bestimmungsfaktoren der Geldbestände (Veränderung pro Jahr ; Mrd. DM) | 1970 | 1971 | 1972 | 1973 |
|---|---|---|---|---|
| 1) Kredite der Kreditinstitute und der Bundesbank insgesamt | + 50,5 | + 69,1 | + 86,4 | + 67,5 |
| 2) Nettoforderungssaldo der Banken und der Bundesbank gegenüber dem Ausland | + 14,2 | + 11,5 | +  8,6 | + 26,7 |
| 3) Geldkapitalbildung bei den Kreditinstituten aus inländischen Quellen | + 35,4 | + 46,4 | + 60,6 | + 51,0 |
| 4) Nicht im einzelnen genannte Bestimmungsfaktoren | − 12,9 | −  9,2 | −  0,9 | − 11,3 |
| Geld- und Quasigeldbestände ($M_2$) (Summe 1, 2 und 4 abzügl. 3) | + 16,4 | + 25,0 | + 33,5 | + 32,0 |
| davon: Bargeldumlauf ⎱ Geldvolumen ($M_1$) | +  2,2 | +  3,5 | +  5,5 | +  1,8 |
| Sichteinlagen ⎰ | +  6,5 | +  9,7 | + 12,1 | +  0,8 |
| Termingelder unter 4 Jahren (Quasigeld) | +  7,7 | + 11,8 | + 15,9 | + 29,4 |

Die Tabelle über die Bestimmungsfaktoren des Geldvolumens gibt darüber Aufschluß, durch welche Transaktionen sich das Geldvolumen in der betrachteten Periode *per Saldo* verändert hat, nicht jedoch über Art und Richtung des Zusammenhangs zwischen den einzelnen Positionen. Sie zeigt, daß alle volkswirtschaftlichen Sektoren einschl. des Auslands die Höhe des Geldvolumens beeinflussen und stellt *ex post* das Zusammenwirken der verschiedenen Einflußgrößen dar. Zu Fragen wie der endogenen Bestimmtheit der → Geldmenge bzw. ihrer Steuerbarkeit durch das Instrumentarium der → Zentralbankpolitik kann sie direkt nichts beitragen. Derartige Analysen können jedoch im Rahmen umfassenderer monetärer Modelle wegen der in ihnen enthaltenen Identitäten und statistischen Informationen von großem Nutzen sein.  V. B.

### Geldwert

a) innerer Geldwert: gibt die Kaufkraft des → Geldes an; er ist gesunken, wenn man für eine bestimmte Geldsumme weniger Güter als zuvor kaufen kann.

b) äußerer Geldwert: gibt an, wieviel ausländische Güter man kaufen kann. Bei unverändertem inneren Geldwert des Auslandes schwankt der äußere Geldwert von dem → Wechselkurs, sinkt also bei einer → Abwertung und steigt bei einer → Aufwertung.

### Geldwertstabilität

bezeichnet im allg. das Ziel der → Wirtschaftspolitik, den inneren → Geldwert stabil zu halten. Dieses seit mehreren Jahren in praktisch allen Ländern stark verletzte Ziel steht neben der Forderung nach → Vollbeschäftigung, Zahlungsbilanzausgleich und befriedigendem → Wachstum im sog. magischen Viereck der Wirtschaftspolitik. Umstritten ist, ob Geldwertstabilität nur bei völliger Stabilität des Preisniveaus erfüllt ist oder ob man auch bei mäßigem Geldwertschwund von z.B. 2% jährlich noch von Geldwertstabilität sprechen kann.

Die Forderung nach Geldwertstabilität folgt aus der Einsicht, daß ständige Preisniveausteigerungen die Verteilungsposition derjenigen Gruppen schwächen, deren Marktmacht nicht ausreicht, ihre Einkommensforderungen der Inflationsrate anzupassen; zu diesen Gruppen gehören im allg. die Besitzer v. a. kleiner → Geldvermögen und diejenigen Bezieher von Lohn-, Gehalts- und Renteneinkommen, die allenfalls mit zeitlichen Verzögerungen ihre Einkommensforderungen an gestiegene Preise anpassen können, was besonders bei zunehmenden Preissteigerungsraten von Bedeutung ist.

Neben diesem Verteilungsargument wird für die Geldwertstabilität ins Feld geführt, daß inflationäre Preissteigerungen das Wirtschaftswachstum beeinträchtigen, weil einmal wegen der sich dauernd wandelnden Berechnungsgrundlagen keine optimale → Allokation der Ressourcen mehr möglich erscheint und weil zum anderen die Wettbewerbsfähigkeit gegenüber dem Ausland zurückgeht. Letzteres gilt freilich nur, falls die Geldwertstabilität im Inland stärker als im Ausland verletzt ist und keine Anpassung des → Wechselkurses durch → Abwertung erfolgt.  H.-J. H.

### Gemeineigentum
→ Eigentum; → Vergesellschaftung

### Gemeinschaftsaufgaben

Aufgaben der Bundesländer, bei denen wegen ihrer Bedeutung für die Gesamtheit der Bund mitwirkt, falls dies zur Gewährleistung einheitlicher Lebensverhältnisse erforderlich ist. Diese durch Art. 91a GG geschaffene neue Möglichkeit zur Verbesserung des → Finanzausgleichs in einem föderativen Staat ist für überregional bedeutsame öffentliche Investitionen mit hohen Kosten und langer Lebensdauer (die eine langfristige Rahmenplanung erforderlich machen) geeignet. Durch Art. 91a GG und spezielle Bundesgesetze sind folgende Gemeinschaftsaufgaben begründet worden:

a) Ausbau und Neubau von wissenschaftlichen Hochschulen einschließlich der Hochschulkliniken;

b) Verbesserung der regionalen Wirtschaftsstruktur;

c) Verbesserung der Agrarstruktur und des Küstenschutzes.

Die gemeinsame Rahmenplanung wird durch einen Planungsausschuß (Mitglieder: der zuständige Fachminister des Bundes, der Bundesfinanzminister und je ein Minister jedes Bundeslandes) vorgenommen. Zur Verabschiedung eines Projektes, das dann in den Entwurf der Haushaltspläne aufzunehmen ist, sind die Bundesstimmen sowie die Mehrheit der Länderstimmen erforderlich. Der Bund trägt mindestens die Hälfte der Kosten. E. S.

**General Agreement on Tariffs and Trade (GATT)**
→ Allgemeines Zoll- und Handelsabkommen

**General Arrangement to Borrow (GAB)**
→ Allgemeine Kreditvereinbarungen

**Generalhandel** → Außenhandel

**genereller Multiplikator**
Maß für den Einkommenseffekt der Änderung der autonomen → Investition unter Zugrundelegung des keynesianischen Basismodells für den realen und monetären Sektor der Wirtschaft. Der generelle Multiplikator trägt deshalb sowohl der marginalen → Konsum- resp. → Sparquote Rechnung als auch der marginalen Investitionsneigung (in bezug auf Zinsänderungen) sowie der marginalen Kassenhaltungsbereitschaft (im Hinblick auf Zins- und Einkommensvariationen):

$$\frac{dY}{dI_a} = \cfrac{1}{\cfrac{dS}{dY} + \cfrac{\cfrac{dI}{di} \cdot \cfrac{\partial L}{\partial Y}}{\cfrac{\partial L}{\partial i}}};$$

I = gesamte Nettoinvestition
$I_a$ = autonome Investition
i = Zinssatz
L = Geldnachfrage
S = Ersparnis
Y = gesamtwirtschaftliches Einkommen.

**Genußausgleichgesetz**
→ GOSSEN'sche Gesetze

**Gesamtindikator**
→ Konjunkturindikatoren

**Gesamtkapitalrentabilität**
→ Rentabilität

**gesellschaftliche Konsumtion**
→ Material Product System

**gesellschaftliches Gesamtprodukt**
→ Material Product System

**Gesetz der abnehmenden Grenzrate der Substitution**
Die Grenzrate der Substitution des Gutes y durch Gut x ist jene Menge y, deren Abgang durch Erhöhung von x um eine Einheit bei unverändertem Versorgungsniveau (→ Indifferenzkurven) gerade ausgeglichen wird. Bei begrenzt substituierbaren Gütern hängt sie vom jeweiligen Verhältnis der Mengen beider Güter ab. Das Gesetz der abnehmenden Grenzrate der Substitution beinhaltet, daß mit zunehmender Menge des Gutes x ein Wirtschaftssubjekt für jede weitere Einheit von x eine immer kleiner werdende Menge von y aufgibt. Die Steigung der Tangente an die Indifferenzkurve (Substitutionsrate), durch welche die Grenzrate der Substitution gemessen wird, nimmt mit wachsender Menge von x (absolut) ab. H. M. W.

**Gesetz der progressiven Parallelität von Ausgaben und Bevölkerungsmassierung**
→ BRECHT'sches Gesetz

**Gesetz der reziproken Nachfrage**
→ Theorie der internationalen Werte

**Gesetz der Unterschiedslosigkeit der Preise** → Marktformen

**Gesetz der wachsenden Staatstätigkeit**
(= WAGNER'sches Gesetz) von Adolf WAGNER 1864 ohne empirische Fundierung behauptete Gesetzmäßigkeit, daß der Anteil des staatlichen Sektors am → Sozialprodukt (→ Staatsquote) zunimmt. Die

Verifizierung dieser These stößt v. a. auf folgende Schwierigkeiten:
a) Abgrenzung des öffentlichen vom privaten Sektor.
b) Die Entwicklung der Staatsquote ist ein problematisches Kriterium, da die Preisentwicklung im privaten und öffentlichen Sektor differiert. Da staatliche Nachfrage zumeist aus Dienstleistungen besteht, deren → Arbeitsproduktivität relativ wenig steigt, nimmt das Preisniveau im öffentlichen Sektor stärker zu. Allein aus diesem Grund muß der Staatsanteil nominal steigen, um real konstant bleiben zu können.
Bei empirischen Untersuchungen der Entwicklung der Staatsquote zeigt sich eine sprunghafte und ungleichmäßige Bewegung. Die Weltkriege waren Phasen starker Erhöhungen, auf die jeweils eine sinkende Staatsquote folgte. Entscheidend für die langfristige Entwicklung ist aber die Niveauverschiebung nach jedem Ansteigen der Staatsquote. Mit diesem Niveauverschiebungseffekt aufgrund äußerer Ereignisse und der Tatsache, daß sich die Funktion des Staates gewandelt hat (Sozialstaat) und seine Aufgaben gewachsen sind (→ Fiskalpolitik) wird das WAGNER'sche Gesetz auch zu erklären versucht.  R. D.

**Gesetz des abnehmenden Ertragszuwachses**

Eigenschaft bestimmter → Produktionsfunktionen: bei Mehreinsatz eines Faktors $X_1$ zur Produktion eines Gutes und konstantem Einsatz aller anderen Faktoren (partielle Faktorvariation) nimmt das Gesamtprodukt Y zwar zu, das Grenzprodukt des variablen Faktors

$$\frac{\partial\,Y}{\partial\,X_1}$$

aber ständig ab. Dies bedeutet:

$$\frac{\partial\,Y}{\partial\,X_1} > 0 \text{ und } \frac{\partial^2\,Y}{\partial\,X_1^2} < 0\,.$$

Der hier formulierte Zusammenhang ist kein Gesetz im naturwissenschaftlichen

Sinn. Seine Gültigkeit hängt ab von der zugrundeliegenden Produktionsfunktion:
Er gilt für einen Ausschnitt aus dem → Ertragsgesetz, für → neoklassische Produktionsfunktionen insgesamt, nicht aber für → LEONTIEF-Produktions-Funktionen, wo der Grenzertrag konstant oder Null ist.
R. D.

**Gesetz gegen Wettbewerbsbeschränkungen (GWB)**

(Kartellgesetz) Zweck des Gesetzes (vom 27. 7. 1957, in der Fassung vom 3. 8. 1973) ist die Sicherung des → Wettbewerbs durch Mittel der → Wettbewerbspolitik; zuständig ist i. d. R. das → Bundeskartellamt. Das GWB erfaßt auch → Wettbewerbsbeschränkungen, die außerhalb des Geltungsbereichs des Bundesgebiets und Berlins (West) veranlaßt werden (z. B. durch multinationale Unternehmen).
Teil I: Gemäß dem → Verbotsprinzip sind horizontale Wettbewerbsbeschränkungen grundsätzlich unwirksam. Das Kartellverbot ist jedoch insofern durchbrochen, als einige → Kartelle aufgrund Anmeldung wirksam werden (z. B. reine → Exportkartelle), andere 3 Monate nach Anmeldung, sofern die Kartellbehörde nicht widerspricht (z. B. → Konditionenkartell) und eine dritte Gruppe kraft ausdrücklicher Erlaubnis (z. B. höhere → Rationalisierungskartelle). Generell kann der Bundesminister für Wirtschaft Kartelle zulassen, soweit dies ausnahmsweise aus überwiegenden Gründen der Gemeinwirtschaft und des Gemeinwohls notwendig ist (Konjunkturkrisenkartell). Kartellverträge und -beschlüsse sind in das Kartellregister einzutragen, sie unterliegen der → Mißbrauchsaufsicht und dürfen zwischenstaatliche Abkommen nicht verletzen.
Sog. Vertikalbindungen, v. a. die → vertikale Preisbindung sowie Ausschließlichkeitsbindungen und Kopplungsklauseln sind grundsätzlich nichtig.
Unternehmen mit → Marktbeherrschung unterliegen der → Mißbrauchsaufsicht der Kartellbehörden; grundsätzlich unterliegt der Zusammenschluß von Unternehmen der → Fusionskontrolle bis hin zum Fu-

sionsverbot (evtl. Stellungnahme der Monopolkommission).

Schließlich werden → abgestimmte Verhaltensweisen, → Boykott und → Diskriminierung untersagt, die Zulässigkeit von Wettbewerbsregeln für Wirtschafts- und Berufsvereinigungen normiert sowie Formvorschriften, Schadensersatz- und Unterlassungsansprüche geregelt.

Teil II: Behandelt Ordnungswidrigkeiten im Zusammenhang mit Verstößen (zu denen auch Empfehlungen zur Umgehung des GWB zählen) mit Ausnahme der → vertikalen Preisempfehlung und der Mittelstandsempfehlungen.

Teil III und IV: Behandeln die Kartellbehörden, deren Zuständigkeit und Befugnisse (Verwaltungsverfahren, Verfügungen etc.) sowie den Instanzenzug (Kartellsenate bei den Oberlandesgerichten und dem Bundesgerichtshof).

Teil V: Regelt den Anwendungsbereich bzw. die Ausnahmebereiche.

Das GWB spiegelt den Wandel des wettbewerbspolitischen Leitbildes wider. Die erste Kartellnovelle (1965) beinhaltete Zulassungserleichterungen für niedere → Rationalisierungskartelle sowie eine Verschärfung der Mißbrauchsaufsicht bei Vertikalverträgen sowie der Anzeigepflicht bei Marktbeherrschung durch Großunternehmen. Die zweite Kartellnovelle (1973) bedeutete eine starke Ausrichtung am Leitbild des → funktionsfähigen Wettbewerbs unter Betonung der Mittelstandspolitik.

R.R.

**gesetzliche Krankenversicherung**
→ Sozialversicherung

**gesetzliche Rentenversicherung**
→ Sozialversicherung

**gesetzliche Unfallversicherung**
→ Sozialversicherung

**Gesetz vom tendenziellen Fall der Profitrate**

Das Konzept einer fallenden Profitrate findet sich bereits bei David RICARDO: Die Profitrate der Volkswirtschaft wird von der Profitrate in der Landwirtschaft, für die das → Gesetz des abnehmenden Ertragszuwachses gilt, bestimmt. Der Grenzboden erwirtschaftet nach der → Rententheorie RICARDOS keine → Grundrente. Sein Ertrag reicht nur für Lohn und Profit aus, der sich als Residuum nach Abzug des Lohns ergibt. Nach Auffassung RICARDOS tendiert der Marktlohn zum natürlichen Lohn in Höhe des gewohnheitsmäßigen → Existenzminimums (Reproduktionskosten der Arbeit). Die Grundrente auf die besseren intramarginalen Böden ist die Differenz zwischen Produktpreis abzüglich Lohn und dem vom Grenzboden abhängigen Profit.

Bei Ausweitung der landwirtschaftlichen Produktion im Zuge der Bevölkerungszunahme ist der Boden intensiver zu bebauen oder schlechterer Boden heranzuziehen. Da der Ertrag des Bodens je Arbeiter abnimmt, muß auch der Profit sinken: Eine Reduzierung des Lohnes in Höhe des Existenzminimums ist nicht möglich. Wenn die Profitrate in der Landwirtschaft und damit in der gesamten Wirtschaft nahe bei Null ist, endet die Kapitalbildung und das Bevölkerungswachstum und die Wirtschaft erreicht einen stationären Zustand. In dieser Situation ist der Lohn gleich dem gewohnheitsmäßigen Existenzminimum und sein Anteil am Sozialprodukt so gering wie möglich. Der Anteil des Profits ist fast auf Null abgesunken zugunsten des Anteils der Grundrente am Sozialprodukt.

Das Gesetz vom tendenziellen Fall der Profitrate als Hypothese von Karl MARX beinhaltet eine mit historischer Notwendigkeit eintretende Entwicklung im → Kapitalismus, die zu krisenhaften Erscheinungen (→ Krisentheorie) und dem schließlichen Zusammenbruch des Kapitalismus führt (→ Marxismus).

Die als Verhältnis des → Mehrwerts (m) zum eingesetzten konstanten (c) und variablen Kapital (v) definierte Profitrate

$$p' = \frac{m}{c + v}$$

ist für Gewinnerwartungen und davon abgeleitete Produktionsentscheidungen des Kapitalisten der entscheidende Parameter. Marx setzt die Profitrate dann in Beziehung zur Mehrwertrate (m'), die durch das Verhältnis des Mehrwerts zum eingesetzten variablen Kapital (den Lohnzahlungen) definiert ist:

$$m' = \frac{m}{v}.$$

Durch Einsetzen ergibt sich dann

$$p' = m' \frac{v}{c + v}.$$

Die infolge zunehmenden Maschineneinsatzes erwartete Tendenz des im Vergleich zum variablen Kapital immer höheren Wachstums des Gesamtkapitals $(c + v)$ führt dann selbst bei steigender → Ausbeutung der Arbeit zu einem Absinken der Profitrate. Branchenspezifische Unterschiede in der Höhe der Profitrate werden unter dem Druck der Konkurrenz ausgeglichen. Diese Entwicklung zwingt zu vermehrter Substitution von Arbeit durch Kapital, Konzentration (→ Konzentrationstheorie) und hat eine Vergrößerung der → industriellen Reservearmee zur Folge. Die Klassengegensätze verschärfen sich und führen zum revolutionären Umschlag. H. V./H. M. W.

**Gesetz von der Anziehungskraft des zentralen Budgets**
→ POPITZ'sches Gesetz

**Gesetz zur Bekämpfung der Schwarzarbeit**
→ Schwarzarbeit

**Gesetz zur Förderung der Stabilität und des Wachstums der Wirtschaft**
Das Stabilitätsgesetz vom 8. 6. 1967 gibt den staatlichen → Trägern der Wirtschaftspolitik, insbes. der Bundesregierung, bessere Voraussetzungen und Möglichkeiten für die Durchführung einer an den gesamtwirtschaftlichen Zielen ausgerichteten → Wirtschafts- und → Finanzpolitik. Es stellt Instrumente der → Globalsteuerung bereit, mit denen die Verwirklichung des gesamtwirtschaftlichen Gleichgewichts ermöglicht und der Wirtschaftsprozeß im Rahmen der marktwirtschaftlichen Ordnung vor Fehlentwicklungen bewahrt werden soll.

a) Gewährleistung zielbewußter, vorausschauender Politik: 1. Zielkatalog: Stabilität des Preisniveaus, hoher Beschäftigungsstand, außenwirtschaftliches Gleichgewicht, stetiges und angemessenes Wachstum (§ 1); 2. mehrjährige → Finanzplanung (§§ 9, 10); 3. → Jahreswirtschaftsbericht (§ 2), → Subventionsbericht (§ 12); 4. → Orientierungsdaten für die → Konzertierte Aktion (§ 3).
b) Koordinierende Instrumente: 1. Kooperation der staatlichen Träger der Wirtschaftspolitik (§§ 1, 13, 16), → Konjunkturrat für die öffentliche Hand (§§ 18, 22), gegenseitige Information (§ 17); 2. gleichzeitiges, aufeinander abgestimmtes Verhalten der Gebietskörperschaften, → Gewerkschaften und Unternehmensverbände (Konzertierte Aktion, § 3).
c) Intervenierende Instrumente: 1. Erweiterte Möglichkeiten der Liquiditätspolitik (§§ 29, 30); 2. Beeinflussung der öffentlichen Nachfrage durch Investitionssteuerung (§§ 6, 11), → Konjunkturausgleichsrücklage (§§ 5–8, 14, 15), Schuldenpolitik (§ 5, 6, 14–25); 3. Beeinflussung der privaten Investitionsnachfrage durch Abschreibungspolitik und Investitionsbonus sowie der privaten Konsumnachfrage durch Variierung der Einkommen- und Körperschaftsteuerschuld (§§ 26–28).
Zur Sicherung der verfassungsmäßigen Ordnung sieht das Stabilitätsgesetz Kontrollrechte der gesetzgebenden Körperschaften vor, die von der nachträglichen Aufhebung der von der Exekutive ergriffenen Maßnahmen (z. B. → Schuldendeckelverordnung) bis zur vorherigen Zustimmung reichen (z. B. Variierung der Einkommen- und Körperschaftsteuer ohne Verkürzung der Beratungsfrist für Bundestag und Bundesrat).
Das Stabilitätsgesetz ist der postkeynesianischen Theorie verpflichtet; die Angebotssteuerung tritt gegenüber der Nachfragesteuerung eindeutig in den Hintergrund. Die Ausstattung mit intervenierenden Instrumenten ist trotz zwischenzeitlich zutage getretener Mängel (→ außenwirtschaftliche Absicherung, Regulierung der privaten Nachfrage) besser als die Ausstattung mit koordinierenden Instrumenten:

Die Zusammenführung der Sozialpartner zu stabilitätspolitisch verantwortlichem Handeln durch die → Konzertierte Aktion ist nur unvollkommen gelungen. Auch die Verwirklichung des kooperativen Föderalismus ist an den unterschiedlichen politischen Zielen, Aufgabenstellungen und Sanktionsmechanismen der einzelnen Gebietskörperschaften weitgehend gescheitert. Die Orientierung der Politiker an der Wählergunst haben im Verein mit den häufigen Wahlterminen in der BRD den Einsatz des Instrumentariums blockiert. Nicht selten sind aber auch beim Einsatz auf Grund der aus Unsicherheiten der → Diagnose und Prognose resultierenden Fehler prozyklische Wirkungen entstanden. All dies hat zu einer Desavouierung der diskretionären Stabilitätspolitik geführt und der regelgebundenen Wirtschaftspolitik (→ formula flexibility; → Monetarismus) eine wachsende Anhängerschaft eingetragen. F. G.

**Gesetz zur Förderung der Vermögensbildung der Arbeitnehmer**
→ Vermögensbildungsgesetz

**gespaltene Wechselkurse**
→ multiple Wechselkurse

**gestation period** → lag

**Gesundheitsökonomik**
( = health economics) relativ neues und wenig abgegrenztes Gebiet der Volkswirtschaftslehre. Sie befaßt sich im engeren Sinne mit der »Gesundheits-Industrie« und im weiteren Sinne mit allen Maßnahmen der Gesundheitspolitik (Umweltverschmutzung, Arbeitsplatzgestaltung, Volkshygiene usw.).
Im Rahmen der Gesundheitsökonomik wird die erwünschte Höhe und die Finanzierung der Ausgaben für das Gesundheitswesen diskutiert, wobei zu klären ist, ob es sich hierbei um Investitionen oder Konsum handelt. Änderungen im Gesundheitswesen (z. B. in der Struktur der Bezahlung) haben Auswirkungen auf dieses selbst und auf die soziale und ökonomische Umwelt, so z. B. auf das → Arbeitsvermö-

gen und auf das → Wachstum des Sozialprodukts, zumindest auf die → Lebensqualität. Es sind Maßstäbe für die Effizienz der Kombination der Produktionsfaktoren (Ärzte, Krankenhäuser, Geräte usw.) und die Höhe des Outputs zu entwickeln, ebenso ist das Verhältnis zwischen Angebot und Nachfrage in Gegenwart und Zukunft zu untersuchen.
Existiert auf dem Markt für Dienstleistungen des Gesundheitswesens ein Wettbewerbsgleichgewicht, so ist dieses Gleichgewicht optimal im paretianischen Sinne, da keine andere Allokation der Ressourcen für diese Dienstleistungen auch nur einen Marktteilnehmer besser stellen kann (→ PARETO-Optimum). Von der Verteilungsseite her betrachtet gilt: Wenn es keine → increasing returns to scale in der Produktion dieser Dienstleistungen gibt, dann ist dieser optimale Zustand ein Wettbewerbsgleichgewicht, das abhängig ist von einer anfänglichen Verteilung der Kaufkraft (→ Wohlfahrtsökonomik).
Es ist eine Frage der sozialen Präferenzen, wie und wie weit die Kaufkraft umverteilt und damit die medizinische Versorgung gesteuert wird, insbes. wenn der Markt nicht dem Wettbewerbsmodell entspricht. Humanitäre Gründe haben dazu geführt, daß ein Teil der Leistungen des Gesundheitswesens als → öffentliche Güter bereitgestellt werden. Dafür spricht auch, daß gerade in diesem Bereich große Differenzen zwischen privaten und → sozialen Kosten sowie → soziale Erträge auftreten (z. B. Ansteckungsgefahr).
Ein wichtiges Kennzeichen der individuellen Nachfrage nach medizinischer Versorgung ist das Krankheitsrisiko. Ebenso risikobehaftet ist der Heilerfolg. Von der Angebotsseite her sind Restriktionen der Berufsausübung nötig (Qualifikation) und sehr hohe Kosten für das gesamte System gegeben. So ist die Finanzierung des Gesundheitswesens, soweit es nicht verstaatlicht ist, weitgehend an → Versicherungen gebunden. E.F.

**Gewerbesteuer**
ist für verschiedene → Steuerobjekte zu zahlen, wenn ein Gewerbe (selbständige

Tätigkeit mit Gewinnerzielungsabsicht) betrieben wird. Sie ist in heutigen Personalsteuersystemen ein Restbestand aus dem alten Realsteuersystem und besteht aus Gewerbekapital-, Gewerbeertrag- und Lohnsummensteuer.

Als Begründung der Gewerbesteuer dienen neben fiskalischen meist äquivalenztheoretische Gesichtspunkte: Unternehmen zählen auf verschiedene Weise zu den Nutznießern öffentlicher Leistungen, die sich teilweise in ihrem Ertrag (externe Erträge öffentlicher Aktivität), in ersparten eigenen Investitionen (öffentliche Infrastrukturinvestitionen) und in effizienterem Arbeitskräfteeinsatz (Investitionen in → Arbeitsvermögen) niederschlagen. Für diese Leistungen sind im Wege des Zwangstransfers Entgelte einzuziehen. Diese Argumentation ist grundsätzlich zutreffend, jedoch sind die Gewerbetreibenden nicht die alleinigen Nutznießer öffentlicher Aktivitäten; die Zurechnung über Steuern anstatt über differenzierte → Gebühren und Beiträge ist nur sehr grob möglich.

Konjunktur- und regionalpolitische Argumente bei der jetzigen Aufkommensverteilung (etwa 60% bei Gemeinden, 40% Bund und Länder) sprechen gegen die Gewerbesteuer. Die hohe Konjunkturempfindlichkeit besonders der Gewerbeertragsteuer (der aufkommensmäßig bedeutendsten) kann zu prozyklischem Verhalten der Gemeinden führen. Die starke Abhängigkeit der Gemeinden von dieser Steuer verursacht erhebliche Unterschiede in Steuerkraft und öffentlichen Leistungen in verschieden stark industrialisierten Orten, was regionalpolitisch destabilisierend wirkt.

Der Tarif der Gewerbesteuer wird in einem zweistufigen Verfahren ermittelt. Die Steuermeßzahl der Gewerbeertragsteuer (sämtliche Kapitaleinkommen, nicht nur Eigenkapitalverzinsung) beläuft sich z. Z. auf 1–4% bei Erträgen von 2400 bis 16 800 DM, darüber hinaus 5%; bei der Lohnsummen- und Gewerbekapitalsteuer beträgt sie 2 v. T. Das Produkt von → Steuerbemessungsgrundlage und -meßzahl ist der Steuermeßbetrag; auf diesen wendet die Gemeinde den Hebesatz (z. T. 100%) an.  H.-W.K.

## Gewerkschaften

Vereinigungen von Arbeitnehmern zur Wahrung und Durchsetzung ihrer wirtschaftlichen, sozialen und politischen Interessen gegenüber anderen sozialen Gruppen und dem Staat. Die Funktion der Gewerkschaft als Selbsthilfeverband mit dem Prinzip der gegenseitigen Hilfeleistung war v. a. in der Vergangenheit von Bedeutung.

Obwohl die Grundkonstante gewerkschaftlicher Aktivität die Sicherung eines gerechten Anteils ihrer Mitglieder am → Sozialprodukt ist und demnach der → Lohn- und Tarifpolitik das hauptsächliche Interesse gilt, geht es den Gewerkschaften nicht allein darum, auf dem → Arbeitsmarkt ein Gegengewicht zu den Arbeitgebern zu bilden. Als Instrument zur Verbesserung der sozialen Wohlfahrt der Arbeitnehmer versuchen sie über ihren Einfluß auf die Parlamente und Regierungen gesellschaftspolitische Forderungen zu verwirklichen, die nicht ausschließlich durch Tarifverhandlungen regelbar sind. So finden sich z. B. im Aktionsprogramm des Deutschen Gewerkschaftsbundes (DGB) folgende Forderungen: Kürzere Arbeitszeiten, gerechtere → Vermögensverteilung, Verringerung des Beschäftigungsrisikos, Sicherheit am Arbeitsplatz (Arbeitsschutz), größere soziale Sicherheit, Ausdehnung der → Mitbestimmung auf betrieblicher und überbetrieblicher Ebene, gleiche Bildungschancen, bessere → berufliche Bildung.

Der Einfluß der Gewerkschaften auf die Lohnentwicklung konnte in der → Lohntheorie erst Bedeutung erlangen, als anerkannt war, daß neben rein ökonomischen Größen (wie z. B. beim → ehernen Lohngesetz und bei der → Grenzproduktivitätstheorie der Verteilung) Machtfaktoren der verschiedensten Art die Lohnhöhe beeinflussen. Diese Machttheorien des Lohnes, die die Lohnentwicklung als Ergebnis von Machtkämpfen um die Verteilung ansehen, wobei sich die Machtverhältnisse u. a. in den Institutionen der Gesellschaft und des Staates ausdrücken, sind Grundlage der heutigen Theorien der kollektiven Lohnverhandlungen. So hat John F. DUNLOP die institutionellen Verhältnisse auf dem Arbeitsmarkt mit Hilfe der → Preistheorie und der Lehre von den → Marktformen bei der Lohnerklärung berücksichtigt. Indem er die Gewerkschaften, die als Anbieter der Arbeitskraft das Ziel haben, die größtmögliche Lohnsumme zu erzielen, den Unternehmern gleichsetzt, überträgt er das Modell des bilateralen Monopols auf die kollektive Lohnbildung. Innerhalb des in diesem Modell bestehenden Unbestimmtheitsbereiches wird der Lohnsatz durch die Stärke der Gewerkschaften bei den Tarifverhandlungen entscheidend beeinflußt. Arthur M. ROSS lehnt die Übertragung eines ökonomischen Maximierungsprinzips (größtmögliche Lohnsumme) auf die Gewerkschaften ab. Nach seiner Meinung ist die Zielfunktion der Gewerkschaften keineswegs in so eindeutiger Weise bestimmt. Die Gewerkschaftspolitik ist abhängig von dem Einfluß einzelner Mitgliedergruppen und von den jeweiligen Gewerkschaftsführern bei den Lohnverhandlungen. Entsprechend seiner Theorie sind deshalb neben den ökonomischen die politischen Faktoren bei den Lohnverhandlungen zu berücksichtigen.

Einen bemerkenswerten Beitrag zur Erklärung des Gewerkschaftseinflusses auf den Lohn liefert John R. HICKS, indem er versucht, die Lohnhöhe mit Hilfe der Streikdrohung der Gewerkschaften zu erklären. HICKS nimmt an, daß die Bereitschaft der Unternehmer, Lohnerhöhungen zu akzeptieren, mit erwarteter steigender Streikdauer unterproportional zunimmt. Die Streikbereitschaft der Gewerkschaften ist abhängig von der vorhandenen Streikkasse und von dem Ausmaß der Unterstützung der gewerkschaftlichen Lohnforderungen durch ihre Mitglieder. HICKS' Theorie ist Ausgangspunkt für weitere Modellansätze, die dem Moment der Unsicherheit bei den Verhandlungen besondere Bedeutung beimessen (Frederik ZEUTHEN, Jan PEN). In neuester Zeit sind spieltheoretische Varianten der Verhandlungstheorien (John F. NASH, John G. CROSS) entstanden.

Entsprechend dem Gewerkschaftsaufbau können unterschieden werden:

a) Richtungsgewerkschaften, die gemäß ihrer Weltanschauung als sozialistische, kommunistische und christliche Gewerkschaften charakterisiert sind (z. B. in Frankreich und Italien);

b) Berufsgewerkschaften: Zusammenschlüsse von Arbeitnehmern des gleichen → Berufes unabhängig vom jeweiligen Industriezweig. Sie sind in den meisten Ländern die vorherrschende Organisationsform;

c) Industriegewerkschaften: Sie umfassen alle Arbeitnehmer einer Branche, unabhängig von ihrem Beruf und ihrem Status als Arbeiter oder Angestellter.

Nach dem 2. Weltkrieg wurden die Gewerkschaften in der BRD unter dem Einfluß der Besatzungsmächte als Industriegewerkschaften neu gegründet. Ausnahmen sind die Deutsche Angestelltengewerkschaft (DAG) und der Deutsche Beamtenbund (DBB).

Dachorganisation der 16 Industriegewerkschaften ist der Deutsche Gewerkschaftsbund (DGB). Dem DGB gehören die Einzelgewerkschaften, nicht deren einzelne Arbeitnehmer als Mitglieder an. Die Einzelgewerkschaften sind untergliedert in den Vorstand auf Bundesebene und in die ihm unterstehenden Bezirksverwaltungen bzw. Landesvorstände und die Kreis- und Ortsverwaltungen. Sie haben traditionsgemäß zumeist die Rechtsform eines nichtrechtsfähigen Vereins, sind aber im Arbeitsgerichtsprozeß und vor ordentlichen Gerichten parteifähig. Die Leitung des DGB, der einen eigenen Verwaltungsaufbau hat, liegt beim Bundesvorstand. Seine Mitglieder werden vom Bundeskongreß, einer Versammlung von Delegierten der Mitgliedsgewerkschaften, gewählt. Zudem ist ein Bundesausschuß errichtet, deren Mitglieder der Bundesvorstand, die Landesbezirksvorsitzenden und Delegierte der Einzelgewerkschaften sind.

Ende 1972 hatten DGB, DAG und DBB insgesamt 8 167 636 (DGB: 6 985 548) Mitglieder. Demnach ist etwas mehr als ein Drittel aller erwerbstätigen Arbeitnehmer gewerkschaftlich organisiert. Der Organisationsgrad ist in den jeweiligen Wirtschaftsbereichen jedoch sehr unterschiedlich (von 4 % bis 85 % der jeweiligen Beschäftigtenzahl). Stärkste Einzelgewerkschaft ist die I. G. Metall mit 2 354 975 Mitgliedern. T.F.

## Gewinn

1. Im Sinne der theoretischen Analyse: Einkommen aus dispositiver Arbeit und Verfügungsgewalt über → Produktivvermögen, das i.d.R. dem → Faktoreinkommen zugerechnet wird.

a) Das Einkommen aus dispositiver Arbeit (Unternehmerlohn) stellt einen beträchtlichen Teil des Gewinneinkommens dar, weil der entsprechende Einkommensteil der freien Berufe darunter fällt.

b) Das aus der Verfügungsgewalt über Produktivvermögen fließende Residualeinkommen ist in folgenden Komponenten aufzuspalten:

· angemessene Verzinsung des Eigenkapitals;

· Gewinn im engeren Sinn (Profit), und zwar Monopolgewinn als Ergebnis der Gewinnmaximierung auf unvollkommenem Markt, Pioniergewinn aus der Durchführung von neuen Kombinationen (Joseph SCHUMPETER) seitens schöpferischer Unternehmer, dynamischer Marktlagengewinn (Q-Gewinn, windfall gain) auf Grund von Investitionen, die unter der Bedingung $I_{geplant} > S_{geplant}$ realisiert werden.

Insbes. der Gewinn im engeren Sinn ist Gegenstand heftiger Auseinandersetzungen. Es stehen sich im wesentlichen zwei Argumente gegenüber: Das Argument der Unangemessenheit eines Nichtleistungseinkommens und das Argument der Lenkungsfunktion dieser Einkommensart. Das erste Argument trifft aber für den Pioniergewinn nicht zu, das zweite nicht für den Monopolgewinn und bestenfalls begrenzt für den dynamischen Marktlagengewinn.

Die Anstrengungen der → Verteilungspolitik sind i.d.R. nicht gegen die Gewinn*entstehung* in Unternehmen, sondern gegen die Gewinn*verteilung* an Unternehmer gerichtet. Das schwierigste Problem ist dabei die Gewährleistung der Investitionsfinanzierung, für der (nicht ausgeschüttete) Gewinn eine wesentliche Grundlage bildet.

2. Im Sinne der → Volkswirtschaftlichen Gesamtrechnung (VGR): Unternehmensgewinne (nicht: Unternehmergewinne!), die neben den entstandenen Einkommen aus Unternehmertätigkeit und Vermögen die von den Unternehmen empfangenen Einkommen enthalten, nicht jedoch die von den Unternehmen geleisteten Zinsen, Nettopachten und Einkommen aus immateriellen Werten.

a) nach der Entstehung:
entstanden Einkommen aus Unternehmertätigkeit und Vermögen
+ empfangene Zinsen, Nettopachten und Einkommen aus immateriellen Werten
+ empfangene Ausschüttungen aus Unternehmen mit eigener Rechtspersönlichkeit und Einkommen aus Unternehmen ohne eigene Rechtspersönlichkeit
− geleistete Zinsen, Nettopachten und Einkommen aus immateriellen Werten
= *Unternehmensgewinne*

b) nach der Verwendung:
Unternehmensgewinne der Unternehmen mit eigener Rechtspersönlichkeit (Ausschüttungen, unverteilte Gewinne vor der Besteuerung)
+ Unternehmensgewinne der Unternehmen ohne eigene Rechtspersönlichkeit (Entnahmen, nichtentnommene Gewinne)
= *Unternehmensgewinne*

Die Unternehmensgewinne enthalten Einkommensteile, die anderen Sektoren in Form von Ausschüttungen und Entnahmen zufließen. Es ist darum unzulässig, eine Gesamtgröße Unternehmensgewinn plus Bruttoeinkommen des Staates und der Haushalte aus Unternehmertätigkeit und Vermögen zu bilden.

Mangels statistischer Unterlagen bezieht die Praxis der VGR insbes. auch Einkommen aus Vermietung in die Unternehmensgewinne ein, obwohl diese Einkom-

men funktionell den → Vermögensein-kommen zugerechnet werden müßten.
Dasselbe gilt für (kalkulatorische) Eigen-kapitalzinsen und Risikoprämien.

Der Gewinnbegriff der VGR weicht vom betriebswirtschaftlichen Gewinnbegriff auch deshalb erheblich ab, weil er auf der Basis linearer → Abschreibungen zu Wie-derbeschaffungspreisen und unter Aus-schluß von Scheingewinnen und -verlusten (durch unterschiedliche Bewertung der Vorräte) gebildet wird.

Der Unternehmensgewinn, speziell der Gewinn der Unternehmen ohne eigene Rechtspersönlichkeit, wird als Restgröße der VGR ermittelt. Er ist deshalb mit allen Mängeln der Stammgrößen behaftet.

F.G.

**Gewinnbeteiligung**
→ Ertragsbeteiligung

**Gewinnmaximierung**
In der mikroökonomischen → Analyse wird für das einzelne Unternehmen typi-scherweise angenommen, daß es seinen Gewinn (Differenz zwischen → Umsatz und → Kosten) maximiert. Hierbei ist zwi-schen kurz- und langfristiger Gewinnmaxi-mierung zu trennen, doch kommt dieser Unterschied bei statischer Betrachtungs-weise nicht zum Tragen.

Die für alle → Marktformen gültigen Ge-winnmaximierungsregeln für die Output-seite (Outputregeln) bei ertragsgesetzli-cher → Produktionsfunktion lauten:
a) Der → Grenzumsatz ist gleich den → Grenzkosten (Bedingung 1. Ordnung).
b) Die Steigung der Grenzumsatzkurve ist kleiner als die Steigung der Grenzkosten-kurve (Bedingung 2. Ordnung).

Die Bedingung 1. Ordnung wird als »Ge-setz des erwerbswirtschaftlichen Ange-bots« bezeichnet.

Für den Faktoreinsatz bzw. die Inputseite gelten folgende allgemeine Gewinnmaxi-mierungsregeln (Inputregeln):
a) Das → Grenzumsatzprodukt (= Grenzerlösprodukt) ist gleich der → Grenz-ausgabe (Bedingung 1. Ordnung).
b) Die Steigung der Grenzumsatzpro-duktkurve ist kleiner als die Steigung der

Grenzausgabekurve (Bedingung 2. Ord-nung).

Die Bedingung 1. Ordnung heißt auch »Gesetz der erwerbswirtschaftlichen Nachfrage«.

Die Tabelle (S. 192) zeigt die Output- und Inputregeln für vier Marktformenkombi-nationen auf vollkommenen Märkten (→ Marktformen). H. M. W.

**Gewinnschwelle** → Grenzkosten

**Gewinnsteuern**
→ Einkommensteuersystem

**GIBRAT-Verteilungsfunktion**
(lognormale Verteilung) von Robert GI-BRAT (1931) vorgeschlagene monotone logarithmische Transformation der Varia-blenwerte von Verteilungen, die sich als verzerrte Normalverteilungen darstellen (z. B. → Einkommensverteilung).

In der von GIBRAT benutzten Funktion

$$z = a \log(y - y_o) + b$$

sind die Parameter so zu wählen, daß die Annäherung an die spezifische Normal-verteilung

$$w(z) = \frac{1}{\sqrt{\pi}} e^{-z^2}$$

möglichst groß ist.

In der graphischen Darstellung (mit z als Ordinatenwerte und $\log(y - y_o)$ als Ab-szissenwerte) erhält man bei geeigneter Wahl von $y_o$ eine Gerade (Abb.).

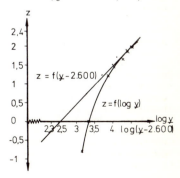

191

(s. Gewinnmaximierung Seite 191)

| Marktformenkombination | Outputregeln | Inputregeln |
|---|---|---|
| Absatzmarkt:<br>Polypol | 1. Bed.:<br>Preis = Grenzkosten | 1. Bed.:<br>Grenzwertprodukt =<br>Faktorpreis |
| Beschaffungsmarkt:<br>Polypol | 2. Bed.:<br>Steigung der Grenzkosten-<br>kurve positiv | 2. Bed.:<br>Steigung der Grenzwert-<br>produktkurve negativ |
| Absatzmarkt:<br>Polypol | 1. Bed.:<br>Preis = Grenzkosten | 1. Bed.:<br>Grenzwertprodukt =<br>Grenzausgabe |
| Beschaffungsmarkt:<br>Nachfragemonopol | 2. Bed.:<br>Steigung der Grenzkosten-<br>kurve positiv | 2. Bed.:<br>Steigung der Grenzwert-<br>produktkurve<br>< Steigung der Grenz-<br>ausgabenkurve |
| Absatzmarkt:<br>Angebotsmonopol | 1. Bed.:<br>Grenzumsatz =<br>Grenzkosten | 1. Bed.:<br>Grenzumsatzprodukt =<br>Faktorpreis |
| Beschaffungsmarkt:<br>Polypol | 2. Bed.:<br>Steigung der Grenzumsatz-<br>kurve<br>< Steigung der Grenz-<br>kostenkurve | 2. Bed.:<br>Steigung der Grenz-<br>umsatzproduktkurve<br>negativ |
| Absatzmarkt:<br>Angebotsmonopol | 1. Bed.:<br>Grenzumsatz =<br>Grenzkosten | 1. Bed.:<br>Grenzumsatzprodukt =<br>Grenzausgabe |
| Beschaffungsmarkt:<br>Nachfragemonopol | 2. Bed.:<br>Steigung der Grenz-<br>umsatzkurve<br>< Steigung der Grenz-<br>kostenkurve | 2. Bed.:<br>Steigung der Grenz-<br>umsatzproduktkurve<br>< Steigung der Grenz-<br>ausgabenkurve |

Die GIBRAT-Verteilungsfunktion hat neben ökonometrischen Annehmlichkeiten auch den Vorzug, daß sie eine plausible theoretische Interpretation gestattet. Dabei wird von der zeitlichen Verknüpfung der Werte der zu untersuchenden Variablen und von einer als zufällige Erscheinung konzipierten Störung ausgegangen.

Die Konzentration kann u.a. auch durch die → GINI-, → LORENZ- und → PARETO-Verteilungsfunktion festgestellt werden.   D.H.

**GIFFEN-Gut**
(benannt nach Robert GIFFEN, 1837–1910) inferiores Gut (bezüglich Einkommensänderungen), bei dem der →

Einkommenseffekt (absolut) größer ist als der → Substitutionseffekt. Im Falle einer Preissenkung tritt als Einkommenseffekt ein Nachfragerückgang ein, dem nur eine kleinere Zunahme der nachgefragten Menge aufgrund des Substitutionseffekts gegenübersteht. Die → Nachfragekurve für ein GIFFEN-Gut hat daher ansteigenden (anomalen) Verlauf. H.M.W.

**GINI-Verteilungsfunktion**
auf Corrado GINI (1912) zurückgehende Funktion zur Beschreibung der personellen → Einkommensverteilung, bei der die Zahl der Einkommensbezieher N, die ein bestimmtes Einkommen y oder mehr erhalten, in Beziehung zum Gesamteinkommen A, das y übersteigt, gesetzt wird:

$$\log N = a + \delta \cdot \log A.$$

a und δ sind Konstante, die durch die Besonderheit der jeweiligen Verteilungssituation bestimmt werden. δ entspricht dem α der → PARETO-Verteilungsfunktion. Die GINI-Verteilungsfunktion hat allerdings den Vorteil vor der PARETO-Verteilungsfunktion, daß sie die Verteilung auch im Bereich kleinerer Einkommen annähernd richtig wiedergibt. Ein weiterer Vorteil ist der, daß – bei geeigneter Achsenauszeichnung – unmittelbar aus der Darstellung abzulesen ist, welchen Anteil vom Gesamteinkommen 1%, 10% usw. der Einkommensempfänger (von den reichsten an gerechnet) haben. Diesen Vorzug hat die GINI-Verteilungsfunktion mit der → LORENZ-Verteilungsfunktion gemeinsam.
Für die Verteilungsanalyse mit Hilfe der GINI-Verteilungsfunktion gilt, daß die Verteilung um so ungleichmäßiger ist, je größer der Wert von δ ist. In der Abbildung ist eine GINI-Kurve dargestellt, die eine durch den Neigungswinkel arc tg δ ausgedrückte Ungleichverteilung wiedergibt (unter der Voraussetzung eines Gesamteinkommens Y* und einer Zahl der Einkommensbezieher A*). Die dazugehörige Gleichverteilung ist durch die gestrichelte Gerade zum Vergleich angemerkt.
Die GINI-Verteilungsfunktion wurde zur

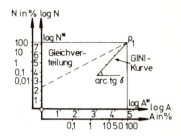

Messung der Einkommensverteilung entwickelt, eignet sich aber wie auch die → GIBRAT-, → LORENZ- und → PARETO-Verteilungsfunktion für die Verteilungsanalyse der verschiedensten Gegenstände. D.H.

**Giralgeld** → Buchgeld

**Girozentralen**
regionale Zentralinstitute der → Sparkassen, über die der Giroverkehr abgewickelt wird. Sie verfügen wiederum über ein Zentralinstitut in der Deutschen Girozentrale – Deutsche Kommunalbank. Sie vergeben Kredite von überregionaler Bedeutung, die über den Einzugsbereich einzelner Sparkassen hinausgehen, und sind im langfristigen Kreditgeschäft (Realkredite, Kommunalkredite) tätig. Sie finanzieren sich durch Ausgabe von Pfandbriefen und Kommunalobligationen und verfügen über bedeutende Einlagen kommunaler Körperschaften, die ihre Zahlungen über sie und die Sparkassen abwickeln. Ihnen angeschlossen sind die öffentlich-rechtlichen → Bausparkassen. V.B.

**Gleichgewicht**
qualitativer Zustand, der sich durch den Ausgleich einander entgegengerichteter Kräfte auszeichnet und sich ohne Anstöße von außen ad infinitum reproduziert.
Das Gleichgewichtskonzept ist den Naturwissenschaften entlehnt, wo es insbes. in der klassischen Mechanik eine wichtige Rolle spielte. Mittlerweile ist es auch in den Sozialwissenschaften zu einem tragenden Prinzip geworden; es hat die Fragestellun-

gen und Techniken dieser Disziplin seit etwa 200 Jahren auf das nachhaltigste beeinflußt.

Durch seine Verwendung sowohl im Rahmen der positiven als auch der normativen Ökonomik hat sich eine Vielzahl von Gleichgewichtsbegriffen herausgebildet, so daß es nicht mehr möglich erscheint, sie in einer umfassenden sinnvollen Definition zu vereinigen, zumal verschiedentlich qualitative Merkmale (z. B. eine Entwicklung bei Vollauslastung aller Faktoren) mit quantitativen Merkmalen (z. B. eine Entwicklung mit gleichbleibender Rate) vermengt werden. Es ist daher vorzuziehen, anstelle einer einzigen Definition die wichtigsten qualitativen Eigenschaften anzuführen, die man dem Gleichgewicht unter verschiedenen Fragestellungen zuweist:

a) Zustand der Planerfüllung bzw. Zufriedenheit;

b) Zustand, bei dem ein → Markt geräumt wird;

c) Zustand, der sich ohne exogene Anstöße in den folgenden Perioden reproduziert;

d) Zustand, bei dem die Werte der Variablen nur noch von den Daten eines Modells abhängen;

e) Zustand ausgewählter miteinander verbundener Variabler, die so aneinander angepaßt sind, daß in dem Modell, das sie bilden, keine inhärente Tendenz zur Veränderung besteht (Fritz MACHLUP);

f) Zustand, bei dem einander entgegengerichtete Kräfte gerade ausgeglichen sind.

In der Modelltheorie steht bei der Erörterung des Gleichgewichts eine Reihe von Begriffspaaren im Vordergrund:

a) Das partielle Gleichgewicht wird vom totalen Gleichgewicht abgehoben, indem nicht ein Gesamtsystem, sondern nur ein Ausschnitt daraus zum Gegenstand der → Analyse gemacht wird.

b) In der → Preistheorie werden z. B. gemäß der Anpaßbarkeit der Produktionsfaktoren kurzfristige (temporäre) und langfristige Gleichgewichte gegeneinander abgegrenzt.

c) Wird ein im Gleichgewicht befindliches System (→ Existenzbedingungen eines Gleichgewichts) durch exogene Impulse gestört, unterscheidet man je nachdem, ob wieder ein Gleichgewicht zustandekommt oder nicht, stabile oder instabile (labile) Gleichgewichte (→ Stabilitätsbedingungen eines Gleichgewichts).

d) Keine ganz einheitliche Begriffsbildung hat sich in bezug auf den Gegensatz zwischen statischem und dynamischem Gleichgewicht herausgebildet. Während einige Autoren Statik und Dynamik strikt als Betrachtungsweisen einstufen (→ Analyse) und demgemäß die beiden Gleichgewichtsbegriffe voneinander trennen, wird im Anschluß an die → Wachstumstheorie häufig als dynamisches Gleichgewicht auch das Gleichgewicht einer evolutorischen (im Gegensatz zur stationären) → Volkswirtschaft verstanden.

e) Begrifflich eindeutiger ist die Unterscheidung zwischen mikroökonomischem und makroökonomischem Gleichgewicht. Dafür treten hier aber theoretische Probleme auf, z. B. ob ein makroökonomisches Gleichgewicht mikroökonomische Ungleichgewichte enthalten darf und wie das Reproduzierbarkeitserfordernis einer Gleichgewichtssituation makroökonomisch zu interpretieren ist.

In der → Wirtschaftspolitik werden gesamtwirtschaftliche → Ziele z. T. als Gleichgewichtspostulate formuliert, z. B. Vollbeschäftigungsgleichgewicht, → außenwirtschaftliches Gleichgewicht. Die Einbeziehung der natürlichen Umwelt in das sozialwissenschaftliche Gleichgewichtskonzept führte zur Idee der → steady state economy.

In den letzten Jahren ist das Gleichgewichtsdenken in den Sozialwissenschaften Ziel scharfer Angriffe aus verschiedenen methodologischen und politischen Richtungen geworden. So wird ihm u. a. vorgeworfen, durch die Konzentration auf bestimmte Fragestellungen und auf ein ihm adäquates Begriffssystem sowie durch sein mittlerweile hochformalisiertes Instrumentarium verbaue es den Weg zu einer angemessenen Erfassung von Konfliktsituationen. Gerade diese, und nicht die

Harmonie von Gleichgewichtslösungen, seien aber für moderne Industriegesellschaften charakteristisch. Allerdings ist es bislang den Kritikern noch nicht gelungen, der in sich geschlossenen Gleichgewichtsökonomik, die ihren unbestrittenen Höhepunkt in dem mikroökonomischen Totalsystem von Léon WALRAS hatte, eine ähnlich geschlossene theoretische Konzeption entgegenzusetzen. H.-W. H.

### Gleichgewichtspreis

Marktpreis bei → vollständiger Konkurrenz, der zu einem Ausgleich zwischen Angebot und Nachfrage führt. Er ergibt sich aus dem Schnittpunkt der Angebots- und Nachfragekurve für ein bestimmtes Gut (Abb.).

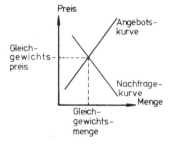

Beim Gleichgewichtspreis sind die Nachfrager bereit, gerade die Menge zu kaufen, welche die Anbieter zu verkaufen bereit sind. Daher hat kein Marktteilnehmer Anlaß zur Änderung seiner Pläne. Bei diesem Preis ist die umgesetzte Menge am größten. Im Fall eines anderen Preises ist die nachgefragte oder angebotene Menge kleiner als die zum Gleichgewichtspreis umgesetzte Menge (Gleichgewichtsmenge).
R. W.

### Gleichgewichtszins

nach klassischer Auffassung der → Zins, bei dem die geplante Ersparnis der beabsichtigten Investition gleich ist.
Nach KEYNES'scher Auffassung handelt es sich beim Gleichgewichtszins dagegen um den Zinssatz, bei dem bei unverändertem (resp. gleichmäßig wachsendem) Einkommen → Geldangebot und → Geldnachfrage übereinstimmen.
Da nach neoklassischer Vorstellung der Gleichgewichtszins der Grenzproduktivität des Kapitals entspricht, kann eine eindeutige Beziehung zwischen Gleichgewichtszins und der Wachstumsrate des → Kapitalstocks hergestellt werden. In neoklassischen → Wachstumsmodellen sind beide gleich und entsprechen ebenfalls der Wachstumsrate des → Sozialproduktes.
Dem Gleichgewichtszins, der auch als natürlicher Zins bezeichnet wird, steht der Marktzins gegenüber, der um den Gleichgewichtszins schwanken kann. Aus dem Auseinanderklaffen beider lassen sich wichtige Erkenntnisse der → Konjunkturtheorie ableiten (→ WICKSELL'scher Prozeß). H.-J. H.

### Gleitklauseln

Wertsicherungsklauseln, bei denen der Wert einer Forderung automatisch an die Preisentwicklung einzelner Güter bzw. Güterbündel (Indexklauseln) gekoppelt wird. Häufig ist eine Bindung an den → Preisindex für die Lebenshaltung (z.B. gleitende Lohn- und Gehaltsskalen, Indexanleihen, indexgebundene Bankguthaben, Renten, Versicherungsleistungen), doch kommt z.B. auch die Koppelung von Agrar- an Industriepreise vor.
In der BRD sind solche Gleitklauseln ohne Genehmigung der → Deutschen Bundesbank untersagt und damit unwirksam, da sie gegen das → Nominalwertprinzip verstoßen (§ 3 → Währungsgesetz). Erlaubt sind sog. Spannungsklauseln, bei denen der Wert einer Forderung an die Werteänderung von Forderungen aus gleichartigen Rechtsverhältnissen angepaßt wird (z.B. Bindung von Pensionsforderungen von Angestellten an die Gehaltsentwicklung in der entsprechenden Gehaltsgruppe).
V. B.

### Gleitzoll → Mischzoll

### Globalsteuerung

Beeinflussung gesamtwirtschaftlicher Größen (z.B. → Investition, → Geldvolumen) durch diskretionäre Maßnahmen.

Die wesentlichen Mittelbereiche der Globalsteuerung sind → Geldpolitik, → Fiskalpolitik, → Einkommenspolitik und → Außenwirtschaftspolitik. Als Träger der Globalsteuerung wirken Bund, Länder, Gemeinden und die → Deutsche Bundesbank zusammen. Die Globalsteuerung soll im Rahmen der marktwirtschaftlichen Ordnung die gleichzeitige Erreichung der gesamtwirtschaftlichen Ziele ermöglichen, ohne dirigistische Einzeleingriffe vornehmen zu müssen. Das → Gesetz zur Förderung der Stabilität und des Wachstums der Wirtschaft verbesserte zwar die institutionellen und instrumentellen Möglichkeiten zur Durchführung der Globalsteuerung, ihr Erfolg beruht jedoch auf einer umfassenden Kooperation aller Beteiligten. Die große Zahl der Handelnden und deren unterschiedliche, z. T. divergierende Interessen erschweren eine erfolgreiche Durchsetzung der erforderlichen Maßnahmen erheblich. So sind Bund und Länder nach Art. 109 GG in ihrer Haushaltswirtschaft unabhängig voneinander. Mit gewissen Einschränkungen gilt dies auch für die Gemeinden. Ebenso ist die Bundesbank von den Weisungen der Bundesregierung unabhängig (→ Bundesbankgesetz § 12). Die Kooperation ist wegen der unterschiedlichen Aufgaben, welche die Träger der Globalsteuerung zu erfüllen haben, kaum gewährleistet. Im Rahmen der → Konzertierten Aktion sollen die notwendige Kommunikation und die Abstimmung zwischen allen wirtschaftlich relevanten Gruppen erfolgen. Die Absprachen sind für die einzelnen Beteiligten jedoch nicht handlungsverbindlich. Hinzu kommt die große Bedeutung der außenwirtschaftlichen Einflüsse auf den binnenwirtschaftlichen Konjunkturverlauf. Internationale Kooperation wäre in weit stärkerem Maße als bisher vonnöten, um die Globalsteuerung erfolgreich durchsetzen zu können. So haben die Erfahrungen mit der Politik der Globalsteuerung bisher auch deutlich gezeigt, daß ihr neuralgischer Punkt in der Unabhängigkeit ihrer Träger liegt und das Problem der politischen Durchsetzbarkeit der als notwendig erkannten Maßnahmen keineswegs gelöst ist.　W.G.

**Gold**
erfüllt eine güterwirtschaftliche und eine monetäre Funktion. Es wird dank einer Reihe von Eigenschaften (Reinheit, Formbarkeit, Geschmeidigkeit, Teilbarkeit, Schwere) vielfältigen kunstgewerblichen, technischen, medizinischen u. ä. Zwecken zugeführt. Die kunstgewerbliche Nutzung entspringt nicht allein ästhetischen Bedürfnissen, sondern auch dem privaten Wunsch der Wertaufbewahrung. In dieser Funktion steht Gold bereits in monetären Diensten. Seine währungspolitische Nutzung bot sich darum ganz natürlich an; sie verlieh dem Gold im Laufe der Zeit eine Qualität eigener Art und überwuchert auch jetzt noch – lange nach dem Entschwinden des → Goldstandards, der das gelbe Metall auf den Zenit seiner Geltung geführt hatte – alle anderen Funktionen: Gold ist internationales Reservemedium (→ Währungsreserven), Paritätsmaßstab und Mittel des Zahlungsbilanzausgleichs auf der Ebene der Währungsbehörden. In sämtlichen genannten Eigenschaften behauptet Gold aber seinen Platz nicht mehr unumstritten.

Als Währungsmetall genoß Gold – von kurzen Episoden abgesehen – den Vorzug, knapp, doch nicht zu selten zu sein, um als währungspolitische Bezugsgröße in Betracht zu kommen. Es bewährte sich damit als gleichsam natürliches Regulativ der Währungssicherung.

Gegenwärtig aber hält man selbst die nur mehr teilweise Abhängigkeit vom Gold bei der Währungssteuerung verbreitet für unzeitgemäß. Die internationale währungspolitische Zusammenarbeit leidet unter der Ausgangshypothek einer extrem ungleichen Verteilung der Goldbestände. Es erscheint ferner unrational, die Entwicklung der → internationalen Liquidität an das Schicksal eines Gutes zu binden, das unter beträchtlichen Kosten aus beschränkten natürlichen Vorkommen durch wenige Produktionsländer angeboten wird, und dessen Bereitstellung für die Währungsreserven von den Zufälligkeiten der privaten Absorption mit beeinflußt wird (→ Goldmarkt). Im Rahmen des → Internationalen Währungsfonds wurde deshalb mit den → Sonderziehungsrechten, dem »Papiergold«, der Versuch eines Neubeginns auf substantiell veränderter Grundlage unternommen. F.G.

**Goldautomatismus** → Goldstandard

**Goldbarrenwährung** → Goldstandard

**Golddevisenwährung** → Goldstandard

**Goldollarstandard** → Dollarstandard

**golden age**
langfristiges dynamisches makroökonomisches → Gleichgewicht (→ steady state growth), in dem nicht nur alle Variablen mit gleicher Rate wachsen, sondern auch → Vollbeschäftigung herrscht, insbes. das Gleichgewicht im → HARROD-Modell, das gekennzeichnet ist durch die Gleichheit von befriedigender und natürlicher Wachstumsrate bei realisierter Vollbeschäftigung im Ausgangspunkt des Wachstumspfades.
Der von Joan ROBINSON geprägte Begriff soll andeuten, daß die Realisierung eines golden age sehr unwahrscheinlich ist, daß es sich um einen »mythischen Zustand« handelt. Ein steady-state-Wachstum bei bestehender → Arbeitslosigkeit bezeichnet ROBINSON als »hinkendes goldenes Zeitalter« (limping golden age).
Ein Gleichgewichtswachstum, bei dem die Rate der → Kapitalakkumulation dadurch beschränkt ist, daß die Arbeitnehmer gegen das Absinken der Reallohnrate eine Inflationsschranke errichten, d.h. auf steigende Preise mit gleich hohen Geldlohnforderungen antworten, wird nach Richard F. KAHN als »bastardisiertes goldenes Zeitalter« (bastard golden age) bezeichnet. C.-G.Sch.

**goldene Regel der Akkumulation**
→ Wachstumsmodelle

**Goldkernwährung** → Goldstandard

**Goldmarkt**
Handel in Goldmünzen und Goldbarren. Ein besonders für Länder, in denen privater Besitz von Währungsgold verboten ist, wichtiger Nebenmarkt ist der Handel mit Aktien von Goldminen und Finanzgesellschaften, die Goldminen kontrollieren. Der Goldpreis ist in aller Regel als Dollarpreis je Feinunze (31,1 g) zu verstehen. Der Feingehalt des Währungsgoldes (im Gegensatz zum Industriegold) liegt bei 995 bis 999 Tausendteilen.
Die Haupthandelsplätze sind in Europa: Zürich, London und Paris, in Asien Bombay und Beirut, in Amerika Mexiko City.
Große Aufmerksamkeit genießt nach wie vor die Preisbildung in London, obwohl der Platz seine vorherrschende Stellung, die er durch die Operationen des → Goldpools gewonnen hatte, inzwischen eingebüßt hat. Die Notierung kommt zweimal täglich beim »Fixing« der fünf Goldhändler in den Räumen der Rothschild-Bank zustande.
Das Angebot stammt aus der Goldproduktion, Verkäufen der Ostblockländer, insbes. der UdSSR, Mobilisierung der Goldreserven von Währungsbehörden und Auflösung von privaten Horten. Die beiden letzten Quellen spielen derzeit keine Rolle. Ob die am 11. 11. 1973 beschlossene Aufhebung des Selbstbeschränkungsabkommens der ehemaligen Goldpoolländer vom 17. 3. 1968 zu Verkäufen der → Zentralbanken am freien Markt führen wird, ist nicht abzusehen; allerdings ist es wenig wahrscheinlich, solange die Rolle des Goldes in der künftigen → internationalen Währungsordnung noch nicht geklärt ist. Das Angebot der UdSSR ist eine von den Bedürfnissen der UdSSR nach → internationaler Liquidität bestimmte, außerordentlich wechselhafte Größe. Die Weltgoldproduktion, die von Südafrika mit einem Anteil von ca. 75 % dominiert wird, liegt bei jährlich 1400 – 1500 t. Da sich die Vorkommen, soweit bekannt, allmählich erschöpfen, ist auch von der exorbitanten Goldpreissteigerung der letzten Zeit bestenfalls nur eine Aufrechterhaltung des gegenwärtigen Produktionsvolumens zu erwarten.
Die Goldnachfrage wird von der Anreicherung der amtlichen Goldbestände,

dem Bedarf der Industrie und der privaten Goldhortung bestimmt. Die Absorption von Gold für währungspolitische Zwecke ist seit dem Selbstbeschränkungsabkommen und der Vereinbarung, nur über den → Internationalen Währungsfonds (IWF) südafrikanisches Gold in die → Währungsreserven einzuschleusen (Goldvertrag zwischen Südafrika und dem IWF vom 30. 12. 1973), minimal gewesen. Das Goldpreislimit des IWF-Statuts (Art. IV, Abschnitt 2) dürfte auch nach Beendigung des Abkommens und nach Auflösung des Goldvertrages (7. 12. 73) die Zentralbanken als Käufer vom Goldmarkt fernhalten.

Bei der gewerblichen Verwendung sind auf absehbare Zeit steigender Bedarf und keinerlei Substitutionsmöglichkeit festzustellen. Die Goldhortung zum Zwecke der Vermögenssicherung hat mit der weltweiten → Inflation nie gekannte Ausmaße erreicht (Tab.). Die am 21. 9. 1973 durch den US-Kongreß beschlossene und zum 2. 1. 1975 wirksame Aufhebung des seit 1934 bestehenden Verbots des Goldhandels und der Goldhortung durch US-Inländer dürfte dem Markt künftig neue Nachfrage zuführen.

Steigende Nachfrage bei stagnierendem Angebot hat den Goldpreis seit 1971 emporschnellen lassen. Er liegt nun um ein mehrfaches über dem Preisniveau auf den → schwarzen und grauen Märkten der Nachkriegszeit, die der IWF mit Rücksicht auf sein Wechselkurskonzept zwischen 1947 und 1951 heftig, allerdings wenig erfolgreich bekämpfte. Mit der Eröffnung freier amtlicher Goldmärkte in Paris (1948), Zürich (1951) und London (1954) stabilisierte sich die Notierung in der Nähe der Parität (35 Dollar je Feinunze). Nach dem erneuten Fieberanfall von 1961 gelang dem Goldpool bis 1967 die Verteidigung der Dollarparität. Die in Reaktion auf spekulative Angriffe und gewaltige Reserveverluste der Währungsbehörden 1968 vorgenommene Spaltung des Markts hob den freien Goldpreis zwar im Durchschnitt über den amtlichen Kurs, führte ihn aber 1969/70 auch monatelang wieder an die Parität heran. Erst 1971 verlor der freie

Preis endgültig jeden Bezug zur Parität. Der Markt ist durch die Unsicherheit über die künftige monetäre Rolle des Goldes, die Haltung der Währungsbehörden, den Fortgang der Inflation und die Frage, wie die erdölproduzierenden Länder ihre Zahlungsbilanzüberschüsse anzulegen beabsichtigen, völlig aus dem Gleichgewicht geraten: Am 26. 2. 1974 erreichte der Goldpreis 185 US-Dollar; er hatte sich innerhalb eines Zeitraums von 3 Monaten mehr als verdoppelt. Im weiteren Verlauf des Jahres tendierte der Markt z. T. rückläufig. Denn einerseits gab es Signale einer neuen Mobilisierung der offiziellen Goldreserven: Eine Initiative von Finanzministern aus Mitgliedsstaaten der → Europäischen Gemeinschaften (April 1974) und deren Bestätigung durch die → Zehnergruppe (Juni 1974) führte zum Ergebnis, daß Ende August 1974 die Deutsche Bundesbank einen Betrag von 2 Mrd. $ aus ihrer Währungsreserve bei der Banca d'Italia anlegte gegen ein Golddepot der Banca d'Italia bei der Bundesbank. Das Gold wurde mit 80% des durchschnittlichen Preises der vorangegangenen Monate am Londoner Markt bewertet.

Andererseits gab es aber auch Zeichen einer Demonetisierung des Goldes, insbes. die am 1. 7. 1974 in Kraft gesetzte Standardkorb-Technik für die → Sonderziehungsrechte. F.G.

| Herkunft und Verwendung des Goldes (Mio. t) | | |
|---|---|---|
| | 1969 | 1973 |
| Goldproduktion[1] | 1 260 | 1 095 |
| Verkäufe durch kommunistische Länder | 5 | 330 |
| Insgesamt | 1 265 | 1 425 |
| Veränderungen der amtlichen Goldbestände westlicher Länder | 110 | − 40 |
| Verkäufe auf dem freien Markt[2] | 1 155 | 1 465 |

[1] ohne UdSSR, osteuropäische Länder, VR China, Nordkorea
[2] als Rest ermittelt

**Goldparität**
→ Parität; → Goldstandard

**Goldpool**
von maßgeblichen Zentralbanken gegründetes Verkaufskonsortium (1961) und Einkaufssyndikat (1962) mit der Zwecksetzung, den Goldpreis auf dem Londoner → Goldmarkt bei 35 Dollar je Feinunze zu stabilisieren. Der Pool diente der gemeinsamen Verteidigung des Dollars in einer sich anbahnenden Vertrauenskrise, die aus der Disparität von Goldbestand und kurzfristigen Auslandsschulden der USA erwuchs und mit der → Leitwährung das gesamte Währungsgefüge der westlichen Welt in Frage stellte.
Beteiligt waren die Zentralbanken von Belgien, BRD, Großbritannien, Italien, Niederlande, Schweiz, USA und (bis 1967) auch Frankreich. Als Agent fungierte die Bank von England. Die Operationen waren zunächst im Sinne der Ziele des Goldpools von Erfolg begleitet: Die Notenbanken konnten per Saldo sogar Gold aufnehmen. Doch 1967 kam es im Zusammenhang mit der Pfundabwertung und Besorgnissen über eine Verknappung der → internationalen Liquidität zu einer heftigen Spekulationswelle auf eine Goldpreiserhöhung, die große private Goldnachfrage auslöste und bei den Zentralbanken des Goldpools erhebliche Reserveverluste nach sich zog. Sie beschlossen deshalb am 17. 3. 1968, die Interventionen einzustellen. Die anderen Währungsbehörden wurden eingeladen, ebenfalls künftig von Goldan- und -verkäufen Abstand zu nehmen und nur im Verkehr untereinander – bzw. über den → Internationalen Währungsfonds (IWF) mit Südafrika (1969) – auf Basis der alten Parität zu kontrahieren. Das Ergebnis war die Spaltung des Goldmarkts in einen offiziellen und einen freien Markt. Sie wurde erst am 11. 11. 1973 durch einen neuen Beschluß der ehemaligen Goldpoolländer beendet, der die An- und Verkäufe (de facto jedoch nur die letzteren auf Grund des Wiederauflebens von Art. IV des IWF-Statuts) wieder freigab. Wegen der Suspendierung der Goldkonvertibilität des Dollars (15. 8. 1971)

konnte vom Goldmarkt her dem Wechselkursgefüge im allgemeinen und dem Dollar im besonderen keine Gefahr mehr drohen. F.G.

**Goldpreis** → Goldmarkt

**Goldproduktion** → Goldmarkt

**Goldpunkte** → Goldstandard

**Goldstandard**
1. nationaler Goldstandard: → Geldordnung mit einer durch Gesetz als bestimmte Menge Feingold definierten Währungseinheit und Begrenzung des Bargeldumlaufs und damit der → Geldmenge durch seine Bindung an das → Gold. Die einer Währungseinheit entsprechende Menge Feingold ist die Goldparität. Da sich nach dem Konzept des Goldstandards der Knappheitsgrad des Goldes nur wenig ändert, gewährleistet eine Goldwährung eine hohe Stabilität des → Geldwerts.
Entsprechend der Ausgestaltung des Bargeldumlaufs lassen sich folgende Varianten eines nationalen Goldstandards unterscheiden:
a) Goldumlaufswährung:
· reine Goldumlaufswährung: Der gesamte Geldumlauf besteht aus vollwertigen Goldmünzen (abgesehen von → Scheidemünzen). Die reine Goldumlaufswährung ist nur als Modell zur Analyse der Funktionsweise einer Goldwährung zu verstehen und hat keine praktische Bedeutung erlangt.
· gemischte Goldumlaufswährung: Neben vollwertigen Goldmünzen sind Scheidemünzen und → Banknoten im Umlauf. Die Koppelung des Banknotenumlaufs an das Gold erfolgt durch Deckungsvorschriften. Sie können eine vollständige oder teilweise Deckung des Notenumlaufs durch die Goldreserven der → Zentralbank vorsehen. Bei voller Deckung ist die Geldversorgung von den Goldbeständen unmittelbar abhängig. Eine teilweise Deckung ermöglicht eine höhere Elastizität der Geldversorgung bei Zunahme der Goldmenge, erfordert aber andererseits eine überproportionale Verringerung der No-

tenmenge bei Abnahme der Goldbestände. So waren z. B. unter der deutschen Goldwährung nach der Reichsgründung die Reichsbanknoten zu einem Drittel in Gold zu decken (sog. Dritteldeckung).

Die Zentralbank ist zur Einlösung ihrer Noten in Gold entsprechend der Goldparität verpflichtet. Es besteht freies Prägerecht zusammen mit Goldankaufspflicht für die Zentralbank sowie das Recht zum Einschmelzen der Münzen. Diese Regelungen bewirken, daß sich am Markt der über die Parität errechnete Goldpreis (Paritätspreis) einstellt und Goldwert und Geldwert annähernd übereinstimmen. Außerdem gewährleisten diese Bestimmungen eine Selbstregulierung der Geldversorgung, indem die Wirtschaftssubjekte über die monetäre und nicht monetäre Verwendung des Goldes entsprechend ihren Präferenzen entscheiden. Die gemischte Goldumlaufswährung war die vorherrschende Geldordnung der Goldwährungsländer gegen Ende des 19. und zu Beginn des 20. Jh.

b) Repräsentativwährungen: Es befinden sich keine Goldmünzen im Verkehr, die Begrenzung des unterwertigen Umlaufs (Scheidemünzen und Banknoten) auf die Goldvorräte der Zentralbank wird über Deckungsvorschriften (volle oder teilweise Deckung) hergestellt.

· Goldbarrenwährung: Das unterwertige Geld ist bei der Zentralbank in Goldbarren einlösbar, die ab einem gewissen Mindestbetrag abgegeben werden.

· Goldkernwährung: Eine Einlösung des unterwertigen Geldes in Gold ist nicht möglich. Die Zentralbank verwendet Gold zur Erfüllung ihrer gegenüber anderen Zentralbanken eingegangenen Einlösepflicht.

· Golddevisenwährung: Zur Deckung werden Gold, in Gold konvertierbare → Devisen oder nicht in Gold konvertierbare Devisen verwendet. Eine Noteneinlösung findet nicht statt. Im Gegensatz zu Gold sind Devisen verzinslich und leicht übertragbar.

Die Golddevisenwährung ermöglicht eine Erhöhung der → internationalen Liquidität in dem Maß, in dem die Reservewährungs-

länder bereit sind, sich zu verschulden und die reservehaltenden Länder eine Abgeltung ihrer güterwirtschaftlichen Leistungen durch Forderungen akzeptieren.

2. internationaler Goldstandard: → internationale Währungsordnung, die sich zwischen Goldwährungsländern bei freier Beweglichkeit des Goldes über die Grenzen herausbildet und durch → feste Wechselkurse gekennzeichnet ist. Aufgrund der Definition der nationalen Währungseinheiten in Gold ergibt sich zwischen zwei Goldwährungsländern eine Wechselkursparität (auch Goldparität genannt), die gleich dem Verhältnis zwischen dem Goldgehalt der nationalen Währungseinheiten ist. Der sich auf dem → Devisenmarkt bildende → Wechselkurs kann nur im Ausmaß der Goldpunkte, die von den Translokationskosten des Goldes (Transport, Versicherung, Zinsverluste usw.) bestimmt werden, um die Parität schwanken.

Ein Ansteigen des Wechselkurses über den durch die Goldversendungskosten in das Ausland bestimmten Goldexportpunkt (oder oberen Goldpunkt) wird dadurch verhindert, daß Gold ausgeführt und im Ausland gegen dortige Zahlungsmittel umgetauscht wird. Andererseits wird ein Rückgang des Wechselkurses unter den durch die Goldversendungskosten in das Inland bestimmten Goldimportpunkt (oder unteren Goldpunkt) durch Goldeinfuhren und Umwandlung in inländische Zahlungsmittel vermieden. Das Angebot an ausländischen Zahlungsmitteln ist am Goldexportpunkt und die Nachfrage nach ausländischen Zahlungsmitteln am Goldimportpunkt vollkommen elastisch.

Im Fall einer passiven → Zahlungsbilanz (infolge von Einfuhrüberschüssen oder Kapitalexporten) wird Gold als internationales Zahlungsmittel verwendet, wobei ein als Goldautomatismus bezeichneter Zahlungsbilanzausgleichsmechanismus wirksam wird: Das Land mit der passiven Zahlungsbilanz gibt Gold an das Ausland ab; im goldempfangenden Land steigt mit der Goldmenge entsprechend der → Quantitätstheorie das Preisniveau, während es im goldverlierenden Land sinkt. Durch das

Preisgefälle nehmen die Exporte des ursprünglichen Defizitlandes zu und dessen Importe ab, so daß eine Aktivierung seiner Leistungsbilanz mit einem Rückstrom von Gold eintritt. Am Ende dieses Prozesses ist die Zahlungsbilanz auch ohne Goldabgaben ausgeglichen, der Wechselkurs liegt zwischen den Goldpunkten und die Goldverteilung zwischen den Ländern hat sich zu Lasten des ursprünglichen Defizitlandes geändert.

Unter den Bedingungen des internationalen Goldstandards sind die nationalen Preisniveaus (ausgedrückt in Gold) in etwa gleich hoch und können sich bei genügend großer Veränderung der Goldmenge (z. B. durch Goldfunde) nur in gleicher Richtung bewegen. Fester Wechselkurs und Goldbewegungen vermitteln einen strammen internationalen Konjunkturzusammenhang und lassen kaum Raum für eine nationale, von den Zielen der anderen Goldwährungsländer abweichende Konjunkturpolitik. Vielmehr sind die → Träger der Wirtschaftspolitik, soll ein Zahlungsbilanzausgleich zustande kommen, daran gehalten, bei Goldzu- und -abflüssen eine entsprechende Geld- und Kreditpolitik zu betreiben und die damit verbundenen Preisniveau- und Beschäftigungsschwankungen hinzunehmen. Die Aufgabe des außenwirtschaftlichen Gleichgewichts als dominierendes Ziel der Wirtschaftspolitik ist einer der Hauptgründe für die spätere Abkehr vom internationalen Goldstandard, der gegen Ende des 19. und zu Beginn des 20. Jh. zu seiner stärksten Entfaltung gelangte.   H. M. W.

**Goldtranche**
uneingeschränkte Kreditfazilität beim → Internationalen Währungsfonds.

**Goldumlaufswährung** → Goldstandard

**Gold- und Devisenbilanz**
Teilbilanz der → Zahlungsbilanz, welche die Veränderung der zentralen → Währungsreserven eines Landes verzeichnet, in der BRD insbes. die Bestandsänderung an monetärem → Gold, die Veränderung der Auslandsforderungen und -verbindlich-

keiten der → Deutschen Bundesbank, die Veränderung der Reserveposition im → Internationalen Währungsfonds und die Veränderung der Bestände an → Sonderziehungsrechten.

Der Saldo der Gold- und Devisenbilanz (BRD 1973: ca. 16,1 Mrd. DM Überschuß) kann als Indikator für die Stärke einer Währung herangezogen werden (→ Zahlungsbilanzkonzepte).

**GOSSEN'sche Gesetze**
(aufgestellt von Hermann H. GOSSEN, 1810–1858) 1. GOSSEN'sches Gesetz (Sättigungsgesetz, Gesetz der Bedürfnissättigung): Ein teilbares → Bedürfnis verliert bei fortgesetzter Befriedigung an Intensität, bis → Sättigung eintritt und weiterer Verbrauch Widerwillen hervorruft. Daraus folgt, daß der Grenznutzen (→ Nutzen) eines Gutes mit steigendem Verbrauch oder verfügbarer Menge abnimmt (daher auch als Gesetz vom abnehmenden Grenznutzen bezeichnet). Da sich die Bedürfnisse im Zeitablauf erneuern, bezieht sich das Sättigungsgesetz nur auf gewisse Zeiträume.

2. GOSSEN'sches Gesetz (Gesetz vom Ausgleich der gewogenen Grenznutzen, Genußausgleichsgesetz): Ein gegebenes Einkommen (oder Konsumsumme) wird so auf die verschiedenen Güter aufgeteilt, daß im → Haushaltsoptimum (Nutzenmaximum) die mit den jeweiligen Preisen gewogenen Grenznutzen der Güter gleich sind, also

$$\frac{u'_1}{p_1} = \ldots = \frac{u'_n}{p_n}$$

gilt (u' sind die Grenznutzen, p die Preise der Güter l bis n). Die zuletzt für jede Güterart ausgegebene Geldeinheit bringt dann bei allen Gütern den gleichen Grenznutzen, d. h. der Grenznutzen des Geldes ist bei allen Gütern gleich. Das 2. GOSSEN'sche Gesetz ist wegen der Problematik der → Nutzenmessung und der Unteilbarkeit zahlreicher Güter umstritten.

H. M. W.

**grauer Kreis**
→ Wohnungszwangswirtschaft

### Gravitationsmodell
→ Regionalanalyse

### Grenzausgabe
Änderung der Gesamtausgaben $A = p \cdot x$ (Preis p, Menge x) für die Käufer eines Gutes, wenn eine Mengeneinheit mehr nachgefragt wird. Der Wert der Grenzausgabe

$$\frac{dA}{dx}$$

hängt vom Verlauf der → Nachfragefunktion für das betreffende Gut ab. Je nachdem, ob die → direkte Preiselastizität der Nachfrage ε im relevanten Punkt absolut genommen größer, kleiner oder gleich 1 ist, ist die Grenzausgabe positiv, negativ oder Null. Dies folgt aus der → AMOROSO-ROBINSON-Relation:

$$\frac{dA}{dx} = p \left( 1 + \frac{1}{\varepsilon} \right).$$

R. W.

### Grenzausgleich
vom Ministerrat der → Europäischen Gemeinschaften (EG) am 12. 5. 1971 eingeführtes System der Preissicherung im Rahmen der Europäischen → Agrarmarktordnung: Danach wurden die EG-Länder ermächtigt, die Auswirkungen von → Aufwertungen ihrer Währungen auf das in → Europäischen Währungs-Recheneinheiten festgelegte Agrarpreisniveau z. T. durch nationale (Mehrwert-)Steuermaßnahmen und den Rest durch Einfuhrabgaben und Ausfuhrerstattungen auszugleichen.

Durch den Grenzausgleich sollen für die Agrarwirtschaft des Aufwertungslandes eine Verschlechterung ihrer absoluten Einkommenssituation (wegen verminderter internationaler Wettbewerbsfähigkeit) und ihrer relativen Einkommenssituation (wegen sinkender → terms of trade) sowie strukturelle Überreaktionen vermieden werden.

Seit 1. 2. 1973 wird das Grenzausgleichssystem auch auf EG-Länder mit abwertend floatenden Währungen angewandt (Einfuhrerstattungen, Ausfuhrabgaben).

Die Einführung des Grenzausgleichs hat den Grundsatz des einheitlichen Agrarmarktes stark ausgehöhlt. Ob die Wiederherstellung des einheitlichen Marktes – wie geplant – bis spätestens zum 31. 12. 1977 verwirklicht werden kann, hängt nahezu ausschließlich von den Erfolgen bei der Errichtung der → Wirtschafts- und Währungsunion ab. D. S.

### Grenzbetrachtung
→ Marginalanalyse

### Grenzerlös → Grenzumsatz

### Grenzerlösprodukt
→ Grenzumsatzprodukt

### Grenzkosten
Ausdruck des Wertverzehrs bei der Erzeugung einer zusätzlichen Einheit eines Gutes Y.

Mathematisch ist die Funktion der Grenzkosten GK die erste Ableitung der Funktion der Gesamtkosten K:

$$GK = \frac{dK}{dY}.$$

Unter den Bedingungen der → vollständigen Konkurrenz und der Verhaltensweise der → Gewinnmaximierung stellt die Grenzkostenkurve oberhalb des Minimums der durchschnittlichen variablen → Kosten DVK (Betriebsminimum, Produktionsschwelle) die kurzfristige Angebotskurve des Unternehmens dar.

Die langfristige Angebotskurve ist unter den gegebenen Bedingungen der Grenzkostenkurve oberhalb des Schnittpunkts mit der → Stückkostenkurve DK, die hier ihr Minimum hat (Betriebsoptimum, Gewinnschwelle). R. D.

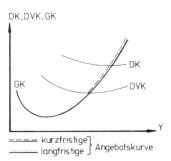

=== kurzfristige &#125; Angebotskurve
⋯⋯ langfristige &#125;

**Grenzleistungsfähigkeit der Investition**
(= marginal efficiency of investment) zusätzlicher Strom künftigen → Outputs aus derjenigen Zunahme des → Kapitalstocks, die aus der Abnahme des laufenden Konsums um eine Einheit resultiert. Ist die Grenzleistungsfähigkeit der Investition gleich dem Zinssatz, dann ist die Investitionsrate im Gleichgewicht. P.W.

**Grenzleistungsfähigkeit des Kapitals**
(= marginal efficiency of capital) Grenzertragsrate eines Unternehmens auf die in seinem Besitz befindlichen → Kapitalgüter. Ist diese größer als der Zinssatz, lohnt eine → Investition, da der → Kapitalstock noch nicht im Gleichgewicht ist. P.W.

**Grenznutzen** → Nutzen

**Grenzprodukt**
→ Grenzproduktivität

**Grenzproduktivität**
In der → Produktionstheorie werden zwei Arten von Grenzproduktivitäten unterschieden:
1. Grenzproduktivität eines Faktors: erste (partielle) Ableitung der Ertragsfunktion nach diesem Faktor. Sie gibt an, um wieviele Einheiten sich der → Output erhöht, wenn bei konstantem Einsatz aller anderen Faktoren der Einsatz eines Faktors um eine Einheit erhöht wird. Der Begriff Grenzproduktivität wird meist gleichgesetzt dem Begriff Grenzprodukt.
Es gilt:

$$\frac{\partial Y}{\partial X_i} \quad \text{Grenzproduktivität des Faktors i}$$

$$\frac{\partial Y}{\partial X_i} \cdot dX_i \quad \text{Grenzprodukt des Faktors i}$$

Setzt man $dX_i = 1$, fallen beide zusammen.
2. Niveaugrenzproduktivität: erste Ableitung der Ertragsfunktion bei proportionaler Vermehrung des Einsatzes aller Faktoren (Niveauvariation) nach dem Prozeßniveau $\lambda$. Sie gibt an, um wieviele Einheiten sich der Output erhöht, wenn der → Input bei konstantem Faktoreinsatzverhältnis um ein Faktorpaket steigt.

Es gilt:

$$\frac{dY}{d\lambda} = \text{Niveaugrenzproduktivität.} \quad \text{R.D.}$$

**Grenzproduktivität der Arbeit**
→ Arbeitsproduktivität

**Grenzproduktivität der Investition**
zusätzliche Menge von → Kapitalgütern, die durch das Opfer einer zusätzlichen Einheit von Konsumgütern (aus der laufenden Produktion) erzeugt werden kann.
Die Grenzproduktivität der Investition ist von der → Grenzleistungsfähigkeit der Investition, ferner von der → Grenzproduktivität des Kapitals und von der → Grenzleistungsfähigkeit des Kapitals zu unterscheiden. P.W.

**Grenzproduktivität des Kapitals**
→ Kapitalproduktivität

**Grenzproduktivitätstheorie der Verteilung**
a) Mikroökonomische Variante: behandelt die Frage, welche Menge eines Produktionsfaktors ein Unternehmen bei → Gewinnmaximierung und gegebenem Faktor- und Produktpreis einsetzt. Neben der Marktform der → vollständigen Konkurrenz wird für die Produktion das → Gesetz abnehmenden Ertragszuwachses sowie → constant returns to scale (d.h. eine linar-homogene → Produktionsfunktion) angenommen. Die mikroökonomische Version beinhaltet, daß unter den genannten Bedingungen ein Unternehmen jene Menge eines Produktionsfaktors einsetzt, bei welcher der Faktorpreis gleich dem → Wertgrenzprodukt des betreffenden Faktors ist (Grenzproduktivitätssatz). Werden alle Faktoren entsprechend dem Grenzproduktivitätssatz mit ihrem Wertgrenzprodukt entlohnt, dann wird bei einer linearhomogenen Produktionsfunktion gemäß dem → EULER'schen Theorem das gesamte Produkt gerade ausgeschöpft.
b) Makroökonomische Variante: erklärt → Lohn, → Zins und → Grundrente als Preise der Faktoraggregate → Arbeit, → Kapital und → Boden und damit die funktionelle →

Einkommensverteilung. Der Zusammenhang zwischen Faktoreinsatz und → Output wird durch eine makroökonomische → Produktionsfunktion mit abnehmenden Ertragszuwächsen und → constant returns to scale beschrieben. In der makroökonomischen Analyse sind die Arbeits-, Kapital- und Bodenmengen gegeben. Wächst das Faktorangebot, kann wegen der sinkenden Grenzprodukte ein erhöhter Faktoreinsatz nur bei sinkenden Faktorentgelten erfolgen. Die Faktorpreise werden als beweglich in beiden Richtungen angenommen, und Lohn, Zinssatz und Grundrente sind gleich dem Wertgrenzprodukt der betreffenden Faktoren. Durch Konkurrenz der → Inputs bilden sich jene Faktorpreise heraus, bei denen der gesamte Bestand an Produktionsfaktoren beschäftigt wird.

Bei Entlohnung nach dem Grenzproduktivitätsprinzip bezieht jeder der drei Faktoren ein → Einkommen in Höhe von Wertgrenzprodukt mal Menge des betreffenden Faktors. Das → Sozialprodukt wird bei der zugrunde gelegten linear-homogenen Produktionsfunktion nach dem → EULER'schen Theorem restlos auf die drei Faktoren aufgeteilt und reicht zu ihrer Entlohnung gerade aus. Die Verteilung hängt von der Produktionsfunktion und den Faktormengen ab, die zusammen die → Grenzproduktivität der Faktoren bestimmen. Da sinkende Grenzerträge angenommen werden, ist für die funktionelle Einkommensverteilung also die relative Seltenheit der Faktoren entscheidend. Bei Zunahme des Faktorangebots ist für die absolute Höhe des Faktoreinkommens die → Elastizität der Faktornachfrage maßgebend. Die Entwicklung der Einkommensverteilung wird durch die → Substitutionselastizität bestimmt.

Die Kritik bringt vor, daß die mikroökonomische Variante nur eine Input-Regel für die → Gewinnmaximierung darstellt und nicht die funktionelle Einkommensverteilung erklären kann. Die makroökonomische Fassung beschreibt nur das Nachfrageverhalten der Unternehmen. Die Verteilung erscheint technisch determiniert durch die Produktionsfunktion und die Faktormengen. Sie vernachlässigt die Angebotsseite und sozioökonomische Einflüsse wie die → Vermögensverteilung und die Ausübung von → Macht durch Monopolstellungen und Koalitionen (→ Arbeitgeberverbände, → Gewerkschaften). Besonders die Vermögensverteilung ist für das Angebots- und Nachfrageverhalten von Bedeutung, v. a. für das → Arbeitsangebot. Außerdem hängt die personelle → Einkommensverteilung, die unter gesellschaftspolitischen Gesichtspunkten ungleich wichtiger einzuschätzen ist als die funktionelle, in erster Linie von der Vermögensverteilung ab.    D. H.

**Grenzrate der Substitution**
→ Indifferenzkurven; → Gesetz der abnehmenden Grenzrate der Substitution

**Grenzrate der Transformation**
→ Transformationskurve

**Grenzumsatz**
Veränderung des Umsatzes $U = p \cdot x$ (Preis p, Menge x) eines Anbieters, die durch eine Erhöhung seines Absatzes x um eine Mengeneinheit bewirkt wird. Durch die → AMOROSO-ROBINSON-Relation wird ein Zusammenhang zwischen Grenzumsatz

$$\frac{dU}{dx}$$

und → direkter Preiselastizität der Nachfrage ε hergestellt:

$$\frac{dU}{dx} = p \left(1 + \frac{1}{\varepsilon}\right).$$

**Grenzumsatzprodukt**
(= Grenzerlösprodukt) ergibt sich aus der Multiplikation der → Grenzproduktivität eines Faktors mit dem → Grenzumsatz:

$$\frac{\partial x}{\partial v_i} \cdot \frac{dU}{dx}$$

Bei einem → Angebotsmonopol auf dem Absatzmarkt werden die Produktionsfaktoren mit ihrem Grenzumsatzprodukt vergütet (Inputregel der → Gewinnmaximierung).

## GRESHAM'sches Gesetz

auf den britischen Schatzkanzler Thomas GRESHAM (1519–1579) zurückgehende Erkenntnis, daß bei einer Doppelwährung (→ Metallwährung) die zu hoch bewertete Währung allmählich alleiniges → Zahlungsmittel wird, während die unterbewertete Währung in → Horten verschwindet (»Das schlechte Geld verdrängt das gute Geld«).

Ein Beispiel aus der jüngsten Zeit liefert die Entwicklung der Weltwährungssituation: Bis zur Aufhebung der Goldeinlösungspflicht des Dollars im August 1971 versuchten Zentralbanken, ihre Dollarbestände durch → Gold zu ersetzen und ihre Zahlungsverpflichtungen nicht durch Gold, sondern vornehmlich durch Dollars zu erfüllen.   H.-J. H.

## grüner Dollar

bis zum 21. 12. 1971 inoffizielle Bezeichnung für die → Europäische Währungs-Recheneinheit im Rahmen der Europäischen → Agrarmarktordnung. Dadurch sollte zum Ausdruck kommen, daß die Agrarpreisfestsetzungen faktisch auf der Basis des US-Dollars erfolgten (da bis zur → Abwertung des Dollars am 21. 12. 1971 dessen Goldparität und der Goldwert der Europäischen Währungs-Recheneinheit übereinstimmten).

**grüner Plan** → Agrarbericht

**grüner Bericht** → Agrarbericht

## Grundbilanz

→ Zahlungsbilanzkonzepte

## Grundrente

Einkommen aus der Nutzung knapper natürlicher → Ressourcen. Nach der → Grenzproduktivitätstheorie ist die Grundrente das → Wertgrenzprodukt des vom Sachkapital (als produzierten Produktionsmitteln) wohlunterschiedenen Produktionsfaktors → Boden (nämlich der ursprünglichen und unerschöpflichen Kräfte der Natur im Sinne David RICARDOS). Da sich die Grenze zwischen Sachkapital und Boden mit Besitzwechsel und fortschreitender Kultivierung immer mehr

verwischt und das Erklärungsprinzip mit dem der übrigen Einkommensarten übereinstimmt, hat die Grundrente ihre Sonderstellung, die sie in der klassischen Wirtschaftstheorie innehatte, eingebüßt.

Die Grundrente wird häufig mit Rücksicht auf unterschiedliche Voraussetzungen der produktiven Verwendung des Bodens als Differentialrente im allg. und als → Lage-, → Qualitäts-, → Intensitäts- sowie städtische Rente im besonderen qualifiziert. Das Differentialrentenkonzept trägt allerdings dem praktischen Bedürfnis, für verschiedene empirische Sachverhalte eigene Namen zur Verfügung zu haben, stärker Rechnung als dem Erfordernis einer klaren verteilungstheoretischen Begriffsbildung.

F. G.

## Grundsteuer

→ Realsteuer mit dem Grund und Boden als → Steuerobjekt.

Die Grundsteuer A hat als Steuerobjekt das land- und forstwirtschaftliche Vermögen und als Bemessungsgrundlage den Einheitswert der Grundstücke und Gebäude (Ertragswert: 18-faches des Reinertrags). Der Hebesatz wird durch die Gemeinden festgelegt mit Genehmigungspflicht durch die Kommunalaufsicht und unter Beachtung eines vorgeschriebenen Verhältnisses zu dem Hebesatz der Grundsteuer B.

Steuerobjekt der Grundsteuer B sind bebaute Wohn- und Betriebsgrundstücke; Bemessungsgrundlage ist der Einheitswert, der bei Mietwohngrundstücken und gemischt genutzten Gebäuden als ein Vielfaches der Jahresrohmiete berechnet und bei den übrigen Gebäuden durch den gemeinen Wert (Verkehrswert) gegeben wird. Für den Hebesatz gilt das obige.

Die allgemeine Steuermeßzahl der Grundsteuer beträgt 10 v. T.; Ausnahmen bestehen bei der Grundsteuer A (8 v. T. bei einem Einheitswert kleiner 10 000 DM) und bei der Grundsteuer B (5–10 v. T. je nach Nutzungsart, Höhe des Einheitswerts, Alter der Gebäude und Gemeindegröße). Der Einheitswert liegt in der Realität weit unter dem Marktwert (z. Z. Umstellung vom Jahr 1935 auf 1964).

Die Grundsteuer erscheint in einer entwickelten Gesellschaft als Instrument einer → Vermögensbesteuerung nach objektiven Kriterien etwas archaisch, da in einer solchen Gesellschaft im Gegensatz zu einem Agrarstaat Grundvermögen nur noch einen geringen Anteil des Gesamtvermögens darstellt. Als Instrument der → Bodenpolitik ist sie ebenfalls nur schlecht einzusetzen, weil sie den Bodenwert, nicht die Wertzuwächse erfaßt. H.-W. K.

**Gruppe für Entwicklungshilfe**
(Development Assistance Group; DAG) am 14. 1. 1960 im Rahmen des → Europäischen Wirtschaftsrates (OEEC) gegründete Sondergruppe für → Entwicklungshilfe, die als Informationszentrale der entwicklungshilfeleistenden OEEC-Länder dienen sollte. Ihr gehörten 10 Länder (darunter die BRD) und die EWG-Kommission an. Ihre Tätigkeit wurde nach dem Übergang der OEEC in die → Organisation für wirtschaftliche Zusammenarbeit und Entwicklung (OECD) vom → Entwicklungshilfeausschuß der OECD (DAC) fortgeführt. D. S.

**Gruppenfloating**
(= Blockfloating) währungspolitische Strategie einer Gruppe von Ländern mit → freien Wechselkursen nach außen und → festen Wechselkursen nach innen.
Mit Beschluß des Rats der → Europäischen Gemeinschaften (EG) vom 11. 3. 1973 wurden die EG-Zentralbanken von der → Interventionspflicht zur Aufrechterhaltung der Bandbreiten (→ Parität) des US-Dollars entbunden. Belgien, die BRD, Dänemark, Luxemburg und die Niederlande halten gemäß der Entschließung des Ministerrats der EG vom 21. 3. 1972 eine Schwankungsbreite von ± 2,25 % zwischen ihren Währungen fest. Norwegen und Schweden verbanden sich unter Anwendung desselben Systems mit den genannten Ländern zur europäischen Währungszone. Frankreich, das ursprünglich ebenfalls zu diesem Floatingblock gehörte, schied am 19. 1. 1974 aus.
Die Darstellung der prozentualen Abweichungen des Dollarkurses der Blockfloater

vom jeweiligen rechnerischen $-Leitkurs, zeigt ein variierendes Band, die europäische → Währungsschlange.
Soweit Interventionen gegenüber dem Dollar stattfinden, bedürfen sie einer Abstimmung (Konzertation) zwischen den beteiligten → Zentralbanken. Die Einhaltung der Bandbreiten zwischen den Blockwährungen erfolgt durch Interventionen der Notenbanken auf ihren → Devisenmärkten. Kontenführung, Verrechnung und Ausgleich der daraus entstehenden Forderungen und Verbindlichkeiten obliegt seit 1. 6. 1973 dem → Europäischen Fonds für währungspolitische Zusammenarbeit, ausgenommen die Finanztransaktionen mit Norwegen und Schweden, die auf bilateraler Basis abgewickelt werden. F. G.

**Gruppengleichgewicht**
langfristiges Gleichgewicht bei → vollständiger Konkurrenz mit freiem → Marktzutritt. Es ist dadurch gekennzeichnet, daß alle Anbieter im Minimum der langfristigen → Stückkosten produzieren. Die Polypolisten treten hier als Grenzanbieter auf, d. h. sie produzieren gewinnlos, wobei in die Kosten jedoch Unternehmerlohn und Eigenkapitalverzinsung einbezogen sind. Kein Anbieter hat infolgedessen Anlaß, aus dem Markt auszuscheiden. Das Fehlen überdurchschnittlicher Gewinne zieht aber auch keine neuen Anbieter an, so daß die Gruppe der Anbieter unverändert bleibt. R. W.

**Gruppeninflation**
entsteht, sofern wachsende Ansprüche aller Gruppen zusammengenommen mit der (insbes. durch wachsenden → Kapitalstock und → technischen Fortschritt determinierten) Zunahme der volkswirtschaftlichen Leistungsfähigkeit nicht im Einklang stehen und kein sozialer Kompromiß zu erzielen ist, der das geforderte Realeinkommen auf das realisierbare Maß zurückschraubt.
Die → Inflation kann unter solchen Umständen als Verteilungsmechanismus wirken, der den aktiven Gruppen einen Verteilungsgewinn bei verhältnismäßig gerin-

gen sozialen Schwierigkeiten beschert, da die übrigen Gruppen unverändertes Geldeinkommen beziehen und ihrer relativen Schlechterstellung nicht voll gewahr werden (→ Geldillusion).

Inflation kann aber auch als Sanktionsmechanismus wirken, der bei gegenseitigen Zugeständnissen z. B. der → Tarifpartner (im Interesse der unter Erfolgszwang stehenden Funktionäre) für die Einhaltung der relativen Position sorgt.

Die Gruppeninflation ist i. d. R. ein kontinuierlicher Prozeß, weil die Beteiligten unablässig bestrebt sind, ihre Position weiter zu verbessern oder ihre durch die Inflation korrigierten Ansprüche erneut geltend zu machen.   B. B. G.

## Gut

Mittel (Sachgüter, Arbeit, Dienstleistungen und Nutzungen von Sachgütern, soweit sie isoliert betrachtet werden) zur Befriedigung menschlicher → Bedürfnisse.

a) Freie Güter sind in solch einer Menge verfügbar, daß keine wirtschaftliche Tätigkeit zur Bedürfnisbefriedigung notwendig ist. Wirtschaftliche Güter sind im Verhältnis zu den Bedürfnissen knapp, daher Gegenstand der Wirtschaft, verursachen bei ihrer Bereitstellung Kosten und erzielen einen Preis. Freie Güter können zu wirtschaftlichen werden (z. B. Wasser) und sind potentielle wirtschaftliche Güter.

b) Konsumgüter dienen als Verbrauchsgüter (kurzlebige Güter, einmalige Nutzung) oder Gebrauchsgüter (langlebige oder dauerhafte Konsumgüter, Nutzungsstrom) der unmittelbaren, Produktivgüter (z. B. Rohstoffe, Maschinen) der mittelbaren Bedürfnisbefriedigung, indem sie in der Produktion von Konsum- oder auch Produktivgütern eingesetzt werden. Produktivgüter können ebenfalls kurzlebige oder dauerhafte Güter (Investitionsgüter) sein. Die Unterscheidung in Konsumgüter und Produktivgüter ist fließend, die Zuordnung eines Gutes hängt verschiedentlich von dessen jeweiliger Verwendung ab. Konsumgüter werden auch als Güter erster Ordnung, Produktivgüter als Güter höherer Ordnung (Carl MENGER) bezeichnet (je nach Reifegrad Güter zweiter, dritter Ordnung usw. mit den originären Produktionsfaktoren → Arbeit und → Boden als Güter höchster Ordnung).

c) Kommt die Befriedigung eines Bedürfnisses oder ein Ertrag nur durch das Zusammenwirken von zwei oder mehreren Gütern zustande, dann handelt es sich um komplementäre Güter (bzw. Produktionsfaktoren). Die Güter sind substituierbar, wenn das gleiche Ergebnis durch verschiedene Güter herbeigeführt werden kann.

d) Güter, die bei einer Zunahme des Einkommens mehr nachgefragt werden und umgekehrt (positive → Einkommenselastizität), sind normale oder superiore Güter. Bei einer Verringerung der nachgefragten Menge nach einer Einkommenserhöhung und umgekehrt (negative Einkommenselastizität) liegt ein inferiores Gut vor, das ein → GIFFEN-Gut sein kann. Entsprechend der Einkommenselastizität der Nachfrage kann zwischen Notwendigkeitsgüter (Einkommenselastizität < 1) und Luxusgütern (Einkommenselastizität > 1) unterschieden werden.

e) In der Lehre von den → Marktformen ist die Unterscheidung zwischen homogenen und inhomogenen Gütern (→ Homogenität) für die → Preisbildung bedeutsam.

f) Nach der Möglichkeit, Wirtschaftssubjekte vom Gütergebrauch bzw. -verbrauch auszuschließen (Ausschließungsprinzip), wird zwischen privaten und → öffentlichen Gütern unterschieden.

g) Entsprechend der Reproduzierbarkeit ergibt sich eine Einteilung in beliebig vermehrbare Güter und Seltenheitsgüter (David RICARDO).   H. M. W.

## GWB

→ Gesetz gegen Wettbewerbsbeschränkungen

## HAAVELMO-Theorem

( = balanced budget-Theorem) auf Trygve HAAVELMO (1945) zurückgehende Feststellung, daß die Variation des Bud*getvolumens* genügen kann, um expansive oder kontraktive Effekte auszulösen. Da jedoch Einnahmen- und Ausgabenwirkungen einander entgegengerichtet sind, bedarf es, um ein bestimmtes Ergebnis zu erreichen, im Fall der Politik des ausgeglichenen → Budgets einer stärkeren Veränderungen von Ausgaben *und* Einnahmen als im Fall der Überschuß- oder Defizitpolitik, bei der nur über Ausgaben *oder* Einnahmen gesteuert wird.

Zu den → Staatsausgaben im Sinne des HAAVELMO-Theorems sind nur die Produktionsaufwendungen des Staates (einschl. → Abschreibungen bzw. Ersatzinvestitionen) sowie die Nettoinvestitionen des Staates zu zählen. Insbes. die laufenden → Übertragungen rechnen nicht dazu. Das Theorem gilt ferner für eine geschlossene Volkswirtschaft, so daß eine externe Stabilisierung nicht in Betracht zu ziehen ist.

Die Verhaltensannahmen des Modells unterstellen privaten Konsum, der zum einen Teil vom verfügbaren persönlichen Einkommen proportional abhängig ist (marginale → Konsumquote c), zum anderen Teil exogen bestimmt ist ($C_a$). Autonom gegeben sind ferner die privaten Investitionen ($I_a$), die Staatsausgaben ($G_a$), die direkten Steuern ($T_a$) und die laufenden Übertragungen ($Z_a$).

Unter diesen Voraussetzungen ergibt sich für das Gleichgewichtseinkommen:

$$Y^0 = \frac{1}{1-c} (C_a + I_a + cZ_a + G_a - cT_a).$$

Für den Fall eines Budgetausgleichs ($G_a = T_a = A$) gilt:

$$Y^0 = \frac{1}{1-c} (C_a + I_a + cZ_a) + A.$$

Die Ableitung der Einkommenswirkung einer Budgetvolumensänderung geht davon aus, daß die Verhaltensgleichungen im Multiplikatorprozeß unverändert bleiben; die Einkommensänderung darf z.B. keine Schichten erfassen, die abweichende Konsummuster aufweisen! Als balanced budget multiplier erhält man dann:

$$\frac{dY}{dA} = 1.$$

Die äußerst restriktiven Voraussetzungen des Theorems lassen es als wenig relevant für die praktische Beurteilung der Wirkungen einer Änderung des Budgetvolumens erscheinen. Um größere Wirklichkeitsnähe zu erreichen, müßte eine aufwendigere Modellstruktur unterstellt werden; ferner wäre die Nachfrageorientierung des keynesianischen Modellansatzes zu Gunsten stärkerer Angebotsorientierung (in Form einer Berücksichtigung der Produktionsverhältnisse und des Unternehmerverhaltens) aufzugeben.   F.G.

**Habenzinsbindung** → Bankenaufsicht

## habit – persistence – Hypothese

Hypothese von T.M. BROWN (1952), daß sich im Zeitablauf kontinuierlich Konsumgewohnheiten herausbilden, die den Einfluß des laufenden Einkommens auf den laufenden → Konsum mindern. Konsumgewohnheiten entstehen durch den Konsum vergangener Perioden, verlieren ihre Wirkung jedoch um so schneller, je größer der Abstand zwischen vergangenem und laufenden Konsum wird. Der Konsum der Vorperiode übt nach der habit-persistence-Hypothese den stärksten gewohnheitsmäßigen Effekt auf den Konsum der laufenden Periode ($C_t$) aus, da er im Bewußtsein des Konsumenten noch gegenwärtig ist. Außerdem kumulieren sich im Konsum der Vorperiode die Konsumeinflüsse vergangener Perioden. Dementsprechend wird in die → Konsumfunktion neben dem Einkommen der laufenden Periode ($Y_t$) der Konsum der Vorperiode ($C_{t-1}$) als unabhängige Variable eingeführt:

$$C_t = a + b_1 \cdot Y_t + b_2 \cdot C_{t-1}$$

Die habit-persistence-Hypothese beinhaltet insofern eine Kritik an den Hypothesen von James S. DUESENBERRY und Franco MODIGLIANI (→ relative Einkommenshypothese) bzw. T.E. DAVIS, als sie die diskontinuierliche Bildung von Konsumgewohnheiten leugnet, die in den betreffenden Hypothesen durch die Berücksichtigung des Maximaleinkommens bzw. des Maximalkonsums als gewohnheitsbildenden Faktoren zum Ausdruck kommt. Die habit-persistence-Hypothese kann als Spezialfall der → distributed-lag-Theorie interpretiert werden. E. v. K.

**Handelsbilanz**
1. Teilbilanz der → Zahlungsbilanz, welche i.d.R. den sog. Spezialhandel zwischen → Inländern und Ausländern verzeichnet (→ Außenhandel), d.h. im wesentlichen die Waren, die zum Gebrauch, Verbrauch, zur Be- oder Verarbeitung in das Erhebungsgebiet eingehen bzw. aus der Erzeugung, Be- oder Verarbeitung des Erhebungsgebietes stammen und ausgehen.
Die Einfuhr wird überwiegend mit ihrem cif-Wert (cif: cost, insurance, freight) erfaßt, d.h. dem Marktwert der Warenimporte an der Zollgrenze des importierenden Landes (einschl. der bis zur Grenze angefallenen Transport-, Versicherungs- und Verladekosten).
Die Ausfuhr wird mit ihrem fob-Wert (fob: free on board) erfaßt, d.h. dem Marktwert der Warenexporte an der Zollgrenze des exportierenden Landes (einschl. der bis zur Grenze angefallenen Transport- und Verladekosten).
Die Handelsbilanz der BRD wird vom

Statistischen Bundesamt nach verschiedenen Warengruppen sowie nach Ländergruppen und Ländern untergliedert. 1973 wurden für die Handelsbilanz der BRD als Globalwerte ermittelt: Ausfuhr (fob) 178,4 Mrd. DM, Einfuhr (cif) 145,4 Mrd. DM.
2. Einzelwirtschaftliche → Vermögensrechnung, die nach den Grundsätzen des Handelsrechts erstellt wird. D. S.

**Handelsgewinn**
→ Außenhandelsgewinn

**Handelsoptimum** → Tauschoptimum

**HARROD-Modell**
→ Wachstumsmodell, mit dem Roy F. HARROD (1939) als erster versuchte, das statische KEYNES'sche System zu dynamisieren, um so einen Ansatz zur Behandlung des Problems des Wachstumsgleichgewichts (→ steady-state growth) zu gewinnen. Das in einer Reihe von Veröffentlichungen entwickelte Modell läßt der Interpretation großen Spielraum. So konnte das HARROD-Modell auf der einen Seite völlig mit dem → DOMAR-Modell identifiziert werden (HARROD-DOMAR-Modell), auf der anderen Seite konnte es als eine frühe Variante der neoklassischen → Wachstumstheorie verstanden werden. Nach der hier vorgetragenen Auffassung besteht der Unterschied zum DOMAR-Modell darin, daß dieses mit einer technischen Bedingungsgleichung (limitationale → Produktionsfunktion bzw. konstanter → Kapitalkoeffizient), das HARROD-Modell mit einer Verhaltensfunktion (→ Akzelerationsprinzip) arbeitet.
a) Darstellung des Modells und der sich daraus ergebenden (pessimistischen) Schlußfolgerungen: HARROD unterscheidet in Bezug auf die Wachstumsrate des Volkseinkommens drei Begriffe:
· natürliche Wachstumsrate (natural rate of growth n): sie stellt als die maximal auf Dauer realisierbare Wachstumsrate die Obergrenze der Wachstumsmöglichkeiten dar und ist definiert als Summe der Wachstumsraten der Arbeitskräfte und des →

technischen Fortschritts (der als HAR-ROD-neutral definiert wird. Ihre Realisierung garantiert Vollbeschäftigung.

· befriedigende Wachstumsrate (warranted rate of growth g): sie ist der Wachstumspfad, auf dem bei gegebener → Sparquote das Angebot und die Nachfrage nach Sachgütern und Dienstleistungen im Gleichgewicht bleiben, d. h. sie garantiert die Vollauslastung der Produktionskapazitäten; die durch das Wachstum induzierten Investitionen sind jeweils gerade groß genug, um die bestehende Wachstumsrate aufrechtzuerhalten.

· tatsächliche Wachstumsrate (actual rate of growth w).

Gleichgewichtiges Wachstum bei Vollbeschäftigung und Vollauslastung der Kapazitäten (→ steady-state growth bzw. → golden age) ist offenbar nur möglich wenn w = g = n. Neben den Existenzbedingungen des steady state interessiert HARROD v. a. die Stabilität des Wachstumsgleichgewichts. Seiner Meinung nach ist g instabil, eine Abweichung der tatsächlichen Wachstumsrate von g führt zu einer Vergrößerung der Abweichung: Erreicht z. B. die induzierte Investition nicht einen bestimmten Wert, sehen sich die Unternehmen einer zu geringen Gesamtnachfrage gegenüber und schränken als Reaktion der Investitionstätigkeit noch weiter ein (»Instabilitätsprinzip«). Sind nun die Existenzbedingungen des steady-state growth nicht gegeben, weil n < g bzw. n > g, so wird im ersten Fall eine depressive Situation entstehen, im zweiten Fall eine durch inflationäre Spannungen gekennzeichnete Lage. Langfristiges Gleichgewichtswachstum ist nach HARROD höchst unwahrscheinlich; kommt es je zustande, ist es ein Balancieren auf des Messers Schneide (→ knifeedge-Problem).

b) Formale Analogie zum DOMAR-Modell: Vorausgesetzt werden
eine → Investitionsfunktion in Form des → Akzelerationsprinzips $\Delta K = I = v \Delta Y$. Die induzierte Investition ist gleich der Änderung des Volkseinkommens mal dem Akzelerator v. Interpretiert man v als den »befriedigenden« Akzelerator, so wird die Funktion zur Bedingung der Vollausla-

stung der Kapazitäten; der Kapitalstock wächst dann gerade so schnell wie es dem Wachstum der Nachfrage entspricht;

· eine konstante Sparquote s;

· eine konstante Wachstumsrate der Zahl der Arbeitskräfte L und ein konstanter → Arbeitskoeffizient u.

Das ergibt folgende Gleichgewichtsbedingungen:

Vollauslastung der Kapazitäten: $I = v \dfrac{dY}{dt}$

I-S-Gleichgewicht: $I = sY$

Vollbeschäftigung: $L = uY = L_0 e^{nt}$

Die Gleichungen entsprechen formal genau der auf Zuwachsraten bezogenen Version des → DOMAR-Modells. Die steady-state-Lösung ergibt:

$$Y = Y_0 e^{gt}; \quad I = I_0 e^{gt}; \quad L = L_0 e^{gt};$$

wobei $g = \dfrac{s}{v} = n$.

Für die Ausgangswerte gilt:

$I_0 = sY_0; \quad L_0 = uY_0$.  C.-G. Sch.

**Harvard-Barometer**
gesamtwirtschaftlicher, von der Harvard-Universität in den 20er Jahren entwickelter → Konjunkturindikator mit drei Hauptindikatoren und weiteren Unterreihen für den Effekten-, Waren- und Geldmarkt. Nach einem Konzept gesetzmäßiger → Konjunkturzyklen wurden Konjunkturdiagnosen und -prognosen gestellt. Der Harvard-Barometer versagte in der Weltwirtschaftskrise 1929 und offenbarte die Mängel eines auf wenigen Einzelreihen basierenden mechanistischen Ansatzes. E. v. P.

**Haushaltsgleichgewicht**
→ Haushaltsoptimum

**Haushaltsgrundsätzegesetz (HGrG)**
Gesetz über die Grundsätze des Haushaltsrechts des Bundes und der Länder von 1969. Es enthält:
a) bindende Grundsätze für die an das HGrG anzupassende haushaltsrechtliche

Gesetzgebung von Bund und Ländern über die Aufstellung und Ausführung der Haushaltspläne, die → Haushaltsrechnung, -prüfung und Entlastung. Als wichtige Neuerung gegenüber dem bisher geltenden Haushaltsrecht ist die Berücksichtigung ökonomischer Anforderungen an das → Budget herauszustellen, insbes. in den Bestimmungen über den → Budgetausgleich, die → Deckungsgrundsätze und die Gliederung des Haushaltsplans;
b) unmittelbar geltende rechtliche Regelungen, betreffend insbes. die mehrjährige → Finanzplanung, die gemischtwirtschaftlichen Unternehmen, die juristischen Personen des öffentlichen Rechts sowie die Bundes- und Landeskassen. E.S.

**Haushaltsoptimum**
(= Haushaltsgleichgewicht) Güterkombination, die ein Haushalt bei gegebener Konsumsumme und gegebenen Güterpreisen verbraucht, wenn das höchstmögliche Versorgungsniveau oder Nutzenmaximum (→ Indifferenzkurven) angestrebt wird. Das Haushaltsoptimum ist im Tangentialpunkt P (mit den Mengen $\bar{y}$ und $\bar{x}$) von → Bilanzgerade und höchster Indifferenzkurve gegeben, wo die Bilanzgerade zur Substitutionstangente wird. Dann gilt

$$\frac{dy}{dx} = -\frac{p_x}{p_y}$$

d.h. die Grenzrate der Substitution (→ Indifferenzkurven) ist gleich dem negativen reziproken Verhältnis der Güterpreise. Da die Grenzrate der Substitution gleich dem (negativen) reziproken Verhältnis der Grenznutzen (→ Nutzen) ist, kann die Bedingung für das Haushaltsoptimum auch

$$\frac{u'_x}{u'_y} = \frac{p_x}{p_y}$$

geschrieben werden: Das Verhältnis der Grenznutzen (u') der Güter x und y ist gleich dem Preisverhältnis, woraus nach Umformung in

$$\frac{u'_x}{p_x} = \frac{u'_y}{p_y}$$

das zweite → GOSSEN'sche Gesetz als Bedingung für das Haushaltsoptimum entwickelt werden kann. Die Ableitung des Haushaltsoptimums ist Gegenstand der auf dem ordinalen Nutzenkonzept (→ Nutzenmessung) aufbauenden → Wahlhandlungstheorie und Ausgangspunkt für die Ableitung der individuellen → Nachfragekurve. H.M.W.

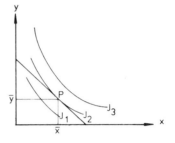

**Haushaltsplan** → Budget

**Haushaltsrechnung**
kameralistische (einfache) Buchführung über die tatsächlichen Einnahmen und Ausgaben (Ist-Einnahmen, Ist-Ausgaben) eines öffentlichen Haushalts. Sie wird nach Abschluß der Haushaltsperiode der Rechnungsprüfungsbehörde vorgelegt (→ Budget). Als Ist-Größen gelten auch Ausgabereste (Ausgaben, die in der betreffenden Periode kassenmäßig noch nicht ausgegeben wurden, aber, weil sie im Haushaltsplan als übertragbar bezeichnet sind, nach Abschluß der Periode noch ausgegeben werden dürfen) und Einnahmereste (noch nicht eingegangene, aber mit Sicherheit zu erwartende Einnahmen). Sind die Einnahmen einschließlich der Einnahmereste größer als die Ausgaben einschließlich Ausgabenreste (z.B. weil die Steuereinnahmen die Vorausschätzungen übersteigen), so spricht man von einem Rechnungsüberschuß, im umgekehrten Fall von einem Rechnungsfehlbetrag. Wegen der Einbeziehung der Reste gibt jedoch nicht die Haushaltsrechnung, sondern die nur die kassenmäßigen Ist-Einnahmen und -Ausgaben erfassende Kassenrech-

nung Aufschluß über die konjunkturelle Wirkung des öffentlichen Haushalts in einer Periode. Dies ist besonders deshalb zu betonen, weil mit einem Rechnungsfehlbetrag ein Kassenüberschuß, mit einem Rechnungsüberschuß ein Kassenfehlbetrag verbunden sein kann.

Ob im materiellen Sinne → Budgetausgleich, ein Überschuß oder ein Defizit vorliegt, ist dem im → Haushaltsgrundsätzegesetz (§ 39) bzw. dem in der → Bundeshaushaltsordnung (§ 82) vorgeschriebenen Finanzierungssaldo zu entnehmen, der im wesentlichen die Differenz zwischen Ist-Einnahmen und Ist-Ausgaben (ohne Reste) mit Ausnahme der Einnahmen aus Krediten und Rücklagenauflösung und der Ausgaben für Schuldentilgung und Rücklagenbildung ausweist.                E.S.

**Haushaltssektor** → Wirtschaftssektoren

**Haushaltstheorie**
befaßt sich mit optimalen Verbrauchsentscheidungen und der daraus entstehenden Nachfrage eines Haushalts nach Gütern. Im Mittelpunkt steht die Beziehung zwischen Güternachfrage und Preis, d.h. die Ableitung einer individuellen → Nachfragefunktion (woraus durch → Aggregation die Gesamtnachfragekurve gewonnen wird). Diese Fragestellung erfordert auch die Untersuchung des Zusammenhangs von Güternachfrage und Einkommen.

In der Haushaltstheorie lassen sich drei Ansätze unterscheiden. Die ältere Grenznutzenanalyse geht von den → Bedürfnissen der Wirtschaftssubjekte aus und hat im Nutzen- und Grenznutzenbegriff (→ Nutzen) und den → GOSSEN'schen Gesetzen ihre zentralen Erklärungsinstrumente. Aus der Kritik an deren kardinalem Nutzenkonzept (→ Nutzenmessung) entstand die → Wahlhandlungstheorie, die auf einem ordinalen Nutzen basiert und die Nachfragekurve aus einem System von → Indifferenzkurven ableitet. Der Ansatz der → bekundeten Präferenzen (revealed preference) verzichtet auf ein Nutzenkonzept und hat im empirisch feststellbaren Verhalten der Wirtschaftssubjekte seinen Ausgangspunkt.                H.M.W.

**Havana-Charta**
Welthandels-Charta, die nach mehreren vorbereitenden Konferenzen am 24.3. 1948 in Havana von 53 Staaten unterzeichnet wurde. Sie war als Grundlage für eine Internationale Handelsorganisation (International Trade Organization; ITO) konzipiert und sollte im Bereich des Welthandels das Abkommen über den → Internationalen Währungsfonds ergänzen. Bereits 1947 wurde jedoch ein Teil des Vertragswerkes (v.a. unter Aussparung der für die → Entwicklungsländer relevanten Abschnitte) als Interim-Abkommen unter der Bezeichnung → Allgemeines Zoll- und Handelsabkommen (GATT) unterzeichnet und am 1.1.1948 in Kraft gesetzt.

Da die Errichtung der ITO 1950 endgültig an der Nichtratifizierung der Havana-Charta durch die USA scheiterte, bildet das GATT bis heute die Grundlage der Welthandelsordnung.                R.O.

**HECKSCHER-OHLIN-Theorem**
Modell zur Erklärung der Richtung und Struktur internationaler Güterströme.
Ursprünglich von Eli F. HECKSCHER (1919) entwickelt, später von Bertil OHLIN (1933) weiter ausgearbeitet, wird heute darunter zumeist der von Paul A. SAMUELSON (1948) formalisierte Ansatz verstanden, der eine Reihe von Faktoren der OHLIN'schen Theorie zur Erklärung der Handelsstruktur (z.B. → increasing returns to scale, Transportkosten etc.) unberücksichtigt läßt, um die internationalen Güterströme *allein* aufgrund relativer Differenzen in der Faktorausstattung einerseits und der Faktorintensitäten der Güter andererseits erklären zu können. Annahmen des HECKSCHER-OHLIN-SAMUELSON-Ansatzes:
a) 2 Güter, 2 Faktoren (K, L), 2 Länder (A,B);
b) Produktionsfunktionen mit → constant returns to scale und abnehmenden Grenzraten der Faktorsubstitution;
e) keine umschlagenden Faktorintensitäten;
d) die in den Ländern jeweils verfügbaren Faktormengen sind fixiert;

e) Produktionsfunktionen und -faktoren beider Länder sind identisch;

f) die gesellschaftlichen Nutzenfunktionen sollen identisch in dem Sinne sein, daß sie eine Einkommenselastizität von 1 aufweisen (homothetische Nutzenfunktion);

g) vollständige Konkurrenz auf Güter- und Faktormärkten;

h) externe Effekte, Transportkosten, Zölle und sonstige Handelshemmnisse bleiben unberücksichtigt.

Aussage: Ein Land wird jenes Gut exportieren (importieren), bei dessen Produktion der relativ reichlich (knapp) vorhandene Faktor besonders intensiv genutzt wird. So wird z. B. Land A (Land B) für den Fall, daß $(K/L)^A > (K/L)^B$ das kapitalintensive (arbeitsintensive) Gut exportieren und das arbeitsintensive (kapitalintensive) Gut importieren. Die zustandekommende → Spezialisierung ist bei nicht allzugroßen Unterschieden in den Faktorausstattungen in beiden Ländern unvollständig.

Das Theorem bildet die Grundlage für die Analyse einer Reihe von Fragen, deren Behandlung zu weiteren Theoremen geführt hat (→ SAMUELSON-STOLPER-Theorem; → RYBCZYNSKI-Theorem; → Faktorpreisausgleichstheorem).

Zu einer heftigen und bis heute andauernden Diskussion kam es nach dem Versuch von Wassily LEONTIEF (1953/56), mit Hilfe der → Input-Output-Analyse das Modell am Beispiel der USA empirisch zu testen (→ LEONTIEF-Paradox). Der Test mißlang, jedoch zeigte sich, daß die »paradoxen« Ergebnisse teilweise mit dem HECKSCHER-OHLIN-Theorem in Übereinstimmung gebracht werden können. Zugleich war der LEONTIEF-Test Anlaß zu einer Reihe von Fortentwicklungen des HECKSCHER-OHLIN-Modells.

Neuere Arbeiten widmen sich insbes. der Frage, inwieweit das HECKSCHER-OHLIN-Theorem und die daraus abgeleiteten Theoreme auch unter weniger stringenten Annahmen gültig bleiben, z. B. bei → increasing bzw. → decreasing returns to scale bei unterschiedlichen Nutzenfunktionen, bei Produktionsfunktionen mit der Möglichkeit des Umschlagens der Faktorinten-

sitäten (→ CES-Funktionen), bei Berücksichtigung von mehr Gütern, mehr Faktoren, Zwischenprodukten und nicht gehandelten Gütern.

Darüber hinaus wird von einigen Autoren auf die Notwendigkeit hingewiesen, bestimmte Kennzeichen der Produktionsbedingungen im Rahmen der → monopolistischen Konkurrenz bei der Erklärung der internationalen Spezialisierung zu berücksichtigen, z. B. Entwicklung neuer Produkte und/oder neuer Produktionsprozesse sowie Produktdifferenzierung.

M. H.

**Hedging**
spezielle Form der Risikominderung, bei der ein vorhandenes Risiko durch Übernahme eines zweiten, kompensatorischen Risikos ganz oder teilweise ausgeglichen werden soll. Dies ermöglicht sowohl der Erwerb von Vermögensobjekten, deren erwartete Erträge negativ korreliert sind, als auch der simultane Aufbau einer Schuldner- und Gläubigerposition im gleichen Aktivum bzw. in positiv korrelierten Titeln. Zum Hedging zählt auch die Ausnutzung von Terminmärkten zur Risikovermeidung.

Da Wirtschaftssubjekte i. d. R. nicht vollständige Risikovermeidung, sondern entsprechend ihrer Risikopräferenz eine optimale Mischung gewinnbringender und risikomindernder Transaktionen anstreben, weisen viele Geschäfte in der Realität sowohl Elemente des Hedging als auch der → Spekulation auf. Dies berücksichtigt die → Portfolio-Selection-Theorie, die das in Bezug auf Risikograd, → Liquidität und → Rentabilität optimale Anlageverhalten von Wirtschaftssubjekten untersucht. V. B.

**high-powered money** → Geldbasis

**historischer Materialismus**
Geschichtsphilosophie des Marxismus-Leninismus; er bildet mit dem → dialektischen Materialismus das Fundament des → Marxismus und vollendet den marxistischen philosophischen Materialismus, da er ihn auch in bezug auf die menschliche Gesellschaft und ihre geschichtliche Entwicklung konsequent anwendet. Den Lebensprozeß

des Menschen versteht der historische Materialismus v. a. als Praxis des materiellen Produktions- und Reproduktionsprozesses sowie des Klassenkampfes und der sozialen Revolution. Ausgehend von dem Leitsatz, daß nicht das Bewußtsein der Menschen ihr Sein, sondern umgekehrt das gesellschaftliche Sein ihr Bewußtsein bestimmt, formulierten Karl MARX und Friedrich ENGELS die Begriffe der Produktivkräfte (Produktionsmittel, mit deren Hilfe die materiellen Güter geschaffen werden, und die Menschen, die den Produktionsprozeß vollziehen) und Produktionsverhältnisse (Verhältnisse, in die die Menschen im Verlauf der Produktion der materiellen Güter treten) und wiesen auf dieser Grundlage die Klassenstruktur der Gesellschaft nach. Aus der Erkenntnis, daß der Konflikt zwischen Produktivkräften und Produktionsverhältnissen, obwohl sie eine Einheit bilden, die Widersprüche besonders zwischen den verschiedenen Klassen verschärft, gelangten MARX und ENGELS zum Axiom des revolutionären Determinismus der gesellschaftlichen Entwicklung: Die alten Produktionsverhältnisse werden gewaltsam beseitigt und durch neue ersetzt, die dem Charakter der herangewachsenen Produktivkräfte entsprechen.

Mit Hilfe der Theorie des einheitlichen Organismus jeder Gesellschaft (ökonomische Gesellschaftsformation), die jeweils durch Basis (Verhältnisse, die die Menschen im Produktionsprozeß miteinander eingehen und die vom Charakter und Entwicklungsniveau der Produktivkräfte bestimmt werden) und Überbau (bestimmte politische und ideologische Verhältnisse) charakterisiert wird, unterscheidet man fünf verschiedene Gesellschaftsformationen:

a) Sklavenhaltergesellschaft;
b) Feudalismus;
c) → Kapitalismus;
d) → Sozialismus;
e) → Kommunismus. Nach MARX'scher Prognose führt beim Übergang vom Kapitalismus zum Sozialismus der Prozeß des Klassenkampfes über die Abschaffung des Privateigentums an Produktionsmitteln (Ursache der Entfremdung) zur Aufhe-

bung aller Klassen und zum Absterben des Staates (Kommunismus), des Zwangsapparates der Klassenherrschaft. In dieser klassenlosen Gesellschaft ist die Freiheit des zu sich selbst zurückgekehrten Menschen erreicht (Endziel der Menschheitsgeschichte).

Der Forderung des historischen Materialismus zufolge ist das Proletariat, das im Laufe der geschichtlichen Entwicklung zur Selbsterkenntnis seiner Situation gelangt und dessen Aktionen deshalb durch die Einsicht in den Verlauf der Geschichte methodisch angeleitet werden, die letzte Klasse; sie hebt sich selbst in der klassenlosen Gesellschaft auf. Die Theorie für die Aktionen des Proletariats liefert der historische Materialismus, den MARX in diesem Sinne (sozio-politisches Steuerungsmittel geistiger Art) oft »Kommunismus« nennt.

In der Diskussion um den historischen Materialismus wurde die Theorie vom dialektischen Sprung der Gesellschaftsentwicklung, der Revolution aufgrund einer proletarischen Massenerhebung, von Wladimir Iljitsch LENIN abgewandelt und den russischen Verhältnissen angepaßt, indem er der Rolle des »subjektiven Faktors«, der Persönlichkeit, eine größere Bedeutung beimaß. Seine Theorie von der »Partei neuen Typs«, die als »Avantgarde« der Revolution das Proletariat zum Siege führt, wurde durch die Oktoberrevolution bestätigt. Josef STALIN formulierte nach Ausbleiben der von LENIN prophezeiten Weltrevolution (→ »Imperialismus als höchstes Stadium des Kapitalismus«) im weiteren Verlauf der Entwicklung die These vom »Sozialismus in einem Lande«, die der besonders von Leo TROTZKI vertretenen Theorie der »permanenten Revolution« entgegengestellt wurde. Da im Zuge der Etablierung des Kommunismus in der Sowjetunion der revolutionäre Elan der Bevölkerung erlahmte, wurde die These von der revolutionären Kraft des sozialistischen Staates (Revolution von oben) entwickelt, nach der sich mit dem Übergang zum Sozialismus die früher antagonistischen Gegensätze der Gesellschaft in nichtantagonistische verwandeln. W. R.

**215**

## Hochzinspolitik

spezifische Ausformung der → Zinspolitik mit dem Ziel der Kreditverteuerung und damit Dämpfung der gesamtwirtschaftlichen Nachfrage.

## Höchstpreise

staatlich fixierte Preisobergrenzen für Teile des Güter- und Faktorangebots einer Volkswirtschaft. Höchstpreise zählen zur Klasse der → administrierten Preise; sie liegen längerfristig und im Durchschnitt unter den Marktpreisen (→ Gleichgewichtspreis) und werden zur Bekämpfung der → Inflation und im Rahmen der → Verteilungspolitik eingesetzt (Beispiel: Sicherstellung der Versorgung unterer Einkommensschichten mit lebensnotwendigen Gütern). Als Mittel der Inflationsbekämpfung sind Höchstpreise ordnungspolitisch umstritten, da der Preis seine marktwirtschaftliche Funktion des Ausgleichs von Angebot und Nachfrage einbüßt. Der → Preismechanismus muß durch andere Zuteilungssysteme, wie → Rationierung, ersetzt werden, wobei i. d. R. jedoch ein → schwarzer Markt entsteht. Eine effiziente → Allokation ist dadurch nicht mehr gewährleistet. R.W.

## Homogenität

1. Homogenität von Gütern: Fehlen von → Präferenzen sachlicher, persönlicher, räumlicher und zeitlicher Art auf seiten der Käufer und Verkäufer in einem Markt. Ein homogenes Gut (oder die Erfüllung der Homogenitätsbedingung) ist eine Voraussetzung für einen vollkommenen Markt (→ Marktformen). Bestehen auf einem Markt Präferenzen nach einem oder mehreren Unterscheidungskriterien, dann sind die Güter inhomogen und der Markt unvollkommen.
2. Homogenität von → Produktionsfunktionen: Mathematische Eigenschaft von Produktionsfunktionen; eine Funktion ist homogen vom Grade r, wenn gilt:

$$Y = f\,(\,X_1\,;\,X_2\,);$$
$$Y\lambda^r = f\,(\lambda X_1\,;\,\lambda X_2)\ \text{für}\ r > 0.$$

Für $r = 1$ liegt lineare Homogenität vor, was → constant returns to scale entspricht;

für $r < 1$ ergeben sich → decreasing returns to scale, für $r > 1$ → increasing returns to scale. H.M.W.

## Horten

a) im weiteren Sinn: Überschuß der Einnahmen über die Ausgaben während einer bestimmten Periode (positive Änderung der → Nettoposition).
b) im engeren Sinn: Überschuß der Einzahlungen über die Auszahlungen während einer bestimmten Periode (Änderung des Kassenbestandes).
Horten ist von → Ersparnis als Überschuß der Erträge (periodenbezogene empfangene Leistungen) über die Aufwendungen (periodenbezogene in Anspruch genommene Leistungen) zu unterscheiden. Ersparnisbildung kann deshalb mit Enthorten Hand in Hand gehen. Der Staat kann z. B. einen Überschuß in laufender Rechnung haben (sparen), diesen jedoch durch Investitionsausgaben (abzüglich Reinvestitionen) und einen Überschuß der geleisteten Vermögensübertragungen überkompensieren, so daß eine Minderung seiner Nettoposition (Enthorten im weiteren Sinn) eintritt. F.G.

## hot money

kurzfristige Anlagen von Gebietsfremden, v. a. bei Kreditinstituten, aber auch im Nichtbankensektor, soweit sie den regulären Umfang der → working balances übersteigen.
Die kurzfristigen Geldbewegungen werden hauptsächlich durch Zins- und Liquiditätsunterschiede zwischen den einzelnen Ländern, durch Wechselkursänderungserwartungen und außergewöhnliche wirtschaftliche und politische Umstände (→ Kapitalflucht) ausgelöst. Sie werden durch kurzfristig disponible Vermögen gespeist, nicht zuletzt aus den umfangreichen liquiden Betriebsguthaben der → multinationalen Unternehmen. Die Änderungen der Zahlungsfristen (→ terms of payment) im Außenwirtschaftsverkehr haben denselben Effekt.
Die Bekämpfung dieser Kapitalströme, die im → Eurodollarmarkt einen hocheffizienten Umschlagplatz gefunden haben, ist

Gegenstand einer 1972 vom Ministerrat der → Europäischen Gemeinschaften angenommenen Richtlinie und war Beratungsthema des → Zwanziger-Ausschusses. F.G.

**human capital** → Arbeitsvermögen

**Hyperinflation**
extreme Ausprägung der → galoppierenden Inflation, bei der stark nachlassendes Vertrauen in den → Geldwert zu einer rapiden kumulativen Beschleunigung der Inflationsspirale führt (Österreich 1921/22, Deutschland 1922/23, Rußland 1921/24, Polen 1923/24, Ungarn 1923/24 und 1945/46, Griechenland 1943/44). Hyperinflation ist i. d. R. eine Nachkriegserscheinung, deren Ursachen inflationäre Budgetdefizite, stark überhöhte → Umlaufgeschwindigkeit des Geldes und meist zerrüttete Produktionsstruktur bei desolater Gesellschafts- und Wirtschaftsverfassung sind. In der Endphase der Hyperinflation verweigert die Bevölkerung die Annahme des Geldes, indem dessen sofortige Wiederausgabe zur Gewohnheit wird, so daß eine Neuordnung der Geldverfassung unabdingbar ist (→ Währungsreform). B.B.G.

**Hypothekengewinnabgabe**
→ Lastenausgleich

**Hypothesen**
als Annahmen (Prämissen) in einem Argument verwendete, jedoch nicht als allgemein gültig anerkannte realitätsbezogene Aussagen. Nach Ansicht der Vertreter des kritischen Rationalismus (v. a. Karl POPPER) können wahre Aussagen weder vermittels der historischen noch der hermeneutischen, induktiven oder dialektischen Methode gefunden werden. Auch logische Konsistenz ist keine Wahrheitsgarantie. Tatsächlich gibt es Wahrheit von Aussagen über die Realität im eigentlichen Sinn überhaupt nicht.

Vielmehr haben Hypothesen immer den Charakter von Vermutungen, an deren Wahrheit man sich nur approximativ herantasten kann. Notwendige Voraussetzung für die Zulässigkeit wirtschaftswissenschaftlicher Hypothesen ist ihre prinzipielle Widerlegbarkeit (Falsifizierbarkeit), d. h. durch eine Hypothese müssen Teilmengen möglicher Konstellationen realer Ereignisse ausgeschlossen sein. Je mehr Ereignisse ausgeschlossen werden, d. h. je begrenzter der Spielraum möglicher (mit der Hypothese verträglicher) Ereignisse ist, desto eher kann eine solche Hypothese falsifiziert werden, und desto größer ist infolgedessen die in ihr enthaltene Information über die Wirklichkeit. Diese Forderung der prinzipiellen Falsifizierbarkeit einer Hypothese wird häufig auch als POPPER-Kriterium bezeichnet. Ziel des Wissenschaftlers muß es sein, eine Hypothese mit möglichst vielen empirischen Beobachtungen und Tatbeständen zu konfrontieren und so entweder ihre Unhaltbarkeit zu demonstrieren oder aber den Grad ihrer Bestätigung schrittweise zu erhöhen. Verifiziert, d. h. endgültig als wahr erkannt werden kann sie allerdings aus logistischen Gründen nie.
Während POPPER noch strikt auf der Falsifizierbarkeit einer Hypothese bestand, ist diese Forderung später gelockert worden, so daß man die Falsifizierbarkeit nur noch im Prinzip verlangte. Dadurch geht allerdings die ursprüngliche Asymmetrie zwischen Verifizierbarkeit und Falsifizierbarkeit verloren, denn lehnt man eine Hypothese aufgrund statistischer Kriterien ab, so kann dies immer nur mit vorgegebener Wahrscheinlichkeit, nie aber mit Sicherheit geschehen, und selbst im Falle beliebig hoher Wahrscheinlichkeit kann immer noch Zweifel an der Zufälligkeit des realisierten Ereignisses, an der Richtigkeit der statistischen Annahmen oder an den Daten bestehen, so daß auch eine endgültige Falsifizierung nicht mehr möglich ist. P. Ku.

# I, J

**IBRD**
International Bank for Reconstruction and Development. → Weltbank.

**IDA**
International Development Association. → Internationale Entwicklungsorganisation.

**Idealindex** → Indextheorie

**Identifikation**
Ökonometrische Modelle erscheinen häufig in der Form eines simultanen Gleichungssystems. Das Modell ist vollständig, wenn es wenigstens soviele unabhängige Gleichungen wie endogene → Variable enthält. Für die Identifikation des gesamten Modells ist es notwendig, daß es vollständig ist und daß jede Gleichung identifiziert ist. Das Identifikationsproblem kann man an folgendem Beispiel aus der Theorie des Marktgleichgewichts ersehen.
Nachfragefunktion: $D = \beta_0 + \beta_1 P + u$;
Angebotsfunktion: $S = \alpha_0 + \alpha_1 P + v$;
Gleichgewichtsbedingung: $D = S$;
D = nachgefragte Menge; S = angebotene Menge; P = Preis; u und v sind Störterme.
Wenn mit Hilfe von Daten versucht wird, die Koeffizienten zu schätzen, messen wir die Koeffizienten einer Funktion Q = f(P). Diese Gleichung kann entweder die Nachfragefunktion oder die Angebotsfunktion oder eine Kombination aus beiden sein.
Wäre die Form der Angebotsfunktion
$S = \alpha_0' + \alpha_1' P + \alpha_3' R + v'$, wo R die Regenmenge bedeute, welche im Zeitablauf variiere, so wäre es möglich, die Nachfragefunktion zu identifizieren. Dies wird das Paradox der Identifikation genannt: die Identifikation einer Funktion hängt von den Variablen ab, die nicht in ihr vorkommen, aber in anderen Gleichungen des Modells erscheinen. Eine notwendige Regel für die Überprüfung der Identifikation ist das Abzählkriterium. Eine Gleichung ist identifiziert, wenn die Zahl der ausgeschlossenen exogenen Variablen (die in anderen Gleichungen aber erscheinen) wenigstens so groß ist, wie die Zahl der Gleichungen des Systems minus Eins (in dem vorhergegangenen Beispiel zählt die Gleichgewichtsbedingung nicht zu den Gleichungen). Ist eine Gleichung unteridentifiziert, kann man sie mit keiner ökonometrischen Technik schätzen. Ist sie überidentifiziert, kann man u. a. die Methode der zweistufigen kleinsten Quadrate benützen. Bei genauer Identifikation bringt man das System in die reduzierte Form und schätzt mit der gewöhnlichen Methode die kleinsten Quadrate. H. B.

**idle money**
Überschußreserven der Wirtschaftssubjekte, die nicht zum Kauf von Sachgütern und Diensten oder Anlageformen genutzt werden, welche ihrerseits erhöhte Investitionen (z. B. durch erhöhtes Kreditangebot) ermöglichen.

**IFC**
International Finance Corporation. → Internationale Finanz-Corporation.

**ILO**
International Labour Organization. → Internationale Arbeitsorganisation.

**IMF**
International Monetary Fund. → Internationaler Währungsfonds.

**immiserizing growth**
→ Außenhandelsgewinn

**impact lag**
→ Instrumente der Wirtschaftspolitik

**impact multiplier**
mißt die in Periode t zu beobachtende Wirkung einer in derselben Periode stattfindenden Änderung der exogenen → Variablen auf die endogene → Variable des Modells. Im Falle eines Investitionsmultiplikators (→ Multiplikatoranalyse):

$$\frac{\partial Y_t}{\partial I_t}.$$

**imperfect competition**
→ monopolistische Konkurrenz

**Imperialismus**
im heutigen Sprachgebrauch einerseits politische Handlungen, die darauf abzielen, die Bevölkerung eines anderen Landes mit politischen, militärischen, wirtschaftlichen und kulturellen Mitteln zu beeinflussen, abhängig zu machen, zu beherrschen oder auszubeuten (→ Ausbeutung), andererseits politische Theorie, die diese Handlungen zu rechtfertigen sucht. Die Theorie entstand im 19. Jh., als in England die Debatte um die Ausdehnung des Empire entbrannte. Die erste systematische Kritik stammt von John A. HOBSON (1902), der erklärte, daß der Imperialismus auf das Investitionsbedürfnis des Finanzkapitals zurückzuführen sei; er verwies auf den Zusammenhang zwischen Imperialismus und Rüstung (aggressiver Imperialismus). Wladimir Iljitsch LENIN folgte HOBSON in der Annahme einer rein wirtschaftlichen Begründung. Er erweiterte die marxistische Analyse (→ Marxismus): »Imperialismus als höchste Stufe des → Kapitalismus« (1917). Die Fortentwicklung des alten, auf selbständige Unternehmer und Konkurrenz gegründeten Kapitalismus zum neuen Monopolkapitalismus, der vom monopolistischen Finanzkapital beherrscht sei, bringe eine zunehmende Verflechtung von Großunternehmen und Banken, die den Staatsapparat beherrsch-

ten und sogar nationale Grenzen überstiegen (internationale → Kartelle). Zur Sicherung und Erweiterung von Märkten, Rohstoffquellen und Investitionsmöglichkeiten sei die militärische Unterstützung durch den Staatsapparat erforderlich. LENIN folgerte, daß der Konkurrenzkampf auf der Basis des Finanz- und Monopolkapitalismus zu imperialistischen Kriegen um die Neuaufteilung der Welt führen müsse (1. Weltkrieg). Für die Arbeiterklasse sei die Erkenntnis von Bedeutung, daß die imperialistische Kapitalistenklasse durch besonders hohe Löhne die »Arbeiteraristokratie« zu bestechen versuche, um sie ihrer revolutionären Rolle zu entfremden. Nur die Abschaffung des Kapitalismus durch die proletarische Revolution könne dem Imperialismus ein Ende setzen. Hierbei müßten die kolonialen und halbkolonial-abhängigen Staaten zu natürlichen Verbündeten des revolutionären Proletariats werden.

In der westlichen Literatur überwiegt die Auffassung, den Imperialismus als eine geschichtliche Epoche im Ablauf der abendländischen Kultur (Kolonialisierung) darzustellen.

Einen universaleren Standpunkt nimmt David S. LANDES ein: Imperialismus entstünde überall dort, wo ein Machtungleichgewicht vorhanden sei. Immer und unter allen Umständen seien soziale Gruppen bereit gewesen, sich dieses Machtungleichgewichts zu bedienen, um andere, schwächere zu beherrschen.    F.-L. A.

**Implikation** → Logistik

**Import**
entgeltlicher oder unentgeltlicher Übergang von Waren, Dienstleistungen oder Finanzaktiva von Ausländern auf → Inländer.
a) Warenimport (Wareneinfuhr): → Außenhandel, → Handelsbilanz;
b) Dienstleistungsimport: → Dienstleistungsbilanz;
c) Kapitalimport: Geld- und Kapitalmarktanlage von Ausländern im Inland bzw. Kreditaufnahme von Inländern im Ausland sowie Abbau von Auslandsforde-

rungen von Inländern (→ Kapitalbilanz).

**importierte Inflation**
Übertragung einer ausländischen → Inflation auf das Inland. Die Theorien zur Erklärung der internationalen Ausbreitung von Preissteigerungen basieren auf der Annahme → fester Wechselkurse.

Die Saldentheorie des Inflationsimports setzt am Überschuß der → Leistungsbilanz an, der bei Auslandsinflation und Preisstabilität im Inland (oder geringerer Preissteigerungsrate als im Ausland) im Falle einer normalen Reaktion der Leistungsbilanz entsteht. Für den Grad der Inflationsübertragung ist sein Ausmaß entscheidend. Die eine Variante der Saldentheorie, die → Liquiditätstheorie des Inflationsimports, stellt auf den Liquiditätszufluß in Verbindung mit einem Leistungsbilanzüberschuß (und ggf. von Nettokapitalimporten) ab. Die → Einkommenstheorie des Inflationsimports als andere Variante der Saldentheorie erklärt den Inflationsimport mit einer → inflatorischen Lücke, die ein Leistungsbilanzüberschuß über den → Exportmultiplikator und das → Akzelerationsprinzip hervorruft. Die Preissteigerungen werden in beiden Varianten durch die mit einer Liquiditätserhöhung möglicherweise verbundene Zinssenkung verstärkt, die eine Zunahme der Nachfrage nach Investitionsgütern hervorruft.

Im Unterschied zu diesen Erklärungsansätzen zeigt die Theorie des → internationalen Preiszusammenhangs, daß auch bei ausgeglichener oder defizitärer Leistungsbilanz ein Inflationsimport erfolgen kann, der durch eine unmittelbare Übertragung der ausländischen Preissteigerungen auf die Inlandspreise der Außenhandelsgüter erfolgt und sich auf die Binnenhandelsgüter fortsetzen kann.

Ein Übergreifen ausländischer Preiserhöhungen kann durch → Aufwertung der inländischen Währung verhindert werden, falls die Auslandspreise der Außenhandelsgüter um den gleichen Prozentsatz gestiegen sind. Eine Übertragung der Inflation ist auch bei → freien Wechselkursen

über den internationalen Preiszusammenhang möglich, wenn entgegen der → Kaufkraftparitätentheorie die ausländischen Preiserhöhungen nicht durch eine entsprechende Wechselkursänderung kompensiert werden.   H.M.W.

**increasing returns to scale**
( = zunehmende Skalenerträge) liegen vor, wenn eine proportionale Variation aller → Inputs einer → Produktionsfunktion zu einer überproportionalen Änderung in der Ausbringungsmenge Y eines Gutes führt: Multipliziert man jeden Input einer Produktionsfunktion mit einem Koeffizienten λ, dann gilt:

$$\alpha Y = Y (\lambda X_1, \ldots, \lambda X_i, \ldots, \lambda X_n)$$

mit $\alpha > \lambda$ und $\lambda > 1$.

Analoge Formulierung: Die Produktionsfunktion ist überlinear homogen und hat eine → Skalenelastizität von größer als Eins.

Produktionszusammenhänge, denen increasing returns to scale zugrunde liegen, können zumindest für bestimmte Teilbereiche der Industrieproduktion angenommen werden. Bei konstanten Faktorpreisen (und verstärkt bei Faktorpreisen, die bei steigendem Faktoreinsatz sinken) ergibt sich eine Art »natürlicher« Monopolisierungstendenz, da kleine Anbieter aufgrund der niedrigeren Stückzahl höhere → Stückkosten haben und im Konkurrenzprozeß zuerst ausscheiden.   R. D.

**Indexklauseln**
→ Gleitklauseln; → Lohn-Preis-Indexierung

**Indexlohn**
→ Lohn-Preis-Indexierung

**Indextheorie**
befaßt sich mit der Messung partieller Preisniveau- oder Mengenniveauveränderungen über die Zeit oder zwischen zwei Gebieten zu einem festen Zeitpunkt (absolute → Preisniveaus sind nicht bestimmbar).
1. Preisindizes. Abstrakt beschreibt das

Preisniveau P in einer Volkswirtschaft zu einem festgelegten Zeitpunkt das Verhältnis der Gesamtumsätze U an Sachgütern und Diensten zu den umgesetzten Mengen Q. Bezeichnet $P_1$ das Preisniveau zum Zeitpunkt 1 (Berichtszeitpunkt), $P_0$ das Preisniveau zum Zeitpunkt 0 (Basiszeitpunkt), so gibt

$$\frac{P_1}{P_0} = \frac{U_1}{Q_1} \cdot \frac{Q_0}{U_0}$$

die Preisniveauänderung von 0 auf den Zeitpunkt 1 an. Die statistische Berechnung des allgemeinen Preisniveaus scheitert jedoch am Aggregationsproblem (Unvereinbarkeit unterschiedlicher Mengeneinheiten sowie Unmöglichkeit der Bestimmung sämtlicher Preise und Umsätze in einer Wirtschaft).

Da die Berechnung totaler Preisniveauvariationen praktisch unmöglich erscheint, ist man darauf angewiesen, für ausgewählte Wirtschaftsbereiche und/oder Personengruppen typische partielle Preisniveauvergleiche für spezifische Güter anzustellen. Zwei Probleme sind dabei zu lösen: Erstens müssen n der N Preise einer Volkswirtschaft zum Basiszeitpunkt 0 sowie zum Berichtszeitpunkt 1 ausgewählt werden;

$p_0^1, p_0^2, \ldots, p_0^i, \ldots, p_0^n$ und
$p_1^1, p_1^2, \ldots, p_1^i, \ldots, p_1^n$

seien die entsprechenden Reihen. Die Auswahl erfolgt i. d. R. systematisch, seltener auf Zufallsbasis. Zweitens ist ein festes Mengenschema der n Güter zu irgendeinem Zeitpunkt (nicht notwendigerweise 0 oder 1), der sog. Warenkorb, zu ermitteln; diese Reihe sei mit $q^1, q^2 \ldots, q^i, \ldots, q^n$ bezeichnet. Warenkörbe sind also feste Verbrauchsschemata in den verschiedenen Bereichen einer Volkswirtschaft (z. B. Konsum- oder Investitionsgüterbereich, Export- oder Importsektor, → Arbeitsmarkt).

Die Ausdrücke

$U_0 = \sum\limits_{i=1}^{n} p_0^i \cdot q^i$ und

$U_1 = \sum\limits_{i=1}^{n} p_1^i \cdot q^i$

messen demnach fiktive Umsätze eines standardisierten Güter- und Dienstebündels zu den Zeitpunkten 0 und 1. Die Zahl

$$\frac{U_1}{U_0}$$

heißt Preisindex und drückt die partielle Preisniveauvariation von n Waren bei konstantem Mengenschema von 0 nach 1 aus. In der Statistik unterscheidet man verschiedene Typen von Preisindizes, von denen die gebräuchlichsten hier erwähnt seien.

a) LOWE's Index: Setzt man $q^{1*}, q^{2*}, \ldots, q^{i*}, \ldots, q^{n*}$ als Warenkorb an, dessen einzelne Positionen Durchschnittswerte aus den Gewichten mehrerer Perioden sind, dann nimmt der Preisindex folgende Gestalt an:

$$\left( \sum\limits_{i=1}^{n} p_1^i, q^{i*} \right) : \left( \sum\limits_{i=1}^{n} p_0^i, q^{i*} \right).$$

Beide Umsätze sind gleichermaßen fiktiv in 0 und 1 wie die der allgemeinen Indexformel (siehe oben). LOWE's Index ist also eine Art Durchschnittsindex.

b) PAASCHE's Index: Dieser Index ist durch Übertragung des Warenkorbs vom Berichtszeitpunkt 1 ($q_1^1, q_1^2, \ldots, q_1^i, \ldots, q_1^n$) auf die Basiszeit 0 gekennzeichnet:

$$\left( \sum\limits_{i=1}^{n} p_1^i, q_1^i \right) : \left( \sum\limits_{i=1}^{n} p_0^i \cdot q_1^i \right).$$

Das Mengenschema der Zeit 1 wird als verbindlich auch für die Basiszeit 0 angesehen; der Dividend ist eine reale, der Divisor eine fiktive Umsatzgröße. Da nur preisbezogene Variationen die Indexzahl beeinflussen sollen, ist diese Konstruktion erklärlich.

c) LASPEYRES' Index: Hierbei wird der Warenkorb $q_0^1, q_0^2, \ldots, q_0^i, \ldots, q_0^n$ der Basiszeit 0 auf die Berichtszeit 1 übertragen:

$$\left( \sum\limits_{i=1}^{n} p_1^i \cdot q_0^i \right) : \left( \sum\limits_{i=1}^{n} p_0^i \cdot q_0^i \right).$$

Das Gewichtungsschema aus 0 wird als repräsentativ auch für die Zeit 1 angesehen.

Der Divisor gibt somit reale, der Dividend fiktive Umsatzwerte wieder. Dieser Index ist am gebräuchlichsten in der amtlichen Statistik, da (anders als bei PAASCHE's Formel) keine regelmäßig wiederkehrenden Mengenerhebungen erforderlich werden. Im Gegensatz zu PAASCHE's Index kann ein Index vom LASPEYRES-Typ bei schnell wechselnden Mengenschemata veralten.

d) FISHER's Index: Der als »Idealindex« gepriesene Index soll die Nachteile der unterschiedlichen Meßergebnisse nach PAASCHE und LASPEYRES beseitigen und eine Kombination der entsprechenden Gewichtungsschemata herbeiführen:

$$\left[ \left( \sum_{i=1}^{n} p_1^i \cdot q_0^i \; \cdot \; \sum_{i=1}^{n} p_1^i \cdot q_1^i \right) : \left( \sum_{i=1}^{n} p_0^i \cdot q_0^i \; \cdot \; \sum_{i=1}^{n} p_0^i \cdot q_1^i \right) \right]^{\frac{1}{2}}$$

Diese Formel ist einfach das geometrische Mittel der beiden Preisindizes nach LASPEYRES und PAASCHE.

2. Mengenindizes. Analog zu partiellen Preisniveauänderungen lassen sich auch partielle Mengenniveauveränderungen statistisch erfassen, denen feste Preisschemata zugrundegelegt werden. Die entsprechenden Indextypen gehen sämtlich auf die folgende Grundformel zurück:

$$\left( \sum_{i=1}^{n} p^i \cdot q_1^i \right) : \left( \sum_{i=1}^{n} p^i \cdot q_0^i \right)$$

3. Interregionale Kaufkraftvergleiche. Im Abschnitt 1. wurden Preisniveauvariationen innerhalb einer Volkswirtschaft vom Zeitpunkt 0 nach 1 beschrieben (intertemporäre Vergleiche). Partielle Preisniveauvergleiche von Land zu Land zu einem festen Zeitpunkt bezeichnet man als partielle Kaufkraftvergleiche. Bei Unterstellung gleicher Warenkörbe

$$q_A^i = q_B^i = q^i \; (i=1, 2, ..., n)$$

in Land A und B drückt die Indexzahl

$$\left( \sum_{i=1}^{n} p_A^i \cdot q^i \right) : \left( \sum_{i=1}^{n} p_B^i \cdot q^i \right)$$

das Kaufkraftverhältnis in A-Währungseinheiten bezogen auf eine B-Einheit aus. Die Ausführungen über Technik und Probleme des intertemporalen Vergleichs gelten hier analog. K. H.

## Indexwährung

währungspolitische Konzeption, die ursprünglich (Irving FISHER) der → Geldpolitik die Aufgabe zuwies, den inneren → Geldwert zu stabilisieren und damit eine Abkehr von der bis dahin angestrebten Stabilisierung des äußeren Geldwertes zur Erreichung des → Zahlungsbilanzgleichgewichts bedeutete. Schwierig ist die Auswahl des richtigen Indexes, da z.B. der → Preisindex für die Lebenshaltung nicht unbedingt repräsentativ für die Änderung der Vermögensposition von Gläubigern und Schuldnern im Zuge der → Inflation ist. Nicht nur bei → festen Wechselkursen zeigt sich die Geldpolitik ohne unterstützende → Finanzpolitik bei ihren Bemühungen, die → Geldwertstabilität zu gewährleisten, überfordert. Deshalb taucht der Gedanke der Indexwährung (neuerdings z.B. Herbert GIERSCH) auch in anderer Gestalt auf: nämlich in Gestalt von → Gleitklauseln für alle oder ausgewählte Forderungspositionen (wobei nicht notwendigerweise jeweils der gleiche Index zugrundezulegen ist), um inflationär bedingte Verteilungsverzerrungen zu verhindern resp. zumindest zu mildern. Trotz der nicht auszuschließenden (wenn auch nicht unbedingt wahrscheinlichen) Möglichkeit, daß hierdurch die Inflation angeheizt werden kann, erscheint dieser Vorschlag besonders bei Geldentwertungsraten von 6% und darüber im Interesse sozialer Gerechtigkeit erwägenswert, da der vorherrschende → Nominalismus kein Rezept gegen eine Benachteiligung v.a. von Besitzern kleinerer → Geldvermögen kennt.

Zur besseren Versorgung mit → internationaler Liquidität wurde der Gedanke einer übernationalen Indexwährung, basierend auf einem Index ausgewählter Rohstoffpreise, vorgeschlagen (u.a. Jan TINBERGEN, Albert G. HART, Nicholas KALDOR). H.-J. H.

**Indifferenzkurven**

1. Einzelwirtschaftliche Indifferenzkurven: geometrischer Ort aller Kombinationen zweier Güter x und y, die im Urteil eines Wirtschaftssubjektes das gleiche Versorgungsniveau (bzw. Nutzenniveau oder → Ophelimität) ergeben (→ Indifferenzprinzip). Sie beschreiben als Indifferenzkurvenschar die subjektive Präferenzordnung (→ Präferenzen) und zeigen mit zunehmendem Abstand vom Ursprung des x-y-Koordinationssystems ein höheres Versorgungsniveau an. Der den Indifferenzkurven zugeordnete Index (Nutzenindex) gibt wegen des ihnen zugrundeliegenden ordinalen Nutzenkonzepts (→ Nutzenmessung) nur die Rangfolge der Versorgungsniveaus an.

Indifferenzkurven sind infolge der Unersättlichkeitsannahme und bei Substituierbarkeit der Güter negativ geneigt und können sich nicht schneiden. Die Grenzrate der Substitution des Gutes y durch Gut x ist jene Menge von y, deren Abgang durch Erhöhung von x um eine Einheit bei unverändertem Versorgungsniveau gerade ausgeglichen wird. Sie entspricht geometrisch der Steigung der Tangente an die Indifferenzkurve (Substitutionstangente). Die Grenzrate der Substitution von y durch x bringt das (reziproke negative) Verhältnis der Grenznutzen u' (→ Nutzen) von Gut x zu Gut y zum Ausdruck und ist diesem gleich:

$$\frac{dy}{dx} = -\frac{u'_x}{u'_y}$$

Der Verlauf der Indifferenzkurven bzw. die Grenzrate der Substitution lassen substitutive oder komplementäre Verbundenheit der Güter erkennen. Indifferenzkurven für begrenzt substituierbare Güter (Abb. 1) sind konvex zum Ursprung, d. h. die Grenzrate der Substitution nimmt (absolut) laufend ab (→ Gesetz der abnehmenden Grenzrate der Substitution). Für vollkommen substituierbare Güter (Abb. 2) ist die Indifferenzkurve eine Gerade (konstante Grenzrate der Substitution). Indifferenzkurven für streng komplementäre Güter (Abb. 3) sind rechtwinklig. Indifferenzkurven wurden als Instrument

der → Wahlhandlungstheorie zur Bestimmung des → Haushaltsoptimums und Ableitung der individuellen → Nachfragekurve entwickelt. Der Indifferenzkurvenansatz wurde u. a. wegen der Annahme vollständiger Information und vollständiger Teilbarkeit der Güter und der Übernahme des zweiten →GOSSEN'schen Gesetzes als wirklichkeitsfremd kritisiert.

2. Die Anwendung des Indifferenzprinzips auf die Gesellschaft ergibt → soziale Indifferenzkurven.  H.M.W.

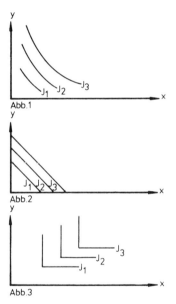

Abb.1

Abb.2

Abb.3

**Indifferenzprinzip**

Grundlage der mikroökonomischen rationalen Nachfragetheorie. Indifferenz (in der am häufigsten anzutreffenden Interpretation) bedeutet, daß von zwei Situationen keine der anderen vorgezogen wird (→ Präferenzen), in der Nachfragetheorie die Gleichheit der → Nutzen zweier Güterbündel für ein Wirtschaftssubjekt. Nutzengleiche Güterkombinationen werden (aus didaktischen Gründen) durch → Indifferenzkurven dargestellt.  H.M.W.

**Indikatoren**
→ Konjunkturindikatoren

**Indikatorenstabilität**
→ formula flexibility

**indirekte Steuern**
→ Steuerklassifikation

**Individualversicherung**
(= Privatversicherung) Teil des Versicherungsbereichs, der das Schwergewicht seiner Tätigkeit in der → Versicherung individueller oder privater Risiken sieht im Gegensatz zur → Sozialversicherung, die öffentlichem und sozialem Interesse dient.
Die Individualversicherungen beruhen auf Vertrag und sind grundsätzlich freiwillig (Ausnahmen: Kfz-Haftpflicht, Feuerversicherung). Die Prämien hängen ab von der individuellen Gefahrengrundlage (gemäß einer strengen Definition des Versicherungsfalles) und von den vertraglichen Bedingungen und Voraussetzungen des Versicherungsschutzes.
Einteilung der Individualversicherungszweige:
a) Güterversicherung:
· Versicherung von Aktiven,
Versicherung von Sachen (Feuer),
Versicherung von Rechten (Kredit);
· Versicherung von Passiven (Haftpflicht);
· Versicherung von Erträgen (Hagel).

b) Personenversicherung:
· Krankenversicherung (Heilkosten, Tagegeld);
· Unfallversicherung (Todesfall, Invalidität);
· Lebensversicherung (Erlebensfall, Todesfall).
Der breiteren Streuung des Risikos dient die → Rückversicherung.
Für die Versicherungen rechtlich bedeutsam sind Versicherungsvertragsgesetz und Versicherungsaufsichtsgesetz, das die Versicherungsunternehmen zum Schutze der Versicherten einer strengen Aufsicht über Zulassung und Geschäftspolitik (z. B. Prämien, Rücklagen) unterwirft.
Die der Bundesaufsicht unterworfenen 717 Versicherungsunternehmen hatten 1972 ein Beitragsaufkommen von 36,1 Mrd. DM und 17 Mrd. DM Zahlungen an Versicherungsfälle. Die 5828 kleineren Versicherungsunternehmen mit nur regional begrenztem Wirkungskreis unterliegen der Landesaufsicht. Ihre Beitragseinnahmen betrugen 2,2 Mrd. DM, die Zahlungen 1,2 Mrd. DM. Damit ist die Versicherungswirtschaft, insbes. die Lebensversicherung mit ihrer Sparkomponente, eine bedeutende Kapitalsammelstelle in der Volkswirtschaft. E.F.

**individuelle Konsumtion**
→ Material Product System

**Induktion** → Logistik

---

Daten zur Versicherungswirtschaft (1972; Mrd. DM)

| Art der Versicherungsunternehmen | Ein- nahmen | Zah- lungen | Vermögens- anlagen |
|---|---|---|---|
| Lebensversicherungen | 13,7 | 4,6 | 68,1 |
| Pensionskassen | 1,3 | 0,8 | 15,8 |
| Sterbekassen | 0,1 | 0,0 | 0,4 |
| Krankenversicherungen | 4,8 | 3,2 | 5,0 |
| Schaden- und Unfall- versicherungen | 18,5 | 9,7 | 17,3 |
| Rückversicherungen | · | · | 5,3 |
| Insgesamt | 38,4 | 18,3 | 111,8 |

**industrielle Reservearmee**
in der marxistischen Darstellung des →
Kapitalismus verwendete Kategorie für →
Arbeitslosigkeit, die durch ständig wachsenden Kapitaleinsatz hervorgerufen und
in Krisen (→ Krisentheorie) verschärft auftritt. Die Armee der Arbeitslosen stellt
eine wichtige Komponente in der marxistischen Krisentheorie und → Verelendungstheorie dar. Sie ist notwendige Begleiter-
scheinung der kapitalistischen Produktion:
In Zeiten des konjunkturellen Aufschwungs liefert sie die erforderlichen zusätzlichen Arbeitskräfte; das Vorhandensein einer Mindest-Reservearmee wird von
den Kapitalisten als willkommenes Argument bei Lohnauseinandersetzungen verwendet. Im Wirtschaftswachstum vergrößert sich nach Karl MARX die industrielle
Reservearmee auch relativ zur Gesamtbevölkerung. H.V.

**induzierte Investitionen**
→ Investitionstheorie

**inferiores Gut** → Gut

**Inflation**
anhaltende Abnahme des → Geldwertes
bzw. Zunahme des → Preisniveaus auf Gü-
ter- und Faktormärkten, wobei als Indikatoren i. d. R. ausgewählte Preisindizes herangezogen werden (z. B. → Preisindex für
das Bruttosozialprodukt, → Preisindex für
die Lebenshaltung, Index der Erzeugerpreise industrieller Produkte). Häufig wird
bereits das Vorliegen eines Nachfrage-
überhangs (= Angebotslücke) als Infla-
tionskriterium betrachtet (→ inflatorische
Lücke); der Nachfrageüberhang kann sowohl auf dem Gütermarkt (Güterlücke) als
auch auf dem Faktormarkt auftreten (Fak-
torlücke).
Wird trotz inflatorischer Lücke durch
Maßnahmen der staatlichen → Preis- und
→ Einkommenspolitik (z. B. Preis- und
Lohnstop, → Rationierung) ein Ansteigen
des Preisniveaus verhindert, so spricht man
von zurückgestauter Inflation.
Die offene Inflation (bei freier → Preisbildung) kann je nach dem Ausmaß der Beschleunigung der Geldentwertung als →

säkulare bzw. → schleichende Inflation, →
galoppierende Inflation oder → Hyperinflation auftreten.
Für den Fall, daß die inflationären Impulse
über die außenwirtschaftlichen Beziehungen in eine Volkswirtschaft hereingetragen
werden, wurde der Begriff → importierte
Inflation geprägt.
Die volkswirtschaftlichen Auswirkungen
der Inflation werden je nach der Höhe der
Geldentwertungsrate unterschiedlich ernst
eingeschätzt. Aber selbst bei mäßigen Inflationsraten besteht die Gefahr, daß über
sinkende → Geldillusion selbstverstär-
kende Effekte auftreten, d. h. daß die
Wirtschaftseinheiten bei ihren Dispositionen eine erwartete höhere Inflationsrate
antizipieren (Beispiel: »Flucht in die Sachwerte«).
Unter Verteilungsgesichtspunkten begünstigt die Inflation die Residualeinkommen
zulasten der kontraktbestimmten → Einkommen und andererseits die Erwerbs-
und Vermögenseinkommen zulasten der
Übertragungseinkommen (i. d. R. selbst
dann, wenn letztere »dynamisiert« sind; →
dynamische Rente). → Sachvermögen wird
von der Geldentwertung geringer getroffen
als → Geldvermögen, es sei denn, die →
Forderungen sind durch → Gleitklauseln
abgesichert. Gläubiger stellen sich
schlechter als Schuldner, zumal wenn die
Inflationsrate den Nominalzinssatz übersteigt.
Die Redistributionswirkungen der Inflation führen i. d. R. zu einer volkswirtschaftlichen Fehlallokation der → Ressourcen.
Ordnungspolitisch ist u. a. auch eine
Schwächung des → Nominalwertprinzips
zu befürchten (Alternative: → Indexwährung).
Dazu können unerwünschte außenwirtschaftliche Effekte treten, wenn die Inflationsrate im Inland die im Ausland übersteigt. Defizite in der → Leistungsbilanz
und i. d. R. auch in der → Kapitalbilanz
(z. B. durch → Kapitalflucht) verursachen
dann einen Abwertungsdruck auf den →
Wechselkurs und/oder ein Schwinden der
→ Währungsreserven. Darüberhinaus wirken Leistungsbilanzdefizite (via → Exportmultiplikator) kontraktiv auf das → Sozial-

produkt und die → Beschäftigung. Unter anderem dadurch kann auch noch das gesamtwirtschaftliche Ziel der → Vollbeschäftigung gefährdet werden (→ Stagflation).

Den Stabilisierungsbemühungen der → Träger der Wirtschaftspolitik (→ Konjunkturpolitik, → Fiskalpolitik, → Geldpolitik, → Einkommenspolitik) war in den letzten Jahren in den meisten Ländern der Welt zunehmend geringerer Erfolg beschieden. Dies ist nicht zuletzt auf die, aus der Vielzahl z.T. konkurrierender → Inflationstheorien resultierende Unsicherheit über die Inflationsursachen zurückzuführen. D.S.

## Inflationsimport
→ importierte Inflation

## Inflationstheorie
behandelt Entstehung und Auswirkungen einer → Inflation.

Die Erklärungsansätze ihrer Entstehung stellen aus analytischen Gründen meist auf *eine* Ursache ab. Dagegen treten in historischen Inflationsprozessen mehrere Faktoren gemeinsam auf, wobei der Einfluß einzelner Faktoren auf den Inflationsverlauf nur schwer abgrenzbar ist. Die Entstehung von Inflationsprozessen wird zurückgeführt auf:

a) Nachfragefaktoren: Eine Nachfrageinflation (→ demand-pull-inflation) kann auf der Grundlage der → Quantitätstheorie, ihrer jüngeren Fassung in Form der → Cambridge-Gleichung, als → WICKSELL'scher Prozeß sowie mit dem vom → Monetarismus beschriebenen Transmissionsmechanismus erklärt werden. Aus der Kreislaufanalyse stammt das Konzept der → inflatorischen Lücke.

Die → Liquiditätstheorie und → Einkommenstheorie des Inflationsimports als Varianten der → importierten Inflation knüpfen ebenfalls an die Nachfrageseite an.

b) Angebotsfaktoren: Durch Kostensteigerungen kommt es zu einer Kosteninflation (→ cost-push-inflation), die bei Anwendung der Kalkulationsmethode des → markup pricing in eine → markup-inflation übergehen kann. Ohne Kostensteigerun-

gen kann durch Erhöhung der Gewinnzuschläge eine profit-push-inflation (→ markup-inflation) entstehen. Eine → importierte Inflation kann auch über die Angebotsseite durch den → internationalen Preiszusammenhang ausgelöst werden.

c) Bei der durch Änderungen der Nachfragestruktur herbeigeführten → demand-shift-inflation und der aus dem Verteilungskampf entstehenden → Gruppeninflation haben Nachfrage- und Angebotsfaktoren in etwa gleiche Bedeutung für das Zustandekommen einer Inflation.

Die Unterscheidung in → säkulare, → schleichende, → galoppierende Inflation sowie → Hyperinflation schließt an die Beschleunigung der Geldwertverschlechterung an, doch weichen diese Inflationstypen z.T. auch in ihren Wirkungen erheblich voneinander ab. Ein Zusammenhang zwischen Inflationsgrad und Arbeitslosenquote wird von der → PHILLIPS-Kurve dargestellt. Fortdauernder Geldwertschwund und unzulängliches → Wachstum sind Kennzeichen der neuerdings verschiedentlich auftretenden → Stagflation. H.M.W.

## inflatorische Lücke
(= inflationary gap) volkswirtschaftliche Angebotslücke, bei der die monetäre Nachfrage $N_2(Y_1)$ nach Investitions- und Konsumgütern im Verhältnis zum Volkseinkommen größer ist als die erforderliche Nachfrage $N_1(Y_1)$ im Zustand des makroökonomischen Gleichgewichts beim Vollbeschäftigungseinkommen $Y_1$. Bleibt das Preisniveau konstant, kann die Ge-

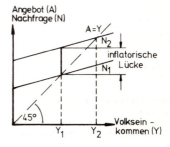

samtnachfrage nicht befriedigt werden (Nachfrageüberhang). Da eine Vergrößerung des realen Angebots annahmegemäß kurzfristig nicht möglich ist, kommt es zu einer Preissteigerung, die das nominelle Angebot der effektiven Nachfrage anpaßt. Unter der Voraussetzung der → Geldillusion tritt ein neues Gleichgewicht beim Volkseinkommen $Y_2$ ein. B.B.G.

## Informatik

1. In sozialistischen Ländern (insbes. UdSSR): Dokumentationswissenschaft, v. a. für wissenschaftliche Fachzwecke.
2. Im anglo-amerikanischen Sprachgebrauch: Theorie und Anwendungslehre elektronischer Datenverarbeitungsanlagen (computer science).
In der BRD herrscht die 2. Bedeutung vor. Im einzelnen rechnen zum Fachgebiet der Informatik die Untersuchung der Struktur von Computern (hardware), der Programmiersprachen sowie der Programmierung von Datenverarbeitungsanlagen (software), einschl. ihrer Betriebssysteme und der Mensch-Maschine-Kommunikation.
H. Sch.

## Information

1. In der Umgangsprache: Mitteilung von Sachverhalten;
2. In der → Informationstheorie: Maßgröße für die Ungewißheit über das Auftreten eines → Zeichens. Sie wird in diesem Zusammenhang auch definiert als die Mindestanzahl von Binärzeichen-Signalen (→ Signal), die erforderlich ist, um die Ungewißheit über das Auftreten eines Zeichens aus dem Repertoire der Nachrichtenquelle zu beseitigen.
Nach Rudolf CARNAP unterscheidet man allgemein drei Aspekte einer Information:
a) syntaktischer Aspekt: Beziehung der Zeichen zueinander;
b) semantischer Aspekt: Beziehung der Zeichen zu ihren Bedeutungen;
c) pragmatischer Aspekt: Beziehung zwischen Zeichen und Benutzern.
An einem konkreten Informationsprozeß (→ Nachricht) lassen sich i. d. R. alle drei Aspekte gleichzeitig beobachten. Die

mathematische → Informationstheorie berücksichtigt lediglich den syntaktischen Aspekt. Eine umfassende allgemeine Informationswissenschaft hätte daneben auch den semantischen und pragmatischen Aspekt einzubeziehen. Sie existiert bisher jedoch allenfalls in Ansätzen. H. Sch.

## Informationskosten

Beschaffungslasten bei der Gewinnung von → Informationen (→ Nachricht). Sie hängen von den Maßnahmen ab, die ergriffen werden müssen, um eine Information zu erlangen. Zu diesen Informationen zählen bei Unternehmen z. B. die Kenntnis über Kosten-, Absatz- und Produktionsfunktionen, Marktverhalten der Konkurrenten; bei Haushalten z. B. die Kenntnis der Marktlage, Preise, Stellenangebote.
Die Prämisse der → Markttransparenz in der → Preistheorie beinhaltet die unrealistische Annahme, daß den am Preisbildungsprozeß beteiligten Partnern alle Informationen vorliegen. Information kann jedoch schon von ihrer Definition her nie allverfügbar sein. Sie unterliegt ebenso wie → Güter einem Allokationsprozeß, ja sie kann selbst die Funktion eines wirtschaftlichen Gutes annehmen. Information existiert entweder schon und muß dann von der Quelle zum Empfänger gelangen, oder sie muß durch geeignete Maßnahmen (z. B. Forschung) geschaffen werden. In beiden Fällen impliziert sowohl die Organisation des Allokationsprozesses (welche Information wohin?) als auch der Transport der Information über räumliche und/oder zeitliche Distanz einschließlich der notwendigen Codierungs- und Decodierungsprozesse (→ Code) die Verwendung knapper Mittel und verursacht damit Kosten. H. Sch.

## Informationstheorie

wurde nach dem 2. Weltkrieg von Claude E. SHANNON und Warren WEAVER als wahrscheinlichkeitstheoretischer Ansatz der technischen Nachrichtenübermittlung (Telefon, Rundfunk usw.) entwickelt und sollte, um naheliegende Verwechslungen mit einer Theorie der semantischen → Information zu vermeiden, besser Signalübermittlungstheorie genannt werden.

Kommunikationsschema (nach C. E. SHANNON):

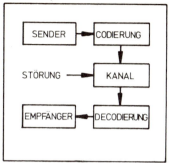

Die Informationstheorie abstrahiert von den konkreten Umständen einer Nachrichtenübermittlung und geht bei ihren Überlegungen vom sog. Sender (= Nachrichtenquelle) aus, dessen → Zeichenrepertoire eine endliche, bekannte Anzahl von → Zeichen enthält. Dem Empfänger sind neben den Zeichen auch die Wahrscheinlichkeiten bekannt, mit denen die einzelnen Zeichen auftreten. Der Informationsgehalt eines von der Quelle übermittelten Zeichens ist gleichbedeutend mit der Beseitigung der Ungewißheit, »ob« ein bestimmtes Zeichen auftritt. Zeichen mit großer Ereigniswahrscheinlichkeit beseitigen eine relativ geringe Unsicherheit, besitzen somit auch einen geringen Informationsgehalt. Zeichen mit sehr geringer Wahrscheinlichkeit besitzen hingegen ein hohes Maß an Information.

Das Maß der Information ist das → bit. Nach dem Fundamentalsatz von Francis BACON läßt sich jedes Zeichenalphabet in das aus zwei Binärzeichen bestehende Minimalrepertoire umcodieren (→ Code). Der Informationsgehalt eines Zeichens der Nachrichtenquelle ist dann identisch mit der Mindestanzahl von Dualzeichen (→ Zeichen, → Signal), die benötigt werden, um dieses Zeichen binär darzustellen.

Beispiel: Wir codieren die 10 Ziffern des dekadischen Systems mit Dualzahlen.

Es werden vierstellige Dualzahlen (= Binärtetraden) benötigt, um die dekadischen Ziffern dual zu verschlüsseln. Die Möglichkeiten der Darstellung mit Dualzeichen werden jedoch nur unvollständig ausgenutzt, da man, wie leicht zu sehen ist, insgesamt 16 Ziffern auf diese Weise darstellen könnte, aber nur zehn dargestellt wurden. Dieser unausgenutzte Spielraum wird als → Redundanz bezeichnet. Bei Gleichwahrscheinlichkeit aller Zeichen aus dem Repertoire der Quelle ergibt sich exakt

$$I(z_i) = \text{ld}\ \frac{1}{p_i}\ \text{(bit)} \qquad (1)$$

$$I(z_i) = \text{ld}\ \ n\ \ \text{(bit)} \qquad (2)$$

wenn I den Informationsgehalt in bit des Zeichens $z_i$ mit der Wahrscheinlichkeit $p_i$, $i = 1, 2, …, n$, bei n gleichwahrscheinlichen Zeichen ($p_i = 1/n$) darstellt. Im Falle ungleicher Wahrscheinlichkeiten wird Gleichung (2) ungültig, der Informationsgehalt ergibt sich dann aus (1).

Um die stochastische Charakteristik einer Quelle zu kennzeichnen, bildet man den Durchschnittswert der Informationsgehalte aller Zeichen unter Verwendung von (1):

$$\bar{I}(Z) = \Sigma\ p_i \text{ld}\ \frac{1}{p_i}\ \ \text{(bit/Zeichen)}$$

Wegen formaler Ähnlichkeit mit dem physikalischen Ausdruck aus der Thermodynamik findet man in der Literatur auch für $\bar{I}(Z)$ den Ausdruck Entropie. Man sollte jedoch zur Vermeidung von Mißverständnissen besser von der mittleren Information oder dem Erwartungswert der Information sprechen.

Die im Rahmen der Informationstheorie entwickelte Theorie der optimalen Codierung liefert eindeutige Lösungen zur Ermittlung von → Codes, die bei gegebener Störung der Signalübermittlung im Übertragungskanal (Rauschen, noise) den Signalaufwand für eine gesicherte Übermittlung minimieren (→ Informationskosten).

| dekadisch: | 0 | 1 | 2 | 3 | 4 | 5 | 6 | 7 | 8 | 9 |
|---|---|---|---|---|---|---|---|---|---|---|
| dual: | | 0000 | 0001 | 0010 | 0011 | 0100 | 0101 | 0110 | 0111 | 1000 | 1001 |

Infrakosten

Zur Absicherung der Übertragung wird der Code redundant gemacht, was einen höheren Signalaufwand bedingt, d. h. es müssen mehr Zeichen zur Übertragung verwendet werden, als bei völligem Fehlen von Störungen nötig wären.  H. Sch.

**Infrakosten** → soziale Kosten

**Infrastruktur**
(= Sozialkapital; social overhead capital) stellt die grundlegenden Dienste bereit, welche in starkem Ausmaß das Niveau der Produktion bestimmen und damit den Entwicklungsstand einer Volkswirtschaft.
Eine einheitliche und theoretisch-systematische Definition von Infrastruktur existiert noch nicht. Man unterscheidet:
a) materielle Infrastruktur: Gesamtheit aller Anlagen, Ausrüstungen und Betriebsmittel in einer Volkswirtschaft zur Energieversorgung, Verkehrsbedienung und Nachrichtenübermittlung sowie zur Erhaltung und Nutzung der natürlichen → Ressourcen (v. a. Wasserbau und Wasserwirtschaft), ferner die Gebäude und Einrichtungen im Bereich der staatlichen Verwaltung, der Ausbildung, der Forschung, des Gesundheits- und Fürsorgewesens, der Kultur, der Erholung und des Sports;
b) institutionelle Infrastruktur: Gesamtheit der gewachsenen und gesetzten Normen, Einrichtungen und Verfahrensweisen einer Gesellschaft;
c) personelle Infrastruktur: Gesamtheit der geistigen, unternehmerischen, handwerklichen und sonstigen Fähigkeiten (→ Arbeitsvermögen).
Oft wird unter dem Begriff Infrastruktur nur die materielle Infrastruktur (Infrastruktur-Sachkapital) verstanden.
Gemeinsame Kennzeichen der Infrastrukturleistungen sind:
a) sie sind wichtig oder Voraussetzung für eine Vielzahl wirtschaftlicher Prozesse;
b) sie werden überwiegend von öffentlichen Einrichtungen oder von privaten Unternehmen unter öffentlicher Kontrolle bereitgestellt;
c) sie können nur zum geringen Teil importiert werden;

d) die Investitionen zur Bereitstellung dieser Dienste sind gekennzeichnet durch technisch bedingte Unteilbarkeiten und einen hohen → Kapitalkoeffizienten.
Die Berücksichtigung der Infrastrukturleistungen im → Sozialprodukt wirft Messungsprobleme auf (→ soziale Indikatoren). Mit den Infrastrukturleistungen beschäftigt sich insbes. die Theorie der → öffentlichen Güter. Da Infrastrukturinvestitionen → Staatsausgaben bedingen, werden sie in der → Finanzwissenschaft ebenfalls behandelt.
Ansätze zu einer eigenständigen Infrastrukturtheorie liegen in der Entwicklungstheorie. Ihre Beiträge zeigen die Bedeutung einer gut ausgebauten Infrastruktur für die wirtschaftliche Entwicklung einer Region (→ Regionalpolitik) und ihre Integration mit der Gesamtwirtschaft. In den Vordergrund gestellt werden dabei von der Infrastruktur verursachte externe Ersparnisse (→ Externalitäten), die weitere Investitionen induzieren können.
Die regionalpolitischen Effekte der Infrastrukturinvestitionen ergeben sich aus den Leistungen, die den Unternehmen (bei wirtschaftsnaher bzw. unternehmensorientierter Infrastruktur) und privaten Haushalten (bei sozialer bzw. haushaltsorientierter Infrastruktur) zufließen:
a) Der Einkommens-(Beschäftigungs-)Effekt entspricht dem anderer → Investitionen; wegen des hohen Bauanteils der Infrastruktur-Sachinvestitionen und der geringen Importmöglichkeit wirkt er sich v. a. innerhalb einer Region aus.
b) Der Flächenbeanspruchungseffekt ist aus ökologischen Gründen und wegen der resultierenden Ausgabenbelastung der öffentlichen Haushalte zu beachten.
c) Der Erschließungseffekt der Infrastrukturinvestitionen schafft Möglichkeiten und Anreize für Unternehmen (→ Standortfaktoren) und private Haushalte, sich in einer Region niederzulassen, und/oder er verbessert die Versorgung der dort ansässigen Aktivitäten mit Infrastrukturleistungen, was ihre → Produktivität und/oder ihr Nutzenniveau erhöht.
d) Der Entwicklungseffekt führt zu einer Veränderung der → Raumstruktur, wobei

zurückgebliebene Regionen trotz Infrastrukturinvestitionen auch entleert werden können (z. B. durch Abwanderung der besser Ausgebildeten; → brain drain).
Bei der Infrastrukturplanung ergeben sich Schwierigkeiten v. a. wegen der Unteilbarkeiten und wechselseitigen Abhängigkeiten von Infrastrukturinvestitionen, so daß bestimmte Mindestgrößen und Bündelungen von Einrichtungen nötig sind. Die Untersuchung der Wirkungen der Infrastrukturinvestitionen ist für eine rationale → Regionalpolitik noch unzureichend.
In der → Raumplanung werden als Infrastrukturarten unterschieden:
a) kommunale Infrastruktur (Einrichtungen innerhalb der Gemeinde);
b) Freirauminfrastruktur (freie Landschaft als ökologischer Ausgleichsraum);
c) Bandinfrastruktur (großräumige Verkehrslinien, Versorgungsleitungen und Wasserläufe); ihr kommt als Grundlage zur Schaffung von Entwicklungsachsen in ländlichen Räumen und zur Gliederung von Verdichtungsräumen besondere Bedeutung zu.     J.H.

### Inländer

(= Gebietsansässige) statistischer Begriff der → Volkswirtschaftlichen Gesamtrechnung und der → Zahlungsbilanz. Er dient der Abgrenzung einer Volkswirtschaft gegenüber dem Rest der Welt.
Als Inländer der BRD gelten alle Wirtschaftseinheiten, die ihren ständigen Sitz (bzw. Wohnsitz) in der BRD haben. Bei natürlichen bzw. juristischen Personen (z. B. Gesellschaften) kommt es also nicht auf die Staatsangehörigkeit bzw. die Eigentumsverhältnisse an. Somit zählen die ausländischen Arbeitnehmer in der BRD (ohne Grenzgänger) ebenso zu den inländischen Wirtschaftseinheiten wie die deutschen Tochtergesellschaften ausländischer Unternehmen.
Ausnahmen: Konsularische und diplomatische Vertretungen, die in der BRD stationierten ausländischen Streitkräfte sowie Reisende und Studierende aus anderen Ländern gelten als gebietsfremde Wirtschaftseinheiten.     D.S.

### Inländerkonvertibilität
→ Konvertibilität

### Inländerkonzept

dient in der → Volkswirtschaftlichen Gesamtrechnung zur Abgrenzung von bestimmten Einkommens-, Nachfrage- und Erwerbstätigkeitsbegriffen:
a) bei den Einkommen umfaßt das Inländerkonzept alle von → Inländern *bezogenen* Einkommen, unabhängig davon, ob sie im In- oder Ausland entstanden sind (→ Sozialprodukt);
b) beim privaten Verbrauch mißt das Inländerkonzept alle von privaten inländischen Haushalten getätigten Käufe von → Konsumgütern, unabhängig davon, ob die Verkäufer In- oder Ausländer sind;
c) zu den → Erwerbstätigen nach dem Inländerkonzept rechnen alle Inländer als Erwerbstätige, auch wenn sie bei ausländischen Wirtschaftseinheiten beschäftigt sind (Wohnortkonzept).
Das Inländerkonzept erfaßt somit die wirtschaftliche Tätigkeit aller Inländer im In- und Ausland. Demgegenüber wird beim → Inlandskonzept auf die wirtschaftliche Tätigkeit von In- und Ausländern im Inland abgestellt.     D.S.

### Inländerprodukt → Sozialprodukt

### Inlandskonzept

dient in der → Volkswirtschaftlichen Gesamtrechnung zur Abgrenzung von bestimmten Einkommens-, Nachfrage- und Erwerbstätigkeitsbegriffen:
a) bei den Einkommen umfaßt das Inlandskonzept alle bei inländischen Wirtschaftseinheiten (→ Inländer) *entstandenen* Erwerbs- und Vermögenseinkommen, unabhängig davon, ob die Einkommen In- oder Ausländern zugeflossen sind (= Inlandseinkommen; → Einkommenskreislauf);
b) beim privaten Verbrauch mißt das Inlandskonzept alle bei inländischen Wirtschaftseinheiten getätigten Käufe von → Konsumgütern, unabhängig davon, ob die Käufer In- oder Ausländer sind;
c) zu den → Erwerbstätigen nach dem Inlandskonzept zählen alle bei inländischen

Wirtschaftseinheiten Beschäftigten, also auch Ausländer (Arbeitsortkonzept).

Das Inlandskonzept erfaßt somit die wirtschaftliche Tätigkeit von In- und Ausländern im Inland. Demgegenüber wird beim → Inländerkonzept auf die wirtschaftliche Tätigkeit der Inländer im In- und Ausland abgestellt. D.S.

### Inlandsprodukt

→ Einkommenskreislauf

### Innengeld

(= endogenes Geld) durch bankgeschäftliche → Geldschöpfung geschaffenes → Buchgeld. Da hier anders als beim → Außengeld jeder (privatwirtschaftlichen) Forderung eine (privatwirtschaftliche) Verbindlichkeit gegenübersteht, wird dem Innengeld häufig kein Vermögenscharakter zugeschrieben, so daß von ihm kein → Realvermögenseffekt ausgeht, was wiederum hinsichtlich der → Neutralität des Geldes Konsequenzen hat. Die neuere → Geldtheorie lehnt jedoch diese These ab, da die Differenz zwischen Soll- und Habenzinsen (die bei → Sichteinlagen oft Null sind) kapitalisiert werden kann und dann dem Innengeld ebenfalls Vermögenscharakter verleiht. H.-J.H.

### Innovationen

Teilaspekt des → technischen Fortschritts, der von den übrigen Teilaspekten Forschung, Erfindung und Entwicklung zu unterscheiden ist. Innovationen sind erstmalige gewerbliche Nutzungen von Erfindungen (inventions). Sie heben damit den Stand der → Technologie auf das zur jeweiligen Zeit erreichbare Niveau. Die Dynamik, mit der sich Innovationen in einer Wirtschaftsgesellschaft durchsetzen, hängt von institutionellen (z.B. → Patentsystem, → Wettbewerb), soziologischen und sozialpsychologischen Faktoren ab. Joseph A. SCHUMPETER, der besonders die Rolle großer Unternehmerpersönlichkeiten bei der Durchsetzung des technischen Fortschritts betonte (Pionierunternehmer), unterscheidet fünf Hauptformen der Innovationen: neue Produkte, neue Produktionsprozesse, neue Märkte, neue Me-

thoden der Markterschließung, juristische und organisatorische Änderungen in der Geschäftsführung. C.-G.Sch.

### Input

1. In der → Produktionstheorie: Güter und Leistungen, die in einen Produktionsprozeß eingehen oder ihn beeinflussen. Inputs werden entweder physisch im Produktionsprozeß verbraucht (z.B. Rohstoffe) oder als Nutzungen von Bestandsfaktoren (wie Maschinen, Arbeitskräfte usw.) zur → Produktion herangezogen. Die Erfassung aller Inputs in einer → Produktionsfunktion ist selten möglich, da die ökonomische Modellbildung zu einer Abstraktion zwingt. Man beschränkt sich deshalb auf die wichtigsten Faktoren. Nicht als Inputs behandelt werden Güter, die zwar technisch für die Produktion notwendig sind, aber außerhalb der ökonomischen Betrachtung liegen (z.B. weil sie keinen Preis haben). Schwierigkeiten bereitet die Berücksichtigung von → Externalitäten im Produktionsbereich (Beispiel: Beeinflussung der Fischerei durch Abwässer der chemischen Industrie).

Im allg. verwendet man als Inputs in makroökonomischen Produktionsfunktionen Aggregate. Stellvertretend für die z.T. schwer erfaßbaren Inputs werden die entsprechenden Bestandsfaktoren (Arbeitskräfte, Kapital, Boden) eingesetzt. Die Schwierigkeit der Erfassung und Messung solcher Inputaggregate ist eines der Hauptprobleme bei der ökonometrischen Analyse gesamtwirtschaftlicher Produktionsbeziehungen.

2. In der → Volkswirtschaftlichen Gesamtrechnung und der → Input-Output-Tabelle ist Input als Wertsumme aller Produktionsaufwendungen (→ Vorleistungen und → Primäraufwand) definiert. R.D.

### Inputkoeffizient

(= Produktionskoeffizient) Verhältnis der effizienten Menge eines Inputgutes zum Gesamtoutput eines Produktionsprozesses:

$$a_{ij} = X_{ij}/Y_j$$

$a_{ij}$: Inputkoeffizient für den Inputfaktor i im Produktionsprozeß j;

$X_{ij}$: effiziente Menge des Inputs i im Produktionsprozeß j;

$Y_j$: Gesamtoutput aus dem Produktionsprozeß j.

Bei linear limitationalen → Produktionsfunktionen sind die Inputkoeffizienten technisch festgelegte Konstante. Im Fall linear-homogener, substitutionaler Produktionsfunktionen sind sie ökonomische Konstante, sofern nur *ein* knapper Faktor vorhanden ist, alle anderen Faktoren dagegen reproduzierbar sind. Die Konstanz folgt in diesem Fall aus der wirtschaftlichen Zielsetzung, bei einem beschränkt verfügbaren Produktionsfaktor (z. B. Arbeit) den maximalen → Output zu erzeugen. Der Nachweis der Konstanz der Inputkoeffizienten bei substitutionalen Produktionsprozessen wurde von Paul SAMUELSON geführt (→ SAMUELSON-Theorem). Für alle anderen Produktionsfunktionen sind die Inputkoeffizienten → Variable, die vom Gesamtoutput und von den Faktorpreisen abhängen.

Inputkoeffizienten setzen entweder Mengen zueinander in Beziehung, z. B.

$$a_{ij} = \frac{\text{Rostschutzfarbe in kg}}{\text{Zahl der produzierten PKW}} \left[ \frac{\text{kg}}{\text{PKW}} \right]$$

oder die Koeffizienten werden aus Wertgrößen errechnet:

$$a_{ij} = \frac{\genfrac{}{}{0pt}{}{\text{Wert der eingesetzten}}{\text{Rostschutzfarbe}}}{\genfrac{}{}{0pt}{}{\text{Wert der produzierten}}{\text{PKW}}} \left[ \frac{\text{DM}}{\text{DM}} \right]$$

Im ersten Fall gibt $a_{ij}$ die notwendige Menge des Inputfaktors i an, die zur Erzeugung einer Einheit im Produktionsprozeß j eingesetzt werden muß. Im zweiten Fall ist $a_{ij}$ eine dimensionslose Größe, die den Kostenanteil des Faktors i am → Produktionswert des Prozesses j anzeigt.

Man spricht von Vorleistungskoeffizienten, wenn die betrachteten Inputs → Vorleistungen sind. Die Summe der Vorleistungskoeffizienten des j-ten Prozesses

$$\Sigma_i \, a_{ij} = \Sigma_i \, X_{ij}/Y_j = 1/(Y_j)\Sigma_i \, X_{ij}$$

wird Gesamtvorleistungskoeffizient genannt. Die zweite Gruppe von Inputkoeffizienten sind die Primäraufwandskoeffizienten, v. a.:

a) Importkoeffizient;

b) Abschreibungskoeffizient; er mißt den Anteil der Abnutzung dauerhafter Produktionsgüter am Gesamtinput (analytisch ist er streng zu trennen vom → Kapitalkoeffizient, der angibt, welcher → Kapitalstock für die Erzeugung einer Outputeinheit zur Verfügung stehen muß);

c) Wertschöpfungskoeffizient als Summe von Arbeits- und Gewinnkoeffizient (Wertschöpfungs- und Gewinnkoeffizient sind nur als dimensionslose Größen definierbar). Die Summe aller Vorleistungs- und Primäraufwendungskoeffizienten ergibt stets Eins.   F. A.

### Input-Output-Analyse

von Wassily LEONTIEF 1939 entwickeltes volkswirtschaftliches ex-ante-Rechenwerk, mit dem z. B. die Auswirkungen von Änderungen der → Endnachfrage auf die sektorale Produktionsverflechtung prognostiziert werden sollen. Ausgangspunkt ist stets das volkswirtschaftliche ex-post-Rechenwerk der → Input-Output-Tabelle. Aus dieser werden die → Inputkoeffizienten für die einzelnen Produktionssektoren errechnet. Ein vollständiges System von Inputkoeffizienten $a_{ij} = X_{ij}/PW_j$ in Form einer Matrix (analog der Input-Output-Tabelle) nennt man Strukturmatrix der Volkswirtschaft.

Aus Strukturmatrix und Input-Output-Tabelle kann ein System von n linearen, inhomogenen Gleichungen entwickelt werden:

$$a_{11}PW_1 + a_{12}PW_2 + \ldots + a_{1n}PW_n + N_1 = PW_1$$
$$a_{21}PW_1 + a_{22}PW_2 + \ldots + a_{2n}PW_n + N_2 = PW_2 \quad .$$
$$\vdots$$
$$a_{n1}PW_1 + a_{n2}PW_2 + \ldots + a_{nn}PW_n + N_n = PW_n$$

$N_i$ steht für die gesamte Endnachfrage nach Gütern des i-ten Sektors.

Diese Gleichungen stellen nur eine Umformung der Input-Output-Tabelle dar.

Mit bestimmten Hypothesen über die technischen Bedingungen der Produktion wird das Gleichungssystem zu einem volkswirtschaftlichen ex-ante-Rechenwerk. Die Hypothese, die Strukturmatrix der Volkswirtschaft bleibe bei Änderungen in Zusammensetzung und Höhe der Endnachfrage unverändert, erlaubt, die Produktionswerte als Funktion der Inputkoeffizienten und der Endnachfrage darzustellen.

Die Auflösung des Gleichungssystems nach $PW_i$ ergibt:

$$PW_1 = A_{11} N_1 + A_{12} N_2 + \cdots + A_{1n} N_n$$
$$PW_2 = A_{21} N_1 + A_{22} N_2 + \cdots + A_{2n} N_n$$
$$\cdot \qquad \cdot \qquad \cdot \qquad \cdots$$
$$PW_n = A_{n1} N_1 + A_{n2} N_2 + \cdots + A_{nn} N_n$$

Jeder der Koeffizienten $A_{ij}$ des Lösungssystems ist dabei abhängig von allen Inputkoeffizienten $a_{ij}$ der Strukturmatrix. Für die Koeffizienten der Matrix $A = [A_{ij}]$ hat sich die Bezeichnung Sektorenmultiplikatoren eingebürgert; die Matrix A heißt entsprechend Matrix der Sektorenmultiplikatoren. Ein Sektorenmultiplikator $A_{ij}$ gibt an, um welchen Wert sich der Output $PW_i$ des i-ten Sektors ändert, wenn die volkswirtschaftliche Endnachfrage nach Gut j um eine Einheit variiert.

Die Auswirkung der Endnachfrageänderung $\Delta N_i$ auf den Einsatz der primären Produktionsfaktoren kann dann in einem nächsten Rechenschritt ermittelt werden, z. B. die Änderung des Arbeitseinsatzes im Sektor k, die aus einer Steigerung der Endnachfrage nach Gütern des Sektors l resultiert. Unter der Annahme, daß die Konstanz der Inputkoeffizienten auch für Primäraufwendungskoeffizienten gilt, erhält man:

$$\Delta L_k = a_{Lk} \, \Delta PW_k.$$

$\Delta PW_k$ ist aus der vorherigen Rechnung als lineare Funktion der Sektorenmultiplikatoren und der Endnachfrage der einzelnen Sektoren bekannt. Man erhält:

$$\Delta L_k = a_{Lk} \, A_{kl} \, \Delta N_l.$$

Ein Modell dieses Typs nennt man offenes Input-Output-System; offen ist das Modell im Hinblick auf die Höhe der Endnachfrage, die von außen vorgegeben sein muß und nicht aus dem Modell heraus erklärt wird (exogene → Variable). Von lediglich theoretischer Bedeutung sind die geschlossenen Input-Output-Systeme; bei ihnen werden alle Größen aus dem Modell heraus erklärt (endogene → Variable).

F.A.

**Input-Output-Tabelle**
Darstellung der technisch bedingten Güterströme zwischen den produzierenden Sektoren einer Volkswirtschaft in Matrixform ( = Tabelle mit doppeltem Eingang). In der Abbildung der technisch bedingten Güterströme unterscheidet sich die Input-Output-Tabelle von einer Matrixdarstellung der → Volkswirtschaftlichen Gesamtrechnung, die prinzipiell auf die monetären Ströme der Marktvorgänge sowie der Einkommensumverteilung und der Vermögensbildung abgestellt ist.

Eine Input-Output-Tabelle setzt sich i. d. R. aus drei Feldergruppen zusammen:
a) Matrix der → Vorleistungen. Sie enthält alle von Produktionssektor zu Produktionssektor gelieferten Vorleistungen (einschl. der intrasektoralen Ströme).
b) Matrix der → Endnachfrage. Hier sind alle Lieferungen der Produktionssektoren an die volkswirtschaftliche Endnachfrage (Konsum, Sachvermögensbildung und Export) aufgeführt.
c) Matrix des → Primäraufwands. Sie enthält jene produktionsbedingten Aufwendungen der Sektoren, die nicht in der Vorleistungsmatrix erfaßt sind und die sektoralen Gewinne.

Die Wertsumme einer bestimmten Spalte

$$\Sigma_i \, V_{ik} + M_k + D_k + T_k + L_k + G_k = PW_k$$

gibt die gesamten Aufwendungen für → Inputs (einschl. Gewinn) des Sektors k an, die Zeilensumme

$$\Sigma_j \, V_{kj} + C_k + I_k^b + X_k = PW_k$$

dagegen zeigt den Wert des Gesamtoutputs des Sektors k an. Aufgrund des → Kreis-

| | | Zwischennachfrage (Vorleistungen) Sektoren | | | | | Endnachfrage | | | Verwendung insges. (Summe der Outputs) |
|---|---|---|---|---|---|---|---|---|---|---|
| **Input → Output →** | | 1 | 2 | … j | … | n | Konsum | Bruttoinvestitionen | Export | |
| Intermediärer Input (Vorleistungen) — Sektoren | 1 | $V_{11}$ | $V_{12}$ | … $V_{1j}$ | … | $V_{1n}$ | $C_1$ | $I_1^b$ | $X_1$ | $BPW_1$ |
| | 2 | $V_{21}$ | $V_{22}$ | … $V_{2j}$ | … | $V_{2n}$ | $C_2$ | $I_2^b$ | $X_2$ | $BPW_2$ |
| | ⋮ | ⋮ | ⋮ | ⋮ | | ⋮ | ⋮ | ⋮ | ⋮ | ⋮ |
| | i | $V_{i1}$ | $V_{i2}$ | … $V_{ij}$ | … | $V_{in}$ | $C_i$ | $I_i^b$ | $X_i$ | $BPW_i$ |
| | ⋮ | ⋮ | ⋮ | ⋮ | | ⋮ | ⋮ | ⋮ | ⋮ | ⋮ |
| | n | $V_{n1}$ | $V_{n2}$ | … $V_{nj}$ | … | $V_{nn}$ | $C_n$ | $I_n^b$ | $X_n$ | $BPW_n$ |

| Primäraufwand | 1 | 2 | … j | … | n |
|---|---|---|---|---|---|
| Import | $M_1$ | $M_2$ | … $M_j$ | … | $M_n$ |
| Abschreibung | $D_1$ | $D_2$ | … $D_j$ | … | $D_n$ |
| Ind. Steuern – Subventionen | $T_1$ | $T_2$ | … $T_j$ | … | $T_n$ |
| Löhne | $L_1$ | $L_2$ | … $L_j$ | … | $L_n$ |
| Gewinne | $G_1$ | $G_2$ | … $G_j$ | … | $G_n$ |
| **Aufkommen insges. (Summe der Inputs)** | $BPW_1$ | $BPW_2$ | … $BPW_i$ | … | $BPW_n$ |

*Schema der Input-Output-Tabelle*

laufaxioms sind beide Summen gleich groß: Wert des Gesamtoutputs = Wert des Gesamtinputs für jeden Produktionssektor = → Produktionswert (PW, auch BPW = Bruttoproduktionswert).

Für die BRD werden Input-Output-Tabellen regelmäßig vom Statistischen Bundesamt nach den methodischen Richtlinien des Statistischen Amtes der Europäischen Gemeinschaften erstellt. Man geht dabei von 49 Produktionssektoren aus, die im Hinblick auf Produktionstechnik und Inputstruktur möglichst homogen sind. Dabei ist jedem Sektor die Produktion einer bestimmten Gütergruppe zugeordnet. F.A.

**Inputregeln** → Gewinnmaximierung

**inside lag**
→ Wirtschaftspolitik

**inside money**
→ Innengeld

**Inspiratoren der Wirtschaftspolitik**
Institutionen (Gruppen, Personen, Gremien, Verbände, Organisationen usw.), die weder formell noch faktisch wirtschaftspo-

litische Entscheidungen fällen und/oder durchführen, sondern nur die Entscheidungen der → Träger der → Wirtschaftspolitik provozieren oder positiv wie negativ beeinflussen. Während die Träger der Wirtschaftspolitik häufig als formelle Machtträger nach außen auftreten, bleiben die Inspiratoren im Hintergrund; sie bilden die informelle Entscheidungsstruktur. Die → Macht des Trägers der Wirtschaftspolitik ist auf die Wirtschaftssubjekte gerichtet, die Macht des Inspirators dagegen auf die Träger. Während ferner die Träger der Wirtschaftspolitik häufig nur auf institutionelle Machtmittel (→ Instrumente) zurückgreifen können, steht dem Inspiratoren ein weiter Bereich offen, von der bloßen Deklamation oder Empfehlung bis hin zu massivem Druck über Massenmedien.

R. E.

**Instabilitätsprinzip**
→ knife-edge-Problem

**Instrumente
der Wirtschaftspolitik**
Aktionsparameter der → Träger der → Wirtschaftspolitik. Wirtschaftspolitische Maßnahmen schließen Wertentscheidungen ein, stehen mithin in einem Ziel-Mittel-Verhältnis. Die Auswahl und die Intensität eines wirtschaftspolitischen Instrumentes hat sich (innerhalb des politisch gegebenen Rahmens) einerseits nach den → Zielen (der erwünschten Lage) und deren Verhältnis zueinander (→ Zielkonflikt) und andererseits nach der gegebenen Situation und der antizipierten Wirkung seines Einsatzes zu richten (→ Diagnose und Prognose). Es geht um zwei Probleme:
a) Problem der Konsistenz von Zielen und Mitteln (Mit welchem Instrument ist bei gegebener Lage die wirtschaftspolitische Zielsetzung zu erreichen?);
b) Problem der Wirkungsanalyse der Instrumente (Welche Wirkung kann mit einem bestimmten Instrument erreicht werden und inwieweit stimmt diese Wirkung mit dem Ziel überein?).
Bei diesen Problemen muß berücksichtigt werden, daß der Einsatz der meisten Instrumente Nebenwirkungen (teils positiver, teils negativer Art) hat, wobei verallgemeinert gilt, daß die negativen Nebeneffekte mit zunehmender Verwirklichung des Hauptziels an Bedeutung gewinnen. Es muß also geprüft werden, bei welchem Zielverwirklichungsgrad der Überschuß der Vorteile über die negativen Nebeneffekte am größten ist. In der → Quantitativen Wirtschaftspolitik ergeben sich hieraus Grenz- bzw. Nebenbedingungen für den Einsatz des wirtschaftspolitischen Instrumentariums. Des weiteren sind alternative Maßnahmen zu analysieren (Gibt es andere Instrumente, mit denen das Ziel besser oder schneller erreicht werden kann?). Ferner ist zu prüfen, ob durch Ergänzung bzw. kombinierten Einsatz mehrerer Instrumente (optimale Mittelkombination oder auch policy mix, wenn die Instrumente verschiedenen Bereichen entnommen sind) die Verwirklichung der Ziele gefördert oder aber die negativen Nebeneffekte verringert werden können. Ein weiteres Kriterium zur Beurteilung der Brauchbarkeit wirtschaftspolitischer Instrumente ist der Wirkungsbeginn (erste Reaktionen der Wirtschaftssubjekte). Die Zeitspanne zwischen Einsatz des Instruments und Wirkungsbeginn (= outside lag, impact lag) ist bei den einzelnen Instrumenten verschieden.
Eine Klassifizierung der wirtschaftspolitischen Instrumente kann nach verschiedenen Gesichtspunkten vorgenommen werden:
a) nach dem Sachbereich in Ordnungs- bzw. Steuerungsinstrumente; qualitative und quantitative Instrumente;
b) nach der Eingriffsintensität in Marktbeeinflussung, -intervention und -regulierung (Karl SCHILLER); indirekte (führende) und direkte (zwingende) Instrumente (Theodor PÜTZ);
c) nach der Zielrichtung in Anpassungs-, Erhaltungs- und Gestaltungsinterventionen (Walter JÖHR);
d) nach der Systemrelevanz in marktkonforme oder -inkonforme Maßnahmen (Wilhelm RÖPKE) oder in systemnotwendige, -fördernde, -adäquate, -neutrale, -inadäquate und systemzerstörende Maßnahmen (Karl C. THALHEIM). R. E.

**Instrumentvariable**
→ Quantitative Wirtschaftspolitik

**Integration**
Als Prozeß beinhaltet Integration jene Maßnahmen, deren Ziel es ist, die Behinderungen im Wirtschaftsverkehr zwischen Regionen/Ländern abzubauen, als Zustand wird Integration dagegen durch das Fehlen bestimmter Handelshemmnisse zwischen Regionen/Ländern gekennzeichnet.
Nach der jeweils erreichten Integrationsstufe unterscheidet man:
a) Präferenzzone: Die Mitgliedsländer vereinbaren für Produkte, die sie voneinander beziehen, niedrigere → Zölle;
b) Freihandelszone: Die Mitgliedsländer verzichten untereinander auf Beschränkungen der Güterströme (→ Zölle, → Kontingente), legen jedoch gegenüber Nichtmitgliedsländern noch keinen gemeinsamen Außenzoll fest. Dies führt dazu, daß Drittländer jeweils über das Mitgliedsland mit dem niedrigsten Außenzoll in die anderen Länder der Freihandelszone importieren. Solche »Dreiecksgeschäfte« versucht man dadurch auszuschalten, daß für Güterbewegungen innerhalb der Freihandelszone ein Herkunftsnachweis erbracht wird;
c) Zollunion: Neben Freihandel zwischen den Mitgliedsländern wird ein gemeinsamer Außenzoll gegenüber Drittländern festgelegt;
d) Gemeinsamer Markt: Über die Zollunion hinaus werden die Beschränkungen für die Mobilität der Produktionsfaktoren aufgehoben;
e) Wirtschaftsunion: Zusätzlich zum Gemeinsamen Markt wird die Harmonierung der nationalen Wirtschaftspolitik angestrebt;
f) vollständige wirtschaftliche Integration: Sie ist erreicht, wenn die Harmonisierung einer gemeinsamen → Geld-, → Fiskal-, → Konjunktur- und → Sozialpolitik vollzogen ist und supranationale Behörden mit für die Mitgliedsländer bindender Entscheidungsbefugnis errichtet sind.
Seit dem 2. Weltkrieg haben die Bemühungen um eine wirtschaftliche Integration unabhängiger Nationalstaaten stark zugenommen. Das gilt nicht nur für Europa (Beneluxstaaten, EGKS, EWG, EFTA), sondern auch für Lateinamerika (Lateinamerikanische Freihandelszone; LAFTA) und die afrikanischen Länder (Ostafrikanische Wirtschaftsgemeinschaft).
Die ökonomische Analyse der Integration beschäftigt sich insbes. mit der Frage, welche Wirkungen sie auf die Wohlfahrt des Integrationsraumes, der einzelnen Mitgliedsländer und der Drittländer hat. Wenngleich die Wohlfahrtseffekte je nach der erreichten Integrationsstufe unterschiedlich sind, bleibt die theoretische Analyse i. d. R. auf die Diskussion der Wohlfahrtseffekte einer Zollunion beschränkt. Dabei unterscheidet man zwischen statischen und dynamischen Wohlfahrtseffekten:
a) Statische Wohlfahrtseffekte:
• Produktionseffekt: Die innerhalb der Partnerländer durch den Abbau der Zölle zustandekommende Verbesserung der → Allokation (Verlagerung der Produktionsfaktoren zur Produktionsstätte mit den niedrigsten Kosten) ermöglicht eine Realeinkommenssteigerung (handelschaffender Effekt der Zollunion). Allerdings können bestehende Lieferbeziehungen eines Mitgliedslands mit Drittländern gestört werden, falls durch den gemeinsamen Außenzoll und/oder durch den Wegfall innergemeinschaftlicher Zölle ein Partnerland trotz höherer Produktionskosten gegenüber Drittländern konkurrenzfähig wird. Da hier eine Verlagerung der Produktionsfaktoren von der Produktionsstätte mit niedrigeren Kosten zu einer mit höheren Kosten stattgefunden hat, liegt ein negativer Wohlfahrtseffekt vor.
• Konsumeffekt: Durch Bildung der Zollunion ergibt sich eine Änderung der relativen Preise. Die Güter der Mitgliedsländer werden im Vergleich zu den heimischen Gütern und den Gütern aus Drittländern durch den Zollabbau billiger. Selbst wenn die Produktionsstruktur unverändert bleibt, führt dies zu einer Änderung der Allokation beim Konsum. Innerhalb der Mitgliedsländer kommt es zum Ausgleich der jeweiligen Grenzraten der Substitution

mit den innergemeinschaftlichen → terms of trade (vorher durch Zölle verzerrt) und damit zu einem positiven Wohlfahrtseffekt. Da der Ausgleich der Grenzraten der Substitution mit Drittländern durch den Außenzoll gestört wird, steht dem jedoch ein wohlfahrtsmindernder Effekt gegenüber (falls der gemeinsame Außenzoll nicht niedriger als der Zoll vor Bildung der Zollunion ist).

• terms of trade-Effekt: Die Festlegung eines Außenzolls bringt i.d.R. eine Verbesserung der terms of trade gegenüber Drittländern mit sich, was einem positiven Wohlfahrtseffekt gleichkommt (Ausnahme: → Optimalzoll wird überschritten).

b) Dynamische Wohlfahrtseffekte:

• Skalenvorteile: Die Ausdehnung des Binnenmarkts durch Bildung einer Zollunion ermöglicht bei Industrien mit → economies of scale ein Sinken der → Stückkosten (positiver Wohlfahrtseffekt). Dieses Argument führt jedoch leicht zu einem Widerspruch. Die economies of scale müssen einerseits entsprechend groß sein, damit sich daraus ein ins Gewicht fallender Wohlfahrtseffekt ableitet, andererseits müssen sie entsprechend klein sein, so daß sie vor Bildung der Zollunion durch Zollschranken kompensiert wurden.

• Wettbewerbseffekt: Die Zollunion soll eine Intensivierung des Wettbewerbs mit sich bringen. Wenngleich die Zahl der Konkurrenten nach ihrer Bildung vermutlich steigen wird, ist es jedoch fraglich, ob die Ausnutzung der Skalenvorteile nicht zu Monopolbildung führt und dann möglicherweise von einer supranationalen Kartellbehörde weniger wirksam bekämpft werden kann als es innerhalb der nationalen Wettbewerbsgesetzgebung möglich gewesen wäre.

• Wachstumseffekt: Die Ausnutzung der Skalenvorteile, verschärfter Wettbewerb, höhere Forschungs- und Entwicklungsausgaben größerer Betriebseinheiten und Beseitigung der Unsicherheiten durch Schaffung binnenmarktähnliche Verhältnisse lassen eine Steigerung des wirtschaftlichen Wachstums erhoffen.

Neben den bisher dargestellten Wohlfahrtseffekten für die Zollunion insgesamt ist die Verteilung der Wohlfahrtsgewinne auf die einzelnen Mitglieder von besonderem Interesse. Sollte die Bildung der Zollunion regionale Ungleichgewichte verschärfen, so müssen zusätzliche Maßnahmen getroffen werden, um die Integration nicht zu gefährden (wie Schaffung eines Regionalfonds, regionale Investitionsprogramme, regionale Entwicklungsbank). Darüber hinaus ist der Einfluß der Zollunion auf die Wohlfahrtssituation der Nichtmitgliedsländer zu beachten.

Empirische Schätzungen der Wohlfahrtseffekte einer Zollunion waren insbes. was die statischen Effekte anbetrifft, wenig ermutigend (einmaliger Wachstumseffekt von ca. 1%). Für die dynamischen Wohlfahrtseffekte läßt sich nur feststellen, daß das reale Wachstum der EG-Mitgliedsländer ohne Integrationseffekte kaum zu erklären wäre.    M.H.

### Intensitätsrente

positive Differenz zwischen → Grenzkosten und → Stückkosten bei einem über dem Betriebsoptimum liegenden Gewinnmaximum. Die Intensitätsrente entspringt somit einer angemessen intensiven Nutzung des besonders knappen Produktionsfaktors.

### intergeneration equity

→ Staatsverschuldung

### Interim-Ausschuß

auf Vorschlag des → Zwanziger-Ausschusses 1974 eingesetztes Komitee des Gouverneursrates des → Internationalen Währungsfonds (IWF) zur Beratung des Gouverneursrates bei der Überwachung des Funktionierens und der Anpassung der → internationalen Währungsordnung, bei der Beobachtung der Entwicklung der → internationalen Liquidität und des Transfers von realen Ressourcen in die → Entwicklungsländer.

Die 20 Mitglieder sind Gouverneure des IWF, Minister und Persönlichkeiten vergleichbaren Ranges. Sie werden von den Ländern bzw. Ländergruppen bestellt, die einen Exekutivdirektor in den IWF entsenden.

Der Interim-Ausschuß soll bis zur Einsetzung eines ständigen, mit Entscheidungsbefugnis ausgestatteten Gouverneursausschusses tätig bleiben, die eine Änderung der IWF-Statuten voraussetzt.

**interlocking directorate**
→ Überkreuzverflechtung

**internal rate of return**
→ interner Zinssatz

**International Bank for Reconstruction and Development (IBRD)** → Weltbank

**International Development Association (IDA)** → Internationale Entwicklungsorganisation

**Internationale Arbeitsorganisation**
(International Labour Organization; ILO) seit 1946 Sonderorganisation der → Vereinten Nationen mit Sitz in Genf (Mitgliedsstaaten Ende 1974: 124).
Gründung: Die ILO wurde 1919 im Rahmen des Versailler Friedensvertrages als selbständige Organisation des Völkerbundes geschaffen; die ursprüngliche Satzung trat am 11. 4. 1919 in Kraft. 1944 wurde die Satzung durch die »Erklärung von Philadelphia« ergänzt.
Grundsätze und Ziele:
a) Arbeit ist keine Ware;
b) Freiheit der Meinungsäußerung und Vereinigungsfreiheit sind wesentliche Voraussetzungen beständigen Fortschritts;
c) Armut gefährdet den Wohlstand aller;
d) Kampf gegen die Not innerhalb jeder Nation und durch gemeinsames internationales Vorgehen.
Hieraus leitet sich als Hauptziel der ILO ab: Alle Menschen, ungeachtet ihrer Rasse, ihres Glaubens und ihres Geschlechts, haben das Recht, materiellen Wohlstand und geistige Entwicklung in Freiheit und Würde, in wirtschaftlicher Sicherheit und unter gleich günstigen Bedingungen zu erstreben. Davon ausgehend fördert die ILO Programme zur Erreichung folgender Unterziele: → Vollbeschäftigung und Verbesserung des → Lebensstandards; freie Berufs- und Arbeitsplatzwahl; Beteiligung der Arbeitnehmer am Fortschritt im Bezug auf Einkommen, Arbeitszeit und Arbeitsbedingungen; → Mindestlöhne; → Tarifautonomie; Schutz am Arbeitsplatz; Schutz für Mutter und Kind usw.
Aufgaben und Tätigkeit:
a) Information (Dokumentation und Forschung);
b) Erarbeitung internationaler Übereinkommen und Empfehlungen;
c) Technische Hilfe für → Entwicklungsländer zur Erschließung der Arbeitskraftreserven, Entwicklung sozialer Institutionen und Verbesserung der Lebens- und Arbeitsbedingungen. Für diese Zwecke erhält die ILO zusätzliche Mittel aus dem → Entwicklungsprogramm der Vereinten Nationen.
Organe: Höchstes Organ ist die Internationale Arbeitskonferenz, die i. d. R. einmal jährlich zusammentritt. Jedes Mitgliedsland entsendet neben zwei Regierungsdelegierten je einen Arbeitnehmer- und Arbeitgebervertreter. Die Konferenz entscheidet (mit Zweidrittelmehrheit) u. a. über die Annahme von Konventionen und Empfehlungen und wählt als Exekutive der ILO den Verwaltungsrat (48 Mitglieder, davon je 12 Arbeitnehmer- und Arbeitgebervertreter). Der Verwaltungsrat leitet die Arbeit der Ausschüsse und des Internationalen Arbeitsamtes, dem ständigen Generalsekretariat und Forschungszentrum der ILO. D.S.

**Internationale Entwicklungsorganisation**
(International Development Association; IDA) rechtlich selbständige Schwestergesellschaft der → Weltbank mit Sitz in Washington.
Gründung: 24. 9. 1960 (auf Vorschlag der USA); Beginn der Geschäftstätigkeit: 8. 11. 1960.
Ziele und Aufgaben: Ergänzung der Tätigkeit der → Weltbank durch Bereitstellung von soft loans für → Entwicklungsländer, d. h. Darlehen, deren Konditionen günstiger sind als die der kommerziellen oder Weltbank-Darlehen (Laufzeit: 50 Jahre;

abgesehen von einer Verwaltungsgebühr von $^3/_4$% p. a. zinslos; Tilgung erst nach Ablauf von 10 Jahren). Die Darlehen sollen für Infrastrukturinvestitionen verwendet werden.

Mittelbeschaffung: Die Finanzierung der Darlehen erfolgt aus dem von den Mitgliedsländern gezeichneten Grundkapital (proportional zu ihren Quoten bei der → Weltbank). Dabei haben die Länder der Gruppe 1 (vornehmlich Industrieländer) den vollen Subskriptionsbetrag, die der Gruppe 2 (Entwicklungsländer) lediglich 10% in Gold oder konvertiblen Devisen einzuzahlen. Zusätzlich zur Erstsubskription hat die Gruppe 1 in drei sog. Aufstokkungsrunden der IDA weitere Finanzmittel zugeführt. Außerdem hat die IDA Sonderleistungen (auch von Nichtmitgliedern) sowie seit 1964 Zuweisungen aus den Gewinnen der → Weltbank erhalten (bis zum 30. 6. 1973 insgesamt 703 Mio. $).

Mittelverwendung: Alle Länder der Gruppe 2 können sich um Darlehen bewerben, sofern durch Höhe und Struktur ihrer Auslandsverschuldung eine Kreditaufnahme zu Markt- oder Weltbankkondi-

| IDA-Daten | zum 30. 6. 1973 |
|---|---|
| gezeichnetes Kapital (Mio. SZR) | 5 344 |
| davon: | |
| Gruppe 1: 19 Mitgliedsländer | 5 052 |
| Gruppe 2: 93 Mitgliedsländer | 292 |
| insgesamt gewährte Darlehen (Mio. $) | 5 763 |
| davon: | |
| Land- u. Forstwirtschaft, Fischerei | 1 613 |
| Erziehungswesen | 380 |
| Industrie | 281 |
| Energie | 482 |
| Transportwesen | 1 428 |
| nicht projektgebunden | 1 000 |
| sonstige Zwecke | 579 |

tionen nicht mehr zu verantworten ist. Hinsichtlich Vorbereitung und Durchführung der geförderten Projekte stellt die IDA dieselben hohen Anforderungen wie die → Weltbank.

Organisation und Stimmrecht: Personalunion mit der → Weltbank. D. S.

**Internationale Finanz-Corporation**
(International Finance Corporation; IFC) rechtlich selbständige Schwestergesellschaft der → Weltbank mit Sitz in Washington.

Gründung: 24. 7. 1956 (auf Anregung der → Vereinten Nationen).

Aufgaben: Ergänzung der Tätigkeit der → Weltbank durch Förderung der privatwirtschaftlichen Initiative in den Mitgliedsländern, insbes. den → Entwicklungsländern. Gemeinsam mit privaten Kapitalgebern sollen (auch ohne Regierungsgarantien) die Errichtung, Modernisierung und Erweiterung produktiver privater Unternehmen finanziert und günstige Bedingungen für private Kapitalanlagen geschaffen werden.

Mittelbeschaffung: Die IFC finanziert sich hauptsächlich aus dem von den Mitgliedsländern gezeichneten Grundkapital und seit 1965 auch durch Kreditaufnahmen bei der Weltbank. Daneben refinanziert sich die IFC weitgehend durch den Verkauf ihrer Kapitalanlagen an private Investoren (v. a. Banken und Investmentgesellschaften).

Mittelverwendung: Die IFC übernimmt eine Teilfinanzierung für private Investitionsprojekte nur dann, wenn nicht genügend Privatkapital zu angemessenen Konditionen bereitsteht. Dies geschah anfangs durch beteiligungsähnliche Darlehen; 1961 erhielt die IFC das Recht, Aktien und sonstige Geschäftsanteile (mit eingeschränktem Stimmrecht) zu erwerben. Darlehen werden i. d. R. nur bei gleichzeitiger Kapitalbeteiligung gewährt (Laufzeit: 8–20 Jahre; Zinssatz: $8^3/_4$–$10^1/_4$%).

Organe und Stimmrecht: Personalunion mit der → Weltbank, allerdings mit eigenem Vizepräsidenten und Mitarbeiterstab. D. S.

| IFC-Daten | zum 30.6.1973 |
|---|---|
| Mitgliedsländer | 98 |
| gezeichnetes Kapital (Mio. $) | 107 |
| Weltbankdarlehen (Mio. $) | 297 |
| gesamte Kredite und Beteiligungen (Mio. $) | 835 |

**internationale Liquidität**

Finanzierungspotential, welches die Währungsbehörden eines Landes in die Lage versetzt, Zahlungsbilanzdefizite abzudecken. Es wird durch tatsächliche und potentielle Finanzierungsmittel bestimmt.

Zu den ersteren zählen die → Währungsreserven, über welche die Währungsbehörden unbeschränkte Verfügungsgewalt haben (unbedingte Liquidität). Sie sind als Nettogröße definiert. Internationale Liquidität im Sinne der Währungsstatistiken ist meist als Summe dieser offiziellen Währungsreserven zu verstehen (Abb.).

Die insgesamt nicht exakt bezifferbaren potentiellen Finanzierungsmittel haben eine große Vielfalt. Darunter fallen institutionalisierte Kreditlinien, wie z.B. die Rückgriffsmöglichkeiten auf die Mittel des → kurzfristigen Währungsbestands, des → mittelfristigen finanziellen Beistands der → Europäischen Gemeinschaften und die Ziehungsrechte im Rahmen der Kredittranchen des → Internationalen Währungsfonds. Es handelt sich um halbautomatische oder gebundene und auflagenabhängige Kreditfazilitäten, je nach Inanspruchnahme.

Auf multilateraler und bilateraler Basis existieren darüber hinaus Vereinbarungen über ad-hoc-Kredite und → Swap-Abkommen, wie die → Basler Abkommen und die Kreditnetze der USA. Außerdem muß das mobilisierbare Devisenreservoir des inländischen privaten Sektors als bedingte Liquidität der Währungsbehörden in Rechnung gestellt werden.

Die Frage der Angemessenheit der internationalen Liquidität kann nicht allgemeingültig beantwortet werden, da es keine unter allen Umständen richtige Bezugsgröße gibt. Hätten sämtliche Länder ausgeglichene Zahlungsbilanzen, bestünde kein substantieller Bedarf an internationaler Liquidität. Der Zahlungsbilanzausgleich ist aber seinerseits maßgeblich von der Verfassung der internationalen → Kreditmärkte abhängig: Erlauben sie eine Finanzierung von Leistungsbilanzdefiziten, erübrigen sich offizielle Operationen unter Einsatz internationaler Liquidität. F.G.

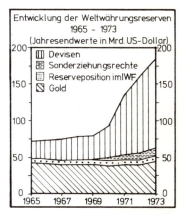

Entwicklung der Weltwährungsreserven 1965 - 1973 (Jahresendwerte in Mrd. US-Dollar)

**internationale Rohstoffabkommen**

Abkommen zur Stabilisierung der Weltmarktpreise für bestimmte agrarische oder mineralische Rohstoffe. Vorläufer waren internationale → Kartelle der Produzenten (1902: Zucker; 1931: Zinn).

Allen Rohstoffabkommen nach dem 2. Weltkrieg ist gemeinsam, daß sie von den Regierungen der beteiligten Länder nach den Richtlinien der → Havana-Charta abgeschlossen werden (Beschluß des → Wirtschafts- und Sozialrates der → Vereinten Nationen):

a) Rohstoffkonferenzen, die von den → Vereinten Nationen einberufen werden, sollen jedes Abkommen vorbereiten;

b) für jedes Abkommen soll ein Rohstoffrat gebildet werden, in dem die Gruppe

der Erzeuger- wie auch die der Verbraucherländer mit je 1000 Stimmen vertreten sind;
c) die Laufzeit der Abkommen soll 5 Jahre nicht übersteigen;
d) die Abkommen sollen Preisschwankungen mildern, die Produktionsfaktoren erhalten und wirtschaftliche Störungen in den Mitgliedsländern verhindern.
Alle Abkommen sehen vor, den Weltmarktpreis des jeweiligen Rohstoffs innerhalb einer Preisspanne zu stabilisieren, die sowohl den Interessen der Erzeuger- als auch den der Verbraucherländer gerecht wird. Dies wird durch technisch unterschiedlich ausgestaltete Systeme angestrebt:
a) im multilateralen Vertragssystem durch Liefer- und Abnahmegarantien. Beispiel: Weizenabkommen (seit 1949);
b) im Quotensystem durch vorher vereinbarte Produktions- und Lieferanpassung entsprechend der Knappheitssituation. Beispiele: Zuckerabkommen (seit 1954), Kaffeeabkommen (seit 1963);
c) im System der Marktausgleichslager durch Lageraufstockung oder -abbau bei Erreichen des Mindest- bzw. Höchstpreises. Beispiele: Zinnabkommen (seit 1956), Kakaoabkommen (seit 1972).   D.S.

**internationaler Preiszusammenhang**
besteht in der unmittelbaren zwischenstaatlichen Übertragung von Preisänderungen für international gehandelte Güter bei → festen Wechselkursen. Die Theorie des direkten internationalen Preiszusammenhangs basiert auf dem zwischenstaatlichen Preisausgleich, wonach die über den → Wechselkurs umgerechneten Preise der Außenhandelsgüter zwischen zwei Ländern vollkommen übereinstimmen und bei Anfall von Translokationskosten (Transport, Versicherung, Zölle usw.) nur um deren Betrag abweichen können. Bei festen Wechselkursen führt eine → Inflation im Ausland unmittelbar zu einer Erhöhung der in Inlandswährung ausgedrückten Importgüterpreise. Da im Ausland höhere Preise für die Exportgüter des Inlands gezahlt werden, steigen auch deren Inlandspreise.

Der direkte internationale Preiszusammenhang ist ein Ansatz zur Erklärung einer → importierten Inflation. Er besteht unabhängig vom Saldo der → Leistungsbilanz, weshalb ein Inflationsimport nicht nur bei einem Leistungsbilanzüberschuß (erklärt mit der → Liquiditätstheorie oder → Einkommenstheorie des Inflationsimports), sondern auch bei ausgeglichener oder defizitärer Leistungsbilanz zustande kommen kann. Soweit Außenhandelsgüter als Produktionsfaktoren in der Erzeugung von Binnenhandelsgütern verwendet und/oder von den export- und importkonkurrierenden Industrien höhere Preise für Produktionsfaktoren gezahlt werden, steigen auch die Preise der Binnenhandelsgüter. Allerdings werden im Falle einer passiven Leistungsbilanz bei Ausbleiben expansiver Einflüsse (z. B. erhöhte Investitionstätigkeit in der Exportindustrie; → Geldschöpfung) der Rückgang der Inlandsnachfrage und die Verringerung der Liquidität preisdämpfend auf die Außen- und Binnenhandelsgüter wirken. Dagegen werden bei einer aktiven Leistungsbilanz die Nachfrage- und Liquiditätseffekte, die aus dem direkten internationalen Preiszusammenhang entstehen, die Preiserhöhungen begünstigen. Im Falle eines kleinen Landes sind die Inlandspreise seiner Außenhandelsgüter allein durch das Ausland bestimmt und weisen bei einer Auslandsinflation die gleiche Steigerungsrate auf.
Eine Übertragung der ausländischen Inflation kann durch → Aufwertung der inländischen Währung unter der Voraussetzung verhindert werden, daß sich die Auslandspreise der Außenhandelsgüter um den gleichen Prozentsatz verändert haben. Ausländische Preiserhöhungen können auch bei → freiem Wechselkurs entgegen der → Kaufkraftparitätentheorie auf das Inland übergreifen.   H.M.W.

**Internationaler Währungsfonds (IWF)**
(International Monetary Fund; IMF) rechtlich selbständige Sonderorganisation der → Vereinten Nationen mit Sitz in Washington.
Vorgeschichte und Gründung: Ab 1941 bereits begannen die Vorarbeiten zur Re-

organisation der → internationalen Währungsordnung. Nach Verschmelzung verschiedener Pläne (→ KEYNES-Plan; → WHITE-Plan) wurde auf der United Nations Monetary and Financial Conference in Bretton Woods (New Hampshire, USA) am 22. 7. 1944 die Errichtung des IWF und der → Weltbank beschlossen. Das Abkommen trat am 27. 12. 1945 in Kraft; Beginn der Geschäftstätigkeit des Fonds am 1. 3. 1947.

Ziele des Abkommens, Aufgaben des Fonds und die Verpflichtungen der Mitgliedsländer:

a) Förderung der internationalen währungspolitischen Zusammenarbeit durch Information und Konsultation;

b) Wiederbelebung und Stärkung des Welthandels;

c) Stabilisierung der Währungen im Rahmen geordneter Währungsbeziehungen: Die Mitglieder sind verpflichtet, den Kassakurs ihrer Währungen durch Devisenmarktinterventionen innerhalb einer vorgeschriebenen Bandbreite um die Währungsparität zu halten. Änderungen der Parität sollen nur bei fundamentalem Ungleichgewicht der → Zahlungsbilanz vorgenommen werden, v. a. keine → Abwertungen aus Wettbewerbsgründen (→ beggar-my-neighbour-policy). Weiterhin sollen diskriminierende Währungsmaßnahmen und → multiple Wechselkurse vermieden werden;

d) Einrichtung eines multilateralen Zahlungssystems und Abbau von Devisenbeschränkungen (→ Konvertibilität);

e) Zentrale Bereitstellung von befristeten Devisenkrediten zur Überbrückung von Zahlungsbilanzstörungen: Die Mittelbeschaffung des IWF erfolgt durch Subskriptionen der Mitglieder entsprechend der ihnen zugeteilten Quote (i. d. R. 25 % in → Gold und 75 % in eigener Währung). Die Quoten sind Kapitalanteilen vergleichbar; sie werden unter Zuhilfenahme ausgewählter volkswirtschaftlicher Schlüsselzahlen (→ Außenhandel, → Währungsreserven, Volkseinkommen etc.) ausgehandelt. Seit 1947 sind vom Gouverneursrat des Fonds eine Vielzahl spezieller und drei allgemeine Quotenerhöhungen beschlossen worden. Bei Zahlungsbilanzschwierigkeiten kann ein Mitglied gegen Einzahlung eigener Währung die Währungen anderer Mitglieder erwerben (»ziehen«). Die Ziehungsmöglichkeiten sind dadurch begrenzt, daß die Fondsbestände einer Mitgliedswährung i. d. R. 200 % der Quote nicht übersteigen dürfen. Betragen die Fondsbestände einer Währung weniger als 100 % der Quote, so genießt das Mitglied in Höhe dieser Differenz (Goldtranche) ein uneingeschränktes Ziehungsrecht. Auch Kredite bis zur 1. Kredittranche (25 % der Quote) unterliegen noch keinen wesentlichen Beschränkungen. Darüber hinausgehende Hilfen haben seit 1952 meist die Form von → Bereitschaftskreditabkommen. Die Fondskredite sind je nach Höhe und Laufzeit (max. 5 Jahre) zu verzinsen; die Rückzahlung hat in → Gold, konvertibler Währung oder → Sonderziehungsrechten zu erfolgen.

Ergänzungen des Fondsinstrumentariums: 1962 → Allgemeine Kreditvereinbarungen. 1963 und 1970 wurden die normalen Ziehungsrechte um zwei spezielle Kreditfazilitäten, insbes. für → Entwicklungsländer erweitert: Ziehungen zur Finanzierung von Exporterlösschwankungen bei Grundstofferzeugerländern sowie von Grundstofflagern (→ bufferstocks). 1967 wurde das IWF-Abkommen einer allgemeinen Revision unterzogen, deren wichtigstes Ergebnis die Schaffung der → Sonderziehungsrechte ist. In Reaktion auf die Ölkrise schuf der IWF Mitte 1974 (v. a. für die Entwicklungsländer) einen Special Oil Fund zur Finanzierung von Zahlungsbilanzdefiziten, welche durch die Verteuerung der Ölimporte verursacht wurden. Die Mittel für die sog. Ölfazilität im Gegenwert von 2,8 Mrd. SZR wurden durch Sonderdarlehen von 7 erdölerzeugenden Ländern aufgebracht. Ferner wird der IWF auf Empfehlung des → Zwanziger-Ausschusses eine mittelfristige Kreditfazilität zur Überbrückung von strukturell bedingten Zahlungsbilanzschwierigkeiten einrichten.

Organe und Stimmrecht: Alle Befugnisse liegen beim Gouverneursrat, in dem jedes Mitglied vertreten ist. Da der Gouverneursrat nur einmal jährlich tagt, ist die Geschäftsführung des Fonds einem Exekutivrat mit 20 Direktoren übertragen, der mit weitreichenden Vollmachten ausgestattet ist. Fünf der Direktoren stellen die Länder mit den höchsten Quoten, die übrigen 15 werden gewählt; alle zusammen bestellen einen geschäftsführenden Direktor. In beiden Organen hat jedes Mitgliedsland 250 Stimmen und eine zusätzliche Stimme für je 100 000 $ seiner Quote. D.S.

---

IWF-Daten zum 30.6.1973; Mio. SZR

| | Quoten | Kumulierte Ziehungen |
|---|---|---|
| USA | 6 700 | 3 552 |
| Japan | 1 200 | 249 |
| EG | 8 651 | 12 255 |
| darunter: | | |
| BRD | 1 600 | 880 |
| Frankreich | 1 500 | 2 250 |
| Großbritannien | 2 800 | 7 868 |
| alle 125 Mitglieder | 29 169 | 25 799 |

---

**internationale Währungsordnung**
System von rechtlichen und gewohnheitsmäßigen Regeln der internationalen Zusammenarbeit auf dem Gebiet der Währungspolitik. Die Regeln beziehen sich in erster Linie auf
a) die Gestaltung der → Wechselkurse (z.B. im Sinne eines Systems → freier Wechselkurse oder → fester Wechselkurse);
b) die Ordnung des Zahlungsverkehrs (z.B. durch → Konvertibilität oder durch → Bilateralismus);
c) die Technik des Zahlungsbilanzausgleichs und der temporären Defizitüberbrückung im Zusammenhang mit der Frage der → internationalen Liquidität.
Mit dem Übergang von der Silberwährung zum → Goldstandard entstand im 19. Jh. eine Ordnung des Geldwesens, die alle wichtigen Handelsnationen währungspolitisch integrierte und durch Nutzung der internationalen Arbeitsteilung (→ Spezialisierung) sowie die daraus entspringenden → Außenhandelsgewinne zu rascher Entwicklung führte. Der internationale Goldstandard basierte auf einer Definition der Währungen in → Gold, auf festen Wechselkursen der Währungen untereinander, die durch freie Konvertibilität und Goldeinlösegarantie gewährleistet waren, auf Zahlungsbilanzausgleich in Gold und zahlungsbilanzkonformer Anpassung der → Geldmenge. Die Kehrseite dieses Systems war allerdings ein Verzicht auf eigenständige binnenwirtschaftlich orientierte Währungspolitik und ein fortwährender Wechsel von inflationistischen und deflationistischen Tendenzen. Unter Friedensbedingungen und bei liberalistischem Zeitgeist empfand man das jedoch nicht als unerträglichen Mangel der Währungsordnung. Erst der Kriegsausbruch zwang 1914 zur Revision des Währungskonzepts im Sinne einer manipulierten Währung (ohne Bindung an einen Metallwert, nach frei gewählten, fallweise modifizierbaren Zielsetzungen gestaltete Währungspolitik) und strenger → Devisenbewirtschaftung.
Die Unordnung der Wirtschaftsverhältnisse nach dem Krieg, ein von Grund auf verändertes Preisniveau verglichen mit der Vorkriegszeit und die fehlende Golddecke bei vielen Nationen bewogen die Völkerbundkonferenz von Genua (1922) zur Befürwortung des Golddevisenstandards. Man verzichtete zumindest faktisch auf die starre Bindung an das Gold und damit auch auf absolut → feste Wechselkurse. Bei der Verteidigung der Wechselkurse waren demgemäß Einschränkungen der Konvertibilität nicht mehr ausgeschlossen. Da der Zahlungsbilanzausgleich mit Hilfe von → Devisen erfolgen konnte, war der Automatismus der internen Geldmengenregulierung nach den zahlungsbilanzpolitischen Erfordernissen gestört. Hinter dem Völkerbundvorschlag stand das Interesse der reservehaltenden Länder nach ertragspendenden Anlagen und das Interesse der Reservewährungsländer, durch die Währungskonstruktion in den Genuß eines

Realtransfers zu gelangen. Damit wurden politische Aspekte in den Mechanismus des Zahlungsbilanzausgleichs eingebracht, die eine zusätzliche Störungsquelle bedeuteten. Überdies wurde der Geldmengenanpassungsprozeß infolge der Aufsprengung des Geldschöpfungsmonopols der Zentralbanken durch giralgeldschaffende Kreditinstitute aufgeweicht. Das Ergebnis war eine partielle Funktionsuntüchtigkeit der Zahlungsbilanzautomatismen.

Die eigentliche weltwirtschaftliche Desintegration setzte jedoch erst in der Weltwirtschaftskrise ein, als viele Länder – dem englischen Beispiel (21. 9. 1931) folgend – sich der Goldeinlösungspflicht entzogen und vom Prinzip fester Wechselkurse abrückten: Das System frei manipulierter Währungen schien die Chance zu eröffnen, gesamtwirtschaftliche Lasten auf Handelspartner abzuwälzen (→ beggar-my-neighbour-policy). In Wirklichkeit setzte Abwertungskonkurrenz ein, und Länder, die nicht bereit oder imstande waren, daran teilzunehmen, schirmten sich allein (z. B. Deutschland) oder in Gruppen (z. B. Sterling-Block) durch Devisenbewirtschaftung ab. Nach dieser destruktiven währungspolitischen Periode sollte 1944 das Abkommen über den → Internationalen Währungsfonds (IWF) im Sinne eines reformierten Goldstandards neue Möglichkeiten weltwirtschaftlicher Kooperation eröffnen. Die konstituierenden Elemente waren Wechselkursstabilität, → Konvertibilität bei der Abwicklung laufender Geschäfte, Zahlungsbilanzausgleich in Gold oder konvertiblen Devisen, Überbrückung temporärer Zahlungsbilanzschwierigkeiten durch Kreditfazilitäten des IWF.

Das wirtschaftliche und politische Übergewicht der USA und die Bereitschaft des US-Schatzamtes, für »legitime« Zwecke im Verkehr mit Währungsbehörden, → Gold zu kaufen und zu verkaufen, ließen von Anfang an den Dollar in die Rolle einer → Leitwährung der westlichen Welt hineinwachsen: Das System von Bretton Woods stellte sich de facto als → Dollarstandard dar.

Wie alle anderen Länder war aber auch das Leitwährungsland nicht geneigt, analog den Spielregeln des Goldautomatismus auf binnenwirtschaftlich orientierte → Geld- und Kreditpolitik zu verzichten. Knapp drei Jahre, nachdem die wichtigsten Mitgliedsländer der IWF mit einer feierlichen Konvertibilitätserklärung (1958) den letzten Stein zum neuen Währungsgebäude gesetzt hatten, und im selben Jahr, in dem sie diesen Schritt durch die Übernahme des Artikel-VIII-Status im IWF förmlich vollzogen (1961), traten schon Risse im Wechselkursgefüge zutage. Die im → Goldpool eilends vereinigten Zentralbanken mußten zur gemeinsamen Verteidigung des Dollars übergehen (1961). Damit begann die Umwandlung des Golddollarstandards in den »Papierdollarstandard«. Die Spaltung des → Goldmarkts (1968), die Suspendierung der Goldkonvertibilität des Dollars (15. 8. 1971) und das → Smithsonian Agreement (18. 12. 1971) waren schließlich Stationen vom Dollarstandard zum »Sonderziehungsrechtestandard«.

Die Konstruktion der → Sonderziehungsrechte (SZR) stellte einen Kompromiß zwischen den (im → OSSOLA-Report gesichteten) weit auseinander liegenden Vorstellungen zur Reform der internationalen Währungsordnung dar. Sie bilden kein von einer Weltzentralbank geschaffenes neues → Geld (wie es der → TRIFFIN-Plan vorgesehen hatte), sondern haben die Eigenschaft teils unbedingter → internationaler Liquidität (Geldcharakter), teils bedingter Liquidität (Kreditcharakter). Statt die alten Reservemedien zu ersetzen, bilden sie ein zusätzliches Reserveelement (wie bereits im → BERNSTEIN-Plan projektiert). Ohne den (z. B. französischen) Plänen einer Wiederbelebung des Goldstandards zu folgen, behielten sie zunächst den Bezug zum Gold bei und lösten sich erst 1974 davon mit der Inkraftsetzung der Standardkorb-Technik.

Die internationale Währungsordnung zeigt sich Mitte 1974 in einem Zustand tiefgreifender Zerrüttung. Das System der → festen Wechselkurse ist → freien Wechselkursen gewichen, nicht selten mit »schmutzigem Floaten«. Den desintegrierenden Effekten dieses Systems sucht man durch

Bildung von konkurrierenden Währungs-
blöcken (z. B. → Gruppenfloating, → Dol-
larblock) zu begegnen. → Konvertibilität
gilt nicht mehr als strenge Verpflichtung;
Beschränkungen werden vielmehr als legi-
times Mittel der → außenwirtschaftlichen
Absicherung und der → Devisenbannwirtschaft gehandhabt, um gegen → hot money
gewappnet zu sein und die Wechselkurspolitik zu entlasten. Einer → Zahlungsbilanzpolitik der leichten Hand wird durch
ausufernden Wildwuchs an multilateralen
und bilateralen Kreditfazilitäten Vorschub
geleistet.

Die z. Z. noch äußerst kontroversen, auch
durch den → Zwanziger-Ausschuß (entgegen den Erwartungen) noch nicht zu einem
substanziellen Ergebnis gereiften Vorstellungen über die Reform der internationalen Währungsordnung bewegen sich
hauptsächlich um folgende Punkte:

a) Schaffung einer reformierten Wechsel-
kursordnung mit dem Prinzip der Stabilität,
aber bei verbesserter Anpassungsfähigkeit
auf der Grundlage objektiver Kriterien für
ein fundamentales Zahlungsbilanzun-
gleichgewicht (v. a. von den USA betonter
Reformaspekt);

b) Wiederherstellung der Währungskon-
vertibilität bei strenger Konversionsaufla-
ge für die Devisenzuflüsse, welche die
Reserven über die → working balances
hinaus aufstocken (v. a. von europäischen
Ländern hervorgehobener Reformaspekt);

c) Kontrolle der Globalliquidität und Zurückdrängung von → Gold und → Reservewährungen zugunsten der SZR. Besonders
umstritten ist hierbei noch die Verbindung
(link) zwischen → Entwicklungshilfe und
SZR-Zuteilung.

Tenor der derzeitigen Reformansätze ist
der Wunsch nach:

a) größerer Symmetrie (anstelle der bisherigen Bevorzugung des Leitwährungs-
landes bzw. der Überschußländer);

b) strafferer Verwaltung (in Ablösung der
bisherigen losen Kooperation);

c) evolutorischer Entwicklung (im Gegensatz zu den ehrgeizigen Plänen einer Reform an Haupt und Gliedern).     F.G.

**International Labour Organization (ILO)**
→ Internationale Arbeitsorganisation

**International Monetary Fund (IMF)**
→ Internationaler Währungsfonds

**International Trade Centre**
im Mai 1964 als Handelszentrum des →
Allgemeinen Zoll- und Handelsabkommens (GATT) gegründet; seit 1. 1. 1968
gemeinsame Informations- und Bera-
tungsstelle des GATT und der → Welthandelskonferenz, insbes. für den Außenhandel der → Entwicklungsländer. Sitz:
Genf.

**International Trade Organization (ITO)**
→ Havana-Charta

**interner Zinssatz**
( = internal rate of return) diejenige Diskontierungsrate, die den Gegenwartswert
der produktiven Transformationen zu Null
macht. Der interne Zinssatz wird oft als
Entscheidungskriterium bzw. -regel benutzt, um zwischen einzelnen Investitionsprojekten auswählen oder eine optimale
Projektkombination ermitteln zu können.
In der einen Version bestimmt man den
maximalen Zinssatz (sehr problematisches
Kriterium), in einer anderen Version ver-
gleicht man den internen Zinssatz mit dem
Marktzins. Bei einem marginalen Vergleich bei bestehendem → Kapitalstock ist
der interne Zinssatz gleich der → Grenzleistungsfähigkeit des Kapitals.     P.W.

**Interventionen**
→ Instrumente der Wirtschaftspolitik

**Interventionismus**
→ Wirtschaftspolitik, die auf der Grundlage des → Liberalismus mit punktuellen
Maßnahmen in die → Marktwirtschaft ein-
greift, um akute Mißstände zu beseitigen.
Als ad-hoc-Interventionen sind sie nicht
von einem umfassenden ordnungspolitischen Konzept getragen. Die Kritik am Interventionismus (Ludwig v. MISES) richtet
sich darauf, daß solche staatliche Eingriffe
durch horizontale und vertikale kumulative Prozesse weitere Eingriffe notwendig

machen, welche die Marktwirtschaft allmählich zerstören und in eine → Zentralverwaltungswirtschaft überführen.

Der Interventionismus als historische Epoche (insbes. auf den Gebieten der Industrie-, → Agrar- und Zollpolitik) reicht vom letzten Viertel des 19. Jh. bis in die Zwischenkriegszeit, nahm aber mit der Weltwirtschaftskrise stark zu, so daß man von einer Periode des entwickelten Interventionismus sprechen kann. Es folgten in den USA → New Deal, in Deutschland und anderen Ländern der → Dirigismus. R.E.

### Interventionspflicht

Verpflichtung der Währungsbehörden (z.B. im Rahmen des Abkommens über den → Internationalen Währungsfonds oder beim → Gruppenfloating europäischer Währungen), am Devisenkassamarkt Käufe bzw. Verkäufe zu tätigen, damit der → Wechselkurs gegenüber einer oder mehreren Währungen bestimmte Höchst- oder Mindestwerte nicht über- oder unterschreitet. F.G.

### Interventionspreis

→ Agrarmarktordnung

### Interventionswährung

Währung, die zur Wechselkursregulierung eingesetzt wird. Als Hauptinterventionswährung im Rahmen des Abkommens über den → Internationalen Währungsfonds fungierte der US-Dollar: Die → Interventionspflicht der Währungsbehörden gemäß IWF-Statut wurde in der Weise erfüllt, daß nur der Kurs einer einzigen Währung, meist des US-Dollars, durch An- und Verkäufe innerhalb der vereinbarten Bandbreiten gehalten wurde. Daraus resultierte auch eine Stabilisierung der Wechselkurse zwischen allen übrigen Währungen (→ Parität, → Währungsschlange). F.G.

### Investition

Einsatz von Produktionsfaktoren zur Erhaltung (Ersatzinvestition, Reinvestition), Ausdehnung (Erweiterungsinvestition) und Verbesserung (Rationalisierungsinve-

stition) des reproduzierbaren volkswirtschaftlichen → Sachvermögens.

Durch Investition wird ein Teil des volkswirtschaftlichen Güterangebotes künftiger Verwendung gewidmet und damit gegenwärtigem Konsum (und Export) vorenthalten (→ I-S-Gleichheit).

Zu unterscheiden sind:

a) Zugänge zum → Anlagevermögen und → Vorratsvermögen (Bruttoinvestition);

b) Änderung des Bruttoanlagevermögens und des Vorratsvermögens, gerechnet zum Neuwert: Zugänge abzüglich Abgänge;

c) Änderung des Nettoanlagevermögens und des Vorratsvermögens, gerechnet zum Zeitwert (Nettoinvestition): Zugänge abzüglich → Abschreibungen.

Die Nettoinvestition kann einen positiven Wert oder einen negativen Wert (Desinvestition) haben. Sie bringt eine Erhöhung oder eine Verringerung der im reproduzierbaren Sachvermögen verkörperten Produktionskapazität zum Ausdruck und ist das Resultat von Zugängen an neuem Sachkapital einerseits und Verschleiß beim vorhandenen Kapitalbestand andererseits (infolge wirtschaftlicher oder technischer Alterung sowie produktionsbedingter Abnutzung).

Eine Unterscheidung von Erweiterungsinvestition und Verbesserungsinvestition ist im konkreten Fall stets außerordentlich schwierig, da i.d.R. mit Erweiterung des Sachkapitalbestandes Verbesserungen einhergehen.

Nach Verwendungsarten unterscheidet man in der Gliederung der → Volkswirtschaftlichen Gesamtrechnung: Zugänge bzw. Änderungen (des Neu- oder Zeitwertes) beim

a) → Anlagevermögen (→ Anlageinvestitionen);

1. Bauvermögen (Bauinvestitionen),

2. Ausrüstungsvermögen (Ausrüstungsinvestitionen);

b) → Vorratsvermögen (Lagerinvestitionen).

Zugänge oder Wertänderungen bei anderen Kategorien des → Volksvermögens fallen herrschendem Sprachgebrauch und statistischer Praxis zufolge nicht unter den Investitionsbegriff.

Der → Wirtschaftssektor private Haushalte führt definitionsgemäß keine Investitionen durch, da die Anschaffung langlebiger Gebrauchsgegenstände als → Konsum und der private Wohnungsbau als unternehmerische Tätigkeit aufgefaßt wird. Dasselbe trifft für die privaten Organisationen ohne Erwerbscharakter zu.

Auch beim Staatssektor werden bedeutsame vermögenswirksame Aktivitäten nicht als Investitionen behandelt (z. B. Errichtung militärischer Anlagen). Gelegentlich werden auch nur Bruttoinvestitionen in Betracht gezogen, während Aktivitäten, die materiell Reininvestitionen darstellen, als Produktion für Zwecke des Staatsverbrauchs ausgewiesen werden (z. B. Erhaltungsaufwand bei Straßen).

Die Transaktionen in Vermögensobjekten zwischen definitionsgemäß investierenden und nicht investierenden Sektoren macht es erforderlich, bei den Bruttoinvestitionen im Sinne der Volkswirtschaftlichen Gesamtrechnung neben Käufen von neuen Anlagen und selbsterstellten Anlagen auch Käufe abzüglich Verkäufe von gebrauchten Anlagen und Land einzubeziehen, soweit Haushalte oder das Ausland der leistende oder empfangende Teil sind.

In marktwirtschaftlich organisierten Industrienationen zeigt sich bei sektoraler Gliederung eine ansteigende Tendenz des Anteils der öffentlichen Investitionen an den gesamten Investitionen (Anlageinvestitionen ohne Wohnungsbau). Dies läßt einerseits auf wachsende Bedeutung der öffentlichen »Produktion« mit Hilfe des seitens der öffentlichen Hand zu erstellenden Produktivvermögens schließen (→ Gesetz der wachsenden Staatstätigkeit), andererseits auf das verstärkte Engagement des Staates in der Stabilitätspolitik (die z. T. Ausgleich der Schwankungen privater Investitionstätigkeit erfordert).

In der BRD hat sich allerdings in den letzten Jahren der Trend umgekehrt: Die explosive Steigerung des Staatsverbrauchs hat die öffentlichen Investitionsmittel beschränkt. Außerdem ergab sich überwiegend die Notwendigkeit einer Konjunkturdrosselung, da die Aufschwungsphasen im Durchschnitt länger waren als die Abschwungphasen der konjunkturellen Entwicklung.

Das verringerte Wachstum der nominalen Staatsinvestitionen bei besonders großen Preissteigerungen in den Bereichen der staatlichen Investitionstätigkeit (Bauleistungen) hat sogar zu einem realen Rückgang der Staatsinvestitionen geführt.

F.G.

**Investitionsfunktion**

Formalisierung einer Investitionshypothese, d. h. einer Behauptung über ein Kausalverhältnis zwischen einer Investi-

| Investitionen in der BRD in jeweiligen Preisen (Mrd. DM) | 1960 | 1970 | 1971 | 1972 |
|---|---|---|---|---|
| Käufe von neuen Anlagen und selbsterstellten Anlagen | 73,7 | 182,9 | 205,0 | 217,7 |
| + Käufe abzügl. Verkäufe von gebrauchten Anlagen und Land | −1,1 | −1,9 | −1,9 | −2,2 |
| = Bruttoanlageinvestitionen | 72,6 | 181,0 | 203,1 | 215,5 |
| + Vorratsveränderung (Zunahme: +) | + 8,7 | + 15,3 | + 4,0 | + 4,4 |
| = Bruttoinvestition | 81,3 | 196,3 | 207,1 | 219,9 |
| − Abschreibungen | 25,7 | 74,8 | 85,1 | 93,6 |
| = Nettoinvestition | 55,6 | 121,5 | 122,0 | 126,3 |

tionsgröße und mutmaßlichen Einflußfaktoren.

a) Ein Ansatz zur Ableitung einer Investitionsfunktion geht vom → internen Zinssatz bzw. von der → Grenzleistungsfähigkeit des Kapitals aus. Ein Investitionsprojekt wird durch die Reihe der Einnahmen und Ausgaben, die im Zeitablauf mit ihm verbunden sind, charakterisiert. Der interne Zinssatz des Investitionsprojektes ist jener Zinssatz, bei dem die Summe der mit ihm diskontierten Nettoeinnahmen (Einnahmen abzüglich Ausgaben) Null ist.

Herrscht verbreitet Gewinnmaximierungsabsicht, werden bei einem Marktzinssatz i alle Investitionsprojekte durchgeführt, deren interner Zinssatz r größer als i ist. Denn unter der Voraussetzung eines vollkommenen Kapitalmarktes kann durch Kreditfinanzierung der in Betracht kommenden Investitionsprojekte ein Gewinn erzielt werden. Der Wert I(i) der Investitionsfunktion mißt demnach die Investitionsnachfrage bei Marktzinssatz i, wobei i gleich dem internen Zinssatz des noch durchzuführenden Investitionsprojektes mit der niedrigsten internen Verzinsung $r_m$ ist. Dieser interne Zinssatz $r_m$ der Grenzinvestition wird auch als → Grenzleistungsfähigkeit der Investition bezeichnet. Je höher die Investition ist, umso geringer ist die Grenzleistungsfähigkeit der Investition, da zusätzliche Investitionsprojekte eine jeweils niedrigere interne Verzinsung aufweisen (Abb.).

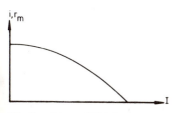

Die Grenzleistungsfähigkeit der Investition hängt von den erwarteten Einnahmen und Ausgaben ab, die mit den neuen Investitionsprojekten verbunden sind. Sie ist darum insbes. von den Absatzerwartungen der Unternehmen bestimmt und um so größer, je höher die erwartete Nachfrage

D* ist. Die Grenzleistungsfähigkeit der Investition ist hingegen umso geringer, je höher der → Kapitalstock K in der Volkswirtschaft ist, da dann entsprechend mehr der rentablen Investitionsprojekte bereits durchgeführt worden sind. Man erhält unter diesen Gesichtspunkten eine Investitionsnachfrage gemäß der Investitionsfunktion

$$I = I(D^*, K, i)$$

mit den Eigenschaften:

$$\frac{\partial I}{\partial D^*} > 0; \quad \frac{\partial I}{\partial K} < 0; \quad \frac{\partial I}{\partial i} < 0.$$

In der kurzfristigen Analyse kann K als konstant angesehen werden. Wird ferner die erwartete Nachfrage durch die Höhe des Sozialprodukts Y bestimmt, so erhält man eine Investitionsfunktion I = I(Y, i), wie sie in der → Beschäftigungstheorie verwendet wird.

b) Ein zweiter Ansatz zur Ableitung einer Investitionsfunktion stellt auf die → Kapitalnutzungskosten ab. Dieses Konzept bezieht die Höhe der → Abschreibungen, die → Steuern und die Veränderungsraten des Preisniveaus für Investitionsgüter sowie den → technischen Fortschritt mit in die Betrachtung ein.

c) Ein dritter Ansatz basiert auf dem → Kapitalstockanpassungsprinzip mit dem → Akzelerationsprinzip als Unterfall.

E.Sch.

**Investitionsmultiplikator**
→ Multiplikatoranalyse

**Investitionsquote**
aus der → Volkswirtschaftlichen Gesamtrechnung ermittelter Anteil der → Investition am → Sozialprodukt. Es gibt zwei Varianten der Investitionsquote:
a) Anteil der Bruttoinvestition am Bruttosozialprodukt zu Marktpreisen;
b) Anteil der Nettoinvestition am Nettosozialprodukt zu Marktpreisen.

**Investitionstheorie**
a) Mikroökonomische Investitionstheorie: beschäftigt sich mit den Investitionsentscheidungen eines einzelnen Unternehmens; sie will Entscheidungskalküle für

optimales Investitionsverhalten ableiten, neuerdings unter verstärkter Berücksichtigung von → Risiko und Unsicherheit.

b) Makroökonomische Investitionstheorie: Versucht → Hypothesen über die Abhängigkeit der → Investitionen von anderen volkswirtschaftlichen Größen (z. B. → Sozialprodukt, → Zins) abzuleiten und empirisch zu überprüfen. Auf diesen durch → Investionsfunktionen dargestellten Zusammenhängen bauen die → Konjunktur- und → Beschäftigungstheorie sowie die postkeynesianische → Wachstums- und → Verteilungstheorie auf. Dabei steht die Erklärung der Nachfrage nach industriellen → Anlageinvestitionen im Vordergrund.

Investitionen, die durch die jeweilige Investitionstheorie nicht erklärt werden (z. B. öffentliche Investitionen oder privater Wohnungsbau) werden als autonome Investitionen bezeichnet, die durch die jeweilige Investitionstheorie erklärten Investitionen oft als induzierte Investitionen.

Spezielle Untersuchungen gelten der Investition in → Vorratsvermögen (Lagerinvestitionen) sowie in Bauten (Bauinvestitionen), insbes. im Wohnungsbau (→ Wohnungsbauinvestitionen). Verstärkte Aufmerksamkeit wird auch der staatlichen Investitionstätigkeit, insbes. im Bildungsbereich (→ Bildungsinvestitionen) und bei der → Infrastruktur gewidmet. Der Bestimmung einer optimalen staatlichen Investitionspolitik dient die → Kosten-Nutzen-Analyse. Zunehmendes Interesse finden auch die Forschungsinvestitionen.

E.Sch.

## Investivlohn

Teil des → Lohnes, der nicht bar an Arbeitnehmer ausgeschüttet, sondern vermögenswirksam angelegt wird und der unmittelbar durch den Bezieher oder über zwischengeschaltete Institutionen (z. B. → Banken, → Sparkassen, Fonds) der Wirtschaft zur Investitionsfinanzierung zur Verfügung gestellt wird.

Beim subtraktiven Investivlohn werden Teile des bestehenden Arbeitslohns oder der üblichen Lohnerhöhungen investiv gebunden. Dem additiven Investivlohn liegt

dagegen der Gedanke zugrunde, daß über die Zunahme der durchschnittlichen → Arbeitsproduktivität hinaus vereinbarte Geldlohnsteigerungen vermögenswirksam angelegt werden und so (da Angebot und Nachfrage gleichmäßig wachsen) keine inflatorische Tendenzen hervorrufen. Zwar könnten die Unternehmen aufgrund der abnehmenden Gewinne ihre Investitionen nicht mehr in gleichem Maße selbstfinanzieren, dafür stünden jedoch dem Kapitalmarkt durch die zusätzliche langfristige Ersparnis reichlicher Mittel zur investiven Verfügung. Der additive Investivlohn soll also eine Änderung der primären → Einkommensverteilung zugunsten der Bezieher von Einkommen aus unselbständiger Tätigkeit bewirken mit dem Ziel einer verstärkten → Vermögensbildung breiter Schichten und ohne Beeinträchtigung der Investitionsfähigkeit der Unternehmen.

In der BRD wurde der Investivlohn als Mittel der → Vermögenspolitik bisher nur auf freiwilliger und tarifvertraglicher Grundlage (z. B. »LEBER-Pfennig« im Baugewerbe) durchgeführt und in den → Vermögensbildungsgesetzen durch steuerliche Erleichterungen gefördert. Die verschiedenen Pläne für einen gesetzlichen Investivlohn konnten noch keine parlamentarische Mehrheit finden.

Die volkswirtschaftlichen Auswirkungen des Investivlohns entsprechen im wesentlichen denen der → Ertragsbeteiligung.

E.F.

## Inzidenz → Steuerinzidenz

## IS-Funktion

Formalisierung der Beziehung zwischen Volkseinkommen und Zinssatz bei Gleichgewicht auf dem gesamtwirtschaftlichen Gütermarkt (Wertgleichheit von geplanter Nettoinvestition und geplanter Ersparnis unter der Voraussetzung einer geschlossenen Volkswirtschaft).

Unter der Annahme einer Investitionsfunktion $I_{gepl.} = I(i)$ und einer Sparfunktion $S_{gepl.} = S(Y)$ folgt aus der Gleichgewichtsbedingung $I_{gepl.} = S_{gepl.}$ nach Transformation die sog. IS-Funktion $i = IS(Y)$.

Durch eine Kombination von IS-Funktion und → LM-Funktion (sog. HICKS-HANSEN-Diagramm) kann eine Zinssatz-Einkommens-Konstellation bestimmt werden, bei der auf dem Gütermarkt und auf dem Geldmarkt simultan Gleichgewicht herrscht. F.G.

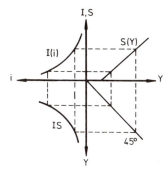

**I-S-Gleichgewicht**

Ex-ante-Gleichheit von geplanter Nettoinvestition und geplanter Ersparnis. Notwendige Bedingung für das Gleichgewicht in einem Modell der geschlossenen Volkswirtschaft.

Formale Darstellung (bei autonomer Investition und einkommensabhängiger Ersparnis):

Investitionsfunktion: $I_{gepl.} = I_a$; $I_a > 0$

Sparfunktion: $S_{gepl.} = sY$; $0 < s < 1$

Gleichgewichtseinkommen: $Y^0 = \dfrac{1}{s} \cdot I_a$, wenn $I_{gepl.} = S_{gepl.}$.

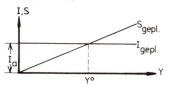

**I-S-Gleichheit**

Ex-post-Gleichheit von volkswirtschaftlicher Nettoinvestition I (→ Investition) und volkswirtschaftlicher → Ersparnis S. Sie folgt definitionsgemäß aus dem Kreislaufkonzept für die geschlossene Volkswirtschaft: Die Summen von geplanter und ungeplanter Nettoinvestition (Sachvermögensbildung) und geplanter und ungeplanter Ersparnis (Reinvermögensbildung) müssen stets wertgleich sein.

Definition der Einkommensentstehung:
Y = C + I.

Definition der Einkommensverwendung:
Y = C + S.

Implizierte I-S-Gleichheit: I = S.

Für eine offene Volkswirtschaft gilt, daß Investitionen stets Konsumverzicht (Sparen) bedeuten, es sei denn ausländische Ressourcen können in Anspruch genommen werden:

I = S − (SHD + SLÜ).

SHD: Saldo der Handels- und Dienstleistungsbilanz;

SLÜ: Saldo der laufenden Übertragungen zwischen Inländern und der übrigen Welt.

Investitionen, die nicht von freiwilligem Konsumverzicht getragen werden, sind unabdingbar von erzwungenem Sparen (z.B. über Versorgungsengpässe oder durch zwangsweise vorgenommene vermögenswirksame Anlagen im Wege des Fondssparens) oder von monetärem → Zwangssparen (durch Preissteigerungen und entsprechende Unternehmergewinne) begleitet.

Entspricht den Investitionen im Idealfall freiwilliges Sparen, folgt daraus nicht, daß die Investitionen von Sparern unmittelbar finanziert werden. Vielmehr übernimmt die Transmission in großem Umfang der finanzielle Sektor (Einlagen der Sparer bei den Banken, Anlagen der letzteren bei den Unternehmen; häufig findet dabei eine Fristentransformation statt). Zu einem Teil findet das Sparkapital überhaupt nicht den Weg zum Kreditmarkt (→ Horten). Die Investitionsfinanzierung hat dann aus der → Geldschöpfung zu erfolgen, soll die real (durch den Konsumverzicht) gesicherte Sachvermögensbildung nicht an einer Hemmung der finanziellen Transmission scheitern. Die geplante Ersparnis, z.B. der Haushalte, würde in diesem Fall durch ungeplantes Entsparen, z.B. der Unternehmer (in Form von Verlusten), kompensiert. F.G.

**Isokostengerade**
→ Minimalkostenkombination

**Isoquante**
geometrischer Ort aller technisch effizienten Faktorkombinationen einer → Produktionsfunktion, die einen bestimmten → Output $Y = Y^* = $ konst. erstellen. Die Isoquante einer substitutionalen Produktionsfunktion mit zwei Inputs $X_1$ und $X_2$ kann man geometrisch folgendermaßen darstellen: Man legt einen waagrechten Schnitt durch das Ertragsgebirge und projiziert die Schnittlinie auf die Faktorebene.

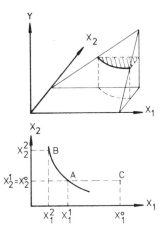

Der Output $Y^*$ kann sowohl durch den Einsatz der Faktormengen $(X_1^1, X_2^1)$ in Punkt A als auch durch $(X_1^2, X_2^2)$ in Punkt B erstellt werden. Zwar könnte man auch mit $(X_1^0, X_2^0)$ denselben Output $Y^*$ erzeugen, doch ist C kein Teil der Isoquante, weil in diesem Punkt nicht technisch effizient produziert wird (→ Effizienz). R.D.

**Isotime** → Minimalkostenkombination

**ITO** International Trade Organization. → Havana-Charta

**IWF** → Internationaler Währungsfonds

**Jahresprojektion**
→ Jahreswirtschaftsbericht

**Jahreswirtschaftsbericht**
gemäß dem → Gesetz zur Förderung der Stabilität und des Wachstums der Wirtschaft (§ 2) im Januar jedes Jahres dem Bundestag und dem Bundesrat von der Bundesregierung vorzulegender Bericht. Er enthält:
a) die Stellungnahme der Bundesregierung zu dem Jahresgutachten des → Sachverständigenrates;
b) eine Darlegung der für das laufende Jahr von der Bundesregierung angestrebten wirtschafts- und finanzpolitischen Ziele (Jahresprojektion); die Jahresprojektion bedient sich der Mittel und der Form der → Volkswirtschaftlichen Gesamtrechnung, ggf. mit Alternativrechnungen;
c) eine Darlegung der für das laufende Jahr geplanten → Wirtschafts- und → Finanzpolitik. W.G.

**Jahrgangsproduktionsfunktion**
→ vintage approach

**JUGLAR-Zyklen**
→ Konjunkturzyklen mit einer Dauer von 7 bis 11 Jahren, wie sie zuerst von Clément JUGLAR (1860) für Preis-, Zinssatz- und Bankbilanzreihen für Großbritannien, Frankreich und die USA von 1803 bis 1882 empirisch ermittelt wurden. Später versuchte JUGLAR, diese Zyklen mit dem unstetigen Wachstum von Gold- und Wechselbeständen zu erklären. Arthur SPIETHOFF nahm den statistischen Ansatz von JUGLAR auf und wies anhand langer Reihen »wirtschaftliche Wechsellagen« von entsprechender Dauer auch für Deutschland zwischen 1837 und 1937 nach. Von Joseph SCHUMPETER wurden die JUGLAR-Zyklen mit dem Wirken der Pionierunternehmer erklärt, die mit Hilfe von Bankkrediten → Innovationen durchsetzen und damit den Aufschwung auslösen. Mit der Ausbreitung der neuen Verfahren setze gleichzeitig ein Prozeß »schöpferischer Zerstörung« ein, der den Konjunkturrückgang einleite. E.v.P.

## Käufermarkt

(= buyer's market) liegt vor, wenn
a) zum vorherrschenden Preis p die angebotene Menge $x_a$ größer als die nachgefragte Menge $x_n$ ist (Abb. 1) oder wenn
b) für eine gegebene Menge x das Preisgebot $p_n$ der Nachfrager unter der Preisforderung $p_a$ der Anbieter bleibt (Abb. 2). In Fall a) ergibt sich ein Angebotsmengenüberschuß, in Fall b) ein Angebotspreisüberschuß. In einem Käufermarkt haben damit Angebotsmengen bzw. Preise fallende Tendenz. R.W.

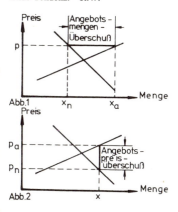

Abb.1

Abb.2

## KALDOR-HICKS-Kriterium

von Nicholas KALDOR 1939 formuliertes → Wohlfahrtskriterium, das eine Rangfolge wirtschaftlicher Zustände ohne interpersonelle Nutzenvergleiche erlauben sollte. KALDOR bezeichnet eine Situation II der Ausgangssituation I überlegen, wenn die Gewinner aus der Veränderung die Verlierer mehr als kompensieren könnten.

John R. HICKS schloß sich diesem Kriterium an, um die → Wohlfahrtsökonomik auf sichere Grundlagen zu stellen und gegen positivistische Kritik zu immunisieren. Dieser Ansatz gilt als die Geburt der neueren → Wohlfahrtsökonomik.

Inzwischen ist klargestellt worden, daß auch das KALDOR-HICKS-Kriterium nicht ohne die Wertprämissen des → PARETO-Kriteriums (und zusätzlicher idealisierter Annahmen bzw. Urteile über die Verteilung) wirtschaftliche Zustände dem Rang nach ordnen kann. Überdies ist dieses Kriterium in strikter Version (ohne zusätzliche »Plausibilitätsannahmen«) nicht operational (Maurice DOBB, J. de V. GRAAF) und auch nicht frei von möglichen Widersprüchen (Tibor SCITOVSKY; → Wohlfahrtskriterien). Die Widerspruchsmöglichkeiten lassen sich allerdings auflösen, wenn hinreichend starke Wertprämissen über die Verteilung hinzugenommen werden (→ LITTLE-Kriterium; → Kompensationstheorie) bzw. wenn tatsächlich Kompensation verlangt wird (was KALDOR und HICKS nicht tun). Im letzteren Fall wandelt sich das KALDOR-HICKS-Kriterium zum PARETO-Kriterium (mit nicht wesentlich mehr Aussicht auf Erfüllbarkeit als dieses). K.Sch.

## KALECKI-Verteilungstheorie

erklärt den Lohnanteil am Volkseinkommen mit dem gesamtwirtschaftlichen Monopolgrad. Michael KALECKI (1939) definiert den Monopolgrad der Volkswirtschaft k als Verhältnis des Umsatzes U zu den variablen Kosten $K_v$. Die variablen Kosten sind im Modell KALECKI's die Summe aus Löhnen W und Materialkosten M, während die fixen Kosten $K_f$ nur die Angestelltengehälter L ausmachen. Die Gleichung für den Gewinn $P = U - K_v$

– L läßt sich umformen in L + P = (k − 1) $K_v$. Das Volkseinkommen Y wird von der Verdienstseite erfaßt als Summe von Löhnen, Gehältern und Gewinnen (Y = W + L + P).

Der Anteil der Löhne am Volkseinkommen ist

$$\frac{W}{Y} = \frac{1}{1 + (k-1) \ (j+1)},$$

wobei j = M/W das Verhältnis der Material- zu den Lohnkosten angibt.

Der obige Ausdruck zeigt die Abhängigkeit des Lohnanteils am Volkseinkommen vom Monopolgrad und dem Verhältnis zwischen Material- und Lohnkosten. KALECKI erwartet langfristig ein Steigen des Monopolgrades und hält die Entwicklung des Material-Lohnkosten-Verhältnisses für nicht vorhersehbar.

Eine andere Verteilungsgleichung KALECK's setzt die gesamten Arbeitseinkommen V (Summe aus Löhnen und Gehältern) zum Volkseinkommen in Beziehung, wobei die fixen Gehälter mit B und der Anteil der Löhne und variablen Gehälter am Volkseinkommen mit α bezeichnet werden (V = α Y + B). Der Anteil der Arbeitseinkommen am Volkseinkommen ist

$$\frac{V}{Y} = \alpha + \frac{B}{Y}.$$

Die Größe α ist für die Verteilung bedeutsam, in ihr ist auch der Monopolgrad enthalten. D.H.

## Kapazität

Leistungsvermögen eines → Kapitalgutes oder → Kapitalstocks; man kann eine technische (Maximal-)Kapazität und eine wirtschaftliche (Optimal-)Kapazität unterscheiden. Nützlich ist auch die Unterscheidung zwischen Periodenkapazität (Leistungsvermögen pro Periode) und Totalkapazität (Leistungsvermögen während der ganzen Lebensdauer einer Anlage). P.W.

## Kapazitätsauslastung
→ Produktionspotential

## Kapazitätseffekt

Wirkung der gesamtwirtschaftlichen → Investition auf die → Kapazität des Produktionsapparates und damit auf den potentiellen → Output. Bezeichnet man den → Kapitalstock mit K, die bei Vollauslastung der Kapazitäten mit diesem Kapitalstock mögliche Produktion mit P und das Verhältnis K/P (→ Kapitalkoeffizient) mit v und nimmt man an, der Kapitalkoeffizient bleibe im Zeitablauf konstant

$$\frac{\Delta K}{\Delta P} = v,$$

so ergibt sich der Kapazitätseffekt der Investition, also der durch die neugeschaffenen Kapazitäten mögliche zusätzliche Output, als

$$\Delta P = \frac{1}{v} \Delta K.$$

Dabei ist ΔK, der Zuwachs des Kapitalstocks, definitorisch gleich der Nettoinvestition (I≡ΔK).

In der kurzfristigen keynesianischen Theorie der Determinanten des Volkseinkommens wird der Kapazitätseffekt vernachlässigt und nur der Einkommenseffekt der Investition berücksichtigt (→ Multiplikatoranalyse). In der langfristigen Analyse (→ Wachstumstheorie) spielt der Kapazitätseffekt eine zentrale Rolle (→ DOMAR-Modell). C.-G.Sch.

## Kapazitätserweiterungseffekt

(Kapitalfreisetzungseffekt, DOMAR-EISNER-Effekt) volkswirtschaftliches Gegenstück zum betriebswirtschaftlichen LOHMANN-RUCHTI-Effekt, der eine Kapazitätserweiterung über freigesetzte Abschreibungsbeträge behauptet, falls über eine Nettoinvestition ein teilbarer Kapitalgüterbestand angelegt wird und die sukzessive freigesetzten Geldeinheiten vor dem Ersatz des Gesamtbestandes reinvestiert werden. Volkswirtschaftlich entspricht bei konstantem Bruttosparvolumen einem positiven LOHMANN-RUCHTI-Effekt in einem Unternehmen ein negativer LOHMANN-RUCHTI-Effekt in einem anderen Unternehmen, so daß gesamtwirtschaftlich ein Kapazitätserweiterungseffekt von Null resultiert. Ein positiver Kapazitätserweiterungseffekt ist volkswirtschaftlich aber dann möglich, wenn die Abschreibungsbeträge die tatsächlichen volkswirtschaftlichen Kosten übersteigen und am Markt realisiert werden können (z. B. lineare → Abschreibung auf einen → Kapitalstock mit konstanter Periodenkapazität in einer wachsenden Wirtschaft mit positivem Zinssatz, wenn volkswirtschaftlich eine richtige Kostenzurechnung eine progressive Abschreibung verlangen würde). Dem positiven Kapazitätserweiterungseffekt entspricht dann ein Nettosparen, das als → Zwangssparen realisiert wird. P.W.

### Kapital

1. Realkapital: in der Gegenwart vorhandene Sachgüter (→ Kapitalgut), die künftige Konsummöglichkeiten in Aussicht stellen.

2. → Kapitalwert: Gegenwartswert eines Kapitalgutes nach Maßgabe des Werts der von diesem Gut in Aussicht gestellten künftigen Konsummöglichkeiten. Der Wertansatz erfolgt in Geldeinheiten: die künftigen Konsummöglichkeiten werden in äquivalenten aktuellen Ansprüchen beziffert;

3. Geldkapital: gegenwärtig effektiv verfügbare Ansprüche (Kapitaldisposition);

4. Sozio-ökonomische Klasse: durch Verfügungsmacht über → Produktivvermögen ausgezeichnete soziale Schicht im → Kapitalismus. P.W.

### Kapitalakkumulation

Ansammlung von → Kapital durch Nettoinvestitionen (→ Investition) oder die Entwicklung des Kapitals über die Zeit.

### Kapitalbilanz

Teilbilanz der → Zahlungsbilanz, in welcher die Veränderung der Auslandsforderungen und -verbindlichkeiten (einschl. der Übertragung von Eigentumsrechten) aufgezeichnet werden, soweit es sich nicht um Veränderungen der zentralen → Währungsreserven der → Zentralbank bzw. Währungsbehörde handelt.

Die → Deutsche Bundesbank untergliedert die Kapitalbilanz der BRD in:

a) Bilanz des langfristigen Kapitalverkehrs: Sie registriert die → Direktinvestitionen, → Portfolioinvestitionen, den Erwerb von privatem Grundeigentum sowie von Forderungen und Verbindlichkeiten mit einer ursprünglichen Laufzeit von mehr als 12 Monaten.

b) Bilanz des kurzfristigen Kapitalverkehrs: Sie enthält die Veränderungen der Forderungen und Verbindlichkeiten mit einer ursprünglichen Laufzeit von weniger als 12 Monaten. Bei den → Banken zählen dazu u. a. die Bestandsveränderungen der → working balances, Wechseldiskontkredite, → Geldmarktpapiere und ausländische → Banknoten und → Münzgeld. Bei den Wirtschaftsunternehmen wird v. a. nach Finanz- und Handelskrediten differenziert. D.S.

### Kapitaldeckungsverfahren

→ Versicherung

### Kapitaleinkommen

Einkommen aus Kapitalvermögen, das sich aus Zins- und Gewinnzahlungen zusammensetzt und dem Besitzer des → Kapitalvermögens zufließt.

Allgemeiner versteht man unter Kapitaleinkommen dasjenige Niveau an Konsumtion, das aus einem über die Zeit ausgeglichenen Strom aus dem → Kapitalstock gezogen werden kann (Netto-Kapitaleinkommen) bzw. das in jeder Periode realisiert werden kann, wenn man die zukünftige Kapitalausstattung unangetastet läßt (Brutto-Kapitaleinkommen). P.W.

### Kapitalexport

→ Export; → Kapitalbilanz

### Kapitalflucht

umfangreiche private Kapitalexporte aus einem Land, die ausgelöst werden können durch erwartete politische bzw. wirtschaftspolitische Maßnahmen oder auch allgemeine ökonomische Entwicklungen.

### Kapitalfreisetzungseffekt

→ Kapazitätserweiterungseffekt

**Kapitalgüter**
produzierte Produktionsmittel, die nicht (wie → Konsumgüter) um ihrer selbst willen begehrt werden und die ihre Dienste über mehrere Perioden abgeben.

**Kapitalimport**
→ Import; → Kapitalbilanz

**Kapitalintensität**
Verhältnis zwischen → Kapitalstock und Arbeitsinput. Es besteht eine tautologische Beziehung zwischen Kapitalintensität, → Kapitalproduktivität und → Arbeitsproduktivität:

$$\frac{K}{A} = \frac{Y}{A} : \frac{Y}{K}$$

Das Statistische Bundesamt berechnet die Kapitalintensität als Quotienten des Bruttoanlagevermögens in Preisen von 1962 und der Zahl der → Erwerbstätigen.

| Kapitalintensität der BRD in 1000 DM | |
| --- | --- |
| 1950 | 31,1 |
| 1955 | 33,4 |
| 1960 | 41,4 |
| 1965 | 54,8 |
| 1970 | 71,4 |

**Kapitalismus**
im weitesten Sinne Bezeichnung für eine in die Gegenwart reichende wirtschaftsgeschichtliche Epoche; häufig synonym gebraucht für → Marktwirtschaft, manchmal auch ideologisch als freie Konkurrenzwirtschaft im Gegensatz zu Totalitarismus oder → Kommunismus überhöht. Der Sprachgebrauch beim Vergleich westlicher und östlicher → Wirtschaftssysteme konzentriert sich zunehmend auf das Unterscheidungsmerkmal des → Eigentums an den Produktionsmitteln.
In der Darstellung des → Marxismus bzw. des → historischen Materialismus ist der Kapitalismus charakterisiert durch freie Verfügung über das Eigentum an Produktionsmitteln, freie Lohnarbeit und allgemeine Warenproduktion mit dem Ziel der Erwirtschaftung von Profiten. Der Kapitalismus ist die letzte, durch antagonistische Klassengegensätze gekennzeichnete Gesellschaftsformation im Geschichtsprozeß. Zyklisch wiederkehrende Überproduktionskrisen (→ Krisentheorie) führen zu Verelendung (→ Verelendungstheorie) und dem schließlich gewaltsamen Umsturz durch eine sozialistische Revolution, in der die Produktionsmittel verstaatlicht werden (→ Verstaatlichung). Wladimir Iljitsch LENIN bezeichnet den → Imperialismus als Spätphase und höchstes Stadium des Kapitalismus. Die Beobachtung weltwirtschaftlicher Verflechtungen, zunehmender Staatsintervention zur Regulierung von zyklischen Krisen und des ständig zunehmenden Anteils des staatlichen Sektors am volkswirtschaftlichen Produktivvermögen in westlichen Industrieländern führt zur Weiterentwicklung der marxistischen Analyse zum → Staatsmonopolkapitalismus.
In der westlichen Darstellung wird gelegentlich von Neokapitalismus oder »Volkskapitalismus« gesprochen. Damit soll die Entwicklung ausgedrückt werden, daß bei prinzipiell privatem Eigentum an den Produktionsmitteln die Interessen der Arbeiterschaft und der Konsumenten in weit größerem Maß als früher Berücksichtigung finden (John Kenneth GALBRAITH's → countervailing power).

F.-L.A.

**Kapitalkoeffizient**
Verhältnis von → Kapital zu → Output; Inverse zur → Kapitalproduktivität. Der Kapitalkoeffizient mißt den Kapitalaufwand pro Outputeinheit. Er ist in manchen → Wachstumstheorien von Bedeutung (→ DOMAR-Modell).

| Kapitalkoeffizient in der BRD | |
| --- | --- |
| 1950 | 4,3 |
| 1955 | 3,4 |
| 1960 | 3,3 |
| 1965 | 3,5 |
| 1970 | 3,7 |

Das Statistische Bundesamt berechnet den Kapitalkoeffizienten als Verhältnis von Bruttoanlagevermögen (Jahresdurchschnitt) zu Bruttoinlandsprodukt in konstanten Preisen (von 1962). Zwischen Kapitalkoeffizient, → Kapitalintensität und → Arbeitsproduktivität besteht eine tautologische Beziehung:

$$\frac{K}{Y} = \frac{\dfrac{K}{A}}{\dfrac{Y}{A}}.$$

### Kapitalmarkt

umfaßt den Handel mit mittel- und langfristigen, durch Wertpapiere verbrieften Krediten (Aktien und festverzinsliche Wertpapiere). Aktien- und Anleiheemissionen sind in der BRD auf öffentliche Haushalte, Finanzinstitutionen und finanzkräftige Unternehmen beschränkt, da ihre Genehmigung von einer Bonitätsprüfung des Emittenten abhängig gemacht wird. Als Nachfrager und Anbieter umlaufender Wertpapiere treten daneben private Haushalte auf. Die Verbriefung der Kredittitel in Wertpapieren und die börsenmäßige Organisation des Kapitalmarkts bewirkt eine hohe → Fungibilität und → Liquidität.

Die Effektivverzinsung der Kapitalmarktpapiere hängt auch von der Entwicklung der Zinsen auf dem → Geldmarkt ab, was v. a. auf die Tätigkeit der Finanzinstitutionen auf beiden Märkten zurückgeführt wird. Die → Deutsche Bundesbank tritt auf dem Kapitalmarkt i.d.R. nur im Auftrag öffentlicher Haushalte auf, um für deren Rechnung Kurspflege öffentlicher Anleihen zu betreiben. Die Kurspflege anderer Papiere wird meist von dem Bankenkonsortium betrieben, das die Emission übernommen hat.

Der Kapitalmarkt in der BRD ist grundsätzlich nicht reglementiert, doch räumen das → Gesetz zur Förderung der Stabilität und des Wachstums der Wirtschaft sowie das → Außenwirtschaftsgesetz der Bundesregierung gewisse Eingriffsrechte ein.

Betrachtet man die Struktur der Kapitalmarktzinsen, so weisen Pfandbriefe und Kommunalobligationen im allg. die höchste, Anleihen die niedrigste → Rendite der festverzinslichen Wertpapiere auf. Die Dividendenrendite beträgt in der BRD im Durchschnitt nur etwas mehr als 50% der Rendite der festverzinslichen Wertpapiere. V.B.

### Kapitalnutzungskosten

(= capital user costs) → opportunity costs des Kapitaleinsatzes in einem Unternehmen gegenüber anderen Verwendungen. In der → Investitionstheorie wird angenommen, daß eine Erhöhung der Kapitalnutzungskosten zu einer Verringerung des Kapitaleinsatzes führt.

Beispiel: Ein Unternehmen stehe vor der Wahl, zum Zeitpunkt t ein neues Produktionsaggregat zu installieren oder nicht. Die Installation verursache die Kosten $q_t$. Zur Finanzierung der Investition muß ein Kredit in der Höhe von $q_t$ zum Zinssatz i aufgenommen werden. Am Ende der Periode ist der Betrag $(1 + i) \cdot q_t$ zurückzuzahlen. Aufgrund der → Abschreibungen tritt im Laufe der Periode eine Wertminderung des Produktionsaggregats gegenüber neuwertigen Aggregaten von $\delta$ ein. Nach 1 Periode ist also der Erlös aus dem Verkauf des Produktionsaggregates gleich $(1 - \delta) \cdot q_{t+1}$, wobei $q_{t+1}$ den Preis für das Produktionsaggregat in der nächsten Periode bezeichnet. Die Kapitalnutzungskosten, nämlich die Kosten für den Kapitaleinsatz während einer Periode, sind dann

$$u = \{(1+i) \cdot q_t - (1-\delta) \cdot q_{t+1}\}$$
$$= q_t \cdot \left\{ i + \delta - (1-\delta) \cdot \frac{q_{t+1} - q_t}{q_t} \right\}$$

Mit steigendem Zins i erhöhen sich in diesem Beispiel die Kapitalnutzungskosten, mit zunehmender Preissteigerungsrate $(q_{t+1} - q_t)/q_t$ für die Investitionsgüter fallen sie. Der optimale Kapitaleinsatz ergibt sich aus der Bedingung, daß der → Grenzumsatz bei Erhöhung des Kapitaleinsatzes um eine Einheit gerade gleich den Kapitalnutzungskosten ist, andernfalls

lohnt es sich, den Kapitaleinsatz zu erhöhen oder zu senken. Aus dem Beispiel ist
ersichtlich, daß der Zins nur dann einen
gewissen Einfluß auf die Kapitalnutzungskosten hat, wenn die Abschreibungen sehr
gering sind. Deshalb werden nur sehr langlebige Investitionen in nennenswertem
Maße vom Zins beeinflußt.

Der Einfluß der → Steuern auf die Kapitalnutzungskosten wurde von Dale W. JOR-
GENSON (1965) abgeleitet. Kenneth
ARROW (1964, 1968) hat Kapitalnutzungskosten für Fälle sehr allgemeiner
Abschreibungsprofile und für den Fall bestimmt, daß einmal investierte Anlagen
nicht wieder verkauft werden können.

Nach Michael KALECKI (1937, 1954)
nehmen die Kapitalnutzungskosten mit der
Höhe der Investition progressiv zu, wenn
die Investition durch Kreditaufnahme finanziert wird, weil sich der Zinssatz mit
steigender Kreditaufnahme erhöht. John
Maynard KEYNES (1936) hat darauf hingewiesen, daß mit steigender Investition
die Investitionsgüterpreise zunehmen und
die Kapitalnutzungskosten insofern mit
dem Kapitaleinsatz progressiv wachsen. In
Umkehrung von KALECKI's Argument
werden die Kapitalnutzungskosten um so
geringer sein, je höher die Selbstfinanzierung der Unternehmen ist.

Je höher der → technische Fortschritt ist,
um so schneller erfolgt auch die wirtschaftliche Veralterung der Investitionsgüter,
um so größer sind also die Abschreibungen. Dies erhöht die Kapitalnutzungskosten, aber dieser Zunahme steht eine ge-
steigerte Rentabilität der Investitionsgüter gegenüber. Da vermehrte Abschreibungen vorzunehmen sind, je höher der
technische Fortschritt ist, steigen auch die
Reinvestitionen. Im allg. wird angenommen, daß dieser Effekt überwiegt und die
Investitionsnachfrage mit einer Zunahme
des technischen Fortschritts steigt.

E.Sch.

**Kapitalproduktivität**
Verhältnis von → Output Y und Kapitalinput K; Inverse zum → Kapitalkoeffizienten.

Die durchschnittliche Kapitalproduktivität

$$\frac{Y}{K}$$

ermittelt die Outputmenge, die pro eingesetzte Einheit des Faktors Kapital erzielt
werden kann. Unter Grenzproduktivität
des Faktors Kapital (marginale Kapitalproduktivität)

$$\frac{\partial Y}{\partial K}$$

versteht man den zusätzlichen Output-
strom, der durch Nutzung einer zusätzlichen Einheit des → Kapitalstocks erzielt
werden kann. Bei Gültigkeit der → Grenzproduktivitätstheorie der Verteilung und
bei geeigneter Definition ist die Grenzproduktivität des Kapitals im Gleichgewicht
gleich dem Zinssatz.

Die Grenzproduktivität des Kapitals ist zu
unterscheiden von der → Grenzleistungsfähigkeit des Kapitals, ferner von der →
Grenzproduktivität der Investition und
von der → Grenzleistungsfähigkeit der Investition.

Die gesamtwirtschaftliche durchschnittliche Kapitalproduktivität ergibt sich als
Summe der sektoralen Kapitalproduktivi-
täten, gewichtet mit dem Anteil des jeweiligen sektoralen Kapitalinputs am gesamtwirtschaftlichen Kapitalinput:

$$\frac{Y}{K} = \sum \frac{Y_i}{K_i} \cdot \frac{K_i}{K}.$$

Vom Statistischen Bundesamt wird die
durchschnittliche Kapitalproduktivität gemessen als Quotient des realen Bruttoinlandsprodukts zu Marktpreisen und des
jahresdurchschnittlichen Bruttoanlagevermögens zu konstanten Preisen.

Zwischen Kapitalproduktivität, → Arbeitsproduktivität und → Kapitalintensität
besteht ein tautologischer Zusammenhang:

$$\frac{Y}{K} = \frac{\dfrac{Y}{A}}{\dfrac{K}{A}}.$$

P.W.

### Kapitalstock

Gesamtmenge des in einem Zeitpunkt vorhandenen, für produktive Zwecke nutzbaren → Sachvermögens (→ Bestandsgröße). Er wird entweder gemessen

a) in einer skalaren Größe, wenn der Kapitalstock aus einem einzigen Kapitalgut besteht (homogener Kapitalstock) oder wenn der → Kapitalwert als Maß genommen wird oder

b) in einer vektoriellen Größe, wenn der Kapitalstock aus verschiedenartigen Kapitalgütern besteht (heterogener Kapitalstock). P.W.

### Kapitalstockanpassungsprinzip

Regel oder Funktion, die angibt, wie der → Kapitalstock über Nettoinvestitionen an bestimmte Größen und deren Veränderungen angepaßt wird bzw. sich anpaßt. Im besonderen meint man mit dem Kapitalstockanpassungsprinzip die lineare → Investitionsfunktion $I = aY - bK$ (mit a, b > 0), wobei I die Nettoinvestition, Y das Volkseinkommen und K den Kapitalstock bezeichnen. Ein Unterfall des Kapitalstockanpassungsprinzips bei $b = 1$ und zeitlicher Indizierung ist das → Akzelerationsprinzip. P.W.

### Kapitaltheorie

befaßt sich mit den fundamentalen Konzepten → Investition, → Ersparnis, → Kapital und Kapitalzins (→ Zins). Als Ausdehnung der Volkswirtschaftstheorie auf die Dimension der Zeit und mithin der Unsicherheit geht es in der Kapitaltheorie um die Analyse der (optimalen) → Allokation von Gütern zum Zwecke der Befriedigung von → Bedürfnissen, wobei der Begriff der Zeit in einer essentiellen Art und Weise in den Konzepten → Produktion, → Präferenzen und → Gut enthalten ist.

Eine allgemeine Kapitaltheorie existiert noch nicht; ihr Aufbau übersteigt die heutigen wissenschaftlichen Möglichkeiten. Es gibt aber eine Anzahl spezieller Kapitaltheorien, die sich darin unterscheiden, daß verschiedene einschränkende Annahmen hinsichtlich der produktiven Möglichkeiten, der Präferenzen, des Grades der Unsicherheit usw. getroffen werden. Die wichtigsten von diesen können nach dem jeweils zugrunde liegenden Realkapitalbegriff unterschieden werden, wobei man unter Realkapital ein einzelnes oder aggregiertes produziertes Produktionsmittel versteht, das nicht um seiner selbst willen begehrt wird, sondern lediglich als eine Art Zwischenprodukt bei der Produktion tatsächlich begehrter Güter und daher einen abgeleiteten → Kapitalwert besitzt.

a) Realkapital als homogener Stock von konsumierbaren Gütern, der mit einer bestimmten Rate wächst und aus dem Bruchteile für den jeweiligen Konsum entnommen werden; Kapitaltheorien, die diesen Realkapitalbegriff verwenden, betonen die Zeit als produktiven Faktor für einen → Kapitalstock, der sozusagen auf Lager liegt.

b) Realkapital als zeitlich differenzierte Menge von reifenden Konsumgütern; Kapitaltheorien, die diesen Realkapitalbegriff verwenden, betonen die zeitliche Struktur als produktiven Faktor für mehr oder weniger ausgereifte Güter, die sich alle im Produktionsprozeß befinden.

c) Realkapital als ein von einem Konsumgut essentiell verschiedenes → Kapitalgut, das in einem eigenen Produktionsprozeß produziert wird; Kapitaltheorien, die diesen Realkapitalbegriff verwenden, betonen den Charakter eines Gutes als produktiven Faktor für ein dauerhaftes Gut, das seine Dienste über mehrere Perioden abgibt.

Fast alle volkswirtschaftlichen Modelle enthalten kapitaltheoretische Elemente, sofern sie den Zeitbegriff in einer essentiellen Art und Weise berücksichtigen; vollständige Kapitaltheorien sind aber nicht inkorporiert. P.W.

### Kapitalverkehrsbilanz

→ Kapitalbilanz

### Kapitalvermögen

a) Im engeren Sinn: Wert der Sachgüter, die Leistungen im Rahmen von Konsum und Produktion erbringen.

Gliederung: → Gebrauchsvermögen; sachliches → Produktivvermögen.

b) Im weiteren Sinn: zusätzlich zu a) die → Nettoposition.

**Kapitalverschleiß**
a) Im engeren Sinne: Verringerung der potentiell im → Anlagevermögen verkörperten Dienstmenge (Totalkapazität) durch technische Abnutzung bei konstanter oder sinkender Periodenkapazität;
b) Im weiteren Sinne: darüber hinaus auch die ökonomische »Abnutzung« durch Kapitalwertverminderung aufgrund von → technischem Fortschritt und Nachfrageänderungen. P.W.

**Kapitalwert**
1. Gegenwartswert eines Stroms von gegenwärtigen und künftigen Nettozahlungen oder Einkommen;
2. Gegenwartswert eines Stroms künftiger Nettozahlungen oder Einkommen;
3. Wert eines → Kapitalgutes, d. h. der im Kapitalgut verkörperten Wertsumme, wobei sich dieser Wert als Gegenwartswert des mit dem Kapitalgut maximal erzielbaren Stroms von Nettoerträgen ergibt (→ Ertragswert).
Der Begriff des Kapitalwertes muß streng unterschieden werden vom Begriff des liquiden, flüssigen oder Geldkapitals; letzterer meint eine gegenwärtig für Investitionszwecke verfügbare Summe, während der Kapitalwert eine Bewertung künftiger Ströme beinhaltet. P.W.

**Kapitalzins** → Zins

**kardinale Nutzenmessung**
→ Nutzenmessung

**Kartell**
Zusammenschluß von rechtlich und im allg. auch wirtschaftlich selbständig bleibenden Unternehmen der gleichen Wirtschaftsstufe, der geeignet ist, die → Produktion oder die Marktverhältnisse durch Beschränkung des → Wettbewerbs mittels Vertrag oder Beschluß zu beeinflussen. Als typische Form der horizontalen → Wettbewerbsbeschränkung werden Kartelle von der → Wettbewerbspolitik weitgehend geächtet und sind gemäß dem → Verbotsprinzip des → Gesetzes gegen Wettbewerbsbeschränkungen (GWB) grundsätzlich untersagt. Zu dessen Umgehung

dienten die, ab 1973 auch von der Kartellnovelle erfaßten, nichtvertraglichen → abgestimmten Verhaltensweisen (z. B. Frühstückskartell).
Aufgrund der ihnen eigenen Dynamik können Kartelle zur schrittweisen Einbeziehung immer mehr marktrelevanter Aktionsparameter tendieren, die möglicherweise den Wettbewerb punktuell beseitigen, wenn die Beteiligten den Markt maßgeblich bestimmen (→ Marktbeherrschung).
Von Kartelltypen niederer Ordnung (→ Konditionskartell, → Rabattkartell, → Normen- und Typenkartell, → Rationalisierungskartell), die jeweils den Wettbewerb in geringerem Grade beeinträchtigen, sind zu unterscheiden die Kartelle höherer Ordnung (→ Preiskartell, → Submissionskartell, → Quotenkartell, → Syndikat). Eine weitere Einteilung geht aus vom erfaßten Aktionsparameter (Konditionenkartell; Preiskartell; Mengenkartell; Produktionskartell). Nach dem Zweck der Kartellbildung werden → Strukturkrisenkartelle und Konjunkturkrisenkartelle, → Exportkartelle sowie Importkartelle unterschieden.
Der Bestand des Kartells wird gegenüber den Mitgliedern durch den inneren Kartellzwang (z. B. Konventionalstrafen) aufrecht zu erhalten versucht gegenüber Außenseitern bzw. Unternehmen vor- oder nachgelagerter Produktionsstufen, durch äußeren Kartellzwang mittels Kampfstrategien (→ Diskriminierung, → Boykott); Kartellzwang ist jedoch weitgehend verboten. Gegen die Kartellbildung wirken insbes. → Substitutionswettbewerb und Auslandskonkurrenz.
Vor 1933 bestanden in Deutschland über 2000 Kartelle. Ende 1973 waren im Rahmen des GWB (d. h. abgesehen von dessen Ausnahmebereichen) 229 Kartelle in Kraft, davon 71 Exportkartelle, 45 Konditionenkartelle, 36 Rabattkartelle, 50 Spezialisierungskartelle, 4 einfache und 15 höherstufige Rationalisierungskartelle sowie 8 Normen- u. Typenkartelle. Ihre Zahl insgesamt stagniert. Schwerpunkte sind Textilindustrie und Maschinenbau. R.R.

**Kartellgesetz** → Gesetz gegen Wettbewerbsbeschränkungen

**Karusselgeschäft** → Swapsatzpolitik

**Kassenhaltung**
Bestand an → Zentralbankgeld (einschl. → Münzgeld) und → Buchgeld bei den Wirtschaftssubjekten. Ihre Höhe hängt einmal von den erwarteten Zahlungsverpflichtungen und zum anderen von den Erträgen und Risiken ab, die andere Anlageformen bringen. Im einzelnen erklärt die Theorie der → Geldnachfrage und insbes. die → Portfolio-Selection-Theorie die Höhe der Kassenhaltung. H.-J.H.

**Kassenhaltungseffekt**
Spezialform des → Realvermögenseffektes

**Kassenhaltungskoeffizient**
Relation zwischen (geplantem) Kassenbestand und Umsätzen resp. Einkommen; er ergibt sich aus der → Cambridge-Gleichung.

**Kassenhaltungstheorie**
auf der → Cambridge-Gleichung aufbauende Version der → Quantitätstheorie. Sie versucht wie diese, die → Geldnachfrage letztlich allein aus der Einkommenshöhe abzuleiten. Wie die Quantitätstheorie leidet auch die Kassenhaltungstheorie unter der klassischen Dichotomie von güter- und geldwirtschaftlichem Sektor. H.-J.H.

**Kassenobligationen**
→ Schatzanweisungen

**Kassenrechnung**
→ Haushaltsrechnung

**Kaufkraftparität**
Maßzahl für das Verhältnis zwischen der Kaufkraft zweier Währungen. Kaufkraft im hier verwendeten Sinn ist die Fähigkeit des Geldes, Sachgüter und Dienste zu erwerben und entspricht dem Begriff → Geldwert. Die Kaufkraftparität $KP_A^B$ des Inlands B gegenüber dem Ausland A gibt an, wieviel inländische Geldeinheiten

im Inland die gleiche Kaufkraft besitzen wie eine ausländische Geldeinheit im Ausland. Kaufkraftparitäten ermöglichen den Vergleich von in unterschiedlichen Währungseinheiten ausgedrückten Größen. Die Umrechnung mit einer Kaufkraftparität zeigt, wie groß der Wert einer durch eine monetäre Größe dargestellten Gütermenge ist, wenn diese mit Inlandspreisen bewertet wird.
*Eine* Kaufkraftparität schlechthin gibt es nicht. Kaufkraftparitäten lassen sich für einzelne Güter (Warenparität, Elementarparität), sinnvollerweise aber nur für bestimmte Warenkörbe (durchschnittliche Kaufkraftparität) ermitteln. Die Zusammensetzung des Warenkorbes hängt von der jeweiligen Fragestellung ab, z.B. ist für den internationalen Realeinkommensvergleich einer bestimmten Arbeitnehmergruppe die durchschnittliche Kaufkraftparität für die von dieser Gruppe verbrauchten Güter zu errechnen (Verbrauchergeldparität). Durchschnittliche Kaufkraftparitäten für verschiedene westeuropäische Länder gegenüber den USA sind für den privaten Verbrauch, die Investitionen, den Staatsverbrauch und das → Sozialprodukt errechnet worden.
Berechnung einer Kaufkraftparität: Die in den Warenkorb aufgenommenen Mengen der Sachgüter und Dienste (Q) werden mit den Inlandspreisen ($P_B$) bewertet; die Summe $\Sigma P_B Q$ ist der Inlandspreis des Warenkorbes. Durch Bewertung des gleichen Warenkorbs mit den Auslandspreisen ($P_A$) ergibt sich sein Auslandspreis $\Sigma P_A Q$.
Der Quotient

$$KP_A^B = \frac{\Sigma P_B Q}{\Sigma P_A Q}$$

liefert die durchschnittliche Kaufkraftparität in bezug auf den betreffenden Warenkorb. Nach einer anderen Methode wird eine Kaufkraftparität als gewogener Durchschnitt aus Warenparitäten ermittelt.
Das Hauptproblem bei der Berechnung von Kaufkraftparitäten ist die Auswahl der Gütermengen (der Gewichte für die Preise). Bei der Anwendung der Formel für LASPEYRES' Index (PAASCHE's

Index) liegt das Mengensystem des Landes, dessen Preise im Nenner (Zähler) der obigen Formel erscheinen, der Kaufkraftparität zugrunde (→ Indextheorie). Die Kaufkraftparität nach der Formel von LASPEYRES ist i. d. R. höher als die nach der Formel von PAASCHE. Dies ist damit zu erklären, daß das Mengenschema für das Land im Nenner durch Güter bestimmt ist, die dort relativ billig, im anderen Land aber relativ teuer sind. H.M.W.

**Kaufkraftparitätentheorie**

erklärt den → Wechselkurs zwischen freien → Währungen bei freier Kursbildung auf dem → Devisenmarkt mit der inneren Kaufkraft der Währungen bzw. dem → Geldwert.

a) Nach ihrer absoluten Fassung wird der Wechselkurs des Landes B gegenüber Land A (Preis für 1 Währungseinheit des Landes A ausgedrückt in Währungseinheiten des Landes B) durch das Verhältnis zwischen den allgemeinen Preisniveaus $P_B$ und $P_A$ bestimmt und ist diesem gleich:

$$w_{B/A} = \frac{P_B}{P_A}$$

Der Quotient

$$\frac{P_B}{P_A}$$

ist eine → Kaufkraftparität und mißt das Verhältnis zwischen der Kaufkraft der Währungseinheit des Landes A in A und des Landes B in B. Bei Abweichungen des Kurses von der Parität entstehen Salden in der → Leistungsbilanz und der Kurs paßt sich der Parität an. Verschiedentlich wurde die Kurshöhe nur mit dem Teilpreisniveau der Außenhandelsgüter erklärt. Eine Übereinstimmung von Wechselkurs und Kaufkraftparität kann aber nicht vorliegen, weil ein zwischenstaatlicher Preisausgleich nur zum Teil stattfindet. Der Haupteinwand richtet sich jedoch darauf, daß Devisenangebot und -nachfrage und damit der Wechselkurs nicht nur von Güterströmen bestimmt werden.

b) Die komparative Fassung erklärt Kursveränderungen mit Veränderungen des Geldwertverhältnisses. Sie wurde bereits anfangs des 19. Jh. im Verlauf der Bullion-Kontroverse in England entwickelt. Nach dem 1. Weltkrieg wurde sie von Gustav CASSEL erneut formuliert. Ausländische Zahlungsmittel werden wegen ihrer Kaufkraft im Herkunftsland nachgefragt und mit inländischer Kaufkraft bezahlt. Der Wechselkurs $w_{B/A}$ ist nicht genau gleich der Kaufkraftparität

$$\frac{P_B}{P_A}.$$

Die Änderung des Wechselkurses zwischen den Zeitpunkten 0 und 1 wird aber durch die Veränderung der Kaufkraftparität

$$\frac{P_B^1}{P_A^1} : \frac{P_B^0}{P_A^0}$$

bestimmt und ist dieser proportional. Die Veränderung der Kaufkraftparität wird ausgedrückt durch den Quotienten zwischen den Indizes PI für die allgemeinen → Preisniveaus beider Länder für die Zeitpunkte 0 und 1, so daß gilt:

$$w_{B/A}^1 : w_{B/A}^0 = \frac{PI_B^1}{PI_B^0} : \frac{PI_A^1}{PI_A^0} \quad \text{bzw.}$$

$$w_{B/A}^1 = w_{B/A}^0 \left( \frac{PI_B^1}{PI_B^0} : \frac{PI_A^1}{PI_A^0} \right).$$

Dabei wird unterstellt, daß $w_{B/A}^0$ ein langfristiger Gleichgewichtskurs war. Der Kurs $w_{B/A}^1$ verhindert die Übertragung von Preisniveauschwankungen zwischen den Ländern und bezeichnet die Normallage des Wechselkurses; Abweichungen davon sind als Über- bzw. Unterbewertung der Währung aufzufassen. CASSEL legt die Annahme zugrunde, daß Geldmengenänderungen stattgefunden und diese ausschließlich Geldwertveränderungen ausgelöst haben, weshalb sich sein Ansatz als Anwendung der → Quantitätstheorie auf den Wechselkurs darstellt. Nichtmonetäre Einflüsse werden weitgehend ausgeschlossen oder als unbedeutend für die Kurshöhe betrachtet. So verneint er v. a. wesentliche Wirkungen langfristiger Kapitalbewegungen auf den Kurs. Doch räumt er ein, daß außergewöhnliche Umstände wie → Kapitalflucht, Devisenspekulation und einseitige Handelsbeschränkungen längerfristige Abweichungen von der Normallage hervorrufen können.

Die Kritik an CASSEL richtet sich gegen die einseitige Erklärung des Wechselkurses durch den Geldwert. Gottfried HABERLER hat vorgebracht, daß ausländische Zahlungsmittel nicht wegen ihrer generellen Kaufkraft nachgefragt werden, sondern gewöhnlich zur Tilgung einer Schuld, der bei einem Güterkauf ein einzelner Preis zugrunde liegt. Die Kaufkraftparitätentheorie basiert auf dem Konzept vom internationalen Preisausgleich, wobei zwischen reinen Binnenhandelsgütern und Außenhandelsgütern zu unterscheiden ist. Die Preise der Außenhandelsgüter gleichen sich bis auf die Translokationskosten (Transport, Versicherung, Zölle usw.) an. Monetär bedingte Veränderungen des Teilpreisniveaus der Außenhandelsgüter haben daher eine proportionale Veränderung des Wechselkurses zur Folge. Wenn die Kaufkraftparitätentheorie Gültigkeit besitzen soll, muß sich das allgemeine Preisniveau proportional zum Teilpreisniveau der Außenhandelsgüter bewegen, was bei → Inflation weitgehend zutrifft. Sie kann jedoch nicht jene Kursänderungen erklären, die z. B. durch Nachfrageverschiebungen zwischen Binnenhandels- und Außenhandelsgütern, Einkommensänderungen, → technischen Fortschritt oder Kapitalbewegungen ausgelöst werden.

H.M.W.

**Kaufkraftvergleiche** → Indextheorie

## KENNEDY-Runde
auf Initiative des damaligen Präsidenten der USA John F. KENNEDY zurückgehende sechste Zollsenkungs-Runde im Rahmen des → Allgemeinen Zoll- und Handelsabkommens (Genf 1964–1967). Man kann sie als erste echte multinationale Runde bezeichnen, da man vom Prinzip der bilateralen, produktweisen Verhandlungen zum Prinzip der linearen Zollsenkungen überging. Danach sollen alle beteiligten Länder die Zölle für alle Güter um einen vereinbarten Prozentsatz senken.

Allerdings wurden davon Ausnahmen gemacht für einzelne Länder, einzelne Produkte, den Agrarbereich und für den Fall, daß die ursprünglichen Zollsätze zweier Länder für ein Produkt sehr unterschiedlich waren.

Als Ziel der KENNEDY-Runde war eine lineare Zollsenkung um 50% angestrebt worden. Am Ende aber waren 30% der Importe der großen Teilnehmerländer von Zollsenkungen ganz ausgenommen, und bei etwa einem Drittel der verbleibenden Importe beliefen sich die Zollreduktionen auf weniger als 50%. Immerhin war ein Handelswert von 40 Mrd. $ von dem Abbau der Handelshemmnisse betroffen. Dies überstieg den Erfolg früherer Runden bei weitem.

Die Probleme der → Entwicklungsländer sind in der KENNEDY-Runde kaum berücksichtigt worden. Man erwartete von ihnen zwar keine Befolgung des → Reziprozitätsprinzips, sie konnten aber von den Handelserleichterungen auch kaum profitieren, da diese sich meist auf Güter bezogen, welche die Entwicklungsländer nur in geringem Umfang zu liefern vermochten. R.O.

## KEYNES-Effekt
von John Maynard KEYNES dargelegte gegenseitige Beeinflussung des realen und monetären Sektors der Wirtschaft.

Eine Erhöhung des → Geldangebotes führt (bei nicht vollkommen zinselastischer → Geldnachfrage, d. h. bei nicht vollständiger Absorption des zusätzlichen Geldangebotes in der → Spekulationskasse) zu einer Zinssenkung. Diese bewirkt vermehrte Investitionen, vorausgesetzt, die → Grenzleistungsfähigkeit der Investition ist nicht zu gering. Der Einkommenseffekt der Investitionen (→ Multiplikatoranalyse) erhöht dann die → Beschäftigung, was bei unveränderter → Produktionsfunktion sinkenden → Reallohn bedeutet. Bleibt der Geldlohn konstant, müssen demnach die Preise steigen. Höhere Preise reduzieren jedoch wieder den Realwert des Geldangebotes. Der KEYNES-Effekt hat folglich zur Bedingung, daß der Nominalzinssatz in Reaktion auf die Geldmengenausweitung stärker fällt als die Preise erwartungsgemäß steigen. F.G.

### KEYNES-Fälle

Charakteristika des sog. Slump-Falles, den John Maynard KEYNES zum Gegenstand seiner Allgemeinen Theorie machte, womit er aber im wesentlichen nur die Situation der 30er Jahre beschrieb.

a) Starre Geldlöhne nach unten, so daß sich Beschäftigungseffekte über Änderungen der Reallöhne, d. h. der Preise vollziehen, wobei Preisänderungen ihrerseits das reale → Geldangebot verändern. Der Mechanismus setzt implizit → Geldillusion der Arbeitsanbieter voraus.

b) Hohe → Zinselastizität der → Geldnachfrage $M_n$ im Bereich niedriger Zinssätze i; im Extremfall:

$$\frac{i}{M_n} \frac{dM_n}{di} = \infty.$$

c) Niedrige Zinselastizität der Investitionen I im Bereich hoher Zinsen; im Extremfall:

$$\frac{i}{I} \frac{dI}{di} = 0.$$

Die KEYNES-Fälle unterbinden den → KEYNES-Effekt und begründen die Möglichkeit eines → Unterbeschäftigungsgleichgewichts. Die Ergebnisse stehen jedoch unter dem Vorbehalt einer keynesianischen Modellstruktur (→ makroökonomische Modelle). F.G.

### keynesianisches Modell

→ makroökonomische Modelle

### KEYNES-Plan

von John Maynard KEYNES 1941 entworfener Plan für eine internationale Clearing-Union, der nach mehrmaliger Revision am 7.4.1943 als offizieller britischer Vorschlag für die Reorganisation der → internationalen Währungsordnung veröffentlicht wurde.

Hauptelemente des Plans:

a) stabile → Wechselkurse: die Mitgliedsstaaten sollten ihre Währungsparitäten gegenüber einer internationalen Recheneinheit (Bancor) fixieren, die ihrerseits in Gewichtseinheiten von → Gold definiert, jedoch nicht in Gold konvertierbar ist. Wechselkursanpassungen sollten (abgesehen von einer einmaligen → Abwertung von 5%) nur unter gewissen Voraussetzungen erlaubt sein.

b) → Konvertibilität: keine Beschränkungen des laufenden Zahlungsverkehrs, jedoch Kontrolle des Kapitalverkehrs.

c) multilaterales Clearing (nach dem Prinzip des geschlossenen Bankensystems): eine politisch unabhängige Zentralstelle (Clearing-Union) sollte die externen Zahlungssalden der → Zentralbanken in Bancor verrechnen, so daß sich bei der Clearing-Union für jedes Land nur die Spitzensalden ergeben. Passivsalden sollten dabei bis zu einer festgelegten Grenze von den Überschußländern spesenfrei kreditiert werden; den Verschuldungsspielraum wollte man durch periodisch festgesetzte Länderquoten limitieren, die sich am Umfang des → Außenhandels des jeweiligen Landes orientieren. Als Regel sollte die Schuldnerposition eines Landes bei der Union innerhalb eines Jahres 25% seiner Bancor-Quote nicht übersteigen. Die Hohe der Gläubigerpositionen sollte keiner direkten Beschränkung unterliegen. Allerdings wollte man unmäßig hohen Bancor-Guthaben ebenso wie extremer Verschuldung entgegenwirken, u.a. durch Abgaben, Zustimmung zu Paritätsänderungen, Hinterlegung von → Währungsreserven, Kapitalverkehrsbeschränkungen, zoll- und kreditpolitischen Maßnahmen.

An die Veröffentlichung des KEYNES-Plans schlossen sich mehrmonatige internationale Verhandlungen an, in denen um einen Ausgleich zwischen den britischen Vorstellungen und denen der USA (→ WHITE-Plan) gerungen wurde. Letztlich jedoch ist das Abkommen über den → Internationalen Währungsfonds dank dem stärkeren politischen Gewichtes der USA durch die Hauptelemente des White-Plans geprägt. D.S.

### KEYNES'scher Multiplikator

→ statischer Multiplikator

**KING'sche Regel**
benannt nach dem englischen Statistiker
Gregory KING (1648–1712), dessen Beobachtungen als erste empirische Feststellung einer → direkten Preiselastizität der
Nachfrage betrachtet werden können: Die
direkte Preiselastizität der Nachfrage nach
Grundnahrungsmitteln ist (absolut) kleiner Eins.

**kinky demand curve**
→ geknickte Preisabsatzkurve

**KITCHIN-Zyklen**
von Joseph SCHUMPETER nach Joseph
KITCHIN benannte kurze Wellen der →
Konjunktur mit einer Periodenlänge von
40 Monaten (→ Konjunkturzyklen). Diese
Periodizität wurde 1923 von KITCHIN für
die Zyklen von Banken-Clearing, Groß-
handelspreisen und Zinssätzen in Großbritannien und den USA zwischen 1890
und 1922 und von W. L. CRUM (1923) für
die monatlichen Wechseldiskontsätze in
New York von 1866 bis 1922 ermittelt.  E.v.P.

**klassische Dichotomie**
→ PATINKIN-Kontroverse

**klassisches Modell**
→ makroökonomische Modelle

**Knappheit**
dauerndes Mißverhältnis zwischen der zur
Befriedigung der → Bedürfnisse gewünschten Gütermenge und der verfügbaren oder erreichbaren Menge. Knappheit
ist ein relativer Begriff und nicht als absolute Seltenheit zu verstehen. Sie ist Unterscheidungsmerkmal zwischen freien und
wirtschaftlichen Gütern (→ Gut). Güterknappheit erfordert wirtschaftliches Handeln, d. h. einen bestimmten Erfolg mit
geringstem Mitteleinsatz bzw. mit einem
bestimmten Mittelaufwand den größtmög-
lichen Erfolg erzielen (→ Effizienz). Aus
der Güterknappheit ergibt sich u. a. das
Problem der optimalen Verwendung der
Konsumgüter (→ Bedürfnis) und der optimalen → Allokation der Produktionsfaktoren.  H.M.W.

**Knappschaftsversicherung**
→ Sozialversicherung

**knife-edge-Problem**
bezogen auf das → HARROD-Modell die
Tatsache der Instabilität des Wachstumspfades bzw. die Überdeterminiertheit der
steady-state-Lösung des Modells. Der Begriff wird in der Literatur in beiden (einander ausschließenden) Bedeutungen verwendet.
a) Nach Roy G. D. ALLEN u. a. bezieht
sich das knife-edge-Problem auf die Stabilität der befriedigenden Wachstumsrate.
Nach der Meinung von Roy F. HARROD
ist diese instabil, von »zentrifugalen Kräf-
ten« umgeben, so daß jede Abweichung
vom Wachstumspfad dazu führt, diese weiter zu vergrößern. Es gibt nur einen schma-
len Pfad (wie auf Messers Schneide), der
die Unternehmen in einer »Gemütsverfas-
sung« hält, die darauf ausgerichtet ist, die
herrschende Wachstumsrate beizubehal-
ten: Wird zu wenig investiert, sehen die
Unternehmen die Gesamtnachfrage
schrumpfen und schränken die Investition
daraufhin nur um so mehr ein; das gleiche
gilt vice versa. HARROD selbst spricht
nicht vom knife-edge-Problem; er bezeichnet den geschilderten Sachverhalt als
Instabilitätsprinzip (instability princi-
ple).
b) Nach Joan ROBINSON bezieht sich das
knife-edge-Problem nicht auf die Stabilität, sondern auf die Existenz des Wachstumsgleichgewichts. Die Existenz eines →
steady-state growth ist im HARROD-Modell an das Zusammenfallen von natürlicher und befriedigender Wachstumsrate
gebunden, was, da beide von völlig voneinander unabhängigen Faktoren bestimmt
werden, nur durch einen Zufall möglich
wäre.  C.-G.Sch.

**Koalitionsfreiheit**
in Art. 9, Abs. 3 GG jedermann gewähr-
leistetes Recht, zur Wahrung und Förderung der Arbeits- und Wirtschaftsbedingungen Vereinigungen zu bilden, bestehenden Vereinigungen beizutreten und in
ihnen zu verbleiben (individuelle Koalitionsfreiheit). Art. 9, Abs. 3 GG schützt

nicht nur das Recht des Einzelnen, sondern auch die Vereinigung als solche, also ihren Bestand und ihre spezifisch koalitionsgemäße Betätigung (kollektive Koalitionsfreiheit).
Koalition ist jede Vereinigung von Arbeitnehmern (→ Gewerkschaft) oder Arbeitgebern (→ Arbeitgeberverband) zur Wahrnehmung kollektiver Arbeitnehmer- oder Arbeitgeberinteressen bei der Gestaltung von Arbeits- und Wirtschaftsbedingungen. T.F.

**Körperschaftsteuer**
Steuer auf das Einkommen juristischer Personen (unausgeschüttete Gewinne). Die Auffassung, daß diese Einkommen der Körperschaft und nicht den Anteilseignern zuzurechnen sind, ist dann gerechtfertigt, wenn die Einflußmöglichkeiten der Unternehmenseigner auf die Geschäftspolitik nur gering sind, so daß diese Gewinne ihnen nicht höhere Verfügungsmacht verleihen. Bei vollkommenen Kapitalmärkten müßten die unverteilten Gewinne in Kurssteigerungen kapitalisiert werden und könnten dann in der → Wertzuwachsbesteuerung bei den natürlichen Personen erfaßt werden. Die Kapitalisierung geschieht aber nur höchst unvollkommen, damit erscheint eine eigene Besteuerung der unverteilten Gewinne angebracht. In der BRD werden nicht nur die unverteilten, sondern auch die verteilten Gewinne besteuert, was steuersystematisch nicht zu begründen ist, weil diese auch von ihren Empfängern zu versteuern sind (Doppelbelastung).
Wird eine im Hinblick auf die Wahl der Gesellschaftsform neutrale Besteuerung angestrebt, so müssen Tarife und Bemessungsgrundlagen der Einkommen- und Körperschaftsteuer einander entsprechen, was in der BRD nicht erreicht ist, obwohl die Gewinnermittlung für natürliche und juristische Personen nach denselben Grundsätzen geschieht. Körperschaftsteuertarif und höchster Durchschnittssatz der Einkommensteuer müßten gleich sein, wenn davon ausgegangen wird, daß die Körperschaften alle hohe Gewinne erzielen.

Aus wirtschaftspolitischen Gründen (Förderung des Kapitalmarkts) und um die Doppelbelastung der ausgeschütteten Gewinne durch Körperschaft- und Einkommensteuer zu mildern, gilt für diese ein Steuersatz von 15%, für nicht ausgeschüttete Gewinne ein solcher von 51%. Ein niedrigerer progressiver Satz (39–49%) bzw. 26,5% für ausgeschüttete Gewinne gilt für sog. personenbezogene Kapitalgesellschaften.
Ist eine Gesellschaft zu mehr als 25% an einer anderen beteiligt, so werden die an sie ausgeschütteten Gewinne nur mit 15% besteuert, wenn sie an ihre Gesellschafter weitergegeben werden, anderenfalls wird eine Nachsteuer in Höhe von 36% erhoben (Schachtelprivileg).
Liegt Organschaft vor, d. h. ist die Tochtergesellschaft finanziell (wenn sich mehr als 50% ihres Kapitals in der Hand der Mutter befinden und ein Gewinnablieferungsvertrag besteht), wirtschaftlich und organisatorisch in das beherrschende Unternehmen eingegliedert, so werden die Gewinne nur beim herrschenden Unternehmen besteuert.
Vieldiskutierte Reformvorschläge für die Besteuerung der juristischen Personen stellen die Teilhabersteuer (Wolfram ENGELS, Wolfgang STÜTZEL) und das Anrechnungsverfahren dar (Wissenschaftlicher Beirat beim Bundesministerium für Finanzen; ähnliche Regelung in Frankreich).
a) Nach dem Teilhabersteuervorschlag wird der gesamte Gewinn des Unternehmens einer Steuer im Quellenabzugsverfahren unterworfen. Der nach dem Verhältnis der Beteiligung den Anteilseignern zugerechnete Steuerbetrag wird als Gutschrift auf die Einkommensteuerschuld des Eigners, die unter Berücksichtigung seines Teilhaberertrags (Anteil am Gesamtgewinn des Unternehmens) ermittelt wird, angerechnet. Je nach persönlichem Steuertarif muß der Zensit noch zuzahlen oder erhält Rückzahlungen (Regelung analog der Lohn- und Kapitalertragsbesteuerung). Die Besteuerung der juristischen Personen wird völlig in die der natürlichen Personen integriert, die Doppelbelastung

der ausgeschütteten Gewinne fällt mit dieser Regelung weg. Alle ausgeschütteten wie unausgeschütteten Gewinne des Unternehmens werden als Zuwachs an Verfügungsmacht (Einkommen) der Anteilseigner betrachtet, was neben zahlreichen verwaltungstechnischen Problemen das Hauptargument gegen die Teilhabersteuer darstellt: Der geringe Einfluß der Anteilseigner besonders in Publikumsgesellschaften (außer Großaktionären) läßt nichtausgeschüttete Gewinne nicht ihrem Dispositionsspielraum unterliegen.

b) Im Anrechnungsverfahren wird ebenfalls der gesamte Gewinn der Körperschaft im Quellenabzugsverfahren besteuert. Die Anteilseigner erhalten eine Steuergutschrift über die Körperschaftsteuer, die auf den ausgeschütteten Gewinn entfällt. Sie selbst versteuern lediglich den ausgeschütteten Gewinn nach ihrem persönlichen Tarif, wobei die Steuergutschrift angerechnet wird; die Doppelbelastung der ausgeschütteten Gewinne entfällt auch hier. Dieses Verfahren berücksichtigt, daß nichtausgeschüttete Gewinne kaum der Verfügungsmacht der Anteilseigner (außer Großaktionäre) unterliegen und deshalb nicht von diesen zu versteuern sein sollten.

Beide Verfahren weisen teilweise Unzulänglichkeiten auf; das Teilhaberverfahren in der Behandlung von Kleinaktionären, das Anrechnungsverfahren in der von Großaktionären. H.-W.K.

### Kollektivbedürfnisse
→ öffentliche Güter

### Kollektivgüter
→ öffentliche Güter

### Kollektivmonopol
Kooperation zwischen rechtlich selbständigen Unternehmen, um auf dem Markt als Angebotsmonopolist aufzutreten. Das Kollektivmonopol ist eine Form des → Kartells.

Gewinnmaximaler Preis und Menge ($p_m$ und $x_m$) werden wie beim → Angebotsmonopol durch den COURNOT'schen Punkt C bezeichnet, der die Gewinnmaximierungsbedingung 1. Ordnung Grenzumsatz = Grenzkosten ($U' = K'$) und 2. Ordnung Steigung der Grenzumsatzkurve < Steigung der Grenzkostenkurve ($U'' < K''$) erfüllt (Abb.). Die Grenzkostenkurve des Kollektivmonopols wird durch horizontale Aggregation der Grenzkostenkurven der einzelnen Mitglieder gewonnen und entspricht der Angebotskurve, wenn sich die Mitglieder als → Mengenanpasser (wie bei → vollständiger Konkurrenz) verhalten würden. Ihr Schnittpunkt K mit der Preisabsatzkurve zeigt, daß die Konkurrenzpreis $p_k$ kleiner und die Konkurrenzmenge $x_k$ größer wären. Dies ist einer der Gründe für ein Verbot des Zusammenschlusses zu einem Kollektivmonopol durch die staatliche → Wettbewerbspolitik.

Für das Kollektivmonopol, das auf dem Markt als → Preisfixierer auftritt, stellt sich das Problem der Aufteilung der gewinnmaximalen Menge $x_m$ auf die einzelnen Mitglieder. Jeder Anbieter würde bei freier Wahl seiner Ausbringung die Menge so lange ausweiten, bis die Grenzkosten gleich dem vom Kollektivmonopol bestimmten Preis sind, wodurch der Preis (auf $p_g$) sinken würde. Die Mengenbeschränkung kann u.a. durch Zuteilung von Absatzquoten (→ Quotenkartell) oder Absatzgebieten (Gebietskartell) an die einzelnen Mitglieder erfolgen oder durch zentralen Verkauf (→ Syndikat).

H.M.W.

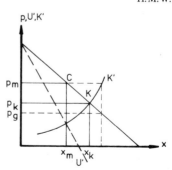

**Kollusion**
→ abgestimmte Verhaltensweisen

## Kommunismus

im engeren Sinne die höchste und letzte sozial-ökonomische Gesellschaftsformation des → historischen Materialismus, in der die Produktionsmittel vollständig in Gemeineigentum überführt und alle Mitglieder der Gesellschaft einander gleichgestellt sind. Es gilt nicht mehr, wie im → Sozialismus der Grundsatz: »Jeder nach seinen Fähigkeiten, jedem nach seinen Leistungen«, sondern: »Jeder nach seinen Fähigkeiten, jedem nach seinen Bedürfnissen«.

Im weiteren Sinne steht der Begriff für eine Gruppe von politischen Ideen, Bewegungen und Parteien, die diesen Zustand friedlich oder gewaltsam herbeiführen wollen und sich dabei auf den → Marxismus(-Leninismus) berufen.

Nach einer langen Tradition utopischer Zukunftsvorstellungen von PLATON's »Staat« über das Urchristentum bis zu den französischen Frühsozialisten (François Noël BABEUF u. a.) beginnt die »öffentliche Laufbahn des Kommunismus« mit Etienne CABET, der sich 1840 selbst als gewaltlosen Kommunisten bezeichnete.

Die explosive Wirkungsgeschichte des marxistisch begründeten Kommunismus hebt jedoch an mit dem ersten Satz des »Kommunistischen Manifestes« von 1848: »Ein Gespenst geht um in Europa, das Gespenst des Kommunismus.« Wie jedoch die erwartete kommunistische Gesellschaftsordnung konkret beschaffen sein sollte, darüber äußern sich Karl MARX und Friedrich ENGELS nur sehr abstrakt und fragmentarisch, vor utopischen Idealvorstellungen, denen die Wirklichkeit anzupassen sei, warnend. Sie versprechen sich von der Abschaffung des Privateigentums an Produktionsmitteln zugleich die Beseitigung der »menschlichen Selbstentfremdung« und der → »Ausbeutung des Menschen durch den Menschen« in einem »Verein freier Menschen . . ., die mit gemeinschaftlichen Produktionsmitteln arbeiten und ihre vielen individuellen Arbeitskräfte selbstbewußt als eine gesellschaftliche Arbeitskraft verausgaben«. Langsam würden die Arbeitsteilung, der Gegensatz von geistiger und körperlicher Arbeit, von Stadt und Land verschwinden

und »alle Springquellen des genossenschaftlichen Reichtums voller fließen«. Als entscheidende Voraussetzung für die kommunistische Gesellschaft wird ein Produktionsüberfluß angesehen.

Mit der Aufhebung aller Klassengegensätze und der Verwirklichung freier Arbeiterassoziationen würde auch der Staat als Herrschaftsinstrument absterben, denn »an die Stelle von der Regierung über Personen tritt die Verwaltung von Sachen und eine Leitung des Produktionsprozesses«. Die von Wladimir Iljitsch LENIN ausgebaute Lehre von der revolutionären Diktatur des Proletariats als staatlicher Übergangsperiode vom Sozialismus zum Kommunismus hat jedoch zunächst nur zu einer von der Partei gestützten Allmacht des Staates im Sowjetsystem geführt und die Problematik der staatlichen Organisation der kommunistischen Gesellschaft zur zentralen Frage der Marxismusdiskussion werden lassen (→ Vergesellschaftung, → Verstaatlichung).  J.K.

## komparative Kosten

Verhältnis der Produktionskosten eines Gutes (ausgedrückt in realen Größen) bei verschiedenen Wirtschaftseinheiten oder Ländern.

Daß Handel im Falle absoluter Kostenvorteile die Wohlfahrt erhöht, indem sich jedes Land auf die Produktion jenes Gutes spezialisiert, das es absolut billiger produzieren kann, ist spätestens seit Adam SMITH (1776) bekannt. Die von Robert TORRENS (1808) und David RICARDO (1817) entwickelte Theorie der komparativen Kosten zeigt jedoch, daß der Handel selbst dann vorteilhaft ist, wenn ein Land bei der Produktion sämtlicher Güter absolute Kostenvorteile aufweist, die Länder sich jedoch auf die Produktion jenes Gutes spezialisieren, bei dem sie einen komparativen Kostenvorteil aufweisen. Unter der Annahme eines einzigen Produktionsfaktors (Arbeit), der innerhalb eines Landes völlig mobil ist (jedoch zwischen den Ländern völlig immobil), konstanten Produktionskosten (ausgedrückt in Arbeitseinheiten) und unter Vernachlässigung von Transportkosten stellt RICARDO dies am historischen Beispiel des Methuen-Vertrages zwischen England und Portugal (1703) über den Austausch von Wein und Tuch dar:

Tab. 1: Kosten für eine Gutseinheit ausgedrückt in Arbeitseinheiten (AE)

|  | Tuch (T) | Wein (W) |
|---|---|---|
| England | 100 AE | 120 AE |
| Portugal | 90 AE | 80 AE |

Das Beispiel zeigt den absoluten Kostennachteil Englands bei der Produktion beider Güter (bei Tuch: 100 > 90; bei Wein: 120 > 80), zugleich aber auch, daß der absolute Kostennachteil bei der Produktion einer Tucheinheit *relativ* geringer ist

$$\frac{100}{90} < \frac{120}{80} \; .$$

Dies ist gleichbedeutend mit der Aussage, daß England einen komparativen Vorteil bei Tuch hat, das in Portugal 1 1/8 Einheiten Wein, in England jedoch nur 5/6 Einheiten Wein kostet

$$\frac{90}{80} > \frac{100}{120} \; .$$

Daß eine → Spezialisierung entsprechend den komparativen Kostenvorteilen für beide Länder zusammen und ebenso für jedes einzelne Land vorteilhaft ist, zeigen die Beispiele der Tab. 2 und 3.
Daraus ergibt sich für beide Länder zusammen ein → Außenhandelsgewinn von 0,2 Tucheinheiten und 0,125 Einheiten Wein. Unter der Annahme, daß die Austauschrelation (→ terms of trade) zwischen Tuch und Wein 1 : 1 sowie der Weinexport Portugals 1,125 Einheiten beträgt, kann der Außenhandelsgewinn für jedes Land ermittelt werden (Tab. 3).

Tab. 3: Außenhandelsgewinn

|  | England | Portugal |
|---|---|---|
| Tuch | 1 (1,075) | 1 (1,125) |
| Wein | 1 (1,125) | 1 (1) |

Die in Klammern gesetzten Werte geben die Konsumgütermengen nach Außenhandelsaufnahme an, die Werte vor der Klammer dagegen Konsum- und Produktionsmengen vor Außenhandelsaufnahme.
Daß die Produktionskosten in Arbeitseinheiten ausgedrückt werden, hat die Theorie der komparativen Kosten unnötiger-

Tab. 2: Produktion vor und nach Aufnahme des Handels

|  | England | | Portugal | | Gesamt- |
|---|---|---|---|---|---|
|  | Input | Output | Input | Output | output |
| **vor Aufnahme des Handels:** | | | | | |
| Tuch | 100 AE | 1 | 90 AE | 1 | 2 |
| Wein | 120 AE | 1 | 80 AE | 1 | 2 |
|  | 220 AE | | 170 AE | | |
| **nach Aufnahme des Handels:** | | | | | |
| Tuch | 220 AE | 2,2 | – | – | 2,2 |
| Wein | – | – | 170 AE | 2,125 | 2,125 |
|  | 220 AE | | 170 AE | | |

weise mit der → Arbeitswertlehre in Verbindung gebracht. Das Realkostenkonzept wurde jedoch später durch das Konzept der → opportunity costs abgelöst. Auch wird in neueren Ansätzen neben steigenden Opportunitätskosten der mehr-Güter-/mehr-Faktoren-Fall berücksichtigt.

Da die klassische Theorie der komparativen Kosten nur die Angebotsseite behandelt, konnte sie die Frage nach der tatsächlich zustandekommenden internationalen Tauschrelation (→ terms of trade) und den daraus sich ergebenden Handelsströmen nicht beantworten (vgl. auch obiges Beispiel, bei dem die terms of trade willkürlich angenommen werden mußten). Dies wurde erst durch die insbes. von John Stuart MILL (1848) vorgenommene Einbeziehung der Nachfrageseite möglich (→ Theorie der internationalen Werte).

Wenngleich das Hauptinteresse der klassischen Theorie der komparativen Kosten der Frage nach den Vorteilen des Außenhandels (→ Außenhandelsgewinn) gilt, so gibt sie doch zugleich mit der Erklärung der komparativen Kostenunterschiede aufgrund von »klimatisch« bedingten Produktivitätsunterschieden beim Faktor Arbeit eine Antwort auf die Frage nach den Ursachen internationaler Güterströme. In der modernen Außenhandelstheorie, die sich insbes. mit der letzteren Frage befaßt, wird das Prinzip des komparativen Kostenvorteils auf vielfältige Weise modifiziert. Über komparative Vorteile aufgrund von Unterschieden in der → Technologie hinaus (RICARDO) werden komparative Vorteile aufgrund von Unterschieden in der Faktorausstattung (→ HECKSCHER-OHLIN-Theorem) und in den Nachfragebedingungen (Bertil OHLIN, 1933; Staffan B. LINDER, 1961) analysiert; in jüngster Zeit wurden auch dynamische Ansätze gewählt, z.B. durch Einbeziehung typischer Änderungen der komparativen Vorteile im Verlauf des Lebenszyklus eines Produktes (Seev HIRSCH, 1967). M.H.

**komparativ-statische Analyse**
→ Analyse

**Kompatibilität** → Logistik

**Kompensationsgeschäft**
→ Ost-West-Handel

**Kompensationstheorie**
befaßt sich mit der Rangordnung wirtschaftlicher Zustände auf der Grundlage des »Kompensationsprinzips« (ausgehend vom → KALDOR-HICKS-Kriterium). Unabhängig von der Diskussion um seine Widersprüchlichkeit und mangelnde Operationalität entbrannten Kontroversen um die Frage, ob Kompensation tatsächlich nötig ist. Auf der Grundlage der paretianischen Wertprämissen allein (→ PARETO-Kriterium) kann das KALDOR-HICKS-Kriterium wirtschaftliche Alternativen ohne Kompensation nicht beurteilen, zumindest dann nicht, wenn man von der HICKS'schen »Harmonieannahme« des Interessenausgleichs über die Zeit absieht. In allen anderen Fällen sind zusätzliche Hypothesen zur Einkommensverteilung für eine logisch stringente Rangordnung von Alternativen erforderlich. Derartige Verteilungsnormen mögen hypothetisch oder in Anerkennung einer »Verteilungsinstanz« (z.B. eines politischen Prozesses) bzw. sonstwie bekenntnishaft eingeführt werden. Übereinstimmung mit der Rangordnung sozialer bzw. wirtschaftlicher Zustände nach dem Kompensationsprinzip erfordert somit (wenn Kompensation nicht stattfindet) nicht nur Anerkennung des KALDOR-HICKS-Kriteriums und seiner »Operationalisierung«, sondern auch Einigkeit über ergänzende Verteilungsnormen. K.Sch.

**kompensatorischer Budgetausgleich**
→ compensatory budgeting

**Konditionenkartell**
Variante eines → Kartells mit Vereinbarung einheitlicher Geschäftsbedingungen (Verkaufs-, Lieferungs- und Zahlungsbedingungen). Ihm liegt die Erwägung zugrunde, mehr → Markttransparenz herbeizuführen und den → Preiswettbewerb sowie die Qualität in den Vordergrund zu stellen. Das Konditionenkartell verzichtet

mit Rücksicht auf Produktvielfalt und komplexe Preisstruktur (z. B. in der Textilindustrie) auf Preisabsprachen.

Gemäß § 2 des → Gesetzes gegen Wettbewerbsbeschränkungen unterliegen Konditionenkartelle der Anmeldepflicht bei der Kartellbehörde (meist → Bundeskartellamt). R.R.

## KONDRATIEFF-Zyklen
nach Nikolai D. KONDRATIEFF (1926) benannte lange Wellen der → Konjunktur (→ Konjunkturzyklen) mit einer Periodendauer von 54 bis 60 Jahren. Sie werden von Joseph SCHUMPETER mit Hilfe des → technischen Fortschritts erklärt. Nach SCHUMPETER's Analyse waren in den USA, England und Deutschland drei lange Wellen zu beobachten: von 1780 bis 1841 (Periode der industriellen Revolution); von 1842 bis 1897 (steam and steal period); von 1898 bis 1914 (Periode von Elektrizität, Chemie und Automobil); die letzte Welle wurde durch den 1. Weltkrieg abgebrochen. E.v.P.

## konjekturale Preis-Absatz-Funktion
→ Preis-Absatz-Funktion

## Konjunktur
wellenartige Bewegung der Wirtschaftsaktivität, die in den Fluktuationen wirtschaftlicher Variabler (→ Konjunkturindikatoren) in der Höhe ihres Niveaus oder ihrer Wachstumsrate zum Ausdruck kommt. Einen vollständigen Schwingungsablauf bezeichnet man auch als → Konjunkturzyklus. Mit Analyse und Erklärung der Konjunkturbewegungen beschäftigen sich empirische → Konjunkturforschung und → Konjunkturtheorie. E.v.P.

## Konjunkturausgleichsrücklage
vom Bund (einschl. → ERP-Sondervermögen) und Ländern gemäß §§ 5 ff des → Gesetzes zur Förderung der Stabilität und des Wachstums der Wirtschaft im Falle einer Gefährdung des gesamtwirtschaftlichen Gleichgewichts bei der Deutschen Bundesbank anzusammelnde Haushaltsmittel. Sie dienen in expansiven Konjunkturphasen der Eindämmung einer die volkswirt-

schaftliche Leistungsfähigkeit übersteigenden Nachfrageausweitung und stehen in Zeiten einer Abschwächung der allgemeinen Wirtschaftstätigkeit als zusätzliche Deckungsmittel zur Verfügung. Ihre Anlage ist freiwillig oder obligatorisch. Die Bildung oder Auflösung obligatorischer Konjunkturausgleichsrücklagen erfolgt nach Maßgabe einer Rechtsverordnung der Bundesregierung mit Zustimmung des Bundesrates. In der Aufbringung der Mittel teilen sich, soweit nichts anderes vereinbart ist, Bund und Länder entsprechend den von ihnen im letzten Haushaltsjahr erzielten Steuereinnahmen (§ 15, Abs. 3 StWG). Die gemäß § 51 Abs. 3 Ziff. 2 EStG und § 19c KStG erhobenen Zuschläge zur Einkommen- und Körperschaftsteuer (Konjunkturzuschlag) sind ebenfalls der Konjunkturausgleichsrücklage zuzuführen (§ 15 Abs. 4).

Mit der Konjunkturausgleichsrücklage wurde 1967 die Möglichkeit des → stabilizing budgeting und des → cyclical budgeting in der → Finanzverfassung (Art. 109 GG) verankert. Die Stabilisierungswirkung knüpft insbes. beim Einkommens- und Beschäftigungseffekt einer Variation der → Staatseinnahmen oder → Staatsausgaben sowie beim Liquiditätseffekt der Geldstillegung oder -aktivierung an.
E.v.P.

## Konjunkturforschung
befaßt sich mit → Diagnose und Prognose der konjunkturellen Entwicklung in Volkswirtschaften, Branchen oder Regionen und bedient sich dabei
a) der mit → Konjunkturindikatoren arbeitenden Verfahren;
b) analytische Verfahren, die am Instrumentarium der → Volkswirtschaftlichen Gesamtrechnung anknüpfen;
c) ökonometrischer Konjunkturmodelle.
Umfangreiche Untersuchungen werden von Konjunkturforschungsinstituten angestellt (in der BRD insbes. vom Deutschen Institut für Wirtschaftsforschung in Berlin, HWWA-Institut für Wirtschaftsforschung in Hamburg, Ifo-Institut für Wirtschaftsforschung in München, Institut für Weltwirtschaft an der Universität Kiel, Rheinisch-Westfälischen Institut für Wirt-

schaftsforschung in Essen, Wirtschafts- und Sozialwissenschaftlichen Institut der Gewerkschaften in Köln; in den USA vom National Bureau of Economic Research in New York). E. v. P.

**Konjunkturindikatoren**
zur → Diagnose und Prognose der → Konjunktur geeignet erscheinende symptomatische wirtschaftliche Variable (z. B. Bruttosozialprodukt, Index der industriellen Nettoproduktion, Beschäftigte).
Die Entwicklung von Konjunkturindikatoren läßt sich bis vor Beginn des 20. Jh. zurückverfolgen. Bekannt geworden ist in den 20er Jahren der Harvard Index of General Business Conditions (→ Harvard-Barometer) und sein prognostisches Versagen bei der Weltwirtschaftskrise 1929. Das National Bureau of Economic Research (NBER) arbeitet seit 1938 mit Konjunkturindikatoren und hat sein methodisches Instrumentarium seither laufend verbessert. Die Indikatoren des NBER umfassen heute rund 600 Zeitreihen in systematischer Gruppierung.
Nach dem timing der Indikatoren gegenüber dem allgemeinen Konjunkturverlauf unterscheidet man vorauseilende (leading), synchrone (coinciding) und verzögert folgende (lagging) Reihen.
Die Untergliederung globaler Konjunkturkennziffern ist durch sektorale, branchenmäßige, warenmäßige und regionale Aufspaltung immer mehr verfeinert worden. Die differenzierte Entwicklung von Einzelreihen läßt sich in Diffusionsindizes oder Gesamtindikatoren zusammenfassen, deren Aufbau und Gewichtungsschema unterschiedlich ausgestaltet sein können. So ermittelt z. B. der → Sachverständigenrat in der BRD einen Mengenindikator und einen Kosten- und Preisindikator bei zehnstufigem Bewertungsschema, wobei die jeweils berücksichtigten Einzelreihen mit gleichem Gewicht in den Diffusionsindex eingehen.
Einen Fortschritt bei der frühzeitigen Konjunkturdiagnose und -prognose brachte das Anfang der 50er Jahre vom Ifo-Institut in München entwickelte Konjunkturtest-Verfahren, das auf qualitati-

ven Daten (Urteilen, Erwartungen und Plänen von Unternehmern) aufbaut und die Entwicklung z. B. im Geschäftsklimaindex zusammenfaßt. Auf der Grundlage dieses Verfahrens wird z. Z. ein Konjunkturindikatoren-System entwickelt, das Entstehung und Diffusion der konjunkturellen Anstöße verfolgen soll. Auch auf qualitativen Daten basiert mit der Ermittlung von Kaufabsichten und subjektiven Kaufwahrscheinlichkeiten (insbes. für die Nachfrage nach PKW) der Konsumentenstimmungsindex des Survey Research Center in Michigan und der Forschungsstelle für empirische Sozialökonomik in Köln. E. v. P.

**Konjunkturkrisenkartell** → Gesetz gegen Wettbewerbsbeschränkungen

**konjunkturneutraler Haushalt**
vom → Sachverständigenrat in den Jahresgutachten 1967 und 1970 entwickeltes Konzept für ein → Budget, das die in der betreffenden Haushaltsperiode bestehende konjunkturelle Situation nicht verändert. Da die öffentlichen Einnahmen und Ausgaben nicht neutral in dem Sinne sein können, daß die → Staatstätigkeit ohne Einfluß auf die → Konjunktur bliebe, ist damit gemeint, daß dieser Einfluß unverändert bleibt. Der Sachverständigenrat geht dabei von einer Situation aus, in der das → Produktionspotential optimal ausgelastet ist, also → Vollbeschäftigung besteht. Konjunkturneutral ist dann der Haushalt, »der für sich allein den Auslastungsgrad des gesamtwirtschaftlichen Produktionspotentials im Laufe der Haushaltsperiode weder erhöht noch senkt«. Das wird erreicht, wenn der Anteil der → Staatsausgaben am Produktionspotential (→ Staatsquote) konstant bleibt oder wenn bei einer Erhöhung der Staatsquote durch eine Erhöhung des Anteils der Steuern am Sozialprodukt, (→ Steuerquote), die private Nachfrage im Ausmaß der Erhöhung der Staatsquote zurückgedrängt wird. Wird die Struktur von Ausgaben und Einnahmen verändert, so muß auch die Wirkung der Strukturveränderung berücksichtigt werden.

Aus Mangel an zuverlässigen Informationen über die gewollte Staats- und Steuerquote legte der Sachverständigenrat für seine Berechnungen das Jahr 1966 als konjunkturneutrale Basis zugrunde. Ausgehend davon verhält sich der Staat konjunkturneutral, wenn er für sich genommen die Auslastung des Produktionspotentials verglichen mit 1966 nicht verändert (Jahresgutachten 1970), wenn also a) die Ausgaben prozentual so stark zunehmen, wie das Produktionspotential wächst und

b) bei unverändertem → Steuersystem zu erwarten ist, daß die Steuereinnahmen mit gleicher Rate zunehmen wie das Sozialprodukt.

Zu beachten ist, daß → Budgetausgleich nicht Konjunkturneutralität bedeutet; umgekehrt kann auch ein unausgeglichenes Budget konjunkturneutral sein. Da meist kein konjunkturelles Gleichgewicht, für das allein ein konjunkturneutraler Haushalt anzustreben wäre, herrscht, liegt die Bedeutung dieses Konzepts in erster Linie darin, einen Maßstab für die konjunkturelle Wirkung eines bestimmten, nicht konjunkturneutralen Haushalts abzugeben.

Das Konzept des konjunkturneutralen Haushalts ist nicht unumstritten, da u. a. der Umfang der Entzugswirkungen von Steuereinnahmen schwierig zu schätzen ist, daneben Strukturveränderungen, Multiplikator- und Akzeleratorwirkungen unberücksichtigt bleiben. E.S.

## Konjunkturpolitik

Gesamtheit der auf Dämpfung der konjunkturellen Schwankungen und Verstetigung der Entwicklung von → Produktion, → Einkommen und → Beschäftigung gerichteten Maßnahmen. Sie wird wegen der i. d. R. globalen und kurzfristigen Ziele und Mittel als Gegenpol zur Strukturpolitik betrachtet.

Ihr Beitrag zur Stabilitätspolitik (→ Gesetz zur Förderung der Stabilität und des Wachstums der Wirtschaft, StWG) richtet sich auf die Ziele Vollbeschäftigung, Preisniveaustabilität, → außenwirtschaftliches Gleichgewicht und ein stetig wachsendes Angebotspotential. Die Unmöglichkeit, die einzelnen Ziele gleichzeitig erfolgreich zu verfolgen, erfordert Entscheidungen über Zielerreichungsgrade und Prioritäten. Die Kenntnis der Zusammenhänge des Wirtschaftsablaufs (→ Konjunkturtheorie) und deren empirische Überprüfung sowie Analysen über Zielbeziehungen und → Zielkonflikte sind Voraussetzungen für konjunkturpolitisches Handeln.

Mittel der Konjunkturpolitik sind v. a. die antizyklische Nachfragesteuerung über die → Fiskalpolitik (Ausgaben-, → Steuer-, Schuldenpolitik) und → Geldpolitik sowie eine die Lohn- und Gewinneinkommen beeinflussende → Einkommenspolitik (→ Lohn- und → Preispolitik). Durch Beeinflussung der Einnahmen- und Ausgabenströme bei Konsumenten und Investoren, Herbeiführung von Einnahme- und Ausgabeüberschüssen und Variation der Budgetsalden der öffentlichen Haushalte werden (entsprechend der keynesianischen Einkommens- und → Beschäftigungstheorie) der volkswirtschaftliche → Einkommenskreislauf gesteuert und expansive bzw. kontraktive Multiplikatoreffekte in Gang gesetzt. Ein Beispiel ist das Instrument der → Konjunkturausgleichsrücklage.

Probleme ergeben sich für die Konjunkturpolitik durch die Aufteilung von Kompetenzen auf verschiedene Träger (in der BRD v.a. auf Bund, Länder, Gemeinden, → Deutsche Bundesbank), durch den Einfluß der Arbeitgeber- und Arbeitnehmerorganisationen (Tarifverhandlungen) und durch Wirkungsverzögerungen (→ lags) finanz- und geldpolitischer Maßnahmen. Mit der im StWG angeregten Harmonisierung der Maßnahmen und der Verpflichtung der öffentlichen Haushalte zu mittelfristiger → Finanzplanung wird versucht, diesen Schwierigkeiten entgegenzuwirken. Mit dem Einsatz zyklisch orientierter → Regelmechanismen (→ built-in flexibility, → formula flexibility) soll den Unzulänglichkeiten diskretionärer Konjunkturpolitik begegnet werden. Die von den Vertretern des → Monetarismus vorgeschlagene Ausdehnung der → Geldmenge mit konstanter Wachstumsrate sowie die vom →

Sachverständigenrat angeregte Orientierung der öffentlichen Einnahmen und Ausgaben an der mittelfristigen Wachstumsrate des → Produktionspotentials sind weitere Ansätze zur Verstetigung konjunktureller Schwankungen. Die außenwirtschaftliche Verflechtung und die → Konvertibilität der Währungen setzt der nationalen Konjunkturpolitik (insbes. Geldpolitik) enge Grenzen (z. B. → importierte Inflation) und erfordert internationale Koordination (z. B. im Rahmen einer → Europäischen Wirtschafts- und Währungsunion).

Konjunkturpolitischen Maßnahmen müssen → Diagnose und Prognose der Wirtschaftsentwicklung vorangehen.   E. v. P.

**Konjunkturrat für die öffentliche Hand**
Gremium, das nach dem → Gesetz zur Förderung der Stabilität und des Wachstums der Wirtschaft (§ 18) bei der Bundesregierung gebildet wurde. Dem Rat gehören an:
a) die Bundesminister für Wirtschaft (als Vorsitzender) und der Finanzen,
b) je ein Vertreter jedes Bundeslandes,
c) vier Vertreter der Gemeinden und der Gemeindeverbände.
Er berät in regelmäßigen Abständen alle konjunkturpolitischen Maßnahmen, die zur Erreichung der gesamtwirtschaftlichen → Ziele erforderlich sind sowie über die Möglichkeiten zur Deckung des Kreditbedarfs der öffentlichen Haushalte. Insbes. ist er vor Maßnahmen zu hören, welche die → Konjunkturausgleichsrücklage, die Kreditermächtigungen und die Änderungen der Höchstbeträge für die Kreditaufnahmen von Bund, Ländern und Gemeinden betreffen. Die → Deutsche Bundesbank hat das Recht, an den Beratungen teilzunehmen.   W.G.

**Konjunkturtest**
→ Konjunkturindikatoren

**Konjunkturtheorie**
wissenschaftlicher Ansatz zur Erklärung der Schwankungen der Wirtschaftsaktivität. Konjunkturelle Bewegungen wurden von den Klassikern (John Stuart MILL, David RICARDO, Jean Baptiste SAY) lediglich als das allgemeine Gleichgewicht störende Begleiterscheinungen angesehen, aber noch keiner besonderen theoretischen Betrachtung unterzogen. Der Aufstieg der Konjunkturtheorie beginnt in der zweiten Hälfte des 19. Jh. mit einer Fülle monokausaler Erklärungsansätze. Exogene (außerwirtschaftliche Faktoren hervorbende) Theorien können jedoch nur einen geringen Beitrag zur Deutung der Konjunkturschwankungen leisten. Das zentrale konjunkturtheoretische Interesse richtet sich vielmehr auf die endogene Mechanik des Zusammenspiels volkswirtschaftlicher Variabler. Der Betonung kausaler Bestimmungsfaktoren entsprechend unterscheidet man vier Richtungen: → Unterkonsumtionstheorien, → Überinvestitionstheorien, monetäre Theorien und psychologische Theorien. Heute hat sich die Erkenntnis durchgesetzt, daß eine Erklärung des Konjunkturphänomens nur durch eine, die vielfältigen Faktoren berücksichtigende Theorie geleistet werden kann. Kommen historisch-statistische Ansätze diesem Verlangen entgegen, so treten doch die zentralen Zusammenhänge hinter dem differenziert dargebotenen Bild zurück. Im Vordergrund der heute dominierenden deterministischen Richtung stehen Ansätze, die mit den mechanistischen Akzelerator-Multiplikator-Modellen von Paul A. SAMUELSON (1939) und John R. HICKS (1950) einen ersten Höhepunkt erreichten und an deren Grundgedanken die Entwicklung unter Verfeinerung vielfältiger Aspekte anknüpft. Es erfolgte der Ausbau und die Verbindung mit dem Wachstumsaspekt (Nicholas KALDOR, Richard M. GOODWIN, Arthur SMITHIES, James S. DUESENBERRY) und monetären Faktoren (Alban W. PHILLIPS, David J. SMYTH). Neben der Berücksichtigung flexibler Akzeleratoren (→ Akzelerationsprinzip), differenzierter lag-Strukturen (→ lag) und der Aufspaltung des Multiplikators fanden auch ratchet-Effekte (→ relative Einkommenshypothese) sowie Kapazitäts- und Preisgrenzen für obere und untere Umkehr-

punkte Aufnahme in die Konjunkturmodelle. Ein stochastischer Ansatz wurde von Wilhelm KRELLE (1959) vorgelegt. Auch die von manchen Autoren (z. B. Walter JÖHR) betonten sozialpsychologischen Faktoren finden in Modellen ihren Niederschlag (Hyman P. MINSKY, 1959) und bieten mit dem Ausbau der auf qualitativen Daten beruhenden Verfahren der → Konjunkturindikatoren neue Möglichkeiten für die praktische Nutzung der Modelle. Weitere Verfeinerungen bringen die – bisher noch groben – Ansätze zu sektoraler (J. S. DUESENBERRY, Abram R. BERGSTROM, Winfried VOGT) und regionaler Disaggregation (Stanley L. ENGERMAN) sowie die Aufgliederung von Variablen nach institutionellen und funktionellen Gesichtspunkten. Ihre wirtschaftspolitische Eignung müssen Konjunkturmodelle im Ausbau zu ökonometrischen Modellen und in ihrer Eignung zu → Diagnose und Prognose der konjunkturellen Wendepunkte unter Beweis stellen. E. v. P.

**Konjunkturzuschlag**
→ Konjunkturausgleichsrücklage

**Konjunkturzyklus**
wellenartige Schwankungsbewegung der Wirtschaftsaktivität. Zur Messung werden → Konjunkturindikatoren herangezogen. Die sinusartige Bewegung des Konjunkturzyklus ist heftig umstritten, da Zyklen im intertemporalen und interregionalen Vergleich variieren und mitunter recht unregelmäßig verlaufen.
Nach der Dauer der Zyklen sind in historisch-statistischen Analysen → KITCHIN-, → JUGLAR- und → KONDRATIEFF-Zyklen festgestellt worden. Joseph SCHUMPETER sieht die Konjunkturbewegung als eine Überlagerung dieser drei Zyklen an. In der BRD betrug die durchschnittliche Zyklendauer in den 50er und 60er Jahren etwa $4^1/_2$ Jahre.
Konjunkturzyklen werden in Phasen unterteilt, z. B. von Gottfried HABERLER in → Prosperität (Aufschwungphase) und → Depression (Abschwungphase); die Phasen sind durch obere Wendepunkte (Krise) und untere Wendepunkte (Wiederbelebung) abgegrenzt. Die Endphase des Aufschwungs bezeichnet man auch als → Boom, einen relativ leichten Konjunkturrückgang als → Rezession.
Arthur SPIETHOFF teilte seinen Musterkreislauf der wirtschaftlichen Wechsellagen und Wechselstufen ein in die Phasen Stockung (mit den Abschnitten Niedergang und 1. Anstieg), Aufschwung (mit 2. Anstieg, Hochschwung und Kapitalmangel) und Krise (Kreditzusammenbruch).
Waren Schwankungen der Wirtschaftsaktivität früher oft mit absoluten Rückgängen des Sozialprodukts verbunden, treten die Konjunkturzyklen nach dem 2. Weltkrieg in den westlichen Ländern meist als Zyklen positiver Zuwachsraten des Sozialprodukts auf (Wachstumszyklen). E. v. P.

**Konkurrenz** → Wettbewerb

**Konkurrenzsozialismus**
Konzept einer Wirtschaftsordnung mit gesellschaftlichem → Eigentum an den Produktionsmitteln und marktwirtschaftlich dezentralisierter → Preisbildung und → Allokation in Betrieben, die von der Zentrale nur über indirekte ökonomische Instrumente (→ Zins, → Steuern) gelenkt werden. Als Denkrichtung entstand der Konkurrenzsozialismus aus der Herausforderung von Ludwig von MISES, die Möglichkeit einer rationalen Wirtschaftsordnung im → Sozialismus nachzuweisen. Während Abba P. LERNER (1934) freie Märkte für Konsumgüter und Produktionsmittel voraussetzt, tritt bei Oskar LANGE (1936) die Planzentrale an die Stelle des Markts im Bereich der Produktionsmittel und bestimmt die Preise mittels eines Simulationsverfahrens. Das 1969 in wesentlichen Teilen abgebrochene tschechoslowakische Konzept (Ota SIK) und das ungarische Konzept einer Wirtschaftsreform enthalten wichtige Bestandteile der Vorstellungen des Konkurrenzsozialismus. In (insbes. konsumnahen) Bereichen der Wirtschaft können hier – abweichend vom sowjetischen Modell der → Zentralverwaltungswirtschaft – Betriebe ihre »Marktpartner« (Zulieferer und Abnehmer) selbständig

auswählen, wobei sie in einer Quasi-Konkurrenzsituation den Planpräferenzen bzw. den Konsumentenpräferenzen folgen sollen. Freie Preisbildung wird hier allerdings nur in beschränktem Umfang für ausgewählte Gütergruppen zugelassen, wo die Marktsituation (→ Käufermarkt) Konkurrenzlösungen erlaubt.

Eine konsequent verwirklichte Form des Konkurrenzsozialismus stellt das jugoslawische Modell dar. Es vereint genossenschaftliches Eigentum an den Produktionsmitteln mit konkurrenzwirtschaftlicher Koordination von Produktions-, Allokations- und Verteilungsvorgängen: Es herrscht → Wettbewerb voneinander unabhängiger, in Arbeiterselbstverwaltung organisierter Kollektive auf allen Märkten bei weitgehend freien Preisen mit dem erklärten Ziel der Gewinnmaximierung. Konzentrationstendenzen, massive Inflationsraten und eine Verschärfung der regionalen Entwicklungsunterschiede konnten durch eine mit schwachen Interventionsmöglichkeiten ausgestattete Zentralregierung nicht verhindert werden.

F.-L. A.

**Konsolidierung**

1. funktionale oder sektorale Zusammenfassung von Strom- oder Bestandsrechnungen, wobei gleichartige → Strom- oder → Bestandsgrößen aufaddiert bzw. saldiert werden.

Beispiele: Bei der Zusammenfassung der sektoralen Aktivitätskonten der → Volkswirtschaftlichen Gesamtrechnung zu gesamtwirtschaftlichen Aktivitätskonten entfallen durch Konsolidierung alle intersektoralen Vorgänge auf derselben Aktivitätsebene (z. B. Vorleistungsverflechtung, Einkommens- und Vermögensumverteilung). Bei der Zusammenfassung der sektoralen → Vermögensrechnungen zu einer → Volksvermögensrechnung werden z. B. alle Forderungen und Verbindlichkeiten, die zwischen den inländischen Wirtschaftseinheiten bestehen, gegeneinander aufgerechnet, so daß als → Geldvermögen der Volkswirtschaft die → Nettoauslandsposition verbleibt.

2. Umwandlung von kurzfristigen (schwe-

benden) privaten oder öffentlichen Schulden in langfristige (fundierte) Schulden, z. B. in Anleihen.

3. Zusammenfassung von mehreren, zu unterschiedlichen Konditionen emittierten Anleihen zu einer einheitlichen Anleihe (i. d. R. unter Änderung des Zinssatzes und der Laufzeit).  D. S.

**konstante Skalenerträge**
→ constant returns to scale

**Konsum**
als letzter Verbrauch Endzweck aller Produktion.

a) In der → Volkswirtschaftlichen Gesamtrechnung setzt sich der gesamtwirtschaftliche Konsum aus dem privaten Verbrauch und dem Staatsverbrauch zusammen (Unternehmen konsumieren nicht).

· Der private Verbrauch umfaßt die Ausgaben der inländischen privaten Haushalte für den Kauf von → Konsumgütern, den → Eigenverbrauch der privaten Organisationen ohne Erwerbscharakter sowie einige unterstellte → Transaktionen (z. B. Nutzung von Wohnungen durch die Eigentümer). Die Struktur des privaten Verbrauchs (Verwendungszweck, Dauerhaftigkeit und Wert der Konsumgüter) wird durch Einkommens- und Verbrauchsstichproben ermittelt (vgl. Tabelle auf S. 277).

· Der Staatsverbrauch umfaßt den Kostenwert der unentgeltlich zur Verfügung gestellten Staatsleistungen.

b) In der Konsumtheorie wird als Hauptbestimmungsfaktor des privaten Verbrauchs das Einkommen angesehen und entsprechend zwischen → absoluter, → relativer und → permanenter Einkommenshypothese unterschieden.

Im zunehmenden Maße wird jedoch eine interdisziplinäre Analyse der Konsumentscheidungen gefordert, die stärker als bisher auch die psychologischen und soziologischen Einflußfaktoren berücksichtigt. Erste Versuche in dieser Richtung gingen von George KATONA (1951) aus; er brachte die Unterscheidung zwischen Konsumfähigkeit und Konsumwillen in die Diskussion.  E.v.K.

Struktur des privaten Verbrauchs (1969)

| Verwendungszweck | Güterart | | | |
|---|---|---|---|---|
| | Ver-brauchs-güter u. Repara-turen | Ge-brauchs-güter | Lang-lebige Ge-brauchs-güter | Dienst-leistun-gen |
| | DM pro Haushalt und Monat | | | |
| Nahrungs- und Ge-nußmittel | 386 | – | – | – |
| Bekleidung, Schuhe | 4 | 121 | – | – |
| Wohnungsmieten u. a. | – | – | – | 156 |
| Elektrizität, Gas, Brennstoffe | 57 | – | – | – |
| Übrige Güter für die Haushaltsführung | 31 | 28 | 66 | 14 |
| Verkehr, Nachrich-tenübermittlung | 35 | 13 | 47 | 37 |
| Körper- und Gesund-heitspflege | 21 | 3 | – | 25 |
| Bildung und Unter-haltung | 14 | 16 | 17 | 28 |
| Persönliche Aus-stattung u. ä. | 1 | 4 | 6 | 33 |
| Insgesamt | 550 | 186 | 136 | 293 |

**Konsumentenrente**

(consumer's surplus) auf Jules DUPUIT (1840) zurückgehendes, durch Alfred MARSHALL (1890) bekannt gewordenes Konzept. MARSHALL definiert die Konsumentenrente als diejenige Summe Geldes, die ein Käufer über den Kaufpreis (p) für eine bestimmte Gütermenge (x) hinaus

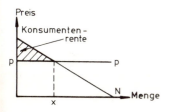

eher bezahlen würde, als auf den Kauf zu verzichten. Die Konsumentenrente kann nach MARSHALL durch die Fläche zwischen Preisgerade (P) und Nachfragekurve (N) gemessen werden (Abb.).

Das Konzept ist heftig kritisiert worden, weil es Nutzenkurven mit Nachfragekurven verwechsle (Léon WALRAS, Vilfredo PARETO) und sich der als suspekt betrachteten kardinalen → Nutzentheorie bediene.

Beide Kritikpunkte erscheinen inzwischen, insbes. durch Beiträge von John R. HICKS, überwunden: Die Fälle, in denen sich das MARSHALL-Maß zumindest als Näherungslösung eignet, wurden präzisiert, das Meßkonzept für Konsumentenrenten und gleichzeitig der Begriffsapparat zur Erfassung von Konsumentenrenten verfeinert; außerdem ließ sich die Theorie der Konsumentenrente auf der Grundlage der vergleichsweise anerkannten ordinalen Nutzentheorie neu formulieren.

a) Wenn das betrachtete Gut nur einen kleinen Teil des Gesamteinkommens der Konsumenten beansprucht bzw. die Preisänderung für ein Gut (welche die Veränderungen von Konsumentenrenten auslöst) die Realeinkommen der Konsumenten nur unwesentlich verändert, kann die Fläche zwischen Preisgerade und Nachfragekurve als gutes Näherungsmaß für individuelle Konsumentenrenten (bzw. für die ungewichtete Summe der individuellen Konsumentenrenten) angesehen werden.

Auf der Grundlage des verfeinerten Begriffsapparats der Theorie der Konsumentenrente wurde das Meßkonzept durch entsprechende Korrekturen der herkömmlichen Nachfragekurven verfeinert, mit Relevanz v. a. für die Fälle, in denen das MARSHALL-Maß keine befriedigende Näherungslösung verspricht: d. h. insbes. dann, wenn das betrachtete Gut (bzw. die interessierenden Preisänderungen) die Realeinkommen der Konsumenten wesentlich tangiert.

Ungeachtet dieser konzeptionellen Verfeinerungen sind die empirischen Meßprobleme beachtlich, besonders wenn die Grenzen der Partialanalyse (→ Analyse) gesprengt werden (Ian M. D. LITTLE) bzw. wenn → Externalitäten zu beachten sind.

b) Im Rahmen der ordinalen → Nutzentheorie lassen sich Konsumentenrenten in kompensationstheoretische Überlegungen einbauen. Bei nichtmarginalen Veränderungen im Konsumbereich (z. B. durch ein öffentliches Projekt) erscheinen Konsumentenrenten (ggf. ergänzt um die betreffenden → Produzentenrenten) relevant für die Frage, ob die Verlierer aus der neuen Situation die Verlierer kompensieren könnten (→ KALDOR-HICKS-Kriterium). Die mögliche Widersprüchlichkeit von Wohlfahrtsbeurteilungen auf der Grundlage des KALDOR-HICKS-Kriteriums (→ SCITOVSKY-Kriterium) wird

allerdings durch die Konsumentenrente nicht aufgehoben. Das Konsumentenrenten-Konzept unterliegt somit im Rahmen der → Kompensationstheorie den gleichen Schwierigkeiten wie eben diese und ihre erweiterten Versionen (→ SAMUELSON-Kriterium, → LITTLE-Kriterium).

Ungeachtet der empirischen Schwierigkeiten bei der Messung von Konsumentenrenten und der wohlfahrtstheoretischen Problematik ihrer Gewichtung erscheint das Konzept der Konsumentenrente zur Beurteilung nichtmarginaler wirtschaftlicher Veränderungen unabdingbar, jedenfalls wenn (geoffenbarte) individuelle → Präferenzen berücksichtigt werden sollen. Nicht zuletzt deshalb stützt sich die angewandte → Wohlfahrtsökonomik (→ Kosten-Nutzen-Analyse) auf dieses Konzept. K.Sch.

## Konsumentensouveränität

a) im deskriptiven Sinn: Lenkung des Marktgeschehens und des Wirtschaftsprozesses durch die Konsumentenentscheidungen. Die → Bedürfnisse der Konsumenten sind maßgebend für die Ausrichtung der → Produktion, d. h. die Produktivkräfte werden unter dem Druck des → Wettbewerbs auf die verschiedenen Produktionsrichtungen im Verhältnis zur Stärke des Bedarfs verteilt, wobei der → Preismechanismus als Regulator fungiert. Die Konsumentensouveränität ist mithin integraler Bestandteil der Theorie der → Marktwirtschaft.

b) im normativen Sinn: Konsumentensouveränität besagt, daß die Herrschaft des Konsumenten (»Primat der Konsumenteninteressen«) verwirklicht werden und die Leistung des Marktes danach beurteilt werden soll, inwieweit sie den Konsumentenwünschen entspricht. In diesem Sinn ist das Konzept der Konsumentensouveränität eng mit dem Postulat der Optimalität des freien Marktes verbunden und tritt als ordnungspolitische Forderung auf.

Die kritischen Einwendungen gegen die normative Verwendung des Begriffs richten sich gegen die Realisierbarkeit der Norm. Hierbei wird an die Vermengung von Modell und Wirklichkeit angeknüpft,

d. h. an Probleme, die mit den »klassischen Ausnahmen« verbunden sind (steigende Grenzerträge, → Externalitäten, → öffentliche Güter, Interdependenz der → Nutzen der Haushalte). Dazu gehören die Probleme der unvollkommenen Information der Konsumenten, die → Informationskosten, das mangelnde → Rationalverhalten sowie die Beeinflussung des Konsumenten durch Werbung und Propaganda.

Diese Einwände führen zur Kritik am Grundgedanken des Konzepts, wobei unter ideologiekritischem Aspekt auf die apologetische Funktion des Begriffs der Konsumentensouveränität hingewiesen wird. Auf ähnlicher Ebene liegt das Argument, daß die Konsumtion nicht die alleinige Zielsetzung des Wirtschaftens und die Produktion nicht bloß instrumental ist. Die Gültigkeit des Satzes von der Deckung des Allgemeininteresses mit dem Konsumenteninteresse, der seit Adam SMITH zum Gedankengut der liberalen Nationalökonomie gehört, wird also angezweifelt und geleugnet. Beachtet man, daß der Konsument mit der Offenbarung seiner → Präferenzen in der Marktentnahme nur die Realisierung seines → Lebensstandards anstrebt, so ist das Konzept unnötig, da hierfür Konsumfreiheit genügt. Konsumfreiheit oder auch Einkommensverwendungsfreiheit als wirtschaftliche Dispositionsfreiheit (neben der freien Arbeitsplatz- und Berufswahl, der Freizügigkeit, der → Koalitions- und Vertragsfreiheit) heißt, daß es den Konsumenten gestattet ist, ihre verfügbare Kaufkraft für jeden gewünschten, freiwilligen Tauschakt auf dem Markt zu verwenden. Die Begriffe Konsumfreiheit und Konsumentensouveränität sind nicht identisch; Konsumfreiheit erweitert sich zur Konsumentensouveränität erst, wenn der Steuerungseffekt der Kaufkraftverwendung über die Konsumgütermärkte auf die Produktion durchschlägt.

Für die Diskussion im Rahmen der → Wirtschaftsordnung ergibt sich: Ob Konsumentensouveränität vorliegen soll oder nicht, ist eine Entscheidung darüber, durch wen und wie Zusammensetzung und Verteilung des → Sozialproduktes bestimmt

werden. Wird Konsumentensouveränität als konstitutives Element der → Wirtschaftsordnung betrachtet, bedeutet dies keineswegs, daß diese vollständig marktwirtschaftlich organisiert sein muß. Schon das Vorliegen öffentlicher Güter macht einerseits die Einschränkung der Konsumentensouveränität notwendig (bzw. läßt dies als sinnvoll erscheinen), andererseits ist es möglich, zwischen Formen der → Zentralverwaltungswirtschaft mit und ohne Konsumentensouveränität zu unterscheiden, selbst bei Vorhandensein von freier Konsumwahl. R. E.

**Konsumfreiheit**
→ Konsumentensouveränität

**Konsumfunktion**
Formalisierung einer Konsumhypothese, d. h. einer Behauptung über ein Kausalverhältnis zwischen einer Konsumgröße und mutmaßlichen Einflußfaktoren. So kann z. B. die Konsumhypothese »Wenn das Einkommen (Y) steigt (sinkt), dann steigt (sinkt) der Konsum (C) unterproportional« (→ absolute Einkommenshypothese) folgendermaßen formalisiert werden:

$$C = f\ (Y);\quad \frac{dC}{dY} > 0;\quad \frac{d\left(\dfrac{C}{Y}\right)}{d\,Y} < 0.$$

Es gibt eine Reihe von Konsumfunktionen, die diesen Bedingungen genügen, z. B. der Funktionstyp:

$$C = a + b \cdot Y \text{ für } a > 0 \text{ und } b > 0,$$

denn

$$\frac{dC}{dY} = b \text{ und } \frac{d\left(\dfrac{C}{Y}\right)}{d\,Y} = -\,\frac{a}{Y^2}.$$

Fraglich ist, wie oder ob überhaupt Konsumhypothesen (wie auch andere → Hypothesen im Wirtschafts- und Sozialbereich) empirisch überprüft werden können. Kritisch ist der Versuch zu beurteilen, durch statistische Schätzung einer Konsumfunktion mit Hilfe der → Regressions- und → Korrelationsanalyse auch die jeweils zugrundeliegende Hypothese empirisch testen zu wollen. E. v. K.

## Konsumgüter

dauerhafte Sachgüter (→ Gebrauchsvermögen), nichtdauerhafte Sachgüter und Dienstleistungen, die von privaten Haushalten, privaten Organisationen ohne Erwerbscharakter (z. B. → Gewerkschaften, Kirchen) und öffentlichen Haushalten dem letzten Verbrauch zugeführt und damit dem → Wirtschaftskreislauf entzogen werden. Gebäude, Wohnungen und Grundstücke zählen nicht zu den Konsumgütern sondern zum sachlichen → Produktivvermögen. E.v.K.

## Konsumquote

Zuordnungsverhältnis zwischen dem → Konsum eines (oder aller) inländischen privaten Haushalte und ihrem → Einkommen.

a) durchschnittliche Konsumquote (= Durchschnittsneigung zum Konsum): Anteil der Konsumausgaben am → verfügbaren Einkommen. Bei der gesamtwirtschaftlichen Konsumquote wird als Einkommensgröße häufig auch das Volkseinkommen oder das Bruttosozialprodukt zu Marktpreisen herangezogen.

b) marginale Konsumquote (= Grenzneigung zum Konsum): Veränderung der Konsumausgaben bei Veränderung der zugrundeliegenden Einkommensgröße. Mathematisch ausgedrückt: die 1. Ableitung einer → Konsumfunktion nach dem Einkommen (= Steigung der Konsumfunktion); sie ist i. d. R. kleiner als Eins.

Beispiel: Bei einer linearen Konsumfunktion nach der → absoluten Einkommenshypothese $C = a + bY$ ergibt sich als durchschnittliche Konsumquote

$$\frac{C}{Y} = \frac{a}{Y} + b; \left( \infty > \frac{C}{Y} \geq b \right).$$

Die marginale Konsumquote beträgt

$$\frac{dC}{dY} = b; (b = \text{konst.}).$$

Wird die → Sparfunktion aus der Konsumfunktion abgeleitet, so ergänzen sich durchschnittliche Konsum- und → Sparquote ebenso wie marginale Konsum- und Sparquote zu Eins. E.v.K.

## Kontingente

Instrument der → Außenwirtschaftspolitik. Sie können sowohl auf Leistungs- als auch auf Finanztransaktionen angewendet werden.

In Verbindung mit Leistungstransaktionen sind Kontingente bzw. Quoten mengenmäßige Beschränkungen der zulässigen Importe oder Exporte innerhalb eines bestimmten Zeitraums. Exportkontingente sind selten (i. d. R. nur bei strategisch wichtigen Gütern und im Rahmen von → internationalen Rohstoffabkommen). Die Einfuhr bzw. Ausfuhr von Waren können dabei über die Festlegung von Höchstmengen (Mengenkontingente) oder Höchstwerten (Wertkontingente) beschränkt werden. Darüber hinaus können Kontingente als Globalkontingente (für alle Länder zusammen) oder durch Vergabe länderspezifischer Lizenzen (bilaterale oder regionale Kontingente) festgesetzt werden.

Kontingente sind unwirksam, wenn die Wirtschaftseinheiten bei ihren Dispositionen die vom Staat gesetzten Grenzen ohnehin nicht überschritten hätten. Sie sind manchmal deswegen mehr als Vorsorgemaßnahmen zu interpretieren. Bei der Analyse der Wirkungen interessiert insbes. die Frage der Äquivalenz von → Zöllen und Kontingenten. Wenngleich sich gedanklich für jedes Kontingent ein Zoll (Äquivalenzzoll) konstruieren läßt, der genau die gleichen Wirkungen auf Inlandspreis, -produktion, -konsum und Importmenge hat, bestehen dennoch wichtige Unterschiede. Während ein Zoll dem Staat Einnahmen verschafft (Ausnahme: → Prohibitivzoll), fallen »Einnahmen« des Kontingents dem Inhaber der → Lizenz als Monopolrente zu. Sinken am Weltmarkt die Preise, so wird bei einem Zoll die Preissenkung auf das Inland übertragen, während das Kontingent den Preis unverändert läßt und lediglich die Monopolrente des Lizenzinhabers erhöht.

Besondere Schwierigkeiten bereitet die Vergabe der Lizenzen unter die Importeure. Möglichkeiten sind: Zuteilung an den Erstbewerber (Windhundverfahren); quotale Berücksichtigung der Anmeldung;

öffentliche Versteigerung der Lizenzen (Vorteil: Lizenzrenten fließen dem Staat zu; damit dem Zoll vergleichbarer Einnahmeeffekt).

Außerdem wird die Wirksamkeit einer totalen Kontingentierung zur Reduzierung von Leistungsbilanzdefiziten bzw. als Methode zur Durchsetzung → fester Wechselkurse diskutiert. Neben den oben genannten Schwierigkeiten erfordert die totale Kontingentierung eine umfassende Administration und Kontrolle des Außenhandels. Als Vorteil erweist sich jedoch die sofortige Wirksamkeit einer solchen Maßnahme.

Kontingentierung angewendet auf den Kapitalverkehr (→ Devisenbewirtschaftung).

Das → Allgemeine Zoll- und Handelsabkommen verbietet die Anwendung von mengenmäßigen Beschränkungen (Art. 11), läßt jedoch Ausnahmen bei Zahlungsbilanzschwierigkeiten (Art. 12) und für → Entwicklungsländer zu (Art. 18).

M. H.

### Kontingentierungskartell
→ Quotenkartell

### Kontraktkurve

1. In der → Preistheorie: Beim isolierten → Tausch zwischen zwei Wirtschaftssubjekten (als einfachstem Fall des bilateralen Monopols), die beide über eine bestimmte Erstausstattung mit zwei Gütern verfügen (Wirtschaftssubjekt 1 über die Menge $a^1$ des Gutes A und $b^1$ des Gutes B, Wirtschaftssubjekt 2 über die Menge $a^2$ und $b^2$) ist die Kontraktkurve die Verbindungslinie zwischen Tangentialpunkten von → Indifferenzkurven beider Wirtschaftssubjekte.

Die Kontraktkurve wird in einem Boxdiagramm (Schachteldiagramm) dargestellt. Die Seitenlängen des Boxdiagramms sind gleich den Mengen A und B, über die beide Wirtschaftssubjekte insgesamt verfügen ($a^1$ plus $a^2$ bzw. $b^1$ plus $b^2$). Die Mengen des Wirtschaftssubjekts 1 werden von $O^1$ (Koordinatensystem $O^1A^1B^1$), die des Wirtschaftssubjekts 2 von $O^2$ aus (Koordinatensystem $O^2A^2B^2$) gemessen. Jeder Punkt innerhalb oder am Rande des Box-

diagramms zeigt die Verteilung der insgesamt verfügbaren Gütermengen auf beide Wirtschaftssubjekte; Punkt E die Verteilung der Ausgangsmengen (Abb. 1).

Die Indifferenzkurve $I^1$ bzw. $I^2$ der Wirtschaftssubjekte 1 bzw. 2 kennzeichnet alle Mengenkombinationen von a und b, welche dem Wirtschaftssubjekt 1 bzw. 2 das gleiche Nutzenniveau wie die Erstausstattung stiften. Jeder Punkt innerhalb der durch beide Indifferenzkurven abgegrenzten Ebene stellt ein höheres Nutzenniveau für beide Wirtschaftssubjekte dar. Als Ergebnis von Verhandlungen zwischen den Wirtschaftssubjekten über Preis und auszutauschende Mengen (des Kontrakts) kommen nur Tangentialpunkte von Indifferenzkurven infrage, die innerhalb oder am Rande der Ebene liegen. Ihre Gesamtheit ergibt die Kontraktkurve Q; die Endpunkte $Q^1$ bzw. $Q^2$ stellen die Ausbeutungspunkte des Wirtschaftssubjekts 1 bzw. 2 dar (weil nur das Wirtschaftssubjekt 1 bzw. 2 auf ein höheres Versorgungsniveau gelangt).

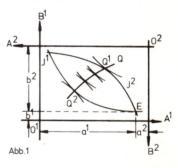

Abb. 1

Eine andere Form des bilateralen Monopols liegt vor, wenn ein Produktionsmittel von einem einzigen Unternehmen angeboten und nur von einem einzigen Unternehmen nachgefragt wird. Die Kontraktkurve ist dann die Verbindungslinie zwischen Tangentialpunkten von Isogewinnkurven.

2. In der → Wohlfahrtsökonomik: Verbindungslinie zwischen Tangentialpunkten von Indifferenzkurven zweier Wirtschaftssubjekte in einem Boxdiagramm. Die Tan-

gentialpunkte bezeichnen solch eine Verteilung einer gegebenen Menge der Güter A und B, daß ein Wirtschaftssubjekt auf ein höheres Nutzenniveau nur zu Lasten des Nutzenniveaus des anderen gelangen kann (Abb. 2). Jeder Punkt auf die Kontraktkurve stellt daher ein → PARETO-Optimum dar. Aus der Kontraktkurve wird die → Nutzenmöglichkeitskurve abgeleitet.

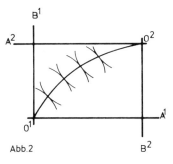

Abb.2

Bei Anwendung wohlfahrtsökonomischer Überlegungen auf die Produktion ist die Kontraktkurve als Verbindungslinie zwischen Tangentialpunkten von → Isoquanten für zwei Produkte definiert. Die Tangentialpunkte zeigen, wie eine gegebene Menge zweier Produktionsfaktoren auf die Produktion zweier Güter aufgeteilt werden kann, so daß die Erzeugung eines Gutes nur zu Lasten des anderen erhöht werden kann. Jeder Punkt solch einer Kontraktkurve erfüllt die für ein → PARETO-Optimum (bei Produktion) notwendigen Bedingungen technologischer → Effizienz.

H.M.W.

### Kontrolltheorie

spezielle mathematische Verfahren, die Anweisungen geben, das Verhalten eines komplexen Systems in einer bestimmten, angestrebten Weise zu steuern. Der faktische Erfolg der Kontrolle ist dabei von der mathematischen Lösbarkeit in ebensolchem Maße abhängig wie von der adäquaten Spezifizierung des betreffenden Problems. Obgleich für einzelne Problemstellungen schon seit langem Lösungen bekannt sind (z. B. für das Problem der Brachistochrone seit Ende des 17. Jh.) haben speziell die Anforderungen der Raumfahrt den Anstoß zur Weiterentwicklung der Variationsrechnung seit den 50er Jahren gegeben (Richard E. BELLMAN; L. S. PONTRYAGIN).

Die Formulierung eines Kontrollproblems umfaßt

a) die mathematische Beschreibung des Verhaltens des zu kontrollierenden Systems in Gestalt eines Differentialgleichungssystems;

b) das Ziel, auf das hin die Kontrolle des Systems erfolgen soll, in Gestalt eines Optimierungskriteriums (gewöhnlich ein Integral);

c) das Kontrollgesetz. Letzteres bestimmt in jedem Zeitpunkt die im Hinblick auf die Zielfunktion zu wählende Kontrollaktion in Abhängigkeit vom augenblicklichen Zustand des Systems, der durch die momentanen Werte der Zustandsvariablen festgelegt wird.

Die Lösung verlangt, aus allen von der Problemstellung her zulässigen Kontrollen das dem vorgegebenen Kriterium gemäße optimale Kontrollgesetz auszuwählen. Auch für die zulässigen Werte der Zustandsvariablen können Beschränkungen festgesetzt sein. Wichtig unter dem Gesichtspunkt einer breiten Anwendbarkeit der Verfahren ist, daß der durch das optimale Kontrollgesetz angesteuerte Zustand selbst ein »bewegliches Ziel« darstellen darf. Der Lösungsgang erfordert dann eine Variablentransformation, wie sie auch in der Ökonomie üblich ist (z. B. wird statt eines stetig wachsenden → Kapitalstocks eine konstante → Kapitalintensität als Zustandsvariable eingesetzt).

Unterschiede und Schwierigkeiten gegenüber der Optimierung in der klassischen Analysis resultieren aus der Aufgabe, einen Funktionsverlauf insgesamt bestimmen zu müssen. Gleichartige Probleme treten hingegen bei Existenz von Randoptima auf, also dann, wenn der zulässige Bereich für die Zustandsvariablen beschränkt ist und Segmente der Trajektorie (der optimalen Kontrolle) mit dem Rand dieses Definitionsbereiches zusammenfallen. Dagegen läßt sich die Äquivalenz der Lösungen nach dem Maximumprinzip und der herkömmlichen Variationsrechnung beweisen, weil die kanonischen Gleichungen nach dem Maximumprinzip den herkömmlichen EULER-Gleichungen entsprechen.

In der Wirtschaftstheorie ist es üblich, »Theorie optimaler Kontrolle« und »Maximumprinzip« (nach PONTRYAGIN) synonym zu gebrauchen, obschon letzteres nur einen Teilbereich der betreffenden Methodik darstellt. Schwerpunkte der Anwendung sind die Theorien der Unternehmung, der Wirtschaftslenkung und des optimalen → Wachstums.

Für Frank P. RAMSEY's Problem der optimalen Kapitalakkumulation läßt sich mit Hilfe des Maximumprinzips eine einfache Lösung angeben. Es sei das Ziel, in einer Volkswirtschaft mit einem einzigen für Konsum wie Kapitalakkumulation gleichermaßen verwendbaren Gut den Konsumnutzen über einen endlichen oder unendlichen Zeithorizont hinweg zu maximieren: $J = U(C(t))dt$, mit $U(O) = O$. Wegen $P(K) = C + K$ (Produktion = Konsum + Akkumulation) erhält man eine Funktion F: $F(K,K) = U(P(K) - K)$. RAMSEY's Optimierungsregel verlangt den Ausgleich von gegenwärtigem und zukünftigem, durch die Akkumulation zu erzielenden Konsumnutzen, d.h. die Rate der Akkumulation ist stets so zu bestimmen, daß in jedem Augenblick die folgende Differentialgleichung erfüllt wird: $U + U'K = \text{konst.}$ Schreibt man dafür:

$$H = U(\bar{C}) + \frac{d}{dt} \lambda K$$

(wobei $\lambda = U'$ und $\bar{C}$ optimal), so hat man die HAMILTON'sche Funktion für dieses einfache System, deren Ableitungen $\dot{K} = H_\lambda$ und $\dot{\lambda} = -H_K$ nach dem Maximumprinzip das optimale Kontrollgesetz bestimmen, wenn zugleich die Anfangs- und Endbedingungen erfüllt sind.

Für ein allgemeines System $F(y(t), y'(t), t)$, wobei die Zustands- und Kontrollvariablen y bzw. y'Vektoren darstellen, lautet H: $H(y,y',t,\lambda) = \lambda_0 F + \Sigma\lambda_i f^i$ (mit $y_i = f^i$).

Für die optimale Kontrolle gelten die Differentialgleichungen: $H_{\lambda_i} = f^i$ und $-H_{y_i} = \dot{\lambda}_i$ $(i = 1,...,n)$. $\lambda_0 \geq O$, $\lambda_i \neq O$. A.Oc.

**Konvergenztheorie**

beinhaltet als zentrale → Hypothese, daß unterschiedliche → Wirtschaftssysteme sich in einem evolutorischen Prozeß angleichen. Konkret geht es meist um die Frage, ob sich die Wirtschaftsordnungen der USA und der UdSSR im Zeitverlauf schon angenähert haben und ob sich daraus eine langfristige Entwicklung in der gleichen Richtung folgern läßt. Dazu werden konstitutive Elemente der Wirtschaftssysteme in ihrer Funktion und nach ihrem Gewicht innerhalb des Systems analysiert und verglichen.

Werden darüber hinaus Strukturelemente aus dem soziologischen oder politischen Bereich mit einbezogen, so können Konvergenz- bzw. Divergenzaussagen auch über die zukünftige Entwicklung der politischen und gesellschaftlichen Systeme abgeleitet werden.

Entscheidend für die Belebung der Diskussion der Konvergenztheorien war die Erfahrung, daß zur Behebung von Schwächen, die in kapitalistischen Volkswirtschaften auftauchten, staatliche Interventionen in den Wirtschaftsablauf sowie eine zunehmende staatliche → Planung gesamtwirtschaftlich wichtiger Größen notwendig wurden. In kommunistischen Ländern gab es einen entgegengesetzten Trend zur Verlagerung von Entscheidungsbefugnissen (z.B. an die Betriebe) und zum Einbau marktwirtschaftlicher Elemente.

Begründet wird die Annäherung der Systeme u.a. mit der parallelen Entwicklung im Bereich der → Technologie (→ Kybernetik, Datenverarbeitung, Automation) und der Organisation (→ Planung, Führungsmethoden). Die Macht verlagere sich zu einer neuen Schicht von Managern und Technokraten mit gleichen Qualifikationsmerkmalen (→ Technostruktur), die effizienzstörende Hemmnisse der überkommenen Systeme abbauten. Unabhängig von ideologischen Zwängen bilde sich ein einheitlicher Typ der »modernen Industriewirtschaft« aus. Formal betrachtet wird unterstellt, daß Lernprozesse ablaufen, die zur Herausbildung eines optimalen Wirtschaftssystems führen.

Als Kritik an den Konvergenztheorien wird vorgebracht, daß fundamentale Unterschiede der Wirtschaftssysteme (z. B. das → Eigentum an den Produktionsmitteln) unterbewertet werden. Von marxistischen Theoretikern wird eine Konvergenz prinzipiell bestritten, da nach ihrer Auffassung die historische Entwicklung gesetzmäßig zum Zusammenbruch des Kapitalismus bzw. zum Übergang des → Kapitalismus in den → Sozialismus führen müsse.

N.T.C.

### Konvertibilität

Berechtigung von in- und ausländischen natürlichen und juristischen Personen, für laufende Zahlungen und Kapitaltransaktionen Währungsguthaben an einem beliebigen Ort zu halten, beliebig zu konvertieren und zu transferieren.

Volle Konvertibilität für In- und Ausländer ist ein selten realisierter Ausnahmefall. Ausländerkonvertibilität (externe Konvertibilität), die auf Guthaben von Gebietsfremden bezogen ist, genießt als Liberalisierungsmaßnahme Vorrang, da sie die ausländischen Handelspartner in die Lage versetzt, Erlöse nach eigenem Gutdünken zu verwenden.

Die internationale Arbeitsteilung wird im allg. durch die Freizügigkeit der laufenden Zahlungen, die im Zusammenhang mit Handels- und Dienstleistungsverkehr, Erwerbs- und Vermögenseinkünften sowie unentgeltlichen Übertragungen an Familienangehörige stehen, wesentlich stärker gefördert als durch eine Liberalisierung des Kapitalverkehrs. Diese wird daher i. d. R. erst auf der höchsten Stufe der Konvertibilität einer Währung erreicht.

Die Aufhebung der Zahlungsbeschränkungen zu erreichen ist eine der Aufgaben des → Internationalen Währungsfonds. Art. VIII des Abkommens untersagt grundsätzlich alle Beschränkungen der laufenden Zahlungen und eine Beteiligung an diskriminierenden Währungspraktiken. Jedes Mitglied ist ferner verpflichtet, Bestände seiner Währung, die sich im Besitz

der Währungsbehörden eines anderen Mitglieds befinden, auf Verlangen gegen die Währung des antragstellenden Landes oder gegen → Gold einzulösen. Diesen sog. Artikel-VIII-Status übernahmen die wichtigeren westeuropäischen Länder 1961. Ende 1973 hatten ihn 41 von 126 Mitgliedsländern inne.

Maßnahmen zur Liberalisierung des Kapitalverkehrs wurden aus Sorge vor destabilisierenden Einflüssen nur zögernd ergriffen. Die vom → Europäischen Wirtschaftsrat (Liberalisierungskodex 1959) und von der → Europäischen Wirtschaftsgemeinschaft (Art. 67 ff.) ergriffenen Initiativen erlitten im Zuge des Niedergangs des Systems von Bretton-Woods seit Anfang der 70er Jahre starke Rückschläge.

F.G.

### Konzentration

Zusammenballung wirtschaftlicher Größen (Merkmalsmenge: → Umsatz, → Vermögen, → Einkommen) bei Merkmalsträgern (Wirtschaftseinheiten: Betriebe, Unternehmen, Personen) dergestalt, daß diese gegenüber einer anderen Gruppe von Merkmalsträgern bezüglich des gemeinsamen Merkmals eine größere Anzahl aufweisen (statisch) oder stärker an Gewicht gewinnen (dynamisch).

Die absolute Konzentration erhöht sich, wenn eine Verkleinerung der Anzahl der Merkmalsträger mit einer nicht gleichgroßen Verringerung der Merkmalsmenge einhergeht. Totale Konzentration ist erreicht, wenn die gesamte Merkmalsmenge auf einen Merkmalsträger vereint ist. Demgegenüber besteht die relative Konzentration in einer ungleichmäßigeren Verteilung der Merkmalsmenge auf die Merkmalsträger. Der Konzentrationsgrad bzw. die Verteilungsverhältnisse werden, abgesehen von qualitativen Aspekten (z. B. Verhaltensweisen), an Hand von Konzentrationsmaßen zu ermitteln versucht, die Merkmalsmengen und Merkmalsträger in Beziehung setzen (z. B. → LORENZ-Verteilungsfunktion).

Wegen ihrer Bedeutung für die → Wettbewerbspolitik und aus verteilungspolitischer Sicht ist die Konzentration Gegenstand von Konzentrationsanalysen, die Betriebskonzentration, → Unternehmenskonzentration, Einkommens- und/oder Vermögenskonzentration sowie insbes. die Konzentration der Verfügungsmacht (z. B. über Kapital) als Hauptarten zu erfassen sucht (→ Einkommens-, → Vermögensverteilung).

Die Ursachen der Konzentration sind in technischen Faktoren (z. B. optimale Betriebsgröße, Rationalisierung, Automatisierung) und betriebswirtschaftlichen Überlegungen auf Betriebs- oder Unternehmensebene (z. B. steuerlichen, gesellschaftlichen Faktoren, Risikominderung) zu sehen, die z. T. auf exogenen Beweggründen beruhen (Verhaltensweisen wie Machtstreben, Geltungsbedürfnis, Sicherheitsstreben). R.R.

**Konzentrationskurve**
→ LORENZ-Verteilungsfunktion

**Konzentrationstheorie**
auf Karl MARX zurückgehende Analyse eines Bewegungsgesetzes des → Kapitalismus, das den Konzentrationsprozeß in den Mittelpunkt der Betrachtung rückt: »Konzentration bereits gebildeter Kapitale, Aufhebung ihrer individuellen Selbständigkeit, Expropriation von Kapitalist durch Kapitalist, Verwandlung vieler kleinerer in wenige größere Kapitale«. Die Produktion unter wachsendem Konkurrenzdruck bei ständig sich vertiefenden Krisen (→ Krisentheorie) zwingt den Kapitalisten in immer kapital-intensivere Produktionsverfahren. Gleichzeitig sinkt die Profitrate und beschleunigt wieder die Konzentration (→ Gesetz vom tendenziellen Fall der Profitrate).

Diese → Hypothese einer ständig fortschreitenden → Konzentration hat seither die Diskussion in der Wettbewerbs-, Konjunktur- und Ordnungstheorie stimuliert. Unter ordnungspolitischen Gesichtspunkten werden die zunehmende → Unternehmenskonzentration in weiten Teilen der Wirtschaft der entwickelten Industriestaaten und die entsprechenden Monopolisierungstendenzen als Gefahr für die auf dem Konkurrenzprinzip beruhenden westlichen → Wirtschaftsordnungen angesehen.

Die Ballung wirtschaftlicher → Macht in den Händen weniger kann zu spezifischen Abhängigkeiten und/oder Beherrschungsverhältnissen führen und → Gewinnmaximierung auf Kosten anderer Marktteilnehmer erlauben (→ Ausbeutung). Die parallelgehende Konzentration der → Einkommens- und → Vermögensverteilung kann Störungen des volkswirtschaftlichen Kreislaufs verursachen. Hier versucht die → Wettbewerbspolitik, Richtung und Ausmaß der Konzentration zu steuern, und gleichzeitig die Vorteile dieses Prozesses zur Geltung zu bringen (Massenproduktion, Finanzierung und Absatz, Durchsetzung des → technischen Fortschritts).
H.V.

**Konzertierte Aktion**
nach § 3 des → Gesetzes zur Förderung der Stabilität und des Wachstums der Wirtschaft ein gleichzeitig aufeinander abgestimmtes Verhalten der Gebietskörperschaften, → Gewerkschaften und → Arbeitgeberverbände zur Erreichung der gesamtwirtschaftlichen → Ziele. Im Rahmen der Konzertierten Aktion finden regelmäßig Informationsgespräche statt mit dem Zweck, die autonomen wirtschaftlichen Entscheidungen der beteiligten Gruppen unter Berücksichtigung der gesamtwirtschaftlichen Möglichkeiten und Notwendigkeiten aufeinander abzustimmen. Die Bundesregierung stellt dazu → Orientierungsdaten zur Verfügung. Die Teilnahme an den Gesprächsrunden ist freiwillig.

Da die → Tarifpartner für ihre jeweiligen Verbände bzw. Einzelgewerkschaften nur unverbindliche Empfehlungen aussprechen können, finden die in der Konzertierten Aktion getroffenen Absprachen häufig keine Berücksichtigung bei Tarifverhandlungen; dadurch ist die Konzertierte Aktion als Instrument der Stabilitätspolitik im allg. von geringer Wirksamkeit. W.G.

**Koppelproduktion** → Produktion

**Korrelation**
statistische Technik, mit der die Stärke des Zusammenhangs zwischen → Variablen

untersucht wird. Das Maß für diesen Zusammenhang ist der Korrelationskoeffizient, der Werte zwischen $-1$ und $+1$ annehmen kann. Ist z.B. das Vorzeichen negativ, so sagt dies, daß relativ hohe Werte der einen Variablen dazu tendieren, mit relativ niedrigen Werten der anderen Variablen zu assoziieren und vice versa. Damit ist jedoch nichts über kausale Zusammenhänge ausgesagt: Zwei Variable können über eine dritte – nicht berücksichtigte – miteinander verbunden sein (Scheinkorrelation).

Multiple Korrelation mißt den Zusammenhang zwischen einer Variablen auf der einen und mehreren Variablen auf der anderen Seite. Wird der Einfluß von einer oder mehreren Variablen bewußt nicht berücksichtigt, spricht man von partieller Korrelation.    H.B.

### Kosten

bewerteter Güterverzehr bei der → Produktion. Kosten setzen sich zusammen

a) aus einem Mengengerüst, das feststellt, wieviele Einheiten der verschiedenen → Inputs zur Erzeugung eines bestimmten Produktes benötigt werden und

b) aus der Bewertung der verzehrten Inputs (zumeist in Geld). Dabei kann man zwei Arten von Bewertungen unterscheiden:

· Die Bewertung der Inputs mit Preisen, die auf einem Markt gezahlt werden müßten oder müßten als Beschaffungs-, Verrechnungs- oder Marktpreise (bilanzieller Kostenbegriff).

· Die Bewertung mit → opportunity costs (volkswirtschaftlicher Kostenbegriff).

Die Gesamtkosten setzen sich i.d.R. aus fixen (nicht von der Ausbringungsmenge abhängig) und variablen Kosten zusammen:

$$K = K_{fix} + K_{var}.$$

Aus der Kostengleichung

$$K = p_1 X_1 + \ldots + p_i X_i + \ldots + p_n X_n$$

($X_i$ Faktormenge, $p_i$ Faktorpreis) wird auf der Grundlage der → Produktionsfunktion die → Kostenfunktion bei kostenminimaler

Produktion (→ Minimalkostenkombination) entwickelt.    R.D.

### Kostenfunktion

funktionaler Zusammenhang zwischen → Kosten und Ausbringungsmenge.

Geht man von konstanten Faktorpreisen aus, dann kann die Kostenfunktion direkt aus der → Produktionsfunktion abgeleitet werden.

Beispiel: Entspricht der Verlauf der zugrundeliegenden Produktionsfunktion (mit zwei Inputs $X_1$ und $X_2$) dem → Ertragsgesetz, dann ergibt sich die in Abb. 2 dargestellte Kurve der variablen Kosten (als Produkt der Einsatzmenge des variablen Faktors $X_1$ mit dem Faktorpreis $p_1$) durch Spiegelung der Ertragskurve (Abb. 1):

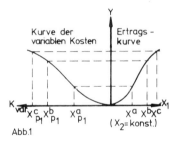

Abb.1

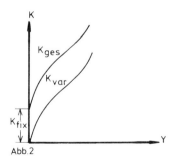

Abb.2

Ist der Preis des variablen Faktors $p_1 = 1$, dann ist die Kurve der variablen Kosten eine *direkte* Spiegelung der partiellen Ertragskurve um die Ertragsachse Y. In Abb. 1 ist der Preis des variablen Faktors größer als 1; die Kurve der variablen Kosten zeigt deshalb einen gestreckteren Verlauf als die Ertragskurve.

Addiert man zu den variablen Kosten die fixen Kosten (als Produkt der Einsatzmenge des fixen Faktors $X_2$ = konst. mit dem Faktorpreis $p_2$), dann erhält man die Gesamtkostenkurve (Abb. 2).

Analoge Darstellungen gelten für andere Produktionsfunktionen. R.D.

**Kostengleichung** → Kosten

**Kosteninflation**
→ cost-push-inflation

**Kostenminimierung**
→ Minimalkostenkombination

**Kosten-Nutzen-Analyse**
(cost-benefit analysis) faßt sich mit der Bewertung öffentlicher Projekte bzw. Projektalternativen; sie wird gemeinhin als Entscheidungshilfe für öffentliche Investitionen verstanden. Theoretische Grundlagen findet man bei Jules DUPUIT (1844); wesentliche Impulse hat die praktische Anwendung und theoretische Forschung durch gesetzliche Vorschriften in den USA seit Anfang des 20. Jh. erfahren (zunächst im wasserwirtschaftlichen Bereich, heute praktisch in allen Sektoren öffentlicher Ausgaben).

Eine einheitliche Technik hat sich bisher nicht herausgebildet. Als wesentliche Elemente erscheinen jedoch:
a) Abgrenzung des Projekts bzw. der Projektalternativen und der für relevant erachteten Projektwirkungen;
b) Wirkungsanalyse der Projektwirkungen (womöglich einschl. Verteilungskonsequenzen);
c) Bewertung der Projektwirkungen, Rangordnung von Projekten nach einem »Rang-Kriterium«.

Da i.d.R. nicht alle Projektwirkungen von der Analyse eingefangen werden können, erfordert Element a) eine für die Gesamtbewertung von Projekten bedeutsame Entscheidung. Desgleichen muß über die Bewertungsmethoden entschieden werden. In ihrer Eigenschaft als Entscheidungshilfe sieht die Kosten-Nutzen-Analyse das Bewertungsproblem als Abglanz des Zielsystems des Entscheidungsträgers: Problem der operationalen Zielformulierung und Messung von Zielerreichungsgraden (Kosten = Zieleinbußen).

Die theoretische Kosten-Nutzen-Analyse stützt sich vornehmlich auf Referenzmodelle der → Wohlfahrtsökonomik. Insbes. wird auf die Kompensationskriterien (→ Kompensationstheorie) Bezug genommen bzw. potentielle Verbesserung nach dem → PARETO-Kriterium angestrebt. Viele theoretische und praktische Beiträge implizieren bzw. vertreten ein kardinales Wohlfahrtskonzept (mit oder ohne Gewichtung der Verteilungswirkungen).

Gemeinsam ist den überwiegenden Arbeiten der Rückgriff auf Marktpreise zur Bewertung von Nutzen und Kosten, u.U. mit Modifikationen für Marktunvollkommenheiten (Unterbeschäftigung, Monopoleffekte, Steuer- und Zollwirkungen etc.). Gleichzeitig wird versucht, außermarktmäßige Kosten und Nutzen von Projekten zu identifizieren, zu bewerten oder zumindest als »intangibles« zu beschreiben. Dieses Gebiet stellt die eigentliche Domäne der Kosten-Nutzen-Analyse dar, weil sie nach ihrem überwiegenden Anspruch im Bereich funktionierender Märkte entbehrlich wäre.

Typische Beispiele für ihre Bewertungsprobleme sind Zeitkosten im Verkehr, Nutzen der Ausbildung und Krankheitsvorsorge, Vermeidung und Beseitigung von Umweltschäden. In der Literatur ist eine Fülle von »plausiblen« (allerdings nicht unumstrittenen) speziellen Bewertungsverfahren entwickelt worden.

Besonders kontrovers ist bis heute die Frage der zeitlichen Bewertung von Nutzen und Kosten. Als Diskontraten werden »soziale« und »private« Zeitpräferenzraten vorgeschlagen sowie die Produktivität privater Investitionen, gewichtete Durchschnittsraten usw. Die Diskussion hat gezeigt, daß – restriktive Konstellationen (Kenneth ARROW und Mordecai KURZ) ausgenommen – die Diskontierungsverfahren Konsistenzmängel aufweisen. Der logische Ausweg, Projektwirkungen in

Konsumwirkungen aufzulösen und dann zeitlich zu bewerten (Otto ECKSTEIN, Martin FELDSTEIN), wurde nicht zuletzt wegen Operationalisierungsschwierigkeiten in der Praxis nicht populär.

Viele Autoren halten heute die Lösung der Diskontierungsfrage für ein politisches Problem. Das gleiche gilt für die Gewichtung von Verteilungseffekten, obwohl es an Versuchen nicht fehlt, derartige Gewichte, u. a. aus dem → Steuersystem, »abzuleiten«.

Eine strikte Konvention über die Arbeitsteilung zwischen Ökonomen und Politiker bei der Projektbewertung ist nicht in Sicht, ein »politikfreier« Part des Analytikers allerdings auch nicht gut vorstellbar (auch nicht durch Abstinenz).

Für die Kosten-Nutzen-Analyse wird jedenfalls beansprucht, daß sie politische Entscheidungsprozesse durchsichtiger mache. Für diese Konsequenz sind aber weniger die Gesamturteile von Projektanalysen bedeutsam, die unvermeidlich (zumindest z. T.) auf nicht aufzwingbaren bzw. untestbaren Modellannahmen beruhen und mit diesen in weiten Grenzen variieren können. »Bedeutsam« erscheinen eher die analytischen Details, die zum »Ergebnis« führen.    K. Sch.

**KOYCK-Transformation**

Von L. M. KOYCK 1954 bei der Darstellung des → Kapitalstockanpassungsprinzips angewandte Transformation. Sie kann auch verwendet werden, um einen Funktionstyp der → distributed-lag-Theorie in eine einfache → Konsumfunktion der → habit-persistence-Hypothese umzuwandeln. Als möglicher Funktionalisierung der distributed-lag-Theorie wird ausgegangen von:

$$C_t = b_1 \sum_{i=0}^{\infty} b_2^i \cdot Y_{t-i}$$

Wird hiervon die daraus abgeleitete Beziehung

$$b_2 \cdot C_{t-1} = b_2 \, b_1 \sum_{i=0}^{\infty} b_2^i \cdot Y_{t-i-1}$$

substrahiert, so ergibt sich:

$$C_t = b_1 \cdot Y_t - b_2 \cdot C_{t-1} \qquad \text{E. v. K.}$$

**Kredit**

Tausch von Gegenwartsgütern gegen Zukunftsgüter. Überwiegend beinhalten Kreditgeschäfte die zeitweilige Überlassung von Kaufkraft durch den Kreditgeber (Gläubiger) und die Verpflichtung des Kreditnehmers (Schuldner) zur vereinbarungsgemäßen Zinszahlung und Rückerstattung des Kreditbetrags.

Der vom Kreditnehmer zu entrichtende Zins hat die Funktion, das Geldkapital an den Ort der besten Verwendung zu lenken und einen Ausgleich zwischen dem Liquiditätsverzicht des Kreditgebers und dem erwarteten Ertrag der Kapitalnutzung durch den Kreditnehmer zu schaffen.

In modernen Volkswirtschaften tritt der Kredit in mannigfaltiger Form auf: kurzfristige Bankkredite (z. B. Kontokorrentkredit) und Lieferantenkredit, langfristige Bankkredite und Schuldverschreibungen, die z. B. in Form von Obligationen auf der Börse gehandelt werden. Krediten unterschiedlicher Bonität und Fristigkeit entsprechen Zinsen in unterschiedlicher Höhe (→ Zinsstruktur). Eine besonders große Bedeutung kommt dem Kredit im Rahmen der → Geldschöpfung zu.

Die Kreditverflechtung in einer Volkswirtschaft wird durch die → Finanzierungsrechnung dargestellt.    H.-J. H.

**Kreditanstalt für Wiederaufbau (KW)**

öffentlich rechtliche Körperschaft der BRD mit Sitz in Frankfurt/Main.

Gründung: durch das Gesetz über die Kreditanstalt für Wiederaufbau vom 5. 11. 1948 (novelliert 1949, 1951, 1961, 1969).

Aufgaben: Zunächst war die KW v. a. die Kreditleitstelle für das Mittel aus dem → Europäischen Wiederaufbauprogramm. Seither wurde der Tätigkeitsbereich erheblich erweitert: Neben Darlehen und Bürgschaften für den Wiederaufbau oder die Förderung der deutschen Wirtschaft oder im Zusammenhang mit Ausfuhrgeschäften inländischer Unternehmen finanziert die Anstalt auch förderungswürdige Vorhaben im Ausland, insbes. im Rahmen der → Entwicklungshilfe.

Kapital: Das Grundkapital der KW beträgt

1 Mrd. DM (bis 1961: 1 Mio. DM); daran ist der Bund zu $^4/_5$, die Bundesländer zu $^1/_5$ beteiligt; Einzahlungsquote: 15%.

Mittelbeschaffung: Ausgabe von Inhaberschuldverschreibungen und Aufnahme von Darlehen beim Bund, → ERP-Sondervermögen, bei der → Deutschen Bundesbank, im Ausland u.a.

Organe: Die Geschäftsführung obliegt dem Vorstand (6 Mitglieder), seine Bestellung und Überwachung dem Verwaltungsrat (30 Mitglieder), der sich aus Vertretern von Bundesregierung, Bundesrat, Wirtschaft und Gewerkschaften zusammensetzt.

Mittelverwendung: In der Zeit von 1949 bis Ende 1973 gewährte die KW Kredite in der Gesamthöhe von 57,6 Mrd. DM. Dabei beliefen sich die inländischen Investitionskredite auf 27,7 Mrd. DM, die Exportkredite, ungebundenen Finanzkredite und Auslandsniederlassungen auf 13,0 Mrd. DM (davon an → Entwicklungsländer: 9,7 Mrd. DM) und die Kapitalhilfe an Entwicklungsländer auf 16,9 Mrd. DM.

D.S.

### Kreditgewinnabgabe
→ Lastenausgleich

### Kreditinstitute → Banken

### Kreditmarkt
gedankliche Zusammenfassung von Kreditangebot und -nachfrage in einer Volkswirtschaft. Hochentwickelte Volkswirtschaften verfügen über eine Vielzahl differenzierter Kreditbeziehungen, die sich in unterschiedlicher Weise zu Märkten zusammenfassen lassen. Mögliche Einteilungskriterien ergeben sich aus den jeweils beteiligten → Wirtschaftssektoren (Finanzinstitutionen, Unternehmen, Haushalte, öffentlicher Sektor, Ausland), dem gehandelten Kredittyp (Fristigkeit; Art der Sicherung, z.B. durch Wertpapier; → Fungibilität, → Liquidität des Kredittitels), der → Marktform und -organisation. Häufig findet man eine Einteilung in nationale und internationale Kreditmärkte, wobei die nationalen weiter gegliedert werden können in → Geldmarkt, → Kapitalmarkt,

Markt für Bankkredite und -einlagen, Markt der nichtmonetären Finanzinstitutionen.

Zwischen den einzelnen Kreditmärkten besteht eine Interdependenz, die sich aus der mehr oder weniger hohen Substituierbarkeit der Kredittitel in den Augen der Gläubiger und Schuldner ergibt, sowie aus der Existenz von Finanzinstitutionen, die auf mehreren monetären Märkten gleichzeitig tätig werden. → Arbitragegeschäfte führen zu einem relativ engen Zusammenhang zwischen den Zinssätzen auf den einzelnen Kreditmärkten (→ Zinsstruktur). V.B.

### Kreditplafond
quantitative Beschränkung der Kreditgewährung der → Banken durch administrative Maßnahmen seitens der Regierung oder → Zentralbank eines Landes. Ziel ist eine schnelle und wirksame Beschränkung der Kreditexpansion und damit der volkswirtschaftlichen Ausgaben, die allerdings nur eintritt, wenn sich inländische Nichtbanken nicht anderweitig (z.B. bei nichtmonetären Finanzinstitutionen oder im Ausland) Kredit beschaffen können. Die Wirksamkeit der Kreditplafondierung wird überdies eingeschränkt, wenn sie wie bisher in einigen Ländern (z.B. Großbritannien, Frankreich, Schweiz) am gesamten Kreditbestand bzw. seinem Zuwachs, also an der Netto- und nicht an der Bruttokreditgewährung ansetzt, da dann im Ausmaß der Tilgung von Krediten eine Kreditexpansion über den Plafond hinaus möglich ist.

Die Einführung der Kreditplafondierung wurde im Zusammenhang mit dem → Gesetz zur Förderung der Stabilität und des Wachstums der Wirtschaft diskutiert, doch bisher nicht realisiert, da sie eine Reihe schwer zu lösender Probleme mit sich bringt. Zum einen müssen Umgehungen (z.B. Mißbrauch von Ausnahmeregelungen) in Grenzen gehalten werden, zum anderen muß die Zentralbank das Recht erhalten, Banken, die den Plafond überschreiten, mit bestimmten Sanktionen, wie z.B. einer Sondermindestreserve oder dem Ausschluß vom Refinanzierungskredit, zu belegen. Ein grundsätzlicheres Problem ergibt sich bei der Frage, wie der Prozentsatz festgelegt werden soll, um den das Kreditvolumen der Banken wachsen darf. Wählt man einen einheitlichen Prozentsatz für alle Kreditinstitute, so zementiert man deren Marktanteile, ein Ergebnis, das aus allokativen Gründen unerwünscht ist. Werden die Plafonds differenziert festgesetzt, so stellt sich die Frage, nach welchen Kriterien sich ein so weitgehender Eingriff in die Wirtschaftsstruktur richten soll.

V.B.

**Kreditpolitik**
1. im weiteren Sinn: Gesamtheit aller Maßnahmen der → Zentralbank (bzw. auch der Regierung) zur Beeinflussung des Kreditangebotes v. a. durch die → Banken und der Kreditnachfrage der Nichtbanken; sie ist damit Hauptbestandteil der → Geldpolitik.
2. im Sinne des → Bundesbankgesetzes (§ 15): Unter die währungspolitischen Befugnisse der → Deutschen Bundesbank fallende Maßnahmen der → Refinanzierungspolitik (qualitative Anforderungen an die Rediskontwechsel, Festsetzung der → Rediskontkontingente, Bedingungen für → Lombardkredite) und der unmittelbaren Kreditbeschränkung (selektive und generelle Kreditlenkung, → Kreditplafond). Die zur Beeinflussung des Geldumlaufs und der Kreditgewährung dienende Kreditpolitik im Sinne des Gesetzes bezieht sich auf das Verhältnis der Bundesbank zu Geschäftsbanken, nicht auf das Verhältnis zu sonstigen Wirtschaftsunternehmen (z. B. Kapitalsammelstellen). Die Kreditpolitik hat den Vorzug unmittelbarer Einflußnahme, hat allerdings auch die Problematik einer nicht marktkonformen, d. h. über die Preise (Zinssätze) wirkenden Steuerung. F.G.

**Kreditschöpfung** → Geldschöpfung

**Kreditschöpfungsmultiplikator**
Koeffizient, der den Spielraum bestimmt, im Rahmen dessen → Banken → Geldschöpfung betreiben können. Verfügen die Banken über eine nicht in → Mindestreser-

ven gebundene Einlage (→ Überschußreserve) von 100 Mark, so können sie zunächst Kredite in dieser Höhe gewähren. Pflegen Nichtbanken 30% der ihnen eingeräumten Kredite in bar zu halten, so verbleiben von dem ursprünglichen Betrag 70 Mark im Bankensystem; diese Summe abzüglich der auf die Einlagen zu haltenden Mindestreserve kann das Bankensystem wieder zur Kreditgewährung verwenden. Beträgt der Mindestreservesatz 20%, so können insgesamt Kredite gewährt werden in Höhe von 227 Mark, nämlich
$100 + (100-30) \cdot 0,8 +$
$+ [(100-30) \cdot 0,8] \cdot 0,7 \cdot 0,8 + \ldots = 227.$
Allgemein lautet die Formel für das Kreditschöpfungspotential (K):

$$K = k \cdot \ddot{U} = \frac{1}{r + c(1-r)} \cdot \ddot{U},$$

wobei Ü die Überschußreserve (hier 100 Mark), r den Mindestreservesatz (0,2) und c die Barabhebungsquote (0,3) bezeichnen.
Der Kreditschöpfungsmultiplikator k ist umso höher, je niedriger r und c sind. Da in der Realität die → Mindestreservesätze für → Sicht-, → Termin- und → Spareinlagen verschieden sind, kann obige Formel durch Berücksichtigung dieser Sätze und der Quoten der unterschiedlichen Einlagearten noch erweitert werden.
Keinesfalls gibt der Kreditschöpfungsmultiplikator das tatsächliche Kreditangebot, sondern dessen möglichen Höchstbetrag an.
In der neueren Diskussion wird ein modifizierter Kreditschöpfungsmultiplikator in Verbindung mit der → Geldbasis verwendet, um die Vermehrung der → Geldmenge aufgrund einer Erhöhung der Zentralbankgeldmenge bestimmen zu können (→ Monetarismus). H.-J.H.

**Kreditschöpfungspotential**
→ Kreditschöpfungsmultiplikator

**Kredittransformation** → Banken

**Kreditverflechtung**
→ Finanzierungsrechnung

**Kreditwesengesetz** → Bankenaufsicht

**Kreislaufaxiom**
Satz, der die Bedingungen für einen geschlossenen Kreislauf angibt: Für jeden Pol (Sektor) muß die Wertsumme der zufließenden Ströme gleich der Wertsumme der abfließenden Ströme sein.

**Kreislaufbetrachtung**
→ Wirtschaftskreislauf

**KRELLE-Gutachten**
→ Vermögensverteilung

**Kreuzkurs** → Usancekurs

**Kreuz-Preis-Elastizität**
prozentuale Änderung der Nachfrage nach Gut j, wenn sich der Preis von Gut i um ein Prozent ändert:

$$\varepsilon_{x_j, P_i} = \frac{dx_j}{x_j} : \frac{dp_i}{p_i} .$$

Je nachdem, ob $\varepsilon$ positive oder negative Werte annimmt, handelt es sich um substitutive oder komplementäre Güter. Interpretiert man das Güterpaar so, daß das eine Gut vom Unternehmen i, das andere Gut vom Unternehmen j abgesetzt wird, so kann die Kreuz-Preis-Elastizität auch als Maß für die Konkurrenzintensität zwischen verschiedenen Anbietern und zur Klassifikation von Märkten verwendet werden (→ Marktformen). R.W.

**Krisenkartell**
→ Strukturkrisenkartell

**Krisentheorie**
wichtiges Element der marxistischen Analyse der Gesellschaftsformation des → Kapitalismus: Wirtschaftskrisen sind Ausdruck der antagonistischen Widersprüche im Kapitalismus, insbes. zwischen Profitstreben und notwendiger Erweiterung der Produktion (→ Gesetz vom tendenziellen Fall der Profitrate). Zyklisch auftretende Überproduktion von Waren (bei gleichzeitig mangelnder Befriedigung von Bedürfnissen der Masse) hat Preisstürze, Massenbankrotte, Arbeitslosigkeit und sinkende Arbeitseinkommen zur Folge. Verstärkte Rationalisierungsinvestitionen der unter Konkurrenzdruck stehenden Kapitalisten bei gleichzeitig verschärfter Ausbeutung der Arbeiter leiten den Übergang zu einem neuen Aufschwung ein, der aber unweigerlich in eine neue Krise mündet. Es folgt eine Analyse der Entwicklung der kaufkräftigen Nachfrage und der Rolle der → Gewerkschaften.

In der marxistischen Analyse der kapitalistischen Wirtschaft zur → Konjunkturtheorie ausgebaut, ist dieser Krisentheorie nur begrenzter Erklärungswert für konkrete Konjunkturphänomene zuzuschreiben. Entscheidend ist das Erklärungsziel: der mit zunehmender → Konzentration und sinkender → Profitrate sich verschärfende Klassenkampf und unausweichliche Sieg des Proletariats. H.V.

**kurzfristiger Kapitalverkehr**
→ Kapitalbilanz

**kurzfristiger Währungsbeistand**
am 9. 2. 1970 in Kraft gesetztes Abkommen der → Zentralbanken der Länder der → Europäischen Gemeinschaften (EG), in dem kurzfristige gegenseitige Kreditlinien zur Überbrückung von Zahlungsbilanzschwierigkeiten vereinbart wurden. Die Inanspruchnahme kann ohne Auflagen erfolgen: Die Kreditfazilitäten im Rahmen bestimmter, seit dem 12. 3. 1974 erweiterter Quoten (Gesamtvolumen der Schuldnerquoten: 4225 Mio. EUR; darunter BRD: 600 Mio. EUR) stellen unbedingte → internationale Liquidität dar. Die Verwaltung des Abkommens erfolgt durch den → Europäischen Fonds für währungspolitische Zusammenarbeit.

Für den Fall längerfristiger Zahlungsbilanzstörungen eines EG-Landes besteht ein System des → mittelfristigen finanziellen Beistands. F.G.

**Kybernetik**
Oberbegriff für eine Reihe von Theorien, die sich mit verschiedenen Aspekten kybernetischer → Systeme beschäftigen. Zu diesen Disziplinen der Kybernetik gehören u.a. → Informations- und Nachrichtentheorie, Wahrscheinlichkeits- und → Spieltheorie, Regeltheorie, Automatentheorie,

→ Systemtheorie, Algorithmentheorie sowie die Theorie kybernetischer Maschinen. Vereinfachend kann man die Kybernetik auch als Wissenschaft von den Wirkungsgefügen (→ System) bezeichnen.

Der Begriff Kybernetik ist abgeleitet vom griechischen Kybernetes (Steuermann); seine gegenwärtige Inhaltsbestimmung geht auf Norbert WIENER (1948) zurück.

Die Kybernetik ist eine rein formale Wissenschaft. Dies hat sie mit der Mathematik ebenso gemein wie die Eigenschaft, Anwendung in verschiedenen Wissenschaftsgebieten zu finden (Bio-, Sozio-, Wirtschaftskybernetik). Dabei abstrahiert sie völlig von den jeweiligen biologischen, soziologischen oder ökonomischen Eigenschaften des Untersuchungsgegenstandes und betrachtet lediglich die Struktur der formalen Verknüpfungen, d.h. das Netz der Wirkungsbeziehungen, die das zu untersuchende System konstituieren.

Der heuristische Wert der kybernetischen Methode in den Wirtschaftswissenschaften liegt neben der vereinfachten Darstellung komplexer Zusammenhänge, die mit anderen herkömmlichen Darstellungsmethoden schon nicht mehr zu leisten ist, v.a. in der Klärung der Funktionsweise dynamischer Systeme, ohne zu Partialanalysen (→ Analyse) Zuflucht nehmen zu müssen. H.Sch.

## labour economics

selbständige Wissensdisziplin innerhalb der Wirtschafts- und Sozialwissenschaften, die sich (insbes. in den USA) mit den ökonomisch relevanten Beziehungen zwischen den Arbeitnehmern und den Arbeitgebern befaßt. Entsprechend der Kritik an der traditionellen Analyse des → Arbeitsmarkts, die → Arbeitsangebot, → Arbeitsnachfrage und Lohnhöhe mit Hilfe der gegebenen Marktdaten erklärt und damit die ökonomisch relevanten Beziehungen zwischen Arbeitnehmern und Arbeitgebern auf reine Marktbeziehungen beschränkt, umfaßt der Begriff der labour economics die innerbetrieblichen Beziehungen zwischen Arbeitnehmer und Arbeitgeber (betriebliche → Lohnpolitik, betriebliche → Mitbestimmung, Gruppenverhalten z. B. zwischen Arbeitern und Angestellten), die Beziehungen zwischen den Mitgliedern und den Funktionären der Tarifverbände (innerverbandliche Beziehungen), die Beziehungen zwischen den Tarifverbänden (collective-bargaining-Theorien) und die Beziehungen zwischen den Tarifverbänden und dem Staat (staatliche → Lohnpolitik, Tarifvertragsrecht). In der BRD wird ein Teil dieser Problemkreise noch im Rahmen der → Sozialpolitik behandelt.    T.F.

## Labour-Force-Konzept
→ Erwerbstätige

## lag

(= time lag; Wirkungsverzögerung) Zeitintervall zwischen der Änderung einer ökonomischen Größe (z. B. Preisänderung, Steuersatzvariation) und der davon ausgelösten Änderung einer anderen ökonomischen Größe (z. B. Nachfrage, Steueraufkommen). Dieser lag-Definition entspricht das → Totzeit-Verhalten eines Übertragungsgliedes in einem kybernetischen → System. Das enge Ursache-Wirkungsverhältnis, das hierin zum Ausdruck kommt, ist allerdings in der Realität selten so eng. Die ökonomische Analyse arbeitet deshalb mit zeitlich verteilten lags (distributed lags).

Nach Dale W. JORGENSON läßt sich jeder lag durch die Form des rationalen lag mit beliebiger Genauigkeit annähern. Der rationale lag kann durch folgende lineare Differenzengleichung beschrieben werden:

$$y_t + b_1 y_{t-1} + b_2 y_{t-2} + \ldots + b_n y_{t-n} =$$
$$= a_0 x_t + a_1 x_{t-1} + a_2 x_{t-2} + \ldots +$$
$$a_m x_{t-m} + u_t$$

worin $a_i$, $b_j$, n, m Parameter und $u_t$ eine Zufallsvariable darstellen. Setzt man die $b_j$, $j = 1,2,\ldots n$ gleich Null, so erhält man den endlichen lag, der sich auch in der Form

$$y_t = \beta (w_0 x_t + w_1 x_{t-1} \cdots + w_m x_{t-m}) + u_t$$

schreiben läßt, worin die $w_i$ derart normiert sind, daß alle $w_i$ größer Null sind und ihre Summe gleich 1 ist. Diese formale Ähnlichkeit mit einer Wahrscheinlichkeitsverteilung darf jedoch nicht darüber hinwegtäuschen, daß es sich beim lag um einen deterministisch konzipierten Begriff handelt. Im einzelnen spielen in der Literatur folgende lag-Formen eine Rolle:

a) arithmetischer lag (Irving FISHER):

$$y_t = m x_{t-r} + (m-1) x_{t-r-1} + \ldots +$$
$$2 x_{t-r-m+2} + x_{t-r-m+1};$$

b) geometrischer lag (L. M. KOYCK):

$$y_t = \beta \sum_i (1-\lambda) \lambda^i x_{t-i} + u_t; \; 0 \leq \lambda \leq 1;$$

c) PASCAL'scher lag (Robert M. SOLOW):

$$y_t = \beta (1-\lambda)^r \sum_i \binom{r+i-1}{i} \lambda^i x_{t-i} + u_t;$$

d) rationaler lag (Dale W. JORGENSON): siehe oben.

Die geometrischen lags sind eine Unterklasse der PASCAL'schen lags, die arithmetischen eine Unterklasse der endlichen lags, PASCAL'sche und endliche lags wiederum sind in der Klasse der rationalen lags enthalten. Zur Kennzeichnung der komplexen Reaktionszusammenhänge in der Wirtschaft ist der rationale lag wegen seines Parameterreichtums zur Darstellung der zeitlich verteilten Verzögerungswirkung am besten geeignet, erfordert aber auch den höchsten Rechenaufwand.

In die modelltheoretische Behandlung des Gleichgewichtseinkommens und in die → Kapitaltheorie haben folgende typische lag-Formen Eingang gefunden (vgl. Abb.):

a) → ROBERTSON-lag: Zeitspanne zwischen Einkommensempfang und Einkommensverwendung;

b) LUNDBERG-lag: Zeitspanne zwischen Nachfrage und Angebot der nachgefragten Güter aus der Produktion;

c) Produktion-Einkommen-lag (outputincome-lag): Zeitspanne zwischen Ertragsentstehung und Einkommensempfang;

d) Reaktionszeit (Kapitalanpassungsintervall, capital-adjustment-period): Zeitspanne zwischen Nachfrageänderung und Anpassung des → Kapitalstocks;

e) Ausreifungsdauer (Reifezeit des → Kapitals; gestation period): Zeitspanne zwischen Beginn der Erstellung neuer Anlagen und Indienststellung dieser Anlagen bzw. Entstehung des → Outputs.

Eine weitere Gruppe von lags untergliedert den Zeitraum zwischen einem Ereignis, das zu wirtschaftspolitischer Aktion führt, und dem Wirksamwerden der wirtschaftspolitischen Instrumente in inside lags und outside lags (→ Wirtschaftspolitik; → Fiskalpolitik). H. Sch.

### Lagerente

Differentialrente, die aus dem Vorzug der größeren Nähe zum Markt resultiert. Das Konzept wurde durch Heinrich von THÜNEN für landwirtschaftlich genutzte → Böden entwickelt, später auch auf die städtischen → Grundrenten angewandt.

### Lagerinvestition

→ Investition

### Lagerzyklen

konjunkturelle Zyklen in der Lagerhaltung von Rohstoffen und Fertigwaren. Der zyklische Ablauf in der Variation der Lagerbestände erfolgt ähnlich wie beim → Akzelerationsprinzip der Investitionsgüter. Ein Rückgang (im Zuwachs) der → Endnachfrage setzt sich über Lagerhalden und den einsetzenden Lagerabbau bei Händlern und Großhändlern bis zu den Produzenten fort. Die dort eingeleiteten Produktionseinschränkungen führen über Arbeitseinschränkungen und Einkommensrückgang zu weiterem Nachfragerückgang und Lagerabbau, bis das gewünschte Niveau der Lagerbestände dem neuen Nachfrageniveau entspricht. Die dann wieder einsetzenden Auftragserhöhungen der Händler lassen nun über Outputerhöhungen den Prozeß in expansiver Richtung ablaufen. Lloyd METZLER stellte 1947 die Lagerzyklen mit Hilfe von Differenzengleichungen modellmäßig dar. E.v.P.

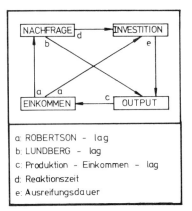

a: ROBERTSON - lag
b: LUNDBERG - lag
c: Produktion - Einkommen - lag
d: Reaktionszeit
e: Ausreifungsdauer

### lagging indicators

→ Konjunkturindikatoren

**laissez faire** → Liberalismus

**Landesplanung** → Raumplanung

**langfristiger Kapitalverkehr**
→ Kapitalbilanz

**langfristiger Multiplikator**
→ statischer Multiplikator

**LASPEYRES' Index** → Indextheorie

## Lastenausgleich (LAG)

Ziel der LAG-Gesetzgebung in der BRD (Soforthilfegesetz vom 8. 8. 1949 als Vorläufer; Lastenausgleichsgesetz vom 14. 8. 1952 mit 25 Novellen; Währungsausgleichsgesetz vom 27. 3. 1952; Feststellungsgesetz vom 21. 4. 1952; Altsparergesetz vom 14. 7. 1953) ist es, bis 1979 einen sozialen Schadensausgleich der durch die Kriegs- und Nachkriegsereignisse und infolge der Neuordnung des Geldwesens bei der → Währungsreform aufgetretenen ungleichen Vermögensverluste zu schaffen.

Zur Durchführung des LAG werden Ausgleichsleistungen gewährt und Ausgleichsabgaben erhoben. Bei den Ausgleichsleistungen aufgrund von Vertreibungs-, Kriegssach-, Ost-, Sparer- und Zonenschäden handelt es sich um

a) Leistungen *mit* Rechtsanspruch (Hauptentschädigung, Kriegsschadenrente, Hausratentschädigung, Entschädigung im Währungsausgleich für Sparguthaben Vertriebener und Entschädigung nach dem Altsparergesetz);

b) Leistungen *ohne* Rechtsanspruch (Eingliederungsdarlehen, Wohnraumhilfe, Leistungen aus dem Härtefonds, laufende Beihilfe etc.).

Die Ausgleichsabgaben werden in Form der Vermögens-, der Hypothekengewinn- und der Kreditgewinnabgabe erhoben und dem → Ausgleichsfonds zugeführt.

Der Pflicht zur Vermögensabgabe unterliegen natürliche und juristische Personen; die Höhe der Abgabeschuld beträgt 50 % des Einheitswertes des am 21. 6. 1948 vorhandenen Vermögens; sie ist in Teilbeträgen bis zum 31. 3. 1979 zu entrichten.

Die Hypothekengewinnabgabe schöpft Schuldnergewinne aus der Umstellung von durch Grundpfandrechte gesicherten Reichsmarkverbindlichkeiten und aus der Umstellung von Grundpfandrechten ab. Abgabepflichtig sind die Eigentümer der belasteten Grundstücke; Abgabeschuld ist der Betrag, um den der Nennwert der Verbindlichkeit in RM den Umstellungsbetrag in DM übersteigt.

Die Kreditgewinnabgabe schöpft die durch die Währungsreform entstandenen Schuldnergewinne ab. Abgabeverpflichtet ist jeder Gewerbebetrieb, der entweder nach dem DM-Eröffnungsbilanzgesetz oder nach dem Einkommensteuergesetz verpflichtet ist, eine Bilanz zur Gewinnermittlung aufzustellen. Bemessungsgrundlage ist der Mehrbetrag (Gewinnsaldo) an Schuldnergewinnen gegenüber den Gläubigerverlusten und den Betriebsverlusten. Die Abgabeschuld (der 1000 DM übersteigende Gewinnsaldo) ist ab 1. 7. 1948 jährlich mit 4 % zu verzinsen und ab 1. 7. 1952 jährlich mit 3 % zuzüglich der ersparten Zinsen zu tilgen.

Da die Ausgleichsabgaben zur Finanzierung der Ausgleichsleistungen nicht ausreichen, gewähren Bund und Länder Zuschüsse (z. Z. etwa $2/5$ der Gesamtfinanzierung); ferner werden Mittel auf dem Geld- und Kapitalmarkt aufgenommen. Die Gesamtausgaben für den LAG werden auf 114 Mrd. DM veranschlagt; davon waren Ende 1973 ca. 81 Mrd. DM ausgezahlt. D.H.

## Lastenausgleichsbank (LAB)

(von 1952–1954: Bank für Vertriebene und Geschädigte) Anstalt des öffentlichen Rechts mit Sitz in Bad Godesberg. Träger ist der Bund, der das Grundkapital der LAB (25 Mio. DM) durch die Sondervermögen → Ausgleichsfonds und → ERP-Sondervermögen hält.

Hauptaufgabe der am 28. 10. 1954 gegründeten Bank ist die wirtschaftliche Eingliederung und Förderung der durch den Krieg und seine Folgen betroffenen Personen durch Gewährung von Krediten, Bürgschaften und Garantien sowie durch Erfüllung der bankmäßigen Aufgaben bei der Durchführung des → Lastenausgleichs. Als weitere Aufgaben wurden ihr von Bundesbehörden u. a. übertragen: Förderung von kleinen und mittleren Unternehmen sowie Angehörigen der freien Berufe durch Kredite und Bürgschaften, Gewährung von Finanzhilfen an Gemeinden und Wirtschaft für Investitionen zum Umweltschutz, Mittelbeschaffung für öffentliche Finanzierungsmaßnahmen.

**LAUNHARDT-HOTELLING-Lösung**
→ Dyopol

**LAUNHARDT'scher Trichter**
von Wilhelm LAUNHARDT entwickeltes Transportkostenmodell (»Mathematische Begründung der Volkswirtschaftslehre«, 1885): in der graphischen Darstellung Ort gleicher Preise für alle Abnehmer bei einheitlichem Ab-Werk-Preis. Wegen der Transportkosten fallen in der räumlichen Wirtschaft die Preise am Produktionsort (Ab-Werk-Preise) und am Abnehmerort (Ortspreise) auseinander. Bei einheitlichen Ab-Werk-Preisen steigen die Ortspreise vom Produktionsort aus in allen Richtungen um den Betrag der Transportkosten je Einheit. Wenn die Transportkosten direkt proportional der Entfernung sind und als Entfernung jeweils der geometrisch kürzeste Weg angenommen wird, liegen alle Orte mit dem gleichen Ortspreis auf einem Kreis um den Produktionsort. Es entsteht der LAUNHARDT'sche Trichter mit folgender Schnittfigur:

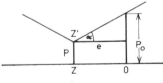

Z ist der Produktionsort, P (ZZ') der Ab-Werk-Preis, e die Entfernung zum Abnehmerort 0; $f = tg \alpha$ ist der Frachtsatz pro Mengeneinheit und km. Als Ortspreis ergibt sich $P_0 = P + f \cdot e$.
Wenn mehrere Konkurrenten vorhanden sind, geht die Grenze zwischen ihren Absatzgebieten durch alle Orte, an denen die Ortspreise vom Käufer als gleichwertig betrachteter Gütermengen gleich sind.
Da wegen der Transportkosten die Konkurrenz im Raum im allgemeinen → monopolistische Konkurrenz ist, kann möglicherweise durch räumliche → Preisdifferenzierung der → Gewinn erhöht werden. Die Abnehmer zahlen je nach ihrer geographischen Lage unterschiedliche Ab-Werk-Preise. Die Ortspreise desselben Lieferanten unterscheiden sich bei verschiedenen Abnehmern also nicht nur durch die Transportkosten.    J. H.

**leading indicators**
→ Konjunkturindikatoren

**leads and lags**
kurzfristige Änderung der zeitlichen Zahlungsgewohnheiten im → Außenhandel (→ terms of payment) in Reaktion auf Zinsänderungen und v. a. auf Wechselkursänderungserwartungen. Verkürzungen der Zahlungstermine bezeichnet man als leads, Verlängerungen als lags. Wird die → Aufwertung einer Währung erwartet, so werden Importeure mit Verbindlichkeiten in dieser Währung diese möglichst vor Fälligkeit zum günstigeren alten Kurs tilgen und ggf. Vorauszahlungen auf künftige Lieferungen leisten; die Erwartung einer → Abwertung führt umgekehrt zu einer Verlängerung der Zahlungsfristen.
Leads and lags rufen ähnliche Effekte auf → Zahlungsbilanz, → Währungsreserven und → Wechselkurs hervor wie spekulative Kapitalbewegungen (deshalb auch »Händlerarbitrage« bzw. »Händlerspekulation« genannt): In von Abwertung bedrohten Ländern verstärken sich die Devisenabflüsse, in Ländern, von denen Aufwertungen erwartet werden, erhöht sich das Volumen der Devisenzuströme. Gleichzeitig treten erhebliche Schwankungen des → Restpostens der Zahlungsbilanz auf.    D. S.

**Lebenseinkommen**
→ Verteilungstheorie

**Lebenshaltungskostenindex**
→ Preisindex für die Lebenshaltung

**Lebensniveau** → Lebensstandard

**Lebensnorm** → Lebensstandard

**Lebensqualität**
kann als umfassender Wohlfahrtsbegriff
verstanden werden, vergleichbar mit dem
PIGOU'schen Begriff der general welfare
(→ Wohlfahrtsökonomik) bzw. dem Konzept einer umfassenden BERGSON'schen
→ Wohlfahrtsfunktion, ermangelt aber
bisher – wie diese – einer anerkannten präzisen Spezifikation. Ansätze zur Konkretisierung dieses Begriffs findet man im Bereich der → sozialen Indikatoren, die
insbes. den herkömmlichen sozialen Er-
folgsmaßstab, das → Sozialprodukt, ergänzen bzw. korrigieren und nicht zuletzt aus
der Kritik am Sozialprodukt als Wohl-
standsmaß entstanden sind. K.Sch.

**Lebensstandard**
beinhaltet im Sprachgebrauch der Vereinten Nationen (z.B. International Definition and Measurement of Standards and
Levels of Living, 1954) die Gesamtheit der
zu erwartenden Lebensbedingungen, d.h.
jene Lebensumstände, die von der Bevölkerung als richtig und angemessen erachtet
werden.
Der Lebensstandard (standards of living)
ist danach von der Lebensnorm (wün-
schenswerte Lebensbedingungen nach
Maßgabe nationaler und internationaler
Übereinkünfte für bestimmte Aufgaben,
z.B. die Festlegung eines → Mindestlohnes; norm of living) und vom Lebensniveau
(herrschende Lebensbedingungen; level of
living) zu unterscheiden. In der deutschen
Terminologie werden die Begriffe Lebensstandard und Lebensniveau allerdings
häufig synonym gebraucht, also nicht zur
Differenzierung des Soll- und Ist-Zustands
verwendet.
Der Lebensstandard ist (ähnlich wie das →
Existenzminimum) eine relative Größe. Er
ist einerseits durch das unter den obwaltenden Gegebenheiten realisierbare An-
spruchsniveau bestimmt, andererseits abhängig von den raum-, zeit- und schicht-
spezifischen Zielsetzungen in bezug auf die
materiellen (z.B. Wohnung, Kleidung,

Nahrung) und immateriellen Lebensgüter
(z.B. Freiheit, soziale Sicherheit), darunter
auch solche, die von den Individuen u.U.
nicht als Gegenstand ihres persönlichen
Interesses erkannt werden. Die Abhängigkeit des Begriffs Lebensstandard von Kon-
summustern kommt etwa darin zum Ausdruck, daß in vielen Gebieten Asiens
geschälter Reis ungeschältem vorgezogen
wird. Obwohl vom ernährungswissen-
schaftlichen Standpunkt der letztere emp-
fehlenswerter ist, steigt also der Lebensstandard, wenn ungeschälter Reis durch
geschälten substituiert wird.
Im engeren Sinn wird der Lebensstandard
häufig bezogen auf die Gesamtheit der mit
dem → verfügbaren Einkommen zu erwer-
benden Sachgüter und Dienstleistungen,
gewogen nach Menge, Vielfalt und Qualität. Diese enge Begriffsbestimmung berücksichtigt weder die Freizeit als ökonomisches Gut, noch das (allerdings schwer
quantifizierbare und noch weniger zurechenbare) Angebot an → öffentlichen Gütern und schon gar nicht die außerökonomischen Werte als Komponenten der
Lebensbedingungen. F.G.

**legal tender**
gesetzliche → Zahlungsmittel

**Leistungsbilanz**
(= Bilanz der laufenden Posten) Teilbilanz
der → Zahlungsbilanz, welche die Lei-
stungstransaktionen (→ Transaktionen)
einer Volkswirtschaft mit dem Rest der
Welt verzeichnet, unter der also die →
Handels-, → Dienstleistungs- und → Über-
tragungsbilanz zusammengefaßt sind. Ihr
Saldo gibt die Veränderung der → Netto-
auslandsposition wieder, d.h. die Zu- oder
Abnahme der Auslandsverschuldung einer
Volkswirtschaft.

**Leistungsfähigkeitsprinzip**
Besteuerungsprinzip, nach dem sich die zu
leistenden Abgaben der einzelnen Staatsbürger an ihrer unterschiedlichen Opferfähigkeit bemessen sollen. Dieser Ansatz basiert im Gegensatz zum → Äquivalenzprinzip darauf, daß → Staatsausgaben aufgrund
eines politischen Zielsystems getätigt wer-

den. Davon unabhängig müssen Entscheidungen über Einnahmen aus fiskalischen, konjunkturpolitischen und anderen Gründen getroffen werden.

Die Besteuerung bedeutet für den Zensiten einen Verzicht auf private Bedürfnisbefriedigung und, wenn sie nicht mit einer äquivalenten Gegenleistung gekoppelt ist, eine Wohlfahrtsminderung (Opfer). Die Leistungsfähigkeit zeigt sich in der Fähigkeit, solche Opfer zu bringen. Sollen alle Wirtschaftssubjekte gleiche Opfer erbringen, so kann dies interpretiert werden als gleiches absolutes Opfer (John Stuart MILL), gleiches proportionales Opfer (Heinz HALLER) und gleiches Grenzopfer (Francis Y. EDGEWORTH). Nur die letzte Interpretation ist mit dem wohlfahrtstheoretischen Ziel der Minimierung des Gesamtopfers vereinbar. Kombiniert mit der Annahme eines bestimmten Verlaufs der Grenznutzen der als Indikatoren der Leistungsfähigkeit dienenden Güter läßt sich theoretisch ein Steuertarif konstruieren. Als Indikatoren der Opferfähigkeit werden diskutiert: das → Vermögen (Verfügungsmacht), das → Einkommen als Zuwachs an Verfügungsmacht oder Wertschöpfungsanteil, Einkommen in Verbindung mit Freizeit (begründet ebenfalls → Vermögensbesteuerung, wenn die Einkommen ohne Aufgabe von Freizeit durch Vermögenserträge erzielt werden) und der → Konsum. Welcher dieser Indikatoren gewählt wird, hängt von der in einer Gesellschaft herrschenden Sozialphilosophie ab. H.-W. K.

**Leistungstransaktion** → Transaktion

**Leitkurs**

(= central rate) → Wechselkurs als Grundlage für Devisengeschäfte auf dem Hoheitsgebiet von Mitgliedern des → Internationalen Währungsfonds (IWF), der nicht auf einem Paritätswert (→ Parität) beruht, sondern durch geeignete, abkommensgerechte Maßnahmen in bezug auf die → Interventionswährung stabil gehalten werden soll und dem IWF (in → Gold, Werteinheiten von → Sonderziehungsrechten SZR oder in der Währung eines anderen Mitglieds) mitgeteilt werden muß.

Leitkurse sind eine Art vorläufiger Parität mit weniger bindender Wirkung.

Im → Smithsonian Agreement wurden erstmals Leitkurse vereinbart. Die Direktoren des IWF haben sie mit Beschluß vom 18. 12. 1971 (gültige Fassung vom 7. 11. 1973) gebilligt. Sie werden überwiegend in Werteinheiten von SZR definiert. F.G.

**Leitwährung**

nationale Währung, die für den internationalen Wirtschaftsverkehr und im Rahmen der → internationalen Währungsordnung eine dominierende Rolle spielt. In den ersten 25 Jahren unter der Ägide des Abkommens über den → Internationalen Währungsfonds hatte der US-Dollar unangefochten diese Stellung. Er diente zur Bezifferung (Rechenwährung) und Finanzierung (Transaktionswährung) des Leistungs- und Kapitalverkehrs, war hauptsächlich Medium der Reservebildung (→ Reservewährung) und fand als Maßstab der → Paritäten Verwendung. Eine Währung mit den genannten Eigenschaften bezeichnete man im System des Golddevisenstandards nach dem 1. Weltkrieg als Schlüsselwährung. Eine Leitwährung ist dadurch gekennzeichnet, daß sie darüber hinaus auch als Interventionswährung dient.

Die Unterscheidung zwischen Schlüssel- und Leitwährung verwischt sich im neueren Sprachgebrauch. F.G.

**Leitzins** → Diskontsatz

**LEONTIEF-Paradox**

Unter Anwendung der → Input-Output-Analyse versuchte Wassily W. LEONTIEF (1953/1956) am Beispiel der USA das → HECKSCHER-OHLIN-Theorem empirisch zu testen. Sein Vorgehen: Er ermittelte, wieviel an Arbeit und Kapital in den USA durch eine Reduktion der Exporte um 1 Mio. $ freigesetzt würde, ferner wieviel an Arbeit und Kapital durch eine Reduktion der amerikanischen Importe um 1 Mio. $ in den Erzeugerländern freigesetzt würde. Die Verteilung der 1 Mio. $ auf die einzelnen Sektoren war dabei dem Anteil dieser Sektoren an den Gesamtexporten bzw. -importen proportional. Allerdings mußte LEONTIEF bei der Ermittlung des Arbeits- und Kapitaleinsatzes der Importe von den US-importkonkurrierenden Produkten ausgehen, da nur hierfür Daten verfügbar waren. Sein Ergebnis: Das Kapital/Arbeitsverhältnis bei den Exporten war geringer als bei den Importen. Demzufolge exportierten (importierten) die USA, die als kapitalreiches Land gelten, arbeitsintensive (kapitalintensive) Produkte. Dieses Ergebnis stand unmittelbar im Widerspruch zum HECKSCHER-OHLIN-Theorem.

Die daran anschließende Diskussion war insbes. darum bemüht, dieses Paradoxon zu erklären, wobei jeweils geprüft wurde, ob die gefundene Erklärung im Widerspruch zum HECKSCHER-OHLIN-Theorem steht oder dessen Ergebnisse bestätigt. Die wichtigsten Erklärungen des Paradoxons:

a) US-Arbeit ist ausländischer Arbeit weit überlegen (LEONTIEF: 3-fach produktiver), so daß, gemessen in Standardeinheiten, die USA mit Arbeit vergleichsweise reichlich ausgestattet sind (Bestätigung des HECKSCHER-OHLIN-Theorems);

b) US-Nachfrage bevorzugt kapitalintensive Produkte, so daß der mengenmäßig zwar reichliche Faktor Kapital dennoch aufgrund der sehr starken Nachfrage vergleichsweise teuer ist (Bestätigung des HECKSCHER-OHLIN-Theorems, falls die relativ reichliche Faktorausstattung eines Landes wertmäßig definiert wird);

c) die tatsächlichen US-Importe sind arbeitsintensiver als US-Exporte, diese jedoch arbeitsintensiver als US-importkonkurrierende Produkte; mögliche Erklärung hierfür: umschlagende Faktorintensitäten (Widerspruch zu den Voraussetzungen des HECKSCHER-OHLIN-Theorems);

d) die Handelsstruktur der USA hängt auch von der Rohstoffausstattung ab; da Rohstoffe in den USA im Vergleich zu Arbeit und Kapital knapp sind, kommt es zu »rohstoffintensiven« US-Importen. Bei der importkonkurrierenden Produktion müssen in den USA Rohstoffe mehr durch Kapital als durch Arbeit substituiert werden (mit dem HECKSCHER-OHLIN-Theorem vereinbar, falls Erweiterung auf mehr Faktoren);

e) US-Exporte haben ein höheres Verhältnis Facharbeit/ungelernte Arbeit als Importe. Falls man das → Arbeitsvermögen als Faktor berücksichtigt und zum Faktor Sachkapital »addiert«, sind US-Exporte kapitalintensiver (Bestätigung des HECKSCHER-OHLIN-Theorems).

M.H.

### LEONTIEF-Produktionsfunktion

von Wassily W. LEONTIEF zunächst für Zwecke der → Input-Output-Analyse formulierte → Produktionsfunktion, die als Beziehung zwischen den → Inputs lineare → Limitationalität (konstante → Inputkoeffizienten $a_{ij}$) unterstellt. Für den Fall, daß alle Faktoren bis auf einen reichlich vorhanden sind, besteht bis zur Ausschöpfung dieses Engpaßfaktors eine lineare Beziehung zwischen dessen Einsatz und dem → Output.

In der formalen Darstellung gilt:

$$Y_j = \min_i \left\{ \frac{X_{ij}}{a_{ij}} \right\},$$

wobei $a_{ij}$ das fixe Verhältnis zwischen den Inputs (i) und dem Output (j) angibt:

$$a_{ij} = \frac{X_{ij}}{Y_j}.$$

Die vollständige Ausschöpfung des knappsten Faktors legt das Outputniveau fest, weil dieser Faktor unbedingt zur Produk-

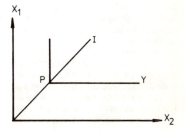

tion benötigt wird und durch keinen anderen, noch so reichlich vorhandenen Input ersetzt werden kann.

Die → Isoquante einer LEONTIEF-Produktionsfunktion mit zwei Inputs $X_1$ und $X_2$ hat (bei nur einem technisch möglichen Produktionsprozeß I) folgendes Aussehen (s. Abb. S. 299).

Strenggenommen fällt die Isoquante der LEONTIEF-Funktion mit dem Punkt P zusammen, denn alle anderen Punkte sind nicht technisch effizient; sie bedeuten eine Verschwendung von Produktionsfaktoren. R.D.

**letzter Verbrauch** → Konsum

**Leverage Effekt**
(= Hebelwirkung der Finanzierungsstruktur) klassische These, nach der ein Unternehmen durch die Bestimmung der Kapitalstruktur auf die durchschnittlichen Kapitalkosten Einfluß nehmen kann.

Da die gesamten Kapitalkosten (ausgedrückt durch das Produkt von durchschnittlichen Kapitalkosten c und Gesamtkapital K) gleich der Summe von Fremdkapitalkosten (Marktzins i multipliziert mit dem Fremdkapital F) und Eigenkapitalkosten (Rendite r multipliziert mit dem Eigenkapital E) sind, also

$$cK = iF + rE,$$

gilt für die durchschnittlichen Kapitalkosten:

$$c = i + (r - i) \, \frac{E}{K}.$$

Die durchschnittlichen Kapitalkosten sinken im Fall r < i bei wachsender Eigenkapital- bzw. sinkender Fremdkapitalquote. Sie sinken um so weniger, je höher r bei gegebenem i ist (vgl. Geradenschar im 1. Quadranten).

Von einer bestimmten Verschuldungsquote ab werden die Eigenkapitalgeber jedoch auf die zunehmenden Risiken der Fremdfinanzierung aufmerksam und fordern entsprechende Kompensation in der Eigenkapitalrendite (3. Quadrant). Dadurch ergibt sich der Leverage Effekt,

nämlich ein zuerst sinkender, dann wieder steigender Verlauf der durchschnittlichen Kapitalkosten (stark ausgezogene Knickfunktion im 1. Quadranten).

Franco MODIGLIANI und Merton H. MILLER lehnen den Leverage Effekt ab. Sie gehen davon aus, daß die Unternehmen in Gruppen gleichen Risikos (ungeachtet des Finanzierungsrisikos) eingeteilt werden können. Auf diesen vollkommenen Teilmärkten kann es für das anlagesuchende Kapital keine Preisunterschiede geben. Infolgedessen sind die Unternehmen der Möglichkeit beraubt, durch ihre Finanzierungsentscheidung die durchschnittlichen Kapitalkosten zu beeinflussen. F.G.

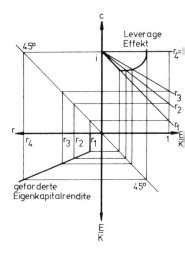

gefor derte
Eigenkapitalrendite

**Liberalismus**
System von gesellschaftspolitischen Vorstellungen mit der Leitidee einer Verwirklichung der individuellen Freiheiten und der Koordination aller Individuen durch Vertrag. Auf der Grundlage des Naturrechts berufen sich die Physiokraten und die klassische Nationalökonomie auf die »ursprünglichen göttlichen Rechte« der Menschheit und des einzelnen und folgerten daraus die geistige, politische und wirtschaftliche Freiheit aller. Diese können

ihre Realisierung jedoch nur finden, wenn freie Märkte existieren (Forderung nach Vertrags- und Gewerbe- sowie Niederlassungsfreiheit und nach absolutem Freihandel). In einer solchen Wirtschaft setzt sich durch die »List der Vernunft« der → Wettbewerb in Form der → vollständigen Konkurrenz durch und dieser lenkt das Erwerbsstreben des einzelnen derart, daß der größtmögliche wirtschaftliche Erfolg verbürgt und dem Gemeinwohl am besten gedient ist (dargestellt in Bernard MANDEVILLE's »Bienenfabel«). Die Aufgabe des Staates beschränkt sich folglich darauf, die noch geltende merkantilistische Ordnung abzubauen, um die »natürliche Ordnung« von den Fesseln staatlicher Bindungen zu lösen und das System auf den Weg zu dieser Ordnung zu lenken (»Nachtwächterstaat«). Ergänzt wurden die gesellschaftsphilosophische Anschauungen durch naturphilosophische, nach denen auch das volkswirtschaftliche Geschehen durch ewig gültige Naturgesetze gelenkt wird. Sowohl die Idee der prästabilierten Harmonie wie der naturgesetzliche Ablauf des Wirtschaftsprozesses (ergänzt durch den Glauben an die Selbstheilungskräfte des Marktes) führten zu dem Grundsatz vom »laissez faire«, der Ablehnung staatlicher Interventionen (Paläoliberalismus). Der Wirtschaftsliberalismus war gekennzeichnet v. a. durch die Einführung der Gewerbe- und anderer wirtschaftlicher Grundfreiheiten zu Beginn des 19. Jh. und bewirkte eine rasche wirtschaftliche Entwicklung und Steigerung des Sozialproduktes, allerdings bei extrem ungleicher Verteilung. Seine Blüte erreichte er in der 2. Hälfte des 19. Jh., als mehrere Länder die → Schutzzölle abschafften und → Meistbegünstigungs-Verträge untereinander eingingen. Nach dem 2. Weltkrieg nahm der → Neoliberalismus die Leitidee des klassischen Liberalismus wieder auf, wobei dessen Unzulänglichkeiten durch Ordnungen des → Wettbewerbs, konjunkturpolitische Stabilisierung und eine Politik des sozialen Ausgleichs vermieden werden sollten. R.E.

**life cycle – Hypothese**
Modifikation der → permanenten Einkommenshypothese durch Franco MODIGLIANI, Richard BRUMBERG und Albert ANDO. Statt eines unspezifizierten Planungszeitraums wird unterstellt, daß jeder Konsument eine gleichmäßige Verteilung der Konsumausgaben über seine Lebenszeit plant (lifetime planning). Die Konsumentscheidungen werden daher u. a. vom Verdienstzeitraum (earning span), der Lebensdauer der Konsumenten nach der Pensionierung (retirement span) und der Vermögensakkumulation und -liquidation abhängig gemacht. E.v.K.

**Limitationalität**
liegt vor, wenn die einzelnen → Inputs einer → Produktionsfunktion (z. B. → LEONTIEF-Produktionsfunktion) nicht gegenseitig substituierbar sind; zur Erzeugung eines Produktes müssen alle Faktoren in einem festen Verhältnis eingesetzt werden.
Ist nur ein einziger Produktionsprozeß (eine bestimmte Inputkombination) technisch möglich, dann können im Gegensatz zu substitutionalen Produktionsbeziehungen Änderungen des Faktor*preis*verhältnisses nicht zu einer Änderung des Faktor*einsatz*verhältnisses führen. Sind mehrere Produktionsprozesse mit jeweils fixen Faktorproportionen technisch möglich, dann beeinflussen Faktorpreisänderungen die Auswahl des jeweils durchgeführten Prozesses.
Die → Isoquante Y einer Produktionsfunktion mit zwei Inputs $X_1$ und $X_2$ und mehreren technisch möglichen limitationalen Produktionsprozessen (I, II, III) hat einen geknickten Verlauf (Abb.).

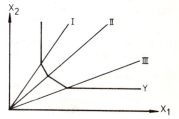

Limitationale Produktionsfunktionen liegen den mathematischen Verfahren der → Linearen Programmierung und → Input-Output-Analyse zugrunde. R.D.

## Lineare Programmierung

Optimierungsverfahren zur Lösung von Aufgabenstellungen, die sich in einer Vielzahl von linearen Gleichungen und Ungleichungen formulieren lassen. Während des 2. Weltkriegs wurden zunächst in Großbritannien und später in den USA verschiedene Optimierungsverfahren zur Lösung logistischer Probleme (insbes. Transportprobleme) entwickelt, die unter dem Begriff Operations Research ein neues Forschungsgebiet begründeten.

Der grundliegende Aufbau der linearen Programmierung besteht darin, daß für eine lineare Funktion (Zielfunktion) unter gewissen Nebenbedingungen (Beschränkungsgleichungen) je nach Fragestellung ein Maximum oder Minimum zu suchen ist. Dabei ist mit Hilfe des Dual-Theorems eine Maximumaufgabe jederzeit in eine Minimumaufgabe zu überführen und umgekehrt.

Die Qualität der Lösungen von linearen Programmierungsmodellen wird für die Praxis davon bestimmt, ob die prinzipielle Unterstellung von linearen Funktionen (Zielfunktion und Beschränkungsgleichungen) für den Untersuchungsgegenstand angemessen ist. Gerade in den Wirtschaftswissenschaften wird häufig mit nichtlinearen Funktionen gearbeitet, für die noch keine allg. Lösungsverfahren durch Programmierung entwickelt werden konnten, die jederzeit eine Lösung liefern. Die ersatzweise benützten Verfahren zeichnen sich durch lineare Approximation des nichtlinearen Verlaufs der Funktionen aus; entsprechend hoch ist der Rechenaufwand.

Lineare Programmierungsverfahren haben sich v. a. in der Betriebswirtschaft zur Prozeßsteuerung bewährt und bessere Ergebnisse erzielt als andere Verfahren. Allerdings ist ihr Einsatz i.d.R. von der Verfügbarkeit leistungsfähiger elektronischer Rechenanlagen abhängig.

Formale Darstellung:
Gesucht werden $x_1, x_2, \ldots, x_n$ der linearen Zielfunktion

$$G = G(x_1, x_2, \ldots, x_n) = p_1x_1 + p_2x_2 + \ldots + p_nx_n$$

so daß
$G \overset{!}{=}$ Maximum bzw. Minimum.
Die Zielfunktion lautet also

$\{p_1x_1 + p_2x_2 + \ldots + p_nx_n = \text{Max. bzw. Min.}\}$

unter den Nebenbedingungen (Restriktionsgleichungen)

$$\left. \begin{array}{l} a_{11}x_1 + a_{12}x_2 + \ldots + a_{1n}x_n \lesseqgtr q_1 \\ a_{21}x_1 + a_{22}x_2 + \ldots + a_{2n}x_n \lesseqgtr q_2 \\ \quad \cdot \qquad \cdot \qquad \qquad \cdot \qquad \cdot \\ \quad \cdot \qquad \cdot \qquad \qquad \cdot \qquad \cdot \\ a_{m1}x_1 + a_{m2}x_2 + \ldots + a_{mn}x_n \lesseqgtr q_m \end{array} \right\}$$

und der Nichtnegativitätsbedingung

$\{x_1 \geqq 0, x_2 \geqq 0, \ldots, x_n \geqq 0\}$,

wobei

$a_{ij}, q_i$ und $p_j$ ($i = 1, 2, \ldots, m$; $j = 1, 2, \ldots, n$) gegebene Konstante sind.

Die bekanntesten Lösungsverfahren von linearen Programmierungsaufgaben sind die Distributionsmethode (zur Lösung von Transportproblemen) und die Simplex-Methode (als allg. Lösungsverfahren).

J.Be.

**link** → Sonderziehungsrechte

## Liquidität

Eigenschaft eines Vermögensgutes, jederzeit zur Begleichung von aus Leistungs- oder Finanztransaktionen resultierenden Verbindlichkeiten verwandt werden zu können. Das Gut höchster Liquidität ist das → Geld, das als allgemeines → Zahlungsmittel und Schuldentilgungsmittel gilt, während andere Finanz- und Sachaktiva erst in Geld umgewandelt werden müssen, um diese Eigenschaften zu gewinnen. Die hierbei auftretenden Umtauschkosten müssen gegen die bei ihrer Haltung im Gegensatz zu der Kassenhaltung anfallenden Erträge saldiert werden, um feststellen zu können, in welchem Maße Aktiva höchster Liquidität (Geld) zu halten sind (→ Portfolio-Selection-Theorie, → Liquiditätspräferenz). Im allg. sind die Erträge eines Aktivums um so höher, je liquiditätsferner es ist, die Liquiditätsnähe stiftet dagegen einen nicht pekuniären, i.d.R. subjektiven Nutzen.

Von besonderem Interesse sind → Bankenliquidität und die → internationale Liquidität. Erstere bezeichnet die Fähigkeit des Banksystems, → Kredite zu gewähren. Sie hängt einmal von den Einlagen der Nichtbanken in → Zentralbankgeld abzüglich der bei der Zentralbank zu haltenden → Mindestreserven, also der → Überschußreserve ab, zum anderen aber auch von den jederzeit in Zentralbankgeld umwandelbaren Aktiva wie → Geldmarktpapieren und nicht ausgenützten → Rediskontkontingenten.

Die Liquidität gegenüber dem Ausland, also die Fähigkeit, Zahlungen in einem vom Inland nicht zu schaffenden Zahlungsmittel leisten zu können, wird bestimmt durch die → Währungsreserven (v.a. Gold und Devisen), und die Möglichkeit, kurzfristige Kredite bilateral oder seitens internationaler Organisationen, insbes. des → Internationalen Währungsfonds zu erhalten. Dies gilt zumindest bei → festen Wechselkursen, während bei → freien Wechselkursen die Preisbildung auf dem → Devisenmarkt den Liquiditätsausgleich herstellt. Ein Liquiditätsproblem besteht hier aber auch dann, wenn (was die Regel sein dürfte) Regierung und Zentralbank eines Landes eine unkontrollierte Wechselkursentwicklung hinzunehmen bereit ist. Das Liquiditätsproblem gegenüber dem Ausland begrenzt somit auf jeden Fall die Möglichkeiten der → Geldpolitik wie der → Fiskalpolitik, da expansive Maßnahmen i.d.R. sowohl zu einem Defizit der → Leistungsbilanz wie der → Kapitalbilanz und also einer Verminderung internationaler Liquidität führen. H.-J.H.

**Liquiditätsbilanz**
→ Zahlungsbilanzkonzepte

**Liquiditätsfalle** → Liquiditätspräferenz

**Liquiditätspapiere**
→ Schatzwechsel und → U-Schätze bis zu einem Höchstbetrag von 8 Mrd. DM, welche die Bundesregierung der → Deutschen Bundesbank zur Durchführung der → Offenmarktpolitik zur Verfügung stellen muß, wenn solche Papiere als → Mobilisierungspapiere bereits bis zum Nennbetrag der → Ausgleichsforderungen in Umlauf gebracht worden sind (§ 29 des → Gesetzes zur Förderung der Stabilität und des Wachstums der Wirtschaft, §§ 42 und 42a → Bundesbankgesetz). V.B.

**Liquiditätspräferenz**
Neigung zum Halten von → Bargeld oder → Sichteinlagen anstelle von ertragbringenden Wertpapieren, deren Umtausch in → Geld i.d.R. mit Kosten verbunden ist.

Die Liquiditätspräferenz steht im Mittelpunkt der KEYNES'schen → Zinstheorie; zusammen mit der → Geldmenge bestimmt sie den → Zins. Die Liquiditätspräferenz begrenzt das Angebot investierbarer Fonds auf dem → Geldmarkt bzw. erhöht die → Geldnachfrage für Kassenhaltungszwecke. Ausschlaggebend für den Grad der Liquiditätspräferenz sind das Transaktions-, das Vorsichts- und das Spekulationsmotiv (→ Transaktionskasse, → Vorsichtskasse, → Spekulationskasse); von großem Einfluß sind die Erwartungen v.a. über die Änderungen des Zinssatzes. Bei einem sehr niedrigen Zins besteht die Gefahr, daß Wirtschaftssubjekte in Erwartung künftig steigender Zinssätze nicht bereit sind, Liquidität gegen Wertpapiere einzutauschen: Die Kassenhaltungsnachfrage wird unendlich elastisch in bezug auf den Zins. In der keynesianischen Literatur, nicht aber bei John Maynard KEYNES selbst, wird diesem Zustand, der sog. Liquiditätsfalle (liquidity trap) große Bedeutung beigemessen, sorgt sie doch dafür, daß eine expansive → Geldpolitik nicht zu Ausgabensteigerungen führt, selbst wenn die → Investitionen hinreichend zinselastisch sind. In der neueren → Geldtheorie wird die Relevanz dieser Liquiditätsfalle zunehmend in Zweifel gezogen und der Geldpolitik wieder größere Chancen nicht nur bei der Bekämpfung der → Inflation, sondern auch der → Unterbeschäftigung eingeräumt. H.-J.H.

## Liquiditätsquote

von der → Deutsche Bundesbank berechnete Maßzahl, die den Anteil der freien → Liquiditätsreserven der → Banken am Einlagenvolumen (→ Sichteinlagen, → Termineinlagen und → Spareinlagen unter vier Jahren) von Nichtbanken und ausländischen Kreditinstituten angibt.

## Liquiditätsreserven

Bestände an liquiden Aktiva in Händen einer Wirtschaftseinheit, die entweder direkt als → Zahlungsmittel verwendet oder mit unerheblichem Zeit- und Wertverlust in solche umgewandelt werden können (→ Liquidität). Für die Beurteilung der monetären Entwicklung einer Volkswirtschaft sind die Liquiditätsreserven des Bankensystems von besonderem Interesse. Die → Deutsche Bundesbank ermittelt daher laufend die sog. freien, d. h. nicht (z. B. durch Mindestreservevorschriften) gebundenen Liquiditätsreserven der → Banken in ihrer Analyse der → Bankenliquidität. V.B.

## Liquiditätssaldo → Bankenliquidität

## Liquiditätstheorie des Inflationsimports

Variante der Saldentheorie zur Erklärung einer → importierten Inflation bei → festen Wechselkursen, die auf die Liquiditätswirkungen eines Überschusses der → Leistungsbilanz abstellt. Nach der Saldentheorie des Inflationsimports erfolgt die Übertragung einer Auslandsinflation auf das Inland durch einen Leistungsbilanzüberschuß, der bei Auslandsinflation und Preisstabilität (oder geringeren Preissteigerungsraten) im Inland im Falle einer normalen Reaktion der Leistungsbilanz entsteht. Der Grad des Inflationsimports wird durch das Ausmaß des Saldos bestimmt.
Bei festen Wechselkursen findet aufgrund der → Interventionspflicht der Währungsbehörden bei einem Devisenzustrom infolge eines Leistungsbilanzüberschusses

(und ggf. von Nettokapitalimporten) eine Ausweitung des Bestandes an → Zentralbankgeld statt. Entsprechend dem Ansatz, der auf die freien → Liquiditätsreserven abstellt, erweitert sich mit deren Erhöhung der Spielraum für die → Geldschöpfung der Banken; nach dem Transmissionskonzept des → Monetarismus hat sich die → Geldbasis erweitert. Die Erklärung der inländischen Preissteigerungen kann auch unmittelbar an die → Geldmenge anschließen und auf der Grundlage der → Quantitätstheorie erfolgen. Außerdem sind Zinssenkungen, bedingt durch die Liquiditätszunahme, und ihr Einfluß auf die Preise über eine erhöhte Investitionsgüternachfrage zu berücksichtigen H.M.W.

### liquidity trap
→ Liquiditätspräferenz

## LITTLE-Kriterium

→ Wohlfahrtskriterium, das die Bedeutung und logische Notwendigkeit von Verteilungsurteilen bei Wohlfahrtsvergleichen ausdrücklich anerkennt. Es basiert auf folgenden Wertprämissen: Die Situation eines Individuums ist verbessert, wenn sie von diesem vorgezogen wird; außerdem wird das → PARETO-Kriterium akzeptiert. Durch Kombination von (potentieller) Erfüllung des PARETO-Kriteriums (→ KALDOR-HICKS-Kriterium, bzw. → SCITOVSKY-Kriterium) und einem Verteilungsurteil gelangt das LITTLE-Kriterium zur Beurteilung alternativer Wohlfahrtszustände. Dabei unterscheidet Ian M.D. LITTLE acht Fälle (je nachdem, ob das KALDOR-HICKS- bzw. SCITOVSKY-Kriterium erfüllt und ob die Verteilungsänderung positiv ist) sowie zwei Alternativen (je nachdem, ob Umverteilung möglich ist oder nicht). Weder das KALDOR-HICKS- noch das SCITOVSKY-(reversal)-Kriterium sind notwendige Bedingungen (und beide gemeinsam nicht hinreichend) für Wohlfahrtssteigerungen. Beide zusammen (bzw. das SCITOVSKY-Kriterium allein) sind jedoch in Verbindung mit einem positiven Verteilungsurteil hinreichend für Wohlfahrtssteigerungen.

Sieht man von dem weniger relevanten Fall ab, in dem Redistribution »beliebig« möglich ist, dann genügt Erfüllung des KALDOR-HICKS-Kriteriums (bzw. des SCITOVSKY-reversal-Kriteriums) plus »positive« Verteilungsänderung für Wohlfahrtssteigerungen. Verwirft man das KALDOR-HICKS-Kriterium wegen Inoperationalität, dann reduziert sich das LITTLE-Kriterium auf das SCITOVSKY-(reversal)-Kriterium plus Verteilungsurteil. Um Widersprüche auszuschalten, ist ein »starkes« Verteilungsurteil erforderlich, weil das SCITOVSKY-(reversal)-Kriterium widersprüchlich sein kann: bei der Wohlfahrtsbeurteilung dominiert das Verteilungsurteil (Maurice DOBB u. a.).

Läßt man auch die Frage unbeantwortet, ob Verteilungsurteile ohne Nutzenvergleiche möglich sind, so verlangen Wohlstandsvergleiche, die nicht nur an der Verteilung interessiert sind, sondern auch daran, »wieviel« verteilt wird, so etwas wie interpersonelle Vergleiche (an Hand einer intersubjektiv gültigen Maßskala oder nach »Konvention«). K.Sch.

## Lizenz

Erlaubnis zur Nutzung des Rechts eines anderen. Sie kommt durch Vertrag zustande, kann aber unter gewissen Voraussetzungen auch gegen den Willen des Rechtsinhabers erteilt werden. I.d.R. erfolgt sie gegen Zahlung einer Lizenzgebühr. Als Nutzungsrechte kommen in Betracht: → Patente (→ Patentlizenz), Gebrauchsmuster, Geschmacksmuster, Warenzeichen, Urheberrechte.

Die Wirkungen aus einer Lizenz richten sich danach, ob diese als ausschließliche oder nicht ausschließliche vergeben wird und ob sie Beschränkungen zum Inhalt hat, was insbes. bei Patenten von wirtschaftlicher Bedeutung ist. Beschränkungen können folgende Verpflichtungen des Lizenznehmers zum Gegenstand haben:
a) Beschränkung auf einzelne im Patentrecht vorgesehene Arten der Benutzung der Erfindung (Herstellung, Gebrauch, Vertrieb);
b) Beschränkung der Herstellung der patentierten Sache oder der Benutzung des patentierten Verfahrens auf bestimmte technische Anwendungsgebiete;
c) Beschränkung der Menge der herzustellenden Erzeugnisse oder der Zahl der Benutzungshandlungen;
d) Beschränkung der Benutzung in zeitlicher (kürzere Laufzeit der Lizenz als des Patents), räumlicher (Gebietslizenz für einen Teil des Patentgeltungsbereichs, Betriebslizenz für einen bestimmten Betrieb) und persönlicher Hinsicht (Beschränkung der Verfügungsbefugnis des Lizenznehmers wie Verbot der Lizenzübertragung oder der Erteilung von Unterlizenzen).

Erlaubt sind ferner bestimmte Koppelungsklauseln, Preisfestsetzungen, Nichtangriffsklauseln usw. Damit ist dem Rechtsinhaber ein Arsenal marktstrategisch einsetzbarer Instrumente bereitgestellt, das zu mißbräuchlicher zeitlicher und sachlicher Monopolausweitung, zu wirtschaftlicher → Konzentration sowie zur Verfolgung anderer wettbewerbsrelevanter Ziele verwendet werden kann. S.G.

## LM-Funktion

Formalisierung der Beziehung zwischen Volkseinkommen Y und Zinssatz i bei Gleichgewicht auf dem Geldmarkt im keynesianischen Sinn.

Unter der Annahme einer Geldangebotsfunktion

$$M_a = \frac{\overline{M}}{\overline{p}}$$

und einer Geldnachfragefunktion

$$M_n = kY + M_S(i)$$

folgt aus der Gleichgewichtsbedingung

$$M_a = M_n$$

nach Transformation die sog. LM-Funktion

$$i = LM(Y).$$

Die LM-Funktion ist also eine Gleichgewichtsfunktion (vgl. auch Abb. S. 306).

Beachtet muß werden, daß das → Geldangebot $M_a$ und die → Geldnachfrage $M_n$ in realen Einheiten (z.B. Arbeitsstunden) gemessen sind. Verändert sich das → Preisniveau $\overline{p}$, ändert sich auch der reale Wert

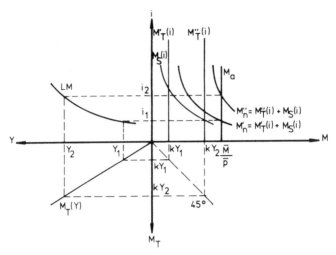

der gegebenen, in natürlichen Einheiten ausgedrückten Geldmenge $\overline{M}$: Infolgedessen kommt es zu einer Verschiebung der Geldangebotsfunktion und entsprechend auch zu einer Verschiebung der LM-Funktion.

Die für das gesamtwirtschaftliche Gleichgewicht maßgebliche Funktion im LM-Funktionenbündel kann unter diesen Voraussetzungen nur im Verein mit einer Gleichgewichtsfunktion für den Gütermarkt (→ IS-Funktion) und einer Gleichgewichtsfunktion für den Faktormarkt (Reallohnbestimmungsfunktion kombiniert mit einem exogenen gegebenen Geldlohnsatz) bestimmt werden. F.G.

**loanable-funds-theory**
von Bertil OHLIN und insbes. Abba P. LERNER entwickelte → Zinstheorie, wonach entgegen der klassischen Auffassung der → Zins nicht durch Sparen und Investieren, sondern durch Angebot und Nachfrage nach investierbaren Fonds auf dem → Kreditmarkt bestimmt wird. Das Kreditangebot ist gleich der Summe aus → Ersparnissen und der Zunahme der → Geldmenge, während die Kreditnachfrage aus → Investitionen und beabsichtigter → Kassenhaltung resultiert. Definiert man diese

(abweichend von der loanable-funds-theory) als die Geldsumme, die für die über die Periode geplante Vermehrung des Kassenbestandes zuzüglich der nicht durch Konsumverzicht finanzierbaren Investitionen benötigt wird, ist eine Übereinstimmung mit der KEYNES'schen Liquiditätspräferenztheorie gegeben (→ Liquiditätspräferenz), nur daß diese den Zins auf dem → Geldmarkt zu bestimmen sucht, der jedoch in der KEYNES'schen Theorie als Spiegelbild des Kreditmarktes interpretiert werden kann. H.-J.H.

**locking-in-effect**
(= ROOSA-Effekt) behauptet die Neigung der → Banken, bei steigenden (langfristigen) Zinssätzen und abbröckelnden Kursen ihr Wertpapierportefeuille zu halten, um Kursverluste zu vermeiden. Der Effekt ist empirisch nicht einwandfrei erwiesen und in der beschriebenen Absolutheit zweifelhaft. Zumindest muß auf das Verhältnis von Wertpapierrendite und Ertrag anderer Anlageformen (insbes. Kreditzinsen) Rücksicht genommen werden.
F.G.

**Logistik**
(formale Logik, mathematische Logik) beschäftigt sich mit interpersonell kommuni-

zierbaren Schlußregeln und -verfahren für die wissenschaftliche Forschung, die es ermöglichen, den logischen Gehalt einer Argumentationskette zu bestimmen, d. h. beurteilen zu können, ob der vermittels der Argumentationskette gezogene Schluß wahr oder falsch ist.

Zurückgehend auf ARISTOTELES ist die Deduktion das klassische logische Schlußverfahren: Aus einer gegebenen Menge von Voraussetzungen (Prämissen) werden gemäß den in der Logistik entwickelten Schlußregeln Folgerungen (Implikationen) abgeleitet, wobei das Entscheidende an dem deduktiven Verfahren ist, daß die Folgerungen immer dann richtig sind, wenn alle Prämissen richtig sind. Ist die Richtigkeit der Prämissen nach allgemeiner Ansicht selbstevident (in der Physik gibt es solche Fälle) oder ist der Forscher völlig frei in der Wahl und Zusammenstellung seiner Prämissen (wie in der Mathematik), so spricht man von Axiomen, d. h. Prämissen, die entweder aufgrund allgemeinen Konsensus oder definitorisch wahr sind. In jedem Fall ist es jedoch wichtig, zeigen zu können, daß alle Axiome miteinander verträglich (kompatibel) und damit alle Implikationen widerspruchsfrei sind.

Die Übertragung dieses Verfahrens auf die Wirtschaftswissenschaften ist problematisch, weil es im Bereich der Erfahrungswissenschaften solche allgemein als wahr oder richtig akzeptierten Prämissen de facto nicht gibt. Zudem stellt sich das Problem für den empirischen Forscher oft in der umgekehrten Reihenfolge: Der Wissenschaftler meint, gewisse Gesetzmäßigkeiten beobachtet (gefunden) zu haben, und er sucht nach einem Satz einfacher (und von allen anerkannter) Prämissen (Axiomen), aus denen diese Gesetzmäßigkeiten logisch folgen. Da aber die Allgemeingültigkeit von Prämissen de facto nie gegeben ist, spricht er vorsichtiger von → Hypothesen (Annahmen). Hypothesen sind meist weder beweisbar, noch können sie direkt mit empirischen Beobachtungen konfrontiert werden, wohl aber die Folgerungen aus ihnen. Neben den Hypothesen werden oft auch noch empirische Randbedingungen als Gegebenheiten (Daten) unter die Voraussetzungen aufgenommen. Ein solches Gebäude aus Hypothesen, Daten und Implikationen wird als Theorie bezeichnet. Eine Theorie kann aufrecht erhalten werden, solange ihre Implikationen nicht im krassen (von der Wissenschaft allgemein konstatierten) Widerspruch zur Wirklichkeit stehen. Wichtig ist, daß eine Theorie nicht aus rein logischen Gründen immer wahr ist, d. h., daß es keine denkbaren empirischen Konstellationen gibt, die die Theorie als falsch erweisen. Eine solche immer wahre Theorie heißt Tautologie und ist für Erfahrungswissenschaften uninteressant.

Neben der Deduktion spielt in den Erfahrungswissenschaften (zumindest als heuristisches Verfahren) auch das induktive Schließen (Induktion) eine Rolle. Hierunter versteht man den Schluß vom Besonderen auf das Allgemeine, d. h. aus der Tatsache, daß eine bestimmte Beobachtung (Experiment) wieder und wieder das gleiche Ergebnis gezeitigt hat, wird »geschlossen«, daß es immer so sein muß. Streng genommen handelt es sich hierbei jedoch nicht um logisches Schließen, sondern um Verallgemeinern, dem keine Beweiskraft innewohnt, sondern nur Plausibilität. Dennoch sind gerade solche, aus der Beobachtung oder dem Experiment »gefolgerten« Gesetze im allg. die Grundlage der Theorienbildung in den Erfahrungswissenschaften. Theoretisch ist die Induktion in der Wahrscheinlichkeit-Logik (Rudolf CARNAP) weiterentwickelt und formalisiert worden, ohne allerdings große praktische Bedeutung erlangt zu haben.  P.Ku.

**lognormale Verteilung**
→ GIBRAT-Verteilungsfunktion

**logrolling**
→ Neue Politische Ökonomie

**Lohn**
im weiteren Sinne jedes Entgelt für menschliche Arbeitsleistung. Unabhängig von der Art der Tätigkeit umfaßt dieser Begriff die verschiedensten Formen des Arbeitsentgeltes: Lohn, Gehalt, Besol-

dung (des Beamten), Honorar (für den Freiberufler), Unternehmerlohn (für die Unternehmertätigkeit). Objekt der → Lohntheorie ist Lohn im engeren Sinne: das Entgelt für diejenige → Arbeit, die in Abhängigkeit von einem Arbeitgeber geleistet wird (Lohn, Gehalt, Beamtenbezüge). T.F.

## Lohndrift

Auseinanderklaffen von → Tariflöhnen und tatsächlich gezahlten Löhnen (→ Effektivlohn), bezogen auf einen Zeitpunkt oder auf eine Zeitperiode.

Die in der Statistik gebräuchlichste Definition der Lohndrift mißt die Abweichungen der Veränderungen der Effektivlohnsätze von den Veränderungen der Tariflohnsätze während einer Periode. Diese Formel liefert ein unbereinigtes Driftmaß, die sog. Bruttodrift. Da die Tariflohnindizes tarifliche Nebenleistungen (Überstundenzuschläge, Urlaubsgeld) nicht erfassen, schlagen sich Änderungen solcher tarifvertraglich fundierter Lohnbestandteile in der Entwicklung der Effektivverdienste nieder. Die Bereinigung der Bruttodrift von solchen tariflichen Leistungen (Nettodrift) ist mit dem vorhandenen statistischen Material z. Z. nicht zu leisten.

Die wirtschaftspolitische Bedeutung der Lohndrift liegt in der Tatsache, daß ihre Existenz den Erfolg staatlicher → Lohnpolitik – soweit sie auf die Tariflohnentwicklung Einfluß zu nehmen sucht – vereiteln kann. T.F.

**Lohnfondstheorie** → Lohntheorie

## Lohnkontrollen
→ Einkommenspolitik

## Lohnlag

zeitliche Verzögerung, mit der die Veränderung des Geldlohnsatzes der Änderung einer seiner Bestimmungsgrößen folgt. So definiert der → Sachverständigenrat (Jahresgutachten 1968) den Lohnlag als die zeitliche Verzögerung, mit welcher der Geldlohnsatz der Produktivitätsentwicklung folgt. Eine verzögerte Anpassung an Änderungen des → Preisniveaus ist im →

Konjunkturzyklus ebenfalls zu beobachten. Zu den wichtigsten Ursachen des Lohnlags zählen die über eine bestimmte Zeitperiode festgelegten → Tariflöhne, aber auch die verzögerte Reaktion des öffentlichen Bewußtseins und damit auch der → Lohnpolitik auf den Konjunkturverlauf. T.F.

## Lohnleitlinien
→ Einkommenspolitik

## Lohnpolitik

im engeren Sinn: alle Maßnahmen und Bestrebungen der an der Lohnbildung beteiligten Parteien zur Beeinflussung der Geldlohnhöhe; im weiteren Sinn: auch alle wirtschaftspolitischen Maßnahmen zur Beeinflußung der Güterpreise, die eine Änderung des → Reallohnes zur Folge haben.

Im engeren (hier verwendeten Sinn) lassen sich nach den Trägern lohnpolitischer Maßnahmen unterscheiden:

a) betriebliche Lohnpolitik: Die Geldlohnsätze werden in der BRD in erster Linie von den → Gewerkschaften und → Arbeitgeberverbänden durch tarifvertragliche Vereinbarungen festgelegt. Somit kommt der betrieblichen Lohnpolitik nur eine ergänzende Funktion zu. Sie kann durch übertarifliche Lohnzuschläge (nur diese sind möglich: Mindestlohncharakter des Tariflohnes) und stärkere Differenzierung der Einzellöhne die zur Anpassung an besondere konjunkturelle, strukturelle und innerbetriebliche Situationen notwendige Flexibilität des Unternehmens erhalten.

b) Lohnpolitik der Tarifverbände: In der BRD sind die Hauptträger die → Tarifpartner, denen Art. 9, Abs. 3 GG die Regelungszuständigkeit für die Tariflöhne und sonstigen Arbeitsbedingungen zuspricht (→ Tarifautonomie). Die Gewerkschaften, die im Interesse ihrer Mitglieder die bestmöglichen Lohnbedingungen auszuhandeln versuchen, und die Arbeitgeberverbände, die aufgrund des Kostencharakters des Lohnes bestrebt sind, die Lohnerhöhungen in einem möglichst niedrigen Rahmen zu halten, bestimmen in den

Tarifverhandlungen den im → Tarifvertrag festgelegten → Tariflohn. Die Höhe des Tariflohnes ist abhängig von der Verhandlungsmacht der beiden Parteien (→ Gewerkschaften, → Lohn), die äußerstenfalls zur Durchsetzung ihrer Interessen bestimmte Mittel des → Arbeitskampfes einsetzen können (→ Streik, → Aussperrung).

c) staatliche Lohnpolitik: Die Einflußnahme des Staates auf die Lohnbildung ist in der BRD im wesentlichen auf die Bereitstellung von → Orientierungsdaten im Rahmen der → Konzertierten Aktion beschränkt. Es handelt sich um quantitativ vorgegebene Lohnerhöhungsspielräume, deren Ausnutzung durch die Tarifparteien mit der Realisierung bestimmter wirtschaftspolitischer → Ziele vereinbar ist.

In der BRD stehen v. a. folgende lohnpolitische Konzepte im Mittelpunkt der Diskussion:

a) expansive Lohnpolitik: Hauptsächlich von Vertretern der Gewerkschaften unterstütztes Lohnkonzept, dessen Ziel eine Erhöhung des Anteils der Arbeitnehmer am → Sozialprodukt ist. Durch eine Erhöhung der → Lohnquote (die Löhne steigen stärker als die → Produktivität) werde zudem eine expansive Wirkung auf die gesamte Volkswirtschaft ausgelöst: steigende Löhne haben eine Zunahme der Arbeitsleistung zur Folge und die Unternehmen werden via Lohnkostendruck zu Rationalisierungsmaßnahmen veranlaßt (Produktivitätsargument). Neben diesen induzierten Produktivitätssteigerungen geht ein weiterer expansiver Effekt von der steigenden Nachfrage der Arbeitnehmerhaushalte aus (Kaufkraftargument). Dieses Argument gilt für den Fall der → Unterbeschäftigung.

Der Erfolg einer expansiven Lohnpolitik ist u. a. abhängig von der Wettbewerbssituation auf den Gütermärkten und von der konjunkturellen Lage. Gelingt den Unternehmen eine Überwälzung der gestiegenen Lohnkosten auf die Güterpreise, so werden die nominalen Lohnerhöhungen durch die Preissteigerungen zunichte gemacht, d. h. der → Reallohn bleibt unverändert.

b) Lohnspielraum als Residuum: Dieses Konzept setzt die absolute Priorität des Wachstumszieles voraus: Vom erwarteten Sozialprodukt werden die »notwendigen« Anteile des Staates und des Auslands sowie über die Investitionen abgesetzt und über den sich als Restgröße ergebenden Konsum die zulässigen Lohnerhöhungen ermittelt.

c) produktivitätsorientierte Lohnpolitik: Hauptargument dieses Konzeptes ist die Wahrung der Preisniveaustabilität. Wenn die Geldlohnsätze genau im Maße der durchschnittlichen Zunahme der → Arbeitsproduktivität erhöht werden, bleibt der Durchschnittsstand der Preise konstant (nicht aber das Preisgefüge). Diesem Ergebnis liegt die Vorstellung zugrunde, daß die gleichbleibenden Arbeitskosten je Produkteinheit auch gleichbleibende Stückpreise bedingen (Kostenseite) und zudem der Gleichschritt von Nachfragewachstum und Angebotsentwicklung allgemeine Preissteigerungen verhindert (Nachfrageseite).

Die Einwände zu diesem Konzept konzentrieren sich insbes. auf drei Aspekte: *1.* Die Ausrichtung der Lohnerhöhungen an der Produktivitätsentwicklung bedeutet eine Zementierung der Verteilungssituation (konstante → Lohnquote). *2.* Sollen die Löhne an der *erwarteten* Produktivitätssteigerung ausgerichtet werden, ergeben sich methodische Schwierigkeiten bei der Vorausschätzung, zumal die Produktivität als endogene Größe von der Lohnentwicklung beeinflußt wird. *3.* Produktivitätsorientierung ist eine notwendige, aber keine ausreichende Bedingung für ein stabiles Preisniveau: Neben Lohnkosten spielen andere Kostenbestandteile (z. B. Kapitalkosten) bei der Preisgestaltung eine Rolle; die Anbieter haben u. U. die Macht, die Preise unabhängig von der Kostenentwicklung festzusetzen; die Entwicklung der Nachfrage ist von verschiedenen Nachfragekomponenten abhängig (z. B. Auslands-, Staats-, Investitionsnachfrage).

d) kostenniveauneutrale Lohnpolitik: Das Konzept des →Sachverständigenrats geht von der Annahme aus, daß die Sicherung der Preisstabilität nur bei konstantem volkswirtschaftlichen Kostenniveau möglich ist. Neben dem Lohn bestimmen auch andere Faktoren das volkswirtschaftliche Kostenniveau. Der Lohnerhöhungsspielraum ist demnach bei gegebener Produktivitätsentwicklung abhängig von den Veränderungsraten der anderen Bestimmungsfaktoren. So muß bei Konstanz der → terms of trade die prozentuale Veränderung der Lohnsätze bei konstanten (sinkenden, steigenden) Kapitalkosten pro Produkteinheit gleich (größer, kleiner) sein der prozentualen Veränderung der Arbeitsproduktivität, wenn Kostenniveauneutralität gewährleistet sein soll. Der auf diese Weise ermittelte Richtwert für die Lohnerhöhungen ist noch um den Lohnkosteneffekt veränderter Arbeitgeberbeiträge zur → Sozialversicherung und um den Lohnsummeneffekt von Veränderungen in der Beschäftigungsstruktur zu korrigieren. Neben den schon bei der produktivitätsorientierten Lohnpolitik geäußerten Einwänden erscheint v. a. die der Lohnpolitik gegenüber Änderungen der anderen Kostenmargen zugedachte »Lückenbüßerrolle« mit ihren verteilungspolitischen Konsequenzen von besonderer Problematik.

e) Berücksichtigung einer Preissteigerungsrate bei den zwei letztgenannten Lohnkonzepten: Dieses Konzept stellt das Verteilungsziel wieder in den Vordergrund. Ausgehend von realitätsnäheren Annahmen über die Möglichkeiten der → Wirtschaftspolitik, Preisstabilität zu sichern, soll den jährlichen Preissteigerungen Rechnung getragen werden, indem sie bei der Berechnung des Lohnerhöhungsspielraumes zusätzlich zur Produktivitätsentwicklung berücksichtigt werden (→ Lohn-Preis-Indexierung).

Über den Rahmen der hier dargestellten lohnpolitischen Konzepte hinaus gehen die Forderungen, lohnpolitische Empfehlungen und Maßnahmen nur innerhalb einer umfassenden → Einkommenspolitik vorzunehmen, da zum einen nicht verständlich ist, daß nur für die soziale Gruppe der Arbeitnehmer bestimmte einkommenspolitische Verhaltensregeln verbindlich sein sollen, zum anderen eine Einbeziehung aller Einkommensarten in die Einkommenspolitik die Möglichkeit gibt, gleichzeitig neben dem Ziel der Preisstabilität auch das Verteilungsziel in den Mittelpunkt staatlicher Wirtschaftspolitik zu stellen. T.F.

### Lohn-Preis-Indexierung

Bindung der Löhne (und Gehälter) an einen Preisindex (z. B. → Preisindex für die Lebenshaltung), um den realen Wert der Löhne dadurch konstant zu halten, daß diese entsprechend dem Ausmaß des Kaufkraftverfalls eine kontinuierliche Aufstockung erfahren.

a) Bei der ex-post-Indexbindung erfolgt die Anhebung der Löhne automatisch am Ende einer Periode, wenn während dieser Periode der zugrundegelegte Preisindex über ein bestimmtes Minimum hinaus gestiegen ist.

b) Bei der ex-ante-Indexbindung werden die Löhne im voraus erhöht, und zwar im Ausmaß der für eine bestimmte Periode vorausgeschätzten Preissteigerungsrate.

Vor allem in Zeiten inflationärer Preisentwicklung wird die Lohn-Preis-Indexierung als Mittel zum Schutze der → Einkommen aus unselbständiger Arbeit vor den negativen Verteilungswirkungen der → Inflation gefordert. Die Wirkung solcher Indexklauseln als automatische Verstärker der Inflation (built-in-inflator) durch das gegenseitige Aufschaukeln von Löhnen und Preisen macht ihren Einsatz jedoch im Hinblick auf das volkswirtschaftliche Ziel der Preisniveaustabilität nicht unproblematisch.

Im Gegensatz zu anderen europäischen Ländern (z. B. Belgien, Dänemark, Frankreich, Italien, Niederlande, Norwegen), in denen die Lohn-Preis-Indexierung für einen Großteil der Arbeitnehmer Gültigkeit besitzt, ist diese Methode der Kaufkraftsicherung in der BRD noch so gut wie unbekannt. T.F.

### Lohn-Preis-Spirale

Vorstellung von einem quasigesetzlichen Prozeß, bei dem Lohnforderungen der Gewerkschaften durch ihren Kosten- und Einkommens- bzw. Nachfrageeffekt zu

Preissteigerungen auf den Produktmärkten führen.

Die Kausalfolge kann auch umgekehrt werden, wenn gewinnorientierte oder nachfrageinduzierte Preissteigerungen der Unternehmen als auslösendes Moment betrachtet werden und die Lohnerhöhungen dann den Charakter von Realeinkommenssicherungsmaßnahmen haben oder die Folge der unternehmerischen Konkurrenz um Arbeitskräfte sind.

Da i.d.R. die Auflösung der Kausalkette nicht möglich ist, dient die Lohn-Preis- bzw. die Preis-Lohn-Spirale nur als Schlagwort, mit dem die → Tarifpartner versuchen, die Verantwortung für inflationistische Bewegungen aufeinander abzuwälzen.

Aber selbst in Ausnahmefällen, wenn Preissteigerungen eindeutig auf Lohnsteigerungen folgen, kann nicht mit Sicherheit auf eine Lohn-Preis-Spirale im Sinne einer Verantwortlichkeit der → Gewerkschaften gesprochen werden. Denn die Lohnsteigerung kann in diesem Fall das Resultat eines Nachfragedrucks sein: Handelt es sich um einen oligopolistischen Markt und/oder herrscht → markup pricing vor, kommt es erst dann zu Preisanhebungen, wenn die Nachfrage zur Ausschöpfung der Faktormärkte und zu Lohnsteigerungen geführt hat. Von der zeitlichen Folge auf die Verursachung zu schließen, ist also falsch. Umgekehrt beweist das Nacheinander von Preis- und Lohnsteigerung auch nicht notwendigerweise das Vorliegen eines Gewinndrucks: Die Preissteigerung kann ihrerseits die Reaktion z.B auf Verteuerung von (importierten) → Vorleistungen sein.

B.B.G.

## Lohnquote

prozentualer Anteil des → Faktoreinkommens der Arbeit am Gesamteinkommen.

Als Maß für die → Einkommensverteilung spielt die Lohnquote und ihre Bestimmungsfaktoren in der verteilungspolitischen Debatte eine große Rolle. Die umfangreiche Diskussion über die Berechnung der Lohnquote zeigt allerdings, daß eine statistisch einwandfreie Messung auf eine Reihe von Schwierigkeiten stößt.

Die am häufigsten zu findende Berechnungsmethode der Lohnquote setzt das Bruttoeinkommen aus unselbständiger Arbeit ins Verhältnis zum gesamten Volkseinkommen (tatsächliche Lohnquote). Diese Größe berücksichtigt freilich nicht die Tatsache, daß Arbeit im Produktionsprozeß auch von den Selbständigen und den mithelfenden Familienangehörigen geleistet wird. Einen Versuch, den Anteil des gesamten Arbeitseinkommens der Selbständigen und der Unselbständigen am Volkseinkommen zu bestimmen, unternahm der → Sachverständigenrat in seinem Jahresgutachten 1972 (→ Arbeitsquote).

Aus einem Anstieg der tatsächlichen Lohnquote darf nicht auf eine Erhöhung des Anteils der abhängig Beschäftigten am Volkseinkommen geschlossen werden. Da die Zahl der abhängig Beschäftigten dauernd zunimmt, die der Selbständigen sich dagegen verringert, erhöht sich das Bruttoeinkommen aus unselbständiger Arbeit allein wegen des Zuwachses der abhängig Beschäftigten. Dieser Effekt wird in der »bereinigten« oder »rechnerischen« Lohnquote (das in Prozenten des Volkseinkommens je → Erwerbstätigen ausgedrückte Bruttoeinkommen aus unselbständiger Arbeit je durchschnittlich beschäftigten Arbeitnehmer, gewichtet mit dem im Basisjahr vorhandenen Anteil der abhängig Beschäftigten an der Gesamtzahl der Erwerbstätigen) ausgeschaltet.

Da die Lohnquote ferner die Querverteilung (unter Einbeziehung aller Einkommensarten) unberücksichtigt läßt, ist dieser Quotient zur Messung der Einkommensverteilung weitgehend unbrauchbar.

Die zu beobachtenden kurzfristigen Schwankungen der Lohnquote im → Konjunkturzyklus erklären sich aus der größeren Konjunkturempfindlichkeit der → Gewinne im Vergleich zu den Löhnen. Die Lohnquote steigt im Konjunkturabschwung und sinkt im Konjunkturaufschwung.

Die langfristige (aber nur geringe) Zunahme der bereinigten Lohnquote wird u.a. mit folgenden Faktoren erklärt: nicht neutraler → technischer Fortschritt, Änderung der Wirtschaftsstruktur (die arbeitsintensiven Branchen nehmen anteilig zu), Zunahme der Verhandlungsmacht der → Gewerkschaften.   T.F.

**Lohnsteuer** → Einkommensteuersystem

**Lohnstop** → Einkommenspolitik

**Lohnstruktur**
Relation zwischen zwei oder mehreren Löhnen, die in einer bestimmten systematischen Weise miteinander in Beziehung stehen. Um eine Klassifizierung nach bestimmten Strukturdimensionen zu erleichtern, empfiehlt es sich, die Lohnstruktur zu definieren als zahlenmäßige Verhältnisse und Zusammenhänge, die eine Reihe zeitlich, räumlich und sachlich definierter Löhne charakterisieren. Demnach kann zwischen regionalen, interindustriellen, zwischenbetrieblichen, persönlichen (Alter, Familienstand) Lohnunterschieden und Lohnunterschieden nach Leistungsgruppen (Qualifikationen) differenziert werden.
Die ökonomische Bedeutung der Lohnstruktur liegt in ihrem Einfluß auf die Verteilung der verschiedenen Qualitäten des Produktionsfaktors → Arbeit auf die einzelnen Regionen, Wirtschaftszweige, Betriebe und → Berufe innerhalb einer Volkswirtschaft (Lenkungsfunktion der Lohnstruktur).
Eine allgemeine Theorie der Lohnstruktur, die eine befriedigende Auskunft über die Bestimmungsgründe der Lohnunterschiede gibt, ist trotz der zahlreichen empirischen Untersuchungen und Fallstudien in den letzten 30 Jahren bis jetzt noch nicht erstellt. Nach wie vor herrscht Uneinigkeit über den Anteil reiner Marktkräfte auf der einen und institutioneller und sozialer Faktoren auf der anderen Seite bei der Entstehung und Veränderung von Lohnunterschieden.   T.F.

**Lohnsummensteuer**
→ Gewerbesteuer

**Lohntheorie**
beschäftigt sich mit der Erklärung der Lohnbildung. Die Frage nach dem Anteil

der Lohneinkommen am → Sozialprodukt (→ Lohnquote) beantwortet die → Verteilungstheorie.
In der Lohntheorie wird unterschieden zwischen Geld- und → Reallöhnen, zwischen kurz- und langfristiger Lohnentwicklung, zwischen mikro- und makroökonomischen Aspekten des → Lohns. Ungleich anderen ökonomischen Erklärungstheorien gibt es bis heute keine geschlossene, vollständige und »einzig wahre« Lohntheorie, welche die Höhe des Lohnes und seine Entwicklung eindeutig bestimmt.
Die ersten Lohntheorien entstanden im Zuge der beginnenden Industrialisierung der europäischen Volkswirtschaften, als ein immer größerer Teil der Bevölkerung in den sozialen Stand der Lohnarbeiter überwechselte. Die Ende des 18. und Anfang des 19. Jh. verbreitete Existenzminimumtheorie des Lohnes (Adam SMITH, David RICARDO, → ehernes Lohngesetz) stellte insbes. die Frage nach dem langfristigen makroökonomischen Reallohnniveau zur Volkswirtschaft. Entsprechend der klassischen Wertlehre (→ Arbeitswertlehre) und ihren Annahmen über Bevölkerungswachstum und Nahrungsspielraum sah sie bei freiem Spiel von Angebot und Nachfrage den Lohn langfristig an das → Existenzminimum gebunden.
Karl MARX modifizierte diese Theorie, indem er das Bevölkerungsgesetz der Klassiker verwarf und die spezifisch kapitalistische Produktionsweise für die Lohnhöhe nahe dem Existenzminimum verantwortlich machte. Der Besitzer der Produktionsmittel, der seine Arbeiter länger arbeiten läßt, als für die Reproduktion der Arbeitskraft (Existenzminimum) notwendig, den Ertrag dieser zusätzlichen Arbeit als → Mehrwert aber für sich behält, wird durch das kapitalistische Marktsystem dazu gezwungen, seine Gewinne zu akkumulieren, d. h. zu investieren. Die immer weitergehende Kapitalakkumulation schafft eine → industrielle Reservearmee, die bewirkt, daß die Löhne auch kurzfristig dem Existenzminimum entsprechen.
Im Gegensatz zur Existenzminimumtheorie des Lohnes stützt sich die Lohnfonds-

theorie (John Stuart MILL), die Mitte des 19. Jh. Bedeutung erlangte (und im bestimmten Maße auf die Situation in den heutigen → Entwicklungsländern noch anwendbar ist), auf die Nachfrageseite des → Arbeitsmarktes. Das gesamtwirtschaftliche Lohnniveau wird bestimmt von der Zahl der Arbeitskräfte und von dem kurzfristig fixen und langfristig durch Sparen und → Kapitalakkumulation vergrößerungsfähigen Lohnfonds. Der das Lohnniveau begrenzende Lohnfonds war zum einen definiert als monetäre Kapitalgröße, mit welcher der Unternehmer die Arbeiter entlohnt, zum anderen als realer Bestand an »Lohngütern«, die den Arbeitern insgesamt in einer Periode zufließen.

Auf die Gegebenheiten von Industriestaaten zugeschnitten ist die Ende des 19. und Anfang des 20. Jh. entwickelte → Grenzproduktivitätstheorie des Lohnes (John B. CLARK). Soweit sie nicht den Anspruch erhebt, eine allumfassende Lohntheorie zu liefern, ist sie für die Erklärung der → Arbeitsnachfrage von Bedeutung. Als allgemeine, bis in die jüngste Zeit dominierende Lohntheorie findet die Grenzproduktivitätstheorie, die vom Ansatz her eine mikroökonomische Modellbetrachtung ist und die produktionstechnischen Bestimmungsfaktoren des Lohnes aufzeigt, kritische Einwände v.a. im Hinblick auf die Vernachlässigung der Lohndeterminanten auf der Angebotsseite und auf die Nichtberücksichtigung der Interdependenzen zwischen Preisen und Geldlöhnen bei der makroökonomischen Anwendung dieser Theorie. Institutionelle Faktoren finden keine Berücksichtigung.

Diese Beschränkung auf rein ökonomische Wirkungsfaktoren versuchen die in neuerer Zeit entstandenen kollektiven Verhandlungstheorien des Lohnes (collective-bargaining-Theorien, → Gewerkschaften) zu überwinden. Ihre Vorläufer sind jene Lohntheorien, die bestimmte, aus besonderen Besitzverhältnissen oder gesellschaftlichen Gegebenheiten entstandene Machtfaktoren als entscheidende Determinanten der Lohnhöhe betrachten (Karl MARX, Michael von TUGAN-BARANOWSKI, Jean Sismonde de SIS-

MONDI, Franz OPPENHEIMER, Hans PETER und Erich PREISER).

Durch die Berücksichtigung der institutionellen Gegebenheiten auf dem → Arbeitsmarkt versuchen sie, die Erwartungen und Handlungsweisen der → Tarifpartner mit in den Katalog der Bestimmungsfaktoren des Lohnes einzubeziehen. Für die Analyse des Bargaining-Prozesses von besonderem Interesse ist zum einen die Bestimmung der Ausgangsforderung der → Gewerkschaften und des Ausgangsangebots der → Arbeitgeberverbände, zum anderen der eigentliche Verhandlungsprozeß mit den möglichen Verhandlungsmethoden der Tarifparteien: Überzeugungs-/ Überredungsversuche, Zugeständnisse, Drohung mit und Einsatz von Arbeitskampfmaßnahmen (→ Streik, → Aussperrung). Die einzelnen Verhandlungstheorien unterscheiden sich durch verschiedene analytische Vorgehensweisen: Konzentration auf die Beschreibung von Verhandlungsstrategie und -taktik (Bernhard KÜLP), formale statische Theorien, die nur die Einigungslösung bzw. den Einigungsbereich angeben (Jan PEN, John R. HICKS), Anwendung des spieltheoretischen Instrumentariums (John F. NASH).

Das Versagen der auf dem Grenzproduktivitätsprinzip aufbauenden Lohntheorie bei der Erklärung der ständig steigenden Geldlöhne nach Ende des 2. Weltkrieges, ist Ursache einer Vielzahl von Einzelbeiträgen zur → PHILLIPS-Kurve, die die Theorie des durchschnittlichen Geldlohnsatzes durch neue Ansätze bereichern. So sehen einzelne Autoren die Geldlohnänderung in (linearer und nichtlinearer) Abhängigkeit von der Arbeitslosenquote und deren Veränderung sowie dem Preisänderungen (Alban W. PHILLIPS), vom gewerkschaftlichen Organisationsgrad (Allan G. HINES), von der Laufzeit der → Tarifverträge (George A. AKERLOF), von der Eigenart der Lohnrunden (Otto ECKSTEIN, Thomas A. WILSON), von der Wertproduktivität der Arbeit (Edwin KUH). In jüngster Zeit sind Versuche unternommen worden, den PHILLIPS-Zusammenhang auf mikroökonomische Vorstellungen über das Verhalten der Unternehmen und der Arbeitskräfte zu basieren. So berücksichtigt Edmund E. PHELPS die Erwartungen des Unternehmens und Charles C. HOLT die »Suchzeiten« auf dem → Arbeitsmarkt.   T.F.

**Lombardkredit**
Gewährung meist kurzfristiger Darlehen gegen Pfänder (§§ 1204–1296 BGB). In der BRD hat der Effektenlombard eine gewisse Bedeutung, bei dem → Banken gegen Verpfändung meist börsengängiger Wertpapiere Kredit gewähren.

Die → Deutsche Bundesbank ist berechtigt, Banken Buchkredite gegen Verpfändung bestimmter Wertpapiere und Schuldbuchforderungen auf höchstens drei Monate zu gewähren. Umfang und Konditionen des Lombardkredits bestimmt sie entsprechend den Zielen ihrer → Refinanzierungspolitik:

a) Festsetzung der qualitativen Anforderungen an die Pfänder und der jeweiligen Beleihungsgrenzen (§ 19 I Nr. 3 → Bundesbankgesetz): Grundsätzlich zugelassen sind rediskontfähige Wechsel, → Schatzwechsel mit einer Laufzeit von maximal drei Monaten und → U-Schätze mit einer Maximallaufzeit von einem Jahr, sowie bestimmte Staatsschuldverschreibungen, Schuldbuchforderungen und ins Schuldbuch eingetragene → Ausgleichsforderungen. Die jeweils beleihbaren Wertpapiere sind im Lombardverzeichnis der Deutschen Bundesbank eingetragen.

b) Festsetzung des → Lombardsatzes (§ 15 Bundesbankgesetz).

c) Bestimmung des Umfangs der Lombardkredite. Er richtet sich nach allgemeinen kreditpolitischen Erfordernissen und der individuellen Situation der Bank. Seit 1970 besteht in Form der → Lombardwarnmarke eine generelle Begrenzung des Lombardkredits.

Der Lombardkredit soll der kurzfristigen Überbrückung unvorhergesehener Liquiditätsbedürfnisse der Banken dienen, also nur in Sonderfällen beansprucht werden und ist innerhalb von 30 Tagen rückzahlbar. Der Lombardsatz lag daher auch immer über dem → Diskontsatz. Seit Juni 1973 hat die Deutsche Bundesbank das

normale Lombardgeschäft vorübergehend eingestellt. 1973 gewährte sie in Sonderfällen Lombardkredite von einem Tag auf den anderen und zeitweise wurden zum Ausgleich besonderer Spannungen auf dem → Geldmarkt täglich kündbare Sonderlombardkredite gegeben.   V.B.

**Lombardpolitik**
Festlegung und Veränderung der Bedingungen, zu denen die → Deutsche Bundesbank bereit ist, → Lombardkredite zu gewähren. Sie stellt, ebenso wie die → Diskontpolitik ein Instrument der → Refinanzierungspolitik dar.

**Lombardsatz**
auf Jahresbasis umgerechneter Zinssatz, zu dem die → Deutsche Bundesbank → Lombardkredite gewährt. Er lag bisher stets über dem → Diskontsatz; der Abstand schwankte zwischen 1 und 3%.

**Lombardwarnmarke**
Limitierung des → Lombardkredits (Beschluß der → Deutschen Bundesbank vom 12. 8. 1970). Nimmt ein Kreditinstitut in einem Kalendermonat den Lombardkredit im Durchschnitt mit Beträgen in Anspruch, die 20% des → Rediskontkontingents überschreiten, so ist die Warnmarke erreicht. Auch wenn die Bundesbank grundsätzlich Lombardkredite gewährt, ist eine Überschreitung nur ausnahmsweise zulässig. Das betroffene Kreditinstitut muß in diesem Fall sein Verhalten begründen und der Deutschen Bundesbank Auskünfte über die geplante künftige Refinanzierungspolitik geben.   V.B.

**Londoner Schuldenabkommen**
Ergebnis der Konferenz über deutsche Auslandsschulden vom 28. 2. 1952 bis 8. 8. 1952 in London, an der die BRD sowie neben den USA, Großbritannien und Frankreich weitere 17 Gläubigerländer teilgenommen haben. Das Abkommen wurde am 27. 2. 1953 ratifiziert. Es regelt die Anerkennung, Verzinsung und Tilgung öffentlicher und privater deutscher Vorkriegsschulden. Weiterhin werden die Verbindlichkeiten der BRD gegenüber

den USA, Großbritannien und Frankreich im Zusammenhang mit der bis zum 30. 6. 1951 empfangenen Nachkriegs-Wirtschaftshilfe (v. a. → GARIOA und → Europäisches Wiederaufbauprogramm) festgelegt sowie die Erstattung der Aufwendungen in Verbindung mit dem Aufenthalt deutscher Flüchtlinge in Dänemark von 1945 bis 1949.   D.S.

**LORENZ-Verteilungsfunktion**

(LORENZ-Kurve; Konzentrationskurve) auf Max O. LORENZ (1905) zurückgehende Funktion, die beschreibt, welcher Anteil einer Größe (z.B. → Einkommen) auf einen bestimmten Anteil einer nach einem geeigneten Merkmal geordneten anderen Größe (z.B. nach zunehmender Wohlhabenheit geordnete Bevölkerung) entfällt.

Bei absoluter Gleichverteilung z.B. des Einkommens entfallen 1, 2, …, 40, …, 99, 100% des Gesamteinkommens auf 1, 2, …, 40, …, 99, 100% der Bevölkerung von der untersten (oder obersten) Einkommensklasse an gerechnet. In graphischer Darstellung (Abb.) erhält man eine 45-Grad-Linie (bei gleichem Maßstab auf Ordinate und Abszisse, wo die kumulierten Anteile der betreffenden Größen aufgetragen sind). Je weiter sich die Verteilungskurve von der 45-Grad-Linie entfernt, desto ungleichmäßiger ist die Verteilung und desto höher ist der Konzentrationsgrad.

Sind zwei Situationen gegeben, deren LORENZ-Kurven sich schneiden, kann ein wertfreier Vergleich der → Konzentration nicht mehr durchgeführt werden.

Die Konzentration kann u. a. auch durch die → GIBRAT-, → GINI- und → PARETO-Verteilungsfunktion gemessen werden.   D.H.

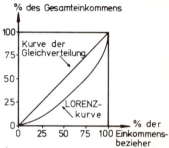

(von der untersten Einkommensstufe an gerechnet)

**LOWE's Index** → Indextheorie

**LUNDBERG-lag** → lag

# M

## Macht

Chance, innerhalb einer sozialen Beziehung den eigenen Willen auch gegen Widerstreben durchzusetzen (Max WEBER). Zur näheren Bestimmung des Machtbegriffs (und seiner Attribute: Führung, Autorität, Gehorsam) kann man entweder auf den Ursprung der Macht oder die Konsequenzen bzw. Ziele ihrer Ausübung zurückgreifen.

Ökonomische Macht ist dann entweder Macht, die aus ökonomischen Beziehungen hervorgeht, oder Macht, die auf ökonomische Beziehungen gerichtet ist. Damit gewinnt das Problem der ökonomischen Macht drei Aspekte:

a) Unterschiedliche anfängliche Marktpositionen (seien es Marktlagen oder Besitz- bzw. Eigentumsverhältnisse) können dazu führen, daß besondere Gewinne oder Einkommen durch den Marktmechanismus erzielt werden (z. B. Monopolprofite);

b) Macht kann als ein direktes Ziel ökonomischer Aktivitäten verstanden werden, wobei die zu gewinnende Marktmacht nicht nur Grundlage ökonomischer, sondern auch sozialer und politischer Macht ist;

c) Macht kann dazu verwendet werden, die Marktinstitutionen und/oder den Marktmechanismus selbst zu verändern. Die »traditionelle« Wirtschaftstheorie beschäftigt sich im Rahmen der → Preistheorie nur mit dem ersten Aspekt der Macht (Ausnahmen insbes. Karl MARX, Michael TUGAN-BARANOWSKY, Franz OPPENHEIMER, Thorstein VEBLEN). Dies ist darauf zurückzuführen, daß sich seit den Klassikern das Modell der → vollständigen Konkurrenz als Grundmodell der Wirtschaftstheorie durchgesetzt hat und hier die Macht des einzelnen vernachlässigbar klein ist.

Von John Kenneth GALBRAITH ist der dritte Aspekt neu belebt worden. Seine Theorie der gegengewichtigen Marktkraft (→ countervailing power) läßt sich durch zwei Thesen charakterisieren: Jedes wirtschaftliche Machtzentrum initiiert eine Tendenz zur Entwicklung einer gegengewichtigen Kraft; der Tendenz nach fördert diese das öffentliche Wohl. Wie zahlreiche Gegenbeispiele zeigen, ist einerseits diese Tendenz (wenn überhaupt) schwach ausgebildet, andererseits wird Macht eher im gegenseitigen Einvernehmen ausgeübt. Dadurch gerät Macht häufig in Widerspruch zum öffentlichen Wohl.

Macht bzw. Herrschaft (als institutionalisierte Machtausübung) ist Grundvoraussetzung zur Gestaltung der → Wirtschaftsordnung und Wirtschaftsstruktur sowie zur Durchsetzung wirtschaftspolitischer Maßnahmen durch die → Träger der Wirtschaftspolitik. Macht verkörpert sich jedoch nicht ausschließlich in der formellen Entscheidungsgewalt (Kompetenzverteilung) der staatlichen und nichtstaatlichen Träger der Wirtschaftspolitik, sondern wird darüber hinaus vom Wandel der wirtschaftlichen und gesellschaftlichen Funktionen der Träger, von Interessengruppen und der öffentlichen Meinung bestimmt (→ Inspiratoren der Wirtschaftspolitik). Insbes. der Staat ist bei Dezentralisation der politischen Macht im modernen Industriestaat häufig nur Mit- oder Gegenspieler zahlreicher Großorganisationen, die um Einfluß auf die Gesetzgebung und die aktuellen Entscheidungen ringen. Bei föderalistischem Staatsaufbau stellt sich zusätzlich das Problem der Verteilung und Koordination der staatlichen Macht zwischen den Gebietskörperschaften und ihren Institutionen.   R.E.

## magisches Vieleck
Schlagwort, das die Schwierigkeit umschreibt, mehrere gesamtwirtschaftliche Ziele gleichzeitig zu erreichen. Ursprünglich sprach man vom magischen Dreieck (uneasy triangle), wobei man folgendes Zielbündel meinte:

In den letzten Jahren kamen weitere Ziele hinzu. Das → Gesetz zur Förderung der Stabilität und des Wachstums der Wirtschaft nennt als zusätzliches Ziel → außenwirtschaftliches Gleichgewicht (magisches Viereck). Bezieht man noch Ziele z. B. aus den Bereichen → Einkommensverteilung, → Allokation und Strukturpolitik ein, spricht man von einem magischen Vieleck. W.G.

## makroökonomische Analyse
→ Analyse

## makroökonomische Modelle
beschreiben in formaler Sprache ein gedachtes oder reales wirtschaftliches System, wobei sie dessen meist sehr zahlreiche miteinander verbundene Elemente zu Teilaggregaten vereinigen und durch Gleichungen oder Ungleichungen verknüpfen.
Ein derartiges makroökonomisches Modell ist z. B. das KEYNES'sche Standardmodell für den realen Sektor. Es bringt das System »Gütermarkt« zur Darstellung, bestehend aus dem Angebot zahlreicher in erster Linie (aber keineswegs ausschließlich) Sachgüter und Dienstleistungen produzierender Einheiten sowie aus der Nachfrage von Endverbrauchern und Investoren. Im Modell werden diese Einheiten zu den »reinen« Aggregaten Unternehmen, Haushalte, Vermögensbildungssektor zusammengefaßt. Die Legitimation zu einer derartigen theoretischen Konstruktion ergibt sich aus der Gleichartigkeit innerhalb der Sektoren und der Verschiedenartigkeit zwischen den Sektoren in be-

zug auf die ausgewählten Aktivitäten und Motivationen.
Die in Betracht gezogenen, auf der Ebene der Aggregate ablaufenden Prozesse, sind das Angebot aus der Produktion (im Modell nur Stromaggregat $Y_a$ aller Individualangebote), die Nachfrage für Zwecke des Konsums und der (Netto-)Investition. Sie werden unter Heranziehung relevanter Teile der Wirtschaftstheorie erklärt (Erklärungsmodelle). Danach ist das Anbieterverhalten durch Nachfrageorientierung gekennzeichnet ($Y_a = Y_n$). Die Konsumnachfrage richtet sich an den in der Produktion entstehenden und auf die Haushalte verteilten Einkommen $Y$ aus ($C = C(Y)$). Die Investitionsnachfrage ist exogen bestimmt ($I = \bar{I}$). In struktureller Form, welche die einzelnen Aggregate, ihre Bestimmungsfaktoren und Verknüpfungen erkennen läßt, hat das Modell folgende Gestalt:

$$Y_a = Y$$
$$Y_n = C(Y) + \bar{I}$$
$$Y_a = Y_n$$

Fügt man z. B. bei der Nachfragefunktion eine Störvariable u für alle übrigen Einflüsse hinzu, erhält man ein sog. ökonometrisches Modell. Es ist meist nicht mehr streng deterministisch, sondern stochastisch.
Das formulierte Modell ist statisch. Enthält mindestens eine Gleichung eine verzögerte Variable, z. B. $Y_{n,\,t} = C(Y_{t-1}) + \bar{I}$, liegt ein dynamisches makroökonomisches Modell vor.
Die drei Gleichungen erklären gemeinsam und simultan die Werte der endogenen → Variablen $Y_a$, $Y_n$, $Y$. Die Lösungsmenge des Gleichungssystems wird als reduzierte Form des Modells bezeichnet. Die Strukturbestandteile sind daraus i. d. R. nicht mehr ersichtlich. Im Fall einer Konsumfunktion $C(Y) = c\,Y$ gilt z. B.:

$$
\left.
\begin{aligned}
Y_a &= \\
Y_n &= \\
Y &=
\end{aligned}
\right\}
\quad \frac{1}{1-c}\,\bar{I}
$$

Die Koeffizienten der unverzögerten exogenen → Variablen in der reduzierten

Form spielen als sog. Multiplikatoren (→ Multiplikatoranalyse) für die Wirtschaftstheorie eine erhebliche Rolle; hier z. B. der Koeffizient

$$\frac{1}{1-c},$$

der sog. Investitionsmultiplikator.

Angesichts der Komplexität realer Systeme kann in makroökonomischen Modellen nur ein Teil der tatsächlichen Elemente und Relationen Berücksichtigung finden. Durch deren Auswahl und Form unterscheiden sich die einzelnen Typen makroökonomischer Modelle. Obwohl z. B. keynesianische und klassische Modelle von derselben Vierteilung des gesamtwirtschaftlichen Systems ausgehen (Güter-, Faktor-, Geld- und Wertpapiermarkt) und kurzfristiger Natur sind (daher konstanter → Kapitalstock K und fehlender → technischer Fortschritt), weichen sie bei der Interpretation von Verhaltensweisen und Prozeßabläufen erheblich voneinander ab (vgl. Übersicht, S. 320).

Nach keynesianischer Auffassung bildet sich der Zins i als Gleichgewichtspreis auf dem Geldmarkt, wo reale Kassenhaltungsnachfrage

$$\frac{M_n}{p}$$

und reales Geldangebot

$$\frac{M_a}{p}$$

zusammentreffen.

Er bestimmt seinerseits die Investitionsnachfrage $I(i)$, die wieder zusammen mit der Konsumnachfrage $C(Y)$ und der nachfrageorientierten Produktion (mit dem Input Y und dem Output $Y_a$) das Gleichgewichtseinkommen determiniert. Dieses legt dann (über die → Produktionsfunktion) die Arbeitsnachfrage fest und über die Reallohnbestimmungsfunktion $B_n$ das Preisniveau, da nach keynesianischem Verständnis der Geldlohn w (nach unten) fixiert ist (wogegen die Reallohnveränderungen der unter → Geldillusion stehenden Arbeitsanbietern nicht bewußt wird). Das Preisniveau ist schließlich wieder über das reale Geldangebot und die reale Geldnachfrage mit dem Zins verknüpft.

Schema:

Klassische Modelle betrachten den Zins i als Gleichgewichtspreis des Wertpapiermarktes, auf dem Sparpläne $S(i)$ und Investitionspläne $I(i)$ miteinander abgestimmt werden. Die Beschäftigung ist durch das vom Reallohnsatz

$$\frac{w}{p}$$

gesteuerte Angebots-/Nachfragegleichgewicht auf dem Arbeitsmarkt determiniert. Sie bestimmt ihrerseits das Angebot $Y_a$ auf dem Gütermarkt, das auf die zinsabhängige Investitionsnachfrage und (der Rest) auf die Konsumnachfrage aufgeteilt wird. Das Angebot (= Handelsvolumen) legt zusammen mit dem Geldangebot $M_a = \overline{M}$ keit des Geldes $1/k$ das Preisniveau fest, das wiederum für die Reallohnlöhne maßgeblich ist.

Schema:

Die unterschiedliche Einschätzung wirtschaftlicher Zusammenhänge drückt sich darin aus, daß in keynesianischen Modellen der Wertpapiermarkt, in klassischen Modellen der Gütermarkt als Strukturelement nur eine untergeordnete Rolle spielt.

In der allgemeinen Form gleiche Funktionen, z. B. $I(i)$, haben ferner unterschiedliche konkrete Gestalt und infolgedessen unterschiedliche Bedeutung für Modelloutput u. U. sogar für die Lösbarkeit des Gleichungssystems.

Nicht zuletzt führt die unterschiedliche

Problemsicht zu stark von einander abweichenden Politikempfehlungen. Keynesianische Modelle, die in Umkehrung des → SAY'schen Theorems von Nachfragedominanz ausgehen und auf dem Arbeitsmarkt eines Clearing-Mechanismus entbehren, sehen in der → Arbeitslosigkeit das beherrschende wirtschaftliche Problem. Als Mittel der → Beschäftigungspolitik legen sie Nachfragesteuerung nahe.

Im Gegensatz dazu ist nach klassischer Konzeption, die im Lohn einen effizienten Selbststeuerungsmechanismus zu besitzen glaubt, die → Vollbeschäftigung kein vorrangiges, primär durch die Wirtschaftspolitik zu bewältigendes Problem, wohl aber das Preisniveau bzw. Veränderungen des Preisniveaus, die durch Regulierung des Geldangebots zu beantworten sind.

Erweitert man die Modelle in der Weise, daß man → Bestandsgrößen, insbes. die reale Kassenhaltung, als erklärende → Variable in sämtliche Nachfragefunktionen aufnimmt, erhält man sog. neoklassische makroökonomische Modelle. Sie betrachten die → Geldmenge als dominierende strategische Größe.

Der Erklärungs- oder Prognosewert makroökonomischer Modelle hängt außer von der Homomorphie des Modells und des realen Systems auch von den Konstanzannahmen für die Parameter in allen Perioden des betrachteten Untersuchungszeitraums ab. In der Praxis werden solche Konstanzannahmen durch exogene Korrekturen, sog. »fine-tuning«, abgeschwächt. Die Güte des Modelloutputs hängt dann allerdings nicht mehr nur von den Eigenschaften des Modells selber ab, sondern auch von der Intuition des mit dem Modell arbeitenden Ökonomen.

Die makroökonomischen Modelle stellen sich immer mehr als Abbilder eines Subsystems des sehr viel umfassenderen politisch-ökonomischen Systems heraus. Den erweiterten sozialwissenschaftlichen Rahmen sucht die → Neue Politische Ökonomie mit ihren Modellen abzustecken.

F.G.

| keynesianisches Modell | klassisches Modell |
|---|---|
| **Gütermarkt** | |
| $Y_a = Y$ | $Y_a = Y(A, \overline{K})$ |
| $Y_n = C(Y) + I(i)$ | $Y_n = C(i) + I(i)$ |
| $Y_a = Y_n$ | $Y_a = Y_n$ |
| **Faktormarkt** | |
| $B_a = B_a(w)$ | $B_a = B_a(\frac{w}{p})$ |
| $B_n = B_n(\frac{w}{p})$ | $B_n = B_n(\frac{w}{p})$ |
| $w = \overline{w}$ | $B_a = B_n$ |
| **Geldmarkt** | |
| $\frac{M_a}{p} = \frac{\overline{M}}{p}$ | $M_a = \overline{M}$ |
| $\frac{M_n}{p} = L(i) + k \cdot Y$ | $M_n = k \cdot p \cdot Y$ |
| $\frac{M_a}{p} = \frac{M_n}{p}$ | $M_a = M_n$ |
| **Wertpapiermarkt** | |
| $W_a = I(i)$ | $W_a = I(i)$ |
| $W_n = S(Y)$ | $W_n = S(i)$ |
| $W_a = W_n$ | $W_a = W_n$ |

**MANSHOLT-Plan**

nach Sicco MANSHOLT (ehem. Vizepräsident der EWG-Kommission mit dem Aufgabengebiet Landwirtschaft) benanntes Memorandum zur Reform der Landwirtschaft in der → Europäischen Wirtschaftsgemeinschaft, das dem Rat am 21. 12. 1968 vorgelegt wurde. In ihm wird eine Neuorientierung der gemeinsamen → Agrarpolitik zur Herstellung des Marktgleichgewichts und zur Verbesserung der Agrarstruktur vorgeschlagen, insbes. durch Betonung der Preis*struktur*politik im Rahmen der gemeinsamen → Agrarmarktordnung und aktiver Agrarstrukturpolitik der Mitgliedsländer.

Die Maßnahmen des Programms »Landwirtschaft 1980« sind v. a. auf die Verbesserung dreier Strukturkomponenten gerichtet:

a) Produktionsstruktur: Beschleunigte Verringerung der landwirtschaftlichen Erwerbsbevölkerung durch Landaufgabeprämien, vorzeitige Altersrenten, Umschulungsbeihilfen etc.; Förderung größerer Produktionseinheiten durch ein Beihilfesystem (als Mindestgrößen für »optimale« Produktionseinheiten sind u.a. genannt: 80–120 ha bei den Hauptkulturen, 40–60 Kühe bei der Milchproduktion, 450–600 Tiere bei der Schweinemast und 10 000 Legehennen bei der Eiererzeugung).

b) Landwirtschaftliche Nutzfläche: Herausnahme der Grenzböden aus der landwirtschaftlichen Nutzung durch Landabgabe- und Aufforstungsbeihilfen.

c) Marktstruktur: Verbesserung der Qualität und → Markttransparenz durch erweiterte Qualitätsnormen, Marktberichterstattung und überregionale horizontale Zusammenschlüsse der Erzeuger zu Vermarktungs- und Verarbeitungsunternehmen.

Den strukturpolitischen Vorschlägen zur Reform der Landwirtschaft wurde u.a. entgegengehalten, daß eine geringe Abnahme der Nutzfläche (7%) sowie ein starker Rückgang der Arbeitskräfte (50%) bei erheblicher Kapitalzufuhr (jährlich ca. 10 Mrd. DM) die Produktionskapazitäten nicht verringere und somit der stagnierenden Nachfrage anpasse, sondern über die steigende → Produktivität tendenziell erhöhe. Ein forcierte Strukturpolitik fördere somit die Überschußbildung und könne eine rationale Preis- und Marktpolitik nicht ersetzen (Hermann PRIEBE). D.S.

## Marginalanalyse

Analyseform, mit der untersucht wird, welche Reaktion von Wirtschaftseinheiten oder wirtschaftlichen Größen auf kleine Änderungen anderer wirtschaftlicher Größen erfolgt. Man spricht deshalb in diesem Zusammenhang auch von Grenzgrößen. Das mathematisch-analytische Hilfsmittel ist infolgedessen die Differential- oder Differenzenrechnung.

Implizit steht hinter der Anwendung der Marginalanalyse die Vorstellung, daß die Wirtschaftseinheiten bestrebt sind, unter gegebenen Umständen ein Maximum (z.B. Gewinn, Nutzen) oder ein Minimum (z.B. Kosten, Leid) zu finden. Sie versuchen deshalb, auf jede kleine Änderung ihrer ökonomischen Umgebung und auf den damit verbundenen Verlust einer zuvor optimalen Situation (Minimum oder Maximum) so zu reagieren, daß wieder ein Optimum erreicht wird. Die Neoklassik bedient sich typischerweise der Marginalanalyse.

Obwohl die Marginalanalyse aus der mikroökonomischen → Analyse entstanden ist, findet sie auch Verwendung in der makroökonomischen → Analyse, so z.B. in der Gleichgewichtstheorie, wenn die Wirkungen kleiner (marginaler) Abweichungen vom Gleichgewichtszustand analysiert werden (Stabilitätsanalyse).

Die Kritik bringt gegen das Marginalprinzip in der neoklassischen mikroökonomischen Analyse vor, daß sie vollständige Information der Wirtschaftseinheiten über die Handlungsalternativen und ihre Ergebnisse annimmt. Sie unterstellt mit dem Eigeninteresse motivierte Rationalität der Wirtschaftseinheiten bei ihren Entscheidungen im Sinne der Maximierung einer Zielfunktion. Die Maximierungshypothese wird jedoch als empirisch nicht nachprüfbar kritisiert, da alternative Entscheidungen durch Zugrundelegung einer jeweils entsprechenden Zielfunktion optimal sein können. Die angenommene Rechenhaftigkeit des Extremwerts setzt stetige und differenzierbare Funktionen (oder befriedigende Näherungswerte) voraus, was in bezug auf Güter und Produktionsfaktoren unendliche Teilbarkeit bedeutet. P.Ku.

**marginal efficiency of capital** → Grenzleistungsfähigkeit des Kapitals

**marginal efficiency of investment** → Grenzleistungsfähigkeit der Investition

## Markt

ökonomischer Ort des → Tausches und der → Preisbildung durch Zusammentreffen von Angebot und Nachfrage. Ein Zusammentreffen von Verkäufern und Käufern an einem gemeinsamen Ort ist keine Voraussetzung für die Existenz eines Marktes (z. B. Telefonhandel im Devisengeschäft). Die Kennzeichnung der Märkte nach qualitativen und quantitativen Merkmalen ist Gegenstand der Lehre von den → Marktformen. In einer → Marktwirtschaft bilden Märkte und die sich dort ergebenden Preise einen Steuerungsmechanismus für Produktion und Verteilung des Produktionsergebnisses (→ Preismechanismus).

H.M.W.

**Marktbeherrschung**

gemäß § 22 des → Gesetzes gegen Wettbewerbsbeschränkungen verschiedene Tatbestände, bei denen aufgrund der Wettbewerbsverhältnisse eine → Wettbewerbsbeschränkung dadurch vorliegt, daß

a) ein Unternehmen für eine bestimmte Art von Waren oder gewerblichen Leistungen ohne Wettbewerber ist oder keinem wesentlichen → Wettbewerb ausgesetzt ist (Monopol und Teilmonopol),

b) ein Unternehmen eine im Verhältnis zu seinen Wettbewerbern überragende Marktstellung hat, insbes. hinsichtlich seiner Finanzkraft, seines Zugangs zu den Beschaffungs- oder Absatzmärkten, hinsichtlich der Verflechtung mit anderen Unternehmen sowie der rechtlichen oder tatsächlichen Schranken für den Marktzutritt anderer Unternehmen (überragende Marktstellung);

c) bei zwei oder mehr Unternehmen die

Voraussetzungen wie zu a) oder b) gegeben sind (Oligopol).

Die Entstehung oder Verstärkung von Marktbeherrschung ist Voraussetzung dafür, daß das → Bundeskartellamt die unter die → Fusionskontrolle fallenden Unternehmenszusammenschlüsse untersagen kann.

Eine mißbräuchliche Ausnutzung der Marktbeherrschung durch Unternehmen zieht → Mißbrauchsaufsicht nach sich.

R.R.

**Marktformen**

Kennzeichnung der Märkte nach für die Erklärung der → Preisbildung wesentlichen Eigenschaften.

a) Die Klassifikation der Märkte kann nach quantitativen und qualitativen Merkmalen erfolgen. Bei der Unterscheidung nach quantitativen Merkmalen wird auf Anzahl der Marktteilnehmer auf der Angebots- und Nachfrageseite und ihre relative Größe (Anteil am Angebot bzw. an der Nachfrage des betreffenden Marktes) abgestellt. Die Klassifikation unter der Symmetrieannahme (etwa gleich große Teilnehmer auf einer Marktseite) unterscheidet zwischen einem großen, wenigen mittelgroßen und zahlreichen kleinen Anbietern und Nachfragern (Heinrich von STACKELBERG). Durch Kombination der 3 möglichen Konstellationen auf jeder Marktseite ergeben sich 9 Marktformen:

| Nachfrager<br>Anbieter | einer | wenige | viele |
|---|---|---|---|
| einer | Bilaterales Monopol | Beschränktes Angebotsmonopol | Angebotsmonopol |
| wenige | Beschränktes Nachfrage-monopol | Bilaterales Oligopol | Angebotsoligopol |
| viele | Nachfrage-monopol | Nachfrage-oligopol | Polypol |

Das Marktformenschema ist durch Aufgabe der Symmetrieannahme erweitert worden (Walter EUCKEN u. a.).

Die wichtigste Einteilung nach qualitativen Merkmalen unterscheidet vollkommene und unvollkommene Märkte. Ein Markt ist vollkommen, wenn ein homogenes Gut (→ Homogenität) vorliegt und vollständige → Markttransparenz herrscht. Handelt es sich um ein inhomogenes (oder heterogenes) Gut, dann ist der Markt unvollkommen. Bei unvollständiger Markttransparenz besteht ein temporär unvollkommener Markt, aus dem im Zeitablauf mit zunehmender Entschleierung ein vollkommener Markt wird. Auf einem vollkommenen Markt gibt es einen einheitlichen Preis (Gesetz der Unterschiedslosigkeit der Preise, William Stanley JEVONS), wogegen auf einem unvollkommenen oder temporär unvollkommenen Markt i. d. R. unterschiedliche Preise gelten.

Ein anderes qualitatives Merkmal ist der → Marktzutritt, wonach Märkte mit unbeschränktem und beschränktem Zutritt unterschieden werden.

Das Marktformenschema ist mit der qualitativen Unterscheidung in vollkommene und unvollkommene Märkte zu kombinieren. Daraus ergeben sich 9 Marktformen für den vollkommenen Markt (zur Verdeutlichung mit dem Zusatz »auf dem vollkommenen Markt« bezeichnet).

Für den unvollkommenen Markt lassen sich nur 8 Marktformen unterscheiden (obige Bezeichnungen mit dem Zusatz »auf dem unvollkommenen Markt«), dort gibt es kein bilaterales Monopol.

b) Eine Klassifikation von Märkten nach Interdependenzen zwischen Anbietern (bzw. Nachfragern) nahm Robert TRIFFIN vor. Der TRIFFIN'sche Koeffizient

$$\tau = \frac{\partial\ x_B}{x_B} : \frac{\partial\ p_A}{p_A} = \frac{\partial\ x_B}{\partial\ p_A} \cdot \frac{p_A}{x_B}$$

zeigt die Wirkung auf die Absatzmenge $x_B$ des Anbieters B ausgelöst durch die Änderung des Preises $p_A$ des Anbieters A (bei konstantem Preis $p_B$). Verliert bei einer sehr kleinen Preissenkung der Anbieter B seine Abnehmer, dann ist $\tau = \infty$, und es

liegt homogene Konkurrenz vor. Bei einem Wert $\tau = 0$ besteht keine Konkurrenzbeziehung zwischen beiden Unternehmen (isolated selling oder reines Monopol). Wandert nur ein Teil der Abnehmer von B bei einer Preissenkung ab, nimmt $\tau$ einen endlichen Wert an ($\infty > \tau > 0$) und es herrscht heterogene Konkurrenz. Bei beiden Konkurrenzbeziehungen ist noch zu unterscheiden, ob die Mengenänderung bei B wiederum eine Preisänderung des Anbieters A auslöst:

$$\tau' = \frac{\partial\ p_A}{p_A} : \frac{\partial\ x_B}{x_B} = \frac{\partial\ p_A}{\partial\ x_B} \cdot \frac{x_B}{p_A}.$$

Die Konkurrenzbeziehung ist oligopolistisch bei einem Wert $\tau'$ ungleich Null, atomistisch falls $\tau'$ gleich Null.

Auf der anderen Marktseite wurde bei dieser Klassifikation Nachfragekonkurrenz unterstellt. Eine analoge Klassifikation läßt sich nach den Interdependenzen zwischen Nachfragern (bei Anbieterkonkurrenz) vornehmen.     H.M.W.

## Marktinformationsverfahren

kooperative Form des Austauschs marktrelevanter Informationen zur Verbesserung der Voraussetzungen für eine marktorientierte Unternehmensführung bzw. Erhöhung der → Markttransparenz unter den Beteiligten. Die Daten können sich beziehen auf Marktlage, und -entwicklung, Produktionsbedingungen und Kapazitäten, aber auch Preise, Konditionen und Rabatte umfassen.

Marktinformationsverfahren können als Preismeldeverfahren (Preismeldestelle, open-price-association) durch Vereinheitlichung der Preise zu mehr → Preiswettbewerb führen, andererseits sind sie in straffer Form und in Verbindung mit → abgestimmten Verhaltensweisen dazu geeignet, als → Wettbewerbsbeschränkung zu wirken, da die reaktionsverbundenen Unternehmen in der Lage sind, sich dem Wettbewerbsprozeß schneller und gezielter anzupassen. Gemäß → Gesetz gegen Wettbewerbsbeschränkungen sind sie daher i. d. R. untersagt.

Anbietermeldestellen dienen dem Zweck, potentielle Angebotsbewerber vor Angebotsabgabe miteinander bekannt zu machen, ohne daß Preisinformationen ausgetauscht werden (wie beim → Submissionskartell).

Marktinformationsverfahren zum bloßen Erfahrungs- und Meinungsaustausch, etwa für Branchen- und Betriebsvergleiche, sind zulässig; soweit sie einheitliche Methoden der Leistungsbeschreibung oder Preisaufgliederung vertraglich oder durch Beschluß vorsehen, werden sie mit Anmeldung bei der Kartellbehörde (→ Bundeskartellamt) wirksam.   R.R.

**Marktlagengewinn** → Gewinn

**Marktordnung**
staatliche oder supranationale Regulierung des Marktgeschehens durch Beeinflussung von Wettbewerbsparametern (z. B. Preise, Konditionen) im Gegensatz zur Marktregulierung durch privatwirtschaftliche Vereinbarungen unter den am → Kartell Beteiligten. Sofern die Marktpreisbildung intakt gelassen wird, handelt es sich um marktkonforme Maßnahmen der → Wirtschaftspolitik, die lediglich Bedingungen und den rechtlichen Rahmen festsetzt, innerhalb dessen sich die Wirtschaftseinheiten frei entscheiden können. Dagegen unterliegen die Agrarmärkte der EG in Form von → Agrarmarktordnungen einem System staatlicher Eingriffsbefugnisse durch Preisfestsetzung, Marktintervention, Abnahmegarantie, Monopole auf dem Binnenmarkt sowie durch Beeinflussung des Außenhandelsverkehrs mittels Abschöpfungen (variable Zölle) und Erstattungen (variable Ausfuhrsubventionen).
R.R.

**Markttransparenz**
vollständige Markttransparenz bedeutet, daß die Marktteilnehmer die für die → Preisbildung wesentlichen Informationen besitzen. Bei → vollständiger Konkurrenz ist mit vollständiger Markttransparenz v. a. vollständige Preisinformation der Anbieter und Nachfrager gemeint. Im Falle eines → Angebotsmonopols heißt vollständige Markttransparenz, daß der Monopolist über die Nachfrage informiert ist und der Nachfrager vollständige Preisinformation

besitzen. Vollständige Markttransparenz ist Bedingung für einen vollkommenen Markt (→ Marktformen).   H.M.W.

**Marktwirtschaft**
→ Wirtschaftssystem, bei dem die Vielzahl der Pläne und Dispositionen der einzelnen Wirtschaftssubjekte auf der Grundlage einer freien → Preisbildung koordiniert werden. Walter EUCKEN bezeichnet sie mit Verkehrswirtschaft als System von Tauschwirtschaften. Der freie → Wettbewerb ist dabei für die Marktwirtschaft so wesentlich, daß sie auch Wettbewerbswirtschaft genannt wird. Der Wettbewerb erfüllt in der Marktwirtschaft nicht nur die Aufgabe der Koordination in horizontaler und vertikaler Hinsicht, sondern auch die der ständigen Steuerung des wirtschaftlichen Geschehens und der Stimulierung der Leistung. Die Ordnungs-, Steuerungs- und Gleichgewichtsfunktionen sollen sicherstellen, daß die Produktion der → Konsumentensouveränität unterworfen ist und zugleich zur höchstmöglichen Wohlfahrt in der Gesellschaft führt.

Die Grundlagen der Theorie der Marktwirtschaft können in den Werken der klassischen Nationalökonomen gesehen werden. Bei ihrer Analyse des Wettbewerbs (der »invisible hand« von Adam SMITH) und der sich über die Preise selbststeuernden Wirtschaft diskutierten sie ein rudimentäres Modell der Wettbewerbswirtschaft. Seit David RICARDO bis hin zur modernen Theorie wird die Marktwirtschaft als geschlossenes System behandelt. Es wurde immer weiter ausgebaut und formalisiert (Francis Y. EDGEWORTH, Marktformlehre von Heinrich von STAKKELBERG, dynamischer Wettbewerb oder »workable competition« von John M. CLARK). Ferner wurden immer klarer die Bedingungen formuliert, unter denen ein Marktwirtschafts-System ein bzw. mehrere (lokale oder globale) stabile Gleichgewichte besitzt (z. B. Kenneth J. ARROW, Gerard DEBREU). Während die Physiokraten sowie einige der klassischen Nationalökonomen an die prästabilierte Harmonie in einer liberalen Ordnung glaubten und ihre Nachfolger den → Liberalismus zum Dogma erhoben, erkannte u. a. schon Adam SMITH, daß dem Wettbewerb und seiner Verwirklichung Grenzen gezogen sind. So wurde schon frühzeitig betont, daß der Wettbewerb in gewissen Bereichen (z. B. Geldwesen, Versorgungsbetriebe) nicht die ihm zugesprochene Ordnungsfunktion erfüllen kann. Gleichzeitig wurde gesehen, daß das Eigeninteresse der Wirtschaftssubjekte als Triebfeder des Wettbewerbs nur so lange seine Aufgabe für die marktwirtschaftliche Ordnung erfüllt, als es durch eben diesen Wettbewerb gezügelt und gesteuert wird.

Durch Einbau bestimmter konstituierender Prinzipien in die Rechtsordnung (→ Wirtschaftsverfassung) muß die Wirksamkeit des Wettbewerbs sichergestellt werden. Dabei geht es um Normen, welche die private Autonomie einschränken, sofern diese auf Hemmungen oder Verfälschungen des Wettbewerbs gerichtet ist (→ Neoliberalismus). Auch mit seiner → Wirtschaftspolitik greift der Staat regulierend und lenkend in das marktwirtschaftliche System ein (»Marktpolizei«). Diese Regelungen sichern jedoch nicht, daß auch die gesamtwirtschaftlichen → Ziele wie Vollbeschäftigung, Preisniveaustabilität usw. erfüllt werden. Obwohl das Prinzip der Selbststeuerung durch den Wettbewerb als notwendige Bedingung erkannt wird, muß es im makroökonomischen Bereich durch Maßnahmen der → Globalsteuerung ergänzt werden (gelenkte Marktwirtschaft). Geprägt vom neo- (bzw. ordo-)liberalen Gedankengut setzte sich in der BRD nach 1948 als konkrete → Wirtschaftsordnung die → Soziale Marktwirtschaft durch.

R.E.

**Marktzutritt**

qualitatives Merkmal zur Unterscheidung zwischen Märkten (→ Marktformen). Bei unbeschränktem Marktzutritt ist jederzeit das Eindringen neuer Marktteilnehmer möglich, wogegen dies bei beschränktem Marktzutritt an bestimmte Voraussetzungen gebunden oder unmöglich ist. Die Beschränkung des Marktzutritts kann rechtlicher Natur (z. B. Niederlassungsverbote, Konzessionen, → Patente) oder wirtschaftlicher Art (z. B. Höhe des erforderlichen

Kapitalbetrags, Produktionsverfahren) sein. Vollkommene und unvollkommene Märkte (→ Marktformen) können unbeschränkten oder beschränkten Zugang aufweisen. Die Frage des Marktzutritts ist u. a. für die Betriebsgröße und den langfristigen Gleichgewichtspreis von Bedeutung (z. B. bei der Marktform der → vollständigen Konkurrenz und der → monopolistischen Konkurrenz). H.M.W.

**markup-inflation**

Verstärkung einer Kosteninflation (→ cost-push-inflation) durch verbreitete Anwendung innerhalb einer Volkswirtschaft der als → markup pricing (oder Vollkostenprinzip) bezeichneten Methode der Preisermittlung, wonach zu den → Stückkosten oder durchschnittlichen variablen Kosten ein bestimmter Prozentsatz als Gewinn aufgeschlagen wird. Markup pricing erfordert Marktmacht und setzt oligopolistische oder monopolistische Märkte voraus.

Bei konstanter oder leicht ansteigender gesamtwirtschaftlicher Nachfrage begünstigt und verstärkt das markup pricing inflatorische Prozesse: Im Fall der Preissetzung unter weitgehender Vernachlässigung der Nachfrage bleibt der Gewinnzuschlag meist unverändert. Kostendruck (z. B. durch Lohnerhöhungen) schlägt sich unmittelbar in Preissteigerungen nieder und wird durch einen konstanten prozentualen Gewinnzuschlag noch verschärft. Außerdem sind die Unternehmen bei markup pricing eher zu Lohnerhöhungen bereit.

Im Fall rückläufiger Nachfrage kommen bei nach unten starren Löhnen und markup pricing kaum Preissenkungen zustande, woraus → Unterbeschäftigung entstehen kann. Lohnerhöhungen und markup pricing können bei abnehmender Nachfrage zu einer → Stagflation führen.

Andererseits kann eine Nachfrageinflation (→ demand-pull-inflation) durch markup pricing abgeschwächt werden: Die Ausrichtung der Preise an den Kosten ergibt niedrigere Preise als bei Abstellen auf die Nachfrage, solange der Gewinnzuschlag unverändert bleibt. Hinzu kommt, daß die

Löhne im Fall einer Nachfrageinflation erst mit einem → Lohnlag ansteigen.

Die Markup-Methode schließt die Gefahr einer profit-push-inflation ein: Durch Erhöhung der Gewinnzuschläge können die Preise bei unveränderten Kosten- und Nachfragebedingungen ansteigen. Allerdings wird darauf hingewiesen, daß der Gewinndruck aufgrund des geringeren Gewinnanteils am Preis (verglichen mit dem Lohnanteil) verhältnismäßig schwach ist. Eine Steigerung der Gewinne wird nach dieser Auffassung in erster Linie nicht über den Preis, sondern durch Verbesserung der → Produktivität, → Qualitätskonkurrenz und andere Wettbewerbsparameter angestrebt. Änderungen der Gewinnzuschläge werden auch nur langfristig vorgenommen (gegenüber häufigen Lohnerhöhungen). Dem wird entgegengehalten, daß ein dauernder Gewinndruck vorherrschen kann, wenn Lohnerhöhungen infolge von Gewinnsteigerungen durch weitere Gewinnerhöhungen kompensiert werden sollen.

H.M.W.

## markup pricing

(= Vollkostenprinzip, full-cost pricing) Preisermittlung, bei der auf die → Stückkosten oder durchschnittlichen variablen Kosten ein bestimmter Prozentsatz (markup) als Gewinn aufgeschlagen wird. Die in der → Preistheorie abgeleiteten Bedingungen für die → Gewinnmaximierung (Grenzumsatz = Grenzkosten) sind ebenso wie bei der Methode des → target pricing nicht erfüllt, doch wird ein »normaler« Gewinn und langfristige Gewinnmaximierung angestrebt. Dieses Verhalten setzt Marktmacht (oligopolistische oder monopolistische Märkte) voraus. Die so bestimmten Preise zählen zur Gruppe der → administrierten Preise.

Kostenerhöhungen lassen bei konstantem prozentualen Gewinnzuschlag den Preis um einen höheren Betrag als den Kostenzuwachs ansteigen. Bei starker → Unternehmenskonzentration und häufiger Anwendung dieser Kalkulationsmethode in einer Volkswirtschaft können Kostendruck und eine damit erklärte Kosteninflation (→ cost-push-inflation) durch das markup pricing verstärkt werden und in eine → markup-inflation übergehen. H.M.W.

## MARSHALL-LERNER-Bedingung

auf Alfred MARSHALL und Abba P. LERNER zurückgehende Bedingung für eine normale Reaktion der in inländischen Währungseinheiten ausgedrückten → Leistungsbilanz auf Wechselkursänderungen, worunter bei einer → Abwertung die Verringerung eines Defizits oder die Erhöhung eines Überschusses und bei einer → Aufwertung der Rückgang eines Überschusses zu verstehen ist. Sie wird für ein Zwei-Länder-Modell unter der Annahme abgeleitet, daß der → Wechselkurs sich bei unveränderten Angebots- und Nachfrageverhältnissen ändert. Die MARSHALL-LERNER-Bedingung gilt für den Fall einer ausgeglichenen Leistungsbilanz und unendlich großer Elastizitäten des Exportangebots (relative Änderung des mengenmäßigen Exportangebots eines Landes zu relativer Änderung des Exportgüterpreises in der betreffenden Währung) des Inlands $\varepsilon_x$ und des Auslands $\varepsilon_m$. Sie erfordert, daß die absolute Summe der Elastizitäten der Importnachfrage (relative Änderung des mengenmäßigen Imports eines Landes zu relativer Änderung des Importgüterpreises in der betreffenden Währung) des Inlands $\eta_m$ und des Auslands $\eta_x$ größer Eins ist:

$$| \eta_x | + | \eta_m | > 1$$

(Bei $|\eta_x| + |\eta_m| = 1$ bleibt der Saldo Null, bei $|\eta_x| + |\eta_m| < 1$ reagiert die Leistungsbilanz anomal).

Für den Fall, daß die Leistungsbilanz nicht ausgeglichen ist, gilt die allgemeinere Bedingung:

$$\frac{X}{M} | \eta_x | + | \eta_m | > 1,$$

wobei X den Export- und M den Importwert bezeichnet.

Eine von Joan ROBINSON entwickelte Variante (ROBINSON-Bedingung):

$$\eta_x + \eta_m + 1 < \frac{\eta_m \, \eta_x}{\varepsilon_m \, \varepsilon_x} (\varepsilon_m + \varepsilon_x + 1)$$

Sie berücksichtig endliche Werte für die Exportangebotselastizität des Inlands

$\varepsilon_x$ und des Auslands $\varepsilon_m$ und gilt für eine ausgeglichene Leistungsbilanz (in inländischen Währungseinheiten). H. M. W.

## MARSHALL-Plan

vom damaligen Außenminister der USA George C. MARSHALL im Juni 1947 entwickeltes → Europäisches Wiederaufbauprogramm (European Recovery Program; ERP).

## Marxismus

einheitliches, in sich geschlossenes weltanschauliches, ökonomisches und politisch-soziologisches System der wissenschaftlichen Theorien von Karl MARX und Friedrich ENGELS. Die drei untrennbaren Hauptbestandteile des Marxismus sind:

a) die an Friedrich HEGEL, Ludwig FEUERBACH und an den französischen Materialisten anknüpfende Philosophie des → dialektischen und → historischen Materialismus;

b) die auf Adam SMITH und David RICARDO fußende → politische Ökonomie;

c) der den utopischen Sozialismus (Claude SAINT-SIMON, Charles FOURIER und Robert OWEN) überwindende wissenschaftliche → Sozialismus.

Ausgangspunkt des im Rahmen der bürgerlichen Gesellschaft und ihrer idealistischen Philosophie als radikale Antwort in der zweiten Hälfte des 19. Jh. entwickelten Marxismus ist das von MARX und ENGELS verfaßte »Manifest der Kommunistischen Partei« (1848), in dem die Notwendigkeit der Ablösung des → Kapitalismus durch den Sozialismus begründet und die revolutionäre Rolle der Arbeiterklasse nachgewiesen wird: »Die Geschichte aller bisherigen Gesellschaft ist die Geschichte von Klassenkämpfen«. Seitdem bildet die Theorie des Klassenkampfes mit dem daraus abgeleiteten Postulat einer Diktatur des Proletariats als Übergangsstufe zum → Kommunismus als dem Endstadium der Menschheitsgeschichte das umstrittene Kernstück des Marxismus.

Die erste systematische Zusammenstellung grundlegender Gedanken der marxisti-schen Weltanschauung findet sich bei ENGELS (1878), der die folgenschwere Synthese von Natur und Geschichte durch eine dialektische Interpretation beider vollzieht. Analog zu den kausalen Entwicklungsgesetzen der Natur wird der Fortgang der Geschichte deterministisch gedeutet als Folge des Antagonismus der Produktivkräfte und der gesellschaftlichen Organisation (Produktionsverhältnisse).

In seinem Hauptwerk »Das Kapital« (1867–1894) unternimmt MARX den Versuch, aufgrund einer Analyse des Kapitalismus, seines Aufstiegs und Verfalls, seiner Basis und seines Überbaus, seiner inneren antagonistischen Widersprüche und der daraus resultierenden Unvermeidbarkeit seiner revolutionären Beseitigung durch die Arbeiterklasse, das ökonomische Bewegungsgesetz der modernen Gesellschaft zu enthüllen.

Zum Träger des Marxismus wurden auf der einen Seite die sozialreformerisch eingestellte deutsche Sozialdemokratie unter Berufung auf den evolutionären Aspekt (→ Revisionismus) und auf der anderen Seite die russischen Kommunisten (Bolschewiki), die in erster Linie die klassenkämpferisch-revolutionäre Komponente und das Prinzip der Diktatur des Proletariats dogmatisierten. Unter Wladimir Iljitsch LENIN erfuhr die marxistische Schule ihre zugleich folgenreichste Weiterentwicklung und voluntaristische Umformung (Marxismus – Leninismus) zur eschatologischen Legitimierung des von ihm geschaffenen Sowjetsystems, womit er letztlich auch die Voraussetzung für die totale Pervertierung der marxistischen Philosophie durch den Stalinismus schuf.

Während der Marxismus-Leninismus in der Sowjetunion und nach dem 2. Weltkrieg in den sozialistischen Volksdemokratien des Ostblocks zu einer von der Parteizentrale kanonisierten und gewaltsam verwalteten Staatsideologie erstarrt ist, hat er im chinesischen Maoismus und im jugoslawischen Titoismus eine den unterschiedlichen Bedürfnissen dieser Länder angepaßte Umprägung erfahren unter stärkerer Berücksichtigung der dezentralisierten Selbstverwaltung.

Schöpferische Erneuerungsversuche des Marxismus unter Herausarbeitung des methodisch-kritischen Ansatzes zur rationalen Analyse der gesellschaftlichen Verhältnisse sind in Italien und Frankreich zu verzeichnen. J.K.

**Masseneinkommen** → verfügbares Einkommen

### Materialbilanz

1. Methode zur Beschreibung der Beziehungen zwischen Umwelt und Wirtschaftsaktivitäten. Grundsatz: Die Masse der der Umwelt entzogenen Materialien ist langfristig gleich der Masse der Materialien, die in die Umwelt abgegeben werden (korrigiert um Ex- und Importe).
Ein einfaches Modell:

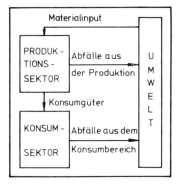

2. Statistisches Verfahren zur Darstellung der physischen Material- und Energieströme in der Produktion über mehrere Verarbeitungsstufen (z.B. Erz, Eisen, Stahl, Walzprodukt usw.). Solche Materialbilanzen (= Stoffbilanzen) können für jede Verarbeitungsstufe nach Aufkommen (Produktion, Einfuhr, Lagerentnahme), Verteilung (auf Wirtschaftsbereiche) und Verwendung (Inlandsverbrauch, Ausfuhr, Lagerzugang) untergliedert werden.
Als gesamtwirtschaftliche Materialbilanz (allerdings in Wertgrößen) kann die Vorleistungsmatrix von → Input-Output-Tabellen betrachtet werden.
3. Im → Material Product System die materielle Bilanz des Aufkommens und der Verwendung des gesellschaftlichen Gesamtprodukts. W.Sch.

### Material Product System (MPS)

nach der Terminologie der → Vereinten Nationen das von den Ländern des → Rates für gegenseitige Wirtschaftshilfe (RGW) verwendete System der → Volkswirtschaftlichen Gesamtrechnung. Es unterscheidet sich erheblich von dem in den nichtsozialistischen Ländern gebräuchlichen System der Volkswirtschaftlichen Gesamtrechnung (→ System of National Accounts; SNA):
Grundlage des SNA ist die postkeynesianische Kreislauftheorie, das MPS dagegen basiert auf der marxistisch-leninistischen Reproduktionstheorie. Hieraus resultieren unterschiedliche Auffassungen über produktive und unproduktive Leistungen. Entsprechend den Grundsätzen des MPS ist nur solche Arbeit gesellschaftlich (= produktiv), die in der »Sphäre der materiellen Produktion« eingesetzt wird, also zur Erzeugung (einschl. Instandhaltung) von Sachgütern, zur Distribution der Produkte (Transport, Handel) sowie zur Erstellung von Verkehrsdienstleistungen (Personenverkehr, Fernmelde- und Postwesen) dient. Nicht zur materiellen Produktion zählen danach die Dienstleistungen außerhalb der »Sphäre der materiellen Produktion«, z.B. die Leistungen der Kreditinstitute, des Versicherungs-, Wohnungs-, Bildungs-, Gesundheits- und Sozialwesens, die Rechts- und Staatssicherheit sowie die meisten kommunalen und persönlichen Dienste.
Kernstück des MPS ist die materielle Bilanz des Aufkommens und der Verwendung des gesellschaftlichen Gesamtprodukts (bewertet zu den tatsächlichen Abgabe- und Bezugspreisen).
Methodologische und statistische Erläuterungen zu den Komponenten des gesellschaftlichen Gesamtprodukts (am Beispiel der Nationaleinkommensstatistik der DDR):
a) Produktionsverbrauch: Er umfaßt die Abschreibungen, Mieten, Pachten und Nutzungsentgelte sowie den Verbrauch

| Aufkommen | Verwendung |
|---|---|
| Gesellschaft-liches Gesamt-produkt (= Bruttoprodukt) | Ersatzfonds Im Inland ver-wendetes Na-tionaleinkom-men |
| 1. Produktions-verbrauch | 1. Akkumula-tion |
| 2. Produziertes Nationalein-kommen (= Nettopro-dukt) | 2. Individuelle Konsumtion 3. Gesellschaft-liche Kon-sumtion |
| Import | Export |

von Material und produktiven Leistungen.

b) Produziertes Nationaleinkommen: Von der Entstehungsseite her gesehen die Summe aus Löhnen, Prämien, Arbeitsver-gütungen in den Genossenschaften, Steu-ern, Zinsen, Versicherungsbeiträgen, Ge-winnen und Abgaben.

c) Ersatzfonds: Wertmäßig identisch mit dem Produktionsverbrauch. Der Ersatz-fonds sichert die Reproduktion des gesell-schaftlichen Gesamtprodukts.

d) Akkumulation: Sie setzt sich zusammen aus den Nettoinvestitionen im produzie-renden Bereich, den Investitionen im nichtproduzierenden Bereich und dem Zuwachs an materiellen Beständen und Reserven.

e) Individuelle Konsumtion: Alle Waren und produktiven Leistungen, die unmittel-bar von Einzelpersonen (entgeltlich oder unentgeltlich) bezogen werden und i. d. R. ins Eigentum der Konsumenten überge-hen.

f) Gesellschaftliche Konsumtion: Alle Waren und produktiven Leistungen, die von Betrieben und Einrichtungen des nichtproduktiven Bereichs bezogen wer-den.

Die Zusammenhänge zwischen den Glo-balgrößen des MPS und des SNA zeigt in vergröberter Form das folgende Schau-bild.   D.S.

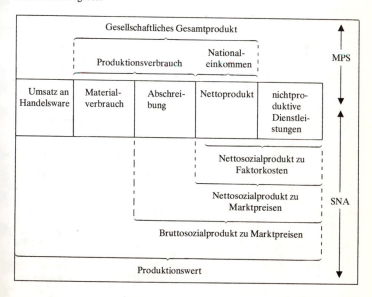

**mature economy**
→ Wachstumsstadien

**Maximumprinzip**
→ Kontrolltheorie

**Mehrwert**
Kategorie der MARX'schen Wertlehre. Ausgehend von der menschlichen Arbeit als der einzigen Quelle ökonomischer Werte (→ Arbeitswertlehre) wird unterschieden zwischen dem Reproduktionswert der Arbeitskraft und dem im Einsatz dieser Arbeitskraft geschaffenen Wert. Mehrwert ist der Überschuß des produzierten Werts über den bezahlten Lohn. Es handelt sich um die nach marxistischer Lehre spezifische Form der → Ausbeutung im → Kapitalismus: der Kapitalist eignet sich den Mehrwert unentgeltlich an und entscheidet allein über dessen Verwendung. Gesamtwirtschaftlich verteilt sich der Mehrwert im Konkurrenzprozeß als Profit auf das eingesetzte Kapital und bildet die Quelle der Investitionstätigkeit. H.V.

**Mehrwertsteuer**
→ Steuer, die an der Einkommensentstehung anknüpft, wobei die → Wertschöpfung als Bemessungsgrundlage dient; Wertzuwächse werden von ihr nicht erfaßt (→ Wertzuwachsbesteuerung).
Der Tarif kann für alle Arten der Wertschöpfung gleich sein oder in einer wachstums-, struktur- oder verteilungspolitisch erwünschten Weise nach einzelnen Arten differenzieren. Eine Differenzierung der Steuertarife für bestimmte Branchen kann zur Steuerung der Nachfrage über die Güterpreise (bei Überwälzung) wie des Angebots über die Rentabilität (bei Nichtüberwälzung) dienen (z. B. Förderung von Schlüsselindustrien). Eine Differenzierung nach der Einkommensverwendung kann wachstumspolitisch (Steuerbefreiung der Investition in der BRD) wie verteilungspolitisch (unterschiedliche Tarife für lebensnotwendige und Luxusgüter) sinnvoll sein. Die Mehrwertsteuer ist damit ein hervorragendes Mittel indirekter → Wirtschaftspolitik.

Die Steuerschuld und -bemessungsgrundlage bei der Mehrwertsteuer kann direkt aus den die Wertschöpfung konstituierenden Größen oder indirekt ermittelt werden. Die direkte Ermittlung geschieht nach der subtraktiven (Wertschöpfung als Differenz von → Produktionswert und → Vorleistungen) oder additiven Methode (Wertschöpfung als Summe der → Faktoreinkommen) mit anschließender Multiplikation mit dem Steuertarif. Indirekt läßt sich die Steuerschuld durch Vorumsatzabzug (Umsatz minus Vorleistungen, die Umsätze von Lieferanten sind) oder Vorsteuerabzug ermitteln (Steuerschuld als Differenz der mit dem Tarif multiplizierten Umsätze des Zensiten und der in den Vorlieferungen enthaltenen Mehrwertsteuer). Fiskalisch hat der in der BRD praktizierte Vorsteuerabzug den Vorteil, daß Steuerermäßigungen für bestimmte Branchen bei deren Abnehmern wieder ausgeglichen werden können, ökonomisch den Nachteil, daß eine exakte Wertschöpfungsermittlung nicht mehr erfolgt.
Der Steuertarif in der BRD beträgt grundsätzlich 11 %; niedrigere Tarife gelten für Landwirtschaft (8 %; MWSt wird durch Pauschalierung von Landwirten einbehalten), Bücher usw. (5,5 %). Steuerfrei sind Exporte, ärztliche Leistungen, die Umsätze von Bahn und Post sowie → Anlage- und Vorratsinvestitionen. H.-W.K.

**Meistbegünstigung**
vertraglich vereinbarter Grundsatz im → Außenhandel, nach dem sich ein Land verpflichtet, dem Vertragspartner alle diejenigen Einfuhrerleichterungen zu gewähren, die es auch Drittländern einräumt. Meistbegünstigung bedeutet also nicht bevorzugte, sondern nur eine dem (oder den) bevorzugtesten Land gleichgestellte Behandlung.
Im → Allgemeinen Zoll- und Handelsabkommen (GATT) wird zwischen Meistbegünstigung und Nichtdiskriminierung (Gleichberechtigung) unterschieden. Die Meistbegünstigung bezieht sich auf die Weitergabe von Zollsenkungen an alle GATT-Unterzeichner, während die Nichtdiskriminierung besagt, daß die vom

GATT in besonderen Fällen erlaubten Ausnahmen vom Verbot der mengenmäßigen Beschränkungen (→ Kontingente) nur nichtpräferentiell gehandhabt werden dürfen. Die im GATT vorgesehene Form der Meistbegünstigung muß unverzüglich und bedingungslos auch dann gewährt werden, wenn die Begünstigten keine Gegenkonzessionen machen.

Die Meistbegünstigungsklausel des GATT erhöht den internationalen Wettbewerb, indem sie handelspolitische Monopole beseitigt oder ihr Entstehen verhindert. Da etwaige bilateral ausgehandelte Zollsenkungen allen GATT-Ländern eingeräumt werden, kommt ein Meistbegünstigungs-System dem → Freihandelsprinzip nahe.

R.O.

**Mengenanpasser**

Verhaltensweise eines Marktteilnehmers, für den der Preis des von ihm angebotenen oder nachgefragten Gutes (bzw. Produktionsmittels) eine gegebene Größe ist und der daher nur über die Menge bestimmen kann. Diese Verhaltensweise ist u.a. bei der Marktform der → vollständigen Konkurrenz anzutreffen.

**Mengenelastizität**

Quotient, in dessen Zähler die relative Änderung einer Menge als abhängige → Variable erscheint und im Nenner die relative Änderung einer unabhängigen → Variablen, welche die Veränderung der Variablen im Zähler ausgelöst hat. Eine typische Mengenelastizität ist z.B. die → direkte Preiselastizität der Nachfrage.

Steht im Zähler die relative Änderung einer Wertgröße (z.B. des Exportwerts) und im Nenner die relative Änderung einer anderen Größe, durch welche die Veränderung der Variablen im Zähler zustande kam (z.B. des → Wechselkurses), so handelt es sich um eine Wertelastizität.

H.M.W.

**Mengenfixierer**

Anbieter oder Nachfrager, dessen Aktionsparameter die Menge ist. Über den Preis, zu dem die Menge abgenommen oder angeboten wird, entscheidet die andere Marktseite. Der Preis ist für den Mengenfixierer Erwartungsparameter.

**Mengenindex** → Indextheorie

**Mengenzoll**

(= spezifischer Zoll) Belastung von Außenhandelsgütern mit einem bestimmten Geldbetrag pro Mengeneinheit der Güter. Im Gegensatz zu → Wertzöllen bringen gleich hohe Mengenzölle für ähnliche Produkte eine Differenzierung der prozentualen Zollbelastung mit sich; geringwertige Produktqualitäten werden relativ höher belastet. Bei steigenden Weltmarktpreisen wird bei Mengenzöllen die Zollbelastung geringer, bei Wertzöllen bleibt sie gleich. M.H.

**meritorische Güter**

(= merit goods) Güter, bei denen im Gegensatz zu → öffentlichen Gütern der privatwirtschaftliche Ausschließungsmechanismus funktioniert, bei denen private Nachfrage und/oder Angebot aber hinter dem sozial gewünschten Umfang zurückbleiben. Ein Beispiel für meritorische Güter ist das Gut Bildung. Es liegt im Interesse der Allgemeinheit, für alle Staatsbürger die Ausbildung durch öffentliches Angebot (zumindest durch öffentliche Kontrolle) zu regeln und die Nachfrage z.B. durch Schulpflicht zu verändern, obwohl der Markt für das Gut Bildung durchaus privatwirtschaftlich organisierbar ist.

Die im allgemeinen Interesse liegende Befriedigung von merit wants übernimmt der Staat, obwohl in diesem Zusammenhang sehr umstritten ist, wer über den Umfang der Bereitstellung meritorischer Güter entscheiden soll. Da die freiwillige individuelle Nachfrage nicht ausreicht, könnte man annehmen, daß die Mehrheit der Individuen ein solches Angebot von meritorischen Gütern in ausreichendem Umfang nicht wünscht. Ein »benevolent despot«, ein besserwissender Einzelner oder eine kleine informierte Gruppe, müßte zugunsten der Mehrheit über deren individuelle Bedürfnisse hinweggehen. Dieses mit dem individualistischen Prinzip schlecht zu vereinbarende Konzept hat dazu geführt, daß der von Richard A. MUSGRAVE eingeführte Begriff der meritorischen Güter in der → Finanzwissenschaft umstritten ist. R.D.

**Metallwährung**
metallisches Währungssystem in Form einer monometallischen Währung (z. B. Goldwährung), Doppelwährung (z. B. Gold-Silber-Währung mit festem Wertverhältnis der Währungsmetalle), Parallelwährung (z. B. Gold-Silber-Währung ohne festes Wertverhältnis) oder hinkenden Währung (z. B. hinkende Goldwährung mit nicht frei ausprägbarem Silbergeld). Im Verkehr kann es vollwertiges → Münzgeld sein (z. B. Goldumlaufswährung) oder durch Währungsmetall gedecktes Repräsentativgeld (z. B. Goldkernwährung).

F.G.

**Metaprognose** → Diagnose und Prognose

**mifrifi** mittelfristige → Finanzplanung

**mikroökonomische Analyse** → Analyse

**Mindestlohn**
durch Gesetzgebung oder tarifliche Vereinbarung festgelegte untere Grenze für die Lohngestaltung.
Eine im Vergleich zu anderen Faktormärkten spezielle Eigenschaft des → Arbeitsmarktes ist die direkte Verbindung der Arbeitsleistung mit dem Menschen. Die sich daraus ergebende soziale Problematik erfordert z. B. staatliche Regelungen über Frauen- und Kinderarbeit, Arbeitszeit und Mindestentlohnung. Die Festlegung eines Mindestlohnes ersetzt die wegen der anomalen Reaktion des → Arbeitsangebotes fehlende untere Kostengrenze des individuellen Arbeitsangebotes (ein Absinken des Lohnes unter eine bestimmte Grenze zwingt einen Großteil der Anbieter von Arbeit entweder mehr zu arbeiten oder weitere Familienmitglieder in den Arbeitsprozeß einzugliedern). Mindestlohnregelungen können demnach als eine Ergänzung des Systems der sozialen Sicherheit betrachtet werden. Bei der Ermittlung der Mindestlohnhöhe ist die Kostenwirkung einer solchen Regelung bei den Nachfragern nach Arbeit zu berücksichtigen (Produktionseinschränkungen; Substitutionsprozesse).
In der BRD sind die → Tariflöhne für die Mitglieder der Tarifvertragsparteien Mindestlöhne (Tarifvertragsgesetz). Fehlen die Voraussetzungen für den Abschluß von Tarifverträgen, so können vom Staat Mindestarbeitsbedingungen zur Regelung von Entgelten und sonstigen Arbeitsbedingungen vorgeschrieben werden (Gesetz über die Festsetzung von Mindestarbeitsbedingungen vom 11. 1. 1952).
Mindestlohnregelungen gibt es auch in zahlreichen anderen Ländern, z. B. in England, Frankreich, Italien, Niederlande, Österreich, USA. T.F.

**Mindestpreise**
staatlich festgelegte Preisuntergrenze zur Sicherung der Einkommenssituation bestimmter Erzeugergruppen, z. B. der landwirtschaftlichen Produzenten (in der → Agrarmarktordnung: Interventionspreise). Mindestpreise zählen zur Klasse der → administrierten Preise; liegt der Mindestpreis $p_m$ über dem → Gleichgewichtspreis $p^*$, entsteht ein Angebotsüberschuß in Höhe von $x_a-x_n$, der durch ergänzende Maßnahmen beseitigt werden muß. Dies kann z. B. dadurch geschehen, daß der Staat als Nachfrager auftritt und die überschüssige Menge kauft (Verschiebung der Nachfragefunktion $N_1N_1'$ nach $N_2N_2'$) oder den privaten Unternehmern Anreize zur Produktionseinschränkung gibt (Verschiebung der Angebotsfunktion von $A_1A_1'$ nach $A_2A_2'$). R. W.

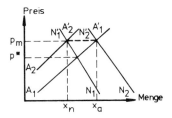

**Mindestreserven**
von → Banken bei der → Zentralbank zu haltende → Sichteinlagen. Ihre Höhe wird durch Anwendung des → Mindestreservesatzes auf das Einlagevolumen (Passivreserve) bzw. Kreditvolumen (Aktivreserve) der Bank ermittelt.

**Mindestreservepolitik**

Maßnahmen der → Zentralbank, durch die → Mindestreservesätze und deren Bezugsgrundlagen festgesetzt bzw. verändert werden. In Deutschland besteht eine Verpflichtung der → Banken zur Haltung von → Mindestreserven erst seit Gründung der Bank deutscher Länder 1948. Das → Bundesbankgesetz (BBkG) sieht vor, daß die → Deutsche Bundesbank zur Beeinflussung von Geldumlauf und Kreditgewährung Mindestreservesätze auf Verbindlichkeiten der Banken gegenüber Nichtbanken, ausländischen Kreditinstituten und nicht reservepflichtigen inländischen Kreditinstituten festsetzen kann, die differenziert werden nach Art und Fristigkeit der Verbindlichkeiten (→ Sicht-, → Termin- und → Spareinlagen), Größe (Reserveklassen) und Standort (Bank- und Nebenplätze) der Banken sowie Herkunft der Verbindlichkeiten (Inländer oder Ausländer). Außerdem besteht eine Differenzierung je nachdem, ob Bestand oder Zuwachs der Verbindlichkeiten Bemessungsgrundlage für die Mindestreserven ist. Die jeweils gültigen Regelungen ergeben sich aus § 16 BBkG in Verbindung mit den Anweisungen der Bundesbank über Mindestreserven. Mindestreserven werden nicht verzinst, die Unterschreitung des Mindestreserve-Solls wird mit Strafzinsen belegt, die am → Lombardsatz orientiert sind, ihn aber i.d.R. übersteigen. Da das Mindestreserve-Soll nur im Monatsdurchschnitt erfüllt sein muß (Berechnung aus den Endständen der Bankwochenstichtage) und das Reserve-Soll einen halben Monat früher feststeht als die Ist-Reserve, haben die Banken einen Dispositionsspielraum, der ihnen gestattet, die Mindestreserven bis zu einem gewissen Grad als → working balances zu benutzen.

Grundsätzlich soll die Mindestreservehaltung die Zahlungsfähigkeit der Banken sichern. Die Ausgestaltung im einzelnen und insbes. die Variation der Höhe der Mindestreservesätze dient dagegen der Steuerung des Bankkreditangebots. Im Rahmen der traditionellen Theorie des → Kreditschöpfungsmultiplikators spielt der Zusammenhang zwischen Mindestreservesatz und Kreditschöpfungspotential der Banken eine wichtige Rolle, doch auch Vertreter des → Monetarismus und Liquiditätstheoretiker sehen in der Mindestreservepolitik ein wirksames Instrument der → Zentralbankpolitik. Im Rahmen des monetaristischen Transmissionsmechanismus beeinflußt der Mindestreservesatz über die Reservehaltung der Banken und den modifizierten Geldschöpfungsmultiplikator die → Geldmenge, im Rahmen liquiditätstheoretischer Ansätze die freien → Liquiditätsreserven der Banken und damit das Bankkreditangebot, da zu den Liquiditätsreserven nur die Überschußguthaben bei der Zentralbank gerechnet werden. Um Einlagen von Ausländern bzw. Kreditaufnahmen der Banken im Ausland einzuschränken, belegte die Bundesbank zeitweise (erstmals 1957) Verbindlichkeiten gegenüber Gebietsfremden mit höheren Mindestreserven bzw. erhob zusätzliche Mindestreserven auf den Zuwachs an Auslandsverbindlichkeiten, was zu einer fast 100%igen Festlegung der Zuwächse führen konnte. Inwieweit dadurch das Wachstum der → Bankenliquidität insgesamt gebremst werden konnte, ist fraglich, doch konnte zumindest ein Teil der Liquiditätsreserven der freien Verfügung entzogen werden. Die Änderung des Bundesbankgesetzes vom Juli 1969 ermöglichte der Bundesbank eine Erhöhung der Mindestreservesätze auf Einlagen von Gebietsfremden bis zu 100%. Die strenge Handhabung dieses Instruments ab 1971 führte dazu, daß der Kapitalimport der deutschen Industrie zunehmend durch direkte Kreditaufnahme im Ausland erfolgte, während er vorher über das deutsche Bankensystem gelaufen war. Die Mindestreserveregelungen wurden daher durch Einführung des → Bardepots ergänzt. V.B.

**Mindestreservesatz**

Prozentsatz, mit dem das Einlagevolumen bzw. Kreditvolumen einer → Bank multipliziert wird, um die Höhe der zu haltenden → Mindestreserven zu bestimmen.

## Minimalkostenkombination

*ökonomisch* effiziente Inputkombination bei der → Produktion eines Gutes, wenn eine bestimmte Produktmenge mit alternativen *technisch* effizienten Inputkombinationen (substitutionale → Produktionsfunktion) erzeugt werden kann (→ Effizienz).

Geometrische Ermittlung der Minimalkostenkombination (bei zwei Inputs $X_1$ und $X_2$): Der geometrische Ort aller technisch effizienten Faktorkombinationen zur Erzeugung eines bestimmten → Outputs $Y$ = konst. ist die → Isoquante (Abb. 1). Alle Kombinationen beider Inputs, die bei gegebenen Faktorpreisen $p_1$ und $p_2$ die gleiche Gesamtkostensumme $K = p_1X_1 + p_2X_2$ ergeben, liegen auf *einer* Isokostengerade (= Isotime; vgl. Abb. 2). Die Minimalkostenkombination z. B. für den Output $Y_2$ ist bestimmt durch den Punkt P, wo die Isoquante $Y_2$ die Isokostengerade mit den niedrigsten Gesamtkosten (hier $K_2$) berührt (Abb. 3). Jeder andere Punkt (z. B. Punkt A) ist nicht kostenoptimal, weil der gegebene Output mit höheren Gesamtkosten (hier $K_3$) erstellt wird.

Eine gleichartige Vorgehensweise zur Ermittlung der Minimalkostenkombination wäre, wenn man auf einer gegebenen Isokostengerade denjenigen Punkt sucht, für den der Output maximal ist.

Bei einer → LEONTIEF-Produktionsfunktion ist die einzige technisch effiziente Inputkombination zugleich auch kostenminimal.   R.D.

**Minimax-Regel** → Spieltheorie

**Mischgüter** → öffentliche Güter

**Mischzoll**

(= Gleitzoll) kombinierter → Mengen- und → Wertzoll. Durch einen Mischzoll läßt sich z. B. der Inlandspreis eines Produkts weitgehend unabhängig vom Weltmarktpreis stabilisieren. Nachteil: Erschwerung der Zollberechnung durch komplizierten Zolltarif.

**Mißbrauchsaufsicht**

Befugnisse der Kartellbehörden (i. d. R. des → Bundeskartellamts) beim Fehlen wirksamen → Wettbewerbs zur Beanstandung und Untersagung eines mißbräuchlichen Verhaltens bzw. zur Nichtigkeitserklärung von Verträgen (darunter auch Anzeigepflicht und erhöhte Anforderungen an die Publizität bei Unternehmen). Sie gilt gegenüber allen → Kartellen, Vertikalverträgen (z. B. → vertikale Preisbindung für Verlagserzeugnisse, Vertriebsbindungen), bei → Marktbeherrschung durch Unternehmen sowie bei der → vertikalen Preisempfehlung für Markenwaren.

Durch die Kartellnovelle 1973 wurden die Möglichkeiten zur Mißbrauchsaufsicht erheblich erweitert. Während das → Gesetz gegen Wettbewerbsbeschränkungen zuvor als Bedingung für die Ausübung der Mißbrauchsaufsicht den Tatbestandsnachweis an Hand negativer Kriterien verlangte – nämlich, daß auf einem bestimmten Markt kein wesentlicher Wettbewerb bestehe (Mosaiktheorie) – prüft die Kartellbehörde zunehmend bei vermuteter miß-

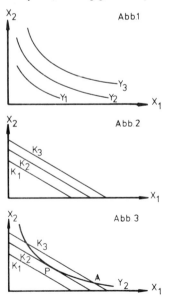

bräuchlicher Preiserhöhung, welcher Preis sich bei wirksamem Wettbewerb gebildet hätte. Übersteigt der Preis diesen ›als-ob-Wettbewerbspreis‹, so wird er als überhöht und daher mißbräuchlich angesehen. Maßstäbe dazu sind räumliche und zeitliche Vergleichsmärkte (Vergleichsmarktkonzept).

Die Ausschöpfung der Mißbrauchsaufsicht durch das Bundeskartellamt bringt die Gefahr mit sich, über Gebühr einzuschreiten, da vielfach die Offenlegung der Kostenkalkulation erforderlich ist, um daraus auf einen Preismißbrauch schließen zu können. Die Wettbewerbspreiskontrolle würde zur Kostenkontrolle verschärft werden können, mit der Möglichkeit, Einfluß auf die Investitionen zu nehmen (Preiskommissar). R.R.

### Mißbrauchsprinzip
Grundsatz der → Wettbewerbspolitik, nach dem Vereinbarungen zwischen oder Zusammenschlüsse von Unternehmen (trotz Vorbehalts staatlicher Eingriffs bei Mißbräuchen) zur Sicherung des → Wettbewerbs zulässig sind. Damit staatliche Eingriffe möglichst wenig stattfinden, obliegt dem Staat die Beweislast für den Mißbrauch wirtschaftlicher Macht (→ Mißbrauchsaufsicht). Gegensatz: → Verbotsprinzip. R.R.

### Mitbestimmung
jede Form der organisierten Einwirkung der Arbeitnehmer oder deren Vertreter auf das Zustandekommen und die Durchführung von Entscheidungen wirtschaftlicher, sozialer und personalpolitischer Art.

Dieser Mitbestimmungsbegriff im weiteren Sinn umfaßt verschiedene Intensitätsgrade:

a) Mitentscheidung (Mitbestimmung im engeren Sinn): Soweit Entscheidungen gegen den geschlossenen Willen der mitbestimmungsberechtigten Arbeitnehmer nicht wirksam werden können, z.B. wenn die Entscheidungsbefugnis auf ein paritätisch besetztes (gleiche Zahl der Sitze, gleiches Recht der Stimmen für die beteiligten Interessengruppen) Beschlußorgan über-

tragen ist oder wenn eine zustimmende Willenserklärung der Mitbestimmungsberechtigten Voraussetzung für die Wirksamkeit der Entscheidung ist (Zustimmungsbedürftigkeit).

b) Mitwirkung: Im Gegensatz zur Mitbestimmung im engeren Sinn können Entscheidungen auch gegen den geschlossenen Willen der Arbeitnehmer getroffen und wirksam werden. Dieser Begriff umfaßt das Recht auf Information, auf Anhörung, auf Mitsprache und auf Mitberatung.

Innerhalb einer Volkswirtschaft kann die Mitbestimmung auf verschiedenen Ebenen realisiert werden:

a) Betriebliche Mitbestimmung auf der Stufe der technischen und organisatorischen Einheit des → Betriebes und auf der Stufe der rechtlichen und wirtschaftlich-finanziellen Einheit des Unternehmens (unternehmerische Mitbestimmung). In der BRD wird der Mitbestimmungsbegriff in erster Linie mit der gesetzlich-institutionellen Ausformung der unternehmerischen Mitbestimmung gleichgesetzt.

b) Überbetriebliche Mitbestimmung der Arbeitnehmer in über den einzelnen Betrieben und Unternehmen stehenden Einrichtungen. Solche Institutionen finden sich in den verschiedenen wirtschaftlichen und sozialen Bereichen (→ Sozialversicherung, Berufsgenossenschaften, Handwerks- und Landwirtschaftskammern, Beiräte innerhalb von Ministerien und Behörden, → Konzertierte Aktion). Als geeignetes Instrument für die Erweiterung der überbetrieblichen Mitbestimmung wird in der BRD von den → Gewerkschaften und einzelnen politischen Parteien die Gründung von Wirtschafts- und Sozialräten gefordert, die unter Beteiligung von Arbeitnehmervertretern gegenüber der Regierung, den gesetzgebenden Körperschaften und den Behörden eine Beratungs- und Mitbestimmungsfunktion wahrnehmen sollen.

Zur Rechtfertigung der bestehenden gesetzlichen Mitbestimmungsregelungen wie auch der Forderungen nach deren Erweiterung werden sozialethische, gesellschafts- und wirtschaftspolitische Gründe angeführt. Die Forderung nach Mitbestimmung entspreche dem Primat der Würde des Menschen im Arbeitsleben, sie ist notwendig zur Verwirklichung des Grundsatzes der Gleichberechtigung von Kapital und Arbeit und des Prinzips der Demokratie auch im wirtschaftlichen Bereich. Die Mitbestimmung erfülle eine Kontrollfunktion gegenüber der in der Unternehmensleitung konzentrierten Macht.

Gegner einer Ausweitung der Mitbestimmung weisen auf den besonderen Institutionscharakter der praktizierten Mitbestimmung hin, die nicht der Menschenwürde des einzelnen Arbeitnehmers, sondern allein den Gewerkschaften und deren Funktionären diene. Die Gleichstellung von Kapital und Arbeit sei durch die Existenz großer Gewerkschaften und durch die arbeitsrechtlichen Schutzgesetze gesichert und die wirtschaftliche → Macht werde durch das marktwirtschaftliche System ausreichend kontrolliert. Zudem verstoße die Mitbestimmung im engeren Sinn gegen das vom Grundgesetz garantierte Recht auf privates → Eigentum (an den Produktionsmitteln) und verhindere eine flexible und effiziente Unternehmensführung.

Die in der BRD geltenden gesetzlichen Bestimmungen zur Mitbestimmung im unternehmerischen Bereich (Gesetz über die Mitbestimmung der Arbeitnehmer in den Aufsichtsräten und Vorständen des Bergbaus und der Eisen und Stahl erzeugenden Industrie vom 21. 5. 1951: Montanmitbestimmungsgesetz) haben folgende Merkmale: Der Geltungsbereich des Gesetzes erstreckt sich auf Unternehmen im Bereich des Bergbaus und der Eisen und Stahl erzeugenden Industrie mit i. d. R. mehr als 1000 Arbeitnehmern. Wahlorgan für die Aufsichtsratmitglieder ist die Hauptversammlung, die in bezug auf die Arbeitnehmervertreter an die Vorschläge von Betriebsrat oder Gewerkschaft gebunden ist. Die Sitze im Aufsichtsrat werden zwischen Anteilseignervertreter und den Arbeitnehmervertretern paritätisch aufgeteilt. Ein sog. »Neutraler« soll eine mögliche Entscheidungsblockade (Pattsituation) ausschließen. Die Gewerkschaften haben ein Vorschlagsrecht für mindestens drei

Arbeitnehmervertreter und ein Vetorecht bei den vom Betriebsrat vorgeschlagenen Vertretern. Zum Unternehmensvorstand gehört der Arbeitsdirektor, der nicht gegen die Mehrheit der Arbeitnehmer im Aufsichtsrat berufen oder abberufen werden kann.

Im Zuge der Diskussion um eine Reform der Unternehmensverfassung verabschiedeten die Koalitionsparteien SPD und FDP Anfang 1974 ein Mitbestimmungsmodell, dessen Inhalt die Basis für einen entsprechenden, vom Bundesministerium für Arbeit und Sozialordnung vorbereiteten Gesetzentwurf darstellt. Dieser Koalitionsentwurf sieht eine Ausweitung der unternehmerischen Mitbestimmung auf alle Kapitalgesellschaften mit mehr als 2000 Arbeitnehmern vor, deren Aufsichtsrat zukünftig paritätisch besetzt sein soll. Auf ein zusätzliches neutrales Aufsichtsratmitglied wird verzichtet. Unter den im Aufsichtsrat vertretenen Arbeitnehmern muß mindestens ein Arbeiter, ein Angestellter und ein leitender Angestellter sein, die von den jeweiligen Gruppen getrennt vorgeschlagen werden. Die im Unternehmen vertretenen Gewerkschaften stellen mindestens drei Aufsichtsratmitglieder. Alle Arbeitnehmervertreter werden durch ein Wahlmännergremium in den Aufsichtsrat gewählt, das aus Urwahlen der Belegschaft hervorgeht. In dem vom Aufsichtsrat gewählten Vorstand muß mindestens ein Mitglied vorwiegend für die Personal- und Sozialangelegenheiten zuständig sein. Die Regelung der gesetzlichen Mitbestimmung im Betrieb ist Teil der → Betriebsverfassung. T.F.

**Miteigentum** → Vermögenspolitik

**Mitläufer-Effekt**
(= bandwagon effect) Zunahme des → Nutzens eines Gutes für einen Haushalt mit dem Kreis der Konsumenten. Seine nachgefragte Menge hängt dann nicht nur vom Preis für das betreffende Gut ab, sondern erhöht sich mit der Gesamtnachfrage oder der Zahl der Konsumenten. Bei einer Preissenkung treten zwei Effekte auf: eine Mehrnachfrage aufgrund des Preisrück-

gangs (Preis-Effekt) und eine zusätzliche Ausweitung der nachgefragten Menge aufgrund der allgemeinen Zunahme des Verbrauchs (Mitläufer-Effekt). Die Gesamtnachfragefunktion wird durch den Mitläufer-Effekt flacher. H.M.W.

**mittelfristige Finanzplanung**
→ Finanzplanung

**mittelfristiger finanzieller Beistand**
durch Entscheidung des Rates der → Europäischen Gemeinschaften (EG) vom 22. 3. 1971 zur wirksameren Gestaltung des gegenseitigen Beistands (im Sinne von Art. 108 des Vertrages zur Gründung der Europäischen Wirtschaftsgemeinschaft) eingeführter Mechanismus, im Rahmen dessen die Mitgliedsstaaten der EG bis zu festgesetzten Plafonds (Gesamtsumme der Bereitstellungsplafonds: 2 725 Mio. EUR, Anteil der BRD: 22 %) mittelfristige Kredite an ein von Zahlungsbilanzschwierigkeiten betroffenes Mitgliedsland gewähren.
Der über den Kreditbetrag und die Konditionen entscheidende Rat der EG legt die wirtschaftspolitischen Verpflichtungen fest, welche der begünstigte Mitgliedsstaat einzugehen hat. Mit Rücksicht darauf kann die Möglichkeit zur Inanspruchnahme des gegenseitigen Beistands nicht zur unbedingten → internationalen Liquidität gerechnet werden.
Die parlamentarischen Ratifizierungsverfahren (BRD: 24. 12. 1971) waren im Herbst 1973 abgeschlossen, so daß der Mechanismus (mit zweijähriger Verspätung) in Kraft treten konnte. F.G.

**mittelfristig garantierter Paritätsanstieg**
(= crawling peg) durch die Währungsbehörden garantierte, im voraus bestimmte kontinuierliche Änderung der → Parität in kurzen Zeitabständen über einen bestimmten Zeitraum unter Beibehaltung enger Bandbreiten (→ Parität). Der → Sachverständigenrat zeigte in seinem Jahresgutachten 1966/67 diese Möglichkeit einer wechselkurspolitischen Unterstützung der Stabilitätspolitik auf. Die Währungsinstanzen könnten verbindlich erklären (Vorankündigung), daß die Parität von Woche zu Woche allmählich mit einer Jahresrate von 2,5 % während einer bestimmten künftigen Periode (Festlegungsperiode) ansteigt. Die Bandbreite (damals 1,5 %) sollte unverändert bleiben. Vorteile dieser stetigen → Aufwertung der DM sind v. a. eine geringere Preisniveausteigerung als ohne diese Maßnahme, Reduzierung der Inflationserwartungen und Abwehr der Devisenspekulation. Außerdem ist die Höhe des künftigen → Wechselkurses bekannt. H.M.W.

**mixed goods** → öffentliche Güter

**mixed inflation** → demand-shift-inflation

**Mobilisierungspapiere**
→ Schatzwechsel und → U-Schätze, die der Bund der → Deutschen Bundesbank auf Verlangen bis zum Nennbetrag der ihr gegen den Bund zustehenden → Ausgleichsforderung (rd. 8,1 Mrd. DM) zur Verfügung stellen muß (§ 42 → Bundesbankgesetz). Damit wird die Manövriermasse der Bundesbank für die Durchführung der → Offenmarktpolitik erhöht. Käufe und Verkäufe nimmt sie auf eigene Rechnung vor, d. h. der Bund ist nur formell Schuldner. V.B.

**Mobilität** → Arbeitsmobilität

**MODIGLIANI-Effekt**
→ relative Einkommenshypothese

**Mondpreise** → vertikale Preisempfehlung

**monetäre Ströme** → Stromgrößen

**Monetarismus**
Strömung in den Wirtschaftswissenschaften, die in den letzten Jahren zunehmende Beachtung fand und als deren Hauptvertreter Milton FRIEDMAN, Karl BRUNNER und Allen MELTZER gelten. Obwohl sich bei den Vertretern dieser Richtung in manchen Punkten unterschiedliche Auffassungen feststellen lassen, gibt es doch einen Grundstock an Übereinstimmung, der die monetaristische Position kennzeichnet.

Einig sind sich die Monetaristen zunächst in ihrer Kritik an der keynesianischen Wirtschaftstheorie und an der auf dieser Theorie aufbauenden → Geld- und → Fiskalpolitik. Der keynesianischen Theorie wird vorgeworfen, daß sie unzureichende und schiefe Vorstellungen über die Art und Weise enthält, in der monetäre Variable auf den Wirtschaftsablauf einwirken. Die insbes. bei frühen Keynesianern festzustellende Bevorzugung fiskalpolitischer Maßnahmen zur Stabilisierung der Wirtschaft (Fiskalismus) und eine gewisse Geringschätzung der Geldpolitik geht nach Auffassung der Monetaristen auf die verfehlte Konzeption der Wirkungsweise monetärer Variablen auf den Wirtschaftsablauf zurück. Demgegenüber versuchen die monetaristischen Vertreter, empirisch wie theoretisch nachzuweisen, daß die → Geldmenge von entscheidender Bedeutung für die Höhe des nominellen → Sozialprodukts ist.

Während die überragende Bedeutung der Geldmenge von den Monetaristen durchgängig betont wird, ist ihre Haltung gegenüber der Geldpolitik uneinheitlich. Insbes. FRIEDMAN ist allen diskretionären Maßnahmen gegenüber äußerst skeptisch; speziell im Fall der Geldpolitik sieht er die Gefahr, daß wegen der langen und variablen Wirkungsverzögerungen (→ lag) häufig antizyklisch gedachte Maßnahmen prozyklisch wirken. Er befürwortet deshalb ein Wachstum der Geldmenge mit einer bestimmten konstanten Rate. Andere Vertreter sind an einer solchen starren Regel weniger interessiert; aber auch von ihnen wird betont, daß die Geldpolitik Geldmengenpolitik zu sein hat, also auf die Regulierung der Geldmenge ausgerichtet sein muß. Um die Geldmengenentwicklung zu steuern, wurde das Konzept der → Geldbasis entwickelt, die nach monetaristischer Auffassung von der Zentralbank befriedigend manipuliert werden kann und ihrerseits die Geldmenge weitgehend determiniert. Abgelehnt wird eine Ausrichtung der Geldpolitik an den freien → Liquiditätsreserven, Zinssätzen und ähnlichen Größen.

Mehr noch als die Frage nach der Bedeutung der Geldmenge für die Höhe des nominellen Sozialprodukts interessiert, ob durch eine Geldmengenveränderung → Produktion und → Beschäftigung oder aber das → Preisniveau beeinflußt werden. Nach monetaristischer Vorstellung hat die Geldmengenvariation nur kurzfristige und vorübergehende Wirkungen auf die realen Größen der Volkswirtschaft. So kann etwa eine Geldmengenerhöhung zunächst einen positiven Beschäftigungseffekt haben, langfristig wirkt sie aber nur auf das Preisniveau, da die Preiserhöhungen schließlich antizipiert werden und dadurch die Wirkung auf reale Größen verschwindet. Diese Sicht impliziert, daß die Existenz eines langfristigen trade-off zwischen Preisniveauerhöhungsrate und Beschäftigungsgrad bestritten wird, wie er im Anschluß an die → PHILLIPS-Kurve abgeleitet wurde. Gleichzeitig wird hier die Verwandtschaft mit der traditionellen → Quantitätstheorie deutlich, derzufolge die Geldmengenerhöhung stets zu einer Erhöhung des Preisniveaus führt. Wie für die früheren Quantitätstheoretiker ist → Inflation für die Monetaristen auf eine zu große Geldmengenvermehrung zurückzuführen, Antiinflationspolitik ist für sie gleichbedeutend mit einer Beschränkung der Geldmengenausweitung. P.Ka.

**monetary base** → Geldbasis.

**Monopol** → Angebotsmonopol

**Monopolgewinn** → Gewinn

**Monopolgrad**
von Abba P. LERNER (1933/34) entwickelte Maßzahl zur Beschreibung der Ausübung von Monopolmacht durch ein Unternehmen (→ Angebotsmonopol). Während ein gewinnmaximierender Angebotsmonopolist seine Ausbringung auf jene Menge beschränkt, bei der → Grenzumsatz und → Grenzkosten gleich sind, ist die Produktmenge eines gewinnmaximierenden Anbieters bei → vollständiger Konkurrenz durch die Bedingung Preis gleich Grenzkosten bestimmt. Der Monopolgrad m wird gemessen als Verhältnis zwischen der

Differenz von Preis P und Grenzkosten GK und dem Preis:

$$m = \frac{P - GK}{P}.$$

Bietet der Monopolist die der vollständigen Konkurrenz entsprechende Menge an, dann hat m den Wert Null (da P = GK). Bei einer geringeren Menge ist m positiv.

Ein gesamtwirtschaftliches Monopolgradkonzept wird in der → KALECKI-Verteilungstheorie zur Erklärung des Lohnanteils am Volkseinkommen verwendet.

H.M.W.

### Monopolgradtheorie

versucht die Frage nach dem Existenzgrund von Besitzeinkommen zu beantworten. Nach dieser Theorie ist für die Entstehung von Besitzeinkommen grundlegend, daß die Besitzer von Produktionsmitteln gegenüber den Nicht-Besitzenden eine bevorzugte Position (Quasi-Monopol) innehaben. Das Quasi-Monopol besteht unabhängig von der herrschenden → Marktform auch dann, wenn die Besitzer von Produktionsmitteln untereinander in Konkurrenz stehen. Nur bei völlig freier Konkurrenz tritt kein Besitzeinkommen auf. Freie Konkurrenz liegt vor, wenn jeder, der sich an der Produktion beteiligen will, dies auch kann und darf. Der Bestand des Produktionsfaktors → Boden wie auch der der anderen Produktionsfaktoren ist jedoch zu jedem Zeitpunkt begrenzt. Die Produktionsmittel können daher nicht von jedem in der zur Aufnahme der Produktion notwendigen Menge beschafft werden. Die weitere Bedingung für die Entstehung von Besitzeinkommen besteht in der ungleichmäßigen Verteilung der Produktionsmittelbesitzes. Bei gleichmäßiger Verteilung der Produktionsmittel bliebe, wenn jeder Besitzer von Produktionsmitteln durch eine entsprechende Erhöhung der Preise ein Besitzeinkommen zu erzielen beabsichtigt, das Realeinkommen unverändert.

Eine weitere Frage ist, wie das Besitzeinkommen abgeleitet wird. Nach der sog. Abzugstheorie wird vom »natürlichen« Arbeitslohn ein Teil abgezogen. Hingegen wird nach der sog. Aufschlagstheorie ein

Aufschlag auf die Lohnkosten erhoben. Die Monopolgradtheorie ist insofern zu ergänzen, als sie nicht die relative Höhe von Arbeits- und Besitzeinkommen erklärt. Diese Ergänzung wird u. a. von der → KALECKI-Verteilungstheorie zu leisten versucht. D.H.

### monopolistische Konkurrenz

(auch: unvollständiger Wettbewerb, imperfect competition) zahlreiche kleine Anbieter und Nachfrager (Polypol) auf einem unvollkommenen Markt (→ Marktformen). Da auf diesem Markt sachliche, persönliche, räumliche und/oder zeitliche → Präferenzen (differenzierte Produkte) vorhanden sind, hat jeder Anbieter (als kleiner Monopolist) eine negativ geneigte → Preis-Absatz-Funktion. Er kann versuchen, deren Lage durch → Qualitätskonkurrenz bzw. Produktgestaltung und Werbung zu beeinflussen. Anders als bei → vollständiger Konkurrenz kann sich ein Anbieter als → Preisfixierer verhalten und Preispolitik treiben. Wegen des geringen Marktanteils werden seine absatzpolitischen Maßnahmen bei anderen Anbietern nicht spürbar; er braucht daher nicht mit Reaktionen zu rechnen und kann deren Aktionsparameter als konstant betrachten.

Das kurzfristige betriebliche Gleichgewicht ist unter der Zielsetzung der Gewinnmaximierung wie bei einem → Angebotsmonopol durch die Bedingung Grenzumsatz = Grenzkosten gekennzeichnet. Der Betrieb erzielt einen Gewinn in Höhe der Differenz zwischen Preis und kurzfristigen → Stückkosten multipliziert mit der abgesetzten Menge.

Diese Gewinne ziehen bei unbeschränktem → Marktzutritt weitere Betriebe an, die ein ähnliches Produkt anbieten, wodurch die Preisabsatzkurve der bereits im Markt befindlichen Anbieter nach unten wandert und flacher wird. Im langfristigen betrieblichen Gleichgewicht $E_1$ (Abb. 1) hat der Anbieter die für seine Ausbringungsmenge günstigste Betriebsgröße gewählt. Die kurzfristige Stückkostenkurve $STK_k$ (bei Variation der Ausbringungsmenge und unveränderter Betriebsgröße) und die langfristige Stückkostenkurve STK$_l$ (bei unterschiedlicher Betriebsgröße) werden von der Preisabsatzkurve PAK tangiert (Tangentenlösung, Edward H. CHAMBERLIN). Die Grenzkosten K' sind gleich dem Grenzumsatz U' und der über dem Schnittpunkt beider Kurven liegende Preis p$_m$ (mit der Menge x$_m$) ist gleich den kurz- und langfristigen Stückkosten. Wie bei der → vollständigen Konkurrenz erzielt der Anbieter keinen Gewinn (Nullgewinnsituation, wenn ein »normaler« Gewinn in die Stückkosten eingerechnet wird) und es herrscht → Gruppengleichgewicht.

Da die Preisabsatzkurve negativ geneigt ist, produziert der Anbieter weder im Minimum der kurzfristigen noch im Minimum der langfristigen Stückkostenkurve. Er verfügt daher über freie Kapazitäten, bei deren Nutzung Produktionsfaktoren eingespart und das Gut verbilligt würde. Gegenüber diesen Nachteilen stellt das differenzierte Produkt, das eine bessere Befriedigung individueller → Bedürfnisse ermöglicht, einen Vorteil dieser Marktform dar.

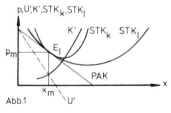

Abb.1

Ein anderer Ansatz zur Erklärung der Preisbildung stammt von Erich GUTENBERG. Die betriebliche Preis-Absatz-Funktion hat einen stark geneigten Teil (monopolistischer Bereich) aufgrund von Präferenzen für das betreffende Produkt bzw. für die Produkte anderer Anbieter. Innerhalb dieses Bereichs ändert sich die nachgefragte Menge bei Preisänderungen verhältnismäßig wenig. Beim oberen und unteren Grenzpreis weist die Preis-Absatz-Funktion einen Knick auf und verläuft anschließend erheblich flacher, da bei einer Preisänderung über den Grenzpreis hinaus

ein starker Zugang bzw. Abgang von Nachfragern stattfindet (Abb. 2).

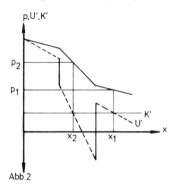

Abb.2

Im Gewinnmaximum muß wie beim → Angebotsmonopol die Bedingung Grenzumsatz = Grenzkosten erfüllt sein, die bei monopolistischer Konkurrenz zweimal gegeben sein kann. Dann ist zwischen beiden relativen Gewinnmaxima (p$_1$ mit x$_1$ und p$_2$ mit x$_2$) zu wählen. H.M.W.

**Monopolkapitalismus** → Kapitalismus, → Imperialismus

**Monopolkommission**
→ Fusionskontrolle

**Monopson** → Nachfragemonopol

**Montanmitbestimmungsgesetz**
→ Mitbestimmung.

**Montanunion** → Europäische Gemeinschaft für Kohle und Stahl

**Mosaiktheorie** → Mißbrauchsaufsicht

**MPS** → Material Product System

**Münzgeld**
Metallstücke, die gewohnheitsmäßig oder als Geschöpfe der Rechtsordnung Geldfunktionen ausüben (→ Geld).
Man unterscheidet Währungsmünzen, die als unbeschränkt gesetzliche Zahlungsmittel eingesetzt sind, → Scheidemünzen, die

beschränkt gesetzliche Zahlungsmittel darstellen, und Handelsmünzen, die ohne Zwangskurs zirkulieren.

Zieht man das Verhältnis zwischen Nennbetrag und Warenwert der Münzen als Kriterium heran, ist zwischen harten Münzen und weichen oder Kreditmünzen zu unterscheiden. Bei den ersteren besteht Übereinstimmung zwischen dem vom Münzherrn beigelegten Nennwert und dem Marktpreis des verbürgten Metallinhalts. Bei Kreditmünzen ist der Nennwert höher als der Warenwert. Währungsmünzen, die zugleich harte Münzen sind, bezeichnet man häufig als Kurantmünzen.

Nicht zum Münzgeld zählen Metallstücke, die in Form und Herstellungsweise zwar münzähnlich sind, aber weder gewohnheitsmäßig noch rechtlich Geldfunktionen ausüben (Rechenpfennig, Medaillen, Marken u. ä.).

In Deutschland verlieh die Geldreform nach der Reichsgründung von 1871 dem Münzgeld noch einmal hervorragende Bedeutung. Die nach dem Gesetz betreffend die Ausprägung von Reichsgoldmünzen vom 4. 12. 1871 in Umlauf gebrachten Kronen (10 Mark) und Doppelkronen (20 Mark) waren als Kurantmünzen obligatorisches (Zwangskurs) und definitives (nicht einlösbares) Geld. Sie wurden bis zum 4. 8. 1914 unter der Aufsicht des Reiches auch für Rechnung von Privatpersonen (sog. Ferraritäten, beschränkt auf Doppelkronen) ausgeprägt und galten bis zum 16. 8. 1938 als gesetzliche Zahlungsmittel.

Zur Zeit der Geldreform (1871/73) beherrschten harte Münzen mit einem Anteil von ca. 75% den → Bargeldumlauf in Deutschland, und noch um die Jahrhundertwende spielten sie eine dominierende Rolle. Bei Kriegsausbruch waren sie jedoch schon überwiegend von Staatspapiergeld (Reichskassenscheine), → Banknoten (Noten der Reichsbank und der Privatnotenbanken) und → Scheidemünzen abgelöst und verschwanden nach Suspendierung der Goldeinlösungspflicht 1914 praktisch ganz aus dem Verkehr. Seit 1938 ist Münzgeld auch von Rechts wegen nur mehr in Gestalt von Scheidemünzen im Umlauf.

Gegenwärtig kursieren Münzen der Bank Deutscher Länder (1949/50) und Bundesmünzen (seit 1950). Es werden Kursmünzen vom Normaltyp und Sonderprägungen (Denkmünzen, Olympiamünzen) ausgegeben; die letzteren befinden sich fast ausschließlich in Händler- und Sammlerbesitz.

Die Münzprägung erfolgt im Auftrag und für Rechnung des Bundes in den Münzstätten derjenigen Länder, die sich dazu bereit erklären; es sind die staatlichen Anstalten in München (Münzzeichen D), Stuttgart (F), Karlsruhe (G) und Hamburg (J). F.G.

### Münzgewinn

Differenzbetrag zwischen Münzeinnahmen und -ausgaben. In der BRD ist das → Münzregal dem Bund verliehen, während das Inverkehrbringen der Bundesmünzen durch die → Deutsche Bundesbank erfolgt. Münzeinnahmen des Bundes entstehen deshalb in Höhe der auf den Nennbetrag aller übernommenen → Scheidemünzen bezifferten Gutschrift der Deutschen Bundesbank. Die Münzausgaben umfassen Kosten der Metallbeschaffung, Prägekosten, Unterhaltung des Münzumlaufs sowie Bekämpfung der Falschmünzerei.

Der Münzgewinn aus der allgemeinen Münzprägung verstärkt den Bundeshaushalt ohne Zweckbindung. Der Münzgewinn aus der Prägung von Olympiamünzen ist für Investitions- und Veranstaltungskosten sowie die vom Bund zu tragenden Fol-

Münzgewinn des Bundes im Jahr 1970, Mio. DM

| | Allgemeine Münzprägung | Olympiamünze |
|---|---|---|
| Münzein-nahmen | 278,9 | 98,5 |
| Münzaus-gaben | 108,0 | 77,4 |
| Münz-gewinn | 170,9 | 21,1 |

gelasten der Olympischen Spiele 1972 bestimmt.    F.G.

**Münzhoheit**

in der Staatsgewalt enthaltenes Recht, das Münzwesen durch die Wahl des Münzgegenstands, Münzfußes und Münzgepräges, durch die Ausstattung mit gesetzlicher Zahlkraft und die Ordnung des → Münzregals zu regeln. In der BRD hat der Bund die ausschließliche Gesetzgebung über das Münzwesen (Art. 73 GG). Er hat mit dem Gesetz über die Ausprägung von Scheidemünzen vom 8. 7. 1950 von dieser Kompetenz Gebrauch gemacht und sich dabei das Münzregal vorbehalten (§ 7).    F.G.

**Münzregal**

Recht der Ausprägung und Außerkurssetzung von Geldstücken aus Metall. Nach dem Münzgesetz von 1950 werden in der BRD die → Scheidemünzen im Auftrag und für Rechnung des Bundes ausgeprägt (§ 7). Während somit ohne innere Notwendigkeit → Münzhoheit und Münzregal beim Bund vereinigt sind, steht das Recht, die Bundesmünzen in Verkehr zu bringen, der → Deutschen Bundesbank zu (§ 8 MünzG). Sie übernimmt zu diesem Zweck die Münzen und schreibt dem Bund den Nennbetrag gut. Die Differenz zwischen dieser Gutschrift und den Ausgaben des Bundes für Münzprägung, Metallbeschaffung, Unterhaltung des → Münzumlaufs und Bekämpfung der Falschmünzerei ergibt den → Münzgewinn, aus dem sich das Interesse des Bundes am Münzregal erklärt. Die im Münzgesetz gewählte Zuständigkeitsregelung kontrastiert mit der allgemeinen währungspolitischen Kompetenzverteilung in der BRD.    F.G.

**Münzumlauf**

a) Komponente des → Bargeldumlaufs: Wert der Münzen mit der Eigenschaft gesetzlicher → Zahlungsmittel im Bestand der → Banken der inländischen Nichtbanken und des Auslands.
b) Komponente des → Geldvolumens: Wert der Münzen mit der Eigenschaft gesetzlicher Zahlungsmittel im Bestand der inländischen Nichtbanken und des Auslands.

Die → Deutsche Bundesbank hat die vom Bund übernommenen Münzen nach Maßgabe des Bedürfnisses in den Verkehr zu bringen (§ 8 Münzgesetz).    F.G.

**Multikollinearität**

bezeichnet hohe → Korrelation zwischen den exogenen → Variablen. Dies hat zur Folge, daß sich die Einzeleinflüsse der exogenen Variablen nur ungenau identifizieren lassen. Formal kommt dies dadurch zum Ausdruck, daß zwischen den Parameterschätzvariablen eine hohe Kovarianz besteht: wird ein Koeffizient überschätzt, so wird der andere unterschätzt. Prognosen werden dadurch am wenigsten erschwert, aber das Testen ökonomischer Theorien kann bei hoher Multikollinearität nahezu unmöglich werden.
Tests auf Multikollinearität sind z.B die Konfluenzanalyse (oder Büschelkartenanalyse) von Ragnar FRISCH und der FARRER-GLAUBER-Test.    Abhilfemaßnahmen sind u.a. Variablenunterdrückung, Trendbereinigung und die Berücksichtigung von externer Information. Da die meisten ökonomischen Variablen interkorreliert sind, wird die Multikollinearität oft als größtes Problem der → Ökonometrie angesehen.    H.B.

**Multilateralismus**

System vielfältiger zwischenstaatlicher Wirtschaftsbeziehungen, in dem der Grundsatz der Außenwirtschaftsfreiheit (→ Außenhandelsfreiheit) weitgehend verwirklicht ist. Während der Omnilateralismus die gesamte Weltwirtschaft umfaßt, wird der Begriff Multilateralismus häufig im Sinne von regional begrenzter Außenwirtschaftsfreiheit verwendet. Beispiele: → Europäische Zahlungsunion, → Europäische Gemeinschaften, → Europäische Freihandelsassoziation.    M.H.

**multinationale Unternehmen**

im weitesten Sinn Unternehmen, die in mindestens zwei Ländern Tochtergesellschaften, Zweigniederlassungen oder Betriebsstätten haben und deren Planung (Beschaffungs-, Investitions-, Produktions-, Absatz-, Finanzplanung) folglich an internationalen Maßstäben orientiert ist.

Für die Errichtung oder Übernahme von Produktionsstätten im Ausland (→ Direktinvestitionen) können verschiedene Gründe vorliegen. In Analogie zu den → Standortfaktoren im nationalen Bereich ergeben sich v. a. folgende Einflußgrößen:

a) niedrigere Lohnkosten (z. B. in → Entwicklungsländern) oder freie Reserven an qualifizierter Arbeitskraft im Aufnahmeland;

b) niedrigere Rohstoff- und Energiekosten;

c) Transportkostenersparnisse bei Beschaffung und Absatz;

Vorwiegend internationale Standortfaktoren sind:

d) Investitionsanreize (z. B. → Subventionen, Steuerprivilegien) im Aufnahmeland;

e) Zugang zu Auslandsmärkten, die durch → Schutzzölle abgeschirmt sind;

f) Verringerung der Anfälligkeit gegenüber der nationalen Konjunkturentwicklung;

g) Erhöhung der Unabhängigkeit gegenüber der nationalen Wirtschaftspolitik des Herkunftslandes (v. a. → Wettbewerbs-, → Konjunktur-, → Verteilungs-, Strukturpolitik, → Mitbestimmung).

Die überdurchschnittliche Expansion der multinationalen Unternehmen erfährt unterschiedliche Beurteilung. Sie selbst unterstreichen ihre politische, ideologische, kulturelle und geographische Neutralität und weisen auf die bedeutende Rolle hin, welche sie durch ihre Anpassungsfähigkeit, Mobilität und den Kapital-, Managament- und Technologietransfer für die internationale Arbeitsteilung, die weltwirtschaftliche Integration und die Milderung des Entwicklungsgefälles spielen. Auf der anderen Seite löst ihr Einfluß auf das wirtschaftliche, soziale und politische Geschehen der Länder, in denen sie operieren, weitverbreitete Bedenken aus, insbes. im Zusammenhang mit → Beschäftigung, → Wettbewerb, Steuerflucht, Währungsspekulation, → Zahlungsbilanz, Sicherung der Versorgung mit bestimmten Rohstof-

fen und der wirtschaftlichen Unabhängigkeit v. a. der → Entwicklungsländer.

a) Beschäftigung: Vorwiegend von den US-Gewerkschaften wird der Vorwurf erhoben, die multinationalen Unternehmen seien »job exporters«, d. h. mit der Verlagerung der Produktion würden gleichzeitig Arbeitsplätze der Exportindustrie ins Ausland verlagert. Dem wird entgegengehalten, daß Produktionsverlagerungen aus Wettbewerbsgründen zwingend seien und unter diesen Voraussetzungen eine Erhaltung der Arbeitsplätze im Herkunftsland garnicht möglich sei.

b) Wettbewerb: Da die multinationalen Unternehmen insbes. auf oligopolistischen Märkten dominierend sind (und die internationale → Unternehmenskonzentration tendenziell zunimmt), besteht die Gefahr der → Wettbewerbsbeschränkung durch → abgestimmte Verhaltensweisen.

Unabhängig davon können autonome Preisstrategien (zumal wenn sie diskriminatorisch gehandhabt werden) erheblich in den internationalen Wettbewerb eingreifen (Exportpreiserhöhungen der multinationalen Unternehmen kommen in der handelspolitischen Wirkung Zollerhöhungen gleich).

c) Steuerflucht: Konzerninterne Verrechnungspreise, Ausgaben für gewerblichen Rechtsschutz (→ Patente, → Lizenzen etc.) oder das Entgelt für die Geschäftsführung der Muttergesellschaft können dazu verwendet werden, die → Steuerbemessungsgrundlage einzuschränken oder die Gewinne in Ländern mit günstigeren → Steuersystemen zu konzentrieren.

d) Währungsspekulation: Multinationalen Unternehmen wird häufig angelastet, sie hätten erheblichen Anteil an der Währungsspekulation und destabilisierten dadurch nicht nur einzelne Währungen sondern darüberhinaus die → internationale Währungsordnung. Demgegenüber wird geltend gemacht, es gehöre zu den Aufgaben eines Unternehmens, sich durch Vorauszahlungen oder Zahlungsaufschübe (→ leads and lags) oder durch Umtausch ihrer liquiden Mittel in »sichere« Währungen vor Abwertungsverlusten zu schützen und ggf. Aufwertungsgewinne mitzunehmen.

Wenngleich die Operationen der multinationalen Unternehmen nicht die Ursache von Währungskrisen, sondern von ihnen induziert sind, dürften sie doch (begünstigt durch die Effizienz des → Eurodollarmarkts) die spekulativen internationalen Kapitalbewegungen der vergangenen Jahre erheblich verstärkt haben.

e) Zahlungsbilanz: Als Folge von → Direktinvestitionen treten z. T. beträchtliche Rückwirkungen v. a. auf die → Handels- und → Dienstleistungsbilanz der beteiligten Länder auf. Wird der Warenexport der Herkunftsländer durch die Verlagerung der Produktion ins Ausland reduziert, so wird dieser Effekt durch konzerninterne Lieferungen häufig überkompensiert. Die Gewinne ausländischer Tochtergesellschaften wirken auf die Dienstleistungsbilanz des Herkunftslandes aktivierend (Gefahr der Abhängigkeit von Auslandseinkommen), auf die des Aufnahmelandes passivierend (Gefahr zunehmender Auslandsverschuldung, v. a. bei Entwicklungsländern).

f) Versorgungssicherheit: Seit der Ölkrise hat sich die Befürchtung verstärkt, die multinationalen Unternehmen könnten in Krisenzeiten auf Druck ihrer Herkunfts- oder Hauptlieferländer oder aufgrund ihrer Marktmacht manchen Aufnahmeländern oder Drittländern gegenüber diskriminatorische oder monopolistische Praktiken anwenden. Dabei wird nicht nur an Liefersperren (→ Embargo; → Boykott) oder Lieferbeschränkungen (→ Kontingente) gedacht, sondern insbes. auch an kartellähnliche oder monopolistische Preisstrategien oder die Verlagerung von Produktionsstätten.

g) Wirtschaftliche Unabhängigkeit: Wenngleich die meisten westlichen Länder (außer Japan) ausländische Investitionen zur Schaffung von Arbeitsplätzen generell fördern, so haben doch viele Länder (v. a. Industrieländer) gegen eine »Überfremdung« ihrer Wirtschaft bzw. zum Schutz der heimischen Industrie selektive Maßnahmen ergriffen. So sind in manchen Ländern ausländische Investitionen oder Beteiligungen in bestimmten Wirtschaftssektoren (z. B. Atomenergie, Schiffahrt)

oder aus bestimmten Ländern (z. B. in den USA) verboten oder genehmigungspflichtig oder sie unterliegen Sonderregelungen.

In den Entwicklungsländern sind die Investitionen der multinationalen Unternehmen i. d. R. willkommen, allerdings sind sie häufig nicht nach den langfristigen Zielen der → Entwicklungspolitik ausgerichtet (z. B. Diversifizierung; dem Entwicklungsstand angepaßte → Technologie; Wiederanlage der Gewinne im Entwicklungsland; Binnenmarktorientiertheit der Produktion).

Im Rahmen der → Europäischen Gemeinschaften sind im Zusammenhang mit der Ausbreitung der multinationalen Unternehmen gemeinschaftliche Aktionen in Aussicht genommen worden. Sie betreffen vorrangig folgende Gebiete:

a) Schutz der Arbeitnehmer bei Erwerb von Unternehmen;

b) Gemeinschaftsregelung für die Börsengeschäfte und die Herkunft der investierten Mittel;

c) Konzertierung der einzelstaatlichen Börsenaufsichtsbehörden;

d) Internationale Zusammenarbeit auf den Gebieten der Information, Steuerkontrolle, Steuereinziehung und insbes. Festlegung einer gemeinsamen Regelung für die Verrechnungspreise und Lizenzgebühren;

e) Konzernrecht;

f) Beschaffung angemessener Informationen über die internationale Tätigkeit der Unternehmen. D. S.

**multiple Wechselkurse**
(= gespaltene Wechselkurse, Wechselkursdifferenzierung) Anwendung unterschiedlicher → Wechselkurse nach sachlichen oder räumlichen Gesichtspunkten durch Aufspaltung des → Devisenmarkts in Teilmärkte. Auf den Teilmärkten können ausschließlich → freie oder → feste Wechselkurse oder eine Kombination beider (was am häufigsten ist) vorliegen.

Die sachliche Kursdifferenzierung kann an der dem Devisengeschäft zugrunde liegenden Transaktionsart ansetzen, wobei unterschiedliche Kurse für den Kapitalverkehr einerseits und den Waren- und Dienstleistungsverkehr andererseits angewendet werden können. Ein hoher fixierter Kurs soll den Kapitalverkehr verteuern, ein freier Kurs für Kapitalbewegungen soll die → Währungsreserven vor einer Abnahme bei Kursstabilisierungen schützen. Unter sachlichen Gesichtspunkten kann der Wechselkurs auch nach Güterarten oder -gruppen differenziert werden, wodurch z. B. für den Export gewisser Güter Wettbewerbsvorteile geschaffen oder bestimmte Einfuhren verteuert werden.

Räumliche Kursdifferenzierung stellt darauf ab, die Konkurrenzbeziehungen gegenüber bestimmten Ländern zu beeinflussen. Sie liegt dann vor, wenn die Wechselkurse so gespalten sind, daß sich bei Errechnung des Preises für ein ausländisches Zahlungsmittel über dritte Währungen unterschiedliche Preise ergeben (broken cross rates). Dann besteht kein homogenes → Wechselkurssystem. Multiple Kurse erfordern ein System von Kontrollen und sonstigen Eingriffen. Sie verfälschen die internationalen Güterströme und sind mit einer optimalen → Allokation der Ressourcen unvereinbar.

Nach dem Abkommen über den → Internationalen Währungsfonds sind multiple Wechselkurse und andere diskriminierende Währungspraktiken genehmigungsbedürftig. Multiple Kurse wurden nach dem 2. Weltkrieg v. a. in Lateinamerika angewendet. In Frankreich gab es 1971 freie Kurse für Kapitalbewegungen und feste Kurse für den Warenhandel, in Italien 1973.   H.M.W.

## Multiplikatoranalyse

befaßt sich mit der Wirkung und Wirkungsweise der Veränderung von unabhängigen Größen eines Systems auf die abhängigen Größen, wobei deren Interdependenz voll in Betracht gezogen wird.

Ein dogmengeschichtlich, theoretisch und praktisch wichtiger Anwendungsfall ist die Analyse der Investitionswirkungen. Im einfachsten keynesianischen Modell für den realen Sektor der Wirtschaft herrscht → Gleichgewicht, wenn die wirtschaftliche Aktivität ein Einkommen Y entstehen läßt, welches seinerseits so viel geplante Nachfrage für Zwecke des Konsums C(Y) hervorruft, daß diese – zusammen mit der exogen bestimmten Nachfrage für Zwecke der Sachvermögensbildung I – gerade dem Güterangebot aus der laufenden Produktion entspricht.

Aufgabe der Multiplikatoranalyse ist es nun, zu untersuchen, welche Änderungen der Gleichgewichtswerte der endogenen → Variablen Y und C aus der Variation der exogenen → Variablen I resultieren. Dabei ist es wichtig zu unterscheiden, ob die Änderung der autonomen Nettoinvestition als singulärer Investitionsstoß oder als einmaliger Niveausprung der laufenden Investitionen, die fortan auf dieser neuen Höhe verharren, erfolgt.

Um den ökonomischen Gehalt der Multiplikatortheorie zu begreifen, betrachtet man am besten den im folgenden verbal wiedergegebenen Multiplikatorprozeß, dessen formaler Nachvollzug ein System von Differenzen- oder Differentialgleichungen erfordert und zu → dynamischen Multiplikatoren führt.

Wenn die Nachfrage auf Grund einer angestrebten erhöhten Sachvermögensbildung steigt, sehen sich die Unternehmen im Investitiongüterbereich veranlaßt, ihre Produktion auszudehnen. Sie sind dazu in der Lage, wenn freie Ressourcen der benötigten Art zur Verfügung stehen. Dies sei angenommen. Folglich steigen Beschäftigung und Einkommen. Da die Produktionsanpassung unverzüglich und in Höhe der Nachfragesteigerung erfolgt, hat der → impact multiplier, der solche Ein-Stufen-Wirkungen mißt, den Wert Eins. Die Fortpflanzung der Einkommensentwicklung im weiteren Verlauf des Multiplikatorprozesses wird von der Annahme abgeleitet, daß erhöhtes Einkommen nach Maßgabe der marginalen → Konsumquote

$$\frac{dC}{dY}$$

erhöhte Verbrauchsausgaben zur Folge hat. Der Einkommens- und Beschäftigungszuwachs setzt sich darum im Konsumbereich fort, und zwar in einer Wirkungskette, bei der jede Einkommensausweitung in der Folgeperiode neue Nachfrage und diese wieder neues Einkommen erzeugt. Unterstellt man, daß sich Einkommenssteigerungen nur z. T. in Konsumnachfrage übersetzen

$$(0 < \frac{dC}{dY} < 1),$$

ist die logische Konsequenz, daß bei einem singulären Investitionsstoß die durch den → delay multiplier meßbare Bewegung der endogenen Variablen schließlich verebbt, ohne daß dauerhafte Veränderungen eingetreten wären. Ein Investitionssprung dagegen, bei dem den Impulsen des ersten Investitionsstoßes weitere Impulse der periodenweise erneuerten Investitionsstöße folgen, führt unter solchen Umständen am Ende zu einem Gleichgewichtszustand auf verändertem Niveau der endogenen Variablen. Der Übergangspfad wird durch den → truncated multiplier beschrieben, dessen Grenzwert nach unendlich vielen Perioden mit dem Betrag des → statischen Multiplikators übereinstimmt. Der letztere gibt die Variation der Gleichgewichtswerte nur der Höhe, nicht dem Verlauf nach an.

Das geschilderte Einschwenken des Entwicklungspfades der endogenen Größen auf Gleichgewichtswerte steht unter der Bedingung, daß ein → Gleichgewicht überhaupt existiert (Existenzbedingung), und daß es in einem Anpassungsprozeß auch erreicht werden kann (Stabilitätsbedingung). Voraussetzung ist also, daß Einspeisungen in den Kreislauf (injections) auf Grund von Steigerungen der Investitionsausgaben nicht gleich große Konsumzuwächse generieren, so daß im Kreislauf nach einer gewissen Zeit kompensatorische Sickerverluste (withdrawals) entstehen. Voraussetzung ist ferner, daß bei einer Diskrepanz von Angebot und Nachfrage ein Anpassungsversuch der Produzenten

nicht durch übermäßige Nachfragereaktionen (der Investoren) vereitelt wird.

Im Rahmen der Multiplikatortheorie wurden zahlreiche Multiplikatoren abgeleitet, die den unterschiedlichen Fragestellungen und Modellstrukturen Rechnung tragen: für direkte Ausgabenvariationen z. B. der Investitionsmultiplikator, → Exportmultiplikator und → Staatsausgabenmultiplikator; für indirekte Ausgabenänderung z. B. der → Steuermultiplikator; für die Änderung von Ausgabenaggregaten z. B. der → compound multiplier und der balanced budget multiplier (→ HAAVELMO-Theorem); für kontinuierliche Ausgabenänderung z. B. der → Supermultiplikator; für unterschiedlich komplexe Modellstrukturen z. B. der → statische, → dynamische und → generelle Multiplikator; in der → Input-Output-Analyse werden Sektorenmultiplikatoren verwendet.

Multiplikatoren haben in der Modelltheorie hohen analytischen Wert. Ihre empirische und insbes. prognostische Brauchbarkeit ist dagegen begrenzt, da die zeitliche Bemessung des Multiplikatorprozesses nicht einwandfrei möglich und die Annahme unveränderlicher Funktionen äußerst fragwürdig ist. So muß z. B. mit Verteilungswirkungen im Verlauf des Multiplikatorprozesses gerechnet werden, die wegen des unterschiedlichen Konsumverhaltens der einzelnen Gruppen eine Variation der gesamtwirtschaftlichen Konsumquote zur Folge haben. Der Multiplikator ist dann seinerseits eine veränderliche Größe.

Die Frage der Stabilität des Multiplikators ist von hoher wirtschaftspolitischer Relevanz: so gelangen z. B. Vertreter des → Monetarismus zu einer Bevorzugung der Geldpolitik als Mittel der → Globalsteuerung, weil sie den → Kreditschöpfungsmultiplikator für stabiler halten als die verschiedenen Ausgaben- und Einnahmenmultiplikatoren.   F. G.

**Nachfrageelastizitäten** → direkte Preiselastizität der Nachfrage; → Einkommenselastizität der Nachfrage

## Nachfragefunktion

1. individuelle Nachfragefunktion eines Haushaltes nach einem Gut: Hypothetische Kurve, die angibt, wie die mengenmäßige Nachfrage eines Haushaltes nach einem Gut ($x_1$) vom Preis dieses Gutes ($p_1$) abhängt, wobei das → Einkommen (E) und die → Präferenzen des Haushalts sowie die Preise der übrigen Güter ($\bar{p}_2, \dots \bar{p}_n$) als konstant unterstellt werden. Die Kurve, die aus dem → Indifferenzkurven des Haushalts abgeleitet wird, hat im allg. fallenden Verlauf (Abb.); eine Ausnahme bilden Nachfragekurven für → GIFFEN-Güter.

2. durch → Aggregation der individuellen Nachfragefunktionen für ein bestimmtes Gut erhält man die Gesamtnachfragefunktion für dieses Gut.   R.W.

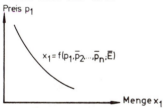

Preis $p_1$

$x_1 = f(p_1, \bar{p}_2 \dots, \bar{p}_n; \bar{E})$

Menge $x_1$

## Nachfrageinflation

→ demand-pull-inflation

## Nachfragelücke

→ deflatorische Lücke

## Nachfragemonopol

(= Monopson) → Marktform mit einem Nachfrager nach einem Gut und zahlreichen kleinen Anbietern.

Nachfragemonopolist sei ein Unternehmen, das einen variablen Produktionsfaktor v nachfragt. Die positiv geneigte Gesamtangebotskurve (gewonnen durch horizontale Aggregation der Grenzkostenkurven der kleinen Anbieter) für den Faktor ist die Preis-Bezugs-Kurve des Nachfragemonopolisten. Der Ausgabenzuwachs für den Erwerb einer weiteren Faktoreinheit ist die → Grenzausgabe GA des Monopolisten. Aufgrund der positiven Steigung der Preis-Bezugs-Kurve ist die Grenzausgabe höher als der Preis.

Auf dem Absatzmarkt sei der Nachfragemonopolist einer unter zahlreichen Anbietern. Die Wertgrenzproduktkurve zeigt das mit dem Produktpreis bewertete Grenzprodukt des nachgefragten Faktors. Der Monopolist hat sein Gewinnmaximum, wenn die Bedingung 1. Ordnung Wertgrenzprodukt = Grenzausgabe und die Bedingung 2. Ordnung Steigung der Wertgrenzproduktkurve < Steigung der Grenzausgabenkurve erfüllt sind. Beide Bedingungen sind im Schnittpunkt C' der Wertgrenzproduktkurve WGP und Grenzausgabenkurve GA gegeben. Der auf die Preis-Bezugs-Kurve PBK gelotete Schnittpunkt C bezeichnet den gewinnmaximalen Faktorpreis und die Menge ($q_m$ und $v_m$). Der Nachfragemonopolist wird sich i.d.R. als → Preisfixierer verhalten, für die Anbieter ist der Preis dann Datum und sie verhalten sich als → Mengenanpasser. Unter Verteilungsgesichtspunkten ist zu beachten, daß der vom Nachfragemonopolisten für den Faktor gezahlte Preis niedriger ist als dessen Wertgrenzprodukt.

Meist wird der einzige Nachfrager nach einem Produktionsmittel auch ein → Angebotsmonopol für das von ihm hergestellte Produkt besitzen. Auf dem Absatzmarkt erzielt er dann (bei negativ geneigter → Preis-Absatz-Funktion) einen Grenzumsatz, der kleiner ist als der Produktpreis. Die Gewinnmaximierungsbedingung 1. Ordnung lautet Grenzausgabe = Grenzumsatzprodukt. H. M. W.

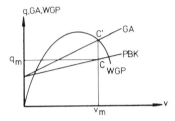

## Nachlaßsteuer
→ Vermögenbesteuerung

## Nachricht
1. in der Umgangssprache: der Bedeutungsgehalt übermittelter → Information (das Mitgeteilte).
2. in der → Informationstheorie: eine zeichentragende Signalfolge (im Ausnahmefall auch ein einziges → Signal), die auf den Empfänger derart einwirkt, daß nicht die physikalischen Begleiterscheinungen des Signals, sondern lediglich die damit übertragenen → Zeichen für die Wirkung verantwortlich sind. H. Sch.

## Nationaleinkommen
→ Material Product System

## Nationalökonomik
→ Volkswirtschaftslehre

## natürlicher Zinssatz
→ Überinvestitionstheorien

## natürliche Wachstumsrate
→ HARROD-Modell

## natural rate of growth
→ HARROD-Modell

**near money** → Geld

## neoklassische Produktionsfunktion
Sammelbezeichnung für substitutionale, i. d. R. makroökonomische → Produktionsfunktionen mit den Faktoren → Arbeit (A) und → Kapital (K), wobei häufig der → technische Fortschritt als »dritter Faktor« hinzukommt. Gemeinsame Eigenschaften aller neoklassischen Funktionen:
a) Die → Grenzproduktivitäten der Faktoren sind positiv und nehmen ab:

$$\frac{\partial Y}{\partial A} > 0, \quad \frac{\partial Y}{\partial K} > 0 \text{ und}$$

$$\frac{\partial^2 Y}{\partial A^2} < 0, \quad \frac{\partial^2 Y}{\partial K^2} < 0.$$

b) Lineare → Homogenität bzw. → constant returns to scale.
Die technische Beziehung Produktionsfunktion impliziert unter der zusätzlichen Voraussetzung, daß die Faktoren nach ihrer Grenzproduktivität vergütet werden (→ Grenzproduktivitätstheorie), zugleich auch eine Aussage über die → Einkommensverteilung zwischen den Aggregaten Arbeit und Kapital. Zur entscheidenden Größe für die Einkommensverteilung bei einer neoklassischen Produktionsfunktion wird die → Substitutionselastizität.
Die am häufigsten verwendeten speziellen Typen von neoklassischen Produktionsfunktionen sind: → COBB-DOUGLAS-Funktion, → CES-Funktion, → VES-Funktionen. R.D.

## neoklassisches Modell
→ makroökonomische Modelle

## neoklassisches Wachstumsmodell
→ SOLOW-Modell

## Neo-Kolonialismus
→ dependencia-Theorie

## Neoliberalismus
(= Ordoliberalismus) unterscheidet sich vom klassischen → Liberalismus dadurch, daß er sich nicht mehr zum wirtschaftspolitischen Grundsatz des »laissez faire« bekennt. → Marktwirtschaft als »naturgesetzliche Wettbewerbsordnung« lebt nur

noch in dem Glauben an die Gleichge-
wichtstendenz des Marktmechanismus
fort. Der → Wettbewerb wird statt dessen
als eine »staatliche Veranstaltung« gesehen. Der Leistungswettbewerb ist nach
Möglichkeit auf allen Märkten durchzusetzen und die Wirksamkeit des Wettbewerbs
durch Einbau konstituierender Prinzipien
in die zweckrational zu schaffende → Wirtschaftsordnung zu sichern. Durch Einsatz
(marktkonformer) regulierender Maßnahmen sind zusätzliche Ziele (wie sozialer
Ausgleich) zu realisieren (→ Soziale
Marktwirtschaft). R. E.

**Neomerkantilismus** → Dirigismus

**Nettoauslandsposition**
Summe der → Forderungen von → Inländern an Ausländer abzüglich Summe der
Verbindlichkeiten von Inländern gegenüber Ausländern; beim Volksvermögen
identisch mit dem → Geldvermögen der
Volkswirtschaft. Die Nettoauslandsposition der BRD betrug Ende Juni 1974 + 89
Mrd. DM (Tab.).

Vermögensstatus der BRD gegenüber dem
Ausland (Ende Juni 1974; Mrd. DM)

| | Aktiva | Passiva | Saldo |
|---|---|---|---|
| Deutsche Bun-<br>desbank | 94,9 | 1,5 | + 93,4 |
| Kreditinstitute | 46,4 | 60,9 | − 14,4 |
| Wirtschaftsun-<br>ternehmen und<br>Private | 111,2 | 120,9 | − 9,7 |
| Öffentliche<br>Hand | 25,9 | 4,4 | − 21,5 |
| DM-Noten im<br>Ausland | − | 1,7 | − 1,7 |
| Insgesamt | 278,4 | 189,4 | + 89,1 |

Die Veränderung der Nettoauslandsposition eines Landes ergibt sich in der → Zahlungsbilanz als Saldo der → Leistungsbilanz. D.S.

**Nettoinlandsprodukt**
→ Einkommenskreislauf

**Nettoposition**
→ Bestandsgröße der → Vermögensrechnung: Forderungen abzüglich Verbindlichkeiten. Häufig synonym mit dem Begriff → Geldvermögen gebraucht. Die
zugehörigen Änderungsgrößen heißen: Fi-
nanzierungsüberschuß (= positive Änderung der Nettoposition) und Finanzie-
rungsdefizit.

**Nettoprodukt**
→ Material Product System

**Nettoproduktionswert**
→ Produktionswert

**Nettosozialprodukt**
→ Sozialprodukt

**Nettovermögen** → Reinvermögen

**Neue Politische Ökonomie**
(Ökonomische Theorie der Politik) jüngster nichtmarxistischer wissenschaftlicher
Ansatz zur Integration des wirtschaftlichen
und des sozialen, insbes. des politischen
Sektors.
Im Mittelpunkt der traditionellen wirtschaftswissenschaftlichen Forschung und
Lehre stehen Markt und Plan als Regelungs-
mechanismen zur Erzielung von gesamtwirtschaftlicher → Effizienz. Die Neue
Politische Ökonomie geht davon aus, daß
sich diese Mechanismen theoretisch nicht
unversehrt in die Praxis übertragen lassen:
Regierungen, Verwaltungen und Interessengruppen bestimmen den Ablauf nicht
nur des politischen, sondern auch des wirtschaftlichen Geschehens. Insoweit erscheint es angebracht, auch die → Träger
(wirtschafts-)politischer Entscheidungen
in der Ökonomie zu berücksichtigen (z. B.
wenn es um Vorschläge wirkungsvoller,
d. h. politisch durchsetzbarer wirtschaftspolitischer Maßnahmen geht).
Die Neue Politische Ökonomie untersucht
das Verhalten der Regierung, der Verwaltung (Bürokratie) und der Interessengrup-

pen mit ökonomischen Methoden (v. a. unter der Annahme individuellen → Rationalverhaltens und unter Verwendung des teilweise formal-mathematischen ökonomischen Instrumentariums). Auf diese Weise wird der Staat in die ökonomische Analyse integriert.

Dieses Vorgehen ersetzt den durch die → Wohlfahrtsökonomik verfolgten Ansatz der Postulierung gesellschaftlicher → Wohlfahrtsfunktionen, die als Handlungsanweisung für die Regierung aufgefaßt werden. Häufig wurde vorausgesetzt, die Regierung verhalte sich tatsächlich entsprechend der postulierten Wohlfahrtsfunktion.

In der Neuen Politischen Ökonomie wird statt der expliziten oder impliziten Voraussetzung eines im Zustand des Optimums sich befindenden staatlichen Sektors das beobachtbare Verhalten der öffentlichen Entscheidungsträger theoretisch mit der Verhaltensannahme individueller Rationalität erklärt und empirisch mit Hilfe ökonometrischer Verfahren belegt; u. a. wird die Voraussetzung des politischen und sozialen Optimums widerlegt, die allein die Ausblendung des politischen Bereiches aus der ökonomischen Analyse begründen kann.

Dieser Nachweis wird in fünffacher Weise geführt:

a) Demokratische Wahlen und Abstimmungen führen bei widerspruchsfreien individuellen → Präferenzen keineswegs notwendig zu einem widerspruchsfreien Ergebnis. Die voraussichtliche Häufigkeit widersprüchlicher Abstimmungsergebnisse (→ ARROW-Paradoxon) liegt in demokratischen Entscheidungen mit drei Alternativen bei 9%, bei sechs Alternativen bereits um 32%. Bei diesen Untersuchungen konnte übrigens die gesellschaftliche Optimalität der einfachen Mehrheitsregel (51%) nachgewiesen werden.

b) Eine besondere Form des Marktversagens, die Existenz → öffentlicher Güter, wird auch für Interessengruppen bedeutsam deren Leistungen den Charakter öffentlicher Güter aufweisen. Die für eine pluralistische Demokratie notwendige Einbeziehung der wesentlichen Interessen kann nur über ein Angebotspaket von Leistungen öffentlichen und privaten Charakters erreicht werden.

c) Entsprechend gestattet in großen Entscheidungsgremien nur die Verknüpfung vieler verschiedener Probleme (logrolling) die adäquate Berücksichtigung aller Gruppen und Interessen.

d) Der Durchführung einer an einer gesellschaftlichen Wohlfahrtsfunktion orientierten optimalen Wirtschaftspolitik steht auch die Bürokratie entgegen, die eigene Ziele verfolgt.

e) Schließlich kann auch von der Regierung selbst nicht angenommen werden, daß sie sich entsprechend den üblichen Annahmen als ›benevolent dictator‹ verhält.

In Zwei-Parteien-Konkurrenzmodellen (Anthony DOWNS) werden allerdings die eigennützig verfahrenden stimmenmaximierenden Parteien durch einen dem Markt ähnlichen Konkurrenzmechanismus zu einer bestimmten Optimalitätsbedingungen (→ PARETO-Optimum) genügenden Politik genötigt, welche die Ansicht des Medianwählers widerspiegelt. Durch diesen Konkurrenzmechanismus gleichen sich die Parteiprogramme an. Für Systeme mit mehr als zwei Parteien ergibt sich dagegen eine Polarisierung.

Ein Hauptgewicht der Neuen Politischen Ökonomie liegt in der Formulierung politisch-ökonomischer Gesamtmodelle. In diesen Gesamtmodellen interagieren die folgenden Entscheidungsträger:

a) die Bürger, die am Markt durch wirtschaftliches Handeln und im politischen Prozeß durch Stimmabgabe versuchen, ihre Präferenzen zu befriedigen;

b) die Regierung, die (primär an ihrer Wiederwahl interessiert) durch geeignete wirtschaftspolitische und allgemein-politische Maßnahmen die Stimmen der Bürger zu gewinnen sucht;

c) die Bürokratie, die eigene Ziele (Ausdehnung des Entscheidungsbereiches) verfolgt, die mit denen der Regierung, der Bürger und der Interessengruppen kollidieren können;

d) die wirtschaftlichen Interessengruppen, die eigennützige meist wirtschaftliche Ziele verfolgen und so wiederum mit allen anderen Entscheidungsträgern in Konflikt geraten können.

Ein derart komplexes Interaktionsmodell ließ sich bislang zwar formulieren, jedoch weder analytisch lösen noch vollständig empirisch testen. Die Komplexität dieser Modelle legt vielmehr → Simulationen nahe. Bislang existieren Modelle, die den politischen Sektor (Regierung und Opposition), den wirtschaftlichen Bereich und die Stimmbürger integrieren, mit Varianten, die entweder die Bürokratie mit eigenen Verhaltensannahmen einführen oder den wirtschaftlichen Sektor wesentlich erweitern, so daß → Inflation und → Arbeitslosigkeit als hauptsächliche Argumente in die Popularitätsfunktion eingehen. Diese definiert den Zusammenhang zwischen der Popularität der Regierung und den Resultaten der Regierungspolitik aus der Sicht des Wählers. Entscheidend für den Wahlerfolg erscheint jedoch der politische Kapitalstock einer Regierung, der sich aus der über die Zeit mit einer Vergessensrate diskontierten Popularität zusammensetzt. Das Verhalten der einzelnen Entscheidungsträger wird modellhaft durch Reaktionsfunktionen definiert; bei gegebener Zielsetzung stehen z. B. der Regierung zur Sicherung der Wiederwahl die Instrumente Steuersenkung oder Erhöhung der → Staatsausgaben zur Verfügung, und es wird angenommen, daß die Regierung auf Arbeitslosigkeit mit einer Erhöhung der Staatsausgaben reagiert, um ihre Wiederwahl zu sichern.

Mit Hilfe dieser Simulationen gelangt man zu einer neuen politisch-ökonomischen Theorie, die z. B. → Konjunkturzyklen erklärt. Die politischen → Hypothesen dieser Theorie sind bereits getestet und wurden in ein ökonometrisches Gesamtmodell eingeführt. Dieses neue politisch-ökonomische Gesamtmodell erlaubt methodisch befriedigendere ex-post-Prognosen als die bisher verwendeten ökonometrischen Gesamtmodelle.   J.Ba./F.Sch.

## Neues ökonomisches System der Planung und Leitung der Volkswirtschaft (NÖS)

erste Phase der 1963 in der DDR begonnenen Umgestaltung der Wirtschaft zum Ökonomischen System des Sozialismus (ÖSS). Ursache für die Reformbestrebungen der meisten Länder des → Rats für gegenseitige Wirtschaftshilfe (RGW), die in der Diskussion der Thesen von Evsej G. LIBERMAN (1962) ihren Ausdruck fanden, war die Tatsache, daß beim alten System der Wirtschaftslenkung Konflikte zwischen gesamtwirtschaftlicher und einzelwirtschaftlicher Rationalität entstanden. So wurde durch das System der alten Kennziffern, deren wichtigste das Bruttoprodukt (→ Material Product System) war, die Produktion möglichst schwerer Güter stimuliert (Tonnenideologie), hingegen gesamtwirtschaftlich sinnvolles Verhalten, wie z. B. die sparsame Verwendung von Rohstoffen und Produktionsmitteln, die Erhöhung der Qualität und die Durchsetzung des → technischen Fortschritts nicht genügend honoriert.

Im NÖS sollte der Interessenkonflikt nach dem Motto gelöst werden: Was der Gesellschaft nützt, soll auch dem Betrieb und dem einzelnen Werktätigen nützen. Dazu soll die Anwendung eines »geschlossenen Systems ökonomischer Hebel« verhelfen, das mit materiellen Belohnungen und Sanktionen das Verhalten der Betriebsführung wie der Arbeiter mit den Vorstellungen der zentralen Planbehörde in Übereinstimmung bringen soll.

Zur wichtigsten neuen Kennziffer wurde der Nettogewinn deklariert, von dessen Größe die Lohnzuschläge (Prämien) der Betriebsleitung und der Arbeiter abhängen. Als weitere wichtige Kennziffer wurde die Produktionsfondsabgabe neu eingeführt, eine Art Zins für die bislang unentgeltlich bereitgestellten Produktionsmittel; dadurch soll die Verschwendung und unnötige Hortung von Produktionsmitteln reduziert werden.

Die Einführung ähnlicher oder weitergehender Reformen in fast allen RGW-Ländern scheint die Rationalität dieser Wirtschaftsreform zu bekräftigen. Der Konflikt zwischen den Interessen der Betriebsführung, die viel Entscheidungsfreiheit bei möglichst wenig vorgegebenen Kennziffern anstrebt und den Interessen der zentralen Planbehörde, die zur Durchsetzung ihrer wirtschaftspolitischen Ziele möglichst viele differenzierte Instrumente benötigt, konnte jedoch nicht gelöst werden.

N.T.C.

**NEUMANN-Modell**
→ Wachstumsmodelle

**Neutralität der Besteuerung**
→ Steuerpolitik

**Neutralität des Geldes**
aus der → Quantitätstheorie bzw. der ihr entsprechenden Version der → Kassenhaltungstheorie von den Klassikern und Neoklassikern abgeleitete Vorstellung über die Wirkung monetärer Vorgänge. Danach beeinflussen Maßnahmen der → Geldpolitik weder Preis- und Produktionsstruktur noch → Einkommensverteilung, sondern lediglich das Niveau des → Sozialprodukts, wobei die strenge Version der Quantitätstheorie lediglich eine Wirkung auf das nominelle, nicht aber reale Sozialprodukt zugesteht.
Hieraus leitet sich bei den staatlichen Eingriffen in das Wirtschaftsleben durchweg skeptisch gegenüberstehenden neoklassischen Ökonomen eine Präferenz für die Geldpolitik gegenüber der → Fiskalpolitik ab, die nach ihrer Auffassung stärker und – wie sie meinen – meist entgegen den erklärten wirtschaftspolitischen Zielen auch die Wirtschaftsstruktur berührt. Besonders Anhänger der KEYNES'schen Theorie lehnen diese Vorstellungen ab: einmal soll der Staat in das Wirtschaftsleben gestaltend eingreifen, da (entgegen den Auffassungen der Klassik und Neoklassik) die Stabilität des privaten Sektors nicht besteht, zum anderen zeigt bereits die ökonomische Analyse, daß anders als in der neoklassischen Theorie bei Berücksichtigung empirisch zu beobachtender Preisstarrheiten und der Erwartungen von Anbietern und Nachfragern auch monetäre Vorgänge die Wirtschaftsstruktur be-

einflussen, die behauptete Neutralität der Geldpolitik also gar nicht gegeben ist. H.-J.H.

**New Deal**
umfassender sozialer Plan in den USA, die im Gefolge der Weltwirtschaftskrise hereinbrechende Not zu beseitigen. Dieses Ziel wurde allerdings erst durch Aufnahme der Kriegsrüstung 1939 endgültig erreicht. Es handelt sich beim New Deal um den Auf- und Ausbau einer Wirtschafts- und Sozialpolitik im Interesse bisher vernachlässigter Schichten. Das Programm war durch Experimentierfreudigkeit und großzügige → Staatsausgaben charakterisiert. Einerseits wurden durch Anleihen und öffentliche Bauvorhaben der notleidenden Wirtschaft Finanzmittel zugeführt, Arbeitslose für staatliche Projekte eingesetzt (Tennessee Valley Authority, 1935), sowie Sanierungsmaßnahmen für die Landwirtschaft ergriffen. Andererseits wurden mit der New-Deal-Gesetzgebung (die nicht unumstritten war) Rechte der Gewerkschaften anerkannt und gesetzlich geregelt (WAGNER Act, 1935), das Börsen- und Bankensystem reorganisiert, Arbeits- und Betriebsverfassungen geschaffen sowie auf den Gebieten der Arbeitslosen- und Sozialversicherung und der öffentlichen Wohlfahrtspflege und Fürsorge einschneidende Veränderungen erlassen. R.E.

**Nichtausschließbarkeit**
→ öffentliche Güter

**Nichtnullsummenspiele**
→ Spieltheorie

**Niedrigzinspolitik** → easy money

**Niveauelastizität**
→ Skalenelastizität

**Niveauvariation**
→ Grenzproduktivität

**NIXON-Runde**
→ Allgemeines Zoll- und Handelsabkommen

**NÖS**
→ Neues ökonomisches System der Planung und Leitung der Volkswirtschaft.

**Nominaleinkommen** → Einkommen

**Nominalismus**
Entgegen der metallistischen Auffassung, die den Charakter des → Geldes nicht losgelöst von seinem Stoffwert zu sehen vermag, sieht die nominalistische Geldauffassung, insbes. die → Staatliche Theorie des Geldes von Georg Friedrich KNAPP, die staatliche Garantie für den Nominalwert (Kapitalwertsicherheit) als ausschlaggebend an. Selbst stofflich nahezu wertloses → Münzgeld oder → Banknoten erlangen Geldqualität und verbriefen damit eine Anweisung auf einen Anteil am → Sozialprodukt. Da es Aufgabe des Geldes ist, den Austausch von Gütern und Dienstleistungen zu vermitteln und gleichzeitig Wertausdrucksmittel zu sein, kann diese Funktion auch ein relativ stoffwertloses Symbol wahrnehmen (Funktionstheorie des Geldes, soziale Theorie des Geldes). Der Nominalismus bildet die Grundlage des → Nominalwertprinzips. B.B.G.

**Nominalwertprinzip**
Grundsatz, nach dem Zahlungsmittel und Wertmesser (→ Geld) ein Gut eigener Art ohne Realbezug ist. Er basiert auf dem Geldkonzept des → Nominalismus und seiner → Staatlichen Theorie des Geldes, die Geld als Geschöpf der Rechtsordnung mit der Eigenschaft eines definitiven Schuldentilgungsmittels versteht.
Das Nominalwertprinzip gewährleistet Kapitalwertsicherheit und ist in der deutschen Geldverfassung durch den Grundsatz »Mark gleich Mark« verankert, wonach auf Geldbeträge lautende Schulden unabhängig vom Zeitpunkt der Entstehung und Beendigung der Kreditbeziehung zum Nennwert zu tilgen sind. Das Nominalwertprinzip beinhaltet auch die Tilgung von Geldschulden durch gesetzliche → Zahlungsmittel. Außerdem müssen Geldschulden nach dem Währungsgesetz (§ 3 Satz 1) in DM eingegangen werden. Auf Erhaltung des Realwerts einer Forderung ausgerichtete → Gleitklauseln, welche den nominalen Wert einer Forderung an den Preis für → Gold, andere Güter oder an den → Wechselkurs gegenüber einer anderen Währung binden, bedürfen der Genehmigung durch die → Deutsche Bundesbank.
Das Nominalwertprinzip findet auf privatrechtliche und öffentlich-rechtliche Schuldverhältnisse Anwendung, v. a. auch im Steuerrecht. Während das Nominalwertprinzip Kapitalwertsicherheit garantiert, ändert sich bei permanenter → Inflation oder → Deflation der Realwert des Geldes und auf Geld lautender Kreditbeziehungen. Die hiermit verbundene Benachteiligung von Geldvermögensbesitzern bzw. Schuldnern wird von der dem Nominalismus bislang folgenden Rechtsprechung nicht erfaßt, was gerade in letzter Zeit wieder den Ruf nach Indexbindungen (→ Indexwährung) laut werden ließ. B.B.G.

**Nominalzollkonzept**
→ Effektivzoll-Theorie

**Nonaffektationsprinzip**
(= Grundsatz der Gesamtdeckung) aus den → Budgetgrundsätzen der Einheitlichkeit und Vollständigkeit abgeleitetes Budgetprinzip, nach dem *alle* → Staatseinnahmen als Deckungsmittel für *alle* → Staatsausgaben dienen und eine Zweckbindung bestimmter Einnahmen für bestimmte Ausgaben und umgekehrt unzulässig ist. Kassenmäßiges Äquivalent ist das Prinzip der fiskalischen Kasseneinheit, das besagt, daß sämtliche Ausgaben und Einnahmen über *eine* Kasse fließen sollen.
Ausnahmen finden sich, wenn in bestimmten Bereichen der → Staatstätigkeit ein fester Zusammenhang zwischen → Steuerbemessungsgrundlage und Nutzung einer öffentlichen Leistung besteht, so daß eine Besteuerung nach dem → Äquivalenzprinzip möglich ist. Dabei soll der Empfänger einer öffentlichen Leistung den erzielten Vorteil durch eine entsprechende Besteuerung »bezahlen« (z. B. Kraftver-

kehrsbesteuerung und Straßenbaufinanzierung). E.S.

**normative Ökonomik** → Werturteil

**Normen- und Typenkartell**
Variante eines → Kartells, das die Beteiligten zur Einhaltung bestimmter Normen (bei den in der Produktion verwendeten Einzelteilen) und/oder Typen (bei Fertigerzeugnissen) verpflichtet. Sie sind als Vorstufe eines → Rationalisierungskartells zu werten, da sie bezwecken, den Arbeits- und Zeitaufwand zu verringern und insgesamt die Kosten zu reduzieren; gemäß → Gesetz gegen Wettbewerbsbeschränkungen (§ 5, Abs. 1) besteht Anmeldepflicht. R.R.

**Nostroguthaben**
→ Sichteinlagen, die eine → Bank bei einer anderen unterhält.

**Notenausgabemonopol**
ausschließliches Recht einer → Zentralbank (Notenbank), → Banknoten auszugeben. Die Monopolisierung dieses Rechts ist eine moderne Entwicklung. In Deutschland beispielsweise existierten noch nach dem 1. Weltkrieg neben der Reichsbank einige Privatnotenbanken. Zu Beginn des 19. Jh. waren Notenbanken praktisch normale Geschäftsbanken, die sich verpflichteten, ausgegebene Banknoten in → Gold einzulösen. Mit der Herausbildung von Zentralbanken im Laufe des 19. Jh. wurden die Privatnotenbanken jedoch allmählich zurückgedrängt und das Notenausgabeprivileg konzentrierte sich mehr und mehr auf die Zentralbank.
In der BRD liegt das Recht zur Banknotenausgabe bei der → Deutschen Bundesbank (§ 14 → Bundesbankgesetz). Sie allein darf auf Deutsche Mark lautende Banknoten schaffen, die unbeschränkt als gesetzliches → Zahlungsmittel verwendbar sind, d.h. von jedem Gläubiger als Schuldentilgungsmittel akzeptiert werden müssen. Außerhalb der Deutschen Bundesbank befindliche Banknoten werden von ihr als Passiva verbucht, obwohl keine Einlösungspflicht in andere Vermögensob-

jekte, z.B. Gold, besteht. DM-Noten sind daher keine Inhaberschuldverschreibungen, sondern Geldzeichen öffentlich-rechtlichen Charakters.
Das Notenausgabemonopol macht die Zentralbank im Inland unbegrenzt liquide und zur letzten Quelle der → Liquidität der → Banken. Der Banknotenumlauf wird dem im Monats- und Jahresverlauf stark schwankenden Bargeldbedarf der Banken und Nichtbanken angepaßt. Eine Begrenzung des Notenumlaufs, wie sie in § 5 des Emissionsgesetzes bei der → Währungsreform eingeführt wurde, ist im Bundesbankgesetz nicht mehr enthalten. Die Variation des Banknotenumlaufs stellt kein Instrument der → Zentralbankpolitik dar; für die monetäre Steuerung sind vielmehr andere Geldgesamtheiten wie → Zentralbankgeldmenge insgesamt, → Bankenliquidität bzw. → Geldvolumen relevant. V.B.

**Notenbank**
heute Synonym für → Zentralbank, da Zentralbanken inzwischen überall das → Notenausgabemonopol besitzen. Ursprünglich waren Notenbanken private → Banken, die seit der zweiten Hälfte des 17. Jh. in England, aber auch in kontinentaleuropäischen Ländern wie Frankreich zu Bedeutung gelangten. Ihre Vorläufer waren die Geldwechsler des mittelalterlichen Italien, bei denen Kaufleute → Münzgeld deponierten, um Transportrisiken und Probleme der Kontrolle von Gewicht und Feingehalt der Münzen auszuweichen. → Banknoten entstanden aus den bei der Hinterlegung ausgestellten Depotscheinen. Trotz der Einlösungsverpflichtung brauchten die Notenbanken allmählich nur noch einen Bruchteil der ausstehenden Banknoten durch Gold bzw. Silber zu decken, als diese zunehmend vom Publikum als → Zahlungsmittel akzeptiert wurden (→ Goldstandard). Die Funktionsstörungen des Geldwesens, die im 18. und 19. Jh. aus der unkontrollierten → Geld- und Kreditschöpfung durch Ausgabe von Banknoten resultierten, führten in der zweiten Hälfte des 19. Jh. zu einer Zurückdrängung der Privatnotenbanken und der Monopolisie-

rung des Notenausgabeprivilegs durch die Zentralbanken.   V.B.

**N-Papiere**
nicht vorzeitig rückgabefähige → U-Schätze, welche die → Deutsche Bundesbank neuerdings neben den in die Geldmarktregulierung einbezogenen → Geldmarktpapieren zu höheren → Abgabesätzen auf dem offenen Markt anbietet.

**Nullsummenspiel** → Spieltheorie

**Nullwachstum**
(zero growth) im Sinne neuerer ökologischer Theorien ein Zustand, bei dem alle relevanten → Bestandsgrößen (v. a. Kapital und Bevölkerung) durch gleich große Zu- und Abgänge konstant gehalten werden und damit Wachstumsraten von Null aufweisen (→ steady state economy). Im Nullwachstum der Bevölkerung kommt das demographisch-ökologische Leitbild einer optimalen Bevölkerungsgröße (für eine Region, ein Land, den gesamten Planeten) zum Ausdruck, die, wenn sie einmal erreicht ist, eingehalten werden soll. Die Bedeutung des Problems wurde in jüngster Zeit durch eine Reihe von Veröffentlichungen (Paul EHRLICH, Dennis MEADOWS) ins öffentliche Bewußtsein gehoben. Unter den Vorschlägen zur Stabilisierung des Bevölkerungswachstums erregte v. a. der Plan von Kenneth E. BOULDING Aufsehen, der die Verteilung von sog. Baby-Zertifikaten an alle Ehepaare vorsieht (die verkauft werden können, wenn keine Kinder gewünscht werden).
Die Nullwachstums-Doktrin wurde aus kybernetischen Totalmodellen (sog. Weltmodelle: »Raumschiff Erde«) abgeleitet. Eine heftige Diskussion ist um die politischen und gesellschaftlichen Implikationen entbrannt.   C.-G.Sch.

**numéraire**
durch die Totalanalyse von Léon WALRAS in die Wirtschaftstheorie eingeführter Ausdruck für die Recheneinheit, in der Güter- und Faktorpreise ausgedrückt werden. In einer Geldwirtschaft sind numéraire und Währungseinheit i.d.R. identisch. Vor allem in internationalen Organisationen werden Recheneinheiten verwendet, die keine Währungseinheiten darstellen (z.B. → Europäische Währungs-Recheneinheit) und besonders bei → freien Wechselkursen auch keine feste Relation zu irgendeiner Währungseinheit zu haben brauchen.   H.-J.H.

**Nutzen**
Zustand erreichter Bedürfnisbefriedigung (Friedrich von WIESER). Voraussetzung für einen Nutzen sind Nützlichkeit (Eignung zur Befriedigung eines → Bedürfnisses) und Seltenheit der Mittel. Nach der → subjektiven Wertlehre ist der Nutzen Grundlage des wirtschaftlichen Güterwerts (Nutzwertlehre). Freie Güter (→ Gut) besitzen nur Nützlichkeit und sind daher wertlos. Wirtschaftlichen Gütern wird aufgrund ihres Nutzens ein Wert zuerkannt. Nutzen und Wert werden von der Österreichischen Schule häufig als inhaltlich gleiche Begriffe gebraucht. Während die ältere Nutzenlehre (Carl MENGER 1871, William Stanley JEVONS 1871, Léon WALRAS 1874) von einem kardinalen Nutzen ausging, verwendet die moderne Nutzentheorie ein ordinales Nutzenkonzept (→ Nutzenmessung).
Einzelnutzen ist die Nutzwirkung einer Guteinheit in einer bestimmten Verwendung; er hängt von der verfügbaren Menge des betreffenden Gutes und den Mengen aller übrigen (verschiedenartigen) Güter ab. Gesamtnutzen ist der Nutzen einer Menge gleicher Güter, Gesamtwirtschaftsnutzen der Nutzen aller Güter, über die ein Wirtschaftssubjekt verfügt (die subjektive Wohlfahrt).
Ein Wirtschaftssubjekt, das ein Maximum an Bedürfnisbefriedigung anstrebt, wird mit seinen Mitteln die dringlichsten Bedürfnisse befriedigen. Wird die Menge eines (gleichartigen) Gutes um eine Einheit vermindert, dann entfällt die Befriedigung des am wenigsten dringlichen Bedürfnisses. Der Nutzen, den die letzte Einheit eines Gütervorrats stiftet, ist der Grenznutzen dieses Gutes (Carl MENGER). Er hängt ab vom Bedürfnissystem (psychologisch-subjektive Komponente) und Gü-

termenge und -qualität (technisch-objektive Komponente). Entsprechend dem Sättigungsgesetz (→ GOSSEN'sche Gesetze) nimmt die Intensität eines Bedürfnisses und damit auch der Grenznutzen mit fortschreitender Bedürfnisbefriedigung ab. Nach der → subjektiven Wertlehre bestimmt der Grenznutzen den Wert der Gütereinheit aus einer Menge gleichartiger Güter.

Als Grenznutzen wird auch der Gesamtnutzenzuwachs aus der Verwendung der letzten Gütereinheit aufgefaßt, der mathematisch als erste Ableitung einer → Nutzenfunktion bestimmt werden kann.

Grundlage der Dispositionen der Wirtschaftssubjekte über die Güterverwendung zur bestmöglichen Bedürfnisbefriedigung (Wirtschaftsrechnung) ist der erwartete Nutzen. Seiner Veranschlagung liegt der in der Erfahrung erlangte Nutzen zugrunde.

Sofern die Nutzwirkung von einem Individuum wahrgenommen und veranschlagt wird, handelt es sich um einen Individualnutzen. Verschiedentlich werden Nutzen und Grenznutzen als Kollektivnutzen verstanden, da nach dieser Auffassung die Gesellschaft Art und Intensität der Bedürfnisse bestimmt und auch die Nutzenschätzung vornimmt. Wird nach der Nutzwirkung eines Gütervorrats für die Gesellschaft gefragt, dann wird auf den Sozialnutzen als gesellschaftlichen Gesamtwirtschaftsnutzen abgestellt. H. M. W.

## Nutzenfunktion

Formalisierung der Beziehung zwischen dem kardinalen Gesamtnutzen (→ Nutzen) und der Menge gleichartiger Güter: $N = f(x)$. Die erste Ableitung der Nutzenfunktion wird als Grenznutzen des Gutes aufgefaßt. Bei ordinalem Nutzenkonzept (→ Nutzenmessung) liegt eine Nutzenindexfunktion vor. Die Funktionswerte (in Abhängigkeit von der Gütermenge) stellen Nutzenindizes dar, welche die Rangordnung von Nutzen bzw. Nutzenniveaus anzeigen. H.M.W.

### Nutzenindexfunktion

→ Nutzenfunktion

## Nutzenmessung

Bei ordinaler Messung (Skalierung) werden gewissen Tatbeständen (hier Nutzen) Zahlen zugeordnet, welche die Rangordnung der Tatbestände (Nutzen) anzeigen. Kardinale Messung bedeutet, daß Abstände zwischen den Tatbeständen (Nutzenunterschiede) ermittelt werden können. Dabei ist zu unterscheiden, ob nur eine Rangordnung der Abstände angegeben werden kann oder der Umfang der Abstände selbst.

In der älteren Nutzenlehre wurde kardinale Meßbarkeit des Nutzens im strengen Sinn angenommen. Aus der Kritik (Vilfredo PARETO, 1906) dieser nicht haltbaren Auffassung entstand das Konzept der ordinalen Nutzenmessung, wonach die Rangordnung der Nutzen durch Nutzenindizes angezeigt wird, deren Werte häufig aus einer Nutzenindexfunktion bestimmt werden. Da es nur auf die Rangfolge der Nutzen ankommt, ist der Abstand der Nutzenindizes verschiedener Gütermengen unwesentlich.

In der modernen → Nutzentheorie können zwei Hauptrichtungen unterschieden werden: Die introspektive Richtung geht von einem vereinfachten Nutzenkalkül aus, während die behavioristische Richtung an das beobachtbare Verhalten der Wirtschaftssubjekte anknüpft. Die erste Richtung umfaßt Vertreter eines ordinalen Nutzenkonzepts (introspektive Ordinalisten; John R. HICKS, Heinrich von STACKELBERG), deren Erklärungsansatz das → Indifferenzprinzip ist und Vertreter eines abgeschwächten kardinalen Konzepts (introspektive Neokardinalisten). Sie unterstellen eine grobe kardinale subjektive Meßbarkeit des Nutzens, da nach ihrer Ansicht Nutzenunterschiede erst ab einem gewissen Umfang wahrgenommen werden.

Die ordinalistische Richtung der behavioristischen Schule schließt aus dem empirisch erkennbaren Vorziehen eines Güterbündels gegenüber einem anderen (→ bekundete Präferenzen) auf einen höheren Nutzen (behavioristische Ordinalisten; Ian M. D. LITTLE, Paul A. SAMUELSON). Eine andere Gruppe mißt den Nutzen von

Ereignissen unter Berücksichtigung der Wahrscheinlichkeiten für deren Eintreffen (behavioristische Kardinalisten; Milton FRIEDMAN, Oskar MORGENSTERN).

Während eine subjektive Nutzenmessung (intrapersonaler Nutzenvergleich) in unterschiedlichem Grad für durchführbar gehalten wird, ist ein interpersoneller Nutzenvergleich, der u. a. in der → Wohlfahrtsökonomik von Bedeutung ist, nach allgemeiner Auffassung nicht möglich. Ebenso wird ein intertemporärer Nutzenvergleich, die Gegenüberstellung der zu verschiedenen Zeitpunkten anfallenden Nutzen durch das gleiche Wirtschaftssubjekt, wegen der unterschiedlichen Verhältnisse (Änderung der Bedürfnisse, Einkommen, Güter usw.) abgelehnt.

H. M. W.

**Nutzenmöglichkeitskurve**

kennzeichnet das jeweils höchstmögliche Nutzenniveau für ein Wirtschaftssubjekt, bei alternativ angenommenen Nutzenniveaus aller anderen, das mit einem bestimmten Güterbündel bzw. bei gegebenen Produktionsmöglichkeiten erreichbar ist. Wegen des üblicherweise ordinalen Konzepts ist sie lediglich in Relation zu anderen Nutzenmöglichkeitskurven interessant. Da die Indextheorie prinzipiell operationale Vergleiche von Nutzenmöglichkeitskurven in (eingeschränkten) Bereichen zuläßt (Abram BERGSON, John R. HICKS, Maurice DOBB, Ian M. D. LITTLE), stellen Nutzenmöglichkeitskurven nicht nur exzellente Hilfsmittel für die wohlfahrtstheoretische Diskussion dar (→ Wohlfahrtskriterien), sondern erscheinen auch in Grenzen operationalisierbar. K. Sch.

**Nutzentheorie**

Die ältere Nutzentheorie (Carl MENGER 1871, William Stanley JEVONS 1871, Léon WALRAS 1874) befaßte sich v. a. mit Fragen des wirtschaftlichen Güterwerts (und der → Preisbildung), der sich nach ihrer Auffassung aus dem → Nutzen bzw. Grenznutzen ableitet (daher Nutzwertlehre; → subjektive Wertlehre). Ausgehend von den → Bedürfnissen der Wirtschaftssubjekte beschreibt sie rationales Nachfrageverhalten der Konsumenten mit Hilfe der → GOSSEN'schen Gesetze (das 2. GOSSEN'sche Gesetz wird von der Österreichischen oder Wiener Schule abgelehnt). Aus der Kritik am kardinalen Nutzenkonzept der älteren Lehre entstand die → Wahlhandlungstheorie und die Diskussion der → Nutzenmessung als Schwerpunkte der jüngeren Nutzentheorie.

Die Anwendung der Nutzenlehre in der → Finanzwissenschaft ergab eine rationale Steuertheorie und führte in der → Geldtheorie zur Einkommenstheorie des Geldwerts. Nutzentheoretische Überlegungen sind besonders in der → Wohlfahrtsökonomik von Bedeutung. H.M.W.

**Nutzenvergleich** → Nutzenmessung

**Nutzwertlehre** → subjektive Wertlehre

**objektive Wertlehre**
→ Arbeitswertlehre

**Objektsteuern**
→ Steuerklassifikation

**OECD**
Organization for Economic Co-operation and Development. → Organisation für wirtschaftliche Zusammenarbeit und Entwicklung.

**OEEC**
Organization for European Economic Co-operation. → Europäischer Wirtschaftsrat.

**öffentliche Ausgaben**
→ Staatsausgaben

**öffentliche Einnahmen**
→ Staatseinnahmen

**öffentliche Güter**
(Kollektivgüter, public goods)
a) im weiteren Sinn: faktisch vom Staat (oder einer Organisation) angebotene Güter;
b) im engeren Sinn: auf Grund ihrer Eigenart vom Staat (oder einer Organisation) angebotene oder anzubietende Güter zur Befriedigung privater → Bedürfnisse oder von sozialen Eliten artikulierter Kollektivbedürfnisse (social wants).
Eine auf Paul A. SAMUELSON (1954) zurückgehende, nur mit Einschränkung wissenschaftlich akzepierte Charakterisierung hebt Nachfragegesichtspunkte hervor: Werden bestimmte Güter erstellt, kann sie prinzipiell jeder, der an ihnen Interesse hat, in Anspruch nehmen (Nichtausschließbarkeit, non-excludability); allerdings hat auch niemand einen Schaden

davon, wenn noch andere, u. U. sehr viele, das Angebot in Anspruch nehmen (gemeinsamer Konsum, non-rivalry). Ohne die staatliche Initiative hätte die Nichtausschließbarkeit Unterversorgung zur Folge, da der einzelne darauf spekuliert, daß ein anderer die zur Erstellung der Kollektivgüter erforderlichen Anstrengungen unternimmt und ihm die Chance bietet, davon unentgeltlich Gebrauch zu machen (free-rider-Verhalten). Die Unterversorgung ist aber um so weniger wünschenswert, als diese Güter durch die Möglichkeit des gemeinsamen Konsums das öffentliche Wohl besonders nachhaltig steigern können.
Neuerdings werden wieder stärker spezielle Angebotseigenschaften betont, die eine Bereitstellung der entsprechenden Güter durch den Staat erklären: → Externalitäten (z.B. beim Küstenschutz), Unteilbarkeiten und sinkende Grenzkosten (z.B. bei Straßen).
Soweit ein Bedürfnis der Wirtschaftssubjekte nach bestimmten Gütern besteht, ihre privatwirtschaftliche Bereitstellung aber auf die beschriebenen Schwierigkeiten stößt und der Staat infolgedessen eintreten muß, spricht man von Sozialgütern. Im Gegensatz dazu ist das Angebot an sog. → meritorischen Gütern auf der Einsicht von sozialen Eliten begründet, daß (ungeachtet des fehlenden individuellen Bedürfnisses) das Vorhandensein dieser Güter im öffentlichen Interesse liegt.
Eine Mittelstellung nehmen Mischgüter (mixed goods) ein. Auf sie ist privates Interesse gerichtet; dennoch kann ihre öffentliche Bereitstellung zur Erreichung des sozialen Optimums geboten sein. Sie stiften individuellen → Nutzen, der noch gesteigert werden kann, wenn andere Individuen Güter der gleichen Art konsumieren

(Beispiel: Impfung dient der Immunisierung jedes einzelnen; bei umfassenden Impfaktionen wird dazu noch die Ansteckungsgefahr reduziert). In Grenzfällen kann es zweckmäßig sein, freiwillige → Übertragungen vorzunehmen, um durch solchen scheinbaren Altruismus den eigenen Nutzen zu erhöhen. Staatlich organisierte Übertragungen und Zwangskonsum (z. B. kostenlose, obligatorische Impfungen) sind in derartigen Fällen geeignet, das soziale Optimum am sichersten herzustellen.

Problematisch ist bei öffentlichen Gütern stets, auf welche Weise das soziale Optimum erkundet und erreicht werden soll. Es ist nicht erforderlich, daß die öffentlichen Güter direkt vom Staat angeboten werden; allerdings bedarf es eines staatlichen Eingriffs, um die Marktunvollkommenheit zu überwinden. Da zur verbindlichen Festlegung von Art und Umfang des Angebots an öffentlichen Gütern der → Preismechanismus versagt, müssen alternative Lenkungsmechanismen zum Zuge kommen (z. B. demokratische oder bürokratische Entscheidung oder Aushandeln zwischen den Interessenten). F.G.

## öffentliche Unternehmen
→ Erwerbseinkünfte des Staates

## Ökologie → Umweltökonomik

## Ökonometrie
befaßt sich mit der Messung ökonomischer Beziehungen. Sie ist eine Kombination von ökonomischer Theorie, mathematischer Ökonomik und Statistik, aber doch verschieden von jedem dieser Wissenschaftszweige. Ihre Ziele sind: Testen der ökonomischen Theorie, Bereitstellung numerischer Schätzwerte der Koeffizienten ökonomischer Beziehungen als Grundlage für → quantitative Wirtschaftspolitik, Vorhersage ökonomischer Größen (→ Diagnose und Prognose).

Die ökonometrische Forschung geht wie folgt vor: → Spezifikation des Modells, Schätzung der Parameter, Überprüfung der Schätzgüte der Parameter, Test der prognostischen Eigenschaften des Modells.

Die Schätzung des Modells enthält folgende Schritte: Sammeln statistischer Daten (Beobachtungen) über die Modellvariablen, Überprüfung der Identifikationsbedingungen der Funktionen, Untersuchung von Aggregationsproblemen, Untersuchung des Grades der → Multikollinearität, Wahl und kritische Überprüfung der geeigneten ökonomischen Schätztechnik.

Die Wahl der Schätzmethode hängt von der Art der → Hypothese bzw. des Modells ab. Bei einzelnen Gleichungen genügt oft die gewöhnliche Methode der kleinsten Quadrate, bei → Autokorrelation z. B. versucht man, mit der verallgemeinerten Methode der kleinsten Quadrate zu schätzen. Bei einem System simultaner Gleichungen tritt einmal das Problem der → Identifikation auf, zum anderen werden höher entwickelte Schätzmethoden angewandt, z. B. zweistufige kleinste Quadrate (speziell wegen ihrer Einfachheit), dreistufige Quadrate, Maximum-Likelihood-Methoden bei beschränkter und voller Information. Grundlage ökonometrischer Techniken ist die → Regressionsanalyse. Im weiteren Sinn zählt zur Ökonometrie noch die Analyse von Zeitreihen, wobei die umstrittene Spektralanalyse (bei welcher der jeweilige Beobachtungsbefund als Realisation eines stochastischen Prozesses angesehen wird) einen besonderen Platz einnimmt. H. B.

## Ökonomisches System des Sozialismus (ÖSS)
→ Neues ökonomisches System der Planung und Leitung der Volkswirtschaft.

## Ökonomische Theorie der Politik
→ Neue Politische Ökonomie

## Ölfazilität
→ Internationaler Währungsfonds

## ÖSS
Ökonomisches System des Sozialismus. → Neues ökonomisches System der Planung und Leitung der Volkswirtschaft.

## offenbarte Präferenzen
→ bekundete Präferenzen

**Offenmarktpolitik**
Kauf und Verkauf von Wertpapieren durch eine → Zentralbank auf eigene Rechnung gegen → Zentralbankgeld. Offenmarktoperationen können auf → Geld- und → Kapitalmärkten, mit → Banken und Nichtbanken betrieben werden. Offenmarktgeschäfte für Rechnung öffentlicher Haushalte zählen nicht zur Offenmarktpolitik; sie werden aber (z. B. in der BRD) von der Zentralbank in ihrer Eigenschaft als Bank der öffentlichen Haushalte regelmäßig durchgeführt. (Emissionen und Kurspflegetransaktionen).

Der → Monetarismus schreibt der Offenmarktpolitik eine wichtige Rolle bei der Beeinflussung von → Geldbasis und → Geldmenge zu. Liquiditätstheoretiker betonen ihre Wirkungen auf Zinsniveau und -struktur der monetären Märkte sowie Umfang und Struktur der → Bankenliquidität. Offenmarkttransaktionen mit → N-Papieren, auf dem → Kapitalmarkt und mit Nichtbanken verändern die Höhe, solche mit Banken in → Geldmarktpapieren nur die Verwendung der Bankenliquidität, da sie von den Banken jederzeit rückgängig gemacht werden können.

Die → Deutsche Bundesbank ist berechtigt, zur Regelung des Geldmarkts, zur Beeinflussung des Geldumlaufs und der Kreditgewährung, Offenmarktpolitik auf Geld- und Kapitalmarkt mit Banken und Nichtbanken zu betreiben (§§ 15, 21 → Bundesbankgesetz). Primär führt sie Offenmarkttransaktionen am Geldmarkt mit Banken durch, indem sie Geldmarktpapiere zu einer im Vergleich zum Marktzins höheren Verzinsung anbietet (→ Abgabesätze). Ist sie grundsätzlich bereit, die Titel vor Fälligkeit zurückzunehmen, so berechnet sie Rücknahmesätze (→ Ankaufsätze), die über den Abgabesätzen liegen, so daß eine vorzeitige Rückgabe mit einem Zinsverlust verbunden ist. 1967 kaufte die Bundesbank aus zinspolitischen Gründen Schuldverschreibungen des Bundes und seiner Sondervermögen auf dem Kapitalmarkt an, die in den folgenden Jahren allmählich wieder abgesetzt wurden. Seit 1971 schließt sie in zunehmendem Umfang Geschäfte in Geldmarktpapieren mit Nichtbanken ab. Zur Feinsteuerung der Zentralbankgeldmenge und der Zinssätze am Geldmarkt verkauft die Bundesbank seit 1973 → Schatzwechsel mit ganz kurzer Laufzeit (5 und 10 Tage) und kauft von Banken Inlandswechsel außerhalb der → Rediskontkontingente unter der Bedingung an, daß sie unter Anwendung desselben Zinssatzes per 10 Tage später zurückgekauft werden.

Bisweilen wird der Bundesbank empfohlen, wie der Federal Reserve Board nicht nur auf dem Kapitalmarkt, sondern auch auf dem Geldmarkt als → Mengenfixierer aufzutreten, da bei einer Preisfixierung (Festlegung von Abgabe- und Ankaufsätzen) den Banken überlassen bleibt, welche Menge an Geldmarktpapieren sie an- oder verkaufen wollen, und so die Effektivität der Offenmarktpolitik herabgesetzt wird. Dies gilt immer dann, wenn bei gegebenen Abgabe- und Ankaufssätzen die Banken eine andere Menge als die Zentralbank zu handeln wünschen. Will die Zentralbank weniger verkaufen oder kaufen, so genügt es, daß sie sich das Recht vorbehält, Offenmarktgeschäfte jederzeit einzustellen. Will sie mehr Papiere handeln, so muß sie auch bei Mengenfixierung die Zinssätze variieren, um die Banken zu entsprechenden Transaktionen zu veranlassen.  V.B.

**offer-curve**
→ Theorie der internationalen Werte

**Oligopol** → Angebotsoligopol

**OPEC**
→ Organization of the Petroleum Exporting Countries

**open-price-association**
Preismeldestelle → Marktinformationsverfahren

**operational lag** → Fiskalpolitik

**Opfertheorie der Besteuerung**
→ Leistungsfähigkeitsprinzip

**Ophelimität**
Bedürfnisbefriedigung (→ Bedürfnis) oder subjektive Wohlfahrt, die ein → Gut einem

Wirtschaftssubjekt vermittelt. Dieser Begriff wird gelegentlich in der → Wahlhandlungstheorie, der ein ordinales Nutzenkonzept (→ Nutzenmessung) zugrunde liegt, zur Abgrenzung gegenüber dem kardinalen → Nutzen verwendet.

**opportunity costs**
(= Alternativkosten) volkswirtschaftlicher Kostenbegriff: Wenn knappe Faktoren zur Produktion eines Gutes verwendet werden, gehen sie für die Produktion anderer Güter verloren, auf deren Erstellung aus diesem Grund verzichtet werden muß. Man kann die Kosten aller → Inputs bei der Erstellung einer Einheit eines Gutes Y ausdrücken durch den Wert des alternativen Güterbündels, das mit den für Produkt Y verwendeten Inputs sonst hätte erstellt werden können.
Beispiel: Für den Bau eines Kilometers Autobahn müssen Mittel bereitgestellt werden, mit denen man sonst z. B. öffentliche Nahverkehrsmittel oder Bildungseinrichtungen hätte erstellen können. Man kann die Kosten des Autobahnkilometers gleichsetzen mit 100 Studienplätzen oder einem U-Bahn-Kilometer. Ein typischer Anwendungsfall der Bewertung durch opportunity costs sind → Kosten-Nutzen-Analysen.    R.D.

**optimale Betriebsgröße**
→ vollständige Konkurrenz

**optimale Kapitalakkumulation**
→ Kontrolltheorie

**optimaler Währungsraum**
→ Währungsraum

**Optimalzoll-Theorie**
versucht für den 2 Länder-/2 Güter-Fall zu zeigen, daß es für ein einzelnes Land durch Erhebung eines → Zolls möglich ist, die nationale Wohlfahrt über die bei absolutem Freihandel zu erreichende Wohlfahrt hinaus zu erhöhen, allerdings auf Kosten der Wohlfahrt des anderen Landes. (→ Außenhandelsgewinn). Gelingt es einem Land durch Erhebung eines Zolls, seine → terms of trade (→ terms of trade – Effekt)

gegenüber dem Ausland zu verbessern, so verbessert sich seine Wohlfahrtssituation, da es gegenüber der Freihandelssituation für jede exportierte Gütereinheit eine größere Menge an Importgütern erhält. Neben der Verbesserung der terms of trade ist jedoch auch die Beeinflussung des Handelsvolumens durch den Zoll zu berücksichtigen. Während die Exporte in jedem Fall sinken, werden die Importe (= Gesamterlös des Inlands aus dem Verkauf der Exportgüter) sinken, falls die → Elastizität der ausländischen Importnachfrage größer 1 ist. Tritt dieser Fall ein, dann steht dem positiven Wohlfahrtseffekt der Verbesserung der terms of trade ein negativer Wohlstandseffekt gegenüber, bedingt durch den Rückgang der Importe. Ein Zoll gilt dann als Optimalzoll, wenn der Nettowohlfahrtsgewinn beider Zolleffekte sein Maximum erreicht, d. h. wenn die Grenzkosten des Exportgutes (ausgedrückt in Einheiten des Importgutes, auf die man verzichten muß) dem Grenzerlös (ausgedrückt in den Importgütermengen, die man durch den Verkauf einer weiteren Einheit des Exportgutes erhält) entsprechen.
Wenngleich das Optimalzollargument manchmal für die Forderung nach einer protektionistischen Zollpolitik verwandt wird, ist es dennoch für die praktische Politik bedeutungslos. Es scheitert an der Unkenntnis über die Elastizitäten auf dem Weltmarkt, an der Überschätzung der Möglichkeit eines Landes, die terms of trade durch Erhebung eines Zolls zu seinen Gunsten zu beeinflußen und nicht zuletzt an der unrealistischen Annahme, daß sich das Ausland gegenüber einer solchen Politik still verhält ( → Retorsionszoll).
    M. H.

**Optionsfixierer**
Marktteilnehmer, der gleichzeitig Preis und Menge des von ihm angebotenen oder nachgefragten Gutes bestimmt. Der andere Marktteilnehmer (Optionsempfänger) hat nur die Möglichkeit, den Vorschlag anzunehmen oder abzulehnen. Der Optionsfixierer kann den Ausbeutungspunkt wählen, d. h. den Optionsempfänger durch die gesetzte Preis-Mengen-Kombi-

nation in eine Nullgewinnposition bringen. Die Verhaltensweise des Optionsfixierers kann beim bilateralen Monopol (→ Marktformen, → Kontraktkurve) vorkommen. H.M.W.

**Ordoliberalismus** → Neoliberalismus

**Organisation der Vereinten Nationen für industrielle Entwicklung**
(United Nations Industrial Development Organization; UNIDO) ständige (organisatorisch autonome) Einrichtung der Vollversammlung der → Vereinten Nationen mit Sitz in Wien.
Gründung: 22. 11. 1966.
Aufgaben: Förderung der → Entwicklungsländer auf dem Gebiet der industriellen Technologie, Produktion, Programmierung und Planung, v.a. durch Anregung nationaler, regionaler und internationaler Aktionsprogramme, technische Hilfe (Entsendung von Experten für die Erstellung von Industrialisierungsplänen und Pre-Investment-Studien) sowie Forschungs- und Informationstätigkeit.
Organe: Oberstes Beschluß- und Aufsichtsorgan ist der von der UN-Vollversammlung gewählte Rat für industrielle Entwicklung, in den 45 Staaten Vertreter entsenden (davon 25 Entwicklungsländer). Der Rat tagt i. d. R. einmal jährlich; er bestimmt die Politik der UNIDO, überprüft und beschließt das Arbeitsprogramm und die Richtlinien für seine Durchführung.
Mittelbeschaffung: Die Verwaltungs- und Forschungskosten der UNIDO werden aus dem ordentlichen Budget der Vereinten Nationen finanziert (1973: ca. 15 Mio. $); die praktische Tätigkeit wird einerseits aus freiwilligen Beiträgen von Mitgliedsländern bestritten (1973: 2,25 Mio. $), andererseits aus Zuweisungen des → Entwicklungsprogramms der Vereinten Nationen, deren industrielle Entwicklungsprojekte die UNIDO seit 1. 7. 1967 ausführt.
D. S.

**Organisation für wirtschaftliche Zusammenarbeit und Entwicklung**
(Organization for Economic Co-operation and Development; OECD) Nachfolgeorganisation des → Europäischen Wirtschaftsrates (OEEC). Unterzeichnung der OECD-Konvention: 14. 12. 1960; Ratifizierung: 30. 9. 1961. Neben den Mitgliedsländern der OEEC traten die USA, Kanada (beide 1961), Japan (1964), Finnland (1969), Australien (1972) und Neuseeland (1973) als Vollmitglieder der OECD bei.
Ziele: Förderung einer optimalen Wirtschaftsentwicklung in den Mitgliedsstaaten unter Wahrung finanzieller Stabilität sowie eines gesunden Wirtschaftswachstums der Mitglieds- und Nichtmitgliedsländer, die in wirtschaftlicher Entwicklung begriffen sind; Ausweitung des Welthandels im Einklang mit internationalen Verpflichtungen auf multilateraler und nichtdiskriminierender Grundlage.
Aufgaben und Tätigkeit: Zusammenarbeit der Mitgliedsländer untereinander und Kooperation mit internationalen Organisationen (v.a. durch Informationsaustausch, Beratung und gemeinsame Empfehlungen) auf nahezu allen wirtschaftlich relevanten Gebieten der Politik. Die praktische Arbeit vollzieht sich in einer Vielzahl von Ausschüssen:
a) Der wirtschaftspolitische Ausschuß wird von drei Arbeitsgruppen unterstützt, wobei insbes. die Arbeitsgruppe 3 (auch Währungsausschuß der OECD genannt) Bedeutung für die Koordinierung der internationalen Währungspolitik und → Zahlungsbilanzpolitik erlangt hat.
b) Der 1973 geschaffene Ausschuß für Währungs- und Devisenfragen bearbeitet die Aufgaben des 1972 aufgelösten Direktoriums für das → Europäische Währungsabkommen weiter.
c) Der Prüfungsausschuß für Wirtschafts- und Entwicklungsfragen erstellt jährliche Berichte über die Wirtschaftslage der Mitglieder. Die OECD ist dabei insbes. bemüht, zu einer internationalen Vereinheitlichung der volkswirtschaftlichen Rechenwerke beizutragen (z. B. → Volkswirtschaftliche Gesamtrechnung; → soziale Indikatoren).
d) Der Ausschuß für unsichtbare Transaktionen überwacht v.a. die Einhaltung der Kodizes für die Liberalisierung des Dienst-

leistungs- und Kapitalverkehrs und prüft die Berechtigung der Einlegung von Vorbehalten sowie der Inanspruchnahme von Derogationsklauseln seitens der OECD-Mitglieder.

e) Der → Entwicklungshilfeausschuß ist die zentrale Koordinierungsstelle für die von den OECD-Ländern geleistete → Entwicklungshilfe.

f) Darüber hinaus bestehen u.a. Ausschüsse für Handel, → Ost-West-Handel, Kapitalmarktfragen, Landwirtschaft, Industrie, Energie, Mineralöl, Kernenergie, Wissenschafts- und Technologiepolitik, Bildungswesen, Arbeitskräfte und Sozialfragen.

Organe: analog → Europäischer Wirtschaftsrat. D.S.

**Organization for Economic Co-operation and Development (OECD)**
→ Organisation für wirtschaftliche Zusammenarbeit und Entwicklung.

**Organization for European Economic Co-operation (OEEC)** → Europäischer Wirtschaftsrat

**Organization of the Petroleum Exporting Countries (OPEC)**
Die Organisation der erdölexportierenden Länder wurde im September 1960 in Bagdad gegründet. Sitz: Wien. Ziel: Stärkung der Position der Mitgliedsländer gegenüber den multinationalen Ölgesellschaften und den Verbraucherländern durch gemeinsame Ölpolitik (insbes. Preisgestaltung). Zur Verteidigung ihrer Interessen wurde im November 1972 ein Solidaritätsfonds in Höhe von 220 Mio. $ gegründet.

Ende 1973 gehörten der OPEC 12 Länder an (Abu Dhabi, Algerien, Ecuador, Indonesien, Irak, Iran, Katar, Kuwait, Libyen, Nigeria, Saudi-Arabien, Venezuela); auf sie entfielen 1973 etwa 50 % der Welt-Erdölförderung (ca. 1,5 Mrd. t) und rund 95 % der Welt-Erdölexporte. D.S.

**Organschaft**
→ Körperschaftsteuer

**Orientierungsdaten**
Informationen über die gesamtwirtschaftliche Lage und die angestrebte Wirtschaftsentwicklung. § 3 des → Gesetzes zur Förderung der Stabilität und des Wachstums der Wirtschaft verpflichtet die Bundesregierung, im Falle der Gefährdung mindestens eines der gesamtwirtschaftlichen Ziele den an der → Konzertierten Aktion beteiligten Gesprächspartnern Orientierungsdaten zur Verfügung zu stellen, um die Erreichung der Ziele zu ermöglichen. Dies erfolgt i.d.R. in Form von Alternativrechnungen, welche die Wechselwirkungen darlegen, die bei der Verfolgung bestimmter Ziele zu beachten sind. Es hat sich die Praxis herausgebildet, daß die Daten als Resultat der Diskussionen im Rahmen der Konzertierten Aktion ohne Vollzugsverbindlichkeit vorgelegt werden. W.G.

**Orientierungspreis**
→ Agrarmarktordnung

**OSSOLA-Report**
1965 vorgelegter Bericht einer von Rinaldo OSSOLA geleiteten Expertenkommission, welche von der → Zehnergruppe im Zuge der Vorarbeiten, die zur Schaffung der → Sonderziehungsrechte führten, beauftragt worden war, Pläne über neue Reservemedien vergleichend darzustellen und hinsichtlich ihrer ökonomischen und finanziellen Auswirkungen zu analysieren, ohne wertend Stellung zu beziehen.

**Ost-West-Handel**
→ Außenhandel der osteuropäischen Länder (Bulgarien, DDR, Ungarn, Polen, Rumänien, Tschechoslowakei, UdSSR) mit den westlichen Industrie- und → Entwicklungsländern (ohne den innerdeutschen Handel zwischen der BRD und der DDR).

Auf Grund der unterschiedlichen → Wirtschaftssysteme weist der Ost-West-Handel Besonderheiten auf:

a) Umfang und Zusammensetzung der Handelsströme wird in den osteuropäischen Ländern von den zentralen Planbehörden festgelegt und über staatliche

Außenhandelsorganisationen (→ Außenhandelsmonopol) abgewickelt. In den westlichen Ländern dagegen ist der Außenhandel überwiegend privatwirtschaftlich organisiert; die Handelsströme werden im wesentlichen von den Marktbedingungen bestimmt.

b) Der Großteil des Ost-West-Handels basiert auf bilateralen Handels- und Zahlungsvereinbarungen (→ Bilateralismus). Eine erhebliche Rolle spielen dabei Dreiecks-, Reexport- und Kompensationsgeschäfte (Naturaltausch, z. B. Erdgas gegen Röhren).

Seit den 60er Jahren expandierte der Ost-West-Handel relativ schnell, allerdings nicht im Ausmaß des Welthandels. Die Exporte der osteuropäischen Länder in die westlichen Industrieländer bestehen vorwiegend aus Rohstoffen und Energieträgern, ihre Importe hauptsächlich aus Fertigerzeugnissen.

Eine verstärkte Ausdehnung des Ost-West-Handelsvolumens wird nicht nur von den systembedingten Hemmnissen, sondern auch von erheblichen handelspolitischen und handelsrechtlichen Schranken zwischen den Blöcken in Grenzen gehalten, v. a. durch → Zölle, → Kontingente, → Embargos (Ostembargo der NATO-Staaten, z. B. »Röhrenembargo« 1963), mangelnde → Konvertibilität der Ostblockwährungen. Neben einem Abbau solcher Handelsbeschränkungen könnte eine intensivere industrielle und wissenschaftlich-technische Kooperation u. a. durch Liberalisierung des Kapitalverkehrs (v. a. hinsichtlich der → Direktinvestitionen), Vereinbarungen zum Schutz von Auslandseigentum, Doppelbesteuerungsabkommen, Angleichung des gewerblichen Rechtsschutzes (→ Patentsystem, → Lizenz) gefördert werden. D.S.

**Output**
→ Stromgröße, die das Produktionsergebnis (Sachgüter und Dienstleistungen) bezeichnet. Output entsteht durch Kombination und Transformation von → Vorleistungen und → Primäraufwand (→ Input). Die technische Abhängigkeitsbeziehung zwischen Input und Output im Produktionsprozeß wird von → Produktionsfunktionen beschrieben, deren Analyse Gegenstand der → Produktionstheorie ist. I. e. S. versteht man unter Output nur das »gewünschte« Produktionsergebnis. Seine Messung erfolgt entweder in Mengeneinheiten (z. B. Stück, Tonnen) oder Geldeinheiten, wobei die Bewertung i. d. R. zu Marktpreisen erfolgt.

In einer nicht nur marktmäßigen Betrachtungsweise werden unter den Outputbegriff auch die »unerwünschten« Ergebnisse des Produktionsprozesses einbezogen (z. B. Abfall, Abgase, Abwasser). Da für diese unerwünschten Produkte keine Marktpreise existieren, können sie grundsätzlich nur in Mengeneinheiten gemessen werden. In der → Umweltökonomik wird ihre monetäre Messung über die → sozialen Kosten, die zur Beseitigung oder Vermeidung der Abfallprodukte anfallen, versucht (→ Umweltkosten). F. A.

**output-income-lag**
→ lag

**Outputregeln**
→ Gewinnmaximierung

**Outright-Termingeschäft**
→ Termingeschäft auf dem → Devisenmarkt, das *nicht* mit einem Kassageschäft zu einem → Swapgeschäft gekoppelt ist.

**Outright-Terminkurs**
→ Devisenmarkt

**outside lag**
→ Wirtschaftspolitik

**over-all balance**
→ Zahlungsbilanzkonzepte

# P, Q

**PAASCHE's Index** → Indextheorie

**parallel-pricing**
gleichgerichtete Preisgestaltung (Parallel-verhalten) unter wenigen miteinander konkurrierenden Unternehmen ohne Abstimmung der Verhaltensweisen bei den Aktionsparametern des → Wettbewerbs (z. B. Preise, Konditionen) aufgrund der Kenntnis der Interdependenz der Marktstrategien, d. h. der Reaktion des Wettbewerbers. Im Gegensatz zu den untersagten aufeinander → abgestimmten Verhaltensweisen gilt parallel-pricing, soweit kein koordiniertes, abgestimmtes Vorgehen vorliegt (z. B. durch Zusendung von Preislisten an Konkurrenten, um deren Reaktion abzuwarten), als faktische → Wettbewerbsbeschränkung (→ Marktinformationsverfahren). R.R.

**PARETO-Kriterium**
auf Vilfredo PARETO zurückgehendes → Wohlfahrtskriterium, nach dem ein wirtschaftlicher (bzw. sozialer) Zustand einer Alternative überlegen ist, wenn wenigstens ein (»relevantes«) Individuum diesen Zustand vorzieht und die anderen zumindest indifferent sind (jeweils gemessen an den → Präferenzen der betroffenen Individuen). Die individuellen Präferenzen werden meist als unabhängig voneinander und über die Zeit konstant angenommen. Allerdings erscheinen Versionen des PARETO-Kriteriums unter Einbeziehung wechselnder Präferenzen möglich (Sidney SCHOEFFLER, Jerome ROTHENBERG). Auch die Interdependenz individueller → Nutzenfunktionen (→ PARETO-optimale Verteilung, → Externalitäten) wurde formal weitgehend berücksichtigt.
Unter der keineswegs abwegigen An-nahme, daß die individuelle »Wohlfahrt« von der relativen Stellung des Individuums in der Einkommenshierarchie abhängt, wird jedoch das PARETO-Kriterium weitgehend bzw. gänzlich unanwendbar. Auch ohnedies erscheint der Anwendungsbereich für das PARETO-Kriterium eng, weil ökonomische Alternativen sich i. d. R. nicht nur durch Gewinner- bzw. Verliererpositionen unterscheiden. Zusätzliche (wenn auch gleichfalls beschränkte) Anwendungsfälle für das PARETO-Kriterium versprechen die → Kompensationstheorie bzw. die paretianisch orientierten → Wohlfahrtskriterien.
Darüber hinaus war das PARETO-Kriterium Grundlage für Ansätze (James M. BUCHANAN und Gordon TULLOCK) zur »Ableitung« optimaler gesellschaftlicher Entscheidungsregeln (einer »Verfassung«). K.Sch.

**PARETO-Optimum**
Zustand, bei dem kein Mitglied einer Gruppe bzw. Gesellschaft besser gestellt werden kann, ohne daß zumindest ein anderes schlechter gestellt werden müßte; was besser bzw. schlechter für ein Individuum ist, bestimmt sich nach dessen → Präferenzen. Ein PARETO-Optimum für produzierende Wirtschaften impliziert ein → Produktionsoptimum, ein → Handelsoptimum und die Erfüllung einer zusätzlichen Optimalbedingung.
a) Ein Produktionsoptimum (technologische → Effizienz) verlangt, daß von keinem Gut mehr hergestellt werden könnte, ohne daß zumindest bei einem Gut Produktionseinbußen hingenommen werden müßten bzw. daß keine Einsparung von Produktionsfaktoren ohne Produktionsrückgang möglich ist. Für ein vereinfachtes

zwei-Güter-Modell bedeutet dies, daß ein Punkt auf der Transformationskurve (TT) erreicht sein muß (vgl. Abb.).

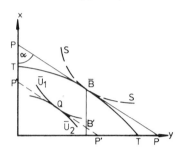

Entsprechend der Ableitung von Transformationsbedingungen aus → Produktionsfunktionen bedeutet diese Optimumbedingung, daß die Grenzrate der Faktorsubstitution bei der Produktion aller Güter gleich ist.

b) Ein Handelsoptimum erfordert, daß die Grenzrate der Gütersubstitution für alle Wirtschaftssubjekte gleich ist, die diese Güter beziehen: Bei den üblichen Annahmen über die Präferenzfunktionen von Haushalten wird diese Bedingung erfüllt, wenn für alle Haushalte die gleichen Preisrelationen gelten. (In der Abb. ergibt sich das Handelsoptimum bei gegebener Güterausstattung $\overline{B}$ im Berührungspunkt Q der → Indiffenrenzkurven $\overline{U}_1$ und $\overline{U}_2$ der betrachteten Haushalte.)

c) Handelsoptimum und Produktionsoptimum sind notwendige aber nicht hinreichende Bedingungen für ein allgemeines PARETO-Optimum. Als dritte Optimumbedingung ist die Übereinstimmung der Grenzraten der Gütersubstitution mit den entsprechenden Grenzraten der Gütertransformation erforderlich. (In der Abb. ist diese Bedingung erfüllt; α mißt die Grenzrate der Transformation, die Güterpreisrelation und gleichzeitig die individuellen Grenzraten der Gütersubstitution.)

Die Abb. veranschaulicht somit ein PARETO-Optimum: der Gütermix $\overline{B}$ wird technologisch effizient produziert (Produktionsoptimum) und seine Verteilung

(Q) genügt den Bedingungen eines Handelsoptimums; da Bedingung c gleichzeitig erfüllt ist, kann auch der Gütermix $\overline{B}$ nicht mit Vorteil für »jedermann« verändert werden. Die → soziale Indifferenzkurve vom SCITOVSKY-Typ (SS) kann deshalb durch keine verfügbare Güterausstattung dominiert werden. Wie sich zeigen läßt, impliziert ein totales Konkurrenzgleichgewicht bzw. »perfect planning« ein PARETO-Optimum; allerdings sind unendlich viele derartiger PARETO-Optima bei gegebener Faktorausstattung, Technik und gegebenen individuellen Präferenzen denkbar.

Dementsprechend stellt die Abb. nur eines von (unendlich) vielen, theoretisch möglichen PARETO-Optima dar. Diese möglichen PARETO-Optima unterscheiden sich durch unterschiedliche Einkommensverteilung (unterschiedliche Nutzenniveaus der Individuen). Verschiedene Verteilungen des Einkommens implizieren i. d. R. in den entsprechenden PARETO-optimalen Zuständen der Volkswirtschaft verschiedene Güterkombinationen, Preisrelationen und Volkseinkommensgrößen, gemessen am → numéraire (in der Abb. entspricht OP dem Volkseinkommen in X-Einheiten, OP′/B′ dessen Verteilung).

Die paretianischen Prämissen erlauben keine Rangordnung der unendlich vielen denkbaren PARETO-Optima bzw. die Auswahl eines »Wohlfahrtsmaximums«. Die PARETO-Optima sind, gemessen an den paretianischen Wertprämissen, auch nicht generell den suboptimalen Zuständen überlegen. Zur Entscheidung zwischen PARETO-Optima benötigt man deshalb stets zusätzliche Wertprämissen zur Beurteilung der Einkommensverteilung. Vergleiche zwischen suboptimalen Zuständen und PARETO-Optima sind auch nicht generell ohne Verteilungsmaximen möglich (→ Wohlfahrtskriterien).

Die beschriebenen Eigenschaften von PARETO-Optima gelten gleichermaßen für die formalen Erweiterungen der Theorie des PARETO-Optimums durch Einbeziehung von → öffentlichen Gütern (Paul A. SAMUELSON), → Externalitäten (Ken-

neth J. ARROW u. a.), → PARETO-opti-
maler Verteilung und für dynamische Ver-
sionen des Konzepts (Oskar LANGE,
Edmond MALINVAUD, Tyalling C.
KOOPMANS, K. J. ARROW, Gerard
DEBREU, Robert DORFMAN, P. A. SA-
MUELSON, Robert M. SOLOW). Diese
Verfeinerungen der Theorie verlängern
gleichzeitig die Liste der praktisch uner-
füllbaren Bedingungen eines umfassenden
PARETO-Optimums erheblich. Da die
Erfüllung von einzelnen notwendigen Be-
dingungen eines (statischen bzw. dynamischen) PARETO-Optimums keinesfalls
hinreichend für (potentielle) paretianische
Wohlfahrtssteigerungen ist (→ second
best) und die Formulierung hinreichender
Bedingungen (→ Wohlfahrtskriterien)
ohne Bestimmung eines Optimums aus-
kommt, erscheint die Theorie des PA-
RETO-Optimums für die Begründung
politischer Entscheidungen wenig relevant.
Gleichwohl haben sich die laissez-faire-
Doktrin bzw. die Sozialismus-Debatte,
Freihandels-Lehren, Besteuerungsgrund-
sätze und Preisbildungsregeln für öffentliche Unternehmen auf die Theorie des
PARETO-Optimums zu stützen gesucht.   K.Sch.

## PARETO-optimale Verteilung bzw. Umverteilung

Konzept, das Verteilungszustände für eine
Gesellschaft nach dem → PARETO-Kriterium zu klassifizieren und somit Umver-
teilungsmaßnahmen zu begründen versucht. Unter speziellen Annahmen über
interdependente → Nutzenfunktionen wird
gefolgert, daß Transfers nicht nur für die
Empfänger, sondern auch für die Abgebenden Wohlfahrtssteigerungen bewirken.
PARETO-optimale Verteilung wäre demnach erreicht, wenn keine für alle Beteiligten vorteilhaften (bzw. teils vorteilhaften,
teils indifferenten) Umverteilungsmaß-
nahmen mehr möglich sind.
Die Kritik an diesem Konzept (insbes. Edward J. MISHAN, 1972) ist gravierend:
a) Angesichts der vielfältigen, empirisch
(wahrscheinlich auch künftig) nicht ermit-

telbaren Nutzeninterdependenzen in einer
Gesellschaft ist das Konzept inoperational.
b) Selbst wenn die Interdependenzen zwischen individuellen Nutzenfunktionen
meßbar sein sollten, ist das Verteilungs-
problem wohlfahrtstheoretisch nicht gelöst, weil unendlich viele PARETO-optimale Verteilungszustände denkbar sind,
die ein Verteilungsurteil erfordern.
Man muß allerdings einräumen, daß »Verbesserungen« (ausgehend von einer bestimmten Verteilung) unter diesen Umständen aufgezeigt werden könnten.
c) Unterstellt man empirisch meßbare
Nutzeninterdependenzen, so könnten
Umverteilungsforderungen aus dem PA-
RETO-Verteilungskonzept resultieren,
die ethisch »allgemein« abgelehnt würden:
Etwa Transfers von Armen an Reiche,
wenn erstere »wohlmeinend« sind, letztere
jedoch nicht; die freiwilligen Transfers der
mittleren Einkommensschichten an untere
Einkommensgruppen könnten diejenigen
der Oberschicht prozentual (gemessen am
Einkommen) weit übersteigen und so etwa
einen zunächst progressiven, aber dann
nach oben abflachenden Einkommens-
steuertarif »begründen« etc.
d) Das Konzept (bzw. das PARETO-Kriterium) ist schließlich unanwendbar, soweit die Wohlfahrt von Individuen von ihrer relativen Stellung in der Einkommenspyramide abhängt (→ relative Einkommenshypothese), derart, daß relative Einkommenssteigerungen anderer mißgünstig
beurteilt werden. Das Konzept der PA-
RETO-optimalen Verteilung kann somit
insbes. als Versuch gewertet werden, eine
Art »Robin-Hood-Ethik« der Verteilung
(Transfers von Reichen zu Armen) zu bekräftigen, unter Berufung auf eine »schwache« Wertprämisse (→ PARETO-Kriterium) und »wohlwollende« faktische Annahmen über Nutzenfunktionen, die wenig
Aussicht auf hinreichende empirische Spezifikation haben (schon gar nicht, um etwa
daraus ein dezidiertes Besteuerungs-
Transfer-System abzuleiten).
Gleichzeitig wird allerdings (im Gegensatz
zu den Implikationen der überwiegenden
wohlfahrtstheoretischen Literatur) ver-

deutlicht, daß Umverteilung nicht gleichbedeutend mit Konflikt zu sein braucht.

K. Sch.

## PARETO-Verteilungsfunktion

von Vilfredo PARETO (1897) zur näherungsweisen Darstellung der personellen → Einkommensverteilung (im relevanten Bereich) entwickelte Funktion

$$\log N = A - \alpha \log x$$

mit N als Zahl der Einkommensbezieher, die ein Einkommen von x und darüber erzielen.

In graphischer Darstellung (mit log N als Ordinatenwerte und log x als Abszissenwerte) erhält man eine negativ geneigte Gerade, deren Verlauf nach oben durch den Logarithmus der Gesamtzahl N* der Einkommensbezieher begrenzt ist (Abb.).

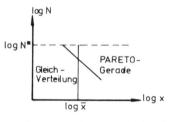

Je steiler ihr Verlauf ist, umso gleichmäßiger ist die Verteilung: Haben alle Einkommensbezieher das Einkommen $\bar{x}$, ergibt sich eine Parallele zur Ordinate beim Abszissenwert $\bar{x}$.

PARETO hielt auf Grund seiner Untersuchungen einen Wert im Bereich von $\alpha = 1,5$ für normal und schloß daraus auf eine weitgehende Übereinstimmung in der personellen Einkommensverteilung der verschiedenen Länder und Zeiten (PARETO'sches Gesetz).

Gegen die PARETO-Verteilungsfunktion wurde eingewandt, daß der Funktionstyp und die Definition der Variablen den höheren Einkommensklassen bei der Bestimmung der Regressionsgeraden Übergewicht verleihen und der entscheidende Parameter $\alpha$ verhältnismäßig unempfindlich gegen Verteilungsänderungen ist.

Die Konzentration kann u. a. auch durch die → GIBRAT-, → GINI- und → LORENZ-Verteilungsfunktion festgestellt werden. D. H.

## Parikurs

(gegenseitige Parität) bei vollkommenem Markt zustandekommendes Austauschverhältnis zwischen zwei Währungen (z. B. DM und hfl), deren jeweilige → Parität in Werteinheiten einer dritten Währung (→ Interventionswährung, z. B. US-\$) aufrecht erhalten wird.

Beispiel:

$$\frac{DM}{hfl} = \frac{\dfrac{DM}{US-\$}}{\dfrac{hfl}{US-\$}} \quad \begin{array}{l}(\$\text{-Parität der} \\ \text{D-Mark}) \\ (\$\text{-Parität des} \\ \text{Gulden})\end{array}$$

Werden die Paritäten innerhalb einer Bandbreite von + 2,25 % gehalten, ist eine Schwankung um die gegenseitige Parität im doppelten Ausmaß möglich.

Beispiel:

$$\frac{DM}{hfl}(1 \pm 4,5\%) \approx \begin{cases} \dfrac{\dfrac{DM}{US-\$}(1+2,25\%)}{\dfrac{hfl}{US-\$}(1-2,25\%)} \\[3ex] \dfrac{\dfrac{DM}{US-\$}(1-2,25\%)}{\dfrac{hfl}{US-\$}(1+2,25\%)} \end{cases}$$

Der Gulden konnte also (vor dem → Gruppenfloating) zu einem bestimmten Zeitpunkt in Frankfurt um 4,5 % über oder unter der gegenseitigen Parität notieren. Zwischen zwei Zeitpunkten kann er vom oberen zum unteren Interventionspunkt fallen oder vom unteren zum oberen Interventionspunkt steigen, so daß die intertemporale Schwankungsbreite 9 % beträgt. F. G.

## Parität

1. Einkommensparität: Gleichheit der Einkommensverhältnisse. Beispiel: Das Landwirtschaftsgesetz vom 5. 9. 1955 erteilt in § 1 der allgemeinen Wirtschafts-

und → Agrarpolitik den Auftrag, sich neben anderen Zielen auch die Angleichung der sozialen Lage der in der Landwirtschaft tätigen Menschen an die vergleichbaren Berufsgruppen angelegen sein zu lassen.
2. → Kaufkraftparität.
3. Münzparität: Austauschverhältnis von → Münzgeld nach Maßgabe des jeweiligen Münzfußes, der den Feingehalt, d. h. Schrot (Rauhgewicht) und Korn (Feingewicht) der Münzen bestimmt.
4. Währungsparität: von Währungsbehörden festgesetztes Austauschverhältnis zwischen einer Währung und → Sonderziehungsrechten (SZR), → Gold oder einer anderen Währung. Nach Art. IV des Abkommens über den → Internationalen Währungsfonds (IWF) ist der Paritätswert der Währung jedes Mitgliedes in Gold (Goldparität) als gemeinsamer Maßstab oder in US-Dollar (Dollarparität) im Gewicht und in der Feinheit vom 1. Juli 1944 auszudrücken. Auf Beschluß des IWF-Direktoriums vom 18. 12. 1971 kann ein IWF-Mitgliedsland den → Leitkurs für seine Währung auch in Werteinheiten von SZR (SZR-Parität) dem IWF mitteilen. Die BRD hat von dieser Möglichkeit bei den seit 21. 12. 1971 gültigen Leitkursen Gebrauch gemacht.
Die Höchst- und Mindestkurse dürfen nach Art. IV des IWF-Statuts um nicht mehr als 1% von der Parität abweichen. Das war als maximale Schwankungsbreite der gegenseitigen Paritäten der Mitgliedsländer zu verstehen, so daß der Kurs des Dollars als → Interventionswährung nur um ± 0,5 % schwanken durfte. Seit dem Inkrafttreten des → Europäischen Währungsabkommens (EWA) 1959 war auf Beschluß der Exekutivdirektoren eine Kursspanne von ± 2 % für die Nichtdollarwährungen untereinander einzuhalten. Tatsächlich wurde jedoch eine Schwankungsbreite von nur $^3/_4$ % zu beiden Seiten der Dollar-Parität und ± 1,5% bezogen auf die EWA-Währungen untereinander festgelegt. Im Dezember 1971 stimmten die Exekutivdirektoren einer Verteidigung der Leitkurse (central rates) innerhalb eines Kursbandes von ± 2,25 % zu. Da der Rat der → Europäischen Gemeinschaften

(EG) angesichts einer nunmehr möglichen intertemporalen Schwankung um die gegenseitige Parität der EG-Währungen von ± 4,5% mit Wirkung vom 24. 4. 1972 beschloß, zwischen den EG-Währungen die gleiche Bandbreite wie gegenüber dem Dollar einzuhalten, nämlich ± 2,25%, bildete sich die 2,25%-Schlange im 4,5%-Tunnel (→ Währungsschlange). Mit der unbefristeten Entbindung der Zentralbanken der europäischen Währungszone von der Pflicht, zur Aufrechterhaltung der Bandbreiten des US-Dollars am Devisenmarkt zu intervenieren, fiel im März 1973 der Tunnel fort. Seitdem existiert nur mehr die Schlange: ein Kursband, das durch die jeweils schwächste und stärkste Währung im → Gruppenfloating nach unten und oben begrenzt wird, wobei die prozentualen Abweichungen des $-Kurses der einzelnen Währungen vom Dollarleitkurs zur Darstellung gelangen.     F.G.

**Partialanalyse** → Analyse

**participation**
umfaßt in Frankreich sowohl die Beteiligung der Arbeitnehmer am Unternehmensertrag (→ Ertragsbeteiligung) wie auch die Mitwirkung der Arbeitnehmer am Unternehmensgeschehen (→ Mitbestimmung). Die Teilhabe der Arbeitnehmer an der unternehmerischen und planerischen Entscheidungsgewalt (paritätische → Mitbestimmung) wird mit cogestion bezeichnet.
Seit 1967 haben in Frankreich die Arbeitnehmer in den Unternehmen mit mehr als 100 Beschäftigten einen Rechtsanspruch auf eine Beteiligung am Unternehmensgewinn. Die verteilten Gewinnanteile sind vermögenswirksam anzulegen, entweder im eigenen Unternehmen oder über Investitionsgesellschaften, Versicherungen und Banken. Die betroffenen Unternehmen können vor der Verteilung vom Gewinn eine angemessene Verzinsung der Eigenmittel in Abzug bringen. Diese Bestimmungen bewirken, daß nur ein relativ kleiner Teil der französischen Arbeitnehmer von der Gewinnbeteiligung profitiert. Sowohl für den überbetrieblichen wie auch

für den betrieblichen Bereich sind entsprechende Mitwirkungsrechte der Arbeitnehmer in der französischen Verfassung verankert.

Im überbetrieblichen Bereich nimmt der Wirtschafts- und Sozialrat, dessen Mitglieder z. T. Arbeitnehmervertreter sind, v. a. beratende Aufgaben wahr.

Das Recht auf Mitwirkung erstreckt sich auch auf die Verwaltungsräte (conseil d'administration) der nationalisierten Unternehmen und der privaten Aktiengesellschaften. In keinem der genannten Gremien gibt es jedoch eine Parität zwischen Kapital und Arbeit, wie sie etwa in der deutschen Montan-Mitbestimmung zu finden ist. Demgemäß dürfte der tatsächliche Einfluß der Arbeitnehmer vergleichsweise gering sein.

In Betrieben mit mehr als 10 ständig Beschäftigten sind Belegschaftsdelegierte (délégués du personnel) zu bestellen. Die Einrichtung eines Betriebskomitees (in etwa mit dem deutschen Betriebsrat zu vergleichen) ist für Betriebe mit mindestens 50 Arbeitnehmern Pflicht.   T. F.

## Patent

vom Staat verliehenes Schutzrecht für eine technische Erfindung, welches dem Patentinhaber für eine bestimmte Zeit die ausschließliche wirtschaftliche Nutzung der Erfindung vorbehält (→ Patentsystem).

Der Patentschutz ist eines der Hauptinstrumente zur Förderung des → technischen Fortschritts. Die positiven Wirkungen auf den technischen Fortschritt beruhen im wesentlichen auf drei Effekten:

a) Inventionsanreiz durch die Aussicht auf Monopolgewinne bei unabhängigen Erfindern bzw. Erfindervergütungen (nach dem Arbeitnehmererfindungsgesetz) bei angestellten Erfindern.

b) Innovationsanreiz durch die Zubilligung eines zeitweiligen Monopols für die wirtschaftliche Auswertung der Erfindungen. Die Stärke des Innovationsanreizes wird von den Gewinnerwartungen bestimmt, welche bei zunehmendem Umfang des Patentschutzes steigen. Entsprechende Differenzierungen ergeben sich je nach der Qualität einer Erfindung (Pionier- oder Verbesserungserfindung; schwer oder leicht nachahmbare Erfindung), der Größenordnung des Innovators und dem Grad der staatlichen Einflußnahme auf Forschung und Entwicklung.

c) Offenbarungsanreiz: die mit der Patentanmeldung verbundene Preisgabe der der Erfindung zugrunde liegenden technischen Ideen kann zum einen neue Erfindungen anregen bzw. den Forschungswettbewerb intensivieren, zum anderen kann sie Doppelaufwand vermeiden helfen. Die Aussicht auf Patentschutz übt dann aber keinen Offenbarungsanreiz aus, wenn eine Erfindung mit hoher Wahrscheinlichkeit geheim gehalten werden kann oder wenn sie den → Substitutionswettbewerb verschärft.

Die positiven Effekte des Patentschutzes auf den technischen Fortschritt werden durch Einschränkungen des → Wettbewerbs erkauft. Die innovationsfördernden Wirkungen des Patentmonopols und des freien Wettbewerbs verhalten sich also antinomisch zueinander, so daß eine optimale Kombination zwischen der Förderung erfinderischer und innovatorischer Tätigkeit durch das → Patentsystem und den freien Wettbewerb gefunden werden muß.

Dabei sind v. a. zwei Effekte des Patentsystems auf den Wettbewerb in Betracht zu ziehen: die Wettbewerbsbeschränkung durch das Ausschließungsrecht des Patentinhabers und die Förderung der → Unternehmenskonzentration.

a) Ausschließungseffekte: Während der Patentdauer kann Wettbewerb i. d. R. nur mit dem Einverständnis des Patentinhabers entstehen (durch Vergabe von → Lizenzen oder Nichtverfolgung von Patentverletzungen).

Die Höhe des Preises, den der Patentinhaber für seine Ware fordern kann, richtet sich danach, ob er sein Patent allein verwertet oder Lizenzen erteilt. Im ersten Fall ist der Patentinhaber in der Lage, eine monopolistische Preispolitik zu betreiben, sofern die Substitutionswirkung anderer Produkte dies zuläßt. Doch auch bei Lizenzvergabe kann er durch entsprechende Ausgestaltung der Verträge die Preis- und Mengenkonkurrenz zu seinem Vorteil regeln.

Zur Marktstrategie des Patentinhabers kann auch das Bestreben zu einer zeitlichen und sachlichen Patentmonopolausweitung gehören. Für die zeitliche Monopolausweitung bieten sich zwei Möglichkeiten an: Einerseits kann die Zeit des vorläufigen Schutzes vor dem eigentlichen Patentschutz möglichst gestreckt werden, auf der anderen Seite steht die Monopolverlängerung nach Ablauf der regulären Patentdauer (z.B. selbständige Patentierung von Verbesserungserfindungen; Warenzeichen). Eine sachliche Monopolausweitung liegt vor, wenn es gelingt, für nicht patentfähige Erfindungen (z.B. durch Mängel des Patenterteilungsverfahrens) Patentschutz zu erlangen oder wenn Lizenznehmer durch Koppelungsverträge zum Bezug anderer Artikel gezwungen werden.

Die Ausschließungseffekte, v.a. gegenüber finanzschwachen Konkurrenten, werden durch die auf dem Patentgebiet herrschende Rechtsunsicherheit und die hohen Kosten der Patentstreitigkeiten noch verstärkt.

b) Konzentrationseffekte: Patentbedingte Machtkonstellationen fallen in zwei große Klassen: Einmal kann ein einziger Konzern die meisten und wichtigsten Patente eines besonderen Tätigkeitsgebietes besitzen und durch ein ausgeklügeltes Lizenzsystem die gesamte Branche beherrschen. Im zweiten Fall schließen mehrere Patentinhaber einer Branche gegenseitige Verträge und teilen untereinander ihre Patentprivilegien nach einem festgelegten Schlüssel. Solche Patentgemeinschaften kommen auf nationaler und internationaler Ebene vor. Organisationsformen: *1.* einfache Patentgemeinschaften (vertragliche Vereinbarung zur gegenseitigen Nutzung der Patente durch Lizenztausch); *2.* → Patentpool; *3.* → Patentkartell. S.G.

## Patentkartell

freier Austausch von → Patenten und know how zwischen den Mitgliedern. Die Wirkung von Patentkartellen beruht auf zwei Prinzipien:
a) Der interne Kartellzwang verwirklicht die gegenseitige Bindung der Kartellmitglieder, die insbes. marktaufteilende Vereinbarungen zum Inhalt hat;
b) Der externe Kartellzwang wirkt gegen Dritte, die diskriminiert oder boykottiert werden.

## Patentlizenz

erlaubt dem Lizenznehmer eine Verwertung des → Patents. Der Lizenzgeber gibt Rechte ab, bleibt aber Patentinhaber. Außer den freiwillig vereinbarten → Lizenzen gibt es auch staatlich gesteuerte:
a) Zwangslizenz, wenn eine vertragliche Lizenz verweigert wird, diese jedoch im öffentlichen Interesse geboten ist;
b) Lizenzbereitschaft: Durch eine Lizenzbereitschaftserklärung wird jedermann eine Lizenz angeboten; sie wird vom Staat durch erhebliche Senkung der Patentgebühren angeregt;
c) Enteignung zugunsten des Staates im Interesse der öffentlichen Wohlfahrt und Sicherheit. S.G.

## Patentpool

gemeinsame Organisation (Patent-Holding-Gesellschaft), in die die → Patente der Mitglieder eingebracht werden, und die sie dann im Interesse aller Beteiligten verwaltet. Nach dem Kriterium, ob auch Außenseiter → Lizenzen an den Patenten der Gemeinschaft erhalten, unterscheidet man zwischen geschlossenen und offenen Patentpools. I.d.R. nimmt die Patent-Holding-Gesellschaft eine Aufteilung in sachliche und geographische Bereiche vor und weist die Teilbereiche den einzelnen Mitgliedern zu, die dann dort (abgesehen von Außenseitern) keine Konkurrenten haben. S.G.

## Patentsystem

planvoll geordnete Gesamtheit der staatlichen Maßnahmen zum Schutz von Erfindungen. Es umfaßt nicht nur das Recht aus Gesetzestexten und förmlichen Verordnungen, sondern auch die Verwaltungspraxis, die Methoden in der Anwendung von Rechtsvorschriften und die politischen, wirtschaftlichen und sozialen Ideen, die den Gesetzen und ihrer Anwendung Inhalt verleihen.

Das deutsche Patentsystem beruht auf dem Patentgesetz von 1877, das mehrere z.T. grundlegende Änderungen erfuhr und in der Fassung vom 2.1.1968 gültig ist.

a) Patentierungsvoraussetzungen: Gegenstand eines → Patents kann eine Sache (Erzeugnis, Vorrichtung, Anordnung) oder ein Verfahren (Herstellungs-, Arbeitsverfahren, Anwendung) sein. Patentfähig sind nur neue Erfindungen (nicht Entdeckungen, Lehrsätze, Pläne, Heilverfahren usw.), die gegenüber dem bisherigen Stand der → Technologie einen nicht unbedeutenden → technischen Fortschritt bringen, eine erhebliche schöpferische Leistung darstellen (Erfindungshöhe) und eine gewerbliche Verwertung gestatten. Von der Patentfähigkeit ausgenommen sind Erfindungen, deren Verwertung den Gesetzen oder guten Sitten zuwiderlaufen würde.

b) Patentverfahren: Patenterteilungsbehörde ist das Deutsche Patentamt, bei dem die Patentanmeldung einzureichen ist. Der Anmeldung muß eine Beschreibung der Erfindung beigefügt sein, aus der insbes. ersichtlich sein muß, ob die Erfindung technisch durchführbar und verwertbar erscheint. Außerdem muß angegeben werden, was durch das Patent unter Schutz gestellt werden soll (Patentanspruch). Die angemeldete Erfindung wird 18 Monate nach der Anmeldung veröffentlicht (Offenlegung); dadurch wird ein vorläufiger Schutz begründet. Auf Antrag ermittelt das Patentamt die öffentlichen Druckschriften, die für die Beurteilung der Patentfähigkeit in Betracht kommen (isolierte Recherche). Eine umfassende Prüfung der Patentfähigkeit, insbes. also auf Neuheit, technischen Fortschritt und Erfindungshöhe, von der die Patenterteilung abhängt, wird nur auf besonderen Antrag vorgenommen, der bis zum Ablauf von 7 Jahren nach der Anmeldung gestellt werden kann (verschobene Prüfung). Wird er nicht gestellt, gilt die Anmeldung als zurückgenommen. Hält das Patentamt nach Prüfung die Erfindung für patentfähig, so erfolgt die Bekanntmachung, die einstweilig den vollen Patentschutz begründet. Danach hat jedermann das Recht, innerhalb von 3 Monaten gegen die Patentierung

Einspruch zu erheben, wenn er glaubt, daß ein Patentierungshindernis vorliegt. Nach Ablauf dieser Frist bzw. Beendigung eines Einspruchverfahrens und ggf. eines Beschwerdeverfahrens kann das Patent erteilt werden.

Mit der Anmeldung muß eine Gebühr entrichtet werden, ebenso mit dem Antrag auf isolierte Recherche und dem Prüfungsantrag sowie für die Bekanntmachung. Vom dritten Jahr nach der Anmeldung an sind ferner Jahresgebühren in steigender Höhe zu entrichten.

c) Patentbeschränkungen: Das Patent unterliegt einer zeitlichen Begrenzung von 18 Jahren vom Tage nach der Anmeldung an gerechnet. Es kann in folgenden Fällen vorzeitig vernichtet oder beschränkt werden:

· Es erlischt, wenn der Patentinhaber darauf verzichtet oder die fällige Jahresgebühr nicht bezahlt.

· Es kann auf Antrag für nichtig erklärt werden, wenn sich ergibt, daß die Erfindung nicht patentfähig war oder Gegenstand der Erfindung eines früheren Anmelders ist oder der wesentliche Teil der Anmeldung den Beschreibungen, Einrichtungen, Verfahren usw. eines anderen ohne dessen Einwilligung entnommen war.

· Der Patentinhaber kann durch Klage zur Erteilung einer → Lizenz gezwungen werden, wenn dies im öffentlichen Interesse liegt (Zwangslizenz).

· Das Patent kann zurückgenommen werden, wenn die Erfindung ausschließlich oder hauptsächlich außerhalb Deutschlands ausgeführt wird.

· Im Interesse der öffentlichen Wohlfahrt oder der Sicherheit des Bundes kann die Bundesregierung die Nutzung der Erfindung anordnen.

· Ein Patent, das ein Staatsgeheimnis beinhaltet, unterliegt besonderen Beschränkungen.

d) Patentwirkung: Allein der Patentinhaber ist befugt, gewerbsmäßig den Gegenstand der Erfindung herzustellen, in Verkehr zu bringen, feilzuhalten oder zu gebrauchen. Das Recht des Patentinhabers bezieht sich nur auf das Inland (Territorialitätsprinzip); will er auch im Ausland Schutz genießen, so muß er sich dort ein Patent erteilen lassen (Auslandspatent).

e) Patentverwertung: Der Patentinhaber kann sein Patent selbst verwerten, es durch andere verwerten lassen oder es ganz oder teilweise zeitlich bzw. räumlich beschränkt oder unbeschränkt an andere übertragen, da es nach dem Gesetz veräußerlich und vererblich ist (→ Patentlizenz).

Die strenge Anwendung des Territorialitätsprinzips widerspricht der sich ständig ausweitenden → Integration der Volkswirtschaften und hat deshalb eine Reihe von Bestrebungen zur Internationalisierung des Patentrechts ausgelöst:

a) Die Pariser Verbandsübereinkunft von 1883 (der z. Z. 80 Länder angehören) hat zum Inhalt den Grundsatz der Inländerbehandlung und die Regel der Unionspriorität (eine Patentanmeldung genießt ein einjähriges Prioritätsrecht in allen anderen Verbandsländern).

b) Der Patent Cooperation Treaty von 1970 (den die meisten Industrieländer unterzeichnet haben, der aber noch nicht in Kraft getreten ist) sieht folgende Verfahrensgrundsätze vor: Die Patentanmeldung erfolgt beim nationalen Patentamt zugleich mit der Erklärung, für welche weitere Länder Patentschutz gewünscht wird. Das Anmeldeamt veranlaßt eine Neuheitsrecherche, die auch den Patentämtern der weiteren Länder (welche für die Erteilung der nationalen Patente zuständig bleiben) als Unterlage dient.

c) Europa-Patent: Die 1973 von 21 Staaten unterzeichnete Europäische Patentübereinkunft gilt der Schaffung eines Europäischen Patents mit einheitlicher Laufzeit von 20 Jahren und mit einheitlichem Erteilungsverfahren unter Errichtung eines Europäischen Patentamtes in München.

d) Gemeinschafts-Patent: Das für den Bereich der → Europäischen Gemeinschaften (EG) geplante Gemeinschaftspatent hat die Eigenschaft eines Einheitspatents für die EG-Länder, das im Gesamtbereich der EG einheitlichen Schutz gewähren soll. Der entscheidende Unterschied zum Europa-Patent ist also, daß ein vom Europäischen Patentamt erteiltes Europäisches Patent innerhalb der EG nicht nach nationalem sondern nach gemeinschaftlichem Recht wirkt. Das System einzelstaatlicher Patente wird neben dem des Gemeinschafts-Patents beibehalten. S.G.

**Patent- und Lizenzbilanz**
→ technologische Lücke

**PATINKIN-Kontroverse**

Diskussion zwischen führenden Nationalökonomen (Don PATINKIN, Oskar LANGE, John R. HICKS, George C. ARCHIBALD, Richard G. LIPSEY) insbes. im Anschluß an die 1956 erschienene 1. Auflage des Buches von Don PATINKIN »Money, Interest, and Prices – An Integration of Monetary and Value Theory«. Dabei ging es um die Frage, ob die klassische Dichotomie von güter- und geldwirtschaftlicher Theorie (wie PATINKIN behauptet) verhindert, daß der Einfluß monetärer Vorgänge auf Güter- und Faktorpreise und damit auf die Höhe des → Sozialprodukts, die Ressourcenallokation und die → Einkommensverteilung erklärt werden kann. Obgleich PATINKIN letztlich zu dem gleichen Ergebnis wie die neoklassische Theorie gelangt, nämlich daß Änderungen der → Geldmenge die Gleichgewichtswerte der realen Größen nicht beeinflussen (→ Neutralität des Geldes, → Geldtheorie), kann er dieses Ergebnis nur unter Berücksichtigung des → Realkasseneffektes gewinnen, welcher die Kassenbestände explizit in den Angebots- und Nachfragedispositionen berücksichtigt, wodurch es – anders als in den üblichen Versionen der → Quantitätstheorie – auch möglich wird, die Übergangsprozesse zu beschreiben, in denen sich die realen Größen ändern. ARCHIBALD und LIPSEY halten den Realkasseneffekt nur für ein Übergangsphänomen; für die Determinierung der Gleichgewichtswerte ist er ihres Erachtens unnötig. Wie die Diskussion um den Vermögenscharakter des Geldes (→ Außengeld, → Innengeld) ergeben hat, ist im übrigen bei Berücksichtigung des Kassenhaltungseffektes das Geld in bezug auf die realen Größen nur unter restriktiven Bedingungen neutral. H.-J. H.

**PEARSON-Bericht**
nach Lester B. PEARSON (ehem. kanadischer Ministerpräsident) benannter Bericht zur → Entwicklungspolitik (»Partners in Development«), der 1969 von einer internationalen Kommission unabhängiger Experten unter PEARSON's Vorsitz erarbeitet wurde. Er war Diskussionsgrundlage der 3. Welthandelskonferenz 1972 in Santiago de Chile.
Der Bericht gibt zunächst eine Situationsbeschreibung der → Entwicklungsländer und der → Entwicklungshilfe und formuliert dann Vorschläge für die Entwicklungshilfe der 70er Jahre. Die wichtigsten Forderungen:
a) Abbau der Handelsbeschränkungen gegenüber den Exporten der Entwicklungsländer;
b) Erhöhung der Hilfe bis 1975 auf 1% des Bruttosozialproduktes der Industrieländer (gesamter Nettokapitalexport in die Entwicklungsländer) bzw. 0,7% (lediglich öffentliche Hilfe);
c) Erleichterung privater Kapitalexporte aus den Industrieländern in die Entwicklungsländer;
d) Minderung der hohen Auslandsverschuldung der Entwicklungsländer;
e) Durchführung von Entwicklungshilfeprogrammen.
Die Kritik am PEARSON-Bericht richtete sich schon vor seiner Veröffentlichung gegen die Zusammensetzung der Kommission, die neben einigen Wissenschaftlern aus eher konservativen Angehörigen von Bank- und Regierungskreisen der Industrieländer bestand. Die Aussagen des Berichts werden vielfach als zu optimistisch (insbes. was die Auswirkungen privater ausländischer → Direktinvestitionen betrifft), als zu technokratisch und in der Zieldefinition als zu vage angesehen.

R.O.

**Pensionsgeschäfte**
vorübergehende Abtretung einer Forderung (→ Schuldscheindarlehen, Wertpapier) an einen Kreditgeber, der nicht bereit ist, sie über ihre gesamte Laufzeit zu halten. Der ursprüngliche Inhaber verpflichtet sich zur Rücknahme nach Ablauf der vereinbarten Frist zu einem vertraglich festgesetzten Kurs. Für den Kreditgeber liegt der Vorteil des Geschäfts im Wegfall des Kursrisikos und der häufig vergleichsweise hohen Verzinsung. Durch Pensionsgeschäfte werden häufig Wertpapieremissionen von den Emissionsbanken vorübergehend untergebracht. Die Laufzeiten von Pensionsgeschäften können jedoch bis zu 15 Jahren betragen. V.B.

**perfect competition**
→ vollständige Konkurrenz

**permanente Einkommenshypothese**
auf Milton FRIEDMAN (1957) zurückgehende → Hypothese, daß sich die Konsumentscheidungen an einem normalen oder durchschnittlichen Einkommen orientieren. Dieses Einkommen wird permanentes Einkommen genannt und setzt sich aus dem gegenwärtigen und für die Zukunft erwarteten Einkommen zusammen. Die Hypothese geht von der empirischen Beobachtung aus, daß Konsumenten mit unregelmäßigem Einkommen dennoch ihre Konsumausgaben relativ stabil halten. FRIEDMAN nimmt an, daß der permanente Konsum ($C_p$) ein Bruchteil (k) des permanten Einkommens ($Y_p$) ist:

$$C_p = k \cdot Y_p$$

Obwohl k selbst von Faktoren wie → Zins, → Vermögen etc. abhängt, wird dennoch eine Konstanz im Zeitablauf unterstellt. $C_p$ und $Y_p$ sind zunächst rein fiktive Größen, die empirisch nicht ermittelt werden können. Tatsächlicher Konsum (C) und tatsächliches Einkommen (Y) werden daher in permanente ($C_p$ bzw. $Y_p$) und transitorische ($C_{tr}$ bzw. $Y_{tr}$) Komponenten unterteilt:

$$C = C_{tr} + C_p$$

$$Y = Y_{tr} + Y_p$$

Die transitorischen Komponenten umfassen alle plötzlich oder zufällig auftretenden Einflüsse sowie die Meßfehler in den tatsächlichen Werten. Die Hypothese wird durch die Annahme bestimmter Korrelationsbeziehungen weiter spezifiziert. Für die Korrelationskoeffizienten (R) soll gelten:

$$R_{C_{tr}, C_p} = R_{Y_{tr}, Y_p} = R_{Y_{tr}, C_{tr}} = 0$$

Diese Annahmen implizieren u.a., daß transitorische Einkommen voll den → Ersparnissen zufließen. Außerdem wird unterstellt, daß der permanente Konsum im Durchschnitt gleich dem tatsächlichen Konsum ist. FRIEDMAN schlägt vor, $Y_p$ aus dem beobachtbaren gegenwärtigen und vergangenen Einkommen zu ermitteln, und zwar in Analogie zur → distributed-lag-Theorie nach der Beziehung:

$$Y_p(T) = \beta \cdot \int_{-\infty}^{T} e^{(\beta-\alpha)(t-T)} \cdot Y(t) \cdot dt$$

$Y_p(T)$ ist das permanente Einkommen im Zeitpunkt T, $\alpha$ die langfristige (konstante) Wachstumsrate von Y, $\beta$ ein Dämpfungskoeffizient und Y (t) das tatsächliche Einkommen als stetige Funktion der Zeit t $(t = 0, \ldots, T)$. Die entsprechende Konsumfunktion lautet damit:

$$C_T = k \cdot \beta \cdot \int_{-\infty}^{T} e^{(\beta-\alpha)(t-T)} \cdot Y(t) \cdot dt$$

Kritisiert wird u.a. die Annahme, daß transitorische Einkommen voll gespart werden, der unspezifizierte Planungszeitraum (→ life cycle – Hypothese) und der für empirische Schätzungen komplizierte Funktionstyp, der in die einfache Konsumfunktion der → habit – persistence – Hypothese transformiert werden kann (→ KOYCK – Transformation). E.v.K.

**Perpetual Inventory Method**
→ Bestandsfortschreibung

**Personalsteuern**
→ Steuerklassifikation

**personelle Einkommensverteilung**
→ Einkommensverteilung

**PHILLIPS-Kurve**
nach Alban William PHILLIPS (1958) benannte Transformations- bzw. Substitutionskurve (trade-off-Kurve), die einen Zusammenhang zwischen der prozentua-

len Arbeitslosenquote (Niveau der Arbeitslosigkeit) und der prozentualen Veränderungsrate des Nominallohnniveaus (pro Jahr) herstellt. Von Richard G. LIPSEY theoretisch weiterentwickelt, haben Paul A. SAMUELSON und Robert M. SOLOW (1960) einen direkten Zusammenhang zwischen dem Niveau der → Arbeitslosigkeit und der Veränderungsrate des Preisniveaus hergestellt (modifizierte PHILLIPS-Kurve). Dieser Übergang vom Nominallohn-Beschäftigungszusammenhang zum Preisniveau-Beschäftigungszusammenhang wird mit dem entscheidenden und unabhängigen Einfluß der Löhne auf die Preise begründet. Nach der PHILLIPS-Kurve ist die Veränderungsrate des Nominallohnniveaus bzw. des Preisniveaus umso geringer, desto höher das Niveau der Arbeitslosigkeit ist und umgekehrt (Abb.). Darauf gründet sich die These, daß Geldwertstabilität nur bei einem bestimmten Grad von Arbeitslosigkeit erreichbar ist bzw. ein hoher Beschäftigungsstand nur bei einer bestimmten Inflationsrate. PHILLIPS hat diesen Zusammenhang für Großbritannien (Zeitraum 1861–1957) geschätzt, die Beobachtungen von SAMUELSON und SOLOW beziehen sich auf die USA (Zeitraum 1948–1958). Da theoretische Erklärungen und empirische Befunde den von PHILLIPS aufgezeigten

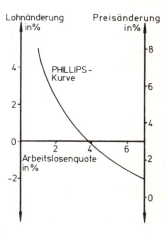

Zusammenhang nicht ausreichend bestätigen, konnte die PHILLIPS-Kurve noch nicht als wirtschaftliche Entscheidungshilfe herangezogen werden.   B.B.G.

**PIGOU-Effekt**
Spezialform des → Realvermögenseffektes

**Pioniergewinn** → Gewinn

**Pionierunternehmer** → Innovationen

**planification**
französischer Versuch (seit 1946), die Gedanken der → Planung mit denen der → Marktwirtschaft zu verbinden. Es handelt sich dabei um eine Synthese aus indikativer Planung für den privaten Bereich (unverbindliche Richtplanung) und imperativer (verbindlicher) Planung für den gemeinwirtschaftlichen bzw. öffentlichen Bereich. Der Plan trägt damit wesentlich voluntaristischen Charakter und bringt bevorrechtigte Ziele und Schwerpunktprogramme sowie Vorausschätzungen (die untereinander verbunden und mit dem globalen Expansionsziel verträglich sind) zum Ausdruck. Die Planung ist kontinuierlich in dem Sinne, daß durch Perspektivpläne die längerfristige Entwicklung (bis zu 20 Jahren) vorausgeschätzt wird, die durch den laufenden Fünfjahresplan (Rahmenplan) konkretisiert und vorgeschrieben werden.
Verantwortlich für die Planung zeichnet das Planungskommissariat, (Commissariat au Plan), das dem Ministerpräsidenten unterstellt ist. Hier werden die erforderlichen Daten und Unterlagen gesammelt und Direktiven in Form vorläufiger globaler Planziele an die Modernisierungs-Ausschüsse erteilt. Mitglieder dieser Ausschüsse sind neben wenigen Beamten insbes. Wirtschafts- und Gewerkschaftsvertreter sowie Sachverständige. Aufgrund der Beteiligung der Betroffenen am Zustandekommen des Plans nennt man das System auch »économie concertée« (Vorbild der deutschen → Konzertierten Aktion). In Vertikalen Ausschüssen (welche für die verschiedenen Wirtschaftssektoren

zuständig sind) werden diese Globalziele in Unterziele für die Sektoren ausformuliert sowie die notwendigen Mittel zu ihrer Realisierung bestimmt und anschließend in Horizontalen Ausschüssen (die für die quer zur gesamten Wirtschaft laufenden Probleme verantwortlich sind) gruppiert, revidiert und aufeinander abgestimmt. Diese »Schiedssprüche« der Ausschüsse haben nur konsultative Bedeutung. Abschließend muß der Plan noch von der Regierung angenommen und vom Parlament ratifiziert werden.
Die Größe des öffentlichen Sektors in Frankreich sowie Sekundäreffekte, die auf abhängige Sektoren einwirken, und die öffentlich finanzierten Investitionen (insbes. subventionierte Investitionen in der Landwirtschaft und im Wohnungsbau) geben wesentliche Impulse zur Realisierung des Plans. Weitere Anreize sind einerseits steuerliche Erleichterungen, bevorzugte Kreditmöglichkeiten, Zinsverbilligungen, Subventionen und Investitionsprämien, andererseits Verbote, Zusatzsteuern u. ä.
Kontrolliert wird die Planerfüllung ebenfalls durch das Plankommissariat. Dies geschieht außer im Dialog mit den Ausführenden in den Ausschüssen durch einen zu veröffentlichenden Jahresbericht, dessen Daten die Verwaltungen und Organisationen im Wege der Selbstprüfung erbringen.   R.E.

**Planning-Programming-Budgeting-System** → Programmbudget

**Planung**
zukunftsbezogenes und rationales Handeln, d. h. systematische Analyse der Tatbestände und Entwicklungstendenzen (→ Diagnose und Prognose) sowie der Interdependenzen des gesamten wirtschaftlichen Geschehens im Hinblick auf die gesetzten → Ziele und der → Instrumente zu ihrer Verwirklichung, wobei mit den begrenzten Mitteln ein Maximum an Zielerreichung angestrebt wird. Dabei setzt systematisches Planen einen gewissen Umfang an Planungseinrichtungen und -methoden voraus. Jedoch ist für den Erfolg der Planung weniger der Umfang als die

Vollständigkeit (Berücksichtigung aller wesentlichen Tatbestände) maßgebend, sei sie als Umriß- (Rahmen-) Planung oder als detaillierte Planung konzipiert.

Grundsätzlich stellen sich der Planung zwei Arten von Aufgaben, die unterschieden, jedoch auch in ihrer Wechselwirkung gesehen werden müssen. Einerseits geht es um die Organisation des wirtschaftlichen Geschehens sowie die Organisation des wirtschaftspolitischen Handelns, die beide ihren Niederschlag in der → Wirtschaftsordnung finden. Die Wirtschaftsordnung wird andererseits aber auch berührt, wenn es um den Einsatz von Planungsmethoden und Planungsformen zur Lenkung und Steuerung des arbeitsbeteiligten Wirtschaftsprozesses selbst geht.

Diese Lenkung kann in Form der Befehls- oder imperativen Planung erfolgen (Totallenkungsplan oder Zentralplan von → Zentralverwaltungswirtschaften) und dabei Vorschriften zur Planausführung und Planaufschlüsselung bis hinunter zur kleinsten Einheit enthalten. Sie kann aber auch die Form der Richt- oder indikativen Planung annehmen und nur Empfehlungen bezüglich eines gewünschten Verhaltens der Wirtschaftssubjekte aussprechen. Eine Kombination von imperativer und indikativer Planung ist das französische Konzept der → planification.

Beide Aufgaben, die Planung der Ordnung und die des Wirtschaftsprozesses kann man als prozedurale Planung zusammenfassen, denn es geht hierbei sowohl um die Gestaltungsprinzipien der Wirtschaft wie um die Grundsätze, Kompetenzen und Institutionen der Planung. Zu unterscheiden ist folglich neben dem Subjekt der Planung (staatliche Planbehörde oder die Wirtschaftssubjekte selbst) die Art des Zustandekommens (durch Dekretierung oder Beteiligung der Betroffenen) und die Verbindlichkeit des Plans sowie die Art der Koordination der Pläne durch Knappheitsanzeiger (Plansalden bei → Materialbilanzen oder Marktpreisen) zu einem Planungssystem. Im Gegensatz zur prozeduralen Planung handelt es sich bei der substantiellen Planung darum, die wirtschaftspolitischen Aktivitäten zu planen,

d. h. mit Hilfe eines Orientierungsplans eine Koordination der einzelnen Maßnahmen unter Verwendung von Entscheidungsmodellen (→ Quantitative Wirtschaftspolitik) sicherzustellen.

Für alle Planung gilt das Gesetz der gleichgewichtigen Entwicklung (auch Ausgleichsgesetz der Planung), nämlich die innere Widerspruchsfreiheit des Planungskalküls (→ Lineares Programmieren) und dessen Ausrichtung am schwächsten Glied des Gesamtsystems (Minimumsektor).

Versteht man Planung als einen Prozeß, so umfaßt sie auch die politische Durchsetzung und die Phase der Realisierung (durch Leistungsanreize, sei es mit Hilfe des »Prinzips der materiellen Interessiertheit« wie in der Zentralverwaltungswirtschaft oder durch das Eigeninteresse der Wirtschaftssubjekte wie in der → Marktwirtschaft), ferner die Phase der Kontrolle, d. h. des Vergleichs des Erreichten mit dem Gewollten (durch bürokratische Kontrolle oder durch Selbstkontrolle verbunden mit der Kontrolle durch Konkurrenten und Konsumenten). R.E.

**Planungswertausgleich**
→ Wertzuwachsbesteuerung

**Planwirtschaft**
→ Zentralverwaltungswirtschaft

**policy mix**
→ Instrumente der Wirtschaftspolitik

**Politische Ökonomie**
1. Klassische Politische Ökonomie: → Volkswirtschaftslehre der Klassiker (Adam SMITH, David RICARDO, John Stuart MILL, François QUESNAY, Robert Jacques TURGOT), in der einerseits zwischen ökonomischer und politischer Sphäre nicht streng unterschieden wurde, andererseits aber politische Prozesse auch nicht explizit Berücksichtigung fanden.
2. Marxistische Politische Ökonomie: Von Karl MARX zusammen mit Friedrich ENGELS entwickelte geschlossene Gesellschafts-, Wirtschafts- und Staatstheorie, in der die materielle Produktion in Beziehung gesetzt wird zur gesellschaftlichen Struktur

der Produktion. Das politische System in verschiedenen historischen Formationen (→ Kapitalismus und → Sozialismus) ist charakterisiert durch die Herrschaft über Produktionsmittel. Dem ökonomischen Phänomen der → Ausbeutung entspricht die Organisation der Gesellschaft, in welcher der Staat das Unterdrückungsinstrument der (ökonomisch) herrschenden Klasse ist (→ Marxismus).

Diese Theorie wurde in der UdSSR neben dem → dialektischen und → historischen Materialismus sowie dem wissenschaftlichen Sozialismus zum Hauptbestandteil der Lehre des Marxismus-Leninismus. Die Orthodoxie unterscheidet eine Politische Ökonomie des Kapitalismus von der des Sozialismus. Eine einheitliche ökonomische Theorie wird abgelehnt. Die Bewährung der Politischen Ökonomie des Sozialismus in der Praxis des Aufbaus des → Kommunismus wird als wichtiges Kriterium bezeichnet.

3. → Neue Politische Ökonomie.    H.V.

## Polypol

Marktform mit zahlreichen kleinen Anbietern und Nachfragern auf einem vollkommenen Markt (→ vollständige Konkurrenz) oder unvollkommenen Markt (→ monopolistische Konkurrenz).

## PONTRYAGIN'sches Maximumprinzip

→ Kontrolltheorie

## POPITZ'sches Gesetz

Von Johannes POPITZ (1932) erstmals formulierte Gesetzmäßigkeit, daß in föderativ organisierten Staaten mit selbständigen → Budgets der Gebietskörperschaften (Bund, Länder, Gemeinden) der Anteil des zentralen Budgets (Bundesbudget) auf Kosten der untergeordneten Budgets laufend zunimmt (→ Finanzausgleich).

Das POPITZ'sche Gesetz ist eng mit dem → Gesetz der wachsenden Staatstätigkeit verwandt.

Als Bestimmungsgründe für die Anziehungskraft der zentralen Budgets werden in erster Linie die steigende Bedeutung der Rüstungs- und Kriegsfolgelasten sowie der sozialen Aufgaben genannt, die in allen Ländern vorwiegend durch das zentrale Budget finanziert werden.    R.D.

## POPPER-Kriterium → Hypothesen

## Popularitätsfunktion

→ Neue Politische Ökonomie

## Portfolioinvestitionen

Anlagen in Wertpapieren (Aktien, Investmentzertifikate, festverzinsliche Wertpapiere) ohne Beteiligungscharakter.

Die Veränderung deutscher Anlagen in ausländischen Wertpapieren bzw. ausländischer Anlagen in inländischen Wertpapieren wird in der Bilanz des langfristigen Kapitalverkehrs erfaßt (→ Kapitalbilanz).

## Portfolio-Selection-Theorie

insbes. von James TOBIN und Jacob MARSCHAK entwickelte Analyse des Anlageverhaltens von Wirtschaftssubjekten, die ihr → Vermögen auf verschiedene Aktiva aufteilen und dabei deren voraussichtliche Erträge (Erwartungswerte) sowie die Wahrscheinlichkeit von deren Eintreffen beachten. Bei den Erwartungswerten werden nicht nur die wirklich anfallenden Erträge, sondern auch die bei den verschiedenen Wirtschaftssubjekten unterschiedlichen subjektiven Nutzungen wie z.B. Liquiditätsvorteile (→ Geld, → Liquidität) berücksichtigt. Im allg. läßt sich sagen, daß der Anteil eines Aktivums am Portefeuille aller Vermögensgüter umso größer ist, je höher der Erwartungswert seiner Rendite und je geringer dessen Risiko ist. Jedoch kann auch der Fall eintreten, daß bei steigendem Erwartungswert die Anlage in diesem Aktivum abnimmt, weil das Wirtschaftssubjekt nun z.B. sowohl mehr Einkommen aus seinem Vermögen als auch eine höhere Liquidität realisieren will. Dies kann geschehen, solange die → Elastizität der Anlage in diesem Aktivum in bezug auf seine Rendite kleiner als (absolut) Eins ist.

Die Portfolio-Selection-Theorie stellt eine Erweiterung der KEYNES'schen Theorie der → Liquiditätspräferenz der → Geldnachfrage dar. Während dort das einzelne Wirtschaftssubjekt je nach der Höhe des (kritischen) Zinssatzes entweder sein ganzes → Geldvermögen in → Geld oder Wertpapieren hielt, berücksichtigt es hier die Renditen (→ Zinsstruktur) aller Anlageformen und teilt sein Vermögen auf diese auf.

Kritisiert wird dieser Ansatz von Neokeynesianern (Paul DAVIDSON), da die nicht meßbare Unsicherheit hier durch Risikoparameter ausgedrückt wird, von denen besonders bei seltenen Entscheidungen und Kleinanlegern nicht zu sehen ist, wie sie gewonnen werden. Die Portfolio-Selection-Theorie wird im → Monetarismus erweitert, indem neben den Renditeerwartungen von Finanzaktiva die Preise aller Vermögensgüter und deren Nutzungen berücksichtigt werden. Die Portfolio-Selection-Theorie spielt nicht nur in der → Geldtheorie, sondern auch in der → Kosten-Nutzen-Analyse und bei wirtschaftspolitischen Entscheidungen eine zunehmende Rolle.   H.-J.H.

## positive Ökonomik
→ Werturteil

## postkeynesianische Verteilungstheorie
auf Nicholas KALDOR (1955/56) zurückgehender kreislauftheoretischer Ansatz der → Einkommensverteilung. KALDOR's Grundmodell verwendet die Einkommensverteilungs- und Vermögensveränderungsgleichung des keynesianischen Standardsystems:

$$Y = L + P;$$
$$I = sL + s_P P.$$

Es handelt sich um ein 2-Klassen-Modell, in dem das Volkseinkommen $Y$ auf die Löhne $L$ und die Profite $P$ aufgeteilt wird. Die Bezieher von Profiteinkommen sparen den Bruchteil $s_P$ und die Bezieher von Lohneinkommen den Bruchteil $s_L$ ihres jeweiligen Einkommens. Nach Umformung erhält man die Profitquote

$$\frac{P}{Y} = \frac{1}{s_P - s_L} \cdot \frac{I}{Y} - \frac{s_L}{s_P - s_L},$$

bzw. die Lohnquote

$$\frac{L}{Y} = 1 - \frac{P}{Y}.$$

Beide hängen demnach von den → Sparquoten $s_P$ und $s_L$ und der → Investitionsquote

$$\frac{I}{Y}$$

ab. Die Profitquote ist ceteris paribus um so größer, je größer die Investitionsquote und je kleiner die Sparquote der Bezieher der Lohneinkommen ist. KALDOR geht davon aus, daß die Sparquote der Profitbezieher größer ist als die der Lohnbezieher. Den Faktor

$$\frac{1}{s_P - s_L}$$

nennt KALDOR den Sensitivitätskoeffizienten der Einkommensverteilung: Liegen die Sparquoten weit auseinander, reagiert die Verteilung nur wenig auf Änderungen der Investitionsquote. Weichen dagegen diese Werte nur wenig voneinander ab (unter Beachtung von $s_P > s_L$), treten größere Änderungen der Profitquote auf. Bei einer Störung des Gleichgewichts findet das System unter den angegebenen Voraussetzungen zu einem neuen Gleichgewicht.

Problematisch ist es v. a., von einer exogen gegebenen Investitionsquote auszugehen: Es fehlt eine → Investitionsfunktion, die Aussagen über das Investitionsverhalten der Unternehmen z. B. bei einer Änderung der Sparquote der Lohneinkommensbezieher liefert.

Das Grundmodell KALDOR's mit seiner extrem vereinfachten Struktur dient allerdings weniger der Erklärung der Einkommensverteilung als der Berücksichtigung von Verteilungsaspekten in der → Wachstumstheorie.   D.H.

## Potentialfunktion
→ Produktionspotential

## Potentialmodell
→ Regionalanalyse

**potentialorientierte Kreditpolitik**
vom → Sachverständigenrat 1970 vorgeschlagenes Konzept zur Verstetigung der wirtschaftlichen Entwicklung. Zusammen mit den übrigen Teilbereichen der → Wirtschaftspolitik soll es zur Verwirklichung der gesamtwirtschaftlichen Ziele beitragen. Im Rahmen der potentialorientierten Kreditpolitik soll die → Deutsche Bundesbank denjenigen Zuwachs des Kreditvolumens anstreben, der eine monetäre Alimentierung des gleichgewichtigen → Wachstums erlaubt. Die Größen, an denen die potentialorientierte Kreditpolitik ansetzt, sind die → Liquiditätsquote und der Zuwachs des Kreditvolumens. Die kreditpolitischen Instrumente der Bundesbank gewährleisten jedoch nicht, das → Geldvolumen und seine → Umlaufgeschwindigkeit in dem gewünschten Ausmaß zu steuern; deshalb können auch Liquiditätsquote und Kreditvolumen nicht genau bestimmt werden. W.G.

**Präferenzen**
1. In der → Wahlhandlungstheorie wird die Rangfolge von subjektiv veranschlagten Nutzen (→ Nutzenmessung) von Güterbündeln Präferenzordnung genannt. Entsprechend dieser subjektiven Präferenzordnung (Präferenzstruktur) zieht ein Wirtschaftssubjekt ein Güterbündel gegenüber anderen vor oder es verhält sich indifferent (→ Indifferenzprinzip) gegenüber mehreren Güterbündeln, schätzt diese also gleichrangig ein.
2. Bei der für die Beschreibung von → Marktformen bedeutsamen Unterteilung in homogene und inhomogene Güter (→ Homogenität) äußern sich Präferenzen in der Bevorzugung eines Gutes (oder seines Anbieters) durch einen Nachfrager bzw. eines Nachfragers durch einen Anbieter:
a) sachliche Präferenzen: tatsächliche oder vermeintliche sachliche Unterschiede zwischen Gütern (technische Eigenschaften, Äußeres Warenzeichen);
b) persönliche Präferenzen: persönliche Bindungen zwischen Käufer und Verkäufer, weshalb ein Käufer einen höheren Preis zu zahlen bereit ist oder ein Verkäufer das Gut billiger abgibt;

c) räumliche Präferenzen: standortbedingte Differenzierungen zwischen den Anbietern oder Nachfragern; sie fehlen z. B. bei einem Punktmarkt (alle Anbieter und Nachfrager am gleichen Ort) oder bei einem gemeinsamen Standort aller Anbieter und einem anderen gemeinsamen Standort aller Nachfrager;
d) zeitliche Präferenzen: Differenzierung hinsichtlich der Liefertermine der Anbieter oder der Abnahmetermine der Nachfrager. H.M.W.

**Präferenzzoll**
(= Vorzugszoll) nach Ländern differenzierender → Zoll, durch den sich zwei oder mehrere Länder gegenseitig im → Außenhandel Vorzugsbehandlung gewähren; räumen sich mehrere Staaten gegenseitig Präferenzzölle ein, so spricht man von einer Präferenzzone (→ Integration). Die → Europäischen Gemeinschaften gewähren z. B. abweichend von dem gemeinsamen Außenzoll einigen Ländern bzw. Gruppen von Ländern Zollpräferenzen, z. B. in Assoziierungs- und präferentiellen Handelsverträgen mit Ländern des Mittelmeerraumes und der → Europäischen Freihandelsassoziation. Außerdem hat die Gemeinschaft zum 1.7.1971 ein allgemeines System von Präferenzzöllen für Halb- und Fertigfabrikate aus → Entwicklungsländern eingeführt. Damit das Präferenzabkommen nicht von Drittländern unterlaufen werden kann, müssen Regelungen über die Unterscheidung der Güter aus den bevorzugten Ländern von gleichartigen Waren aus (nicht bevorzugten) Drittländern getroffen werden (Ursprungs- bzw. Herkunftsnachweis, insbes. welcher Anteil des Endprodukts aus dem exportierenden Land stammen muß, wenn das ganze Produkt als im Exportland erzeugt gelten soll). Präferenzzölle stehen im Gegensatz zum Grundsatz der → Meistbegünstigung. Jedoch läßt das → Allgemeine Zoll- und Handelsabkommen in bestimmten Fällen Ausnahmen zu. M.H.

**Prämisse** → Logistik

### präventive Einkommenssicherung

vom → Sachverständigenrat in seinem Jahresgutachten 1970 entwickelte Strategie einer stabilisierungskonformen Lohn- und Preisentwicklung zur Aufrechterhaltung eines hohen Beschäftigungs- und Auslastungsgrades und zur Sicherung eines hohen Volkseinkommens.

Ausgehend von Einkommensverteilungsproportionen, die den Bedingungen anhaltender → Vollbeschäftigung entsprechen, hat sich die gesamtwirtschaftliche Lohnentwicklung an dem Ausmaß der Produktivitätssteigerung, die bei anhaltend hoher → Beschäftigung und Kapazitätsauslastung mittelfristig realisierbar erscheint, zu orientieren. Da die → *Real*löhne an die Produktivitätsentwicklung anzupassen sind, ist dem Geldlohnsatz noch ein Betrag für den kurzfristig für unvermeidlich gehaltenen Anstieg der Verbraucherpreise zuzuschlagen. Vorbedingung für das Einverständnis der → Gewerkschaften zu einem solchen, auf eine Korrektur der → Einkommensverteilung verzichtenden, lohnpolitischen Verhalten ist eine maßvolle, ebenfalls die gegebene Verteilungssituation anerkennende Preispolitik der Unternehmen. Staat und Deutsche Bundesbank haben mit ihren wirtschaftspolitischen Instrumenten (z. B. → Wettbewerbs-, → Steuer-, → Kreditpolitik) entsprechende Verhaltensweisen der Sozialpartner zu fördern. Ein Rahmen für die Harmonisierung der mit dieser Strategie der präventiven Einkommenssicherung zu vereinbarenden Zielvorstellungen des Staates und der → Tarifpartner bietet die → Konzertierte Aktion.    T.F.

### PREBISCH-Bericht

nach Raúl PREBISCH (Generalsekretär der → Welthandelskonferenz von 1963 bis 1969) benannter Bericht »Towards a New Trade Policy for Development«; er war Grundlage der 1. Welthandelskonferenz im März 1964 in Genf.

Teil 1 des Berichts ist eine Analyse der Handelslücke (trade gap) der → Entwicklungsländer: Ihre Exporterlöse reichen nicht aus, um den Devisenbedarf für die Importe zu decken, die für ein angestrebtes Durchschnittswachstum von 5 % erforderlich wären. PREBISCH prognostizierte den trade gap für 1970 auf ca. 20 Mrd. $. Als Ursache für diese Lücke werden die ständig sinkenden → terms of trade der Entwicklungsländer (→ PREBISCH-These) genannt.

Teil 2 bringt Lösungsvorschläge: → internationale Rohstoffabkommen; Kreditfazilitäten zur Finanzierung von Exporterlösschwankungen bei Primärgütern (→ Internationaler Währungsfonds); → Präferenzzölle; Exportdiversifizierung; regionale Integration; Ausweitung des Handels zwischen den Entwicklungsländern und den sozialistischen Ländern; Errichtung einer ständigen Welthandelsinstitution im Rahmen der → Vereinten Nationen (→ Welthandelskonferenz).    D.S.

### PREBISCH-These

zentrale These des → PREBISCH-Berichtes, nach der sich die → terms of trade für die → Entwicklungsländer langfristig verschlechtern: So seien zwischen 1950 und 1961 die terms of trade der Entwicklungsländer im Verhältnis zu denen der Industrieländer um 17 % gesunken. Der Grund hierfür seien die tendenziell sinkenden Weltmarktpreise der Primärgüter (die einen Großteil der Exporte der Entwicklungsländer ausmachen) bei gleichzeitig steigenden Weltmarktpreisen für Industriegüter (die bei den Importen der Entwicklungsländer stark überwiegen). Als Ursachen für diese Preisentwicklung führt PREBISCH an, daß die monopolistische Konkurrenz auf Güter- und Faktormärkten in den Industrieländern es durch Erhöhung der Industriegüterpreise ermögliche, die Früchte des → technischen Fortschritts auf die reichen Länder zu beschränken, während der technische Fortschritt im Exportsektor der Entwicklungsländer auf Grund der härteren Konkurrenz um die Absatzmärkte in den Industrieländern durch Preissenkungen auch oder hauptsächlich den Industrieländern zugute komme.

Dies werde noch verschärft durch die geringe Einkommenselastizität der Primärgüternachfrage (Realeinkommenserhöhungen in den Industrieländern wirkten sich v.a. auf die Nachfrage nach heimischen Luxusgütern und Dienstleistungen aus) sowie die größer werdende Preiselastizität der Primärgüternachfrage (der technische Fortschritt bewirke einen zunehmenden Ersatz von Primärgütern wie Kautschuk oder Sisal durch synthetische Substitute).

Die PREBISCH-These war stets umstritten: Das Ergebnis sei durch die Wahl des Untersuchungszeitraumes verzerrt, da im Basisjahr 1950 ein Preisgipfel für Industriegüterexporte vorgelegen habe (»Korea-Boom«), während 1961 ein starker Preisverfall bei Primärgütern aufgetreten sei (Rezession in den USA). Darüber hinaus stellten die von PREBISCH verwendeten commodity terms of trade nur einen der möglichen Indizes für → Außenhandelsgewinne oder -verluste dar; eine für die Entwicklungsländer ungünstige Entwicklung der relativen Preise könne durchaus mit einer Verbesserung der income terms of trade einhergehen. Weitere Argumente könnte die 1973 offenbar gewordene weltweite Rohstoffverknappung liefern.

Die PREBISCH-These spielt eine wichtige Rolle in der marxistischen Entwicklungsländer-Theorie (→ dependencia-Theorie). D.S.

## Preis

1. absoluter Preis eines Gutes: Austauschverhältnis von Geld gegen dieses Gut. Die Bestimmungsgründe für die absoluten Preise werden insbes. in der → Geldtheorie untersucht.

Durchschnittsbildungen von absoluten Preisen führen zum → Preisniveau (→ Indextheorie).

2. relativer Preis: Verhältnis der absoluten Preise zweier Güter. Der relative Preis entspricht dem reziproken Austauschverhältnis zwischen den beiden Gütern. Die Frage nach den Determinanten der relativen Preise ist Gegenstand der → Preistheorie. R. W.

## Preis-Absatz-Funktion

Für einen einzelnen Anbieter definierte funktionale Beziehung zwischen Preis und abgesetzter Menge eines Gutes. Man bezeichnet sie als konjunkturale Preis-Absatz-Funktion, wenn sie aus den Vorstellungen des Anbieters über die erwarteten Absatzmengen bei unterschiedlichen Preisen abgeleitet ist. Die konjunkturale Preis-Absatz-Funktion kann von der faktischen abweichen.

## Preisabsprachen

→ Preiskartell

## Preis-Bezugs-Kurve

→ Nachfragemonopol

## Preisbildung

In der modernen mikroökonomischen Theorie der Gütermärkte werden je nach Art der zugrundegelegten → Marktformen unterschiedliche Typen der Preisbildung untersucht:

a) Bei → vollständiger Konkurrenz ergibt sich der → Gleichgewichtspreis für ein Gut durch das Zusammenspiel von Angebot und Nachfrage. Dieser Preis ist für den einzelnen Anbieter und Nachfrager ein Datum.

b) Im Modell der → monopolistischen Konkurrenz gibt es verschiedene Erklärungsansätze für die Preisbildung, insbes. den Ansatz von Edward H. CHAMBERLIN (Tangentenlösung im langfristigen Gleichgewicht) und den Ansatz von Erich GUTENBERG (zweifach geknickte Preis-Absatz-Funktion).

c) Eine Vielzahl von Lösungsansätzen findet man für das → Angebotsoligopol. Eine Klasse von Lösungen ist dadurch charakterisiert, daß sie von alternativen Reaktionshypothesen ausgeht. Eine zweite Klasse versucht, das Preisbildungsproblem anhand von Kategorien der → Spieltheorie zu erklären.

d) Beim → Angebotsmonopol ist im Falle von → Gewinnmaximierung der Preis durch den COURNOT'schen Punkt bestimmt. Sonderprobleme der monopolistischen Preisbildung ergeben sich bei Vorliegen eines Teilmonopols (→ Preisführerschaft), monopolistischer → Preisdifferenzierung, eines → Nachfragemonopols oder des bilateralen Monopols (→ Kontrakt-kurve).

Ferner stellen sich Probleme der Preisbildung auf Faktormärkten. Diese werden unter Zugrundelegung ähnlicher Anbieter-Nachfrager-Beziehungen, wie sie für die Gütermärkte dargestellt wurden, untersucht (→ Lohn- →Zins, → Grundrente). Die klassische Theorie der Preisbildung unterscheidet zwischen reproduzierbaren Gütern, deren Preise von den Kosten bestimmt werden (→ Arbeitswertlehre), und nicht reproduzierbaren Gütern, bei denen die Preise im wesentlichen von der Nachfrage abhängen. Dieser Ansatz wird von der Theorie der Bewegungs- und Bestandsmärkte wieder aufgegriffen. R.W.

## Preisbindung

Festsetzung einer bestimmten Preishöhe (meist in Form der seit 1.1.1974 verbotenen → vertikalen Preisbindung für Markenwaren) oder die Festlegung einer Preisober- oder -untergrenze (→ Preisempfehlung).

## Preisdifferenzierung

(= Preisdiskriminierung) Verkauf des gleichen Gutes an verschiedene Käufergruppen zu unterschiedlichen Preisen (innerhalb des gleichen Wirtschaftsperiode und am gleichen Ort). Preisdifferenzierung kann ein Monopolist (→ Angebotsmonopol) auf einem unvollkommenen Markt (→ Marktformen) betreiben und dadurch einen höheren Gewinn erzielen als bei einem einheitlichen Preis erzielen. Entsprechend den Kriterien, nach denen die Preisdifferenzierung vorgenommen wird, lassen sich verschiedene Arten unterscheiden.

a) persönliche Preisdifferenzierung: berücksichtigt persönliche Merkmale (z.B. unterschiedliche Arztrechnung für gleiche Leistung);

b) räumliche Preisdifferenzierung: unterschiedliche Preise ab Werk für Käufer mit unterschiedlichen Standorten (im Außenhandel: → Dumping);

c) zeitliche Preisdifferenzierung: unterschiedliche Preise zu zwei Zeitpunkten, wobei die Preisunterschiede nicht kosten-

bedingt sind (z.B. Tag- und Nachtgebühren);

d) qualitative Preisdifferenzierung: erfolgt nach Verwendung des Gutes (z.B. Haushalts- und Kraftstrom);

e) quantitative Preisdifferenzierung: setzt an der Menge an (z.B. Heizölpreise).

Ein anderes Unterscheidungskriterium ist die Marktsituation.

a) deglomerative Preisdifferenzierung: der Anbieter spaltet den Gesamtmarkt (Gesamtnachfragekurve) in Teilmärkte (Absatzschichten), um die Voraussetzungen für Preisdifferenzierungen zu schaffen und die → Konsumentenrente abschöpfen zu können; der Monopolist ändert die Marktverhältnisse derart, daß aus einem vollkommenen ein unvollkommener Markt wird;

b) agglomerative Preisdifferenzierung: der (gedankliche) Gesamtmarkt ist bereits in Teilmärkte gegliedert (z.B. geographisch bedingt), auf denen Preisdifferenzierung vorgenommen wird.

Im Fall der agglomerativen Preisdifferenzierung bei zwei Teilmärkten 1 und 2 wird die gewinnmaximale Gesamtmenge (wie beim → Angebotsmonopol) bestimmt durch den Schnittpunkt der Grenzkostenkurve K' mit der aggregierten Grenzumsatzkurve U'$_1$ + U'$_2$ (gewonnen durch horizontale Aggregation der Grenzumsatzkurven beider Teilmärkte). Die Gesamtmenge ist so auf beide Teilmärkte aufzuteilen, daß der Grenzumsatz auf jedem Teilmarkt gleich den Grenzkosten ist (Bedingung für das Gewinnmaximum: U'$_1$ = U'$_2$ = K'). Mit der Menge ist für jeden Teilmarkt auch der Preis bestimmt (Abb. S. 386).

Voraussetzung für eine Preisdifferenzierung sind unterschiedliche → direkte Preiselastizitäten der Nachfrage auf den Teilmärkten. Wie aus der → AMOROSO-RO-BINSON-Relation ersichtlich, können bei gleichen Grenzumsätzen auf beiden Teilmärkten unterschiedliche Preise nur bei unterschiedlichen Nachfrageelastizitäten bestehen. Der Preis ist auf jenem Markt höher, auf dem die Nachfrageelastizität (absolut) niedriger ist. Damit kann erklärt werden, warum bei → Dumping der Preis

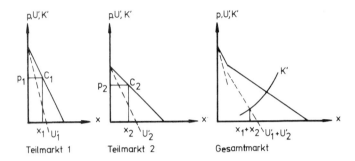

Teilmarkt 1    Teilmarkt 2    Gesamtmarkt

ab Werk für Ausländer niedriger ist als für Inländer. Im allg. ist die Nachfrageelastizität auf dem Auslandsmarkt größer als auf dem Inlandsmarkt.    H.M.W.

**Preisdiskriminierung**
→ Preisdifferenzierung

**Preiselastizität** → direkte Preiselastizität der Nachfrage

**Preisempfehlung**
rechtlich unverbindliche Beeinflussung der Marktpreisbildung seitens des Anbieters einer Ware durch horizontale Preisempfehlung an gleichgeordnete Unternehmen (Mitbewerber) oder seitens des Herstellers in Form der → vertikalen Preisempfehlung an den Einzelhandel. Dient sie zur Umgehung eines → Preiskartells, ist sie gemäß → Gesetz gegen Wettbewerbsbeschränkungen (§ 1) grundsätzlich untersagt (→ Preisbindung; → abgestimmte Verhaltensweisen).    R.R.

**Preisführerschaft**
Kooperation zwischen Anbietern, indem der Preis eines Preisführers von den anderen Anbietern als Richtgröße für ihr Marktverhalten genommen wird. Im Falle eines Teilmonopols (ein großer und eine Anzahl kleiner Anbieter und viele kleine Nachfrager) ist der Teilmonopolist Preisführer. Für die kleinen Anbieter ist der von ihm gesetzte Preis Datum und sie bringen als → Mengenanpasser ihre gewinnmaximale Menge auf den Markt (nach der Regel: Preis = Grenzkosten). Der

Teilmonopolist kann auch ein → Kartell sein mit Außenseitern als kleinen Konkurrenten.
Eine andere Marktform, in der Preisführerschaft vorkommen kann, ist das → Angebotsoligopol. Das Überlassen der Preisführerschaft an einen Anbieter kann bei einem Angebotsoligopol u. a. mit unterschiedlicher wirtschaftlicher Stärke oder mangelnder Information über die Reaktionen der anderen Anbieter auf eigene preispolitische Maßnahmen erklärt werden.    H.M.W.

**Preisfixierer**
Anbieter oder Nachfrager, dessen Aktionsparamter der Preis ist. Über die Menge, die bei dem gesetzten Preis nachgefragt oder angeboten wird, entscheidet die andere Marktseite. Die Menge ist für den Preisfixierer Erwartungsparameter. Preisfixierung wird i. d. R. beim → Angebotsmonopol vorkommen.

**Preisindex** → Indextheorie

**Preisindex für das Bruttosozialprodukt**
Maß für die Preisentwicklung aller im Bruttosozialprodukt (→ Sozialprodukt) erfaßten Sachgüter und Dienstleistungen: Verhältnis des Bruttosozialprodukts zu jeweiligen Preisen (nominelles Sozialprodukt) und des Bruttosozialprodukts zu Preisen eines Basisjahres (reales Sozialprodukt).
Das reale Sozialprodukt ist die Summe der deflationierten Werte von privatem Verbrauch, Staatsverbrauch, → Anlageinvesti-

tionen, Vorratsveränderung, Ausfuhr und Einfuhr (letztere als negative Komponente). Die Deflationierung erfolgt mit Hilfe von Preisindizes, die nach den Regeln der → Indextheorie speziell für die verschiedenen Verwendungsbereiche ermittelt werden. Da es sich beim Preisindex für das Bruttosozialprodukt um einen Preisindex mit wechselnder Gewichtung (Warenkorb des jeweiligen Berichtsjahres; PAASCHE-Index) handelt, ist ein Vergleich der Werte für die verschiedenen Jahre untereinander prinzipiell nicht statthaft.

Preisindizes für das Bruttoinlandsprodukt (bzw. einzelne Wirtschaftsbereiche) werden nicht ausgewiesen, sind jedoch aus den nominellen und realen Reihen zu rekonstruieren. Für die → Wertschöpfung oder das Volkseinkommen liegen keine Preisindizes vor, da statistische und konzeptionelle Schwierigkeiten einer Berechnung entgegenstehen (z. B. Deflationierung der indirekten Steuern und Subventionen).

Indizes der Preisentwicklung nach der → Volkswirtschaftlichen Gesamtrechnung haben aus definitorischen Gründen vergleichsweise hohe Werte. Da der Staatsverbrauch z. B. zu Kostenpreisen bestimmt wird, findet die Lohn- und Gehaltsentwicklung im öffentlichen Dienst unmittelbaren Niederschlag, ohne daß einem etwaigen Produktivitätsfortschritt Rechnung getragen werden könnte.    F.G.

## Preisindex für die Lebenshaltung

konjunktur- und verteilungspolitisch wichtige Kennziffer zur Messung der durchschnittlichen Preisentwicklung. Der Index erfaßt derzeit ungefähr 170 000 Preisnotierungen von rund 900 für private Haushalte in Betracht kommende Waren und Dienstleistungen.

Er wird für folgende Haushaltstypen berechnet (die Angaben beziehen sich auf das Basisjahr 1970):

a) alle privaten Haushalte (2 Erwachsene, 0,7 Kinder, monatliche Verbrauchsausgaben: 1294 DM 899 Indexpositionen = Zahl der im Index berücksichtigten verschiedenen Waren und Dienstleistungen);

b) Angestellten- und Beamtenhaushalte mit höherem Einkommen (städtische Haushalte, 2 Erwachsene, 2 Kinder, darunter mindestens ein Kind unter 15 Jahren, monatliche Verbrauchsausgaben: 1996 DM, 882 Indexpositionen);

c) Arbeitnehmerhaushalte mit mittlerem Einkommen des alleinverdienenden Haushaltsvorstandes (städtische Haushalte, 2 Erwachsene, 2 Kinder, darunter mindestens ein Kind unter 15 Jahren, monatliche Verbrauchsausgaben: 1157 DM, 864 Indexpositionen);

d) Renten- und Sozialhilfeempfängerhaushalte mit alleinverdienendem Haushaltsvorstand (2 ältere Erwachsene, monatliche Verbrauchsausgaben: 532 DM, 675 Indexpositionen);

e) Preisindex für die einfache Lebenshaltung eines Kindes.

Die Konstruktion des Index erfolgt nach der Methode von LASPEYRES (→ Indextheorie). Der zugrundegelegte Warenkorb wird in seiner mengenmäßigen Zusammensetzung über eine Reihe von Jahren hinweg als konstant angenommen. Der jeweilige Warenkorb der typisierten Haushalte wird auf der Grundlage amtlicher Erhebungen über die Verbrauchsstruktur privater Haushalte festgelegt (Einkommens- und Verbrauchsstichproben). Zur Kontrolle dienen die sog. laufenden Wirtschaftsrechnungen, welche die mehrjährigen Aufzeichnungen über Einnahmen und Ausgaben ausgewählter und der obigen Typisierung entsprechender privater Haushalte enthalten. Die Unterlagen ermöglichen die Aufgliederung des Ausgabenvolumens der einzelnen Haushaltstypen in verschiedene Komponenten (Tab. S. 388).

Die Anteile der Warengruppen sind im Zeitablauf einem erheblichen Wandel unterworfen. Zudem haben die Haushalte aufgrund steigender Einkommen die Möglichkeit, ihren Konsum insgesamt zu erhöhen, so daß sich der Warenkorb auch im Niveau verändert. Schließlich werden im Zuge des → technischen Fortschritts bestimmte Güter ganz oder teilweise aus dem Warenkorb verdrängt und durch neue Produkte ersetzt. Hieraus folgt die Problema-

**387**

tik dieser Indexkonstruktion: Die Annahme eines konstanten Warenkorbes – also des Kaufs gleicher Mengen von bestimmten, qualitativ unveränderten Güterarten – wird umso unrealistischer, je weiter das Basisjahr zurückliegt. Die amtliche Statistik versucht, diesem Problem durch laufende Neuberechnungen des Warenkorbes zu begegnen (für die BRD: 1950, 1958, 1962, 1970). R.W.

Verbrauchsstruktur des 4-Personen-Arbeitnehmerhaushalts mit mittlerem Einkommen

|  | Basisjahr | |
|---|---|---|
|  | 1962 | 1970 |
|  | Promille | |
| Nahrungs- und Genußmittel | 439,83 | 368,35 |
| Kleidung, Schuhe | 119,98 | 102,11 |
| Wohnungsmiete | 93,63 | 145,64 |
| Elektrizität, Gas, Brennstoffe | 45,85 | 43,94 |
| Übrige Waren und Dienstleistungen für die Haushaltsführung | 109,78 | 85,27 |
| Waren und Dienstleistungen für: | | |
| Verkehrszwecke, Nachrichtenübermittlung | 61,98 | 102,13 |
| Körper- und Gesundheitspflege | 30,97 | 33,87 |
| Bildungs- und Unterhaltungszwecke | 62,97 | 68,69 |
| Persönliche Ausstattung, sonstige Waren und Dienstleistungen | 35,01 | 50,00 |

**Preiskartell**
Variante eines → Kartells mit dem Zweck, bestimmte Waren nicht unter oder über festgelegten Verkaufspreisen anzubieten. Gemäß → Gesetz gegen Wettbewerbsbeschränkungen (GWB) § 5 Abs. 3 sind Preiskartelle nur als → Rationalisierungs-

kartelle gestattet (jedoch erlaubnispflichtig). Als Preiskartelle im weiteren Sinn (wegen ihrer Wirkungsweise auf den → Wettbewerb jedoch im GWB unterschiedlich geregelt) gelten → Rabattkartelle, Kalkulationskartelle (Vereinheitlichung der Kalkulationsmethoden) und → Submissionskartelle. Preiskartelle können zu → Quotenkartellen führen. R.R.

**Preiskontrollen**
→ Einkommenspolitik

**Preisleitlinien**
→ Einkommenspolitik

**Preis-Lohn-Spirale**
→ Lohn-Preis-Spirale

**Preismechanismus**
Steuerungsmechanismus zur Lösung der Probleme der → Allokation im Modell einer dezentralisierten Volkswirtschaft.
a) Durch den Preismechanismus wird bestimmt, *was* produziert wird. Geht man davon aus, daß für zwei beliebige Güter A und B ein → Gleichgewichtspreis am jeweiligen Partialmarkt realisiert wird, und kommt es nun zu einer Mehrnachfrage nach Gut A und einer Mindernachfrage nach Gut B, so hat dies kurzfristig (bei nicht völlig elastischen Angebotsfunktionen) einen Preisanstieg von Gut A und eine Preissenkung von Gut B zur Folge. Dies wirkt sich auf die Gewinnsituation der betroffenen Unternehmen derart aus, daß der Gewinn des Produzenten von Gut A über das »Normalniveau« (angemessener Unternehmerlohn plus Kapitalverzinsung) steigt und der Gewinn des Produzenten von Gut B unter das Normalniveau sinkt. Längerfristig ergibt sich daraus ein Anreiz zur Abwanderung von Ressourcen aus dem schlechterverdienenden in den besserverdienenden Industriezweig. In der begünstigten Branche kommt es damit zu einer Erweiterung der bestehenden und dem → Marktzutritt neuer Unternehmen bzw. einer Erhöhung des Angebotes. Dadurch werden weitere Anpassungsprozesse ausgelöst, die ein Ende finden, wenn die Gewinne der betroffenen Unternehmen wieder ihr Normalniveau erreicht haben.

b) Der → Preiswettbewerb zwingt die Anbieter zur Wahl der kostengünstigsten Produktionsform, d. h. er bestimmt, *wie* produziert wird. Produzenten eines bestimmten Gutes, die kostenungünstiger arbeiten als ihre Mitanbieter, müssen langfristig aus dem betreffenden Markt ausscheiden, da der Preis unter ihrem langfristigen Stückkostenminimum und ihr Gewinn damit unter dem angemessenen Branchenniveau liegt.

c) Die Verteilung des Produktionsergebnisses wird durch die Faktorpreise gesteuert. Diese sind gemäß der → Grenzproduktivitätstheorie der Verteilung so bestimmt, daß der Reallohn eines Produktionsfaktors dessen Grenzprodukt entspricht. Bei linear-homogener makroökonomischer → Produktionsfunktion bedeutet dies nach dem → EULER'schen Theorem, daß das Produktionsergebnis durch die Produktionsfaktoren gerade ausgeschöpft wird.

Es ist ein wichtiges Ergebnis der → Wohlfahrtsökonomik, daß der Preismechanismus in einer vollständig dezentralisierten Volkswirtschaft zu einem → PARETO-Optimum führt. Sind hingegen die Voraussetzungen des Modells der → vollständigen Konkurrenz nicht erfüllt, bleiben die Marktresultate vom Optimum mehr oder weniger weit entfernt.

Im einzelnen werden folgende Annahmen gemacht:

a) Der Einfluß des einzelnen Marktteilnehmers ist so gering, daß er sich als → Mengenanpasser verhalten muß. Dies bedeutet, daß die Zahl der Anbieter und Nachfrager groß und ihr jeweiliger Marktanteil gering ist. Eine derartige atomistische Marktstruktur ist in modernen Volkswirtschaften jedoch nicht gegeben. Typische Marktformen sind vielmehr jene der → monopolistischen Konkurrenz, des → Angebotsoligopols und des bilateralen Monopols (Beispiel: → Arbeitsmarkt).

b) Die Homogenitätsbedingung für Güter besagt, daß keinerlei → Präferenzen sachlicher, zeitlicher, räumlicher und persönlicher Art existieren. Das Modell abstrahiert damit von den Möglichkeiten der Produktdifferenzierung, unterschiedlichen Lieferfristen, Transportkosten und persönlichen Bindungen zwischen Käufer und Verkäufer – Erscheinungen, die im Wirtschaftleben häufig beobachtet werden können.

c) Es wird unterstellt, daß die Anbieter ihre eigenen → Produktionsfunktionen und die Nachfrager ihre eigenen Bedürfnisstrukturen kennen, und daß die Marktteilnehmer vollständige Informationen über die zustandegekommenen Preise besitzen (→ Markttransparenz).

d) In langfristiger Betrachtung bestehen keine Beschränkungen für den → Marktzutritt in rechtlich-institutioneller oder ökonomischer Hinsicht.   R.W.

**Preismeldestelle**
→ Marktinformationsverfahren

**Preisniveau**
kann theoretisch als Durchschnittspreis

$$\frac{\Sigma_i \, p_i q_i}{\Sigma_i \, q_i}$$

($p_i$ = Preis des i-ten Gutes, $q_i$ = Menge des i-ten Gutes) einer bestimmten Gütermenge definiert werden. Die Berechenbarkeit dieses Ausdrucks scheitert jedoch an der Undurchführbarkeit einer Addition von Mengen verschiedener Güter.

In der statistischen Praxis wird das Preisniveau als das Verhältnis zweier Wertgrößen, als Preisindex (→ Indextheorie) aufgefaßt. Vom Standpunkt der Wirtschaftstheorie ist es umstritten, ob es *das* Preisniveau einer Volkswirtschaft gibt.

Die amtliche Statistik berechnet eine Vielzahl mehr oder weniger spezieller Preisindizes. Diese beziehen sich auf bestimmte Märkte (z. B. Index der Grundstoffpreise) bzw. bestimmte Verkäufergruppen (z. B. Index der Verkaufspreise für Ausfuhrgüter) und Käufergruppen (z. B. → Preisindex für die Lebenshaltung) sowie auf das → Sozialprodukt (z. B. → Preisindex für das Bruttosozialprodukt) und seine Komponenten (z. B. Preisindex der Bruttoanlageinvestitionen).

Zur Ermittlung des Preisniveaus im Rahmen eines gesamtwirtschaftlichen Gleichgewichts dienen → makroökonomische Modelle. Beim keynesianischen Ansatz kann diese Aufgabe mit Hilfe der Gleichgewichtsfunktion für den Gütermarkt (→ IS-Funktion), den Geldmarkt (→ LM-Funktion) und den Faktormarkt (Reallohnbestimmungsfunktion kombiniert mit exogen gegebenem Geldlohnsatz; kein Marktclearing vorausgesetzt) gelöst werden (Abb.).

Beim klassischen Modell steht die Preisniveaubestimmung unter der Auflage des als Marktclearing verstandenen Gleichgewichts auf dem Wertpapiermarkt, Faktormarkt und dem quantitätstheoretisch interpretierten Geldmarkt.

Neoklassische und monetaristische Modelle sehen die Preisbestimmung als dynamisches Problem unter dem Einfluß von Erwartungen, Risikoneigungen und → Realvermögenseffekten.   R. W./F. G.

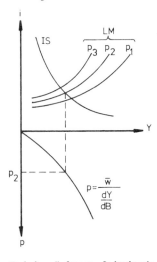

**Preisniveauänderung** → Indextheorie

**Preisniveauvergleiche** → Indextheorie

**Preispolitik**
staatliche Einflußnahme auf die → Preisbildung, wobei i. d. R. nicht auf die absoluten, sondern auf die relativen → Preise abgestellt wird.
a) Mit preispolitischen Maßnahmen zur Aufrechterhaltung der Flexibilität der re-

lativen Preise wird eine generelle Wirkung, nämlich die Sicherstellung der Funktionsfähigkeit des → Preismechanismus bei der → Allokation der knappen Mittel, angestrebt. Zur Erreichung dieses Ziels kann der Staat z. B. durch seine → Wettbewerbspolitik Einfluß auf die Gestaltung der → Marktformen nehmen.
b) Eine Beeinflussung bestimmter relativer Preise kann aus strukturpolitischen Gründen erforderlich sein. So können im Zuge eines längerfristig erwünschten Strukturwandels kurzfristige Beschäftigungseinbrüche als Folge der Schrumpfung strukturschwacher Branchen durch eine befristete staatliche Preisstützung abgemildert werden. Andererseits kann der Staat aus sozialpolitischen Erwägungen daran interessiert sein, die Struktur bestimmter gefährdeter Branchen zu stabilisieren, etwa durch die Festsetzung von → Mindestpreisen (z. B. → Agrarpolitik).
c) Die gezielte staatliche Beeinflussung von Einzelpreisen kann auf unterschiedlichen Motiven beruhen. So wird eine Steuer auf bestimmte Produkte (z. B. Alkohol) deren Preise im allg. erhöhen und damit die Nachfrage reduzieren, was gesundheitspolitisch erwünscht sein kann. Andererseits können aus sozialen Erwägungen gewisse Preise (Mieten, Grundnahrungsmittel) niedrig gehalten werden, was z. B. durch die Einführung von → Höchstpreisen geschieht.   R. W.

**Preisstop** → Einkommenspolitik

**Preistheorie**
erklärt die → Preisbildung für Konsumgüter und Produktionsfaktoren unter Berücksichtigung unterschiedlicher → Marktformen. Dabei wird unterstellt, daß die Konsumenten Nutzenmaximierung (→ Nutzen) und die Produzenten → Gewinnmaximierung anstreben.
Nach dem methodischen Ansatz (bzw. den Modelltypen) lassen sich zwei Hauptrichtungen der modernen Preistheorie unterscheiden. Die v. a. auf Alfred MARSHALL (1842–1924) zurückgehende Methode des partiellen Gleichgewichts untersucht die Preisbildung auf einem einzelnen

Markt. Einflüsse auf die Preisbildung durch Veränderungen außerhalb des betrachteten Marktes und Rückwirkungen auf andere Märkte werden durch die ceteris-paribus-Bedingung (→ Analyse) ausgeschlossen. Der von Léon WALRAS (1834–1910) entwickelten totalen Gleichgewichtsanalyse liegt ein Modell der gesamten Volkswirtschaft zugrunde. Sie ermöglicht die simultane Bestimmung aller Preise (des Preissystems) einer Volkswirtschaft aus Gleichungssystemen unter Berücksichtigung der Interdependenzen der wirtschaftlichen Größen (also ohne die ceteris-paribus-Annahme).

Die wissenschaftshistorische Entwicklung der Preistheorie zeigt zwei Richtungen: die auf die objektive Wertlehre (→ Arbeitswertlehre) und auf die → subjektive Wertlehre fundierte Preistheorie. Die moderne (neoklassische) Preistheorie leitet den Preis aus dem Zusammenwirken von objektiven und subjektiven Faktoren ab.

H. M. W.

**Preiswettbewerb**
risikoreichste Art des → Wettbewerbs mit Schwerpunkt beim Aktionsparameter → Preis. Auf oligopolistischen Märkten (→ Angebotsoligopol) kann sich der Preiswettbewerb über den Verdrängungswettbewerb bis zu ruinöser Konkurrenz (»Halsabschneider-Konkurrenz«) entwickeln, wenn Konkurrenten durch Preisfestsetzung unter den Gestehungskosten ausgeschaltet werden.

**Primäraufwand**
(primary input) von den in einer → Input-Output-Tabelle aufgeführten Industriesektoren (endogene Sektoren) empfangene Leistungen anderer Sektoren (exogene Sektoren):
a) Lieferungen von → Faktorleistungen durch private Haushalte (Arbeit, Kapitaldienste: repräsentiert durch Löhne und Gehälter, Zinsen, Pachten, Dividenden usw.);
b) Leistungen öffentlicher Haushalte (repräsentiert durch indirekte Steuern abzüglich → Subventionen);
c) Lagerabgänge und Lieferungen von

anderen Leistungen des »Bestandssektors«, konkretisiert durch produktionsbedingte Abnutzung langlebiger Produktionsmittel (repräsentiert durch → Abschreibungen);
d) Lieferungen der übrigen Welt (repräsentiert durch Importe);
e) Lieferungen sonstiger exogener Sektoren. In der Primäraufwandsmatrix werden mit Rücksicht auf das in der Input-Output-Tabelle verwirklichte → Kreislaufaxiom auch Gewinne aufgeführt, obwohl sie als Repräsentanten von »Lieferungen« (etwa Unternehmerleistungen) problematisch sind.

Die als Primäraufwendungen definierten → Inputs variieren in den verschiedenen Input-Output-Tabellen. Abschreibungen und Importe (soweit sie mit Lieferungen inländischer Industrien konkurrieren) können z. B. auch in der Vorleistungsmatrix erscheinen. F. G.

**primäre Aktiva** → Geldschöpfung

**primärer Sektor** → Wirtschaftssektoren

**Primärverteilung**
→ Einkommensverteilung

**Privatdiskonten**
Bankakzepte von Schuldnern höchster Bonität (zum Privatdiskontenmarkt zugelassene Akzeptbanken). Sie dienen der Finanzierung von Außenhandelsgeschäften und haben eine Maximallaufzeit von 90 Tagen. Die zugelassenen → Banken rediskontieren diese Papiere bei der Privatdiskont-AG, die sich auf diesem Markt als Makler betätigt. Die Privatdiskont-AG refinanziert sich bei der → Deutschen Bundesbank, die Privatdiskonten mit einer Restlaufzeit von weniger als 30 Tagen auch unmittelbar von den Banken ohne Anrechnung auf die → Rediskontkontingente entgegennimmt. Sie gehören zu den → Geldmarktpapieren, mit denen die Bundesbank im Rahmen der → Offenmarktpolitik handelt. V. B.

**private Organisationen ohne Erwerbscharakter** → Wirtschaftssektoren.

**Privatversicherung**
→ Individualversicherung

**producer's surplus**
→ Produzentenrente

**Produktion**
Umwandlung von Sachgütern und Dienstleistungen (Produktionsfaktoren oder → Inputs) in andere Güter (→ Output). Die aus dem Produktionsprozeß hervorgehenden Sachgüter und Dienstleistungen können unmittelbar (als Güter erster Ordnung) oder mittelbar (als Güter höherer Ordnung) dem Verbrauch dienen (→ Gut).
Arten der Produktion:
a) Einfache Produktion: Herstellung eines Gutes in einem Betrieb in einem technisch unabhängigen Produktionsverfahren ohne Verbindung mit anderen Produktionen (Einproduktfirma).
b) Verbundene Produktion: Erzeugung von mehreren Gütern in einem Betrieb (Mehrproduktfirma).
· Alternative (konkurrierende) Produktion: Ausbringung mehrerer Güter in technisch unabhängigen Produktionsverfahren, wobei die gleichen Produktionsfaktoren eingesetzt werden. Bei voller Ausschöpfung der Faktoren ist die Ausweitung der Produktion eines Gutes nur durch Einschränkung der Erzeugung der anderen Güter möglich.
· Kumulative Produktion (Koppelproduktion): technisch verbundene Produktionsverfahren für zwei oder mehrere Güter, so daß bei Erzeugung eines Gutes ein oder mehrere andere Güter mitanfallen, für die z. T. keine Verwendung besteht oder die sogar unerwünscht sein können. Hierbei ist zu unterscheiden zwischen fester Koppelung, wobei die Produkte in einem technisch begründeten unveränderlichen Mengenverhältnis stehen, und loser Koppelung mit der Möglichkeit der Beeinflussung des Mengenverhältnisses der Produkte.
· Parallele Produktion: Erzeugung mehrer Güter in technisch unabhängigen Produktionsverfahren ohne Konkurrenz der Produkte um die Faktoren, weil diese nur zur Herstellung eines bestimmten Gutes verwendet werden können oder reichlich vorhanden sind. Das Mehrproduktunternehmen setzt sich aus mehreren Einproduktunternehmen zusammen.
Im Mittelpunkt der → Produktionstheorie steht die einfache Produktion. Die Instrumente der Theorie der einfachen Produktion werden nicht nur in der mikroökonomischen, sondern auch in der makroökonomischen → Analyse angewendet, da hierbei i. d. R. ein homogenes Gut (→ Homogenität) unterstellt wird.    H. M. W.

**Produktionselastizität**
Verhältnis zwischen realtiver Änderung des → Outputs Y und der sie auslösenden relativen Änderung der Einsatzmenge *eines* → Inputs X bei Konstanz der übrigen Inputs:

$$\varepsilon_{Y,X} = \frac{\partial Y}{Y} : \frac{\partial X}{X}.$$

Die Summe der partiellen Produktionselastizitäten ist gleich der → Skalenelastizität. Im Spezialfall einer → COBB-DOUGLAS-Produktionsfunktion entsprechen die partiellen Produktionselastizitäten den Exponenten der beiden Inputs, die unter der Annahme der → Grenzproduktivitätstheorie der Verteilung gleich den Verteilungsquoten der Produktionsfaktoren sind.
R. D.

**Produktionsfaktoren** → Input

**Produktionsfunktion**
funktionaler Zusammenhang zwischen → Inputs $(X_i)$ und → Output $(Y)$:

$$Y = Y(X_1, ..., X_i, ..., X_n);$$

Die Produktionsfunktion untersucht allein die *technisch* effizienten Faktorkombinationen.
Eine Unterteilung von Produktionsfunktionen nach dem Kriterium der Substituierbarkeit der Inputs ergibt zwei Gruppen:
a) Produktionsfunktionen, bei denen die Inputs stetig teilbar und gegeneinander substituierbar sind.
· Funktionen, die sowohl Bereiche mit

zunehmenden als auch Bereiche mit abnehmenden Ertragszuwächsen aufweisen. Beispiel: → Ertragsgesetz;
· Funktionen, für die ständig abnehmende (aber positive) Ertragszuwächse gelten. Beispiele für solche → neoklassischen Funktionen sind: → COBB-DOUGLAS-Funktion, → CES-Funktion, → VES-Funktionen.
b) Produktionsfunktionen, bei denen die Faktoren nicht gegeneinander substituierbar oder nicht stetig teilbar sind.
· Funktionen mit → Limitationalität der Inputbeziehungen. Beispiel: → LEONTIEF-Produktionsfunktion;
· Funktionen, die nicht stetig teilbar und/oder nur teilweise substituierbar sind.
Die Mehrzahl der in ökonomischen Modellen verwendeten Funktionen sind → neoklassische Produktionsfunktionen.

R. D.

## Produktionskoeffizient
→ Inputkoeffizient

## Produktionskostentheorie des Wertes
→ Arbeitswertlehre

## Produktionsoptimum
(technologische → Effizienz) Bei gegebener Faktorausstattung und gegebener → Technologie gilt die → Allokation der Ressourcen als technologisch effizient, wenn von keinem Gut mehr produziert werden könnte, ohne daß die Produktion von (zumindest) einem anderen Gut sinken müßte; Einsparungen von Produktionsfaktoren ohne Produktionsrückgang sind im Produktionsoptimum ex definitione ebenfalls ausgeschlossen. Theoretisch gibt es eine unendliche Anzahl von Produktionsoptima für eine Volkswirtschaft, die sich durch die Güterzusammensetzung unterscheiden. Diese verschiedenen Produktionsoptima erfüllen die Bedingungen eines Punktes auf der → Transformationskurve. Dementsprechend ist für die Erreichung eines Produktionsoptimums erforderlich, daß die Grenzrate der Faktorsubstitution bei der Produktion aller Güter gleich ist, bei der die betreffenden Faktoren eingesetzt werden. Da die Produktionsmöglichkeiten bzw. die Lage und Gestalt der Transformationskurve von der Verteilung des Produktionsergebnisses abhängig erscheinen, dürften Produktionsoptima allerdings nicht nur von technologischen Bedingungen (Faktorausstattung, Technik und Organisation der Inputs) abhängen.

Eine Rangordnung von Produktionszuständen nach der Kriterium der technologischen Effizienz ist nur beschränkt möglich, weil Vergleichssituationen mit Produktionssteigerungen bzw. Faktoreinsparungen allein nur eine Untermenge der möglichen Input-Output-Konstellationen darstellen. Wenn man überdies annimmt, daß Arbeitsplatzveränderungen und Umschichtungen von Produktionsfaktoren nicht indifferent betrachtet werden (ihre Homogenitätsmerkmale verändern oder u. U. wie Outputeinbußen bewertet werden), so lassen sich noch weniger Vergleichssituationen nach technologischer Effizienz einstufen.

Auch wenn man von den subtileren Schwierigkeiten des Konzepts absieht, ist es v. a. als Formulierung notwendiger Bedingungen für ein (→ PARETO-)Optimum zu verstehen und sehr viel weniger als Leitfaden für »zweifelsfreie« gesellschaftliche Steigerungen der technischen Effizienz. K. Sch.

## Produktionspotential
nach Maßgabe der technischen und organisatorischen Gegebenheiten bei voller Auslastung des Arbeitsvolumens und des sachlichen → Produktivvermögens erreichbarer (potentieller) → Output oder Nettoproduktionswert (Bruttoinlandsprodukt) zu konstanten Preisen.
Das Produktionspotential wird häufig mit Hilfe einer (log-linearen) Regressionsrechnung bestimmt: Die Trendfunktion $T(t)$ zur tatsächlichen Produktionsentwicklung $Y(t)$ wird im Ausmaß der maximalen positiven Abweichung $D_{max}$ des tatsächlichen Produktionsvolumens vom entsprechenden Trendwert nach oben verschoben (Abb.).
Eine derartige Potentialfunktion $P(t)$ läßt

aber nur die (mutmaßliche) Entwicklung, nicht die Kausalfaktoren erkennen. Es ist darüber hinaus zu vermuten, daß der Potentialwert mehr als (wirtschaftliches, nicht aber technisches) Produktions*maximum* denn als Produktions*optimum* zu interpretieren ist.

Diese Nachteile werden im wesentlichen durch eine Potentialschätzung an Hand von → Produktionsfunktionen vermieden.

Soweit limitationale Ansätze zugrunde liegen (z. B. getrennte Berechnung des Arbeitsplatzpotentials, des potentiellen → Kapitalkoeffizienten und der → Arbeitsproduktivität), bezieht man sich auf partielle Relationen mit der Begründung, daß auf diese Weise dem Engpaßfaktor Rechnung getragen wird.

Die Deutsche Bundesbank verwendet seit Oktober 1973 eine substitutionale Potentialfunktion:

$$Y = 0,183 \cdot K^{0,378} \cdot A^{0,689} \cdot e^{0,014\,t}$$
$$(r^2 = 0,998)$$
$$(DW = 1,93)$$

| | |
|---|---|
| Y | Bruttoinlandsprodukt (Mrd. DM in Preisen von 1962) |
| K | Genutzter Sachkapitalbestand (Mrd. DM in Preisen von 1962) |
| A | Arbeitsvolumen (Mrd. Stunden) |
| $e^t$ | Restkomponente (→ technischer Fortschritt) |

Der Schätzung wurde eine COBB-DOUGLAS-Produktionsfunktion ohne Vorgabe der → Produktionselastizitäten zugrunde gelegt. Die Abkehr vom Maximalkonzept zeigt sich darin, daß auf das in der Vergangenheit registrierte mittlere Produktionsniveau abgestellt wird. Angesichts der äußeren Umstände der Jahre 1960 bis 1972, deren Halbjahreswerte als Ausgangsdaten verwendet wurden, ist jedoch zu vermuten, daß die Potentialfunktion ein Produktionsniveau wiedergibt, das nur unter Verfehlung einiger gesamtwirtschaftlicher → Ziele erreicht werden konnte und deshalb »überhöht« ist.

Potentialschätzungen gelten als ein wichtiges Hilfsmittel der → Wirtschaftspolitik. Die Ergebnisse sind allerdings i. d. R. um-

stritten. Abgesehen von konzeptionellen Schwierigkeiten (Maximal-, Optimalkonzept) haben die Schätzungen mit beträchtlichen statistischen Problemen zu ringen. Sie betreffen u. a. die Auswahl und Messung einer geeigneten Größe für das sachliche Produktivvermögen sowie die Ermittlung der Auslastung in der Vergangenheit, um das *genutzte* Sachkapital berechnen zu können. Ebenso schwierig ist die Bestimmung der alters- und geschlechtsspezifischen → Erwerbsquoten und die Quantifizierung der Arbeitszeitentwicklung. Schließlich liegt in der Extrapolation der (konjunktur- und saisonbereinigten) Werte aus vorangegangenen Stützperioden ein allgemeines Prognoseproblem. Das gelegentlich angegebene Genauigkeitsintervall von $\pm$ 0,5 % dürfte deshalb zu gering bemessen sein.  F. G.

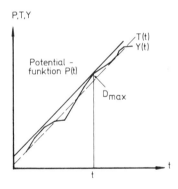

**Produktionsschwelle** → Grenzkosten

**Produktionstheorie**
untersucht mit Hilfe von → Produktionsfunktionen die technisch effizienten Kombinationen von → Inputs und → Outputs.
a) In der mikroökonomischen Produktionstheorie wird untersucht, wie mit den einem einzelnen Unternehmen zur Verfügung stehenden Produktionsmitteln (Arbeitskräfte, Maschinen, Rohstoffe, Energie, Zwischenprodukte usw.) Sachgüter oder Dienste erzeugt werden können.

Häufig gehen Outputs einer Produktionsfunktion als Input in eine andere Produktionsfunktion ein. Als Inputs werden nur im ökonomischen Sinne knappe Güter angesehen, also nicht freie Güter (→ Gut).

b) In der makroökonomischen Produktionstheorie wird untersucht, wie das → Sozialprodukt durch die Aggregate → Arbeit, → Kapital und ggf. → Boden erstellt wird. Vorherrschend in makroökonomischen Analysen sind → neoklassische Produktionsfunktionen.    R.D.


**Produktionsverflechtung**
→ Input-Output-Tabelle


**Produktionswert**
(auch: Bruttoproduktionswert) → Stromgröße der → Volkswirtschaftlichen Gesamtrechnung und der → Input-Output-Tabelle. Definiert als Wert der von einer Wirtschaftseinheit, einem Sektor, einer Region oder der gesamten Volkswirtschaft während eines Zeitraumes erzeugten Sachgüter und Dienstleistungen; identisch mit der Wertsumme aus Verkäufen (Umsatz einschl. → Eigenverbrauch), Bestandsänderung an eigenen Erzeugnissen und Zugang von selbsterstellten Anlagen. Verkäufe werden zu Marktpreisen bewertet, der Eigenverbrauch, die Bestandsveränderungen und die selbsterstellten Anlagen zu Herstellungskosten.

Setzt man vom Bruttoproduktionswert die → Vorleistungen ab, so erhält man den Nettoproduktionswert (= Beitrag zum Bruttoinlandsprodukt zu Marktpreisen).
                                                        J.Be.


**Produktivität**
Verhältnis zwischen → Output und einem oder mehreren → Inputs, die an der Erstellung des Outputs beteiligt sind. Produktivitätszahlen finden vielfältige Verwendung, v.a. bei intertemporalen oder interregionalen Vergleichen. Entsprechend der hohen Aggregationsstufe makroökonomischer → Produktionsfunktionen mit den Inputs Arbeit und Kapital unterscheidet man v.a. zwischen der → Arbeitsproduktivität und der → Kapitalproduktivität. Der Kehrwert wird → Arbeitskoeffizient bzw. → Kapitalkoeffizient genannt.

Zwei Arten von Produktivitätsbegriffen müssen unterschieden werden: Die Durchschnittsproduktivität eines Faktors drückt aus, welche Outputmenge pro eingesetzter (oder vorhandener) Faktormenge erstellt worden ist oder erstellt werden kann. Die Grenzproduktivität eines Faktors ist diejenige Outputmenge, die man durch Einsatz einer zusätzlichen Einheit dieses Faktors erzeugen kann.

Bei der Messung der Entwicklung von Produktivitätszahlen (z.B. der Arbeitsproduktivität) über die Zeit bleibt der Einsatz der nicht gemessenen Faktoren nicht notwendigerweise konstant. Ein gestiegener Output kann auch auf den vermehrten Einsatz anderer Faktoren zurückzuführen sein (was Vergleiche in ihrer Aussagekraft beschränkt). Eine wichtige Bestimmungsgröße für den rechnerischen Wert der Arbeits- oder Kapitalproduktivität ist somit die relative Knappheit der jeweiligen Faktoren. In Industrieländern ist v.a. der Faktor Arbeit knapp, seine Produktivität dementsprechend hoch.

Die häufig vorgenommenen intertemporalen und interregionalen Vergleiche sind durch vielfältige Bewertungsschwierigkeiten (insbes. beim Faktor Kapital) nur beschränkt aussagefähig.    R.D.


**Produktivvermögen**
Wert derjenigen Teile des → Volksvermögens, die Leistungen im Rahmen der → Produktion erbringen. Die Abgrenzung des Produktivvermögens hängt also unmittelbar vom Produktionbegriff ab. Da die Produktion ihrerseits als Vorgang verstanden wird, der Güter näher an den Verbrauch heranführt, ist der Begriff des Produktivvermögens letztlich von der Definition des Verbrauchs abhängig. Negativ ausgedrückt: Gegenstände, die als in den Verbrauch eingegangen gelten, zählen nicht zum Produktivvermögen. Das trifft nach der Konvention der → Volkswirtschaftlichen Gesamtrechnung für alle Gegenstände des → Gebrauchsvermögens zu (Sachgüter im Bestand der Haushalte und

militärische Sachgüter im Bestand des Staates).
Gliederung:
a) Menschliches Produktivvermögen (→ Arbeitsvermögen);
b) Sachliches Produktivvermögen:
· investiertes Produktivvermögen:
→ Anlagevermögen (Bauten und Ausrüstungen),
→ Vorratsvermögen (einschl. Vieh und Ernte auf Halm),
· Grund und → Boden (einschl. Bodenschätze und sonstige natürliche → Ressourcen). F.G.

**Produzentenrente**
(producer's surplus) von Alfred MARSHALL stammender Begriff für alle »Überschüsse«, die »Produzenten« erzielen; als Überschüsse gelten diejenigen Einkommensbestandteile von »Produzenten«, die den Minimalbetrag übersteigen, für den die entsprechende »Produzenten-Leistung« gerade noch freiwillig erbracht würde. Dementsprechend können »Produzenten«-Renten auch bei Arbeitern (worker's surplus) und Sparern bzw. Kreditgebern (saver's surplus) auftreten. Nach MARSHALL läßt sich die Produzentenrente messen durch die Fläche zwischen der Angebotskurve (Grenzkostenkurve) eines Produzenten und der Preisgeraden für dessen Produkt. Die Produzentenrente je Outputeinheit läßt sich auch als Differenz zwischen Preis und Durchschnittskosten definieren; daraus folgt auch, daß langfristige Angebotskurven = langfristige Grenzkostenkurven (die gleichzeitig die langfristigen Durchschnittskosten beschreiben) für die Bestimmung der Produzentenrente nach dem MARSHALL'schen Flächenmaß nicht in Frage kommen, da sie Zustände beschreiben, in denen keine Produzenten-Rente existiert (Edward J. MISHAN).
Die → Wohlfahrtsökonomik (Harold HOTELLING, John R. HICKS) begreift die Produzentenrente als Wohlfahrtsmaß, das – ergänzt um die → Konsumentenrente zu einem Maß des sozialen Überschusses (social surplus) – Aussagen darüber erlauben soll, ob die Einführung eines neuen Pro-

dukts (z. B. Durchführung eines öffentlichen Projekts) bzw. die Aufgabe eines bestimmten Produktionsbereiches ökonomisch sinnvoll ist.
Für diese Frage erscheinen allerdings Produzentenrenten umso unbedeutender, je vollständiger die Bedingungen eines langfristigen Gleichgewichts bei → vollständiger Konkurrenz erfüllt sind. Produzentenrenten sind somit nur als kurzfristiges Phänomen relevant bzw. als Konsequenz von Bedingungen, die von denen des langfristigen Konkurrenzgleichgewichts abweichen, d.h. als Folge von kurzfristig nicht vermehrbaren Produktionsfaktoren. In diesen Fällen hat man bei Geltung des → Ertragsgesetzes mit steigenden Grenzkosten zu rechnen, die nicht mit den Durchschnittskosten identisch sind. Der Preis übersteigt die Durchschnittskosten und bringt dem Produzenten (kraft Verfügungsmacht über vergleichsweise invariable Inputs) eine Rente. Der für die Beurteilung von wirtschaftlichen Alternativen relevante Produzentenrenten-Nettoeffekt kann als Differentialrente (→ Rententheorie) – d. h. als Ertragsdifferenz für Produktionsfaktoren in verschiedenen Verwendungsarten – aufgefaßt werden. Produzenten, deren Leistungen zumindest längerfristig vermehrbar sind (längerfristig variable Produktionsfaktoren), erzielen somit lediglich → Quasi-Renten im MARSHALL'schen Sinne, d. h. Knappheitsrenten, die im Zuge der längerfristigen Angebotsausweitung (Vermehrung der kurzfristig invariablen Produktionsfaktoren) wegkonkurriert werden. Diese Tendenz mag – zusammen mit der Dominanz des Konkurrenzmodells in wohlfahrtsökonomischen Überlegungen (bzw. der → Kosten-Nutzen-Analyse) – erklären, warum das Konzept der Produzentenrente bei weitem nicht die Beachtung gefunden hat, wie die → Konsumentenrente, die selbst im Konkurrenzgleichgewicht nicht »verschwindet«. K.Sch.

**Profit** → Gewinn

**profit-push-inflation**
→ markup-inflation

**Profitrate**

oft Synonym für → Kapitalzins. Verschiedentlich aber auch als ex-ante-Begriff verwendet, der das erwartete Verhältnis von → Gewinn oder Profit zu eingesetztem Realkapital oder → Kapitalwert meint; bei dieser letzteren Definition ist ein Übersteigen der Profitrate über den Kapitalzins eine notwendige Voraussetzung für eine → Investition.

**Programmbudget**

in den USA unter der Bezeichnung Planning-Programming-Budgeting-System (PPBS) entwickeltes Planungs-, Koordinierungs- und Kontrollsystem für die öffentlichen Leistungen. Während die Aufstellung des → Budgets von den einzelnen Ministerien und dort von den untergeordneten Behörden ausgeht, deren inputorientierte, d. h. vorwiegend auf die benötigten Finanzierungsmittel (z. B. Geldsumme für Straßenbau) ausgerichteten Pläne von den jeweils übergeordneten koordiniert, zusammengefaßt und weitergeleitet werden, bis der Gesamtentwurf festliegt, geht das outputorientierte, d. h. die realen Leistungen (z. B. Straßenkilometer) planende Programmbudget zunächst unabhängig von der Zuständigkeit der einzelnen Ministerien von den Zielen der → Staatstätigkeit aus. Wegen der Begrenztheit der zur Verfügung stehenden Mittel (→ Staatseinnahmen) ist hier eine vorwiegend nur politisch motivierbare, qualitative und quantitative Auswahl zu treffen (Planning). Gibt es mehrere zur Erreichung der gewählten Ziele geeignete Verfahren, so werden, möglichst mit Hilfe der → Kosten-Nutzen-Analyse, die effizientesten Programme bestimmt und die notwendigen Unterprogramme ausgearbeitet (Programming). Sodann werden die zur Erstellung der geplanten Einzelleistungen notwendigen Ausgaben berechnet und das Budget aufgestellt (Budgeting). Nach dem Vollzug des Budgets wird eine outputorientierte Kontrolle durch Vergleich der Zielvorgabe mit der Zielrealisation vorgenommen.

Die Erwartung, daß mit der ökonomisch ausgerichteten Planung im Programmbudget die Nachteile des traditionellen Verfahrens der Budgetaufstellung vermieden werden könnten, haben sich nur in begrenztem Umfang erfüllt, da die Auswahl der Ziele nach wie vor einem politischen → Werturteil unterliegt, nur der Teil der Staatstätigkeit, der zu quantifizierbaren Leistungen führt, erfaßt werden kann und bei der Verfahrensauswahl sämtliche Probleme der Kosten-Nutzen-Analyse auftreten. Das Programmbudget ist daher weniger für die Aufstellung des Gesamtbudgets, sondern eher als Managementtechnik für einzelne Bereiche geeignet.   E. S.

**Prohibitivzoll**

Zoll, der den Import eines Gutes auf Null reduziert und damit den Vorteil aus Handel und → Spezialisierung völlig zunichte macht (→ Schutzzoll). Zolleinnahmen fallen nicht an.

**Projektion**

kann mit dem Begriff Prognose unter den Oberbegriff Vorhersage zusammengefaßt werden und wird dann der Diagnose gegenübergestellt (→ Diagnose und Prognose). Vielfach werden die Begriffe Prognose und Projektion synonym verwendet, es liegen jedoch auch unterschiedliche Deutungen vor:
a) Prognose bezieht sich meist auf die kurze, Projektion auf die lange Frist;
b) Prognose ist Vorhersage unter der Voraussetzung einer unveränderten Haltung der → Träger der Wirtschaftspolitik, Projektion Vorhersage bei veränderter Haltung;
c) Herbert GIERSCH unterscheidet die Begriffe nach der Eintrittswahrscheinlichkeit des vorhergesagten Ereignisses. Während die Prognose mit hoher (subjektiver) Wahrscheinlichkeit ausgestattet sein muß und folglich nur sehr vage sein kann (schwache Vorhersage), ist die Projektion eine starke (inhaltsvolle) Vorhersage mit begrenzter Wahrscheinlichkeit.
d) Eine weitere Unterscheidung geht auf die Wissenschaftstheorie zurück: Unter Prognosen werden hier Voraussagen verstanden, die aus hinreichend bestätigten Theorien deduktiv abgeleitet werden (de-

duktiv-nomologische Prognosen), während Voraussagen ohne gesetzmäßiges Fundament als Prophetien, Projektionen, Extrapolationen oder Erwartungen bezeichnet werden.  R.E.

## Prosperität

Aufschwungsphase des → Konjunkturzyklus, gekennzeichnet durch Anstieg der → Beschäftigung und Kapazitätsauslastung sowie Erhöhung der Wachstumsrate des → Sozialprodukts.

## Protektionismus

staatliche Politik mit dem Ziel, heimische Wirtschaftsbereiche vor ausländischer Konkurrenz zu schützen. Zumeist wird eine protektionistische Politik mit dem Schutz neu aufzubauender Industriezweige (→ Erziehungszoll), mit der Erhaltung nicht oder nicht mehr konkurrenzfähiger Wirtschaftszweige aus allgemeinen wirtschaftspolitischen Überlegungen (Landwirtschaft) und mit strategischen Überlegungen (Schutz wichtiger Rüstungsindustrien und Rohstoffe) begründet. Die wichtigsten Instrumente sind:
a) Subventionierung der heimischen Unternehmen;
b) Belastung der Importe mit Abgaben (→ Zoll, → Schutzzoll, → Erziehungszoll);
c) quantitative Beschränkungen (→ Kontingente, → Embargo);
d) Übernahme des → Außenhandels in staatliche Regie (→ Außenhandelsmonopol).
Die Maßnahmen a) und b) werden den Maßnahmen c) und d) i.d.R. vorgezogen, da sie den → Preismechanismus nicht außer Kraft setzen.
Die empirische Messung der Protektion wirft Probleme auf. Neben der Schwierigkeit, spezifische Zölle mit anderen Protektionsmaßnahmen (Kontingente) vergleichbar zu machen, läßt sich die tatsächliche Protektion nicht allein aufgrund der Belastung des Endprodukts ermitteln (→ Effektivzoll-Theorie).
Der Abbau des Protektionismus ist erklärtes Ziel einer Reihe internationaler Vereinbarungen, v. a. des → Allgemeinen Zoll- und Handelsabkommens.  M.H.

## public goods
→ öffentliche Güter

## putty-clay-Modell → Wachstumsmodelle

## putty-putty-Modell → Wachstumsmodelle

## Q-Gewinn → Gewinn

## Qualitätskonkurrenz
→ Wettbewerb zwischen Anbietern durch Qualitätsunterschiede und -veränderungen ihrer Produkte. Beide können vertikaler Art (bessere gegenüber schlechterer Qualität mit Kosten- und Preisunterschieden), horizontaler Art (vornehmlich Unterschiede nach subjektiver Auffassung, geringe oder keine Kostenunterschiede) oder innovatorischer Art sein (Neuerungen ohne oder mit Kosten- und Preisunterschieden).
Qualitätskonkurrenz kann als Wettbewerb zwischen verschiedenen Qualitätsebenen (mit Preisunterschieden) oder innerhalb einer Qualitätsebene erfolgen. Sie kann mit → Preiswettbewerb und/oder dem Einsatz anderer Wettbewerbsparameter (z. B. Lieferungs- und Zahlungsbedingungen) kombiniert werden. Reiner Qualitätswettbewerb liegt vor, wenn die Preise nicht geändert werden und der Wettbewerb allein über die Qualitätsvariable geführt wird.
Bei Markenartikeln mit vertikaler Preisbindung äußert sich der Wettbewerb als Qualitätskonkurrenz; sie ist typisch für oligopolistische Märkte. Die Vorteile der Qualitätskonkurrenz liegen in der besseren Befriedigung der → Bedürfnisse. Sie bringt keine monopolistischen Elemente in den Markt und erhöht sogar die Wettbewerbsintensität, wenn die Gütereigenschaften von anderen Unternehmen nachgeahmt werden können.  H.M.W.

## Qualitätsrente
Differentialrente, die aus dem Vorzug größerer Ergiebigkeit eines bestimmten Produktionsfaktors gegenüber gleichartigen Faktoren entspringt.

**Quantitätsgleichung** → Verkehrsgleichung

**Quantitätstheorie**
bis auf David HUME (1732) zurückgehende geldtheoretische Konzeption der Klassik und insbes. der Neoklassik. Ausgangspunkt ist die von Irving FISHER entwickelte Quantitätsgleichung (→ Verkehrsgleichung), die eine (immer erfüllte) Tautologie darstellt und angibt, daß die nominellen Umsätze (Produkt aus realem Handelsvolumen und durchschnittlichem Preisniveau) gleich dem Produkt aus → Geldmenge und → Umlaufsgeschwindigkeit ist.
Die Quantitätstheorie behauptet, daß eine Veränderung der Geldmenge eine gleichgerichtete Änderung des Preisniveaus zur Folge habe; in ihrer strikten Version unterstellt sie sogar einen proportionalen Zusammenhang, wobei sie die Konstanz des Handelsvolumens (resp. des realen → Sozialprodukts) und (langfristig) auch der Umlaufsgeschwindigkeit voraussetzt. In einer wachsenden Wirtschaft lautet die entsprechende Version: Wächst die Geldmenge mit einer höheren Rate als das reale Sozialprodukt, so steigt das Preisniveau mit der Differenz beider Raten – und sogar darüber hinaus, falls durch Rationalisierung des Wirtschaftslebens die → Kassenhaltung zurückgeht, die Umlaufsgeschwindigkeit also steigt.
Die Schwäche der Quantitätstheorie liegt in der klassischen Dichotomie, der Trennung von monetärem und güterwirtschaftlichem Bereich, die keine klare Bestimmung der absoluten Güterpreise (und damit auch nicht des Preisniveaus), sondern lediglich der Preisrelationen zwischen verschiedenen Gütern zuläßt. Die neuere Entwicklung der → Geldtheorie (Don PATINKIN, → Monetarismus) versuchte, diese Schwäche zu überwinden, indem sie die Kassenbestände (teils neben anderen Aktiva) zusätzlich zu den Güter- und Faktorpreisen als unmittelbar angebots- und nachfragebestimmend berücksichtigt. Wie die ursprüngliche, so kommt auch diese neue Quantitätstheorie zu dem Ergebnis, daß Änderungen der Geldmenge langfristig lediglich das Niveau, nicht aber die

Struktur der Preise beeinflußt. Sie bietet zugleich eine (unter Wirtschaftspolitikern und Theoretikern) wieder an Beliebtheit zunehmende naive Erklärung der → Inflation. Ihre Konsequenz für die wirtschaftspolitische Therapie lautet: Das → Geldvolumen darf nicht stärker wachsen als dem langfristigen Wachstumstrend des Sozialprodukts entspricht. Dieser einfache → Regelmechanismus vernachlässigt weitgehend die Erkenntnisse der KEYNES'schen Theorie und kehrt zur Vorstellung von der → Neutralität des Geldes zurück.

H.-J. H.

**Quantitative Wirtschaftspolitik**
Prozeßsteuerung auf der Grundlage mathematisch formulierter wirtschaftspolitischer Entscheidungsmodelle. Im Gegensatz zu den in der Wirtschaftstheorie üblichen Erklärungsmodellen (bei denen → Ziele bzw. Ergebnisse unter Berücksichtigung extern gegebener Daten als logische Konsequenz der Ausgangsbedingungen deduziert werden) werden hier die Daten gesucht, welche erfüllt sein müssen, um ein als erwünscht angesehenes Ziel bzw. Ergebnis zu erreichen. Basis ist wie in der allgemeinen → Wirtschaftspolitik die → Diagnose und/oder Prognose und die Auswirkungen der bei den »anderen Daten« zu erwartenden Veränderungen. Kriterien für die zu befolgende Politik ergeben sich aus Abweichungen zwischen der tatsächlichen und der erwünschten Lage.
Das Modell der Quantitative Wirtschaftspolitik besteht nach Jan TINBERGEN aus drei Grundkomponenten:
a) der Wohlfahrts- oder Präferenzfunktion der Entscheidungsträger;
b) dem ökonomischen oder ökonometrischen Modell;
c) den Grenz- bzw. Nebenbedingungen (Ober- und Untergrenzen der Ziel- und Instrumentenwerte).
Als Variable treten auf:
a) Zielvariable, die vorgegeben sind;
b) ökonomische Variable, die nicht Ziel sind (irrelevante Vatiable);
c) Instrumentvariable, d. h. Daten, welche durch die Entscheidungsträger kontrolliert und gesteuert werden können;

d) »andere Daten«, die nicht der wirtschaftspolitischen Beeinflussung unterliegen.

Bekannt sind die gesetzten Ziele, welche die erwünschte Situation beschreiben, ebenso die Anfangswerte der Zielvariablen, der irrelevanten Variablen, der Instrumentvariablen, die Anfangs- und Endwerte der »anderen Daten« sowie die technischen Strukturkoeffizienten. Unbekannt bzw. gesucht sind die Werte der Instrumentvariablen, die sicherstellen sollen, daß die Ziele erreicht werden, sowie die Endwerte der irrelevanten Variablen.

Das Entscheidungsproblem bei fixierten Zielen besteht darin, diejenigen numerischen Werte der Instrumente zu bestimmen, die zur Erreichung der vorgegebenen Zielgrößen erforderlich sind. Sind die Ziele dagegen flexibel, so ist das Problem als reines Maximierungsproblem aufzufassen: Aus den realisierbaren Zielkombinationen ist diejenige zu finden, die die Wohlfahrts- bzw. Präferenzfunktion unter den durch das ökonomische (bzw. ökonometrische) Modell ausgedrückten Nebenbedingungen maximiert.

Aus dem TINBERGEN'schen Ansatz ergibt sich die These, daß ein wirtschaftspolitisches Problem mit Hilfe eines Entscheidungsmodelles dann und nur dann eindeutig lösbar ist, wenn die Zahl der Ziele der Zahl der Instrumente gleich ist. Gibt es mehr Ziele als Instrumente, so bedeutet dies, daß die Ziele nicht konsistent mit den Instrumenten sind. Gibt es mehr Instrumente als Ziele, so bleiben Freiheitsgrade, d. h. die »überzähligen« Instrumente sind willkürlich festzulegen. R.E.

## Quasi-Aufwertung

(Ersatzaufwertung) steuerpolitische oder ähnliche Maßnahmen mit Wirkungen wie eine → Aufwertung.

Ein Beispiel ist die im November 1968 unmittelbar vor der Bonner Währungskonferenz beschlossene Maßnahme zur → außenwirtschaftlichen Absicherung, nämlich eine 4%ige Sondersteuer auf Exporte und eine ebenso hohe Steuererleichterung auf Importe im nichtlandwirtschaftlichen Bereich.

Diese politisch motivierte Ersatzaufwertung erwies sich als ein Fehlschlag, so daß nach mehreren Spekulationswellen und Wechselkursfreigabe (interim floating) schließlich doch mit Wirkung vom 27. 10. 1969 eine 9,3%ige Aufwertung vorgenommen werden mußte.

## Quasi-Geld

nach der Definition der Deutschen Bundesbank → Termineinlagen mit einer Laufzeit bis unter 4 Jahre, die zusammen mit dem → Geldvolumen i. e. S. ($M_1$) das (erweiterte) Geldvolumen ausmachen ($M_2$).

## Quasi-Kartell

→ abgestimmte Verhaltensweisen

## Quasi-Monopol

→ Monopolgradtheorie

## Quasi-Rente

Überschuß der Erlöse über die (variablen) Kosten bei Produktionsprozessen, in denen Faktoren Verwendung finden, deren Angebotsmenge nur langsam zu verändern und deren Transferierbarkeit gering ist. Da also Reaktionen auf die Ertragslage von der Angebotsseite her viel Zeit benötigen, sind die Überschüsse von relativ langer Dauer; dies macht sie den → Renten (im Sinne von Transferüberschüssen) vergleichbar. Da andererseits die Reallokation der fraglichen Produktionsfaktoren nicht völlig ausgeschlossen ist, haben die Überschüsse prinzipiell vorübergehenden Charakter; das unterscheidet sie von den Renten. Wegen dieser ambivalenten Eigenschaft wählte Afred MARSHALL die Bezeichnung »Quasi«-Rente (der Begriff stand dann seinerseits Pate bei der Benennung der Q-Gewinne.)

Während von der Angebotsseite her definitionsgemäß keine kurzfristigen Einflüsse auf die Quasi-Rente ausgeübt werden, ist es möglich, daß sich auf Grund von Nachfrageänderungen die Ertragslage rasch ändert. F.G.

## Quellenabzugsverfahren

→ Einkommensteuersystem

**Quellentheorie**
→ Einkommensbesteuerung

**Querverteilung**
→ Einkommensverteilung

**Quotenkartell**
(= Kontingentierungskartell) Variante eines → Kartells, bei dem die Gesamtabsatzmenge in prozentualen Anteilen (Quoten) auf die Mitgliedsunternehmen aufgeteilt wird. Die Quotenfestsetzung geschieht als Angebotsverteilung je nach Produktions-kapazität und Absatzlage oder als Auftragszuweisung der zentral gesammelten und verteilten Bestellungen. Da jedes Kartellmitglied eine möglichst große Quote anstrebt, entwickeln sich oft Quotenkämpfe, um die eigene Quote auf Kosten der Konkurrenten auszuweiten (z.B. durch Kauf und Stillegung eines dem Kartell zugehörigen Unternehmens).
Quotenkartelle sind gemäß → Gesetz gegen Wettbewerbsbeschränkungen (§ 1) verboten. **R.R.**

# R

## Rabattkartell

Variante eines → Kartells mit vereinbarten einheitlichen Preisnachlässen (meist Rabattstaffeln) bei der Lieferung von Waren. Gemäß → Gesetz gegen Wettbewerbsbeschränkungen (§ 3) sind Rabattkartelle anmeldepflichtig; die Rabatte müssen echtes Leistungsentgelt (z. B. Mengenrabatt anstatt z. B. Treuerabatt) sein und dürfen nicht zu → Diskriminierung führen (→ Preiskartell). R. R.

## RADCLIFFE-Report

Bericht des unter Leitung von Lord RADCLIFFE stehenden »Committee on the Working of the Monetary System« (1959), der nicht nur in Großbritannien eine umfangreiche Diskussion auslöste. Grundgedanke des Reports ist die Absage an die → Geldpolitik als Möglichkeit der wirtschaftlichen Stabilisierung und darüber hinaus die Vorstellung, daß letztlich nicht das → Geld, sondern die → Liquidität die entscheidende ökonomische Größe sei. Allenfalls die Liquidität, nicht jedoch die → Geldmenge vermag die → Zentralbank in den Griff zu bekommen. Die auch von John Maynard KEYNES gesehene Verknüpfung von monetären Prozessen und den Einnahme- und Ausgabedispositionen der Wirtschaftssubjekte wird von RADCLIFFE-Report (der sich allerdings primär gegen die neoklassische Überbetonung der Rolle des Geldes im Zuge der → Quantitätstheorie richtet) als nicht besonders bedeutsam angesehen. Die Geldpolitik sollte dafür sorgen, daß langfristig der von ihr kontrollierbare Marktzins den Spar- und Investitionsentscheidungen entspricht. Die sich anschließende Diskussion führte zu einer Renaissance der Geldtheorie und insbes. zur Verbreitung der Gedanken von Milton FRIEDMAN und des → Monetarismus, der entgegen dem RADCLIFFE-Report monetären Impulsen die entscheidende Bedeutung beimißt und die Steuerung des → Geldangebots durch die monetären Instanzen für möglich und als notwendig für die Herstellung gleichgewichtigen → Wachstums ansieht.

H.-J. H.

## RAMSEY-Modell
→ Wachstumsmodelle

## ratchet effect
→ relative Einkommenshypothese

## rate of return over costs

Diskontierungsfaktor, mit dem die Summe aller Nettoerträge, die einer → Investition zugeordnet werden können und in verschiedenen Perioden anfallen, auf den Zeitpunkt der Investition berechnet werden müssen, um mit dieser gerade übereinzustimmen. Der von Irving FISHER stammende Begriff ist identisch mit der → Grenzleistungsfähigkeit des Kapitals und dem im deutschen Sprachgebrauch üblichen Begriff → interner Zinssatz.

## Rat für gegenseitige Wirtschaftshilfe (RGW)

(Council for Mutual Economic Assistance; CMEA oder COMECON) internationale Organisation kooperativen Typs, die insbes. die wirtschaftliche Zusammenarbeit und Integration kommunistischer Staaten fördern will.

Der RGW wurde am 25. 1. 1949 in Moskau als Gegenstück zum → Europäischen Wiederaufbauprogramm (Marshallplan) und zum → Europäischen Wirtschaftsrat (OEEC) gegründet. Seine Tätigkeit wird seit 1959 durch Statuten geregelt, die 1962 revidiert und durch zwischenzeitlich ergangene Beschlüsse und Konventionen ergänzt wurden. Wichtigstes Merkmal hierbei ist, daß der RGW keine Kompetenz zum Erlaß von Rahmenentscheidungen oder Verordnungen besitzt. Die Beschlüsse bedürfen der Zustimmung aller Mitglieder, was einem Vetorecht jedes Mitglieds entspricht.

Gegenwärtig sind die UdSSR, Bulgarien, DDR, Kuba, Mongolei, Polen, Rumänien, die Tschechoslowakei und Ungarn Mitglieder des RGW; Jugoslawien ist assoziiert und einige andere kommunistische Regierungen entsenden Beobachter. Albanien nimmt an der Arbeit des RGW seit 1962 nicht mehr teil.

Ziele des RGW sind eine planmäßige Entwicklung der Volkswirtschaften, Beschleunigung des wirtschaftlichen und technischen Fortschritts, eine Forcierung der Industrialisierung sowie eine Hebung der Arbeitsproduktivität in den Mitgliedsländern. Die Ziele sowie die wirtschaftspolitischen Richtlinien werden auf den Konferenzen der Parteiführer der Mitgliedsstaaten festgelegt. So soll z.B. in den nächsten Jahrzehnten das Produktionspotential der kommunistischen Wirtschaftsgemeinschaft durch eine effektivere Nutzung der Arbeitsteilung zwischen diesen Ländern erhöht werden. Dies setzt einen

größeren Waren- und Lizenzaustausch voraus, der nur sinnvoll sein wird, wenn die Volkswirtschaftspläne koordiniert werden.

Aus den Zielprojektionen der Parteispitzen erarbeiten die Ratstagungen des RGW Direktiven, die vom Exekutivkomitee und den Ständigen Kommissionen (vgl. Schaubild) zu realisierbaren Projekten verarbeitet werden.

Empfehlungen für eine vertiefte Kooperation und eine engere Integration wurden im »20-Jahres-Komplexprogramm« ausgearbeitet, das 1971 auf der Ratstagung in Bukarest angenommen wurde. Besonderes Gewicht besitzen in dem Programm Vorschläge, welche die gemeinsame Finanzierung großer Erschließungs- und Industrieprojekte, die genauere Beachtung der Verbindlichkeit von zwischenstaatlichen Verträgen und die Bemühungen um eine Erweiterung des Anwendungsbereichs des transferierbaren Rubels über den RGW hinaus betreffen.

Die Empfehlungen sind jedoch grundsätzlich unverbindlich. Der RGW wendet nicht wie die → Europäischen Gemeinschaften Recht an, sondern ist ein Forum für Absprachen über Handel und Kooperation, wobei die Organe des RGW durch Infor-

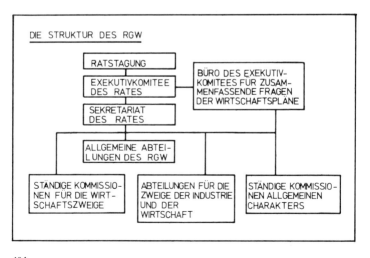

DIE STRUKTUR DES RGW

mation, Verbindungen und Sachverständige interessierten Ländern technische Hilfe bei der Auswahl von Projekten und dem Abschluß von Verträgen leisten können.

Schwierigkeiten des RGW sind bedingt durch den unterschiedlichen Entwicklungsstand der Mitgliedsländer und die dominierende Rolle der UdSSR. N.T.C.

### Rationalisierungskartell

a) Variante eines → Kartells zur Regelung der Rationalisierung (technisch, wirtschaftlich und organisatorisch), um dadurch eine wesentliche Hebung der Leistungsfähigkeit der beteiligten Unternehmen zu erreichen; gemäß § 5, Abs. 2 des → Gesetzes gegen Wettbewerbsbeschränkungen (GWB) einfaches Rationalisierungskartell.

b) wie unter a), jedoch wird die Rationalisierung in Verbindung mit Preisabreden (→ Preiskartell) oder durch Bildung von gemeinsamen Beschaffungs- oder Vertriebseinrichtungen (→ Syndikat) verwirklicht; gemäß GWB § 5, Abs. 3 Rationalisierungskartell höherer Stufe.

Bei beiden muß die Befriedigung des Bedarfs verbessert werden und der Rationalisierungserfolg soll in einem angemessenen Verhältnis zu der damit verbundenen → Wettbewerbsbeschränkung stehen. Sie sind erlaubnispflichtig, jedoch darf die Erlaubnis bei b) nur erteilt werden, wenn der Rationalisierungszweck auf andere Weise nicht erreicht werden kann und die Rationalisierung im Interesse der Allgemeinheit erwünscht ist.

c) Erfolgt eine Rationalisierung durch Aufteilung des Produktionsprogramms zwischen mehreren Unternehmen, handelt es sich um ein Spezialisierungskartell (GWB § 5a). R.R.

### Rationalverhalten

Handeln, das von der Vorstellung eines begrenzten Zielbündels (zweckgerichtetes Handeln) in der Weise geleitet ist, daß auf sachliche Gegebenheiten oder gesellschaftliche Normen und Institutionen sowie auf die daraus sich ergebenden technischen Empfehlungen Rücksicht genommen wird und eine Entscheidungsmaxime zugrunde gelegt wird. Fehlt die Entscheidungsmaxime des Aktors, liegt ein unter die Eigenschaften rational/irrational nicht subsumierbares adaptives Verhalten vor. Ist die Entscheidungsmaxime ein Optimierungspostulat, liegt rationales Handeln gemäß dem ökonomischen Prinzip vor. Gleichsetzung von Rationalität und Optimierungsmaxime (Maximierungs-, Extremierungsmodelle) ist nicht notwendig: Ein Verhalten, bei dem der Aktor nur eine gute oder befriedigende Wahl trifft, bzw. sich dem Zielzustand nur bis zu einem befriedigenden Grad annähert, kann nicht als irrational bezeichnet werden; es ist im Gegenteil zu vermuten, daß solche Maximen (Aspirations-, Befriedigungsmodelle) letztlich sogar optimal sind.

Das in der neoklassischen Wirtschaftstheorie systematisch verwendete Rationalitätsaxiom setzt voraus, daß

a) ein Entscheidungsproblem sich auf die Maximierung einer Zielfunktion zurückführen läßt;

b) die Ergebnisse einer Handlung deterministisch oder probabilistisch fixiert sind;

c) die Handlungsergebnisse in eine Rangfolge gebracht werden können.

Unter spieltheoretischen Voraussetzungen ist das Handeln bestimmt von

a) der Maximierungsabsicht der Beteiligten;

b) der Tatsache, daß der einzelne Entscheidungsträger das Ergebnis nicht allein gestalten kann.

Die Folge ist, daß die Entscheidungen eines Aktors bei Rationalverhalten ihrerseits nicht mehr determiniert sein dürfen, weil ein durchsichtiges Taktieren des Gegenspielers in Vorteil setzen kann. Die → Spieltheorie geht darum nicht (wie die neoklassische → Entscheidungstheorie) von einer Rationalitäts*annahme* aus, sondern definiert Rationalität. F.G.

### Rationierung

administrative Zuteilung von Gütern mit dem Ziel der Einschränkung der einzelwirtschaftlichen Nachfrage. Rationierungsmaßnahmen werden im allg. von staatlichen Vorschriften über → Höchstpreise begleitet. Die Rationierung von Konsum- und Investitionsgütern ist eine typischerweise in Krisenzeiten angewandte Methode der Nachfragelenkung. Die Vorteile bestehen in der relativ gut abschätzbaren Wirksamkeit, die Nachteile in den Konsequenzen der Preisgabe des Marktmechanismus. Dies sind u. a.: weitreichender bürokratischer Kontrollapparat, Bildung → Schwarzer Märkte, Hemmung des individuellen Leistungswillen.  R.W.

## Raumforschung

(= Regionalforschung; regional science) Versuch, die Ergebnisse verschiedener Wissenschaften, die sich mit dem Raum beschäftigen (Geographie, Bevölkerungswissenschaft, Soziologie, Verkehrswissenschaft, Verwaltungswissenschaft, Nationalökonomie u. a. m.) zu integrieren und in interdisziplinärer Arbeit fortzuentwickeln.

Der Begriff Raumforschung entstand zusammen mit dem Begriff Raumordnung in den 30er Jahren in Deutschland (Reichsarbeitsgemeinschaft für Raumforschung; heute: Akademie für Raumforschung und Landesplanung). Die Bezeichnung Regionalforschung hat ihren Ursprung im anglo-amerikanischen Raum, wo in den 50er Jahren mit der regional science ebenfalls ein interdisziplinärer Ansatz zur Behandlung räumlicher Probleme entstand (Regional Science Assocation; in der BRD: Gesellschaft für Regionalforschung).

Die traditionelle Raumforschung legt großen Wert auf räumliche Bestandsaufnahmen, wobei die reine Beschreibung durch die Einbeziehung einzelner wissenschaftlicher Ergebnisse zur Raumanalyse wird; sie hat im Hintergrund im allg. ein Leitbild des Raumes, das von der Raumordnungspolitik (→ Raumordnung), v. a. durch die → Raumplanung zu verwirklichen ist. Das Schwergewicht der regional science liegt demgegenüber noch immer bei den ökonomischen Theorien über räumliche Zusammenhänge, weil die Verbindung von regional und urban economics mit anderen Wissenschaftsgebieten noch nicht recht gelungen ist.

Deshalb wird in Deutschland unter Regionalforschung mitunter noch ein wirtschaftswissenschaftliches Spezialgebiet verstanden. Für das Wissenschaftsgebiet der regional economics sollte jedoch besser die häufiger gebrauchte Bezeichnung → Regionalwissenschaft oder → Regionalanalyse verwendet werden, während urban economics zweckmäßigerweise noch mit einem Zusatz als ökonomische Stadtwissenschaft zu übersetzen ist (städtische → Standorttheorie). Als Oberbegriff für den ökonomischen Zweig der Raumforschung hat sich im deutschen Sprachraum die Bezeichnung → Raumwirtschaftstheorie eingebürgert, die ihren Ausgangspunkt in der → Standorttheorie hat.  J.H.

## Raumordnung

räumlicher Zustand eines Staates und gleichzeitig das konkrete politische Handeln zur Entwicklung dieses Zustandes in Richtung auf das Leitbild. Raumordnungspolitik ist wesentliches Element der Gesellschaftspolitik und muß über den Bereich der regionalen Wirtschaftspolitik (→ Regionalpolitik) hinausgehen. Der seit 1966 im Abstand von zwei Jahren vorgelegte Raumordnungsbericht der Bundesregierung informiert über die räumliche Entwicklung der BRD und nennt die durchgeführten und geplanten Maßnahmen.

Für die konkrete Formulierung des Leitbildes bieten die in § 1 des Raumordnungsgesetzes (ROG) genannten Aufgaben und Ziele der Raumordnung keine Hilfe: »Das Bundesgebiet ist in seiner allgemeinen räumlichen Struktur einer Entwicklung zuzuführen, die der freien Entfaltung der Persönlichkeit in der Gemeinschaft am besten dient«. Auch die in § 2 ROG genannten Grundsätze der Raumordnung, die sich auf die großflächigen Raumkategorien (Verdichtungsräume, ländliche Gebiete, zurückgebliebene Gebiete, Zonenrandgebiete) beziehen, sind Leerformeln. Aus ihnen wird v. a. die Forderung nach Einheitlichkeit der Lebensverhältnisse in allen Teilräumen abgeleitet.

Innerhalb des vom Bund im ROG gesetzten Rahmens sind die Länder die eigentlichen Träger der Raumordnungspolitik. Als Grundgerüst der Raumordnungspolitik bemühen sich Bund und Länder um ein System von Zentralen Orten und Entwicklungsachsen für die gesamte BRD (→ Raumplanung). J.H.

## Raumplanung

wichtigstes Instrument des Verwaltungshandelns im Bereich der → Raumordnung; tritt auf den Planungsebenen des Bundes, der Länder und der Gemeinden in Erscheinung. Der Bund hat nach Art. 75 GG nur die Rahmenkompetenz für die Raumordnung. In einem mit den Ministerpräsidenten der Länder abgestimmten Bundesraumordnungsprogramm werden die Ziele des Bundes und der Länder zusammengeführt, Gebietseinheiten für die BRD gebildet und Prioritäten für die künftige räumliche Verteilung der raumwirksamen Haushaltsmittel des Bundes bezeichnet.

In der Landesplanung haben die Länder für ihr Gebiet die Möglichkeit, die Grundsätze der Raumordnung zu konkretisieren und eigene Ziele zu verfolgen. Es ist Aufgabe der Landesplanung, die Fachplanungen (auf dem Gebiet des Verkehrs, der Agrarwirtschaft, der Bildungseinrichtungen u. a. m.) überörtlich abzustimmen und für die Bauleitplanung der Gemeinden einen Rahmen zu geben. Als Ziele der Landesplanung werden im Landesentwicklungsprogramm ein System von Zentralen Orten und von Entwicklungsachsen festgelegt und im Landesentwicklungsplan zeichnerisch dargestellt. Für bestimmte Raumkategorien wie Verdichtungsräume, schwachstrukturierte Gebiete und das Zonenrandgebiet ergeben sich zusätzliche Aufgaben. Einzelheiten regeln die Landesplanungsgesetze.

Die Zentralen Orte, die bundeseinheitlich in vier Hierarchiestufen als Klein-, Unter-, Mittel- und Oberzentren unterschieden sind, stellen die Arbeitsmöglichkeiten und zentralen Einrichtungen für die Bevölkerung ihres Einzugsbereichs zur Verfügung. Da im allg. nur die Standorte der öffentlichen Einrichtungen der → Infrastruktur geplant werden können, ist die Theorie der Zentralen Orte (→ Raumstruktur) wegen ihres umfassenderen theoretischen Ansatzes bei dieser Aufgabe überfordert. An den Entwicklungsachsen sind Zentrale Orte und andere Siedlungsschwerpunkte längs der Bandinfrastruktur aneinandergereiht.

Für Teilräume eines Landes werden detailliertere Regionalpläne aufgestellt. Auf der untersten Planungsebene betreiben die Gemeinden (nach dem Bundesbaugesetz) Bauleitplanung durch Flächennutzungs- und Bebauungspläne, für die die städtische → Standorttheorie Hinweise geben kann. J.H.

## Raumstruktur

(Landschaftsstruktur, Regionalstruktur, Siedlungsstruktur) räumliche Verteilung der Wohnsiedlungen und Produktionsstandorte in Städten und Gemeinden verschiedener Größe und deren Lage zueinander. Die Modelle der Landschaftsstruktur zeigen, daß sich allein aus dem Zusammenwirken von internen Ersparnissen (sinkende Stückkosten), Agglomerationsvorteilen (→ Standortfaktoren) und Transportkosten sowie durch das Ausmaß der Bodenbeanspruchung eine Differenzierung des Raumes ergibt. Der Begriff der Raumstruktur kann also ökonomisch interpretiert werden unter Vernachlässigung der Unterschiede in den topographischen Verhältnissen. Er geht über die Unterscheidung großflächiger Raumkategorien in der → Raumordnung hinaus.

Die Stadtstruktur ergibt sich aus der räumlichen Verteilung der wirtschaftlichen Aktivitäten innerhalb der Stadt. Da man hierbei nicht von der Flächenausdehnung der Aktivitäten abstrahieren kann, bleibt Ansatzpunkt zu ihrer Erklärung die städtische → Standorttheorie, die jedoch der Ergänzung durch die Ableitungen der Landschaftsstrukturmodelle bedarf.

Ausgangspunkt der Modelle der Landschaftsstruktur ist die Frage nach der optimalen Verteilung von Unternehmen (Anbietern) auf einer homogenen Fläche, d. h. auf einer Fläche, wo überall die gleichen natürlichen Ressourcen, die gleiche Bevölkerungsdichte, gleiche Präferenzen und Technik und gleiche Transportmöglichkeiten vorhanden sind. Anbieter des gleichen Gutes werden sich so ansiedeln, daß sie den Abstand zum Konkurrenten maximieren (da keine Nachbarschaftsvorteile angenommen werden). Es entstehen als Marktgebiete Sechsecke, so daß alle Nachfrager bei gleichzeitiger Minimierung der Transportkosten versorgt werden. Zusätzliche Anbieter können nicht auftreten, da im Gleichgewicht jeder Anbieter die optimale Betriebsgröße erreicht hat und keinen Gewinn mehr erzielt. Für jede Gutsart existieren unterschiedliche → Produktionsfunktionen, Transportkosten und → Nachfragefunktionen, wodurch sich jeweils unterschiedliche Betriebsgrößen (interne Ersparnisse) und Absatzreichweiten ergeben. Die Anbieter von Gütern mit unterschiedlich großen Absatzgebieten werden zu Zentren oder Städten zusammengefaßt, ohne daß allerdings auftretende externe Ersparnisse die Kostenfunktionen beeinflussen dürfen. Die resultierende Raumstruktur bei Walter CHRISTALLER (»Die zentralen Orte in Süddeutschland«) unterscheidet sich von der durch August von LÖSCH (»Die räumliche Ordnung der Wirtschaft«) abgeleiteten Struktur wegen unterschiedlicher Ausgangsannahmen bei der Ableitung der Marktnetze. CHRISTALLER erhält ein System, in dem jeder Zentrale Ort alle zentralen Güter seiner eigenen Rangstufe anbietet, darüber hinaus aber auch alle Güter geringerer Absatzreichweite, die von niederrangigeren Zentralen Orten angeboten werden. Bei LÖSCH kommt es zu einer gewissen → Spezialisierung zwischen den einzelnen Orten, wie sie auch in industriellen Sektor häufig anzutreffen sind. CHRISTALLER's Hierarchie der Zentralen Orte läßt sich gut auf den tertiären Sektor anwenden und stimmt besser mit der Wirklichkeit überein, obwohl sich gegen seine theoretische Ableitung mindestens ebensoviele Einwände wie gegen das Modell LÖSCH's vorbringen lassen. Nicht zuletzt wegen seiner Einfachheit wird das Zentrale-Orte-Konzept als Gliederungsprinzip in der → Raumplanung verwendet. J. H.

**Raumwirtschaftstheorie**
(Raumwirtschaftslehre, Regionalwirtschaftstheorie) Gebiet der ökonomischen Theorie, in dem die räumliche Dimension des Wirtschaftens behandelt wird. Im engeren Sinn handelt es sich dabei um die Analyse der Standortentscheidungen der Unternehmen und Haushalte (→ Standorttheorie); Raumwirtschaftstheorie ist also Mikroökonomik mit räumlichem Aspekt bzw. räumliche Preistheorie. Im weiteren Sinn zählt dazu jedoch auch die → Regionalwissenschaft als räumliche Makroökonomik.

Inhaltlich ist die allgemeine Wirtschaftstheorie ein Spezialfall der Raumwirtschaftstheorie i. e. S., da i. d. R. Transportkosten in Höhe von Null und vollständige Mobilität aller Produktionsfaktoren und Güter unterstellt werden. Die räumliche Makroökonomik (→ Regionalwissenschaft) berücksichtigt i. d. R. keine Transportkosten, jedoch Faktorbewegungen und untersucht die Beziehungen zwischen Regionen, die dimensionslose, diskret verteilte Punkte darstellen. Mit dieser Annahme unterscheidet sich auch die → Außenhandelstheorie von der → Standorttheorie, die beide i. d. R. Faktorbewegungen vernachlässigen.

Über die Berücksichtigung von Transportkosten und Agglomerationseffekten wird die räumliche Ausdehnung der Wirtschaft in der Theorie erfaßt. Transportkosten führen zu räumlich unterschiedlichen Preisen (→ LAUNHARDT'scher Trichter), zur Frage nach dem optimalen Standort eines Anbieters in bezug auf die Nachfrager und Lieferanten und zur Frage der optimalen Verwendung eines Grundstücks für verschiedene Nutzungen (→ Standorttheorie) und schließen → vollständige Konkurrenz zwischen den einzelnen Anbietern und Nachfragern vielfach aus. Transportkosten beeinflussen schließlich auch die Struktur der Landschaft (→ Raumstruktur), die räumliche Verteilung verschiedener Produktions- und Konsumaktivitäten auf Zentren unterschiedlicher Größe.

Die externen Effekte, die durch räumliche Nachbarschaft verschiedener wirtschaftlicher Aktivitäten entstehen (Agglomerationsvor- und -nachteile, → Standortfaktoren) sind in die Raumwirtschaftstheorie wesentlich schwieriger als die Transportkosten einzubauen.   J.H.

**Reaktionskurve** → Dyopol

**Realaustauschverhältnis**
→ terms of trade

**real-balance-Effekt** Spezialform des → Realvermögenseffektes

**Realeinkommen** → Einkommen

**reale Ströme** → Stromgrößen

**Realignment**
Neuordnung der → Wechselkurse in einem multilateralen Arrangement (→ Smithsonian Agreement).

**Realkapital** → Kapitaltheorie

**Reallohn**
Nominallohn dividiert durch einen Preisindex (Deflator). Der Reallohn entspricht der Gütermenge, die mit einem bestimmten Nominallohn gekauft werden kann und gibt damit Auskunft über die Kaufkraft des Geldlohnes (Lebensstandardindikator). Da zur Bestimmung des Preisniveaus verschiedene Indizes herangezogen werden können, ergeben sich bei der Ermittlung des Reallohns je nach dem verwendeten Preisindex unterschiedliche Werte.
Die gebräuchlichste Berechnungsmethode der Reallohnentwicklung in der BRD setzt die Brutto- bzw. Nettolohn- und -gehaltssumme je durchschnittlich beschäftigten Arbeitnehmer ins Verhältnis zu dem → Preisindex für die Lebenshaltung von 4-Personen-Arbeitnehmerhaushalten.
                                                    T.F.

**Realsteuern**
belasten bestimmte → Steuerobjekte, ohne auf die persönlichen Verhältnisse ihrer Eigentümer, Konsumenten u.ä. zu achten. Sie knüpfen meist an leicht feststellbare Tatbestände an, vermeiden dadurch die »Inquisition« nach Art der Personalsteu-

ern (besonders → Einkommensteuer), können damit aber auch nicht nach dem → Leistungsfähigkeitsprinzip ausgestaltet werden. Die Realsteuern setzen sich in der BRD aus der → Gewerbesteuer und der → Grundsteuer zusammen.

**Realvermögen** → Sachvermögen

**Realvermögenseffekt**
beschreibt als Erweiterung des Kassenhaltungs- oder real-balance-Effektes den Einfluß von Änderungen des Realwertes des Vermögens auf die Angebots- und Nachfragedispositionen. Der Realvermögenseffekt wird bei einer (die Preisrelationen zwischen den Aktiva nicht notwendigerweise berührenden) Veränderung des Preisniveau wie des Nominalbestandes an Aktiva wirksam.
Vor allem Don PATINKIN hat auf die Bedeutung des Realvermögenseffektes in seiner Ausprägung als Kassenhaltungseffekt für die Bestimmung des Preisniveaus hingewiesen. Nimmt z.B. bei Konstanz aller Preisrelationen und des Realeinkommens die → Geldmenge ab oder das Preisniveau zu, so sinkt der Realwert der Kassenbestände und als Konsequenz die Nachfrage nach Gütern und Wertpapieren. Der auf dem Wertpapier- bzw. Geldmarkt zu beobachtende Zinsanstieg ist nur vorübergehender Natur, dämpft aber die Güternachfrage weiter, was schließlich zu einem solchen Rückgang des Preisniveaus führt, bei dem die realen Umsätze den Ausgangswerten entsprechen. PATINKIN benutzte diesen Gedankengang zur Rechtfertigung der Ergebnisse der → Quantitätstheorie, deren analytische Unzulänglichkeit er allerdings kritisierte (→ PATINKIN-Kontroverse). Die → Neutralität des Geldes bleibt allerdings nicht gewahrt, falls nur einem nicht konstant bleibenden Teil der Kassenbestände Vermögenscharakter zugesprochen wird.
Früher hatten schon Tibor SCITOVSKY und v.a. Arthur C. PIGOU (PIGOU-Effekt) auf diesen Zusammenhang und seine Bedeutung für die Rezessionsüberwindung hingewiesen: die (heute allerdings kaum mehr zu beobachtende) → Deflation in der

→ Rezession erhöht den Realwert der Aktiva, führt zur Nachfragebelebung und damit zur Überwindung der Rezession. Empirisch ist insbes. der Kassenhaltungseffekt umstritten. Seine hauptsächlich durch den → Monetarismus vorgenommene Erweiterung zum Realvermögenseffekt durch Einbeziehung von Finanz- und Sachaktiva ist in ihrer empirischen Relevanz noch nicht genügend erforscht, könnte aber zumindest bei besserer Berücksichtigung der Unsicherheit (→ Risiko und Unsicherheit) zu der noch immer nicht gelungenen Integration von güterwirtschaftlicher Theorie und → Geldtheorie beitragen.  H.-J. H.

## Realzinssatz

Diskontierungsrate auf reale Ansprüche zum Zeitpunkt $t_n$ gegenüber realen Ansprüchen zum Zeitpunkt $t_{n-1}$. Entgegen den sich auf dem Markt bildenden oder seitens der → Zentralbank festgelegten nominellen Zinssätzen berücksichtigt der Realzinssatz Geldwertänderungen, um somit den in Gütern ausgedrückten Verzicht auf → Liquidität bzw. die ebenfalls in Gütern ausgedrückte Produktivität des Kapitaleinsatzes zu messen. Problematisch ist allerdings die Wahl des zur Deflationierung der Nominalzinsen zu verwendenden Preisindex; da Geldanleger i. d. R. nicht an eine alternative Verwendung zugunsten eines dem → Preisindex für die Lebenshaltungskosten zugrundeliegenden Warenkorbs denken, kommt z. B. dieser Index nur unter erheblichem Vorbehalt in Frage.

Der Realzinssatz ändert sich im Zuge der wirtschaftlichen Entwicklung und tendiert bei zunehmender Kapitalintensivierung (insoweit diese nicht durch entsprechenden → technischen Fortschritt begleitet wird) zu sinken. Auch inflationäre Prozesse und insbes. zunehmende Preissteigerungsraten lassen den Realzinssatz sinken.

Bei unvollkommenem → Kapitalmarkt unterscheidet man einen (niedrigeren) Leih- von einem (höheren) Borgzinssatz. Bei Vorhandensein von Unsicherheit (→ Risiko und Unsicherheit) enthält der → Zins eine Risikoprämie und die Unterscheidung

zwischen kurz- und langfristigen Zinssätzen wird relevant.

In einer sicheren Welt mit vollkommenem Kapitalmarkt reflektiert der Realzins
a) die Grenzrate der Substitution zwischen gegenwärtiger und künftiger Konsumtion;
b) die Grenzrate der Substitution zwischen gegenwärtiger und künftiger Produktion oder die Grenzertragsrate auf → capital widening;
c) die Grenzertragsrate auf die produktive zeitliche Ausdehnung oder die Grenzertragsrate auf → capital deepening;
d) die Grenzertragsrate auf Sparen oder Investieren;
e) die Grenzproduktivität des Kapitals bei Vorhandensein *eines* → Kapitalgutes oder die → Grenzleistungsfähigkeit der Investition bei Vorhandensein *mehrerer* Kapitalgüter;
f) den Grenzertrag auf den → Kapitalwert.  P.W.

**recognition lag** → Fiskalpolitik

**recycling**

Rückgewinnung von Rohstoffen. Ein linearer Prozeß (wie z. B. Rohstoffgewinnung – Produktion – Konsumtion – Abfallbeseitigung) führt zu einer Erschöpfung der Rohstoffquellen einerseits und zu einer Belastung der Umwelt mit Abfällen andererseits; das wiederum führt zu steigenden Ausgaben zur Erschließung von Rohstoffquellen und zu einer steigenden Ansammlung von Vermögenswerten in Form von nicht wiederverwerteten Rohstoffen in den Abfallhalden. Recycling ist eine der grundlegenden Alternativen einer → Umweltschutzpolitik, ist aber wegen des hohen Energiebedarfs und des immer unter 100 % liegenden Wirkungsgrades nicht unbeschränkt einsetzbar. Schon verbreitete Rückwandlungstechniken sind Kläranlagen, Verschrottung, Altpapierverwertung und Müllaufbereitung.  W.Sch.

**Rediskontierung**

Weiterverkauf eines Wechsels durch → Banken an die → Zentralbank zu deren

Konditionen. Die Geschäftsbank geht mit der Aufnahme des → Diskontkredits eine Eventualverbindlichkeit ein, da sie aus ihrem Indossament für die ordnungsgemäße Tilgung der Wechselschuld haftet.　V. B.

**Rediskontkontingente**
von der → Zentralbank festgesetzte Obergrenze für den Wechselverkauf der → Banken an die Zentralbank im Rahmen des → Diskontkredits.
In der BRD bestehen starre Kontingente, die auch nicht kurzfristig von den Banken überschritten werden dürfen. Der Zentralbankrat setzt differenzierte Normkontingente fest, an denen sich die individuellen Kontingente orientieren, die von den zuständigen Landeszentralbanken berechnet werden. Die bisher gültige Differenzierung nach statistischen Bankengruppen wurde mit dem 1. 3. 1974 durch eine Differenzierung nach der Geschäftsstruktur ersetzt, die sich v. a. nach dem kürzerfristigen Kreditgeschäft mit Nichtbanken richtet. Berechnungsgrundlage ist die Höhe der haftenden Mittel, die nun jedoch ab einer Höhe von mehr als 100 Mio. DM nur noch mit abnehmendem Gewicht berücksichtigt werden. Bei der Berechnung der Individualkontingente wird zusätzlich überprüft, ob die Bilanzstruktur den im Rahmen der → Bankenaufsicht entwickelten Grundsätzen über Eigenkapital und → Liquidität von Kreditinstituten entspricht. Höhe und Berechnungsart der Normkontingente werden nicht veröffentlicht und Individualkontingente werden nur der betreffenden Bank mitgeteilt. Damit soll verhindert werden, daß Banken ihr Kontingent mit der Norm vergleichen bzw. Konkurrenten und Marktpartner von unterschiedlichen Kontingenten auf unterschiedliche Bonität der Banken schließen. Der unausgenutzte Rediskontspielraum ergibt sich als Differenz von Kontingent und Summe der rediskontierten, noch nicht fälligen Wechsel.
Ursprünglich diente die Bindung der Kontingente an die haftenden Mittel der Bank der Minderung des Ausfallrisikos der Zentralbank. Heute wird die Variation der Kontingente als Instrument der → Refi-

nanzierungspolitik eingesetzt. So reduzierte die → Deutsche Bundesbank die Normkontingente in den vergangenen 15 Jahren regelmäßig, um das kreditpolitisch unerwünschte Anwachsen der Kontingente aufgrund des Wachstums der haftenden Mittel zu kompensieren. Die kurzfristige Flexibilität des Instruments ist durch die Möglichkeit gegeben, den zulässigen Ausnutzungsgrad der Kontingente zu variieren.　V. B.

**Rediskontpolitik**
→ Diskontpolitik

**Redistribution**
→ Einkommensumverteilung

**Redundanz**
Überfluß; Begriff der → Informationstheorie zur Charakterisierung des Ausnutzungsgrades eines → Codes bei der Signalübermittlung. Redundanz bedeutet einerseits unvollständige Ausnutzung der theoretisch möglichen Übertragungskapazität, andererseits bewirkt sie eine Absicherung der Übertragung, wenn im Übertragungskanal Störungen auftreten, die einzelne → Signale verstümmeln oder verändern.
Redundanz in einfachster Form liegt vor, wenn jedes Signal zweimal gesendet wird. Exakt gemessen wird Redundanz jedoch als Differenz der durch ein oder mehrere Zeichen maximal übertragbaren und der tatsächlich übertragenen → Information (→ Informationstheorie). Eine Codierung der zehn dekadischen Ziffern durch Binärtetraden (= vierstellige Dualzeichen) ergibt einen Wert von

$$I = \text{ld } 10 = 3{,}32 \text{ bit/Zeichen}$$

für den Informationsgehalt des einzelnen → Zeichens. Tatsächlich könnte man jedoch mit vierstelligen Dualzeichen insgesamt 16 Ziffern übertragen. Es werden also bei dieser Codierung von

$$I = \text{ld } 16 = 4 \text{ bit/Zeichen}$$

nur 3,32 bit ausgenützt, d. h. 0,68 bit/Zeichen bleiben ungenutzt. Die Redundanz beträgt dann 0,68 bit/Zeichen, die relative Redundanz mit 0,68/4 ca. 17%.　H. Sch.

## Refinanzierungspolitik

Oberbegriff, unter dem die → Deutsche Bundesbank → Diskont- und → Lombardpolitik subsumiert. Ansatzpunkt des Eingriffs ist in beiden Fällen die Refinanzierung des Bankensystems, das sich auf diese Weise das zur Durchführung seiner Transaktionen notwendige → Zentralbankgeld beschafft. Ziel der Refinanzierungspolitik ist laut → Bundesbankgesetz (BBkG) die Beeinflussung von Geldumlauf und Kreditgewährung (§ 15 BBkG), doch wird sie auch mit außenwirtschaftlicher Zielsetzung eingesetzt. Die Wirkungsweise der einzelnen Aktionsparameter ist unterschiedlich.

a) Die qualitative Refinanzierungspolitik, die den Umfang der rediskont- bzw. lombardfähigen Titel bestimmt, unterliegt ordnungspolitischen und bankmäßigen Zielsetzungen (ökonomische Funktion der Wechselkredite, hohe Bonität der angekauften Titel).

b) Die quantitative Refinanzierungspolitik (Refinanzierungskontingentpolitik), also die Festsetzung von → Rediskontkontingenten und Obergrenzen für den → Lombardkredit (→ Lombardwarnmarke) beeinflußt primär den Umfang der → Bankenliquidität, indirekt über das Bankenverhalten Zinsen, Bankkreditvolumen und → Geldmenge.

Viele Autoren halten sie für ein wirksames Instrument der → Zentralbankpolitik und auch die Deutsche Bundesbank setzt sie zunehmend unter geldpolitischen Gesichtspunkten ein, während früher bei der Festlegung der Rediskontkontingente und der Handhabung des Lombardkredits eher ordnungspolitische Überlegungen im Vordergrund standen.

c) Die Bestimmung der Zinskosten des Zentralbankkredits (Variation von → Diskont- und → Lombardsatz) verändert den Umfang der Refinanzierung der → Banken nur gering, wenn Zinsveränderungen auf die Nichtbanken überwälzt werden können. Als → Zinspolitik bewirkt sie in diesem Fall jedoch eine Veränderung der Kreditkosten für den Nichtbankensektor. V.B.

## Regelmechanismus

von der Regeltechnik auf den gesellschafts- und wirtschaftspolitischen Bereich übertragenes Steuerungskonzept, nach dem (im Gegensatz zu diskretionären wirtschaftspolitischen Maßnahmen) bei Abweichungen von Istwerten und Sollwerten (Zielwerten) automatisch Korrekturen eingeleitet werden (→ Rückkopplung).

Je nach dem, in welchem Ausmaß die → Träger der Wirtschaftspolitik an den Einsatz bestimmter → Instrumente und an bestimmte auslösende Signale gebunden bzw. anderen Handlungszwängen mit entsprechenden Sanktionen unterworfen sind und in welchem Umfang Gegensteuerung durch systemendogene Mechanismen erzeugt wird, kann von unvollständigem Regelmechanismus oder Automatismus gesprochen werden.

Regelmechanismen können unabhängig von der Konjunkturlage aktiv steuernd wirken, wie z.B. die FRIEDMAN'sche Geldmengenregel (→ Monetarismus) oder antizyklisch reagieren (→ built-in flexibility; → formula flexibility).

Die Einführung von Regelmechanismen in die → Wirtschaftspolitik wirft rechtlich-institutionelle Probleme auf und setzt v.a. umfassende Kenntnisse der Wirkungszusammenhänge voraus. Diese Schwierigkeiten können eher bei der Entwicklung regelungstechnischer Partialmodelle als bei der Konstruktion komplexer Steuerungsmodelle überwunden werden.

E. v. P.

## Region → Regionalwissenschaft

## Regionalanalyse

Aufgabe der empirischen Regionalanalyse ist

a) die quantitative Schätzung der räumlichen Wirkungszusammenhänge, um die → Hypothesen der Theorie empirisch überprüfen und zu Prognosen verwenden zu können;

b) die Analyse regionaler Strukturunterschiede sowie interregionaler Verflechtungen und Abgrenzung von Regionen. Wichtige Werkzeuge:

a) Kennziffern dienen zur Messung regionaler Strukturunterschiede und zur Abgrenzung von Regionen (→ Regionalwissenschaft) und großflächigen Raumkategorien. Es werden vor allem Gliederungszahlen (Anteilswerte) und Beziehungszahlen verwendet. Meist wird man mehrere Kennziffern gemeinsam betrachten müssen, wobei das Gewichtungsproblem auftaucht. Die großflächigen Gebietskategorien der → Raumordnung, wie Verdichtungsräume, zurückgebliebene Gebiete und Fördergebiete der → Gemeinschaftsaufgaben (→ Regionalpolitik) sind durch Schwellenwerte als eine Art homogener Regionen abgegrenzt. Kriterien bilden v. a. Beziehungszahlen wie Bruttoinlandsprodukt und Realsteuerkraft pro Einwohner, Bevölkerungsdichte (bezogen auf qkm) und Industriebesatz (Industriebeschäftigte pro 1000 Einwohner) und der Wanderungssaldo.

b) Der Standortquotient (location quotient) erfaßt die Konzentration der verschiedenen Wirtschaftszweige in den einzelnen Regionen des Gesamtraums.

Standortquotient (eines Wirtschaftszweigs i in Region j):

$$\frac{B_{ij}}{\sum\limits_{i} B_{ij}} : \frac{\sum\limits_{j} B_{ij}}{\sum\limits_{i}\sum\limits_{j} B_{ij}}$$

$B_{ij}$ = Zahl der Beschäftigten in einem Wirtschaftszweig i in Region j;

$\sum\limits_{i} B_{ij}$ = Zahl der Gesamtbeschäftigten in Region j;

$\sum\limits_{j} B_{ij}$ = Zahl der Beschäftigten im Wirtschaftszweig i im Gesamtgebiet;

$\sum\limits_{i}\sum\limits_{j} B_{ij}$ = Zahl der Gesamtbeschäftigten im Gesamtgebiet.

Bei einem Wert des Standortquotienten von 1 ist der betreffende Wirtschaftszweig in der betrachteten Region relativ gleich stark wie im Gesamtgebiet vertreten. Aus Werten über 1 wird mitunter geschlossen, daß der betreffende Wirtschaftszweig in andere Regionen exportiert, also zum Basic-Sektor (→ Regionalwissenschaft) gehört.

c) Die Shift-Analyse zeigt die Auswirkungen der Wirtschaftsstruktur auf das Wachstum der Region.

Zum Vergleich der regionalen Entwicklung mit der des Gesamtraums wird der Regionalfaktor gebildet und in zwei Komponenten aufgespalten: Regionalfaktor = Strukturfaktor × Standortfaktor:

$$\frac{\sum b_t^i}{\sum b_o^i} : \frac{\sum B_t^i}{\sum B_o^i} =$$

$$\left( \frac{\sum g_o^i \ B_t^i}{\sum g_o^i \ B_o^i} : \frac{\sum B_t^i}{\sum B_o^i} \right) \cdot \frac{\sum g_t^i \ B_t^i}{\sum g_o^i \ B_t^i}$$

wobei $g_o^i = \dfrac{b_o^i}{B_o^i}$, $g_t^i = \dfrac{b_t^i}{B_t^i}$ und

$b_{o,\,t}^i$ = Beschäftigte im Wirtschaftszweig i in der Region im Zeitpunkt o (bzw. t);

$B_{o,\,t}^i$ = Beschäftigte im Wirtschaftszweig i im Gesamtraum im Zeitpunkt o (bzw. t).

$\Sigma$ bedeutet jeweils, daß über alle i Wirtschaftszweige summiert wird.

Regionalfaktor: 1: gleiches Wachstum der Region wie im Gesamtraum,

Regionalfaktor < 1: geringeres regionales Wachstum,

Regionalfaktor > 1: stärkeres regionales Wachstum.

Wenn die Wirtschaftsstruktur der Region mit der gesamtwirtschaftlichen identisch ist, hat der Strukturfaktor den Wert 1. Die Gesamtbeschäftigtenzahlen der Region wachsen schneller (trotz gleichbleibenden Anteils der Wirtschaftszweige), wenn überdurchschnittlich viele wachsende Wirtschaftszweige vertreten sind; der Strukturfaktor ist dabei größer als 1.

Der Standortfaktor nimmt die Wachstumsunterschiede der einzelnen Wirtschaftszweige in der Region gegenüber dem Gesamtraum auf. Aus einem Standortfaktor größer 1 kann man nicht unmittelbar auf besondere Standortvorteile schließen. Man muß die Gründe untersuchen (→ Standortfaktoren).

d) Zur Erfassung räumlicher Interaktionen (z. B. Pendelbewegungen, Verkehrsströme) dienen Gravitations- und Potentialmodelle.

Gravitationsmodell: $I_{kl} = a \cdot \dfrac{X_k^\alpha \cdot X_l^\beta}{d_{kl}^b}$

Das Potentialmodell betrachtet den Einfluß aller anderen Raumpunkte auf einen gegebenen Raumpunkt.

Potentialmodell (einfachste Formulierung):

$$P_k = a \cdot \sum_{l=1}^{m} \left( \frac{X_l}{d_{kl}^b} \right)$$

$I_{kl}$ = Interaktion zwischen den Punkten (Orten) k und l,
$P_k$ = Potential des Ortes k,
$X_k$, $X_l$ = Einwohnerzahl oder Einkommen des Ortes k bzw. l,
$d_{kl}^b$ = Entfernung von Ort k nach l,
a, b, $\alpha$, $\beta$ = empirisch zu bestimmende Konstante.
e) Die regionale → Input-Output-Analyse und die Industriekomplex-Analyse (→ Standortfaktoren) erfassen regionale Wirtschaftsverflechtungen.   J. H.

## Regionalfaktor
→ Regionalanalyse

## Regionalpolitik
regionale → Wirtschafts- und Strukturpolitik im Unterschied zur gesamten Politik der → Raumordnung. Politisch relevanter Ausgangspunkt ist die Erkenntnis, daß der Marktmechanismus nicht zwangsläufig zur → Vollbeschäftigung der Produktionsfaktoren und zu einem Ausgleich der Pro-Kopf-Einkommen in verschiedenen Teilgebieten einer Volkswirtschaft führt.
Regionalpolitik muß die → Ziele der nationalen Wirtschaftspolitik beachten. Dabei stößt sie um so eher auf → Zielkonflikte, je mehr die Regionen sich in ihrem Entwicklungsniveau unterscheiden. Bei der Entscheidung zwischen einer regional- und einer gesamtwirtschaftlich orientierten Regionalpolitik steht im Hintergrund die Gewichtung zwischen dem Ziel des möglichst großen → Wachstums der Gesamtwirtschaft durch optimale → Allokation der Produktivkräfte im Raum und dem sozialpolitischen Ziel der Versorgungsgleichwertigkeit der → Infrastruktur in den ein-

zelnen Regionen und des Ausgleichs interregionaler Wohlstandsunterschiede (gemessen v. a. durch verschiedene Pro-Kopf-Einkommensgrößen).
Operationale regionalpolitische Ziele können aus den Leerformeln der §§ 1, 2 des Raumordnungsgesetzes des Bundes (→ Raumordnung) nicht direkt abgeleitet werden. Ein konkretes Zielsystem der Regionalpolitik in der BRD, aus dem sich beim Vergleich mit der tatsächlichen räumlichen Situation die erforderlichen Maßnahmen ergeben könnten, existiert noch nicht, so daß auch eine exakte Erfolgskontrolle der Regionalpolitik unmöglich ist.
Regionalpolitik besteht überwiegend in der Hilfe für unterentwickelte Regionen (→ Regionalanalyse). Im Rahmen der → Gemeinschaftsaufgabe des Bundes und der Länder »Verbesserung der regionalen Wirtschaftsstruktur« werden in den Räumen der Regionalen Aktionsprogramme (einschließlich Bundesausbaugebiete) durch steuerrechtlich geregelte Investitionszulagen, durch zusätzliche Investitionszuschüsse und zinsverbilligte Darlehen Arbeitsplätze in Produktions- und Fremdenverkehrsbetrieben gesichert und geschaffen und Hilfen für den Ausbau der wirtschaftsnahen → Infrastruktur gewährt. Die Fördergebiete umfassen 58 % der Fläche und 33 % der Bevölkerung der BRD. Die Förderung wird auf 314 Gemeinden (1. 1. 1974) als Entwicklungsschwerpunkte konzentriert. Die Konzentration der Förderung auf Gemeinden, deren Einwohnerzahl noch über der gegenwärtig gewünschten Mindestgröße von 20 000 Einwohnern liegt, wäre nötig, um mehr Betriebe wachsender Wirtschaftszweige möglichst ohne Zweigbetriebscharakter ansiedeln zu können. Für diese Betriebe sind unter den → Standortfaktoren Agglomerationsvorteile besonders wichtig. Von ihnen gehen dann Anstöße für ein eigenständiges Wachstum der Zentren als Wachstumspole für eine Region aus.
Die für eine erfolgreiche Regionalpolitik notwendigen Kenntnisse der Wirkungen regionalpolitischer Mittel werden von der → Regionalwissenschaft im Rahmen einer

Theorie der Regionalpolitik nur außerordentlich beschränkt geliefert. Die mangelnde Konkretisierung der Ziele und vor allem die noch fehlende Theorie der Wirkungen der Instrumente verhindern eine effiziente Koordinierung der verschiedenen Entscheidungsträger bei der Regionalpolitik und behindern damit auch die → Raumplanung.   J.H.

## Regionalwissenschaft

(= Regionalanalyse, Regionaltheorie, regional economics) Untersuchung v. a. der räumlichen makroökonomischen Wirkungszusammenhänge mit dem Ziel, Beiträge zu einer Theorie der → Regionalpolitik zu liefern.

Obwohl die Regionalwissenschaft intraregionale Erscheinungen (→ Standorttheorie) berücksichtigen muß, liegt das Schwergewicht auf der Betrachtung von Beziehungen zwischen räumlichen Aggregatsgrößen, nämlich den einzelnen Regionen und zwischen diesen und dem Gesamtraum. Die räumliche Dimension dieser Regionen wird im allg. vernachlässigt; es sind Punkt-Wirtschaften. Die zentralen Probleme sind: Bestimmung des regionalen Einkommens, Erklärung der konjunkturellen Schwankungen des Regionaleinkommens und des regionalen Wachstums.

Die empirische → Regionalanalyse muß Wirkungszusammenhänge quantitativ bestimmen und regionale Besonderheiten messen.

Ausgangspunkt jeder regionalwissenschaftlichen Arbeit muß eine zweckmäßige Abgrenzung von Regionen sein. Entsprechend den Abgrenzungskriterien unterscheidet man homogene, funktionale und Planungs- oder Programmregionen. Die Homogenität erstreckt sich auf gewisse Merkmale, die allen Elementen der Region gemeinsam sind. Häufig handelt es sich dabei um Kennziffern (→ Regionalanalyse), wie das Bruttoinlandsprodukt pro Kopf, die Bevölkerungsdichte und den Industriebesatz der Gemeinden. Auch naturräumliche Gemeinsamkeiten können zur Abgrenzung dienen. Eine funktionale, polarisierte oder Nodalregion wird durch die Verflechtung ihrer Elemente mit einem Zentrum gebildet, so daß zunächst ein adäquates Zentrum festgelegt und dann die funktionalen Interdependenzen bestimmt werden müssen. Oft dienen dazu Pendelbeziehungen der Arbeitskräfte (Arbeitsmarktregion) oder das Einkaufsverhalten der Wohnbevölkerung. Für eine Planungs- oder Programmregion ist die Einheitlichkeit des politischen Handelns der Entscheidungsträger der Regionalpolitik das Abgrenzungskriterium.

Viele regionale Fragestellungen lassen sich durch Übertragung der volkswirtschaftlichen Einkommens- und → Wachstumstheorie auf die regionale Ebene lösen. So genügt für die Bestimmung des regionalen Einkommens im Grunde die Anwendung der → Multiplikatoranalyse für eine offene → Volkswirtschaft.

Eine spezifische Form der regionalen Einkommenstheorie stellt die Exportbasis-Theorie (Economic-Base-Konzept, Basic-Nonbasic-Konzept) dar. Interregionale Beziehungen werden nicht betrachtet, und die Regionalwirtschaft wird nur in zwei Sektoren, den Basic-(Grundleistungs-) Sektor und den Nonbasic-(Folgeleistungs-)Sektor, aufgeteilt. Der Basic-Sektor setzt seine Produktion außerhalb der Region ab (→ Regionalanalyse); im weiteren Sinne werden auch alle Produktionsaktivitäten zum Basic-Sektor gezählt, die nicht vom Einkommen innerhalb der Region abhängen. Aus dem Verhältnis von Basic- zu Nonbasic-Aktivitäten läßt sich ein regionaler Multiplikator errechnen, der angibt, um wieviel das regionale Gesamteinkommen steigt, wenn sich das Einkommen im Basic-Sektor auf Grund regionsexterner Ursachen um eine Einheit verändert.

Der Multiplikator- und Akzeleratormechanismus läßt sich auch zur Erklärung regionaler Konjunkturschwankungen verwenden. Bei Einbeziehung interregionaler Rückwirkungen (in Analogie zum Multiplikatorprozeß im Mehrländer-Fall) ergibt sich deren Übertragung auf mehrere Regionen. Auf die unterschiedliche Zusammensetzung der regionalen Wirtschaft nach Industriezweigen beruft sich die

Hypothese, die unterschiedliche Konjunkturverläufe in den einzelnen Regionen aus der unterschiedlichen Stärke des Niederschlags gesamtwirtschaftlicher Zyklen in den einzelnen Regionen erklären will.

Sowohl die neoklassische → Wachstumstheorie als auch das → HARROD-Modell können mit geringen Modifikationen (unter Berücksichtigung von interregionalen Faktorbewegungen) auf Regionen angewendet werden. Die Exportbasis-Theorie behauptet in ihrer wachstumstheoretischen Variante (meist bezogen auf Beschäftigtenzahlen) die Abhängigkeit des Wachstums einer Region vom regionsextern bestimmten Wachstum ihres Exportsektors und nimmt eine langfristig relativ große Stabilität des Multiplikators an. Der Einfluß der Industrie- bzw. Wirtschaftsstruktur auf das regionale Wachstum wird in der Shift-Analyse (→ Regionalanalyse) deutlich.

Mit den genannten Theorien läßt sich das kumulative Wachstum einzelner Regionen nicht ausreichend erklären, das durch kontinuierliche Wanderungen von Kapital und Arbeit und die interregionalen Güterströme verstärkt wird, solange die Agglomerationsfaktoren die Deglomerationsfaktoren (→ Standortfaktoren) überwiegen. J.H.

## Regressionsanalyse

ökonometrische Technik zur Quantifizierung von funktionalen Zusammenhängen zwischen zwei (Einfachregression) oder mehr (multiple Regression) Variablen. Eine Funktion ist eine Vorschrift, die jedem Wert der unabhängigen → Variablen eindeutig einen Wert der abhängigen → Variablen zuordnet. Eine solche Eindeutigkeit kann man speziell in der Ökonomie kaum beobachten, weshalb angenommen wird, daß diese Eindeutigkeit wenigstens im Mittel besteht.

An den → Konsumfunktion sei dies erläutert: C seien Konsumausgaben, Y Einkommen von Haushalten. Man habe die einfache Funktion $C = \alpha + \beta Y$ gewählt. Nun gibt es sicher zahllose andere, wenn auch quantitativ weniger bedeutende Einflüsse auf C wie Familiengröße, soziale Stellung usw. Diese Einflüsse werden als zufällig angenommen und man schreibt die Konsumfunktion $C = \alpha + \beta Y + u$. Die zufällige Störvariable u überlagert den funktionalen Zusammenhang $C = \alpha + \beta Y$ additiv. Die Datenpaare $(C_i; Y_i)$ können graphisch als Punkte in einem Streudiagramm veranschaulicht werden (Abb.):

Das Problem besteht nun darin, die Regressionsgerade $\hat{C} = \hat{\alpha} + \hat{\beta} Y$ möglichst genau zu schätzen. Man legt die geschätzte Regressionsgerade so durch die Punktwolke, daß die Summe der quadrierten senkrechten Abstände der Beobachtungspunkte von dieser Geraden am kleinsten wird (Methode der kleinsten Quadrate). Dies führt zu zwei Bestimmungsgleichungen für $\hat{\alpha}$ und $\hat{\beta}$ (Normalgleichungen). Diese Schätzung kann man durchführen, ohne besondere Annahmen über die Störvariable u zu treffen. Sobald jedoch im Sinn der schließenden Statistik Aussagen über die Schätzgüte der Parameter gemacht werden sollen, muß man solche Annahmen treffen wie z.B.: u ist eine normalverteilte Zufallsvariable, die den Erwartungswert 0 und konstante Varianz besitzt; sukzessive Werte von u sind unabhängig (sonst → Autokorrelation); die Störvariable u ist vom Regressor (im Beispiel also Y) unabhängig. Mit Hilfe solcher Annahmen ist es auch möglich, eine Schätzung der Regressionsgeraden nach dem Maximum-Likelihood-Prinzip durchzuführen: Man wählt unter vielen möglichen Regressionsgeraden die als beste, bei der den Beobachtungspunkten die größte Wahrscheinlichkeitsdichte zukommt.

Wegen der Zufallsschwankungen der Störvariablen u ist damit zu rechnen, daß der Schätzwert vom wahren (aber unbekannten) Parameterwert abweicht. Diese Differenz wird als Schätzfehler bezeichnet. Es lassen sich Aussagen über den Fehlerspielraum mit Hilfe der statistischen Hypothesenprüfung machen. Meist wird danach gefragt, ob die unabhängige Variable auf die abhängige Variable einen signifikanten Einfluß hat. Als Maß für die Güte wird außerdem das Quadrat des Korrelationskoeffizienten (→ Korrelation) angegeben, welches zeigt, wieviel Prozent der totalen Variation der abhängigen Variablen durch die unabhängige Variable erklärt werden können. H.B.

**Reichshaushaltsordnung**
→ Bundeshaushaltsordnung

**Reinvestition** → Investition

**Reinvestitionszyklus** → Echoprinzip

**Reinvermögen**
(= Nettovermögen) → Vermögen einer Wirtschaftseinheit, das von ökonomischen Ansprüchen anderer Wirtschaftseinheiten unbelastet ist: → Bruttovermögen abzüglich Verbindlichkeiten.
Bei Aggregation einzelwirtschaftlicher Bilanzen: Summe von Grundkapital, Rücklagen, Gewinnvortrag und Saldo der Rechnungsabgrenzungsposten des Passiv- und Aktivvermögens, verringert um die Summe von ausstehenden Einlagen auf das Grundkapital, eigenen Aktien, Anteilen einer herrschenden oder an der Gesellschaft mit Mehrheit beteiligten Kapitalgesellschaft, Bilanzverlust sowie Wert der Konzessionen, → Patente, → Lizenzen usw. F.G.

**Reinvermögenszugangstheorie**
→ Einkommensbesteuerung

**relative Einkommenshypothese**
Hypothese, daß nicht so sehr das absolute Einkommen (→ absolute Einkommenshypothese), sondern das relative Einkommen der Konsumenten, d. h. ihre Stellung in der Einkommenspyramide die Konsumentscheidungen beeinflußt. Im Gegensatz zur absoluten Einkommenshypothese betont sie damit die Interdependenz aller Konsumentscheidungen. Dieser langfri-

stige Effekt (→ Demonstrations-Effekt) überlagert den kurzfristigen Effekt der Konsumgewohnheiten, d. h. das Festhalten an einem einmal erreichten Konsumstandard. Während bereits mit dem → ROBERTSON-lag versucht wird, Verzögerungswirkungen zu berücksichtigen, wird die Kombination des langfristigen Effekts der Konsuminterdependenzen mit dem kurzfristigen Effekt der Konsumgewohnheiten erstmals von James S. DUESENBERRY (1948) und Franco MODIGLIANI (1949) vorgenommen. DUESENBERRY geht davon aus, daß eine Steigerung des Gesamteinkommens bei konstanter → Einkommensverteilung eine Einkommenssteigerung aller gesellschaftlichen Gruppen bedeutet. Die Mitglieder dieser Gruppen werden zunächst glauben, ihre Stellung innerhalb der Einkommenspyramide verbessert zu haben, und werden entsprechend ihre durchschnittliche → Konsumquote senken, wie empirische Untersuchungen zu bestätigen scheinen. Da alle Gruppenmitglieder das Gefühl einer relativen Einkommensverbesserung haben, wird sich auch gesamtwirtschaftlich eine sinkende durchschnittliche Konsumquote ergeben. Das gilt jedoch nur kurzfristig, denn langfristig wird jedem Konsumenten die Konstanz der Einkommensverteilung bewußt und er wird wieder zur früheren durchschnittlichen Konsumquote zurückkehren. Langfristig ergibt sich daraus eine Konstanz der durchschnittlichen Konsumquote.
Bei kurzfristigen Einkommenssenkungen in Rezessionsphasen dagegen werden die Konsumenten sich nur schwer von ihrem einmal erreichten Konsumstandard trennen können. Das veranlaßt sie zu einer bei sinkendem Einkommen zunächst steigenden durchschnittlichen Konsumquote, und zwar in Abhängigkeit vom Verhältnis des laufenden zum höchsten bisher erreichten Einkommen (Maximaleinkommen). Langfristig dagegen werden sie gezwungen sein, ihre Konsumausgaben an das niedrigere langfristige Einkommen anzupassen, so daß die durchschnittliche Konsumquote langfristig konstant bleibt. Der gesamte Vorgang wird nach der geometrischen

Darstellung der Hypothese auch als ratchet effect (Sperrklinkeneffekt) bezeichnet:

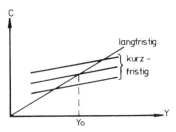

$Y_0$ = Einkommen der Ausgangssituation = Maximaleinkommen

Als → Konsum- bzw. Sparfunktion verwendet DUESENBERRY:

$$\frac{S}{Y} = a + b \cdot \frac{Y}{Y_0}$$

Unter der Annahme eines langfristig konstanten Wachstums von Y bleibt

$$\frac{Y}{Y_0}$$

und damit auch die durchschnittliche Konsumquote konstant

$$\frac{C}{Y} = 1 - \frac{S}{Y}$$

Bei kurzfristigen Einkommenssenkungen unter $Y_0$ steigt die durchschnittliche Konsumquote. MODIGLIANI verwendet die Funktion:

$$\frac{S}{Y} = a + b \cdot \frac{Y - Y_0}{Y}.$$

$$\frac{Y - Y_0}{Y}$$

ist der »zyklische Einkommensindex«. Er bleibt bei konstantem Wachstum von Y konstant und sinkt bei kurzfristigen Einkommenssenkungen. T.E. DAVIS (1952) ersetzt das Maximaleinkommen durch den Maximalkonsum. E.v.K.

### Rentabilität

Verhältnis von Gewinn zu Kapitaleinsatz; zeigt die durchschnittliche jährliche Verzinsung des eingesetzten Kapitals:

a) Gesamtkapitalrentabilität

$$= \frac{\text{Gewinn} + \text{Fremdkapitalzinsen}}{\text{Gesamtkapital}} \cdot 100;$$

b) Eigenkapitalrentabilität

$$= \frac{\text{Gewinn}}{\text{Eigenkapital}} \cdot 100;$$

c) Umsatzrentabilität

$$= \frac{\text{Gewinn}}{\text{Umsatz}} \cdot 100. \qquad \text{A.Ob.}$$

### Rente

1. Sozialrente: Leistungen zur Sicherung des Lebensunterhalts im Rahmen der öffentlichen Alters-, Invaliden- und Hinterbliebenensicherung, der gesetzlichen Unfallversicherung, Kriegsopferversorgung und des → Lastenausgleichs.
2. → Grundrente.
3. arbeitsloses Einkommen: Einkommen aus der Nutzung sachlicher Produktionsmittel. Im Sinne der → Grenzproduktivitätstheorie: Grenzprodukt der Faktoren → Boden und → Kapital (multipliziert mit der eingesetzten Menge des jeweiligen Faktors, wenn nicht der Einkommenssatz, sondern die Einkommenssumme gemeint ist).
4. Transferüberschuß (→ Rententheorie):
a) Überschuß der Erlöse über die Kosten bzw. den Mindestaufwand, der erforderlich ist, um einen Produktionsfaktor in einer bestimmten Verwendung zu halten. Der Mindestaufwand bestimmt sich i. d. R. nach den Ertragsmöglichkeiten in einer alternativen Verwendung, die kompensiert werden müssen, um die Abwanderung (den Transfer) dorthin zu verhindern (→ Produzentenrente).
b) Differenz zwischen dem Preiszugeständnis, das ein Konsument machen würde, ohne seine Konsumabsicht zu ändern (d. h. einen Kaufkrafttransfer vorzunehmen), und dem Marktpreis (→ Konsumentenrente). F.G.

### Rententheorie

Die klassische Rententheorie verstand unter Rente ein preisbestimmtes → Einkommen. Als Differenzialrente stellte sie das Einkommen eines bevorzugten Produktionsfaktors dar, dessen Vorteil an dem gerade noch in Anspruch genommenen, unter den ungünstigsten Bedingungen eingesetzten Faktor derselben Art gemessen wird. Die v. a. im Anschluß an David RICARDO für die → Grundrente entwickelte Theorie entfaltete sich in zahlreichen Anwendungsfällen (→ Qualitäts-, Bonitäts- oder Fruchtbarkeitsrente; → Intensitätsrente; → Lagerente).

Das Differenzialrentenkonzept ist jedoch hinfällig, wenn man unterschiedlich ergiebige Produktionsfaktoren als heterogene Güter betrachtet, denn die Unterscheidung nach Einkommenshöhen kommt dann einer Unterscheidung nach Einkommensarten gleich, und für eine Differenzierung innerhalb ein und derselben Art bleibt kein Raum.

Die Differenzialrente wird ferner der Tatsache nicht gerecht, daß bei genügend starker Nachfrage und limitiertem Faktorangebot auch der Faktor in der Grenzverwendung ein Einkommen, nämlich die absolute Rente, bezieht. Knappheitsrenten dieser Art entstehen ohne alle Differenzierung der Faktoren.

Eine Interpretation dieses Phänomens versucht die Residualtheorie, welche die Rente als Überschuß des Preises über die Kosten definiert. Sie setzt jedoch voraus, daß für Preis und Kosten (d. h. die Einkommen der »übrigen« Faktoren) eine selbständige Erklärung gegeben werden kann. Betrachtet man etwa die Grundrente als Residuum, müssen Arbeits- und Kapitaleinkommen die gesamten Kosten ausmachen und theoretisch bestimmt sein; hierfür läßt sich z. B. die → Grenzproduktivitätstheorie des Lohnes und Zinses heranziehen.

Allerdings erhebt sich dagegen folgender Einwand: Legt man eine linear-homogene → Produktionsfunktion zugrunde, läuft es (angesichts der vollständigen Ausschöpfung des Produktionsergebnisses bei Geltung der Faktoren mit ihrem Grenzprodukt) auf dasselbe hinaus, ob man die Grundrente als preisbestimmtes Residuum oder als preisbestimmende Kostengröße

versteht. Das Argument kann verallgemeinert werden: Im Wechselspiel kann jede Einkommensart als Residuum aufgefaßt werden, wenn man für die jeweils übrigen Einkommensarten Erklärungen findet.

Auf der Basis des Residualkonzepts entziehen sich nicht zuletzt die Komponenten des Unternehmereinkommens der Analyse: Man zieht sich theoretisch auf eine Position zurück, welche z. B. die Praktiker der → Volkswirtschaftlichen Gesamtrechnung als statistische Notlösung einnehmen.

Die moderne → Verteilungstheorie stützt sich darum bei der Erklärung der → Faktoreinkommen überwiegend auf das integrierende Konzept der → Grenzproduktivitätstheorie der Verteilung. Für das → Wertgrenzprodukt des Bodens bewahrt sie den traditionellen Namen Grundrente. Beim Sachkapital greift sie auf den Rentenbegriff zurück, um eine Unterscheidung von Wertgrenzprodukt des vorhandenen Realkapitalbestands und → Zins vorzunehmen; der Zins ist Kreditmarktphänomen und Kalkulationsbasis für Kapitalbestands*änderungen.*

Mit dem Konzept der Rente als Transferüberschuß wird schließlich der Tatsache Rechnung getragen, daß für Produktionsfaktoren eine nach Ertragsgesichtspunkten geordnete Hierarchie von Verwendungsmöglichkeiten besteht. Nach diesem Ansatz ist die Rente die Differenz zwischen dem Preis eines Produktionsfaktors in einer bestimmten Verwendung und dem erzielbaren Preis für diesen Faktor in der nächstbesten Verwendung (Transferpreis, Transfereinkommen des Faktors). In diesem Sinne ist der Lohn eines Spezialisten, der keine Alternative zum einmal gewählten Arbeitsplatz hat, in vollem Umfang Rente. Allerdings besteht totale Immobilität durchwegs nur auf begrenzte Zeit: Die (Arbeits-)Rente als Transferüberschuß ist deshalb abhängig von der zeitlichen Bezugsebene. Bieten sich mit erweitertem Zeithorizont alternative Verwendungsmöglichkeiten an, schrumpft der Rentenanteil im Lohn. Er verschwindet endgültig, wenn in anderer Verwendung gleicher

Lohn in Aussicht steht: Der Lohn ist dann in vollem Umfang Kostengröße, Mindesterfordernis, um die Abwanderung (den Transfer) zu verhindern.

Während die Klassiker unter dem Eindruck des beengten Nahrungsspielraums ihrer Zeit der Grundrente vorrangig Beachtung schenkten, wandten sich die Neoklassiker dank der erweiterten Nahrungs- und Rohstoffbasis den Einkommen der Wachstumsträger Arbeit und Kapital zu. Gegenstand der Rententheorie wurden dementsprechend die → Quasi-Rente als Phänomen des industriellen Produktionsprozesses sowie → Produzenten- und → Konsumentenrente als wohlfahrtstheoretisch bedeutsame Erscheinung. F. G.

**Report** → Devisenmarkt

**Reserveposition im Internationalen Währungsfonds** → Währungsreserven

**Reservewährung**
nationale Währung, die über den Umfang von → working balances der Währungsbehörden hinaus zur Bildung von → Währungsreserven herangezogen wird.
Hauptreservewährung ist der US-Dollar, gefolgt von Pfund Sterling und D-Mark. Ihre Reservefunktion schlägt sich in entsprechenden Auslandsverbindlichkeiten nieder, allerdings nicht notwendigerweise gegenüber Währungsbehörden. F. G.

**Residualeinkommen**
→ Einkommen; → Gewinn

**Residualrente** → Rententheorie

**Ressourcen**
1. Im weiteren Sinn: alle Bestände an Produktionsfaktoren (→ Arbeit, → Boden, → Kapital), welche als → Inputs bei der → Produktion und → Distribution von Gütern eingesetzt werden können. Aus ihrer → Knappheit entspringt die Notwendigkeit zu effizientem Einsatz (→ Effizienz) und zu optimaler → Allokation.
2. Im engeren Sinn: Rohstoffe und Energieträger. Unterschieden wird zwischen nicht-regenerierbaren Ressourcen (z. B.

fossile Energieträger, Mineralien) und regenerierbaren Ressourcen (z. B. die Fähigkeit von Gewässern, bis zu einer Kapazitätsgrenze organische Abfälle zu absorbieren).
In welchem Zeitraum natürliche Ressourcen erschöpft sind, hängt ab von der Preisentwicklung der einzelnen Ressourcen, von Art und Umfang des → recycling, vom Vorhandensein alternativer → Technologien und Substitutionsressourcen und vom globalen → Wachstum. W.Sch.

**Restposten der Zahlungsbilanz**
(= Saldo der nicht erfaßten Posten und statistischen Ermittlungsfehler im Leistungs- und Kapitalverkehr) rechnerische Differenz zwischen dem Saldo der → Gold- und Devisenbilanz (einschl. des → Ausgleichspostens zu den Währungsreserven) und dem zusammengefaßten Saldo der → Leistungs- und → Kapitalbilanz, durch welche die → Zahlungsbilanz buchungstechnisch ausgeglichen wird.
Restposten treten auf, wenn entweder die Aktiv-(Credit) Seite oder die Passiv-(Debet-)Seite einer Transaktion nicht, oder nicht im Berichtszeitraum oder nicht vollständig ermittelt werden kann.
Positive Restposten lassen auf statistisch nicht erfaßte Überschüsse im Leistungsverkehr und/oder Nettokapitalimporte schließen, negative Restposten auf nicht erfaßte Leistungsdefizite und/oder Nettokapitalexporte. Schwankungen des Restpostens werden insbes. durch Veränderungen der → terms of payment (→ leads and lags) verursacht.
Nachdem die → Deutsche Bundesbank in der Zahlungsbilanz der BRD für 1973 zunächst einen »Rekordrestposten« von + 23,8 Mrd. DM errechnet hatte, nahm sie (auch für die zurückliegenden Jahre) mit Hilfe von Berechnungen und Schätzungen eine Zuordnung solcher nicht aufgliederbarer Devisenzuflüsse zu den einzelnen Posten des Leistungs- und Kapitalverkehrs vor; als Folge dieser Revision reduzierte sich der Restposten für 1973 auf + 2,5 Mrd. DM. D.S.

**Reswitching-Phänomen**
Änderung des Produktionsverfahrens bei Änderung des Zinssatzes. In manchen Modellen der → Kapitaltheorie (z. B. im Modell mit heterogenen → Kapitalgütern, die mit Hilfe limitationaler → Produktionsfunktionen produziert werden, oder im Produktionsperioden-Modell, wenn die zeitliche Verteilung der Arbeit unregelmäßig ist) ist es möglich, daß ein und dieselbe Technik zu zwei verschiedenen Zinssätzen rentabel und im Intervall zwischen den zwei Zinssätzen unrentabel ist; bei einer Zinssenkung oder Zinserhöhung schaltet man dann auf eine bereits aufgegebene Technik zurück (reswitching). Bei Vorliegen dieses Phänomens gelten bestimmte Theoreme der neoklassischen Theorie nicht mehr.  P. W.

**Retorsionszoll**
(= Vergeltungszoll) → Zoll, den ein Land als Gegenmaßnahme zu einer aktiven → Außenwirtschaftspolitik des Auslands erhebt, um eingetretene Wohlfahrtsverluste ganz oder teilweise rückgängig zu machen. Verbessert z. B. das Ausland seine Wohlfahrt auf Kosten des Inlands durch einen Importzoll, so wird das Inland als Gegenmaßnahme seinerseits einen Importzoll (Retorsionszoll) erheben, mit dem es die durch den ausländischen Importzoll eingetretene Verschlechterung zu kompensieren versucht. Dieser Zollkrieg kann letztlich dazu führen, daß der → Außenhandel vollständig zum Erliegen kommt.  M. H.

**Retrognose**
→ Diagnose und Prognose

**Revalation** → Aufwertung

**revealed preference**
→ bekundete Präferenzen

**Revisionismus**
reformerische, auf eine theoretisch begründete Auseinandersetzung mit dem → Marxismus abzielende Richtung der deutschen Sozialdemokratie.
Wichtigster Theoretiker ist Eduard BERNSTEIN, der den Marxismus durch eine Kritik der Lehre vom Klassenkampf den veränderten Entwicklungsbedingungen des → Kapitalismus anzupassen versuchte. Er verwarf den revolutionären Weg zum → Sozialismus und prägte die Formel vom friedlichen »Hineinwachsen der Gesellschaft in den Sozialismus«, wobei er in der Demokratie die unerläßliche Vorbedingung für dessen Verwirklichung sah.
Aufgrund genereller Skepsis gegenüber den marxistischen Thesen vom zwangsläufigen Zusammenbruch des Kapitalismus im Gefolge der fortschreitenden Polarisierung der Gesellschaft in zwei Klassen durch die zunehmende Verelendung des Proletariats, dessen Diktatur ein notwendiges Übergangsstadium auf dem Weg zum Sozialismus bilden würde, sah er in Ablehnung dieser Doktrinen im Revisionismus eine »Weiterbildung von Theorie und Praxis der Sozialdemokratie im evolutionistischen Sinne«.
Der sich selbst folgerichtig auf keine einheitliche Theorie berufende Revisionismus wird seit seinem Auftreten an der Wende zum 20. Jh. vom orthodoxen Marxismus sowjetischer Prägung als unvermindert gefährliche opportunistische Rechtsabweichung verdammt, denn mit seinem Anspruch auf einen demokratischen Sozialismus steht der Revisionismus am Anfang eines Dritten Weges (Polyzentrismus), den die Tschechoslowakei und Chile zu beschreiten versuchten, und auf dem sich – mit Einschränkungen – Jugoslawien befindet.  J. K.

**Rezession**
im Gegensatz zur → Depression relativ kurze und leichte Abschwächungsphase des → Konjunkturzyklus; erstreckt sich oft nur auf einige Bereiche der Wirtschaft.

**Reziprozitätsprinzip**
(Prinzip der Gegenseitigkeit bzw. Wechselbeziehung) besagt für den internationalen Handelsverkehr, daß eine mit einem bestimmten Land vereinbarte Leistung (z. B. → Meistbegünstigung) nur dann gilt, wenn dieses Land eine entsprechende Gegenleistung erbringt (auch Reziprozitätsklausel). Eine Ausnahme vom Reziprozi-

tätsprinzip wird häufig von → Entwicklungsländern gefordert (→ KENNEDY-Runde), die einerseits Schutz für eine sich abzeichnende Industrialisierung vor ausländischer Konkurrenz wünschen, gleichzeitig aber für ihre eigenen Produkte die Öffnung der Märkte in den entwickelten Ländern fordern.   M.H.

## RGW
→ Rat für gegenseitige Wirtschaftshilfe

## RICARDO-Effekt
als Folge einer Lohnerhöhung auftretende Substitution von Arbeit durch Kapital. Sie tritt ein, wenn die Lohnkosten (zunächst) nicht auf die Preise der Investitionsgüter (und damit auf die Kapitalkosten) durchschlagen, so daß Kapital relativ billiger wird.

**Richtpreis** → Agrarmarktordnung

**Risikotransformation** → Banken

## Risiko und Unsicherheit
umschreiben Situationen mit unvollkommener oder gar fehlender Information. Frank H. KNIGHT, der Risiko und Unsicherheit erstmals als zwei verschiedene, wohl-definierte Begriffe verwendete, sah den Unterschied darin, daß beim Risiko die (Wahrscheinlichkeits-)Verteilung der Ergebnisse möglicher Handlungen bekannt ist, im Falle der Unsicherheit jedoch nicht. Im Anschluß an diese Definition wird Risiko als meßbare und deshalb versicherungsfähige, Unsicherheit als nicht meßbare und damit unversicherbare Ungewißheit bezeichnet. Obwohl die KNIGHT'sche Dychotomie den Weg für eine systematische Analyse der Elemente der Ungewißheit in der ökonomischen Theorie (→ Entscheidungstheorie, → Spieltheorie) eröffnete und seine Terminologie weitgehend akzeptiert wurde, lassen sich verschiedene Einwände vorbringen:
a) Die Unterscheidung ist inoperabel, da es logisch fast unmöglich erscheint, der Aussage, daß die Wahrscheinlichkeiten unbekannt sind, einen präzisen Sinn zu geben.

b) Die Trennung ist unnötig, da man – wenn vollkommene Ungewißheit über die auftretenden Ergebnisse vorliegt – der Implikation kaum entgehen kann, daß alle Ergebnisse gleichwahrscheinlich sind (LAPLACE-Kriterium, Prinzip vom unzureichenden Grund); andererseits wird vielfach die Existenz subjektiver Wahrscheinlichkeiten als notwendig angesehen, so daß jede Ungewißheitssituation in eine Risikosituation umwandelbar wäre.
c) Vollkommene Unkenntnis bezüglich des betreffenden Zufallsmechanismus ist genau so untypisch wie vollkommenes Wissen darüber. Ist aber partielle Kenntnis vorhanden, wird die Frage zu einem Problem des Vertrauens in die Wahrscheinlichkeitsaussage.
d) Besitzt man einiges Wissen (wie vage, partiell oder unvollständig auch) so wäre es ineffizient, dieses nicht zu nützen.
Aus der Fülle der verschiedenen Bedeutungen, die den Begriffen in der Literatur noch beigelegt wurde, seien einige herausgegriffen: Vor KNIGHT hat Allan H. WILLETT zwei Arten von Risiken (das ökonomische, das nur in einer evolutorischen Wirtschaft auftritt, und das außerökonomische Risiko, wie z.B. Feuer) unterschieden und der Unsicherheit als subjektiver, psychologischer Größe gegenübergestellt (die Unsicherheit ist dann am größten, wenn die Ereignisse gleichwahrscheinlich sind). Gelegentlich wird diese Unterscheidung darauf reduziert, daß Risiko den objektiven Tatbestand der nur teilweisen oder unvollkommenen Information kennzeichne, Unsicherheit dagegen das (subjektive) Bewußtsein dieses Risikos (Gefühl der Unsicherheit).
Walter EUCKEN verstand unter Risiko die Distanz der Plandaten von den faktischen Daten. Auch diese Definition ist unscharf, im übrigen bleibt offen, wie das Risiko gemessen werden könnte.
Ferner wird unter Risiko nur die Gefahr, einen Verlust zu erleiden verstanden, d.h. Risiko ist der Erwartungswert der negativen Abweichungen von einem bestimmten Nullpunkt einer Meßskala. Unsicherheit bedeutet dann meist die Spannweite der Gewinn- und Verlustmöglichkeiten, die

Kombination von »Risiko« und »Chance«. Sind Risiko und Chance aber nur die Ausprägungen derselben Zufallsvariablen, die ja nur als ganze entscheidungsrelevant ist, so ist diese terminologische Trennung irreführend.

In der → Portfolio-Selection-Theorie und in der Versicherungsmathematik häufig anzutreffen ist die Verwendung des Begriffs Risiko zur Charakterisierung der positiven und negativen Abweichungen vom Erwartungswert (Standardabweichung, Varianz) oder des Verhältnisses aus Standardabweichung und Erwartungswert (Variationskoeffizient). Die Verwendung dieser »Risikomaße« ist jedoch eingeschränkt und führt nicht immer zu allgemein befriedigenden Ergebnissen. R.E.

**ROBERTSON-lag**
auf Dennis H. ROBERTSON (1926) zurückgehender Vorläufer der → relativen Einkommenshypothese. Die lag-Hypothese geht von der Überlegung aus, daß aufgrund institutioneller Gegebenheiten eine Zeitdifferenz zwischen Verdienen und Verfügbarwerden des Einkommens besteht. Für das Konsumverhalten wird daraus gefolgert, daß die im Zeitpunkt $(t-1)$ vereinnahmten Einkommen ($Y_{t-1}$) erst nach einer Zeitperiode, deren Länge empirisch ermittelt werden muß im Zeitpunkt (t) zu Konsumausgaben ($C_t$) benutzt werden. Als → Konsumfunktion könnte z.B. verwendet werden:

$$C_t = a + b \cdot Y_{t-1}.$$

Modifizierungen des ROBERTSON-lags beinhalten die Thesen, daß zumindest langfristig die Konsumausgaben vom Einkommen der laufenden *und* der vergangenen Periode abhängen, weil sich die Konsumenten nur langsam dem augenblicklichen Einkommensniveau anpassen, oder daß nur das Profiteinkommen, nicht jedoch das Lohneinkommen mit Verzögerung auf die Konsumausgaben wirkt. Kritik wird am ROBERTSON-lag geübt, weil sich seine Dauer nicht eindeutig empirisch ermitteln läßt und dadurch die verzögerte Wirkung von Einkommensänderungen auf den → Konsum nur oberflächlich und zu allgemein berücksichtigt wird. Mit der → relativen Einkommenshypothese wird versucht, diese Verzögerungswirkungen konkreter zu fassen. E.v.K.

**ROBINSON-Bedingung**
→ MARSHALL-LERNER-Bedingung

**Römische Verträge**
→ Europäische Wirtschaftsgemeinschaft

**ROOSA-Effekt** → locking-in-effect

**Rückkopplung**
(= feedback) Rückführung des Informationsausgangs eines informationsverarbeitenden Elements (das auch ein → System sein kann) auf dessen Informationseingang. Man unterscheidet zwei Formen: die Gegenkopplung und die Mitkopplung, je nachdem ob die Ausgangsgröße subtraktiv oder additiv auf den Eingang wirkt:

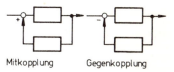

Mitkopplung    Gegenkopplung

Während die Gegenkopplung eine stabilisierende Wirkung auf die Ausgangsgröße des Elementes oder Systems hat (Konstanthaltung, Homöostase), kann sich bei Mitkopplung die Ausgangsgröße immer mehr aufschwingen, möglicherweise sogar eine Systemzerstörung herbeiführen, wenn nicht in die Rückführung ein Dämpfungsglied eingebaut ist, das lediglich einen Bruchteil des Betrags der Ausgangsgröße auf den Eingang bringt. In den Fällen, in denen durch Rückführung eine Stabilisierung bewirkt wird, spricht man von Regelung. Während der Begriff der Rückkopplung ein allgemeines kybernetisches Prinzip kennzeichnet, das auch auf sehr komplexe Größen angewandt werden kann (z.B. das Kommunikationsverhalten in einem Gespräch oder die Wirkungsweise einer politischen Maßnahme), stellt der Regelkreis eine Sonderform rückgekoppelter Systeme dar, die eine wohldefinierte Aus-

423

gangsgröße mit Dimensionsangabe beinhaltet.

Beispiel: Das KEYNES'sche Modell des Gleichgewichtseinkommens in Regelkreisdarstellung (positive Rückkopplung mit Dämpfung, $c = dC/dY \leqq 1$).

H. Sch.

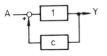

**Rücknahmesätze** → Ankaufsätze

**Rückversicherung**

»Versicherung der Versicherer«. Sie erhöht die Zeichnungskraft des Versicherungsunternehmens und dient der Aufteilung großer Risiken auf eine Vielzahl von Versicherungsunternehmen. Bei Rückversicherung liegt eine Reihe voneinander unabhängiger Verträge vor: Der Vertrag des Versicherten mit dem Erstversicherer, der mit dem Rückversicherer einen Rückversicherungsvertrag eingeht, welcher wiederum durch Retrozession Risiken weitergeben kann. Die laufende Rückversicherung bedeutet im Gegensatz zur Einzelrückversicherung, daß alle Risiken einer bestimmten Art vom Rückversicherer übernommen werden, entweder in einer bestimmten Quote (Quotenrückversicherung) oder nur bei Überschreiten eines bestimmten Selbstbehalts (Exzedentenrückversicherung).

Die 25 Rückversicherungsunternehmen innerhalb der BRD unterliegen der Bundesaufsicht; sie hatten 1972 einen Vermögensbestand von 5,3 Mrd. DM und Beitragseinnahmen von 6,7 Mrd. DM. Sie unterhalten weite internationale Geschäftsverbindungen.

E. F.

**Rückwälzung** → Steuerüberwälzung

**RWRE**

→ Europäische Währungs-Recheneinheit

**RYBCZYNSKI-Theorem**

diskutiert auf der Grundlage des → HECKSCHER-OHLIN-Theorems die Wirkungen, die sich für ein Land bei einer Erhöhung der verfügbaren Menge eines Produktionsfaktors bei konstantem Güterpreisverhältnis (→ terms of trade) ergeben. Das von T. M. RYBCZYNSKI (1955) stammende Theorem zeigt, daß bei einer Erhöhung der Faktormenge die Produktion des Gutes, das diesen Faktor relativ stark beansprucht, um mehr als das gesamte Sozialprodukt wächst, während die Erzeugung des anderen Gutes absolut zurückgeht. Es bildet die Grundlage für die theoretische Analyse der Wirkungen des Wachstums auf den Außenhandel. So läßt sich z. B. zeigen, daß die mengenmäßige Zunahme jenes Faktors, der in der Exportgüterindustrie relativ intensiv genutzt wird, bei konstanten terms of trade die Produktion des Exportgutes überproportional erhöht, dagegen die Produktion des Importgutes reduziert, damit das Land mehr von Importen abhängig macht und tendenziell die terms of trade verschlechtert. Die Logik des Theorems läßt sich auch auf die Analyse der Wirkungen des → technischen Fortschritts auf den Außenhandel anwenden. Die mit seiner Hilfe abgeleiteten Produktionseffekte des Faktorenwachstums und des technischen Fortschritts müssen durch Berücksichtigung der Nachfrageeffekte ergänzt werden. Erst dann läßt sich eine Aussage über die »Handelsorientiertheit« von Wachstumsvorgängen machen.

M. H.

# S

**Sachvermögen**
(= Realvermögen) Teil des volkswirtschaftlichen → Bruttovermögens. Untergliederung:
a) nicht reproduzierbares Sachvermögen (→ Boden, Bodenschätze);
b) reproduzierbares Sachvermögen (→ Anlagevermögen, → Vorratsvermögen, → Gebrauchsvermögen).

**Sachverständigenrat**
Gremium von fünf unabhängigen Sachverständigen zur periodischen Begutachtung der gesamtwirtschaftlichen Entwicklung in der BRD. Er arbeitet auf der Grundlage des Gesetzes über die Bildung eines Sachverständigenrates zur Begutachtung der gesamtwirtschaftlichen Entwicklung vom 14. 8. 1963 (geändert durch das Änderungsgesetz vom 8. 11. 1966 und durch das → Gesetz zur Förderung der Stabilität und des Wachstums der Wirtschaft vom 8. 6. 1967).
Der Sachverständigenrat ist verpflichtet, jährlich ein Gutachten zu erstatten und dieses der Bundesregierung jeweils bis zum 15. 11. zuzuleiten. In diesen Jahresgutachten werden die jeweilige gesamtwirtschaftliche Lage und deren absehbare Entwicklung dargestellt. Dabei soll auch untersucht werden, wie im Rahmen der marktwirtschaftlichen Ordnung gleichzeitig Stabilität des Preisniveaus, hoher Beschäftigungsstand und → außenwirtschaftliches Gleichgewicht bei stetigem und angemessenem Wachstum gewährleistet werden können. In die Untersuchung sollen ferner auch die Bildung und Verteilung von Einkommen und Vermögen einbezogen werden. Insbes. soll der Sachverständigenrat die Ursachen von aktuellen und möglichen Spannungen zwischen der gesamtwirtschaftlichen Nachfrage und dem gesamtwirtschaftlichen Angebot aufzeigen, welche die Verwirklichung der wirtschaftspolitischen → Ziele gefährden. Dabei sollen jeweils verschiedene Annahmen zugrundegelegt und deren unterschiedliche Wirkungen dargestellt und beurteilt werden. Der Sachverständigenrat soll Fehlentwicklungen und Möglichkeiten zu deren Vermeidung oder Beseitigung aufzeigen, jedoch keine Empfehlungen für bestimmte wirtschafts- und sozialpolitische Maßnahmen aussprechen (§ 2). Im → Jahreswirtschaftsbericht nimmt die Bundesregierung zum Gutachten des Sachverständigenrates Stellung.
Der Sachverständigenrat hat ein zusätzliches Gutachten zu erstatten, wenn auf einzelnen Gebieten Entwicklungen erkennbar werden, welche die oben genannten Ziele gefährden oder wenn er von der Bundesregierung damit beauftragt wird.      W.G.

**säkulare Inflation**
langanhaltender Prozeß der Preissteigerung ohne Selbstverstärkungstendenz. Als fortdauerndes und für die westlichen Industrienationen typisches Phänomen wird die säkulare Inflation mit dem Wachstumsprozeß (z. B. Investitionseffekt der Inflation mit → Rückkopplung über eine Faktorfreisetzung durch → Zwangssparen auf die Inflation) und mit den Strukturelementen von kapitalistischen Volkswirtschaften (Übergang vom Anteil- zum Kontrollsystem in der ökonomischen Aktivität des Staates; nur nach oben flexible, im Konjunkturabschwung bestenfalls konstante Ansprüche der gesellschaftlichen Gruppen; ausgeprägte free-rider-Haltung zur Partizipation am → öffentlichen Gut »Stabilität« ohne eigene Anspruchmäßigung) in Verbindung gebracht.
Bezüglich der Verquickung von politisch-ökonomischen Einflüssen hat die säkulare

Inflation enge Verwandtschaft mit dem mittelfristigen Phänomen der → schleichenden Inflation. B.B.G.

**säkulare Stagnation**
→ Stagnationstheorien

**Sättigung**
1. in der → Haushaltstheorie: Sättigung liegt vor, wenn der Grenznutzen (→ Nutzen) eines Gutes Null ist. Die Nachfragemenge beim Preis Null (→ Nachfragekurve) heißt Sättigungsmenge.
2. in der → Produktionstheorie: Sättigung ist bei partieller Faktorvariation gegeben, wenn der Grenzertrag des variablen Faktors Null ist (Sättigungsmenge des variablen Faktors, Sättigungspunkt).

H.M.W.

**Sättigungsgesetz**
→ GOSSEN'sche Gesetze

**Saisonschwankungen**
im Gegensatz zu den mittelfristigen → Konjunkturzyklen weniger als ein Jahr dauernde Schwankungen von Zeitreihen der Wirtschaftsaktivität mit periodischer Wiederkehr. Ursachen für Saisonschwankungen sind Jahreszeiten (z. B. Landwirtschaft), Nachfrageschwankungen (z. B. Energieverbrauch) oder Sitten und Gebräuche (z. B. Weihnachten). Wichtig ist die Saisonbereinigung wirtschaftlicher Zeitreihen für die Konjunkturdiagnose und -prognose.
Die Bereinigung erfordert Kenntnis der Ursachen; hilfsweise kann sie auch mittels analytischer Zerlegung der Zeitreihe erfolgen, wobei Hypothesen über eine konstante oder variable Saisonfigur vorausgesetzt werden. Ein besonderes Problem ist die Abgrenzung der Saisonschwankungen gegenüber Zufallseinflüssen. E.v.P.

**Saldentheorie des Inflationsimports**
→ importierte Inflation

**SAMUELSON-Kriterium**
von Paul A. SAMUELSON formuliertes → Wohlfahrtskriterium, das aus der Kritik am »mißglückten« Versuch der → Kompensationstheorie (im Sinne von Nicholas KAL-DOR, John R. HICKS und Tibor SCITOVSKY) entstand, Vergleichssituationen bei gleichzeitiger Neutralität in Verteilungsfragen zu beurteilen. Nach SAMUELSON erfordert strikte Neutralität in Fragen der Distribution, daß ein Vergleich zwischen zwei Zuständen nicht nur auf der Grundlage der jeweiligen Einkommensverteilung zu erfolgen habe, sondern auf der Basis jeder erdenklichen Verteilung der Güterbündel in den Vergleichssituationen. Soll ein Güterbündel $Q_2$ nach dem SAMUELSON-Kriterium einer Alternative $Q_1$ überlegen sein, dann muß zu jeder möglichen Verteilung von $Q_1$ eine Verteilungsalternative für $Q_2$ existieren, in der zumindest eine Person besser gestellt ist und die anderen zumindest indifferent sind; d. h. die → Nutzenmöglichkeitskurve von $Q_2$ muß vollständig außerhalb derer von $Q_1$ liegen.
Ohne exakte Kenntnis der individuellen Nutzenfunktionen bleibt das SAMUELSON-Kriterium allerdings auf die trivialen und außergewöhnlich seltenen Fälle beschränkt, in denen wenigstens von einem Gut mehr und von keinem weniger verfügbar ist. Darin wird die Absicht SAMUELSON's deutlich, weniger ein Kriterium vorzuschlagen als die Implikationen von Wohlfahrtsaussagen aufzuzeigen, die Anspruch der Neutralität in Verteilungsfragen erheben. K.Sch.

**SAMUELSON-STOLPER-Theorem**
analysiert auf der Grundlage des → HECKSCHER-OHLIN-Theorems die Frage, welche Wirkungen sich bei Veränderung des relativen Preises eines Gutes für die Realeinkommen der Produktionsfaktoren in einem Land ergeben. Das auf Paul A. SAMUELSON und Wolfgang F. STOLPER (1941) zurückgehende Theorem zeigt, daß bei einem Anstieg des relativen Preises eines Gutes der relative Preis des bei der Produktion dieses Gutes besonders intensiv genutzten Faktors steigt, ebenso das Realeinkommen dieses Faktors. Außerdem erhöht sich die Produktion dieses Gutes auf Kosten der Produktion des anderen Gutes.
Im Rahmen der Zolltheorie lassen sich mit

Hilfe des Theorems Aussagen über die Wirkungen eines → Zolls auf die Realeinkommen der Faktoren machen. Da durch Erhebung eines Importzolls i.d.R. der inländische Preis für Importgüter steigt, wird es zu einer Verbesserung der realen Einkommenssituation bei jenem Faktor kommen, der bei der Produktion der importkonkurrierenden Produkte besonders intensiv genutzt wird. Gemäß dem HECKSCHER-OHLIN-Theorem ist dies der in diesem Land relativ knappe Faktor. Das Theorem findet man in der Forderung wieder, Zölle zum Schutz des → Lebensstandards inländischer Arbeitnehmer vor dem Druck der Auslandskonkurrenz zu erheben. Dabei wird vergessen, daß es auf eine Reihe vereinfachender Annahmen aufbaut, die seine praktische Bedeutung stark beeinträchtigen (vgl. die Annahmen des → HECKSCHER-OHLIN-Theorems).

M.H.

## SAMUELSON-Theorem

von Paul A. SAMUELSON 1951 erbrachter Nachweis, daß unter gewissen Voraussetzungen die Annahme konstanter → Inputkoeffizienten in der → Input-Output-Analyse auch mit substitutionalen → Produktionsfunktionen verträglich ist. Unter folgenden Annahmen tritt keine Faktorsubstitution auf, ganz gleich, wie sich der Vektor der → Endnachfrage ändert:
a) → vollständige Konkurrenz;
b) linear homogene → Produktionsfunktionen;
c) keine Koppelproduktion (→ Produktion);
d) nur *ein* knapper primärer Produktionsfaktor (alle anderen sind reproduzierbar).
Die Logik des Theorems verdeutlicht eine einfache Überlegung: Ist nur ein knapper primärer Faktor vorhanden, dann sind nur solche Produktionsprozesse effizient, die möglichst wenig von diesem knappen Faktor verbrauchen, unabhängig von der Zusammensetzung der Endnachfrage. Für den effizienten Einsatz des Faktors sorgt der → Wettbewerb. Wären aber einige Güter Koppelprodukte, so würde eine Endnachfragevariation u.U. die Substitution eines Produktionsverfahrens durch ein anderes bedingen, da die relativen Preise der Koppelprodukte von der Endnachfrage abhängen.   F.A.

**saver's surplus** → Produzentenrente

## SAY'sches Theorem

auf den französischen Klassiker Jean-Baptiste SAY (1767–1832) zurückgehende Aussage: »Das Angebot schafft sich seine eigene Nachfrage«. Sie impliziert, daß es keine generelle Ungleichgewichtssituation auf den Gütermärkten geben kann: Ein Überschußangebot auf einem Markt erfordert, daß auf der Gesamtheit aller übrigen Gütermärkten insgesamt eine Überschußnachfrage besteht. Aufgrund der einsetzenden Preisanpassungen verschwinden die Ungleichgewichte.

Dieser für eine geldlose Wirtschaft richtige Gedanke beruht auf einem dort sich aus einer Totalanalyse zwingend ergebenden logischen Schluß und impliziert, daß steigende Güterproduktion nicht nur zu erhöhtem Angebot führt, sondern auch die Einkommen zur Aufnahme dieses Angebots schafft. → Unterbeschäftigung kann es hier nur als vorübergehende Ungleichgewichtssituation geben. In einer Geldwirtschaft würde das SAY'sche Theorem erfordern, daß auch auf dem Geldmarkt keine Ungleichgewichtssituation auftritt, was letztlich von der neoklassischen → Geldtheorie und hier v.a. von der → Quantitätstheorie auch unterstellt wird. In einer unsicheren Welt jedoch ist diese enge Substitutionsbeziehung zwischen Geld- und Gütermärkten nicht gegeben. Vielmehr kann auf dem Geldmarkt eine (potentielle) Überschußnachfrage auftreten, die keine Kräfte auslöst, die zugleich dort wie auf dem Güter- und dem Arbeitsmarkt die Ungleichgewichtspositionen beseitigen. Somit gilt (gemäß der KEYNES'schen Analyse) in der Geldwirtschaft einer unsicheren Welt das SAY'sche Theorem nicht: Marktmäßig sich nicht auflösende Ungleichgewichte und damit nicht nur vorübergehende Arbeitslosigkeit sind möglich (→ Unterbeschäftigungsgleichgewicht).

H.-J.H.

## SCITOVSKY-Indifferenzkurven
→ soziale Indifferenzkurven

## SCITOVSKY-Kriterium
von Tibor SCITOVSKY 1941 formuliertes → Wohlfahrtskriterium, das die Widerspruchsmöglichkeiten des → KALDOR-HICKS-Kriteriums auszuschalten sucht. Für eine Volkswirtschaft, die nach dem KALDOR-HICKS-Kriterium eine Situation II der Ausgangssituation I vorzieht, kann die Position I dennoch nach demselben Kriterium überlegen erscheinen, sobald sie Situation II bezogen hat. Um derartige Widersprüche zu vermeiden, schlägt SCITOVSKY eine Ergänzung des KALDOR-HICKS-Kriterium vor:
Nach einer Veränderung, die entsprechend diesem Kriterium vorteilhaft ist, darf eine Rückkehr zur Ausgangslage nach dem gleichen Kriterium nicht vorzugswürdig sein. D.h., die Verlierer dürfen bei einem Wechsel von Situation I zu II nicht in der Lage sein, zu ihrem Vorteil die potentiellen Gewinner durch »Bestechung« von der Veränderung abzuhalten (»SCITOVSKY-reversal-criterion«; zusammen mit dem KALDOR-HICKS-Kriterium wird dieses »reversal-criterion« als »SCITOVSKY-double-criterion« bezeichnet).
Auch das »double-criterion« ist gegen Widersprüche nicht gefeit, wenn mehr als zwei Alternativen verglichen werden sollen (William M. GORMAN). Operational ist lediglich das »reversal-criterion« (via PAASCHE-Mengenindex; → Indextheorie). Überdies ist das »double-criterion« deshalb kritisiert worden, weil es nur zwei Verteilungszustände berücksichtige (→ SAMUELSON-Kriterium). Unabhängig davon ist das SCITOVSKY-Kriterium wesentlicher Bestandteil des → LITTLE-Kriteriums. K.Sch.

## second best
(Theorie des Zweitbesten) beschäftigt sich mit Problemen der Wohlfahrtssteigerung bzw. -optimierung in Volkswirtschaften, in denen nicht alle Marginalbedingungen des → PARETO-Optimums gleichzeitig erfüllbar sind. Da die paretianischen Optimumbedingungen praktisch nicht sämtlich erfüllbar erscheinen (Steuerwirkungen, Monopoleffekte, → Externalitäten etc. verhindern dies) sind die Rahmenbedingungen dieser Theorie für die → Wohlfahrtsökonomik von vorrangiger Relevanz.
Entgegen der vormals verbreiteten Auffassung, daß die möglichst weitgehende Erfüllung der paretianischen Bedingungen (näher) zu einem Optimum führen, bestreitet das Theorem des second best die generelle Gültigkeit dieser Vorstellung. Vielmehr verlange die Erreichung eines Optimums bei Unerfüllbarkeit einer paretianischen Optimumbedingung eine Abweichung von allen anderen (Richard G. LIPSEY und Kelvin LANCASTER).
In ihrer Version als totale Optimierung unter der Nebenbedingung unerfüllbarer Optimumbedingungen erscheint die Theorie des second best utopisch (Paul STREETEN), weil ohne Aussicht auf Operationalisierbarkeit.
Anwendungsbezogener ist die partielle (»piecemeal«) Version der Theorie: sie untersucht die Bedingungen, unter denen partielle Durchsetzung von Optimalbedingungen zu (potentiellen) Wohlfahrtssteigerungen führt (Otto A. DAVIS und Andrew B. WHINSTON). So erscheint z.B. die Monopolbekämpfung (potentiell) paretianisch vorteilhaft, wenn die Monopolisierung in der restlichen Volkswirtschaft gering bzw. weniger weit fortgeschritten ist (Edward J. MISHAN).
In der → Kosten-Nutzen-Analyse versucht man durch Preiskorrekturen bzw. -simulationen den Rahmenbedingungen des second best gerecht zu werden: man versucht die Nettozahlungswilligkeit für ein Projekt (als Indiz für potentielle paretianische Wohlfahrtssteigerungen) zu ermitteln, die i.d.R. von Gelderlösen minus Geldkosten abweicht, weil Marktunvollkommenheiten vorliegen, d.h. relevante Optimalbedingungen unerfüllt bleiben. Die partielle Variante der Theorie und ihre Anwendung vermeidet zwar den Zwang zur Ableitung von Optimalbedingungen für alle Sektoren, ist damit aber nicht aller Sorgen um totale Analyse ledig. Welche Abweichun-

gen von Optimalbedingungen relevant sind, vermag auch bei reduziertem Optimierungsanspruch nur eine »totale« Theorie prinzipiell zu klären.  K.Sch.

**Sektoren** → Wirtschaftssektoren

**Sektorenmultiplikator**
→ Input-Output-Analyse

**sekundäre Aktiva** → Geldschöpfung

**sekundärer Sektor** → Wirtschaftssektoren

**Sekundärliquidität** → Bankenliquidität

**Sekundärverteilung**
→ Einkommensverteilung

**Selbstverwaltungswirtschaft**
→ Wirtschaftsordnung

**Shift-Analyse** → Regionalanalyse

**Sichteinlagen**
(= Sichtdepositen) Bankguthaben, über die jederzeit verfügt werden kann. Sie werden gehalten
a) von Nichtbanken bei Geschäftsbanken (→ Banken) und der → Zentralbank, v.a. zur Abwicklung des bargeldlosen → Zahlungsverkehrs (keine oder sehr niedrige Verzinsung);
b) von Geschäftsbanken bei anderen Geschäftsbanken als → working balances oder als verzinsliche Anlage auf dem → Geldmarkt in Form von Tagesgeld (feste Laufzeit von einem Tag) oder als tägliches Geld (eintägige Kündigungsfrist);
c) von Geschäftsbanken bei der Zentralbank (zinslos) als working balances und als → Mindestreserven.
Die Sichteinlagen von Nichtbanken bei Geschäftsbanken und der Zentralbank (mit Ausnahme der Sichteinlagen öffentlicher Haushalte bei der → Deutschen Bundesbank) sind Bestandteil des → Geldvolumens.  H.M.W.

**Signal**
konkretes physikalisches Ereignis mit der Eigenschaft, Träger eines → Zeichens zu sein, indem es eine nicht zufällige Verteilung von Energie (Materie) entlang der Zeit-(Raum-)Achse besitzt.
Beispiel: Das Signal ist die Druckerschwärze, das Zeichen der Buchstabe. Wird ein Buchstabe doppelt gedruckt, so handelt es sich um das »gleiche« Zeichen, aber um zwei Signale. Signale übermitteln eine → Nachricht mit Hilfe von Zeichen.  H.Sch.

**Simulation**
Methoden zur Nachbildung von Prozessen. Zur Untersuchung von komplizierten Zusammenhängen realer komplexer Systeme wird ein Simulationsmodell konstruiert. Der experimentellen Untersuchung wird dann der Vorzug gegeben, wenn eine mathematische Analyse entweder unmöglich ist oder einen zu hohen Aufwand erfordert; i.d.R. werden mehrere Simulationsläufe vorgenommen, d.h. das Modell wird unter leicht abgewandelten Bedingungen simuliert. Diese Ergebnisse sind Stichproben aus der Grundgesamtheit aller denkbaren Ergebnisse. Die Beurteilung von → Systemen oder Prozessen erfolgt hier auf Grund statistischer Maße.
Anwendung findet die Simulationsmethode in der quantitativen Unternehmensforschung (Lagerhaltungsmodelle, Warteschlangenprobleme, Netzplanmodelle), bei Modellen → Quantitativer Wirtschaftspolitik und in der theoretischen → Ökonometrie, wenn die Eigenschaften von Schätzmethoden bei endlichen Stichprobenumfängen untersucht werden (Monte-Carlo-Methoden).  H.B.

**Skalenelastizität**
(= Niveauelastizität) mißt das Verhältnis von relativer Produktmengenänderung zu relativer Änderung des Faktoreinsatzmengenniveaus (das mit $\lambda$ bezeichnet wird):

$$\varepsilon_{y,\lambda} = \frac{dY/Y}{d\lambda/\lambda} \ .$$

Sie beschreibt eine Eigenschaft einer → Produktionsfunktion, nämlich die Ertragsentwicklung bei proportionaler Variation aller Faktoreinsatzmengen (Niveauvariation). Die Skalenelastizität kann folgende Werte annehmen:

$\varepsilon_{y,\lambda} = 1: \rightarrow$ constant returns to scale;
$\varepsilon_{y,\lambda} < 1: \rightarrow$ decreasing returns to scale;
$\varepsilon_{y,\lambda} > 1: \rightarrow$ increasing returns to scale.

R.D.

**Skalenerträge** $\rightarrow$ constant, $\rightarrow$ decreasing, $\rightarrow$ increasing returns to scale

**Smithsonian Agreement**
nach dem Washingtoner Konferenzgebäude benanntes Abkommen der $\rightarrow$ Zehnergruppe vom 18. 12. 1971. Es enthielt Sofortmaßnahmen und auf längerfristige Ziele gerichtete Absichtserklärungen zur Neuordnung der internationalen Wirtschaftsbeziehungen.
a) Sofortmaßnahmen: 1. Festsetzung neuer $\rightarrow$ Leitkurse bzw. $\rightarrow$ Paritäten in einem multilateralen $\rightarrow$ Realignment; 2. Erweiterung der Wechselkursbandbreiten auf $\pm$ 2,25% im Gegensatz zum $\pm$ 1%-Band gemäß den Statuten des $\rightarrow$ Internationalen Währungsfonds. 3. Dollarabwertung gegenüber dem Gold um 7,89% auf 38 Dollar je Feinunze und um durchschnittlich 9% gegenüber den Währungen der wichtigsten Handelspartner. 4. Aufhebung der 1971 verfügten Importbeschränkungen der USA.
b) Absichtserklärungen: 1. Aufnahme von Verhandlungen zwischen den USA und den $\rightarrow$ Europäischen Gemeinschaften über handelspolitische Zusammenarbeit. 2. Eintritt in Beratungen über die Reform der $\rightarrow$ internationalen Währungsordnung.
Die als Jahrhundertereignis gefeierte Übereinkunft vermochte an der Suspension der Goldkonversion des Dollars nichts zu ändern, und sie konnte auch nicht verhindern, daß schon in den unmittelbar darauf folgenden Monaten die $\rightarrow$ internationale Währungsordnung erneut in schwere Krisen geriet. Die destabilisierenden Faktoren (Defizit der US-Zahlungsbilanz, differenzierte Weltinflation) bestanden fort. Infolgedessen lebten lange verpönte Konvertibilitätsbeschränkungen wieder auf, und schließlich kehrten sich die meisten Industrienationen vom System der $\rightarrow$ festen Wechselkurse zumindest im Verhält-

nis zum Dollar ab, womit das System von Bretton Woods sein Ende fand. F.G.

**SNA**
$\rightarrow$ System of National Accounts

**Snob-Effekt**
Abnahme des $\rightarrow$ Nutzens eines Gutes für einen Haushalt mit wachsendem Kreis der Konsumenten aufgrund angestrebter Exklusivität. Die nachgefragte Menge dieses Haushalts hängt dann nicht nur vom Preis für das Gut ab, sondern geht mit steigendem Verbrauch oder Konsumentenzahl zurück. Bei einer Preissenkung gibt es zwei entgegengerichtete Effekte: eine Zunahme der nachgefragten Menge aufgrund der Preissenkung (Preis-Effekt) und eine Abnahme aufgrund der Ausweitung des Verbrauchs (Snob-Effekt). Die Gesamtnachfragefunktion hat trotz des negativen Snob-Effekts einen normalen (fallenden) Verlauf, die $\rightarrow$ direkte Preiselastizität der Nachfrage wird jedoch durch den Snob-Effekt (absolut) vermindert. H.M.W.

**social benefits** $\rightarrow$ soziale Erträge

**social costs** $\rightarrow$ soziale Kosten

**social overhead capital** $\rightarrow$ Infrastruktur

**social returns** $\rightarrow$ soziale Erträge

**social surplus** $\rightarrow$ Produzentenrente

**social wants**
Kollektivbedürfnisse. $\rightarrow$ öffentliche Güter

**Solidaritätsprinzip**
$\rightarrow$ Christliche Soziallehre

**Sollzinsbindung** $\rightarrow$ Bankenaufsicht

**Solo-Terminkurs**
$\rightarrow$ Devisenmarkt

**SOLOW-Modell**
$\rightarrow$ Wachstumsmodell von Robert M. SOLOW (1956), mit dem die Entwicklung der neoklassischen $\rightarrow$ Wachstumstheorie ein-

setzt. Ausgangspunkt ist eine Kritik des → DOMAR-Modells. Die Annahme einer limitationalen makroökonomischen → Produktionsfunktion (konstanter → Kapitalkoeffizient v), die dafür verantwortlich ist, daß es im DOMAR-Modell nur eine bestimmte befriedigende Wachstumsrate

$$g = \frac{s}{v}$$

geben kann, wird als unrealistisch betrachtet und durch die neoklassische Annahme einer substitutionalen Produktionsfunktion (meist → COBB-DOUGLAS-Produktionsfunktion) ersetzt. Einer bestimmten → Sparquote s entspricht nun ein ganzer Fächer von befriedigenden Wachstumsraten g entsprechend dem jeweiligen Kapitalkoeffizienten.

Das Modell gibt Antwort auf zwei Fragen, nämlich auf die nach der steady-state-Lösung und auf die nach möglichen Anpassungsprozessen, wenn die Bedingungen des → steady-state growth nicht erfüllt sind (Stabilitätsproblem).

Voraussetzungen des SOLOW-Modells;
a) substitutionale Produktionsfunktion $Y = F(K,L)$ für das → Sozialprodukt Y in Abhängigkeit vom → Kapitalstock K und der Zahl der → Erwerbstätigen L;
b) → constant returns to scale;
c) konstante durchschnittliche und marginale Sparquote s;
d) konstante Wachstumsrate n der Zahl der → Erwerbstätigen.

Die dem DOMAR-Modell entsprechenden drei Gleichgewichtsbedingungen können nun wie folgt formuliert werden:

Vollauslastung der Kapazitäten:

$$\frac{Y}{L} = f\left(\frac{K}{L}\right) \quad \text{bzw. } y = f(k)$$

I-S-Gleichgewicht: $\quad \dfrac{dK}{dt} = I = sY$

Vollbeschäftigung: $\quad L = L_o e^{nt}$

Nach Umformung der Kapitalintensität $k = \dfrac{K}{L}$ in Wachstumsraten:

$$\frac{dk}{dt}\frac{1}{k} = \frac{dK}{dt}\frac{1}{K} - \frac{dL}{dt}\frac{1}{L}$$

und Einsetzen erhält man

$$\frac{dk}{dt}\frac{1}{k} = sY\frac{1}{K} - n$$

Unter Berücksichtigung von

$$\frac{Y}{K} = \frac{Y}{L} \cdot \frac{L}{K} = f(k)\frac{1}{k}$$

erhält man

$$\frac{dk}{dt} = s\,f(k) - nk.$$

Diese Differentialgleichung hat eine einfache Lösung, wenn k konstant und gleich dem Ausgangswert $k_o$ ist. Es gilt dann $k = k_o$ und

$$\frac{dk}{dt} = 0.$$

Für die Werte von $k_o$ und $y_o = f(k_o)$ ergibt sich

$$\frac{y_o}{k_o} = \frac{n}{s}.$$

Auf dem steady-state-Pfad bleiben die Werte von y und k konstant, und da

$$v = \frac{K}{Y} = \frac{k}{y},$$

erhalten wir

$$v = \frac{s}{n} \quad \text{oder } n = \frac{s}{v}.$$

Mit anderen Worten: Auch im SOLOW-Modell ist (wie im DOMAR-Modell und im → HARROD-Modell) die steady-state-Lösung durch Übereinstimmung von befriedigender und natürlicher Wachstumsrate gekennzeichnet (wenn der → technische Fortschritt vernachlässigt wird). Die drei Variablen Y, K, L des Modells wachsen mit der natürlichen Wachstumsrate n, vorausgesetzt die Ausgangswerte $Y_0$ und $K_0$ erfüllen die Bedingungen:

$$Y_o = y_o L_o; \quad K_o = k_o L_o; \quad \frac{y_o}{k_o} = \frac{n}{s}.$$

Die Wachstumspfade der Variablen sind dann gegeben durch:

$$Y = y_o L_o e^{nt}; \quad K = k_o L_o e^{nt}; \quad L = L_o e^{nt}.$$

Der Unterschied zum DOMAR-Modell bzw. zum HARROD-Modell besteht darin, daß bei vorgegebener Sparquote und natürlicher Wachstumsrate ein steady-state-Wachstum zumindest prinzipiell immer möglich ist, während in den beiden anderen Modellen auch der Kapitalkoeffizient ein Datum ist, so daß die erforderliche Relation der drei Größen s, n, v nur durch einen Zufall zustande kommen kann. Noch klarer wird der Unterschied bei der Betrachtung der Stabilität des Gleichgewichtswachstumspfades. Es kann gezeigt werden, daß der Kapitalkoeffizient sich dem Gleichgewichtswert anpaßt, wenn er im Ausgangspunkt des Pfades diesem Wert nicht entsprach.   C.-G.Sch.

**Sonderfonds der Vereinten Nationen**
→ Entwicklungsprogramm der Vereinten Nationen

**Sonderziehungsrechte (SZR)**
(= special drawing rights, SDR) internationales Zahlungsmittel (Buchgeld) im Verkehr zwischen den Währungsbehörden, das durch Ergänzung des Abkommens über den → Internationalen Währungs-

fonds (IWF) am 28. 7. 1969 geschaffen wurde.
Da man sich auf eine Begriffsbestimmung nicht einigen konnte, legte Art. XXI des Abkommens nur den Zweck fest: im Bedarfsfall die bestehenden → Währungsreserven zu ergänzen.
Die ebenfalls in Art. XXI enthaltene Definition in Gold (1 SZR = 0,888671 Gramm Feingold) stattete die SZR mit absoluter Goldwertgarantie aus. Über die Definition des Dollars (in Gold) war das Austauschverhältnis zum Dollar gegeben, und über die Dollarparitäten bzw. Dollarleitkurse konnten die SZR-Kurse aller Währungen bestimmt werden. Nach dem Übergang vieler Währungen zu → freien Wechselkursen gegenüber dem Dollar schwankten auch die SZR-Kurse dieser Währungen. Der Dollar hingegen lag abgesehen von den Dollarabwertungen am 18. 12. 1971 und 12. 3. 1973 fest (zuletzt: 1 SZR = 1,20635 $). Dies wurde als unbegründet und unzweckmäßig empfunden.
Der → Zwanzigerausschuß schlug darum im Januar 1974 vor, als Interimlösung bis

Tab. 1: Grundlagen der Standardkorb-Technik

|  | Gewichtsanteil % | Währungseinheiten pro SZR |
|---|---|---|
| Australische Dollar | 1,5 | 0,012 |
| Belgische Franken | 3,5 | 1,6 |
| Dänische Kronen | 1,5 | 0,11 |
| Deutsche Mark | 12,5 | 0,38 |
| Französische Franken | 7,5 | 0,44 |
| Holländische Gulden | 4,5 | 0,14 |
| Italienische Lire | 6,0 | 47 |
| Japanische Yen | 7,5 | 26 |
| Kanadische Dollar | 6,0 | 0,071 |
| Norwegische Kronen | 1,5 | 0,099 |
| Österreichische Schilling | 1,0 | 0,22 |
| Pfund Sterling | 9,0 | 0,045 |
| Schwedische Kronen | 2,5 | 0,13 |
| Spanische Peseten | 1,5 | 1,1 |
| Südafrikanische Rand | 1,0 | 0,0082 |
| US-Dollar | 33,0 | 0,40 |
| | 100,0 | |

zur endgültigen Reform des Weltwährungssystems eine Korbbewertung durchzuführen. Die sog. Standardkorb-Technik wurde am 1. 7. 1974 vom IWF in Kraft gesetzt. Ein SZR entspricht seither (zum Zwecke einer Bestimmung des Wechselkurses des SZR in einer Landeswährung) der Summe vereinbarter Beträge von 16 Währungen (Tab. 1): In einem ersten Schritt einigte man sich über die prozentualen Anteile dieser Währungen in einem SZR, und zwar nach der Bedeutung des jeweiligen Landes am Welthandel. Die Umrechnung der Anteile in Währungsbeträge erfolgte schließlich in der Weise, daß der nach der neuen Technik ermittelte SZR-Kurs, ausgedrückt in Dollars, am 28. 6. 1974 identisch mit dem nach der alten Methode bestimmten SZR-Kurs war (1 SZR = 1,20635 $). Damit war die Kurskontinuität gewährleistet. Seit dieser Zeit schwanken die SZR-Kurse aller Währungen (einschl. des Dollars) entsprechend den Devisenmarktbewegungen.

Mitglieder, die (nach eigenem Entschluß) Teilnehmer am SZR-Konto des IWF sind, erhielten am 1. 1. 1970 die erste Zuteilung an SZR durch den Fonds. Weitere Zuteilungen erfolgten am 1. 1. 1971 und 1. 1. 1972. Die Gesamtsumme betrug 9,3 Mrd. SZR; das waren am Ende 1973 ca. 5% der → Währungsreserven aller Mitgliedsländer (Tab. 2).

Die Inhaber von SZR besitzen folgende Hauptverwendungsmöglichkeiten für die SZR:

a) Geschäfte zwischen Teilnehmern: 1. Rückkauf eigener Währung aus dem Bestand eines Teilnehmers; 2. Erwerb defacto-konvertierbarer Währungsbeträge von einem anderen Teilnehmer mit dessen Einverständnis oder indem das Empfängerland den Fonds bittet, für einen Umtausch seiner SZR in Devisen zu sorgen. Der Fonds fordert dann Länder mit ausreichend starker Zahlungsbilanz- und Reserveposition zur Annahme von SZR auf.

b) Geschäfte mit der → Bank für Internationalen Zahlungsausgleich (BIZ) seit Januar 1974: Ankauf von Devisen bei der BIZ durch europäische Teilnehmer am SZR-Konto (allerdings mit Ausgleichsverpflichtung innerhalb von 6 Monaten).

c) Geschäfte mit dem Fonds: 1. Rückkauf eigener Währung aus dem Bestand des Fonds; 2. Zins- und Gebührenzahlungen.

Die Zuteilung der SZR hat den Charakter einer Reserveschaffung (→ internationale Liquidität), da ein Teilnehmerland für Zahlungsbilanzzwecke bis zu 70% der ihm zugeteilten SZR im gleitenden 5-Jahres-Durchschnitt verwenden darf, ohne daß irgendwelchen wirtschaftspolitischen Auflagen Rechnung getragen werden müßte und ohne daß eine Verpflichtung zum Rückerwerb dieser SZR besteht.

Tab. 2: SZR-Zuteilungen und SZR-Bestände Ende 1973 (Mio. SZR)

| | Zuteilung | Nettoerwerb oder -abgabe (−) | SZR-Bestände in % der Zuteilung |
|---|---|---|---|
| Industrieländer | 6177,7 | 423,2 | 107 |
| USA | 2294,0 | −498,4 | 78 |
| Großbritannien | 1006,3 | −405,9 | 60 |
| Industrialisiertes Europa, Kanada und Japan | 2877,4 | 1327,5 | 146 |
| Andere Industrieländer | 789,1 | −149,6 | 81 |
| Entwicklungsländer | 2348,0 | −781,3 | 67 |
| Alle Länder insgesamt | 9314,8 | −507,7 | 95 |

Die aus den Verwendungsmöglichkeiten resultierenden Gefahren (Belastung der designierten Länder durch unerwünschten Realtransfer, Inflationierung) sind dadurch eingeschränkt, daß die Pflicht eines Teilnehmerlandes zum Erwerb von SZR auf 200% der kumulativen Nettozuteilung limitiert ist. Ein Teilnehmerland, dessen Gouverneur gegen einen (im Gouverneursrat zu fassenden) Zuteilungsbeschluß gestimmt oder sich der Stimme enthalten hat, kann sich überdies der entsprechenden Zuteilung und den daraus entspringenden Pflichten und Gefahren entziehen. Auch eine Beendigung der Teilnahme am SZR-Konto ist jederzeit möglich.

Die SZR sind als währungspolitisches Instrument zur Bannung der Gefahren eines weltweiten Mangels an → internationaler Liquidität (nach Abbau der US-Zahlungsbilanzdefizite) und zur Überbrückung temporärer Zahlungsbilanzschwierigkeiten konzipiert. Die Vertreter eines »link« wollen dagegen die SZR als entwicklungspolitisches Instrument einsetzen, d. h. bei Zuteilung und Verwendungsmöglichkeiten dem strukturellen Finanzierungsbedarf der → Entwicklungsländer in besonderer Weise Rechnung tragen. Vorstellungen dieser Art waren bereits im → STAMP-Plan rudimentär enthalten und bis in jüngster Zeit Gegenstand der Reformüberlegungen zur → internationalen Währungsordnung.

Befürworter weisen auf den unbefriedigenden Stand der → Entwicklungshilfe hin sowie auf die zunehmenden Schwierigkeiten, das aus den traditionellen Quellen gespeiste Mittelaufkommen zu halten, geschweige zu steigern.

Gegner begründen ihren Widerstand mit dem Risiko einer Desavouierung der SZR durch überhöhtes Angebot, ferner mit den Inflationsgefahren für die annahmeverpflichteten Länder und mit dem dadurch nicht mehr überschaubaren Realtransfer von den Industrie- zu den Entwicklungsländern.   F.G.

**Sorten** → Devisen

## Sozialbericht

jährlicher Bericht der Bundesregierung (erstmals 1970), der als zusammenfassende Darstellung von Problemen und Aufgaben der → Sozialpolitik die Voraussetzungen für eine vorausschauende und gestaltende Sozialpolitik liefert. Er gliedert sich in zwei Teile:

Teil A enthält einen Überblick über die sozial- und gesellschaftspolitischen Maßnahmen und Vorhaben (z. B. auf dem Gebiet der → Arbeitsmarktpolitik, der → Vermögens- und → Sozialpolitik, der internationalen Sozialpolitik, der Familien- und Jugendpolitik, der Städtebau- und Wohnungspolitik, der Rehabilition und der → Ausländerbeschäftigung.

Im Teil B gibt das → Sozialbudget Auskunft über das gesamte System der Sozialleistungen und ihrer Finanzierung.   T.F.

## Sozialbudget

Teil des jährlich erstellten → Sozialberichts der Bundesregierung. Es enthält eine umfassende quantitative Darstellung der gegenwärtigen Sozialleistungen und ihrer Finanzierung, verbunden mit einer mehrjährigen Vorausberechnung auf der Grundlage der geltenden Gesetze und der vom Kabinett verabschiedeten Gesetzentwürfe.

Die Leistungen werden nach Institutionen (z. B. Renten-, Krankenversicherung, Arbeitsförderung), Arten (z. B. Einkommens- und Sachleistungen) sowie nach ihren Funktionen (z. B. Gesundheit, Beschäftigung, Alter) gegliedert. Die Finanzierung wird nach Institutionen, Arten (z. B. Beiträge der Versicherten, öffentliche Mittel) sowie nach der Herkunft (z. B. → Sozialversicherung, Bund) dargestellt.

Für künftige Berichte ist ein erweiterter Umfang und eine stärkere Aufgliederung der Sozialleistungen geplant.   T.F.

## soziale Erträge

(= volkswirtschaftliche Erträge; social returns; social benefits) Erträge aus einer wirtschaftlichen Tätigkeit, die nicht in der Erfolgsrechnung dessen erscheinen, der diese Aktivität ausübt; sie stellen vielmehr allgemeine oder speziell wirtschaftliche Vorteile von Dritten dar.

Beispiel: Obstkulturen schaffen angenehme Lebensverhältnisse für die gesamte Wohnbevölkerung, fördern die heimische Bienenzucht und begünstigen die ansässige Fremdenverkehrsindustrie. W.Sch.

### soziale Indifferenzkurven

beschreiben diejenigen wirtschaftlichen bzw. sozialen Zustände einer Gesellschaft, die vom (näher zu definierenden) Standpunkt der Gesellschaft das gleiche Wohlfahrtsniveau repräsentieren; Scharen von sozialen Indifferenzkurven sollen überdies die Rangordnung sozialer Zustände abbilden.

a) SCITOVSKY-Indifferenzkurven bezeichnen die jeweils minimale Menge eines Gutes, die erforderlich ist, bei alternativ angenommenen Mengen aller anderen Güter bestimmte individuelle Nutzenniveaus in einer Gesellschaft aufrechtzuerhalten. Verschiedene SCITOVSKY-Indifferenzkurven sind nur insoweit miteinander vergleichbar, als sie keine entgegengesetzten Entwicklungen der individuellen Wohlfahrt implizieren. Dementsprechend sind SCITOVSKY-Kurven miteinander unvergleichbar, die ein und dasselbe Güterbündel erfassen, jedoch für unterschiedliche Verteilungszustände (Konstellationen der individuellen Nutzenniveaus) konstruiert sind. Da ein Güterbündel theoretisch unendlich viele verschiedene Verteilungszustände zuläßt, gibt es zu jedem Güterbündel unendlich viele SCITOVSKY-Indifferenzkurven, die sämtlich unvergleichbar sind und sich überdies schneiden (in dem Punkt, der das betreffende Güterbündel bezeichnet).

Miteinander vergleichbar (und einander nicht schneidend) sind SCITOVSKY-Kurven, die von einer bestimmten Konstellation der individuellen Nutzenniveaus ausgehend Güterkombinationen beschreiben, die gegenüber der Ausgangslage bestimmte individuelle Wohlfahrtssteigerungen (bei geeigneter Güterdistribution) erlauben, ohne daß gleichzeitig individuelle Wohlfahrtseinbußen stattfinden. Ganz entsprechend lassen sich SCITOVSKY-Kurven vergleichen, die gegenüber einer bestimmten Ausgangslage (Konstellation der individuellen Nutzenniveaus) Güterbündel erfassen, die wenigstens die Wohlfahrtssituation eines Individuums zwingend verschlechtern ohne die Wohlfahrtsniveaus der anderen Individuen zu steigern. SCITOVSKY-Indifferenzkurven beruhen somit auf dem → PARETO-Kriterium bzw. seinen entsprechend der → Kompensationstheorie zu unterscheidenden Versionen (→ KALDOR-HICKS-Kriterium, → SCITOVSKY-Kriterium).

b) BERGSON-Indifferenzkurven beschreiben transitive und vollständige Wertordnungen sozialer Zustände. Sie werden abgeleitet aus einer BERGSON'schen sozialen → Wohlfahrtsfunktion der Art $W = W(u_1 \ldots u_n)$; W = Wohlfahrt, $u_1$ bis $u_n$ = individuelle Wohlfahrtsniveaus für W = const. Da alle Konstellationen der $u_1$ bis $u_n$ durch SCITOVSKY-Indifferenzkurven in Güterquantitäten beschrieben werden können, lassen sich BERGSON-Indifferenzkurven als Umhüllende der entsprechenden SCITOVSKY-Kurven darstellen (J. de V. GRAAFF). Der entscheidende Unterschied zwischen den beiden Konzepten ist darin zu sehen, daß die BERGSON-Version auch Zustände klassifiziert, die sich durch individuell entgegengesetzte Wohlfahrtsänderungen auszeichnen und somit nach der SCITOVSKY-Konzeption unvergleichbar sind. Andererseits sind die SCITOVSKY-Indifferenzkurven zu alternativen Güterbündeln via → Index-Theorie zu entwikkeln, die BERGSON'schen ohne nähere Spezifikation des formalen Konzepts nicht (de GRAAFF). K.Sch.

### soziale Indikatoren

System von zumeist nichtmonetären Wohlstandsmeßzahlen, die die Auswirkungen wirtschaftlicher Tätigkeiten auf sozialrelevante Zielbereiche messen sollen.

Ausgehend von der Einsicht, daß die → Volkswirtschaftliche Gesamtrechnung und damit verbunden das → Sozialprodukt in zunehmendem Maße ungeeignet sind, die

Wohlstandsveränderungen moderner Industriegesellschaften innerhalb bestimmter Zeiträume auszuweisen, werden bereits seit einigen Jahren ergänzende Wohlstandsmeßzahlen gefordert und in einigen Ländern auch amtlicherseits bereits erstellt.

Diese sozialen Indikatoren, die sowohl den privaten als auch den öffentlichen Sektor erfassen wollen, unterscheiden sich von den herkömmlichen volkswirtschaftlichen Erfolgsindizes v. a. dadurch, daß bewußt auf eine Bewertung in Geld verzichtet wird, wenn andere Maßeinheiten den untersuchten Wohlfahrtsaspekt exakter abbilden können (z. B. $CO_2$-Gehalt der Luft, Anzahl Ärzte pro Kopf, Kindersterblichkeit, Kalorienverbrauch pro Kopf), und daß bewußt Aggregationen zu komplexeren Indikatoren überall dort vermieden werden, wo heterogen erscheinende Sachverhalte dem gegenstehen (wie z. B. zwischen Kriminalität und Luft- oder Wasserverschmutzung). Außerdem werden, im Gegensatz zur Erfassung des staatlichen Sektors in der Volkswirtschaftlichen Gesamtrechnung, durchgehend die → Outputs der wirtschaftlichen Tätigkeit gemessen, und zwar auch diejenigen Outputs, die von der Volkswirtschaftlichen Gesamtrechnung aufgrund ihres Zuschnitts auf den Unternehmenssektor nicht berücksichtigt werden (z. B. nicht beseitigte → Umweltverschmutzung als »Output« eines privaten Produktionsprozesses).

Bezugspunkt der Überlegungen ist in jedem Falle, soweit möglich, die Wohlfahrt des einzelnen Haushalts. Wenn absolute Werte für sich genommen nicht genügend aussagekräftig erscheinen, ermittelt man für die einzelnen Indikatoren Zeitreihen. Nach der Absicht ihrer Befürworter sollen die sozialen Indikatoren zu einem umfassenden System ausgebaut werden, das eine wohlfahrtsorientierte Steuerung auch im Hinblick auf bisher außerökonomische Lebensbereiche erleichtern soll und das dann ergänzend neben die traditionellen volkswirtschaftlichen Rechenwerke zu treten hätte.

Voraussetzung für ein derartiges System von sozialen Indikationen ist allerdings die Entwicklung eines operationalen Zielsystems, das alle diejenigen gesellschaftlichen Tatbestände erfaßt, die über längere Zeiträume hinweg Objekt der Gesellschaftspolitik sein können. Dabei muß dieses System breit genug sein, um das ganze Spektrum gesellschaftspolitischer Vorstellungen aufnehmen zu können und eng genug, um noch eine vernünftige politische Diskussion zu erlauben. Das OECD-System als Beispiel eines derartigen umfassenden Systems enthält acht Hauptzielbereiche:
a) Persönlichkeitsentwicklung und intellektuelle und kulturelle Entfaltung durch Lernen;
b) Gesundheit;
c) Arbeit und Qualität des Arbeitslebens;
d) Zeitbudget und Freizeit;
e) Verfügung über Sachgüter und Dienstleistungen;
f) physische Umwelt;
g) persönliche Freiheitsrechte und Rechtswesen;
h) Qualität des Lebens in der Gemeinde.

Diese Hauptzielbereiche werden dann weiter in einzelne Hauptziele aufgegliedert, so z. B. der Hauptzielbereich Qualität des Lebens in der Gemeinde in die Hauptziele: Erhöhung der sozialen Mobilität und Mobilitätschancen, Verringerung der sozialen Schichtung und der Isolierung von Randgruppen, Verbesserung der Qualität der zwischenmenschlichen Beziehungen in der Gemeinde.

In einem nächsten Schritt werden diese immer noch nicht operational definierten Hauptzielen dann durch Formulierung sogenannter Unter-Ziele näher umrissen. Erst auf einer vierten Stufe können dann, auf diesen Unterzielen aufbauend, operationale soziale Indikatoren konstruiert werden. H.-W.H.

## soziale Kosten

(= volkswirtschaftliche Kosten; Infrakosten; social costs) transferbedingte Zusatzkosten in Form von Beeinträchtigungen, Schäden oder finanziellen Aufwendungen, die zu Lasten der Allgemeinheit oder von

Wirtschaftssubjekten gehen, welche sie nicht verursacht haben (z.B. → Umweltverschmutzung). Zusatzkosten sind die sozialen Kosten deshalb, weil sie infolge der Abwälzung auf andere höher sind, als ohne Abwälzung (wenn der Verursacher die Kosten selbst tragen müßte). Da sich der Verursacher an den bei ihm anfallenden privaten Kosten orientiert, liegt eine Fehlallokation von → Ressourcen vor.

Die Eigenschaft der sozialen Kosten als transferbedingte Zusatzkosten einerseits und das ungelöste Problem der interpersonalen Nutzenvergleiche (→ Nutzenmessung) andererseits stellen sich einer Lokalisierung und Quantifizierung der sozialen Kosten hartnäckig entgegen. Wenn gleich sie ein gravierendes Problem der → Marktwirtschaft sind, bilden sie jedoch keine spezifische Eigenheit der Marktwirtschaft und lassen sich deshalb durch bloße Systemänderung auch nicht aus der Welt schaffen: Als Phänomen der sozialen Interaktion treten sie bei allen → Wirtschaftssystemen auf. F.G.

## Soziale Marktwirtschaft

auf dem Gedankengut des → Neo- bzw. Ordoliberalismus basierende ordnungspolitische Konzeption, die nach dem 2. Weltkrieg in der BRD das Organisationsprinzip des Wettbewerbssystems (→ Marktwirtschaft) mit der Idee der sozialen Gerechtigkeit verbindet. Mit aktiver → Wettbewerbspolitik (Monopolkontrolle, Kartellgesetzgebung) ist der → Wettbewerb zu ordnen. Wo der Wettbewerb versagt, ist er durch staatliche Interventionen zu ergänzen. Immer stärker tritt in den Vordergrund, daß zur Stabilisierung des Systems globale, makroökonomische Steuerungspolitik notwendig ist. Insbes. erachten es die Vertreter der sozialen Marktwirtschaft (Alfred MÜLLER-ARMACK, Franz BÖHM u.a.) als notwendig, die → Einkommensverteilung (wie sie sich aus dem Marktprozeß ergibt) zu verbessern. Die erforderlichen Eingriffe dürfen jedoch das Funktionieren des marktwirtschaftlichen Prozesses nicht behindern (marktkonforme → Instrumente). Das Streben nach sozialer Gerechtigkeit findet Ausdruck in

einem die eigenverantwortliche Daseinsvorsorge ergänzenden System der sozialen Sicherung. Die Gestaltung der Arbeitsverhältnisse steht unter der Leitidee der Sozialpartnerschaft, gewährleistet durch Arbeits- und Tarifrecht sowie durch Mitbestimmung in sozialen und wirtschaftlichen Belangen. Die Politik des sozialen Ausgleichs beinhaltet ferner breite Streuung des → Eigentums und Herstellung von Chancengleichheit (v.a. im Bildungsbereich). R.E.

## sozialer Wohnungsbau
→ Wohnungsbauinvestitionen

## soziale Sicherung → Sozialpolitik

## Sozialgüter → öffentliche Güter

## Sozialisierung
→ Eigentum; → Vergesellschaftung

## Sozialismus

1. Auf dem Boden der bürgerlichen Gesellschaft entstandene politisch wirksame Lehre mit dem Ziel einer Neuordnung der Gesellschaft auf der Basis von Gemeineigentum. Sozialistische Ideen spielten bereits im Mittelalter eine Rolle; Entwürfe mit theoretischem Anspruch sind jedoch als Utopien konzipiert (Thomas MORUS, Thomas CAMPANELLA, Francis BACON). Im 18. Jh. setzt in Frankreich eine immer schärfere Kritik am Privateigentum ein. Entsprechende politische Forderungen sind wesentliche Komponenten in der Geschichte der französischen Revolution. Die Grundidee einer sozialistischen Gesellschaftsordnung führt im 19. Jh. in Frankreich und England zur Bildung mehrerer Schulen. Auf die Saint-Simonisten gehen Forderungen zurück wie »Abschaffung der Ausbeutung des Menschen durch den Menschen«, »Jeder nach seinen Fähigkeiten − jeden nach seinen Bedürfnissen«, »Verwaltung von Sachen an Stelle der Herrschaft über Personen«. Die zugespitzte Formel »Eigentum ist Diebstahl« (Pierre Joseph PROUDHON) zielte auf eine radikal-egalitäre Gesellschaftsordnung ab. Robert OWEN und Louis

BLANC versuchten durch Gründung von Produktivgenossenschaften und Arbeiterbildung praktische Veränderungen zu erreichen.

2. Der auf Karl MARX und Friedrich ENGELS zurückgehende wissenschaftliche Sozialismus griff diese aus moralischen Kategorien abgeleiteten Forderungen auf und verknüpfte theoretische Analysen der sozialökonomischen Verhältnisse ihrer Zeit mit der Forderung nach Verschärfung des Klassenkampfes, der in ihrem System des → historischen Materialismus die entscheidende Antriebskraft im Entwicklungsprozeß der Gesellschaft darstellt. Entscheidend für die Weiterentwicklung des marxistischen Sozialismus wird die Auseinandersetzung um die politische Formel des Klassenkampfes, insbes. die Rolle der Partei der Arbeiterklasse. Während an einigen Stellen Demokratie und Sozialismus nahezu gleich gesetzt werden, wird andererseits die Notwendigkeit der Diktatur des Proletariats betont. Dies wird auch Ursache für die Abspaltung des → Revisionismus.

3. In der marxistisch-leninistischen Orthodoxie erstarrt der Sozialismusbegriff zur Beschreibung einer in »sozialistischen« Ländern erreichten Gesellschaftsformation und erfüllt mehr und mehr ideologische Rechtfertigungsfunktionen. Sozialismus wird hier als Gesellschaftsordnung verstanden, in der die Produktionsmittel Gemeineigentum sind, allgemeine Arbeitspflicht herrscht und nach dem Leistungsprinzip differenzierte Verteilung praktiziert wird. Er wird als Übergangsstufe zur letzten Formation, dem → Kommunismus betrachtet. Wladimir Iljitsch LENIN's Konzept der nachholenden Industrialisierung in kürzester Zeit (Entfaltung der Produktivkräfte als Voraussetzung für den Übergang zum Kommunismus) setzt auf die Herrschaft einer Elite. Das Problem der Demokratie löst sich auf in der Unterstellung einer Interessenidentität der Partei und der überwältigenden Mehrheit der Werktätigen. Kritik an diesem Sozialismusbegriff wird geübt von oppositionellen Marxisten in sozialistischen Staaten (Polen, CSSR). Einige Staaten beanspruchen einen eigenen Weg zum Sozialismus. Jugoslawien wendet sich gegen die bürokratische Deformation als Folge der → Verstaatlichung der Produktionsmittel, chinesische Marxisten kritisieren Einkommensdifferenzierung und materielle Interessiertheit.

4. Der sozialdemokratische Sozialismusbegriff ist gekennzeichnet durch das Festhalten am Prinzip der parlamentarischen pluralistischen Demokratie, an unabhängigen → Gewerkschaften, Pressefreiheit und Gewaltenteilung. Eine präzise Sozialismusdefinition fehlt freilich. Ziele des demokratischen Sozialismus sind Chancengleichheit und wohlfahrtsstaatliche Daseinsvorsorge. Staatsintervention soll auf ein notwendiges Maß beschränkt sein, der Gebrauch des Privateigentums soll Grenzen in der Verpflichtung gegenüber den sozialen Zielen der Gesellschaft finden. Gemeinwirtschaftliches → Eigentum wird als Korrektiv für unerwünschte Auswirkungen der prinzipiell bejahten → Marktwirtschaft gesehen. Ihm soll zunehmender Einfluß verschafft werden. H.V.

**Sozialkapital** → Infrastruktur

**Sozialleistungsquote**
Anteil der Sozialleistungen am Bruttosozialprodukt. Ihre Höhe ist abhängig von der Definition der Sozialleistungen, der Alters- und Beschäftigtenstruktur, dem Verhältnis staatlicher und privater Daseinsvorsorge sowie von politisch ausgelösten Belastungen (Krieg, Vertreibung). In den meisten Industrienationen ist ein Ansteigen der Sozialleistungsquote zu beobachten.

**Sozialnutzen** → Nutzen

**Sozialpolitik**
im weitesten Sinne die Gesamtheit an Handlungen zur Ordnung des gesellschaftlichen Zusammenlebens nach Maßgabe bestimmter Wertvorstellungen. In diesem weiten Sinne ist Sozialpolitik Gesellschaftspolitik oder »soziale Politik«. Im engeren, »praktischeren« Sinne ist Sozialpolitik die Planung und Durchführung von

Maßnahmen zur Verbesserung der Lebenslagen gesellschaftlich schwacher und schutzbedürftiger Personengruppen (traditionelle Sozialpolitik).

Träger sozialpolitischer Maßnahmen ist neben den öffentlichen und privaten Verbänden, den Betrieben (betriebliche Sozialpolitik) und sonstigen Sozialgebilden v. a. der Staat mit seinen ausführenden Organen (z. B. Arbeitsministerium).

In der BRD sind die Maßnahmen im Rahmen des Systems der sozialen Sicherung, deren Zweck die Sicherung der wirtschaftlichen und sozialen Existenz aller Bevölkerungsgruppen gegen allgemeine Lebensrisiken ist (z. B. Unfall, Krankheit, Invalidität, Alter und → Arbeitslosigkeit), wesentlicher Teil staatlicher Sozialpolitik. Zu den Versicherungs-, Versorgungs-, Fürsorge- und Entschädigungseinrichtungen der sozialen Sicherung zählen die Bereiche der → Sozialversicherung, Beamtenversorgung, Arbeitslosenversicherung und Arbeitsförderung, Kriegsopferversorgung, → Lastenausgleich, Sozialhilfe, Kindergeld, Jugendhilfe, Wohngeld, Hilfsmaßnahmen für Flüchtlinge. Neben der Bereitstellung und Finanzierung solcher Sicherungseinrichtungen ist die staatliche Sozialpolitik in der BRD auf eine Erweiterung des aktiven und strukturgestaltenden Teils des sozialpolitischen Maßnahmenkatalogs gerichtet. Diesbezügliche Schwerpunkte sind → Mitbestimmung und → Betriebsverfassung, → berufliche Bildung, Rehabilitation, → Vermögenspolitik, Familien- und Jugendpolitik.

Der jährliche → Sozialbericht der Bundesregierung zeigt das Bemühen des Staates, durch Aufnahme neuer Aufgabenbereiche (so findet sich im Sozialbericht 1972 erstmals ein Kapitel zur Städtebau- und Wohnungspolitik) eine Ausweitung des »klassischen« sozialpolitischen Aufgabensbereichs in Richtung auf eine mehr »gesellschaftspolitisch gestaltende« Politik zu vollziehen. T.F.

## Sozialprodukt

in die → Volkswirtschaftliche Gesamtrechnung eingebettetes Maß für Leistung und Wohlfahrt einer → Volkswirtschaft. Die Konzeption und Meßgenauigkeit werden zunehmend in Frage gestellt.

Im strengen Sinne ist das Sozialprodukt eine nach dem → Inländerkonzept gebildete Gesamtgröße. Häufig ist jedoch die in Betracht kommende Größe des → Einkommenskreislaufs erst aus einer Analyse der Fragestellung zu erschließen. Zu unterscheiden sind folgende Begriffspaare:

Entstehung, Verteilung, und Verwendung des Sozialprodukts

| Posten | 1960 | 1972 |
|---|---|---|
| | Mrd. DM | |
| I. Entstehung des Sozialprodukts | | |
| a) in jeweiligen Preisen | | |
| Beiträge zum Brutto-Inlands-produkt | | |
| Landwirtschaft, Forstwirtschaft und Fischerei | 17,3 | 24,7 |
| Warenproduzierendes Gewerbe | 164,7 | 440,0 |
| Handel und Verkehr | 59,3 | 148,0 |
| Dienstleistungsbereiche | 61,2 | 227,0 |
| Brutto-Inlands-produkt | 302,6 | 829,8 |
| Saldo der Erwerbs- und Vermögenseinkommen zwischen In- und Ausland | − 0,3 | − 0,1 |
| Bruttosozialprodukt zu Marktpreisen | 302,3 | 829,7 |
| b) in Preisen von 1962 | | |
| Bruttosozialprodukt zu Marktpreisen | 328,4 | 560,4 |

| Posten | 1960 | 1972 |
|---|---|---|
| | Mrd. DM | |
| II. Verteilung des Sozialprodukts (in jeweiligen Preisen) Einkommen aus unselbständiger Arbeit | 142,8 | 439,0 |
| Einkommen aus Unternehmertätigkeit und Vermögen | 92,9 | 195,7 |
| Nettosozialprodukt zu Faktorkosten (Volkseinkommen) | 235,7 | 634,7 |
| + Indirekte Steuern | 40,9 | 101,4 |
| Nettosozialprodukt zu Marktpreisen | 276,6 | 736,1 |
| + Abschreibungen | 25,7 | 93,6 |
| Bruttosozialprodukt zu Marktpreisen | 302,3 | 829,7 |
| III. Verwendung des Sozialprodukts (in jeweiligen Preisen) Privater Verbrauch | 172,4 | 447,7 |
| Staatsverbrauch | 41,1 | 146,9 |
| Anlageinvestitionen | 72,7 | 215,6 |
| Vorratsinvestitionen | + 8,7 | + 4,4 |
| Inländische Verwendung | 294,9 | 814,6 |
| Außenbeitrag | + 7,4 | + 15,2 |
| Bruttosozialprodukt zu Marktpreisen | 302,3 | 829,7 |

a) Inlands-/ Inländerprodukt;
b) Brutto-/ Nettosozialprodukt;
c) Sozialprodukt zu Marktpreisen/ zu Faktorkosten;
d) Sozialprodukt in jeweiligen Preisen/ in konstanten Preisen (z. B. von 1962).
Die Definition und Darstellung erfolgt meist parallel unter den kreislaufanalytischen Gesichtpunkten der Entstehung, Verteilung und Verwendung des Sozialprodukts (Tab.).   F.G.

**Sozialversicherung**

System der → Versicherung, in dem Versicherungs- und Zwangsprinzip unter der Zielsetzung des sozialen Ausgleichs vereint sind.

Bei ihrer Einführung in Deutschland stand die Verringerung sozialer Spannungen und die Wahrung des sozialen Friedens sowie die Verbesserung der Lebenslage sozial schwacher Bevölkerungsgruppen im Vordergrund. Heute liegt das Schwergewicht der Sozialversicherung in der Erhaltung des Produktionsfaktors → Arbeit und in der Erhöhung der individuellen Sicherheit in einem über die freiwillige Vorsorge hinausgehendem Maß im Sinne der Bereitstellung → meritorischer Güter. Dabei stellt die allgemeine Volksversicherung als umfassende wohlfahrtsstaatliche soziale Sicherung eine Maximallösung dar.

Das für die Privatversicherung geltende Prinzip der Gleichwertigkeit von Leistung und Gegenleistung (→ Äquivalenzprinzip, Versicherungsprinzip) wird in der Sozialversicherung dominiert von sozialen Überlegungen bezüglich Leistungsmöglichkeit und -bereitschaft sowie Bedürftigkeit (→ Leistungsfähigkeitsprinzip, Versorgungsprinzip). Damit in enger Verbindung steht der grundsätzliche Versicherungszwang in der Sozialversicherung als gesetzlicher Versicherung (Rechtsgrundlage: Reichsversicherungsordnung von 1911, Angestelltenversicherungsgesetz von 1924). Weitere Unterschiede zur → Individualversicherung liegen in der Art der Aufbringung der Finanzierungsmittel (teilweise durch Nicht-Versicherte: Arbeitgeber, Staat), in der von der individuellen Gefahrenlage absehenden Bemessung der Beiträge und Versicherungsleistungen sowie der Priorität des Schutzes des Versicherten.

Träger der Sozialversicherung in den einzelnen Versicherungszweigen und -leistungen:

a) Krankenversicherung:
· Träger: Orts-, Land-, Betriebs-, In-

nungs-, Knappschafts- und Seekranken-
kassen sowie zugelassene Ersatzkas-
sen;
· Leistungen: ärztliche Behandlung, Arz-
neien, Krankenhauspflege, Sterbegeld,
vorbeugende Maßnahmen, Kranken- bzw.
Hausgeld (nicht für Rentner); 87% der
Wohnbevölkerung der BRD sind durch
die gesetzliche Krankenversicherung ge-
schützt;
· Ausgaben 1972: 31,1 Mrd. DM.
b) Rentenversicherung der Angestellten
und Arbeiter:
· Träger: Bundesversicherungsanstalt für
Angestellte, Berlin, Landesversicherungs-
anstalten (für Arbeiter);
· Leistungen: Maßnahmen zur Erhaltung
der Erwerbsfähigkeit, Renten wegen Be-
rufs- oder Erwerbsunfähigkeit, Altersru-
hegeld, Hinterbliebenenrenten; durch-
schnittlicher monatlicher Rentenzahlbe-
trag 1972: Arbeiter 347,– DM, Angestellte
575,– DM;
· Ausgaben 1972: 57,8 Mrd. DM.
c) Unfallversicherung:
· Träger: Berufsgenossenschaften der
einzelnen Wirtschaftszweige, Eigenunfall-
träger der öffentlichen Hand;
· Leistungen: Heilbehandlung, Verletz-
tengeld, Berufshilfe, Verletztenrente,
Sterbegeld, Hinterbliebenenrente bei Ar-
beits- und Wegeunfällen, Berufskrankhei-
ten;
· Ausgaben 1972: 5,2 Mrd. DM.
d) Knappschaftsversicherung:
· Träger: Bezirksknappschaften;
· Leistungen: wie in der Rentenversicherung der Arbeiter, zusätzlich Bergmanns-
rente nach Vollendung des 50. Lebensjahres oder bei verminderter Berufsfähig-
keit;
durchschnittliche monatliche Rentenzahlungen 1972: 759,– DM;
· Ausgaben 1972: 6,6 Mrd. DM.
e) Arbeitslosenversicherung:
· Träger: → Bundesanstalt für Arbeit,
Nürnberg;
· Leistungen: Förderung der Berufsausbildung, Erhaltung und Schaffung von Arbeitsplätzen, Kurzarbeitsgeld, Arbeitslosengeld;
· Ausgaben 1972: 6,3 Mrd. DM. H.S.

**Spannungsklauseln** → Gleitklauseln

**Spareinlagen**
langfristige Mittel, die → Banken als Vermögensanlage von Nichtbanken zur Verfügung gestellt werden. Sie können nur unter Einhaltung einer dreimonatigen Kündigungsfrist abgehoben werden (DM 2000
je Monat kündigungsfrei); für länger vereinbarte Fristen wird höhere Verzinsung
gewährt. Spareinlagen werden v. a. aus
Gründen der Altervorsorge oder zum Erwerb von dauerhaften Konsumgütern
(Zwecksparen) gebildet. Sie betrugen in
der BRD Ende 1963 rund 82 Mrd. DM und
stiegen bis Ende 1973 auf rund 283 Mrd.
DM. In der BRD ist die staatliche → Sparförderung wesentlicher Teil der → Vermögenspolitik. H.M.W.

**Sparen** → Ersparnis

**Sparförderung**
Instrument der → Vermögenspolitik, das
auf dem Wege über staatliche → Einkommensumverteilung eine höhere → Vermögensbildung und eine gleichmäßigere →
Vermögensverteilung bewirken soll.
Die Sparförderung wird mittels → Staatsausgaben und → Staatseinnahmen betrieben.
a) Ausgabenpolitische Sparförderung beinhaltet hauptsächlich → Übertragungen
gemäß dem Sparprämiengesetz (Neufassung vom 18. 9. 1969). Es fördert die
Geldvermögensbildung in Form von allgemeinen Sparverträgen (einmalige Sparlei-
stung), Sparratenverträgen (kontinuierliche Sparleistungen) sowie Ersterwerb
bestimmter Wertpapiere.
Ziel ist die nach Familienstand, Kinderzahl
und Einkommenshöhe differenzierte Be-
günstigung insbes. der niedrigen Einkommensschichten, die auf steuerlichem Wege
nicht ausreichend begünstigt werden können, weil sie der Steuerpflicht und der Progression weitgehend enthoben sind. Ziel ist
ferner die Gewährleistung einer längerfristigen Anlage des Geldkapitals (5–7
Jahre).
b) Einnahmenpolitische Sparförderung
vollzieht sich insbes. durch Anerkennung

von Sparleistungen (innerhalb einer Höchstgrenze) als abzugsfähige Sonderausgaben gemäß § 10 des Einkommensteuergesetzes (EStG). Sie erfaßt Beitragsleistungen zu Versicherungen auf den Erlebens- oder Todesfall sowie Leistungen an → Bausparkassen. Bis 1958 waren auch Kapitalansammlungsverträge (siehe a) steuerbegünstigt, so daß eine Kumulierung der Sparförderung bei einzelnen Personen eintreten konnte. Nach dem Kumulierungsverbot begegnet die steuerliche Sparförderung immer noch dem sozialpolitischen Einwand, daß de facto die höher Verdienenden bevorzugt werden. Fiskalische Bedenken ergeben sich daraus, daß die erheblichen Mittel Sparanreize geben sollen, tatsächlich jedoch einem Personenkreis zufließen, dessen Sparfähigkeit und Sparwilligkeit ohnedies besteht.

c) Wahlweise ausgabenpolitische oder einnahmenpolitische Förderung kann nach dem Wohnungsbau-Prämiengesetz (Neufassung vom 18. 9. 1969) in Anspruch genommen werden. Die Bausparprämien liegen über den Sparprämien. Damit sollen neben den vermögenspolitischen Vorzügen (Anlagedauer) auch wachstumspolitische Vorzüge des Wohnungsbaus (Anregung der Wirtschaftsaktivität, Engpaßbeseitigung) genutzt werden.

Auch die Sparförderung im Rahmen des → Vermögensbildungsgesetzes vom 27. 6. 1970 stellt die Wahl zwischen ausgabenpolitischer (Arbeitnehmersparzulage) und einnahmenpolitischer Förderung (§ 10 EStG) frei. Als vermögenswirksame Leistungen werden neben den schon bekannten Kapitalansammlungen v.a. auch der Erwerb von Beteiligungen am Unternehmen des Arbeitgebers und Darlehen an den Arbeitgeber anerkannt.

Die Sparförderung hat in der BRD häufige und tiefgreifende Wandlungen vollzogen (v.a. Höchstgrenzen, Sperrfristen, Kumulierungsmöglichkeiten, begünstigter Personenkreis). Die letzte Änderung des Sparprämien- und Wohnungsbaugesetzes tritt im Rahmen der Steuerreform zum 1. 1. 1975 in Kraft: Sie bezieht sich auf nunmehr (analog zum Vermögensbildungsgesetz) eingeführte generelle Einkommensgrenzen (die erstmals auch für bestehende Verträge wirksam werden), prämienbegünstigte Höchstsparleistungen und Prämiensätze. Die Absicht ist eine Konzentration der Sparförderung auf Personen mit niedrigerem Einkommen, wodurch eine gewisse Zurückdrängung der Bausparförderung erfolgen dürfte.

Es ist nicht belegbar, ob die Sparförderung die zu beobachtende gewaltige Zunahme der Ersparnisbildung verursacht oder nur begleitet hat. Sicher ist jedoch, daß sie zu einer außerordentlich großen Belastung des Staatshaushalts geworden ist. Sollte es zutreffen, daß sie die private Sparquote unbeeinflußt ließ, die Zunahme der Ersparnisbildung also nur auf die Steigerung des → verfügbaren Einkommens (einschl. Übertragungen im Rahmen der Sparförderung) zurückzuführen war, wäre es fiskalisch rationeller gewesen, wenn der Staat das Anreiz-Konzept fallen gelassen hätte und stattdessen direkte vermögenswirksame Übertragungen an den zu begünstigenden Personenkreis vorgenommen hätte.   F.G.

**Sparfunktion**

Formalisierung einer Sparhypothese, d.h. einer Behauptung über ein Kausalverhältnis zwischen der Höhe der → Ersparnis und mutmaßlichen Einflußfaktoren. Bei der Aufstellung der Sparfunktion geht man wie bei der → Konsumfunktion vor, jedoch vielfach mit der problematischen Vereinfachung, daß die Sparfunktion aufgrund der Definition für die Ersparnis direkt aus der Konsumfunktion nach der Beziehung: $S = Y - C(Y)$ ermittelt wird. Damit wird unterstellt, daß für die Ersparnis die gleichen Einflußfaktoren gelten wie für den → Konsum. Die statistische Berechnung einer Sparfunktion mit Hilfe der → Regressions- und → Korrelationsanalyse zum Zweck des Hypothesentests ist kritischen Einwänden ausgesetzt.   E.v.K.

**Sparkassen**

Kreditinstitute, die heute mit wenigen Ausnahmen die gleichen Bankgeschäfte tätigen wie Kreditbanken. Gegründet wurden die Vorläufer der heutigen Sparkassen schon Ende des 18. Jh., doch in größerer Zahl entstanden sie erst nach Beendigung der Freiheitskriege. Ursprünglich war ihr Geschäft einlagenorientiert; die Förderung des Kleinsparens sollte vermögenslosen Bevölkerungsschichten ein Mindestmaß an sozialer Sicherheit verschaffen. Das Sparkassenwesen wurde im 19. Jh. von den Kommunen aufgebaut und entwickelte sich erst im 20. Jh. immer mehr in Richtung Geschäftsbank. Noch heute weichen die geschäftspolitischen Grundsätze der Sparkassen erheblich von denen der Kreditbanken ab. Gemeinnützige Ziele haben den Vorrang vor der Gewinnmaximierung, so daß auch unrentable Aufgaben (z. B. Weiterleitung öffentlicher Kreditmittel) übernommen werden. Im Vordergrund steht nach wie vor die Funktion der Kapitalsammelstelle (Kleinsparen) sowie die Kreditgewährung an den Mittelstand und wirtschaftlich schwächere Bevölkerungsschichten.

Sparkassen sind überwiegend selbständige Anstalten des öffentlichen Rechts, für deren Verbindlichkeiten Gemeinden bzw. Gemeindeverbände haften. Sie sind statuarisch verpflichtet, bei ihrer Anlagepolitik besonders auf Sicherheit und → Liquidität der erworbenen Vermögensobjekte zu achten. Zulässige Aktivgeschäfte sind Real-, Personal- und kurzfristige Kommunalkredite, Erwerb von → Geldmarktpapieren, festverzinslichen Wertpapieren, Grundstücken und Beteiligungen. Das Gironetz der Sparkassen und → Girozentralen spielt bei der Abwicklung des → Zahlungsverkehrs eine wichtige Rolle.

V.B.

**Sparparadoxon**
scheinbar widersinnige und widersprüchliche Aussagen zur volkswirtschaftlichen Rolle des Sparens.
1. »Je niedriger die Sparneigung ist, um so mehr wird gespart«: Gleichgewicht erfordert Übereinstimmung der Investitions- und Sparpläne (im Modell einer geschlossenen → Volkswirtschaft). Geht man von einkommensinduzierten → Investitionen und → Ersparnissen aus, gelangt man bei konstanten Preisen zu einem um so höheren Gleichgewichtseinkommen, und damit

auch zu um so höherer Gleichgewichtsinvestition und -ersparnis, je niedriger ceteris paribus die → Sparquote ist. Das gilt sowohl für eine Änderung der marginalen Sparquote (Drehung der → Sparfunktion $S'(Y)$) als auch für eine Änderung der durchschnittlichen Sparquote bei gegebenem Einkommen (Verschiebung der Sparfunktion $S''(Y)$). Vgl. Abb.

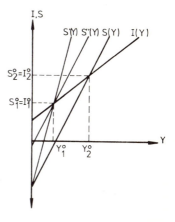

2. »Eine Volkswirtschaft ist um so ärmer, je höher die Sparneigung ist«: Schlußfolgerung aus dem oben dargestellten Zusammenhang mit Bezugnahme auf den Einkommenseffekt des Sparverhaltens.
3. »Sparen wirkt kurzfristig kontraktiv, langfristig expansiv«: Als Konsumverzicht wirkt Sparen für sich betrachtet konjunkturdämpfend (und hat möglicherweise auch negative Auswirkung auf Investitionshöhe und Investitionsneigung mit entsprechenden Langzeitwirkungen). Unter Wachstumsgesichtspunkten wirkt Sparen stimulierend, weil es Produktivkräfte für die Sachvermögensbildung freihält.
Die unterschiedliche Beurteilung des Sparens beruht auf verschiedenen theoretischen Ausgangspunkten: In keynesianischen Modellen der → Beschäftigungstheorie werden partielle Ungleichgewichte, z. B. die Freisetzung von Arbeitskräften durch Sparen toleriert (→ Unterbeschäftigungsgleichgewicht). Modelle des gleich-

gewichtigen → Wachstums dagegen unterstellen eine problemlose Nutzung der durch Sparen freigesetzten Produktivkräfte zur Sachkapitalbildung.   F.G.

### Sparquote

Zuordnungsverhältnis zwischen der → Ersparnis eines (oder aller) inländischen privaten Haushalte und ihrem → Einkommen.
a) Durchschnittliche Sparquote: analog durchschnittliche → Konsumquote.
b) Marginale Sparquote: analog marginale → Konsumquote.

### Spekulationsgeschäft

Transaktion mit dem einzigen Motiv, durch eine andere Transaktion in demselben Gut, jedoch zu einem späteren Zeitpunkt, einen Gewinn zu erzielen. Die Spekulation nützt somit Preis- oder Kursdifferenzen auf *demselben* Markt im Zeit*ablauf*. Dies unterscheidet sie grundsätzlich von → Arbitragegeschäft, welche auf die Ausnützung von Preis- oder Kursdifferenzen auf *verschiedenen* Märkten im selben Zeit*punkt* gerichtet sind.
Spekulation bzw. Arbitrage treten jedoch selten in reiner Form auf. Spekulation ist häufig mit Arbitragegeschäften gekoppelt (meist mit Zinsarbitrage) oder mit primär nichtspekulativen Geschäften (Händlerspekulation, z. B. im Außenhandel: → leads and lags). Dadurch sind kommerzielle, spekulative und Arbitragetransaktionen sowie Fluchtkapitalbewegungen (→ Kapitalflucht) statistisch kaum zu trennen, zumal sie i. d. R. gleichzeitig auftreten und häufig parallel wirken.
Entsprechend dem Markt, auf dem die Spekulationsgeschäfte getätigt werden, unterscheidet man:
a) Spekulation auf dem Kassamarkt oder Terminmarkt (→ Termingeschäft);
b) Spekulation auf dem Waren-, Wertpapier-, → Gold- oder → Devisenmarkt.
Je nach den Preis- oder Kurserwartungen der Spekulanten kann die Spekulation stabilisierender (antizyklischer) oder destabilisierender (zyklischer) Form sein:
a) Negative Erwartungselastizitäten: Wird eine gegenläufige Kursbewegung erwartet und folglich bei steigenden Kursen verkauft und bei fallenden Kursen gekauft, so werden die Kursschwankungen gedämpft. In diesem Fall hat die Spekulation eine preisausgleichende und marktregulierende Funktion.
b) Positive Erwartungselastizitäten: Wird ein weiterer An- bzw. Abstieg der Kurse erwartet und infolgedessen ge- bzw. verkauft, so wird Ausmaß und Geschwindigkeit der Kursschwankungen verschärft.
D.S.

### Spekulationskasse

anders als die → Transaktionskasse und die → Vorsichtskasse steht bei John Maynard KEYNES die Spekulationskasse nicht primär mit Leistungs-, sondern mit Finanztransaktionen im Zusammenhang. Aufgrund ihrer → Zinserwartungen, die zu entsprechenden Erwartungen über sinkende oder steigende Wertpapierkurse korrespondieren, beschließen Wirtschaftssubjekte, ihre gesamten Kassenbestände liquide zu halten resp. in Wertpapieren anzulegen. Obgleich sich jedes einzelne Wirtschaftssubjekt bei KEYNES nur für eine der beiden Anlagearten entscheiden kann, läßt sich wegen der unterschiedlichen → Liquiditätspräferenz der Wirtschaftssubjekte eine Kurve der → Geldnachfrage konstruieren, die bei fallendem → Zins eine größere Kassenhaltung anzeigt. Je niedriger der Zins bereits ist, für umso unwahrscheinlicher gilt eine weitere Zinssenkung, vielmehr werden nunmehr Kurssenkungen erwartet, die dann eine Anlage in Wertpapieren ratsam erscheinen lassen, weshalb für ausreichende → Liquidität zu sorgen ist.   H.-J.H.

### Sperrklinkeneffekt

→ relative Einkommenshypothese

### Spezialhandel

→ Außenhandel; → Handelsbilanz

### Spezialisierung

liegt vor, wenn Einzelne oder Gruppen von Wirtschaftssubjekten Güter erstellen, die sie nicht selbst in Anspruch nehmen. Eng verknüpft mit der Spezialisierung ist deshalb der → Tausch von Gütern.

Älteste und bekannteste Form der Spezialisierung ist die der Arbeit (Arbeitsteilung). Andere Formen sind: Spezialisierung von Maschinen, von Betriebseinheiten innerhalb eines Unternehmens, von Unternehmen sowie regionale und internationale Spezialisierung (auch regionale und internationale Arbeitsteilung genannt).

Auf die Arbeitsteilung wurde insbes. von Adam SMITH hingewiesen, der anhand des berühmten Stecknadelbeispiels Arbeitsteilung im Sinne einer Aufsplitterung eines von einer Person vollzogenen komplexen Arbeitsprozesses in verschiedene Teilverrichtungen beschreibt, die dann von spezialisierten Arbeitern ausgeführt werden können. Neben diesem mehr ökonomisch ausgerichteten Begriff wird Arbeitsteilung auch als Phänomen gesellschaftlicher Rollendifferenzierung verstanden (soziale Arbeitsteilung).

Vorteile der Arbeitsteilung: Ausnutzen der »natürlichen« Fähigkeiten des einzelnen Arbeiters, Erhöhung der Geschicklichkeit und Technik durch Beschränkung auf einzelne wenige Tätigkeiten, Ermöglichung des Einsatzes arbeitssparender Maschinen, Zeitersparnis (z.B. durch Wegfall der Wege zwischen verschiedenen Arbeitsplätzen).

Nachteile der Arbeitsteilung: Entfremdung vom eigenen Arbeitsprodukt, Monotonie der Arbeit, gegenseitige Abhängigkeit zwischen einzelnen bzw. Gruppen von Wirtschaftssubjekten.

Die Spezialisierung von Maschinen, Betriebseinheiten und Unternehmen ermöglicht häufig den Einsatz einer effizienteren → Technologie und das Ausnutzen von → economies of scale größerer Betriebseinheiten. Mögliche Nachteile dieser Formen der Spezialisierung: Große Anfälligkeit gegenüber Absatzschwankungen bei mangelnder Teilbarkeit des Produktionsprozesses, beschränkte Möglichkeit der Umstellung spezialisierter Maschinen auf die Herstellung anderer Produkte und/oder Anwendung anderer Produktionsverfahren, erhöhte Risiken eines Ein-Produkt-Unternehmens.

Unter regionaler bzw. internationaler Spezialisierung versteht man die Aufgliederung der Produktionsaktivitäten auf verschiedene Regionen bzw. Länder. Grundlage für die Erklärung der internationalen Spezialisierung bildet das Theorem der → komparativen Kosten. Das Theorem kann jedoch darüber hinaus auch für die Erklärung anderer Arten von Spezialisierung sinnvoll verwandt werden. Die Vor- und Nachteile internationaler Spezialisierung schlagen sich in → Außenhandelsgewinnen bzw. -verlusten nieder.    M.H.

**Spezialisierungsgewinn**
→ Außenhandelsgewinn

**Spezialisierungskartell**
→ Rationalisierungskartell

**Spezifikation**
erster und wichtigster Schritt, wenn Beziehungen zwischen Variablen ökonometrisch untersucht werden sollen. Der Spezifikationsvorgang kann in folgende Phasen aufgeteilt werden: Bestimmung der erklärten → Variablen, Bestimmung der erklärenden → Variablen, Klassifikation der erklärenden Variablen, Prüfung der Identifizierbarkeit (→ Identifikation), Wahl der Schätzmethode, Prüfung der statistischen Daten, Wahl des Typs der Gleichungen, Aufstellung von Hypothesen über stochastische Eigenschaften der Variablen. Die Güte der Spezifikation bestimmt weitgehend die Güte der ökonometrischen Untersuchung. Falsche Spezifikation kann nicht durch bessere Schätzverfahren kompensiert werden. Die Basis der Spezifikation bilden Wirtschaftstheorie und Informationen über das zu untersuchende Phänomen.    H.B.

**Spieltheorie**
durch John von NEUMANN und Oskar MORGENSTERN entwickeltes Konzept zur Lösung von Entscheidungssituationen unter Ungewißheit. Nach der Zahl der Teilnehmer kann man Spiele unterscheiden in: Zweipersonenspiele, Mehrpersonenspiele (das zu n-Personen) und als Sonderfall Spiele gegen die Natur, wo ein Spieler einer unbekannten Umweltsituation gegenübersteht.

Die Ungewißheit in einer spieltheoretischen Entscheidungssituation besteht darin, daß ein Teilnehmer (Spieler) zwar die verschiedenen Handlungsalternativen (Strategien) und deren Ergebnisse (Auszahlungen) kennt, daß er aber keinerlei Wissen darüber besitzt, welche Strategie der oder die anderen Spieler wählen.

Zur Lösung solcher Entscheidungssituationen ist eine weitere Unterscheidung von Spielen wichtig:

a) Bei (Zweipersonen-) Nullsummenspielen ist der Gewinn (die Auszahlung) des einen Spielers gleich dem Verlust des anderen Spielers. Solche Spiele haben eindeutige Lösungen mit der sog. Minimax-Regel (auch WALD-Regel genannt). Diese Regel besagt, daß ein Spieler bei der Auswahl seiner Strategie (im Beispiel wählt Spieler 1 zwischen seinen Strategien I, II und III und Spieler 2 zwischen I* und II*) extrem vorsichtig vorgeht. Wenn die Zahlen in der Matrix den Gewinn von Spieler 1 (den Verlust von Spieler 2) darstellen, dann macht Spieler 1 folgende Überlegung: Bei der Wahl von Strategie I ist der Minimalgewinn (unabhängig von der Auswahl des Spielers 2 zwischen dessen Strategien I* und II*) 2 Einheiten, der zustande kommt, wenn Spieler 2 die Strategie I* wählt. Bei Strategie II ist der Minimalgewinn − 1 und bei Strategie III 1 Einheit. Spieler 1 wählt diejenige Strategie, die seinen Minimalgewinn maximiert, somit Strategie I.

| | | SPIELER 1 | | |
|---|---|---|---|---|
| | | I | II | III |
| SPIELER 2 | I* | (2) | 1 | 3 |
| | II* | 5 | -1 | 1 |

Spieler 2 kann bei Strategie I* maximal 3 Einheiten verlieren, bei Strategie II* 5 Einheiten. Spieler 2 minimiert seinen Maximalverlust, wenn er Strategie I* wählt.

Die Kombination (I, I*) ist somit die eindeutige Lösung dieses Nullsummenspieles (sog. Sattelpunkt). Jedes Nullsummenspiel hat nach dem Minimax-Theorem einen solchen Sattelpunkt.

Diese Lösung beruht auf der Annahme extrem pessimistischen und risikofeindlichen Verhaltens der Mitspieler. Deshalb wurden andere Verhaltensannahmen neben das Minimax-Prinzip gestellt, wie z. B. das HURWICZ-Kriterium, die HODGES-LEHMANN-Regel, die SAVAGE-NIEHANS-Regel u. a.

b) Bei Nichtnullsummenspielen ist der Gewinn eines Spielers nicht zugleich Verlust für den oder die anderen Spieler. Somit müssen die einzelnen Spielteilnehmer nicht mehr notwendig gegeneinander handeln, sondern können durch gemeinsames Handeln den Gesamtgewinn beeinflussen. Bei kooperativem Verhalten der Spieler können durch bargaining eine Unzahl neuer Lösungen für das Spiel entstehen. Für den Fall, daß es für einen Spieler weiterhin eine eindeutig optimale Strategie gibt, spricht man von einer dominanten Strategie. Im allg. haben Nichtnullsummenspiele keine eindeutigen Lösungen mehr. Es wurden zahlreiche Kriterien für »optimales« Verhalten der einzelnen Spieler beim Aufteilen von gegebenen Gesamtgewinnen entwickelt. Besonders häufig wird dabei das sog. NASH-Kriterium genannt.

Bei ökonomischen Anwendungen, die v. a. in der Theorie des → Angebotsoligopols in der Theorie der Kollektivverhandlungen (→ Gewerkschaften), bei der Analyse ökonomischer → Macht usw. vorgenommen wurden, sind vorwiegend Nichtnullsummenspiele relevant. In ökonomischen Situationen können die beteiligten Akteure im allg. durch kooperatives oder kompetitives Verhalten die Gesamtlösung stark beeinflussen. So können sich Unternehmer und Gewerkschaften bei Lohnverhandlungen durch → Streiks und → Aussperrungen gegenseitig Verluste zufügen oder sie können gemeinsam Einkommenserhöhungen unter sich aufteilen.   R.D.

**Spinnweb-Modell**  → Cobweb-Modell

**subjektive Wertlehre**
versteht den wirtschaftlichen Wert nicht als objektive Gütereigenschaft (wie die → Arbeitswertlehre), sondern leitet den Güterwert aus subjektiven Nutzenschätzungen

der Wirtschaftssubjekte ab. Ausgangspunkt der subjektiven Wertlehre sind der → Nutzen- und Grenznutzenbegriff (daher Nutzwertlehre). Anders als die objektive Wertlehre (→ Arbeitswertlehre) erklärt die Nutzwertlehre den Wert aller Güter (auch der Seltenheitsgüter) aus einem einheitlichen Prinzip und löst das klassische → Wertparadoxon. Das Nutzen- bzw. Grenznutzenkonzept wurde etwa gleichzeitig und unabhängig voneinander von Carl MENGER (1871), William Stanley JEVONS (1871) und Léon WALRAS (1874) in die Wertlehre eingeführt. Dementsprechend läßt sich eine Österreichische oder Wiener Schule, eine anglo-amerikanische und eine Lausanner Schule (beide als mathematische Richtung) der subjektiven Wertlehre unterscheiden. Als wichtigster anfänglich unbeachteter Vorgänger kann Hermann Heinrich GOSSEN (1854) betrachtet werden, der das Sättigungsgesetz und Genußausgleichsgesetz formulierte (→ GOSSEN'sche Gesetze).

Die Österreichische Schule (Carl MENGER, Friedrich von WIESER, Eugen von BÖHM-BAWERK) versteht den Wert als Urteil der wirtschaftenden Menschen über die Bedeutung der verfügbaren Güter für ihre Wohlfahrt (MENGER). Die Bedeutung der Befriedigung eines bestimmten → Bedürfnisses wird auf ein konkretes Gut übertragen und dadurch dem → Gut ein Wert zuerkannt. Voraussetzung dafür, daß einem Gegenstand Wert beigemessen wird, ist dessen Nützlichkeit und Seltenheit und ein Bedürfnis eines Wirtschaftssubjekts. Grundlage des wirtschaftlichen Güterwerts ist der → Nutzen für das Wirtschaftssubjekt. Der Wert ist also nicht nur seinem Wesen nach, sondern auch in seinem Ausmaß eine subjektive Erscheinung. Die Größe des Werts einer Gütereinheit aus einem gegebenen Vorrat gleichartiger Güter ist durch den Grenznutzen (→ Nutzen) bestimmt, der nach dem Sättigungsgesetz mit zunehmender Gütermenge sinkt. Aus der Bewertung mit dem Grenznutzen ergibt sich ein Unterschied zwischen Nutzen und Wert des Gutes (mit Ausnahme des Gutes in der Grenzverwendung).

Bei Anwendung des Nutzenkalküls auf die → Produktion (v. a. Friedrich von WIESER) werden Kosten als jener Nutzen aufgefaßt, den ein Produktionsmittel in der Verwendung mit dem geringsten Nutzen (Grenzverwendung) stiften würde (Kosten als entgangener Nutzen; → opportunity costs). Ein Gut kann durch Produktion zulasten des Grenznutzens des Grenzprodukts der Produktionsmittelart wiederbeschafft werden. Nutzen und Wert eines Gutes werden daher nach seinen »Produktionskosten« veranschlagt (WIESER'sches Gesetz). Der Wert der Produktionsmittel ergibt sich aus dem Wert der Produkte (Zurechnungsproblem).

Die anglo-amerikanische Richtung der subjektiven Wertlehre knüpft an die hedonistisch ausgerichtete Theorie der Lust- und Unlustgefühle von Jeremy BENTHAM (1789) an. JEVONS definiert den Nutzen als Lustgefühl; der Grenznutzen (final degree of utility) bestimmt den Güterwert. Neben dem Nutzen findet sich bei ihm der Begriff des Mißnutzens (disutility), womit ein negativer Nutzen der Arbeit (Arbeitsleid) gemeint ist. JEVONS entwickelt auf der Grundlage des Disutility-Konzepts eine Theorie des Arbeitsangebots.

Léon WALRAS, der Begründer der Lausanner Schule, stützt seine Wert- und Preislehre auf den Begriff der »rareté« (Seltenheit), der dem Grenznutzenbegriff entspricht. Seine Wertlehre ist ausschließlich auf die Erklärung von → Gleichgewichtspreisen ausgerichtet. Das von ihm abgeleitete System von Gleichgewichtspreisen zeigt die funktionalen Beziehungen zwischen allen Preisen. Aus der Kritik am kardinalen Nutzenkonzept der älteren Nutzentheorie durch Vilfredo PARETO (1906) entstand die → Wahlhandlungstheorie.

Die moderne neoklassische (v. a. auf Alfred MARSHALL zurückgehende) → Preistheorie vermeidet einen einseitigen Erklärungsansatz aus objektiven oder subjektiven Elementen. Sie leitet den Preis aus dem Zusammenwirken von objektiven Faktoren (z. B. → Produktions- und → Kostenfunktionen, → Marktformen) und subjektiven Faktoren (z.B. → Präferenzen, Zielsetzungen) ab. H.M.W.

### Subjektsteuern
→ Steuerklassifikation

### Submissionskartell
Variante eines → Kartells mit dem Zweck, bei öffentlichen Ausschreibungen (z.B. von Bauten) bestimmte Angebotspreise nicht zu überschreiten bzw. Angebotsbedingungen einzuhalten (Bietungsabsprache). Es ist gemäß dem → Verbotsprinzip des → Gesetzes gegen Wettbewerbsbeschränkungen (GWB) untersagt, soweit es sich nicht um die bloße Preisaufgliederung bei Ausschreibungen handelt, die einheitlich erfolgt. Letztere ist gemäß GWB (§ 5, Abs. 4) zulässig. R.R.

### Subsidiaritätsprinzip
wesentliches Formalprinzip der Gesellschaftsordnung in der → Christlichen Soziallehre: Ein Individuum oder eine gesellschaftliche Gruppe hat die Pflicht zur Selbsthilfe und darf in der Eigeninitiative nicht behindert werden. Erst wenn ein menschenwürdiges Dasein durch den einzelnen oder die Gliedgemeinschaft nicht gesichert werden kann, hat die nächste oder engste Gemeinschaft, die dazu in der Lage ist, das Recht und die Pflicht, helfend einzugreifen. Das Subsidiaritätsprinzip enthält somit eine allgemeingültige Ordnungsnorm und eine Zuständigkeitsnorm für Institutionen wie öffentliche Versorgungseinrichtungen, Schulen, Einrichtungen und Maßnahmen der Sozialen Sicherheit etc., nach der die einzelnen Organisationsformen (wie Ehe und Familie, Betrieb, Gemeinde, Staat) zur Hilfeleistung aufgerufen sind. Praktisch geht es darum, überschaubare Bereiche für die gemeinsamen Aufgaben zu schaffen und eine möglichst breite Teilnahme aller an der Verantwortung zu sichern.
Es besteht ein enger Zusammenhang zwischen Subsidiaritäts- und Solidaritätsprinzip (dem wechselseitigen Angewiesensein von Individuum und Gesellschaft): Beide sind Entfaltungen des Zentralbegriffs Gemeinwohl (bonum commune). R.E.

### Subsistenzmittelfonds
in bestimmten Modellen der → Kapitaltheorie verwendeter Begriff, der eine Menge an Konsumgütern bezeichnet, die eine Wirtschaftsgesellschaft über eine bestimmte Zeitspanne ernähren kann, so daß → Akkumulation über → capital widening und → capital deepening stattfinden kann. P.W.

### Substitutionseffekt
Der Gesamteffekt GE einer Preisänderung für ein Gut auf die nachgefragte Menge, die Mengenänderung durch Verlagerung des → Haushaltsoptimums ($P_1$) auf eine andere → Indifferenzkurve (neues Optimum $P_2$), setzt sich aus einem → Einkommenseffekt EE und dem Substitutionseffekt SE zusammen. In der Abb. sind die genannten Effekte für den Fall einer Preissenkung des Gutes x dargestellt. Der Substitutionseffekt kommt durch Änderung des Preisverhältnisses zustande und ist die Mengenänderung durch Übergang vom Tangentialpunkt der Hilfsbilanzgeraden ($P^*$) mit der neuen Indifferenzkurve zum neuen Haushaltsoptimum. Der Substitutionseffekt ist bei dem Gut, dessen Preis sinkt, immer positiv. H.M.W.

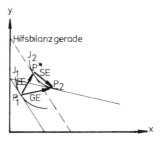

### Substitutionseffekt der Lohnänderung
→ Arbeitsangebot

### Substitutionselastizität
Quotient aus relativer Änderung des Einsatzverhältnisses zweier Produktionsfaktoren zur relativen Änderung des Grenzproduktivitätsverhältnisses dieser Faktoren.

Die Substitutionselastizität ist v. a. bei Zugrundelegung makroökonomischer → Produktionsfunktionen mit den Produktionsfaktoren → Arbeit und → Kapital bedeutsam. Unter der Voraussetzung, daß die Produktionsfaktoren mit ihrem Grenzprodukt entlohnt werden (→ Grenzproduktivitätstheorie), hängt die Einkommensverteilung bei Substitution entlang einer → Isoquante von der Substitutionselastizität ab. Die Substitutionselastizität wird durch die Gestalt der Isoquante bestimmt. Sie ist definiert als relative Änderung der Kapitalintensität

$$\frac{K}{A}$$

zur relativen Änderung des Grenzproduktivitätsverhältnisses $Y'_K / Y'_A$ (wobei $Y'_K$ die Grenzproduktivität des Kapitals

$$\frac{\partial Y}{\partial K}$$

und $Y'_A$ die Grenzproduktivität der Arbeit

$$\frac{\partial Y}{\partial A}$$

bezeichnet):

$$\sigma = -\frac{d\left(\dfrac{K}{A}\right)}{\dfrac{K}{A}} : \frac{d\left(\dfrac{Y'_K}{Y'_A}\right)}{\dfrac{Y'_K}{Y'_A}}$$

Da die Faktorpreise (Zins r und Lohn w) gleich den → Wertgrenzprodukten sind, kann die Substitutionselastizität als Verhältnis zwischen der relativen Änderung der Kapitalintensität und der relativen Änderung des Faktorpreisverhältnisses definiert werden:

$$\sigma = -\frac{d\left(\dfrac{K}{A}\right)}{\dfrac{K}{A}} : \frac{d\left(\dfrac{r}{w}\right)}{\dfrac{r}{w}} .$$

Ein Wert von σ = 1 läßt bei einer Erhöhung des Zins-Lohn-Verhältnisses die Einkommensverteilung unverändert, bei σ > 1 ändert sich die Einkommensverteilung

zulasten des Faktors Kapital und bei σ < 1 zugunsten des Faktors Kapital.

Auf einer Isoquante ist die (positiv genommene) Grenzrate der Substitution von Arbeit durch Kapital

$$\frac{dA}{dK}$$

gleich dem umgekehrten Verhältnis der Grenzproduktivitäten beider Faktoren. Die Substitutionselastizität kann daher auch als Verhältnis zwischen der relativen Änderung der Kapitalintensität und der relativen Änderung der Grenzrate der Substitution bestimmt werden.

In geometrischer Darstellung gilt (Abb.):

$$\sigma = -\frac{\dfrac{d\,(\tan\beta)}{\tan\beta}}{\dfrac{d\,(\tan\gamma)}{\tan\gamma}}$$

Anhand der Substitutionselastizität kann man folgende Produktionsfunktionen unterscheiden:

σ = 0: → LEONTIEF-Funktion;
σ = 1: → COBB-DOUGLAS-Funktion;
σ = konst.: → CES-Funktion;
σ = variabel: → VES-Funktionen.

H.M.W.

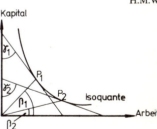

**Substitutionstangente**
→ Indifferenzkurven

**Substitutionswettbewerb**
Art des → Wettbewerbs, der durch die gegenseitige Ersetzbarkeit (Substitution) wirtschaftlicher Güter zustandekommt. Preissteigerungen bei einem Gut bewirken

eine Verlagerung der Nachfrage auf Substitutionsgüter, so daß der Preis des ersten Gutes tendenziell gedrückt wird.

Substitutionswettbewerb übt eine wichtige Funktion bei → Wettbewerbsbeschränkung durch monopolnahe → Marktformen sowie bei → Marktbeherrschung durch Unternehmen aus.    R.R.

### Subventionen

öffentlich rechtliche Leistungen des Staates, die zur Erreichung eines bestimmt im öffentlichen Interesse gelegenen Zwekkes gewährt werden.

Im engsten Sinne werden unter Subventionen nur monetäre → Übertragungen seitens staatlicher Stellen verstanden, die an erwerbswirtschaftliche Unternehmen ohne marktgerechte Gegenleistungen gewährt werden. Im → Subventionsbericht werden auch die Finanzhilfen des Staates an Private im sozialen Bereich zu den Subventionen gerechnet. Darüber hinaus werden zusätzlich auch die indirekten (»versteckten«) Subventionen in Form von Steuervergünstigungen, die zu Einnahmeausfällen des Staates führen, hinzugerechnet.

Neben den wirtschaftlichen und sozialen Subventionen kann man noch Kultursubventionen (z.B. Förderung der Museen und Theater) und Parteiensubventionen (Parteienfinanzierung) unter diesen Begriff fassen. Subventionen stellen Eingriffe in den marktwirtschaftlichen Selbststeuerungsmechanismus dar und sollen deshalb nach § 12 des → Gesetzes zur Förderung der Stabilität und des Wachstums der Wirtschaft auf ein Mindestmaß reduziert werden. Die Hauptschwierigkeit bei der Subventionsgewährung liegt in der Tatsache, daß Wirtschaftssubventionen im allg. weitere Unterstützungen nach sich ziehen, weil durch sie ein notwendiger (aber nicht erwünschter) Strukturwandel verhindert wurde. Durch diese Tendenz zur Selbstverstärkung wird v.a. der Abbau einmal gewährter Unterstützungen erschwert, wenn sie nicht mehr als wünschenswert angesehen werden.

Die Finanzhilfen an Unternehmen (Wirtschaftssubventionen) kann man nach ihrer Funktion gliedern in:

a) Erhaltungssubventionen;
b) Anpassungssubventionen;
c) Entwicklungssubventionen (zur Förderung des Produktivitätsfortschritts, insbes. zur Entwicklung neuer Produktionsverfahren).

Nach den Ausgabenbereichen kann man v.a. unterscheiden in:

a) Finanzhilfen für die nationale → Agrarpolitik und Aufwendungen im Zusammenhang mit der Europäischen → Agrarmarktordnung (1970: zusammen 6,8 Mrd. DM);
b) Förderung der gewerblichen Wirtschaft (1970: 1 Mrd. DM);
c) Förderung des Verkehrs (1970: 0,15 Mrd. DM);
d) Förderung des Wohnungswesens (1970: 1,4 Mrd. DM);
e) → Sparförderung und → Vermögensbildung (1970: 2,2 Mrd. DM).    R.D.

### Subventionsbericht

Zusammenstellung der Finanzhilfen des Staates und der Steuervergünstigungen, welche die Bundesregierung dem Parlament im Abstand von 2 Jahren gemäß → Gesetz zur Förderung der Stabilität und des Wachstums der Wirtschaft (§ 12) vorzulegen hat.

Seit dem Jahr 1962 hat die Bundesregierung im → Finanzbericht bereits über die »Entwicklung der finanziellen Hilfen im Bundeshaushalt sowie der Steuer- und Zinsbegünstigungen« berichtet. Durch den Subventionsbericht, der erstmals 1968 vorgelegt wurde, soll die Subventionsgewährung den gesamtwirtschaftlichen → Zielen besser untergeordnet und eine ständige Aufforderung zur Eindämmung der Finanzhilfen geschaffen werden.    R.D.

### Supermultiplikator

Maß für den Einkommenseffekt von autonomen Nettoinvestitionen, die in geometrischer Progression wachsen. Das zugrundeliegende Modell berücksichtigt weitere Nettoinvestitionen, die gemäß dem → Akzelerationsprinzip auf die jeweils in der Vorperiode vor sich gegangene Einkommensänderung reagieren, ferner Konsumausgaben, die in proportionaler Weise

und mit → ROBERTSON-lag vom jeweiligen Einkommensniveau abhängen.
Der auf John R. HICKS (1950) zurückgehende Supermultiplikator

$$S = \cfrac{1}{1 - \cfrac{c + \beta}{1 + w} + \cfrac{\beta}{(1+w)^2}}$$

bestimmt den Pfad des Gleichgewichtseinkommens $Y_t = S \cdot A_o \cdot (1+w)^t$.
$A_o$ Ausgangswert der autonomen Investition; c marginale Konsumneigung; w relative Änderungsrate der autonomen Investition; $\beta$ Akzelerator. F.G.

### Swap-Abkommen

Kreditvereinbarungen zwischen → Zentralbanken, die sich für einige Monate gegenseitig Swaplinien einräumen. Innerhalb dieser Kreditlinien kann jede der beteiligten → Zentralbanken von der anderen den Abschluß eines → Swapgeschäfts verlangen, durch das ihr Kredite in der Landeswährung befristet zur Verfügung gestellt werden. V.B.

### Swapgeschäft

Koppelung eines Devisenkassageschäfts mit einem → Termingeschäft am → Devisenmarkt, d.h. Kauf am Kassamarkt und Verkauf am Terminmarkt oder umgekehrt. Swapgeschäfte werden v.a. von Finanzinvestoren abgeschlossen, die Zinsarbitrage betreiben wollen.

### Swapsatz

Unterschied zwischen Kassa- und Terminkurs auf dem → Devisenmarkt (meist zum Kassakurs ins Verhältnis gesetzt).

### Swapsatzpolitik

Angebot von im Vergleich zum Devisenmarkt günstigen Kurssicherungskonditionen durch die → Zentralbank an → Banken oder Nichtbanken. Die → Deutsche Bundesbank bot den Banken seit Herstellung der vollen → Konvertibilität der DM (1958), die zu einer erheblichen Ausweitung des internationalen Kapitalverkehrs führte, periodisch → Swapgeschäfte in

US-Dollar an, bei denen sie Dollar per Kassa verkaufte und per Termin zurückkaufte. Der dabei berechnete Swapsatz wurde unabhängig vom Marktsatz festgesetzt. Es handelte sich i.d.R. um einen Deport, doch wurden auch Geschäfte zu pari und sogar mit Report abgeschlossen. Gesetzliche Grundlage der Swapsatzpolitik ist § 19 → Bundesbankgesetz, obwohl dort Operationen am Devisenterminmarkt nicht explizit erwähnt werden. Da bisher das Ziel der Swapsatzpolitik immer der Förderung des Kapitalexports war, wurden die Kurssicherungskosten so berechnet, daß auch bei geringen internationalen Zinsdifferenzen ein Anreiz für Kapitalexport gegeben war. Für die Laufzeit wurden i.d.R. Höchst- und Mindestfristen vorgeschrieben; zeitweise wurde die Verwendungsmöglichkeit der durch die Bundesbank verkauften Dollar eingeschränkt, um zu verhindern, daß sie auf den → Eurodollarmarkt flossen.
Die Swapsatzpolitik mit Banken wirkt ähnlich wie eine → Offenmarktpolitik mit → Geldmarktpapieren, da in beiden Fällen die Verwendung der → Bankenliquidität beeinflußt wird. Die Verfügbarkeit über diese Auslandsanlagen ist jedoch geringer als bei Geldmarktpapieren, da bei einem vorzeitigen Umtausch in DM Kursverluste möglich sind. Swapsatzpolitik mit Nichtbanken beeinflußt dagegen ebenso wie die Offenmarktpolitik mit Nichtbanken den Umfang der Bankenliquidität und damit indirekt das Bankkreditangebot. Die Banken können jedoch diese Wirkungen der Swapsatzpolitik neutralisieren, wenn sie sog. Karussellgeschäfte (Kombination eines Kapitalexports, bei dem die Kurssicherung durch ein Geschäft mit der Bundesbank erfolgt, mit einem Kapitalimport, bei dem die zur Tilgung benötigten Termindevisen auf dem freien Terminmarkt gekauft werden) betreiben, die dazu führen, daß kein Nettokapitalexport stattfindet und die Banken auf Kosten der Bundesbank Gewinne machen, die sich aus der Differenz zwischen dem Marktswapsatz und dem günstigeren Swapsatz der Bundesbank ergeben. Da von dieser Möglichkeit offenbar in größerem Umfang Gebrauch gemacht

wurde, stellte die Bundesbank 1969 ihre Swapoperationen zunächst ganz ein und führte sie dann nur noch in geringem Umfang und zu marktorientierten Konditionen durch.    V. B.

## Swing

wechselseitig eingeräumte Überziehungsgrenzen (Kreditlinien) bei bilateralen Verrechnungskonten zweier Länder mit nicht frei konvertierbaren Währungen.

## Switch-Geschäft

Geschäfte von Inhabern bilateraler Clearing-Devisen, die nicht frei konvertierbar sind, mit Dritten. Funktion des Switch-Geschäfts ist es, im Rahmen bilateraler Beziehungen (zeitweise) nicht verwertbare bzw. nicht erhältliche Devisen anderweitig unterzubringen bzw. zu beschaffen (Switchdevisen). Voraussetzung sind unausgeglichene bilaterale Verrechnungskonten und weitgehende Ausnutzung des → Swings. Der Gläubiger des Swingkredits bietet das Guthaben Außenhändlern in Drittländern gegen konvertierbare Devisen an, der Schuldner fragt Switchdevisen bei Dritten nach. Ihre Marktpartner sind einmal Importeure aus Ländern mit frei konvertierbarer Währung, die Clearing-Devisen des Landes erwerben aus dem sie importieren wollen (Importswitch). Anbieter sind Exporteure, die nicht mit konvertierbaren, sondern mit Clearingdevisen aus anderen Geschäften bezahlt werden (Exportswitch). Daneben existieren Switchdevisenhandelsunternehmen, die Import- und Exportswitchgeschäfte nebeneinander durchführen. Die Abschläge auf Switchdevisen können bis zu 60% betragen. Sie hängen ab vom Ausmaß der Inanspruchnahme von Swingkrediten, der Genehmigungspraxis der beteiligten Länder für Switchtransaktionen, sowie der Differenz zwischen Exportpreisen des Clearinglandes und den entsprechenden Weltmarktpreisen (Importswitch) bzw. den Erlösen beim Export in Clearingländer (Exportswitch). Infolge der zunehmenden Liberalisierung der internationalen Wirtschaftsbeziehungen haben Switch-Geschäfte im Vergleich zur Zeit nach dem 2. Weltkrieg

an Bedeutung verloren. Switchdevisenmärkte im institutionellen Sinn existieren nicht mehr, sondern die Transaktionen kommen durch individuelle Verhandlungen evtl. unter Hinzuziehung eines Maklers zustande.    V. B.

## Syndikalismus

um 1890 aus der französischen Gewerkschaftsbewegung entstandene revolutionär-gewerkschaftliche Bewegung und Theorie, als deren hervorragendster Vertreter Georges SOREL zu nennen ist. Nach syndikalistischer Auffassung ist die Befreiung der Arbeiterklasse von jeder ökonomischen und politischen Abhängigkeit gefährdet, solange die sozialistische Bewegung mit dem Staat als Exekutive der herrschenden Klasse Kompromisse eingeht. Deshalb lehnt der Syndikalismus jede politisch-parlamentarische Aktivität ab. Ziel ist nicht die Eroberung des Staates, sondern seine Zerstörung mittels der direkten Aktion des Proletariats in der Form von → Streiks, Fabrikbesetzungen, Boykott- und Sabotagemaßnahmen. Die Übernahme der Betriebe durch die darin tätigen Arbeiter (Syndikalisierung) ist die Voraussetzung für die Schaffung einer freiheitlichen sozialistischen Gesellschaft in der die → Gewerkschaften (im Gegensatz zum Anarchismus) die entscheidende politische Macht sind.

Modifizierte syndikalistische Argumente finden sich in neuerer Zeit wieder in den Strategiediskussionen der Gewerkschaften. So wird die Forderung erhoben, den politischen und sozialen Charakter der Unternehmen stärker hervorzuheben und nicht nur die ökonomische Verteilungsgerechtigkeit im unternehmerischen Bereich anzustreben, sondern auch die politischsoziale Emanzipation der Arbeitnehmer zu verwirklichen. Demnach darf sich die gewerkschaftliche Aktivität nicht auf den ökonomischen Lohn- und Verteilungskampf beschränken; vielmehr ist das kapitalistische System, d. h. das sich aus dem Privateigentum legitimierende Unternehmertum sowie das heutige Arbeits- und Leistungssystem in den Unternehmen stärker in Frage zu stellen.    T. F.

**Syndikat**

1. Straffste und stärkste Organisationsform eines → Kartells, da der → Wettbewerb bezüglich mehrerer Aktionsparameter (Preis, Absatz, Konditionen etc.) beschränkt wird. Es besitzt eine zentrale, als juristische Person verselbständigte Verkaufsstelle (evtl. auch für den Einkauf). Die Kartellmitglieder treten selbst nicht mehr mit Kunden (und Lieferanten) in Geschäftsbeziehungen. Dem Syndikat können je nach Zweck sehr weitgehende Kompetenzen zugewiesen werden wie Festlegung einheitlicher Verkaufspreise, Zuteilung von Aufträgen, Ausstellung von Rechnungen und der Einzug von Forderungen. Schwerpunkte: Vertrieb von Massengütern wie Kali, Kohle, Zement.

Syndikate sind wie → Preiskartelle nur als → Rationalisierungskartelle kraft ausdrücklicher Erlaubnis gestattet, die nur erteilt wird, falls der Rationalisierungszweck anders nicht erreicht wird und die Rationalisierung im Interesse der Allgemeinheit erwünscht ist (→ Gesetz gegen Wettbewerbsbeschränkungen, § 5, Abs. 3).

2. Im Ausland gebräuchliche Bezeichnung für die Organisation der Arbeiterbewegung in Form der → Gewerkschaften. R. R.

**System**

Menge von Elementen, zwischen denen Beziehungen bestehen. Diese Beziehungen können z. B. logischer, philosophischer, ästhetischer, physikalischer Art sein. Sind die Beziehungen derart, daß die Elemente aufeinander einwirken, so spricht man von einem Wirkungsgefüge oder einem kybernetischen System.

Es werden offene und geschlossene Systeme unterschieden. In einem geschlossenen System bestehen lediglich Beziehungen der Elemente untereinander. Hingegen ist ein offenes System dadurch gekennzeichnet, daß die Umgebung auf einige oder alle Systemelemente Einfluß nimmt oder von ihnen beeinflußt wird. Auch in einem offenen System sind jedoch die Beziehungen der Elemente untereinander enger als gegenüber der Umwelt und zumeist so gestaltet, daß die Struktur des

Wirkungsgefüges Störungen von außen kompensiert und ein »Überleben« des Systems garantiert, solange die Störungen ein bestimmtes Ausmaß nicht übersteigen (Beispiel: Das System Mensch überlebt nicht, wenn zu große Kälte zu lange von außen einwirkt). Diese Selbsterhaltungstendenz wird in den meisten Definitionen als Implikation eines kybernetischen Systems gesehen.

Je nach Wahl der Elemente kann man ein System so abgrenzen, daß es geschlossen oder offen ist. Die Definition der Systemgrenzen ergibt sich aus der Absicht des Betrachters. Ein offenes System läßt sich i. d. R. durch Hinzunahme geeigneter Elemente in ein geschlossenes überführen oder ein geschlossenes in offene Subsysteme zerlegen. Geschlossene Systeme sind häufig theoretische Konstrukte, während in der Realität offene Systeme dominieren. H. Sch.

**Systemkonformität**

→ Instrumente der Wirtschaftspolitik

**System of National Accounts (SNA)**

(System Volkswirtschaftlicher Gesamtrechnungen) Vorschlag der → Vereinten Nationen zur internationalen Vereinheitlichung der → Volkswirtschaftlichen Gesamtrechnungen. Die erste Fassung von 1953 wurde 1968 erheblich revidiert und erweitert, v. a. wurde die Integration der Strom- und Bestandsrechnungen sowie die Vergleichbarkeit mit dem in den sozialistischen Ländern gebräuchlichen → Material Product System verbessert.

Die Grundzüge des SNA sind von den statistischen Zentralbehörden nahezu aller westlicher Länder übernommen worden. Auf der Basis der Fassung von 1968 wurde für die Zwecke der → Europäischen Gemeinschaften das Europäische System Volkswirtschaftlicher Gesamtrechnungen (ESVG) entwickelt, welches 1973 anstelle des bisher verwendeten Standardsystems der Volkswirtschaftlichen Gesamtrechnungen der OEEC aus dem Jahr 1952 trat. Das ESVG gilt als Richtschnur für die Weiterentwicklung der Volkswirtschaftlichen Gesamtrechnung des Statistischen Bundesamtes der BRD. D. S.

**Systemtheorie**

Disziplin der → Kybernetik, die sich mit dem Verhalten und der Funktion von Wirkungsgefügen (kybernetische → Systeme) beschäftigt. Hauptfrage der Systemtheorie ist der Zusammenhang zwischen Struktur und Funktion eines Wirkungsgefüges.

Die systemtheoretische Betrachtungsweise hat in den letzten Jahren zunehmend Eingang in verschiedene Wissenschaftsbereiche gefunden. So gibt es systemtheoretische Ansätze in der Soziologie, Politologie, Ökologie, Betriebswirtschaftslehre und Volkswirtschaftslehre. Die Systemtheorie ist aufgrund ihres spezifischen Vorgehens geeignet, dem hohen Komplexitätsgrad der Sozialwissenschaften besser gerecht zu werden als andere Methoden.    H. Sch.

**Schachteldiagramm**
→ Kontraktkurve

**Schachtelprivileg**
→ Körperschaftsteuer

**Schattenpreis**
»idealer« Preis, der den wahren sozialen Wert von Gütern oder → Ressourcen darstellen soll. Je nach dem Umfang der → Externalitäten weichen Schattenpreise mehr oder weniger stark von den Marktpreisen ab. Schattenpreise können von einer Planbehörde in einer → Zentralverwaltungswirtschaft derart fixiert werden, daß die mikroökonomischen Entscheidungsträger zu bestimmten Verhaltensweisen (im Sinne einer angestrebten → Allokation) angeregt werden.
Der Begriff Schattenpreis hat sich in der mathematischen Optimierungstheorie, insbes. Modellen der → Linearen Programmierung herausgebildet. In diesen Modellen ist die Lösung eines Mengenproblems eng mit der Lösung eines äquivalenten Problems (dem Dual) verknüpft, dessen Variable als Schattenpreise bezeichnet werden. R. W.

**Schatzanweisungen**
kurz- und mittelfristige Schuldtitel des Bundes, der Länder und der Sondervermögen.
a) → U-Schätze (unverzinsliche Schatzanweisungen): Laufzeit von 6, 12, 18 oder 24 Monaten. Bei Kreditaufnahme der öffentlichen Haushalte werden sie als Finanzierungspapiere in deren Auftrag und für deren Rechnung über die → Deutsche Bundesbank begeben. Im Rahmen der → Offenmarktpolitik werden sie als → Mobilisierungs- oder → Liquiditätspapiere für Rechnung der Bundesbank in Umlauf ge-

bracht. Der Zins wird im Wege des Diskonts abgezogen, wobei die → Abgabesätze der Bundesbank angewendet werden.
b) Kassenobligationen (verzinsliche Schatzanweisungen): Laufzeit von 3 bis 4 Jahren. Sie werden von der Bundesbank in Auftrag und für Rechnung der öffentlichen Haushalte im → Tenderverfahren abgegeben (früher durch Zeichnung). Nominalzinssatz, Laufzeit und Fälligkeitskurs werden von der Bundesbank festgelegt, der Ausgabekurs bildet sich auf dem Markt. Der Nominalzins wird zu bestimmten Zinsterminen gezahlt. V.B.

**Schatzwechsel**
von einem öffentlichen Haushalt ausgestellte Solawechsel mit Laufzeit bis zu 90 Tagen. Als Finanzierungspapiere dienen sie der kurzfristigen Kreditgewährung an öffentliche Haushalte, können jedoch in die Geldmarktregulierung durch die → Deutsche Bundesbank miteinbezogen werden. Als → Mobilisierungs- bzw. → Liquiditätspapiere dienen sie ausschließlich der → Offenmarktpolitik und werden von der Bundesbank zu administrativ festgesetzten Diskontabschlägen (→ Abgabe- und → Ankaufsätze) auf dem → Geldmarkt gehandelt. V.B.

**Schedulensteuer**
Differenzierung der Erfassung eines → Steuerobjekts nach seinen näheren Qualitäten. Historisch wichtig bei der → Einkommensbesteuerung.

**Scheidemünzen**
Geldstücke aus Metall, die mit der Eigenschaft beschränkt gesetzlicher → Zahlungsmittel ausgestattet sind, so daß ihre Umlauffähigkeit im Kleinverkehr nicht

beeinträchtigt wird, wenn ihr Warenwert (wie überwiegend der Fall) geringer ist als ihr Nennwert.

Die Bundesmünzen gemäß Münzgesetz von 1950 sind Scheidemünzen über 1, 2, 5, 10 und 50 Deutsche Pfennig sowie über 1, 2 und 5 Deutsche Mark. Durch Gesetz vom 18. 4. 1969 wurde das → Münzregal des Bundes auf die Ausprägung der Olympiamünzen über 10 DM erweitert. Alle Münzen sind unterwertig, bis auf das Pfennigstück, das nicht so sehr durch seinen Metallwert als durch die Prägekosten dem Bund Verlust bringt. Der Annahmezwang (von Bundes- und Landeskassen abgesehen) ist auf einen Betrag von 20 DM (bzw. 5 DM bei Pfennigmünzen) begrenzt. Dafür sind Zweckmäßigkeitsüberlegungen und währungspolitische Absichten maßgeblich; einmal soll der Geldverkehr nicht behindert werden, zum anderen keine Konkurrenz für die → Banknoten der → Deutschen Bundesbank entstehen. Einer durch das fiskalische Interesse des Bundes (→ Münzgewinn) begründeten, jedoch währungspolitisch ungerechtfertigten Ausweitung des → Münzumlaufs steht die Kompetenz der Bundesbank entgegen, das Inverkehrbringen der Scheidemünzen nach den Verkehrsbedürfnissen zu regulieren, einer fortgesetzten Münzprägung zu widersprechen (da der nicht zustimmungsbedürftige Sockelbetrag von 20 Mark je Kopf der Bevölkerung längst überschritten ist) und nur in beschränktem Maße Münzen gegen Gutschrift in den Eigenbestand zu übernehmen.   F. G.

**Schenkungsbilanz**
→ Übertragungsbilanz

**Schenkungsteuer**
→ Vermögenbesteuerung

**Schlange im Tunnel**
→ Währungsschlange

**schleichende Inflation**
(= creeping inflation) anhaltende Preissteigerungen zwischen 2 und 5% jährlich. Charakteristisch für die schleichende Inflation ist ein zyklischer Verlauf entspre-chend der allgemeinen Wirtschaftstätigkeit und das Fehlen eines eindeutig aufwärts gerichteten längerfristigen Trends.

Zur Erklärung der schleichenden Inflation werden die von der → Inflationstheorie herausgearbeiteten Inflationsursachen, die i. d. R. kombiniert auftreten, herangezogen. Allerdings spielen die von der ökonomischen Inflationstheorie bisher zu wenig beachteten politischen, soziologischen und sozialpsychologischen Momente eine besondere Rolle. Sie äußern sich in einer Tendenz, das reale Verteilungspotential des Sozialprodukts durch überzogene Gruppenansprüche (→ Gruppeninflation) zu überfordern, und in Hemmungen beim Einsatz des vorhandenen stabilitätspolitischen Instrumentariums auf Grund von Zielkonflikten (z. B. → Arbeitslosigkeit, Wachstumseinbußen) und Machtfaktoren. Auf politisch-ökonomische Zusammenhänge ist aber gleichzeitig auch das Ausbleiben einer inflationistischen Selbstverstärkung zurückzuführen: Überschreiten nämlich die Preissteigerungen eine bestimmte Schwelle der Fühlbarkeit, wird Inflationsbekämpfung politisch wünschenswert und tragbar. Dadurch werden zyklisch Preissteigerungen und Inflationserwartungen gebrochen.   B. B. G.

**Schlichtung**
Verfahren zur friedlichen Beilegung von Streitigkeiten zwischen Arbeitgebern und Arbeitnehmern (→ Tarifpartner), das dann zum Einsatz kommt, wenn die Tarifverhandlungen erfolglos geblieben sind. Ziel der Schlichtung ist die Erhaltung des Arbeitsfriedens, indem sie beim Abschluß von Gesamtvereinbarungen Hilfe leistet.

Zu unterscheiden ist zwischen gesetzlicher (staatlicher) und tariflicher (vereinbarter) Schlichtung. Die in der BRD geltenden Schlichtungsgesetze (Kontrollratsgesetz Nr. 35 über das Ausgleichs- und Schlichtungsverfahren in Arbeitsstreitigkeiten vom 20. 8. 1946; Ländergesetze) räumen der tariflichen Schlichtung den Vorrang vor der staatlichen Schlichtung ein. Dies geschieht in Übereinstimmung mit der verfassungsrechtlichen Garantie der → Tarifautonomie, die nach herrschender Meinung eine staatliche Zwangsschlichtung nicht zuläßt.

Die vereinbarte Schlichtung kann im → Tarifvertrag selbst enthalten oder aber in besonderen Schlichtungsabkommen geregelt sein. Die mit dem Verfahren beschäftigte Schlichtungsstelle ist zu einem Teil paritätisch von den streitenden Parteien, im übrigen von unparteiischen Schlichtern besetzt (in Ausnahmefällen nur mit Mitgliedern der streitenden Parteien). Die Annahme des Einigungsvorschlages der Schlichtungsstelle liegt im Belieben der Tarifparteien. Verbindlich ist der Vorschlag nur, wenn die Parteien im voraus die Annahme vereinbart haben. Ist das vereinbarte Schlichtungsverfahren erfolglos geblieben, kann mit Zustimmung der Beteiligten die Streitigkeit einem staatlichen Schiedsausschuß unterbreitet werden. Wird ein Schiedsspruch abgelehnt, ist die Friedenspflicht der Parteien beendet, damit der Einsatz von Arbeitskampfmaßnahmen zulässig.    T. F.

**Schlüsselwährung** → Leitwährung

**schmutziges floating**
→ freie Wechselkurse

**Schuldendeckelverordnung**
längstens auf ein Jahr befristete Rechtsverordnung der Bundesregierung gemäß dem → Gesetz zur Förderung der Stabilität und des Wachstums der Wirtschaft mit dem Zweck, die Kreditaufnahme von Bund, Ländern, Gemeinden, Gemeindeverbänden, Sondervermögen und Zweckverbänden zu begrenzen, um eine Störung des wirtschaftlichen Gleichgewichts abzuwehren. Den einzelnen Haushalten werden Kredithöchstbeträge zugewiesen, für die Übertragbarkeit besteht. Zeitpläne werden, sofern vorgesehen, vom → Konjunkturrat für die öffentliche Hand, notfalls von der Bundesregierung aufgestellt. Es gilt der Grundsatz der Gleichrangigkeit der Aufgaben aller Gebietskörperschaften.    F. G.

**Schuldscheindarlehen**
in der Regel durch Grundpfandrechte gesicherte langfristige Kredite mit einer Laufzeit von 8 bis 15 Jahren, die durch Ausstellung eines Schuldscheins dokumentiert werden. Der Schuldschein ist nicht Wertpapier, sondern Beweismittel, d. h. die Geltendmachung des Rechts ist nicht an die Innehabung des Papiers geknüpft. Wie beim gewöhnlichen Darlehen erfolgt die Abtretung durch Zessionsvertrag. Da Schuldscheine überwiegend außerhalb der Börse gehandelt werden, sind sie weniger fungibel als andere festverzinsliche Wertpapiere. Ihre Rendite orientiert sich an der Rendite festverzinslicher Wertpapiere, doch liegt sie i. d. R. etwas niedriger. Da die Kosten der Börseneinführung wegfallen, weisen sie gegenüber Industrieobligationen finanzielle Vorteile auf, doch kommen als Emittenten nur große Industrieunternehmen und öffentliche Haushalte in Betracht, die den strengen Anforderungen bei der Sicherheit gerecht werden können.

In der BRD hat das Schuldscheindarlehen als Großdarlehen für die langfristige Fremdfinanzierung große Bedeutung erlangt. Meist werden Schuldscheindarlehen nicht von → Banken, sondern von nichtmonetären Finanzinstitutionen (Versicherungen) gewährt. Die Banken nehmen dabei nur eine Vermittlerrolle ein (indirektes Schuldscheindarlehen).    V. B.

**Schutzzoll**
→ Zoll, der mit dem Ziel der Belastung der Produkte ausländischer Konkurrenten (Importe) zum Schutz der heimischen Produzenten erhoben wird; der Schutzeffekt des Zolls zeigt sich in dem zollbedingten Rückgang der Importe (abhängig von der Importnachfrageelastizität), den sich verbessernden Verdienstmöglichkeiten des geschützten Wirtschaftsbereichs und dem Anstieg der inländischen Produktion der importkonkurrierenden Industrie. Die Wirkung, die mit dem Schutzzoll erreicht werden soll, tritt insbes. dann ein, wenn der Auslandspreis des belasteten Produkts nicht sinkt und damit der Inlandspreis des ausländischen Produkts im Grenzfall bis um den Zollbetrag ansteigt (geringer → terms of trade-Effekt). Daß der Schutzeffekt eines Zolls jedoch nicht allein aus der

Zollbelastung des Endprodukts zu ersehen ist, zeigt die → Effektivzoll-Theorie. Ein vollständiger Schutz vor ausländischer Konkurrenz ist erreicht, wenn jegliche Einfuhr durch den Zoll unterbunden wird (→ Prohibitivzoll).

Die Forderung nach Schutzzöllen wird insbes. aus zwei Gründen erhoben.

a) Erziehungsschutz für junge Industriebereiche und/oder einen beginnenden Industrialisierungsprozeß (→ Erziehungszoll);

b) Erhaltung eines unrentabel arbeitenden Wirtschaftszweiges aus allgemeinen (sozial-)politischen Gründen (z.B. Landwirtschaft).

Gegen die Erhebung von Schutzzöllen spricht die hinter Zollmauern nachlassende Initiative zur Verbesserung der Produktionsmethoden, die Erleichterung der Monopolbildung im Inland, die Gefahr ausländischer → Retorsionszölle und damit die Gefahr eines Handelskrieges und nicht zuletzt die Tatsache, daß selbst zeitlich befristete Schutzzölle (→ Erziehungszölle) meist zu einer Dauereinrichtung werden. Es bleibt im Einzelfall zu prüfen, ob die Wohlfahrtsgewinne der durch den Schutzzoll Begünstigten eine mögliche Verringerung der ökonomischen → Effizienz und die Verluste anderer Gruppen kompensieren können, oder ob nicht vielleicht andere protektionistische Maßnahmen (→ Protektionismus) geeigneter sind.   M. H.

## SCHWABE'sches Gesetz

vom Berliner Statistiker Heinrich SCHWABE 1868 analog zum → ENGEL'schen Gesetz aufgezeigte Gesetzmäßigkeit, daß bei steigendem Einkommen die Ausgaben für Wohnungsnutzung absolut zunehmen, wogegen ihr Anteil am Einkommen sinkt: Die → Einkommenselastizität der Nachfrage nach Wohnungsnutzung ist kleiner als Eins. Das SCHWABE'sche Gesetz bezieht sich auf das Nachfrageverhalten von Haushalten innerhalb gleicher sozialer Schichten.

H.M.W.

## Schwarzarbeit

für andere in erheblichem Umfang erbrachte Arbeitsleistungen unter Umgehung gesetzlicher Anmelde- und Anzeigepflichten mit Ausnahme der Arbeitsleistungen, die auf Gefälligkeit oder Nachbarschaftshilfe beruhen. Das Gesetz zur Bekämpfung der Schwarzarbeit vom 30. 3. 1957 sieht eine Bestrafung des Auftraggebers und des Schwarzarbeiters vor, wenn Dienst- oder Werkleistungen aus Gewinnsucht in erheblichem Umfang erbracht werden und

a) vorsätzlich der Verpflichtung zur Anzeige von der Aufnahme entlohnter oder selbständiger Arbeit nicht nachgekommen wurde,

b) vorsätzlich die Verpflichtung zur Anzeige vom Beginn des selbständigen Betriebes nicht erfüllt wurde,

c) ein Handwerk ohne Eintragung in die Handwerksrolle betrieben wird.   T.F.

## schwarzer Kreis

→ Wohnungszwangswirtschaft

## Schwarzer Markt

dient der illegalen Bedarfsdeckung (unter Umgehung gesetzlicher Vorschriften). Voraussetzung ist eine administrative Regulierung der Marktversorgung (v.a. bei Bewirtschaftung und Kontingentierung). Meistens versteht man unter Schwarzer Markt den Handel bewirtschafteter Waren (auch Devisenwerte) zu überhöhten Preisen. Der Fall, daß unter dem legalen Preis gehandelt wird (bei Schmuggel oder Schleichhandel) zählt im weiteren Sinne ebenfalls zum Schwarzen Markt. Nehmen die Schwarz-Märkte einen größeren Umfang an, so tritt eine gesamtwirtschaftlich nachteilige Marktspaltung auf. Abzugrenzen ist der Schwarze Markt vom Grauen Markt, der den »Beziehungshandel« umfaßt.   R.E.

**Schweinezyklus** → Cobweb-Modell

## Schwellenpreis

→ Agrarmarktordnung

### staatliche Theorie des Geldes

Die auf Georg Friedrich KNAPP (1905) zurückgehende Theorie sieht im → Geld ein »Geschöpf der Rechtsordnung«, dessen wichtigste Eigenschaft ist, definitives Schuldentilgungsmittel zu sein. Hierbei garantiert der Staat die Kapitalwertsicherheit, d.h. es gilt jederzeit der Grundsatz »Mark gleich Mark« (→ Nominalwertprinzip); freilich ist hierdurch die Realwertsicherheit nicht gewährleistet. Diese Theorie wird deshalb auch oft vorgeworfen, daß sie nicht in der Lage sei, die mit einer ständigen Geldvermehrung verbundenen Gefahren (→ Inflation) zu erfassen, was wegen der mit ihr nicht recht erfaßbaren bankgeschäftlichen → Geldschöpfung besonders deutlich wird. Heute unbestritten ist jedoch, daß die Eigenschaft des Geldes nicht von seinem Stoffwert oder seiner Deckung abhängt, sondern daß seine Funktion als allgemein akzeptiertes Tausch- und Schuldentilgungsmittel bestimmend ist.

H.-J.H.

### Staatsausgaben

vom → Wirtschaftssektor Staat zur Erfüllung seiner Aufgaben vorgenommene laufende und vermögenswirksame Ausgaben.

Die Behandlung der Staatsausgaben erfolgt in der → Finanzwissenschaft unter zwei Aspekten: Zum einen wird untersucht, wie groß die → Staatsquote sein soll. Dies geschieht im Rahmen der → Finanztheorie bei der normativen Bestimmung des → Budgets durch die Konzeption der → öffentlichen Güter, in neuerer Zeit durch politische Bestimmungsversuche (Anthony DOWNS), wo der Umfang der Staatsausgaben durch Entscheidungen von Wählern in demokratischen Wahlen ermittelt wird.

Zum anderen werden die Bestimmungsgründe für die empirische Entwicklung der Staatsausgaben und ihre gegenwärtige Ausgestaltung analysiert. Verallgemeinerungen bisheriger Entwicklungstendenzen finden sich im → Gesetz der wachsenden Staatstätigkeit, im → POPITZ'schen Gesetz oder im → BRECHT'schen Gesetz.

Die Staatsausgaben lassen sich unter mehreren Gesichtspunkten klassifizieren:

a) Die Sozialproduktstatistik ordnet die Staatsausgaben den wirtschaftlichen Akti-

### Die Ausgaben des Bundes nach volkswirtschaftlichen Ausgabearten

| | Soll 1973 (Mio. DM) | in % der Ausgaben zusammen |
|---|---|---|
| Laufende Rechnung: | 97 622 | 80,3 |
| Personalausgaben | 21 371 | 17,6 |
| laufender Sachaufwand | 18 460 | 15,2 |
| Zinsausgaben | 3 334 | 2,7 |
| laufende Übertragungen | 54 456 | 44,8 |
| Kapitalrechnung: | 24 119 | 19,8 |
| Sachinvestitionen | 6 712 | 5,5 |
| Vermögensübertragungen | 13 412 | 11,0 |
| Darlehensgewährung | 3 995 | 3,3 |
| Ausgaben zusammen | 121 626 | 100,0 |

vitäten zu (→ Volkswirtschaftliche Gesamtrechnung).

b) Dem Staatshaushalt liegt traditionell eine Untergliederung nach Aufgabenbereichen (Ressortprinzip) zugrunde (→ Budget).

c) Die Finanzstatistik unterscheidet nach ökonomisch-funktionalen Ausgabenkategorien (Tab.). R. D.

## Staatsausgabenmultiplikator

Maß für den Einkommens- und Beschäftigungseffekt einer Änderung der → Staatsausgaben. Er ist ein wichtiger Anwendungsfall der allgemeinen → Multiplikatoranalyse.

Für eine geschlossene Volkswirtschaft mit autonomen Staatsausgaben G, autonomer privater Nettoinvestition, einkommensabhängigen direkten → Steuern (T = tY) sowie einer linearen → Konsumfunktion, die eine vom verfügbaren persönlichen Einkommen abhängige Komponente $C = cY^v = c(Y-T)$ enthält, gilt:

$$\frac{dY}{dG} = \frac{1}{1-c+ct} = \frac{1}{s+ct}.$$

Der Einkommenseffekt einer Erhöhung der Staatsausgaben erfährt eine automatische fiskalische und private Stabilisierung, da wegen der Besteuerung das für den Konsum entscheidende verfügbare Einkommen der privaten Haushalte weniger stark steigt als das an die Haushalte verteilte (Brutto-)Einkommen, und da ferner durch Ersparnisbildung (s = marginale Sparquote) Teile des → verfügbaren Einkommens statt dem Konsum der (Geld-)Vermögensbildung zugeführt werden. Der Staatsausgabenmultiplikator bezieht sich auf eine isolierte Änderung der autonomen Staatsausgaben. Die Wirkung einer simultanen Änderung von Staatsausgaben und Besteuerung beschreibt der balanced-budget multiplier (→ HAAVELMO-Theorem). F. G.

## Staatseigentum
→ Eigentum; → Verstaatlichung

## Staatseinnahmen
Teil der Zahlungsströme innerhalb einer Volkswirtschaft, nämlich die der Privaten

an den Staat. Sie stellen ein Mittel staatlicher Politik dar zur Finanzierung der → Staatsausgaben und durch die von ihnen ausgehende Beeinflussung des Verhaltens der Privaten. Privatwirtschaftliche Zahlungen erfolgen nach dem Prinzip von Leistung und Gegenleistung, wenn die Wirtschaftssubjekte ihre → Präferenzen nach bestimmten Gütern auf → Märkten offenbaren und Preise zahlen. Präferenzen für → öffentliche Güter werden wegen Nichtausschließbarkeit nicht auf Märkten offenbart, damit ist ein Tausch unmöglich; spezifisch öffentliche Einnahmen können also nicht nach dem → Äquivalenzprinzip erzielt werden.

Die öffentlichen Einnahmen können nach dem Grad der Äquivalenz unterschieden werden in → Erwerbseinkünfte, → Gebühren und Beiträge, → Steuern sowie Krediteinnahmen (unterschiedlicher Äquivalenzgrad möglich). Daneben entstehen Einnahmen durch Vermögensumschichtung, wie Darlehensrückzahlungen und Erlöse aus dem Verkauf von Sachvermögen.

Erwerbseinkünfte sind keine spezifisch öffentlichen Einnahmen (Gültigkeit des Äquivalenzprinzips); sie resultieren aus öffentlichem Eigentum an Unternehmen, deren Produkte auf Märkten gehandelt werden. Bei Steuern liegt keine Äquivalenz vor. Gebühren und Beiträge weisen in unterschiedlichem Maße noch Äquivalenzaspekte auf, sie sind Zahlungen für Güter mit noch z. T. internalisierbaren Erträgen. Nach dem Ausmaß der Äquivalenz bei Krediten (→ Staatsverschuldung) hängt diese von den Plazierungsbedingungen ab (Zwangsanleihen oder freiwillige Zeichnung). Die historische Entwicklung der öffentlichen Einnahmen folgte der Reihe abnehmender Äquivalenz (Weg zum Steuerstaat).

Nach dem → Finanzbericht der Bundesregierung setzen sich die z. T. geschätzten öffentlichen Einnahmen des Jahres 1971 wie folgt zusammen: Steuern und steuerähnliche Einnahmen 173,2 Mrd. DM, Einnahmen aus wirtschaftlicher Tätigkeit 5,4 Mrd. DM, Zinseinnahmen 2,8 Mrd. DM, sonstige laufende Einnahmen 22,0 Mrd. DM (davon Gebühren und Entgelte 15,1 Mrd. DM). Zu diesen Einnahmen in laufender Rechnung in Höhe von 203,4 Mrd. DM treten Einnahmen aus der Kapitalrechnung (Veräußerung von Sachvermögen, Vermögensübertragungen, Darlehensrückflüsse) in Höhe von 7,8 Mrd. DM sowie 23,0 Mrd. DM Bruttokreditaufnahme und 0,7 Mrd. DM → Münzgewinn.

H.-W.K.

**Staatshandel** → Außenhandelsmonopol

**Staatsmonopolkapitalismus**

(= Stamokap) auf Wladimir Iljitsch LENIN zurückgehende Theorie, die zunächst in den sozialistischen Ländern (speziell DDR), später aber auch in der BRD und Frankreich weiterentwickelt wurde.

Der Begriff Staatsmonopolkapitalismus bezeichnet danach die letzte, »absterbende« Phase, in die der → Kapitalismus seit dem 1. Weltkrieg eingetreten ist. Von außen durch das Entstehen sozialistischer Staaten und den Zusammenbruch der Kolonialimperien in seinem Aktionsraum beschränkt, ist das kapitalistische System ab diesem Zeitpunkt durch eine zunehmende Monopolisierung gekennzeichnet: Konkurrenzunternehmen werden von Monopolen (→ Angebotsmonopol) abgelöst. Deren Größe und die sich beschleunigende technische Entwicklung lassen sie in systemgefährdender Weise auf Grenzen der Aufnahmefähigkeit des Marktes stoßen (erst ad dem Markt entscheidet sich, ob das Produzierte auch absetzbar ist). Damit ihre objektive Überlebtheit beweisend, sind sie auf das Eingreifen des Staates angewiesen. Zur Minderung des gestiegenen Risikos ist dieser genötigt, Garantien zu bieten, die ein planmäßigeres Produzieren erlauben (Krisenmangement, Schaffung von Märkten mit Absatzgarantie z. B. im Rüstungsbereich, Sozialisierung von Verlusten, Übernahme von Kosten für betriebliche Forschung und Entwicklung etc.). Damit werden in das kapitalistische System Momente der Vorwärtsregelung aufgenommen (→ Planung), die zwar nicht ihrem Inhalt, wohl aber ihrer Form nach fortschrittlich sind. Weil sich innerhalb des Kapitalismus über ihn hinausweisende Formen entwickelt haben, wird daraus z. T. eine Strategie vom friedlichen Übergang zum → Sozialismus abgeleitet: Die Arbeiterklasse kann, mit Teilen des von den Monopolen bedrohten Bürgertums verbündet (Volksfrontstrategie), auf demokratischem Wege Einfluß auf den Staatsapparat gewinnen und die in ihm schon angelegten fortschrittlichen Formen nutzen und ausbauen.

Kritisiert wird in der Literatur zur Stamokap-Theorie
a) die Auffassung vom Staat als neutrales, ohne vorherige Änderung der ökonomischen Machtverhältnisse für die Ziele der Arbeiterklasse verwendbares Herrschaftsinstrument;
b) die angenommene Interessenidentität zwischen Arbeiterklasse und Teilen des Bürgertums;
c) die Interpretation des staatlichen Intervenierens als über das kapitalistische System hinausweisendes Element;
d) die mechanistische Auffassung vom Absterben des Kapitalismus, die eine Leerformel darstellt, solange die wie auch immer gefaßte objektive Überlebtheit des Systems keine Entsprechung im Bewußtsein der Arbeiterklasse findet.    A.-J.P.

**Staatsquote**

an den → Staatsausgaben anknüpfendes, variantenreiches Maß für die → Staatstätigkeit.

a) Beanspruchte Staatsquote: Verhältnis der tatsächlich eigenfinanzierten Ausgaben der Gebietskörperschaften (einschl. → Lastenausgleichsfonds und → ERP-Sondervermögen) zum → Produktionspotential bei konjunkturneutraler Erhöhung des Preisniveaus des Bruttosozialproduktes (BSP).
b) Konjunkturneutrale Staatsquote: Verhältnis des konjunkturneutralen Haushaltsvolumens der Gebietskörperschaften (einschl. Lastenausgleichsfonds und ERP-Sondervermögen) zum Produktionspotential bei konjunkturneutraler Erhöhung des Preisniveaus des BSP.
c) Staatsausgabenquote: Verhältnis der laufenden Ausgaben (Personalausgaben,

Renten und Unterstützungen, sonstige laufende Ausgaben), Sachinvestitionen und mittelbaren Investitionen der Gebietskörperschaften zum BSP (Abb.).

Konzeptionelle Probleme einer Messung der Staatstätigkeit mit Hilfe der Staatsquote ergeben sich v. a. im Hinblick auf die Wahl der Ausgabengröße. Sie ist mit der Frage einer korrekten Abgrenzung des → Wirtschaftssektors Staat eng verknüpft. Erforderlich ist ferner eine Entscheidung darüber, ob die intrasektoralen Ströme mit in Betracht zu ziehen sind (meist verneint) sowie ob die tatsächliche Inanspruchnahme der Ressourcen durch den Staat oder nur Zahlungsvorgänge erfaßt werden sollen.

Ähnliche Schwierigkeiten bereitet die Wahl der richtigen Bezugsgröße, z. B. einer Potentialgröße (wie die vom → Sachverständigenrat verwendeten Kennziffern a) und b) oder einer realisierten Größe (wie bei c).

Neben diesen konzeptionellen Problemen existieren stets erhebliche statistische Hindernisse für die Nutzung einer von der Theorie empfohlenen Kennziffer.

In der Praxis benutzt man daher simultan mehrere Maße, insbes. auch solche, welche die → Staatseinnahmen berücksichtigen (→ Steuerquote). Die Staatsquote zeigt unter leichten konjunkturellen Schwankungen eine Erhöhungstendenz (→ Gesetz der wachsenden Staatstätigkeit).    F. G.

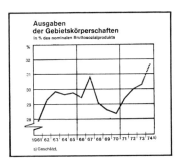

**Ausgaben der Gebietskörperschaften**
In % des nominalen Bruttosozialprodukts

a) Geschätzt.

**Staatsschulden**
→ Staatsverschuldung

**Staatssektor**
→ Wirtschaftssektoren

**Staatstätigkeit**
ökonomische Aktivität des Staates, deren positive oder normative Bestimmung in einer grundsätzlich privatwirtschaftlich (marktwirtschaftlich) organisierten Volkswirtschaft eine zentrale Frage der → Finanzwissenschaft ist. Dabei soll entschieden werden, wieviele Sachgüter und Dienste nicht über den Markt anzubieten sind. Den Umfang der Staatstätigkeit mißt man auf der Einnahmeseite in der → Steuerquote und auf der Ausgabenseite der öffentlichen Haushalte in der → Staatsquote.

Die empirische Entwicklung der Staatsquote beschreibt das → Gesetz der wachsenden Staatstätigkeit. Darunter fällt nicht nur die Frage, wie sich die Staatsquote bisher entwickelt hat, sondern auch, wie sie sich in Zukunft entwickeln könnte oder sollte.

Richard A. MUSGRAVE unterteilt die Wirkungen der Staatstätigkeit in drei Bereiche: Allokation, Distribution und Stabilisierung. Das Instrument, mit dem die → Allokation der Ressourcen gelenkt, die Verteilung (der → Einkommen oder → Vermögen) verändert und das → Wachstum bzw. die → Konjunktur beeinflußt werden, ist das → Budget. Sowohl die Einnahmeseite (→ Steuern, → Gebühren und Beiträge) als auch die Struktur und Entwicklung der Ausgabenseite wirken in allen drei Bereichen. Dazu kommt die Beurteilung des Staatsbudgets als Gesamtheit. Die Wirkung von Budgetdefiziten (und ihrer Finanzierung), -überschüssen (und ihrer Verwendung) und von ausgeglichenen Budgets (→ HAAVELMO-Theorem) werden v. a. im Bereich Stabilisierung diskutiert.    R. D.

**Staatsunternehmen**
→ Erwerbseinkünfte des Staates

**Staatsverbrauch** → Eigenverbrauch

**Staatsverschuldung**
finanzielle Ansprüche des privaten an den öffentlichen Sektor, die im Zusammen-

hang mit einem Kreditgeschäft entstanden sind. Wieweit bei dieser Einnahmenart Äquivalenz vorliegt, hängt von den Bedingungen der Kreditaufnahme ab. Denkbar sind Kreditaufnahmen unter Bedingungen → vollständiger Konkurrenz oder Versuche, wie ein privater Monopolist (→ Angebotsmonopol) Renten abzuschöpfen (→ Tenderverfahren) oder Zwangsanleihen unter Rückgriff auf die Gesetzgebungshoheit.

Während → Steuern das → verfügbare Einkommen der Privaten mindern (direkte Steuern) oder dessen Kaufkraft verringern (indirekte Steuern), reduziert die Staatsverschuldung (wenn das Kapitalangebot nicht sehr zinselastisch ist) die den Privaten zur Verfügung stehenden Kreditmarktmittel. Die differentielle Wirkung der Kreditaufnahme hängt von der relativen Stärke dieser Effekte ab: Bei geringer Kreditnachfrage der Privaten wirkt Kreditanstatt Steuerfinanzierung von → Staatsausgaben weniger kontraktiv, bei hoher Kreditnachfrage eventuell stärker. Je nach der Ausgestaltung der Staatsverschuldung und des → Steuersystems lassen sich unterschiedliche Effekte auf → Konsum- und → Investitionsquote und damit Produktionskapazität und Konsumpotential späterer Perioden ableiten, womit sich bei → Vollbeschäftigung die Last (Konsumverringerung) von Ausgabenprogrammen in die Zukunft verschieben läßt. Diese Verschiebung ist erwünscht, wenn die Äquivalenz von öffentlicher Leistung und Gegenleistung auch im Zeitablauf gelten soll (»intergeneration equity«). Im Vergleich zur Steuerfinanzierung ergibt sich eine Veränderung der → Vermögensverteilung zugunsten Privater, falls diese die Zinssteuerbelastung nicht kapitalisieren. Bei erfolgreicher Zurückdrängung privater Investitionen durch Kreditfinanzierung ändert sich das Verhältnis von privatem zu öffentlichem → Kapitalstock (Allokations- und Wachstumseffekte). Bei Finanzierung des Schuldendienstes durch Steuern ändert sich die personelle → Einkommensverteilung, wenn Zinsempfänger und Steuerzahler nicht zusammenfallen.

Arten des öffentlichen Kredits können nach der juristischen Fixierung des Vertrags und der Laufdauer unterschieden werden. Bei Buchschulden (geringe Bedeutung) erfolgt Eintrag in das Bundesschuldenbuch anstatt Verbriefung durch Wertpapiere wie bei Briefschulden (dadurch Kurssicherheit, aber auch Schwerfälligkeit). Die zunehmende Laufdauer unterscheidet Schatzwechsel, Schatzanweisungen und Anleihen. → Schatzwechsel sind Orderschuldverschreibungen, die nicht laufend verzinslich, sondern diskontiert emittiert werden (normale Laufzeit drei Monate). → Schatzanweisungen sind Inhaberschuldverschreibungen kurzfristiger (→ U-Schätze) oder mittelfristiger Natur (mit Zinsscheinen ausgestattete, teils mehrjährige Kassenobligationen). Anleihen sind mittel- bis langfristige Inhaberschuldverschreibungen, die verzinslich und auf Kapitalmärkten handelbar sind.

Die Variation der Schuldstruktur nach Laufdauer und Gläubigerstruktur ist Aufgabe des → debt management.    H.-W. K.

**Stabilisatoren**

eingebaute oder systemimmanente → Regelmechanismen mit antizyklischer Wirkung im Konjunkturverlauf (→ built-in-flexibility).

**Stabilitätsanleihe**

von der Bundesregierung erstmals im Frühjahr 1973 in zwei Raten emittierte Anleihe von insgesamt 2,5 Mrd. DM, deren Einnahmen bei der → Deutschen Bundesbank stillgelegt wurden. Mit ihr wurde Kaufkraft abgeschöpft, um zur Stabilisierung des Preisniveaus beizutragen.

**Stabilitätsbedingungen eines Gleichgewichts**

beschreiben die Voraussetzungen, daß nach einer exogenen Störung eines → Gleichgewichts (nach endlich oder unendlich vielen Perioden) wieder ein Gleichgewicht zustandekommt. Solche Stabilitätsdiskussionen können nur mit Hilfe einer dynamischen → Analyse durchgeführt werden.

Beispiel: Für das Gleichgewichtseinkommen

$$Y_t = \frac{1}{s}\bar{I} + (1-s)^t Y_O$$

gilt die Stabilitätsbedingung $0 < s < 1$.

**Stabilitätsgesetz**
→ Gesetz zur Förderung der Stabilität und
des Wachstums der Wirtschaft

**Stabilitätspolitik**
→ Konjunkturpolitik

**stabilizing budgeting**
Auffassung über die Ausgestaltung und
Wirkung des öffentlichen → Budgets, die
im Gegensatz zum → compensatory budgeting oder zum → cylical budgeting den
klassischen → Deckungsgrundsätzen wenigstens teilweise verhaftet ist.
Zwar verwerfen Befürworter des stabilizing budgeting den Grundsatz des unbedingten jährlichen → Budgetausgleichs,
doch sollen konjunkturelle Schwankungen
nicht durch bewußte Budgetpolitik bekämpft werden. Man verläßt sich vorwiegend auf die automatische Stabilisierungswirkung des Budgets, auf die → built-in-
flexibility der einzelnen → Staatseinnahmen oder → Staatsausgaben.
Von den Befürwortern dieser Politik werden häufige Variationen von Ausgaben
und Steuersätzen als nachteilig für die Planungen in der Privatwirtschaft und als
kaum durchsetzbar aufgrund der immanenten Mängel bei der Durchführung
angesehen (z.B. langwieriger parlamenta-
rischer Prozeß, Prognosemängel).
Die Politik des stabilizing budgeting setzt
ein stark konjunkturempfindliches Ausga-
ben- und → Steuersystem voraus. Reicht
die automatische Stabilisierungswirkung
nicht aus, dann müssen konjunkturelle
Schwankungen mit anderen Mitteln (z.B.
→ Geldpolitik) bekämpft werden.   R.D.

**Städtebauförderungsgesetz**
→ Bodenpolitik

**Stagflation**
anhaltende Preissteigerung bei unerwünscht niedrigem wirtschaftlichen →
Wachstum. Zur Erklärung wird unter den
verschiedenen von der → Inflationstheorie

herausgearbeiteten Inflationsursachen
insbes. die Kostendruckthese verwandt.
Danach entsteht Stagflation aus dem Verteilungskampf. Die (vorwiegend geld- und
kreditpolitischen) Versuche, der Kosten-
Preis-Spirale Einhalt zu gebieten, führen
zu einer Abschwächung der Wirtschaftstätigkeit, ohne daß sich unmittelbare Preiseffekte einstellen: Die Praxis des →
markup pricing bindet die Preise mehr an
die Kosten als an die Absatzbedingungen,
überdies begünstigt auch die vorherrschende oligopolistische Marktstruktur
Mengenanpassung vor Preisanpassung.
Die letztere würde sich in einem späteren
Stadium der Konjunkturabschwächung ergeben. Es kommt jedoch nicht dazu: Be-
ginnende → Arbeitslosigkeit und andere
Stabilisierungslasten (regionalwirtschaft-
liche, branchenmäßige Schwierigkeiten)
lösen politische Widerstände aus und veranlassen (hauptsächlich fiskalische) Gegensteuerung, ehe die abflauende Wirtschaftstätigkeit den Preissteigerungstrend
der → schleichenden Inflation durchbrochen hat.
Verschärfung des Verteilungskampfes als
Vorwegeffekt der staatlichen Vollbeschäf-
tigungsgarantie und Fortführung dieses
Kampfes noch in Zeiten des Konjunktur-
rückganges infolge der eingetretenen Inflationsgewöhnung sorgen für kontinuierliche Preissteigerungen bei depressiver
Grundstimmung.
Stagflation als neuartiges Phänomen ist seit
den Rezessionen 1957/58 und 1967/70 in
den USA sowie 1969/70 in Großbritannien der Öffentlichkeit ins Bewußtsein getreten.   B.B.G.

**Stagnation**
Entwicklungsphase einer Volkswirtschaft,
die kein oder nur geringes positives oder
negatives → Wachstum des → Sozialprodukts oder des Pro-Kopf-Einkommens
aufweist.
Kurzfristig kann Stagnation konjunkturell
bedingt auftreten. Mit den Ursachen der
langfristig anhaltenden, chronischen Stagnation befassen sich die → Stagnationstheorien.

**Stagnationstheorien**
versuchen die Ursachen langfristig anhaltender → Stagnation zu erklären.

Nach Ansicht der Klassiker mündet das → Wachstum einer »reifen« Volkswirtschaft in Stagnation, wenn die erschöpften → Ressourcen eines Landes (Adam SMITH), abnehmende → Grenzproduktivität der Arbeit in der Bearbeitung des → Bodens (David RICARDO) oder mangelnde Nachfrage infolge ungleicher → Einkommensverteilung (Thomas Robert MALTHUS) die → Kapitalakkumulation zum Erliegen bringen. Durch Intensivierung des → technischen Fortschritts und der internationalen Arbeitsteilung (→ Spezialisierung) könne der Beginn dieser Phase hinausgeschoben werden. Erklärungsansätze dieser Art finden sich auch bei Vertretern der → Unterkonsumtionstheorie.

In der an Hinweise von John Maynard KEYNES anknüpfenden Richtung, insbes. in der von Alvin H. HANSEN (1938/39) am Beispiel der USA formulierten These, wird die Auffassung vertreten, daß in hochentwickelten Volkswirtschaften eine chronische Tendenz zur Unterkonsumtion und → Unterbeschäftigung (säkulare Stagnation) bestehe, da die Investitionen die durch die gewünschten Ersparnisse hervorgerufene → deflatorische Lücke nicht ausgleichen könnten. Diese Situation sei für reife Volkswirtschaften charakteristisch und werde durch ein Sinken der Wachstumsrate der Bevölkerung noch begünstigt.

Die Stagnationsthese wird in Theorien der wirtschaftlichen Entwicklung auch für → Entwicklungsländer vertreten. Die traditionellen Wirtschafts- und Sozialstrukturen und die besonderen Probleme dieser Länder (Mangel an Investitionsanreizen und Kapital, Bevölkerungsüberschuß, unzureichender Bildungsstand) verhinderten den Ausbruch aus dem circulus vitiosus des stationären Zustands in eine Phase anhaltenden Wirtschaftswachstums (→ Teufelskreise der Unterentwicklung). E.v.P.

**Stamokap**
→ Staatsmonopolkapitalismus

**STAMP-Plan**
1961 von Maxwell STAMP vorgelegter Plan, der das Ziel einer Erhöhung der → internationalen Liquidität mit der Aufgabe der → Entwicklungshilfe verband. Der → Internationale Währungsfonds (IWF) sollte Goldzertifikate an die → Internationale Entwicklungsorganisation (IDA) ausreichen, die sie zur Finanzierung von Entwicklungsprojekten bereitzustellen gehabt hätte. Die Mitgliedsländer des IWF wären verpflichtet gewesen, diese Zertifikate bis zu bestimmter Höhe zur Begleichung von Währungsverbindlichkeiten des IWF oder anderer Währungsbehörden entgegenzunehmen.

**Standardkorb-Technik**
→ Sonderziehungsrechte

**stand-by arrangements**
→ Bereitschaftskreditabkommen

**Standortfaktoren**
Einflußgrößen auf die Standortwahl eines Unternehmens. In der industriellen → Standorttheorie werden die Arbeitskosten, die Rohstoff- und Energiekosten, die Transportkosten bei Absatz und Beschaffung und die Agglomerationsvorteile (bzw. -nachteile) genannt.

Agglomerationsvorteile (-nachteile) entstehen als externe Effekte durch die räumliche Nähe einer Vielzahl von Aktivitäten. »Localization economies« (diseconomies) entwickeln sich bei der Wahl eines gemeinsamen Standorts von Betrieben der gleichen Branche, wenn die gesamte Branche ihre Produktion ausweitet. »Urbanization economies« (diseconomies) werden die Vorteile (Nachteile) genannt, die für alle Betriebe aller Branchen durch das Wachstum (der Einwohnerzahl, des Einkommens, des Gesamtoutputs) ihres Standorts entstehen. Zu »localization economies« führen v.a. folgende Agglomerationsfaktoren: die Größe des Facharbeitermarkts, das Vorhandensein spezialisierter Zuliefer- und Reparaturbetriebe und die Möglichkeit gemeinsamen Einkaufs und Verkaufs. »Urbanization economies« ergeben sich weiter aus der Tatsache, daß die städtische → Infrastruktur (Verkehrsnetz, Ver- und Entsorgungsleitungsnetz u.a.) mit wachsender Stadtgröße umfangreicher, differenzierter und (bis zu einer empirisch noch nicht eindeutig ableitbaren Grenze) kostengünstiger angeboten werden kann und die Möglichkeiten der Arbeitsteilung innerhalb der Stadt zunehmen. Durch starke Input-Output-Verflechtung der Betriebe eines Standorts entstehende Vorteile führen zu einem Industriekomplex.

Als Deglomerationsfaktoren wirken v.a. die »urbanization diseconomies«, die sich in steigenden Kosten der Lebenshaltung, steigenden Geldlöhnen, steigenden → Bodenpreisen und Mieten und höherem Zeitaufwand durch Verkehrsstauungen bemerkbar machen.

Bei Befragungen von Unternehmern nach den Motiven ihrer Standortwahl werden die Standortfaktoren häufig weiter differenziert. Die Qualität der Verkehrsverbindungen (z.B. Autobahnanschluß, Intercity-Station), die Verfügbarkeit von durch Infrastruktur erschlossenem Industriegelände, → Subventionen oder Steuererleichterungen, die Attraktivität der Landschaft, die Ausstattung des Wohnorts mit sozialer Infrastruktur und persönliche Präferenzen sollen u.a. in ihrer Bedeutung für die unternehmerische Standortentscheidung beurteilt werden. Die Ergebnisse lassen sich nicht zu Prognosen (der regionalen Beschäftigtenzahlen u.ä.) verwerten, sondern zeigen nur allg. Einflüsse, sofern sie nicht in einen theoretischen Zusammenhang (→ Standorttheorie) eingebaut sind.

J.H.

**Standortquotient**
→ Regionalanalyse

**Standorttheorie**
Sammelbezeichnung für verschiedene Ansätze zur modellmäßigen Ableitung der Standortentscheidungen von Produktionsbetrieben und/oder Haushalten.
a) Die Standorttheorie für die landwirtschaftliche Produktion ist durch Johann Heinrich von THÜNEN bereits 1826 nahezu vollständig ausgearbeitet worden. Er fragt nach der optimalen Nutzung der Bodenflächen in unterschiedlicher Entfer-

nung vom Absatzmarkt, wobei die Güter- und Faktorpreise (außer → Boden) im Absatzzentrum und die Transportkosten gegeben sind. Auf einer bestimmten Bodenfläche wird sich die Aktivität entfalten und die Nutzung erfolgen, für die sich die höchste → Grundrente erzielen läßt. Diese ist zugleich wegen der Konkurrenz um den gegebenen Standort als → Bodenpreis zu zahlen. Die mögliche Rentenhöhe bei einer bestimmten Bodennutzung ist gleich dem Marktpreis des angebauten Produkts abzüglich der Transportkosten zum Absatzmarkt und der sonstigen Produktionskosten. Es ergeben sich Ringe einheitlicher Bodennutzung (THÜNEN-Ringe) um das Zentrum mit zunehmender Intensität der Bewirtschaftung zum Zentrum hin. Die Güter mit der steilsten Rentenfunktion (höchste erzielbare Rente) werden unmittelbar am Zentrum produziert. Die Analogie zwischen landwirtschaftlicher Standorttheorie und städtischer Flächennutzungstheorie ist leicht zu sehen.
b) Die städtischen Standorttheorien, die die Stadtstruktur erklären wollen (→ Raumstruktur), gehen zum größten Teil von der landwirtschaftlichen Standorttheorie aus. Im Mittelpunkt von Modellen der Stadtstruktur steht dabei die Ableitung der räumlichen Verteilung der Wohnnutzung in der Stadt.
c) Die industrielle Standorttheorie sucht für einen gegebenen Betrieb den günstigsten Standort, wobei von gegebenen Unregelmäßigkeiten der Fläche (einschl. ungleicher Bevölkerungsverteilung) und von gegebenen Rohstoff- und Produktpreisen sowie → Inputkoeffizienten ausgegangen wird. Im einfachsten Fall werden die Lohn- und Kapitalkosten als überall gleich angenommen. Minimiert werden die Transportkosten zwischen dem Produktionsort, den (meist zwei) Rohstofflägern und dem Konsumort. Im komplizierten Fall variieren auch die Produktionskosten an den verschiedenen möglichen Standorten, und es wird das Minimum von Transport- und Produktionskosten gesucht.
Die Verbindung der Standorttheorie mit der traditionellen → Produktionstheorie erfolgt durch die Einführung der Trans-

portaktivität als → Input des Produktionsprozesses. Zwischen Transportkosten und sonstigen Produktionskosten kann eine Substitution stattfinden. Dazu müssen die entsprechenden Ausgaben an den verschiedenen Standorten verglichen werden. So kann sich der optimale Produktionsort eines Unternehmens vom transportkostenminimalen Punkt zwischen Rohstofflägern und Absatzmarkt in Richtung auf Orte mit billigen Arbeitskräften, billiger Energie u. a. verschieben. Neben dieser Arbeitsmarkt- bzw. Energieorientierung der Produktion kann die Transportorientierung auch durch Agglomerations- und Deglomerationsfaktoren aufgehoben werden. In der Praxis genügt häufig die Abwägung verschiedener → Standortfaktoren bei der Standortsuche.

Bei Vernachlässigung von Kostengesichtspunkten wird ein Unternehmen den Standort wählen, an dem es seinen Umsatz maximiert. Das hängt von der räumlichen Verteilung der Nachfrage ab. Dabei wird das Unternehmen jedoch nicht die Standorte der Konkurrenten und deren Reaktionen auf seine Entscheidungen vernachlässigen können. Mit diesen Zusammenhängen beschäftigen sich die Modelle der räumlichen Konkurrenz.

Der gewinnmaximale Standort eines Unternehmens ergibt sich aus der gleichzeitigen Betrachtung von Umsatz und Kosten an verschiedenen Standorten. Damit bewegt man sich in Richtung auf eine allgemeine Theorie der Standortwahl. Eine solche müßte jedoch nicht nur die Standorte der → Produktion, sondern auch die Interdependenzen zwischen Produzenten und Konsumenten und Handelsverflechtungen einbeziehen. Die Konstruktion solcher gesamtwirtschaftlicher Totalmodelle aus der Integration von Modellen der Standortwahl mit WALRAS-Modellen ist inhaltlich befriedigend noch nicht gelungen.

Einen Ausweg bieten die Modelle der Landschaftsstruktur (→ Raumstruktur) die realitätsbezogene Aussagen über komplexe räumliche Zusammenhänge zwischen wirtschaftlichen Aktivitäten durch Kombination von Partialbetrachtungen zulassen. J.H.

**stationary state economy**
→ steady state economy

**statische Analyse** → Analyse

**statischer Multiplikator**
mißt die Wirkung der Änderung einer exogenen Größe auf eine endogene Größe des Systems unter Vernachlässigung aller zeitlichen Wirkungszusammenhänge.
Der für alle einschlägigen Maße der komparativ-statischen → Multiplikatoranalyse verwendbare Begriff wird im engeren Sinn meist für den KEYNES'schen (langfristigen) Multiplikator gebraucht, welcher sich als erste Ableitung der Gleichgewichtsbedingung

$$Y^0 = C(Y^0) + I$$

ergibt:

$$\frac{dY^0}{dI} = \frac{dC}{dY^0} \cdot \frac{dY^0}{dI} + 1$$

$$\frac{dY}{dI} = \frac{1}{1 - \frac{dC}{dY}}$$

Bei

$$0 < \frac{dC}{dY} < 1$$

(→ Existenz- und → Stabilitätsbedingung des Gleichgewichts) ist der Wert des Multiplikators größer als Eins und bringt damit zum Ausdruck, daß eine auf Dauer angelegte Erhöhung der autonomen Nettoinvestitionen wegen der von der einkommensinduzierten Konsumnachfrage getragenen Folgewirkung einen vervielfachten Niederschlag im neuen Gleichgewichtseinkommen findet. F.G.

**steady state economy**
(= stationary state economy)
1. Modellzustand einer Volkswirtschaft, bei dem die → Variablen über die Zeit konstant bleiben (statisches → Gleichgewicht).
2. Leitbild einer Volkswirtschaft, das gekennzeichnet ist durch Konstanz der beiden → Bestandsgrößen Bevölkerung und Ausstattung mit reproduzierbaren materiellen und immateriellen Gütern. Zu-

grunde liegt die von Kenneth E. BOUL-
DING entwickelte ökologische Vorstellung einer → throughput economy. Danach
hängt die Befriedigung der menschlichen →
Bedürfnisse nicht primär von einer →
Stromgröße ab (z. B. → Konsum), sondern
vom Gleichgewicht der beiden Bestandsgrößen bei möglichst kleinem → throughput: Der gewünschte Stand der Bevölkerung soll bei möglichst geringen Geburten-
und Sterberaten (hohe Lebenserwartung)
aufrechterhalten werden, jener der Güter
(bei größtmöglicher Lebensdauer) durch
konstante → Inputs und → Outputs (und
damit gleichzeitig unter geringstmöglicher
Transformation von insbes. nicht-regenerierbaren → Ressourcen in umweltbela-
stende Abfallprodukte).
Dieses Konzept des → Nullwachstums wird
von seinen Verfechtern als eine Überle-
bensstrategie für die Insassen des »Raumschiffs Erde« verstanden.   C.-G.Sch.

**steady-state growth**
langfristiges dynamisches makroökonomisches → Gleichgewicht, das realisiert ist,
wenn alle → Variablen eines → Wachstumsmodells mit gleicher relativer Änderungsrate wachsen (→ exponentielles
Wachstum).
Interpretiert man statisches → Gleichgewicht als einen Zustand, in dem die Wirtschaftssubjekte keine Überraschungen er-
leben, weil ihre Dispositionen miteinander
kompatibel sind, so ist dynamisches
Gleichgewicht ein Zustand kompatibler
Planungen, die bereits das konstante proportionale Wachstum aller Variablen berücksichtigen. Es handelt sich einmal um
ein langfristiges Gleichgewicht im Gegensatz zum kurzfristigen Gleichgewicht der
Kreislauftheorie (bei dem der → Kapazitätseffekt der Investition vernachlässigt
wird), zum anderen handelt es sich um ein
dynamisches im Gegensatz zu einem statischen Gleichgewicht (bei dem sich alle Variablen auf den gleichen Zeitpunkt beziehen und die Zeit daher nicht explizit in die
Analyse eingeht).
Der stationäre Zustand einer → Volkswirtschaft ist ein Grenzfall des steady state bei
→ Nullwachstum.   C.-G.Sch.

**Sterling-Block**
Zone enger geld- und währungspolitischer
Zusammenarbeit sowie engen bankwirt-
schaftlichen Verbunds mit Großbritannien. Zu den Hauptkriterien gehören → feste Wechselkurse und → Konvertibilität
zwischen den beteiligten Währungen, Reservehaltung in Sterling und Verwaltung
der Interessen gegenüber Drittländern
durch die Bank von England.
In diesem engeren Sinn gehören als sog.
scheduled territories (»in einer Liste« geführte Gebiete gemäß Exchange Control
Act von 1947) nur mehr das Vereinigte
Königreich, Gibraltar und Irland zum
Sterling-Block.
Zum Sterling-Block im weiteren Sinne
rechnet man die sog. »overseas sterling
area« (O.S.A.). Er umfaßt zahlreiche
Länder in allen Kontinenten, u. a. Australien, Burma, Indien, Neuseeland und Südafrika, und erinnert an das britische Empire, das sich 1931 nach der Abkehr
Großbritanniens vom → Goldstandard im
Sterling-Block währungspolitisch formiert
hatte. Dieser währungspolitische Verbund
besteht allerdings nur mehr partiell. So
floaten z. B. Australien, Neuseeland und
viele afrikanische und asiatische Länder
des Sterling-Blocks seit 1971 mit dem US-
Dollar. Beim Übergang zum Sterlingfloa-
ten am 23. 6. 1972 wurde die O.S.A. generell, wenn auch mit gewissen Erleichterungen, in die Kapitalverkehrskontrollen
miteinbezogen. Beim Eintritt in die → Europäischen Gemeinschaften verpflichtete
sich Großbritannien, eine »Politik der geordneten und allmählichen Verringerung
der amtlichen Sterling balances ins Auge zu
fassen«, um die Gemeinschaft nicht mit der
Hypothek der Reservefunktion des Pfundes zu belasten.
Derzeit halten aber die Länder des Sterling-Blocks noch beträchtliche Pfundanteile in ihren → Währungsreserven. Soweit
sie → working balances übersteigen, garantiert das Vereinigte Königreich (gestützt
auf das → Basler Abkommen) ihren Devisenwert. Nach den zwischen 1968 und
1974 geltenden Vereinbarungen bezog
sich die Garantie auf den Dollarwert. Da
der Pfundkurs in der Zeit von September

1973 und April 1974 unter dem Garantiekurs (1£ = 2,4213 $) lag, mußte Großbritannien Entschädigung leisten. Seit 1.4.1974 (vorläufig bis zum Jahresende) ist die Garantie auf die effektive Änderung des Pfundkurses bezogen, die an einem Korb von zehn repräsentativen, nach dem → Außenhandel gewichteten Fremdwährungen gemessen wird.    F.G.

**Steuerbemessungsgrundlage**
physische oder monetäre Größe, die der Ermittlung des Steuerbetrages zugrundegelegt wird. Die Bemessungsgrundlage kann gleich dem → Steuerobjekt sein (z.B. Einkommensteuer) oder verschieden davon (z.B. Kfz-Steuer; Steuerobjekt ist das Halten eines Kraftwagens, Bemessungsgrundlage sein Hubraum).

**Steuerdestinatar**
Person, die nach Willen des Gesetzgebers die Steuerlast tragen soll (→ Steuerüberwälzung).

**Steuerinzidenz**
gibt die letzten Träger der Steuerlast nach Abschluß aller Umwälzungsvorgänge an. Die Kreislaufströme können sich sowohl zu ungunsten der Anbieter als auch der Nachfrager von Produktionsfaktoren und Gütern verschieben. Während die Frage der formalen Inzidenz (vor Überwälzung: Feststellen der Steuerzahler) relativ leicht zu klären ist, bereitet die Ermittlung der effektiven Inzidenz (nach Überwälzung) große Schwierigkeiten wegen der größtenteils unbekannten Überwälzungsvorgänge und -ergebnisse. Meist behilft man sich mit Definitionen, die das Problem umgehen (direkte Steuern nicht überwälzbar, indirekte Steuern überwälzbar) oder es wird eine Überwälzung aller → Steuern in mehr oder minder großem Ausmaß nach plausibel erscheinenden → Hypothesen über die jeweilige ökonomische Situation angenommen.
Es kann die spezifische Inzidenz einer Steuer, die differentiale (relative) Inzidenz mehrerer Steuern und schließlich die Inzidenz des gesamten → Steuersystems untersucht werden, meist mittels mikroökonomischer → Analyse. Empirische Untersuchungen der Inzidenz von Steuern stützen sich auf Statistiken der personellen → Einkommensverteilung für die Zurechnung der direkten Steuern und auf die damit gekoppelten Verbrauchsstatistiken (Haushaltsbudgets) für die Zurechnung der indirekten Steuern. Untersuchungen für die USA kommen zu dem Ergebnis, daß das gesamte Steuersystem aufgrund der direkten Steuern von hohen zu niedrigen Einkommen umverteilt; das genaue Maß ist jedoch ungeklärt. Dieser unbefriedigende Stand des Wissens führt dazu, daß meist nur qualitative Aussagen über die Inzidenz möglich sind.    H.-W.K.

**Steuerklassifikation**
Gruppierung der in → Steuersystem und → Steuerverfassung existierenden → Steuern nach bestimmten, ökonomisch aussagefähigen Kriterien, um Vereinfachungen für die ökonomische Analyse zu schaffen.
a) Die bekannteste Gliederung ist die nach direkten und indirekten Steuern, wobei allerdings über das Unterscheidungskriterium keine Übereinstimmung besteht. Rechtlich-technisch wird nach der Art der Veranlagung und Erhebung unterschieden (veranlagte Steuern als direkte; nicht veranlagte, tarifierte als indirekte Steuern). Ökonomisch kann nach der → Steuerüberwälzung gruppiert werden (nicht überwälzte direkte und überwälzte indirekte Steuern). Schließlich dient die Leistungsfähigkeit als Kriterium: direkte Steuern erfassen die Leistungsfähigkeit unmittelbar (durch Besteuerung des → Einkommens und → Vermögens), indirekte mittelbar (Besteuerung der Einkommensverwendung, besonders des Konsums). Voraussetzung dieses Kriteriums ist die Annahme, daß sich Leistungsfähigkeit im Einkommen und Vermögen zeigt (→ Leistungsfähigkeitsprinzip). Unter der → Hypothese der Unüberwälzbarkeit der Einkommen- und Vermögensteuer fallen beide Kriterien zusammen, wovon auch die → Volkswirtschaftliche Gesamtrechnung in ihrer Unterscheidung von direkten und indirekten Steuern ausgeht.
b) Die Unterscheidung nach Subjekt-(Per-

sonal-) und Objekt-(Real-)Steuern stellt auf die Beachtung bzw. Vernachlässigung persönlicher Faktoren des Zensiten bei der Besteuerung ab, ähnlich wie das Begriffspaar Maß- und Marktsteuern. H.-W.K.

### Steuermultiplikator

Maß der Einkommenswirkung einer Variation des Steuerbetrags oder des Steuersatzes. Er ist ein Anwendungsfall der allgemeinen → Multiplikatoranalyse auf die Besteuerung.

Im Modell einer geschlossenen Volkswirtschaft mit direkten → Steuern, die als absoluter Betrag T festgesetzt werden (lumpsum taxes), mit autonomen → Staatsausgaben G, autonomer privater Nettoinvestition I und einer linearen → Konsumfunktion, die eine vom verfügbaren persönlichen Einkommen abhängige Komponente $C_i = cY^v = c(Y - T)$ enthält, gilt:

$$\frac{dY}{dT} = \frac{-c}{1-c}$$

Eine Steuererhöhung wird, was den Einkommenseffekt betrifft, dadurch abgeschwächt, daß aus dem weggesteuerten Teil des verfügbaren persönlichen Einkommens ohnedies gespart und somit ein Entzugseffekt bewirkt worden wäre.

Im Falle einer einkommensabhängigen direkten Steuer T = tY entsteht bei der Variation des Steuersatzes t ebenfalls ein Einkommenseffekt:

$$\frac{dY}{dt} = \frac{-cY}{1-c+ct}$$

Der Einkommenseffekt wird bestimmt durch den exogen (nämlich von der Steuermaßnahme) ausgeübten Einfluß der veränderten Konsumausgaben $(-cY)$ auf das gesamtwirtschaftliche Einkommen. F.G.

### Steuern

kollektiv verhängter, zwangsweiser Werttransfer ohne Gegenleistung vom privaten an den öffentlichen Sektor. Ihre kollektive Verhängung unterscheidet sie neben Motiv und Tatbestandsmerkmal von der Geldstrafe, bei der zwangsweise Werttransfer ad hoc durchgeführt und nach Maßgabe

außerökonomischer Kriterien (Schuld) individuell bemessen wird.

Von → Gebühren und Beiträgen unterscheiden sich Steuern dadurch, daß sie weder anläßlich der Inanspruchnahme einer Leistung noch zum Ausgleich eines vermuteten Vorteils erhoben werden. Die Steuer ist ein Werttransfer ohne Gegenleistung, da kein entgegengerichteter Ressourcentransfer vollzogen wird. Die Definition der Steuern als Zahlungen für *allgemeine* Gegenleistungen (Staatsleistungen) ist unzulässig, da der Werttransfer von Privaten an den Staat bei free-rider-Verhalten nicht als eine Tauschbeziehung zustandekommt (die Wirtschaftssubjekte offenbaren ihre → Präferenzen nicht). In diesem Versagen der → Märkte findet der zwangsweise Transfer als Mittel der Wirtschaftspolitik (→ Steuerpolitik) seine instrumentelle Rechtfertigung. Der politischen Begründung dienen die verschiedenen Steuerrechtfertigungslehren. Bei Ungültigkeit des → Äquivalenzprinzips müssen für einen rationalen Einsatz andere Prinzipien für den Werttransfer durch das → Steuersystem (→ Steuerprinzipien) gefunden werden.

Als Anknüpfungspunkte der Besteuerung können grundsätzlich alle hinreichend abgrenzbaren → Strom- und → Bestandsgrößen der Wirtschaft dienen; ein einheitliches Ordnungsprinzip kennzeichnet ein → Steuersystem, von dem die historisch geschaffenen → Steuerverfassungen abweichen.

Einzelsteuern können nach bestimmten Kriterien zu größeren Gruppen (→ Steuerklassifikation) zusammengefaßt werden. Die ökonomischen Effekte der Besteuerung (→ Steuerwirkungen) beruhen auf dem Charakter der Steuer als Werttransfer, der eine Verringerung der kaufkräftigen Nachfrage bewirkt; sie sind von der → Steuerinzidenz abhängig, wobei die → Steuerüberwälzung zum Auseinanderfallen von → Steuerträger und -zahler führt.

H.-W.K.

### Steuerobjekt

Sache oder Handlung, auf deren physische, rechtliche oder ökonomische Erscheinungsformen sich der Steuerzugriff richtet.

## Steuerpolitik

Bereich der staatlichen → Finanzpolitik, der das → Steuersystem als Mittel zur Erreichung der Ziele einer Gesellschaft versteht. Von der fiskalischen Steuerpolitik wird im folgenden abgesehen, weil sie keine bewußte Steuerpolitik darstellt, sondern lediglich der Finanzierung eines Ausgabenprogramms dient, mittels dessen die wirtschaftspolitischen Ziele erreicht werden sollen.

Zum effektiven Einsatz der Steuerpolitik ist Kenntnis der → Steuerwirkungen, → Steuerüberwälzung und → Steuerinzidenz notwendig. Als ökonomische Ziele zählen meist die des → Gesetzes zur Förderung der Stabilität und des Wachstums der Wirtschaft (→ Vollbeschäftigung, Preisstabilität und → außenwirtschaftliches Gleichgewicht bei angemessenem → Wachstum), eine gerechte → Einkommens- und → Vermögensverteilung sowie eine optimale → Allokation der Ressourcen.

Voraussetzung eines Einsatzes der Steuerpolitik als Instrument der Wirtschafts- und Gesellschaftspolitik ist die Überzeugung, daß andere Instrumente unzureichende oder unerwünschte Ergebnisse bringen, mit der Konsequenz eines Abgehens vom Neutralitätspostulat der Besteuerung. Möglichkeiten bestehen in der zielgerechten Variation von Steuertarif und → Steuerbemessungsgrundlage.

Die Stabilisierungspolitik ist abhängig vom Grad an eingebauter Flexibilität (→ built-in-flexibility) und den Möglichkeiten zur diskretionären Steuerung. Die automatische Stabilisierungswirkung wird von der konjunkturellen Aufkommenselastizität bestimmt. Diese kann von der langfristigen Aufkommenselastizität abweichen, z. B. weist die der → Körperschaftsteuer eine hohe kurzfristige Elastizität (wegen der hohen Konjunkturreagibilität der Gewinne), aber eine niedrige langfristige auf; umgekehrt bei der Lohnsteuer. Eine Erhöhung der → Steuerquote ist erforderlich, wenn eine preisniveauneutrale Ausweitung der → Staatsausgaben andernfalls nicht erreichbar ist.

Einkommen- und Körperschaftsteuer eignen sich sowohl zur automatischen wie diskretionären Stabilisierungspolitik, die → Mehrwertsteuer zur automatischen Stabilisierung; wenig geeignet sind die einkommensunabhängigen Steuern, z. B. Gewerbekapital-, Vermögen-, → Grundsteuer.

Ziel der Wachstumspolitik ist die Ausweitung des Güterangebots, die durch Förderung von Quantität und Qualität der Faktoren → Arbeit und → Kapital zu erreichen ist. Mittel zur Vermehrung und Verbesserung des → Kapitalstocks sind die Förderung der → Ersparnis im allgemeinen (→ Sparförderung) und der Vermögensanlage in Sachkapital im besonderen. Diese Gesichtspunkte können in der Besteuerung der Einkommensentstehung und -verwendung durch Befreiung der Investition und Ersparnis von Einkommensverwendungs- und Mehrwertsteuer beachtet werden (beide müßten bei einer ökonomisch neutralen Besteuerung in die Bemessungsgrundlage einbezogen werden). Die → Einkommensbesteuerung kann durch Befreiung der Wertzuwächse (→ Wertzuwachsbesteuerung) von Sach- und Finanzanlagen, liberale Abschreibungsregelungen für Sachkapital- und Forschungsinvestitionen, großzügige Behandlung von Überstundenverdiensten und Einkommen von Zweitverdienern in Familien und Absetzbarkeit von Ausbildungskosten für die Wachstumspolitik eingesetzt werden.

→ Verteilungspolitik erstreckt sich auf die Steuerung und Korrektur der im marktwirtschaftlichen Prozeß entstehenden → Einkommens- und → Vermögensverteilung. Mittel der Vermögensumverteilung sind Vermögen-, Erbschaft- und Nachlaßsteuer. Vermögen- und Nachlaßsteuer sind personell nicht differenzierbar, sie stellen eine → Vermögensbesteuerung nach objektiven Kriterien dar, während in der Erbschaftsteuer nach persönlichen, subjektiven Merkmalen des Zensiten besteuert werden kann. Die Verteilung des Vermögenszuwachses kann durch Beeinflussung der Ersparnis wie der Wertzuwächse gesteuert werden (Abzüge von der Bemessungsgrundlage der Einkommensteuer, differenzierte Steuersätze). Adäquater Ansatzpunkt der → Einkommensumverteilung ist schließlich die Einkommensteuer, während die primäre Einkommensverteilung sowohl direkt durch die Einkommensteuer als auch indirekt längerfristig über die Vermögenbesteuerung beeinflußt wird, denn die personelle Vermögensverteilung bestimmt die personelle Einkommensverteilung über die → Kapitaleinkommen mit.

Die → Allokation der Ressourcen wird durch die relativen → Preise (Faktor- und Güterpreise) gesteuert, die damit den adäquaten Ansatzpunkt der steuerlichen Allokationspolitik darstellen. Die relativen Faktorpreise können über die Einkommensbesteuerung beeinflußt werden, die relativen Preise der Güter besonders über die Besteuerung der Einkommensentstehung (differenzierte Mehrwertsteuertarife) und der -verwendung (differenzierte Verbrauchs- und Investitionsgütersteuersätze).

Außenwirtschaftlich kann die Besteuerung durch Be- und Entlastung der Ex- und Importe (→ Zölle) sowie durch differenzierte Belastung in- und ausländischer → Faktoreinkommen (Zinsausgleichsteuer zur Steuerung der Kapitalströme) genutzt werden. H.-W.K.

**Steuerprinzipien**

Grundsätze zur Verteilung der Steuerlast auf die verschiedenen Wirtschaftssubjekte. Ist die → Steuerpolitik ein Instrument der allgemeinen Wirtschafts- und Gesellschaftspolitik, so müssen die Steuerprinzipien aus deren Grundsätzen abzuleiten sein. Die von Adam SMITH und den Kameralisten übernommenen Grundsätze der Besteuerung stellen nichts anderes dar als Verwaltungsmaximen, vermischt mit Postulaten liberaler → Wirtschaftspolitik: kostengünstige Erhebung, geringstmögliche Fühlbarkeit und Inquisition, Neutralität, Ausreichendheit, Beweglichkeit, Zulänglichkeit, Gewißheit, Dauer usw. Immer wieder diskutiert wurde der Grundsatz der »gerechten« Besteuerung, wobei letztlich keine Einigung zu erzielen ist, weil die Vorstellungen über Gerechtigkeit auf interpersonell nicht übertragbaren → Werturteilen beruhen. In der normativen Wirtschaftstheorie wird unter Gerechtigkeit

Tauschgerechtigkeit, d.h. die Äquivalenz von Leistung und Gegenleistung, oder Verteilungsgerechtigkeit, d.h. eine Verteilung, die bestimmten Ansprüchen genügt, verstanden. Je nach welchem Prinzip das → Steuersystem ausgerichtet wird, erfolgt die Besteuerung nach dem → Äquivalenzprinzip oder dem → Leistungsfähigkeitsprinzip. H.-W.K.

**Steuerquote**

Verhältnis von Steueraufkommen und → Sozialprodukt einer Volkswirtschaft. Sie gibt einen Anhaltspunkt für die Beurteilung der ökonomischen → Staatstätigkeit. Daneben sind zur Bewertung die → Staatsquote (Anteil der → Staatsausgaben am Sozialprodukt), der Anteil einzelner Einnahmen und Ausgaben sowie qualitative Aspekte wichtig (→ Finanzvergleiche). Ein Problem bei der Ermittlung der Steuerquote ist die Abgrenzung der → Steuern (→ Staatseinnahmen). Die hohe Bedeutung der Sozialversicherungsbeiträge führt dazu, daß in der BRD die Steuerquote (Steuern in Bruttosozialprodukt zu Marktpreisen) ohne Sozialversicherungsbeiträge bei 24%, mit diesen Beiträgen bei 33% liegt. Die genaue Zuordnung ist von der speziellen Ausgestaltung des Systems der → Sozialversicherung abhängig (wieweit noch Äquivalenz von Leistung und Gegenleistung vorliegt). Mit dem Bruttosozialprodukt zu Marktpreisen als Bezugsgrundlage werden die Probleme der Abschreibungsbemessung und der Einteilung in direkte und indirekte Steuern (→ Steuerklassifikation, → Steuerüberwälzung) umgangen.

Die Entwicklung der Steuerquote im Zeitablauf ist abhängig von der Einkommenselastizität der → Steuerverfassung; je größer der Anteil der progressiven Steuern, desto höher ist auch die Einkommenselastizität des Steueraufkommens, die durch den Tarifverlauf der Einzelsteuern und die Einkommenselastizität der Einzelsteuern bestimmt wird. Die Einkommenselastizität des Steueraufkommens in der BRD liegt bei etwa 1,1. Sie wird besonders durch die hohe Einkomenselastizität der Lohnsteuer bestimmt. Durch diskretionäre Steuersenkungen (Tarifsenkungen, Verringerung der Bemessungsgrundlage) blieb die Steuerquote aber seit den 60er Jahren langfristig konstant; sie war nur kurzfristigen konjunkturellen Schwankungen unterworfen.

Die Variation der Steuerquote ist ein Instrument der Allokation des Sozialprodukts zwischen privatem und öffentlichem Sektor, ihre Erhöhung ermöglicht eine inflationsfreie Ausweitung der Staatsquote durch Zurückdrängen privater Nachfrage.

H.-W.K.

VOLKSWIRTSCHAFTLICHE STEUER-QUOTE
Steuereinnahmen in % des nominalen Bruttosozialprodukts (ohne konjunkturpolitisch motivierte Sondersteuern)

**Steuersubjekt**
Person, die den steuerpflichtigen Tatbestand erfüllt (z.B. → Einkommen bezieht).

**Steuersystem**
Summe aller in einer Volkswirtschaft erhobenen, nach einem einheitlichen Ordnungsprinzip gegliederten → Steuern. Das gemeinsame Ordnungsprinzip fehlt den historischen »Steuersystemen«, die ein historisch bedingtes Konglomerat von Einzelsteuern (→ Steuerverfassung) darstellen; deshalb der Versuch, rationale Steuersysteme zu entwerfen. Das Ordnungsprinzip, aus dem die möglichen Ansatzpunkte der Besteuerung abzuleiten sind, kann entweder in dem Begriffs- und Definitionssystem der Wirtschaftstheorie (ökonomisch rationales Steuersystem) oder in dem Zielsystem der → Wirtschaftspolitik (wirtschaftspolitisch rationales Steuersystem) bestehen. Ein wirtschaftspolitisch rationales Steuersystem beruht auf dem historisch gegebenen Zielsystem, es ist also raumzeit-gebunden. Die grundlegenden Prämissen sind weder theoretisch fundierbar noch interpersonell vergleichbar. Meist wird in der Literatur (Heinz HALLER, Fritz NEUMARK) die Erfassung der Leistungsfähigkeit als Hauptziel angesehen. Die Abstimmung des ökonomisch rationalen Steuersystems mit dem Begriffssystem der Wirtschaftstheorie soll den Rahmen für den wirtschaftspolitisch (zweck-) rationalen Einsatz des Steuersystems ergeben.

Ansatzpunkt der Besteuerung können → Strom- oder → Bestandsgrößen sein. Steuern auf Bestandsgrößen erfassen das → Vermögen oder den → Kapitalstock, Steuern auf Stromgrößen die → Wertschöpfung und die Wertänderung des Vermögens. Die Besteuerung der Wertschöpfung kann konsistent mit der → Volkswirtschaftlichen Gesamtrechnung in den drei Kreislaufphasen Entstehung, Verteilung und Verwendung des → Sozialprodukts ansetzen, womit sich auch die Verbindung zur makroökonomischen Lehre von den → Steuerwirkungen schlagen läßt. Steuersystematisch ergeben sich daraus drei Arten der Besteuerung: die Produktionsbesteuerung (→ Mehrwertsteuer), die Besteuerung der Einkommensverteilung (→ Einkommensbesteuerung) und die der Einkommensverwendung (→ Verbrauchsteuern). Es hängt von strukturellen, institutionellen und psychologischen Voraussetzungen ab, ob auf jeder Phase eine ein- oder mehrgliedrige Steuer den fiskalischen und wirtschaftspolitischen Zielen am ehesten entspricht und ob Ergänzungs- und Folgesteuern notwendig werden.

Die zweite Stufe der Konstruktion eines ökonomisch rationalen Steuersystems ist seine zweckrationale Ausgestaltung nach den Zielen der → Steuerpolitik durch Definition von Bemessungsgrundlagen und Tarif der Einzelsteuern. H.-W.K.

**Steuerträger**
Person, die nach Abschluß aller Überwälzungsvorgänge (→ Steuerüberwälzung) die Steuerlast tatsächlich trägt.

## Steuerüberwälzung

liegt vor, wenn der laut Gesetz zur Steuerzahlung Verpflichtete (Steuerschuldner) die Last durch Preisänderung ganz oder teilweise auf andere abschiebt (Steuerträger). Der Steuerträger muß nicht identisch mit dem sein, dem der Gesetzgeber die Steuerlast eigentlich zugedacht hat (Steuerdestinatar). Drei Formen der Abwälzung sind möglich: Steuerfort- oder -vorwälzung auf den Nachfrager der besteuerten Faktoren oder Güter, Steuerrückwälzung auf den Vorlieferanten und Schrägwälzung, d. h. Weitergabe der Steuer an ein anderes, ihr nicht unterliegendes, aber preisunelastischeres Gut.

Instrumente der Steuerüberwälzungsanalyse sind die mikroökonomische Partialanalyse, die → Wachstumstheorie sowie die → Ökonometrie.

Die mikroökonomische Theorie wird in ihrer graphischen Methode besonders für die Ableitung bei gegebenen Angebots- und Nachfragekurven auf dem Gesamtmarkt bzw. gegebenen → Preis-Absatz- und → Kostenfunktionen für die Einzelunternehmen genutzt, wobei der Schnittpunkt von Grenzkosten und Preis (→ vollständige Konkurrenz) bzw. Grenzumsatz (→ Angebotsmonopol) die gewinnmaximale Preis-Mengenkombination bestimmt (→ Gewinnmaximierung). Das Überwälzungsergebnis ist hier von der Steuerart abhängig. Steuern, die fixe Kosten darstellen (z. B. → Grund-, Gewerbekapital-, Vermögensteuer), sind nicht überwälzbar, da sich Grenzkosten und Grenzumsatz bzw. Preis nicht ändern. Der Überwälzungsgrad von Steuern, welche die Grenzkosten der Produktion ändern (z. B. indirekte Steuern), ist unterschiedlich hoch; ähnlich bei wertabhängigen Steuern (→ Mehrwertsteuer). Steuern, die den → Gewinn als Bemessungsgrundlage haben (Einkommen- und Körperschaftsteuer) sind im Modell nicht überwälzbar, denn der Gewinn ist die Differenz von Umsatz und Kosten, die aber beide gewinnsteuer*un*abhängig sind, d. h. Preis- Absatz- und Grenzkostenkurven ändern sich nicht, damit auch nicht der gewinnmaximale Schnittpunkt.

Neben der Art der Steuer hängt der Überwälzungsgrad auch von der → Marktform ab. Diese Analyseart wurde immer, besonders im Fall der Gewinn- (Körperschaft-) Steuer als irreführend abgelehnt, weil verschiedene Vermutungen und empirische Beobachtungen auf (teilweise) Überwälzung hindeuteten. Dabei wurde jedoch übersehen, daß die Modellergebnisse für gegebene Angebots- und Nachfragefunktionen gelten, in der Realität sich diese jedoch verschieben. Für diesen Fall läßt sich aber auch im Modell eine teilweise Überwälzung ableiten, ebenso wie mit der neoklassischen → Wachstumstheorie.

Die ökonometrische Untersuchung der Steuerüberwälzung beschränkte sich bisher auf die der Körperschaftsteuer. Eine erste Arbeit von Marian KRZYZANIAK und Richard A. MUSGRAVE für die USA ergab unter Verwendung eines Makromodells mit einigen ungewöhnlichen Verhaltensgleichungen eine mehr als 100 %ige Überwälzung (Karl W. ROSKAMP mit diesem Modell für die BRD ähnlich). Untersuchungen mit akzeptableren Funktionen ergaben geringere Überwälzungsgrade. H.-W. K.

## Steuerverfassung

reale Ordnung der → Steuern einer → Volkswirtschaft im Gegensatz zum ökonomisch oder wirtschaftspolitisch rationalen → Steuersystem. Die reale Ordnung spiegelt nicht eine aus einem Prinzip entwickelte Konstruktion wider, sondern stellt einen durch historische Umstände entstandenen Kompromiß von verschiedenen → Zielen und → Instrumenten der Wirtschaftspolitik dar, der obsolet sein kann. Die Anpassung an das herrschende Zielsystem ist Aufgabe von Steuerreformen. Die Steuerverfassung der BRD ist durch eine Kombination von direkten und indirekten Steuern gekennzeichnet (→ Steuerklassifikation), in der noch zahlreiche ältere Steuern enthalten sind, die durch moderne zu ersetzen bisher auf Hindernisse stieß.

Einen quantitativen Überlick über die Bedeutung einzelner Steuern erhält man, wenn man ihr Aufkommen zum Gesamtsteueraufkommen in Beziehung setzt. Vom gesamten Steueraufkommen des Jahres 1972 in Höhe von 195,6 Mrd. DM erbrachten die Einkommensteuer einschl. Ergänzungsabgabe 85 Mrd. DM (43,5%), die Vermögen- und Erbschaftsteuer 3,5 Mrd. DM (1,7%), die → Mehrwertsteuer 47 Mrd. DM (24%), → Verbrauch- und → Verkehrsteuern sowie → Zölle 40,1 Mrd. DM (21%), davon allein die Mineralöl- und Kfz-Steuer 19 Mrd. DM und die Tabaksteuer 7,8 Mrd. DM, die → Gewerbesteuer 17 Mrd. DM (8,5%) und die → Grundsteuer 3 Mrd. DM (1,5%).

H.-W.K.

**Steuerverpflichtungsgrund**
Tatbestand, an den das Gesetz die Steuerpflicht knüpft (z.B. Eigentum, Erwerb, Leistung).

**Steuerwirkungen**
ökonomisch relevante, durch den Werttransfer ausgelöste Effekte der → Steuern. Ihre Untersuchung soll Erkenntnisse für eine wissenschaftlich fundierte → Steuerpolitik liefern, um die Besteuerung als zweckrationales Mittel der Wirtschafts- und Gesellschaftspolitik einzusetzen. Methodisch kann dabei in mikro- wie makroökonomischen Ansätzen, deduktiv wie induktiv, partial- wie totalanalytisch vorgegangen werden (→ Analyse). Makroökonomische Totalbetrachtungen werden in der → Multiplikator- und Akzeleratoranalyse der Steuerwirkungen wie in keynesianischen und neoklassischen → Wachstumsmodellen benutzt. Die Wirkungen von Einzelsteuern werden meist im Rahmen mikroökonomischer Partialmodelle untersucht.
Steuerwirkungen können gegliedert werden in Signal-, Markt- und Preis- und Einkommenswirkungen.
a) Signalwirkungen entstehen in der Wahrnehmungsphase der Besteuerung (Ankündigungseffekt). Die Steuer gibt Anstoß zur sachlichen Substitution im Produktionsprozeß (Verschiebung der relativen Faktorpreise und der → Minimalkostenkombination löst Änderung der → Kapitalintensität aus), in der Einkommensverwendung (Änderung der Nachfragestruktur nach Konsumgütern) und in der Vermögensanlage (Akkumulation von Vermögen über niedrig besteuerte Wertzuwächse statt über Zins- und Lohneinkommen). Die Steuer bewirkt ferner zeitliche Substitution (Verschiebung oder Vorziehen von Käufen wegen angekündigter Änderungen der → Verbrauchsteuern und → Zölle, Verlagerung von → Abschreibungen bei entsprechendem Spielraum) und eine räumlichen Substitution, d.h. Verschiebungen der internationalen Faktorströme wegen Einkommen- und Vermögensteuern (besonders Geldkapital) und Zollmauern (Unternehmensgründung im Land mit hohen Schutzzöllen anstatt Export in dieses Land). Signalwirkungen kann die Besteuerung auch für die Wahl der Rechtsform von Unternehmen haben (»Flucht in die GmbH«).
b) Markt- und Preiswirkungen treten in der Zahlungsphase auf und drücken sich in der Änderung der relativen Preise durch die → Steuerüberwälzung aus.
c) Einkommenswirkungen treten schließlich in der Inzidenzphase auf (→ Steuerinzidenz).
Die Besteuerung ändert das → verfügbare Einkommen oder die Kaufkraft der → Steuerträger und führt dann zu Wirkungen auf das Faktorangebot (Arbeits- und Kapitalangebot, »incentives to work« und »incentives to save«; Steuereinholung durch vermehrten → technischen Fortschritt; Umschichtung von → Geld- und → Sachvermögen) und auf die Güternachfrage (Konsum und Investition).

H.-W.K.

**Störvariable** → Variable

**Stoffbilanz** → Materialbilanz

**Streik**
von einer größeren Anzahl von Arbeitnehmern gemeinsam und planmäßig durchgeführte Arbeitseinstellung zur Erreichung eines bestimmten Zieles.
Unter den Tatbestand der Arbeitseinstellung (Nichterscheinen am Arbeitsplatz, Verweigerung der Arbeit an der Arbeitsstelle) fällt nach herrschender Meinung auch das zu langsame Arbeiten (Bummelstreik) und die übergenaue Beachtung von

Ordnungsvorschriften oder von Sicherheitsbestimmungen.

Die einzlnen Streikarten können nach verschiedenen Gesichtspunkten unterschieden werden:

a) nach der Organisation: der von einer → Gewerkschaft organisierte gewerkschaftliche Streik und der ohne den Willen einer Gewerkschaft geführte wilde Streik;

b) nach der Taktik: der Generalstreik (alle Arbeitnehmer legen die Arbeit nieder), der Vollstreik (alle Arbeitgeber eines Wirtschaftszweiges werden mindestens von allen gewerkschaftlich organisierten Arbeitnehmern bestreikt oder alle Arbeitnehmer eines Betriebes legen die Arbeit nieder), der Schwerpunktstreik (wenn einzelne Arbeitgeber oder einzelne Abteilungen eines Betriebes bestreikt werden);

c) nach den Zielen: z. B. der Sympathiestreik (Forderungen anderer schon im Arbeitskampf stehender Arbeitnehmer werden unterstützt), der Warnstreik (zeitlich befristet), der Demonstrationsstreik (ohne unmittelbares Kampfziel).

Das in der BRD geltende Recht respektiert unter bestimmten Voraussetzungen den von Gewerkschaften geführten Streik, sofern er Arbeitsbedingungen zum Gegenstand hat, also keine politischen Ziele verfolgt, und nicht der durch → Tarifvertrag begründeten Friedenspflicht der → Tarifpartner entgegensteht (→ Arbeitskampf).

Die Berücksichtigung des Streiks und der Streikdrohung bei der Erklärung der Lohnhöhe findet sich in der neueren → Lohntheorie zum ersten Mal bei John R. HICKS. Nach HICKS stehen die Arbeitgeber in jeder Phase der Tarifverhandlungen mit den Gewerkschaften vor der Alternative, die gewerkschaftlichen Lohnforderungen zu akzeptieren oder abzulehnen. Beide Alternativen sind für die Arbeitgeber mit Kosten verbunden. Stimmen sie den Lohnforderungen zu, so erhöhen sich die Lohnkosten ihrer Unternehmen. Bei einer Ablehnung der gewerkschaftlichen Forderungen besteht die Gefahr, daß die Gewerkschaften einen Streik ausrufen. Ein Streik verursacht aber bei den einzelnen Unternehmungen eine Ge-

winnreduktion (Produktionsausfall, fixe Kosten), die in ihrer Größe von der Streikdauer abhängig ist. Da sich die Arbeitgeber für die Alternative mit den geringeren Kosten entscheiden, wird die Bereitschaft der Arbeitgeber, höhere Löhne zu bewilligen, in dem Maße ansteigen, in dem die Arbeitgeber mit einer größeren Streikwilligkeit der Arbeitnehmer rechnen.

Ähnliche Kostenüberlegungen stellen die Gewerkschaften an, für die der Streik mit einer finanziellen Belastung verbunden ist (Streikgelder). Nach HICKS wird demnach die Streikbereitschaft der Gewerkschaften in dem Maße zurückgehen, in dem die Arbeitgeber bereits höhere Löhne zugestanden haben. Im Zuge der Weiterentwicklung des HICKS'schen Modells hat Bernhard KÜLP versucht, die Interessenkollisionen zwischen Verbandsmitgliedern und Funktionären zu berücksichtigen, indem er bestreitet, daß die Arbeitgebervertreter ihre Entscheidungen unmittelbar an Kostenüberlegungen ausrichten, sondern vielmehr im Sinne eines politischen Kalküls ihre Entscheidungen auch von der Zustimmung oder Verärgerung der Verbandsmitglieder (und der Öffentlichkeit) abhängig machen. Entsprechend diesen Annahmen erstellt KÜLP sogenannte Lohn- und Streikverärgerungsfunktionen.

Das gewerkschaftliche Streikverhalten ist in den einzelnen Ländern unterschiedlich. So zeigt die Streikstatistik, daß in der BRD im internationalen Vergleich relativ wenig gestreikt wird. Die Bestimmungsfaktoren für das Streikverhalten sind sowohl sozialpsychologischer (Kooperation zwischen den sozialen Klassen), betriebsverfassungsrechtlicher (betriebliche → Mitbestimmung), arbeits- wie sozialrechtlicher (Arbeitsschutz, Tarifvertragsrecht), gewerkschaftsorganisatorischer (Organisationsstruktur, Streikverfahren) und wirtschaftlicher Art (→ Konjunktur).    T.F.

**Stromanalyse** → Analyse

**Stromgrößen**
periodenbezogene Größen mit der Dimension Mengen- oder Geldeinheiten pro

Zeitraum. Der Zeitraum kann von beliebiger Länge sein: Ist er unendlich klein, so wird die Stromgröße als Differentialquotient dargestellt, in allen anderen Fällen als Diffenenzenquotient.

Sämtliche ökonomischen → Transaktionen sind Stromgrößen. Zu unterscheiden sind reale und monetäre Ströme. Beide haben die Dimension Geldeinheiten pro Zeitraum, jedoch entgegengesetzte Stromrichtungen: reale Ströme fließen in der Richtung der physischen Leistung (von der abgebenden zur empfangenden Wirtschaftseinheit), monetäre Ströme in Richtung der monetären (Gegen-)Leistung.

a) In der empirischen Stromanalyse (z. B. → Volkswirtschaftliche Gesamtrechnung; → Zahlungsbilanz; → Input-Output-Tabelle) sind alle Größen auf denselben Zeitraum datiert.

b) In der modelltheoretischen Stromanalyse (→ Analyse) werden bestimmte Ströme geplant (z. B. → Konsum). Die Stromgrößen eines solchen Modells brauchen sich nicht auf denselben Zeitraum zu beziehen (→ makroökonomische Modelle). D.S.

**strukturelle Inflation**
→ demand-shift-inflation

**Strukturfaktor**
→ Regionalanalyse

**Strukturkrisenkartell**
(= Krisenkartell) Variante eines → Kartells zur planmäßigen Anpassung der Kapazität an den Bedarf, etwa bei wirtschaftlicher Übersetzung. Es ist unter Berücksichtigung der Belange der Gesamtwirtschaft und des Gemeinwohls kraft ausdrücklicher Erlaubnis (laut → Gesetz gegen Wettbewerbsbeschränkungen, § 4) zulässig.
Beispiel: Beseitigung der Überkapazität des Mühlengewerbes, gemessen am Rückgang der Mahlkapazität pro Tag in Tonnen der angeschlossenen Mühlen. 1957/58 betrug die Mahlkapazität 54 000 t, 1962 45 600 t, bis zum Auslauf des Mühlenkartells Mitte 1971 ging sie auf ca. 34 500 t zurück. R.R.

**Strukturmatrix**
→ Input-Output-Analyse

**Stückkosten**
(= Durchschnittskosten DK; genauer: Durchschnittliche totale Kosten) Kosten pro Outputeinheit: DK = K/Y, wobei K die Gesamtkosten und Y die Ausbringungsmenge eines Gutes bezeichnet. Die Gestalt der Stückkostenkurve ist abhängig von der zugrunde liegenden → Produktionsfunktion und der Art der Faktorvariation. Bei einer ertragsgesetzlichen Produktionsfunktion und partieller Faktorvariation hat die Stückkostenfunktion U-förmigen Verlauf. Sie hat ihr Minimum, wo die Stückkosten gleich den → Grenzkosten sind (Betriebsoptimum, Gewinnschwelle). Bei jedem Output, bei dem die Grenzkosten niedriger als die Durchschnittskosten sind, führt eine Ausweitung der Produktion um eine Einheit zu weiter sinkenden Stückkosten und umgekehrt. Bei proportionaler Faktorvariation und → increasing returns to scale hat die Durchschnittskostenkurve monoton fallenden Verlauf; ihr Minimum liegt an der Kapazitätsgrenze. Kann man die Gesamtkosten in fixe und variable Kosten unterteilen, so sinkt der Anteil der Fixkosten an den Stückkosten mit einer Zunahme der Ausbringungsmenge, die → durchschnittlichen variablen Kosten ergeben sich als Differenz zwischen Stückkosten und durchschnittlichen Fixkosten. R.D.

**Stufenflexibilität**
(= adjustable peg) Möglichkeit diskontinuierlicher Änderungen des → Wechselkurses. Die durch das Abkommen über den → Internationalen Währungsfonds (IWF) geschaffene → internationale Währungsordnung ist durch konzeptionell → feste Wechselkurse mit Stufenflexibilität gekennzeichnet. Nach dem Abkommen können die Kassakurse (→ Devisenmarkt) der Währungen der Mitgliedsländer um maximal ± 1 % von der jeweiligen → Parität abweichen.
Seit dem → Smithsonian Agreement (Dezember 1971) hat der IWF allerdings vom Abkommen abweichende Vereinbarungen und Praktiken geduldet.

Artikel IV läßt diskontinuierliche Paritätsänderungen bei einem »fundamentalen Ungleichgewicht« der → Zahlungsbilanz eines Mitgliedslandes zu. Falls die vom Mitgliedsland vorzuschlagende Paritätsänderung 10% der erstmals festgesetzten Parität (zusammen mit früheren Paritätsänderungen) nicht überschreitet, kann der Fonds keinen Einspruch vorbringen. Bei größeren Paritätsänderungen hat der Fonds zuzustimmen, wenn die Änderung eine grundlegende Störung der Zahlungsbilanz beheben soll.   H.M.W.

## Stufentheorien

heterogene wirtschaftshistorisch orientierte Ansätze zur Gliederung und begrifflichen Erfassung des Phänomens der wirtschaftlichen Entwicklung, die auf Friedrich LIST und Vertreter der historischen Schule der → Volkswirtschaftslehre zurückgehen und als Reaktion auf den Rationalismus und den Universalitätsanspruch der klassischen (englischen) Nationalökonomik betrachtet werden können. Entsprechend den Kriterien, die der Einteilung in die einzelnen Entwicklungsphasen (Stufen) zugrundeliegen, ergeben sich Ablaufmuster

von sehr unterschiedlicher historischer Relevanz.

a) LIST unterscheidet nach der »nationalökonomischen Ausbildung« einer Nation folgende Hauptentwicklungsgrade: *1.* wilder Zustand; *2.* Hirtenstand; *3.* Agrikulturstand; *4.* Agrikultur-Manufakturstand; *5.* Agrikultur-Manufaktur-Handelsstand. Bei LIST dient die Stufentheorie in erster Linie als Folie für seine Argumentation zugunsten einer Schutzzollpolitik der Staaten, die noch nicht wie die prädominante Wirtschaftsmacht seiner Zeit, nämlich Großbritannien, die höchste Sprosse der Stufenleiter erklommen haben.

b) Nach dem Umfang der Marktverflechtung unterscheidet Karl BÜCHER die Stufen der Haus-, Stadt-, Volks- und Weltwirtschaft. Bei Bruno HILDEBRAND, der zwischen Natural-, Geld- und Kreditwirtschaft unterscheidet, wird der Entwicklungsstand der Organisation der Tauschvorgänge zum Indikator der erreichten Entwicklungsphase.

Im Gegensatz zu der Lehre von den → Wachstumsstadien verdienen die Stufentheorien nur noch dogmenhistorisches Interesse.   C.-G.Sch.

**take off** → Wachstumsstadien

**Tangentenlösung**
→ monopolistische Konkurrenz

**target pricing**
Preisermittlung unter Ansetzung einer angestrebten Verzinsung auf das Kapital (target rate of return) bei einer gewissen Standard-Ausbringungsmenge. Der Preis setzt sich dann zusammen aus Materialkosten, Lohnkosten und einem Stückgewinn, der als Produkt aus angestrebter Verzinsung r und Kapitalbetrag je Ausbringungseinheit $\dfrac{K}{x}$ ermittelt wird $(r\dfrac{K}{x})$.

Die in der → Preistheorie abgeleiteten Bedingungen für die → Gewinnmaximierung (Grenzumsatz = Grenzkosten) sind ebenso wie bei der Methode des → markup pricing nicht erfüllt, vielmehr wird langfristig Gewinnmaximierung angestrebt. Dieses Verhalten setzt Marktmacht (oligopolistische oder monopolistische Märkte) voraus, wovon auch die angestrebte Verzinsung abhängt. Die nach dieser Methode bestimmten Preise zählen zur Klasse der → administrierten Preise.

Der auf der Grundlage einer Standard-Ausbringung ermittelte Preis weist eine höhere Stabilität auf als der nach der Methode des markup pricing über die tatsächliche Ausbringung bestimmte Preis. Bei einem → Angebotsoligopol kann target pricing im Falle des → parallel pricing angewendet werden, wobei von den Kosten des am ungünstigsten produzierenden Anbieters (Grenzanbieter) ausgegangen wird. Andererseits kann bei einem Angebotsoligopol der nach dieser Methode bestimmte Preis gerade so hoch angesetzt werden, daß eine als ausreichend angesehene Verzinsung erreicht wird, andere Anbieter aber von dem Markt ferngehalten werden.

Für den Zusammenhang von target pricing und → Inflation gelten analoge Überlegungen wie bei markup pricing und der Gefahr einer → markup-inflation. Eine Nachfrageinflation (→ demand-pull-inflation) kann durch die relative Preisstarrheit bei target pricing verlangsamt werden.

H.M.W.

**Tarifautonomie**
verfassungsmäßiges Recht (Art. 9, Abs. 3 GG) der → Tarifpartner, verbindliche Rechtsnormen zu schaffen, die die → Tariflöhne und sonstige Arbeitsbedingungen betreffen (Vereinbarungsbefugnis der Tarifvertragsparteien).

Eine genaue gesetzliche Definition für den Umfang der tariflichen Normsetzungsbefugnis der Tarifpartner ist von der Gesetzgebung bis heute nicht aufgestellt worden. Entsprechend Art. 9, Abs. 3 GG ist die Regelungszuständigkeit der Tarifparteien auf die »Wahrung und Förderung der Arbeits- und Wirtschaftsbedingungen« beschränkt. So sind nach herrschender Meinung tarifvertragliche Abänderungen der Unternehmensverfassung ohne ausdrückliche gesetzliche Ermächtigung unzulässig, ebenso tarifvertragliche Eingriffe in den Individualbereich der Arbeitnehmer (z. B. Regelungen über die Lohnverwendung).

Besondere Aufmerksamkeit findet z. Z. die Frage nach der Vereinbarkeit der Tarifautonomie mit einer staatlichen → Einkommenspolitik (Lohnstop, Lohnleitlinien) und mit einer erweiterten → Mitbestimmung der Arbeitnehmer in der Wirtschaft (Arbeitnehmervertreter in mit Lohnverhandlungen beauftragten Gremien der Arbeitgeber). T.F.

## Tariflohn

im → Tarifvertrag von den → Tarifpartnern festgelegter → Lohn. Er ist ein garantierter → Mindestlohn, d. h. der tatsächlich gezahlte Lohn (→ Effektivlohn) darf nicht unterhalb der Tariflohnsätze liegen. Durch die Allgemeinverbindlicherklärung des Tarifvertrages ist der Mindestlohncharakter des Tariflohnes auch für die nichtorganisierten Arbeitnehmer gewahrt.

Die Höhe des Tariflohnes ist abhängig von der Verhandlungsmacht (bargaining power) der → Gewerkschaft und des Arbeitgebers oder → Arbeitgeberverbandes. Liegt der Tariflohn unter dem Gleichgewichtslohn, so werden übertarifliche Löhne bezahlt, liegt er über dem Gleichgewichtssatz, so ist mit Entlassungen im betreffenden Tarifbereich zu rechnen.

T. F.

## Tarifpartner

beteiligte Parteien beim → Tarifvertrag. Nach § 2 des Tarifvertragsgesetzes in der Fassung vom 25.8. 1969 sind Tarifsvertragsparteien die → Gewerkschaften, einzelne Arbeitgeber sowie → Arbeitgeberverbände. Zusammenschlüsse von Gewerkschaften und von Vereinigungen von Arbeitgebern (Spitzenorganisationen) können Tarifverträge schließen, wenn das zu ihren satzungsgemäßen Aufgaben gehört oder wenn sie von den Mitgliedsverbänden entsprechend bevollmächtigt worden sind. T.F.

## Tarifvertrag

schriftlicher Vertrag zwischen einem oder mehreren Arbeitgebern oder → Arbeitgeberverbänden einerseits und einer oder mehreren → Gewerkschaften andererseits zur Regelung der Lohntarife und sonstigen Arbeitsbedingungen.

Rechtsquelle ist das Tarifvertragsgesetz (TVG) in der Fassung vom 25. 8. 1969. Der überwiegende Teil der Arbeitsverhältnisse wird in der BRD mittelbar oder unmittelbar von Tarifverträgen gestaltet.

Der Tarifvertrag ist ein privatrechtlicher Normenvertrag, der i. d. R. für eine bestimmte Zeitdauer abgeschlossen wird. Er gliedert sich in einen schuldrechtlichen und in einen normativen Teil. Der schuldrechtliche Teil enthält Regelungen über Rechte und Pflichten der Tarifvertragsparteien, z. B. im Zusammenhang mit dem Abschluß, der Durchführung und Beendigung des Tarifvertrages. Im normativen Teil werden die Arbeitsbedingungen (Lohn, Arbeitszeit, Urlaub, Kündigungsverfahren usw.) durch verbindliche Rechtsnormen geregelt (Ordnungsfunktion des Tarifvertrags). Diese tarifvertraglichen Normen wirken nach dem TVG nur auf Arbeitsverhältnisse ein, bei denen sowohl der Arbeitgeber als auch der Arbeitnehmer einem der tarifbeteiligten Verbände angehören (Tarifgebundenheit, § 3 TVG). Ungünstigere Vereinbarungen im Arbeitsvertrag der einzelnen tarifgebundenen Arbeitnehmer werden mit Inkrafttreten des Tarifvertrages unwirksam, an ihre Stelle treten die Tarifbestimmungen (Schutzfunktion des Tarifvertrags: die Tariflöhne sind Mindestlöhne). Im Sonderfall der Allgemeinverbindlichkeit des Tarifvertrags gelten die Tarifnormen für die Nichtorganisierten im Geltungsbereich des Vertrages ebenso unmittelbar und zwingend wie für die Mitglieder der Tarifvertragsparteien. Die Allgemeinverbindlicherklärung ist ein staatlicher Hoheitsakt, der vom Bundesarbeitsminister oder einem Landesarbeitsminister unter bestimmten Voraussetzungen (§ 5 TVG) auf Antrag einer Tarifvertragspartei erlassen wird. Der schuldrechtliche Teil des Tarifvertrags begründet zudem für die Laufzeit des Vertrages die Friedenspflicht beider Tarifparteien. Sie verbietet den Parteien den Einsatz von Mitteln des · Arbeitskampfes (Streik, Aussperrung), um eine Änderung oder Aufhebung des Tarifvertrags zu erreichen (Friedensfunktion des Tarifvertrags).

Tritt auf der Arbeitgeberseite ein Verband oder ein einzelner Arbeitgeber als Vertragspartei auf, so handelt es sich im ersten Falle um einen Verbandstarifvertrag, im zweiten Falle um einen Firmen-, Werksoder Unternehmenstarifvertrag. Ein firmenbezogener Verbandstarifvertrag liegt vor, wenn die beteiligten Verbände einen Tarifvertrag abschließen, dessen Geltungsbereich sich auf ein Unternehmen beschränkt. Die allgemeinen Arbeitsbedingungen (z. B. Urlaubsregelungen, Arbeitszeit, Lohngruppeneinteilung) werden zumeist in langfristigen Mantel- oder Rahmentarifverträgen festgelegt. Lohntarifverträge mit kürzerer Laufzeit bestimmen die Höhe der einzelnen Lohnsätze. Sonderprobleme, wie der Schutz der Arbeitsplätze bei Rationalisierungsmaßnahmen, stufenweise Arbeitszeitverkürzungen, → Vermögensbildung der Arbeitnehmer, werden oft in eigenen Tarifverträgen geregelt.

Die Gesellschafts- und wirtschaftspolitische Bedeutung des Tarifvertrags liegt in seinem Beitrag zur Sicherung des sozialen Friedens und zur Sicherstellung eines gerechten Anteils der Arbeitnehmer am → Sozialprodukt. T.F.

**Tausch**

gegenseitige Übertragung von Gütern zwischen Wirtschaftssubjekten. Tausch entwickelt sich aus der Arbeitsteilung (→ Spezialisierung); er ist Voraussetzung und Mittel der Wohlfahrtssteigerung. Im Falle von nur 2 Gütern A und B können zwei Austauschverhältnisse gebildet werden: Mengeneinheit von Gut A pro Mengeneinheit von Gut B und umgekehrt. Sind n Güter Gegenstand des Tausches, gibt es $n(n-1)$ Austauschverhältnisse. Diese Austauschverhältnisse sind definitorisch eng mit den relativen → Preisen verknüpft. R.W.

**Tauschoptimum**

(= Handelsoptimum) Zustand, in dem zwischen den Mitgliedern einer bestimmten Gruppe (Wirtschaftsgesellschaft) kein weiterer Tausch von Gütern (produktive Leistungen eingeschlossen) mehr möglich ist, der zumindest eine Person besser stellen könnte, ohne daß eine andere Wohlfahrtseinbußen hinnehmen müßte (gemessen an den → Präferenzen der Betroffenen). Dies impliziert, daß die Grenzraten der Gütersubstitution für alle Wirtschaftssubjekte gleich sind, die diese Güter nachfragen. Wenn keine institutionellen Hemmnisse (Informationsmängel, fehlende Märkte etc.) den Tausch behindern und somit die Wirtschaftssubjekte den gleichen (nicht monopolistisch fixierten) Preisrelationen gegenüberstehen, kommt ein Handelsoptimum zustande. Ein totales Konkurrenzgleichgewicht impliziert deshalb ein Handelsoptimum (Gérard DEBREU) ebenso wie die Entscheidungsregeln im Modell des → Konkurrenzsozialismus (Oskar LANGE, Fred M. TAYLOR). Daß konkurrenzwirtschaftliche Bedingungen nicht allein zu einem Handelsoptimum führen, demonstriert u. a. die Theorie des bilateralen Monopols (→ Ausbeutung) ebenso wie die theoretisch unendliche Vielzahl von Handelsoptima für ein gegebenes Güterbündel in Abhängigkeit von der → Einkommensverteilung. K. Sch.

**Tauschwert** → Arbeitswertlehre

**Tautologie** → Logistik

**technical progress function**

funktionaler Zusammenhang zwischen der jährlichen Wachstumsrate der → Kapitalintensität und der jährlichen Wachstumsrate des → Sozialprodukts pro Kopf. Die technical progress function nimmt im → Wachstumsmodell von Nicholas KALDOR den Platz der → Produktionsfunktion ein. Sie ist Ausdruck der kritischen Haltung KALDOR's gegenüber den auf einer makroökonomischen Produktionsfunktion aufbauenden neoklassischen Wachstumsmodellen (→ SOLOW-Modell). KALDOR verwirft jede Unterscheidung zwischen Änderungen der Technik, die durch Verschiebung der Faktorpreisrelationen, und solchen Änderungen, die durch → technischen Fortschritt hervorgerufen werden. Er hält also eine Unterscheidung zwischen Bewegungen entlang der Produktionsfunktion bei gegebenem Stand des technischen Wissens und Verschiebungen der Produktionsfunktion, hervorgerufen durch technischen Fortschritt, für willkürlich und künstlich. Die Durchsetzung neuen technischen Wissens sei nur durch gleichzeitige Kapitalakkumulation möglich, ebenso wie die Entstehung neuen technischen Wissens von dieser abhängt.

Die Form der technical progress function ist konkav zum Ursprung und im weiteren Verlauf abgeflacht, worin die Tatsache zum Ausdruck kommt, daß es von einem bestimmten Punkt an praktisch unmöglich wird, die → Produktivität durch weitere Kapitalakkumulation zu erhöhen (Abb.).

C.-G. Sch.

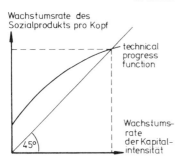

Wachstumsrate des Sozialprodukts pro Kopf

technical progress function

Wachstumsrate der Kapitalintensität

45°

**technischer Fortschritt**
äußert sich in der Herstellung neuer oder verbesserter Produkte oder in der Einführung neuer Produktionsverfahren, die ein unverändertes Produkt zu gleichbleibenden Kosten in vergrößerter Menge bzw. in gleichbleibender Menge zu geringeren Kosten herzustellen ermöglichen. Die qualitative Verbesserung der Produkte sowie der Produktionsverfahren ist Ausdruck der Zunahme naturwissenschaftlicher Erkenntnisse und technisch-organisatorischen Wissens. Der Prozeß der technischen Neuerungen läßt sich in die Teilaspekte Forschung und Produktentwicklung, Erfindungen und → Innovationen aufgliedern. Forschung ist die Suche nach neuen wissenschaftlichen Erkenntnissen, Produktentwicklung ist der Versuch, wissenschaftliche Erkenntnisse in neue Produkte oder Produktionsverfahren umzusetzen; das Ergebnis dieser Bemühungen können Erfindungen (inventions) sein, Innovationen dagegen sind die erstmalige Anwendung von Erfindungen und damit die eigentliche Realisation des technischen Fortschritts. Als Indikator des technischen Fortschritts sind die erteilten → Patente geeignet.

Im Zusammenhang mit dem Problem der Darstellung des technischen Fortschritts in → Wachstumsmodellen entstand eine formale Definition, die von einer gesamtwirtschaftlichen → Produktionsfunktion $Y = f(K, A)$ mit den Produktionsfaktoren → Kapital und → Arbeit ausgeht. Bezogen auf einen bestimmten Zeitpunkt gibt die Produktionsfunktion die Outputmengen an, welche allen derzeit bekannten und zu verwirklichenden Faktormengenkombinationen entsprechen. Der technische Fortschritt kann dann als eine Verschiebung der Produktionsfunktion in der Zeit aufgefaßt werden, in der zwar wegen des Aggregationsgrades nicht mehr die Produktqualitätsverbesserung, wohl aber die gesamtwirtschaftlich verbesserte Effizienz der Produktionsverfahren zum Ausdruck kommt. Dadurch wird eine begriffliche Abgrenzung des technischen Fortschritts von reiner Faktorsubstitution und von steigenden Skalenerträgen (→ increasing returns to scale) möglich.

Bezogen auf die modellmäßige Darstellung der Ursachen, Bedingungen und Wirkungen des technischen Fortschritts unterscheidet man folgende Begriffspaare: autonom − induziert, ungebunden − gebunden, neutral − nicht-neutral.

a) Ist die Wachstumsrate des technischen Fortschritts unabhängig von den übrigen Variablen des Modells (exogen), spricht man von autonomem technischen Fortschritt, von induziertem dagegen, wenn sie als endogene Variable betrachtet wird. Man kann den technischen Fortschritt z. B. davon abhängen lassen, wie häufig ein bestimmtes Gut bereits produziert wurde (learning by doing) oder auch von tatsächlichen oder erwarteten Faktorpreisänderungen.

b) Technischer Fortschritt, der an das Vorhandensein einer positiven Nettoinvestition gebunden ist, bezeichnet man als investitionsgebunden. In diesem Fall wird nur der jüngste Investitionsjahrgang vom technischen Fortschritt erfaßt (embodied technical progress; → vintage approach); die Effizienz der älteren Jahrgänge bleibt unberührt. Im Gegensatz dazu erhöht nicht-investitionsgebundener technischer Fortschritt die Effizienz des gesamten → Kapitalstocks.

c) Es gibt verschiedene Definitionen des neutralen technischen Fortschritts: Er ist HICKS-neutral, wenn sich die → Grenzproduktivität des Kapitals bei Konstanz der → Kapitalintensität im gleichen Maße ändert wie die der Arbeit; er ist HARROD-neutral, wenn sich bei Konstanz der → Profitrate der → Kapitalkoeffizient nicht ändert.

Kapitalsparender technischer Fortschritt im Sinne von HICKS liegt bei konstanter Kapitalintensität dann vor, wenn die Grenzproduktivität des Kapitals geringer steigt als die Grenzproduktivität der Arbeit.

Kapitalsparender (arbeitsverwendender) technischer Fortschritt im Sinne von HARROD liegt bei konstantem Zinssatz (bzw. konstanter Profitrate) dann vor, wenn der Kapitalkoeffizient sinkt; bei derselben Bezugsgröße spricht man von kapitalverwendendem (arbeitssparendem) technischer Fortschritt dann, wenn der Kapitalkoeffizient steigt. C.-G.Sch.

## Technologie

Gesamtheit der auf Grund von Erfahrungen, wissenschaftlichen Erkenntnissen und technischen Erfindungen angewendeten Methoden und Verfahren der → Produktion und → Distribution von Sachgütern und Dienstleistungen.

Die Technologie zählt neben → Bedürfnissen und → Ressourcen zu den grundlegenden Daten einer → Volkswirtschaft. Sie beeinflußt wesentlich den Grad der → Spezialisierung und die → Produktivität und begrenzt letztlich die Höhe und Zusammensetzung des → Outputs und damit den gesellschaftlichen Wohlstand.

Infolgedessen gilt das technologische Niveau einer Volkswirtschaft als einer der Hauptindikatoren für ihren Entwicklungsstand (→ technologische Lücke). Entsprechend spielen technologischer Wandel (→ technischer Fortschritt) und Technologie-Transfer eine zentrale Rolle für das wirtschaftliche → Wachstum und die Entwicklung.

Bei der → Entwicklungspolitik geht es dabei insbes. um die Wahl einer den speziellen Bedingungen der → Entwicklungsländer »angepaßten Technologie« (appropriate technology; intermediate technology). Dazu gehört neben der Verwirklichung einer optimalen → Kapitalintensität, daß selbst kleine Stückzahlen konkurrenzfähig hergestellt werden können und die Produktion möglichst direkt zur Realeinkommenshebung breiter Schichten führt. Ferner sollen die Produktionsmittel technisch einfach und reparaturfreundlich sein. Diese Anforderungen werden von der Technologie, welche durch die → Direktinvestitionen der → multinationalen Unternehmen in die Entwicklungsländer übertragen wird, selten erfüllt. Ähnliche Bedenken betreffen den Vorschlag, die in den Industrieländern veraltete Technologie zu transferieren. D.S./R.O.

## technologische Effizienz
→ Produktionsoptimum

## technologische Lücke

in den 60er Jahren entstandene Bezeichnung für die Überlegenheit der USA gegenüber Europa im Bereich der → Technologie. In welchem Umfang eine solche Lücke tatsächlich bestand und besteht, ist allerdings umstritten.

Ein Vergleich des Prozesses des → technischen Fortschritts in verschiedenen Ländern wirft erhebliche Meßprobleme auf (Verfügbarkeit, Quantifizierbarkeit und Vergleichbarkeit von Daten). Für den Vergleich werden i.d.R. ausgesuchte Indikatoren herangezogen, als deren wichtigste die Ausgaben für Forschung und Entwicklung sowie die Zahl der → Patente gelten.

a) Forschung und Entwicklung: Um zu einer brauchbaren Aussage zu gelangen, muß eine Trennung von staatlichen und privaten Ausgaben, von Ausgaben für Grundlagen- und angewandte Forschung sowie von Ausgaben einzelner → Wirtschaftssektoren vorgenommen werden. Eine fundamentale Lücke der Forschungs- und Entwicklungsausgaben zwischen der BRD und den USA ist nicht vorhanden. Bei den Gesamtausgaben der Unternehmen ist die Position der BRD etwas schlechter, bei den eigenfinanzierten Ausgaben etwas besser. Beachtlicher hingegen ist der Unterschied bei den staatlichen Forschungs- und Entwicklungsausgaben zugunsten der USA. Hierin könnte man evtl. die Ursache einer Forschungs- und Entwicklungslücke sehen.

b) Patente: Die Zahl der Patente kann (was allerdings umstritten ist) als Maß für erfolgreiche Forschungs- und Entwicklungstätigkeit und den Stand des technischen Wissens verwandt werden. Die Entwicklung der Patenterteilungen pro Kopf der Bevölkerung in der BRD in den USA zeigt keine grundlegenden Unterschiede.

Weitere Aufschlüsse können die Statistiken über den Patent- und Lizenzverkehr mit dem Ausland liefern: Hier zeigt sich für die BRD (Tab.), daß sich seit dem 2. Weltkrieg der absolute Saldo ständig verschlechtert hat, d. h. die Ausgaben für den Import von → Patenten und → Lizenzen die Einnahmen aus dem Export von Patenten und Lizenzen übersteigen. Betrachtet man die relative Entwicklung des Saldos, dann erhält man für die gesamte Patent- und Lizenzbilanz keine nennenswerte Verschlechterung der deutschen Situation. Gegenüber den USA ist jedoch eine zunehmende Verschlechterung der deutschen Position zu beobachten. S. G.

Patent- und Lizenzbilanz der BRD
(Mio. DM)

| Jahr | Einnahmen | Ausgaben | Saldo |
|------|-----------|----------|-------|
| 1950 | 10 | 22 | − 12 |
| 1955 | 76 | 222 | − 146 |
| 1960 | 158 | 510 | − 352 |
| 1965 | 320 | 783 | − 463 |
| 1970 | 466 | 1 261 | − 795 |
| 1973 | 588 | 1 654 | −1 066 |

**Technostruktur**

von John Kenneth GALBRAITH geprägter Begriff für die Schicht von hochqualifizierten, politisch und ideologisch weitge-

hend neutralen Technokraten (Manager, Ingenieure) an den Schaltstellen der modernen Industriegesellschaft. Die Herausbildung ähnlicher Technostrukturen in unterschiedlichen → Wirtschaftssystemen führe zur Annäherung der Systeme (→ Konvergenztheorie).

**Teilhabersteuer**
→ Körperschaftsteuer

**Teilmonopol** → Preisführerschaft

**Tenderverfahren**
Auktion von Wertpapieren durch die → Zentralbank eines Landes, wobei die Effektivverzinsung der Papiere über den Markt bestimmt wird. Die Zentralbank bietet eine bestimmte Menge eines Wertpapiers an, die Nachfrager machen ihre Angebote (Tender), welche Menge sie zu welchem Preis abzunehmen bereit sind. Die Zentralbank nimmt das höchste Angebot an, zu dem die gesamte von ihr gewünschte Menge abgenommen wird.

In den angelsächsischen Ländern wird auf diese Weise der Zins für → Geldmarktpapiere ermittelt. In der BRD wird das Tenderverfahren nur bei der Emission von verzinslichen → Schatzanweisungen angewandt. V. B.

**Termineinlagen**
Guthaben, die einer → Bank für einen bestimmten Zeitraum zur Verfügung gestellt werden, so daß der Einleger im allg. nicht vor Fälligkeit über sie verfügen kann. Festgelder werden für bestimmte Zeiträume angelegt (1, 3, 6 Monate, 1, 2 und mehr Jahre), Kündigungsgelder werden den Banken ohne zeitliche Begrenzung überlassen; hier wird nur die Kündigungsfrist vereinbart. Je länger die vereinbarte Laufzeit bzw. Kündigungsfrist, desto höher ist die Verzinsung. Termineinlagen werden v. a. von Unternehmen, daneben von öffentlichen und privaten Haushalten und Kreditinstituten untereinander gehalten. Sie dienen der vorübergehenden Anlage von Kassenbeständen. Je nach Restlaufzeit und Verfügungsmöglichkeit des Einlegers während der Laufzeit sind Termineinlagen

unterschiedlich liquide. Zeitweise rechnete die → Deutsche Bundesbank Termineinlagen unter drei Monaten zum → Geldvolumen. Neuerdings werden alle Termineinlagen unter vier Jahren als → Quasigeld bezeichnet und zum Geldvolumen im weiteren Sinne gerechnet.  V.B.

**Termingeschäft**
Kaufvertrag, bei dem Art, Menge, Preis und Liefertermin des gehandelten Gutes in der Gegenwart festgelegt werden, die Erfüllung des Geschäfts jedoch erst zu einem künftigen Zeitpunkt erfolgt. Termintransaktionen werden im allg. im Rahmen standardisierter Kontrakte auf organisierten Märkten durchgeführt, die für eine Vielzahl von Rohstoffen (z. B. Getreide, Kaffee, Zucker, Baumwolle, Wolle, Metalle) und bestimmte Finanzaktiva (→ Devisen, Wertpapiere) existieren. Marktteilnehmer sind einmal Produzenten, die sich durch Termintransaktionen gegen Preisschwankungen von Inputs und Outputs bzw. Forderungen und Verbindlichkeiten absichern wollen, zum anderen Spekulanten, die intertemporale Preisschwankungen auszunutzen suchen (→ Spekulationsgeschäft). Zwischen dem Preis auf dem Loko- bzw. Kassamarkt für ein Gut (Abschluß und Erfüllung des Geschäfts zum gleichen Zeitpunkt) und dem Terminpreis besteht ein enger Zusammenhang, der durch → Arbitragegeschäfte hergestellt wird. Terminmärkte sind Gegenwartsmärkte für Zukunftsgüter: Sie erlauben einerseits Geschäfte zwischen Risikovermeidern, andererseits den Handel mit Risiken zwischen Risikovermeidern und Spekulanten (→ Unsicherheit und Risiko).  V.B.

**terms of payment**
zeitliche Zahlungsgewohnheiten im → Außenhandel. Verbesserungen bzw. Verschlechterungen der terms of payment werden durch → leads und lags hervorgerufen; sie schlagen sich in der → Gold- und Devisenbilanz in Form von Devisenzu- bzw. -abflüssen sowie in einer Aktivierung bzw. Passivierung des → Restpostens der Zahlungsbilanz nieder.

**terms of trade (t.o.t)**
geben in der einfachsten Version (2 Güter-Fall) an, welche Mengen des Importgutes ein Land durch Hergabe einer Einheit des Exportgutes erhalten kann (Realaustauschverhältnis). In der am häufigsten gebrauchten Formulierung (im Mehr-Güter-Fall) werden die t.o.t. durch das Verhältnis des Index der Ausfuhrpreise zum Index der Einfuhrpreise jeweils in der Währung des betreffenden Landes ausgedrückt (Synonym: commodity t.o.t.; net barter t.o.t.). Steigen die Ausfuhrpreise bei konstanten oder sinkenden Einfuhrpreisen oder sinken die Einfuhrpreise bei konstanten Ausfuhrpreisen, verbessern sich die t.o.t., weil für die gleiche Exportgütermenge mehr Importgüter eingeführt werden können.
Im Zusammenhang mit den t.o.t. werden insbes. zwei Probleme diskutiert: a) Kann die Änderung der t.o.t. ein Indikator für die Änderung der Wohlfahrt eines Landes bzw. für die Änderung des → Außenhandelsgewinns eines Landes sein?
b) Läßt die bisherige Entwicklung der t.o.t. zwischen bestimmten Gütergruppen (z. B. Primär- gegenüber Industrieprodukten) oder zwischen bestimmten Gruppen von Ländern (insbes. → Entwicklungs- gegenüber Industrieländern) eine trendmäßige Entwicklung erkennen?
Daß das Konzept der commodity t.o.t. als Indikator für die Wohlfahrt eines Landes nicht geeignet ist, zeigt sich sofort bei einer durch den → technischen Fortschritt in der Exportgüterindustrie bedingten Verschlechterung der t.o.t., bei der sich jedoch die Wohlfahrt eines Landes trotzdem verbessern kann. Ebenso wird man bei einer durch Qualitätsverbesserung bedingten Erhöhung der Importgüterpreise und damit Verschlechterung der t.o.t. nicht von einem Wohlfahrtsverlust sprechen können. Die begrenzte Aussagefähigkeit der commodity t.o.t. als Wohlfahrtsindikator hat zur Entwicklung einer Reihe weiterer Konzepte geführt:
a) single factoral t.o.t.; sie berücksichtigen Produktivitätsfortschritte in der inländischen Exportgüterindustrie;
b) double factoral t.o.t.; sie berücksichti-

gen Produktivitätsfortschritte in der inländischen und ausländischen Exportindustrie;

c) income t.o.t.; sie berücksichtigen das Exportgütervolumen, auch als Index der Importkapazität bezeichnet;

d) gross barter t.o.t.; sie berücksichtigen neben Export- auch das Importgütervolumen, auch definiert als Verhältnis von Importgütermengenindex zu Exportgütermengenindex.

Da die Änderung der t.o.t. meist eine Veränderung anderer Variabler auslöst, die ihrerseits Wohlfahrtsimplikationen aufweisen, lassen sämtliche Konzepte nur beschränkte Aussagen über die Wohlfahrtssituation eines Landes zu.

Die Frage einer trendmäßigen Entwicklung der t.o.t. insbes. zwischen Industrie- und → Entwicklungsländern ist Gegenstand der → PREBISCH-These. Je nach der Wahl des Basisjahres und dem zugrundegelegten Konzept läßt sich sowohl eine trendmäßige Verschlechterung als auch eine Verbesserung der t.o.t. statistisch begründen.   M.H.

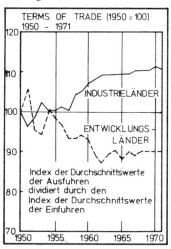

TERMS OF TRADE (1950 = 100)
1950 - 1971

INDUSTRIELÄNDER

ENTWICKLUNGS-
LÄNDER

Index der Durchschnittswerte
der Ausfuhren
dividiert durch den
Index der Durchschnittswerte
der Einfuhren

**terms of trade-Effekt**
Verbesserung der → terms of trade eines Landes nach Erhebung eines Importzolls.

Der Effekt besteht darin, daß ein Teil der Zollbelastung des Importgutes von den ausländischen Exporteuren getragen wird. Der Inlandspreis des Importgutes steigt demzufolge nicht um den vollen Zollbetrag. Der terms of trade-Effekt ist um so größer, je kleiner (absolut) die Elastizität der ausländischen Importnachfrage und (bei nicht völlig elastischer Importnachfrage des Auslands) je geringer der Anteil der Zolleinnahmen ist, der für den Kauf von Importgütern verwandt wird. Außerdem ist er von der Höhe des → Zolls abhängig.

Das innerhalb eines 2 Länder-/2 Güter-Modells abgeleitete terms of trade-Argument wird zwar bei theoretischen Überlegungen häufig verwendet (z.B. → SAMUELSON-STOLPER-Theorem, → Integration, → Optimalzoll-Theorie), ist jedoch, zumal für ein kleines Land, kaum von praktischer Bedeutung.   M.H.

**tertiärer Sektor**
→ Wirtschaftssektoren

**Teufelskreise der Unterentwicklung**
(= vicious circles) Erklärungsversuch für die in vielen → Entwicklungsländern vorherrschende und offenbar nur schwer zu überwindende → Stagnation. Die entwicklungspolitische Literatur kennt zahlreiche Beispiele:

a) niedriges Pro-Kopf-Einkommen – geringe Ersparnis – wenig Investitionen – konstantes Einkommen;

b) niedriges Pro-Kopf-Einkommen – mangelhafte Schulbildung – geringer technischer Fortschritt – kaum steigendes Einkommen;

c) niedriges Pro-Kopf-Einkommen – niedriges Konsumniveau – schlechter Gesundheitszustand – geringe Leistungsfähigkeit – niedriges Einkommen;

d) niedriges Pro-Kopf-Einkommen – Kinder als Alterssicherung – Bevölkerungsdruck – Konstanz oder Abnahme des Einkommens;

e) von Gunnar MYRDAL stammt ein national wie international anwendbares Beispiel: Koexistenz von Entwicklung und Unterentwicklung bei geringer Integration zwischen entwickelten und unterentwikkelten Bereichen – schwache positive und starke negative Ausbreitungseffekte des entwickelten zu Lasten des unterentwikkelten Sektors – weniger Integration – mehr Ungleichheit – Überentwicklung des bereits entwickelten und zunehmende Unterentwicklung des ohnehin schon benachteiligten Sektors.

Teufelskreise stellen ökonomische und soziale Variable in den strukturellen Zusammenhang einer zirkulären Verursachung. Dadurch machen sie deutlich, daß eine Konzentration der → Entwicklungspolitik auf einen Punkt einer solchen Kette kaum zum Erfolg führen wird. Vielmehr muß an mehreren Stellen gleichzeitig angesetzt oder der gesamte strukturelle Zusammenhang, in dem sich die Teufelskreise entfalten konnten, verändert werden, z.B. durch Revolution (→ dependencia-Theorie).

R.O.

**Theorie** → Logistik

**Theorie der internationalen Werte**

(= Gesetz der reziproken Nachfrage) von John Stuart MILL (1848) entwickelte Theorie zur Erklärung der → terms of trade. Durch die Berücksichtigung der Nachfrageseite behebt sie den Mangel der Theorie der → komparativen Kosten, welche lediglich den Bereich angeben kann, innerhalb dessen sich das internationale Tauschverhältnis herausbildet, nicht jedoch, welche terms of trade tatsächlich zustandekommen. Die Nachfrage eines Landes nach den Gütern des Auslands (Importe), ausgedrückt in Einheiten seiner Ausfuhr (Exporte) bestimmt zusammen mit der Nachfrage des anderen Landes die terms of trade. Im klassischen Fall der → komparativen Kosten (am Beispiel Englands und Portugals) gilt: Ist der relative Preis des Tuchs hoch, so wird England viel Tuch anbieten und viel Wein nachfragen, Portugal jedoch wird wenig Tuch nachfragen und wenig Wein anbieten. Das Umgekehrte gilt, wenn der Tuchpreis niedrig ist. Die genaue Lage der terms of trade ist dann bestimmt, wenn die Tuchimporte Portugals, die es »reziprok« zu seinen Weinexporten nachfrägt, mit den Tuchexporten übereinstimmen, die England bereit ist, für Weinimporte vorzunehmen. Bei diesen terms of trade sind die Werte der Exporte (Importe) Englands und Portugals gleich.

Falls ein Land gegenüber dem anderen Land sehr klein ist, spielt der Aspekt der reziproken Nachfrage keine Rolle. In diesem Fall werden die (nationalen) terms of trade des großen Landes vorherrschen und das kleine Land kann zu diesen Bedingungen beliebig viele Güter exportieren.

Die Theorie der internationalen Werte wurde von Francis Y. EDGEWORTH (1894) und Alfred MARSHALL (1879) durch Einführung sog. reziproker Angebots- und Nachfragekurven (offer curves, auch Tauschkurven) graphisch verdeutlicht. Eine offer curve gibt an, wieviel Mengeneinheiten eines Gutes bei alternativen Preisrelationen nachgefragt und wieviel Einheiten des anderen Gutes bei den entsprechenden Preisrelationen angeboten werden. Da die offer curve im Gegensatz zur gewöhnlichen Nachfragekurve nicht nur nachgefragte Menge und Preis eines Gutes in Beziehung setzt, sondern auch ausdrückt, welche Mengen eines anderen Gutes bei diesem Preis angeboten werden, ist sie Angebots- und Nachfragekurve zugleich. Durch den Schnittpunkt von in- und ausländischer offer curve sind die terms of trade bestimmt. M.H.

**Theorie der komparativen Vorteile**
→ komparative Kosten

**throughput**

(Durchfluß) Menge (z.B. an Material oder → Informationen), die innerhalb eines Zeitraumes einen Prozeß (z.B. Produktions- oder Datenverarbeitungsprozeß) durchläuft.

**throughput economy**

(= Durchfluß-, Durchlaufwirtschaft) von Kenneth E. BOULDING geprägter, im Rahmen der → Umweltökonomik und der → Umweltschutzpolitik häufig verwendeter Begriff, der die modernen Volkswirtschaften als offene → Systeme kennzeichnet, die im wesentlichen lineare Produktionsprozesse aufweisen: Entzug von Rohstoffen aus der Umwelt, die z.T. in Form von Abfällen (aus der Produktion und Konsumtion) wieder in die Umwelt zurückkehren (→ Materialbilanz).

Mit der Annahme nicht-regenerierbarer → Ressourcen und der begrenzten Fähigkeit der Umwelt, Abfälle aufzunehmen, wird die throughput economy zum Kernstück eines geschlossenen ökologischen → Systems: Partielle Ansätze zur Ergänzung linearer Produktionsprozesse zeigen sich im → recycling; totale ökologische Gleichgewichtsmodelle (»Raumschiff Erde«) führen zum normativen Konzept der → steady state economy. W.Sch.

**THÜNEN-Ringe**
→ Standorttheorie

**time lag** → lag

**timing** → Wirtschaftspolitik

**Totalanalyse** → Analyse

**Totzeit**
Zeitspanne zwischen dem Eingang einer → Information und der von ihr hervorgerufenen Reaktion. Eine Reaktionsverzögerung anderer Art, die von der Totzeit streng unterschieden werden muß, zeigt sich in einer anfangs sehr schwach einsetzenden, dann aber stärker werdenden Reaktion. Je nach dem Wirkungsverlauf spricht man von Verzögerung 1. oder höherer Ordnung. Totzeit und Verzögerung können in einem System auch kombiniert auftreten.

Das Übertragungsverhalten läßt sich im allg. durch eine lineare Differentialgleichung der Form beschreiben

$$\ldots a_2 x_a''(t) + a_1 x_a'(t) + a_0 x_a(t) = b_0 x_e(t) + b_1 x_e'(t) + b_2 x_e''(t) + \ldots,$$

worin $a_i$, $b_i$ Parameter und $x_a'$, $x_e'$ die jeweiligen Ableitungen der Ausgangs- und Eingangsgröße zum Zeitpunkt t sind. In den Wirtschaftswissenschaften werden diese Zusammenhänge mit dem Begriff → lag erfaßt. H.Sch.

Beispiel für ein reines Totzeitglied:

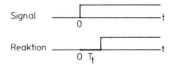

Beispiel für ein Übertragungsglied mit Verzögerung 1. Ordnung:

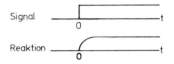

**trade gap**
Handelslücke. → PREBISCH-Bericht

**trade-off-Kurve**
→ PHILLIPS-Kurve

**Träger der Wirtschaftspolitik**
Inhaber formeller bzw. materieller wirtschaftspolitischer Entscheidungsgewalt. → Wirtschaftspolitik heißt Ausübung von → Macht; der Träger der Wirtschaftspolitik ist folglich Machtträger und bedarf der Legitimation. Diese Legitimation ergibt sich formal aus der Rechts- und Kompetenzordnung (→ Wirtschaftsordnung → Wirtschaftsverfassung), wobei der Kompetenzverteilung insbes. dann großes Gewicht beizumessen ist, wenn eine Mehrheit von Entscheidungsträgern existiert, deren Planungen, Entscheidungen und Maßnahmen koordiniert werden müssen. Dieses Problem wird durch die Tendenz zur dezentralisierten Wirtschaftspolitik (Jan TINBERGEN) noch verschärft.

Neben den formellen Institutionen müssen aber auch die informellen Entscheidungsstrukturen aufgedeckt werden. Rechnet man zu den formellen Trägern der Wirtschaftspolitik die öffentlich-rechtlichen Körperschaften (insbes. Bund, Länder, Gemeinden, → Zentralbank, internationale und supranationale Organisationen, aber auch z.B. Industrie- und Handelskammern) so besteht die informelle Entscheidungsstruktur (→ Inspiratoren der

Wirtschaftspolitik) aus nichtstaatlichen Interessengruppen (Verbände, Kirchen, politische Parteien usw.). Interessiert man sich nur für die faktischen Entscheidungsträger, so werden formelle und informelle Kompetenzverteilung miteinander verwoben.

Die Träger der Wirtschaftspolitik müssen auch von wirtschaftspolitischen Instanzen getrennt werden, die als Ausführungsorgane an Richtlinien gebunden sind (→ Bundeskartellamt, Einfuhr- und Vorratsstellen u. ä.). In Anlehnung an TINBERGEN kann man die Instanzen in Beratungs-, Planungs-, Entscheidungs-, Durchführungs- und Kontrollinstanzen gliedern. R. E.

**Transaktion**
Übergang eines Gutes (Sachgut, Dienstleistung) oder einer → Forderung von einem Wirtschaftssubjekt auf ein anderes.
Alternative Einteilungen:
a) Beobachtbare Transaktionen – unterstellte Transaktionen. Die Letzteren bringen aus analytischen Gründen Ströme zur Darstellung, die in der wiedergegebenen Weise nicht fließen (z. B. Verteilung der Arbeitgeberbeiträge zur Sozialversicherung als Einkommensbestandteil an die Haushalte und Umverteilung von den Haushalten an den Staat) oder als Marktvorgang nicht feststellbar sind (z. B. → Eigenverbrauch der Landwirtschaft) oder den Charakter eines theoretischen Konstrukts haben (z. B. Eigenverbrauch des Staates).
b) Gütertausch – Kauf/Verkauf – Finanzmitteltausch – Güterschenkung – Finanzmittelschenkung
c) Leistungstransaktion – Finanztransaktion. Während im ersten Fall die Höhe der → Nettoposition eine Änderung erfährt, trifft dies im zweiten Fall nicht zu. In beiden Fällen treten Änderungen bei den einzelnen Komponenten des Finanzvermögens ein. F. G.

**Transaktionskasse**
in der KEYNES'schen Theorie Teil der → Kassenhaltung (neben → Vorsichts- und → Spekulationskasse) zur Finanzierung von einkommensabhängigen Leistungstransaktionen, der selbst bei vollkommener Voraussicht durch das Auseinanderfallen von Zahlungsein- und -ausgängen erforderlich ist.
Die → Geldnachfrage, welche dem Transaktionsmotiv entspringt, kann ggf. aus der → Quantitätstheorie erklärt werden, jedoch haben spätere – an die Theorie der Lagerhaltung anknüpfende – Überlegungen (William J. BAUMOL) gezeigt, daß auch die Transaktionskasse von den die Unsicherheit über die Zukunft repräsentierenden Parametern beeinflußt wird und keineswegs vom Einkommen allein abhängt, geschweige denn, daß sich die Transaktionskasse proportional mit dessen Entwicklung ändert (was John Maynard KEYNES noch annahm). H.-J. H.

**Transferbilanz**
→ Übertragungsbilanz

**Transfermultiplikator**
Maß der Einkommens- und Beschäftigungswirkung einer Änderung der laufenden unentgeltlichen → Übertragungen Z. Soweit solche Transaktionen das verfügbare persönliche Einkommen $Y^v = Y + Z$ verändern, kommt es zu einer Reaktion der Konsumnachfrage, die ihrerseits, gemäß dem in der allgemeinen → Multiplikatoranalyse dargestellten Prinzip, entsprechende Anpassungen der wirtschaftlichen Aktivität zur Folge hat. Bei autonomer privater Nettoinvestition, → Staatsausgaben und direkten, dem absoluten Betrag nach gegebenen → Steuern sowie einer linearen → Konsumfunktion mit der einkommensabhängigen Komponente $cY^v$ gilt in einer geschlossenen Volkswirtschaft:

$$\frac{dY}{dZ} = \frac{c}{1-c}.$$

Der Transfermultiplikator entspricht dem → Steuermultiplikator mit umgekehrtem Vorzeichen. Er ist kleiner als der einfache Investitionsmultiplikator (→ Multiplikatoranalyse), weil die Einkommenswirkung bereits auf der ersten Stufe durch die Ersparnisbildung der von den Übertragungen begünstigten Haushalte reduziert wird.

F. G.

**Transfers** → Übertragungen

**Transformationskurve**
( = Produktionsmöglichkeitskurve; Produktionsgrenze) bezeichnet die bei gegebener Faktorausstattung und gegebener Produktionstechnik maximal herstellbaren Mengen zweier Produkte x und y, wobei jeder Punkt ein → Produktionsoptimum darstellt. Liegt eine substitutionale → Produktionsfunktion mit → constant returns to scale und unterschiedlichen Faktorintensitäten in der Erzeugung beider Güter vor oder eine Produktionsfunktion mit → decreasing returns to scale und identischen Faktorintensitäten, dann weist die Transformationskurve einen zum Ursprung konkaven Verlauf auf (Abb.). Die Grenzrate der Transformation in einem bestimmten Punkt der Transformationskurve (in Abb. Punkt A) ist gleich der (positiv genommenen) Steigung $-\dfrac{dx}{dy}$ der Kurve und wird durch den Tangens des Winkels α gemessen. Sie gibt die → opportunity costs oder Alternativkosten für eine Einheit des Gutes y ausgedrückt in Einheiten des Gutes x an. H.M.W.

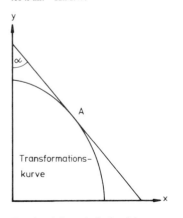

**Transitverkehr** → Außenhandel

**Trendfaktor**
von Arthur SMITHIES 1945 eingeführter Term, um die → absolute Einkommenshypothese und die entsprechende → Konsumfunktion an empirische Ergebnisse anzupassen. Die empirische Beobachtung einer langfristig konstanten durchschnittlichen → Konsumquote durch Simon KUZNETS (1942) steht im Widerspruch zur KEYNES'schen Hypothese einer langfristig sinkenden Konsumquote. Der Widerspruch wird auf die Nichtberücksichtigung weiterer Bestimmungsfaktoren des Konsums zurückgeführt. Eine Spezifizierung dieser zusätzlichen Bestimmungsfaktoren wird dadurch umgangen, daß als »catchall«-Faktor neben dem Einkommen die Zeit (t) berücksichtigt wird. Der Trendfaktor t erhält die Aufgabe, einer kurzfristig absinkenden durchschnittlichen Konsumquote entgegenzuwirken und sie auf ein langfristig konstantes Niveau zu heben. Die KEYNES'sche Konsumfunktion wird damit in eine kurzfristige Beziehung uminterpretiert. Die langfristige Entwicklung ergibt sich als zeitliche Abfolge von KEYNES'schen Konsumfunktionen des Typs:

$$C = a_0 + a_1 \cdot t + b \cdot Y.$$

Der Niveauparameter a wird dabei einem zeitlichen Trend unterworfen ($a = a_0 + a_1 \cdot t$). Möglich wäre auch eine trendmäßige Entwicklung der marginalen → Konsumquote ($b = b_0 + b_1 \cdot t$).
Die Kritik an der Einführung eines Trendfaktors richtet sich darauf, daß der Trendfaktor Zeit nur den Charakter einer Hilfsvariablen ohne ökonomische Aussage hat und zu einer Immunisierung der betreffenden → Hypothese führt. In anschließenden Analysen wird daher versucht, den Trendfaktor in spezifische Konsumeinflüsse aufzugliedern. E.v.K.

**trial and error**
primär in Tierexperimenten entdeckte und erforschte, aber auch beim Menschen zu findende Verhaltensweise. Sie bewirkt oft die Lösung eines Problems dadurch, daß Verhaltenselemente solange »zufällig« variiert werden, bis der angestrebte Erfolg

eingetreten ist. Trial and error ist immer dort vorzufinden, wo die Einsicht in die inneren Zusammenhänge des Problems fehlt. Sinngemäß wäre es daher mit »Herumprobieren« oder »Herantasten« besser übersetzt als mit »Versuch und Irrtum«, weil zumeist auch die den Begriff »Irrtum« rechtfertigende Einsicht in die Ziel-Mittel-Zusammenhänge bei unmittelbarer Annäherung an das Ziel nicht gegeben sind (→ trial and error-Methode). Die Erfolgsaussichten des trial and error hängen wesentlich von der zur Verfügung stehenden Zeit ab.

Eine kybernetische Betrachtung des trial and error zeigt, daß es eine relativ komplexe Struktur besitzt. Neben der Definition einer Zielfunktion (Sollzustand) beinhaltet sie eine Rückkopplungsschleife, die im Soll-Ist-Vergleich von Ziel und Zustand eine Verhaltensvariation bewirkt. Darüber hinaus impliziert sie ein »Gedächtnis«, das der Erfolgsspeicherung dient und die Wiederholung bereits eingetretener Mißerfolge verhindert. H.Sch.

**trial and error-Methode**

bewußte und systematische Anwendung des → trial and error auf Problemsituationen, die deshalb nicht lösbar sind, weil wesentliche Einsichten in die Zusammenhänge fehlen. Die Methode kennt zwei Varianten: das direkte Experiment mit der Umwelt und die indirekte Durchführung an einer modellmäßigen Abbildung der realen Welt, wobei auch Automaten eingesetzt werden können (z.B. Computersimulationen).

Die direkte Methode besitzt die größte Realitätsnähe und erfaßt hohe Komplexitätsgrade, da sie den unmittelbaren Kontakt mit der Umwelt besitzt. Andererseits stößt sie eher an die Zeitgrenze, die einen limitierenden Faktor darstellt. Manche Probleme lassen sich überhaupt nicht durch Experimente im Sinne eines Ausprobierens angehen, z.B. bei sehr hohem Risiko (bemannte Mondfahrt).

Demgegenüber besitzt die indirekte Methode alle Vorteile einer Risikovermeidung sowie einer so beträchtlichen Ausdehnung des Zeitlimits, daß viele Probleme dadurch überhaupt erst grundsätzlich lösbar werden. Eine alternative → Simulation von Modellvarianten bei den heutigen Rechnergeschwindigkeiten erlaubt Vorstöße in Problembereiche, an die vor 30 Jahren noch nicht gedacht werden konnte. Durch den systematischen Einsatz von Teilkenntnissen über den Ziel-Mittel-Zusammenhang läßt sich der Zeitaufwand zusätzlich beträchtlich reduzieren.

Die Grenzen des Verfahrens werden dort sichtbar, wo zum Zwecke einer größeren Wirklichkeitsnähe die Modellkomplexität der Realitätskomplexität angenähert werden soll. Programmier- und Rechenaufwand steigen dann so sehr, daß die Aufgabe unüberschaubar wird. Darüberhinaus kann das Ergebnis einer Simulation höchstens so gut sein, wie das Modell realitätsnah ist.

In der → Wirtschaftspolitik sind die direkte und indirekte trial and error-Methode sowie eigentliches → trial and error nebeneinander zu finden (adhocery, muddling through). Eine Verbesserung der wirtschaftspolitischen Effizienz stößt einerseits an grundsätzliche Schranken, scheint andererseits aber auf lange Sicht durch Entwicklung und vermehrten Einsatz von Simulationstechniken durchaus möglich.

H. Sch.

**TRIFFIN-Plan**

1959 von Robert TRIFFIN entwickelter Plan für den Ausbau des → Internationalen Währungsfonds zu einer Weltzentralbank, in deren Portefeuille sukzessive alle → Währungsreserven der beteiligten Länder übernommen werden sollten und der das Recht zugedacht war, durch Kreditvergabe und Offenmarktoperationen auf den nationalen Geldmärkten aktive Liquiditätspolitik zu treiben. Das Projekt verfolgte die Absicht, den Dollar von der Reservefunktion zu entlasten, um der Gefahr einer katastrophalen Verknappung der → internationalen Liquidität vorzubeugen, die aus schwindendem Vertrauen in den Dollar oder aus politisch motivierter Dollarzurückweisung hätte resultieren können. F.G.

**TRIFFIN'scher Koeffizient**
→ Marktformen

**TROEGER-Kommission**
Sachverständigenkommission für die Finanzreform unter dem Vorsitz des damaligen Vizepräsidenten der deutschen Bundesbank Heinrich TROEGER, deren 1966 erschienenes »Gutachten über die Finanzreform in der BRD« v. a. die Neuordnung des → Finanzausgleichs, aber auch die Einführung der → Gemeinschaftsaufgaben, die Gemeindefinanzreform und die Verbesserung der Mittel für eine wirksame → Fiskal- und → Kreditpolitik behandelt. Zahlreiche Vorschläge der Kommission wurden durch Grundgesetzänderungen, im → Gesetz zur Förderung der Stabilität und des Wachstums der Wirtschaft und im → Haushaltsgrundsätzegesetz bzw. der → Bundeshaushaltsordnung berücksichtigt. E.S.

**truncated multiplier**
dient zur Bestimmung der Einkommenswirkung des Multiplikatorprozesses nach t Perioden. Er ist ein wichtiges Instrument der dynamischen → Multiplikatoranalyse. Im Fall einer auf Dauer angelegten Änderung der autonomen Nettoinvestition dI gilt unter der Voraussetzung eines Modells, das eine geschlossene Volkswirtschaft ohne ökonomische Aktivität des Staates beschreibt und einen vom Einkommen der Vorperiode proportional abhängigen Konsum $C_t = cY_{t-1}$ ($\rightarrow$ ROBERTSON-lag) unterstellt:

$$\frac{dY_t}{dI} = \frac{1}{1-c} - \frac{c^t}{1-c} ; t = 1, 2, 3, \ldots$$

F.G.

**turnpike-Modell**
→ Wachstumsmodelle

# U

## Überbeschäftigung

Zustand, bei dem das Produktionsvolumen v. a. durch einen Engpaß beim Faktor → Arbeit beschränkt wird. Da in einzelnen Sektoren eine Kapazitätsausweitung auch durch Erhöhung der → Kapitalintensität nicht möglich ist, entsteht starker Nachfragedruck auf dem → Arbeitsmarkt. Er führt zu Lohnsteigerungen, die als Tendenz verstanden werden können, die Gleichgewichtsstörung dieses Partialmarktes zu beheben. Das Ziel wird aber u. U. nicht erreicht, weil Nebenwirkungen der Lohnsteigerungen die Situation verändern: Der (sektoral unterschiedliche) Einkommens- und Nachfrageeffekt kann z. B. verstärkten Arbeitskräftebedarf und neue Lohnkonzessionen der Unternehmen auslösen mit der Folge einer inflationistischen Destabilisierung. F. G.

## Überinvestitionstheorien

Erklärung der → Konjunkturzyklen mit den Veränderungen der Produktionsstruktur, die sich (bei überproportionalen Schwankungen der Investitionsgüternachfrage) aus Disproportionalitäten in der Entwicklung von Investitions- und Konsumgüterindustrien ergeben.
Gottfried HABERLER unterscheidet drei Varianten der Überinvestitionstheorien:
a) Die neowicksellsche Richtung (Friedrich von HAYEK, Fritz MACHLUP, Ludwig von MISES, Lionel ROBBINS, Wilhelm ROEPKE, Richard von STRIGL) stellt monetäre Erklärungsfaktoren in den Mittelpunkt: Sinkt der Marktzins unter den natürlichen → Zins (Zinssatz, bei dem die Nachfrage nach *Leih*kapital dem Angebot an Ersparnissen gleich ist), weil die Banken über die gesamtwirtschaftliche Ersparnis hinaus Kredite gewähren (sog. Zirkula-

tionskredite), so werden längere Produktionsumwege rentabel und die Investitionen steigen. Es kommt zu einem kumulativen Aufschwung mit steigenden Preisen und Kosten (→ WICKSELL'scher Prozeß), wobei die durch die Expansion der Investitionen hervorgerufene → inflatorische Lücke durch → Zwangssparen nicht kompensiert werden kann. Der obere Wendepunkt tritt ein, wenn die Kreditexpansion zum Erliegen kommt, bevor noch der → Kapazitätseffekt der Investitionen wirksam wird. Im Abschwung findet eine Anpassung der Produktionsstruktur zwischen dem überentwickelten Investitionsgütersektor und dem Konsumgütersektor statt, die von Arbeitslosigkeit und fallenden Preisen begleitet ist. Die → Depression endet, wenn das Sinken der Preise zum Stillstand kommt und der Marktzins wieder unter den natürlichen Zinssatz fällt.
b) Die an Erfindungen und → Innovationen anknüpfende Richtung der Überinvestitionstheorie (Gustav CASSEL, Alvin H. HANSEN, Arthur SPIETHOFF, Joseph SCHUMPETER) betont die Bedeutung neuer Investitionsgelegenheiten; monetäre Faktoren werden ergänzend berücksichtigt.
c) Eine dritte Richtung (Albert AFTALION, F. BICKERDIKE, T. N. CARVER, Arthur C. PIGOU, John M. CLARK, Roy F. HARROD) hebt – neben weiteren ökonomischen Zusammenhängen – technologische Bestimmungsfaktoren insbes. die Bedeutung des → Akzelerationsprinzips, hervor. E. v. P.

## Überkreuzverflechtung

(= interlocking directorate) nach dem → Verbotsprinzips zuerst im Antitrustrecht der USA geächtet (Clayton Act, 1914). Gemäß Aktiengesetz (§ 100) darf Mitglied des Aufsichtsrates einer Aktiengesellschaft nicht sein, wer gesetzlicher Vertreter (z. B. Vorstand) einer anderen Kapitalgesellschaft ist, wenn in deren Aufsichtsrat schon ein Vorstandsmitglied der Aktiengesellschaft vertreten ist.  R.R.

**Überlebensfunktion**
empirische oder hypothetische Funktion, welche die zeitliche Verteilung der Nutzungsdauer, die im Restbestand der Anlagen eines bestimmten Investitionsjahrganges enthalten ist, beschreibt. Man erhält sie, indem man die Bruttoanlageinvestition (→ Anlageinvestition) eines bestimmten Jahrganges um die im Zeitablauf (z. B. durch Verschrottung) ausgeschiedenen Anlagen vermindert.
Die zeitliche Verteilung der Abgänge (= Abgangsfunktion) wird bestimmt von technischen Faktoren (Qualität, Auslastungsgrad), wirtschaftlichen Entwicklungen (→ technischer Fortschritt, Geschmackswandel) und Zufallsereignissen (Bruch-, Brandschaden).

Abgänge und Restbestand eines Investitionsjahrganges in %

UF: Überlebensfunktion
AF: Abgangsfunktion
t: Nutzungsdauer

Überlebensfunktionen werden für bestimmte Typen von Anlagen oder auch für die Anlagen von Wirtschaftssektoren (bzw. einer Volkswirtschaft) erstellt. In der Praxis werden v. a. Funktionen mit quasi-logistischem Verlauf verwendet.  D. S.

**Überproduktionstheorie**
→ Unterkonsumtionstheorie

**Überschußreserve**
über die → Mindestreserve hinausgehende Bestände der → Banken an Zentralbankgeld. Dieser wichtige Teil der → Bankenliquidität betrug in der BRD lange Zeit etwa 5 % der Bankeinlagen, sank jedoch 1973/74 im Zuge der mit dem Übergang zu → freien Wechselkursen stark gesunkenen Bankenliquidität auf Null ab. Je höher die Überschußreserve, um so höher ist ceteris paribus der Kreditschöpfungsspielraum des Bankensystems (→ Kreditschöpfungsmultiplikator).  H.-J.H.

**Überspartheorie**
→ Unterkonsumtionstheorie

**Übertragungen**
(= Transfers) Übergang eines Gutes oder einer Forderung von einer Wirtschaftseinheit auf eine andere ohne direkte Gegenleistung. In der → Volkswirtschaftlichen Gesamtrechnung werden unterschieden:
a) laufende Übertragungen. Dazu zählen → Subventionen, die meisten → Steuern sowie Einkommensübertragungen i. e. S. (z. B. Sozialrenten, Pensionen, Geldleistungen der öffentlichen Krankenversicherungen und der → Bundesanstalt für Arbeit);
b) Vermögensübertragungen. Sie haben einmaligen Charakter, wie z. B. Erbschaftsteuer, → Lastenausgleich, Sparprämien, Gratisaktien, Investitionszuschüsse, → Wiedergutmachung, Teile der → Entwicklungshilfe).  J.Be.

**Übertragungsbilanz**
(= Transferbilanz; Schenkungsbilanz) Teilbilanz der → Zahlungsbilanz, welche die Gegenposten zu den unentgeltlichen Leistungen in der → Handels- und → Dienstleistungsbilanz sowie in der → Kapitalbilanz aufnimmt.

In der Übertragungsbilanz der BRD unterscheidet die → Deutsche Bundesbank (entsprechend dem beteiligten inländischen Sektor) private und öffentliche Leistungen:

Die privaten Übertragungen umfassen v. a. die Überweisungen ausländischer Arbeitskräfte in ihre Herkunftsländer, Unterstützungszahlungen sowie Renten und Pensionen.

Zu den öffentlichen Übertragungen zählen insbes. die Leistungen im Rahmen der → Wiedergutmachung, Beiträge und Leistungen von internationalen Organisationen (v. a. → Europäische Gemeinschaften), Unterstützungszahlungen (einschl. → Lastenausgleich) sowie geleistete Renten und Pensionen.

Die Übertragungsbilanz der BRD weist seit 1953 wachsende Defizite auf (1973: − 15,9 Mrd. DM).

**Überwälzung**
→ Steuerüberwälzung

**Ultimo-Geld**
Geldmarktkredite (→ Geldmarkt), die zur Finanzierung der am Monats- oder Jahresultimo anfallenden Zahlungsverpflichtungen gewährt werden.

**Umlageverfahren** → Versicherung

**Umlaufgeschwindigkeit des Geldes**
gibt an, wie oft eine Geldeinheit pro Periode umgesetzt wird. Je öfter dies geschieht, je höher also die Umlaufgeschwindigkeit des → Geldes ist, um so stärker wird nach der → Quantitätstheorie bei konstanter → Geldmenge das in der Periode verfügbare Angebot nachgefragt, was Preissteigerungen auslöst. Glaubt man, annehmen zu können (wie die neoklassische → Geldtheorie), daß die Umlaufgeschwindigkeit des Geldes trendmäßig etwa konstant ist, so läßt sich bei vorgegebener Wachstumsrate des → Sozialproduktes vom Wachstum der Geldmenge auf die zu erwartende Änderung des Preisniveaus schließen. Da in der Umlaufgeschwindigkeit des Geldes alle monetären Veränderungen, die nicht in der Geldmenge erfaßbar sind, berücksichtigt werden müssen (z. B. Kreditgewährung nicht monetärer Finanzintermediäre wie Bausparkassen und Versicherungen), ist es sehr problematisch, sie als konstant anzunehmen. Selbst wenn in der Vergangenheit dies langfristig zugetroffen sein mag, kann nicht auf entsprechende Konstanz in der Zukunft geschlossen werden; dies gilt v. a. für die kurzfristige Prognose, die gerade für die → Geldpolitik von Bedeutung ist. H.-J.H.

**Umlaufvermögen**
1. Im betriebswirtschaftlichen Sinn:
Wert aller Vermögensgegenstände, die nur kurze Zeit in der Unternehmung gebunden und zur alsbaldigen Veräußerung oder Weiterverarbeitung bestimmt sind.
Gliederung (§ 151 AktG):
a) Vorräte:
 · Roh-, Hilfs- und Betriebsstoffe;
 · unfertige Erzeugnisse;
 · fertige Erzeugnisse, Waren.
b) Andere Gegenstände des Umlaufvermögens:
 · geleistete Anzahlungen, soweit sie nicht zum Anlagevermögen gehören;
 · Forderungen aus Lieferungen und Leistungen;
 · Wechsel;
 · Schecks;
 · Kassenbestand, Bundesbank- und Postscheckguthaben;
 · Guthaben bei Kreditinstituten;
 · Wertpapiere, die nicht zu anderen Posten des Umlaufvermögens (z. B. Wechsel) oder zum Anlagevermögen gehören;
 · eigene Aktien;
 · Anteile an einer herrschenden oder an der Gesellschaft mit Mehrheit beteiligten Kapitalgesellschaft oder bergrechtlichen Gewerkschaft;
 · Forderungen an verbundene Unternehmen;
 · Forderungen aus Krediten;
 · sonstige Vermögensgegenstände.
2. Bei der Aggregation einzelwirtschaftlicher Bilanzen zu sektoralen volkswirtschaftlichen Vermögensrechnungen (wo die Position Umlaufvermögen nicht erscheint) werden die Vorräte dem →

Sachvermögen zugerechnet. Die übrigen Gegenstände des Umlaufvermögens werden unter → Forderungen subsumiert. Eine Ausnahme bilden lediglich die eigenen Aktien und die Anteile an einer herrschenden oder an der Gesellschaft mit Mehrheit beteiligten Kapitalgesellschaft: Sie werden im Berichtigungsposten zum Eigenkapital zusammengefaßt und damit als (negative) Komponente des → Reinvermögens behandelt.

## Umsatz

(= Erlös) am Markt erzielter Gegenwert betrieblich erstellter Leistungen (Sachgüter und Dienstleistungen). Rechnerisch ergibt sich der Umsatz durch Multiplikation der Menge der abgesetzten Sachgüter oder Dienstleistungen mit den entsprechenden Preisen.

## Umsatzrentabilität
→ Rentabilität

## Umsatzsteuer
Besteuerung des Umsatzes von Unternehmen; 1968 in der BRD durch die → Mehrwertsteuer abgelöst.

## Umstellungsgesetz
→ Währungsreform

## Umverteilungspolitik
→ Verteilungspolitik

## Umweltkosten
Kosten, die durch Beeinträchtigung oder Verringerung der Umweltdienste (→ Umweltökonomik) entstehen. Aus der Funktion der marginalen Umweltkosten (die mit steigender Schadstoffkonzentration zunehmen) und der Funktion der marginalen Reinigungskosten (die mit abnehmender Schadstoffkonzentration zunehmen) ist theoretisch das optimale Niveau der Umweltreinigung zu bestimmen: marginale Umweltkosten = marginale Reinigungskosten. W.Sch.

## Umweltökonomik
systematisiert die Beziehungen zwischen Umwelt und Wirtschaft und beschreibt die ökonomischen Prinzipien des Umweltschutzes. In diesem Zusammenhang wird Umwelt als vermögensgleiches Gut betrachtet, das einen Strom von Sachgütern und Diensten abgibt (Wasser und Mineralien; Aufnahme, Lagerung, Diffusion oder Abbau von festen, flüssigen und gasförmigen Abfällen; schöne Landschaften etc.). Die Umweltleistungen werden davon beeinflußt und beeinträchtigt, wie, wieviel und was produziert, konsumiert und schließlich als Abfall beseitigt wird (→ Materialbilanz).

Der Preis dieser Sachgüter und Dienste war für die Produzenten und Konsumenten, welche sie nutzten, Null bzw. sehr gering, da sich dort keine Märkte bilden konnten, wo eine Definition von Eigentumsrechten am Charakter der Umwelt als → öffentliches Gut scheiterte. Da zudem Rationierungsmaßnahmen oder die Festsetzung von → Schattenpreisen unterblieben, wurde die Umwelt zu intensiv genutzt. Dadurch wurde sie knapp. Zudem änderte sich die Umweltqualität (→ Umweltverschmutzung).

Um die Nutzung dieser Sachgüter und Dienste konkurrieren diejenigen, welche Umweltqualität und deren materielle und immaterielle Erträge nachfragen, mit denen, welche die Umwelt mit Abfällen verschmutzen. Während die erste Gruppe mit zunehmender Umweltqualität geringere zusätzliche Erträge erhält, entstehen für die zweite Gruppe mit steigender Umweltqualität, d. h. mit steigender Intensität und Höhe der Abfall-, Abwasser- und Abgasreinigung, wachsende zusätzliche Kosten für die Reinigung. Eine Verringerung der Umweltqualität führt zu sinkenden marginalen Reinigungskosten und zu steigenden verlorengegangenen Erträgen.

Auf der Basis ökonomischer Optimalitätsvorstellungen ist dasjenige Umweltqualitätsniveau zu wählen, bei dem marginale Erträge und marginale Kosten ausgeglichen sind (Abb. 1).

Im Zeitablauf dürften die marginalen Erträge der Umweltqualität (Abb. 2, Kurve NF′) ansteigen, so daß sich (bei unverändertem Kostenverlauf) das Umweltqualitätsniveau hebt. Da mit wachsendem →

Sozialprodukt die Kosten der Erhaltung eines bestimmten Umweltqualitätsniveaus zunehmen, dürften sich die Kosten (z. B. auf A", Abb. 2) erhöhen. Durch technologische Verbesserungen könnten diese Kostensteigerungen wiederum reduziert werden (z. B. auf A', Abb. 2). Die Entwicklung des optimalen Umweltqualitätsniveaus ist abhängig von den Veränderungen der Funktionen der Erträge, der Kosten und der technologischen Entwicklung.

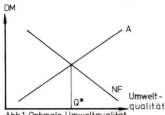

Abb.1: Optimale Umweltqualität

Q*    Optimale Umweltqualität
A    marginale Kosten des Umweltschutzes (Angebot an Reinigungsanlagen)
NF    marginale Erträge der Umweltqualität (Nachfrage nach Umweltqualität)

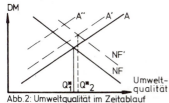

Abb.2: Umweltqualität im Zeitablauf

$Q^*_1$,   Optimale Umweltqualität zum Zeit-
$Q^*_2$   punkt 1 bzw. 2

Im Rahmen der ökonomischen → Umweltschutzpolitik wird behandelt, welche Optionen und Instrumente zur Erreichung dieses optimalen Umweltqualitätsniveaus zur Verfügung stehen.   W.Sch.

### Umweltschutzpolitik

Formulierung von Umweltzielen und Durchführung von Maßnahmen zur Erreichung dieser Ziele.

Die Umweltziele können basieren auf ästhetischen, medizinischen und ökonomischen Kriterien. Das (nach ökonomischen Kriterien) optimale Reinigungs- bzw. Verschmutzungsniveau ist gegeben, wenn die Summe der Umweltschäden und Reinigungskosten minimiert ist, d. h. wenn die marginalen Reinigungskosten den marginalen Umweltschäden gleich sind.

Einer Umweltschutzpolitik stehen bei Berücksichtigung des Modells der → Materialbilanzen folgende Optionen zur Verfügung:

a) Reduktion des Materialdurchlaufs durch Verringerung der Wirtschaftsaktivität (d. h. negatives → Wachstum) und/oder Verringerung des für ein gegebenes Produktionniveau erforderlichen Materialinputs;

b) Aufbereitung von Abfällen, Abwässern und Abgasen (→ recycling);

c) Berücksichtigung der Tatsache, daß bestimmte Orte bzw. Regionen und Zeitpunkte für umweltwirksame Wirtschaftsprozesse geeigneter oder weniger geeignet sind;

d) Investitionen zur Erhöhung der Absorptionskapazität der Umwelt.

Als Instrumente zur Erreichung von Umweltzielen mittels einer oder mehrerer Optionen stehen öffentlichen Gebietskörperschaften zur Verfügung:

a) Auflagen (Emissions-, Qualitäts-, Prozeßauflagen);

b) → Steuern und → Subventionen;

c) Schaffung von Eigentums- und Planungsrechten;

d) öffentliche → Investitionen.

Neue administrative Einrichtungen können sich im Rahmen der Umweltschutzpolitik als notwendig erweisen, z. B. Flußverbände, Talsperrenvereine, River Basin Agencies, Umweltämter, Umweltministerien.   W.Sch.

### Umweltverschmutzung

Sammelbegriff für die (auf der Basis ästhetischer Werturteile, ökologischer und/oder medizinischer Tatsachen) negativ beurteilten Einwirkungen auf die natürliche und künstliche Umwelt des Menschen oder aller Lebewesen.

Die ökonomische Definition des Begriffes

Umweltverschmutzung geht aus von den Sachgütern und Diensten, welche die Umwelt bereitstellt (→ Umweltökonomik). W.Sch.

**UN**
United Nations. → Vereinte Nationen

**UNCTAD**
United Nations Conference on Trade and Development. → Welthandelskonferenz.

**UNDP**
United Nations Development Programme. → Entwicklungsprogramm der Vereinten Nationen.

**uneasy triangle**
→ magisches Vieleck

**Ungewißheit**
→ Risiko und Unsicherheit

**UNIDO**
United Nations Industrial Development Organization. → Organisation der Vereinten Nationen für industrielle Entwicklung.

**union shop**
Übereinkommen zwischen → Gewerkschaften und Unternehmen, alle einzustellenden Arbeitnehmer dazu zu verpflichten, nach einer bestimmten Zeit der Gewerkschaft beizutreten.
Der wesentliche Unterschied zum → closed shop besteht für den Unternehmer in der freien Wahl des neuen Arbeitnehmers, die beim closed shop auf Gewerkschaftsmitglieder beschränkt ist. In den USA seit dem Verbot des closed shop durch den TAFT-HARTLEY-Act (1947) stark verbreitet. T.F.

**United Nations (UN)**
→ Vereinte Nationen

**United Nations Conference on Trade and Development (UNCTAD)** → Welthandelskonferenz

**United Nations Development Programme (UNDP)** → Entwicklungsprogramm der Vereinten Nationen

**United Nations Economic and Social Council (ECOSOC)** → Wirtschafts- und Sozialrat der Vereinten Nationen

**United Nations Industrial Development Organization (UNIDO)** → Organisation der Vereinten Nationen für industrielle Entwicklung

**United Nations Special Fund** → Entwicklungsprogramm der Vereinten Nationen

**Unsicherheit**
→ Risiko und Unsicherheit

**Unterbeschäftigung**
Zustand, bei dem das volkswirtschaftliche → Produktionspotential nicht voll ausgeschöpft wird, insbes. → Arbeitslosigkeit besteht.
In der Theorie des → Unterbeschäftigungsgleichgewichts wird die Möglichkeit der Unterbeschäftigung als stabiler Zustand beschrieben, → Stagnationstheorien stellen die Unterbeschäftigung als chronisches Übel von → Marktwirtschaften dar.

**Unterbeschäftigungsgleichgewicht**
Zustand, bei dem sich alle im Modell der → Beschäftigungstheorie abgebildeten Märkte im Gleichgewicht befinden, auch der → Arbeitsmarkt, der aber nicht geräumt wird: Bei gegebenem Lohnsatz besteht keine Veranlassung auf seiten des → Arbeitsangebotes und der → Arbeitsnachfrage, die Pläne zu revidieren (→ Gleichgewicht), doch wird mehr Arbeit angeboten als nachgefragt (fehlendes Clearing: Die Arbeitsangebotskurve wird im horizontalen Bereich von der Nachfragekurve geschnitten).
Die Theorie des Unterbeschäftigungsgleichgewichts basiert auf der für den Keynesianismus charakteristischen Annahme, daß die Geldlöhne aus politischen und marktmäßigen Gründen nach unten weitgehend starr sind. Dasselbe gilt bei ver-

breiteten oligopolistischen Verhaltensweisen für die Güterpreise.

Doch selbst unter der Annahme, daß die Überkapazität auf dem Arbeitsmarkt einen Lohndruck und dieser einen Preisdruck auslöst, stellt sich nach keynesianischer Auffassung nicht zwingend allgemeines Gleichgewicht ein (→ KEYNES-Fälle):

a) Der auf Grund der Preisbewegung sinkende Bedarf an Geld für Transaktionszwecke (→ Transaktionskasse) führt zu keiner Entspannung am Geldmarkt und keinen expansiven Folgewirkungen, weil freigesetzte Beträge vollständig von der spekulativen Geldnachfrage absorbiert werden (liquidity-trap).

b) Selbst eine Entspannung und Zinssenkung am Geldmarkt löst keine Expansion aus, weil die als Expansionträger in Frage kommenden Investitionen nicht genug zinselastisch sind.

c) Simultane Lohn- und Preisänderungen lassen den Reallohn unberührt, so daß kein Ansporn für die Unternehmen gegeben ist, die Beschäftigung zu ändern. Wenn jedoch die Preissenkung am Gütermarkt die am Faktormarkt übertrifft, entsteht eine Tendenz zu Mehrnachfrage der Unternehmen nach Arbeitskräften. Allerdings kann nicht ausgeschlossen werden, daß die Lohnsumme (niedrigerer Durchschnittslohn multipliziert mit der höheren Beschäftigung) sinkt und mit ihr die Konsumnachfrage, so daß dem expansiven Lohnanreiz eine kontraktive Nachfragewirkung begegnet.

Die Stabilität eines Unterbeschäftigungsgleichgewichts wird von der neoklassischen Theorie durch Hinweis auf → Realvermögenseffekte (z. B. PIGOU-Effekt) nachdrücklich in Frage gestellt. F.G.

**unterentwickelte Länder**
→ Entwicklungsländer

**Unterkonsumtionstheorie**
konjunkturtheoretischer Erklärungsansatz, der die Ursache von Konjunkturschwankungen im Zurückbleiben des Verbrauchs hinter den Produktions- und Absatzmöglichkeiten sieht.

Ansätze dieser Theorie sind bereits bei den Vertretern der Überproduktionstheorie (Robert OWEN, Sismonde de SISMONDI, Thomas Robert MALTHUS) enthalten, die den Grund für die Unterkonsumtion in dem infolge des → technischen Fortschritts schneller als die Konsumnachfrage wachsenden → Produktionspotential sehen.

In der Version der Überspartheorie (John A. HOBSON, William T. FOSTER, Wadwill CATCHINGS) wird die Unterkonsumtion auf die zu hohe freiwillige → Ersparnis der Bezieher hoher Einkommen zurückgeführt. Auch bei den sozialistischen Theoretikern (Karl MARX, Karl RODBERTUS, Sismonde de SISMONDI) setzt die Erklärung bei der → Einkommensverteilung an und nimmt hier den Charakter von → Krisentheorien an. Da die Unternehmer der arbeitenden Klasse den → Mehrwert vorenthalten, gehe Kaufkraft verloren und rufe periodisch Absatzkrisen hervor.

Die monokausale Erklärung der Konjunkturschwankungen durch die Unterkonsumtionstheorie versuchte man in verfeinerten Ansätzen zu überwinden. So wurde insbes. durch Berücksichtigung der Investitionsschwankungen und die Aufnahme des → Akzelerationsprinzips der bislang mangelhaften Darstellung der Aufschwungphasen begegnet. Eine vollständige Erklärung des Konjunkturzyklus erfolgt bei Emil LEDERER und Erich PREISER, die bei der ungleichgewichtigen Entwicklung der Einkommensverteilung im Konjunkturverlauf ansetzen. Im Aufschwung stiegen die Gewinne stärker als die Löhne. Die mit der steigenden Gewinnquote wachsenden Selbstfinanzierungsmöglichkeiten der Unternehmer aus »heteronomem Sparen« und die relative Senkung der Lohnkosten führten zu Überakkumulation und Überproduktion gegenüber dem Konsum. Dadurch werde eine Rentabilitätskrise der Investitionen hervorgerufen, Gewinne würden nicht mehr investiert und mit dem Nachfrageausfall setze eine sich verschärfende → Depression ein. Eine Verschiebung der Kaufkraft aufgrund der steigenden →

Lohnquote im Konjunkturrückgang könne einen Wiederaufschwung noch nicht einleiten. Dieser setzt nach PREISER erst dann ein, wenn aufgrund von Kostensenkungen die Lohnquote wieder falle, Rationalisierungsinvestitionen durchgeführt würden und zusätzlich exogene Faktoren (z. B. Erschließungsinvestitionen) besondere Anreize für das anlagesuchende Kapital schafften. E.v.P.

**Unternehmen** → Betrieb

**Unternehmensgewinn** → Gewinn

**Unternehmenskonzentration**
Art der → Konzentration in bezug auf den Merkmalsträger → Unternehmen und dessen kennzeichnende Merkmale (z. B. Umsatz, Kapital, Beschäftigtenzahl) durch Zusammenfassung von betrieblichen Funktionen, von Betrieben oder Unternehmen zu rechtlich und/oder wirtschaftlich selbständigen Einheiten, wobei bisher bestehende Selbständigkeit und Eigenverantwortlichkeit aufgegeben wird. Der Grad der Unternehmenskonzentration ist unterschiedlich, je nachdem, ob es sich um die Zusammenfassung betrieblicher Teilfunktionen, einen Zusammenschluß von Unternehmen in Form eines → Kartells höherer Ordnung (insbes. → Syndikat), Verflechtung (Trust), Zusammenfassung (Konzern, Holdinggesellschaft) oder die Verschmelzung von Unternehmen handelt (Fusion). Letztere Formen vollziehen sich durch Erwerb von Eigentumsanteilen an Unternehmen gleicher Produktionsstufe (horizontale Unternehmenskonzentration), vor- oder nachgelagerter Produktionsstufen (vertikale Unternehmenskonzentration) oder unterschiedlicher Produktionsstufen verschiedener Branchen (diagonale oder konglomerate Unternehmenskonzentration). Bedeutung gewinnt die Unternehmenskonzentration durch Mischkonzerne (Konglomerate), und → multinationale Unternehmen, deren Bildung durch zunehmende Integration der Märkte begünstigt wird. Angesichts des Trends der Unternehmenskonzentration erwarten Bundesregierung und Bundes-

kartellamt, daß der Anteil der 100 größten deutschen Industriekonzerne am gesamten Industrieumsatz von nahezu 50% im Jahr 1969 bis Ende der 70er Jahre auf fast 60% ansteigen wird. Ursache dafür ist u. a. die zunehmende europäische → Integration, die einen erheblichen Konkurrenzdruck seitens ausländischer Unternehmen mit sich bringt. Die Unternehmenskonzentration wirkt sich nachhaltig auf den → technischen Fortschritt und die Lenkung der Produktivkräfte aus, so daß die Intensität des → Wettbewerbs sowie die → Einkommensverteilung beeinflußt werden. Wegen der Gefahr der → Wettbewerbsbeschränkung (→ Marktbeherrschung) ist sie Gegenstand von Analysen (z. B. Konzentrationsenquête 1964 des Bundesamtes für die gewerbliche Wirtschaft, Tätigkeitsberichte des → Bundeskartellamts). Zur Aufrechterhaltung des → funktionsfähigen Wettbewerbs kommen Maßnahmen der → Wettbewerbspolitik wie → Fusionskontrolle und → Mißbrauchsaufsicht in Betracht. Über diese Maßnahmen sowie über den Stand und die Entwicklung der Unternehmenskonzentration hat gemäß → Gesetz gegen Wettbewerbsbeschränkungen (§ 24b) die Monopolkommission regelmäßig Gutachten zu erstellen; das erste soll bis Mitte 1976 vorgelegt werden. R.R.

**Unternehmenssektor**
→ Wirtschaftssektoren

**Unternehmerlohn** → Gewinn

**unvollkommener Markt**
→ Marktformen

**Ursprungslandprinzip**
→ Bestimmungslandprinzip

**Usance-Geschäft**
Devisengeschäft Fremdwährung gegen Fremdwährung. Nehmen z. B. ein deutscher und ein französischer Devisenhändler einen Abschluß Hollandgulden gegen englische Pfunde vor, dann handelt es sich für beide Seiten um ein Usance-Geschäft. Der in Hollandgulden ausgedrückte Kurs für das englische Pfund ist für beide Händ-

ler ein → Ursancekurs. Bei einem holländischen oder englischen Partner tätigt nur der deutsche Devisenhändler ein Usance-Geschäft.

**Usancekurs**

(Kreuzkurs, cross rate) Devisenkurs zwischen zwei fremden Währungen, z.B. das Verhältnis von Hollandgulden und englischem Pfund auf dem Frankfurter Devisenmarkt:

$$\frac{hfl}{£} = \frac{\dfrac{DM}{£}}{\dfrac{DM}{hfl}}$$

**U-Schätze**

unverzinsliche → Schatzanweisungen (→ Diskontpapiere) mit einer Laufzeit zwischen 6 Monaten und 2 Jahren, bei denen es sich um Finanzierungspapiere öffentlicher Haushalte oder um → Mobilisierungs-bzw. → Liquiditätspapiere handeln kann.

Seit 1971 bietet die → Deutsche Bundesbank zwei Arten von U-Schätzen an: höher verzinsliche Papiere, die nicht vor Fälligkeit zurückgenommen werden und deshalb nicht zu den freien → Liquiditätsreserven der → Banken zählen (→ N-Papiere), und niedriger verzinsliche, die in die Regulierung des → Geldmarkts miteinbezogen sind. V.B.

# V

**Variable**
Größe, die verschiedene Werte eines bestimmten Bereichs der Zahlenskala annehmen kann. Tritt jeder mögliche Wert einer Variablen mit einer bestimmten Wahrscheinlichkeit auf, so spricht man von einer Zufallsvariablen.
Es gibt in der → Ökonometrie eine Reihe verschiedener Klassifizierungen der Variablen:
a) verzögerte und unverzögerte Variable (→ lag);
b) quantitative und qualitative Variable:
Eine quantitative Variable ist das, was unter dem Begriff Variable schlechthin verstanden wird. Sie vertritt ein heterogrades Merkmal. Eine qualitative Variable vertritt ein homograde Merkmal, ein Attribut. Sie kann nur zwei Werte annehmen (meist 0 und 1);
c) beobachtbare und nicht beobachtbare Variable:
Für beobachtbare Variablen müssen statistische Daten vorhanden sein. Nicht beobachtbare Variablen sind die Störvariablen in den Regressionsgleichungen (→ Regressionsanalyse);
d) erklärte (abhängige) Variable und erklärende (unabhängige) Variable einer Gleichung:
Bei der → Konsumfunktion $C = \alpha + \beta Y$ ist Y die erklärende, C die erklärte Variable;
e) endogene und exogene Variable:
Endogene Variablen werden durch das Modell erklärt. Ihre Werte hängen von den exogenen Variablen und der Störvariablen ab. Exogene Variablen werden außerhalb des Modells erklärt;

f) gemeinsam abhängige und prädeterminierte Variable:
Im Falle eines Mehrgleichungsmodells werden die unverzögerten endogenen Variablen vom ganzen Modell bestimmt, d.h. sie hängen gemeinsam (simultan) vom ganzen Modell ab. Zu den vorherbestimmten oder prädeterminierten Variablen zählen die verzögerten endogenen sowie die unverzögerten und verzögerten exogenen Variablen;
g) Störvariable (auch Schock, Störterm oder latente Variable): Sie kann nicht unmittelbar beobachtet werden. Man kann sie als gemeinsamen Effekt der vielen, nicht explizit in das Modell aufgenommenen Variablen auf die abhängigen Variablen ansehen. Sie bildet die Brücke von der deterministischen Wirtschaftstheorie zur → Ökonometrie.
h) Instrumentenvariable und Zielvariable (→ Quantitative Wirtschaftspolitik).

H.B.

**Variationsrechnung**
→ Kontrolltheorie

**VEBLEN-Effekt**
nach Thorstein VEBLEN (1899) benannter Effekt sozial abhängiger Nutzenschätzungen: Aufgrund eines Güterverbrauchs aus Geltungsdrang (conspicuous consumption) hängt der → Nutzen eines Gutes für ein Wirtschaftssubjekt von dem von Nicht-Käufern vermuteten → Preis für dieses Gut ab. Die nachgefragte Menge nimmt daher mit steigendem vermuteten Preis zu. Da faktischer und vermuteter Preis nur kurzfristig voneinander abweichen können, treten bei einem Rückgang des faktischen Preises zwei Effekte auf: eine Zunahme der nachgefragten Menge aufgrund der Preissenkung (Preiseffekt) und ein

Rückgang aufgrund der Senkung des vermuteten Preises (VEBLEN-Effekt). Die Nachfragefunktion für das betreffende Gut kann daher teilweise einen anomalen (steigenden) Verlauf aufweisen. H.M.W.

**vent for surplus-Theorie**
geht auf Adam SMITH zurück und wurde 1958 von Hla MYINT wieder aufgenommen und weitergeführt. Sie erklärt die Ursache des Außenhandels und den → Außenhandelsgewinn eines Landes aus der Existenz »überschüssiger« Ressourcen im Autarkiezustand, die nach Aufnahme des Handels voll ausgenützt werden und so ein »Ventil« im Außenhandel finden können. → Unterbeschäftigung im Autarkiezustand kann nach dieser Theorie bei einem oder mehreren Produktionsfaktoren bestehen. Als Gründe dafür werden die Disproportionalität der ursprünglichen Faktorausstattung bei fixen Produktionskoeffizienten, die mangelnde interne Mobilität der Faktoren und die unelastische interne Nachfrage nach Gütern angesehen. Die Theorie erklärt nach Auffassung ihrer Vertreter die Aufnahme und starke Expansion des Handels zwischen Industrieländern und den überseeischen Gebieten im 19. Jh. sowie auch die in unserem Jh. beobachtete Abnahme des Außenhandels einiger südostasiatischer Länder besser als das Theorem der → komparativen Kosten mit seinen rigiden und in → Entwicklungsländern meist nicht gegebenen Annahmen. R.O.

**Verbesserungsinvestitionen**
→ Investition

**Verbindlichkeiten** → Forderungen

**Verbotsprinzip**
Grundsatz der → Wettbewerbspolitik, der generell jede Form der → Wettbewerbsbeschränkung, insbes. → Kartelle, nicht nur als rechtlich unwirksam erklärt, sondern verbietet, wobei Zuwiderhandlungen als Ordnungswidrigkeit verfolgt oder sogar als strafwürdiger Tatbestand geahndet werden. Das Verbotsprinzip entspricht dem neoliberalen Leitbild, die Funktionen des

→ Wettbewerbs mittels einer Rahmenordnung ohne die Notwendigkeit nachträglicher, punktueller Eingriffe zu gewährleisten. Das Kartellverbot des → Gesetzes gegen Wettbewerbsbeschränkungen (§ 1) erklärt Verträge und Beschlüsse für unwirksam, soweit sie geeignet sind, die Erzeugung oder die Marktverhältnisse für den Verkehr mit Waren oder gewerblichen Leistungen durch Beschränkung des Wettbewerbs zu beeinflussen. Durch vielfältige Bereichsausnahmen (total: z.B. → Deutsche Bundesbank, Branntweinmonopol; partiell mit → Mißbrauchsaufsicht: Land- und Forstwirtschaft, Kreditwirtschaft) und durch Ausnahmetatbestände wie Kartelle, die nach bloßer Anmeldung wirksam werden, ist das Verbotsprinzip durchlöchert.
Andererseits wurde es in der Kartellnovelle so wirksam ausgestaltet, daß bei extensiver Auslegung, etwa durch das → Bundeskartellamt, die Wettbewerbspolitik dirigistischen Charakter erhalten kann.
R. R.

**Verbrauch** → Konsum

**Verbraucherpreisindex**
→ Preisindex für die Lebenshaltung

**Verbrauchsstruktur** → Konsum; → Preisindex für die Lebenshaltung

**Verbrauchsteuern**
Besteuerung der Einkommensverwendung. Steuersystematisch wäre eine Belastung des → Konsums wie der → Investition angebracht, aus wachstumspolitischen Gründen wird aber die Investition nicht erfaßt, lediglich der Konsum privater Haushalte.
Es können verschiedene Systeme der Verbrauchsbesteuerung unterschieden werden: Besteuerung des gesamten Konsums oder von Teilen, direkte oder indirekte Belastung der → Steuerdestinatare.
a) Eine direkte Besteuerung des gesamten Konsums erfolgt durch die »expenditure tax« (Nicholas KALDOR), Erhebung nach Verbrauchsdeklaration oder einer Verbindung von Einkommens- und Vermögensänderungsdeklaration. Die Befrei-

ung lebensnotwendiger Konsumgüter ist möglich (differenzierte Tarife je nach dem »Luxusgrad des Konsums«). Wirtschaftspolitisches Ziel ist die Investitionsförderung, deshalb besteht völlige Steuerfreiheit der → Vermögensbildung und scharfe Diskriminierung des Luxuskonsums (hoher Verwaltungsaufwand).

b) Die indirekte Besteuerung des Gesamtkonsums kann durch eine Einzelhandelsumsatzsteuer (Voraussetzung für exakte Durchführung: Einzelhandel verkauft nur an Konsumenten, nicht an Unternehmen) erreicht werden. Beispiel: »sales tax« der US-Bundesstaaten. Eine Tarifdifferenzierung kann nur sehr grob (wenn überhaupt) vorgenommen werden. Die völlige Überwälzung auf die Konsumenten muß sicher sein, wenn die Steuer ihren Zweck erfüllen soll (→ Steuerüberwälzung).

c) Direkte Steuern, die den Konsum oder das Halten einzelner Güter belasten, sollen meist die besondere Leistungsfähigkeit, die sich im Kauf dieser Güter (Luxus) offenbare, erfassen. Reste sind heute die Jagd- und Hundesteuer (Luxus?); die Kfz-Steuer ist eher allokationspolitisch sinnvoll.

d) Meist geschieht die Konsumbesteuerung durch die indirekte Besteuerung einzelner Konsumgüter. Steuerschuldner ist der Hersteller, → Steuerdestinatar der Konsument. Besonders ausgebaut ist die Besteuerung von Massengenußmitteln (Tabak, Bier, Kaffee), Transportleistungen (Mineralölsteuer), einzelnen Lebensmitteln (Zucker, Salz, Essig) und verschiedenen mehr oder weniger skurrillen Objekten (Spielkarten-, Leuchtmittel-, Zündholz-, Speiseeis- und ähnliche Bagatellsteuern). Die Begründung dieser Steuern ist meist fiskalischer Natur. Lediglich die Mineralölsteuer verfolgt einen allokativen Zweck: Sie ist Preis für die Nutzung von Straßen, um ein bestimmtes Verhältnis von privaten und öffentlichen Verkehrsmitteln zu erzielen. H.-W.K.

## Vereinte Nationen

(United Nations; UN) auf den Prinzipien der Universalität und der souveränen Gleichheit aller Mitgliedsstaaten beruhende internationale Organisation mit Sitz in New York.

Gründung: Nach mehreren vorbereitenden Konferenzen der Alliierten seit 1942 (insbes. Moskau 1943, Dumbarton Oaks 1944, Jalta 1945) wurde die endgültige Fassung der Charta der Vereinten Nationen auf der Konferenz von San Franciso (25. 4.–26. 6. 1945) von den Vertretern von 50 Staaten ausgearbeitet und am 26. 6. 1945 unterzeichnet. Als Gründungstag der UN gilt jedoch der 24. 10. 1945, als die UN-Charta von den USA, der UdSSR und der Mehrheit der Unterzeichnerstaaten ratifiziert worden war.

Ziele und Aufgaben (Art. 1): Die UN sollen als Zentrum dienen, um die Maßnahmen der Staaten zur Erreichung der folgenden gemeinsamen Ziele in Einklang zu bringen.

a) Aufrechterhaltung des Weltfriedens und der internationalen Sicherheit;

b) Entwicklung freundschaftlicher zwischenstaatlicher Beziehungen auf der Grundlage der Gleichberechtigung und des Selbstbestimmungsrechts der Völker;

c) internationale Zusammenarbeit bei der Lösung wirtschaftlicher, sozialer, kultureller und humanitärer Probleme sowie bei der Förderung der Menschenrechte und Grundfreiheiten ohne Unterschied von Rasse, Geschlecht, Sprache oder Religion.

Mitgliedschaft: Sie steht allen friedliebenden Staaten offen, sofern sie die in der Charta enthaltenen Verpflichtungen zu erfüllen bereit sind (Ende 1974: 140 Mitgliedsstaaten).

Struktur: Die UN gliedern sich in 6 Hauptorgane.

a) In der Vollversammlung sind alle Mitgliedsstaaten mit gleichem Stimmrecht vertreten; sie tagt i. d. R. im September jedes Jahres und ist befugt, alle Fragen und Angelegenheiten im Rahmen der Charta und bezügl. der Funktionen der anderen UN-Organe zu behandeln sowie den Mitgliedsstaaten Empfehlungen zu geben. Die praktische Arbeit vollzieht sich v. a. in den 7 Hauptausschüssen (und zahlreichen Sonderausschüssen). Organisatorisch unabhängige ständige Organe der Vollversammlung sind u.a.: Hochkommissar für Flüchtlinge, → Welthandelskonferenz (UNCTAD), → Organisation für industrielle Entwicklung (UNIDO), → Entwicklungsprogramm der UN (UNDP).

b) Im Sicherheitsrat sind 15 Mitgliedsstaaten vertreten (darunter als ständige Mitglieder mit Vetorecht: Volksrepublik China, Frankreich, Großbritannien, UdSSR, USA); die übrigen 10 Mitglieder werden von der Vollversammlung auf die Dauer von zwei Jahren gewählt. Der Sicherheitsrat hat u.a. die Funktion, Verfahren zur friedlichen Lösung von internationalen Streitfällen zu empfehlen, bei Friedensstörungen Präventiv- oder Zwangsmaßnahmen einzuleiten, regionale Abkommen zu fördern und strategische Treuhandgebiete zu verwalten.

c) Der → Wirtschafts- und Sozialrat (54 Mitglieder) ist Forum für die internationale Zusammenarbeit auf wirtschaftlichen, sozialen und verwandten Gebieten sowie Dachorgan der meisten UN-Sonderorganisationen (z.B. → Ernährungs- und Landwirtschaftsorganisation der UN, → Internationale Arbeitsorganisation, → Internationaler Währungsfonds, → Weltbankgruppe, Weltgesundheitsorganisation).

d) Der Treuhandschaftsrat (6 Mitglieder) ist das Aufsichtsorgan für die der UN unterstellten Treuhandgebiete.

e) Das Sekretariat mit dem Generalsekretär an der Spitze (von der Vollversammlung auf Vorschlag des Sicherheitsrats auf 5 Jahre gewählt) erfüllt im wesentlichen Vermittlungs-, Verwaltungs- und Dokumentationsaufgaben.

f) Der Internationale Gerichtshof (Sitz: Den Haag; 15 von Vollversammlung und Sicherheitsrat für 9 Jahre gewählte Richter) fällt Entscheidungen in völkerrechtlichen Streitigkeiten zwischen den Staaten oder erstellt Gutachten.

Budget: Der UN-Haushalt betrug 1973 ca. 226 Mio. US-Dollar. Er wird durch Beiträge der Mitgliedsstaaten finanziert, die periodisch in Anlehung an Größen wie Sozialprodukt, Bevölkerungszahl und Pro-Kopf-Einkommen neu festgelegt werden

(Beitrag der BRD zum Budget: ca. 7%). D.S.

## Verelendungstheorie

Bestandteil der marxistischen Analyse der Gesellschaftsformation des → Kapitalismus. Danach verstärkt sich zugleich mit der wachsenden Akkumulation und Konzentration des Kapitals der Druck der → Ausbeutung.

Es wird unterschieden zwischen relativer und absoluter Verelendung des Proletariats. Die relative Verelendung wird abgelesen an einer sinkenden → Lohnquote (der Anteil des Arbeitslohns am Nationaleinkommen sinkt, während der Anteil des → Mehrwerts wächst).

Die absolute Verelendung bezieht sich dagegen auf eine Verschlechterung des → Lebensstandards, der nicht nur durch die Lohnhöhe definiert ist, sondern darüber hinaus auch durch wachsende Arbeitszeit und -beanspruchung sowie Beschäftigungsrisiko. Beobachtete Verbesserungen des so gefaßten Lebensstandards in einzelnen Ländern werden in Beziehung gesetzt zur generellen Entwicklung in der kapitalistischen Weltwirtschaft einschl. der Lage in den → Entwicklungsländern.

Karl MARX selbst verstand Verelendung eher als wachsende geistige Degradierung der Arbeiter. Aber auch bei MARX spielen die Gewerkschaften als lohnstabilisierendes Element keine Rolle. H.V.

### verfügbares Einkommen

in die → Volkswirtschaftliche Gesamtrechnung eingebettete Einkommensgröße, welche den nach Maßgabe der laufenden Produktion und der laufenden → Übertragungen bestimmten maximalen Verbrauch einer Volkswirtschaft (bei unverändertem Vermögensbestand) wiedergibt.

Das verfügbare Einkommen kann dem → Einkommenskreislauf unter den Gesichtspunkten der Entstehung (aus dem Volkseinkommen mit Rücksicht auf Umverteilung, indirekte Steuern und Subventionen), der Verteilung (auf die verschiedenen Sektoren) und der Verwendung (für letzten Verbrauch und Ersparnisbildung) entnommen werden.

Für Zwecke der Kreislaufanalyse werden Teilgrößen gebildet:
a) Das verfügbare private Einkommen ist das Einkommen der Unternehmen und Haushalte nach der Umverteilung. Es ergibt sich durch Abspaltung des verfügbaren Einkommens des Staates von der Gesamtgröße.
b) Das verfügbare persönliche Einkommen ist das Einkommen der privaten Haushalte nach der Umverteilung. Es ergibt sich durch Abspaltung der unverteilten Gewinne der Unternehmen mit eigener Rechtspersönlichkeit und der nichtentnommenen Gewinne der Einzelunternehmen u. ä. vom verfügbaren privaten Einkommen.
c) Das Masseneinkommen ist das verfügbare Einkommen aus unselbständiger Arbeit (Nettolöhne und -gehälter), Beamtenpensionen, Renten und Unterstützungen. Es ergibt sich im wesentlichen durch Abspaltung der verfügbaren Einkommen der Haushalte aus selbständiger Erwerbstätigkeit (entnommene Gewinne) und Vermögen vom verfügbaren persönlichen Einkommen. F.G.

**Vergeltungszoll** → Retorsionszoll

**Vergesellschaftung**
Überführung von privatem → Eigentum (insbes. an Grund und → Boden, natürlichen → Ressourcen, sachlichem → Produktivvermögen) in Formen des Gemeineigentums.
Nach marxistischer Auffassung ist Vergesellschaftung ein historisch notwendiger Schritt beim revolutionären Übergang von der Gesellschaftsformation des → Kapitalismus zum → Sozialismus: Erst die Überführung der Produktionsmittel in Gemeineigentum beseitigt den Widerspruch zwischen dem gesellschaftlichen Charakter der Produktion und der individuellen Aneignungsweise der Produkte. »Mit der Besitzergreifung der Produktionsmittel durch die Gesellschaft ist die Warenproduktion beseitigt und damit die Herrschaft des Produkts über die Produzenten. Die Anarchie innerhalb der Gesellschaft wird ersetzt durch planmässige bewußte Organisation« (Friedrich ENGELS).
Sowohl die Gleichsetzung von Vergesellschaftung mit → Verstaatlichung nach sowjetischem Vorbild wie auch andererseits mit »freier Assoziation der Produzenten« und genossenschaftlichem Nießbrauch der Arbeitskollektive (Jugoslawien) können sich auf Karl MARX und Friedrich ENGELS berufen. Dieser Gegensatz wird besonders deutlich in der Beurteilung der weiteren Rolle des Staates nach dem für die sozialistische Revolution ausschlaggebenden ersten Schritt der Verstaatlichung: »Besitzergreifung der Produktionsmittel im Namen der Gesellschaft« (ENGELS). H.V.

**Vergleichsmarktkonzept**
→ Mißbrauchsaufsicht

**Verhandlungstheorien des Lohns**
→ Gewerkschaften

**Verifizierung** → Hypothesen

**Verkäufermarkt**
(= seller's market) liegt vor, wenn zum herrschenden Preis p die nachgefragte Menge $x_n$ größer ist als die angebotene Menge $x_a$ (Abb. 1) oder wenn für eine vorgegebene Menge x der Nachfragepreis $p_n$ über dem Angebotspreis $p_a$ liegt (Abb. 2). Im ersten Fall ergibt sich ein Nachfrage-

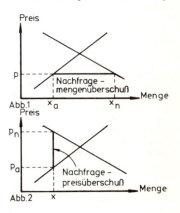

Abb. 1

Abb. 2

mengenüberschuß, im zweiten Fall ein Nachfragepreisüberschuß. Auf einem Verkäufermarkt haben somit die Angebotsmengen bzw. Preise steigende Tendenz. R.W.

## Verkehrsgleichung

auf Irving FISHER zurückgehende immer erfüllte ex-post-Gleichung, welche in der neoklassischen Theorie realen und monetären Sektor verknüpft:

$$P \cdot H = V \cdot M,$$

wobei H das Handelsvolumen einer Periode, P das ihm zugeordnete Preisniveau, V die → Umlaufgeschwindigkeit des Geldes und M die → Geldmenge bezeichnet. Anstelle des Handelsvolumens kann z.B. auch das Bruttosozialprodukt gewählt werden; dann ist für P der → Preisindex des Bruttosozialproduktes zu wählen; bei gleicher Geldmenge wird dann allerdings V (als Einkommenskreislaufgeschwindigkeit des Geldes) einen anderen Wert annehmen.

Als ex-post-Gleichung unterscheidet sich die Verkehrsgleichung von der aus ihr (unter restriktiven Annahmen für Handelsvolumen und Umlaufgeschwindigkeit) deduzierten → Quantitätstheorie. H.-J.H.

## Verkehrsteuern

→ Steuerobjekte sind bestimmte Transaktionen im Geschäftsverkehr. Die Verkehrsteuern sind meist aus früheren Abgaben entstanden und bestehen heute aus der Gesellschaftssteuer (Besteuerung der Eigenkapitalbeschaffung von Kapitalgesellschaften), Börsenumsatz-, Wechsel-, Versicherungs-, Rennwett- und Lotteriesowie Grunderwerbsteuer. Die Legitimation dieser Steuern ist nur sehr dürftig, weil sie ökonomische Transaktionen verteuern und damit auf eine kaum begründbare Art das Funktionieren der → Kapitalmärkte behindern. Ihre Überprüfung sollte Aufgabe einer Steuerreform sein, zumal das finanzielle Aufkommen nur gering ist.
H.-W. K.

## Verkehrswirtschaft

→ Wirtschaftsordnung

## Vermögen

1. Bruttovermögen: Gesamtwert der Aktiva einer Wirtschaftseinheit an einem bestimmten Zeitpunkt.

2. Nettovermögen (= Reinvermögen): Gesamtwert der Aktiva abzüglich der Verbindlichkeiten.

Der Kreis der den Aktiva und Verbindlichkeiten zuzurechnenden Gegenstände ist bei volkswirtschaftlichen → Vermögensrechnungen nur in groben Umrissen bestimmt. Die genaue Abgrenzung ergibt sich aus dem jeweiligen Erkenntnisinteresse (z.B. Bestimmung des Produktionspotentials, der → Vermögensverteilung) und aus Zwängen der Quantifizierbarkeit (konzeptionelle und statistische Erfassungsprobleme z.B. des → Arbeitsvermögens).

Die zu berücksichtigenden Kategorien variieren auch nach der Bezugsebene. In der Vermögensrechnung einer geschlossenen Volkswirtschaft (oder Weltbilanz) treten Forderungen und Verbindlichkeiten nicht in Erscheinung, sofern das Nettokonzept zugrunde liegt, denn die → Nettoposition ist in diesem Fall definitionsgemäß Null.

Auf einzelwirtschaftlicher Ebene sind Rentenansprüche aus der Sozialversicherung als Vermögensgegenstände zu betrachten, trotz Einschränkungen in der Veräußerbarkeit, Übertragbarkeit, Vererbbarkeit, Beleihbarkeit usw. Im → Volksvermögen haben sie gleichwohl keinen Platz; zum einen müßten sie durch Konsolidierung mit entsprechenden fiktiven Verbindlichkeiten der Versichertengemeinschaft bzw. der gesamten Gesellschaft verschwinden; zum anderen sind sie als Element der Sozialordnung zwar für die gesellschaftliche Wohlfahrt bedeutsam, doch haben sie ebensowenig Vermögenscharakter wie die Rechtsordnung, die auf ihre Weise Beiträge zur Sicherheit der Bürger leistet.

In isolierten sektoralen Vermögensrechnungen ist es sinnvoll, beim Unternehmenssektor ein → Reinvermögen auszuweisen. Bei volkswirtschaftlichen Vermögensrechnungen mit sektoraler Differenzierung wird stattdessen (unbeschadet aller

Eigenheiten in bezug auf Liquidität und Risiko) für Unternehmen mit und ohne eigene Rechtspersönlichkeit eine Verbindlichkeit an die Haushalte konstruiert, um deren ökonomischen Ansprüchen Rechnung zu tragen. An ein analoges Verfahren könnte man auch beim öffentlichen Vermögen denken.   F.G.

**Vermögenbesteuerung**
→ Steuerobjekt, -bemessungsgrundlage und -quelle von Vermögensteuern ist das → Vermögen, das alle der Verfügungsmacht eines Wirtschaftssubjekts unterliegenden Güter umfaßt. Neben fiskalischen und ordnungspolitischen Argumenten spricht die im Vermögen liegende besondere Leistungsfähigkeit für seine Besteuerung, denn auch bei gleich hohen Gewinn- und Lohneinkommen verleiht das Vermögen seinen Besitzern eine eigene besondere Dispositionsfreiheit.
Vermögensteuern können das Vermögen einer Volkswirtschaft allgemein oder partiell erfassen und periodisch oder aperiodisch erhoben werden.
Allgemeine, periodische Vermögensteuern sind auf Dauer nicht möglich, weil sie nach einiger Zeit sämtliches Vermögen in öffentliches Eigentum übergehen lassen und dieses dann als Steuerobjekt ausfällt.
Aperiodische allgemeine Vermögensteuern (temporär oder einmalig) wie das Reichsnotopfer 1919 werden meist bei außergewöhnlichem Finanzbedarf des Staates oder als Mittel der Vermögensredistribution zwischen privatem und öffentlichem Sektor oder innerhalb des privaten Sektors eingesetzt.
Eine aperiodisch-partielle Besteuerung des Vermögens stellt die Erbschaft- und Schenkungsteuer dar. Sie erfaßt jährlich nur einen Teil des gesamten Vermögens einer Volkswirtschaft, und der Zensit unterliegt aperiodisch der Steuerpflicht (bei Vermögenstransfer im Todesfall oder Schenkung unter Lebenden). Sie ist die gebräuchlichste Form der Vermögensbesteuerung.
Die Erbschaftsteuer kann nach zwei Prinzipien konstruiert werden: Die Nachlaß-

steuer erfaßt das gesamte Vermögen des Erblassers, die Erbanfallsteuer den Vermögenszugang beim einzelnen Erben. Die deutsche Erbschaftsteuer ist eine Erbanfallsteuer; ihr Tarif berücksichtigt den Verwandtschaftsgrad (z. Z. noch fünf Klassen) und die Höhe der Erbschaft durch progressiven Verlauf (2–15 % für Klasse 1, 14–60 % für Klasse 5); auch die Freibeträge differieren nach dem Verwandtschaftsgrad. Im Rahmen der Steuerreform sind eine Verminderung der Klassen, Erhöhung der Tarife, Aktualisierung der Bewertung und genauere Erfassung der Familienstiftungen, die als Mittel der Steuerausweichung konstruiert werden können, geplant.
Die deutsche Vermögensteuer ist keine echte Substanzsteuer; formaler Anknüpfungspunkt ist zwar das Vermögen, aufgrund ihres niedrigen Tarifs (1 %, mit Abzugsfähigkeit bei der Einkommensteuer) kann sie als eine mäßige Sonderbelastung der Kapitaleinkommen angesehen werden.
Die Lastenausgleichsabgabe ist von Steuerobjekt und -bemessungsgrundlage her eine allgemeine Vermögensteuer aperiodischen Charakters; durch die langen Zahlungsfristen kann aber der Gewinn als Steuerquelle dienen (→ Lastenausgleich).   H.-W.K.

**Vermögensabgabe**
→ Lastenausgleich

**Vermögensbildung**
auf eine bestimmte Periode bezogene (positive/negative) Änderung des → Volksvermögens bzw. des → Vermögens einzelner → Wirtschaftssektoren oder -einheiten.
Wegen der Definitions-, Erfassungs- und Bewertungsprobleme beschränkt man sich bei der Analyse der volkswirtschaftlichen Vermögensbildung meist auf diejenigen Vermögensgegenstände, deren Änderung im Rahmen der → Volkswirtschaftlichen Gesamtrechnung und → Finanzierungsrechnung registriert wird.
Vermögensbildung vollzieht sich in diesem Konzept durch Sparen aus dem → verfüg-

Vermögensbildung in der BRD
1973 in Mio. DM

| | Unter-nehmen | Staat | Private Haushalte | Alle Sektoren |
|---|---|---|---|---|
| Ersparnis | 8 690 | 55 340 | 78 170 | 142 200 |
| Saldo der Vermögensüber-tragungen | 25 570 | −15 790 | −10 480 | − 700 |
| (Rein-) Vermögensbildung | 34 260 | 39 550 | 67 690 | 141 500 |
| Nettoinvestitionen | 106 780 | 26 130 | − | 132 910 |
| Finanzierungs-saldo | −72 520 | 13 420 | 67 690 | 8 590 |

baren Einkommen (oder Entsparen), unterstützt oder geschmälert durch empfangene oder geleistete Vermögensübertragungen. Das Ergebnis ist die Reinvermögensbildung. Diese konkretisiert sich in der Bildung von investiertem → Produktivvermögen (Nettoinvestitionen) und in der Bildung von → Geldvermögen (Tab.).

Bei Untersuchungen der individuellen oder schichtenspezifischen Vermögensbildung ist es zweckmäßig, vom engen Vermögensbegriff der volkswirtschaftlichen Rechenwerke abzuweichen. Beim Haushaltssektor muß insbes. das umfangreiche → Gebrauchsvermögen mit berücksichtigt werden, beim Staat die militärischen Bauten und Ausrüstungen.

Darüber hinaus sind Umschichtungen des vorhandenen Zahlenmaterials erforderlich, wenn die Vermögenslage der einzelnen Bereiche richtig zum Ausdruck kommen soll. Der dem Unternehmenssektor zugerechnete Bau von Eigenheimen muß z. B. wieder den privaten Haushalten gutgeschrieben werden.

Ansätze zu unter Vermögensgesichtspunkten besser nutzbaren Erhebungen enthalten die Einkommens- und Verbrauchsstichproben des Statistischen Bundesamtes. Hilfsweise können auch die Vermögensteuer- und Einheitswertstatistik des Statistischen Bundesamtes sowie die Kreditmarktstatistiken der Deutschen Bundesbank herangezogen werden.

Wegen der Bedeutung, die dem → Eigentum im System der → Marktwirtschaft zugewiesen ist, wegen der unbefriedigenden → Vermögensverteilung und der auf ihr fußenden ungleichmäßigen → Einkommensverteilung und nicht zuletzt wegen der nahezu unüberwindlichen Schwierigkeiten einer Umverteilung des Vermögensbestandes im Rahmen der verfassungsmäßigen Ordnung der BRD hat sich der Staat v. a. die (sozial differenzierte) Förderung der Vermögensbildung durch Hebung der Sparfähigkeit und Sparwilligkeit zur Aufgabe gemacht (→ Sparförderung; → Vermögenspolitik).

Die Vermögensbildung, insbes. Sachvermögensbildung ist jedoch auch Garant und Träger des wirtschaftlichen → Wachstums. Sie hat deshalb über die sozialpolitischen Belange hinaus allgemeine Bedeutung.

F. G.

**Vermögensbildungsgesetz**
(Drittes Gesetz zur Förderung der Vermögensbildung der Arbeitnehmer vom 27. 6. 1970; auch 624-DM-Gesetz genannt) bezweckt wie seine Vorgänger von 1961 und 1965 die Förderung der → Ver-

mögensbildung der Arbeitnehmer durch vereinbarte vermögenswirksame Leistungen der Arbeitgeber.

Vermögenswirksame Leistungen im Sinne dieses Gesetzes sind u. a. Aufwendungen, die nach den Vorschriften des Sparprämiengesetzes oder des Wohnungsbauprämiengesetzes angelegt werden, ferner Aufwendungen, die zum Bau und Erwerb eines Eigenheims oder einer Eigentumswohnung gemacht werden, sowie Beiträge zu Kapitalversicherungen. Die vermögenswirksamen Leistungen können in Verträgen mit Arbeitnehmern, in Betriebsvereinbarungen oder in → Tarifverträgen geregelt werden. Die Arbeitnehmer erhalten eine Arbeitnehmersparzulage, wenn der zu versteuernde Einkommensbetrag 24000 DM oder bei einer Zusammenveranlagung von Ehegatten 48000 DM im Jahr nicht übersteigt.

Sie beträgt 30% der vermögenswirksamen Leistungen, sofern sie nicht mehr als 624 DM betragen. Für drei und mehr Kinder des Arbeitnehmers erhöht sich die Sparzulage auf 40%. Bis 1972 wurden rund 14,5 Mio. Arbeitnehmer erfaßt, bis Ende 1973 dürfte die Zahl der durch investive Lohnabschlüsse Begünstigten auf etwa 16 Mio. (rund 70%) gestiegen sein. Die Unternehmen bringen etwa 5 Mrd. DM auf.  E. F.

**Vermögenseinkommen**
Einkommen, die dem Eigentümer (im wirtschaftlichen Sinn) von finanziellen, materiellen und immateriellen Vermögenswerten aus deren Eigen- und Fremdnutzung zufließen (Besitzeinkommen).

Im Sinne der → Volkswirtschaftlichen Gesamtrechnung: Tatsächliche und unterstellte Einkommensströme, die von Dritten als Entgelt für die Nutzung finanzieller Vermögensteile, des Grund und Bodens (einschl. landwirtschaftlicher Gebäude) und immaterieller Rechte dem Eigentümer zufließen (Zinsen, Ausschüttungen der Unternehmen mit eigener Rechtspersönlichkeit, Nettopachten, Einkommen aus immateriellen Werten). Nicht enthalten sind die Vermögenskomponenten der Einkommen aus Unternehmen ohne eigene Rechtspersönlichkeit, der nicht ausge-

schütteten Gewinne von Unternehmen mit eigener Rechtspersönlichkeit sowie der Mieteinkommen für Wohnungen und nichtlandwirtschaftliche Gebäude.

F. G.

**Vermögenspolitik**
Gesamtheit der Maßnahmen zur Beeinflussung der → Vermögensbildung und → Vermögensverteilung.

a) Da Reinvermögensbildung und Sparen (einschl. Vermögensübertragungen) im volkswirtschaftlichen Verständnis identisch sind, ist Vermögenspolitik im Sinne einer Beeinflussung der Vermögensbildung mit → Sparförderung gleichzusetzen. Sie wird durchgeführt mit Hilfe von Steuervergünstigungen (§ 10 EStG), Sparprämien (Wohnungssparprämiengesetz 1952, Sparprämiengesetz 1959) sowie steuer- und sozialversicherungsrechtlichen Begünstigungen vermögenswirksamer Leistungen der Arbeitgeber an die Arbeitnehmer (→ Vermögensbildungsgesetze 1961/1965/1970).

Die Beurteilung des Erfolgs der für den Fiskus außerordentlich aufwendigen Maßnahmen ist schwierig, da man die Bestimmungsgründe des Sparverhaltens nur unvollkommen überblickt und die Sparförderungspolitik bisher zu unausgereift und sprunghaft war, als daß man sie als Langzeittest verstehen könnte. Es ist aber nicht ausgeschlossen, daß mit Hilfe direkter Vermögensübertragungen des Staates mit geringeren Kosten die nämliche Wirkung zu erzielen gewesen wäre.

b) Vermögensverteilungspolitik kann beim Vermögensbestand und beim Vermögenszuwachs ansetzen. Ziel kann eine Änderung der Vermögensverteilung zwischen den → Wirtschaftssektoren oder den sozialen Gruppen sein oder generell eine Umschichtung der Größenverhältnisse des Vermögensbesitzes.

Die Eigentums- und Erbrechtsgarantie (Art. 14, 15 GG) geben der Umverteilung des bestehenden Vermögens keine großen Chancen. Es blieb bei unbedeutenden Ansätzen im Gesetzgebungswerk zum → Lastenausgleich, in der Erbschaftsbesteuerung und bei der Privatisierung von

Unternehmen in Staatsbesitz (Preussag 1958, VW 1960, VEBA 1965).

Die Hoffnungen ruhen deshalb auf einem verteilungspolitisch gesteuerten Vermögenszuwachs. Die Instrumente sind → Investivlöhne und → Ertragsbeteiligung der Arbeitnehmer. Es soll auf diese Weise ein Sparen ohne Beeinträchtigung des Konsumniveaus ermöglicht werden.

Die entwickelten Modelle und realisierten Konzepte sind mit der Hypothek ungeklärter Inzidenzprobleme (Überwälzungsgefahr gefördert durch Marktmacht und Nachfragedruck), schwer zu lösender institutioneller Vorbedingungen (Substitution von Innen- durch Außenfinanzierung) und nicht abschätzbarer ordnungspolitischer Sprengwirkung (sinkende private Investitionsneigung) belastet. Überdies ist der Dauererfolg keineswegs gesichert, wenn den Begünstigten die Motivation zur Vermögensbildung fehlt und diese durch zeitweiliges Zwangssparens auch nicht entwickelt wird, ferner der Widerstand der Unternehmer wie auch der → Gewerkschaften die Vermögenspolitik desavouiert. Für die Vermögenspolitik sprechen allerdings ethische Forderungen von erheblichem Gewicht und nicht zuletzt auch gesellschaftspolitische und ökonomische Gesichtspunkte. Der Einzelne kann sich vom Vermögensbesitz in der marktwirtschaftlichen Ordnung mehr individuelle Freiheit erwarten, da er Anteil an der Lenkung des Produktionprozesses gewinnt (ein Ziel, das auf anderem Wege auch durch die → Mitbestimmung angestrebt wird) und einen zusätzlichen Schutz gegen die Notfälle des Lebens erwirbt. Der gesellschaftspolitische Nutzen liegt in der Eindämmung von wirtschaftlicher und politischer Macht und im Abbau sozialer Spannungen sowie in der Stärkung der Eigenverantwortlichkeit der Bürger. Die ökonomischen Vorzüge liegen in einer Erhöhung der wirtschaftlichen Effizienz, wenn bei kleineren Vermögenseinheiten der Ansporn zu bestmöglicher Nutzung noch nicht Schaden genommen hat. Außerdem schlägt sich gleichmäßigere → Vermögensverteilung in einer entsprechenden → Einkommensverteilung nieder. E.F.

## Vermögensrechnung

nach bestimmten formalen und materiellen Grundsätzen vorgenommene Aufstellung der bewerteten Bestände an Vermögensobjekten und Verbindlichkeiten zum Rechnungsstichtag. Zweck ist v. a. die Ermittlung des → Reinvermögens der betreffenden Wirtschaftseinheit. Die Erfassung erfolgt durch Bestandsaufnahme (Inventur) oder → Bestandsfortschreibung (permanente Inventur).

a) Betriebswirtschaftliche Vermögensrechnungen (= Bilanzen) werden von Unternehmen im Rahmen der Vorschriften des Handels- und Steuerrechts nach folgendem Grundschema erstellt:

| Aktiva | Passiva |
|---|---|
| Anlagevermögen | Verbindlichkeiten (= Fremdkapital) |
| Umlaufvermögen | Saldo: Reinvermögen (= Eigenkapital) |

Die Summe aus → Anlage- und → Umlaufvermögen wird als (Roh-)Vermögen bezeichnet.

b) Volkswirtschaftliche Vermögensrechnungen werden für einzelne Sektoren oder die Gesamtwirtschaft nach folgendem Grundschema erstellt:

| Aktiva | Passiva |
|---|---|
| Sachvermögen | Verbindlichkeiten |
| Forderungen | Saldo: Reinvermögen |

Die Summe aus → Sachvermögen und → Forderungen heißt Bruttovermögen. Saldiert man Forderungen und Verbindlichkeiten zur → Nettoposition, so verkürzt sich das Schema auf:

| Aktiva | Passiva |
|---|---|
| Sachvermögen Nettoposition (+) | Reinvermögen |

Die wichtigsten Aufgaben der volkswirtschaftlichen Vermögensrechnung sind:

*1.* Ermittlung des → Volksvermögens und seiner Komponenten, v. a. des nicht reproduzierbaren Sachvermögens (Boden, Bodenschätze), des volkswirtschaftlichen → Anlagevermögens (zur Bestimmung des Produktionspotentials), des → Gebrauchsvermögens (zur Wohlstandsmessung oder um die künftige Nachfrage nach dauerhaften → Konsumgütern zu schätzen) und der → Nettoauslandsposition. *2.* Untersuchung der personellen, sektoralen und regionalen (bzw. internationalen) → Vermögensverteilung.

Eine Totalerhebung aller volkswirtschaftlich relevanten Vermögensbestände und deren Verteilung ist in der BRD bisher noch nicht vorgenommen worden. Befriedigende Daten liegen im wesentlichen nur für die Vermögenskategorien vor, deren laufende Bestandsveränderungen in der → Volkswirtschaftlichen Gesamtrechnung erfaßt werden (→ Anlage- und → Vorratsvermögen, → Nettoposition) oder die Gegenstand der Vermögensteuerstatistik sind. D.S.

**Vermögensübertragungen**
→ Übertragungen

**Vermögensverteilung**
a) Kategoriale Vermögensverteilung: Aufgliederung einer Vermögensgesamtheit nach objektbezogenen Teilmengen. Bildet man Kategorien im Sinne der volkswirtschaftlichen → Vermögensrechnung (Sachvermögen, Geldvermögen, Reinvermögen), wird eine derartigen Aufteilung mit zunehmendem Aggregationsgrad weniger sinnvoll; auf höchster Aggregationsebene gilt nämlich: Sachvermögen = Reinvermögen.

b) Sektorale und personelle Vermögensverteilung: Aufgliederung bestimmter Vermögensgesamtheiten auf → Wirtschaftssektoren, Gruppen oder Wirtschaftseinheiten.

Auf Grund der dem → Vermögen immanenten Definitions-, Erfassungs- und Bewertungsschwierigkeiten und (eng damit verbunden) wegen des desolaten statistischen Materials liegt die soziale Vermögensverteilung noch weitgehend im Dunkeln.

Die vermögenspolitische Diskussion ist seit Mitte der 60er Jahre von den Ergebnissen einer durch Wilhelm KRELLE, J. SCHUNCK und Jürgen SIEBKE vorgelegten Studie (KRELLE-Gutachten) beherrscht, deren Zahlen sich auf 1960 (Fortschreibung auf 1966) beziehen (Tab.).

Es zeigt sich je nach Vermögenskategorie ein sehr unterschiedlicher Konzentrationsgrad. Das Gesamtbild ist wenig befriedigend, zumal wenn die Verteilung bei Unterkategorien nach deren vermögenspolitischer und gesellschaftspolitischer Relevanz gewichtet wird.

Beim KRELLE-Gutachten fand darum v. a. die Relation weite Beachtung, daß 1,7% der (reichsten) privaten Haushalte 74% des Produktivvermögens besitzen. Die Feststellung löste heftige Diskussionen aus. Abgesehen von Einwänden statistischer Natur (Grundlage der Untersuchung

---

Prozentanteile der obersten Vermögensgruppe (gleich 1,7 % der privaten Haushalte) an den verschiedenen Vermögensarten

| Vermögensarten / Jahresanfang | Landwirtschaftliches Vermögen | Grundvermögen | Geldvermögen | Eigentum an gewerblichen Unternehmen | Gesamtvermögen |
|---|---|---|---|---|---|
| 1960 | 11 | 16 | 20 | 70 | 35 |
| 1966 | 9 | 14 | 20 | 74 | 31 |

bildete die Vermögensteuerstatistik, die nur 2% der Haushalte erfaßt, so daß Hochrechnungen erforderlich waren) wurde vorgebracht, daß die Formel einer Fehlinterpretation Vorschub leistet, weil das »Produktivvermögen« nicht im gebräuchlichen Sinne zu verstehen ist, sondern als Reinvermögen der im Besitz von privaten Haushalten befindlichen gewerblichen Unternehmen. Damit wird aber das gewerbliche Sachvermögen nicht zur Gänze als Grundlage privater Vermögenswerte berücksichtigt: Wie aus der negativen → Nettoposition der Unternehmen abzulesen ist, wird das gewerbliche Sachvermögen außer durch Eigenkapital auch durch Fremdkapital gedeckt, so daß es die Substanz von Nettoforderungen, also von Reinvermögen der übrigen Sektoren bildet. Der durch die Formel angezeigte Konzentrationsgrad ist darum überhöht, wenn das gewerbliche Vermögen als Basis von Einkommensansprüchen betrachtet wird.

Andererseits kennzeichnet sie die Situation treffend, wenn die aus dem gewerblichen Vermögen abgeleitete Verfügungsmacht Gegenstand der Verteilungsuntersuchung ist. Zwar muß grundsätzlich auch dabei die Kapitalstruktur (Eigen-, Fremdkapital) in Rechnung gestellt werden, weil die Gläubigerposition ebenfalls Verfügungsmacht verleiht. Da jedoch die Kredite überwiegend über Kapitalsammelstellen geleitet werden, erfährt die Konzentration der auf Eigentümerrechten basierenden Verfügungsmacht von der Gläubigerstruktur her keine Auflockerung.

Die Problematik der KRELLE-Formel läßt erkennen, daß Vermögensbegriff und Fragestellung in enger, für die Verteilungsanalyse wesentlichen Beziehung zueinander stehen. Dasselbe Problem umrankt die Frage der Einbeziehung des öffentlichen Vermögens in die Verteilungsanalyse. Die Schwierigkeiten sind jedoch so erheblich, daß man i.d.R. von einer Zurechnung auf Sektoren oder Wirtschaftseinheiten absieht.

Als ordnungspolitisches Phänomen darf die Vermögensverteilung nicht als Zustand, sondern muß als Entwicklungssta-dium gesehen werden. Sie ist Glied in der Kausalkette Einkommensverteilung-Vermögensverteilung-Einkommensverteilung …, wobei systematische Veränderungen der jeweiligen Pyramide zu gewärtigen sind. Da die unteren Einkommenschichten in ihrer Sparfähigkeit beschränkt sind, überdies vorwiegend Zwecksparen mit dem Ziel späterer konsumtiver Auflösung betreiben und nur eingeengte Möglichkeiten der Anlagedisposition haben (was sie zur Bevorzugung der Geldvermögensbildung führt, aber gleichzeitig Substanzverluste durch Geldwertschwund bringt, während das Sachvermögen Bewertungsgewinne erzielt, die nicht selten die Investition übersteigen) tendiert die Vermögenskonzentration dahin, sich zu verschärfen.

Die von den Einkommens- und Verbrauchsstichproben nachgewiesene Einebnung der Unterschiede in der Ausrüstung mit Gebrauchsvermögen wird oft als Indiz für allgemeine Besserung der Vermögensverteilung genommen. Wenn man jedoch bedenkt, daß ein mittlerer Arbeitnehmerhaushalt allein durch die Unterhaltskosten eines Autos in seinem ausgabefähigen Einkommen ebenso belastet ist wie durch die Wohnung (nämlich zu etwa 10% nach den Verhältnissen von 1973), spricht der Gleichstand in der Motorisierung eher für eine weitere Differenzierung bei der Fähigkeit zur Bildung von Vermögensarten mit anderen gesellschaftlichen Funktionen. Gemeint sind Vermögenskategorien, deren Konzentration die Gefahr in sich birgt, daß sie wirtschaftliche und politische Macht in den Händen demokratisch nicht legitimierter und kontrollierter Personen vereinigt.

Die schon hervorgehobenen statistischen Engpässe verbieten es, eine Vermögensverteilung nach altershomogenen Gruppen darzustellen. Geht man von der Modellvorstellung aus, daß die »Alten« mehr Vermögen haben als die »Jungen«, könnte in den altershomogenen Gruppen gleichmäßige Vermögensverteilung herrschen, in der Gesellschaft insgesamt jedoch hohe Konzentration. Die Situation wäre so zu interpretieren, daß sich die Jungen erst auf dem Weg zu Vermögen befinden.

Man darf freilich sicher sein, daß die Ausgangshypothese in der Realität nicht vorzufinden ist: Vermutlich besteht auch bei den älteren Bevölkerungsschichten ungleichmäßige Vermögensverteilung, die ihrerseits die Startchancen bei den Jungen (Familienangehörigen) differenziert.

F.G.

### Versicherung

planmäßige Deckung eines im einzelnen zufälligen, im ganzen aber abschätzbaren Geldbedarfs durch Risikoausgleich zwischen den von derselben Gefahr bedrohten Wirtschaftseinheiten. Damit kann Versicherung als ein Instrument zur Verringerung der Unsicherheit der Wirtschaftssubjekte verstanden werden (→ Risiko und Unsicherheit). Entsprechend dem individuellen Sicherheitsbedürfnis werden Risiken gemeinschaftlich getragen. Voraussetzung für die Anwendung des Versicherungsprinzips ist das Vorhandensein einer genügend großen Zahl gleichartiger Risiken (Versicherungsbestand). Nur dann gilt das Gesetz der großen Zahl und eine Berechnung von Schadenswahrscheinlichkeiten möglich; des weiteren muß der Umfang des Risikos d.h. der gesamte, im einzelnen jedoch zufällige Geldbedarf (Schadenshöhe pro Periode) dem Gesetz der Wahrscheinlichkeit folgen und damit abschätzbar sein. Aus Schadenswahrscheinlichkeit und Schadensumfang wird die technische Prämie errechnet. Beide Größen sind jedoch in Grenzen Aktionsparameter der Versicherten (moralisches Risiko) und somit nicht immer exakt zu ermitteln. Der Ausgleich der Einzelrisiken im Rahmen des Versicherungsbestandes kann durch Bestandsselektion und → Rückversicherung verbessert werden.

a) Freiwillige und Zwangsversicherung: Die → Individualversicherung ist überall dort freiwillig, wo sie vorwiegend einzelwirtschaftlichen Interessen dient. Nur in wenigen Bereichen besteht Versicherungspflicht (z.B. Kfz-Haftpflicht- und Brandversicherung). Die → Sozialversicherung ist heute ihrem Wesen nach Zwangsversicherung für nahezu alle abhängig Beschäftigten.

b) Genossenschaftliche und erwerbswirtschaftliche Organisation: Die freiwillige Versicherung kann nach dem Prinzip der kollektiven Selbsthilfe genossenschaftlich organisiert sein (Versicherungsverein); die zur Schadensregulierung erforderlichen Beträge werden dann im voraus auf Grund des geschätzten Bedarfs oder im nachhinein aufgebracht. Bei erwerbswirtschaftlicher Organisation der Versicherung (Erwerbsversicherer) übernimmt der Versicherer ein abgegrenztes Risiko gegen eine nach Wahrscheinlichkeitsgesetzen errechnete Prämie.

c) Deckungsverfahren: Bei jeder Versicherung müssen die Prämien nach den Aufwendungen für Versicherungsfälle bemessen werden (versicherungstechnisches Äquivalenzprinzip). *1.* Umlageverfahren. Die Prämien sollen nur die Ausgaben der jeweiligen Rechnungs- bzw. Planungsperiode decken (Beispiel: Versicherungsvereine). *2.* Kapitaldeckungsverfahren. Die Prämien werden so kalkuliert, daß sie nicht nur die Ausgaben der laufenden Periode decken, sondern auch den Barwert der Rückstellungen für künftige Versicherungsfälle. Dadurch bilden die Versicherer Reserven, die ggf. später wieder aufgelöst werden können (Beispiel: private Lebens- und Rentenversicherung). Zwischen beiden Verfahren gibt es Mischtypen, v.a. im Bereich der gesetzlichen Rentenversicherung (Anwartschaftsdeckungsverfahren; Abschnittsdeckungsverfahren).

Auf Grund der zeitlichen und quantitativen Diskrepanz zwischen Ein- und Auszahlungen übernehmen Individual- und Sozialversicherung die Funktion von Kapitalsammelstellen. Insbes. im Bereich der Lebens- und Rentenversicherung, die mit einem langfristigen Sparprozeß verbunden sind, ist eine enge Beziehung zwischen Versicherung und → Kapitalmarkt bzw. volkswirtschaftlicher → Vermögensbildung hergestellt.

H.S.

### Verstaatlichung

bei Karl MARX die historisch notwendige revolutionäre Unterbrechung der kapitalistischen Aneignung (→ Mehrwert) und Basis der Formierung des allgemeinen

Willens der Produzenten im Zusammenhang der sozialistischen Revolution (→ Sozialismus).

In der Praxis der Machtergreifung kommunistischer Parteien der erste Schritt bei der Besetzung der Kommandohöhen der Wirtschaft (→ Vergesellschaftung). In der orthodoxen sowjetischen Darstellung stellt Staatseigentum die höchste Form sozialistischen → Eigentums an den Produktionsmitteln neben dem genossenschaftlichem Eigentum dar. Es bildet die unerläßliche Grundlage für die Aufhebung der Anarchie des Marktes, an deren Stelle im Übergang zum → Kommunismus die umfassende rationale gesamtwirtschaftliche Planung des Staates tritt.

Die jugoslawische Theorie bezeichnet dagegen Staatseigentum als niedrigste Form sozialistischen Eigentums, die eine Perpetuierung der Unterdrückungsfunktionen des Staates zur Folge habe. Dem wird die kollektive Nutzung gesellschaftlichen Eigentums durch die im Betrieb frei assoziierten Produzenten als Grundlage des Systems der Arbeiterselbstverwaltung entgegengestellt. Die Koordination der ökonomischen Beziehungen wird dem Markt überlassen (→ Konkurrenzsozialismus).

H. V.

## Verteilungspolitik

Inbegriff aller Maßnahmen zur Beeinflussung der → Einkommensverteilung.

Die Orientierungspunkte der Träger der Verteilungspolitik sind unterschiedlich: Während sich die → Tarifpartner überwiegend und de facto an der funktionalen Einkommensverteilung sowie an der Nominaleinkommensentwicklung orientieren, steht für den Staat gemäß dem Sozialstaatsprinzip die personelle Einkommensverteilung und die Realeinkommensentwicklung im Vordergrund.

a) Die funktionale Einkommensverteilung wird maßgeblich von der → Produktivität und relativen Knappheit der Produktionsfaktoren sowie ihren Vermarktungsbedingungen bestimmt. Maßnahmen mit dem Ziel einer Änderung des Verhältnisses von Arbeits- und → Vermögenseinkommen müssen darum insbes. höhere Effizienz

durch direkte (z. B. Arbeitsförderung) und indirekte Maßnahmen (ordnungs-, prozeß- und strukturpolitischer Art) bewirken, das Knappheitsverhältnis ändern (→ Vermögensbildung) und Marktmacht regulieren (z. B. indem auf die Größe der Marktparteien oder ihre Möglichkeiten → abgestimmten Verhaltens Einfluß genommen, ersatzweise auch gegengewichtige Marktmacht gefördert wird). Die Maßnahmen gehören in den weiten Kreis der → Einkommenspolitik.

Von großem Belang für die funktionale Einkommensverteilung sind ferner alle Einflußnahmen auf das allgemeine Wirtschaftsgeschehen, wie sich z. B. in der (auf den → Lohnlag zurückzuführenden) Konjunkturreagibilität der → Lohnquote zeigt.

b) Die personelle Einkommensverteilung hängt, soweit sie von den Marktkräften gesteuert wird, insbes. von der Querverteilung ab. Wirtschaftspolitische Anstrengungen, zu einer gleichmäßigeren Einkommensverteilung zu gelangen, müssen darum hauptsächlich auf die Behebung ungleicher → Vermögensverteilung durch → Vermögenspolitik gerichtet sein.

Da eine solche Beeinflussung der personellen Einkommensverteilung von der Basis her nur auf lange Sicht angelegt sein kann und in bestimmten Bereichen (Intergenerationen-Verteilung) keine befriedigende Wirkungen verspricht, muß sich Verteilungspolitik immer auch als Korrektur der marktwirtschaftlichen Verteilungsergebnisse verstehen. Instrumente sind → Staatseinnahmen und → Staatsausgaben. Bei den ersteren kommen insbes. die Beiträge zur → Sozialversicherung und die Besteuerung, hier wiederum v. a. die → Einkommensbesteuerung in Betracht. Bei den Staatsausgaben haben die Übertragungen im Rahmen der sozialen Sicherung gezielt verteilungspolitischen Effekt. Verteilungspolitisch wirksam, jedoch außerordentlich schwer abzuschätzen, sind auch das Angebot an → öffentlichen Gütern und die Wirkungen der → Staatstätigkeit auf die Preisstruktur.

Der große Umfang, den die →·Einkommensumverteilung angenommen hat, erzwang die Ausweitung der Finanzierungsbasis. Damit tritt aber die Redistribution zwischen den sozialen Schichten hinter die Redistribution innerhalb der sozialen Schichten zurück.

Gleichzeitig gewinnen Inzidenzprobleme erhöhte Bedeutung (z.B. »Selbstfinanzierung der Rentner«). Sie sind in ihrem Verteilungseffekt noch nicht annähernd zu beurteilen und entziehen sich damit verteilungspolitischer Programmierung. Dasselbe gilt für die Verteilungswirkungen der → Inflation, die, wie aus der Konstanz der Lohnquote geschlossen werden kann, hauptsächlich ein Problem der personellen und sektoralen Einkommensverteilung sein dürfte. Während sich mit großer Bestimmtheit sagen läßt, daß die Inflation in Verursachung und Wirkung (auch) ein verteilungspolitisches Phänomen ist, bleibt weitgehend offen, was sie als verteilungspolitisches Instrument leistet. Mit einiger Sicherheit kann nur festgestellt werden, daß sie die Intergenerationen-Verteilung zu ungunsten der nicht im Erwerbsleben Stehenden ändert und insoweit nicht mit den Normen des Sozialstaats und auch nicht mit den verbalen Bekundungen der Verteilungspolitiker übereinstimmt.

Die stark ungleichmäßige und offensichtlich verkrustete Einkommensverteilung stellt der Verteilungspolitik kein gutes Zeugnis aus. Deren Versagen ist aber weniger auf ungeeignete Instrumente oder mangelnden Willen zurückzuführen; vielmehr ist sie aus Gründen politisch-ökonomischer Natur zu stark auf das unmittelbare und in nominellen Werten definierte Ziel der Einkommensverteilung und zu wenig auf die allokationspolitische Basis und die realen Größen orientiert.   F.G.

## Verteilungstheorie

sucht die Aufteilung des → Einkommens auf Produktionsfaktoren Gruppen, Klassen, Wirtschaftssektoren, Individuen usw. zu erklären.

a) Gegenstand der Theorie der funktionalen → Einkommensverteilung sind Prozeß und Ergebnis der Distribution nach Maßgabe von Eigenart, Qualität, Quantität sowie Vermarktungsbedingungen des Bei-

trags zur volkswirtschaftlichen → Produktion. Die Theorie der funktionalen Einkommensverteilung bildet das Kernstück der traditionellen Verteilungstheorie.

Die von den Klassikern entwickelte Aufteilung des → Sozialprodukts in → Lohn, → Grundrente und → Gewinn entsprach auch der Klassenstruktur der zeitgenössischen Wirtschaftsgesellschaft (Arbeiter, Grundbesitzer, Unternehmerkapitalisten). Eine solche Mehrdimensionalität büßte die im klassischen Konzept verharrende Verteilungstheorie allerdings rasch ein.

Während der Lohn (auf der Grundlage des → ehernen Lohngesetzes) und die Grundrente (auf der Basis der ricardianischen → Rententheorie) im Zentrum der klassischen Analyse standen, fand der Profit nur als Restgröße Beachtung. Seine im Zuge der wirtschaftlichen Veränderungen untragbar gewordene Vernachlässigung überwand Karl MARX, indem er unter Vereinigung der Grundeigentümer und Unternehmerkapitalisten zur Kapitalistenklasse die Theorie des → Mehrwerts in das klassische, der → Arbeitswertlehre verpflichtete System einfügte und die Verteilung als → Ausbeutung der Arbeiter beschrieb.

Die theoretische Fortentwicklung, die den Boden der Arbeitwertlehre schließlich verließ, erklärte nicht nur den Profit, sondern alle Besitzeinkommen schlechthin aus Konkurrenzbeschränkungen (Monopoltheorien der Verteilung, → Monopolgradtheorie).

Den Machtgesichtspunkten stellt die → Grenzproduktivitätstheorie der Verteilung technische Bestimmungsfaktoren entgegen. Als Zurechnungstheorie führt sie das Verteilungsergebnis auf die → Produktivität der eingesetzten Produktionsfaktoren und damit indirekt auch auf deren relative Knappheit zurück. Während die Grenzproduktivitätstheorie der Verteilung vom mikroökonomischen Ansatz herkommt, betrachtet die postkeynesianische Verteilungstheorie die Distribution als integrales Element des volkswirtschaftlichen Kreislaufs. Im Rahmen der (durch ein adäquates Modell darzustellenden) strukturellen Gegebenheiten erklärt sich die Verteilung aus dem Verhalten der maßgeblichen Gruppen.

b) Die Theorie der personellen → Einkommensverteilung untersucht, in welchem Umfang die verschieden sozio-ökonomischen Gruppen am Sozialprodukt teilhaben. Ursprünglich von der Volkswirtschaftslehre wenig beachtet, rückt sie immer mehr ins wissenschaftliche Licht. Probabilistische Ansätze gehen auf Vilfredo PARETO und Robert GIBRAT zurück. Die Fähigkeit zur Einkommenserzielung ist nach PARETO in der Bevölkerung um einen Mittelwert normalverteilt. Eine Häufigkeitsverteilung der Einkommen stellt sich hingegen typischerweise asymmetrisch dar (→ PARETO-Verteilungsfunktion). PARETO bietet dafür die Erklärung an, daß durch das → Existenzminimum die Streuung der Einkommen nach unten begrenzt ist und sich deshalb eine links-steile Figur ausbildet.

Nach dem sog. GIBRAT'schen Gesetz wird angenommen, daß sich die einzelnen Einkommen einer vorgegebenen Einkommensverteilung mit einer zufallsgesteuerten Wachstumsrate verändern (multiplikative Verknüpfung von Ausgangswert und Zufallsvariable). Die mathematische Ableitung beweist, daß sich im Laufe der Zeit eine Normalverteilung für die logarithmierten Einkommenswerte entwickelt und eine Einkommenskonzentration anzeigt. Sie kann durch die → GIBRAT-Verteilungsfunktion angenähert werden.

Den wahrscheinlichkeitstheoretischen Ansätzen stehen deterministische gegenüber, die jene Faktoren betonen, welche auf die Einkommensverteilung kausal einwirken.

Eine häufig vertretene Variante sieht in der Einkommensverteilung einen Reflex der Struktur des Bildungssystems.

In den sog. Hierarchie-Modellen steht dagegen die Überlegung im Vordergrund, daß ein großer Teil der Einkommensbezieher in hierarchisch gegliederten Unternehmen und bürokratischen Organisationen beschäftigt ist. Insoweit spiegelt die Einkommensverteilung deren Organisations- und Besoldungsstruktur wider, die folglich in den Mittelpunkt des Interesses rückt.

Weitere Modelle untersuchen den Einfluß ererbten → Vermögens auf die Einkommensverteilung u. ä. Fragen.

Angesichts der begrenzten Aussagefähigkeit eines punktuellen Vergleichs der Einkommen gewinnt als neues analytisches Konzept der Begriff des Lebenseinkommens an Bedeutung. Die Kosten der Ausbildung, der Einkommenserwerb von Berufsjahr zu Berufsjahr und die Schwankungen im Sparprozeß (Ersparnisbildung in den Erwerbsjahren und Aufzehrung dieser Ersparnisse nach dem Ausscheiden aus dem Erwerbsleben) werden als ein Ganzes betrachtet. Die Gestaltung des Lebenseinkommens stellt sich insoweit als ein Ausgleich zwischen den Generationen dar (Inter-Generationsverteilung).

Die → Neue Politische Ökonomie analysiert insbes. die sektorale Einkommensverteilung unter dem Einfluß von politischen Prozessen. Die Vorstellung von Harmonie und Gleichgewicht wird aufgegeben, aktuelle Probleme sind Konflikt und Ungleichgewicht. Das alte Konfliktmodell des Kampfes zwischen Kapital und Arbeit wird erweitert durch die Einbeziehung des Konflikts zwischen Institutionen und Generationen   D.H.

## vertikale Preisbindung

(= Preisbindung der zweiten Hand) Variante der → Preisbindung, bei der sich der Einzelhandel gegenüber dem Hersteller verpflichtet, beim Verkauf der Ware (meist Markenartikel) einen vorgeschriebenen Preis einzuhalten (unterscheide: → vertikale Preisempfehlung). Ende 1972 bestanden noch ca. 175 000 dieser Preisbindungen, die beim → Bundeskartellamt anzumelden waren. Das ab 1. 1. 1974 geltende Verbot der vertikalen Preisbindung gemäß → Gesetz gegen Wettbewerbsbeschränkungen (§ 15) zur Stärkung des → Preiswettbewerbs nimmt nur Verlagserzeugnisse aus.   R.R.

## vertikale Preisempfehlung

Variante der → Preisempfehlung, die eine rechtlich unverbindliche Beeinflussung der Marktpreisbildung seitens des Herstellers einer Ware darstellt und sich als Handelsempfehlung nur an Einzelhändler richtet oder als Verbraucherpreisempfehlung den Konsumenten ansprechen soll (z.B. als Aufdruck auf der Ware: »empfohlener Preis«).

Gemäß → Gesetz gegen Wettbewerbsbeschränkungen (§ 38a) ist die vertikale Preisempfehlung bei Markenwaren zulässig, soweit → Preiswettbewerb herrscht und zu ihrer Durchsetzung kein Druck (z.B. → Boykott) ausgeübt wird. Das Bundeskartellamt verbietet sie im Rahmen seiner → Mißbrauchsaufsicht insbes. dann, wenn Preise empfohlen werden, die unangemessen hoch über den tatsächlich verlangten, niedrigeren Verbraucherpreisen liegen, so daß auf breiter Front Konsumenten durch den Werbeeffekt dieser Preisdifferenz getäuscht werden (Mondpreise). Ein Erfahrungsbericht, der über die weitere Zulassung der vertikalen Preisempfehlung mitentscheidet, ist durch die Bundesregierung bis Ende 1976 zu erstellen. R.R.

**Verursacherprinzip**

Prinzip zur Zurechnung der Kosten von Umweltbelastungen, wonach derjenige die Kosten zu tragen hat, der für ihre Entstehung verantwortlich ist. Der Begriff »Verursacher« wird in der umweltpolitischen Diskussion so ausgelegt, da ein einzelner Verursacher i.d.R. objektiv nicht feststellbar ist. Aus einer Verursachungskette (z.B. Unternehmen und Konsument) kann jeder als Verursacher von Umweltbelastungen Adressat staatlicher Maßnahmen werden. Das Verursacherprinzip wählt nicht zwischen Unternehmen und Konsumenten, sondern zwischen Unternehmen und Konsumenten einerseits und allen Steuerzahlern andererseits, die in ihrer Gesamtheit nicht als Verursacher einer Umweltbelastung in Betracht kommen. Da das Verursacherprinzip keinen Adressaten staatlicher → Umweltschutzpolitik nennt, kommen folgende Auswahlkriterien zum Zuge: politische Durchsetzungsmöglichkeiten; verfassungsrechtliche Schranken; Probleme regionaler Entwicklung und der → Einkommensverteilung; administrative Praktikabilität; Effizienz der Maßnahmen. W.Sch.

**Verzinsungsverbot**

Das → Außenwirtschaftsgesetz (AWG) gibt der Bundesregierung die Möglichkeit, die Bedingungen für den Kapitalverkehr mit dem Ausland im Rahmen der Verfolgung bestimmter wirtschaftspolitischer Ziele (→ Zahlungsbilanzgleichgewicht, Preisniveaustabilität, Kapitalmarktpflege) festzulegen. Um den Nettokapitalimport zu bremsen wurde in diesem Zusammenhang die Verzinsung von Guthaben Gebietsfremder von einer Genehmigung der → Deutschen Bundesbank abhängig gemacht (§ 53 → Außenwirtschaftsverordnung in Verbindung mit § 27 I AWG). Da derartige Genehmigungen nur ausnahmsweise erteilt werden, besteht i.d.R. ein Verzinsungsverbot. V.B.

**VES-Funktionen**

Klasse von → Produktionsfunktionen, deren gemeinsames Merkmal eine variable → Substitutionselastizität ist (VES = variable elasticity of substitution).

Die VES-Funktion vom LU-FLET-CHER-Typ, die alle Eigenschaften einer → neoklassischen Produktionsfunktion erfüllt und eine direkte Erweiterung der → CES-Funktion darstellt, lautet:

$$Y = \gamma \left[ \delta K^{-\beta} + (1-\delta)\eta (K/L)^{-c(1+\beta)} L^{-\beta} \right]^{-1/\beta}$$

mit einer Substitutionselastizität

$$\sigma = \frac{b}{1 - c(1 + wL/rK)},$$

die von der Kapitalintensität (K/L) abhängt.

Dabei sind b, c, $\gamma$, und $\delta$ Parameter, während $\beta = 1/(b-1)$ und

$$\eta = \frac{1-b}{1-b-c}. \qquad R.D.$$

**VGR**

→ Volkswirtschaftliche Gesamtrechnung

**vintage approach**

Ansatz zur Darstellung autonomen, investitionsgebundenen → technischen Fortschritts in → Wachstumsmodellen. Bei nicht investitionsgebundenem technischen Fortschritt erfaßt dieser gewissermaßen den gesamten → Kapitalstock, d. h. im Zeitablauf verändert sich die → Produktionsfunktion derart, daß jeder Inputmengenkombination von → Kapital und → Arbeit ein höherer Output entspricht. Beim vintage approach erfaßt der technische Fortschritt jeweils nur den neuesten durch die Bruttoinvestition der laufenden Periode geschaffenen Kapitalgüterjahrgang (Jahrgang = vintage), während sich die → Produktivität der alten Kapitalgüterjahrgänge nicht ändert. Der technische Fortschritt ist somit investitionsgebunden, d. h. er hängt ab von der Höhe der Bruttoinvestition. Es gibt nicht mehr eine einzige Produktionsfunktion, sondern für jeden Kapitalgüterjahrgang eine eigene Jahrgangsproduktionsfunktion. Das folgende Beispiel zeigt eine Jahrgangsproduktionsfunktion unter der Annahme einer → COBB-DOUGLAS-Produktionsfunktion und autonomen HICKS-neutralen technischen Fortschritts:

$$Y_x(t) = H(x) \cdot K_x(t)^{\alpha} \cdot A_x(t)^{1-\alpha};$$

$$H(x) = H_0 e^{x \cdot \gamma};$$

$Y_x(t)$: Output des Maschinenjahrgangs x zum Zeitpunkt t;

$K_x(t)$: Kapitalinput (Maschinenstunden) des Jahrgangs x zum Zeitpunkt t;

$A_x(t)$: Arbeitsinput, der zum Zeitpunkt t mit dem Kapitalinput des Jahrgangs x kombiniert wird;

$\gamma$: Wachstumsrate des autonomen technischen Fortschritts.

C.-G. Sch.

**Volkseigentum** → Eigentum

**Volkseinkommen** → Sozialprodukt

**Volksvermögen**
Gesamtwert aller am Rechnungsstichtag vorhandenen Gegenstände einer Volkswirtschaft, die dazu bestimmt sind, im Rahmen von Produktion (→ Produktivvermögen) oder Konsumtion (→ Gebrauchsvermögen) begehrte und knappe Leistungen abzugeben oder die Ansprüche auf solche Leistungen beinhalten (Forderun-

gen an das Ausland). Wird statt der Forderungen die → Nettoauslandsposition in Rechnung gestellt, erhält man das Volksvermögen als Nettogröße (Netto-, Reinvermögen).

Mit Rücksicht auf die außerordentlich schwierige Erfassung des → Arbeits- und Gebrauchsvermögens wird die Volksvermögensrechnung meist auf die Formel verkürzt:

sachliches Produktivvermögen
+ Nettoauslandsposition
= Volksvermögen (netto)

Mit ihr gewinnt man Anschluß an die → Volkswirtschaftliche Gesamtrechnung und deren Bestandsänderungsformel:

Nettoinvestition
+ Änderung der Nettoauslandsposition
= Ersparnis (einschl. Vermögensübertragungen)
= Reinvermögensbildung

Mit ihrer Hilfe ist eine Volksvermögensrechnung nach der → Bestandsfortschreibungsmethode möglich. F. G.

Volksvermögen der BRD Ende 1971 in Mrd. DM

| | |
|---|---:|
| Reproduzierbares Netto-anlagevermögen zu Wiederbeschaffungswerten | |
| Land- und Forstwirtschaft, Fischerei | 84 |
| Wohnungswesen | 735 |
| Gewerbliche Unternehmen | 888 |
| Staat (einschl. Tiefbau) | 472 |
| Private Organisationen | 45 |
| insgesamt | 2 224 |
| Vorräte der gewerblichen Wirtschaft | 200 |
| Investiertes Produktivvermögen | 2 424 |
| Grund und Boden | 500 |
| Produktivvermögen | 2 924 |
| Nettoposition | 70 |
| Netto-Volksvermögen | 2 994 |

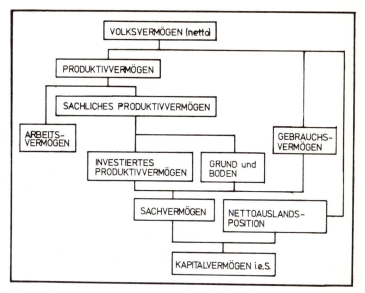

**Volksvermögensrechnung**
→ Vermögensrechnung

**Volkswirtschaft**
Inbegriff aller in einer Struktur wechselseitiger Beziehungen miteinander verbundenen und dadurch voneinander abhängigen Entscheidungsträger, deren systembildendes gemeinsames Interesse die Verfolgung vielfältiger, rangmäßig abgestufter Ziele mit Hilfe von knappen, alternativ verwendbaren Mitteln ist.

Volkswirtschaft, im Sinne von Sozialökonomie verwendet, hebt die Tatsache der Verflechtung von Einheiten und Aktivitäten und der daraus resultierende Prozesse und Organisationsformen unter dem Aspekt der geordneten Bedarfsdeckung durch Einsatz beschränkter Zeit und knapper Mittel hervor. Ein derartiges System ist in fortwährendem Wandel (evolutorische Volkswirtschaft) und unterscheidet sich damit grundlegend vom mehr ideellen Konzept eines Systems, das seine strukturellen Elemente und Verhaltensmuster über die Zeit unverändert bewahrt (stationäre Volkswirtschaft).

Der Begriff Volkswirtschaft, im Sinne von Nationalökonomie gebraucht, legt das Gewicht auf die Entfaltung einer Wirtschaft in einem bestimmten Gebiet (→ Inlandskonzept) oder in einem bestimmten tatsächlichen sozialen Verbund (→ Inländerkonzept) oder in einer politischen Einheit (Nationalitätskonzept). Der so gefaßte Begriff macht unmittelbar auf die Umwelt des betrachteten Systems aufmerksam und führt bei der wissenschaftlichen Darstellung zu Modellen, die von der gegenseitigen Beeinflussung der Volkswirtschaften absehen (geschlossene Volkswirtschaften) bzw. diese berücksichtigen (offene Volkswirtschaften).

Im Sinne der → Stufentheorien wird mit Volkswirtschaft eine durch starke Ausweitung des Personenkreises und hohe Intensität der gesellschaftlichen Ausformung bestimmte Entwicklungsphase bezeichnet. F.G.

**volkswirtschaftliche Ersparnisse**
→ soziale Erträge

**volkswirtschaftliche Erträge**
→ soziale Erträge

**Volkswirtschaftliche Gesamtrechnung (VGR)**
in der Form eines Kreislaufschemas (→ Wirtschaftskreislauf) erstelltes Rechenwerk zur umfassenden, hinreichend gegliederten Darstellung der quantitativ erfaßbaren Wirtschaftstätigkeit von inländischen Wirtschaftseinheiten in einem abgelaufenen Zeitraum. Die einzelnen miteinander verflochtenen Teile des Rechenwerks bilden ein geschlossenes System.

Die VGR der BRD basiert auf dem Gesetz über die Statistik für Bundeszwecke (1953). Sie ist aus dem Standardsystem der OEEC hervorgegangen und entspricht wie dieses konzeptionell dem System der Volkswirtschaftlichen Gesamtrechnungen der Vereinten Nationen (→ System of National Accounts).

Die Berechnungsgrundlagen stammen aus allen Gebieten der Wirtschafts-, Finanz- und Erwerbstätigkeitsstatistik. Wegen des z. T. erst spät verfügbaren Materials finden mehrfach Korrekturen und in mehrjährigen Abständen große Revisionen statt.

a) Der Kontenplan umfaßt in horizontaler und vertikaler Gliederung (Mischkontensystem) insgesamt 62 Konten, welche die nach dem System der doppelten Buchführung vorgenommenen Buchungen enthalten.

b) Für die 60 Kontenpositionen (ohne Untergliederungen) gilt das Rahmenschema auf S. 523f.

| | | | | | | | | | |
|---|---|---|---|---|---|---|---|---|---|
| | | | | | | | | | |

0 Zusammengefaßtes Güterkonto

Konten der Sektoren

| | Unternehmen | | | | Staat | | | Private Haushalte und private Organisationen ohne Erwerbscharakter | | |
|---|---|---|---|---|---|---|---|---|---|---|
| **1** Insgesamt | **11** Produktionsunternehmen | **12** Kreditinstitute | **13** Versicherungsunternehmen | **2** Insgesamt | **21** Gebietskörperschaften | **22** Sozialversicherung | **3** Insgesamt | **31** Private Haushalte | **32** Private Organisationen o.E. |

Kontengruppe 1: Produktionskonten

| 1 – 1 | 11 – 1 | 12 – 1 | 13 – 1 | 2 – 1 | 21 – 1 | 22 – 1 | 3 – 1 | 31 – 1 | 32 – 1 |

Kontengruppe 2: Einkommensentstehungskonten

| 1 – 2 | 11 – 2 | 12 – 2 | 13 – 2 | 2 – 2 | 21 – 2 | 22 – 2 | 3 – 2 | 31 – 2 | 32 – 2 |

Kontengruppe 3: Einkommensverteilungskonten

| 1 – 3 | 11 – 3 | 12 – 3 | 13 – 3 | 2 – 3 | 21 – 3 | 22 – 3 | 3 – 3 | | |

Kontengruppe 4: Einkommensumverteilungskonten

| 1 – 4 | 11 – 4 | 12 – 4 | 13 – 4 | 2 – 4 | 21 – 4 | 22 – 4 | 3 – 4 | | |

Kontengruppe 5: Einkommensverwendungskonten

| 1 – 5 | 11 – 5 | 12 – 5 | 13 – 5 | 2 – 5 | 21 – 5 | 22 – 5 | 3 – 5 | | |

Kontengruppe 6: Vermögensveränderungskonten

| 1 – 6 | 11 – 6 | 12 – 6 | 13 – 6 | 2 – 6 | 21 – 6 | 22 – 6 | 3 – 6 | | |

Kontengruppe 7: Finanzierungskonten

| 1 – 7 | 11 – 7 | 12 – 7 | 13 – 7 | 2 – 7 | 21 – 7 | 22 – 7 | 3 – 7 | | |

8 Zusammengefaßtes Konto der übrigen Welt

| Positions-Nr. | Position | Gegen-buchungs-Nr. | Positions-Nr. | Position | Gegen-buchungs-Nr. |
|---|---|---|---|---|---|
| | | 0 Zusammengefaßtes Güterkonto der Volkswirtschaft | | | |
| 0.10 | Produktionswerte der Sektoren | 1.60 | 0.60 | Vorleistungen der Sektoren | 1.10 |
| 0.40 | Einfuhr von Waren und Dienstleistungen | 8.60 | 0.70 | Letzter Verbrauch (Privater Verbrauch und Staatsverbrauch) | 5.10 |
| | | | | 0.71 Privater Verbrauch | |
| | | | | 0.75 Staatsverbrauch | |
| | | | 0.80 | Anlageinvestitionen und Vorratsverän-derung | 6.20 |
| | | | | 0.81 Käufe von neuen Anlagen und selbsterstellte Anlagen | 6.21 |
| | | | | 0.82 Käufe abzügl. Verkäufe von gebrauchten Anlagen und Land | 6.22 |
| | | | | 0.85 Vorratsveränderung | 6.25 |
| | | | 0.90 | Ausfuhr von Waren und Dienstleistungen | 8.10 |
| | Gesamtes Aufkommen von Gütern aus Produktion und Einfuhr | | | Gesamte Verwendung von Gütern | |
| | | 1 Produktionskonto eines Sektors | | | |
| 1.10 | Vorleistungen | 0.60 | 1.60 | Produktionswert | 0.10 |
| 1.49 | Beitrag zum Bruttoinlandsprodukt | 2.50 | | | |
| | Vorleistungen, Beitrag zum Bruttoinlandsprodukt | | | Produktionswert | |
| | | 2 Einkommensentstehungskonto eines Sektors | | | |
| 2.10 | Abschreibungen | 6.70 | 2.50 | Beitrag zum Bruttoinlandsprodukt | 1.49 |
| 2.20 | Geleistete indirekte Steuern (einschl. Beiträge zur gesetzl. Unfallversicherung) | 4.60/8.81 | 2.70 | Empfangene Subventionen | 4.10/8.31 |
| 2.49 | Beitrag zum Nettoinlandsprodukt zu Faktorkosten | 3.50 | | | |
| | Abschreibungen, geleistete indirekte Steuern, Beitrag zum Nettoinlandsprodukt zu Faktorkosten | | | Beitrag zum Bruttoinlandsprodukt, empfangene Subventionen | |
| | | 3 Einkommensverteilungskonto eines Sektors | | | |
| 3.10 | Geleistete Einkommen aus unselbstän-diger Arbeit | 3.60/8.71 | 3.50 | Beitrag zum Nettoinlandsprodukt zu Faktorkosten | 2.49 |
| 3.20 | Geleistete Einkommen aus Unternehmer-tätigkeit und Vermögen | 3.70/8.75 | 3.60 | Empfangene Einkommen aus unselbstän-diger Arbeit | 3.10/8.21 |
| 3.49 | Anteil am Volkseinkommen | 4.50 | 3.70 | Empfangene Einkommen aus Unterneh-mertätigkeit und Vermögen | 3.20/8.25 |
| | Geleistete Erwerbs- und Vermögenseinkommen, Anteil am Volkseinkommen | | | Beitrag zum Nettoinlandsprodukt zu Faktorkosten, empfangene Erwerbs- und Vermögenseinkommen | |
| | | 4 Einkommensumverteilungskonto eines Sektors | | | |
| 4.10 | Geleistete Subventionen | 2.70 | 4.50 | Anteil am Volkseinkommen | 3.49 |
| 4.20 | Geleistete direkte Steuern und Sozialver-sicherungsbeiträge (ohne gesetzl. Un-fallversicherung) | 4.70 | 4.60 | Empfangene indirekte Steuern (einschl. Beiträge zur gesetzl. Unfallversiche-rung) | 2.20 |
| 4.30 | Geleistete Nettoprämien für Schadenver-sicherungen; Schadenversicherungslei-stungen | 4.80/8.83 | 4.70 | Empfangene direkte Steuern und Sozial-versicherungsbeiträge (ohne gesetzl. Unfallversicherung) | 4.20/8.32 |
| 4.40 | Sonstige geleistete laufende Übertra-gungen | 4.90/8.85 | 4.80 | Empfangene Nettoprämien für Schaden-versicherungen; empfangene Schaden-versicherungsleistungen | 4.30/8.33 |
| 4.49 | Verfügbares Einkommen | 5.50 | 4.90 | Sonstige empfangene laufende Über-tragungen | 4.40/8.35 |
| | Geleistete laufende Übertragungen, verfügbares Einkommen | | | Anteil am Volkseinkommen, empfangene laufende Übertragungen | |
| | | 5 Einkommensverwendungskonto eines Sektors | | | |
| 5.10 | Letzter Verbrauch (Privater Verbrauch bzw. Staatsverbrauch) | 0.70 | 5.50 | Verfügbares Einkommen | 4.49 |
| 5.49 | Ersparnis | 6.50 | | | |
| | Letzter Verbrauch, Ersparnis | | | Verfügbares Einkommen | |

| Posi-tions-Nr. | Position | Gegen-buchungs-Nr. | Posi-tions-Nr. | Position | Gegen-buchungs-Nr. |
|---|---|---|---|---|---|
| | **6 Vermögensveränderungskonto eines Sektors** | | | | |
| 6.10 | Nichtentnomme Gewinne der Einzel-unternehmen u.ä. (Buchung im Haus-haltssektor) | 6.60 | 6.50 | Ersparnis | 5.49 |
| | | | 6.60 | Nichtentnomme Gewinne der Einzel-unternehmen u.ä. (Buchung im Unter-nehmenssektor) | 6.10 |
| 6.20 | Anlageinvestitionen und Vorratsverän-derung | 0.80 | 6.70 | Abschreibungen | 2.10 |
| | 6.21 Käufe von neuen Anlagen und selbsterstellte Anlagen | 0.81 | 6.80 | Empfangene Vermögensübertragungen | 6.30/8.37 |
| | 6.22 Käufe abzügl. Verkäufe von gebrauchten Anlagen und Land | 0.82 | | | |
| | 6.25 Vorratsveränderung | 0.85 | | | |
| 6.30 | Geleistete Vermögensübertragungen | 6.80/8.87 | | | |
| 6.49 | Finanzierungssaldo | 7.50 | | | |
| | *Investitionen, geleistete Vermögensübertragungen, Finanzierungssaldo* | | | *Ersparnis, Abschreibungen, empfangene Vermögensübertragungen* | |
| | **7 Finanzierungskonto eines Sektors** | | | | |
| 7.10 | Veränderung der Forderungen | 7.60/8.90 | 7.50 | Finanzierungssaldo | 8.49 |
| | | | 7.60 | Veränderung der Verbindlichkeiten | 7.10/8.40 |
| | | | 7.99 | Statistische Differenz | 8.99 |
| | *Veränderung der Forderungen* | | | *Finanzierungssaldo, Veränderung der Verbindlichkeiten* | |
| | **8 Zusammengefaßtes Konto der übrigen Welt** | | | | |
| 8.10 | Käufe von Waren und Dienstleistungen | 0.90 | 8.60 | Verkäufe von Waren und Dienstleistungen | 0.40 |
| 8.20 | Geleistete Erwerbs- und Vermögensein-kommen | | 8.70 | Empfangene Erwerbs- und Vermögens-einkommen | |
| | 8.21 Einkommen aus unselbständiger Arbeit | 3.60 | | 8.71 Einkommen aus unselbständiger Arbeit | 3.10 |
| | 8.25 Einkommen aus Unternehmer-tätigkeit und Vermögen | 3.70 | | 8.75 Einkommen aus Unternehmer-tätigkeit und Vermögen | 3.20 |
| 8.30 | Geleistete Übertragungen | | 8.80 | Empfangene Übertragungen | |
| | 8.31 Subventionen | 2.70 | | 8.81 Indirekte Steuern | 2.20 |
| | 8.32 Direkte Steuern und Sozialver-sicherungsbeiträge (ohne gesetzl. Unfallversicherung) | 4.70 | | 8.83 Nettoprämien für Schadenversiche-rungen; Schadenversiche-rungsleistungen | 4.30 |
| | 8.33 Nettoprämien für Schadenver-sicherungen; Schadenversiche-rungsleistungen | 4.80 | | 8.85 Sonstige laufende Übertragungen | 4.40 |
| | 8.35 Sonstige laufende Übertragungen | 4.90 | | 8.87 Vermögensübertragungen | 6.30 |
| | 8.37 Vermögensübertragungen | 6.80 | 8.90 | Veränderung der Verbindlichkeiten | 7.10 |
| 8.40 | Veränderung der Forderungen | 7.60 | 8.99 | Statistische Differenz | 7.99 |
| | *Aufwendungen der übrigen Welt* | | | *Erträge der übrigen Welt* | |

c) Die Strukturierung der VGR erlaubt eine unmittelbare Entnahme der wichtigsten gesamtwirtschaftlichen Größen. Die traditionelle Sozialproduktanalyse ist in das Rechenwerk voll integriert.

d) Die VGR ist in rascher Entwicklung begriffen. Die Integration mit verwandten Rechenwerken wie → Zahlungsbilanz, → Finanzierungsrechnung, Geldstromanalyse, → Input-Output-Tabelle und volkswirtschaftliche → Vermögensrechnung schreitet fort.

Zur Verwendung als Diagnoseinstrument tritt zunehmend auch der Einsatz für gesamtwirtschaftlichen Vorausschätzungen. Prognostischen Zwecken stellt die VGR inzwischen verhältnismäßig lange Reihen wichtiger Variabler zur Verfügung. Darüber hinaus bietet sie als geschlossenes Kreislaufschema Gewähr für konsistente Aussagen und gestattet eine Plausibilitätsprüfung einzelner Annahmen mit Hilfe der korrespondierenden Ströme.

Doch selbst bei ihren zentralen Fragestellungen wird die VGR nicht allen Anforderungen gerecht. Oft scheitert sie am statistischen Grundlagenmaterial bzw. an der politischen Zustimmung zu entsprechenden Erhebungen. Das gilt z. B. für alternative institutionelle Gliederungen, etwa die Darstellung des → Einkommenskreislaufs und der → Vermögensbildung mit sozialer Schichtung.

Es bestehen aber auch auch konzeptionelle Mängel. So schließt die VGR einen Kompromiß zwischen dem marktorientierten und dem wohlfahrtsorientierten Erfassungskonzept, indem z. B. die hauswirt-

Hauptgrößen der VGR der BRD für 1972
in Mio. DM

|  |  |  |  |
|---|---|---|---|
|  |  | Vorleistungen | 1 296 220 |
|  | + | Letzter Verbrauch | 594 600 |
|  | + | Anlageinvestitionen und Vorratsänderungen | 219 950 |
|  | + | Ausfuhr von Waren und Dienstleistungen | 180 040 |
|  | = | Gesamte Verwendung von Gütern | 2 290 810 |
|  | = | Gesamtes Aufkommen von Gütern aus der Produktion und Einfuhr | 2 290 810 |
|  | − | Einfuhr von Waren und Dienstleistungen | 164 760 |
|  | = | Produktionswert | 2 126 050 |
|  | − | Vorleistungen | 1 296 220 |
|  | = | Bruttoinlandsprodukt (zu Marktpreisen) | 829 830 |
|  | − | Abschreibungen | 93 610 |
| Sozial-produkt-rechnung | = | Nettoinlandsprodukt zu Marktpreisen | 736 220 |
|  | − | Indirekte Steuern | 112 490 |
|  | + | Subventionen | 11 080 |
|  | = | Nettoinlandsprodukt zu Faktorkosten | 634 810 |
|  | + | Saldo der Erwerbs- und Vermögenseinkommen zwischen Inländern und der übrigen Welt | − 130 |
|  | = | Nettosozialprodukt zu Faktorkosten | 634 580 |
|  | + | Indirekte Steuern | 112 490 |
|  | − | Subventionen | 11 080 |
|  | + | Saldo der laufenden Übertragungen zwischen Inländern und der übrigen Welt | − 14 290 |
|  | = | Verfügbares Einkommen | 721 800 |
|  | − | letzter Verbrauch | 594 600 |
|  | = | Ersparnis | 127 200 |
|  | + | Saldo der Vermögensübertragungen zwischen Inländern und der übrigen Welt | − 680 |
|  | = | Vermögensbildung | 126 520 |
|  | − | Nettoinvestitionen | 126 340 |
|  | = | Änderung der Nettoauslandsposition | 180 |
|  |  | Außenbeitrag | + 15 150 |
|  | = | Saldo der laufenden Übertragungen | − 14 290 |
|  |  | Saldo der Vermögensübertragungen | − 680 |

schaftliche Produktion unberücksichtigt bleibt (Marktkonzept), aber beim Staat eine Produktionstätigkeit in Betracht gezogen wird, obwohl keine Verkäufe stattfinden (Wohlfahrtskonzept).

Da zwischen materieller Produktion und immaterieller Produktion nicht unterschieden wird, ebenso keine Differenzierung zwischen Verbrauch und Gebrauch erfolgt, fehlt der Anschluß an dringend erforderliche → Materialbilanzen.

Auch eine Verknüpfungsmöglichkeit mit demographischen Gesamtrechnungen, die Bevölkerungsbewegungen untersuchen, ist noch nicht in Sicht.

Das ursprüngliche Ziel der Arbeiten von internationalen Organisationen (UN, OEEC, EG), Vergleiche zwischen verschiedenen Volkswirtschaften zu ermöglichen, wird auch durch die neuen Rechnungssysteme im wesentlichen nicht erreicht. Das Maß »Sozialprodukt« hat, von verbliebenen Definitions- und Erfassungsproblemen abgesehen, je nach Organisation der Volkswirtschaft unterschiedlichen Wohlfahrtsgehalt. Besondere Schwierigkeiten ergeben sich beim Vergleich mit den Gesamtrechnungssystemen sozialistischer Volkswirtschaften (→ Material Product System). Eine Umrechnung in andere Währungseinheiten ist vollends problematisch.

Die geringe Aussagekraft der VGR hinsichtlich gesellschaftlicher Tatbestände wie → Lebensqualität hat die Arbeiten an konkurrierenden Rechenwerken gefördert. Soweit sie eindimensional angelegt sind, d. h. in Geldwerten messen, jedoch im Kontenplan, in den Kontenpositionen, bei Erfassung und Bewertung Änderungen vornehmen (z. B. → sozialen Kosten wie → Umweltverschmutzung und → sozialen Erträgen wie Freizeitgewinn Rechnung tragen), können sie immer noch als modifizierte VGR-Konzepte verstanden werden.

Soweit sie allerdings mehrdimensional angelegt sind, d. h. eine Sammlung von → sozialen Indikatoren mit monetären und nichtmonetären Größen präsentieren, handelt es sich um Gegenkonzepte zur VGR. Sie verzichten auf die systembildende Einheit und Geschlossenheit der VGR und gewinnen dafür größere Sensitivität für die verschiedenen Komponenten der Lebensqualität (z. B. Freiheit, Gesundheit, Befriedigung am Arbeitsplatz).

F. G.

**volkswirtschaftliche Kosten**
→ soziale Kosten

**Volkswirtschaftslehre**
Beschäftigung mit wirtschaftlichen oder sozialen Fragen findet man sowohl in der Antike (z. B. bei PLATON) als auch im Mittelalter (z. B. bei THOMAS VON AQUIN); für den heutigen Stand der Wirtschaftswissenschaft relevant sind allerdings erst die Untersuchungen der Klassiker. Es erscheint deshalb sinnvoll, den Beginn der modernen Wirtschaftswissenschaften in das 18. Jh. zu legen und mit François QUESNAY (1694–1774) und Adam SMITH (1723–1790) zu verknüpfen. Die dreifache Verwurzelung der Wirt-

schaftswissenschaften in den Rechts- und Staatswissenschaften, der Geschichtswissenschaft und der Moralphilosophie zusammen mit der späteren Übernahme vieler fruchtbarer Gedanken aus den Naturwissenschaften hat zu einer Vielzahl von methodischen Ansatzpunkten und zu zahlreichen Diskussionen über die adäquaten Methoden geführt.

Bei den Physiokraten herrschte noch das Harmoniedenken vor. Sie sahen hinter dem Spiel der wirtschaftlichen Kräfte das Wirken einer natürlichen Ordnung und hielten deshalb ein Eingreifen des Staats auch für weitgehend unnötig (laissez faire). Dennoch legte Francois QUESNAY mit seinem Kreislaufschema der Güterströme zwischen den drei ökonomischen Klassen (Bauern, Handwerker, Grundbesitzer) den Grundstein für die moderne Kreislauftheorie. Adam SMITH dagegen rückte den Faktor Arbeit stärker in den Mittelpunkt seiner Untersuchungen über Natur und Wesen des Volkswohlstandes. Auch seine Überlegungen zur Gleichgewichtstheorie des Marktes sehen die Arbeit als den »wahren Maßstab des Tauschwerts aller Waren« an.

Während die Physiokraten das wirtschaftliche Geschehen vornehmlich aus makroökonomischer Sicht analysierten, bedienten sich die Klassiker auch marginalistischer Instrumente, unter ihnen v. a. David RICARDO (1772–1823), um seine Ideen zur Renten-, Preis-, Verteilungs- und Werttheorie zu entwickeln. Karl MARX (1818–1883) dagegen betonte den gesellschaftlichen und historischen Bezug der Ökonomie, den er ebenso zu analysieren suchte wie die im Produktionsprozeß verkörperten Macht- und Besitzstrukturen. Neben der Weiterentwicklung des von QUESNAY stammenden kreislauftheoretischen Instrumentariums geht auf MARX die Methode des → dialektischen Materialismus zurück.

Von John Stuart MILL (1806–1873) werden mit der konkreten deduktiven Methode und der umgekehrten Deduktion (→ Logistik) explizit Schluß- und Untersuchungsweisen aus den Naturwissenschaften übernommen.

Aus auf empirischem Wege gewonnenen Regelmäßigkeiten werden → Hypothesen abgeleitet und durch Tests mehr und mehr bestätigt (oder verworfen), bis sie den Charakter von Erfahrungsregeln gewinnen. In der Folge führt dies zum sogenannten Methodenstreit zwischen Carl MENGER (1840–1921) und Gustav von SCHMOLLER (1838–1917). Als Theoretiker im Gegensatz zum Historiker fesselt MENGER die Abstraktion und das allgemein Gültige. SCHMOLLER dagegen sah im Historismus »die Rückkehr zur wissenschaftlichen Erfassung der Wirklichkeit«. Diese Auseinandersetzung über die Relevanz der deduktiven und der induktiven Methode zieht sich bis in die Gegenwart hinein.

Über die Einführung der Grenznutzentheorie in die Wert- und Preislehre durch Carl MENGER, William Stanley JEVONS (1835–1882) und Léon WALRAS (1834–1910) rückt die individuelle Sicht (→ subjektive Wertlehre) stärker in den Mittelpunkt des Interesses. Auf mikroökonomischer Grundlage steht auch die walrasianische Theorie des allgemeinen Gleichgewichts, der es um den Nachweis geht, daß alle Preise und Mengen im Gleichgewicht eindeutig bestimmt sind. Von diesen Totalmodellen der Lausanner Schule lenkt Alfred MARSHALL (1842–1924) das Augenmerk wieder verstärkt auf die Partialanalyse, z. B. in seinen Untersuchungen zum Angebotsverhalten vieler in Konkurrenz stehender Unternehmen.

Mit Max WEBER (1864–1920) wird eine neue methodologische Ebene erschlossen. Sein Untersuchungsgegenstand sind sowohl die explizit oder implizit in den ökonomischen Theorien enthaltenen → Werturteile als auch die Art und Weise, wie und wo sie in die Theorienbildung einfließen. Die mit seinen Arbeiten verbundene Werturteilsdebatte, ob ökonomische Theorien überhaupt Werturteile enthalten dürften, hat der Unterscheidung von normativer und positiver Ökonomik zum Durchbruch verholfen.

Der Streit um die Legitimität der Werturteile war auch ein Streit um den Anteil von Subjektivität und Unüberprüfbarkeit in den Theorien. Karl POPPER suchte mit seinen wissenschaftstheoretischen Arbeiten über den Prozess des fortschreitenden Erhärtens oder Falsifizierens von → Hypothesen und Theorien vermittels Tests (→ trial and error) das Element des Zufälligen und Subjektiven so weit wie möglich aus der Theorienbildung zu eliminieren. Seine Ideen haben sich in der Strömung des kritischen Rationalismus niedergeschlagen.

Die Weltwirtschaftskrise und die Massenarbeitslosigkeit in ihrem Gefolge waren der Grund, sich den makroökonomischen Phänomenen wieder verstärkt zuzuwenden. Es war das Verdienst von John Maynard KEYNES (1883–1946), durch die Analyse der Determinanten des Volkseinkommens der Makroökonomie neue Impulse zu geben. Die Formalisierung seiner Gedanken schlägt sich im keynesianischen System nieder, das die Grundlage moderner Wirtschaftstheorie und -politik (hier besonders der → fiscal policy) bildet. In jüngster Zeit entzündet e sich der Streit zwischen den Vertretern des → Fiskalismus und des → Monetarismus an eben der Wirksamkeit der fiskalpolitischen Instrumentariums zur konjunkturellen Steuerung des Wirtschaftsgeschehens. P. Ku.

**Volkswirtschaftspolitik**
→ Wirtschaftspolitik

**Vollbeschäftigung**
1. volle Ausnutzung der Produktionskapazität des sachlichen → Produktivvermögens;
2. volle Inanspruchnahme des Arbeitskräftepotentials. Vollbeschäftigung ist von Arbeitsmarktgleichgewicht zu unterscheiden, das bei gegebenem Lohnsatz die Übereinstimmung von geplanter Arbeitsnachfrage und geplantem Arbeitsangebot (nicht identisch mit Arbeitskräftepotential) verlangt.
In der Praxis wird Vollbeschäftigung je nach institutionellen Voraussetzungen (z. B. Erfassungskriterien und Erfassungsmöglichkeiten der → Arbeitslosigkeit) sehr unterschiedlich definiert. In der BRD

wählt man als (nicht unumstrittenes) Kriterium die Arbeitslosenquote (Arbeitslose in Prozent der abhängigen Erwerbspersonen) und spricht von Vollbeschäftigung, wenn sie höchstens 0,8–1 % beträgt. Damit wird unterstellt, daß für die Selbständigen und mithelfenden Familienangehörigen kein Beschäftigungsproblem besteht und daß bei den Unselbständigen eine gewisse Sockelarbeitslosigkeit nicht auszuschließen ist.

Unter den Zielen der → Wirtschaftspolitik nimmt Vollbeschäftigung als Komponente des → magischen Vielecks einen bevorzugten Platz ein. In den Zielkatalogen des Gesetzes über die Bildung eines → Sachverständigenrates zur Begutachtung der gesamtwirtschaftlichen Entwicklung (1963) und des → Gesetzes zur Förderung der Stabilität und des Wachstums der Wirtschaft (1967) wird ein hoher Beschäftigungsstand genannt. Das Arbeitsförderungsgesetz (1969) sieht vor, daß weder Arbeitslosigkeit und unterwertige Beschäftigung noch ein Mangel an Arbeitskräften eintreten oder fortdauern soll.   F.G.

**vollkommener Markt** → Marktformen

**Vollkostenprinzip**
→ markup pricing

**vollständige Konkurrenz**
(auch: atomistische Konkurrenz, vollständiger Wettbewerb, perfect competition) zahlreiche kleine Anbieter und Nachfrager (Polypol) auf einem vollkommenen Markt (→ Marktformen).

a) Marktgleichgewicht: Bei vollständiger Konkurrenz werden → Gleichgewichtspreis und -menge durch den Schnittpunkt E (Abb. 1) von → Angebots- und → Nachfragekurve bestimmt (Konkurrenzpreis $p_k$ und Konkurrenzmenge $x_k$). Die Bedingung für das Marktgleichgewicht lautet: angebotene Menge = nachgefragte Menge. Gleichgewichtspreis und -menge ergeben sich bei normalem Kurvenverlauf durch Konkurrenz der Anbieter bzw. Nachfrager. Im Falle eines Angebotsmengenüberschusses (Nachfragemengenüberschusses) werden sich die Anbieter (Nach-

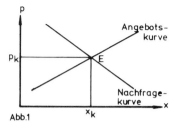

Abb.1

frager) so lange unterbieten (überbieten), bis der Gleichgewichtspreis erreicht ist.

b) Kurzfristiges betriebliches Gleichgewicht: Ein Anbieter kann mit seiner im Vergleich zum Gesamtmarkt geringen Angebotsmenge den am Markt geltenden Preis (und die von anderen Anbietern abgesetzte Menge) nicht beeinflussen und muß ihn als Datum hinnehmen. Die betriebliche → Preis-Absatz-Funktion ist unendlich elastisch und der → Grenzumsatz ist gleich dem Preis. Der Betrieb verhält sich als → Mengenanpasser. Das kurzfristige betriebliche Gleichgewicht ist unter der Zielsetzung der → Gewinnmaximierung bei jener Angebotsmenge erreicht, bei der die Bedingung 1. Ordnung Preis gleich Grenzkosten und die Bedingung 2. Ordnung Steigung der Grenzkostenkurve größer Null erfüllt sind.

c) Langfristiges betriebliches Gleichgewicht: Die Änderung der Betriebsgröße ist eine langfristige Maßnahme zur Gewinnmaximierung (gegenüber der kurzfristig möglichen Variation der Ausbringungsmenge bei unveränderter Betriebsgröße). Die → Stückkosten bei unterschiedlichen Betriebsgrößen werden durch die u-förmige langfristige Stückkostenkurve angezeigt, deren Minimum die optimale Betriebsgröße kennzeichnet. Solange der Preis nicht gleich dem Minimum der langfristigen Stückkosten (bei für alle Anbieter etwa gleichen Kostenkurven) ist, entstehen in dem Markt überdurchschnittliche Gewinne. Bei unbeschränktem → Marktzutritt wird durch die Konkurrenz neuer Anbieter, angezogen durch die außerordentlichen Gewinne, der Preis auf das Minimum der langfristigen Stückkosten gedrückt,

d. h. die Anbieter werden zur Wahl der optimalen Betriebsgröße gezwungen. Im langfristigen betrieblichen Gleichgewicht $E_l$ (Abb. 2) ist der Preis ($\bar{p}$) gleich dem Minimum der langfristigen ($STK_l$) und kurzfristigen Stückkosten ($STK_k$) und gleich den Grenzkosten ($K'$). Es liegt eine Null-Gewinn-Situation vor (wenn in die Kosten ein »normaler« oder »üblicher« Gewinn eingerechnet wird) und es herrscht → Gruppengleichgewicht.

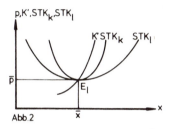

Abb. 2

Die Marktform der vollständigen Konkurrenz wird als wünschenswert betrachtet, weil der Verbraucher das Gut zu dem geringsten möglichen Preis erhält, der gleich den Kosten ist (Kostengesetz). Die Koordination der Wirtschaftspläne erfolgt über den → Preismechanismus, der nach dem Konzept der → Marktwirtschaft als unsichtbare Hand den Wirtschaftsablauf steuert. Außerdem sind bei vollständiger Konkurrenz auf allen Märkten die Bedingungen für ein → PARETO-Optimum erfüllt. Eine PARETO-optimale → Allokation der Produktionsfaktoren durch vollständige Konkurrenz ist jedoch bei Vorliegen von → Externalitäten nicht gewährleistet.

Das ordnungspolitische Konzept der vollständigen Konkurrenz wird als »Schlafmützenkonkurrenz« kritisiert, da im langfristigen Gleichgewichtszustand kein Anlaß zu Veränderungen (z. B. Qualitätsverbesserungen, neue Produkte) gegeben ist und kleine Betriebe gewisse Funktionen oder Vorteile (z. B. Forschung, Anwendung des → technischen Fortschritts, Massenproduktion) nicht wahrnehmen können. An seine Stelle trat das Konzept des → funktionsfähigen Wettbewerbs.  H.M.W.

**Vorhersage** → Projektion

**Vorleistungen**
Wert der Sachgüter und Dienstleistungen, die inländische Wirtschaftseinheiten von anderen in- und ausländischen Wirtschaftseinheiten beziehen und in derselben Periode bei der Produktion verbrauchen. Zu den Vorleistungen zählen Roh-, Hilfs- und Betriebsstoffe, Brenn- und Treibstoffe, Handelsware, laufende Reparaturleistungen, Transportkosten, Postgebühren, Anwaltskosten, gewerbliche Mieten usw. Beim Sektor Staat werden den Konventionen der → Volkswirtschaftlichen Gesamtrechnung zufolge v. a. die Käufe von militärischen Bauten und Ausrüstungen zu den Vorleistungen gerechnet, ebenso die Aufwendungen für medizinische Leistungen durch Sozialversicherungsträger.

**Vorleistungskoeffizient**
→ Inputkoeffizient

**Vorprodukte**
( = Input-Vorräte) Im → Vorratsvermögen eines Wirtschaftssubjekts enthaltene Sachgüter aus fremder Produktion zur Verwendung bei der eigenen Produktion oder als Handelsware. Die Vorprodukte bilden zusammen mit den halbfertigen und fertigen Erzeugnissen aus eigener Produktion (Output-Vorräte) das gesamte Vorratsvermögen.

**Vorratsstellenwechsel**
→ Geldmarktpapiere

**Vorratsvermögen**
produzierte Güter im Bestand einer Wirtschaftseinheit oder der Volkswirtschaft, die noch nicht verbraucht, exportiert oder zur Bildung von → Anlagevermögen verwandt wurden.
Gliederung:
a) → Vorprodukte (aus fremder Produktion);
b) Halbfertige und fertige Erzeugnisse aus eigener Produktion;
c) Handelsware.
Einbezogen sind i. d. R. auch Viehbestände und Ernte auf Halm. Nicht berücksichtigt

werden Bodenschätze, Wälder und unvollendete Bauten. Generell bleiben Vorräte des Staates und des Haushaltssektors außer Betracht. Die stattlichen Einfuhr- und Vorratsstellen rechnen zum Unternehmenssektor.   F. G.

**Vorsichtskasse**
in der KEYNES'schen Theorie Teil der → Kassenhaltung (neben → Transaktions- und → Spekulationskasse) zur Finanzierung von einkommensabhängigen Leistungstransaktionen, der aufgrund der Ungewißheit über die Zahlungstermine und die dann fälligen Ein- und Auszahlungen erforderlich ist. Je nach der (unterstellten) Wahrscheinlichkeitsverteilung darüber und der Höhe der bei Verzicht auf Kassenhaltung erzielbaren Erträge (→ Zins) wird die Vorsichtskasse mehr oder weniger hoch sein, jedoch in aller Regel zusammen mit der Transaktionskasse nie die Höhe aller für die Periode erwarteten Auszahlungen erreichen.   H.-J.H.

**Vorzugszoll** → Präferenzzoll

**Wachstum**

1. bezogen auf Populationen von Lebewesen: Vorgang der zahlenmäßigen Vergrößerung der Population, z.B. Bevölkerungswachstum. Das Wachstum von Tier- und Pflanzenpopulationen folgt i.d.R. einer logistischen Kurve, deren Form von der Vermehrungsrate und von den Umweltbedingungen abhängt.

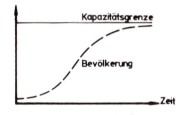

Die Wachstumsrate der Population nimmt zunächst zu, um dann von einem bestimmten Punkt an wieder abzunehmen. Die Kurve nähert sich asymptotisch einem Maximalwert: Die ökologische → Rückkopplung zwischen der Population und ihrer Umwelt bewirkt einen stationären Zustand.

2. in der → Wachstumstheorie: Zunahme des realen → Sozialprodukts, die zurückgeführt wird auf vermehrten Einsatz von → Kapital und → Arbeit sowie → technischen Fortschritt. Bezieht man das Sozialprodukt auf die Bevölkerung, so ergibt sich die Unterscheidung zwischen *extensivem* Wachstum (prozentual gleich große Zunahme von Sozialprodukt und Bevölkerung) und *intensivem* Wachstum (Erhöhung des Sozialprodukts pro Kopf).

3. in der ökologischen Wachstumstheorie: Oberbegriff für Bevölkerungswachstum und materielles Wachstum; im Modell die Zunahme der Bestandsgrößen Bevölkerung, Kapital im Dienstleistungssektor, industrielles Kapital, landwirtschaftliches Kapital. Im Gegensatz zur ökonomischen Wachstumstheorie, die das Wachstum des Sozialprodukts als letztlich durch Kapitalakkumulation, technischen Fortschritt und Bevölkerungswachstum begrenzt betrachtet, werden in der ökologischen Wachstumstheorie die nicht vermehrbaren Rohstoffvorräte, die begrenzte landwirtschaftliche Nutzfläche und die durch die Produktion bedingte → Umweltverschmutzung als Determinanten der Wachstumsgrenzen der Bevölkerung und der Kapitalakkumulation gesehen.

C.-G. Sch.

**Wachstumsmodelle**

Systematisierung der für das wirtschaftliche → Wachstum wesentlichen Beziehungen im Rahmen der → Wachstumstheorie; insbes. wird die Frage nach den Bedingungen eines Wachstumsgleichgewichts (→ steady state growth) gestellt.

Als Prämissen gehen in die Wachstumsmodelle Annahmen über die technischen Bedingungen der → Produktion (→ Produktionsfunktion), das Verhalten der Unternehmen und Konsumenten (→ Investitionsfunktion, → Sparfunktion), die Wachstumsrate der Bevölkerung, Art und Ausmaß des → technischen Fortschritts sowie Gleichgewichtsbedingungen (Vollauslastung der Kapazitäten, Vollbeschäftigung) ein.

Im → DOMAR-Modell und im → HARROD-Modell werden die Bedingungen eines steady-state-Wachstums unter der Voraussetzung konstanter Produktionskoeffizienten bzw. einer Investitionsfunktion gemäß dem → Akzelerationsprinzip abgeleitet. Das Resultat (Notwendigkeit der Übereinstimmung von natürlicher und befriedigender Wachstumsrate) wurde als unzulänglich empfunden, da beide unabhängig voneinander und nur durch Zufall zur Übereinstimmung zu bringen sind. Man suchte nach größerer Flexibilität durch eine differenzierende Sparfunktion, die der unterschiedlichen → Sparquote der Unternehmen und Haushalte Rechnung trägt, oder durch Einführung einer → neoklassischen Produktionsfunktion mit substitutiven Produktionsfaktoren wie im → SOLOW-Modell. Die Einbeziehung des technischen Fortschritts führt zu Modellen, die diesen als endogene Variable betrachten (learning by doing) sowie zur Aufspaltung der Produktionsfunktion in Jahrgangsproduktionsfunktionen für einzelne Investitionsjahrgänge, dem → vintage approach mit investitionsgebundenem technischen Fortschritt. In bezug auf die Produktionsfunktion eines einzelnen Investitionsjahrgangs stellt sich die Frage nach der Substituierbarkeit von Kapital und Arbeit. Diese ist im Planungsstadium, solange die Investition noch nicht durchgeführt wurde, zweifellos gegeben; es ist jedoch unrealistisch anzunehmen, sie sei danach noch im gleichen Maß vorhanden (Substituierbarkeit ex ante und ex post; Leif JOHANSEN, 1959). Läßt man dementsprechend Substitution nur ex ante, nicht aber ex post zu, erhält man ein sog. putty-clay-Modell (Robert M. SOLOW, 1960, 1962; putty = Kitt, clay = Ton; ersterer bleibt verformbar, letzterer büßt die Verformbarkeit nach der Bearbeitung ein). Bei putty-putty-Modellen bzw. clay-clay-Modellen wird Substituierbarkeit bzw. Limitationalität sowohl ex ante als auch ex post vorausgesetzt. Im Rahmen des neoklassischen Wachstumsmodells taucht die Frage nach dem optimalen Wachstumsgleichgewicht auf, da alternativen → Sparquoten verschiedene steady-state-Wachstumspfade entsprechen, die zwar identische Wachstumsraten aller Variablen aufweisen, jedoch auf verschieden hohen Niveaus verlaufen. Das optimale Wachstumsgleichgewicht bezogen auf die Zielsetzung der Maximierung des Durchschnittskonsums wird beschrieben durch die Goldene Regel der Akkumulation (golden rule of accu-

mulation; Edmund S. PHELPS, Maurice ALLAIS, Joan ROBINSON, Carl Christian von WEIZSÄCKER), welche verlangt, daß die → Grenzleistungsfähigkeit des Kapitals gleich der natürlichen Wachstumsrate (→ HARROD Modell) ist. Befindet sich eine Volkswirtschaft nicht auf dem optimalen Wachstumspfad, hat man abzuwägen, ob es sich lohnt, diesen anzustreben. In diesem Zusammenhang wird er mit einer turnpike (= autobahnähnliche Schnellstraße) verglichen. Die Mühe des Überwechselns auf die Schnellstraße lohnt sich um so mehr, je weiter die Reise gehen soll, d. h. je länger der Planungshorizont ist. Alternative Ansätze zur Behandlung des Problems des optimalen Wachstums bieten das RAMSAY-Modell (Frank RAMSAY, 1928), das eine im Zeitablauf variable Wachstumsrate zuläßt, und das NEUMANN-Modell (John von NEUMANN, 1937), das anstelle einer makroökonomischen Produktionsfunktion eine Vielzahl linearer Produktionsprozesse unterstellt. C.-G.Sch.

**Wachstumspolitik** → Finanzpolitik

**Wachstumsstadien**

feststehende, im historischen Ablauf sich wiederholende Muster des Industrialisierungsprozesses. Ziel der Analyse, die insoweit den Gedanken von Oswald SPENGLER und Arnold TOYNBEE nahesteht, ist eine historische Theorie der wirtschaftlichen Entwicklung bzw. eine Theorie der modernen Geschichte überhaupt; anders als die → Stufentheorien ist sie als Alternative zur marxistischen Entwicklungstheorie konzipiert (→ historischer Materialismus). Walt W. ROSTOW (1960) unterscheidet fünf Wachstumsstadien: a) Traditionelle Gesellschaft: Ihre Struktur entspricht den begrenzten Produktionsmöglichkeiten die auf vornewtonscher Wissenschaft und Technik basieren. Es gibt eine obere Grenze der erreichbaren Produktion pro Kopf. b) Übergang zum wirtschaftlichen Aufstieg: In diesem Stadium werden die Voraussetzungen für den wirtschaftlichen Aufstieg geschaffen. Es ist gekennzeichnet durch steigende Investitionen bei nach wie vor wenig effizienten Produktionsmethoden. Ein schlagkräftiger, zentral regierter Nationalstaat entsteht. c) Wirtschaftlicher Aufstieg (take-off): Er begann in England nach 1783, in Deutschland im 3. Viertel des 19. Jh., in Indien und China um 1950. Neue → Technologien setzen sich in Industrie und Landwirtschaft durch, die → Investitionsquote steigt an, die sich neu formierenden politischen Kräfte drängen darauf, den kumulativen Wachstumsprozeß zu institutionalisieren; der Weg für ein stetiges → Wachstum ist frei. d) Entwicklung zur Reife (mature economy): Etwa 60 Jahre nach Beginn des Aufstiegs wird das Reifestadium erreicht. Die Gesellschaft hat sich institutionell den Erfordernissen effizienter Produktionsmethoden angepaßt und verfügt über ein breites Spektrum von Industrien. e) Zeitalter des Massenkonsums: Es ist gekennzeichnet durch das Aufkommen des → Wohlfahrtsstaates und die massenhafte Produktion dauerhafter Konsumgüter, insbes. des Automobils, das die Lebensgewohnheiten revolutioniert und zum Indikator dieses Stadiums wird.

Die Auffassung von den Stadien wirtschaftlichen Wachstums hat eine lebhafte Diskussion ausgelöst. Kritisch wird v.a. eingewendet, das starre Ablaufmuster verleite dazu, die historischen Fakten in unzulässiger Weise zu manipulieren, um sie mit diesem kompatibel zu machen. Die Unterschiede in der Entwicklung einzelner Volkswirtschaften seien zu groß, um sie unter ein allgemeines Schema subsumieren zu können. Im Gewande der Wissenschaftlichkeit werde Ideologie vorgetragen, was nicht zuletzt im Titel des ROSTOW'schen Buches »The Stages of Economic Growth. A Non-Communist Manifesto« anklingt. C.-G.Sch.

**Wachstumstheorie**

1. Teilgebiet der theoretischen → Volkswirtschaftslehre, das im Gegensatz zur → Konjunkturtheorie, die sich mit den kurzfristigen Veränderungen und zyklischen Schwankungen des → Sozialprodukts befaßt, das langfristige wirtschaftliche → Wachstum, d.h. den Trend der Entwicklung des Sozialprodukts, zum Gegenstand hat. Als Determinanten des Wachstums werden Kapitalakkumulation (→ Investitionsquote), Bevölkerungswachstum und → technischer Fortschritt angesehen.

Die moderne Wachstumstheorie, deren Beginn durch das → HARROD-Modell und das → DOMAR-Modell gekennzeichnet ist, versucht mit Hilfe von → Wachstumsmodellen, welche die Realität auf hohem Abstraktionniveau abbilden, v.a. die Fragen nach den Bedingungen eines makroökonomischen dynamischen Gleichgewichts (→ steady state; → golden age), nach der Möglichkeit des Übergangs von einem Gleichgewichtspfad zu einem anderen (Traverse) und nach dem optimalen Wachstumspfad zu beantworten.

Als Prämissen gehen in die Wachstumsmodelle bestimmte Annahmen über die technischen Bedingungen der Produktion (→ Produkionsfunktion), das Verhalten der Unternehmer und Konsumenten (→ Investitionsfunktion; → Sparfunktion), die Wachstumsrate der Bevölkerung, Art und Ausmaß des technischen Fortschritts sowie Gleichgewichtsbedingungen (Vollauslastung der Kapazitäten, Vollbeschäftigung) ein. Da diese nicht zuletzt durch bestimmte Traditionen der nationalökonomischen Theorie bestimmt sind, unterscheidet man eine postkeynesianische und eine neoklassische Wachstumstheorie. Erstere (vertreten u.a. von Roy F. HARROD, Joan ROBINSON, Nicholas KALDOR) ist allgemein gekennzeichnet durch eine größere Skepsis bezüglich der Realisierungschance eines langfristigen Gleichgewichts, letztere (entwickelt v.a. von Robert M. SOLOW, James TOBIN, James E. MEADE) ist optimistischer in der Beurteilung der langfristigen Selbststeuerungskräfte der Wirtschaft. Die wesentlichen theoretischen Differenzen bestehen in der Verwerfung der → Grenzproduktivitätstheorie als einer realistischen Theorie der Verteilung sowie der grundsätzlichen Kritik am Konzept einer makroökonomischen Produktionsfunktion auf seiten der Postkeynesianer. Die neuere Entwicklung ist gekennzeichnet durch eine teilweise Annäherung der Standpunkte und eine fortschreitende

Weiterentwicklung und Verfeinerung der Wachstumsmodelle, z. B. durch die Einbeziehung verschiedener Aspekte des technischen Fortschritts (→ vintage approach) und durch Aufspaltung in mehrere Sektoren (wie Konsumgüter- und Produktionsmittelindustrie).

2. Ökologische Wachstumstheorie, die im Gegensatz zur traditionellen (ökonomischen) Wachstumstheorie die Auswirkungen von → Produktion und → Konsum auf die natürliche Umwelt mit in die Betrachtung einbezieht. Dieser neue Ansatz, der v. a. durch die Veröffentlichung des Club of Rome ausgelöst, von der Konzeption des »Raumschiffs Erde« ausgeht, sieht Grenzen des materiellen Wachstums durch die beschränkten Rohstoffvorräte, die der Nahrungsmittelproduktion zur Verfügung stehenden Anbauflächen und die zunehmende → Umweltverschmutzung.

C.-G. Sch.

**Währung**
im Sinne des Währungsgesetzes (1948) und vorherrschenden Sprachgebrauchs Bezeichnung für die konkrete Gestalt des nationalen Geldwesens (»Deutsche-Mark-Währung« mit der Rechnungseinheit Deutsche Mark, die in hundert Deutsche Pfennig eingeteilt ist).

**Währungsgesetz** → Währungsreform

**Währungsklauseln**
spezielle Form von Wertsicherungsklauseln, bei der die Höhe einer Forderung in Inlandswährung vertraglich an den Kurs einer fremden Währung gebunden wird, um sie unabhängig von Geldwertschwankungen der Inlandswährung zu machen. Als Schuldentilgungsmittel dient die Inlandswährung, als Schuldbemessungsgrundlage ein bestimmter Betrag der Auslandswährung, bewertet mit dem dann herrschenden Kurs (unechte Valutaklausel). Da in der deutschen → Geldordnung das → Nominalwertprinzip gilt, sind derartige Klauseln durch die → Deutsche Bundesbank genehmigungspflichtig (§ 3 Satz 2 Währungsgesetz). Echte Valutaklauseln liegen vor, wenn die ausländische Währung auch als Schuldentilgungsmittel dient. Als

Geschäft zwischen Inländern ist dies ebenfalls von einer Genehmigung durch die Bundesbank abhängig (§ 3 Satz 1 Währungsgesetz in Verbindung mit § 49 → Außenwirtschaftsgesetz). V.B.

**Währungsordnung** → Geldordnung; → internationale Währungsordnung

**Währungspolitik**
1. im verfassungsrechtlichen Sinn: Rechtsgestaltung im Bereich der Geldverfassung, z. B. Ausbildung des Währungs-, Umstellungs- und Aufwertungsrechts.
2. im Sinne des Bundesbankgesetzes: alle Maßnahmen zur Beeinflussung der → Liquidität der Volkswirtschaft, insbes. durch Regulierung der → Geldbasis und der Fähigkeit der → Banken zur → Geldschöpfung entsprechend den »währungspolitischen Befugnissen« der §§ 14 bis 18 (→ Geldpolitik).
3. im engeren Sinne: alle mit Rücksicht auf den Außenwert der Währung ergriffenen Maßnahmen.
Am weitesten ausgreifend sind darunter auch binnenwirtschaftliche Maßnahmen (z. B. Liquiditäts- und Zinspolitik) zu verstehen, die zahlungsbilanzorientiert eingeleitet werden.
Einschränkend können darunter Maßnahmen subsumiert werden, die den Außenwirtschaftsverkehr betreffen und mittelbar oder unmittelbar den → Devisenmarkt berühren. Zu den mittelbaren Maßnahmen gehören dabei Eingriffe in den Handels-, Dienstleistungs- und Übertragungsverkehr.
Häufig werden unter den Begriff der Währungspolitik nur jene ordnungs- und prozeßpolitischen Maßnahmen gefaßt, die unmittelbar für den Devisenmarkt Bedeutung haben. Die ordnungspolitischen Maßnahmen umfassen die Ausgestaltung des Währungssystems (z. B. → Goldstandard, → Metallwährung, manipulierte Währung) im Rahmen der gewählten → internationalen Währungsordnung.
Prozeßpolitische Maßnahmen beinhalten Wechselkursregulierung (z. B. → Aufwertung oder → Abwertung oder Aktionen im Rahmen einer → Interventionspflicht),

ferner die Handhabung der → Konvertibilität bzw. der → Devisenbannwirtschaft oder der → Devisenbewirtschaftung.

F.G.

**Währungsraum**

1. Räumlicher Geltungsbereich einer bestimmten Währung. Beispiel: Das Gebiet der Deutsche-Mark-Währung ist die BRD und das Land Berlin. Da ein Währungsgebiet in diesem Sinn durch die Währungsverfassung definiert ist, fällt der Währungsraum i.d.R. mit dem Staatsgebiet zusammen.

Von einem überstaatlichen Währungsraum kann man sprechen, wenn unterschiedliche Währungen durch vereinbarte → feste Wechselkurse verbunden sind.

2. Die Theorie des optimalen Währungsraumes setzt sich mit dem Problem der Größe eines Währungsraumes auseinander. Die Optimalität wird an → Wohlfahrtskriterien oder an politisch gesetzten → Zielen bemessen. Ein Währungsraum ist danach so zu begrenzen, daß beispielsweise im Rahmen der gegebenen Währungsverfassung Zahlungsbilanzausgleich bei → Vollbeschäftigung und → Geldwertstabilität sichergestellt werden können.

Die einzelnen Varianten der Theorie des optimalen Währungsraumes unterscheiden sich dadurch, daß sie jeweils verschiedene Voraussetzungen für die Zielerreichung sehen (Faktormobilität, Diversifikation, Offenheit der Volkswirtschaft).

Der bekannteste, auf Robert A. MUNDELL (1961) zurückgehende Ansatz legt eine Kongruenz von Währungsraum und Bereich freier Faktormobilität nahe: Betrachtet man eine Nachfrageverlagerung aus Gebiet A nach Gebiet B (die beide Teile eines geschlossenen Währungsraumes sind), so stellt sich in B Nachfragedruck ein, in A Kapazitätsüberhang. Bestünde Faktormobilität, würde durch Wanderungsgewinn in B und Wanderungsverlust in A der neuen Situation ohne gesamtwirtschaftlichen Wohlfahrtsverlust Rechnung getragen.

Besteht jedoch keine Faktormobilität, muß Nachfrage bei B zurückgedrängt, in A hingegen stimuliert werden: Die → terms of trade zwischen A und B ändern sich zu ungunsten von A. Eine zentrale Währungsbehörde, die diesen Prozeß stört, weil sie unter allen Umständen Preissteigerungen verhindern will, erzeugt → Arbeitslosigkeit in A. Der notwendige strukturelle Anpassungsprozeß läuft also im einen Fall dem erklärten Ziel der Preisstabilität, im anderen Fall dem Vollbeschäftigungspostulat zuwider. Ohne Verletzung dieser Postulate läßt er sich nur durch Veränderung der → Wechselkurse bewerkstelligen. Allerdings hieße das Auflösung des währungspolitischen Verbunds zwischen A und B. Genau das ist die Forderung MUNDELL's. Sie bedeutet eine Reduzierung des Währungsraums auf die Zonen absolut freier Faktormobilität, notfalls unter Zerschneidung nationalstaatlicher Einheiten.

Die Verkennung des politischen Hintergrunds ökonomischer Verhältnisse ist angesichts dieser Konsequenz ein naheliegender, gewichtiger Einwand gegen MUNDELL's Theorie des optimalen Währungsraums. Bedenken ökonomischer Natur beziehen sich darauf, daß eine Übereinstimmung von Währungsraum und Mobilitätszone sehr kleine Einheiten, die durch → freie Wechselkurse miteinander verbunden wären, erforderte und daraus erhebliche → soziale Kosten entstünden.

F.G.

**Währungsreform**

grundlegende Neugestaltung der → Geldordnung eines Landes bedingt durch schwerwiegende Funktionsstörungen des Geldwesens und damit der gesamten Volkswirtschaft, die dadurch charakterisiert werden können, daß das gesetzliche → Zahlungsmittel seine Funktionen, gleichzeitig Rechengut, Zahlungs- und Schuldentilgungsmittel sowie kurzfristiges Vermögensanlagegut zu sein, nicht mehr erfüllt. Unterschiedlich geartete Beispiele dafür liefert die Situation, die den beiden Währungsreformen im Deutschland des 20. Jh. vorausging. In beiden Fällen hatte die Zerrüttung des Geldwesens ihre Ursache in einer kriegsbedingten Ausweitung der → Geldmenge über die Produktionsmöglichkeiten, die sich einmal aus der Finanzierung der öffentlichen Budgetdefizite, zum anderen aus der radikalen Verminderung der Produktionskapazitäten des Landes ergab. Während jedoch in der großen offenen → Inflation nach dem 1. Weltkrieg die Mark noch Zahlungsmittel, nicht aber mehr Recheneinheit war, führte die durch Preis- und Lohnstop zurückgestaute → Inflation nach dem 2. Weltkrieg dazu, daß die Mark zwar als Rechengut, jedoch nicht mehr als allgemein akzeptiertes Zahlungsmittel diente, also mehr und mehr ihre Kaufmacht verlor.

Je nach historischer Situation sind unterschiedliche Einzelmaßnahmen zweckmäßig. Grundlegende Bestandteile einer Währungsreform sind aber:

a) Es wird eine neue Währungseinheit geschaffen und eine Reduktion der Geldmenge und anderer Geldvermögensbestände vorgenommen, so daß die neue Währung ihre Geldfunktionen wieder erfüllen und auf der Grundlage einer knappen → Zentralbankgeldmenge wirksame → Geld- und → Kreditpolitik betrieben werden kann.

b) Zur technischen Durchführung der Geldmengenreduktion durch Umtausch der Altgeldbestände tritt das Problem der Neubewertung aller Geldvermögensbestände in dem neuen gesetzlichen Zahlungsmittel, der Festsetzung einer neuen → Parität sowie das Erfordernis einer Änderung der bisherigen Wirtschaftspolitik als Voraussetzung für den Erfolg der Reform.

c) Außerdem sind mit einer Währungsreform Verteilungswirkungen verbunden, die aus der unterschiedlichen Zusammensetzung der Vermögensbestände der Wirtschaftseinheiten (Geld- und Sachvermögen) entstehen.

Die westdeutsche Währungsreform vom 21. 6. 1948 wurde über vier gleichlautende Gesetze der amerikanischen, britischen und französischen Militärregierungen abgewickelt. Das Währungsgesetz schuf die Deutsche Mark als neue Währungseinheit anstelle der Reichsmark, regelte die Ablieferung und Anmeldung von Altgeld sowie die Erstausstattung der Wirtschaftseinhei-

ten mit dem neuen gesetzlichen Zahlungsmittel. Das Emissionsgesetz stattete die kurz zuvor gegründete Bank Deutscher Länder (→ Deutsche Bundesbank) mit dem alleinigen Recht zur Ausgabe von → Banknoten und → Münzgeld aus, wobei eine Obergrenze für den Stückgeldumlauf festgesetzt wurde und ordnete die Haltung von → Mindestreserven an. Einige Tage später erging das Umstellungsgesetz, das die Überführung von Altgeldguthaben und anderen Reichsmarkverbindlichkeiten in Deutsche Mark betraf und grundsätzlich eine Umstellung im Verhältnis von 10 : 1 anordnete. Der rekurrente Anschluß der neuen Währungseinheit an die alte im Verhältnis von 1 : 1 war also formaler Natur und beinhaltete, daß in Gesetzen, Verordnungen, Verwaltungsakten oder rechtsgeschäftlichen Erklärungen anstelle der Rechnungseinheit Reichsmark, Goldmark oder Rentenmark die Rechnungseinheit Deutsche Mark trat. Das Festkontogesetz vom Oktober 1948 ergänzte das Umstellungsgesetz durch endgültige Festlegung der Reichsmark-Bankguthaben in Deutsche Mark.

Als Erstausstattung mit dem neuen Geld wurde allen natürlichen Personen ein Kopfbetrag von zunächst 40 DM im Umtausch gegen 40 RM zugeteilt, dem im August weitere 20 DM folgten. Unternehmen und freie Berufe erhielten als Geschäftsbetrag pro Arbeitnehmer eine Erstausstattung von 60 DM. Die Erstausstattung der Gebietskörperschaften (Länder, Gemeinde, Gemeindeverbände) betrug ein Sechstel der Ist-Einnahmen in der Zeit vom 1. 10. 1947 bis 31. 3. 1948, Bahn und Post wurden ein Zwölftel der Ist-Einnahmen des gleichen Zeitraums zugewiesen.

Die weitere Ausstattung mit neuem Geld erfolgte durch Umwandlung von Altgeldguthaben (Reichsmarkguthaben bei Geldinstituten im Währungsgebiet, auch die Reichsmarkguthaben, die erst durch die Einzahlung der auf Grund des Währungsgesetzes abzuführenden Altgeldnoten entstanden sind). Natürliche Personen und Unternehmen erhielten für je 100 RM 10 DM gutgeschrieben, wovon 5 DM auf ein Freikonto und 5 DM auf ein zunächst gesperrtes Festkonto gingen. Aufgrund des Festkontogesetzes wurden für je 100 RM 1 DM dem Freikonto zugeführt und 0,50 DM einem zunächst gesperrten Anlagekonto gutgeschrieben. Da der Restbetrag von 3,50 DM erlosch, ergab sich für Altgeld ein Umwandlungsverhältnis von 100:6,5.

Altgeldguthaben der Gebietskörperschaften, Bahn und Post wurden in Anbetracht der Erstausstattung gestrichen. Auch Altgeldguthaben der Geldinstitute bei Geldinstituten des Währungsgebiets erloschen, ebenso Altgeldguthaben des Reichs und verschiedener Organisationen und Kriegsgesellschaften.

Nicht umgestellt wurden Verbindlichkeiten des Reichs, verschiedener Organisationen und bestimmter Kriegsgesellschaften; eine spätere Regelung fand durch das Kriegsfolgengesetz von 1957 statt.

Alle sonstigen Reichsmark-Verbindlichkeiten wurden grundsätzlich im Verhältnis 10:1 auf Deutsche Mark umgestellt. Damit sollte eine gleiche Behandlung von Bargeld und Bankguthaben und anderen Geldvermögenstiteln (z.B. Wertpapiere, Darlehen) erreicht und die verminderte Leistungsfähigkeit der Schuldner durch Krieg und Währungsreform berücksichtigt werden. Von dieser Regelung ausgenommen waren v.a. Löhne und Gehälter, Mieten, Renten, Pensionen und Beiträge und Leistungen der → Sozialversicherung, deren Umstellung im Verhältnis 1:1 stattfand.

Zur Sanierung der Geldinstitute, Versicherungen und Bausparkassen wurden diesen → Ausgleichsforderungen zugeteilt, welche der Deckung offener Verbindlichkeiten und der Schaffung eines angemessenen Eigenkapitals dienen sollten. Außerdem wurden den Geldinstituten liquide Mittel in Höhe von 15 % der Sichtverbindlichkeiten und 7,5 % der befristeten Verbindlichkeiten und Spareinlagen gemäß ihrer Umstellungsrechnung zur Verfügung gestellt.

Die Sachvermögensverluste durch Kriegsereignisse sowie die Geldvermögensverluste infolge der Währungsreform machten eine Neuansetzung des Kapitals der Wirtschaftsunternehmen notwendig. Das DM-Bilanzgesetz vom August 1949 schrieb die Aufstellung von DM-Eröffnungsbilanzen zum 21. 6. 1948 vor (ausgenommen Geldinstitute, Bausparkassen und Versicherungsunternehmen), womit durch Anhebung der Wertansätze die Voraussetzungen für den Substanzerhalt der Unternehmen geschaffen wurden. Die aus der Währungsreform entstandene Bevorzugung von Sachvermögensbesitzern erhöhte die Dringlichkeit eines → Lastenausgleichs zugunsten der Millionen von Heimatvertriebenen und Kriegsgeschädigten.   H.M.W.

### Währungsreserven

Bestände der Währungsbehörde (meist der → Zentralbank) eines Landes an monetärem → Gold und → Devisen mit hohem Liquiditätsgrad, die ihr Interventionen am → Devisenmarkt ermöglichen (→ Interventionspflicht). Eine international einheitliche Methode zur Berechnung der Währungsreserven existiert nicht, da sowohl die Abgrenzung der Aktiva mit Reservecharakter als auch deren Bewertung umstritten ist. Währungsreserven werden im allg. nach dem Bruttoprinzip, d.h. ohne Abzug kurzfristiger Auslandsverbindlichkeiten berechnet. Ist eine Zentralbank in der Lage, → Banken im Bedarfsfall zum Umtausch ihrer Devisenreserven zu veranlassen, so kann es sinnvoll sein, auch deren Bestände in die Definition einzubeziehen.

Der → Internationale Währungsfonds (IWF) zählt zu den Währungsreserven nur liquide Reserven der Währungsbehörden:
a) monetäres Gold;
b) kurzfristige Forderungen in konvertierbaren Währungen, wobei den sog. → Reservewährungen zumindest bis zur Währungskrise von 1971 besondere Bedeutung zukam;
c) Reserveposition im IWF (Ziehungsrechte in der Goldtranche plus Forderungen im Rahmen der → Allgemeinen Kreditvereinbarungen);
d) → Sonderziehungsrechte.
(Vgl. Tab. S. 538).   V. B.

Währungsreserven der Deutschen Bundesbank (Mrd. DM)

|  | Ende 1971 | Ende 1972 | Ende 1973 |
|---|---|---|---|
| Gold, Auslandsforderungen und sonstige Auslandsaktiva | 62,2 | 77,4 | 92,5 |
| darunter: | | | |
| Gold | 14,7 | 14,0 | 14,0 |
| US-Dollar-Anlagen | 37,4 | 52,0 | 65,6 |
| mittelfristige Geldanlagen im Ausland | 2,0 | 2,0 | 1,8 |
| Reserveposition im IWF | 3,9 | 3,9 | 3,9 |
| Sonderziehungsrechte | 1,7 | 2,8 | 4,5 |
| Schuldverschreibungen der Weltbank | 2,2 | 2,5 | 2,5 |
| Auslandsverbindlichkeiten | 2,9 | 3,0 | 1,9 |
| Währungsreserven (netto) | 59,3 | 74,4 | 90,5 |

**Währungsschlange**

Kursband, das die Abweichungen des Dollarkurses von EG-Währungen und anderer Währungen vom Dollarleitkurs anzeigt (von März 1972 bis März 1973 innerhalb der Bandbreite von ± 4,5 %).

Das → Smithsonian Agreement vom Dezember 1971 brachte eine Neufestsetzung der Bandbreite (→ Parität) bzw. der Interventionspunkte für den Dollarkurs auf ± 2,25 % des → Leitkurses (ausgedrückt in nationalen Währungseinheiten für 1 US-Dollar). Daraus ergab sich für den → Wechselkurs zwischen zwei Nichtdollarländern in einem bestimmten Zeitpunkt ein maximaler Abstand vom jeweiligen → Parikurs in Höhe von 4,5 % (z. B. bei einem Dollarkurs in Paris am oberen und in Frankfurt am unteren Interventionspunkt). Dies bedeutete im Zeitablauf einen maximalen Schwankungsbereich von 9 % (von + 4,5 % bis − 4,5 % des jeweiligen Parikurses). In dem Bemühen um eine Währungsunion beschloß der Ministerrat der EG im März 1972, die Bandbreite für Wechselkursschwankungen zwischen Mitgliedsländern auf ± 2,25 % des Parikurses zu verringern (maximaler Abstand des Wechselkurses zwischen zwei EG-Währungen vom Parikurs in einem Zeitpunkt 2,25 %; maximaler Schwankungsbereich im Zeitablauf 4,5 %).

Die Abweichungen des Dollarkurses der EG-Währungen vom Dollarleitkurs stellten ein als Schlange bezeichnetes Kursband dar. Der obere Rand des Kursbandes wurde von der gegenüber dem Dollar schwächsten Währung, der untere Rand von der stärksten Währung gebildet, der Abstand zwischen beiden Rändern betrug aufgrund der verringerten Bandbreite zwischen den EG-Ländern maximal 2,25 %. Der Tunnel wurde durch den maximalen Schwankungsbereich der EG-Währungen gegenüber dem Dollar von ± 2,25 % gebildet. Seine Decke war der obere, sein Boden der untere Interventionspunkt. Die Lage der Schlange im Tunnel ebenso wie ihre Breite wurden durch den → Devisenmarkt bestimmt. Aufgrund der → Interventionspflicht der Währungsbehörden gegenüber dem Dollar konnten die Interventionspunkte für den Dollar (Tunneldecke und -boden) nicht überschritten werden, die Einhaltung der Bandbreite von 2,25 % zwischen den EG-Währungen erfolgte ebenfalls durch Interventionen am Devisenmarkt. Mit der Aufgabe der Interventionen gegenüber dem Dollar im März 1973 durch die an der Schlange beteiligten Länder entfiel der Tunnel. Es entstand die europäische Währungszone mit → Gruppenfloating: Der Wechselkurs der betreffenden Länder gegenüber dem Dollar ist frei, für Wechselkursschwankungen zwischen diesen Ländern wurde die Bandbreite von ± 2,25 % und damit die Schlange (ohne Tunnel) beibehalten. Der Abstand (ausgedrückt in % des alten Leitkurses) zwischen dem Dollarkurs der stärksten und schwächsten Währung (Breite der Schlange) kann daher 2,25 % nicht überschreiten.

H. M. W.

**Währungsunion**
→ Wirtschafts- und Währungsunion

**wage drift** → Lohndrift

**WAGNER'sches Gesetz** → Gesetz der wachsenden Staatstätigkeit

**Wahlhandlungstheorie**
befaßt sich mit der Ableitung der → Nachfragekurve eines Wirtschaftssubjektes für ein Gut. Ausgehend von einem ordinalen Nutzenkonzept (→ Nutzenmessung) verwendet die Wahlhandlungstheorie → Indifferenzkurven zur Darstellung der Präferenzordnung (→ Präferenzen) eines Wirtschaftssubjektes. Sie zeigt, wie eine vorgegebene Konsumsumme bei gegebener Präferenzordnung und Güterpreisen auf zwei Güter aufgeteilt wird, um das höchste Versorgungsniveau oder ein Nutzenmaximum (das → Haushaltsoptimum) zu erreichen. Werden unterschiedliche Preise für ein Gut angenommen (bei Konstanz der anderen Größen), dann läßt sich die jeweils nachgefragte Gütermenge und damit die individuelle Nachfragekurve bestimmen.

H. M. W.

**WALD-Regel** → Spieltheorie

**WALRAS'sches Gesetz**
Das nach Léon WALRAS benannte Gesetz bezieht sich auf dessen Totalanalyse aller in einer Volkswirtschaft stattfindenden Güter-, Faktor- und Kreditdispositionen und besagt, daß unter Berücksichtigung der Budgetrestriktionen maximal $n-1$ von insgesamt $n$ Dispositionen voneinander unabhängig sein können. Bei einer Aggregation zu vier Märkten folgt daraus, daß z. B. der → Geldmarkt ein Überschuß*angebot* aufweisen muß, wenn auf Güter-, Wertpapier- und Arbeitsmarkt insgesamt eine Überschuß*nachfrage* besteht, resp. daß bei → Gleichgewicht auf allen 3 letztgenannten Märkten auch der Geldmarkt im Gleichgewicht ist. Das WALRAS'sche Gesetz ist insbes. auch im Zusammenhang mit dem → SAY'schen Theorem wichtig. H.-J. H.

**Warenkorb** → Indextheorie

**Warengeldsystem**
bezeichnet im Unterschied zum Kreditgeldsystem eine Währungsverfassung, in der → Gold, ein anderes Metall (→ Metallwährung) oder ein anderes Gut Geldfunktionen besitzt.
Auch das Warengeldsystem stellt bereits einen Fortschritt gegenüber einer reinen Tauschwirtschaft dar, da beim Warengeldsystem ein bestimmtes Gut (oder zwei oder wenige Güter, die jedoch völlig substituierbar sind) gehalten werden müssen, um es jederzeit zur Schuldentilgung oder zum Kauf von Gütern und Diensten zu verwenden. Da sowohl die Produktion wie die Haltung von Warengeld i. d. R. höhere Kosten mit sich bringt als die des Kreditgeldes, zeichnet sich die Entwicklung zu modernen Volkswirtschaften durch den Übergang vom Warengeld zum Kreditgeld aus, was freilich auch das Risiko einer zu hohen Geldversorgung in sich birgt. H.-J. H.

**warranted rate of growth**
→ HARROD-Modell

**Washingtoner Abkommen**
→ Smithsonian Agreement

**Wechselkurs**
Preis einer Währung ausgedrückt in einer anderen Währung. Bei der allg. üblichen Preisnotierung des Wechselkurses der inländischen Währungseinheit gibt er den Preis für 1 ausländische Währungseinheit in inländischen Währungseinheiten an (z. B. DM je US-Dollar, $w_{DM/\$}$). In Form der Mengennotierung des Wechselkurses bezeichnet er die Menge ausländischer Währungseinheiten, die für 1 inländische Währungseinheit erworben werden kann (z. B. US-Dollar je DM, $w_{\$/DM}$).

Die Mengennotierung ist der Kehrwert der Preisnotierung

$$\left( W_{\$/DM} = \frac{1}{W_{DM/\$}} \right.$$

und gleich dem Wechselkurs der ausländischen Währungseinheit (bei Preisnotierung). Auf dem → Devisenmarkt werden entsprechend der Fälligkeit der Beträge Kassa- und Terminkurse notiert.

Der Wechselkurs ermöglicht einen Preisvergleich zwischen dem In- und Ausland, weshalb seine Höhe für die zwischenstaatlichen Güterströme bedeutsam ist. Eine → Abwertung der inländischen Währungseinheit bedeutet eine Erhöhung des Wechselkurses (Preisnotierung), eine → Aufwertung dessen Senkung. Bei → freiem Wechselkurs kommt eine Auf- bzw. Abwertung durch das Zusammenwirken von Angebot und Nachfrage auf dem Devisenmarkt zustande, bei einem → festen Wechselkurs durch Änderung der → Parität.

Nach der Ausgestaltung der Wechselkurspolitik lassen sich die Wechselkurse freier Währungen wie folgt einteilen:
a) feste Wechselkurse: Schwankungen um die Parität innerhalb einer engen Bandbreite (z. B. ±1%) sind zugelassen, diskontinuierliche Paritätsänderungen sind langfristig möglich (→ Stufenflexibilität); feste Wechselkurse wurden durch das Abkommen über den → Internationalen Währungsfonds geschaffen.
b) flexible Wechselkurse mit Paritätsfixierung:
· größere Bandbreite (nach dem → Smithsonian Agreement ± 2,25 %), diskontinuierliche langfristige Paritätsänderungen;
· große Bandbreite (etwa ±4 bis ±5%), diskontinuierliche kurzfristige Paritätsänderungen möglich (etwa 2 % jährlich);
· enge Bandbreite (etwa ±1%), kontinuierliche, sehr kurzfristige (z. B. wöchentliche), im voraus bestimmte Paritätsänderungen (crawling peg) mit einer Jahresrate von insges. 2,5% (Vorschlag des Sachverständigenrats, → mittelfristig garantierter Paritätsanstieg);
· größere Bandbreite (etwa ±3 bis ±5%) mit automatischer Paritätsänderung in

Höhe eines vorweg bestimmten Satzes bei einem Kurs am Rande der Bandbreite über einen längeren Zeitraum;
c) flexible Wechselkurse ohne Paritätsfixierung:
· ohne Interventionen der Währungsbehörden am Devisenmarkt (floating, → freie Wechselkurse)
· mit Interventionen (»schmutziges floating«).

Ein Überschreiten der Bandbreite wird bei Paritätsfixierung durch die → Interventionspflicht der Währungsbehörden verhindert. Verschiedentlich wird für staatliche Transaktionen ein anderer Kurs verrechnet als für private Devisengeschäfte (z. B. Wechselkurs im Rahmen der → Devisenausgleichsabkommen). Durch Spaltung des Devisenmarktes entstehen → multiple Wechselkurse. Die Wechselkurse aller Länder, die sich nach dem gleichen Prinzip der Wechselkurspolitik bilden, stellen ein → Wechselkurssystem dar.

Die Erklärung von Stand und Veränderung eines Wechselkurses ist Gegenstand der → Wechselkurstheorie. H.M.W.

**Wechselkursdifferenzierung**
→ multiple Wechselkurse

**Wechselkursmechanismus**
→ Zahlungsbilanzmechanismen

**Wechselkursspaltung**
→ multiple Wechselkurse

**Wechselkurssystem**
1. Die → Wechselkurse aller Währungen, die sich nach dem gleichen Prinzip der Wechselkurspolitik bilden, stellen ein Wechselkurssystem dar. Die Kurse jener Währungen, die auf dem → Devisenmarkt durch Angebot und Nachfrage bestimmt werden, bilden ein System → freier Wechselkurse. Ein System → fester Wechselkurse ergibt sich bei Goldwährung (→ Goldstandard) durch Bindung der Währungseinheiten an das Gold. Durch das Abkommen über den → Internationalen Währungsfonds wurde für freie Währungen ein System → fester Wechselkurse ge-

schaffen, das durch die → Interventionspflicht der Währungsbehörden (und weitere Regelungen) aufrecht erhalten wurde. 2. Wenn der Wechselkurs gegenüber einer bestimmten Währung (z. B. DM je englisches Pfund, $w_{DM/£}$) gleich dem Kurs ist, der sich aus dem Kurs für eine andere Währung (z. B. DM je US-Dollar, $w_{DM/\$}$) und einem beliebigen → Kreuzkurs errechnet (z. B. US-Dollar je englisches Pfund, $w_{\$/£}$), dann liegt ein homogenes Wechselkurssystem vor (im Beispiel $w_{DM/£} = w_{DM/\$} \cdot w_{\$/£}$). Der Preis für die betreffende Währung ist dann gleich, unabhängig davon, über welche anderen Währungen diese erworben wird. Bei freier Kursbildung entsteht infolge von → Arbitragegeschäften auf den Devisenmärkten ein homogenes Wechselkurssystem.

H. M. W.

**Wechselkurstheorie**
erklärt Stand und Veränderung des → Wechselkurses (Preis einer Währung ausgedrückt in einer anderen). Zwischen Ländern mit Goldwährung (→ Goldstandard) besteht eine Wechselkursparität (= Verhältnis zwischen dem Goldgehalt beider Währungseinheiten), um die der Wechselkurs nur im Ausmaß der Goldpunkte schwanken kann. Bei freien Währungen stellt sich die Frage nach den Bestimmungsgründen des Gleichgewichtswechselkurses, das ist jener Kurs, bei dem Angebot und Nachfrage auf dem → Devisenmarkt (ohne Interventionen der Währungsbehörden) übereinstimmen.
Unter dem Eindruck freischwankender Kurse in England entwickelten die Klassiker (Henry THORNTON, 1802; John WHEATLY, 1803) die → Kaufkraftparitätentheorie, welche als Anwendung der → Quantitätstheorie auf den Wechselkurs dessen Veränderungen mit Veränderungen der Kaufkraft des Geldes in den betreffenden Ländern erklärt. Sie wurde von Gustav CASSEL nach dem 1. Weltkrieg erneut formuliert und in Deutschland v. a. von wissenschaftlicher Seite während der Inflationsperiode vertreten. Ihr stand die Zahlungsbilanztheorie der Praktiker gegenüber.

Die naive Zahlungsbilanztheorie beschränkt sich auf die Aussage, daß der Wechselkurs von Angebot und Nachfrage auf dem Devisenmarkt oder der → Zahlungsbilanz abhängt, ohne deren Bestimmungsgründe aufzuzeigen. Die motivierte Zahlungsbilanztheorie behauptet, daß die Zahlungsbilanz vorgegeben und durch verschiedene starre Posten bestimmt ist. Die Passivität der deutschen Zahlungsbilanz und die Wechselkursverschlechterungen nach dem 1. Weltkrieg ergeben sich v. a. durch einen hohen Einfuhrbedarf an Nahrungsmitteln und Rohstoffen und die Reparationszahlungen. Der hohe Wechselkurs verteuert die Importgüter, woraus allgemeine Preissteigerungen entstehen, die eine Vermehrung der → Geldmenge zur Aufrechterhaltung des binnenländischen Zahlungsverkehrs erzwingen.
Gegen die motivierte Zahlungsbilanztheorie wurde vorgebracht, daß nur wenige Positionen (z. B. Schuldendienst) invariabel sind. Die Handels- und Dienstleistungsbilanz als wichtigste Posten der Zahlungsbilanz werden von den in- und ausländischen Preisen und dem jeweiligen Wechselkurs, zu dem die Umrechnung erfolgt, bestimmt. Die Zahlungsbilanz, die den Wechselkurs erklären soll, ist selbst vom Kurs abhängig. In der Betonung von Veränderungen der inneren Kaufkraft der Währungen als entscheidende Faktoren für Zahlungsbilanz und Wechselkurs liegt die Stärke der Kaufkraftparitätentheorie. Das einseitige Abstellen auf Kaufkraftveränderungen hindert sie jedoch daran, nichtmonetäre Kursveränderungen (z. B. durch Kapitalbewegungen, Einkommensschwankungen oder Änderung der relativen Preise) zu erklären.
Nach der unzulänglichen Behandlung durch die Kaufkraftparitäten- und Zahlungsbilanztheorie rückten der Devisenmarkt und die Untersuchung jener Größen, die Devisenangebot und -nachfrage bestimmen, in den Mittelpunkt der modernen Wechselkurstheorie. Dabei wird die Bedeutung der Elastizitäten der mengenmäßigen Importnachfrage und des mengenmäßigen Exportangebots der betreffenden Länder für Devisenangebot und

-nachfrage klargelegt (Fritz MACHLUP, Heinrich von STACKELBERG, Joan ROBINSON). Außerdem wird der Einfluß der Kapitalbewegungen auf den Wechselkurs herausgestellt.

Besonderes Interesse fand die Frage nach einer normalen Reaktion der → Leistungsbilanz auf eine Wechselkursänderung, worunter bei einer → Abwertung die Verringerung eines Defizits und bei einer → Aufwertung die Abnahme eines Überschusses zu verstehen ist. Die Elastizitätsanalyse zeigt, daß eine normale Reaktion der in inländischer Währung ausgedrückten Leistungsbilanz bei Erfüllung der → MARSHALL-LERNER-Bedingung eintritt.

Die als »Elastizitätspessimismus« bezeichnete Vermutung, daß die Elastizitäten der Importnachfrage sehr niedrig sind, war Gegenstand einer umfangreichen Diskussion. Die nach einer Änderung des Leistungsbilanzsaldos auftretenden Einkommenseffekte wirken sich wiederum auf die Leistungsbilanz aus. Die → Absorptionstheorie behandelt das Problem der endgültigen Veränderung der Leistungsbilanz unter Berücksichtigung der inländischen → Absorption. H.M.W.

**weißer Kreis**
→ Wohnungszwangswirtschaft

**welfare economics**
→ Wohlfahrtsökonomik

**Weltbank**
(International Bank for Reconstruction and Development; IBRD) rechtlich selbständige Sonderorganisation der → Vereinten Nationen mit Sitz in Washington.
Gründung: → Internationaler Währungsfonds. Beginn der Geschäftstätigkeit: 25. 6. 1946.
Ziele und Aufgaben: Unterstützung beim Wiederaufbau und bei der wirtschaftlichen Entwicklung der Mitgliedsländer durch Förderung produktiver internationaler Investitionsvorhaben mit Hilfe von Garantieübernahmen und Darlehensgewährungen. Ab 1948 (nach Anlaufen des →

MARSHALL-Plans) wurde die finanzielle und technische Hilfe für → Entwicklungsländer zur Hauptaufgabe der Bank.
Mittelbeschaffung: Die Finanzierung der Darlehen erfolgt aus dem von den Mitgliedsländern gezeichneten Grundkapital, den Darlehenstilgungen, den Reingewinnen und v.a. durch die Emission eigener Schuldverschreibungen. Daneben hat sich die Bank durch den Verkauf verbriefter Darlehensforderungen refinanziert.
Mittelverwendung: Die Darlehen sind für festumrissene Investitionsprojekte zweckgebunden, vorausgesetzt, privates Kapital ist zu angemessenen Bedingungen nicht zu beschaffen. Sind nicht die Regierungen der Mitgliedsländer selbst die Darlehensnehmer, so haben diese für die vertragsgerechte Rückzahlung zu garantieren. Meist deckt das Darlehen nur den für das Projekt anfallenden Bedarf an → Devisen. Die Projekte werden von der Bank geprüft und sollen unter den Mitgliedsländern ausgeschrieben werden. Unabhängig von der Art des Projekts, der Bonität des Schuldners und der Laufzeit der Darlehen (20–35 Jahre) wird ein einheitlicher Zinssatz erhoben, der nach den jeweiligen Refinanzierungskosten der Bank kalkuliert wird.
Die Auszahlung des Darlehens erfolgt in Teilbeträgen und in den jeweils benötigten Währungen entsprechend dem Baufortschritt bzw. den tatsächlichen Zahlungsverpflichtungen des Darlehensnehmers; die Rückzahlung des Darlehens hat (nach einer tilgungsfreien Zeit von 5–10 Jahren) in konvertibler Währung zu erfolgen.
Technische Hilfe: Der Schwerpunkt der technischen Hilfe für die Mitglieder liegt in der projektbezogenen Beratung. Darüber hinaus werden Studien über die Entwicklungsmöglichkeiten einzelner Staaten oder Regionen erstellt, Beratergruppen entsandt und Lehrgänge für höhere Beamte aus → Entwicklungsländern veranstaltet.
Internationale Zusammenarbeit: Bei der Bildung von internationalen Beratungsgruppen und Konsortien zur Koordinierung der → Entwicklungshilfe hat die Bank die Führung übernommen. Sie wirkt ferner bei Gemeinschaftsfinanzierungen mit und

pflegt enge Zusammenarbeit v. a. mit den anderen auf dem Gebiet der Entwicklungshilfe tätigen internationalen Organisationen; dies sind insbes. die beiden Schwesterinstitute der Weltbank (→ Internationale Finanz-Corporation; → Internationale Entwicklungsorganisation) sowie die Unterorganisationen der → Vereinten Nationen (→ Ernährungs- und Landwirtschaftsorganisation; → Welthandelskonferenz; → Entwicklungsprogramm der Vereinten Nationen).

Organisation und Stimmrecht: analog zum → Internationalen Währungsfonds. D. S.

| Weltbank-Daten | zum 30. 6. 1973 |
|---|---|
| Mitgliedsländer | 122 |
| gezeichnetes Kapital (Mio. SZR) | 25 197 |
| insgesamt gewährte Darlehen (Mio. $) davon: | 20 935 |
| Land- und Forstwirtschaft, Fischerei | 2 064 |
| Erziehungswesen | 507 |
| Industrie | 3 262 |
| Energie | 5 748 |
| Transportwesen | 6 049 |
| sonstige Zwecke | 2 705 |

**Weltbankgruppe**
umfaßt die → Weltbank, die → Internationale Finanz-Corporation und die → Internationale Entwicklungsorganisation.

**Welthandelskonferenz**
(United Nations Conference on Trade and Development; UNCTAD) ständiges beratendes Organ der Vollversammlung der → Vereinten Nationen mit Sitz in Genf.
Gründung: Am 8. 12. 1962 berief die UN-Vollversammlung die 1. Welthandelskonferenz für März 1964 nach Genf ein; deren Empfehlungen über die institutionelle Einrichtung wurden von der UN-Vollversammlung am 30. 12. 1964 angenommen.

Aufgaben: Förderung des Welthandels und der wirtschaftlichen Entwicklung durch Erarbeitung von Grundsätzen und Richtlinien, Koordinierung der Tätigkeit anderer UN-Institutionen und Harmonisierung der Handels- und → Entwicklungspolitik von Regierungen und regionalen Wirtschaftsgruppierungen.
Organe: Oberstes Gremium ist die Konferenz, der alle 143 Mitgliedsländer angehören; sie tritt i. d. R. alle 4 Jahre zusammen. Ständiges Organ ist der Welthandels- und Entwicklungsrat (68 Mitgliedsländer), der zweimal jährlich tagt. Ausschüsse bestehen für Grundstoffe, Halb- und Fertigwaren, Finanzfragen und Seeschiffahrt. Der Generalsekretär der UNCTAD wird auf Vorschlag des UN-Generalsekretärs von der UN-Vollversammlung bestellt.
Hauptaktivitäten: Der Stimmblock der → Entwicklungsländer konnte auf den bisherigen 3 Welthandelskonferenzen eine Reihe von Beschlüssen durchsetzen, die allerdings nur den Charakter von Empfehlungen hatten und von denen auch nur wenige vollzogen wurden.
a) 1964 (Genf): Diskussionsgrundlage: → PREBISCH-Bericht. Hauptergebnisse: Anregung zusätzlicher → Internationaler Rohstoffabkommen; Zielgröße für die → Entwicklungshilfe der Industrieländer: 1 % vom Volkseinkommen.
b) 1968 (Neu-Delhi): Empfehlungen an die Industrieländer, den Entwicklungsländern → Präferenzzölle für gewerbliche Halb- und Fertigwaren einzuräumen; neue Zielgröße für die Entwicklungshilfe: 1 % vom Bruttosozialprodukt.
c) 1972 (Santiago de Chile): Diskussionsgrundlage: → PEARSON-Bericht; Aktionsprogramm für die 25 am wenigsten entwickelten Länder; Forderung nach Einsatz der → Sonderziehungsrechte für Zwecke der Entwicklungshilfe (erhöhte Zuteilung; link) sowie Beteiligung an den Arbeiten zur Reform der → internationalen Währungsordnung (→ Zwanziger-Ausschuß). D. S.

**WERNER-Bericht**
nach Pierre WERNER benannter Bericht an Rat und Kommission der → Europä-

ischen Gemeinschaften (EG) über die stufenweise Verwirklichung der → Wirtschafts- und Währungsunion in der Gemeinschaft. Der Bericht ging auf eine Entschließung der Haager Konferenz der Staats- und Regierungschefs der EG vom 2. 12. 1969 zurück, dem am 6. 3. 1970 ein Beschluß des Rates zur Einsetzung einer Arbeitsgruppe unter WERNER's Vorsitz folgte. Die Gruppe setzte sich aus den Präsidenten der Ausschüsse für Zentralbanken, Konjunkturpolitik, mittelfristige Wirtschaftspolitik, Haushaltspolitik sowie einem Vertreter der Kommission zusammen. Der revidierte (endgültige) Plan wurde am 8. 10. 1970 vorgelegt und (mit geringen Änderungen) am 22. 3. 1971 vom Rat in Kraft gesetzt.

Der Bericht schlägt vor, die Wirtschafts- und Währungsunion in drei Phasen bis Ende 1980 zu verwirklichen.

1. Stufe (1. 1. 1971 bis 31. 12. 1973): Gemeinsame Festsetzung der grundlegenden wirtschafts- und währungspolitischen Ziele und verstärkte Koordinierung der → Wirtschaftspolitik durch Konsultationen auf Ministerratsebene. Die Harmonisierung der Haushaltspolitik sowie der internen → Geld- und → Kreditpolitik soll durch quantitative Orientierungsdaten erfolgen, die der → Steuerpolitik durch Angleichung der Steuersätze, insbes. bei den Steuern, die einen Einfluß auf den grenzüberschreitenden Warenverkehr haben (→ Mehrwertsteuer, → Verbrauchsteuern). Weiterhin sollen die → Kapitalmärkte geöffnet (v. a. durch Abbau der Devisenbeschränkungen) und die Kapitalmarktpolitik koordiniert werden. Das Hauptgewicht soll jedoch auf der währungspolitischen Konzertierung liegen. Als institutionelle Schritte sind dabei eine Verringerung der Bandbreiten der → Wechselkurse zwischen EG-Währungen vorgesehen sowie die Errichtung eines → Europäischen Fonds für währungspolitische Zusammenarbeit. 2. und 3. Stufe: Fortführung der Harmonisierungsmaßnahmen bei zunehmender Übertragung von nationalen Befugnissen auf Gemeinschaftsinstanzen.

Endstadium: → Wirtschafts- und Währungsunion. D.S.

**Wertelastizität**
→ Mengenelastizität

**Wertgrenzprodukt**
ergibt sich aus der Multiplikation der → Grenzproduktivität eines Faktors $X_i$ mit dem Preis p des erzeugten Gutes Y:

$$\frac{\partial Y}{\partial X_i} p .$$

Bei → vollständiger Konkurrenz werden die Produktionsfaktoren mit ihrem Wertgrenzprodukt vergütet (Inputregel der → Gewinnmaximierung).

**Wertlehre** → Arbeitswertlehre; → subjektive Wertlehre

**Wertparadoxon**
von Adam SMITH herausgestellter Sachverhalt, daß manche Güter einen hohen Gebrauchs- und niedrigen Tauschwert aufweisen (z. B. Wasser) und umgekehrt (z. B. Diamanten). Diese Erscheinung wurde von den Klassikern als Widerspruch (Wertantinomie, klassisches Wertparadoxon) angesehen und konnte mit ihrer objektiven Wertlehre (→ Arbeitswertlehre) und ihrer Auffassung vom Gebrauchswert als Gattungsnutzen nicht geklärt werden. Die → subjektive Wertlehre zeigte, daß Wert und Preis vom Grenznutzen (→ Nutzen) eines Gutes abhängen (der mit steigender Gütermenge abnimmt), und somit ein hoher Gesamtnutzen und ein niedriger Grenznutzen und Wert eines Gutes keinen Widerspruch darstellen. H.M.W.

**Wertschöpfung**
aus dem Einsatz von Produktionsfaktoren resultierendes, unter Wahrung von Substanz und Leistungsfähigkeit der volkswirtschaftlichen Produktivkräfte zustande kommendes Produktionsergebnis. Der im → Produktionswert gemessene Output ist um die Vorleistungen zu kürzen, da in Höhe der → Vorleistungen Werte bei der Produktion untergegangen sind. Eine weitere Korrektur hat in Höhe der → Abschreibungen zu erfolgen: Sie beziffert die zur Aufrechterhaltung der Effizienz des → Anlagevermögens erforderlichen Ersatz-

investitionen. Soll der »fiskalischen Inflationierung« Rechnung getragen werden, muß der Saldo von indirekten Steuern und Subventionen vom Marktwert des Nettoinlandsprodukts abgezogen werden; als Ergebnis erhält man das Nettoinlandsprodukt zu Faktorkosten.

Daß der so berechnete Wert der ursprünglichen Intention des Wertschöpfungsbegriffs auch nur nahe kommt, muß bezweifelt werden. Er ist jedenfalls den Definitionen der → Volkswirtschaftlichen Gesamtrechnung verpflichtet und unterliegt damit allen kritischen Einwendungen gegen dieses Konzept. So bleiben in der Volkswirtschaftlichen Gesamtrechnung Wertberichtigungen auf das → Arbeitsvermögen und auf natürliche Ressourcen außer Betracht. Gesellschaftlich notwendige Leistungen, die nicht über den Markt gehen (z.B. häusliche Dienste), finden prinzipiell keine Berücksichtigung. Eine Unterscheidung der volkswirtschaftlichen Aufwendungen nach den Zwecken, denen sie gewidmet sind (z.B. Hebung der Lebensqualität, Kriegswirtschaft), wird nicht gemacht.

Die → Politische Ökonomie versucht diesen Gesichtspunkten Rechnung zu tragen durch die Begriffspaare
a) produktive/unproduktive Arbeit,
b) gesellschaftlich notwendige/nicht notwendige Arbeit,
c) lebensstandardwirksame/nicht lebensstandardwirksame gesellschaftliche Konsumtion.
Eine überzeugende gesamtrechnerische Konzeption konnte aber aus diesen Ansätzen bisher nicht entwickelt werden.

F. G.

### Wertsicherungsklauseln
→ Gleitklauseln

### Werturteil
Wertung wirtschaftlicher und gesellschaftlicher Tatbestände unter ethischen, religiösen, moralischen oder verwandten Gesichtspunkten. Aus den methodologischen Untersuchungen Max WEBER's entstand die sog. Werturteilsdebatte, in der es um die Frage ging, ob die Wirtschaftswissenschaft Werturteile enthalten dürfe oder nicht. Während Max WEBER den Standpunkt vertrat, die Wirtschaftswissenschaft sei eine empirische (Tatsachen-)Wissenschaft, in der kein Platz für Werturteile sei, argumentierten Gustav SCHMOLLER und andere, daß alles wirtschaftliche Geschehen einen gesellschaftlichen Bezug habe und das Ergebnis individuellen Handelns sei, in das notwendig Wertungen vielfältiger Art eingingen, die es folglich auch zu untersuchen und bei der Theoriebildung zu berücksichtigen gelte. Die letztere Ansicht scheint heute zu überwiegen. Soll in einer wirtschaftswissenschaftlichen Untersuchung betont werden, ob das Hauptgewicht auf der faktischen oder der normativen Seite des Problems liegt, so spricht man von »positiver« Ökonomik, wenn die empirische Analyse, und das, was »ist«, im Vordergrund steht, und von »normativer« Ökonomik, wenn es primär um das Setzen von Normen oder die Analyse dessen, was »sein soll«, geht. Von kryptonormativen → Theorien spricht man in diesem Zusammenhang, wenn in eine Theorie implizit oder unbewußt normative Elemente einfließen. P.Ku.

### Wertzoll
Belastungen von Außenhandelsgütern mit einem bestimmten Prozentsatz ihres Warenwertes an der Zollgrenze. Wertzölle erschweren die Zolladministration, da die Definition und Kontrolle des Warenwertes meist große Schwierigkeiten bereitet (→ Mengenzoll, → Mischzoll).

### Wertzuwachsbesteuerung
Wertzuwächse stellen Änderungen des Werts von → Vermögen dar und damit Änderungen der Verfügungsmacht der Wirtschaftssubjekte. Die steuerliche Behandlung dieser Wertzuwächse zählt zu den umstrittensten Problemen des → Steuersystems. In den → Steuerverfassungen werden meist nur realisierte, d.h. durch Verkauf der Aktiva zu Liquiditätszuflüssen führende Wertzuwächse erfaßt, und zwar nur kurzfristig erzielte (»Spekulationsgewinne«). Dem entspricht auch die Regelung in der BRD, nach der Wertzuwächse

bei Unternehmen, wenn sie für → Investitionen verwendet werden, nicht der Einkommensteuer unterliegen: die Fristen der Besteuerung sind willkürlich.

Wirtschaftstheoretisch läßt sich nur eine einheitliche Behandlung von realisierten und nichtrealisierten Wertzuwächsen begründen. Wenn sowohl Aktiva in Barform als auch in Form von Sach- und Finanzanlagen Vermögen darstellen, müssen bei konsistenter Definition alle Vermögenswertänderungen als Änderungen der Verfügungsmacht besteuert werden. Wirtschaftspolitisch hat eine Erfassung ausschließlich von baren Wertzuwächsen die unerwünschte Folge, daß Wertzuwächse nicht mehr realisiert werden; das Angebot z.B. an → Boden geht zurück, die Nachfrage steigt wegen der Steuerfreiheit, wodurch der Markt destabilisiert werden kann. Sind für die Wirtschaftssubjekte Wertzuwächse und → Wertschöpfung (Faktorerträge) substituierbar, z.B. durch Vermögensumschichtung von festverzinslichen Wertpapieren (Zinserträge) in Aktien (Dividenden und Wertänderungen) und Grundvermögen (fast nur Wertzuwächse), so ist eine einheitliche Erfassung dieser Zuflüsse notwendig, um Neutralität der Besteuerung in bezug auf die Vermögensanlage zu erzielen. Die völlige Gleichbehandlung ist nur gerechtfertigt, wenn beide Arten der Änderung von Verfügungsmacht als identisch betrachtet werden, was nicht in allen Fällen nachzuweisen ist. Einheitliche Erfassung in der Einkommensteuer wie getrennte Erfassung der Wertzuwächse in einer Sondersteuer mit Einkommensteuercharakter werden damit nie ohne teilweise Unzulänglichkeiten bleiben.

Neben dem steuersystematischen Aspekt sprechen auch allokationspolitische Argumente für die Wertzuwachsbesteuerung, besonders auf dem → Bodenmarkt. Eine unzulängliche Lösung ist der vorgesehene Planungswertausgleich, der durch öffentliche Aktivität (Erschließungsleistungen, Umwidmung von landwirtschaftlich genutzten Flächen in Bauland) entstehende Wertzuwächse erfassen soll. In der Logik dieses Ansatzes läge eine vollständige Abschöpfung dieser »leistungslosen« Gewinne, nicht eine partielle, wie vorgesehen (wohlfahrtstheoretische Begründung: Korrektur von unerwünschten externen Erträgen öffentlicher Aktivität). Der Planungswertausgleich läßt die durch starke private Nachfrage nach Land verursachten Wertänderungen völlig unberücksichtigt.

Die technischen Probleme der Erfassung nichtrealisierter Wertzuwächse sind erheblich, weil hier im Gegensatz zu realisierten keine Marktpreise vorliegen; mit Schätzungen arbeitende Bewertungsverfahren erfordern erheblichen Arbeitsaufwand. Ein Ausweg ist die Neubewertung im Ablauf mehrerer Jahre (wie bei der Einheitsbewertung von Grundstücken vorgesehen und bei der Feststellung des Verkehrswerts bei Industrieobjekten durchgeführt), die zwecks Verwaltungsvereinfachung mit der Bewertung im Rahmen der vermögensabhängigen Steuern zusammengelegt werden kann. Eine Hilfslösung ist die in den USA vorgeschlagene einmalige Erfassung der Wertzuwächse im Todesfall analog zu oder im Rahmen der Nachlaßbesteuerung (→ Vermögensbesteuerung). H.-W.K.

## Wettbewerb

(= Konkurrenz) Komplex vielgestaltiger Verhaltensformen, die dadurch gekennzeichnet sind, daß zwei oder mehrere miteinander rivalisierende Wirtschaftseinheiten im individuellen Interesse ein wirtschaftliches Ziel anstreben, wobei mit dem jeweils höheren Grad der Zielverwirklichung eine bessere Honorierung (z.B. Gewinn) zu Lasten der Konkurrenten verbunden ist. Folge des Wettbewerbs ist eine dauernde Verbesserung der wirtschaftlichen Leistung unter Einsatz aller unternehmerischen Kräfte. Wettbewerb ist daher als Leistungswettbewerb das zentrale Ordnungs- und Organisationsprinzip der → Marktwirtschaft.

Jeder Anbieter sucht möglichst vorteilhaft (bestens) wirtschaftliche Leistungen zu verkaufen, jeder Nachfrager möglichst vorteilhaft (billigst) zu kaufen. Abstimmung und Ausgleich von Angebot und

Nachfrage gewährleisten den Selbststeuerungsmechanismus der Märkte, der mittels der Funktionen des Preises (Indikator-, Selektions-, Koordinations-, Allokationsfunktion) zugleich Anreiz (Produktinnovation, Rationalisierung, → technischer Fortschritt) und Verteilung nach Leistung bewirken soll.

Wichtigster und wirksamster, weil sichtbarster und am leichtesten vergleichbarer Wettbewerbsparameter ist der → Preis. Entsprechend den Bedingungen und Bedürfnissen am → Markt kann der → Preiswettbewerb jedoch überdeckt werden vom Rabatt-, Konditionen- oder Dienstleistungswettbewerb. Demgegenüber gelten als dynamischere Komponenten des Wettbewerbs die → Qualitätskonkurrenz, der Heterogenisierungs- und Innovationswettbewerb, die stets dem → Substitutionswettbewerb ausgesetzt sind. Kennzeichen für die Intensität des Wettbewerbs, die nicht zwangsläufig von der Zahl der Anbieter abhängt, können insbes. die Marktzutrittschancen für neue Unternehmen sein. Andererseits ist Wettbewerb offenbar nicht überall sinnvoll, so bei Aufgaben der öffentlichen Hand (z.B. → Infrastruktur).

Wettbewerb ist nicht so sehr Ziel als vielmehr Mittel (Rahmenbedingung) zur Schaffung bzw. Aufrechterhaltung wirtschaftlicher Aktivität. Inflation schaltet Wettbewerb nicht aus, verzerrt ihn aber. Wird die Wettbewerbsfreiheit als Triebkraft unangemessen eingeengt oder besteht schrankenloser Wettbewerb, müssen zur Annäherung an das Leitbild Maßnahmen der → Wettbewerbspolitik gegen → Wettbewerbsbeschränkungen und unlauteren Wettbewerb ergriffen werden.

R. R.

**Wettbewerbsbeschränkung**

a) grundsätzlich jede Handlungsweise von Wirtschaftseinheiten (Staat, Verbände, Unternehmen etc.), die geeignet ist, mittels marktrelevanter Aktionsparameter den freien → Wettbewerb zu beeinträchtigen oder zu beseitigen, z.B. seitens des Staates durch → Marktordnungen oder gewerbliche Schutzrechte (z.B. → Patente);

b) im engeren Sinne wie a), jedoch veranlaßt durch Unternehmen oder Vereinigungen von Unternehmen. Horizontale Wettbewerbsbeschränkungen: zwischen Unternehmen der gleichen Produktionsstufen (Ausprägungen: → Kartell, → abgestimmte Verhaltensweisen → parallel-pricing). Vertikale Wettbewerbsbeschränkungen: zwischen Unternehmen verschiedener Produktionsstufen (z.B. → vertikale Preisbindung, Mißbrauch der → Preisempfehlung, → Diskriminierung).

Weiterhin gilt als Wettbewerbsbeschränkung der unerlaubte Wirtschaftskampf in Form des unlauteren Wettbewerbs. Überwiegend ist der Schutz des Wettbewerbs durch das → Bundeskartellamt im → Gesetz gegen Wettbewerbsbeschränkungen verankert, das, abgesehen von den unter b) erwähnten Tatbeständen, auch die Vermutung der Wettbewerbsbeschränkung durch → Marktbeherrschung (→ Mißbrauchsaufsicht) ebenso wie die → Unternehmenskonzentration durch → Fusionskontrolle regelt. Je nach dem Leitbild der → Wettbewerbspolitik werden Wettbewerbsbeschränkungen in unterschiedlichem Grade in der Wettbewerbsgesetzgebung berücksichtigt. R. R.

**Wettbewerbspolitik**

a) als Teil der Theorie von der → Wirtschaftspolitik jede Handlungsweise des Staates, die geeignet ist, die Selbststeuerungsfunktion der Marktprozesse mittels des → Wettbewerbs zu gewährleisten (Ordnungspolitik im engeren Sinne);

b) als Teil der praktischen Wirtschaftspolitik jede Beeinflussung des Wettbewerbsprozesses, die geeignet ist, bei beschränktem Wettbewerb den Grad an Wettbewerb zu erhöhen und/oder eine Verringerung des Wettbewerbs zu verhindern (→ Wettbewerbsbeschränkung).

Die theoretische Wettbewerbspolitik geht von unterschiedlichen Erklärungen des Wettbewerbs aus (Wettbewerbstheorien), die verschiedene Wertungen im Hinblick auf dessen wünschbare Ausprägungsformen beinhalten. Übergeordnete Zielsetzung ist entsprechend der freiheitlich-demokratischen → Wirtschaftsverfassung die

Freiheit des Wettbewerbs, die es jedem Marktteilnehmer gestattet, möglichst vorteilhafte Wahlhandlungen vorzunehmen, soweit keine unangemessen hohe Marktmacht vorliegt.

Betonte noch der → Liberalismus das Leitbild des freien Wettbewerbs (statische Theorie der vollständigen Konkurrenz), indem er Staatseingriffe auf Grund seiner Harmonievorstellungen als weitgehend entbehrlich ansah (→ Mißbrauchsprinzip), so anerkannte auf Grund der Erfahrung des → Interventionismus der Zwischenkriegszeit und angesichts der Vermachtung der Märkte (→ Kartell, → Preisbindung) der → Neoliberalismus die Notwendigkeit von staatlich festgesetzten Rahmenbedingungen der Wettbewerbsordnung (→ Verbotsprinzip) zur Erhaltung eines möglichst freien Ablaufs des Wirtschaftsprozesses (Wettbewerbswirtschaft). Als Reaktion auf diese liberalen Konzeptionen wurden mit dem Anspruch, pragmatischer und realistischer zu sein, die dynamischen Leitbilder des → funktionsfähigen Wettbewerbs und das Prinzip der gegengewichtigen Marktmacht (John Kenneth GALBRAITH, 1952) entwickelt. Letzteres beruht auf dem Gedanken, marktbeherrschende Stellungen von Unternehmen nicht aufzulösen, sondern sie durch Gegenmacht zu neutralisieren. Das Leitbild freien Wettbewerbs in der → Marktwirtschaft (dezentrale Steuerung nach den → Bedürfnissen, Leistungsbewertung über den → Markt) wurde zunächst an Hand sozialer, individualistisch motivierter Leitvorstellungen abgewandelt (→ Soziale Marktwirtschaft).

Nach neuerer Auffassung kann eine Sicherung dieser Wirtschaftsordnung bei Wahrung der Gemeinschaftsbelange nur gelingen, wenn der Wettbewerb durch intensivere Mittel der Wettbewerbspolitik einer strafferen Ordnung unterworfen wird (dirigistischer Trend). Dies hat – nicht zuletzt unter dem Eindruck, daß der Wettbewerb zu sehr leistungsorientiert, jedoch zu wenig bedarfsgerecht (Umweltschutz, Energieversorgung) funktioniere – dazu geführt, daß infolge der Kartellnovelle 1973 die BRD in Gestalt des → Gesetzes gegen Wettbewerbsbeschränkungen die strengste Wettbewerbsgesetzgebung hat.

Als klassische Instrumente der praktischen Wettbewerbspolitik gelten, ausgehend von den Ursachen der Wettbewerbsbeschränkung Antikartellpolitik und Antimonopolpolitik. Die Antikartellpolitik richtet sich gegen wettbewerbsbeschränkende Kooperation in Form von vertraglichen (→ Kartell) und nichtvertraglichen Bindungen (→ abgestimmte Verhaltensweisen). Die Antimonopolpolitik ist gegen → Konzentration gerichtet; → Marktbeherrschung v. a. von größeren Unternehmen wird durch → Fusionskontrolle und Mißbrauchsaufsicht begrenzt. Die Antikartellpolitik ist entsprechend dem Leitbild des → funktionsfähigen Wettbewerbs nicht konsequent durchgeführt; im Rahmen der Mittelstandspolitik spart sie z. B. den Sektor der kleinen und mittleren Unternehmen aus, um deren Wettbewerbsfähigkeit besonders zu stärken (Kooperationserleichterungen). Weitere Instrumente der Wettbewerbspolitik dienen zur Bekämpfung des unlauteren Wettbewerbs (→ Diskriminierung) und im Rahmen der Verbraucherpolitik zur Stärkung des Wettbewerbsbewußtseins (z. B. → vertikale Preisempfehlung statt → vertikaler Preisbindung).

Der Einwirkungsgrad beim Einsatz der Instrumente auf den Wettbewerbsprozeß ist unterschiedlich, je nachdem, ob es sich um moral suasion (amtliche Warnungen, Hearings, Enquêten), die Anwendung des → Mißbrauchsprinzips, behördliche Kontrollen (präventive → Fusionskontrolle, → Mißbrauchsaufsicht) oder ein Verbot (z. B. Fusionsverbot) handelt.

Im Zusammenhang mit der weltweiten Integration der Märkte muß die Wettbewerbspolitik in zunehmendem Maße die Schwerpunktverlagerung vom nationalen zu mehr internationalem Wettbewerb berücksichtigen (→ multinationale Unternehmen). R. R.

**Wettbewerbswirtschaft**
→ Marktwirtschaft

**WHITE-Plan**
von Harry D. WHITE 1942/43 entwickelter Plan zur Errichtung eines internationa-

len Stabilisierungsfonds und einer internationalen Bank für Wiederaufbau und Entwicklung; die endgültige Version des Plans für den Fonds wurde am 10. 7. 1943, die für die Bank am 24. 11. 1943 vom US-Schatzamt als offizieller Vorschlag der USA für eine Reorganisation der → internationalen Währungsordnung veröffentlicht.

Hauptelemente des Plans:

a) stabile → Wechselkurse: alle Mitgliedsstaaten sollten ihre Währungsparitäten in einer internationalen Recheneinheit (Unitas) fixieren, die ihrerseits in Gold definiert ist (1 U̶N̶ = 8,88687 g Feingold = 10 $ ). Die Wechselkurse sollten nur innerhalb einer vom Fonds festgelegten Bandbreite von der → Parität abweichen dürfen; Paritätsänderungen waren nur bei fundamentalem Ungleichgewicht der → Zahlungsbilanz und mit Zustimmung des Fonds vorgesehen.

b) → Konvertibilität: keine Beschränkung des laufenden Zahlungsverkehrs, jedoch Regulierung des Kapitalverkehrs erlaubt.

c) Stabilisierungsfonds: durch Beiträge der Mitgliedsländer sollten dem Fonds zunächst Mittel in Höhe von ca. 5 Mrd. $ zugeführt werden. Der Umfang der Einzahlung (Quote) eines Landes sollte sich nach einer Formel bemessen, deren Hauptgrößen Volkseinkommen, → Währungsreserven und → Außenhandel sind; die Zusammensetzung in Gold, eigener Währung und Schuldverschreibungen konnte je nach Höhe der Währungsreserven variieren. Mit den Quoten waren auch die Stimmrechte im obersten Fondsorgan gekoppelt. Mitgliedsländer mit Defiziten im laufenden Zahlungsverkehr sollten aus den Fondsbeständen gegen Einzahlung eigener Währung Fremdwährungen leihen können. Die Schuldner- und Gläubigerpositionen beim Fonds waren jedoch durch die Quoten der jeweiligen Länder begrenzt.

d) Bank für Wiederaufbau und Entwicklung: Aus dem von den Mitgliedsländern zu 20 % in Gold und zu 80 % in eigener Währung eingezahlten Grundkapital (10 Mrd. $) sowie Anleihen sollte die Bank die privaten Finanzierungsmöglich-

keiten internationaler Kapitalanlagen durch Garantieübernahmen und Darlehensbeteiligungen ergänzen.

In den internationalen Verhandlungen, die schließlich zum Abkommen über den → Internationalen Währungsfonds und die → Weltbank führten, konnten die USA die wesentlichen Elemente des WHITE-Plans gegenüber denen des britischen → KEYNES-Planes durchsetzen. D.S.

## WICKSELL-JOHNSON-Theorem

Von Knut WICKSELL und W.E. JOHNSON aufgezeigter Zusammenhang, daß für eine homogene → Produktionsfunktion bei proportionaler Änderung des Einsatzes aller Faktoren (Niveauvariation) das Produkt aus → Skalenelastizität und Ausbringungsmenge gleich der Summe der partiellen → Grenzproduktivitäten der Faktoren multipliziert mit ihren Einsatzmengen ist. Für das Produktniveau $\lambda$ und das Ausgangsprodukt Y gilt im Fall zweier Faktoren mit den Ausgangsmengen $X_1$ und $X_2$:

$$\frac{dY}{d\lambda} \cdot \frac{\lambda}{Y} \cdot Y = \varepsilon_\lambda \cdot Y =$$

$$\frac{\partial Y}{\partial X_1} X_1 + \frac{\partial Y}{\partial X_2} X_2.$$

Bei Division des obigen Ausdrucks durch Y läßt sich das WICKSELL-JOHNSON-Theorem anders formulieren: Die Skalenelastizität ist gleich der Summe der → Produktionselastizitäten, also

$$\frac{dY}{d\lambda} \frac{\lambda}{Y} = \frac{\partial Y}{\partial X_1} \frac{X_1}{Y} + \frac{\partial Y}{\partial X_2} \frac{X_2}{Y}.$$

R.D.

## WICKSELL'scher Prozeß

von Knut WICKSELL (1898) beschriebener kumulativer Prozeß einer monetären Kontraktion oder Expansion durch reziproke Dämpfung oder Anregung von Konsum und Investition: Auslösendes Moment sind Abweichungen zwischen Geld- oder Marktzins und natürlichem Kapitalzins (Gleichgewichtszinssatz).

Liegt z. B. der Geldzins unter dem natürlichen Zins, so steigt die Kreditnachfrage für Investitionszwecke und im Gefolge auch die Nachfrage nach Investitionsgütern und

Produktionsfaktoren. Bei sich verknappendem Faktorangebot werden die Faktorpreise und damit die → Faktoreinkommen zunehmen. Die daraus resultierende Erhöhung der Nachfrage nach Konsumgütern führt schließlich auch zu Preissteigerungen auf den Konsumgütermärkten. Der kumulative Aufschwung hält solange an, bis Geldzins und natürlicher Zins sich angeglichen haben. Kehrt sich die Zinsspanne um, so setzt ein – dem Aufschwung analoger – kumulativer Abschwung ein. Der WICKSELL'sche Prozeß ist ein wesentlicher Baustein der monetären → Überinvestitionstheorie. B.B.G.

**widow's cruse**
bildhafte Bezeichnung für volkswirtschaftliche Kreislaufzusammenhänge, bei denen eine Gruppe durch ihre Ausgaben die eigenen Einnahmen determiniert; benannt nach dem Ölkrug der Witwe von Sarepta, der biblischer Überlieferung zufolge nicht mehr versiegte, nachdem der wundertätige Prophet Elia aus ihm gespeist worden war.
1. widow's cruse of profits: Für ein einfaches Zwei-Klassen-Kreislaufschema gilt, daß das Unternehmereinkommen ex post um so höher ist, je höher die von den Unternehmern selbst bestimmten Ausgaben (für Investition und Konsum) sind:

$$Y = C_u + C_n + I \text{ (Einkommensentstehung)}$$
$$Y = Y_u + Y_n \text{ (Einkommensverteilung)}$$
$$Y_n = C_n \text{ (Einkommensverwendung)}$$

Daraus folgt:
$$Y_u = C_u + I \text{ (widow's cruse of profits)}$$

Die ex-ante-Frage nach dem Ursache-Wirkungs-Zusammenhang wird mit Rücksicht auf den Entscheidungsprozeß der Unternehmer meist so beantwortet, daß Investition und Konsum den Profit bestimmen (und nicht umgekehrt).
2. widow's cruse of taxation: Je höher die Steuern sind, um so höher ist das Einkommen, aus dem Steuern zu zahlen sind.

Die Schlußfolgerung wird aus dem → HAAVELMO-Theorem abgeleitet und steht unter dessen Vorbehalten: Eine Erhöhung des Budgetvolumens erhöht das Volkseinkommen um denselben Betrag, wogegen das verfügbare Einkommen unverändert bleibt, denn das gestiegene Volkseinkommen wird voraussetzungsgemäß durch entsprechend mehr Steuern belegt.
3. widow's cruse of banking: Durch Kreditvergabe im Wege der Gutschrift schaffen Geschäftsbanken die Voraussetzung für Transaktionen der Kreditkundschaft, die zu neuen Einlagen führen und den alten Liquiditätsstatus der → Banken wieder herstellen.
Der Zusammenhang gilt bei Bankengleichschritt, wenn keine Mindestreserven zu halten sind, die Beteiligten kein Barvermögen anlegen und keine Zahlungen an das Ausland oder Wirtschaftssubjekte mit Zentralbankkonten zu leisten sind.
F.G.

**Wiedergutmachung**
Entschädigung der Personen (bzw. ihrer Hinterbliebenen), die durch die nationalsozialistische Verfolgung aus Gründen politischer Gegnerschaft gegen den Nationalsozialismus oder aus Gründen der Rasse, des Glaubens oder der Weltanschauung Schaden an Leben, Körper, Gesundheit, Freiheit, Eigentum, Vermögen oder im beruflichen oder wirtschaftlichen Fortkommen erlitten haben. Rechtsgrundlage für die Entschädigungsleistungen der öffentlichen Hand (Bund und Länder) ist v. a. das Bundesentschädigungsgesetz (BEG) vom 29. 6. 1956 bzw. das BEG-Schlußgesetz vom 14. 9. 1965. Die Entschädigungsleistungen (Kapitalsummen und Renten) beliefen sich von 1956 bis 1973 auf ca. 34 Mrd. DM. D.S.

**windfall gains** → Gewinn

**Wirkungsverzögerung** → lag

**Wirtschaftsabteilungen**
→ Wirtschaftssektoren

**Wirtschaftsbereiche**
→ Wirtschaftssektoren

**Wirtschaftsdemokratie**
→ Wirtschaftsordnung

**Wirtschaftskreislauf**
Die Erfassung der in quantifizierbaren Strömen zum Ausdruck kommenden Wirtschaftstätigkeit eines Landes oder einer Region für einen bestimmten Zeitraum erfolgt in sog. Kreislaufschemata. Die Darstellung der i.d.R. als monetäre Ströme (→ Stromgrößen) erfaßten Vorgänge erfolgt in verschiedenen Formen (algebraisch, graphisch, kontenmäßig, matrixförmig), deren unterschiedliche Vorzüge je nach Fragestellung und Komplexität des Stromsystems zu nutzen sind. Stark verbreitet wegen ihrer Verwendung bei der → Volkswirtschaftlichen Gesamtrechnung ist die Darstellung in Kontenform nach der Methode der doppelten Buchführung. Sie erlaubt es, einen Wertestrom nach seinem Ausgang und seinem Eingang festzuhalten. Auch wenn zahlreiche Vorgänge wiederzugeben sind, kann dies noch in übersichtlicher Weise geschehen.
a) Transaktionskontensystem: Interessieren im wesentlichen tatsächlich beobachtbare wirtschaftliche → Transaktionen, genügt eine institutionelle Kontengliederung, die durch ein Hilfskonto erweitert ist. Das Hilfskonto hat die Aufgabe, Saldenströme aufzunehmen, die zur »Schließung« des Kreislaufs dienen: Bei geschlossenen (im Gegensatz zu offenen) Kreisläufen muß auf jedem Konto die Wertsumme der Zuflüsse gleich der Wertsumme der Abflüsse sein (→ Kreislaufaxiom). Sie haben große analytische Bedeutung: Da die Saldenströme ökonomischer Interpretation zugänglich sind, kann stets ein Teil der wirtschaftlichen Transaktionen aus den übrigen Transaktionen abgeleitet werden, indem man den Kreislauf schließt. Bei Prognosen besteht auf Grund dieses Zusammenhangs der zusätzliche Vorteil, daß die Plausibilität einer Annahme anhand der Plausibilität der korrespondierenden Ströme kontrolliert werden kann.

Beispiel eines Kontensystems mit rein institutioneller (hier: sektoraler) Gliederung für folgende ausgewählte Leistungstransaktionen:

$C_p$ privater Konsum
I Vorratsänderung (an eigenen Erzeugnissen)
S Ersparnisbildung
T direkte Steuern
$Y_i$ Einkommensströme (i = 1,2).

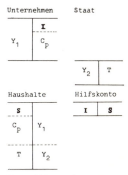

Das Hilfskonto ist ökonomisch als Sammelkonto für die volkswirtschaftlichen Vermögensänderungen zu interpretieren.
b) Funktionskontensystem:
Soll der Kreislauf nach der Art des wirtschaftlichen Geschehens dargestellt werden, wählt man eine funktionale Kontengliederung. Dabei ist es erforderlich, unterstellte Transaktionen einzuführen. Sie haben formal den Zweck, die jeweiligen Konten zu schließen, materiell den Zweck, wichtige ökonomische Vorgänge (die sich außerhalb des Marktes abspielen) nachzuweisen; so z.B. die Produktionstätigkeit des Staates und den Staatsverbrauch $C_{st}$. In Höhe der staatlichen Aufwendungen für laufende Zwecke (hier $Y_2$) wird eine Produktionstätigkeit unterstellt, deren Erhebnis öffentliche Leistungen der verschiedensten Art sind. Diese kommen den einzelnen gesellschaftlichen Gruppen in unterschiedlichem Maße zugute. Eine genaue Zurechnung ist allerdings praktisch nicht möglich. Darum wird zur Vereinfachung angenommen, der Staat führe

die Ergebnisse seiner Produktionstätigkeit dem Eigenverbrauch zu; er wird in der Einkommens-(verwendungs-)Rechnung der Volkswirtschaft registriert.

Beispiel eines Kontensystems, welches die Leistungstransaktionen nach drei Funktionsbereichen klassifiziert:

| Produktion | | I |
|---|---|---|
| | $Y_1$ | $C_p$ |
| | $Y_2$ | $\mathbf{C_{st}}$ |

| Einkommen | S | |
|---|---|---|
| | $C_p$ | $Y_1$ |
| | $\mathbf{C_{st}}$ | $Y_2$ |
| | T | T |

| Vermögens-veränderung | I | S |
|---|---|---|

c) Mischkontensystem: Den höchsten Informationswert hat eine kombinierte institutionelle und funktionale Gliederung des Wirtschaftskreislaufs. Dabei treten auf den verschiedenen horizontalen und vertikalen Ebenen neue Salden auf, die wichtige Erkenntnisse vermitteln; z.B. über die sektorale Geldvermögensbildung $\Delta F^n$. F.G.

**Wirtschaftsordnung**
konkrete Ausgestaltung der Wirtschaft durch Rechts- und Verhaltensnormen sowie Institutionen. Unter Beschränkung auf die Summe aller wirtschaftlich relevanten Rechtsregeln eines Staatsgebietes spricht man von → Wirtschaftsverfassung. Zu unterscheiden ist die Wirtschaftsordnung auch vom → Wirtschaftssystem. Wirtschaftssysteme sind Ordnungsmodelle nach einheitlichen Strukturprinzipien. Die konkreten Ordnungen setzen sich aus Elementen dieser idealtypischen Gebilde zusammen. In neuerer Zeit haben die Ordnungsmodelle der zentralgeleiteten Wirtschaft und der Verkehrs- oder → Marktwirtschaft (Walter EUCKEN) in zweifacher Hinsicht eine Ergänzung erfahren: So treten neben die zentrale Lenkung und die Konkurrenz das Prinzip der reziproken Steuerung durch Verhandlungen (Walter JÖHR: Selbstverwaltungswirtschaft) und das Prinzip der demokratischen Steuerung durch Abstimmung (Gérard GÄFGEN: Wirtschaftsdemokratie). In der Realität sind Wirtschaftsordnungen, die ausschließlich nach Strukturprinzipien eines Idealtypus geordnet sind, nicht aufweisbar. Als Aufgabe der → Wirtschaftspolitik ergibt sich damit auch, für ein möglichst reibungsloses Zusammenwirken dieser Ele-

Beispiel eines
3 × 3-Systems:

| | Unternehmen | | Staat | | Haushalte | |
|---|---|---|---|---|---|---|
| Produktion | $Y_1$ | I / $C_p$ | $Y_2$ | $C_{st}$ | | |
| Einkommen | | | $C_{st}$ | T | S / $C_p$ / T | $Y_1$ / $Y_2$ |
| Vermögens-ver-änderung | I | $\mathbf{\Delta F^n}$ | | | $\mathbf{\Delta F^n}$ | S |

mente zu sorgen. Faßt man die Wirtschaftsordnung als Leitbild der Wirtschaftspolitik auf, ist sie eng verwandt mit dem Begriff der »wirtschaftspolitischen Konzeption«. Als Beispiele für unterschiedliche Wirtschaftsordnungen seien genannt: die → soziale Marktwirtschaft der BRD, die → planification in Frankreich, die sowjetische → Zentralverwaltungswirtschaft und die Arbeiterselbstverwaltung in Jugoslawien (→ Konkurrenzsozialismus). R.E.

**Wirtschaftsplanung** → Planung

**Wirtschaftspolitik**
Beeinflussung, Gestaltung, Steuerung und Ordnung der wirtschaftlichen Aktivitäten der inländischen Wirtschaftseinheiten durch die → Träger der Wirtschaftspolitik. Richten sich die Maßnahmen auf die gesamte Volkswirtschaft, so spricht man von globaler Wirtschaftspolitik (darunter fallen auch Maßnahmen, welche die außenwirtschaftlichen Beziehungen betreffen). Konzentrieren sich die Maßnahmen im wesentlichen auf einzelne Regionen oder Sektoren der Volkswirtschaft, so spricht man von → Regionalpolitik bzw. von sektoraler Wirtschaftspolitik (z.B. → Agrar-, Verkehrs-, Energiepolitik).
Dabei ist die Theorie der Wirtschaftspolitik oder auch allgemeine Wirtschaftspolitik (abgegrenzt von der praktischen Wirtschaftspolitik als tatsächlichem Gestalten) als eine Theorie der wirtschaftspolitischen Entscheidung zu verstehen, die sich auf drei Kernfragen reduzieren läßt: Wer entscheidet? Wie wird entschieden? Was wird entschieden?
Die erste Frage weist auf die Träger und → Inspiratoren der Wirtschaftspolitik hin. Als zentrales Problem existiert hier, wie die »faktischen« Träger bei der Zielfindung, Willensbildung und Durchführung wirtschaftspolitischer Maßnahmen zusammen- bzw. gegeneinander arbeiten und damit den Ausgang der Entscheidung bestimmen.
Die Frage »wie wird entschieden?« hat eine normative und eine deskriptive Seite. Beim deskriptiven Aspekt geht es darum,

wie tatsächlich entschieden wird oder wurde, wobei das Verhältnis zwischen formeller und materieller Kompetenzverteilung (→ Macht) und der Art des Entscheidungsprozesses im Mittelpunkt steht. Im Brennpunkt der Theorie steht jedoch der normative Aspekt, der sich mit Hilfe der Begriffe »Rationalität der Wirtschaftspolitik« und »Optimierung des Ziel-Mittel-Verhältnisses« umschreiben läßt. Zentrale Probleme sind hierbei die Existenz und Darstellung individueller und sozialer (kardinaler) Ziel- und Präferenzfunktionen (→ Wohlfahrtsökonomik). Als Problem erscheint hier ferner, daß die Realisierung von Alternativen nicht nur von den (teilweise nicht quantifizierten) → Zielen selbst, sondern auch vom Risikoverhalten (Risikofreude, -aversion) abhängt.
Im Mittelpunkt der Theorie der Wirtschaftspolitik steht aber die Frage »was wird entschieden?«. Jede Entscheidung setzt Kenntnis der aktuellen Lage und Ziele voraus, deren Auseinanderklaffen zu politischer Aktivität führen. Nach herrschender Ansicht werden in der Wirtschaftspolitik die aus → Werturteilen resultierenden Ziele als empirisches Faktum genommen und nicht begründet. Aufgabe der Wissenschaft ist es nur, die Zielinhalte und Zieldimensionen exakt zu definieren oder zu interpretieren, ferner die Zielsysteme hinsichtlich ihrer Konsistenz (→ Zielkonflikte) zu überprüfen. Im Rahmen der → Politischen Ökonomie wird dagegen auch untersucht, wie spezielle Zielinhalte zustande kommen.
Die erforderlichen Kenntnisse werden durch die Bestimmung der aktuellen Lage gewonnen. Da sowohl diese → Diagnose, wie die anschließenden Aktivitäten Zeit erfordern, ist es häufig sinnvoll, eine Prognose auf der Annahme einer unveränderten Politik zu erstellen. Kennt man so die künftige Lage, geht es im weiteren um Abweichungen zwischen den Zielen und dieser Situation. Werden Spannungen konstatiert, geht es im nächsten Schritt darum, die Wirkungen der alternativen wirtschaftspolitischen Maßnahmen oder → Instrumente abzuschätzen. Die »Planungsphase« findet hier ihren Abschluß. Es folgt

nun die Entscheidung, die Auswahl der einzusetzenden Instrumente sowie deren Dosierung. Dabei sollte beachtet werden, daß nicht nur die Planung, die Entscheidung und die Durchführung Zeit erfordern (inside lag), sondern auch die Wirksamkeit der Instrumente erst im Zeitablauf einsetzt (outside lag). Häufigkeit und Ausmaß dieser Handlungs- und Wirkungsverzögerungen bestimmen Flexibilität und Schnelligkeit wirtschaftspolitischen Handelns. Damit wird das »timing« (›etwas zur rechten Zeit tun‹) zu einem weiteren Problem der Wirtschaftspolitik.

Zur Wirtschaftspolitik gehört, daß sie sowohl den Rahmen für wirtschaftspolitisches Handeln absteckt als auch die Organisation der Wirtschaftstätigkeit selbst reguliert. Damit wird die Gestaltung der → Wirtschaftsordnung zur Grundentscheidung der Wirtschaftspolitik. Hier stellen sich folgende in einem Wechselwirkungsverhältnis stehende Probleme: das Koordinations- und Subordinationsproblem sowie die Gestaltung der Eigentumsordnung.

Jan TINBERGEN nimmt eine Dreiteilung der Wirtschaftspolitik vor: Sie umfaßt quantitative (ablauf-, prozeßpolitische), qualitative (ordnungs-, strukturpolitische) und reformerische Maßnahmen. Quantitative Maßnahmen (Veränderung der Werte der Instrumentvariablen) lassen den institutionellen Rahmen (Struktur des ökonomischen Modells) unverändert (umstritten). Qualitative Maßnahmen führen zu Veränderungen der strukturellen Beziehungen des Systems. Reformen bedeuten eine Änderung der Grundlagen des Systems.

Bei komplexen Entscheidungssituationen (mehrere Ziele, mehrere Maßnahmen) empfiehlt es sich, das Entscheidungsproblem zu formalisieren. Man gelangt dabei entweder zu Entscheidungsmodellen (→ Quantitative Wirtschaftspolitik) oder zu Ordnungsmodellen. Im Gegensatz zu den Entscheidungsmodellen ist bei den Ordnungsmodellen die Wirtschaftsstruktur (oder auch die Grundlage des Systems) nicht gegeben, vielmehr ist hier die geeignetste Struktur gesucht. Sie stellen somit

einen Maßstab für strukturelle (teilweise auch reformerische) Maßnahmen der Wirtschaftspolitik dar. Allerdings liegen solche Modelle erst in Ansätzen vor, noch fehlt eine ausgebaute Systemtheorie.

R.E.

**Wirtschaftssektoren**

Zusammenfassung der Wirtschaftseinheiten unter institutionellen Gesichtspunkten. Die Sektoreneinteilung und -untergliederung hängt von dem jeweiligen Wirtschaftssystem, der zu untersuchenden Fragestellung und den statistischen Möglichkeiten ab. Die gebräuchlichste Sektorenbildung sowohl in der Modellanalyse als auch in der Wirtschaftsstatistik erfolgt nach den typischen Aktivitäten der Wirtschaftseinheiten im Wirtschaftsprozeß und unterscheidet Unternehmen, Haushalte und Staat. Dabei treten Abgrenzungsprobleme auf, die je nach Fragestellung auf Definitionsschwierigkeiten oder statistischen Mängeln beruhen.

a) Die → Volkswirtschaftliche Gesamtrechnung nimmt folgende Abgrenzung vor:

*1.* Zu den Unternehmen rechnen alle Institutionen, die vorwiegend Sachgüter und Dienstleistungen produzieren bzw. erbringen und diese gegen spezielles Entgelt verkaufen, das i. d. R. Überschüsse abwirft. Nach dieser weitgefaßten Definition zählen z. B. auch Bauherrn oder Eigentümer von Wohnungen, Genossenschaften, Bundespost, Bundesbahn sowie die freiberuflich Tätigen als Unternehmen.

*2.* Der Sektor Haushalte umfaßt alle Institutionen, die auf dem Markt in erster Linie als Anbieter von Arbeitskraft, als letzte Käufer von Ver- oder Gebrauchsgütern und als Anleger von Ersparnissen auftreten; hierin enthalten sind Organisationen, Verbände, Vereine, Institute usw., deren Leistungen vorwiegend privaten Haushalten dienen und die sich im wesentlichen aus freiwilligen Zahlungen von privaten Haushalten finanzieren (z. B. Kirchen, Parteien, Gewerkschaften).

*3.* Zum Sektor Staat gehören Institutionen, deren Aufgabe v. a. darin besteht, Dienstleistungen eigener Art für die Allgemeinheit zu erbringen, und die sich hauptsächlich aus Zwangsabgaben (→ Steuern, → Gebühren und Beiträge) finanzieren.

Für die drei Hauptsektoren wird folgende Tiefgliederung vorgenommen:

| Unternehmen | Produktionsunternehmen Kreditinstitute Versicherungsunternehmen |
|---|---|
| Haushalte | Private Haushalte Private Organisationen ohne Erwerbscharakter |
| Staat | Gebietskörperschaften Sozialversicherung |

b) Das Statistische Bundesamt bildet bei der Arbeitsstättenzählung zehn Wirtschaftsabteilungen (Tab.).

c) Colin CLARK und Jean FOURASTIE unterscheiden je nach dem Ausmaß des → technischen Fortschritts: primärer Sektor (mittlerer technischer Fortschritt), se-

kundärer Sektor (großer technischer Fortschritt) und tertiärer Sektor (geringer oder kein technischer Fortschritt). Bei entsprechender Zuordnung der Wirtschaftsabteilungen ergibt sich folgende Gruppierung:

Primärer Sektor (Landwirtschaft): 0;
Sekundärer Sektor (Industrie): 1, 2, 3, 5;
Tertiärer Sektor (Dienstleistungssektor): 4, 6, 7, 8, 9.　J.Be.

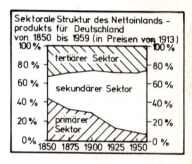

Systematik der Wirtschaftsabteilungen nach der Arbeitsstättenzählung vom 27. 5. 1970

| Nr. der Grund-systematik | Wirtschaftsabteilungen | Arbeitsstätten | Beschäftigte |
|---|---|---|---|
| | | in Tsd. | |
| 0 | Land- und Forstwirtschaft, Tierhaltung, Fischerei | 992,0 | 1 990,5 |
| 1 | Energiewirtschaft, Wasserversorgung, Bergbau | 6,6 | 496,9 |
| 2 | Verarbeitendes Gewerbe (ohne Baugewerbe) | 450,1 | 10 245,9 |
| 3 | Baugewerbe | 160,2 | 2 117,5 |
| 4 | Handel | 732,3 | 3 727,4 |
| 5 | Verkehr, Nachrichtenübermittlung | 121,7 | 1 466,1 |
| 6 | Kreditinstitute, Versicherungsgewerbe | 69,2 | 659,2 |
| 7 | Dienstleistungen von Unternehmen und freien Berufen | 577,4 | 2 450,4 |
| 8 | Organisationen ohne Erwerbscharakter | 53,2 | 585,8 |
| 9 | Gebietskörperschaften und Sozialversicherung | 95,7 | 2 561,6 |
| 0–9 | | 3 258,4 | 26 301,3 |

## Wirtschaftssystem

theoretisches Ordnungsmodell unter Zugrundelegung eines einheitlichen Koordinationsprinzips (Lenkungsmechanismus) oder anderer einheitlicher Strukturmerkmale; zu unterscheiden von den Begriffen → Wirtschaftsordnung und → Wirtschaftsverfassung, die sich auf die konkrete Ausgestaltung des Wirtschaftsprozesses beziehen. Neben Versuchen der historischen Schule der Nationalökonomie, den → Stufentheorien, sind hier die Analysen des kapitalistischen Systems von Werner SOMBART sowie die Wirtschaftsstile von Arthur SPIETHOFF zu nennen. Trotz mancher Kritik wird heute noch vielfach auf die Morphologie der Wirtschaftssysteme von Walter EUCKEN zurückgegriffen. Durch »pointierend hervorhebende Abstraktion« gelangt er zu zwei idealtypischen Systemen, der zentralgeleiteten Wirtschaft und der Verkehrswirtschaft. Ist die zentralgeleitete Wirtschaft durch einen einheitlichen Plan gekennzeichnet, nach dem gewirtschaftet wird, so die Verkehrswirtschaft durch eine Vielzahl von Plänen der Einzelwirtschaften, die durch eine einheitliche Rechnungsskala und durch den Marktmechanismus (→ Wettbewerb) miteinander koordiniert werden. Folgt so die zentralgeleitete Wirtschaft mehr dem Prinzip des Kollektivismus oder Sozialprinzip (mit Kollektiveigentum, zentraler Planung und zentraler Mittelverwaltung), so die Verkehrswirtschaft dem Individualprinzip (mit Privateigentum, Vertragsfreiheit u. a.). Durch Kombination oder Synthese der reinen Systeme und Heranziehung zusätzlicher Merkmale erhält man weitere Ordnungsmodelle: aus der Verkehrs- oder Marktwirtschaft die Marktwirtschaft bei vollständiger bzw. unvollständiger Konkurrenz, die gelenkte Marktwirtschaft u. a.; aus der zentralgeleiteten Wirtschaft die → Zentralverwaltungswirtschaft totalitären oder demokratischen Stils. Diese EUCKEN'schen Grundformen der Koordination (zentrale Lenkung und Konkurrenz) müssen durch zwei weitere idealtypische Koordinationsmechanismen ergänzt werden: die gegenseitige Vereinbarung oder Verhandlung und die demokratische Abstimmung, die als Ordnungsmodelle die Selbstverwaltungswirtschaft und die Wirtschaftsdemokratie ergeben. R.E.

## Wirtschafts- und Sozialrat der Vereinten Nationen

(United Nations Economic and Social Council; ECOSOC) eines der sechs Hauptorgane der → Vereinten Nationen; er ist für alle Fragen der internationalen Wirtschafts-, Sozial-, Kultur-, Erziehungs- und Gesundheitspolitik zuständig und koordiniert auf diesen Gebieten die Aktivitäten der Vereinten Nationen sowie ihrer Sonderprogramme und Spezialorganisationen. Der Rat setzt sich aus den Vertretern von 36 Mitgliedsstaaten (mit gleichem Stimmrecht) zusammen, die von der UN-Vollversammlung auf jeweils drei Jahre gewählt werden; er tagt regelmäßig zweimal jährlich.

Die laufende Arbeit vollzieht sich in den 5 regionalen Wirtschaftskommissionen (→ Economic Commission for Africa, → Economic Commission for Asia and the Far East, → Economic Commission for West Asia, → Economic Commission for Europe, → Economic Commission for Latin America), in den fachlichen Kommissionen (u. a. für Statistik, Bevölkerung, soziale Entwicklung, Menschenrechte, Status der Frauen und narkotische Drogen) sowie in den ständigen Komitees (u. a. für technische Hilfe, industrielle Entwicklung, Wohnungsbau, Bauwesen und Planung) und den ad-hoc-Komitees.

Daneben sind dem ECOSOC verschiedene UN-Sonderprogramme unterstellt (z. B. Kinderhilfsfonds und → Entwicklungsprogramm der Vereinten Nationen). Außerdem ist er der Koordinator für die autonomen Spezialorganisationen des UN-Systems, die eigene Mitgliedschaften, Statuten, Organe und Budgets haben (u. a. Weltgesundheitsorganisation, Weltpostverein, → Internationale Arbeitsorganisation, → Ernährungs- und Landwirtschaftsorganisation, → Internationaler Währungsfonds, → Weltbankgruppe). D. S.

**Wirtschafts- und Währungsunion**
engste Form der wirtschaftlichen → Integration.

a) Die Wirtschafts- und Währungsunion als Endzustand: Wirtschaftsgebiet, das durch »binnenmarktmäßige Verhältnisse« gekennzeichnet ist, d. h. in dem sich Waren-, Dienstleistungs-, Personen- und Kapitalverkehr frei und ohne Wettbewerbsverzerrungen vollziehen, ohne strukturelle oder regionale Ungleichgewichte zu verursachen. Allgemeine Voraussetzungen für ein Gleichgewicht sind: Mobilität der Produktionsfaktoren, finanzielle Übertragungen des privaten und öffentlichen Sektors (Finanzausgleich) sowie Harmonisierung der wirtschaftspolitischen → Ziele, → Instrumente und Maßnahmen.

Speziell auf dem Sektor der Währungsunion müssen folgende Voraussetzungen geschaffen werden: unwiderrufliche Festsetzung der Währungsparitäten, Beseitigung der Bandbreiten (→ Parität), vollständige und irreversible → Konvertibilität der Währungen, völlige Liberalisierung des Kapitalverkehrs, Koordinierung der Geld-, Kredit-, Kapitalmarkt- und Währungspolitik (z. B. durch ein gemeinschaftliches Zentralbankensystem).

b) Die stufenweise Verwirklichung der Wirtschafts- und Währungsunion im Rahmen der → Europäischen Gemeinschaften (EG): Noch vor Ablauf der zwölfjährigen Übergangszeit der EG Ende 1969 begannen die Arbeiten für eine intensivere Zusammenarbeit in der Währungspolitik. Am 12. 2. 1969 legte die Kommission dem Rat ein Memorandum über die Koordinierung der Wirtschaftspolitik und die Zusammenarbeit in Währungsfragen vor (BARRE-Plan). Anfang Dezember 1969 beschloß daraufhin der Rat auf der Konferenz in Den Haag, einen Stufenplan für die Errichtung einer Wirtschafts- und Währungsunion auszuarbeiten. Der Plan (→ WERNER-Bericht) lag am 8. 10. 1970 vor und wurde Grundlage für die Ratsentschließung vom 22. 3. 1971 über die stufenweise Verwirklichung der Wirtschafts- und Währungsunion, deren 1. Phase vom 1. 1. 1971 bis 31. 12. 1973 festgesetzt wurde.

Die Bilanz der 1. Stufe fiel jedoch enttäuschend aus: Die Koordinierung der kurzfristigen Wirtschaftspolitik hat nicht alle erhofften Ergebnisse gebracht. Der Grundsatz der vorherigen Konsultation ist selten eingehalten worden. Bei der Steuerharmonisierung waren nur wenige Fortschritte zu verzeichnen (z. T. bedingt durch den Beitritt neuer Mitgliedstaaten). Rückschritte gab es bei der Liberalisierung des Kapitalverkehrs. Auf den → Devisenmärkten konnten wegen der Dollarkrise die engeren Bandbreiten zwischen den EG-Währungen nicht – wie vorgesehen – im Frühjahr 1971 verwirklicht werden. Erst im Anschluß an das → Smithsonian Agreement vom 18. 12. 1971 wurde ein koordiniertes Interventionssystem geschaffen, allerdings beteiligten sich nicht alle EG-Länder am Währungsverbund (→ Währungsschlange; → Gruppenfloating). Außerdem wurden die Vereinbarungen über den Saldenausgleich wieder in Frage gestellt und schließlich geändert.

Am 19. 4. 1973 unterbreitete die Kommission dem Rat der EG ein Aktionsprogramm für die 2. Stufe, die am 31. 12. 1976 enden soll: Als Bezugspunkt für die Koordinierung der Wirtschaftspolitik sollen jährlich gleitende Fünfjahresprojektionen der wichtigsten makroökonomischen Variablen erstellt werden (insbes. der → Staatseinnahmen und → Staatsausgaben). Eine Richtlinie zur Förderung der Stabilität, des → Wachstums und der → Vollbeschäftigung in der Gemeinschaft soll die Durchführung der Maßnahmen in der 2. Stufe erleichtern. Die Koordinierung der Budgetpolitik unter den EG-Staaten soll durch regelmäßige Überprüfung beim Vollzug des → Budgets, ständige Konzertierung über die Finanzierung der Budgetsalden und Harmonisierung bestimmter einzelstaatlicher Instrumente (die z. T. durch gemeinsame Prozeduren eingesetzt werden können) verstärkt werden.

Die Währungspolitik der EG soll gekennzeichnet sein durch a) → feste Wechselkurse innerhalb der EG (die jedoch durch gemeinschaftliche Verfahren geändert werden können); b) gemeinsame Wechselkurspolitik gegenüber Drittländern; c) verstärkte Koordinierung der internen Währungspolitik; d) Beibehaltung eines gemeinschaftlichen Wechselkurssystems unter Ausdehnung auf alle EG-Währungen; e) Absicherung der EG im Kapitalverkehr mit Drittländern und schrittweise Liberalisierung des innergemeinschaftlichen Kapitalverkehrs; f) Ausstattung des → Europäischen Fonds für währungspolitische Zusammenarbeit mit Gemeinschaftswährungen und Reservemitteln; g) Einführung einer Recheneinheit, der allmählich weiterreichende Geldfunktionen übertragen werden können.

Im Rahmen der Strukturpolitik schlug die Kommission insbes. die Errichtung eines Fonds für Regionalentwicklung vor (→ Europäischer Regionalfonds).   D.S.

## Wirtschaftsverfassung

rechtliche Ausgestaltung der Wirtschaftsordnung, d. h. die Summe der Verfassungsnormen und Gesetze, in denen der Staat das Verhältnis zwischen Freiheit, Überwachung und Lenkung der Wirtschaft bestimmt. Hinzu rechnen muß man auch die übrigen wirtschaftsrelevanten Normen wie Handelsbräuche und -sitten. Unzutreffend wäre es, nur die in der Verfassung niedergelegten Grundsätze über die Ordnung des Wirtschaftslebens als Wirtschaftsverfassung zu bezeichnen. Umstritten ist die Frage, ob im Grundgesetz der BRD eine bestimmte Wirtschaftsverfassung festgelegt ist, da eine ausdrückliche Stellungnahme fehlt.

Auf diesen formalen Sachverhalt gründet die Auffassung von der wirtschaftsordnungsmäßigen Neutralität des Grundgesetzes, wobei die nicht wirtschaftlichen Normen und deren Bedeutung für die Wirtschaftsverfassung sowie die Interdependenzen der Teilordnungen unberücksichtigt bleiben. Eine andere Meinung erkennt in den individuellen Freiheiten und sozialverpflichteten Freiheitsbeschränkungen des Grundgesetzes eine auf Ausgleich, Verständigung und Kooperation gerichtete Grundentscheidung für eine gemischte Wirtschaftsverfassung. Ausgeschlossen sind danach extrem marktwirt-

schaftliche Ordnungen, die einen sozialen Ausgleich verhindern, und stark verwaltungswirtschaftlich geprägte Ordnungen, welche die individuellen Freiheiten aufheben. Die → soziale Marktwirtschaft entspricht nach dieser Auffassung dem Grundgesetz. Eine dritte Ansicht behauptet, daß dem freiheitlichen und sozialen Rechtsstaat des Grundgesetzes *ausschließlich* die soziale Marktwirtschaft entspricht.   R.E.

## Wirtschaftswachstum → Wachstum

## Wirtschaftszweige
→ Wirtschaftssektoren

## Wohlfahrtsfunktionen

beschreiben die funktionale Abhängigkeit der Wohlfahrt von Individuen bzw. einer Gesellschaft von näher zu bestimmenden Einflußgrößen. Durch die Spezifikation der Einflußgrößen und des funktionalen Zusammenhangs ist gleichzeitig der ambivalente Begriff Wohlfahrt inhaltlich definierbar. Die ökonomischen Beiträge (→ Wohlfahrtsökonomik) beschränken sich i. d. R. auf sog. ökonomische Einflußgrößen (Güter und Faktoren, insbes. solche, die nach Arthur C. PIGOU mit dem Maßstab des Geldes in Verbindung gebracht werden können).

Zumindest zwei speziellere Definitionen des Begriffs soziale Wohlfahrtsfunktion lassen sich unterscheiden (S. K. NATH):
a) Eine Rangordnung sozialer Zustände, die von einem Individuum bzw. einer Gruppe (Organisationen etc.) kommentierend oder in Form von Empfehlungen zum Ausdruck kommt.
b) Eine Rangordnung sozialer Zustände, auf deren Grundlage Entscheidungen gefällt werden.

Darüber hinaus ist der Begriff soziale Wohlfahrtsfunktion für den Prozeß bzw. die Regeln verwendet worden (Kenneth J. ARROW) nach denen individuelle Präferenzen zu einer sozialen Rangordnung »aggregiert« werden (→ ARROW-Paradoxon). Um Mißverständnisse zu vermeiden, wurde dieser Sprachgebrauch inzwischen durch Begriffe wie constitution

(ARROW) oder political constitution function (Paul A. SAMUELSON) abgelöst.

Die Bedingungen für die Maximierung einer generellen sozialen Wohlfahrtsfunktion wurden von Abram BERGSON (1938) und SAMUELSON beschrieben. Der Begriffsapparat ist so allgemein gehalten und formal so vollständig, daß alle Konkretisierungen von sozialen Wohlfahrtsfunktionen im Sinne von a) bzw. b) darin untergebracht werden können. Dieses Konzept sieht soziale Wohlfahrt abhängig von den gekauften Gütern und angebotenen produktiven Dienste der Mitglieder einer Gesellschaft und aus Gründen formaler Vollständigkeit von beliebigen anderen Variablen. Ohne daß diese Funktion vollständig spezifiziert werden müßte, lassen sich die Bedingungen für ein Wohlfahrtsmaximum unter der Nebenbedingung gegebener Produktionsmöglichkeiten (Faktorausstattung, → Technologie) ableiten. Bei Anerkennung der Wertprämissen des → PARETO-Optimums impliziert das Wohlfahrtsmaximum neben der paretianischen Optimalbedingung die Verwirklichung der »optimalen« Einkommensverteilung, d. h., daß die »soziale« Bedeutung der jeweils letzten Einkommenseinheit für alle Wirtschaftssubjekte gleich sein muß.

Da allgemeine Einigung über *die* optimale Einkommensverteilung nicht erreichbar erscheint und allg. anerkannte Regeln zur Bestimmung der optimalen Einkommensverteilung entweder nicht existieren bzw. inoperational oder widersprüchlich sind (→ ARROW-Paradoxon), ist eine allgemeingültige Bestimmung des Wohlfahrtsmaximums nicht zu erwarten. Eher ist an die Spezifikation von Wohlfahrtsmaximum-Vorstellungen durch »Kommentatoren« (etwa in der Diskussion um Wirtschaftssysteme) oder Entscheidungsträger zu denken. Für wohlfahrtspolitische Empfehlungen bzw. Entscheidungen im politischen Alltag dürften allerdings Vorstellungen über mögliche Wohlfahrtssteigerungen relevanter sein als die Idee eines Ideals.

Die formal vollständige Wohlfahrtsfunktion vom BERGSON-SAMUELSON-Typ

eröffnet somit kaum die Hoffnung auf allgemeingültige Spezifikation; sie bietet vielmehr einen umfassenden formalen Apparat zur Diskussion wohlfahrtstheoretischer und -politischer Konzeptionen. K.Sch.

**Wohlfahrtskriterien**

dienen dem Zweck, wirtschaftliche Zustände nach »besser« und »schlechter« zu ordnen (ex ante als Richtschnur der Politik; ex post zur Beurteilung der Entwicklung). Die einschlägige Literatur unterscheidet insbes.:

a) das → PARETO-Kriterium, das einen wirtschaftlichen Zustand dann als überlegen bezeichnet, wenn ihn wenigstens ein Wirtschaftssubjekt dem Vergleichszustand vorzieht und die anderen Wirtschaftssubjekte zumindest indifferent sind. Dieses Kriterium ist, bei all seiner Popularität, kaum je auf den Vergleich zweier wirtschaftlicher Zustände anwendbar, weil in praxi bei wirtschaftlichen Veränderungen meist auch Verlierer auftreten. Besondere Relevanz wird dem PARETO-Kriterium indessen in Form der Einstimmigkeitsregel bei Abstimmungen über Entscheidungsregeln zugemessen (James M. BUCHANAN und Gordon TULLOCK).

b) das → KALDOR-HICKS-Kriterium kann als Kriterium für »potentielle« Wohlfahrtssteigerungen nach dem PARETO-Kriterium bezeichnet werden. Demnach ist eine wirtschaftliche Veränderung der Ausgangslage vorzuziehen, wenn die Gewinner die Verlierer kompensieren könnten und dennoch gewinnen würden. Mit diesem Kriterium wird gleichzeitig der Anwendungsbereich des PARETO-Kriteriums erweitert, allerdings nicht »wesentlich«, weil Gewinner und Verlierer i. d. R. nicht hinreichend bekannt sind und Kompensationsakte ihrerseits die wirtschaftliche Situation abermals verändern. Außerdem läuft das KALDOR-HICKS-Kriterium Gefahr, zu widersprüchlichen Beurteilungen zu führen (Tibor SCITOVSKY). Demnach kann Situation 2 aus der Perspektive von Situation 1 vorteilhaft sein und umgekehrt.

c) das → SCITOVSKY-Kriterium versucht

die Widerspruchsmöglichkeiten des KAL-DOR-HICKS-Kriteriums zu vermeiden. Deshalb fordert das Kriterium für die Bestimmung potentieller Wohlfahrtssteigerungen ergänzend, daß eine Rückkehr von der neuen zur alten Position nicht nach dem KALDOR-HICKS-Kriterium möglich sein soll. Allerdings kann auch dieses Kriterium bei einer Sequenz von Vergleichssituationen zu zirkulären Beurteilungen führen (William M. GORMAN).

d) das → LITTLE-Kriterium zielt auf Aussagen über »actual welfare« anstelle von »potential welfare«; dies umso mehr, als nach Ian M.D. LITTLE die gebräuchlichen Synonyme für »potential welfare« (Effizienz- bzw. Realeinkommenssteigerung etc.) ohnehin Urteile über »actual welfare« suggerieren. Ein Urteil über die Verteilung der Vergleichssituationen erscheint LITTLE für »actual welfare«-Aussagen unabdingbar. Sein duales Kriterium basiert auf dem → PARETO-Kriterium bzw. seinen kompensationstheoretischen Versionen (→ KALDOR-HICKS-Kriterium, → SCITOVSKY-Kriterium) und einem expliziten Verteilungsurteil. Verwirft man das KALDOR-HICKS-Kriterium wegen Inoperationalität, dann reduziert sich das → LITTLE-Kriterium auf das SCI-TOVSKY-reversal-Kriterium plus Verteilungsurteil. Zumindest bei widersprüchlicher Beurteilung von zwei Vergleichszuständen nach dem SCITOVSKY-reversal-Kriterium ist ein starkes Verteilungsurteil erforderlich, auf dem dann die Wohlfahrtsbeurteilung praktisch ausschließlich beruht.

e) das → SAMUELSON-Kriterium strebt die Vermeidung von Verteilungsurteilen für den Vergleich zweier Zustände (»wertfreie Definition für die Realeinkommenssteigerung einer Gruppe von Wirtschaftssubjekten«) an. Lediglich ein Vergleich von zwei Verteilungssituationen (wie durch das SCITOVSKY-Kriterium) erscheint SAMUELSON nicht hinreichend. Als Realeinkommenssteigerung wird eine Situation anerkannt, die jede beliebige Verteilung der Ausgangsausstattung im Sinne des PARETO-Kriteriums via Kompensation dominieren könnte; dies impli-

ziert »eine Verschiebung der → Nutzenmöglichkeitskurve der betrachteten Gruppe nach außen« – und zwar in allen ihren Bereichen (nicht nur im Bereich zweier Verteilungszustände, wie es für das SCI-TOVSKY-Kriterium hinreichend wäre). Auch dieses Kriterium ist ex definitione nicht »wertfrei«, sofern damit Empfehlungen abgegeben werden. Überdies ist es inoperational, außer in dem trivialen, aber unwahrscheinlichen Fall, in dem nur Güterzunahmen zu verzeichnen sind.

Nach alledem erscheint lediglich das LITTLE-Kriterium prinzipiell operational für eine »vollständige« Skala zur Beurteilung von Wohlfahrtszuständen, wenn die »Verfügbarkeit« von Verteilungsurteilen geklärt ist. Sofern Widersprüchlichkeit des kompensationstheoretischen Teils der LITTLE-Kriteriums nicht ausgeschlossen werden kann, ruht die Wohlfahrtsbeurteilung allerdings allein auf dem Verteilungsurteil. Zumindest in diesem Fall mag es wünschenswert erscheinen, Vorstellungen über das Außmaß von Verteilungsänderungen zu entwickeln, was letztlich nur auf der Basis irgendwelcher interpersoneller Vergleiche möglich erscheint. Auch in anderen Fällen ist es fraglich, ob Verteilungsurteile anders vorstellbar sind als auf der Grundlage von nicht zuletzt ethisch fundierten interpersonellen Nutzenvergleichen. Damit schließt sich der Kreis zum Ausgangspunkt der »modernen« Wohlfahrtskriterien. K.Sch.

**Wohlfahrtsökonomik**

(welfare economics) Der Begriff welfare economics hat sich (in Anlehnung an Arthur C. PIGOU) erst nach 1912 eingebürgert, obwohl das so bezeichnete Theoriengebilde aus einem breiten Ideenstrom hervorgegangen ist, der bis in die Anfänge der ökonomischen Wissenschaft zurückreicht. Das verbindende Element der heterogenen wohlfahrtstheoretischen Ansätze kann im Interesse für Zusammenhänge zwischen wirtschaftlichen und sozialen Einflußgrößen und der individuellen bzw. gesellschaftlichen »Wohlfahrt« (»Volkswohlstand«, »wealth of nations«, »public wealth« etc.) gesehen werden.

Wohlfahrtskonzepte versuchen i. d. R., Beurteilungsmaßstäbe aufzustellen, nach denen Ereignisse und politische Maßnahmen in Kategorien wie »besser« bzw. »schlechter« klassifiziert werden können, und Bedingungen für ein »Optimum« bzw. »das« Wohlfahrtsmaximum abzuleiten.

Bei grober Einteilung läßt sich die Entwicklung der welfare economics in drei Gruppen zusammenfassen:

a) Klassische Reichtumstheorien: Ihnen gingen merkantilistische und physiokratische Vorstellungen vom Volkswohlstand voraus. Für Merkantilisten stand dabei die Macht des Staates im Vordergrund (ausgedrückt durch Reichtum an Edelmetall und Menschen), während physiokratische Wohlstandstheorien – der Fruchtbarkeitslehre entsprechend - ein »Plus an Stoffen« (»produit net« bzw. landwirtschaftliche Produktion) als Reichtumsquelle ansahen. In formaler Analogie zu physiokratischen Reichtumsvorstellungen findet man bei den Klassikern (Adam SMITH und insbes. David RICARDO) volkswirtschaftliche »Netto- bzw. Reineinkommen« (Gesamtproduktion abzüglich Lohnkosten) als Reichtumsindikator. Steigerungen des »Reineinkommens« sind nach SMITH von der Zunahme der Arbeitsteilung und der »produktiven« Arbeit im Verhältnis zur »unproduktiven« (Justiz-, Militärpersonen, Beamte, Geistliche usw.) sowie der Kapitalakkumulation abhängig. Nach RICARDO mündet der Prozeß in eine stationäre Wirtschaft. Daneben gibt es u. a. eine »Brutto«-Version des Reichtumsbegriffs (Gesamtproduktion, ausgedrückt in Arbeitseinheiten) bei SMITH bis hin zur Ausdehnung dieses Begriffs auf alle Güter (auch freie Güter) bei James Maitland LAUDERDALE. Friedrich LIST erscheint dagegen »die Kraft, Reichtümer zu schaffen, ... unendlich wichtiger, als der Reichtum selbst«. So findet man neben → Stromgrößen als Wohlstandsindikatoren (wie sie prinzipiell bis heute in Wohlstandsvergleichen auf der Grundlage des → Sozialprodukts eine Rolle spielen) auch → Bestandsgrößen, wie sie in der Gegenwart wieder wohlstandsökonomische Aktualität erhalten (→ soziale Indikatoren, → Um-weltökonomik, → Bildungsökonomik, → Gesundheitsökonomik).

b) Ältere Wohlfahrtsökonomik: Unter dem Einfluß der Philosophie des Utilitarismus (Jeremy BENTHAM) und des Grenznutzenkonzepts (→ Nutzen) wandelt sich der physisch-materiell akzentuierte Wohlstandsbegriff zum gesellschaftlichen Nutzenkalkül. Den Höhepunkt dieser Entwicklung markieren die Arbeiten PIGOU's. Er unterscheidet drei Wohlfahrtsbegriffe, die der Reihenfolge nach einander umfassen: »general or total welfare«, »economic welfare« und »national dividend or income«. Die Analyse konzentriert sich auf »economic welfare«; dies sind jene Elemente der »general welfare«, die mit dem Geldmaßstab in Beziehung gebracht werden können. Steigerung der ökonomischen Wohlfahrt ist nach PIGOU möglich durch Zunahme der »national dividend« bzw. durch Umverteilung von Reich zu Arm. Bei allgemeinen Einkommenssteigerungen wurde erhöhte individuelle Bedürfnisbefriedigung angenommen, für Umverteilung zugunsten der Armen (gleiche »Glücksfähigkeit« der Menschen vorausgesetzt) eine gesellschaftliche Nutzenzunahme abgeleitet. Ein PIGOU'sches Wohlfahrtsmaximum impliziert somit im wesentlichen Maximierung des → Sozialprodukts bei egalitärer → Einkommensverteilung. Den Regeln für die Maximierung des Sozialprodukts wird besondere Sorgfalt gewidmet, insbes. der Berücksichtigung von Divergenzen zwischen privaten und sozialen Erträgen bzw. Kosten (→ Externalitäten).

c) Neuere Wohlfahrtsökonomik: Im Wandel der utilitaristischen zur behavioristischen → Nutzentheorie und im Verlauf heftiger Attacken auf interpersonelle Nutzenvergleiche (→ Nutzenmessung) entstanden Zweifel an den Grundlagen der älteren Wohlfahrtsökonomik. Die neuere Wohlfahrtsökonomik versuchte deshalb, interpersonelle Nutzenvergleiche (weil lediglich ethisch begründbar) zu vermeiden und auf den Grundlagen der ordinalen Nutzentheorie aufzubauen. Zumindest zwei Richtungen lassen sich unterscheiden: Die paretianische Wohlfahrtsökonomik und die Theorie der sozialen Wohlfahrtsfunktion.

*1.* Auf der Grundlage des → PARETO-Kriteriums und der ordinalen Nutzentheorie wurden die Bedingungen eines gesamtwirtschaftlichen → PARETO-Optimums entwickelt (Vilfredo PARETO, Enrico BARONE, Abba P. LERNER u. a.), ihre Identität mit den Eigenschaften eines vollkommenen Konkurrenzgleichgewichts herausgearbeitet (Kenneth J. ARROW, Tjalling C. KOOPMANS und Gérard DEBREU) und entsprechende Entscheidungsregeln für sozialistische Volkswirtschaften entwickelt (Fred M. TAYLOR, Oskar LANGE, H.D. DICKINSON). Weitgehend offen blieb die Frage der Verteilungsnormen (in der paretianischen Version), nach denen aus der unendlichen Vielzahl denkbarer Optima auszuwählen sei. Aber nicht nur deshalb ist die Theorie des PARETO-Optimums von beschränkter Relevanz für politische Entscheidungen, sondern auch wegen der nicht sämtlich erfüllbaren Optimumbedingungen (→ second best).

Weniger auf ein Optimum als auf Wohlfahrtssteigerungen hin ist die auf das → KALDOR-HICKS-Kriterium gegründete → Kompensationstheorie orientiert, verbunden mit dem Bemühen, ethische Elemente weitestgehend aus der Wohlfahrtsökonomik zu verbannen. Die Begrenztheit der Aussagemöglichkeiten mit diesem Anspruch sind inzwischen hinreichend deutlich geworden (→ Wohlfahrtskriterien, → Kompensationstheorie, → LITTLE-Kriterium).

*2.* Als Art »Überbau« für die Wohlfahrtsökonomik ist die soziale → Wohlfahrtsfunktion vom BERGSON-SAMUELSON-Typ entwickelt worden, die ethische Prämissen nicht zu vermeiden sucht, sondern vielmehr verdeutlicht, an welcher Stelle ethische Urteile für eine vollständige soziale Rangskala erforderlich sind. Die Spezifikation derartiger Prämissen ist allerdings bewußt so allgemein gehalten, daß sich beinahe jedes Normensystem darin unterbringen läßt.

Faßt man zusammen, so wird man einen engen Anwendungsbereich der stringent formulierten Theoreme erkennen müssen, dies um so mehr, wenn man die heroischen faktischen Annahmen über Information, Konstanz und Unabhängigkeit der Präferenzen etc. in Rechnung stellt. Eine verstärkt anwendungsbezogene Wohlfahrtsökonomik wird »kasuistischer« werden müssen (→ Kosten-Nutzen-Analyse) unter Einbeziehung von weniger »allgemeinen« Wertprämissen und »Schätzurteilen« (über faktische Gegebenheiten) und, wie bereits vielfach geschehen, erweitert um die wohlfahrtstheoretische Analyse von politischen Entscheidungsprozessen.

K. Sch.

## Wohlfahrtsstaat

Ausgehend von einer aufklärerischen Staatsauffassung, die den Staatszweck in der Sicherung des Glücks und Wohls möglichst vieler seiner Bürger sah, spielt der Gedanke des Wohlfahrtsstaats heute noch eine gewisse Rolle. Ob man dem Staat nun einen Selbstzweck oder wie die → Christliche Soziallehre nur eine subsidiäre Rolle (→ Subsidiaritätsprinzip) zuerkennt, Aufgabe des modernen Staates wird es, durch gewisse Maßnahmen die Existenz und Entfaltung des Menschen zu gewährleisten. Hierzu rechnen v. a. die Versorgungs- und Wohlfahrtseinrichtungen.

Die Kritiker des Wohlfahrtsstaats sehen die Gefahr insbes. darin, daß mit zunehmender → Staatstätigkeit die Entscheidungen des einzelnen ausgeschaltet und durch die Ausweitung der öffentlichen Leistungen und Subventionen die Macht des Staates als Selbstzweck (oder die Herrschaft einer bestimmten Ideologie) durchgesetzt werden und damit der Sozialstaat – als anerkannte Institution – die Grenze zum Versorgungsstaat überschreitet, wo jedermann das Existenzrisiko abgenommen und für sein Dasein gesorgt wird. **R.E.**

## Wohlfahrtstheorie
→ Wohlfahrtsökonomik

## Wohlstandsindikatoren
→ soziale Indikatoren

## Wohnortkonzept → Inländerkonzept

**Wohnungsbauinvestitionen**
Teil der gesamtwirtschaftlichen → Anlageinvestitionen. Zur Größenordnung der
Wohnungsbauinvestitionen in der BRD
vgl. Tab. 1:

Unter vermögensverteilungspolitischen
Aspekten ist die Entwicklung des Eigen-
heimbaus interessant: seit 1949 wurden
insgesamt 3,9 Mio. Einheiten erstellt, davon 1,3 Mio. im sozialen Wohnungsbau.

Tab. 1: Wohnungsbauinvestitionen in der BRD

|  | 1951 | 1961 | 1971 |
|---|---|---|---|
| zu jeweiligen Preisen (Mrd. DM) | 6.2 | 19.4 | 44.7 |
| als Anteil (in %) |  |  |  |
| an den Bauinvestitionen | 51.6 | 42.5 | 39.9 |
| an den Bruttoanlageinvestitionen | 26.9 | 23.1 | 22.0 |
| am Bruttosozialprodukt | 5.1 | 5.8 | 5.9 |

Aus den Größenrelationen und aus der
starken Zinsreagibilität ergibt sich die strategische Bedeutung des Wohnungsbaus für
die → Konjunkturpolitik.
Wohnungsbauinvestitionen werden im
wesentlichen von privaten Bauherrn
(überwiegend Ein- und Zweifamilienhäu-
ser), von privaten und gemeinnützigen
Bauträgergesellschaften (Eigentumswohnungen, Kaufeigenheime, Mietwohnungen
und Betreuungsbauten für fremde Auf-
traggeber) und Versicherungsunternehmen (Mietwohnungen) getätigt. In den
Jahren 1949 bis 1973 wurden in der BRD
ca. 13,5 Mio. Wohnungen neu geschaffen,
davon ca. 5,8 Mio. im sozialen Wohnungsbau (Tab. 2).

Die Vermögensbildung durch Wohnungs-
eigentum wird in der BRD mit verschiedenen Maßnahmen staatlich gefördert:
a) Bezuschussung der Ersparnisbildung
(Bausparprämien);
b) Subventionierung der Finanzierung
(zinsgünstige staatliche Baudarlehen,
Grunderwerbsteuerbefreiung);
c) Minderung der Annuitätsbelastung
durch Steuervergünstigungen (§ 7b EStG,
Grundsteuerermäßigung);
d) Gewährung direkter Annuitätszu-
schüsse.
Zur Finanzierung der Wohnungsbauinvestitionen wird Eigenkapital und langfristiges Fremdkapital von Sparkassen, Pfand-
briefinstituten, Lebensversicherungen, →

Tab. 2: Zahl der in der BRD errichteten Wohnungen (Tsd.)

|  | insgesamt | im sozialen Wohnungsbau |
|---|---|---|
| 1949–1958 | 4 831,0 | 2 792,3 |
| 1959–1968 | 5 784,6 | 2 228,6 |
| 1969 | 499,7 | 183,2 |
| 1970 | 478,1 | 137,1 |
| 1971 | 555,0 | 148,7 |
| 1972 | 660,6 | 153,2 |
| 1973 | ca. 720,0 | ca. 185,0 |
| 1949–1973 | 13 529,0 | 5 828,1 |

Bausparkassen und öffentlichen Stellen eingesetzt. Das Verhältnis Eigenkapital zu Fremdkapital liegt etwa bei 1 zu 3.

F. A.

## Wohnungszwangswirtschaft

Eingriffe des Staates in die Vertragsfreiheit auf dem Markt für Wohnungsnutzung durch Gesetze, die sowohl die Begründung und Lösung von Mietverhältnissen als auch die Preisgestaltung reglementieren. In der schärfsten Form der Wohnungszwangswirtschaft wird das Verfügungsrecht über Wohnungen dem Eigentümer entzogen, so daß juristisches und wirtschaftliches Eigentum auseinanderklaffen.

Die Zwangswirtschaft auf dem Wohnungsmarkt hat in Deutschland Tradition; Eingriffe in den Markt bestehen bereits seit Ende des ersten Weltkriegs. Nach dem zweiten Weltkrieg war die Wohnungsnot besonders gravierend: so traf in Bayern im Jahr 1949 auf ca. 5,5 Personen eine Wohnung. Der durch Zerstörung und Flüchtlingszustrom verursachte Mangel an Wohnraum führte zu einem Nebeneinander einer Vielzahl von zwangswirtschaftlichen Gesetzen, die sich grob gliedern in Mieterschutz-, Wohnraumbewirtschaftungs-, Preis- und Kalkulationsvorschriften.

Im Jahr 1960 trat das Gesetz über den Abbau der Wohnungszwangswirtschaft in Kraft. Wesentliches Merkmal der Lockerungsbestimmungen war die Einführung von sog. »weißen« und »schwarzen« Kreisen. In weißen Kreisen, in denen das amtlich ermittelte Wohnungsdefizit unter 3% lag, wurden die Bewirtschaftungsgesetze aufgehoben, in schwarzen Kreisen dagegen galten sie weiter. Im Schlußterminänderungsgesetz wurde das Ende der Wohnraumbewirtschaftung von 1966 auf 1968 verschoben, was als Indiz für die zu

frühe Lockerung der Wohnungsbewirtschaftung gewertet werden kann.

Auch zu diesem Zeitpunkt war die Wohnungssituation in der Stadt Berlin, im Land Hamburg und im Stadt- und Landkreis München noch sehr angespannt. Deshalb wurden diese Regionen zu sog. »grauen« Kreisen erklärt. Die Einstufung als »grauer« Kreis sah eine Weiterführung der Wohnraumbewirtschaftung für Altbauwohnungen vor, die anderen Wohnobjekte wurden aus der staatlichen Reglementierung entlassen. Die »grauen« Kreise wurden zunächst auf ein Jahr befristet. Bisher wurde die Bewirtschaftung des Altwohnungsbesitzes von Jahr zu Jahr verlängert, wobei jeweils gesetzliche Mieterhöhungen zugestanden wurden.

Mit Ausnahme der Altbauwohnungen in »grauen« Kreisen unterliegen heute alle Mietverhältnisse dem »Wohnraumkündigungsschutzgesetz«. Dieses Gesetz ist umstritten, da es die Durchsetzung von Mietsteigerungen so erschwert, daß damit ein faktischer Mietstop erreicht wird. Es ist vorgesehen, das Gesetz nach einer Novellierung ins BGB aufzunehmen. F.A.

## workable competition
→ funktionsfähiger Wettbewerb

## worker's surplus
→ Produzentenrente

## working balances
Zahlungsmittelbestände, die der Abwicklung des laufenden → Zahlungsverkehrs dienen und über die daher nicht frei verfügt werden kann. Aus diesem Grund rechnet die → Deutsche Bundesbank z. B. die auf fremde Währung lautenden täglich fälligen Forderungen inländischer an ausländische → Banken nicht zu deren freien → Liquiditätsreserven.

# Z

## Zahlungsbilanz

Kontensystem, in welchem die innerhalb eines Zeitraums zwischen → Inländern und Ausländern vorgenommenen wirtschaftlichen → Transaktionen mit der Methode der Doppelverbuchung wertmäßig aufgezeichnet werden. Die Transaktionen umfassen v. a.:

a) die Ströme von Sachgütern und Dienstleistungen einschl. der Nutzung von Produktionsfaktoren zwischen der Volkswirtschaft eines Landes und dem Rest der Welt,

b) die Änderungen der Auslandsforderungen und -verbindlichkeiten eines Landes, die als Folge wirtschaftlicher Transaktionen entstehen, und

c) die unentgeltlichen Übertragungen, die als Gegenbuchungen zu Güterströmen oder Änderungen von Forderungen dem Rest der Welt zur Verfügung gestellt oder von ihm empfangen werden.

Das Kontensystem, nach dem die → Deutsche Bundesbank die Zahlungsbilanz der BRD erstellt, ist in folgende Teilbilanzen bzw. Posten gegliedert:

a) → Leistungsbilanz ( = Bilanz der laufenden Posten):
· → Handelsbilanz,
· Dienstleistungsbilanz,
· → Übertragungsbilanz
b) → Kapitalbilanz:
· langfristiger Kapitalverkehr,
· kurzfristiger Kapitalverkehr;
c) → Gold- und Devisenbilanz;
d) → Ausgleichsposten zu den Währungsreserven;
e) → Restposten.

Für die analytische Fragestellung, ob ein Land ein → Zahlungsbilanzgleichgewicht oder -ungleichgewicht aufweist, und darüber hinaus → außenwirtschaftliches Gleichgewicht als eines der wirtschaftspolitischen → Ziele realisieren konnte, werden unterschiedliche → Zahlungsbilanzkonzepte herangezogen.

I. d. R. führen eine Reihe von → Zahlungsbilanzmechanismen eine Selbstregulierung der Zahlungsbilanz herbei. Wo die Ausgleichsmechanismen unwirksam bleiben, muß mit den Instrumenten der → Zahlungsbilanzpolitik auf den Abbau eines Zahlungsbilanzungleichgewichts hingewirkt werden.   D. S.

---

Zahlungsbilanz der BRD 1973
(in Mrd. DM)

| | |
|---|---:|
| **A.** Leistungsbilanz | |
| Außenhandel | |
| Ausfuhr (fob) | 178,4 |
| Einfuhr (cif) | 145,4 |
| Saldo | + 33,0 |
| Dienstleistungsbilanz | − 5,0 |
| Übertragungsbilanz | − 15,9 |
| Saldo der Leistungsbilanz | + 12,1 |
| **B.** Statistisch erfaßter Kapitalverkehr (Nettokapitalimport: +) | |
| Langfristiger Kapitalverkehr | |
| Privat | + 14,0 |
| Öffentlich | − 2,2 |
| Saldo des langfristigen Kapitalverkehrs | + 11,8 |
| Kurzfristiger Kapitalverkehr | |
| Kreditinstitute | − 5,2 |
| Wirtschaftsunternehmen | + 5,2 |
| Öffentliche Hand | − 0,1 |

Zahlungsbilanz der BRD 1973
(in Mrd. DM)

| | | |
|---|---|---|
| Saldo des kurzfristigen Kapitalverkehrs | − | 0,1 |
| **Saldo der Kapitalbilanz** | **+** | **11,7** |
| C. Saldo der statistisch erfaßten Transaktionen (A + B) | + | 23,8 |
| D. Saldo der statistisch nicht erfaßten Transaktionen (Restposten) | + | 2,6 |
| E. Saldo aller Transaktionen im Leistungs- und Kapitalverkehr (C + D) | + | 26,4 |
| F. Neubewertung der Währungsreserven | − | 10,3 |
| G. Saldo der Devisenbilanz (E + F) | + | 16,1 |

## Zahlungsbilanzgleichgewicht

Zustand, der durch ein → Gleichgewicht auf dem → Devisenmarkt gekennzeichnet ist, bei dem sich also ein stabiler → Wechselkurs herausbildet, ohne daß zu diesem Zweck von seiten der Währungsbehörden Ausgleichstransaktionen vorgenommen (z. B. Devisenmarktinterventionen) oder gefördert werden (z. B. durch → Swapsatzpolitik). Diese auf Devisenmarktgleichgewicht abstellende Definition von Zahlungsbilanzgleichgewicht erweist sich gelegentlich als zu eng, wenn nämlich der Devisenmarkt durch Maßnahmen der → Devisenbewirtschaftung oder → Devisenbannwirtschaft reglementiert ist, so daß Zahlungsbilanzungleichgewichte latent bleiben. Erweitert man die Gleichgewichtskriterien außerdem noch um die Bedingung, daß von außenwirtschaftlichen Transaktionen keine nachteiligen Wirkungen auf → Vollbeschäftigung und → Geldwertstabilität ausgehen sollen, so erhält man das Konzept des → außenwirtschaftlichen Gleichgewichts, wie es in der BRD der → Sachverständigenrat zur Begutachtung der gesamtwirtschaftlichen Lage vertritt. D.S.

## Zahlungsbilanzkonzepte

zur Untersuchung der Frage, ob die → Zahlungsbilanz eines Landes ausgeglichen ist oder nicht, entsprechend der Zielsetzung der außenwirtschaftlichen Analyse vorgenommene Aufteilung der Zahlungsbilanz bzw. ihrer Teilbilanzen in Posten »über dem Strich«, welche den Zahlungsbilanzüberschuß oder das -defizit »verursachen« (sog. autonome Transaktionen) und in Posten »unter dem Strich« (sog. Ausgleichstransaktionen).
Die gebräuchlichsten Konzepte sind:
a) Summe aus → Handels- und → Dienstleistungsbilanz; ihr Saldo (→ Außenbeitrag) zeigt die Differenz zwischen → Sozialprodukt und inländischer → Absorption.
b) → Leistungsbilanz ( = Bilanz der laufenden Posten); Summe aus Handels-, Dienstleistungs- und → Übertragungsbilanz; ihr Saldo spiegelt die Veränderung der → Nettoauslandsposition.
c) Grundbilanz ( = basic balance); Summe aus Leistungsbilanz und Bilanz der langfristigen Kapitalverkehrs (→ Kapitalbilanz). Der Grundbilanz liegt die Absicht zugrunde, alle Transaktionen, die von strukturellen ökonomischen Faktoren ausgelöst sind, von jenen Transaktionen zu trennen, die vornehmlich auf kurzfristige Umstände reagieren. Ihr Saldo wird z. T. als Indikator für das Vorliegen eines fundamentalen Ungleichgewichts der Zahlungsbilanz herangezogen (→ außenwirtschaftliches Gleichgewicht).
d) Liquiditätsbilanz; Summe aus Grundbilanz, → Restposten der Zahlungsbilanz, ggf. → Ausgleichsposten zu den Währungsreserven und (alternativ)
1. der nichtliquiden Posten des kurzfristigen Kapitalverkehrs oder
2. aller Posten des kurzfristigen Kapitalverkehrs mit Ausnahme der Transaktionen der Kreditinstitute oder
3. aller Posten des kurzfristigen Kapitalverkehrs mit Ausnahme der Veränderung der Auslandsverbindlichkeiten der Kreditinstitute.
Den verschiedenen Liquiditätsbilanzkonzepten ist gemeinsam, daß der Saldo die Veränderung der liquiden Devisenposition

wiedergeben soll und damit die Verbesserung oder Verschlechterung der externen Zahlungsfähigkeit einer Volkswirtschaft.

e) Gesamtbilanz ( = over-all balance); Summe aller Posten der Zahlungsbilanz mit Ausnahme der Veränderung der offiziellen → Währungsreserven, welche in der BRD in der → Gold- und Devisenbilanz erfaßt werden. D.S.

**Zahlungsbilanzmechanismen**
auf Marktkräften und Kreislaufzusammenhängen beruhende → Regelmechanismen, die eine Selbstregulierung der → Zahlungsbilanz in Richtung auf ein → Zahlungsbilanzgleichgewicht bewirken. Die Anpassungsprozesse vollziehen sich v. a. über Schwankungen des → Wechselkurses (Wechselkursmechanismus), des → Preisniveaus (Geldmengen-Preis-Mechanismus) und des → Sozialprodukts (Einkommensmechanismus).

Bei → freien Wechselkursen (bzw. → festen Wechselkursen, soweit sie in einer Bandbreite um die → Parität oder den → Leitkurs variabel sind) führen Zahlungsüberschüsse einer Volkswirtschaft trendmäßig zu einer → Aufwertung, Zahlungsdefizite zu einer → Abwertung der heimischen Währung. Eine Aufwertung (Abwertung stimuliert i. d. R. die Einfuhr (Ausfuhr) und dämpft die Ausfuhr (Einfuhr), so daß auf dem → Devisenmarkt der Wechselkurs wieder zu einem Gleichgewicht tendiert. Die Wirksamkeit des Wechselkursmechanismus hängt dabei von den in- und ausländischen Nachfrage- und Angebotselastizitäten ab (→ MARSHALL-LERNER-Bedingung; ROBINSON-Bedingung) sowie vom Ausmaß der entgegenwirkenden Einkommenseffekte (→ Absorptionstheorie).

Werden Wechselkursschwankungen über eine bestimmte Bandbreite hinaus durch kompensierende Goldzu- oder -abflüsse verhindert (→ Goldstandard) oder durch freiwillige oder vertraglich vereinbarte Devisenmarktinterventionen der Währungsbehörden unterbunden (→ feste Wechselkurse), so tritt die Anpassung über Preisniveau- und Sozialproduktverände-rungen anstelle der Wechselkursanpassung.

Zahlungsüberschüsse (-defizite) erhöhen (vermindern) die → Geldmenge, was unter den Voraussetzungen der → Quantitätstheorie Preisniveausteigerungen (-senkungen) auslöst. Solche Preisniveauschwankungen wirken auf Exporte und Importe analog wie entsprechende Wechselkursänderungen. Gleichzeitig verursachen Zahlungsüberschüsse (-defizite) der → Leistungsbilanz via → Exportmultiplikator eine Expansion (Kontraktion) des Sozialprodukts, was über eine Zunahme (Abnahme) der Importe zur Korrektur des Zahlungsbilanzungleichgewichts beiträgt.

Bedingung für eine erfolgreiche Selbststeuerung der Zahlungsbilanz ist, daß die Anpassungsmechanismen freies Spiel haben, d. h. daß die strategischen Variablen nach oben und unten hinreichend flexibel sind und daß die binnenwirtschaftlichen Effekte (insbes. auf → Beschäftigung und → Geldwertstabilität) hingenommen werden. Die Erfahrungen mit der gegenwärtigen → internationalen Währungsordnung zeigen jedoch, daß den binnenwirtschaftlichen → Zielen der Wirtschaftspolitik in den meisten Ländern der Vorrang vor → außenwirtschaftlichem Gleichgewicht eingeräumt wird. D.S.

**Zahlungsbilanzpolitik**
Gesamtheit aller wirtschaftspolitischen Maßnahmen (insbes. der → Außenwirtschaftspolitik) zum Ausgleich der → Zahlungsbilanz und darüber hinaus zur Erhaltung oder Herbeiführung eines → Zahlungsbilanzgleichgewichts bzw. → außenwirtschaftlichen Gleichgewichts.

Die Zahlungsbilanzpolitik kann sich dabei einerseits bestimmte → Zahlungsbilanzmechanismen zunutze machen und eine diskretionäre Anpassung gewisser Größen (z. B. des → Wechselkurses) vornehmen (→ Abwertung, → Aufwertung) oder auf den Wechselkurs als Instrument der Wirtschaftspolitik gänzlich verzichten (→ freie Wechselkurse); Geldmengen-Preis- und Einkommensmechanismus könnten durch entsprechende kontraktive bzw. expansive

Maßnahmen der → Geld- und → Fiskalpolitik verstärkt werden, zumindest dürften sie nicht neutralisiert werden.

Andererseits können Devisenangebot und -nachfrage durch administrative Regulierung des Leistungs- und Kapitalverkehrs mit dem Ausland in Einklang gebracht werden (→ Zölle; → Kontingente; → Devisenbewirtschaftung; → Devisenbannwirtschaft); allerdings laufen solche Praktiken zur Korrektur von Zahlungsbilanzstörungen zum überwiegenden Teil dem → Allgemeinen Zoll- und Handelsabkommen und dem Abkommen über den → Internationalen Währungsfonds zuwider.

Temporäre Zahlungsdefizite können bei → festen Wechselkursen vorübergehend durch Abbau der → Währungsreserven (→ Interventionspflicht) und mit Hilfe von multilateralen oder bilateralen Überbrückungskrediten (→ Internationaler Währungsfonds, → Basler Abkommen, → Swapabkommen, → kurzfristiger Währungsbeistand) finanziert werden, ohne daß schon binnenwirtschaftliche Anpassungen zugelassen oder gefördert oder gar administrative Beschränkungen eingeführt werden müssen.

Zahlungsüberschüsse üben i. d. R. keinen unmittelbaren Druck auf eine Einleitung von Anpassungsmaßnahmen aus.     D. S.

### Zahlungsbilanztheorie

(= monetäre → Außenwirtschaftstheorie) untersucht die ökonomischen Wechselbeziehungen zwischen → Zahlungsbilanz, → Wechselkurs und binnenwirtschaftlichen Variablen wie → Preisniveau, → Beschäftigung bzw. Volkseinkommen und → Zins. In neuerer Zeit wird insbes. das Problem der Vereinbarkeit von externem und internem Gleichgewicht in den Mittelpunkt der Analyse gestellt (→ Zahlungsbilanzmechanismen; → Wechselkurstheorie).

### Zahlungsmittel

sind grundsätzlich → Geld und geldähnliche Güter und Forderungen, die im Tausch gegen andere Güter akzeptiert werden. Hierbei ist es möglich, daß in einer Gruppe ein Gut als Zahlungsmittel anerkannt wird, nicht aber in einer anderen. Innerhalb eines Staatsgebietes erfüllt i. d. R. nur das dortige → Zentralbankgeld und → Buchgeld die Funktion eines allgemeinen Zahlungsmittels. Gesetzliche Zahlungsmittel sind in der BRD → Scheidemünzen und → Banknoten; sie müssen kraft staatlicher Order als Schuldentilgungsmittel akzeptiert werden.     H.-J.H.

### Zahlungsverkehr

Gesamtheit aller Zahlungen, d. h. Übertragungen von Zahlungsmitteln von einer Wirtschaftseinheit auf eine andere. Mittel des Zahlungsverkehrs sind → Bargeld, → Buchgeld und Geldsurrogate (Zahlungsverpflichtungen, z. B. Wechsel; Zahlungsanweisungen, z. B. Schecks, Reiseschecks). Im internationalen Zahlungsverkehr werden fast ausschließlich Buchgeld bzw. Geldsurrogate verwendet und auch im nationalen Zahlungsverkehr einer entwickelten Volkswirtschaft stellen sie quantitativ die wichtigsten → Zahlungsmittel dar. Teilnahme am bargeldlosen Zahlungsverkehr mittels Buchgeld (Giroverkehr) setzt voraus, daß Zahlungspflichtiger und Zahlungsempfänger Guthaben bei einer → Bank unterhalten. Die Übertragung erfolgt durch Überweisung bzw. Lastschrift. Von bargeldsparendem Zahlungsverkehr spricht man, wenn Dienstleistungen einer Bank in Anspruch genommen werden, ohne daß beide Beteiligte über ein Guthaben verfügen (z. B. Barscheck, Zahlkarte, Postbarscheck).

Voraussetzung für das Funktionieren des Zahlungsverkehrs ist die Existenz zentraler Verrechnungsstellen für die beteiligten Kreditinstitute. In der BRD existieren 5 solche Gironetze mit einer überregionalen Verrechnungsstelle:

a) Landeszentralbankgironetz für alle → Banken, soweit sie nicht speziellen Gironetzen angehören;

b) Spargiroverkehr der → Sparkassen über → Girozentralen;

c) Postscheckverkehr;

d) Genossenschaftlicher Zahlungsring;

e) Überweisungsnetze innerhalb von Großbanken.

Im internationalen Zahlungsverkehr bestehen keine Gironetze, so daß in- und ausländische Banken wechselseitig Konten zur Abwicklung des Überweisungsverkehrs unterhalten (→ working balances). Zur Abwicklung von Zahlungen im Zusammenhang mit Handelsgeschäften wird häufig der Akkreditivverkehr, im Reiseverkehr der Reisescheck benützt. V. B.

## Zehnergruppe

die 10 Teilnehmerländer der → Allgemeinen Kreditvereinbarungen mit dem → Internationalen Währungsfonds: Belgien, BRD, Frankreich, Großbritannien, Italien, Japan, Kanada, Niederlande, Schweden, USA; die Stellvertreter der Minister und Notenbankgouverneure der Zehnergruppe waren u. a. bei den Vorarbeiten zur Schaffung der → Sonderziehungsrechte maßgeblich beteiligt. Zur erweiterten Zehnergruppe gehören Dänemark, Irland und Luxemburg.

## Zeichen

Symbol mit Bedeutungsfunktion; das Zeichen (z. B.: Buchstabe, Flagge, Verkehrszeichen) steht für »etwas«. Besteht zwischen dem Zeichen (Signum) und dem, was es bezeichnet (Designatum) ein durch physikalische Gesetze beschreibbarer Zusammenhang, so spricht man von Anzeichen: Rauch ist ein Anzeichen für Feuer. Der physikalische Träger eines Zeichens wird → Signal genannt. Dasselbe Zeichen kann durch verschiedenartige Signale übermittelt werden; ein Buchstabe kann z. B. auf Papier gedruckt, im Fernsehen gesendet oder durch Fernschreiber übertragen werden. Die von einem Nachrichtensender benutzte Menge von Zeichen heißt → Zeichenrepertoire (→ Informationstheorie). Es umfaßt bei den dekadischen Ziffern 10, bei den Buchstaben 26, bei den Dualzeichen (Binärzeichen) nur 2 verschiedene Zeichen. H.Sch.

## Zeichenrepertoire

Menge von → Zeichen, die von einer Nachrichtenquelle gesendet wird, oft auch das Alphabet des Senders genannt. Das lediglich aus zwei Dualzeichen (Binärzeichen) bestehende Zeichenrepertoire wird Minimalrepertoire genannt, weil es das kleinste sinnvolle Zeichenrepertoire ist. H. Sch.

## Zeitpräferenz

Die Vorstellung von der Zeitpräferenz beinhaltet, daß Wirtschaftssubjekte heute verfügbares Einkommen höher einschätzen als gleich hohes Einkommen in der Zukunft. Um sie zu veranlassen, auf Gegenwartskonsum zugunsten von Zukunftskonsum zu verzichten, müssen sie einen Ausgleich erhalten, den → Zins. Die Zeitpräferenz liegt der → Zinstheorie von Irving FISHER zugrunde und hat große Ähnlichkeit mit der Minderschätzung künftiger Bedürfnisse bei Eugen von BÖHM-BAWERK, die neben der Mehrergiebigkeit längerer Produktionswege ein Grundpfeiler seiner Zinstheorie ist. Angesichts empirischer Beobachtungen, daß Wirtschaftssubjekte selbst bei negativem → Realzinssatz sparen, um später über mehr Güter zu verfügen (Zwecksparen), ist es zweifelhaft, ob die Zeitpräferenz tatsächlich eine notwendige Voraussetzung für die Erklärung des Zinses ist.  H.-J.H.

## Zentralbank

(Währungsbank, Zentralnotenbank) zentrale geld- und kreditpolitische Autorität eines Währungsgebietes, die die Aufgaben zu erfüllen hat, die sich in einer Volkswirtschaft mit differenziertem Geld- und Kreditsystem aus der öffentlichen Verantwortung für die Funktionsfähigkeit der → Geldordnung ergeben. Die Zentralbank verhält sich nicht als Gewinnmaximierer, sondern gestaltet ihre bankmäßigen Transaktionen unter Berücksichtigung globaler wirtschaftspolitischer → Ziele. In entwickelten, überwiegend marktwirtschaftlich organisierten Volkswirtschaften nehmen Zentralbanken vier Hauptfunktionen wahr:

a) Sie besitzen das → Notenausgabemonopol und bestimmen damit den Umlauf an gesetzlichen → Zahlungsmitteln (Zentralbank als → Notenbank, Emissionsbank).

b) Sie refinanzieren als Spitzeninstitute der Bankwirtschaft die privaten → Banken, die bei ihnen Einlagen unterhalten. Damit sind sie einerseits zentrale Clearing-Stelle für den bargeldlosen → Zahlungsverkehr, andererseits können sie die → Bankenliquidität entscheidend beeinflussen und werden so zum primären Träger der → Geld- und → Kreditpolitik (Zentralbank als Bank der Banken, Reservebank).

c) Sie gewähren öffentlichen Haushalten Kredit, verwalten deren Schulden und Einlagen und wickeln den Zahlungsverkehr der öffentlichen Hand ab; auch die Einlagen-/Schuldenpolitik ist ein Instrument der Zentralbank zur Steuerung der Bankenliquidität (Zentralbank als Bank öffentlicher Haushalte).

d) Sie verwalten die offiziellen → Währungsreserven, die sich bei Zentralbankinterventionen auf dem → Devisenmarkt als Ergebnis des internationalen Zahlungsverkehrs verändern, und unterhalten die finanziellen Beziehungen des Währungsgebietes zu internationalen Währungsorganisationen. Die Devisenmarktinterventionen ermöglichen die Beeinflussung des internationalen Kapitalverkehrs.

Zentralbanken in dieser Form gingen aus den v. a. im 18. Jh. gegründeten Staatsbanken bzw. jenen Privatbanken, die Staatskredite vergaben, hervor. Aus ihrer Sonderstellung bei der Verwaltung öffentlicher Gelder und der Staatsschuld ergab sich, daß ihre → Banknoten besonders weit akzeptiert wurden, so daß auch andere Banken begannen, ihre Gold- und Silberreserven bei ihnen zu halten. Als sich die Erkenntnis durchsetzte, daß eine öffentliche Kontrolle der Schöpfung von weitgehend stoffwertlosem → Geld in Form von Banknoten wirtschaftspolitisch notwendig ist, lag es daher nahe, das Notenausgabeprivileg bei diesen Banken zu konzentrieren und ihre → Geldschöpfung gesetzlich zu begrenzen. Die entsprechenden Notenbankgesetze wurden beginnend mit der PEEL'schen Bankakte in Großbritannien 1844 (hundertprozentige Gold- oder Silberdeckung des Notenumlaufs über ein festes Kontingent hinaus) auch in den übrigen europäischen Ländern in den folgenden Jahrzehnten geschaffen, wobei im allg. vorgesehen war, daß nur ein bestimmter Prozentsatz des Notenumlaufs durch monetäre Metallbestände gedeckt sein mußte (z.B. Dritteldeckung für die durch das

Bankgesetz von 1875 gegründete Deutsche Reichsbank).

Unter dem internationalen → Goldstandard, der endgültig erst nach dem 1. Weltkrieg aufgegeben wurde, war eine eigenständige → Zentralbankpolitik nur in den engen Grenzen möglich, die Goldautomatismus und Deckungsvorschriften setzten. Aufgabe der Zentralbanken war daher zunächst nicht mehr als eine grundsätzliche Knappheitsgarantie für stoffwertlose Zahlungsmittel. Diese wurde zum einen durch Notenausgabemonopol und Deckungsvorschriften erreicht, zum anderen durch die begrenzte Bereitschaft der Zentralbanken zur Refinanzierung von Banken, was deren Möglichkeiten zur Giralgeldschöpfung begrenzte. Erst die Erkenntnis der Beeinflußbarkeit der Güterseite einer Wirtschaft durch Steuerung von Kreditkonditionen und Geldvermögensbeständen sowie die wachsenden Ansprüche an die staatliche Wirtschaftspolitik führten zur Entwicklung eines differenzierten Instrumentariums der → Zentralbankpolitik, die als diskretionäre Politik zur Erreichung globaler Zielsetzungen der → Wirtschaftspolitik und in manchen westlichen Ländern auch struktur- und regionalpolitischer Ziele eingesetzt wurde. Der Grad der Autonomie von Zentralbanken gegenüber Regierungen hängt eng mit dem Umfang ihrer Aufgaben zusammen: die im → Bundesbankgesetz festgelegte besondere Verantwortung der → Deutschen Bundesbank für die innere und äußere → Geldwertstabilität impliziert eine weitgehende Unabhängigkeit von der (auch anderen Zielen verpflichteten) Bundesregierung. In Frankreich dagegen, wo sektorale und regionale Investitionslenkung auch über selektive → Kreditpolitik betrieben wird, ist eine weitgehende Unterordnung der Zentralbank unter die Träger der allgemeinen Wirtschaftspolitik zu beobachten.

Eine grundsätzliche Änderung der Rolle von Zentralbanken und eine Aufhebung der Zentralbankpolitik im bisherigen Sinn würde sich ergeben, wenn die gegenwärtig herrschende interventionistische → Geldordnung durch einen neuen → Regelmechanismus ersetzt würde, wie z.B. in der von Milton FRIEDMAN vorgeschlagenen Form, die → Geldmenge in einer Volkswirtschaft jährlich mit konstanter Rate wachsen zu lassen. Dies wäre eine Regelung, die Konsequenzen aus der Ansicht zieht, eine diskretionäre Geld- und Kreditpolitik sei nicht in der Lage, durch Steuerung der volkswirtschaftlichen Ausgaben einen wirksamen Beitrag zur Erreichung internen und externen → Gleichgewichts zu leisten. V.B.

**Zentralbankgeld**
jedes → Zahlungsmittel, das von der → Zentralbank eines Landes geschaffen wird. In modernen Geldwirtschaften umfaßt es → Banknoten und → Sichtguthaben bei der Zentralbank. → Scheidemünzen werden in der BRD in die Definition miteinbezogen, obwohl das Recht zur Münzausgabe bei der Bundesregierung liegt, die Münzen über die → Deutsche Bundesbank und das Bankensystem in Umlauf bringt (→ Münzregal).
Der → Monetarismus hält die Zentralbankgeldmenge in einer Volkswirtschaft für eine entscheidende strategische Variable der → Geldpolitik. Auch die Deutsche Bundesbank nennt die Beeinflußung der Zentralbankgeldmenge neuerdings explizit als Ziel ihrer Politik und weist ihre Entwicklung laufend aus. V.B.

**Zentralbankpolitik**
Gesamtheit aller Maßnahmen der Ordnungspolitik (→ Bankenaufsicht) sowie der global bzw. strukturell (selektive Kreditkontrollen zur sektoralen und regionalen Investitionslenkung) orientierten → Geld- und → Kreditpolitik einer → Zentralbank. Sie betreibt diese Politik im Rahmen der geldpolitisch relevanten Gesetze und Verordnungen teils selbständig, teils in Zusammenarbeit mit der Regierung in drei Formen:
a) Durch bankmäßige Transaktionen mit → Banken, öffentlichen Haushalten und – in geringem Umfang – mit Nichtbanken auf monetären Märkten. Zu diesen Transaktionen zählen → Refinanzierungspolitik gegenüber Banken, → Offenmarktpolitik, Einlagen-/Schuldenpolitik gegenüber öf-

fentlichen Haushalten (d. h. Verlagerung von Bankeinlagen und -schulden öffentlicher Haushalte zwischen Bankensystem und Zentralbank) und Devisenkurspolitik auf Kassa- und Terminmärkten einschl. → Swapsatzpolitik.
b) Durch administrative Maßnahmen, die keiner Kooperation der Marktpartner bedürfen, wie die Festsetzung von → Kreditplafonds, → Rediskontingenten und Obergrenzen für den → Lombardkredit (→ Lombardwarnmarke), die → Mindestreservepolitik und Maßnahmen der → außenwirtschaftlichen Absicherung, etwa in der BRD durch die Vorschrift von → Bardepots oder auch den Erlaß von → Verzinsungsverboten und Genehmigungspflichten für bestimmte Wertpapiertransaktionen zwischen In- und Ausländern.
c) Durch Beeinflussung der Meinungsbildung und des Verhaltens wirtschaftlich relevanter Institutionen wie der Regierung (Beratung bei konjunkturpolitischen Maßnahmen), der Banken (Erzielung von »gentlemen agreements«) und der Unternehmer und Haushalte (moralische Appelle).
Zentralbankpolitik wird primär mit dem Ziel betrieben, durch Beeinflussung monetärer Indikatoren die volkswirtschaftlichen Investitions- und Konsumausgaben in Übereinstimmung mit den globalen wirtschaftspolitischen → Zielen (→ Geldwertstabilität, → Zahlungsbilanzgleichgewicht, → Vollbeschäftigung, → Wachstum) zu steuern. Die Wirksamkeit eines bestimmten Instruments hängt davon ab, in welcher konjunkturellen Situation es eingesetzt wird, ob der Zeitpunkt richtig gewählt ist und eine adäquate Kombination mit anderen Instrumenten stattfindet und ob eine Unterstützung durch die → Fiskalpolitik gegeben ist. Dies impliziert neben der entsprechenden Gestaltung von Höhe und Vorzeichen der Budgetsalden eine zielkonforme Verwaltung des vorhandenen öffentlichen → Geldvermögens u. a. durch eine angemessene Einlagen-/Schuldenpolitik.
Wirkungsweise und Effektivität der Instrumente der Zentralbankpolitik werden

je nach der geldtheoretischen Position der Autoren unterschiedlich beurteilt, selbst wenn – wie z. B. beim → Monetarismus und bei Liquiditätstheoretikern wie James TOBIN – die Ergebnisse und Erweiterungen der → Portfolio-Selection-Theorie als gemeinsame Grundlage der Analyse dienen. Da unterschiedliche Ansichten über den Transmissionsmechanismus, d. h. die Finanzierungskanäle, bestehen, über die die Zentralbank güterwirtschaftliche Dispositionen beeinflussen kann, ist auch die Auswahl der relevanten monetären Indikatoren sowie die Beurteilung der einzelnen Zentralbankinstrumente und der Fiskalpolitik verschieden. Die Vertreter des Monetarismus glauben, durch Geldmengenpolitik die volkswirtschaftlichen Ausgaben bzw. das nominelle Volkseinkommen und damit das → Preisniveau steuern zu können. Sie unterstellen eine stabile Beziehung zwischen Volkseinkommen und → Geldvolumen, das von der Zentralbank durch Beeinflussung von → Geldbasis (→ Zentralbankgeldmenge bei → Banken und privaten Nichtbanken) und monetaristischem → Geldschöpfungsmultiplikator kontrolliert werden kann. Die Geldbasis soll durch den Einsatz der Offenmarktpolitik, bei der die Zentralbank als Mengenfixierer auftritt, gesteuert werden, wobei in offenen Volkswirtschaften das Problem der Kompensation außenwirtschaftlich bedingter Veränderungen der Geldbasis auftritt. Der Geldschöpfungsmultiplikator kann durch → Mindestreservepolitik beeinflußt werden, da seine Höhe vom → Mindestreservesatz mit bestimmt wird. Die Wirksamkeit von → Refinanzierungspolitik und v. a. → Zinspolitik halten Monetaristen dagegen für gering.

Liquiditätstheoretiker kehren den Kausalzusammenhang zwischen Geldvolumen und Volkseinkommen um und bestreiten damit auch die Kontrollierbarkeit des Geldvolumens durch die Zentralbank, da die Nichtbanken ihre → Kassenhaltung so bestimmen, daß die geplanten Ausgaben und Zahlungen durchgeführt werden können. Zentralbankpolitik wirkt in diesem Konzept über die Veränderung der → Bankenliquidität auf die Neuausleihungen der

Banken, die – bei entsprechender Kreditnachfrage der Nichtbanken – zusammen mit der vorhandenen Geldmenge das volkswirtschaftliche Zahlungs- und Ausgabenvolumen beeinflussen (Dreistufen-Schema von Claus KÖHLER). Mit Ausnahme der direkten Kreditpolitik (→ Kreditplafond) wirken die Instrumente der Zentralbank indirekt entweder über den Umfang oder die Verwendung der liquiden Mittel der Banken bzw. über die Kreditnachfrage der Nichtbanken auf die güterwirtschaftlichen Dispositionen ein:
a) Der Umfang der liquiden Mittel der Banken wird besonders effektiv durch Refinanzierungskontingente (→ Rediskontingente, → Lombardwarnmarke) beeinflußt, welche die Zentralbank autonom variieren kann, ferner durch Einlagen-/ Schuldenpolitik und → Offenmarktpolitik mit Nichtbanken bzw. in langfristigen Wertpapieren mit Banken.
b) Die Verwendung der liquiden Mittel wird v. a. durch die → Mindestreserven der Banken verändert. Durch die übrigen Instrumente wie Offenmarktpolitik in → Geldmarktpapieren mit Banken, → Swapsatzpolitik, → Refinanzierungs- (als → Zins-)Politik können die relevanten Ertragsraten der Vermögensobjekte, aus denen sich die Sekundärliquidität der Banken zusammensetzt, verändert und so die finanziellen Mittel in bestimmte Verwendungen gelenkt und dort gebunden werden. Auch diese Feinsteuerung des Bankenverhaltens hat Einfluß auf deren Kreditangebot an Nichtbanken.
c) Das Verhalten der Nichtbanken, insbes. ihre Nachfrage nach Bankkrediten kann v. a. durch die Zinspolitik beeinflußt werden. Ein spezielles, in der BRD nicht gebräuchliches Instrument ist die Festsetzung von Mindestanzahlungsquoten und Abzahlungsfristen bei der zinsunelastischen Nachfrage nach Konsumkrediten. Durch Devisenkurspolitik auf Kassa- und Terminmärkten kann die Zentralbank auch die internationalen Kreditbeziehungen von Nichtbanken zu beeinflussen suchen.
Wolfgang STÜTZEL hält die Steuerung der Kreditkonditionen für Nichtbanken für die Hauptaufgabe der Zentralbankpolitik.

Ein Ansatzpunkt für Geld- und Kreditpolitik ist, wie er gezeigt hat, immer dann gegeben, wenn keine synchronen Änderungen von Einnahmen und Ausgaben bei den Wirtschaftseinheiten stattfinden, also individuelle Ausgabenüberschüsse bestehen, die durch Kredite finanziert werden müssen. Durch Zinspolitik bzw. Beeinflussung der → Bankenliquidität kann die Zentralbank die Kreditkonditionen für Nichtbanken mit dreifacher Wirkung beeinflussen. Neben den Zinssätzen wird auch der individuelle Kreditspielraum, der bei unvollkommenen → Kreditmärkten grundsätzlich beschränkt ist, verändert; eine restriktive Zentralbankpolitik beispielsweise führt einerseits zu einer Verschärfung der Bonitätsforderungen der Banken, andererseits können Wert, → Liquidität und Beleihbarkeit der Vermögensobjekte des Kreditnehmers sinken, also deren verlustfreie Abtretbarkeit erschwert werden. Eine Steuerung der volkswirtschaftlichen Ausgaben über den Kreditspielraum hält STÜTZEL für wirksamer als Geldmengenpolitik, da diese die Variationsmöglichkeiten der → Umlaufgeschwindigkeit des Geldes in einem differenzierten Geld- und Kreditsystem unterschätzt. Die Aktionsmöglichkeiten der Zentralbank werden entscheidend beschnitten, wenn ein hoher Grad internationaler wirtschaftlicher Verflechtung bei freiem Kapitalverkehr, → festen Wechselkursen und unzureichend koordinierter nationaler Stabilitätspolitik besteht. Auch durch Einsatz der Devisenkurspolitik auf Kassa- und Terminmärkten kann ein Land sich mittelfristig kaum gegen eine gegenläufige internationale Zinsentwicklung absichern. Auf diesem Hintergrund sind die Vorschläge zu sehen, Geld- und Kreditpolitik allein zur Erreichung des → Zahlungsbilanzgleichgewichts einzusetzen und internes → Gleichgewicht mit Hilfe der → Fiskalpolitik anzustreben. V.B.

**Zentralbankrat**
→ Deutsche Bundesbank

**Zentrale Orte**
→ Raumplanung; → Raumstruktur

**zentral geleitete Wirtschaft**
→ Wirtschaftsordnung

**Zentralverwaltungswirtschaft**
(Planwirtschaft) → Wirtschaftsordnung, in der die Koordination und Lenkung der wirtschaftlichen Aktivitäten hauptsächlich oder vollständig durch einen besonderen Verwaltungsstab, eine zentrale Planbehörde erfolgt, wobei der zugrunde liegende jährliche Plan nur ein Glied in der Kette mehrjähriger Wirtschaftspläne (Perspektivpläne) darstellt. Bei der totalitären Variante der Zentralverwaltungswirtschaft legt die Planbehörde die Ziele der Produktion, die Verwendung der verstaatlichten oder vergesellschafteten Produktionsmittel sowie die Verteilung des Produktionsergebnisses autonom fest. Zur Verwirklichung des Gesamtplans müssen die Einzelpläne der Betriebe, Produktions- und Wirtschaftszweige reibungslos aufeinander abgestimmt sein. Sieht man von exogenen Störungen (wie Mißernten u. ä.) ab und kann plankonformes Verhalten erzwungen werden, ist die Koordination durch den Plan prinzipiell möglich.

In der Theorie der Zentralverwaltungswirtschaft geht es um die Analyse formaler Kriterien für rationale Entscheidungen und Wertungen (Logik der Planung). Läßt man die Frage des Zielsystems und der Konstruktion (rationaler) kollektiver Rangordnungen außer Acht, reduziert sich das Problem darauf, ob der Zentralplan die optimale Allokation der Produktionsfaktoren und mithin (bei gegebenen Zielen und Mitteln) die Maximierung der Produktion gewährleistet. Von den Theoretikern der Zentralverwaltungwirtschaft wird behauptet, daß die Lenkung der Produktion über Verrechnungspreise (z. B. mit Hilfe der → Linearen Programmierung) in Verbindung mit der Grenzkosten-Preis-Regel die optimale Allokation der Produktionsfaktoren sicherstelle und überdies einen höheren Grad an Rationalität aufweise als die → Marktwirtschaft, da neben der individuellen Rationalität die Gesamt- bzw. Systemrationalität Berücksichtigung finde (Oskar LANGE). Die in den 30er Jahren und auch später geführte Diskussion ist vom methodologischen Standpunkt aus unbefriedigend und auch insofern unvollständig, als neben den Optimalitätseigenschaften von Allokationsmechanismen auch deren Konvergenz und Informationserfordernisse zu beachten sind. Hier zeichnen sich aber erst Ansätze ab (Leonid HURWICZ). Darüber hinaus sollte betont werden, daß wegen der restriktiven Bedingungen wohl keine konkrete Wirtschaftsordnung nach den (in der → Wohlfahrtsökonomik aufgestellten) Prinzipien rationalen Wirtschaftens abläuft.

Die strenge (totalitäre) Form des Systems der Zentralverwaltungswirtschaft kann durch Berücksichtigung wettbewerblicher Elemente aufgelockert oder demokratisiert werden (freie Konsum-, Berufs- und Arbeitsplatzwahl). Die Aufgabe der Planbehörde besteht dann in der Sicherung eines Makrogleichgewichts der Bereiche. Reale Ausprägungen hat die Zentralverwaltungswirtschaft in der Sowjetunion (Kriegskommunismus; Neue ökonomische Politik) und nach dem 2. Weltkrieg auch in allen Ostblockstaaten erfahren (z. B. in der DDR: → Neues Ökonomisches System). Neben der direkten Planung (Mengenplanung) wird v. a. im Konsumgüterbereich auch die Lenkung über die Preise (hauptsächlich durch Anwendung eines sehr differenzierten Umsatzsteuersystems) verwendet, ergänzt durch ein umfangreiches Lohn- und Prämiensystem. R. E.

**zero growth** → Nullwachstum

**Z-Funktion** → Angebotsfunktion

**Zielantinomien** → Zielkonflikte

**Ziele**
Endzweck des wirtschaftlichen Handelns oder der → Wirtschaftspolitik. Sie treten auf zwei Ebenen auf, der theoretischen und der politischen: Im theoretischen Bereich, dessen Aufgabe die Erklärung des wirtschaftlichen Geschehens ist, geht es um das eigentliche ökonomische Wert-Problem, die aktualisierten Wertvorstellungen der handelnden Individuen bzw. Gruppen. Auf der politischen Ebene liegt die Aufgabe

darin, die Wirtschaft einer Gruppe oder einer Vielzahl von Gruppen so zu ordnen oder zu steuern, daß sie mit gegebenen Zielvorstellungen im Einklang ist. Das wirtschaftspolitische Wertproblem wird daher häufig im Rahmen der Zweck-Mittel-Diskussion angesprochen.

Hier soll die Diskussion auf die → Wirtschaftspolitik beschränkt sein; es geht also nicht um Primär- oder Grundziele (wie Bedürfnisbefriedigung) oder Individualziele (wie Nutzen-, → Gewinnmaximierung). Alle Versuche, aus rein ökonomischen Überlegungen heraus ein einheitliches Grundziel der Wirtschaftspolitik abzuleiten (etwa aus dem »Wesen« der Wirtschaft auf die maximale Bedürfnisbefriedigung aller zu schließen), müssen scheitern. Dies gilt auch für die → Wohlfahrtsökonomik, die versucht, ein oberstes Ziel der Wirtschaftspolitik zu formulieren und eventuell zu quantifizieren. Eine eindeutige → soziale Wohlfahrtsfunktion, die als Maßstab der Wirtschaftspolitik dienen könnte, liegt bisher nicht vor. Statt dessen wird die Pluralität der Aufgaben und Ziele der praktischen Wirtschaftspolitik als empirisches Faktum genommen, das in der Theorie der Wirtschaftspolitik zu berücksichtigen ist. Dabei wird dem Wissenschaftler oft die exakte Definition und Interpretation überlassen, denn nur wenn die Ziele hinreichend genau definiert sind, lassen sich die Maßnahmen und Mittel herausfinden, die zu ihrer Verwirklichung ergriffen werden müssen. Es muß also gelingen, daraus eine Reihe von operationalen Kriterien abzuleiten.

Wie die Ziele werden auch die Präferenzbeziehungen zwischen den Zielen (Rangordnung der Ziele) als vorgegeben betrachtet. Durch diese Annahme wird die Problematik der Ableitung einer sozialen Präferenzfunktion (Zielgewinnung aus individuellen Präferenzfunktionen durch Sozialwahlmechanismen) ausgeklammert und folglich auch jene Konflikte, die sich aus unterschiedlichen Meinungen bezüglich des Zielsystems (Zielkatalogs) bzw. der Zielhierarchie ergeben. Das bedeutet aber nicht, daß die Wirtschaftspolitik sich nicht mit den Zielen zu befassen habe. Sie muß vielmehr die möglichen (bzw. vorgegebenen) Zielsetzungen und -hierarchien hinsichtlich ihrer Realisierbarkeit, ihrer Konsistenz (Transitivität des gesamtwirtschaftlichen Präferenzsystems, Ausschluß des → ARROW-Paradoxons) und ihrer Kompatibilität (Verträglichkeit zwischen den Zielen; → Zielkonflikte) untersuchen. Es wäre jedoch falsch anzunehmen, daß (selbst bei vorgegebenen Zielen) die Fragen der Mittelverwendung oder der »optimalen Mittelkombination« wertneutral sind und nur technische bzw. ökonomische Entscheidungen notwendig machen. Die Ziele lassen sich von den Maßnahmen nicht isoliert betrachten (Zweck-Mittel-Problem). Der »Instrumentalismus« entspringt dem plausiblen und weitverbreiteten Irrtum, daß Mittel nur abgeleiteter (instrumentaler) Bewertung unterliegen. Ziele und Mittel sind Bestandteile einer gemeinsamen Werthierarchie; so erweisen sich viele Ziele nur als Mittel zur Erreichung höherer Ziele, andererseits werden häufig Mittel zu absoluten Zielen erhoben (→ Wettbewerb).    R.E.

### Zielkonflikte

(Zielantinomien) Die Pluralität der → Ziele der → Wirtschaftspolitik macht klar, daß die Ziele nicht alle auf der gleichen Ebene und isoliert nebeneinander stehen. Vielmehr bestehen in logischer, kausaler, zeitlicher und rangmäßiger Hinsicht zwischen den einzelnen Zielen des Zielsystems Abhängigkeiten. Während die Ableitung der Ziele und das Aufstellen einer Rangordnung zwischen ihnen (üblicherweise) nicht als Aufgabe des Wissenschaftlers gesehen werden, zählt es zu seinen eigentlichen Aufgaben, die Abhängigkeiten und insbes. Unverträglichkeiten (Inkompatibilitäten) zwischen den Zielen zu analysieren. Schließen wir die Beziehungen auf der Werteebene als Interessenkonflikte aus, so können Zielkonflikte lediglich auf logischer oder empirischer Ebene auftreten. Die logischen Beziehungen zwischen Zielen können jedoch einerseits als Scheinproblem (bei Identität von Zielen), andererseits als Denkfehler (bei Widersprüchlichkeit von Zielen) ausgeklammert wer-

den. Von besonderem Interesse sind die verbleibenden empirischen (kausal-zeitlichen) Beziehungen zwischen den Zielen: die Kompatibilität (Harmonie), die Neutralität und die Inkompatibilität (Antinomie). Neutralität zwischen Zielen ist unproblematisch und ist zudem auf Grund der allgemeinen Interdependenz volkswirtschaftlicher Prozesse selten zu beobachten. Kompatibilität liegt vor, wenn die Erfüllung des einen Ziels auch die des oder der anderen fördert. Häufig nimmt jedoch der Grad der Kompatibilität mit fortschreitender Zielverwirklichung ab. Antinomische Zielbeziehungen stehen im Mittelpunkt der Zielkonfliktsdiskussion. Sie äußern sich in negativen Nebeneffekten der zur Erreichung eines Zieles eingesetzten Instrumente, welche die gleichzeitige Erfüllung eines anderen Zieles verhindern.

Für Zielantinomien in → Marktwirtschaften gelten die → magischen Vielecke.

Die wirtschaftspolitischen Handlungsmöglichkeiten lassen sich bei *zwei* Zielen durch eine Transformationsfunktion darstellen, die bei Zielantinomie negative Steigung aufweist und als »Linie der unvermeidlichen Zielkonflikte« gekennzeichnet werden kann. Die Entscheidung, welcher Punkt auf dieser Kurve gewählt werden soll kann nur mit Hilfe einer Präferenzfunktion gefällt werden. Typische Beispiele sind die Diskussion um die modifizierte → PHILLIPS-Kurve, der Konflikt zwischen Wirtschaftswachstum und Preisstabilität, sowie zwischen interner und externer Stabilisierung. Will man mehr als zwei Ziele berücksichtigen, so muß man ein wirtschaftspolitisches Entscheidungsmodell konstruieren wie in der → Quantitativen Wirtschaftspolitik.    R.E.

### Zielvariable

→ Quantitative Wirtschaftspolitik

### Zins

Preis für die zeitweise Überlassung von → Kapital; er ist gleich der Relation zwischen dem ursprünglichen Wert des → Kapitalgutes zuzüglich der durch seinen investiven oder konsumtiven Einsatz erzielten Nutzung und dem ursprünglichen Wert des Kapitalgutes, somit kein absoluter, sondern ein relativer Preis. Entsprechend der neueren → Zinstheorie wird anstelle von Kapital i.d.R. von → Geld oder Kaufkraft gesprochen. Bei Änderung des → Geldwertes fallen nomineller und → Realzinssatz auseinander. In der Diskussion war und ist der Zins umstritten. ARISTOTELES verwarf die Forderung nach einem Zins mit dem (unrichtigen) Satz »Geld wirft keine Junge«. In der marxistischen Theorie wird der Zins ebenso häufig als Relikt bürgerlicher Ökonomie abgelehnt, wie besonders in der frühen Praxis sozialistischer Länder. Dort wird inzwischen der Zins zwar nach wie vor als Einkommensquelle verworfen, als Steuerungsgröße für die Allokation von Ressourcen jedoch anerkannt. Eine Leugnung auch dieser Funktion führt zu Fehlallokationen zugunsten kurzfristiger und zu Lasten langfristiger → Investitionen. Der → Gleichgewichtszins müßte sowohl die → Grenzleistungsfähigkeit der Investition widerspiegeln wie die → Zeitpräferenz der Sparer. Da letztere auch angesichts bestehender Marktunvollkommenheiten kaum exakt zu ermitteln ist, steht z.B. Planungsüberlegungen der öffentlichen Hand keine soziale Diskontierungsrate zur Verfügung, die zur optimalen Allokation zwischen Konsum- und Investitionsausgaben erforderlich wäre, so daß eine »politische« Entscheidung getroffen werden muß. H.-J.H.

### Zinselastizität

→ Elastizität der → Geldnachfrage oder der Investitionsnachfrage in bezug auf den → Zins. Beide werden i.d.R. negativ sein, d.h. eine Erhöhung des Zinses wird Geld- und Investitionsnachfrage sinken lassen. Im Anschluß an die »General Theory of Employment, Interest, and Money« von John Maynard KEYNES (1936) wurde v.a. die Größenordnung dieser beiden Elastizitäten diskutiert, wobei für Unterbeschäftigungssituationen angenommen wurde, daß die Zinselastizität der Investitionsnachfrage sehr gering sei und gegen Null tendiere, während die Zinselastizität der Geldnachfrage im Falle von Zinssen-

kungen gegen Unendlich tendiere (Liquiditätsfalle). Diese (von KEYNES in dieser Form allerdings nicht behauptete) Nachfragereaktion läßt der → Geldpolitik wenig Raum zur Belebung der wirtschaftlichen Aktivität. Besonders Vertreter des → Monetarismus bezweifeln diese Behauptungen, v.a. hinsichtlich der Zinselastizität der Geldnachfrage. H.-J.H.

### Zinserwartungen

spielen v.a. in der KEYNES'schen Theorie und in der → Portfolio-Selection-Theorie eine große Rolle. Die gegenwärtige Höhe des → Zinses wird maßgeblich von den Zinserwartungen bestimmt; werden z.B. steigende Zinsen erwartet, so werden Wirtschaftssubjekte eine hohe → Liquiditätspräferenz haben, um dann, wenn sich die Zinserwartungen realisiert haben und folglich die Kurse auf dem Wertpapiermarkt gesunken sind, kaufen zu können. Solches Verhalten bestätigt die Zinserwartungen. In der Portfolio-Selection-Theorie spielt neben den Zinserwartungen auch die ihnen zugeordnete Wahrscheinlichkeitsverteilung eine Rolle. Die → Geldpolitik vermag durch Beeinflussung des → Geldvolumens und der → Bankenliquidität die Zinserwartungen zu ändern. H.-J.H.

### Zinspolitik

alle Maßnahmen der → Geldpolitik, meist der → Zentralbankpolitik, die direkt auf Zinsniveau und → Zinsstruktur einwirken. Dies kann durch administrative Setzung bestimmter Zinssätze (in der BRD → Diskont- und → Lombardsatz sowie → Abgabe- und → Ankaufsätze von → Geldmarktpapieren), zum anderen durch Transaktionen der → Zentralbank auf monetären Märkten erreicht werden. Auch von primär liquiditätspolitischen Maßnahmen der Zentralbank gehen Zinswirkungen aus, doch werden sie im allg. nicht zur Zinspolitik gerechnet. Seit Aufhebung der Zinsbindung für Soll- und Habenzinsen der → Banken 1967 besteht kein unmittelbarer Einfluß der → Deutschen Bundesbank auf die Zinssätze am Bankkredit- und -einlagenmarkt mehr, doch kann sie auf indirektem Weg, die für Nichtbanken relevanten

Zinssätze beeinflussen. Der Wirkungsmechanismus hängt davon ab, ob die Zentralbank den Weg über Kreditgeschäfte mit Banken (→ Refinanzierungs- und → Offenmarktpolitik) wählt oder Direktgeschäfte mit Nichtbanken auf → Geld- und → Kapitalmarkt vornimmt. Geschäfte mit Banken verändern die für deren Vermögensdispositionen relevanten Zinssätze, was zu verändertem Angebots- und Nachfrageverhalten der Banken auf allen monetären Märkten führt und dort die Zinssätze beeinflußt. Wertpapiergeschäfte der Zentralbank mit Nichtbanken auf Geld- und Kapitalmarkt substituieren dagegen Kreditgeschäfte zwischen Banken und Nichtbanken und beeinflussen auf diesem Wege Soll- und Habenzinsen der Banken. Je stärker die Interdependenz der monetären Märkte, desto größer ist der Einfluß der Zentralbank auf die Kreditkonditionen für Unternehmen, Haushalte und öffentlichen Sektor. Bei liberalisiertem internationalen Kapitalverkehr und → festen Wechselkursen kann eine binnenwirtschaftlich orientierte Zinspolitik dann durchkreuzt werden, wenn sie zu spürbaren Zinsdifferenzen zum Ausland führt. Nur ein wirtschaftlich mächtiges Land wie die USA ist in der Lage, sein Zinsniveau auch international durchzusetzen. Die Wirksamkeit der Zinspolitik im Hinblick auf internationale Kapitalbewegungen ist allgemein anerkannt, die → Zinselastizität von Leistungsbilanzsalden, Investitions- und Konsumausgaben dagegen strittig. In der neueren Literatur wird betont, daß weniger Veränderungen von Nominal- als von → Realzinssätzen für die Realvermögensbildung von Unternehmen und Haushalten relevant sind.  V.B.

## Zinsstruktur

Wertpapiere verschiedener Laufzeit und auch ansonsten unterschiedlicher Ausstattung werden zu unterschiedlichen Preisen (Kursen) gehandelt, ihnen entsprechen also unterschiedliche Zinssätze, aus denen sich Zinsstruktur bestimmt. Werden keine Zinsänderungen erwartet, werden in der Regel die Zinssätze für langfristige Papiere die für kurzfristige übersteigen, weil letztere eine höhere → Liquidität aufweisen und somit neben ihren pekuniären Erträgen auch nichtpekuniäre Vorteile bringen. Preissteigerungserwartungen und → Zinserwartungen in Richtung auf Zinssteigerungen verstärken diesen Trend. Werden dagegen Zinssenkungen erwartet, so fragen Gläubiger verstärkt langfristige Papiere nach und halten kurzfristige Papiere nur bei hohen Kursen, während Schuldner nur dann langfristige → Kredite aufzunehmen bereit sind, wenn ihnen günstigere Konditionen als der gegenwärtigen Marktlage entsprechend eingeräumt werden. Dies führt dazu, daß der langfristige → Zins unter den kurzfristigen sinkt. Handelt es sich um Wertpapiere aus verschiedenen Ländern, so können ihre Zinssätze selbst bei gleicher Laufzeit und Ausstattung dann differieren, falls Änderungen des → Wechselkurses erwartet werden. Gleichgewicht herrscht, wenn die Zinsdifferenz zwischen in- und ausländischen Wertpapieren dem Swapsatz entspricht, also der auf den → Kassakurs bezogenen Differenz zwischen Termin- und Kassakurs (→ Devisenmarkt).  H.-J.H.

## Zinstheorie

Nach einer Reihe wissenschaftlich wenig ergiebiger Vorstellungen über die Natur des → Zinses (Abstinenztheorie, Wartetheorie usw.) gelang es der Österreichischen Schule (v.a. Eugen von BÖHM-BAWERK) erstmals eine vertretbare Zinstheorie zu entwickeln. BÖHM-BA-WERK erklärt die Natur des Zinses aus der Minderschätzung künftig verfügbarer gegenüber bereits vorhandenen Gütern. Dieser Vorstellung entspricht im wesentlichen der von Irving FISHER entwickelte Gedanke von der → Zeitpräferenz. Hierdurch kann aber allenfalls das Angebot von → Kapital durch Konsumenten erklärt werden, nicht jedoch die Nachfrage für Zwecke der Investition. Dies erklärte BÖHM-BAWERK aus der Mehrergiebigkeit längerer Produktionswege, die sich in der → Grenzproduktivität des Kapitals ausdrückt. Diese güterwirtschaftliche Erklärung des Zinses wurde in der Folge weiterentwikkelt, schließlich aber von John Maynard KEYNES zurückgewiesen. Für ihn bildet der Zins ein monetäres Phänomen, das durch → Liquiditätspräferenz und → Geldangebot erklärt wird. Die Kassenhaltungsmotive (→ Spekulationskasse, → Transaktionskasse, → Vorsichtskasse) entscheiden über den Verlauf der Kurve der → Geldnachfrage. Ihr steht das von der → Zentralbank zu kontrollierende Geldangebot gegenüber. Bei niedrigen Zinssätzen ist die → Zinselastizität der Geldnachfrage sehr hoch, so daß selbst große Änderungen des Geldangebots die Höhe des Zinses nicht zu beeinflussen vermögen. Die KEYNES'sche Zinstheorie ist ein wesentlicher Bestandteil seiner Einkommens- und → Beschäftigungstheorie.

Statt über den → Geldmarkt sucht die → loanable-funds-theory den Zins aus Angebot und Nachfrage auf dem Kreditmarkt zu erklären. Sie verbindet Elemente der neoklassischen und der KEYNES'schen Theorie, kommt aber letzterer wesentlich mehr entgegen.

In jüngster Zeit wird mehr und mehr bezweifelt, ob man durch die herkömmliche Zinstheorie tatsächlich zu zustandekommende Höhe des Zinses erklären kann. Man betont, daß der Zins Ergebnis eines politischen Verteilungskampfes um das → Sozialprodukt sei und aus dem ökonomischen System (allein) deshalb nicht bestimmbar sei. Dies ist von Bedeutung v.a. für die Diskussion in der → Kapitaltheorie, die unter der Bezeichnung Cambridgekontroverse ausgetragen wird. H.-J.H.

**Zoll**

staatliche Abgabe, die auf den grenzüberschreitenden Güterverkehr (Ausfuhr, Einfuhr) eines Landes bzw. eines Zollgebietes erhoben wird. Dementsprechend unterscheidet man zwischen Ausfuhr- und Einfuhrzöllen, wobei Ausfuhrzölle seit dem 19. Jh. ständig abgebaut wurden und heute unbedeutend sind (außer in einigen → Entwicklungsländern). Die Zölle können nach Gütern und Regionen (→ Präferenzzoll) verschieden sein. Allerdings werden regional differenzierende Zölle (Zolldiskriminierung) für ein und dasselbe Produkt nur mehr selten angewendet, da sie dem Grundsatz der → Meistbegünstigung des → Allgemeinen Zoll- und Handels-Abkommens zuwiderlaufen.

Nach der Bemessungsgrundlage unterscheidet man zwischen → Mengen- und → Wertzöllen, wobei zwischen beiden Arten auch Kombinationen in Form von → Mischzöllen denkbar sind. Zölle können autonom, bilateral und multilateral festgesetzt werden.

Zolleffekte (beschränkt auf Importzölle):

a) Preiseffekte: Durch die Erhebung eines allgemeinen Importzolls kommt es i.d.R. im Inland zu Preiserhöhungen bei den Importen und im Ausland zu Preissenkungen (→ terms of trade-Effekt). Der Verbesserung der → terms of trade steht jedoch i.d.R. eine wohlfahrtsmindernde Senkung des Importvolumens gegenüber. Das Optimum ermittelt die → Optimalzoll-Theorie.

b) Einkommensverteilungseffekte: Gemäß dem → SAMUELSON-STOLPER-Theorem erhöht ein allgemeiner Importzoll das Realeinkommen des knappen Faktors. Da dies zu Lasten anderer Faktoren erfolgt, bleibt die Frage der Änderung der Wohlfahrt insgesamt offen.

c) Beschäftigungseffekte: Führen Preisstarrheiten bzw. mangelnde Flexibilität am Faktormarkt der importkonkurrierenden Industrie zu Unterbeschäftigung, so kann ein Zoll diese durch Zurückdrängen der Auslandskonkurrenz und Förderung der importkonkurrierenden Industrie u.U. beseitigen. Vorausgesetzt wird, daß die Beschäftigung nicht in einem anderen Sektor (z.B. Exportgüterindustrie) zurückgeht. Ein allgemeiner Beschäftigungseffekt läßt sich außerdem mit dem Multiplikatoreffekt einer zollbedingten Verbesserung der → Leistungsbilanz begründen.

d) Zahlungsbilanzeffekt: Bei einem allgemeinen Importzoll kommt es zu einer Verbesserung der Leistungsbilanz bzw. bei flexiblen Kursen (ceteris paribus) zu einer → Aufwertung der heimischen Währung.

e) Schutzeffekte: → Schutzzoll, → Erziehungszoll.

f) Einnahmeeffekte: → Finanzzoll.

Meist werden bei Erhebung eines Zolls mehrere Effekte gleichzeitig auftreten, was jedoch nicht gleichbedeutend mit einem Zusammenwirken der Effekte ist. Je mehr z.B. der Schutzeffekt die Importe zurückdrängt, um so geringer kann der Einnahmeeffekt sein; je stärker der terms of trade-Effekt, um so geringer der Schutz- und Einkommensverteilungseffekt. Außerdem werden die Effekte unterschiedlich sein, je nachdem, ob ein Zoll auf alle Importe oder auf einzelne Güter erhoben wird. Die Analyse der Zolleffekte hat eine Reihe von Argumenten für die Forderung nach Erhebung eines Zolls geliefert, die zwar ökonomisch nicht immer schlüssig, meist jedoch aufschlußreich für die sich dahinter verbergenden Interessen sind. Eine grundsätzliche Billigung von Zöllen erfolgt meist nur zur Vermeidung von Wachstumsverlusten (→ Erziehungszoll) und zur Abwehr einer ausländischen Politik des → Dumping (→ Retorsionszoll). Andernfalls ist zu prüfen, ob die mit dem Zoll beabsichtigten Effekte (z.B. Beschäftigungseffekt) nicht durch andere Maßnahmen (z.B. → Geld- und → Fiskalpolitik) angestrebt werden können.   M.H.

**Zollprotektionismus** → Protektionismus

**Zollunion** → Integration

**Zufallsvariable** → Variable

**zunehmende Skalenerträge**
→ increasing returns to scale

**Zwangssparen**
von den Wirtschaftssubjekten nicht gewolltes Sparen (unfreiwilliger Konsumverzicht):
1. Vom Staat geforderte Festlegung von Geldeinkommen (z.B. Zwangsanleihen, um durch Mittelzuführung zum → Kapitalmarkt private oder öffentliche Investitionen zu finanzieren).
2. Durch Geldmengenausweitung gebildete reale Ersparnisse zur Kapitalgüterproduktion: Infolge des Konsumgüterpreisanstiegs können die Einkommensbezieher bei unverändertem Geldeinkommen weni-

ger Konsumgüter als bisher kaufen. Die Unternehmen erzielen entsprechende Marktlagengewinne (→ Gewinn). Dadurch werden Produktivkräfte zur Ausdehnung der Kapitalgüterproduktion freigesetzt.
3. Durch staatlich angeordnete → Rationierung oder durch Lieferfristen bei den Verbrauchern erzwungenes Sparen.
4. Aus planwirtschaftlichen Entscheidungen über die Produktionsstruktur (z.B. Bevorzugung der Schwerindustrie) resultierender privater Kaufkraftüberhang (→ Zentralverwaltungswirtschaft).   B.B.G.

**Zwanziger-Ausschuß**
im September 1972 eingesetzter Ausschuß des Gouverneursrates des → Internationalen Währungsfonds (IWF) für die Reform der → internationalen Währungsordnung und die damit zusammenhängenden Fragen. Die Entscheidungen des Ministerausschusses wurden vom Stellvertreterausschuß vorbereitet. Beteiligt waren alle Länder, die Exekutivdirektoren des IWF stellen (11 Industrie- und 9 → Entwicklungsländer). Bei den Beratungen waren die Spitzenvertreter aller maßgeblichen internationalen Organisationen mit verwandten Aufgaben vertreten. Der Ausschuß schloß im Juni 1974 seine Arbeiten ab, indem er ein Sofortprogramm mit folgenden Hauptpunkten vorlegte:
a) Einsetzung eines → Interim-Ausschusses des Gouverneursrates des IWF mit beratender Funktion;
b) Bessere Verfahren des IWF für eine internationale Konsultation;
c) Richtlinien für die Handhabung → freier Wechselkurse;
d) Fondsfazilitäten für die Beherrschung der Auswirkungen der erhöhten Öleinfuhrkosten;
e) Selbstbeschränkung der Länder in bezug auf Maßnahmen zur Beeinflussung des Handels und der laufenden Transaktionen;
f) Verbesserte Verfahren zur Steuerung der → internationalen Liquidität;
g) Klärung der Stellung des → Goldes im Währungssystem;
h) Standardkorb-Technik und höhere

Verzinsung für die → Sonderziehungsrechte (SZR);

i) Erweiterte IWF-Fazilitäten für längerfristige Zahlungsbilanzkredite an die → Entwicklungsländer;

j) Klärung der Frage einer Verbindung (link) zwischen → Entwicklungshilfe und SZR-Zuteilung (im Ausschuß konnte darüber keine Einigung erzielt werden);

k) Einsetzung eines gemeinsamen Ausschusses von IWF und → Weltbank für Fragen der Übertragung realer Ressourcen an Entwicklungsländer.

Den an seine Einsetzung geknüpften hochgespannten Erwartungen konnte der Zwanziger-Ausschuß nicht gerecht werden, da die von der Ölkrise (1973) akzentuierten Unsicherheiten der internationalen Währungslage keine substanziellen Fortschritte bei der Reform des Währungssystems gestatteten.    F.G.

**Zweckprognose**
→ Diagnose und Prognose

**Zwischenauslandsverkehr**
→ Außenhandel

**Zwölfergruppe** → Basler Abkommen

**zyklischer Budgetausgleich**
→ cyclical budgeting

**Zyklus** → Konjunkturzyklus

# Verzeichnis der statistischen Quellen

S. 34: Sachverständigenrat zur Begutachtung der gesamtwirtschaftlichen Entwicklung, Jahresgutachten 1973, Tab. 19*
S. 41: Statistisches Jahrbuch für die Bundesrepublik Deutschland
S. 42: Statistisches Jahrbuch für die Bundesrepublik Deutschland
S. 54: Monatsberichte der Deutschen Bundesbank
S. 72: Statistisches Jahrbuch für die Bundesrepublik Deutschland;
T. POLENSKY: Die Bodenpreise in Stadt und Region München – Räumliche Strukturen und Prozeßabläufe. In: Münchner Studien zur Sozial- und Wirtschaftsgeographie 1974, Bd. 10
S. 76: Bundesministerium für Finanzen, Finanzbericht 1974
S. 122: Sachverständigenrat zur Begutachtung der gesamtwirtschaftlichen Entwicklung, Jahresgutachten 1972, Tab. 36
S. 123: Sachverständigenrat zur Begutachtung der gesamtwirtschaftlichen Entwicklung, Jahresgutachten 1972, Schaubild 37
S. 142: Europäische Investitionsbank, Jahresbericht 1972
S. 147: Bank für Internationalen Zahlungsausgleich, 29. Jahresbericht, 1959
S. 181: Monatsberichte der Deutschen Bundesbank
S. 198: Bank für Internationalen Zahlungsausgleich, 44. Jahresbericht, 1974
S. 225: Bundesaufsichtsamt für das Versicherungswesen, Geschäftsbericht 1972
S. 240: Weltbank, Jahresbericht 1973
S. 241: Internationale Finanz-Corporation, Jahresbericht 1974;
Bank für Internationalen Zahlungsausgleich, 44. Jahresbericht, 1974
S. 244: International Financial Statistics, International Monetary Fund
S. 248: Statistisches Bundesamt, Fachserie N, Reihe 1, 1972
S. 256: H. LÜTZEL: Das reproduzierbare Anlagevermögen in Preisen von 1962. In: Wirtschaft und Statistik 10/1971, S. 604
S. 277: Wirtschaft und Statistik, 10/1972, S. 567
S. 341: Bundeshaushaltsplan für das Haushaltsjahr 1972
S. 349: Monatsberichte der Deutschen Bundesbank, November 1974
S. 388: Wirtschaft und Statistik, 12/1973
S. 432: Deutsche Bundesbank, Auszüge aus Presseartikeln Nr. 42, 10.7.1974
S. 433: International Financial Statistics, International Monetary Fund
S. 439: Monatsberichte der Deutschen Bundesbank
S. 459: Bundesministerium der Finanzen, Finanzbericht 1974
S. 462: Monatsberichte der Deutschen Bundesbank, April 1974, S. 16
S. 473: Monatsberichte der Deutschen Bundesbank, April 1974, S. 15
S. 484: Monatsberichte der Deutschen Bundesbank, Oktober 1974
S. 486: Trends in Developing Countries, World Bank Group
S. 510: G. HAMER und Mitarbeiter: Volkswirtschaftliche Gesamtrechnungen 1973. In: Wirtschaft und Statistik, 2/1974, S. 74
S. 513: J. SIEBKE: Vermögenskonzentration. In: K.H. PITZ: Das Nein zur Vermögenspolitik, Hamburg 1974, S. 65

S. 520: H. SCHLESINGER: Die Verteilung des Volksvermögens in der Bundesrepublik Deutschland. In: Der langfristige Kredit, 24. Jg., Heft 5, 1973
S. 522: Statistisches Bundesamt, Fachserie N, Reihe 1, 1972
S. 523: Statistisches Bundesamt, Fachserie N, Reihe 1, 1972
S. 525: Statistisches Bundesamt, Fachserie N, Reihe 1, 1972
S. 538: Monatsberichte der Deutschen Bundesbank
S. 543: Weltbank, Jahresbericht 1973
S. 555: Statistisches Jahrbuch für die Bundesrepublik Deutschland
S. 563: Sachverständigenrat zur Begutachtung der gesamtwirtschaftlichen Entwicklung, Jahresgutachten 1973, Tab. 21*;
Bundesbaublatt, August 1973
S. 565: Monatsberichte der Deutschen Bundesbank

# Frankfurter Allgemeine
ZEITUNG FÜR DEUTSCHLAND

## auf allen Kontinenten

für Leser und Inserenten

# Für Werbung in Deutschland

## A Top European Advertising Medium